刘师培年谱

（增订本）

万仕国 著

广陵书社

图书在版编目（ＣＩＰ）数据

刘师培年谱 / 万仕国著. -- 增订本. -- 扬州 ： 广
陵书社，2022.12
ISBN 978-7-5554-1926-6

Ⅰ．①刘… Ⅱ．①万… Ⅲ．①刘师培（1884-1919）
—年谱 Ⅳ．①K825.4

中国版本图书馆CIP数据核字（2022）第214133号

ISBN 978-7-5554-1926-6

书　　名	刘师培年谱（增订本）
著　　者	万仕国
责任编辑	王　丽
出 版 人	曾学文
出版发行	广陵书社

扬州市四望亭路 2-4 号　　　　邮编　225001
（0514）85228081（总编办）　　85228088（发行部）
http://www.yzglpub.com　　E-mail：yzglss@163.com

印　　刷	无锡市海得印务有限公司
装　　订	无锡市西新印刷有限公司
开　　本	720毫米×1020毫米　1/16
印　　张	53.75
字　　数	820千字
版　　次	2022年12月第1版
印　　次	2022年12月第1次印刷
标准书号	ISBN 978-7-5554-1926-6
定　　价	180.00元

刘师培像

1908年刘师培（左四）、何震（左二）与柳亚子、苏曼殊等在上海合影（见《柳亚子选集》，北京：人民出版社，1989年）

《俄事警闻》所刊《攘书》广告

TIEN YEE.

NO. 16. & 17. 18. 19.

PUBLISHER AND EDITOR·········HO CHIN.

第十六十七十八十九四冊合刊
春季增刊

簡章

宗旨

破除國界種界實行世界主義

抵抗世界一切之強權

顛覆一切現近之人治

實行共產制度

實行男女絕對之平等

辦法

每月二冊

每本擬刊印三冊因排印延期暫定為

材料

每冊以二十頁為限首圖畫次宗旨次學

理次時評次譯次宗次演說次來稿次雜記均以醒世覺民為主

經濟

上卷每本二份以一年為限十元以上者以二元以上限

二元二份以上則奉贈三份以三年為限三十元以上限

永遠本報

每冊售價一角訂一月者金一角八分年

價目一元零五分全年二元郵費另給凡經售者十分以

上八折四十份以上七折依期付款

通信閩內外有通信寄款者請寄日本東京

上年一元二份以上限十元以上者以二元以上限

寄本社

麴町區飯田町六ノ二十一何震代收轉交本社

發起人 何震 陳懷權 張旭 周大鴻 徐亞尊 同啓

TIEN YEE ENWS

Publisher And Editor Ho Chin

General objects

1. To realize internationalism, abolishing all the national and racial distinctions.

2. To revolt agains Nall the authorities of the world.

3. To overthrow all the Political systems of the Present time.

4. To realize communism.

5. To realise absolute equality of man and Asia woman

Correspondent department

No. 21. 6chome, Jidamachi,

Kojimachi-ku Tokyo

Japan

刘师培、何震所办《天义报》

《青溪旧屋仪征刘氏五世小记》油印本封面

刘师培墓盖拓片

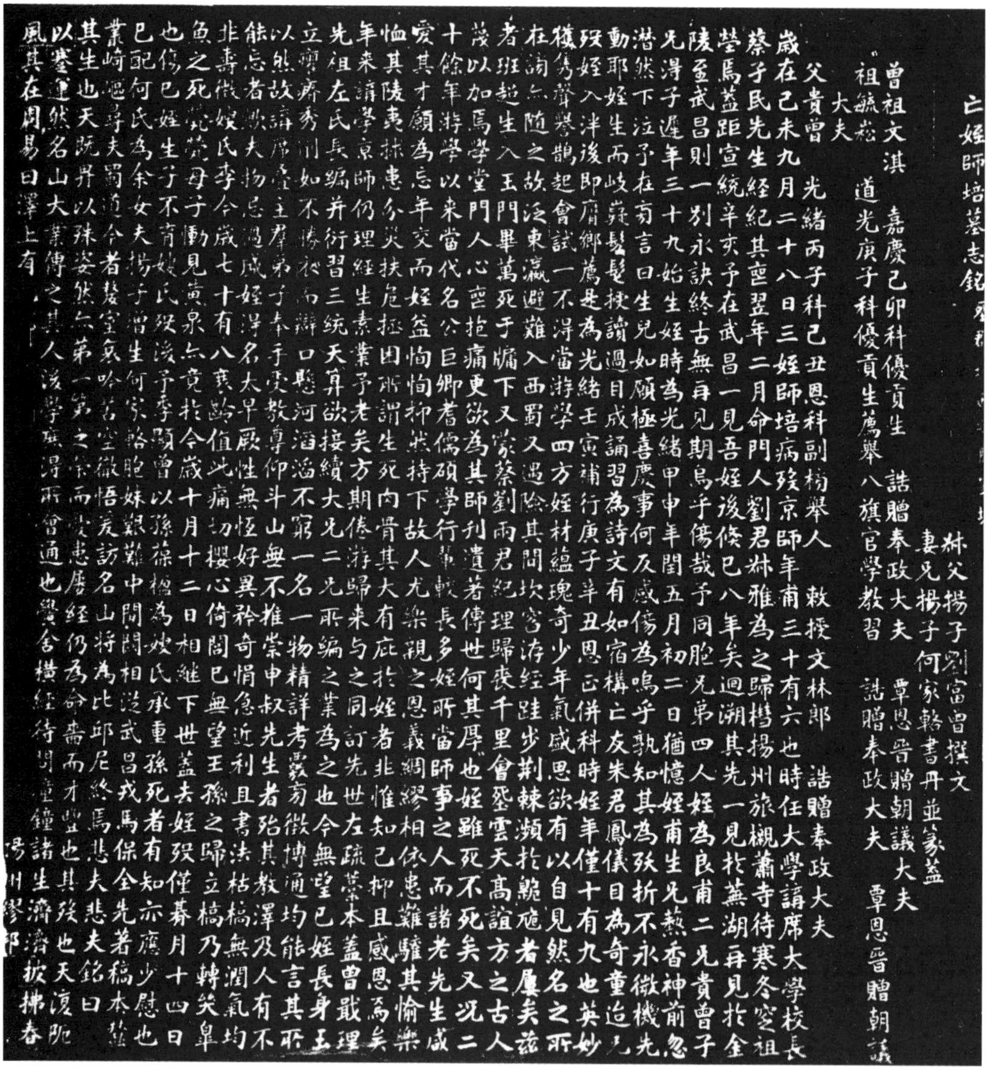

刘富曾撰《亡侄师培墓志铭》拓片

序

徐复

中国学术至近代而面目一新，以中西学融合故也。清末以来，人才辈出，而卓然堪称大师者，余杭章炳麟（太炎）、仪征刘师培（申叔）辈数人而已。

仪征刘氏世代以经学名家。自刘文淇（字孟瞻）治《春秋左氏传》未竟，遂子承父绪，四世一经，名满天下。申叔幼秉庭训，博闻强识，勤勉好学，以弘扬家学为志，虽存世仅三十六岁，而著述宏富，足以传世。予观其全书，多有可称者，因略举要义如次。

一曰秉承家学，兼收并蓄。刘氏家学，源于孟瞻舅氏凌曙（晓楼）。晓楼学由自得，尊守汉学，调和宋学，重视《公羊春秋》及诸子著述。孟瞻幼从晓楼学，以皖学起家，及壮，与包世臣游，得皖学精髓。刘氏家学不拘门户，兼采众长，贯通四部，学行并重，唯实事求是是务。申叔之治学也，以古文家法为根柢，治古文而不废今文；以家学传统为渊源，守家法而不唯家法。一生以治《春秋左氏传》为志，《周礼古注集疏》亦蔚然成帙，家法传统比比皆是。而沟通三《传》、贯穿群经，倡为《群经大义相通论》，则其卓见特识也。

二曰以经为主，并治子史。以子治经，固刘氏家学之范畴也。申叔于子部涉历广博，《周书》并管、晏、老、庄、墨、荀、韩、贾、扬，并有著述。申叔固为寒儒，所藏善本甚鲜。其校书也，以理校为主，寻绎师承关系，贯通各家之说，非以版本胜人，乃学者之校也。入端方幕后，多见善本，而成就更大。其用功最勤者，当数《晏子春秋》。申叔十四岁治《晏子》，数十年不辍，著有《晏子春秋斠补》《晏子春秋斠补定本》《晏子春秋补释》；其治《白虎通义》者，有《白虎通义斠补》《白虎通义定本》《白虎通义源流考》《白虎通德论补释》，皆可专成一书，以垂久远。

三曰扩土拓疆，别开生面。申叔之治学也，所包甚广。其所涉历之传统学术范围者，有文字学、声韵学、校勘学、训诂学，有经学（如《尚书》《诗经》《三礼》《春秋》三传）、子学（如诸子校释）、史学（如元史、明史）、地理学、方志学、文学（如《中国中古文学史讲义》《中国文学教科书》）、历法等。其于政治学、哲学、社会学、伦理学、逻辑学诸方面，亦能贯穿中西，得其环中。而其最具特色者，乃以新学解说中国文字，探究史前文明，胜义稠叠，有巨大影响。又其于白话文提倡之力，创作之勤，有功学林，为同时诸彦所不及。

四曰中西结合，经世致用。西学东渐后，体用之说遂起，学以致用，遂为近代学术之一大特色。申叔生当其时，以经论政，而固不得为闭户之经生矣。其早期著述，多引达尔文、卢梭、斯宾塞诸西儒新论，解说汉字，探寻中国古代社会制度，证明人类进化之迹，以为民族革命张目。其论孔子与孔教也，夷孔子为诸子之一家，定六经为古代史籍，评孔教与政治之关系，论孔学之流弊，以证立宪之诬罔。其中期著述，宣传无政府主义与社会主义学说，关注民生疾苦，以代民立言为己任。其晚期著述以六经为宗，奉《说文》为圭臬，探赜发微，多所发明。要之，皆以学术为经世之具也。

申叔之学博矣！时人即以之与章太炎先生比肩，有"二叔"之目，盖以章先生字枚叔、师培字申叔也。本师蕲春黄季刚先生亦折节师事之，传为佳话。蔡元培叹曰："向使君委身学术，不为外缘所扰，以康强其身而尽瘁于著述，其所成就，宁可限量？"诚哉斯言也！

仕国君为申叔之同乡后学，从余学，有奇悟。时时以申叔事迹相告，并谓世多误传，失其本真，乃发愤广收材料，悉心排比，历二十年而成《年谱》一编。其于申叔生平，多所考证；所引资料，原原本本，甚便学者。观其所述，有实事求是之意，无溢恶溢美之辞。余甚嘉之。仕国方当盛年，学有根柢，望能勤勉不辍，继续深研，必当有成。会其书杀青可读，因缀数语以督励焉。序其端云尔。

1999 年 11 月
于南京师范大学文学院

凡 例

一、本年谱以公历纪年为序,每年分"事略"及"著述"两部分。

二、"事略"以记录谱主生平为主,兼及国内外有较大影响及扬州重要事件。谱主生平传记资料可原文引用者,无论文体,原文收录;记述有误者,加注说明。所有引文,均注明出处。其无标点者,加新式标点;标点有误者,径改,不作说明。

三、引文中原注以( )注出,引者注文以〔 〕注出。原文有明显误字者以( )注误字,以〔 〕注改字;补原文脱漏之字,亦以〔 〕标出。

四、"著述"以刊发先后为序,注明期刊名称、期号、出版时间、栏目、署名。同期刊用者,以"同上"注出。连载者,于首刊时注出连载事项。人名、书名、文章篇名,均从原刊。

五、《刘申叔先生遗书》所收手稿,可考证其时间者,系于写作之年"著述"中;手稿并有刊本者,重出。

六、刘师培妻何震著述及事迹传世甚少,故插入相关年份中。其独立著述系于刘师培著述后,并予说明。

七、依据有关资料及刘氏后人所述,编为"青溪旧屋仪征刘氏世系表",为附录一。

八、刘师培逝世后所刊行之著作及后学转述者,编为"刘师培身后刊行之著述",为附录二。

九、《遗书》所收手稿未刊载者,编为"申叔遗书所收未刊稿",为附录三。

十、周雁石《刘申叔未刊著述介词》,于刘师培研究有较高参考价值,编为附录四。

十一、近世研究刘师培之著述目录,编为附录五。

目　录

卷 一

（1884—1906 年）

1884 年（光绪十年，甲申） 一岁

【事略】

6 月 24 日（农历闰五月初二），刘师培出生于江苏省扬州市区青溪旧屋（今扬州市东圈门 14 号及 14-1 号）的西偏房。

蔡元培《刘君申叔事略》云：

> 君名师培，申叔，其字也，又名光汉，别号左盦，江苏仪征人。[1]

刘富曾《亡侄师培墓志铭》云：

> 侄为良甫二兄贵曾子。兄得子迟，年三十九，始生侄，时为光绪甲申年闰五月初二日。犹忆侄甫生，兄爇香神前，忽潸然下泣。予在旁言曰："生儿如愿，极喜庆事，何反感伤为？"[2]

刘师培外甥梅鹤孙所著《青溪旧屋仪征刘氏五世小记》（以下简称《刘氏五世小记》）云：

> 生于光绪甲申年闰五月初二日，故小字闰郎。[3]

又谓：

> 舅氏生有异像，尻部有一无骨肉尾，长不及寸。我小时候常喜抚摩

---

[1] 蔡元培：《刘君申叔事略》，刘师培著，万仕国点校：《仪征刘申叔遗书》第 1 册，扬州：广陵书社，2014 年，第 42 页。以下简称《仪征刘申叔遗书》。

[2] 刘富曾：《亡侄师培墓志铭》，《仪征刘申叔遗书》第 1 册，第 36 页。

[3] 梅鹤孙著，梅英超整理：《青溪旧屋仪征刘氏五世小记》，上海：上海古籍出版社，2004 年，第 27 页。以下简称《刘氏五世小记》。

之，但每抚必怒斥，或持木戒方逐出房外。又左足正中有一鲜红方记，如龙眼大小，常于濯足时见之。当时有人说是老猿转世，所以聪明异于常人。这不免有迷信轮回的意思吧。[1]

太曾祖春和（1613—1680），字新宇，太学生。始由溧水迁扬州，以次子起寅贵，赠明威将军。

案，刘文淇《青溪旧屋文集》卷十《先府君行略》称起寅为"长子"，而刘毓崧《通义堂集》卷六《先府君行略》、刘宝楠《念楼外集》卷二《清故优贡生候选儒学训导刘君墓表》称起寅为"次子"，小泽文四郎又曾函询刘师颖，确认起寅为春和次子。[2]据杨丽娟所见《家谱》，其世系如下：

一世祖仲礼，明恩贡生，任河南密县知县。原籍陕西，寄居溧水，第四世分寄江都县、仪征县。

二世祖承德，明壬辰科进士，任陕西宁夏镇总兵，官都督府右都〔督〕，挂镇西大将军印。二世伯叔祖：守业，太学生；守道，邑庠生；守法，鲁府长史官；大德，丁酉举人；昌业，锦衣卫金事。

三世祖滋，明辛丑进士，提督山西全省学政。三世伯叔祖：希圣，邑庠生；希孟，廪膳生；希哲，邑庠生；荣祖，己酉举人，广东封川都司金事；兴祖，岁进士；启祖，郡庠生，山西岚县知县。

四世祖春和，字新宇，太学生，例赠明威将军。卒，葬扬州迎恩桥河东北岸冈。生子四：长子起升，三子起寅，四子起泰，五子元正；生女一，适纪门。

五世祖起升，字东明，例赠儒林郎，葬扬州城北小茅山东岗；生子二：长曈，次佩琰；女一，适许门。起寅，字东星，太学生，己卯科顺天乡试武举，任福建彰州营守府署参事；生子铉。起泰，字峥斋，太学生，葬城西金匮山。生子二：长曥，次瑢。元正，字彦光，考授未入流，任福建莆田县丞，葬城西金匮山，无子嗣。

六世祖曈（1690—1757），字鲁璠，一字鲁凡，仪征学邑庠生，葬金匮山。

1　梅鹤孙：《刘氏五世小记》，第27页。

2　〔日〕小泽文四郎：《刘孟瞻先生年谱》卷上，"乾隆五十四年己酉"条，郑晓霞、吴平标点：《扬州学派年谱合刊》下册，扬州：广陵书社，2008年，第569页。

生子六：锡爵、锡龄、锡璋、锡璜、锡瑜、锡章；女一，适陈位南。璐（1692—1743），字馨佩，例授登仕郎，生子三：锡蕃、锡光、锡毂；女四：长适李星南，次适郭书田，三女适揭若梁，四女适王允章。瞳（1671—1742），字旸谷，仪征学邑庠生，候选州同，无子，以畷子锡璜嗣；女一，适林门。佩琰（生卒年不详），江都武学生，生子一：锡祉。铉（1686—1741），字沧州，例授迪功郎。生子一：锡朋；女二：长适王门，次适吴门。[1]

又案，《家谱》谓"第四世分寄江都县、仪征县"，而仪征刘氏各代传记均称畷与从弟瞳同时占籍仪征，遂为仪征人，然世居郡城，并未在仪征居住。据《家谱》称畷、瞳为"仪征学邑庠生"，仪征图书馆藏《真州学策》载，瞳入仪征县学在康熙三十四年（1695），畷在康熙五十七年，则《家谱》前述"第四世分寄江都县、仪征县"者为误。

高祖刘锡瑜（1749—1840），字怀瑾，号琢斋，太学生，例赠修职佐郎、儒学训导。著有《医方集验》三卷。高祖母凌氏（1757—1822），江苏江都人，例赠孺人，登佐仕郎、江都凌鹜之女，儒士凌旸、太学生凌曙胞姊，《〔光绪〕江都县续志·列女传》有传。刘文淇《先府君行略》云：

> 府君姓刘氏，讳锡瑜，字怀瑾，一字琢斋。先世居溧水，曾祖国学生讳春和始由溧水迁扬州，以长子守备君起寅贵，赠明威将军。祖讳起泰，国学生。考讳畷，与其从兄儒林君瞳占籍仪征，补博士弟子。府君昆弟六人，伯、仲早卒。三伯父讳锡（章）〔璋〕，侨居盐城。四伯父讳锡璜，补郡文学，出嗣儒林君后。六叔父讳令闻。府君年九岁即失怙恃，家室荡然，遂至盐城。值三伯父为事牵累，穷于生计，不能抚育。府君卖豆于盐城市上，日得二十钱，仅供饘鬻。四伯父廉知之，乃往携府君归，亲为教读。是时府君年十二岁，始入家塾，读《四子书》《诗》《书》《易》三经。至十四岁，四伯父又卒，遂废读，在族兄肆习贾。未及三载，有同业张翁者，习知府君年虽童幼，而老成干练，遂以肆事托焉。府君顾念每岁所得不过二十金，无以立家业，遂有志学医。购四大家书，读至夜

---

1 《家谱》，杨丽娟：《刘师培家藏文献研究初集》，北京：商务印书馆，2017 年，第 418—419 页。

半，昼则执业，默诵所读书。闻人有奇方，多方购觅，躬自修合。求治者其效如神，日不暇给，如是者几十载。张翁乃另延一人治肆事，仍请府君总理其纲。府君乃赁宅别居，自是病家有馈遗者，始收受之。前此，不受一钱也。年三十五，娶吾母凌孺人。时六叔父已成立，举室来依，家累日重。府君素性恬淡，不与人争利，每揭债以供朝夕。遇贫苦者，悉心诊治。或不能具药饵，则出资助之。[1]

又云：

府君生于乾隆十四年六月十四日丑时，卒于道光二十年八月初八日戌时，享年九十有二岁。恭遇覃恩，三膺粟帛。配凌孺人，先府君十八年卒。生子一，即不孝文淇，嘉庆己卯科优贡生，候选训导；女一，适同县附学生员陈传洛。孙一，毓崧，道光庚子科优贡生；孙女一，适国学生田溥光。曾孙寿曾，幼。[2]

案，《〔光绪〕江都县续志》卷二十五上：

田溥光，字季华，原名普实，监生。幼受业于梅植之，通小学。工诗，搜访金石碑版，考订其词，孜孜无倦。篆隶浑古，得邓山人石如法，真、行亦入能品。高才壮气，傲岸不群。一游京师，转侧齐鲁、吴越间，皆无所遇，怅惝以终，年甫三十六。著有《扬州金石记》《金石话》《目耕斋笔记》《汉学堂诗文集》若干卷。溥光访求扬州遗文甚力，曾辑梁忠愍于埰遗集刊行之；欲编《广陵文征》，未果。编修汪廷儒辑《广陵思古编》，溥光举所搜集者相畀。其好古而不近名，类如此。[3]

包世臣《刘国子家传》云：

江淮间有笃行君子曰怀瑾刘君者，嘉庆甲子，余再至扬州，识凌曙晓楼，以识君及君之子文淇孟瞻。晓楼，盖君妻弟也。孟瞻时年十二三，颖敏诚朴，善读书。余尤爱之，因数过君家，与君习。庚午，余挈眷来侨，泛道光甲午，乃移居白门，前后三十年，中间晓楼不禄，

1　刘文淇：《青溪旧屋文集》卷十，《清代诗文集汇编》第564册，上海：上海古籍出版社，2010年，页73下b—74上a。

2　刘文淇：《青溪旧屋文集》卷十，《清代诗文集汇编》第564册，页74下b。

3　谢延庚：《〔光绪〕江都县续志》卷二十五上，光绪十年（1884）刻本，页8a—8b。

孟瞻名曰起，故余论交于扬州，以君乔梓为最久而善也。扬人之称君也，谓君龀齿失怙恃，沦落甚。年十二，始入书塾。甫三年，则已熟经书、解文义。窭贫，不能卒儒业，乃习贾，而所业复不足自立。君私购医家书，乘夜诵习之，昼执贾业无遗误。久之，人知君能，求治者多应手愈，遂改业医。君治病者，不问贫富，皆辄往。富室酬报从其意，贫者且赠以药饵，或袖钱资将息。其有疮溃，脓血臭秽，至家人莫敢近者，君见可治状，必亲为洗涤，加膏丹，以瘥为度。君医名既噪，洎癃老，不改其初。君家故有祖遗神香肆，各房轮值司肆事。其不值之房，值者岁贴白金三十两。值者欺君孤弱，遂据如私业，起家累万。旁观怜君困，皆愤，劝君持约剂结算，当得钱千缗。君曰："贫富，命也。为财利伤同气之和，吾不忍也。"后据业者荡其积，君境渐绌，振助之，有宗人恩。凡君生平行治，其见称于乡里者如是。余则谓：挟术者多居奇，攫利者必乘危。君虽不讳自济，而意则专于济人，市肆中无是人也。世儒读书，于无关考试者辄莫省；或稍加披览，又厚自矜异。君记问过人，虽不事举子业，暇辄温燖经籍，泛览史册，答问者无所隐滞，而绝不以知能自炫，庠序中无是人也。古之被褐怀玉者，大都任情绝俗，而君和易岂弟无崖岸，山林中无是人也。是可谓幼壮孝弟，耆耋好礼，不从流俗，修身以俟死者矣。君讳锡瑜，号琢斋。怀瑾，其字也。援例入国子监，以道光庚子八月八日卒于家，年九十有二。曾祖春和，始自溧水迁扬州，以长子起寅贵，赠明威将军。祖起泰，国学生。父暾，始占籍仪征，与从兄曈俱为县学生员。配江都凌氏，前卒。子一，即孟瞻。[1]

曾祖刘文淇（1789—1854），字孟瞻，嘉庆己卯科优贡生，诰赠奉政大夫，覃恩晋赠朝议大夫。治古文经学，以《春秋左氏传旧注疏证》名家，著有《春秋左氏传旧注疏证》《青溪旧屋文集》《〈旧唐书〉校勘记》《楚汉诸侯疆域志》《扬州水道记》等。《清史稿·儒林传》有传，日本小泽文四郎著有《刘

1　包世臣：《艺舟双楫》卷八，《续修四库全书》第1082册，上海：上海古籍出版社，2002年，页 749 下 b—750 下 a。

孟瞻先生年谱》。曾祖母黄氏（1793—？），江苏甘泉人，敕封孺人，诰赠太宜人，覃恩貤晋太恭人，太学生黄峻封之女。《刘氏五世小记》云：

> 外家先世住在溧水，孟瞻先生高祖始迁扬州。传到他的父亲琢斋先生，始以医学知名；名锡瑜，字怀瑾，别号琢斋，是一个笃行长者。他甚贫，但行医的规例，是富者听人家酬报，贫者不受酬，还赠药，尤其对贫人最关心。有请他的，虽半夜仍起来，不怕路远，步行来往，总希望代人治好了才安心。[1]

又云：

> 外家以"青溪旧屋"署其门，孟瞻先生即以名其集。所谓青溪者，《南齐书》言：相人刘子圭家金陵檀桥，宅于青溪之上，聚徒授书，不期荣进，惟求丞彭城以养贞素，生徒有"青溪"之称，私谥贞简。孟瞻先生本居溧水，继迁金陵，后侨居扬州。慕贞简之为人，仰其清德，遂颜其居。[2]

案，据《南齐书·刘瓛传》，刘瓛字子珪，沛国相人，南朝刘宋大明四年（460）举秀才，卒年五十六。梁武帝天监元年（502），下诏为立碑，谥曰贞简先生。青溪旧屋，即今扬州城区东圈门14号及14-1，其旧貌略存，今为扬州市级文物保护单位。据刘氏后裔回忆，其门额上原有"青溪旧屋刘"木匾一块，刘文淇手书，为刘氏卜居金陵时旧物，迁居扬州时携来。十年动乱中被抄没，现下落不明。今人或谓刘氏居仪征，因门前有青溪，取以名其室者，实为枉说。梅鹤孙云：

> 大门屏风上题有一联曰："红豆三传，儒门趾美；青藜四照，宝树联芳。"篆书，木刻填青，闻为江宁汪梅村先生士铎撰句，会稽赵㧑叔先生之谦所书。[3]

祖刘毓崧（1818—1867），字伯山，道光庚子科优贡生，候选训导。荐八旗官学教习，敕授文林郎，诰赠奉政大夫，晋赠朝议大夫、吏部主事，加三级。曾入曾国藩幕，在南京金陵书局校书。著有《通义堂文集》十六卷、《衡阳王

1　梅鹤孙：《刘氏五世小记》，第13页。
2　梅鹤孙：《刘氏五世小记》，第63页。
3　梅鹤孙：《刘氏五世小记》，第70页。李详《药裹慵谈》卷三"刘张侯"条所载亦同，见《李审言文集》上册，南京：江苏古籍出版社，1989年，第660页。

船山先生年谱》等,《清史稿·儒林传》有传。祖母汪氏(1818—1860),仪征人,举人汪铮孙女,庠生汪毂(小城)女,敕封孺人,诰赠太宜人,覃恩晋赠太恭人。庶祖母黄氏(1836—1910),敕封孺人,诰封太宜人,覃恩晋封太恭人。黄龙骧女。刘恭冕《清故优贡生刘君墓志铭》云:

> 君讳毓崧,字伯山,又字松厓。先世有讳春和者,由溧水迁扬,遂籍仪征。祖讳锡瑜,国学生,精习医术,乡称仁善。父讳文淇,嘉庆己卯优贡生,候选训导,孳经笃行,为世儒宗。

> 君束发受学,不好嬉弄。八九岁时,阅《通鉴》,习其句读。父执惊畏,目为奇童。自是问学日进,名誉大起。当世持文衡者,咸愿得君为举首。道光庚子,以廪膳生举优行,贡太学,最。后广东巡抚湘阴郭君嵩焘奏君朴学,宜充八旗教习,以资讲课,而湘乡相国曾公尤礼异之。自训导君为《左氏》学,君缵前业,用力尤深。旁通经史诸子百家之书,凡所寓目,略能记诵,悉其原委。广坐中,闻君谈论,或私取原书核之,皆无有误。精于勘校,友人有所述作或刊刻,多质君乃定。著有《春秋左氏传大义》,《周易》《尚书》《毛诗》《礼记旧疏考证》,《经传史乘诸子通义》,《彭城献征录》《旧德录》,《王船山年谱》,《通义堂诗文》《笔记》各若干卷。

> 君事父母,终身无一日失欢。姑、妹皆早寡,遗孤嗣亦幼,就食君家。君承先志,无所异视,抚教孤幼,俾各成立。与朋友交,劝善惩过,终始不渝。为人谋周慎,必期有成。临财,无所苟取。综君学行,质之古人,宜无愧已。

> 生于嘉庆戊寅二月廿三日,卒于同治丁卯八月初九日,得年五十岁。配汪孺人,同邑县学生讳毂之女,有妇德母教,为三党所知。其卒也,君为之志。继配黄孺人。子四:寿曾,同治甲子科副榜贡生;贵曾、富曾,并县学生;显曾,咸世君学。女二:长适县学生汪兆曾,次未字,均汪孺人出。

> 寿曾等将以是年十月廿四日卜葬君于郡城西郊郝家宝塔之原,与汪孺人合葬,而属恭冕为埋幽之文。恭冕与君世交垂四十年,生平所敬事如君者曾不数人,而君今遽殁,悲夫! 乃重为之铭,其词曰:

> 世称君为经师兮,抑其行为无悖也。天遽夺此贤达兮,世孰为余诲

也。顾诒谋之无怼兮，大业终其不废也。予冀言以传信兮，非于君有私爱也。愿长贞兹佳宅兮，幸樵采之无逮也。[1]

伯父刘寿曾（1838—1882），字恭甫，号芝云，同治甲子、光绪戊午丙子并科副榜，同知衔候选知县，诰赠奉政大夫。与其父刘毓崧同入曾国藩幕，父死后仍在南京金陵书局，直至去世。曾为杜文澜辑《古谣谚》一百卷，著有《传雅堂文集》四卷、《诗集》一卷，《清史稿·儒林传》有传。伯母李氏（1841—1918），诰封太宜人，江都李祖望次女。汪士铎撰《清故副榜贡生候选知县刘君墓志铭》云：

> 国家以文德化成海内，百年来尤重经术。江淮间，推仪征刘氏。自孟瞻先生以经学纯德师表儒术，余同年伯山继之，其良子恭甫又继之，三世通经精博，学者企若吴门惠氏。
>
> 光绪八年孟秋，恭甫弟良甫来视余，汯然垂涕，告恭甫七月十六日以疾卒于家，哀动左右。余不禁错愕失声。盖余从君三世游，不幸如昌黎之于马北平也。良甫以君状来乞铭，义不忍以衰朽辞，且哀良甫昆季友于之戚，而自叹蒲柳不凋、芝兰早蕡焉。
>
> 按状，君讳寿曾，恭甫，其字也，又字芝云。同治三年副榜贡生，光绪二年又中副榜第一。以筹饷劳，得知县，晋同知衔。年四十五。配李宜人，江都方闻士宾崵女，少君三岁。子师苍，方九龄；女一，亦幼。明年□月，良甫等葬君于郡城西郝家宝塔之原。状言国学生讳锡瑜者，君曾祖；孟瞻先生讳文淇，伯山同年讳毓崧，皆优行贡生，当世幼眇所习闻君之祖若考也。
>
> 嗟乎！有生之理，必天竺之、人养之。既资粹抱懿已，或不免鞭于内外。免焉而获落无所遇，遂衎衎醉饱，漫弗省录，此则宜有人责矣。君乃鱼濡兽趋，期副知我。其神既敝，敝则急去之，势也。念君自同治初旅金陵书局，其府主则洪琴西都转也，其赏拔则曾文正以来六七公也。此皆一代名卿大夫，甲推乙揿，跻君于雅材之右，岂诎于人不知邪？

---

1 梅鹤孙：《刘氏五世小记》，第83—84页。此据刘氏家藏墓志铭拓本录，与刘恭冕《广经室文钞》字偶异。

食人食，事人事，卒以积瘁，至不逮中寿。庄生所谓以有涯随无涯，日远于冥极，竭于报称，而忘其原不给也。

君孝友谦谨孚于人，治经该博，摛词古雅。大师硕彦，礼先缟带。尝修《江都县志》，又偕余纂《江宁府志》，份份冠吾曹。所校刊者多官书，所自著有《传雅堂诗文集》及《礼记》若干卷，《昏礼重别论对驳议》《南史校义集平》《文谱类释》《临川答问》若干卷，良甫等衰之，藏于家。

昔余尝谓，伦理者，所以养人性情者也。出则劬于所执，入而有孔怀之欢，室家之好，不犹足宣畅人之志意乎？孟瞻先生里居教授，伯山避寇，尽室与偕。惟君旅寓吾郡十余年，所居飞霞阁，踞冶城山颠，下行百数十级，抵山麓，始睹人兽远迹。终岁樵汲，寄一雇伧。每至穷秋繁霜，坐卧一斗室。意勚出步，寒烟无极。北望广陵，雁行夐阻；斜晖西没，孤镫青荧，百虫逆绝。虽无悲笳牧马之乌乌，而我影偶我，略闻远柝。启牖四顾，阒寂塞外。度君情犹人耳，安能当此而不憯然动心哉！呜呼！此亦足以伤君之一也。因为之铭曰：

羞之饱之，祖所遗茹也。播之获之，考所遗畬也。啐之歠之，旧德之醑也。翼之终之，群季合锄也。孚家孚邦，蜚令誉也。斤如屋如，非山鬼所谪也。乃神质不节，微眚遂莫之御也。[1]

父刘贵曾（1845—1898），字良甫，光绪丙子科、己丑科副榜举人，直隶州州判，敕授文林郎，诰赠奉政大夫。著有《左传历谱》《诗品注》《抱瓮居士文集》等。本年三十九岁。《刘氏五世小记》称：

本生外祖行二，为良甫先生，名贵曾。十二岁时为兵掠去，数月后以计逃归。为临川李小湖先生联琇弟子，一、再中光绪丙子、己丑科副榜举人，候选直隶州州判，弃不就。虽经术湛深，而世故洞达，地方当政无不信仰，有事咨询，明恕廉洁，深藏若虚。早年问业于宝应成蓉镜先生，尽通三统四分之术，撰《左传历谱》至昭公二年，以下属草未竣。成先生治《尚书历》未竟，外祖撰《尚书历草补演》一卷，以继其绪。又成《礼记旧疏考正》一卷，《抱瓮居士文集》二卷，《外集》二卷，诗、词各一

1　梅鹤孙：《刘氏五世小记》，第 84—86 页。

卷,笔记二卷。其著《春秋左传历谱》,推衍朔闰,正杜氏之失,也是为《左传旧注疏证》而作的。[1]

母李汝薽(1842—1919),江都李祖望三女,本年四十二岁。《刘氏五世小记》云:

> 我外祖母李太夫人,名汝薽,是江都小学家李宾嵋先生名祖望的次女。他的母亲叶太夫人,名蕙,字兰如,甘泉人,深于经史之学,著有《尔雅古注斠诠》,久已行世,为学者所推重。李家住扬州文选楼巷,称为选楼李氏。外祖母生我母亲与申叔舅氏二人。母亲名师铄,字卫仪,长舅氏十三岁。舅氏名师培,字申叔。伯外祖恭甫先生名寿曾,兄弟四人,在我外祖辈居长,与本生外祖良甫先生名贵曾,皆是李宾嵋先生之婿。[2]

案,李祖望(1810—1877),字宾嵋,江苏江都人。幼颖悟,读书辄数行下。六岁咏兰花,有"品超群卉外,清味有谁知"之句。祖文绶赏之,谓异日必远于流俗。稍长,从梅植之受《楚辞》《文选》,诵习尝至夜分不辍。所著有《说文统系表》、《古韵旁证》十四卷、《唐石经笺异》九卷、《小学钩沉篇目考证》六卷、《说文重文考》十六卷、《江苏碑目纪略》六卷、《锲不舍斋诗文集》五卷等,编有《小学类编》三十六卷,另有《江都李氏所著书》稿本,1976年台湾联经出版事业公司曾影印。

叔父刘富曾(1847—1928),字谦甫,光绪戊子科举人,己丑科会试挑取誊录,签分国史馆。本年三十七岁。

叔父刘显曾(1851—1928),字诚甫,光绪戊子科举人,壬辰科进士,吏部主事,稽勋兼文选司行走,考取总理衙门章京。本年三十四岁。

长姑母刘顺曾(1842—?),适五品衔青浦县学训导汪兆曾。汪公权为其子。

次姑母刘淑曾(1853—1891),字婉媛,适宝应孔广牧之子昭寀,本年三十二岁。

胞姊刘师铄(1871—1936),字卫仪,本年十四岁,后适江都梅兆祁,有

1　梅鹤孙:《刘氏五世小记》,第26页。
2　梅鹤孙:《刘氏五世小记》,第11页。

子梅鉽，字鹤孙。

伯兄刘师苍（1874—1902），字张侯，本年十一岁。

仲兄刘师慎（1880—1912），字许仲，本年五岁。

嫡堂姊刘师昭，字班仪（生卒不详），适江都林溥之孙林宝麟。

嫡堂姊刘师韫，字谢仪（生卒不详），适武进县学教谕仪征何承霖之子何家辂，即刘师培妻何震之兄。

刘师培伯仲名字，皆取汉儒名字错综而成。刘师铄字卫仪，取名于卫铄。刘师苍字张侯，取名于北平侯张苍，许慎《说文解字序》云："北平侯张苍献《春秋左氏传》。"刘师慎字许仲，取名于东汉文字学家许慎（字叔重，著有《说文解字》）。刘师培字申叔，取名于汉代经师申公培（为《鲁诗》和《春秋穀梁传》的传授者）。刘师颖字容季，取名于经学家颖容（字子严，曾为《春秋左氏传》作注）。刘氏世系，详见附录一《青溪旧屋仪征刘氏世系表》。

本年，中法战争爆发。

1888 年（光绪十四年，戊子） 五岁

【事略】

10 月 27 日，刘富曾、刘显曾参加江南乡试，同时中式。缪荃孙《艺风老人日记》载：

> 二十三日辛未……阅南闱题名录，知江标、江衡、刘富曾、刘显曾、刘树屏、谢钟英、张锡恭、陈玉树、赵椿年及屺怀皆中式。宗工巨眼，不负南人期望矣。[1]

11 月 29 日，缪荃孙收到刘师培父贵曾自扬州所寄信及《通义堂集》。[2]

案，《通义堂文集》十六卷，刘毓崧撰，青溪旧屋自刻本，至本年始陆续刻成。

---

1 缪荃孙：《戊子日记》，张廷银、朱玉麒主编：《缪荃孙全集 · 日记（一）》，南京：凤凰出版社，2014 年，第 37—38 页。

2 缪荃孙：《戊子日记》，《缪荃孙全集 · 日记（一）》，第 42 页。

1889 年（光绪十五年，己丑）　六岁

【事略】

1 月 4 日，缪荃孙给刘贵曾写信。[1]

2 月 5 日，镇江洋捕殴毙华人，群众怒毁洋行及英、美领事署。

4 月 23 日，缪荃孙收到刘贵曾信及《李映碧先生事实》《昭阳述旧编》。[2]

5 月 6 日，缪荃孙回复刘贵曾。[3]

7 月 7 日，缪荃孙又接刘贵曾信。[4]

15 日，缪荃孙回复刘贵曾信。[5]

8 月 16 日，缪荃孙在扬州，访刘富曾于青溪旧屋。《艺风老人日记》载：

> 二十日甲子，晴，热甚。出拜刘谦甫（富曾）、赖葆臣（丰熙）、陈达卿（璋）、何月担（彦达）、程尚斋丈（桓生）、莫仲武（绳孙），仲武处并见大姊。[6]

此后，刘贵曾赴南京参加恩科乡试，刘显曾随往。

26 日，缪荃孙访刘显曾于南京。[7]

28 日，缪荃孙又访刘贵曾于南京，未晤。[8]

本次己丑恩科试，刘贵曾中副榜举人。

9 月（农历八月），刘师苍参加院试，成秀才。

11 月 20 日（农历十月二十八），缪荃孙接刘贵曾信，并所寄新钞王翼凤《声远堂文钞》、杨亮生《世泽堂文集》、田溥光《汉学堂文集》、张宗泰《天

1　缪荃孙：《戊子日记》，《缪荃孙全集·日记（一）》，第 47 页。
2　缪荃孙：《己丑日记》，《缪荃孙全集·日记（一）》，第 62 页。
3　缪荃孙：《己丑日记》，《缪荃孙全集·日记（一）》，第 64 页。
4　缪荃孙：《己丑日记》，《缪荃孙全集·日记（一）》，第 72 页。
5　缪荃孙：《己丑日记》，《缪荃孙全集·日记（一）》，第 73 页。
6　缪荃孙：《己丑日记》，《缪荃孙全集·日记（一）》，第 77 页。
7　缪荃孙：《己丑日记》，《缪荃孙全集·日记（一）》，第 80 页。
8　同上。

长县志稿》。[1]

1890 年（光绪十六年，庚寅）　七岁

【事略】

1 月 13 日，缪荃孙回复刘贵曾信。[2]

2 月 3 日，缪荃孙收到刘贵曾自扬州所寄信。[3]

19 日，缪荃孙接刘贵曾信，并《汪梅村集》。[4]

21 日，缪荃孙回复刘贵曾信。[5]

5 月 18 日，缪荃孙拜访刘贵曾，刘师苍拜访缪荃孙。《艺风老人日记》载：

> 卅日己亥，晴。拜江运台（蓉舫）、田溶原（恩厚）、刘良甫（贵曾），赴玉佩居餐面。良甫其犹子师苍来见，长谈。师苍字张侯，恭甫先生之子，年甫十七，客岁以经解受知茂名师，拔通属第一，入泮矣。[6]

1891 年（光绪十七年，辛卯）　八岁

【事略】

春，长江中下游教案迭起，扬州会党也发布揭帖，揭露教会罪恶，约期拆毁教堂。地方官出示禁止，告示甫出，即被人爪裂粉碎，另粘红条于上云："官府受贿，保护洋人。"

4 月 20 日，扬州城内五六千人奋起包围教堂，声如鼎沸，冲坏教堂后门，捣毁围墙。地方官调派兵勇弹压，强行驱散群众。

1　缪荃孙：《己丑日记》，《缪荃孙全集·日记（一）》，第 93 页。
2　缪荃孙：《己丑日记》，《缪荃孙全集·日记（一）》，第 101 页。
3　缪荃孙：《庚寅日记》，《缪荃孙全集·日记（一）》，第 104 页。
4　缪荃孙：《庚寅日记》，《缪荃孙全集·日记（一）》，第 107 页。
5　同上。
6　缪荃孙：《庚寅日记》，《缪荃孙全集·日记（一）》，第 119 页。

28 日，刘师培姑母刘淑曾卒，年三十八岁。先是，孔昭案因公殁于河，
奉旨从优议恤，恩赏云骑尉世职。刘淑曾闻夫死，仰药以殉。奉旨，旌表节烈。
闵尔昌《碑传集补》卷六十有传。

本年，刘师培开始学习《周易》。其《甲辰年自述诗》自注云："余八岁
即学变卦之法，日变一卦。"

关于刘氏子弟启蒙，《刘氏五世小记》云：

> 刘氏子弟启蒙入学，必先读《尔雅》，习其训诂。[1]

又谓：

> 母亲与舅氏幼年皆未从师，都是严慈训，又渐渍于诸兄之问学。[2]

1892 年（光绪十八年，壬辰）　九岁

6 月 10 日，缪荃孙拜访刘富曾、显曾兄弟于南京。《艺风老人日记》载：

> 十六日癸巳，晴。午后大风扬尘。出拜刘诚甫、谦甫、王莼卿、柯逊
> 庵。[3]

8 月 22 日，刘富曾、显曾兄弟参加缪佑孙宴集。《艺风老人日记》载：

> 七月朔丙戌，……柚岑招饮广和居，谢芷泉、刘谦甫、诚甫、李季驯、
> 于海帆、薛斋、养和同席。[4]

1893 年（光绪十九年，癸巳）　十岁

6 月 15 日，刘显曾拜访缪荃孙。[5]
12 月 4 日，缪荃孙送《藏书纪事诗》予刘显曾。[6]

1　梅鹤孙：《刘氏五世小记》，第 64 页。
2　梅鹤孙：《刘氏五世小记》，第 65 页。
3　缪荃孙：《壬辰日记》，《缪荃孙全集·日记（一）》，第 212 页。
4　缪荃孙：《壬辰日记》，《缪荃孙全集·日记（一）》，第 221 页。
5　缪荃孙：《癸巳日记》，《缪荃孙全集·日记（一）》，第 259 页。
6　缪荃孙：《癸巳日记》，《缪荃孙全集·日记（一）》，第 283 页。

1894 年（光绪二十年，甲午） 十一岁

【事略】

5 月 24 日，蒯光典招饮，刘显曾参加。《艺风老人日记》载：

> 二十日丙寅，晴。拜姚彦嘉，交账并送行。蒯履卿招饮久和兴，张式卿、王莲生、盛百熙、王松熙、江剑霞、丁叔衡、端午桥、王莘卿、刘诚甫、沈子封、冯梦华、李木斋同席。[1]

8 月 1 日，中日两国同时宣战，甲午战争爆发。

11 月 8 日，王莘卿招饮，刘显曾参加。《艺风老人日记》载：

> 十一日甲寅，……王莘卿邀广和居小饮，沈子培、子封、黄仲弢、刘诚甫、冯梦华、叶鞠裳、屠静三同席。[2]

24 日，孙中山在檀香山组织创立中国第一个革命小团体兴中会。

本年，刘师培开始学习试帖诗。

蔡元培《刘君申叔事略》云：

> 初习为试帖诗。一夜，月色皎然，讽诵之顷，恍然有悟，遂喜为诗赋。曾作《水仙花赋》。又穷一二日之力，成《凤仙花》诗一百首。[3]

《刘氏五世小记》称：

> 申叔舅氏天资颖异，过目不忘。母亲说：有一年初秋，偶取庭前凤仙花汁染指甲。舅氏才十一岁，在旁看见，也要母亲替他染。母亲未允，叫他做一首诗方可。舅氏在一个下午就做了六十几首《凤仙花》绝句，第二天又足成一百首。当时亲友传诵，称为神童。[4]

案，以凤仙花汁染指甲，为扬州一带旧俗。其方法是，取鲜凤仙花的花、叶，加入明矾，捣烂如泥，敷指甲上，以麻叶裹上扎牢，数小时后取下，洗去残

1　缪荃孙：《甲午日记》，《缪荃孙全集·日记（一）》，第 307 页。王莘卿，原本误作"刘莘卿"。王颂蔚（1848—1895），字芾卿、莘卿，号蒿隐，长洲人。光绪六年（1880）进士。

2　缪荃孙：《甲午日记》，《缪荃孙全集·日记（一）》，第 329 页。

3　蔡元培：《刘君申叔事略》，《仪征刘申叔遗书》第 1 册卷首，第 42 页。

4　梅鹤孙：《刘氏五世小记》，第 26 页。

渣,指甲即为鲜红色,数日不褪。此事通常为女孩所为,男童极少为之。今犹可偶见。《水仙花赋》和《凤仙花》绝句,今皆不存。

关于刘师培幼慧,后世传闻颇多。1926年《时报》曾载《刘申叔之幼慧》一文,虽时有小误,然其中多有与刘师培生平相合者,附录于下。

> 刘申叔名师培,江苏宝应人。宝邑刘氏,世以经术文章显名当代,曾文正极推重之。申叔幼奇慧,所读书过目不忘。十一岁时,代其兄某应运司观风课卷,题为《文选楼赋》,洋洋数千言,沉博绝丽,规仿选体毕肖;篇首小序,驳阮文达说,语语皆有根柢。案发,列第一。运司招其兄至署,殷殷奖勉。其兄直对以课卷为弟代作,运司大惊,以为非老师宿儒,不易有此佳构,因嘱其兄携同来署一见。及申叔随兄晋谒,则一佩觽佩韘之书塾小学生也,尤为惊异不止。时武进屠敬山先生寄,研究舆地学,负海内重名。一日至宝邑访其兄,其兄适外出,申叔正在剃发,闻屠至,遽出招待。屠见申叔年甚幼稚,意轻之,不甚与酬答。申叔伪为无知,随意举经史中地势沿革及古今疑误之处相诘问,屠知者不及十之二三,余俱瞠目不知所对。由是奇童之名,噪于远近。及乡闱中式后,某科会试,卷已入选矣。总裁为孙家鼐,向以广收翰苑门生为他日援系计,是时拆弥封,见刘卷字画潦草,如涂鸦画蚓,预料决非玉堂金马中人物,遂屏弃之,强易以他卷。申叔知而忿甚,于是一激而从事革命事业。时上海方刊行《国粹学报》,为文字革命机关,申叔时以著述载入报中,援据经史,发扬种族革命之意见。其署名为刘光汉,寓光复汉族之意也。智识阶级中人读其文,多表同情,于是革命思想在不知不觉中灌输于人人脑海矣。清廷捕之急,乃逃往日本避之。居数年,中国革命风潮益澎湃不可遏止。江督端方乃遣人讽之归国,饵以重金,令暗中侦探革党消息。申叔为金钱所歆动,遽尔改节,致为同党所屏斥。清季随端方入川,几及于难。民国三年,袁项城称帝,又为所罗致,作文称述功德,恭行劝进,人比之刘歆之于王莽焉。袁氏失败,申叔亦郁郁而卒。闻申叔幼时,臀尖有尻骨甚高,若动物之生尾然。同塾读书之小学生每向之摸索,以资嬉笑。说者谓系精灵降生,比之张之洞之猿精、曾文正之蟒精、纪

文达之为女子转世,故能不昧前因,有此特异之聪慧。其然? 岂其然乎! [1]

【著述】

水仙花赋 　佚

凤仙花 　绝句 100 首,佚

1895 年(光绪二十一年,乙未) 十二岁

【事略】

4 月,受中日《马关条约》的刺激,康有为、梁启超等发动"公车上书",提出拒和、迁都、练兵、变法主张。

6 月 16 日,缪荃孙接刘富曾自扬州所寄信。[2]

26 日,缪荃孙回复刘富曾信。[3]

8 月,康有为、梁启超等创办《万国公报》,组织强学会。

本年,刘师培读完四书五经。蔡元培《刘君申叔事略》云:

> 君幼慧。年十二,即读毕四子书及五经。[4]

案,刘师培未曾入塾,幼年与其女兄刘师铄,均由母亲李汝蕙亲授《尔雅》《说文解字》《诗经》等;稍长,向从兄刘师苍、刘师慎问业。刘师苍之子刘葆儒《三叔廿岁前形势》云:

> 十五、十六以前,受业先君,习经解。[5]

1　荫萱:《餐霞室笔谈》(五),《时报》1926 年 12 月 29 日,第 10 版。

2　缪荃孙:《乙未日记》,《缪荃孙全集·日记(一)》,第 360 页。

3　缪荃孙:《乙未日记》,《缪荃孙全集·日记(一)》,第 361 页。

4　蔡元培:《刘君申叔事略》,《仪征刘申叔遗书》第 1 册,第 42 页。

5　刘葆儒:《三叔廿岁前形势》,见杨丽娟:《刘师培家藏文献研究初集》,第 174—175 页。

1896 年(光绪二十二年,丙申) 十三岁

【事略】

6 月 26 日,胡璋(铁梅)在上海创办《苏报》。该报由胡璋妻日本人生驹悦出面,向日本驻沪总领事馆注册,托名为日商报纸。邹弢任主笔,内容多为市井猥琐之论。

8 月,维新派在上海创办《时务报》,宣传变法图强。

1897 年(光绪二十三年,丁酉) 十四岁

【事略】

8 月 25 日,缪荃孙在南京拜访刘贵曾。[1]

26 日,刘贵曾回拜缪荃孙。[2]

秋,伯兄刘师苍应试中式,为举人。其乡试墨卷收入顾廷龙主编《清代硃卷集成》第 389 册第 349—365 页。

冬,德国派兵强占胶州湾,引发列强瓜分中国的狂潮。

本年,刘师培开始研读《晏子春秋》。其《晏子春秋斠补跋》云:

师培治《晏子春秋》,始于光绪二十三年,以孙(星衍)、徐(鼐)二刻为主,兼及明刊各本,旁及卢(文弨)、俞(樾)、黄(以周)之说。[3]

1898 年(光绪二十四年,戊戌) 十五岁

【事略】

1 月 29 日,康有为上《应诏统筹全局折》。

1　缪荃孙:《丁酉日记》,《缪荃孙全集·日记(一)》,第 476 页。

2　缪荃孙:《丁酉日记》,《缪荃孙全集·日记(一)》,第 477 页。

3　刘师培:《左盦外集》卷十七,《仪征刘申叔遗书》第 12 册,第 5167—5168 页。

3月24日（农历三月初三），父亲刘贵曾病逝于扬州故里，享年五十四岁。后葬于扬州城西郝家宝塔祖茔，邵阳魏鼷作《清故副榜贡生候选直隶州州判刘君墓志铭》，江都吉亮工书丹并篆盖。《墓志铭》云：

君讳贵曾，字良甫，一字少厓。先世有讳春和者，由溧水迁居于扬，世为仪征人。曾祖锡瑜，太学生。祖文淇，优贡生，候选训导，以经明行修，有声于时，淮海号为大师。父毓崧，优贡生，荐举八旗官学教习。闭户讲习，高蹈弗仕。母汪太恭人，生子四：寿曾、富曾、显曾及君。寿曾才而早逝，两中副贡生，候选知县。君，其仲也。自君以上，三世攻经学，重名谊，学行俱载国史《儒林传》。君生而开敏竺行。年十二，遭寇乱，为贼所掠，使之牧马斯薪数月，卒以计挟一儿跳免。君自伤屯遭，淬厉奋发，益劬于学。教习故博通，四方求请编纂觕文之役无虚日。君昼勤粪扫，夕读书训，诸弟佐父兄为文事，故君虽年稚，已博洽通经谊。大理寺卿临川李公联琇，峻望少许可，唯与君昆季日久无间言。君事继母黄太恭人孝。教习捐馆金陵，食指日繁，处益困。伯兄善著书，君谢家事，而自奉母携弟妹返扬州，米盐筐箧凌杂之事，力任其劳。宾客庆吊，必躬必亲。暇则结社会文，四方宾客过扬者，或就君谈艺，莫不满其望以去。君伯兄尝语人曰："吾之有仲，犹吾之有二身也。"伯兄殁，遗二女，一子名师苍，方九龄。君自督课，衣食寒燠，一身司之。迨长，各为嫁娶。师苍故颖异，年十六，已能经解词赋，受知于学使。丁酉，更用选拔中秋赋。君大喜，曰："今可以慰吾兄矣。"君明恕廉洁，纤介弗苟。交游责诺，久要不忘。故工经艺，门下执经请业者，或策名委籍以去。君凡一、再中丙子、己丑省试副贡生，慨然曰："吾十上有司而止此，命也。"候选直隶州州判，弃不就。君于学多通。先是，训导君治《左传》贾、服、郑三君之学，纠驳杜氏，经营四十年，长编甫具，写定者仅一卷。君欲助伯兄赓成之而未逮，乃从宝应成先生孺受《三统历》法，推衍《春秋》朔闰，以正杜氏《长历》之失，为《春秋历谱》。它文词，皆有法度，而出之必当。呜呼！博学而耻于为名，介节而不违俗。深藏若虚，明颖特达，可谓君子儒哉！君凤更忧患，中岁以后，痰湿竞作。光绪二十四年三月丙戌寅时，竟卒于扬城里第，年五十有四。而富曾先率师苍应礼部试，君属纩，神明湛然，唯以未能侍养、待弟偕宦游为念，延颈北瞩，声情恻怆，哀动旁人。呜呼！此可以观君矣。配李孺人，子师培，女师铄，适江都庠生梅兆祸君。赴至金陵，縣为位哭寝门外，而富曾、显曾具状来请曰："今将以是年□月□日葬君于城西郝家宝塔之原，以祔我先人。子其为铭！"昔蔡中郎为郭有道碑，谓无惭色。君盛德在躬，不期闻达。媿负驽质，敢谢不文，谨著同辞，用彰懿德。其词曰：

于穆刘君，温恭朝夕。孝于惟孝，作世典则。沈挚其性，雪白之仁。负奇泛爱，永言终身。儒门孔修，通德大雅。玉佩琼琚，人畴知者。仰瞻榱桷，俯察几筵。我将我范，明粢豆笾。庭闱安愉，友于竺祜。媿彼匪忱，睅睍行路。刘殷七叶，韦贤一经。家风用倂，永尉先型。卧名嚣嚣，抚孤犹子。彼问业者，亦儒亦史。综君百行，天实难知。我铭牛脊，唯无愧辞。[1]

刘师培后作《先府君行略》[2]，收入《左盦集》卷六。

4月，康有为、梁启超在北京成立保国会。

6月11日，光绪帝颁布"明定国是"诏，戊戌变法正式开始。

9月21日，慈禧太后由颐和园赶回紫禁城，囚禁光绪，宣布临朝训政，戊戌变法失败，康有为、梁启超被通缉，谭嗣同、杨深秀、林旭、杨锐、刘光第、康广仁等被捕，28日被杀于北京菜市口。

案，1933年6月7日《大亚画报》第384期"刘申叔先生遗诗"载《感事八首暨石头城一绝庚子戊戌以后》（一）的两首诗，即为本年戊戌变法事而发，然未必作于本年。其诗云：

黄金台畔黯秋云，菜市萧条淡夕曛。奇祸旋兴文字狱，兵机偶动羽林军。岂因宋帝仇安石，不阻唐宗用叔文。逝水无情人易老，秦中何处吊商君。

斜阳衰草气萧森，又向神州叹陆沉。去国谁悲随会志，上书岂识杜根心。海枯石烂孤臣泪，地覆天翻党祸深。太息前朝亡国事，不堪回首

1　梅鹤孙：《刘氏五世小记》，第86—87页。

2　刘师培：《左盦集》卷六，《仪征刘申叔遗书》第9册，第3888—3892页。

哭东林。[1]

1899 年(光绪二十五年,己亥) 十六岁

【事略】

4 月 27 日,姚永概携妻抵扬州,入两淮盐运使江人镜幕府,兼何维键(1835—1908,字汝持,号芷舫,安徽望江人)家馆,教读其孙辈。[2]

6 月 13 日,康有为、梁启超在日本组织保皇党。

25 日,刘师苍拜访姚永概于扬州。[3]

29 日,刘富曾访姚永概。[4]

8 月 11 日,义和团朱红灯部击败清军于山东陵县。此后与官军作战多起,直至年底失败。

各地义和团活动蓬勃发展。

9 月 14 日,刘富曾再访姚永概。[5]

秋,作《和阮文达公秋桑诗并序》,云:

己亥暮秋,泛舟小金山,见隔岸秋桑千余株,叶已黄落,皆有秋意,盖课桑局之意也,为之盘桓久之。因取阮文达集中《秋桑》诗以和之。

记得春光到陌旁,花花叶叶自相当。交交响响鸣黄鸟,肃肃声传振鸨行。一径香风人取斧,三竿晓日女携筐。野扬伐处逢蚕月,处处幽民植女桑。

冷淡疏林着秋霜,枝条摇落亦凄凉。畴边罗影残秋雨,陌上筝声落夕阳。日落首山柯改碧,秋深淇水叶飘黄。野虞毋伐曾编令,村姑依然

---

1 刘师培:《感事八首暨石头城一绝庚子戊戌以后》(一),《大亚画报》第 384 期,1933 年 6 月 7 日,第 2 版。

2 姚永概著,沈寂等标点:《慎宜轩日记》下册,合肥:黄山书社,2010 年,第 749 页。

3 姚永概:《慎宜轩日记》下册,第 754 页。刘师苍,字张侯,姚氏《日记》作"刘章侯"。

4 姚永概:《慎宜轩日记》下册,第 754 页。刘富曾,字谦甫,姚氏《日记》作"刘谦父",下同。

5 姚永概:《慎宜轩日记》下册,第 761 页。

傍院墙。[1]

案,此诗原件由扬州伟宝先生收藏,《扬州日报》2007 年 1 月 8 日《国学大师科举扬州 "开卷"》曾录其序及第一首诗。

【著述】

和阮文达公秋桑诗并序　　手稿

1900 年(光绪二十六年,庚子) 十七岁

【事略】

1 月 12 日,上谕以 "近来各省盗会日炽,教案迭出,言者多指为会党",命各省督抚 "遇有民教词讼,持平办理"。

15 日,刘富曾访姚永概于扬州。[2]

16 日,姚永概邀刘富曾、刘师苍等饮茶。[3]

2 月 5 日(农历正月初六),姚永概登门向陈彝、莫绳孙、刘富曾、周澄之、江人镜等贺年。[4]

3 月 4 日,刘富曾拜访缪荃孙,缪荃孙回访。《艺风老人日记》载:

> 四日丙子,晴。方谦初、刘谦甫来。发杭州丁修甫信、上海张季直、苏州刘光珊信。还谦初存款五十元。寄修甫《宋中兴百官题名》一册。拜万心涛、刘谦甫、陈雨人。[5]

5 月 2 日,刘富曾拜访缪荃孙。[6]

21 日,驻华十一国公使照会清政府,要求严厉镇压义和团运动。

6 月 15 日,北京义和团开始进攻西什库天主教总堂,持续 62 天。同时,

1　刘师培:《和阮文达公秋桑诗并序》,手稿,扬州伟宝先生收藏。

2　姚永概:《慎宜轩日记》下册,第 770 页。

3　姚永概:《慎宜轩日记》下册,第 771 页。

4　姚永概:《慎宜轩日记》下册,第 772 页。

5　缪荃孙:《庚子日记》,《缪荃孙全集·日记(二)》,第 61 页。

6　缪荃孙:《庚子日记》,《缪荃孙全集·日记(二)》,第 70 页。

清政府派兵镇压北京城内持枪械喊杀、反抗帝国主义侵略的群众。

19 日，清政府御前会议结束，决定对八国联军宣战，命许景澄通知各国公使，二十四小时内出北京。

20 日，北京义和团包围使馆区，直至 8 月 14 日结束，历时 56 天。

22 日，清政府发给义和团 2 万石粳米，以示奖励。西摩军在义和团的进攻下，退驻郊区西沽军械局。

23 日，侵略军占领天津车站。

28 日，刘富曾拜访缪荃孙。[1]

7 月 9 日，沙俄政府发布入侵我国东北的命令。清政府授予李鸿章全权名义，与各国协商。本日，日本侵略军血洗纪家庄。

30 日，八国联军在天津成立联合军事殖民统治政权。

8 月 2 日，八国联军 4 万人由天津沿运河向北京进犯。

4 日，俄军攻陷瑷珲城，焚毁城内所有建筑，二百年历史古城化为灰烬。

7 日，清政府任命李鸿章为全权大臣，即日通电各国外交部，先行停战，妥商议结事宜。

14 日，凌晨一时，沙俄侵略军抢先攻北京东便门。继之，帝国主义侵略军侵入北京。次日凌晨，西太后挟光绪皇帝微服出逃西行。月底，至山西大同府。

16 日，八国联军受"特许"，自本日起在北京城内大肆掠劫三日。

20 日，清政府下罪己诏。

22 日，唐才常因起义事泄，被杀于武昌。

9 月 7 日，清政府命庆亲王奕劻、大学士李鸿章、荣禄为全权大臣，刘坤一、张之洞会办议和事宜，均准便宜行事。又发布"剿匪"上谕，命直隶地方官大力镇压义和团。

至 10 月 1 日，俄军先后攻占鞍山、辽阳、沈阳等地。

8 日，郑士良奉孙中山命令，率三合会党 600 人发动惠州起义，22 日在三多祝接到孙中山的"外援难期"电报，宣布解散。

1　缪荃孙：《戊子日记》，《缪荃孙全集·日记（二）》，第 78 页。

28 日，史坚如响应惠州起义，在广州举事，次日被捕，11 月 9 日遇害。

12 月 10 日，侵略军设立管理北京委员会。

22 日，帝国主义各国公使提出"议和大纲"十二款联合通牒。

27 日，上谕以"念宗庙社稷关系至重，不得不委屈求全"，所有十二条大纲立即照允。

1933 年 6 月 14—28 日《大亚画报》第 385—387 期"刘申叔先生遗诗"载《感事八首暨石头城一绝庚子戊戌以后》（二）至（四）的六首诗，均与本年义和团运动、慈禧西狩、唐才常起义等相关。其诗云：

> 一从析木锁妖氛，莽莽中原起战云。偄冑无谋能御敌，怀〔先〕〔光〕有计欲要君。铜驼秋雨人悲落，白雁西风水渡汾。帝子不归春色暮，故宫钟鼓冷斜曛。

> 天地悠悠白日沉，忽闻义旅起湘阴。风云感慨英雄老，沧海横流战血深。杜宇啼枝空有泪，精禽填海讵无心。澧兰沅芷谁攀折，犹入当年楚客吟。

> 雨覆风翻又一时，神京回首更堪悲。青蒲伏阙空惆怅，黄阁平章孰主持。忧国片言思贾谊，撒帘大计少韩琦。秦皇别有愚民策，何用焚书待李斯。[1]

> 黄粱一枕梦初醒，浩劫茫茫几度经。玄菟不闻归汉域，吐蕃从此绝唐庭。露凝太液花空落，日黯阴山草不青。匡复神州期努力，未须流涕泣新庭。

> 瀛海初消鹬蚌争，赤眉青犊祸旋成。碑残景教灾谁弭，患起萧墙变易生。百粤河山旌旆影，南川风雨鼓鼙声。廷臣不识忧时切，欢舞酣歌饰太平。[2]

> 欲挽狂澜事可伤，箫声呜咽剑苍茫。鹃声啼血心逾苦，螳（背）〔臂〕当车愿未偿。倚笑东门无石勒，辍耕陇上待陈王。堂堂万里中州地，从

1　刘师培：《感事八首暨石头城一绝庚子戊戌以后（二）》，《大亚画报》第 385 期，1933 年 6 月 14 日，第 2 版。

2　刘师培：《感事八首暨石头城一绝庚子戊戌以后（三）》，《大亚画报》第 386 期，1933 年 6 月 21 日，第 2 版。

此挥戈盼鲁阳。[1]

案，据各诗所涉史实，《大亚画报》第 384—387 期所载刘师培《感事八首》，似作于本年，今姑系此年中。又，本年刘师培作《湘汉吟》《燕》《宫怨》[2]等诗，也与本年社会动荡相关。

【著述】

湘汉吟　《左盦诗》

燕　　同上

宫怨　　同上

感事八首　《大亚画报》第 384—387 期"刘申叔先生遗诗"栏，1933 年 6 月 7—28 日，原题《感事八首暨石头城一绝庚子戊戌以后》

1901 年（光绪二十七年，辛丑）　十八岁

【事略】

1 月 29 日，清政府在西安下诏，宣布"变法"。

2 月 14 日，清政府发布上谕，称"量中华之物力，结与国之欢心"。

27 日，清政府命奕劻、李鸿章请各国公使劝阻俄国强迫签约。

3 月 12 日，俄国再度向杨儒提出十一款，限本月 26 日画押。

15 日，上海爱国人士在张园集会，谴责沙俄，要求清政府"力拒俄约"，以保危局。

22 日，清政府电令出使各国大臣，请各国代请展限订俄约，以筹妥协。

春，刘师培参加府试，补县学生员。刘禺生《世载堂杂忆》"刘申叔新诗获知己"条云：

　　冒鹤亭曰：予中乡榜，刘申叔尚应小考。扬州府试，知府沈笔香延

1　刘师培：《感事八首暨石头城一绝庚子戊戌以后（四）》，《大亚画报》第 387 期，1933 年6 月 28 日，第 2 版。

2　刘师培：《左盦诗录》卷二，《仪征刘申叔遗书》第 12 册，第 5484—5486 页。

予阅卷。得申叔考卷，字如花蚊脚，忽断忽续，丑细不成书，但诗文冠场。如此卷不取府案首，决不能得秀才。予乃将其八股、诗赋，密圈到底，竟压府案。诗题《咏扬州古迹》七律四首，其《咏木兰院》一律，中有警句云："木兰已老吾犹贱，笑指花枝空自疑"，尤为俯仰感慨。是岁秋闱，连中乡榜。申叔见予，尊为知己。[1]

案，冒广生（1873—1959），字鹤亭，又字鹤汀，号鸥隐、疚翁，别署疚斋、小三吾亭长，江苏如皋人。1873 年生于广州。早年离粤返苏，从外祖受经史、目录、校勘之学。1894 年甲午科举人，光绪末年纳赀为曹郎，历任刑部郎中、农工商部郎中、东陵工程处监修官，后以京察一等记名以道府用。1912 年 2 月清帝退位后，以遗老自居。后受聘为北京政府财政部顾问；12 月任浙江瓯海关监督兼温州交涉员，1917 年 6 月去职。1918 年 11 月，复任瓯海关监督，1919 年 1 月去职，任江苏镇江关监督兼交涉使。1920 年调任淮阴关监督，1922 年 2 月去职。曾任农商部全国经济调查会会长。1928 年任国民政府考试院考试委员。1935 年任广州勤勤大学文科教授，并纂修《三水县志》。1936 年离粤返沪，曾任上海太炎文学院等校教授。1937 年 11 月后，与夏敬观等结午社。1947 年 1 月，张继任国史馆馆长，受聘为纂修。中华人民共和国成立后，任上海文物保管委员会特约顾问、上海文史馆馆员。1959 年 8 月 10 日在上海病逝。著有《小三吾亭文集》《小三吾亭诗集》《小三吾亭词集》《小三吾亭词话》《小三吾亭笔记》《小三吾亭杂著》《蒙古源流年表》《蒙古世系表》《〈唐书·吐蕃传〉世系表》《敦煌舞谱释词》等。

6 月 11 日，清政府停止开展反帝斗争的七省四十五府州县文武考试五年，命各省督抚遵照办理，出示晓谕。

25 日，秦力山、沈翔云等在东京创办《国民报》月刊，宣传革命排满理论。

8 月 29 日，清政府下诏改科举，废八股，改试中国政治时事论，废武科。

9 月 7 日，全权大臣奕劻、李鸿章与德、奥、比、西、美、法、英、日、意、荷、俄十一国公使签订《议和条约》十二款，附件十九件，史称《辛丑条约》。

1　刘禺生：《世载堂杂忆》，北京：中华书局，1960 年，第 139 页。

本年，刘师培有《有感》《杨花曲》《幽兰》等诗传世。其《幽兰》诗云：

> 幽兰閟隐谷，茎叶随春发。不见美人采，坐叹贞蕤歇。岂以晼晚姿，
> 忍为氛埃没？之子傥可贻，川广终思越。[1]

实为自喻之叹。

1933 年 6 月《大亚画报》载有刘师培感叹《辛丑条约》的《石头城》绝句，云："杨柳依依惨不青，六朝金粉已成尘。龙蟠虎踞英雄业，如此江山付与人。"[2] 今查此诗最早见于 1917 年《小说新报》第三年第 11 期《姜何罪》，作者许指严，云：

> 刘申叔姻丈近来所为诗文，率多异昔，如出两人手笔。昨日往澳门，
> 得晤容季叔，出丈庚子、戊戌后所为《石头城》一绝，云："杨柳依依惨不
> 青，六朝金粉已成尘。龙蟠虎踞英雄业，如此江山付与人。"

与《大亚画报》所载全同，疑《大亚画报》或即出于《姜何罪》小说，是否果为刘师培所作，待考。许指严（1875—1923），名国英，字志毅，一字子年，号苏庵，江苏武进人。小说家，南社社员。

【著述】

咏扬州古迹　七律四首，已佚

有感　《左盦诗录》卷二

杨花曲　同上

幽兰　同上

石头城　《大亚画报》第 385 期，1933 年 6 月 28 日

---

[1] 刘师培：《左盦诗录》卷二，《仪征刘申叔遗书》第 12 册，第 5487 页。

[2] 刘师培：《感事八首暨石头城一绝庚子戊戌以后》（四），《大亚画报》第 387 期，1933 年6 月 28 日，第 2 版。

1902 年（光绪二十八年，壬寅） 十九岁

【事略】

2 月 8 日，梁启超在日本横滨创办《新民丛报》，鼓吹君主立宪，诋毁革命。

本月，孙凤翔应韩国钧之邀，赴河南开封。友人为之饯行于扬州瘦西湖，刘师培作《孙犊山〈春湖饯别图〉序》，云：

> 光绪壬寅，孟春之初，孙君犊山将之中州，同志饯之湖上。李君写图，以滕其行。[1]

案，孙凤翔（1860—1930），字笃山、犊山，号抱犊山农，江都人。初读书，以家贫习医。能诗，师事臧穀，与朱真、李墅、吉亮工为友。擅制灯谜，为竹西后社成员。韩国钧尝客扬州，与相识，后同至昭文县署任职，益亲善。1902 年初春，应韩国钧之邀，至河南开封，复随往广东、辽宁。著有《惜今轩诗草》，藏于家。《〔民国〕江都县新志》卷九有传。

4 月 26 日，章太炎、秦力山等 10 人在日本东京发起支那亡国二百四十二周年纪念会，纪念明永历帝覆亡，借以宣传种族革命思想。章太炎撰写《宣言书》，号召留日学生 “雪涕来会，以志亡国”。中国留学生报名赴会者达数百人。由于清驻日公使蔡钧与日本外务省勾结，阻止开会，下午改在横滨永乐楼补行纪念仪式，孙中山到会。

本月，蔡元培、章太炎、蒋智由、吴葆初、汪德渊、章士钊、黄宗仰等发起筹建中国教育会，旨在 “编订教科书，改良教育，以为恢复国权之基础”。本年冬在上海正式成立，黄宗仰任会长，蔡元培任事务部长。1903 年 5 月 11 日，《政艺通报》第二年癸卯第七号 “中篇·中国文明新史” 栏刊载《中国教育会章程》，并于第八号续完。

本月，三江师范学堂成立于南京，为全国第一所优级师范。

1　刘师培：《孙犊山〈春湖饯别图〉序》，《左盦外集》卷十七，《仪征刘申叔遗书》第 12 册，第 5248 页。

8 月 13 日，留日学生吴敬恒抗议驻日公使蔡钧不准留日自费生入成城学校事，大闹使馆，吴敬恒等二人被日本警方押回上海。16 日，数千人因此到使馆抗议，秦毓鎏等被捕。

9 月 4 日（农历八月初三），刘师苍送刘师培、刘师慎至南京赴光绪壬寅补行庚子、辛丑恩正并科乡试，在镇江轮渡时失足溺水死，年仅二十九岁。《刘氏五世小记》云：

> 申叔舅氏十八岁入学，次年光绪壬寅补行庚子、辛丑恩正并科江南乡试。这个时候，张侯舅氏已于丁酉年春季得拔贡，秋季中乡榜。当舅氏到南京应试的时候，张侯舅氏因他初次出远门，外祖母也不放心，决定送考。先到镇江，再上长江轮船。其时沪宁铁路尚未通，江轮亦尚未有码头，旅客必由疍船过小江划驳上大轮，皆是在夜间。舅氏已上江轮，张侯舅氏押住行李才到。吃亏的是深度近视眼，黑夜大江。在上小江划的一刹那间，一脚踏空跳板，竟入江底，挽救莫及。虽有同行朱君雇人打捞，展转费时。是时江轮已开，次晨方始捞获。故舅氏到宁，次日入场，竟不知道。此信传到扬州，合家固然悲痛万分，尤以外祖母心情最为复杂。最难处的是伯外祖母与外祖母同胞姊妹，仅有一子，长房两代孤孼，次羽表弟仅三四岁，崇儒表弟是遗腹，尚未生，何以堪此。虽伯外祖母并无怨言，而内疚太深，终身心头时有隐痛。舅氏虽泥金报捷，中了第十三名经魁，外家长幼并无愉快的表现。这要算是人生的奇惨极变了。[1]

又谓：

> 张侯舅氏为伯外祖恭甫先生子，博极群书，常喜在吃饭时候，将《儒林外史》摊在桌上消遣。申叔舅氏小时也好看小说词曲，见到《儒林外史》，自然爱不忍释了。两人常谈熟人中，某人像书中何人，以为笑乐。哪晓得被张侯舅氏的岳丈胡镜塘先生（文渊）知道了，大不以为然，做了一篇文章，痛斥"此书少年子弟决不宜看，足以坏人心术"。胡是甘泉人，中进士，得榜下知县，在浙江做过几任实缺，自命道学，性情

1　梅鹤孙：《刘氏五世小记》，第 34 页。

迂拘,常好谈他的政绩。申舅不喜亲近他,但常与父执朱葵生孝廉(凤仪)论学。朱先生是个论议明通的老宿,看见胡的文章,大为不平,写了一封嬉笑怒骂的信与胡先生。两老从此绝交了。申舅把此事填了几折传奇,还有几段回目。记得有一回句子是:"笑马二进士跷须,讲潘三乡绅变脸",皆是当时实事,颇为有趣。我小时看见,不知道抄下来。申舅后来绝无此种笔墨,竟使失传,真是太可惜了。[1]

李详《刘张侯》云:

余昔与张侯试经古覆试,诸人皆携书籍满竹笼若负畚者,至力不能胜,张侯提一小篮,载笔砚数事,余窃伟之。张侯试《穀梁》大意,振笔直书。余与之语,口答手写,几于五官互用。壬寅始交张侯,访于青溪旧屋,门署一联,为"红豆三传,儒林趾美;青藜四照,宝树联芳"。余曰:"君家四传矣。"张侯亟对曰:"不敢！不敢！其实惠氏亦四传也。"既与张侯游梅花岭,皆方地山昆弟为主,以扬州前辈遗事质张侯,张侯应之如响。[2]

泰州袁镳(季枚)《刘张侯传》云:

君名师苍,字张侯,姓刘氏,仪征人,世家扬州。曾祖文淇、祖毓崧,皆优贡生。考寿曾,两中副贡。三世治经,入国史《儒林传》,海内荣之,方吴门惠氏。母氏李,江都方闻士宾崮次女。君幼负异禀,过目成诵。五岁所属诗,有"山外夕阳多"之句。君考恭甫欣然,为足成一绝句,而督课益严。九岁而孤,叔父良甫抚同己子,以养以教,无一日之离,深恐以恭甫之疏放遭忌。每应小试,虽已补廪饩,犹亲送至泰州。最喜吾乡六朝松,笑谓:"此百读不厌者。"为余题二律,有"睹物思耆旧"句,因恭甫以此松况吾伯氏也。光绪丁酉选拔贡生,名满江淮间。是秋,中式举人,益以经策淹通负重望。尤有著作才,能传家学。已著有《国语注补辑》《元代帝王世系表》数种,皆未卒业。家无馀财,资馆谷为养。余为钱侍郎裏校时,尝叹为奇才。律诗用回易使事,阅者不知其出于张循

1　梅鹤孙:《刘氏五世小记》,第29页。
2　李详:《药裏慵谈》卷三,《李审言文集》上册,第660页。

王也。诗宗杜工部，所作《浣花宴歌》有云："诗成谁摘骊龙珠，江声笔底风云趋。"又云："诗史不作可奈何，纷纷过眼烟云多。"其诗甚豪，而谦抑不自炫，无子弟过，并无名士气。气貌秀伟而短视，衣履朴素，不类扬人。居平无他好，惟多蓄古泉，暇则以析疑问难为乐。每发一义，辄惊其长老。偶见友人有《王逢原集》，即借抄之。其留心文献、勤学嗜古如此。故经述词章，艺无不精。熟《元秘史》，于历代西域地舆，了如指掌。仪征训导、常熟丁国钧荐君经济特科，辞不就。壬寅科，送良甫子及诚甫子应省试，过江乘轮船，于八月初三日夜半溺，即君生日也。年二十有九。士林识与不识，无不痛惜之。明日，起君于焦山之右，面如生，惟双手握固。哀哉！娶甘泉胡氏，龙泉县知县文渊女，子曰葆儒，遗腹子曰崇儒。叔父谦甫为铭墓，而良甫子光汉有《行状》甚详。

　　袁子曰：余往哭恭甫、哭良甫，近又哭君，不幸如汪悔翁之哭君家三世焉。夫以文中子之德，而水死比子安，固属恨事。然文行卓卓，高于子安，名传千古，儒门所重，难为庸庸多福者道也。去岁踪迹尤密，尝语余：西人不信中国有屈原，有出《离骚经》为讲说者，窃叹滔滔江流，陨此国宝。君乃亦从彭咸之所居乎？惜更无能为贾生赋者。[1]
案，朱凤仪（1840—1898），江苏甘泉县人。董玉书《芜城怀旧录》云：

　　朱凤仪，字云卿，晚号葵生，世居瓜洲，后迁丁沟。丁卯科举人。博学多闻，综括经史。诸子百家，无所不窥。工诗、古文辞，下笔千言立就，悉皆贯串古今。郡人士多从之游，执经问难，咸道其本原，娓娓不倦，成就甚众。遇有一材一艺之士，乐为奖藉。馆卞氏最久，修脯所入，分给亲友，人多德之。年五十九逝世。子黄，字菊坪，邑诸生，嗣其家学。刘申叔为撰墓志铭。[2]
刘师培《清故拣选知县朱先生墓志铭》云：

　　1　袁镛：《刘张侯传》，《国粹学报》第4期，撰录。见《国粹学报》影印本第4册，扬州：广陵书社，2006年，第1348—1350页。刘师培有跋云："袁先生季枚，名镛，泰州人，博学工文。此传于先兄学行，纪载甚详，因特录之，庶先兄勤学嗜古之功，不致归于湮没耳。"下引《国粹学报》，均为此影印本。

　　2　董玉书：《芜城怀旧录》卷三，南京：江苏古籍出版社，2002年，第172页。

先生讳凤仪，字夔笙。先世由江都瓜洲镇迁丁沟，遂为甘泉人。奕世儒素，含章高蹈。先生天挺渊纯，体姿高迈，言成臬括，辩均川注。明允充于初迪，冲识表于弱冠。贞谅足以镇俗，弘毅足以致远。藏器俟时，有终、贾之誉。治《毛氏诗》《春秋左氏传》，经传该综，底极众典，盅而弗盈，酌而不竭。观海弗能际其澜，循墙末由窥其仞。以同治丁卯科举人铨选知县，辟命荐至，束帛戋戈，退然示简，修学童冠，阐弘泛爱，所至乐从。自行束修，学子百人。曲省其行，观其备成，文质份份，小大随化，若草木解其甲坼，繁华生于枯荄也。用是乡党归仁，邦族兴化，敦睦洽于九族，久要藏于寮友，公府归其高致，太上怀其贵德。方将甄明清于先正，理人伦于区域，录定、哀之微词，宣王迹于既熄。如何不永，春秋五十有九，以光绪二十四年二月□□寝疾而卒。呜呼哀哉！州里失覆，搢绅痛悼，相与勒石埋幽，永章德轨。铭曰：

于穆先生，敦尚衡门。望若秋严，即若春温。舞雩咏归，童冠来格。髦士攸宜，顺成尔德。成德伊何，善诱恂恂。于乐教思，有彪其文。重明化成，直方无屈。乐行忧违，摧乎弗拔。太山其颓，寿弗随仁。我铭牛脊，用告万年。[1]

乡试后，刘师培滞留南京，访缪荃孙等，游雨花台等地，有诗作。

10月20日，《申报》载《电传补行庚子辛丑恩正两科江南乡试题名全录》；24日，又刊载《光绪壬寅补行庚子辛丑恩正两科江南乡试官板题名全录》，其中均有刘师培之名。据《刘氏五世小记》载，刘师培此科中第十三名经魁，有《江南乡试墨卷》[2]存世。

据刘师培《江南乡试墨卷》载，刘师培"一字鲁源"，"元聘王氏，江都太学生、候选布政司理问讳步瀛公孙女，光绪乙亥恩科举人、内阁中书衔署理江宁县训导、江浦学教谕讳倬公女，优廪贡生试用训导名汝诚、廪贡生试用训导名汝谅、庠生讳汝谕、庠生名汝许、业儒名汝睿胞妹，名汝警、名汝闿胞姊。聘何氏，同邑二品封典直隶补用知府、附贡生讳域公孙女，同治丁卯

1　刘师培：《左盦文》，南京图书馆藏，民国初年刻本。
2　刘师培：《江南乡试墨卷》（光绪壬寅并行庚子辛丑恩正科），国家图书馆藏，光绪刻本。

科举人、国子监典籍衔武进县学教谕讳承霖公女,庠生名家辂胞妹"。其元聘王氏事,今未详。聘何氏,即何班,后改名何震,详后。在记述其受业师、受知师时,刘师培"谨依先后",列田子宜表叔增义、虞肇安绍唐、朱葵生世伯讳凤仪、桂蔚丞世叔邦杰、柯逊庵逢时、程雨亭年伯仪洛、钱樨庵太姻伯桂森、刘燕宾世伯衍、丁秉衡国钧、杨伯昂激云、沈碧香锡晋、李荫墀殿林、黄仲苏传祁,计 13 人。所载"本房原批"为:

第一场:征引繁富,笔阵稳成,第四艺尤能详人所略。

第二场:万卷罗胸,环球在目。以明快之笔,写曲折之情,遂觉恣肆汪洋,鸿纤毕举,非寒俭家所能梦见。

第三场:首艺探原而入,眼高于顶,笔大如椽。次援引民权、君权之义,看书桶底脱,行文翻水成。妙在不拦入东西洋时事只字单词,一以浑融出之,斯为雅称。三以实验穷理,劈分两派,仍归重实验一门,可谓片言居要。

"本房加批"云:

综阅十三作,博通中外,切理餍心。论学能抉发源流,论治能识欧亚古今来兴衰气象,文笔复清操拔俗,天矫不群。此才真已养到。

衡鉴堂原批云:

第一场:首、二、三艺,自出机杼,落落自异。四艺于西北地舆及元代行军之处,博稽古史,证以西书,域外山川,宛然如绘,觉画沙聚米,不能专美于前。五于北直情形,水田掌故,条分缕析,多多益善。异才异才!

第二场:纵横排奡,挥洒自如。于中西之学,实能融会贯通,自成机杼。洵用世之大才、斫轮之老手也。

第三场:三艺皆扫尽陈言,戛戛独造。次侧重民权,立论稍偏。末段数语,归之中道,足救通篇之病。[1]

25 日,刘师培拜访缪荃孙。缪荃孙《艺风老人日记》载:

1　刘师培:《江南乡试墨卷》(光绪壬寅并行庚子辛丑恩正科),国家图书馆藏,刻本。

廿四日辛巳，……刘师培（申叔）、高菀士、徐同人来。[1]

26日，缪荃孙回访刘师培。《艺风老人日记》载：

廿五日壬午，……拜刘申叔、高菀士、徐积馀。[2]

案，徐积馀，即徐乃昌（1868—1943），字积馀，晚号随庵老人，安徽南陵人。光绪十九年（1893）举人，二十七年任淮安知府，特授江南盐巡道。二十八年赴日本考察学务，回国后任江南高等学堂总办、三江师范学堂督办。民国后，隐居著述，校刊古籍。著有《南陵建制沿革表》一卷、《金石古物考》《续考》二卷、《汉书儒林传补遗》一卷，校刻有《积学斋丛书》20种57卷等。

10月底，刘师培由南京返回扬州，作《舟发金陵望月》，诗云：

月燀金波展，霄空玉露凝。青围江岸石，红闪客船镫。渺渺东流水，迢迢北斗绳。西南群嶂影，应梦蒋侯陵。[3]

11月，南洋公学教师郭镇沄在五班上课，发现教师座上有一只空墨水瓶，以为学生戏弄他，串通校方开除无辜学生伍正钧。同班学生不平，校方竟将该班全体开除，导致全校公愤。《选报》述其事云：

先是，五班教习郭某禁学生阅一切新书及《新民丛报》等，每痛斥之，学生积不平。一日，郭之几上有墨水瓶，郭问是何人所置，无应者；阴以询一小学生杨某，杨某不理于同学，举尤所不善者伍正钧对。郭信之，白总办，逐伍，其实非伍所为。郭又以他学生匿不告，皆记大过。于是五班大愤，且以伍无故被逐，相约至总办处力辨护之，语侵郭。先是，五班常于休暇，集同班演说。郭至是，扬言学生集会，将酿非常，必悉逐五班。事未发，为五班所闻，议悉告退。他班教习知之，出而调停。五班要求三事：一、去教习郭某；二、去学生杨某；三、留伍正钧。总办不允，责令请过于郭前。学生益不平，是晚集各班演说，定次日悉行，即以为别。此十月十五事也。各班以五班之去，关系于全体甚大，共议所以留之。次早方拟诣总办，而开除五班之令已下，于是各班学生二百余人

1 缪荃孙：《壬寅日记》，《缪荃孙全集·日记（二）》，第203页。

2 同上。

3 刘师培：《左盦诗录》卷二，《仪征刘申叔遗书》第12册，第5488页。

同诣总办所，总办拒不纳。屡请，仅许见数人。每班乃各举代表者一人入见，陈五班生无可尽逐之道。若辄以小故逐之，可为寒心，非国家所以建设学校之意。总办曰：学生私自聚众演说，大干例禁，不可不以此示儆。学生反复辨论至数小时，云当以全班去留争之。总办怒甚，言五班已经开除，非诸生所得干预，愿去者听。于是诸生忿然辞出，相谓曰：学生者，国家所以生存之要素。今教习悍然以奴隶待学生，为种种之束缚；总办复顽钝，欲抵制学生言论之自由。是等奴隶教育，凡为国民，谁能堪之？我辈居此何为者？将共往督办处，言所以去之故而行。不得见，遂共返，收拾行李。而特班教习蔡鹤卿先生适至，告学生姑待后命，学生不可。蔡君申谕至再，学生曰：明晨十钟前，总办去则某等留。否则，某等行已决。至十七日十钟，不获命，学生遂行，相戒不得嚣张，各以班次为出学之先后。于是六班先行，五班、四班继之，诸班又继之。此合学二百余人同时出学之始末也。夫我国学校专制之轭，实我学生社会之公敌，曾无有起反动之抵抗者。大陆专制国，惟我国与露西亚。近世露国酷待学堂之事实，为一部惨淡之历史，而学生至于流无限之鲜血以争之，将断断造成他日共和之新露国。呜呼！我同学之担负，岂不重哉？今日之事，为我学生脱离专制学校之新纪元。我同学之前途、之奋勉，当如何也？谨次第其事，公布于本邦一般之国民。代表人贝寿同、殷崇亮等公启。[1]

16 日，全校学生二百余人因交涉无效而集体离校，特班教员蔡元培等也愤然离职。

20 日，在蔡元培先生为首的中国教育会的协助下，这批学生组成爱国学社，成为后来反清革命的一个阵地。

12 月 21 日，刘富曾自扬州致缪荃孙信。[2]

本年，刘师培作策论文十一篇，即梅英超先生整理本《青溪旧屋仪征刘

1　梁启超主持《新民丛报》（1902 年 11 月 30 日）作《南洋公学学生出学始末记》，《选报》第 35 期，1902 年 11 月 20 日，教育言。据本期《选报》载 1902 年 11 月 20 日事，则其实际出刊日期当在其后。

2　缪荃孙：《壬寅日记》，《缪荃孙全集·日记（二）》，第 211 页。凤凰本"富曾"误作"高曾"。

氏五世小记》附录所收《刘申叔集外遗文》[1]。据梅英超先生在《青溪旧屋仪征刘氏五世小记·前言》云：

> 这份文稿计共二十九页，纸张系当年两湖书院译本用的红格稿纸。每页二十行，行二十五字，计共五百字。首页当中从上贯下贴有朱签，工笔正楷："夫子大人钧诲，受业刘师培谨呈。"字迹丰腴，似非舅祖亲笔。整个文稿抄录笔迹，好像又另属一人。[2]

又谓：

> 从每篇的标题与内容看，这是一份针对当时（光绪、宣统之交）的历史背景，涉及政治、经济、历史、文化各个方面的一整套条陈，属于策论性的应用文字，是对晋谒对象的贽见之礼，是诚如重威世叔所说的"干禄"之书。[3]

所谓"重威世叔"，指此稿原藏者张重威（1901—1975），号潜园，江苏仪征人，刘师培问业弟子。张氏以此十一篇为"干禄"之书，且疑为自端方府中流出，并无实据。陈奇亦误信其说。[4]今考此十一篇策论，其标题及顺序，与湖北刘邦骥光绪壬寅（1902）补行庚子辛丑恩正并科乡试墨卷全同。[5]参考刘师培行年，此文实为刘师培据湖北乡试卷考题所拟作的答卷，其起因应与光绪二十八年废八股，改乡、会试头场试中国政治史事论五篇、二场试外国政治艺学策五篇、三场试经义三篇的科举改革相关，写作时间应在湖北乡试结束后，目的则是在拟作中提升会试的应试水平，所呈正的对象应为精于新式科场文章鉴别的师长，与"干禄"之事了无干系。且以此习作的水平而求干禄的效果，决无可能实现。1903年3月，刘师培即已赴开封参加会试，则此十一篇写作时间应在1902年。其中《关中称西北陜区，长江为东南天堑，其地土之肥瘠、形势之险夷，试以历朝陈迹，证之近今大势，博考精求，为政治地理学之一助论》中"即前日英人之乱"云云，指1841年

1　刘师培：《刘申叔集外遗文》，梅鹤孙：《刘氏五世小记》，第99—125页。

2　梅英超：《刘氏五世小记·前言》，第10页。

3　同上。

4　陈奇：《刘师培年谱长编》卷七"1909年"条，贵阳：贵州人民出版社，2007年，第283—290页。下同。

5　顾廷龙主编：《清代硃卷集成》第320册，台北：成文出版社，1992年，第173—260页。

定海之役而言；《富强基于兴学，应比较中西学派性情风尚之异同，参互损益，以定教育之宗旨论》中"墨子化征易"一节，乃节取张自牧《瀛海论》而成；《强国之道，理财为先。试取泰西理财之法，参以中国情势，通盘筹画，分别其缓急利病之宜，以浚利源而裨国计论》称"列强环伺狼顾，岁赔巨费"，《近自议和告成，朝廷轸恤教民，无微不至》云云，均指《辛丑条约》言；而《日本新政之行，何者最先，何者成效最著？其一切改从西法，识者论其不无过当，而弊之伏于其间者何事？近今有无补救之方？试条分缕析，切实指陈，以为中国考镜之资策》称"今明治三十四年也"，亦为 1901 年（辛丑），故今定其总名为"早期文十一篇"，列为本年著述。

【著述】

孙犊山《春湖饯别图》序　2 月，后刊于《国粹学报》第 1 期

江南乡试墨卷　木刻本，国家图书馆藏，收文四篇：

汉文帝减租除税而物力充美，武帝算舟车、榷盐铁、置均输而财用不足论

元初遣速不台、拔都等西征，其兵力之盛，直至斡罗息以西论

中外刑律，互有异同。自各口通商日繁，交涉应如何参酌损益，妥定章程，令收回治外法权策

人之言曰：为君难，为臣不易。如知为君之难也，不几乎一言而兴邦乎

咏史（二首）《左盦诗录》卷二

雨花台　同上

舟发金陵望月　同上

古意（用李樊南效长吉诗韵）　同上

早期文十一篇　《刘氏五世小记》附录，题作"刘师培集外遗文"，子目如下：

大司徒以土会之法辨五地之物生论

文化、治术之美，唐宋并称，然其国力、民质之强弱程度迥异，厥故安在论

关中称西北隩区，长江为东南天堑，其地土之肥瘠、形势之险夷，试以历朝陈迹，证之近今大势，博考精求，为政治地理学之一助论

富强基于兴学，应比较中西学派性情风尚之异同，参互损益，以定教育之宗旨论

强国之道，理财为先。试取泰西理财之法，参以中国情势，通盘筹画，分别其缓急利病之宜，以浚利源而裨国计论

俄主专制，英主立宪，美主共和。政策之宗旨不同，国民之感动顿异。试抉其利病得失之数策

日本新政之行，何者最先，何者成效最著？其一切改从西法，识者论其不无过当，而弊之伏于其间者何事？近今有无补救之方？试条分缕析，切实指陈，以为中国考镜之资策

近自议和告成，朝廷轸恤教民，无微不至，然教徒挟制干与之风较前益甚。祸机所伏，至为可忧。考之东瀛，自变法以来，西教盛行，而未闻有以教务酿成交涉之案者。欧洲则法相毕士马克之待教徒，操纵任意，内则收其重权，外特增其保护，刚柔互用，国事反赖以济。今试抉我受病之原，合之东西二国之已事，设法限制，以弭隐患而保内权策

弧角之法，传自泰西。参以和较，入算尤简。中土有其法否？中法开方，自正方、带纵以及求奇零之根，诸法莫不详备，西书顾从简略。优劣之数，可得而陈。对数有十进、双曲线二种，道、咸诸儒，各立新术，已开微积之先。椭员求周，算氏至精之诣，中西各有几术？凡此，皆算学中之荦荦大者。试为历举其法，加以平议策

东西政艺之书，新旧移译，卷累千百，然其中有立说偏宕、不合中国之情势者，有新说盛行、旧说已成筌蹄者，议论歧出，折衷匪易。试为撷其菁英，略其芜杂，分别部居，论定大旨，为学人导其门径策

质胜文则野，文胜质则史。文质彬彬，然后君子

1903年（光绪二十九年，癸卯）　二十岁

【事略】

1月28日，谢赞泰、洪全福密谋发动广州起义，事泄失败。

29日，留日学生千余人在东京留学生会馆举行春节恳亲大会，马君武、刘成禺受孙中山嘱托，登台演说，宣传反满革命。湖北留学生在东京创办革命刊物《湖北学生界》，后改名《汉声》。

2月17日，浙江留日学生同乡会发刊《浙江潮》月刊，撰稿人有孙翼中、

蒋方震、蒋智由等，以宣传反满革命思想为主。

18 日，由哈同夫人罗迦陵捐资，中国教育会成立爱国女学校，经元善、林獬、蔡元培、吴彦复、陈范等均表示赞成，推蒋智由为经理，学生则为发起人的眷属。蒋智由赴日本后，蔡元培继任经理。蔡元培回忆称：

> 当民国纪元前十年顷，我与前继室黄仲玉结婚后，同来上海，寓新马路登贤里。那时候，林少泉先生偕他的夫人与他的妹子宗素女士由福建来上海，而通电反对大阿哥的经连山先生有意提倡女学。曾于吾寓中开会一次，到会的女士，除林氏两位外，有韦增佩、增瑛姊妹、吴弱男、亚男姊妹、薛锦琴、陈撷芬诸女士；男子除林、经二先生外，有蒋智由、陈梦坡、吴彦复诸先生。于是有开办女校的计画。到这一年的冬季，就由我与蒋、陈、林、吴诸先生开办这所女学校了。尔时，又由蒋先生介绍乌目山僧，因彼是罗伽陵夫人的代表，愿出点捐款，助我们成功。[1]

3 月，刘师培筹备赴开封会试。行前将其振兴地方教育的一系列思考写成《留别扬州人士书》，寄给《苏报》。

10—11 日，《苏报》"学界风潮"栏发表刘师培《留别扬州人士书》，云：

> 仆闻文明诸国之盛也，人无不学，学无不成，而野蛮之国则反是。中国数十年来，所习非所用，所用非所习，故列强目为无教之民，而社会无复日新之望。近者诸志士耻为亡国之民，知非学无以立国，于是或游学东京，或私立学塾，务祈广开智识，输入文明，诚盛举也。扬州处江淮之间，乾嘉以来，学术称盛。今处优胜劣败之世，竟无一人焉，具超群之识，而与世界学术争一日之长，可耻孰甚焉！今仆将有汴京之行，悯扬州教育之不兴，区区愚（愧）〔怀〕，敬为诸君言之。
>
> 夫中国学术所以不进者，一曰苟安旦夕，二曰墨守旧习。举国皆然，而以吾扬为尤甚。苏省（至）〔自〕戊戌以来，留学日本者日众，苏、杭为盛，常、镇次之，通州、淮安又次之，而吾扬则阒然无闻。以扬州如是之大，日本如是之近，而留学者如是之寡，可不为之浩叹乎！

1　蔡元培：《爱国女学二十五周年纪念会演说词》，杨佩昌整理：《蔡元培：讲演文稿》，北京：中国画报出版社，2010 年，第 190 页。

　　夫日本教育，取法欧洲，复能舍短取长，以养成国民之特质，于中国教育之程度，殆有合焉。且中日之际，一水可通；东京学费，亦仅二百余元。况风俗纯朴，不染嚣华。舍礼拜日外，皆为在塾之期，何至招比匪之嫌、致党锢之祸乎？今扬州富室子弟，不乏英俊之才，徒以轻去其乡，不克早图自立。诚能以延师课读之资，作留学东京之费，庶苏省同乡会中，得以增吾扬人士之名誉。且朝廷奖励游学，予以出身之阶，学成返国，不患无致用之期。凡吾扬人士所宜共勖者一也。

　　且学校之设，以蒙学为基。而蒙学之兴，悉视教师之良否。今扬州学校，仅仪董、育才二区，少年子弟仍多受业于塾师。而为塾师者，复率由旧章，讳言新理，使青年之智识，锢塞于无形，不亦大可痛哉！夫师范学校，虽设于金陵，然阖郡教师，势难悉入。吾观近日扬州之学界，不患无高等智识之人，转患无普通智识之士。欲兴普通之教育，必宜设师范学会，以补师范学校之穷。至设会之意，务使为塾师者，各增专门学一科。复出其专科之长，以互相教授，互相切磋，以研究学问，□□〔全然〕无植党贾祸之虑。不越数年，而扬州师范之才成矣。若改变之法，一曰依一定之时，二曰依一定之课本，三曰朴责之法悉宜改良，四曰教课书籍略宜储备。此四法行于过渡时代之教育，庶可舍旧谋新。此吾扬人士所宜共勖者二也。

　　夫中国学校不能普设者，由于国用不给也。学校不能普设，则教育不能普及。虽日下强迫教育之令，何以使人民悉从哉？考日本小学校之立，一曰建设费，二曰维持费。凡市、町、村之公民，皆有担任学费之义务。而欧美各国，莫不皆然。今吾扬人士，殊乏公德，责以兴学，亦恐公帑之难筹。然以一岁之中统计之，迎神赛会之用，按户抽取，数近万金。诚能以无用之资财，兴便民之实利，设学务委员四人，以征收学费。每岁之中，每户收学费五角。于扬城之中，分划四区，每区之中，各设二校，使阖境贫民，皆受普通之智识。虽下至村镇，亦可本此推行。如仍虑学费之不足，则官立义塾，不下数区，然有学校之虚名，无教育之实效，曷若并入小学校之为愈乎！此吾扬人士所宜共勖者三也。

　　法皇拿破仑之言曰：幼儿之命运，全关其母之智愚若何。盖教育之道，以家庭教育为基，而妇女实据其本。虽重男轻女之风难于遽挽，而女子教育则为泰西各国所行。若中国女教，则以卑弱为入德之门，而今世所传之《女四书》《女孝经》，率迂陋不可卒读。渐摩濡染，迷信以生。故言语、思想之间，多鄙俗不经之说。本此而相夫教子，有不阻文明之进步者乎？今女学校之设，遍于沪渎。广东省会，次第推行。以扬州风气初开，女学固难骤立。然闺秀贤媛，似宜以入务本学塾为宜。此塾规则，以三年为卒业之期，而课程之中，复分高等、寻常二级。入塾数年，庶妇德可以修明，而家庭教育之基立矣。如虑其越礼逾闲，则女塾之中，德育为重，何至生此弊端？此吾扬人士所宜共勖者四也。

呜乎！今日之时，何时乎？今日之势，何势乎？吾观苏省人士，创演说之会，设译书之所，而吾扬之士，置若罔闻。吾今以一言为诸君告：曰建立小学基础，而不必侈言大学也；曰实行欧化主义，而不必托言国粹也；曰保守之习宜革也，曰兼善之念宜生也。诸君行此数言，庶不至局于一隅，而不识全球之大势矣。不然，扬子江流域已属英人势力范围，京镇铁路旦夕兴工，则长、淮以南且尽入英人之掌握，虽欲悔之，亦无及矣。诸君而欲早图，舍教育别无佳策。其共勖之！[1]

18 日，《苏报》"专件摘要"栏发表《扬州师范学会启》，云：

呜呼！世界当二十世纪之初，由兵战、商战之时代，一变而为学战之时代。生于此时，立于此国，入于此社会，人人为造就人才之人，即人人负造就人才之责。况教育之法，因时制宜。处若何之时，需若何之才，则行若何之教育。今中国学堂未能普设，少年之子弟，仍必受业于向时之师，势也；向时之师，舍教育别无他业，亦势也。待学堂有限之师范以设教，则普及之期望几穷；据闭关自守之习惯以相传，则腐败之情形益烈。意必有逐渐谋新之道，以应此天然过渡之机。所谓号令一新，旌旗变色，转移之机，匪伊异人。今〔日〕改革之家，即他日文明之祖。凡占有皋比一席者，皆宜激厉以图之者也。使仍墨守旧章，因循不革，虽

---

1 万仕国辑校：《刘申叔遗书补遗》上册，扬州：广陵书社，2008 年，第 38—40 页。据吴相湘主编《中国史学丛书》1965 年台湾学生书局影印本《苏报》第 66、69、75 页重校。

有良法美意，莫知适从，塞未开之民智，忘学界之竞争，使英俊之才，消磨于不觉，永永沉沦，万劫不复，非孔子所谓"贼夫人之子者"哉？

且此亦非教师之利也。达尔文之言曰："变动不居者，物种争自存之公例。"变现在之情形，以归于更善，乃自保存之道。今处优胜劣败之世界，为教习者不欲图自存之道则已。使欲图自存之道，则教育能改良者，必为学人所尊仰；不能改良者，亦惟有咨嗟怨恨、槁饿牖下而已。事有必然，理有固然，为教师者，曷亦回念及此耶？

吾观西人之教习，多由师范出身，政府给与文凭，方可充选。今中国教育之程度，未及欧西，故改良教法，为造就青年之本。不揣固陋，拟创师范学会于扬州，与教师共求进步，庶教育之法，不囿于积习，而承学之士，亦不至误入歧途。民智之开，可计日而待矣。

吾闻夏君颂来之言曰："扬州人士，志趣远大。再历数年，其学力必为江苏冠。"是语也，吾愿与有教育责者共勉之。[1]

案，《苏报》此文虽未署名，然据该报 6 月 12 日载刘师培所订《创设师范学会章程》，知此篇亦为其所作。夏清贻（1876—1940），字颂来、颂莱，号公奴，江苏嘉定（今上海嘉定）人。早年留学日本早稻田大学，1902 年创办上海开明书店。民国后，历任北洋政府国务院秘书、印铸局参事等职。

29 日，江苏留日学生创刊《江苏》月刊，由陈去病、秦毓鎏、张肇桐、黄宗仰等主持，柳亚子、金一等撰稿，介绍西方资产阶级社会政治学说，宣传推翻清朝统治，建立共和政权，也曾提出地方自治思想。

刘师培北上途中过徐州，作《一尊红·徐州怀古》词云：

过彭城，看江山如此，我辈又登临。系马台空，斩蛇剑杳，霸业都付销沉。试重向、黄楼纵目，指东南、半壁控淮阴。衰草平芜，大河南北，天险谁凭？　　千劫兴亡弹指，剩砀山云起，泗水波深。宋国雄都，楚王宫阙，千秋故垒谁寻？溯当日，中原逐鹿，笑项刘、何事启纷争。空叹英雄不作，竖子成名。[2]

1　万仕国辑校：《刘申叔遗书补遗》上册，第 41—42 页。据吴相湘主编《中国史学丛书》1965 年台湾学生书局影印本《苏报》第 116 页重校。

2　刘师培：《左盦词录》，《仪征刘申叔遗书》第 12 册，第 5579 页。

过宿迁,作《扫花游·宿迁道中见杏花》词,云:

荒邮古戍,剩数朵孤花,落英如许,采香人去。问斜阳一抹,幽情谁诉? 金粉凄迷,付与二分尘土,无情绪。伤沦落,天涯飘零似汝。　　阅东风几度。看万点花飞,春光又暮。芳心自苦。惜玉颜憔悴,瑶华无语。一笑嫣然,肯学夭桃媚妩? 相思处,忆江南,小楼听雨。[1]

4月5日,因北京贡院毁于八国联军,癸卯补行辛丑、壬寅恩正并科会试改在河南开封举行。刘师培参加开封会试,其试题为:

第一场:(1)管子内政寄军令论。(2)汉文帝赐南粤王佗书论。(3)威之以法,法行则知恩;限之以爵,爵加则知荣论。(4)刘光荣言定国是论。(5)陈思谦言铨衡之弊论。

第二场:(1)泰西最重游学,斯密氏为英大儒,所论游学之损亦最挚切。应何如固其质性,限以年例,以期有益无损策。(2)日本学制改用西法,收效甚速,然改制之初,急求进境,不无躐等、偏重之弊,东国名宿类自言之。取长舍短,宜定宗旨策。(3)各国商会、银行皆财政之大端,预算、决算又合制用古法,然所以能行之故,必有本原。试参酌中国商贾官民情形,以期推行无阻策。(4)警察之法,于政治关系极多;宪兵之设,尤足辅警察所不足。试详其典则、事务,以便仿行策。(5)工艺、商贾、轮船、铁路,辅以兵力,各国遂以富强。其所以富者,果专恃此数者欤? 抑更有立国之本欤? 观国者无徒震其外,宜探其深微策。

第三场:(1)敬事而信,节用而爱人义。(2)故为政在人,取人以身义。(3)化而裁之谓之变,推而行之谓之通,举而措之天下之民谓之事业义。[2]

朱维铮为李妙根《刘师培辛亥前文选》所作《导言》,以为不存在癸卯科会试,其"注七"云:

考清光绪二十七年辛丑(一九〇一),全国直省乡试均停,次年(壬寅,一九〇二)清廷已回銮北京,但命本年顺天乡试及来年会试均

1　刘师培:《左盫词录》,《仪征刘申叔遗书》第 12 册,第 5582 页。

2　韩策:《科举改制与最后的进士》,北京:社会科学文献出版社,2017 年,第 127—130 页。

改在河南举行，其它直省乡试仍停。然光绪二十九年癸卯正月丁巳（一九〇三年一月二十九日），清帝忽下谕本年只举行恩科乡试，次年举行甲辰（一九〇四）恩科会试，而癸卯、甲辰年正科乡会试，则归并丙午、丁未科举行。见《光绪朝东华录》光绪二十八、二十九年（《清实录》德宗朝、《清史稿·德宗纪》同）。是一九〇三年春闱被取消。刘师培只可能于壬寅八月（一九〇二年九月）赴汴乡试中举，然临近会试，忽知此科会试将延至丙午（一九〇六）举行，故大失所望，非"下第"而归。钱说误，诸家沿钱说者亦误。拙文《刘师培选集序》（《书林》一九八八年□期节载），也据钱说而误，当更正。[1]

然而本年5月7日《鹭江报》第30期"中国十日大事记"刊载《河南会试头二场题目》，《北洋官报》第51期刊有《开封专电：会试二场题目》，顾廷龙主编《清代硃卷集成》汇录光绪癸卯补行辛丑、壬寅恩正并科会试卷俱在，所谓"一九〇三年春闱被取消"说非是。且刘师培"赴汴乡试"亦误，刘师培参加者乃江南乡试，有刘师培《江南乡试墨卷》刻本可证。

8日，俄国交还营口到期，沙俄第二期撤兵及期违约。

18日，沙俄提出七项新要求，作为撤兵条件。

22日，清政府拒绝沙俄新要求。

26日，中国教育会在上海徐园开大会，选举黄宗仰为会长，选举蔡元培、吴稚晖、王小徐、贝季美、穆抒斋、蒋竹庄、陈梦坡、吴仲旗、吴丹初、汪允宗、蒋观云、裘剑岑、敖嘉熊、虞和钦、余桐伯为评议员，选举吴稚晖、蒋竹庄、王小徐、敖嘉熊为监察员，通过修改章程。[2]

27日，上海各界以东三省事丧权辱国，在张园召开拒俄大会，通电国内外，反对沙俄侵略，坚决要求拒约，并致电北京外交部，称：

> 闻俄立约数款，迫我签允。此约如允，内失主权，外召大衅，我全国人民万难承认。

又通电各国外交部，称：

1 朱维铮：《刘师培辛亥前文选导言》，李妙根编：《刘师培辛亥前文选》，北京：生活·读书·新知三联书店，1998年，第23页。

2 《记中国教育会徐园大会事》，《苏报》1903年4月28日，时事要闻。

> 闻俄人强敝国立满洲退兵新约数款，逼我签允。现我国全国人民，为之震愤。即使政府承允，我全国国民万不承认。倘从此民心激变，遍国之中，无论何地再见仇洋之事，皆系俄国所致，与我国无涉。

同时，京师大学堂学生举行会议，向俄国抗议。东京留日学生还组织了拒俄义勇队，表示要回国充当抗击俄国侵略者的先锋。

本月，广西发生以王和顺、陆亚发等为首的会党起义，迅速控制广西西部 10 多个州县，并有波及湖南之势。清政府派兵镇压无效，广西巡抚王之春拟向法国借款借兵来"平乱"。此消息由日本东京传至上海，上海各界 400 余人在张园举行会议，决定通电反对王之春。

5 月 2 日，拒俄义勇军在日本改为学生军，推蓝天蔚为队长。

6 日，《申报》载《检举试题》云：

> 《北洋官报》云：本科会试二场策题五道，四总裁公同商定，分写二纸，饬匠雕刊。其中一纸第一题问游历外国学堂，有"应如何固其质性"之语，误将"如何"二字写作"何如"，以致各卷互相歧异。刻已专折自行检举，请交吏部议定处分矣。[1]

9 日，开封会试发榜，刘师培落第。返扬州。《申报》载《电传癸卯科会试十八魁及九省题名录》，附志云：

> 昨日为本科会试揭晓之期，本馆预请汴省友人将前列十八名及直隶、江苏、浙江、安徽、江西、湖南、湖北、广东、福建等九省泥金姓氏飞电传来，以副诸君子先睹为快之意。余俟接到全榜题名录，容再刊登。[2]

刘师培在开封期间，曾游览了开封一些名胜。刘师培《攘书·变夏篇》曰：

> 吾尝循梁豫之郊，眺大河南北，以税驾幽冀之野，见夫文化凌夷，风俗犷悍，椎钝驵庞，等于殊俗，盖不胜今昔之感矣。夫江淮以北，古圣宅居，文物声名，洋溢中土，而江汉以南，古称荒服，湘粤滇黔，苗蛮窟宅，赘币言语，不与华同。曾几何时，吴楚之间，浸向礼义，为文教薮，迄于

1 《检举试题》，《申报》1903 年 5 月 6 日，第 1 版。

2 《电传癸卯科会试十八魁及九省题名录》，《申报》1903 年 5 月 10 日，第 2 版。

南海不衰,而冀州尧舜余民,则混混若太古。岂地运今古之不同耶?何南北之殊辙也! 曰:"是为夷祸之故。"[1]

又有《卖花声·登开封城》词,云:

> 苍莽大河流,空际悠悠,天涯回首又登楼。百二河山今寂寞,已缺金瓯。　宫阙汴京留,王气全收,浮云飘渺使人愁。又是夕阳西下去,望断神州。[2]

表现了他对国家内忧外患的忧虑。又作《怀桂蔚丞先生》诗(自注"时客汴省"),云:

> 江关空萧瑟,黄菊弄残秋。言念梁园客,于今赋倦游。淮南桂树落,招隐空山幽。九曲黄河水,东流且未休。[3]

映现出落第后的迷惘。

案,桂蔚丞(1856—1928),名邦杰,江苏江都(今扬州)人。刘师培以世叔称之。《民国江都县新志》有传,略云:

> 父达生,太学生,绩学蚤世。邦杰生三岁而孤,时东南乱未定,期功之亲各奔窜,无相顾者。母陈挈之依外家,寄居泰州。乱平归里,邦杰时年十一,茕茕母子,无一椽之庇,乃赁居尼庵中。母故通经史,日令邦杰出就外傅,暮归,篝灯自课。书不熟,辄不许就寝。夜深人静,诵声琅琅,闻者往往感叹泣下。年十四,补诸生,又三年而食廪饩。督学彭侍郎久馀亲书扇以赠,勖勉甚至。而邦杰应布政司试者十,光绪己丑始举于乡。五应礼部试,复不售。年逾五十,乃以丁未会考,得官知县,签分河南。先是,两淮使者程仪洛创设仪董学堂,延邦杰教授地理。丁未春,应会考入都,德化刘侍郎廷琛方监督京师大学,耳其名,聘为教习。及邦杰当应官河南,侍郎惜其去,奏请留,以劳晋直隶州知州。复将改授京秩,而武汉变作,邦杰滞留京师,前后居大学者十年。岁丁巳,江都拟续修县志,主其事者寓书京师,邀为总纂。明年遂归。前志修于光绪初,历四十年,中更沧桑之变,官书零落,故老陵替;司采

1　刘师培:《仪征刘申叔遗书》第5册,第1868页。

2　刘师培:《左盦词录》,《仪征刘申叔遗书》第12册,第5580页。

3　刘师培:《左盦诗录》卷一,《仪征刘申叔遗书》第12册,第5473—5474页。

辑者又罕识体要，详略失宜，或杂以东西名词。时邦杰已老，与兴化郭钟琦同事铅椠，除烦滥，补阙漏，七阅寒暑，始克蒇事。志局既彻，晚计益窘，鬻文授徒，仅可自活。逮丁卯春南中兵起，邦杰年逾七十，再经事变，飘飘老儒，无地可置，憔悴忧伤，遂于是年岁除得疾，因不起。邦杰幼孤露，母抚以成立，故虽老，恒视若孩提，邦杰亦自忘之。归自京师，母年近九十，邦杰亦六十许矣，垂白发，率孙、曾问安视膳，依依膝下。母考终，邦杰于礼不毁，乃顿首长号，哀恸几绝，吊者至不忍闻。人谓母苦节，邦杰纯孝。有是母，宜有是子也。平生严以律己，而责人则宽，重言诺，为人谋必甚忠。性素慷慨，其居京师，于乡人之贫者、疾病者、死而无棺者，辄解囊助之，不少吝；而受人丝粟之惠，则必谋所报，报必以丰。以故，积数十年，无余财。以戊辰五月卒，年七十有三。著有诗文集若干卷，尚待梓。[1]

8 日，循清政府的请求，日本政府勒令解散学生军。

11 日，学生军改组为军国民教育会，谢晓石任议长。

14 日，军国民教育会派钮永建等人由日本回国活动。

刘师培自开封抵扬州，作《泛舟小金山》诗，云：

> 杰阁参差万柳昏，夕阳无语下湖村。泠泠竹韵清诗榻，淡淡蒲帆落酒樽。俯仰百年身似客，侈谈六合世方喧。华严弹指维摩劫，转问如何是法门。[2]

其后游镇江、南京。本月 21 日，刘师培拜访缪荃孙于南京。《艺风老人日记》载：

> 廿五日己酉，……刘笙叔、梁慕韩、龚艾堂来。[3]

案，"刘笙叔"，即刘申叔。

在南京期间，刘师培曾拜访杨文会，有《赠杨仁山居士》诗四首；[4] 又拜访李详，有《赠兴化李审言》诗二首，云：

---

1 陈肇燊：《江都新志》卷八《人物传三》，民国二十六年（1937）刻本，页 5a—6b。
2 梅鹤孙：《刘氏五世小记》，第 57 页。
3 缪荃孙：《癸卯日记》，《缪荃孙全集·日记（二）》，第 233 页。刘笙叔，即"刘申叔"，下同。
4 刘师培：《左盦诗录》卷一，《仪征刘申叔遗书》第 12 册，第 5476 页。

广陵著述甲江左，征文考献渺不闻。孤生寂寞守先学，提倡宗风欣得君。

冶城山下偶托迹，抗尘走俗谢弗如。君山不作尔寂寂，旷世谁识子云书？[1]

李详有《答刘申叔（师培）》，云：

爨社珠光夜竟天，石臞遗绪渺如烟。岂知移曜青溪叟，四叶通人寄妙年。（自孟瞻先生至申叔，四世。）[2]

刘师培又作《癸卯夏游金陵》诗，云：

乾坤如此不归休，独向江南赋壮游。天堑敢矜形势险，名山划断古今愁。劳劳歌哭凭谁诉，历历云山淡不收。我亦天涯感沦落，年年江上棹归舟。[3]

《莫愁湖》诗云：

箫管画桡回，珠栊夹岸开。江山缋金粉，烟雨幂池台。流水增新劫，新歌荡古哀。郁金堂畔路，飞燕可重来。[4]

又有《癸卯夏记事》诗，云：

苍狗浮云变幻虚，纵横贝锦近何如？日斜秦野瓜空蔓，秋到湘江蕙已锄。蹈海何心思避世，愚民应更笑焚书。鸾凰窜伏神龙隐，搔首江天恨有余。[5]

24日，中国教育会召开四月月会，因王某言论不当，引发爱国学社社员不满，并产生矛盾。《童子世界》有文云：

四月二十八日，中国教育会开月会于张园，来宾某君演说，有"教育会立爱国学社"等语。噫！人也，何其冥顽不灵一至此耶？去岁南洋公学之破坏，稍有脑筋者，当能知之。爱国学社之建设，稍有脑筋者，亦当能知之。睹此惊天动地、空前绝后之奇剧，而不一问其演剧之主人，

1　刘师培：《左盦诗录》卷一，《仪征刘申叔遗书》第 12 册，第 5477 页。
2　李详：《学制斋诗钞》卷一，《李审言文集》下册，第 1189 页。
3　刘师培：《左盦诗录》卷一，《仪征刘申叔遗书》第 12 册，第 5476 页。
4　刘师培：《左盦诗录》卷二，《仪征刘申叔遗书》第 12 册，第 5490 页。
5　刘师培：《左盦诗录》卷一，《仪征刘申叔遗书》第 12 册，第 5481 页。

人纵无心，曷至于此？虽然，吾知彼必有所借口也。吾将辨之，使彼无所置喙。[1]

27 日，章士钊出任《苏报》主笔。

31 日，端阳节，刘师培已由南京回到扬州。本日与方地山、方泽山游扬州瘦西湖，作《端阳日偕地山、泽山、縠人泛湖，言念旧游，怆然有作》诗，云：

> 凉风五月吹菰蒲，芙蓉急雨跳明珠。蕉窗兀坐尘事少，寻芳偶踏隋宫芜。瘦湖一角城西隅，水天如镜扁舟趋。亭轩窈窱谽云水，静观自得皆欢愉。前度游踪历历记，良月聚首倾玉壶。浮云缥缈隔天际，饯别又绘《春湖图》。人生自古有离合，譬如蓬梗随江湖。过眼烟云刹那顷，百年一隙驶白驹。方今世事堕尘雾，大厦将倾谁则扶？眼中云物阅今昔，风景不异山河殊。天涯沦落那可说，世路荆棘非坦途。我生哀乐原斯须，游观未已斜阳晡。[2]

案，方尔谦（1872—1936），字地山，又字无隅，别署大方；方尔咸（1873—1927），字泽山，江苏江都人。尔谦为伯，尔咸为季，均以文章名，世称"二方"。幼丧母，祖父亲为课读，光绪十二年（1886）二人同补诸生。尔咸光绪十五年（1889）参加己丑江南乡试，为第一。次年会试，结识梁启超、谭嗣同等，诗酒唱和。后游武昌，入张之洞幕。数年归，以兴学自任，创办方氏学塾。江宁学务公所设立后，主其事，秩视学部五品官。病咯血，丁卯（1927）正月卒于扬州，年五十五。尔谦喜集藏文物，尤以古钱为多。书法挺峭，有山林气。善制联语。曾任袁世凯家庭教师，袁克文从问业，结为儿女姻亲。1936 年卒，年六十五。

刘师培回扬州后，又有《和周美权〈夜坐偶成〉用原韵》诗[3]。案，周达（1878—1949），字今觉、梅泉，号美权，安徽至德（今东至）人。祖父周馥（1837—1921），曾任两江总督。父亲周学海（1856—1906），光绪十八年

---

1 《爱国学社之主人翁》，《童子世界》第三十二号，1903 年 6 月 6 日，第 47—48 页，余录。

2 刘师培：《左盦诗录》卷一，《仪征刘申叔遗书》第 12 册，第 5478 页。

3 刘师培：《左盦诗录》卷一，《仪征刘申叔遗书》第 12 册，第 5480 页。

（1892）进士，补内阁中书、浙江候补道，精医术。1892年，周美权随父居扬州，研究算学，著有《周美权算学十种》。1900年组织知新算社，并赴日本寻访数学名家。1903年出版《知新算社课艺初集》和自著《调查日本算学记》。1904年，周美权再赴日本，与日本数学家长泽龟之助、上野清等共同研究西方数学。

别有《答袁康侯》（二首）[1]诗。案，袁祖成（1878—1927），字康侯，号退僧、退生，以字行，江苏泰州人。少有才名，擅长诗文、书法。光绪三十三年（1907）任泰州教育会坐办兼书记，宣统元年（1909）任南洋劝业会调查科科员。1912年任扬州军政分府参谋长，次年赴上海任《神州日报》主笔。1927年与王慎之策动孙传芳部白宝山起义，未成，被害。著有《东游杂诗》《晋游杂诗》《说文今用字课本》等。

本月，刘师培为家藏包世臣《说储》稿本作跋，称："吾观此书精义，大抵在重官权、达民情二端。其说多出于昆山顾氏，行之于今，颇与泰西宪政之制相合。当嘉、道之世，中国之局，方守其老汩不化，而先生已先见及此。仁和龚氏之外，一人而已。"末署"癸卯四月，后学仪征刘师培识"。此本现藏上海图书馆。

本月，邹容所著《革命军》一书在上海出版。全书七章，二万余字，以通俗的文字论证了革命的必要性和正义性，抨击了对内实行种族压迫、对外屈从于帝国主义的清政府以及封建君主专制制度，号召全国各阶层人民投身革命，推翻清王朝，建立"中华共和国"。章太炎为该书作序。

此后，刘师培在扬州开始与地方进步人士接触增多，在他们的影响下，向上海进步报刊投稿，同时着手筹办"师范学会"，以期提高教师素质、提高乡村教育质量，培育新人。《刘氏五世小记》又云：

> 舅氏中乡举后，在扬州常与王郁人往还。王先生是一个种族革命家，字无生，又号天僇生，安徽歙人，侨居扬州，时在上海《神州日报》主笔，鼓吹新潮。我记得十岁左右时，舅氏携我至城外香影廊吃茶，就有王先生一同逛史公祠。他是一个清瘦有神的人，手携《浙江潮》一本，

1　刘师培：《左盦诗录》卷一，《仪征刘申叔遗书》第12册，第5481页。

坐在梅花岭石头上，与舅氏谈到天黑方归。王先生每日必来，因他与福建党人林少泉成为密友。少泉就是林白水。[1]

案，"某报"，梅英超整理本作"神州日报"，非是，今仍从此书 1962 年油印本。《神州日报》创刊于 1907 年 4 月 2 日，此时刘师培已至日本东京。《浙江潮》为中国留日学生浙江同乡会拟办进步杂志，1903 年 2 月 17 日创办于日本东京。林獬（1874—1926），又名万里，字少泉，号宣樊，又号退室学者，中年自号白水，福建闽侯人。14 岁随舅父读私塾，20 岁赴杭州林伯颖家教学馆，1898 年受聘杭州蚕桑学堂教习。1901 年任求是书院总教席，同年 6 月任《杭州白话报》主笔。1902 年与蔡元培等成立中国教育会，11 月成立爱国学社，出版《学生世界》杂志。1903 年赴日本留学，加入拒俄义勇军，旋改名为学生军，任丙区队第二分队分队长，并参加华兴会；12 月归国后，与蔡元培等在上海创办《俄事警闻》（后改名为《警钟日报》），创办《中国白话报》。1904 年再赴日本，入早稻田大学法科学习。1905 年加入中国同盟会，11 月归国后赴上海，以译书卖文为生。1911 年 11 月任福建都督府政务院法制局局长，并任共和党福建支部长。1913 年初被选为国会众议院议员；到北京后，被袁世凯聘为总统府秘书长兼直隶省督军署秘书长，兼主《新中国报》笔政。1914 年 1 月国会解散后，任福建军务帮办。未几辞职赴北京，历任政事堂主计局委员、政事堂调查员，1915 年 10 月任参政院参政，11 月授中大夫加上大夫衔，后任直隶都督府秘书长。1916 年 8 月辞去议席，9 月与王士澄等在北京创办《公言报》；1919 年 2 月在上海创办《平和日报》，5 月回北京，仍主持《公言报》。1921 年春，在北京创办《新社会报》，任社长，因触时忌被封，改名《社会日报》出刊。1926 年 8 月 6 日，以所刊《官僚之运气》一文讽刺潘复为张宗昌的"肾囊"被杀害，年 53 岁。著有《生春红室金石述记》及《华盛顿》《哥伦布》等传记，并有《林白水先生遗集》。

6 月 1 日，《苏报》开始实行"大改良"，"于发论精当、时议绝要之处，夹印二号字样，以发明本报之特色"。本日"论说"栏刊发《康有为》一文，

1　梅鹤孙：《刘氏五世小记》，第 35 页。

称"今日之新社会,已少康有为立锥之地"。

日本国府种德、白河次郎著,蒋观云译《支那文明史》由上海竞化书局出版,书中介绍伦敦大学汉学教授拉克伯里(Terrien de Lacoupeire)的中国人种西来说。刘师培后来深受此说影响。

5日,《苏报》刊载《密谕严拿留学生》。

9日,《苏报》"来稿"栏刊载署名"爱读革命军者"所作《读革命军》一文,"新书介绍"栏又专门介绍邹容著《革命军》,称:"其宗旨专在驱除满族、光复中国,笔极犀利,文极沉痛。稍有种族思想者读之,当无不拔剑起舞,发冲肩竖。"

10日,《苏报》"来稿"栏刊发署名"自然生"(张继)的《读严拿留学生密谕有愤》(次日续完)、章炳麟《序革命军》。

12日,《苏报》"来稿"栏刊载署名"汉种之中—汉种"的《驳革命驳议》一文,"专件择要"栏摘登刘师培所订《创设师范学会章程》。《章程》"共九章五十二条",进一步阐发了他在《留别扬州人士书》中提出的教育救国、教育强国思想。《苏报》所摘共八章二十九条。

　　　　第一章　本会之目的

　　第一条　本会以联合教师、改良教法为目的。

　　第二条　本会之宗旨,拟掖青年于学界,以养其爱国之心,而不至甘为卑下。

　　第三条　本会俟扩充之日,即更为私立师范学校。

　　第四条　本会虽创设于扬州,他处如有同志仿行,本会愿与联络,以扩学界之进步。

　　　　第二章　本会之组织

　　第五条　本会设会长一人,副会长一人,干事员二人,会员六人,皆由同人推举。

　　第十条　入本会者,无论何人,须知人人为会中之一分子,于会中之事不可视为与己无涉。

　　　　第三章　会长　副会长

　　第十一条　会长以热心任事及宗旨明达者任之。

第十五条　会期之日,会长当演说教育之大义。

第十六条　副会长有辅助会长之责。凡会长之义务,副会长宜分任之。

第十九条　推举会长、副会长之法,以得同会最多数之推举者为合格。

第四章　干事员

第二十一条　干事员以谙习事情者为合格。

第二十四条　干事员负整理本会之责任。

第二十五条　凡会长、会员不克尽其义务者,干事员得诘责之。

第五章　会员

第二十六条　会员以通知专门学者为合格。

第二十七条　会员可以一人兼任二门或数门之学。

第三十一条　会员有助会长演说之义务。

第三十二条　凡会中诸人有质疑问难者,会员宜分门批答之。

第六章　本会之规则

第三十三条　每月之中开会两次,以朔、望二日为会期。

第三十四条　会期之日,以午后两点钟集会,六点钟散会。

第七章　入会者之规则

第三十八条　入会者于入会之初,宜先通知干事员,以登其姓名、住址于簿。

第三十九条　其有不待本会通知而径行入会者,本会一律延纳。

第四十二条　入会者不可视为虚文故事,且不可视为游戏。

第四十三条　入会者不得相互诋毁。

第四十六条　本会俟岁终之日,以入会期之多寡,立簿登之,以供众览。

第四十七条　本会立问答簿。凡入会诸人有阅书未解者,可登之于簿。本会见识所及,无不备答。

第四十八条　入会者有与本会宗旨不合者,虽攻诘辨难,亦所不辞。惟不可固执己见,不知变通。

第四十九条　入会者可互立日记。凡阅书有心得处者,可书之于簿。至会期之日,出以互观。

第八章　本会之界限

第五十条　本会注重教育。舍教育以外之事,概不涉及。[1]

这个"读书会"式的组织,当时似未能实施。

14 日,《苏报》"来稿"栏发表陈天华《覆湖南同学诸君书》。

19 日,《苏报》"论说"栏发表《虚无党》。爱国学社社员在《苏报》发表《敬谢教育会》,声明与中国教育会分离,宣告独立。[2]

21 日,《苏报》"论说"栏发表《呜呼保皇党》,称:"盖革命者,殆为中国万不可少之一经验。"[3]

22 日,针对清政府《密谕严拿留学生》的可耻行径,刘师培在《苏报》"来稿"栏发表《论留学生之非叛逆》一文,称:

> 今之论留学生及各省学堂学生者,(当)〔常〕曰"畔逆""畔逆"。所谓"畔逆"者,畔同种之谓也,畔祖国之谓也。今当道诸公,无一非畔同种、叛祖国之人,故遇一不叛同种、不叛祖国者,即称之曰"叛"。呜呼惑矣!

> 同种者何? 即吾汉族是也。祖国者何? 即吾中国是也。学生者,欲排异种而保同种者也。于此而谓之叛,则希腊之离土,亦将以"叛"目之乎? 意人之排奥,亦将以"叛"目之乎? 诸君! 诸君! 直未知顺逆之理耳,吾何责焉?

> 且所谓"叛逆"者,如汉之中行说,宋之张元、吴昊、刘豫,明之洪承畴、吴三桂是也。助异种以锄同种,此罪之所不容已于诛也。若今之以"叛逆"目学生者,非助满清,即助俄、法,孰非蹈中行说诸人之故智者

1　《创设师范学会章程》,《苏报》1903 年 6 月 12 日,罗家伦主编:《中华民国史料丛编》影印本,台北:"中央"文物供应社,1983 年,第 294—295 页。万仕国辑校:《刘申叔遗书补遗》上册,第 43—45 页。

2　爱国学社社员:《敬谢教育会》,《苏报》1903 年 6 月 19 日,罗家伦主编:《中华民国史料丛编》影印本,第 340—341 页。

3　《呜呼保皇党》,《苏报》1903 年 6 月 21 日,罗家伦主编:《中华民国史料丛编》影印本,第 354 页。

乎？于此而不自知，可谓无廉无耻无羞恶之人矣。孟子谓："无是非之心，非人。"由今观之，何"无是非之心"者之多耶！

　　吾观近今学生之所倡者，不过排法、排俄二端耳。学生倡之而政府禁之，是政府即为学生之公敌。抚我则后，虐我则仇。今政府甘为公敌而不辞，于学生乎何尤！

　　吾今以一语告诸公曰：中国者，汉族之中国也。叛汉族之人，即为叛中国之人；保汉族之人，即为存中国之人。诸公！诸公！其愿为存中国之人耶，亦愿为叛汉族之人耶？惟诸公自采之可耳。惟以保汉族为叛逆，则大悖于公理，故特辨之。[1]

这是刘师培第一次公开提出反满口号，可视为其反满革命的政治宣言。

　　25 日，江苏留日学生所办《江苏》杂志第四期出版，其"记言·说苑·不敢忘录"载有刘师培所辑《史可法遗书五首》和《亭林先生佚诗二首》。其中《亭林先生佚诗二首》，其一为《羌胡引》，刘师培附记云：

　　此篇不拘拘于诗，格近古乐府，其目的全在排满，不减船山《黄书》。潘次耕刻顾集时，将此篇删去。德清戴子高假淞南沈岱瞻所藏元本校一通，故将此诗录下。今此本藏于培处，故直录之，以供《江苏》报之采录。[2]

其二为《井中心史歌》，刘师培附记云：

　　《井中心史》，南宋遗民郑所南著，藏苏州井中。其大旨欲恢复大宋三百年社稷，驱胡元于漠北，至谓气化转移，必有一日变夷而为夏者，其排外思想如此。明崇祯时，苏州掘井得此书，故亭林作诗咏之，以见人臣处变之极则。今据戴校本直录，不据潘刻本也。[3]

　　29 日，《苏报》"论说界"栏摘录章炳麟《康有为与觉罗君之关系》一文，称"载湉小丑，未辨菽麦，铤而走险，固不为满洲全部计"。

　　本月底，章太炎被上海公共租界工部局逮捕。

────────────────────

1　申叔：《论留学生之非叛逆》，《苏报》1903 年 6 月 22 日，罗家伦主编：《中华民国史料丛编》影印本，第 362 页。万仕国辑校：《刘申叔遗书补遗》上册，第 46—47 页。

2　万仕国辑校：《刘申叔遗书补遗》上册，第 51 页。

3　同上。

7月2日,邹容激于章太炎被捕,自动投案。

6日,《苏报》"论说界"栏刊载章炳麟来稿《狱中答新闻报》。

7日,《苏报》"纪实界"刊载《协助扬州乡人出洋留学社章程》。《章程》共六条,云:

一、定名　本社定名曰"协助扬州乡人出洋留学社"。

二、宗旨　募集巨资,劝集乡人出洋留学,输入文明,培植根(抵)〔柢〕,为将来地方自治张本。

三、经费　以各种捐款充之。捐款分二种:

甲、寻常捐　按年常捐曰寻常捐;

乙、临时捐　但捐一时,不按年捐者曰临时捐。

募捐不限同府同省人。凡本府以外士绅,慨助款项者,推为名誉赞成员,当将其衔名、捐款,登入《苏报》及本省杂志,以致谢忱。

四、社员及办事人

(一)社员　以本府同志之士组织之;

(二)办事人　以本府留学日本者任之。分为四种:

甲、总理一人;

乙、会计一人;

丙、书记一人;

丁、庶务一人。

五、游学者之资格

甲、志趣坚(桌)〔卓〕,品行端正者;

乙、年在十五岁以外,三十岁以内者;

丙、身体健壮,文理优长者;

丁、家况寒素者;

合以上资格者,须社员公议认可,方能照章资助。

六、协助之方法

甲、受助人之额,以本社经费之多寡为准。兹先由发起人筹集一人学资,先行试办。

乙、第一年资助日银二百元,第二年酌量情形,以定资助之多寡。

丙、受助人东来以后，须从事译述，以筹学费。如译有成书，无资自刻，本社可酌量借给，俟得利后归还。但需提十分之一，以为利息。

丁、本社如经费有余，可收本社社员译稿出版，以扩充本社经费。

戊、受助人来东时，须自行筹资杂费至少以五十元为度。来东以后，本社再行协助。[1]

《苏报》因连续报道各地学生的爱国运动，发表、推荐章太炎、邹容的反清文章，倾向于革命运动，本日被英租界查封，史称"苏报案"。

11 日（农历闰五月十七日），刘师培作《黄帝纪年说》，[2] 以为黄帝轩辕氏"为吾四百兆汉种之鼻祖"，"乃制造文明之第一人，而开四千年之化者也。故欲继黄帝之业，当自用黄帝降生为纪年始"。强调"吾辈以保种为宗旨，故用黄帝降生为纪年"，以与康、梁以保教为宗旨，用孔子降生为纪年者相区别。该文所附《黄帝降生后大事略表》，共列二十件大事，而"周民逐厉王""陈涉起革命军"和"洪秀全起兵金田村"三次大规模农民起义赫然列入其中。对农民起义予以充分肯定，是刘师培一生始终坚持的史学立场。

8 月 7 日，章士钊、何梅士、陈去病、张继等在上海创办《国民日日报》，用黄帝纪年，极力提倡反清革命，被誉为"《苏报》第二"，刘师培、陈独秀、张继、陈去病、金天翮、谢无量、苏曼殊等为其撰稿。

13 日，《鹭江报》第 40 册出版，"专件"栏载《中国政府控告苏报馆条款》，云：

中国政府控陈范、钱锡尊、陈仲彝、陈吉夫，以该（三）〔四〕犯曾在上海三马路念号门牌所设之《苏报》内登载论说，故意污蔑今上，排诋政府，大逆不道，欲使国民仇视今上、痛恨政府，心怀叵测，谋为不轨。

1　《协助扬州乡人出洋留学社章程》，《苏报》1903 年 7 月 7 日，纪实界，罗家伦主编：《中华民国史料丛编》影印本，第 486—487 页。

2　刘师培：《左盦外集》卷十四，《仪征刘申叔遗书》第 11 册，第 4963—4966 页。

其所登污蔑排诋各节，摘录如左：

五月初六日，《苏报》登《康有为论》曰："革命之宣告，殆已为全国之所公认，如铁案之不可移。"

五月二十三日，登《贺满洲人论》曰："杀满、杀满之声，已腾众口。"又"泰然自豪曰：金城汤池，诚子孙帝王万世之业也。乃今者睡虎已醒，群盲嚣然，吾汉族之曙光已一发而不可抑遏，视满人九世深仇，切齿裂眦。"

五月初八日，登"来稿"《客民篇》中，有"哥老会系散勇结成，屡屡肇事。名不雅驯，遂变称为客民，阳以垦荒为名，阴实济其抢劫之计"等语，该报附论曰："客民者，即客帝逼拶而出者也。此客帝盘踞之久也，悉取其主人而奴之，而奴之眼光殆无往非其主人，故二百五十年，亦无以为客而必欲屏之也者。是非颠倒之既久，而乃以其主人跳踉之难制者，外之为客民"云云，意谓客民虽不肖，系中国人，实系主人。

五月十四日，登"爱读革命军者来稿"所著之《读革命军》，谓："吾国乡曲之间，妇孺之口，莫不有'男降女不降，老降少不降，生降死不降'之语。意谓妇女及稚者、死者不从本朝定制，何以男人转须拖辫换穿满人服色，受此耻辱云。"扰乱人心，莫此为甚。该稿又谓："见满洲人者，无不呼为达子，与呼西洋人为鬼子者同。是仇满之见，固普通人之所知也。而今世袭君主者满人，占贵族之特权者满人，驻防各省以压制奴隶者满人。夫革命之事，亦岂有外乎？去世袭君主、排贵族特权，覆一切压制之策者。"

五月十四日，是日作《革命军论》云："此书宗旨，专在驱除满族，光复中国。笔极犀利，文极沉痛。稍有种族思想者读之，无不拔剑起舞，发冲眉竖。若能以此书普及四万万人人脑海，中国当兴也勃焉。是所望于读《革命军》者。"

闰五月初五日，登《康有为与觉罗君之关系》，摘选章炳麟《驳康有为书》云："盖自乙未以后，彼圣主所长虑却顾、坐席不暖者，独太后之废置吾耳。殷忧内结，智计外发，知非变法，无以交通外人，得其欢心；非交通外人，得其欢心，无以挟持重势而排沮太后之权力。载□小丑，未辨菽麦，铤而走险，固不为满洲全部计。"查"载□"系今上御名，中国向系敬避。凡中国文人，皆应知之。今该报馆主笔不独直呼御名，诋为小丑，使通国之民蔑视其君之心；所用"未辨菽麦"四字，欲使环球之人轻鄙今上，讥为无用之人。

该报又谓："载□者，固长素之私友，而汉族之公仇也。况满洲全部，蠢如鹿豕者，而可以不革者哉？"查长素即康有为，系乱党之魁。

五月十四日，登"自然生来稿"《读严拿留学生密谕有愤》曰："今之上谕，以反叛朝廷定诸君之罪，以就地正法为处诸君之刑。是诸君自作之灾，于满洲政府不足骂也。东三省者，贼满人之故宅也。满人不自惜，而汉人为之惜；东三省为俄人占据，满人不自恢复而汉人为之恢复。"又云"游牧政府人"，又云"汝辫发左衽之丑类"，又云"汝诬谬狂戾之上谕"。

五月初十，该报所登《密谕严拿在日本之留学生》，其实朝廷并未下有此旨，该报故意捏造，意在愤激谋乱，群与国家为难。

五月廿七日，登《杀人主义论》，曰："今有二百六十年、四万万同胞不共戴天之大仇敌，公等皆熟视而无睹乎？"又云："以四万万人杀一人，奚啻摧枯？"又云："杀尽胡人方罢手。快哉杀人！"

闰五月初一日，登《敬告国民议政会诸君论》曰："推翻彼族之政府，建立汉种之政府。"[1]

本期另有《中国政府控告章炳麟条款》。8 月 23 日出版之第 41 册《中国政府控告邹容条款》，所举与此略同。

21 日，《国民日日报》"附录"栏《来文之感情》，记载署名"无畏"的《黄帝纪年论（附大事记）》一文，但未见刊发。此文后收入《国民日日报汇编》（第一集）及黄藻（菊人）编《黄帝魂》一书中。章士钊《疏〈黄帝魂〉》云：

此刘申叔执笔为之，曾在《国民日日报》来文栏内发表，署名无畏。文由扬州寄来，久之申叔方到沪。余初见此文，写在小小赫蹏之上，字细碎如秋蚓，类未成年学童所书，绝不似出自积学之士之手。顾此说

---

1 《中国政府控告苏报馆条款》，《鹭江报》第 40 册，1903 年 8 月 13 日，专件。

露布,不啻为舆论矗立一指明方向之界牌,使天下之士分途奔集而无歧误。盖当时革命、立宪两党,文字相伐,互立职志。一则曰君主,一则曰共和;一则曰保教,一则曰保种。由此发轫,两方所用年号,于焉不同。前者为康梁一派,用孔子纪年;后者孙黄一派,用黄帝纪年,此清朝末期之趋势如此,非《黄帝魂》编辑者一家之创论也。[1]

此时,扬州风气渐开,各种新刊书报读者日多,销路日广。据9月30日《国民日日报》发表的《扬州报界之调查》介绍,各报刊每期发行量为:

《新闻报》	一百余份
《同文沪报》	三十余份
《游戏报》	十余份
《中外日报》	三百六十余份
《国民日日报》	四十份
《繁华报》	五份
《申报》	三百余份
《新民丛报》	三十份
《江苏》	十余份
《游学译编》	五份
《湖北学生界》	二十份
《大陆报》	八十余份
《浙江潮》	三十份
《政法学报》	四十三份
《外交报》	十份
《新小说》	五份
《选报》	二十份
《新世界学报》	十份

1 章士钊:《疏〈黄帝魂〉》,中国人民政治协商会议全国委员会文史资料研究委员会编:《辛亥革命回忆录》第1集,北京:文史资料出版社,1981年,第219—220页。

《经世文潮》　　　　十份[1]

以上报刊每期发行数至少已有 1120 多份,读者除学堂和社会知识分子外,也有官场和商界人士,售卖处则有报房、华瀛公社、政学会社及陈宅。

秋,刘师培作《秋风萧瑟,池荷零落,感而赋此》诗,云:

> 大化斡神运,兴谢常无私。微物乘其中,荣枯难自持。负性惬孤赏,敷华媚幽姿。亭亭朱华芳,袅袅秋风吹。霜露日已深,摇落诚难知。即非霜露零,良与世俗违。朱颜一朝去,采撷将遗谁? 君子贵贞性,人情生妍媸。凄凉王勃吟,怆恍班姬辞。西洲秋水深,芳情终勿移。[2]

不久,刘师培离家出走,与王钟麒同赴上海,加入中国教育会。冯自由《刘光汉事略补述》云:

> 癸卯(一九〇三年)夏,上海《苏报》案起。光汉少读《东华录》,夙具民族思想,尤佩仰章太炎学术。甲辰(一九〇四年)秋冬间,以家贫不能自给,遂应友人王钟麒(王字无生,江都人)之邀莅沪,谋充学校讲席。[3]

案,冯说有误。刘师培至上海,实在本年。至甲辰时,已在革命党人中有较高声誉。刘氏其时虽已生计艰难,但尚可自给,谓其“家贫不能自给”,未免夸大。“王钟麒”应为王钟麒(1880—1913),字毓仁(又作郁仁),号无生,笔名天僇、天僇生、大哀、蹈海子等,祖籍安徽歙县,寄籍江苏江都,与刘师培相知,知名报人,有小说等传世。

章士钊《孤桐杂记》又称:

> 申叔于光绪癸卯夏间,由扬州以政嫌遁沪。愚与陈独秀、谢无量在梅福里寓斋闲谈,见一少年,短襟不掩,仓皇叩门趋入,嗫嗫为道所苦,则申叔望门投止之日也,时年且不足二十耳。[4]

案,刘师培在扬州,素无宿怨之人,也无过激之行,“以政嫌遁沪”之说

1　《扬州报界之调查》,《国民日日报》1904 年 9 月 30 日,地方新闻,吴相湘主编:《中国史学丛书》影印本,台北:台湾学生书局,1965 年,第 258—260 页。

2　梅鹤孙:《刘氏五世小记》,第 57 页。据梅鹤孙说,此诗曾收入《匪风集》。

3　冯自由:《革命逸史》中册,北京:新星出版社,2009 年,第 513 页。

4　章士钊:《孤桐杂记》,《甲寅》第 1 卷第 37 期。

亦无据。关于刘师培赴沪时间及原因，刘葆儒《三叔廿岁前形势》谓：

> 会试不得，尝游学四方。时家遭先君之丧，大、二房不免发生意见。叔廿岁出走，先至十二圩，谒淮盐督鹾，鹾光典（礼卿）无可位置。识鹾倕若木（名寿枢），加入报界，入革命党。[1]

刘葆儒此文乃应钱玄同要求而作，述刘师培少年之事，为蔡元培《刘申叔先生遗书序》、钱玄同《左盦年表》所采信。光绪二十八年（1902）张之洞再署两江总督时，为解戊戌赔款及收支拨补之困，向鹾光典（1857—1911）咨询理财之要，且拟增百货厘金，以保用度。鹾以为国家税法纷歧，厘捐病商尤甚。新增不如理旧，若整顿盐务，可获大效。张之洞遂上疏，力荐鹾光典任设于仪征十二圩的扬子淮盐总栈总办，并请破例任期为三年。鹾到任后，布置缉私兵队，调兵舰堵截于镇江金山、焦山及三江口、沙漫洲，设帆船堵截于河湖，募淮勇训练成劲旅。私枭惧伏，官引畅行。比至三年，岁增十余万引，增税银150余万，场、商获利倍之。直至光绪三十一年（1905）底，两江总督周馥奏补鹾光典为淮扬海兵备道，加按察使衔，兼任淮北四岸盐务督销，始离此任。据《国粹学报》第38期所载《国学保存会藏书志》所录顾炎武《肇域志》同时有刘寿曾、鹾光典校语观之，仪征刘氏与鹾光典应有交往。刘师培向鹾光典求职，应属可信。且刘师培在芜湖期间大谈革命，鹾光典暗中有所庇佑，亦可证明其与刘氏有旧交。鹾寿枢，字若木，早年留学日本早稻田大学。1902年4月27日，蔡元培、叶瀚、蒋观云等在上海成立中国教育会，蔡元培任事务长，王慕陶、蒋观云、戢翼翚、鹾寿枢等任干事。刘葆儒谓刘师培赴沪，得鹾寿枢之助，与刘师培致程善之书（详下）所云"由永安栈移住教育会"相合，较为可信。葆儒所云"时家遭先君之丧，大、二房不免发生意见"，指刘师苍送刘师培、师慎参加江南乡试时失足落江而亡事。此时，刘寿曾1882年卒，刘师苍1902年卒，长房即无成丁，家人生活遂无着落。二房刘贵曾已卒于1889年，家中亦无成丁。刘师培之母与刘师苍之母为同胞姊妹，家计困难，郁郁不乐，是客观情况。刘师培外出谋职，自属实情。从刘师培入端方幕后，书信中提

---

[1] 刘葆儒：《三叔廿岁前形势》，见杨丽娟：《刘师培家藏文献研究初集》，第174—175页。

及奉伯母及长房侄辈学费事，亦可见刘师培肩负赡养长房之职。

《刘氏五世小记》谓：

> 到了次年［指本年］四、五月间，这一天，舅氏忽然出外未归，举家
> 皇急，派人四出寻觅。有人说看见乘红船过江的。后来接到自上海来信，
> 其实当时是林少泉与他一同赴沪的。[1]

陈奇《刘师培年谱长编》据此将刘师培赴沪时间确定为本年 6 月（五月
至闰五月初），以为作《论留学生之非叛逆》一文，"当系到上海以后受蔡元
培等人影响而作"。[2] 其说不确。《论留学生之非叛逆》及本年 8 月 21 日的
《黄帝纪年说》，均是刘师培由扬州寄至上海，而非其身在上海，且此时与蔡
元培等尚不相识。

刘师培至沪后，寄居中国教育会。

9 月 21 日，《国民日日报》"社说"发表《论中国古代信天之思想》，[3] 无
署名，实为刘师培所作。

25 日，《国民日日报》"社说"发表《中国鬼神原始》，[4] 28 日续完，无署名，
亦为刘师培所作。此文关于中国古代为多神教、君上以宗教迷惑民众等观
点，与刘师培《论孔教与中国政治无涉》《古学起原论·论古学出于宗教》相
同；汉族兴于帕米尔高原，与《昆仑吟》同；鬼神分天神、地祇、人鬼，与《读
某君孔子生日演说稿书后》《中国历史教科书》第一册第十九课"古代之宗
教"及第二册第十二课"西周之宗教"相同，且与《中国白话报》第十四期光
汉《宗教》观点相同。

10 月 5—6 日，《国民日日报》"社说"连载《道统辨》，[5] 无署名。其论
孔子为学术家而非宗教家，崇奉孔子由于国家功令等观点，与刘师培《论孔
教与中国政治无涉》《读某君孔子生日演说稿书后》同；关于"道"字之义，
与《伦理学教科书》第一册第十课"说道"同。

1　梅鹤孙：《刘氏五世小记》，第 35 页。
2　陈奇：《刘师培年谱长编》卷二，第 41—42 页。
3　万仕国辑校：《刘申叔遗书补遗》上册，第 52—53 页。
4　万仕国辑校：《刘申叔遗书补遗》上册，第 54—57 页。
5　万仕国辑校：《刘申叔遗书补遗》上册，第 58—61 页。

9 日（农历八月十九），刘师培致书程善之，云：

> 善之足下：培昨日已由永安栈移住教育会，惟财政百计拮据，人道之穷，至培而极。望速筹款寄来，否则不能一日居矣。无量后日至扬州，直谅多闻，今罕其匹。培居教育会，与林少泉同住（名獬），汪允中亦日日到会，尚不寂寞，惟经济界不能一日支持，足下可否与树流诸君谋之。此信到后，望限一日写回信来，是为至盼。此请著安！郁仁均此。师培和南。十九日[1]

案，程庆馀（1880—1942），字善之，号小斋，以字行，安徽歙县人。其父程桓生于同治五年（1866），光绪十年（1884）两任两淮盐运使，遂居扬州。程善之十六岁补博士弟子员，旋邀同人结社讲学，研究历代政治，曾加入同盟会。1908—1912 年在扬州府中学堂任教师。辛亥革命后，任《中华民报》编辑，1913 年任孙中山秘书。后回扬州从事教育，发起成立扬州学生会，声援五四运动。1926 年与包明叔创办《新江苏报》，任主编。1932 年受聘为国难会参议员。南社成员。著有《沤和室文存》《沤和室诗存》《残水浒》《宋金战纪》《四十年闻见录》《清代割地谈》《印度宗教史论略》《骈枝余话》等。

20 日，《江苏》第七期出版。本期"文苑"栏载刘师培《咏晚村先生事》（署名申叔），诗云：

> 中原昔板荡，沧海悲横流。吕君旷世才，劲节高南州。渊源溯紫阳，讲不宗黎洲。（晚村本黎州弟子。）区区匡复心，志与王（船山）顾（亭林）侔。凤皇翔九霄，悲哉网罗投。缇骑下越山，惨淡神鬼愁。祖龙坑儒心，千载青史羞。呜咽浙江潮，逝水空悠悠。[2]

"记言·说苑·不敢忘录"载《扬州三百六十年之纪念》（署名申叔），述"屠戮之惨""通海之狱""追逋之狱""盐灶之苦""谏臣之斥""开河之役""文字之狱""南巡之举"凡八则。又有《书顾亭林先生墨迹后》，后收入《左盦诗录》卷一。

1　《西山林氏来往书简》，手稿，扬州图书馆藏。
2　万仕国辑校：《刘申叔遗书补遗》上册，第 62 页。

28 日(重阳节),陈去病作《癸卯重九客歇浦赋示侯官林獬仪真刘光汉》诗,云:

> 惨澹风雨入九秋,海天寥廓独登楼。凄迷鸾凤同罗网,浩荡沧瀛阻远游。
>
> 三十年华空梦幻,几行血泪付泉流。国仇私怨终难复,哭尽苍生白尽头。[1]

11 月 4 日,黄兴与宋教仁、陈天华、谭人凤、吴禄贞、苏曼殊、张继、刘揆一、柳大任、周震鳞等二十余人,在长沙保甲局巷彭渊恂住宅决定成立华兴会,黄兴被推为会长。[2]参与发起的还有杨守仁、龙璋、秦毓鎏、叶澜、徐佛苏、翁巩、章士钊、胡瑛、张通典、王延祉、彭渊恂、萧翼鲲、柳继贞、彭邦栋、陈方度、何陶、萧堃、朱子陶、任震、陈其殷、吴超澂、刘道一。[3]

本月,对俄同志会成立。1904 年 3 月《中国白话报》第八期《文明介绍》之《对俄同志会》云:

> 这会是去年十月设立的。因为俄国占了奉天,各国要实行瓜分的政策。那时全球各国,都是留心这桩事体,独有我们中国人,还是一个个睡在鼓里,一点不肯留心,也没有商量出好法子去抵敌俄国,任他在东三省那边横行。当去年四、五月间,也曾闹了这事。那时候,我们中国人在日本留学的叫做留学生,却也很觉得过不去。大家聚议,起个义勇队,要想去打俄国。共总签名愿去的,约模也有一百多人。又派了两位特派员,去北京运动政府,运动袁世凯。后来政府、袁世凯都运动不成,两位特派员打个圈子回来了,义勇队也短命散了。但是,事体虽然不成功,却也热闹一时,大家觉得精神也有些振作。等到去年下半年,俄事正在紧急的时候,可巧留学生的热度却低下来,再也不能再起义勇队了。上海各位明白人,实在看不过,因此组织一个对俄同志会,在

---

1 佩忍:《癸卯重九客歇浦赋示侯官林獬仪真刘光汉》,《江苏》第 6 期,第 141 页。

2 周震鳞:《关于黄兴、华兴会和辛亥革命后的孙黄关系》,《辛亥革命回忆录》第 1 集,第 330 页。

3 刘揆一:《黄兴传记》,中国史学会主编:《辛亥革命》(四),上海:上海人民出版社,1957 年,第 276—277 页。

愚园会议一次，签名的也有一百多人。又出一种机关报，名叫《俄事警闻》。报的宗旨，无非是倡导国民，叫他实行对俄的大事。办了两个月，虽然不见有什么对俄的实事，但内地的人心，到也借此感动了许多。因此，明白的却也不少。[1]

同时，浙学会留日会员商议发起新组织，即日后的"光复会"。沈瓞民《记光复会二三事》云：

> 一九〇三（癸卯）年十月，日俄战争即将爆发，我们认为战争势必延长，这是中国革命的好机会。在东京的浙学会的会员，聚集在王嘉祎的寓所密商。第一次参加的有王嘉祎（字伟人，求是书院同学，求是书院即是浙江大学堂前身）、蒋尊簋（字百器，求是书院同学）、许寿裳（字季黻，求是书院同学）和我（沈祖绵字迪民，求是书院教习）等十余人。……浙学会留日会员，在那天讨论的结果，决定另行组织秘密的革命团体，目的不仅要加强革命宣传工作，首要在于力行，要用暴力发动武装起义。我们认为应该先选择湖南、安徽或浙江一省，实行武装占领，作为根据地，再逐渐扩大。最后认为要另组一革命团体，应邀请浙江志士参加。当时，陶成章（焕卿）正在东京，军国民教育会魏兰（石山）、龚宝铨（味荪）不久将回国，周树人（豫才）在弘文书院读书，都是坚决走革命道路的人士，分别联络。同年十一月，又在王嘉祎寓所举行第二次密商，陶成章等均参加。为了取得革命武装根据地，决定陶成章、魏兰分往浙江、安徽二地，龚宝铨往上海，张雄夫（开会时张在上海）和我往湖南长沙，与华兴会首领黄兴联系，因黄兴已在长沙暗策革命，武装起义，庶可首尾相应也。两次会议，虽以浙江学会名义召开，还没有正式命名为光复会，实则光复会肇始于东京。[2]

本月，刘师培续黄宗羲《明夷待访录》之意，作《中国民族志》，署名"光汉子"，由中国青年会出版，上海棋盘街恒德里二十世纪丛书社发行。其自序云：

1　《对俄同志会》，《中国白话报》第8期，1904年3月，第37—38页。

2　沈瓞民：《记光复会二三事》，中国人民政治协商会议全国委员会文史资料研究委员会编：《辛亥革命回忆录》第4集，北京：文史资料出版社，1981年，第131—132页。

意人马志尼之言曰："凡同一人种、风俗、语言者,即可组织一国。"斯语也,殆民族主义之定论乎! 民族者,由同血统之家族化合不同血统之异族而成一团体者也。人群之初,无不因天性之发达,而谋团结之方。始也,谋一族之安宁;继也,谋一群之幸福。至于谋一群之幸福,则群力之扩张益广,不得不有害于他群,此民族竞争所由起也。有民族之竞争,然后有排外之思想。吾中国之排外,何如乎? 士大夫之所倡者,不曰明华夏之防,则曰定中外之界。其民族思想,岂他国所能及哉! 然自吾观之,中国之强,非中国之自强也,曰惟民族思想。故中国之弱,亦非中国之自弱也,曰惟民族思想。当三代之时,异族杂居,故圣贤垂训,以攘狄为不世之功。后世渐摩濡染,攘外之说,深中民心。而君上之雄鸷者,遂因此而张其挞伐。于秦,则有长城之筑;于汉,则有朔方之城;于唐,则有四镇之建。因权力之扩张,而行开边之政略,谓非民族思想启之哉? 及承平日久,外患渐消,骄慢之志成,自尊之心启。不曰王者无外,则曰一统之尊。称己国则曰中华,称邻国则曰夷狄。一以启轻敌之心,一以阻交通之进步,此欧人东渐以来中国所以不振也。呜呼! 三代以还,岂无异族侵凌之祸? 然定鼎中原以后,则又讳其本原之旧族,以自托于中华,而转目邻邦为夷狄,不可谓非压制汉族之策也。因汉族排外之思想而善用之,其阴贼为何如哉! 此吾所以为汉族悲也。吾观欧洲当十九世纪之时,为民族主义时代。希腊离土而建邦,意人排奥而立国。即爱尔兰之属英者,今且起而争自治之权矣。吾汉族之民,其亦知之否耶? 作《民族志》。[1]

该书前另有《论本书大旨》一篇,详述本书特点,称:

此编之意,以汉族为主,而以他族为客。撮其要旨,厥有三端。

一、汉族界线之扩张　支那本部为汉族固有版图,其拓土本部外者,为扩张界线。秦筑长城,开陆梁;汉武通西域,逐匈奴,开西南夷,灭朝鲜、闽、越。是为汉族扩张界线第一期。东汉破北匈奴,取伊吾卢,征西域,取哀牢。是为汉族扩张界线第二期。隋代南征林邑,东伐高丽;

1　刘师培:《中国民族志》,《仪征刘申叔遗书》第 5 册,第 1757—1758 页。

唐代继之,平突厥,置西域四镇。是为汉族扩张界线第三期。明征漠北,取安南,降吐鲁番、哈密。是为汉族扩张界线第四期。虽然,汉族之扩张,非知殖民之政略也,非由国民之公意也,不过由君王好大喜功之欲耳。故版图有一次扩张,即有一次削小。此不得不归咎于专制之政矣。若夫北魏、蒙古、满清之恢拓版图,与汉族无涉,兹从略焉。

二、异族势力之侵入　周幽王时,西戎、东夷,交侵中国;及春秋时,鲜虞拥甲于北陲,义渠跳梁于西土,百濮南侵,淮夷东逼。是为异族侵入第一期。东汉季年,边备渐弛。羌胡内迁,鲜卑保塞;加以晋室不纲,五胡肇乱;江淮以北,悉为戎虏争竞之场。其既也,复有拓跋氏之凭陵。是为异族侵入第二期。自晋割燕云,而通古斯族构乱;自唐徙党项,而西藏族窥边。辽夏乘之于前,金元继之于后。汉族版图,永沦异域。是为异族侵入第三期。明代中衰,曼珠窃发,复乘明季之乱,入主中华,久假不归,乌知非有? 是为异族侵入第四期。满清不振,西人东渐。支那本部,悉为欧洲势力范围。瓜分惨祸,将不旋踵。是为异族侵入第五期。要而论之,有一次异族之侵陵,即有一次汉族之光复。汉族亦世界之伟大民族哉! 世有朱元璋其人乎? 吾不禁拭目俟之矣。若夫外族之患,仅中于一隅,未尝蔓延于四境者,兹亦从略。

三、汉族与异族之混合　当黄帝以前,汉族亦处客民之地位,厥后遂为本部之主族,而民族混合之原因,遂基于此。吾观秦汉之时,衡岳以南,苗民窟宅;巴蜀之侧,羌族荐居。阅时未久,风俗、刑政,卒与汉族相融(此犹北美民族见化于西人)。非异族为主、汉族为客者乎? 若夫戎狄、蛮夷之于周,胡羯、氐羌之于晋,以客族之民,宅中邦之土。即北魏、金、元各族,亦弃固有之礼,或采汉族之文明。非汉族为主、异族为客者乎? 吾观异族入中华之后,或入仕于大廷,或厕身于军旅,民族混合,是其滥觞。予故曰:中国民族之复杂久矣,岂仍纯全之汉族哉!

以上三端,皆本书要旨所寄。阅者于此注意,庶可以得此书之深意矣。[1]

1　刘师培:《中国民族志》,《仪征刘申叔遗书》第5册,第1759—1760页。

刘师培著《小学校用国文典问答》由开明书店出版。

本月，江子云、蒋绍筬、郭叔瑛、李北桥辑《万国历史汇编》一百卷由上海官书局石印出版，刘师培为作序，云：

> 昔刘子玄之作《史通》也，谓诸史之流有六，三曰《左传》家，四曰《国语》家。以吾观之，《左传》家者，列国史之祖也；《国语》家者，国别史之祖也。何则？春秋各国，棋布星罗，无所统一。《左传》一书，虽以鲁为主，然于各国相关系之事实，言之特详，则非徒一国之史矣。《国语》为《春秋》外传，于周、鲁、齐、晋、郑、楚、吴、越八国事，各自为篇。后世《战国策》一书，踵其遗意。此三派者，为后世史书之鼻祖。及封建既废，天下统于一尊，断代之史兴，而国别之史废矣。惟司马彪《九州春秋》，稍师国别史之成法，然范围甚狭，不过地方之志已耳。
>
> 自欧人东渐以来，欧亚之交通日密，历史之法，传入亚东。其专详一国之政治、文化者，是谓国别史；其明群邦之关系，以与世运相对照者，是谓列国史。盖能得中国《左》《国》之遗法者。中儒著西史者，如徐氏《瀛环志略》、魏氏《海国图志》，一改历代《四裔传》之例，以开国别史之先声，不可谓非中国之新史学也。然徐、魏之书，偏于舆地，且译音未正，分析未精，未足集历史之大成也。惟日本冈本氏所著《万国史记》，以事实为主，详于兴衰治乱之繇，为西史中之佳本。然其书作于明治初年，于近数十年之事，概从阙如。即无锡秦氏《东洋分国史》，亦仅记亚洲。今求一搜辑繁富、纂述尤精者，其惟《万国历史汇编》乎！
>
> 是书为江君子云、蒋君绍筬、郭君叔瑛、李君北桥之所辑也。既以上、中、近古、近世析其时，复以亚洲、欧洲、美洲析其地，于列国史之中，寓国别史之法，非所谓集历史之大成者耶？
>
> 顾吾中国当秦汉以来，惑于"六合之外，存而不论"之说，不曰王者无外，则曰一统之尊，而环中土立国者，复多蛮族之民，作史者悉以《四夷传》该之。此中国史书所以无国别史、列国史之体也。
>
> 今者中外大同，吾中国固有之史法，固不足以尽西史之能，则史例之不能不变更者，势也；因史例之变更，而不能不用国别史、列国史者，

亦势也。岂可以中国旧史律之哉？

抑吾闻之，世界史者，一国史之对照也。读此编者，观于西人政治之得失，邦国之废兴，以为中国前车之鉴，于中国庶有瘳乎？则此编也，又岂徒史例之善哉？是为序。仪征刘师培申叔氏撰。[1]

12月15日，蔡元培等在上海创刊《俄事警闻》，为对俄同志会机关刊物，先后参与该报编撰工作的还有林獬、陈去病、汪允宗、林宗素等对俄同志会会员。冯自由《记刘光汉变节始末》误作明年事。[2]

案，陈去病（1874—1933），原名庆林，字伯儒、百如，又字佩忍，号巢南、垂虹亭长，晚号勤补老人，笔名季子、有妫血胤、南史氏、大哀、天放、法忍、老衲、拜汲、病倩、病禅、醒狮、南巢子、东阳令史子孙、伯雷等，江苏吴江人。七岁入私塾，后从吴县诸杏庐读书。1895年中秀才，1898年在吴江同里镇创办雪耻学社，1902年加入中国教育会。1903年东渡日本，主《江苏》杂志笔政，加入拒俄义勇军、学生军、军国民教育会，回国后，致力于组织军国民教育会；同年6月，与章士钊等在上海续办《国民日日报》，任教于上海爱国学社。1904年在吴江周庄镇创办东江国民学校；停办后赴上海，与刘师培等编辑《警钟日报》；9月创办《二十世纪大舞台》杂志。1905年赴镇江承志中学任教。1906年加入中国同盟会，赴安徽徽州中学堂任教。1907年4月赴上海《国粹学报》撰述，5月主持国学保存会会务，参与编辑《国粹学报》；8月，与刘三等在上海成立神交社，1908年秋任干事，旋应绍兴府中学聘，任教国文。7月避往汕头，任《中华新报》编辑。冬离粤赴沪。1909年11月与柳亚子等发起成立南社，任文选编辑员。1910年初在杭州蒲场巷高等学校任教。1911年11月在苏州创办《大汉报》。1912年1月赴绍兴任越社机关报《越铎日报》主编，旋改任杭州《平民日报》编辑。1913年二次革命爆发，任讨袁军总司令部秘书。1916年

1　万仕国辑校：《刘申叔遗书补遗》上册，第70—71页。

2　冯自由：《革命逸史》上册，第332页。此文始载1939年香港《大风旬刊》第35期。冯氏云："甲辰（一九○四年）秋冬间，蔡元培、龚宝铨、陶成章等组织光复会于上海，光汉以蔡元培之介入会。是年冬，俄人进兵东三省，全国骚然。蔡氏乃与光汉发起《俄事警闻》，日以危言，警惕国人。"

任国会参议院秘书长。1919年赴粤参加护法运动,历任非常国会秘书长、大总统府咨议,后回浙江,任浙江公立法政专门学校教员。1920年任江苏、浙江省省长公署秘书。1922年春再赴广东,任大本营前敌宣传主任;6月离广州,任南京东南大学国文教员,又任上海持志大学文科教授;12月与柳亚子等创岁寒社,参加新南社。1924年9月与柳亚子等在上海组织江苏民治建设会;11月任清宫古物委员;同年任中国国民党江苏临时省党部监察委员。1926年4月,国民党西山会议派在上海召开第二次全国代表大会,被选为中央监察委员。1929年4月,任江苏省志编纂委员会委员。1930年起,历任江苏古物保管委员会苏州分会主任、江苏革命博物馆馆长、国民党党史史料编纂委员会委员、国民政府内政部参事、考试院考选委员会专门委员等职。1931年辞职。1933年10月4日病逝于吴江同里镇。著有《诗学纲要》《辞赋学纲要》《浩歌堂诗集》《拜汲楼诗集》《挥戈集》等,张夷等辑为《陈去病全集》。[1]

林宗素(1878—1944),福建闽侯人,林獬胞妹。1898年前后随林獬至杭州,参加浙江教育会活动,与秋瑾结识。1902年赴上海,入爱国女校学习,同时参加中国教育会组织的各项活动。1903年东渡日本,入东京女子高等师范学校学习,并参加共爱会,与秋瑾一道练习制作弹药技术。1904年春回上海,从事办报活动,为《中国白话报》撰稿,继为《俄事警闻》《警钟日报》编辑。1911年末在上海发起组织女子参政同志会,并于1912年1月会见孙中山,要求男女有平等的参政权利,得到孙中山支持。1913年后,在南洋等地从事教育和商业活动,同时积极资助林獬在国内办报。1926年8月林獬被奉系军阀逮捕,林宗素奔走营救。林獬被害后,移居南方。1944年病逝于昆明。

蔡元培《自写年谱》述《俄事警闻》创办经过云:

我回上海后,有甘肃陈镜泉君,自山东某县知县卸任后来上海,稍有积蓄,愿意办一点有助于革命的事业,与中国教育会商,决办一日报,名为《俄事警闻》,因是时俄国驻兵东三省,我方正要求撤退,情势颇紧

1　张夷主编:《陈去病全集》,上海:上海古籍出版社,2009年。

张，人人注意，故表面借俄事为名，而本意则仍在提倡革命。以翻译俄国虚无党之事实为主要部分。论说预列数十目，如告学生、告工人、告军人之类。每日载两篇，一文言，一白话。推王君小徐主编辑及译英文电，我与汪君允宗任论说及译日文报。及日俄开战，我国转守中立，我等没有面目再对俄事发言，乃改名《警钟》。王君主张不直接谈革命，以避干涉。及王君他去，我与汪君迭任编辑，遂不免放手，蹈《苏报》覆辙。我与王、汪诸君皆不支薪俸，印刷费由陈君任之。后来陈君又办一镜泉书局，他的资本为经理所干没，陈君不能再任此报印刷费，则由我等随时由各方面募集小款，勉强支持。我等到不能支持时，乃由刘申叔、林少泉诸君接办，直至□年□月，始被封停办。[1]

19日，《中国白话报》创刊于上海，林獬主办，自任主笔，刘师培为该刊主要作者。林獬《答吴稚辉先生》云：

> 我从杭州到上海，又做了《中国白话报》的总编辑，给刘申叔两个人，共同担任。[2]

24日，上海会审公廨宣判章炳麟、邹容永远监禁。

27日，《俄事警闻》"杂录"栏载《满江红》词（署申叔），云：

> 一枕黄粱，看浩劫、茫茫如此。阅几度、沧海桑田，兴亡弹指。秋雨铜驼悲落下，西风去雁歌汾水。只淡烟疏柳，最消魂，斜阳里。 思往事，从头记。玉垒改，金瓯碎。恨秋江寂寞，鱼龙沈睡。雨覆云翻千古恨，海枯石烂孤臣泪。又天津桥畔送春归，鹃声起。

本年底，陈天华著《警世钟》出版。全书2万余字，以通俗的文字，沉痛地揭示出当时民族危机的极端严重性，首次提出清政府已是"洋人的朝廷"，号召全国人民齐心协力，以最激烈的手段，挽救祖国的危亡。该书出版后迅速流传开来，对当时的革命运动起到了极大的推动作用。

刘师培因肺病吐血。章太炎得知后，投书相问，云：

申叔我兄志士：

1　蔡元培：《自写年谱》，高平叔编：《蔡元培全集》第七卷，北京：中华书局，1984年，第293—294页。

2　白水：《答吴稚辉先生》，《社会日报》（北平）1925年12月4日，第3版。

溥泉来，知君忽患失血，想热度过高，率暴贲涌。诚宜少自珍惜，游心物外。

上海市井丛杂，文学猥鄙，数岁居此，不见经生。每念曩昔，心辄悯悯。仁君家世旧传贾、服之学，亦有雅言微旨匡我不逮者乎？

孟瞻先生所纂《正义》，秘不行世。鄙人素治兹书，盖尝上溯周、汉，得其传人。有所陈义，则以孙卿、贾傅为本，次即子骏父子。中垒虽治《榖梁》，然呻吟《左氏》，见于君山《新论》。是故《说苑》《新序》所述，单文只字，悉东序之秘宝、石室之贞符也。数岁以来，籀绎略尽，惜其不成，仍当勉自第次。学术万端，不如说经之乐。心所系著，已成染相，不得不为君子道之。他日保存国粹，较诸东方神道，必当差胜也。[1]

案，“溥泉”即张继。此书实为章、刘交往之始。刘师培接信后，即复信。今刘氏复书虽未见，然据章太炎答书可知，刘师培对章太炎推崇《说苑》《新序》经义，提出不同的看法，并随信附自著《驳〈泰誓答问〉》和《小学发微》二书。章太炎乃作答书（即《国粹学报》第 1 期《章太炎再与刘申叔书》），补充自己的观点，云：

申叔我兄志士：

昨得手札，并大著二种。下走数岁以来，以世无幰人，自分臣之质死。今者奉教君子，吾道因以不孤。积年郁结，始一发舒，胜得清酒三升也。

曩时为《左传读》，约得三十万言。先为《叙录》，以驳申受之义。辞繁，不暇具述。至以中垒亦治《左氏》，说似支离。然君山《新论》明言：“刘子政、子骏、伯玉父子，呻吟《左氏》。下至婢仆，皆能讽诵。”此语固非无据。君山亲见二刘，语当可信。今之疑者，但以《汉书》所言“歆数难向，向不能非间，然犹自持其《榖梁》义”，取此为证耳。仆则以为仲任论次人材，鸿儒、通人，本与儒者有别。汉世儒者，墨守一先生之说，须以发策决科，此专持家法者也。向、歆本好博览，左右采获，自

---

[1]　章炳麟：《与刘光汉书一》，《仪征刘申叔遗书》第 1 册卷首，第 45 页。此即《国粹学报》第 1 期之《章太炎与刘申叔书》。

在鸿儒、通人之列，与墨守者有异。即观子骏之说《左氏》，犹多旁引《公羊》，则向之兼通二家，未为异也。《穀梁》与《左氏》义少违戾，与《公羊》复非同趣，上自孙卿，下至胡常、翟方进辈，皆以《左氏》名家，而兼治《穀梁》。盖二家本皆鲁学，异夫《公羊》齐学绝不相通者。则子政贯综二氏，宜也。《新论》本书，今已亡佚；所引数语，见于《论衡》，素丞相之遗迹，犹可搜寻；量其时代，本在叔皮之前（谭于王莽朝已仕），似不应信《汉书》而疑《新论》也。《说苑》《新序》所举《左氏》成文，多至三十余条，虑非征据他书者。其间一字偶易，适可见古文《左传》，不同今本。且子政之改易古文，代以训诂者，亦皆可睹；太史公《世家》所述，大略同兹。盖字与今异者，则可见河间古文；训与今异者，则本之贾生训故。绅绎古义，断在斯文。此仆所以珍为鸿宝也。

若乃《正义》之作，亮有数难。刘、许诸家，多义例而少训故，然其例犹大体相似。仲师、子慎，多训故而少义例，其训故又多乖异。侍中兼之，亦申己义。治经者既贵其通，亦贵其别，不容以仲师之言蔽子骏，以侍中之言蔽仲师。家有异义，又不容唯阿两可。（如冲远疏《诗》，毛、郑异义，各自分疏，不加裁断。此固传、笺并用，疏不破注，不得不尔。今《左氏》古注，既非原本，特从他书采辑，则注虽出于古人，而定注者乃己也。似宜定其然否，以然者为注而释之，以否者入疏而驳之，然后义有准的，不同专务编辑者。）至夫古义无征而新说未凿者，无妨于疏中特下己意，乃不为家法所困。陈硕甫之疏《毛》、惠定宇之述《易》，皆因执守师传，以故拘挛少味，仆窃以为过矣。

《旧疏考证》，家有是书。《正义》虽未完具，终望讽诵一过，未知他日可以借阅否？甚狼狼也。

大著《驳太誓答问》，条理明遫，足令龚生钳口。墨、孟诸家所引《太誓》，尊意谓在下篇。下走曩日持论，则谓《国语》有引《太誓故》者，"故"即"训故"之"故"。疑墨、孟所引，皆在《太誓故》中。周、汉人称引古书经典，传、注往往不别，亦犹引《书序》者直称为《书》，而《士礼》《丧服》之记，至今与本经同列，其比例也。至《太誓》有《故》，诸篇无《故》者，或今已散佚，或如《管子》中偶为数篇作《解》，而他篇不尽作《解》。

未审尊旨然否？

大著《小学发微》，以文字之繁简，见进化之第次，可谓妙达神指、研精覃思之作矣。下走三四年来，夙持此义。不谓今日复见君子，此亦郑、服传舍之遇也。请述数言，以为尘壤之助。

尊意以“尊”“酋”二字，皆以酒器、酒名，引申为贵者之号，此旨正与仆合。夫重其秩位则谓之尊，敬其法典则谓之彝。《易》称“不丧匕鬯”，史有“三为祭酒”，此皆古人重酒之征。旁征印度，则婆罗门以苏摩为天王；近征日本，则秦王弓月因造酒而被崇敬。至少康为庖正，得以光复旧物者，亦以酿酒悦众之故。（杜康即少康。）此皆往事可验者矣。

尊著谓“人偶为仁”，合于康德之义。仆按，古文“仁”字作“𡰥”，“夷”字亦作“𡰥”，而《山海经》称夷羿为“仁羿”，盖夷俗仁，仁者寿，所以名夷者，其初只有“仁”字，后以双声相转，始作“夷”音，（古音“夷”如“迟”，如“倭夷”即“倭迟”是也，故“仁”“夷”得为双声。）亦《真》《脂》通转之理也。《说文》“𠆢”“𡰥”同字，而“𡰥”字特训“仁人”，则“𡰥”亦即“夷”字，下体诘诎，象夷俗蹲踞也。段先生未明兹义，遂以“仁人”之训为浅人所妄改，其亦轻于疑古矣。

尊意引“君”训“群”之说，因以“林”“烝”比况，此可为《尔雅》旧注与高邮王氏之新说，通其鄣隔矣。仆疑古文“君”只作“尹”，如“君氏”作“尹氏”是也。“尹”字从“又”持杖，“父”字亦从“又”持杖，此可见上世家族政体。“父”即家君，君即国父。延及周时，三公称农父、弘父、祈父，而汉时亭长亦尚称曰“亭父”。此皆沿袭古语也。

尊意以“一”“二”“三”“四”“五”皆有古文，而“六”字以上即无古文，以此为上世原人只知五数之证。仆向者曾思此义，只以五色、五音、五位作证。今君复能实证古文，则真豁然确斯，持之有故矣。陈义奥博，不复能赞一词也。[1]

郭象升云：

仪征刘光汉《小学发微》谓“一”“二”“三”“四”“五”皆有古文，

1 章炳麟：《与刘光汉书二》，《仪征刘申叔遗书》第1册卷首，第46—49页。

独"六"字以上无,盖上世原人只知有五数也。其说较太炎尤密。[1]
又云:

> 程氏《春秋分记》一书视顾栋高《大事表》高之十倍,而《四库》不
> 收,心窃疑之。今乃知此一语之故也。程氏自指金人耳,而清为同种,
> 亦成忌讳,良可惜也。孙渊如欲传此书而亦未行,有一短说,见所撰《续
> 古文苑》。其后,余杭章先生缘孙氏说,约刘申叔共访此书,不知曾得
> 之否。[2]

《驳〈泰誓答问〉》,今所见者,惟有《国粹学报》第 2 期所载未完本,未
见足本。据 1905 年刘师培《答章太炎论左传书》,其稿于《警钟日报》被查
封时,没入官中(详 1905 年),则刘师培寄章太炎之《驳〈泰誓答问〉》,应为
刘氏稿本,故没官后,即无法续载。至于《小学发微》,钱玄同以为即《论小
学与社会学之关系》,谓"登报时欲求意义明显,故改题为《论小学与社会学
之关系》"。然刘师培《甲辰自述诗》自注、《周末学术史序》自注均多次将《小
学发微》与《论小学与社会学之关系》并提,则应为二,而非一。

本年,刘师培有《题梁公约诗册》诗二首:

> 过江名士多于鲫,风雅如君真可师。我亦风尘苦行役,与君同唱横
> 江词。

> 论诗未觉西江远,宗派茫茫付与谁? 淮海文章溯流别,涪坡嗣响属
> 君诗。[3]

案,梁公约(1863—1927),原名燚,字饮真,更字公约,民国后以字行,
而别号苍立,或署冶山佣,江苏江都人。祖承诰,同治、光绪间以儒官居总漕
幕府二十年,因家淮浦。公约久试不第,补诸生。后自淮上归,无所投止,乃
入赘吴氏,依妇翁居数年。后迁南京,为梁鼎芬、缪荃孙所知,声名渐著,以
诸生为诸侯上客,人称"梁大秀才"。诗工西江体,有六朝神韵。词近温、李,

1　郭象升:《馗书跋》,王开学辑校:《郭象升藏书题跋》,太原:山西古籍出版社,2007 年,
第 55 页。

2　郭象升:《鲒埼亭集跋》,《郭象升藏书题跋》,第 451 页。"程氏",原本误作"陈氏",
据《鲒埼亭集》卷三十一《程氏春秋分记序》改。〔宋〕程公说《春秋分纪》九十卷,收入《四
库全书》经部五"春秋类"。此谓"《四库》不收",似误。

3　刘师培:《左盦诗录》卷一,《仪征刘申叔遗书》第 12 册,第 5476 页。

善丹青,尤工菊。1911 年秋,任江苏都督府秘书。次年任江苏省政府办公厅秘书,前后 10 多年。1927 年,举家迁上海,病卒。诗文多散佚。

【著述】

留别扬州人士书　《苏报》3 月 10 日,学界风潮,署刘师培

案,此文于该报 3 月 11 日续完。

扬州师范学会启　《苏报》3 月 18 日,专件摘要,无署名

卖花声(登开封城)　《左盦词录》

一萼红(徐州怀古)　同上

扫花游(宿迁道中见杏花)　同上

怀桂蔚丞先生　《匪风集》

案,此诗收入《左盦诗》(即《刘申叔先生遗书》之《左盦诗录》卷二)时,刘师培编排在"壬寅"下,与《匪风集》自注"时客汴省"相矛盾。查刘师培早期北上仅有本年参加科举考试一次,《匪风集》出版距作年甚近,而《左盦诗》定稿于宣统庚戌(1910),虽均为其手订,疑《左盦诗》误。

宋故宫　同上

佳人　同上

采莲歌　同上

包慎伯《说储》跋　见原书,署仪征刘师培

癸卯夏游金陵　《匪风集》

题梁公约诗册　同上

莫愁湖　同上

癸卯夏记事　同上

端阳日偕地山、泽山、榖人泛湖,言念旧游,怆然有作　同上

答周美权诗意　同上

和周美权《夜坐偶成》用原韵　同上

答袁康侯(二首)　同上

创设师范学会章程　《苏报》6 月 12 日,署扬州刘师培

论留学生之非叛逆　《苏报》6 月 22 日,署申叔

史可法遗书五首　《江苏》第 4 期,6 月 25 日,记言·说苑·不敢忘录,署刘师培

亭林先生佚诗二首　同上

黄帝纪年说(附大事表)　《国民日日报》8 月 21 日,来稿,署无畏

论中国古代信天之思想　《国民日日报》9 月 21 日,社说,无署名

中国鬼神原始　《国民日日报》9 月 25 日,社说,无署名

　　　案,此文于 9 月 28 日续完。

道统辨　《国民日日报》10 月 5 日,社说,无署名

　　　案,此文于 10 月 6 日续完。

致程善之书　10 月 9 日(八月十九日),手稿,扬州图书馆藏《西山林氏来往书简》

扬州二百六十年之纪念　《江苏》第 7 期,10 月 20 日,记言·说苑·不敢忘录,署申叔

书顾亭林先生墨迹后　同上,文苑

咏晚村先生事　同上

中国民族志　十月,署光汉子,中国青年会出版,二十世纪丛书社发行

　　　案,其子目如下:

　　　第一章　亚东民族述略及汉族之起原

　　　第二章　汉族之扩张及与苗族之关系

　　　第三章　夏殷之形势及西周与异族之关系

　　　第四章　春秋时异族之盛衰

　　　第五章　战国时异族之盛衰

　　　第六章　秦之一统及与匈奴之关系

　　　第七章　西汉与异族之关系

　　　第八章　东汉之兴及异族之渐入

　　　第九章　五胡侵入时代

　　　第十章　通古斯族之割据

　　　第十一章　隋唐与异族之关系

　　　第十二章　唐末异族之侵入

　　　第十三章　五代宋异族之侵入

　　　第十四章　蒙古族之内侵

小学校用国文典问答　光绪二十九年十月，上海开明书店出版、发行，署刘光汉

案，此书于光绪三十一年八月曾由上海开明书店再版，国家图书馆有藏本。

目录如下：

万国历史汇编序　《万国历史汇编》卷首，上海官书局光绪癸卯十月出版，署仪

征刘师培申叔

满江红（一枕黄粱）　《俄事警闻》12 月 27 日，杂录，署申叔

案，此篇又刊于《中国白话报》第 3 期。

驳泰誓答问　后刊于《国粹学报》第 2 期，未完

小学发微　未见，待考

1904 年（光绪三十年，甲辰）　二十一岁

【事略】

1 月 12 日，对俄同志会议决，改《俄事警闻》为《警钟日报》。

17 日，《中国白话报》第 3 期出版，"论说·补白"栏刊载《满江红》（一枕黄粱）词（见上 1903 年 12 月 27 日）。又有《做百姓的事业》一篇，张金涛《近代报刊文选译》以为刘师培所作，张枬、王忍之编《辛亥革命前十年间时论选集》第一卷以为林獬所作。然此文与《中国白话报》第 2 期《做百姓的责任》（署"白话道人"）为系列文章，文中自称"我白话道人"，所用"事体"之类方言不见于刘师培著作，知为林獬所作，而非刘师培所作。

22 日，《俄事警闻》第 39 号刊载《对俄同志女会广告》，云：

> 本会设于上海大南门外宗孟女学堂内，现已筹集款项，公定章程，所举议长、议员皆为女士。如有女界同志欲入会者，请开姓名、居址函达，以便议事时传单奉请。对俄同志女会启。

26 日，《俄事警闻》第 43 号"专件"栏刊载《对俄同志女会之议案》，云：

> 对俄同志女会发起以来，已会议数次，公推福建郑女士素伊、上海陈女士婉衍、童女士同雪三人为总议长，郑女士独力捐银三千元为会费。于本月初五日，又会议于宗孟女学堂，由总议长将会中要事，逐条提议。总议长创议，宜先行创设中国赤十字会，诸议长、议员同声赞成。陈婉衍女士将赤十字会中一切历史演说一番，诸议长、议员皆拍手称诵，皆谓中国一旦有事，愿赴战地云云。由诸议长拟定应行先办之事五条如左：
> 一、拟缮西文信，布告瑞士等各国。
> 一、拟仿旅日商人孙淦等故事，布告各督抚及外务部。
> 一、拟派专员前赴日本，与日本赤十字会联络。
> 一、拟于宗孟女学堂内，添设医学科，聘医学女教习，讲求速成医学。
> 一、拟先行购办疗伤各药备用。

30 日，《俄事警闻》刊登《警钟招股事略并章程》，称：

侧身北望，天地凄怆。瓜分之祸，至无日矣。瓜分惨说，喧传累年，列强相持，莫敢发难。俄为戎首，强占东省。诸国纷缘，大劫将至。吾侪有一瞬之生存，固当及时以求救死之策。然大陆荒远，幽隐滞闭。横目蚩蚩，如出一冶。丰屋蔀灾，不知身之将焦。此固声闻隔绝，未睹祸形，无亦传布之无具，而任其事者之无人乎！人有重病而不求医药，必其无病病之心者也；若有人焉，告以死期之将至，则未有不痛心疾首，毁家罄室，以冀幸而或瘳者矣。然则陆沉之民，不知灾祸之将至，此非斯人之罪，罪在吾侪既知之而无有以告之也。同人痛心于此，乃立对俄同志会，欲以团体之知识，施于事实，以求补救，并撰《警闻》，为道人之木铎。始于十月二十七日刊登第一号，颇蒙海内迎受，以为有申儆之效。特限于财用，未能遍布。且于要区，未置访事，挂一漏万，缺憾滋多。遂以十一月二十五日，经同志会全部之议决，认为同志会之机关报，并议扩张规模，改名《警钟》。兹定招股章程十条如左。

一、本报以抵御外侮、恢复国权为目的，日刊一纸，著录有关于达此目的之议论、事实。凡循例之文告，琐屑之新闻，皆所不录。

一、拟集足资本银十万元，分二万股，每股五元。无论吾国何等人，皆得入股。集股时期，预定以三个月为限。虽未及限而股已集足，亦即截止。若限满而集股未齐，即由发起人酌量情形，或截止，或展限，皆登本报广告声明。

一、愿入股者，自一股起，无论多少，请于限内将股款交上海英界四马路惠福里科学仪器馆，由本馆掣给股票、息折为凭。

一、股息常年五厘，自股齐截止之日起算。每年终，凭折发给一次。

一、每年所得赢利，以十分之二为公积，股东分其五，办事人分其三。

一、本社照有限公司办理，发起人为无限责任社员，其后陆续入股者，均为有限责任社员。

一、本社设主计一人，总握财权；总理一人，代表本社，并经理一切社务。凡本社消费，由总理定一预算表。每月朔日，主计以本月应付之额交总理，月终由总理编一统计表致主计稽核，并登本报，普告社员。

一、主计由社员全体于有百股以上之社员中推选，总理由社员全体于无限责任社员中推选，皆每任一年，改举一次，连举者均可连任。在第一次选举以前，暂由发起人代理。

一、其余办事人，皆由总理延聘。

一、每年三月，开社友会一次，选举主计、总理，稽查银钱出入，提议改良一切社务，惟不得干涉编辑权以变更、破坏第一条之目的。凡与股者，皆得列会。如因事未到，亦可随时到社询问，但不得荒误办事人之日力。

发起人：陈竞全、林森（涤庵）、钟观光（宪鬯）、王季同（小徐）、吴无病、虞东明（含章）、虞和钦、汪德渊（允宗）、刘光汉（申叔）、黄公民、章士钊（行严）、钟观诰（衡臧）、林獬（少泉）、吴炎汉、马裕藻（幼渔）、马鉴（纪明）、贝寿同（季美）、黄韧之。

暂举主计：钟观光；暂举总理：陈竞全。[1]

31 日，《俄事警闻》首次刊登刘师培《攘书》上卷出版广告，称之为"空前杰著"，"共十六篇，月内出世"。此广告连载至 2 月 12 日。

本日，《中国白话报》第 4 期出版，"歌谣"栏刊载刘师培《昆仑吟》诗，云：

昆仑峻峰高极天，下有黄河万顷之深渊。灵气钟毓不计年，巴科民族产其间。谁知伏羲以降生齿繁，举族会议谋东迁。别帕米尔高原，入玉门阳关。神农宅域齐鲁间，扩张势力威夷蛮。黄帝即位称轩辕，蚩尤战败苗族歼，定都涿鹿雄幽燕。西至崆峒，北至釜山。排斥异族，广树屏藩。皇汉民族血统延，三皇五帝开其先。尧舜垂裳治绩传，禹平水土名山川。干羽格苗德动天，涂山玉帛人争艳。殷汤代夏周代殷，黄帝子孙相（遞）〔递〕嬗。斯时夷祸渐蔓延，山戎猃狁居北蛮。徐方跳梁，戎车未旋。蛮荆为仇，伐鼓渊渊。以致犬戎肇兵衅，烽火照耀骊山前。宗周沦亡，夷德未厌。逼畿都，入郊甸。莽莽中州，异族垂涎。华夏杂居，遍地腥毡。赖有《春秋》笔削存微言，内夏外夷大义传。麟经绝学昭万

1　《警钟招股事略并章程》，《俄事警闻》1904 年 1 月 30 日，专件。

年，天维屹立地柱连。皇秦崛起汧渭边，穷兵黩武忧黎元。南辟陆梁，北达雁门。长城何盘盘，高踞阴山岩。匈奴既却，胡马不南。殖民高阙守篱藩，保卫汉族功炳然。汉武勃兴，建邑长安。南征北伐，拓土开边。右顾取朔方，左顾征朝鲜。卫霍出师森戈铤，那容胡骑窥甘泉？更闻绝域使张骞，直从盐泽穷河源。夜郎身毒境宇连，乃与邛笮通人烟。破康居，斩楼兰。酒泉列亭，乌垒屯田。奄有八区，地广兵全。此时汉族威权震绝域，历史光耀照简编。奇祥异瑞争入贡，披图直仿《王会篇》。惜乎武皇侈情耽逸乐，更思浮海求神仙。劳师伤财民力殚，轮台下诏奇功艰。东汉宅洛，抚有漠南。防遏獯鬻，勒铭燕然。长城饮马战卒寒，祁连山失胡人叹。班超奉使西域安，甘英临海德泽宣。绝幽凿险敢辞难，大汉威德永不刊。讵料羌胡呈逆焰，匈奴鲜卑兼乌桓。非我族类心必异，五胡乱华此其端。张羴幕，建戎旝。秋高马肥，入我白檀。戾气所钟，犬羊虫豸，毛衣肉食，迭雄边关。逐草随（蓄）〔畜〕部族蕃，鸣镝扬尘窥九边。燕山既巉峘，辽水何迷漫。胡羯逞贪狠，鲜卑精控弦。氐羌起积石，窥踞河湟间。椎结左衽，胡服夷言。悲风萧条，雪窟冰天。回顾神州，生民孔艰。元魏承代裔，一旅雄并燕。梼杌穷奇肆贪残，虏骑南征临江还。旧土沦陷，甲弃兵歼。夷裔横行，文物荡然。自古先王辨姓严，讵容贱族相攀援。塞北杂姓何纷烦，遂令汉族非纯全。俳优而戏，沐猴而冠。周齐继兴，虏欲耽耽。隋文嗣位称英贤，胡尘荡涤烦苛蠲。光复旧物，还我河山。林邑入版图，新罗净烽烟。大唐受命宅陇汧，山河表里临殽函。东抚高句丽，西抚吐谷浑。定方西征奏凯旋，犁庭扫穴天山前。李勣北伐虏众殚，丰功勒石龙庭巅。元策轺车通吐番，鬼方遗址开川滇。昭武九姓康居孙，奇珍入贡呈琅玕。安西都护职守尊，高昌月氏作屏翰。玉关亭障临千泉，玄奘西行佛法诠，大秦祆教丰碑镌。怀远招携，设戍开屯。李唐威德铭乾坤，遐方殊俗声教覃。中叶而降胡骑喧，安史构乱兵戈连。柘羯花门，胡兵入援。回纥款关，虏众频迁。羽书驰檄风尘昏，深宫赏赐縻金钱。沙陀小丑安足论，存琐僭位神器沦。风驰鸟赴，蚕食鲸吞。及石郎之奉虏，嗟土地兮弃捐。上国衣冠不可见，大河南北夷风煽。始而契丹，继以金源，终于胡元。厉盘瓠之巨齿，作盗跖之脍肝。入云中，渡桑干。失金瓯之巩固，伤城邑之凋残。寇准和戎盟澶渊，金缯岁币年复年。汴都倾覆由完颜，杀敌致果无岳韩。天命乃归奇渥温，正气扫地河山昏。中原文化百不存，披发野祭伊洛边。胡军何所有，明安偕穆昆。色目何所有，畏吾兼乃蛮。民习于夷，偷息苟安。恬奉异类，割弃山川。故老消谢思王权，右虏下汉多张元。所南《心史》垂一编，屹然砥柱当颓澜。红巾扰攘徐豫间，乃逢明祖重开天。龙飞九五，虎贲三千。提兵濠泗，拓土幽燕。永乐北征，振旋云滦。九边重辽东，三卫列朵颜。北虏肇难由也先，茫茫北阙妖氛缠。建州女直疆土偏，鸡林靺鞨自古传。辫发负笈，冠裳斑斓。鼖鼓振渔阳，杀人莫敢前。江南佳丽区，千里无炊烟。建牙冀城，转粟河干。胡笳悲鸣，战血朱殷。楚水含垢，秦山蒙冤。神州陆沉古人叹，遗民避地无桃源。况复欧人谋东渐，九州异说征邹衍。烟涛浩渺谈瀛寰，海滨通市何尘喧！兼弱攻昧肆并吞，沉沉大陆三千年。连城璧已去，无复商于还。瓜分惨祸眉睫间，能毋流涕伤汨澜！吾思太古初，汉族未东迁，榛榛狉狉，噩噩浑浑。中原文化始黄炎，譬如旭日开朝暾。自古武功绝域闻，军威震落天骄魂。虎旅兮桓桓，车骑兮骈阗。君不见汉兵十万征居延，单于遁迹瀚海边。又不见八千劲卒走符坚，淝水波涛与天连。前贤奇迹不可攀，宇宙大乱何时戡？八州风雨悲啼鹃，海枯石烂精卫填。因思造化理，大运终循环。力尽蔽五材，火中退暑寒。我欲乘风叩帝阍，为遣巫咸招国魂。旋乾转坤云雷屯，说法更吐千叶莲，各放光明辉大千。记功勒石昆仑巅，神明遗胄亿万年。[1]

林獬有附记云：

　　余既从事《中国白话报》，乃征歌谣于刘子申叔。申叔为撰《昆仑吟》，起草凡二小时而罢。是一部二十二史，是一部民族志，其富于历史知识、种族之思想，字字有根据，而复寓论断于叙事中。吾恐大索吾国中，求一如刘子者，不可得矣。浅学小生，妄逞口说，翻检一二东籍、三数报纸，腼然谈种族、论改革，以刘子之眼视之，殆野马尘埃欤！

1　万仕国辑校：《刘申叔遗书补遗》上册，第98—100页。

2 月 15 日，华兴会在长沙成立，黄兴任会长，宋教仁、刘揆一任副会长，以"驱除鞑虏，复兴中华"为宗旨，以"雄踞一省，与各省纷起"、进而推翻清政府为战略方针。会后设立"华兴公司"作为总机关，设黄汉会以联络军界，设同仇会以联络会党，扩大革命力量。

16 日（农历春节），《中国白话报》第五期出版，刘师培在"地理"栏发表《长江游》，在"学说"栏发表《中国理学大家颜习斋先生的学说》，均署名"光汉"。

本日，刘师培作《元旦述怀》诗，评判历史，思慕明君，剖露种族革命之志（此诗后刊于 3 月 31 日出版的《中国白话报》第 8 期）。诗云：

> 周宣平淮蔡，汉武征匈奴。英君迈远略，千古垂雄图。晋宋昧此义，偏安守一隅。五胡迭构祸，辽金相剪屠。神州叹沦沉，封狐生觊觎。爝火不扑灭，燎原终可虞。涓涓忘堤防，日久为江湖。立国首树威，非种当先锄。尚论怀鲁史，我思管夷吾。[1]

此间，刘师培因春节回扬州小住。

25 日，《俄事警闻》第 73 号刊载《本社特别广告》云：

> 本社《俄事警闻》于七十三号截止，自十一日起，改名《警钟》。

26 日，《警钟日报》出版创刊号，继续执行《俄事警闻》的宗旨。1930 年陈去病《革命闲话》云：

> 《警钟》者，承《俄事警闻》之后，以扩大其范围者也。先是，子民、小徐、浩吾、竞全诸子，以俄警日迫，特组对俄同志会，筹应付之法。又发行日报一纸，名曰《俄事警闻》，以告群众。辞气慷慨激厉，读之者莫不惊心动魄，为之流涕。每晚更于镜今书局门口，张贴要电，大书磅礴，血泪交迸，环而观者往往如堵墙。于是诸子知群情之融洽也，因有《警钟日报》之举。设馆于福州路英巡捕房东首之惠福里，以子民总其成，予与允中、申叔、静庵为任撰述、编纂之责，而竞全独任其赏。[2]

高平叔《[蔡元培]传略》云：

1　万仕国辑校：《刘申叔遗书补遗》上册，第 137 页。
2　陈去病：《革命闲话·〈警钟日报〉与〈大舞台杂志〉之被封》，《江苏革命博物馆月刊》第 6 期，1930 年 1 月 1 日，"笔记"第 4 页。

此报于日俄战争后，改名《警钟》。其编辑由王君而嬗于子民，又嬗于汪允宗、林少泉、刘申叔诸君。

本期刊载的《警钟发刊之旨趣》云：

药，所以治病也，而病或缘药而滋变；道，所以降魔也，而魔乃随道而愈高。嗟乎！扣槃求日，锲舟求剑，诚吾国人之普通根性哉？宋之季也，仇辽则联金，而攫其国之半者，金也。仇金则又联元，而元遂举全国而挟之以去矣。嗟乎！当其时，外族之凭陵者，不过此辽、金、元三族，且亦迭为盛衰；而宋之所以联之者，亦稍参自力焉，而其结果乃如是。方今列强环伺，以其平等之势力，相抵相荡，以迫而取偿于我，而我徒从其鳞爪之偶现者，乃欲以彼各国为傀儡，而以弱线牵之使之，为蚌鹬之争以贻我渔翁之利，若无所用自力者，固自以巧过于宋哉？而其结果何如？甲午之役绌于日本，政府则联俄以排之。又由俄以及德、法为我干涉，索回辽东，于是联俄派泰然自足，曰莫余毒也已。及乎胶、威、旅、大之事既见，而又有国事犯为外人所庇护，于是有一派竭力排外之顽固党，欲尽杀外人以为快。此亦未尝不足为倚赖外人者之药石，然其所见仅仅有寓居国内之若干外人，而所恃者又仅仅义和拳之蛮法。彼以为尽杀此曹，则真莫余毒也已。其结果乃与之相反，而联俄党之积毒反缘之而大发。庚、辛以来，俄人驻兵不撤，残虐无艺。我国人之稍稍有知识者，虑无不深恶痛疾于俄人。吾辈方以为此一动机也，或可因以激国民自立之精神，而进之以文明攘夷之举动，于是有《俄事警闻》之作。自日俄战讯亟，则新闻家之鼓吹排俄者，遂异口而同声矣。而国人之冥然罔觉者姑不论，其所谓深恶痛疾于俄人者，亦束手而无所为。至于日俄开战，日胜而俄败，则又泰然自足，曰俄之横暴，彼日本者已为我惩而膺之矣，今而后莫予毒也已。呜呼！彼环伺吾侧，何一非俄？而扣槃锲舟之见乃如是耶，无亦非独听之者之咎，而言之者亦分其过耶？

社会至蕃变也，人则以至简单之知识迎之，如有色之玻璃然，各各吸收几种之光线而吐其余。太阳者以至复杂之光线投之，故无所遇而不光。言之于人也亦然。以简单之论旨，投简单之心灵，其不相左也，仅矣。且夫鲁酒薄而邯郸围，举烛书而燕说起。因之与果，有不可以剂量论者。吾国积弱之因，若列强之耽逐，政府之因循，求之于外交界，其攻取迎距之故，既浩博无际矣，而其总原因，乃又在于国民之志薄而见短。而更进而求之，则远之政体教宗之所酝酿，近之家风乡俗之所援系，几席之近，锱铢之微，视听之娱，牙角之讼，无在非社会教育之所涵濡，而均与时局有密接之关系。诚为之解剥其内幕，穷竟其归宿，发无数平行之线，以与各种简单之脑筋相接触，使之不动于此，必感于彼，而徐以醒其自伐之迷梦，以进于同力之范围，则吾辈今日之目的，而所为扩张《警闻》以为之者也。[1]

蔡元培《刘君申叔事略》云：

[民国纪元]前八年，与林君獬主持警钟日报社。

冯自由《刘光汉事略补述》云：

及元培改组《俄事警闻》为《警钟日报》，延光汉充编辑主任。尤能针砭时政，阐扬革命，深博社会称许。[2]

28 日（农历正月十三），刘师培自扬州寄函湖北巡抚、署湖广总督端方，劝其"舍逆归顺"，投降革命。这是刘师培第一次直接给端方写信。

端帅鉴：孔子有言，夷不乱华。而华夷之防，百世垂为定则，想亦尔之所悉闻也。自满州肇乱，中原陆沉，衣冠化为涂炭，群邑荡为丘墟。呻吟虐政之中，屈服毡腥之壤，盖二百六十年于兹矣。而玄烨、弘历诸酋尤为失德，诛亡之惨，淫暴之祸，诚所谓"折南山之竹，书罪无穷；罄东海之波，流恶难尽"矣。光汉幼治《春秋》，即严夷夏之辨。垂髫以右，日读薑斋、亭林书，于中外大防，尤三致意。窃念天下兴亡，匹夫有责；《春秋》大义，九世复仇。值此诸夏无君之时，仿言论自由之例，故近年以来，撰《黄帝纪年说》，撰《中国民族志》，撰《攘书》，垂攘狄之经，寓保种之义。排满之志，夫固非伊朝夕矣。今者俄日战争，宣布中立，瓜分惨祸，悬于眉睫。汉族光复，此其时矣。观于广西会党，蔓延西南；浦东盐匪，起义江浙。汉族之民，又孰不兴我义旗，

1　《警钟发刊之旨趣》，《警钟日报》1904 年 2 月 26 日，社说，罗家伦主编：《中华民国史料丛编》影印本，第 6—7 页。以下《警钟日报》均据此本。

2　冯自由：《革命逸史》中册，第 513 页。

以恢复神州之土哉？俟光复功成，固当援冉闵戮胡之例，歼尔贱夷，俾无遗育。尔等当此之时，幸则为王保保之窜边陲，不幸则为台哈布哈之战毙。欲求一日之安宁，岂可得哉？故为尔辈计，莫若举两湖之疆，归顺汉族。我汉族之民，亦可援明封火保赤之例，赦尔前愆，任职授官，封圻坐拥，岂不善哉？夫尔既伺身虏族，奚屑与尔交言！其所以致书与尔者，将欲尔之舍逆从顺耳。时哉，时哉，不可失矣！尔其图之。刘光汉白。[1]

3月1日，《中国白话报》第6期出版，"学说"栏刊载《黄黎州先生的学说》，署名光汉；"来稿"栏发表《论激烈的好处》，署名激烈派第一人。《中国白话报》第9期署名光汉的《刘练江先生的学术》云："我恐怕现在的人，把'激烈'两个字当作坏字面，所以在第六册《白话报》上，做了一篇《论激烈的好处》登上去。"据此，则"激烈派第一人"乃刘师培化名。

11日，《警钟日报》"社说"栏载《论中国人思想之矛盾》，无署名。冯永敏以为刘师培所作，[2] 今疑不能定。

13日，对俄国同志会举行第二次会议，议定改名争存会。

14日，《警钟日报》刊登《对俄国同志会广告》，称：

> 本会同志以时局迅变，非复可以"对俄"二字为吾人唯一之责任，特于念七日开第二〔次〕会议，提议改良。已由大多数会员议决，改名为争存会。因是日会员有未到者，特此广告。[3]

同时刊登《争存会广告》，云：

> 本会即对俄同志会之扩张，以养成国民资格、抵制外界压力为宗旨，已由全体会员委托警钟社社员拟草章程，再开大会，以多数决定之。各会员如有意见，请于七日以内投函本社，以备斟择。念七日未与会议诸君，如不愿与于争存会者，亦请于七日以内投函本社声明。[4]

1　万仕国辑校：《刘申叔遗书补遗》上册，第110—111页。手稿藏中国第一历史档案馆"端方全宗档案"内，《历史档案》1988年第3期王凌《有关刘师培一则早期反清史实》首次公布。

2　冯永敏：《刘师培及其文学研究》，台北：文史哲出版社，1992年，第72页。下引冯永敏说，均出此书第71—87页。

3　《对俄国同志会广告》，《警钟日报》1904年3月14日，第172页。

4　《争存会广告》，《警钟日报》1904年3月14日，第172页。

15 日，《警钟日报》发表《争存会之宗旨》，云：

昔项籍被围垓下，闻四面之楚歌而大惊。呜呼！吾中国今日之现象视此矣。列强眈逐，环嗣吾侧，徒以一阻于均势，再慑于民气，潜胧窃削，不敢公然发难耳。独彼俄人，恃其蛮力，不惮骤攫满洲以为各国倡，而其利害之点，又适与日本相冲突；又以商务之通塞，外交之向背，公法之（评）〔平〕准，独使俄人陷于公论不容之地位。而列强之视线，遂集中于满洲之一隅，以观吾国之举动。于斯时也，吾诚声俄罪而痛击之，以收回满洲之主权，则各国之视听皆将为之回易，而势力范围之策为之废，结一而万毕，诚国民自振之机会也。于是吾党有对俄同志会，冀以联合群流，同赴目的。德薄知疏，不见信任于社会，方事之殷，签名与会者，乃不及二百人。以视日本对露硬青年会列席三千，政府视若敌国，度量相越，何其远与！义勇之军，侦探之队，徒抱虚愿，一无表见。所借手者，区区《俄事警闻》之报告而已。吾党生性简直，不愿为虚矫之词以欺世。现象如此，未知吾党之罪，抑社会之罪也？而返观社会之新现象，则自日军胜俄，而倚赖异族之根性，益以滋长。学生之与灯游也，商人之贺新舰也，横滨居留者之归化也，恬然不以为耻。其自命为上流社会者，亦以捐集微款，恤彼伤兵，为今日无上之政策，岂以日本人为我击俄，我以此虚言贺胜，薄物犒师，遂足偿佣雇日本之值哉？毋亦谚所谓锦上添花，以是为箪食壶浆之迎云尔。嗟乎！社会之所谓对俄者如此，服从强者之根性之深也如此。所谓对俄者，仅仅不为大俄国顺民而已；大日本顺民，则固已为一般社会之所承认。日本者，西欧、北美各国之后进也。日英同盟之成立，日本狂喜抃舞，几如吾国人及第升官之状。今之胜俄，亦仅仅不为西欧、北美诸国所鄙夷已耳。西欧、北美各国之资格，终尚非日本所敢望。然则一般社会之自认大日本顺民者，浸假而得为大英顺民、大美顺民、大法顺民、大德顺民，其箪壶之迎，必较甚于今日之对日本，而狂喜抃舞，何减日英同盟时之日本人也？循此以往，则向之所谓各国势力范围者，经日俄之战，适以速其为香港、为台湾之期限焉尔。嗟乎！滔滔者对俄之主义，则既如此矣，而吾党所抱之主义，竟不为社会之所赞成，而又决非此百余十人之力之所及。荏苒蹉跎，以及今兹。时局迅变，前日之主义，业为刍狗。吾党既不获指导社会之效，宁能依违暧昧、附和于彼滔滔者之主义乎？且吾党之对俄，手段耳，一时之目的耳，宁得以其一击之不中而牵动大目的乎？且经此试验，而知社会今日之程度，尚不适于扣槃扪烛之卮言，而宜进以开雾见天之确论。而吾党之主义，亦不宜专为倚赖社会之计画，而当有随时实地之经营。谚曰："经一事，长一智。"此亦社会所以饷吾党者也。夫机会无定，主义有定。所谓彻上下、通古今之主义，孰有大于天演学之"物争自存"乎？吾党是以改对俄同志会为争存会，欲达争存之目的，则外之国际公私之界，内之政俗改良之见，近之农工商之实业，博之家庭、学校、社会之教育，随时随地，多人寡人，积极消极，无不可以尽吾党之责任，而使之归宿于大目的。吾敢以是为争存会诸同志勖。[1]

17 日，《警钟日报》首页刊载《警钟日报招股章程》，刘师培为发起人之一。[2]

本日，《中国白话报》第 7 期出版，"学说"栏刊载《王船山先生的学说》，署名光汉。《江苏》第 9、10 期合册出版，"学说·历史"栏刊载《中国对外思想之变迁》，署名申叔。"时评·内国之部"栏有《德人干涉留学生》，无署名，冯永敏以为刘师培所作。然文中有节译《柏林军事周报》所载杨孙中将文章，刘师培终身不知德语，则此文不可能为刘师培所作。

19 日，《警钟日报》"社说"刊载《论华兵不竞之故》，无署名。此文以颜氏学派重尚武精神为其特征，与刘师培推崇颜氏学派相一致，且所论与《中国白话报》第 11 期《兵制》相合。冯永敏以为刘师培所作，可信。

27 日，《警钟日报》刊载《论强权之说之发生》，无署名。此文"俄为戎首，占据东陲"之说，与刘师培关于争存会问题的提案相合，知为刘师培所作。文云：

---

1 《争存会之宗旨》，《警钟日报》1904 年 3 月 15 日，第 184—185 页。
2 《警钟日报招股章程》，《警钟日报》1904 年 3 月 17 日，第 202—203 页。

乌乎！欧人当十九世纪之末，民族主义一变而为帝国主义，平权之说一变而为强权之说。由是，遇国之小弱者，莫不假保卫之名，以蚕食其疆土。今者瓜分之说，喧传中邦。俄为戎首，占据东陲，致酿俄日战争之祸。溯其原因，孰非强权之说启之哉！吾试即强权说之结果，以溯强权说之发生。

一由于乐利派也。乐利派之目的，以求乐避苦为宗，始于伊璧鸠鲁，（其言曰："利者何？快乐是也。恶者何？痛苦是也。"）与宗教家去乐就苦之说，大相背驰。及边沁之说兴，以为人世之善恶，悉由苦乐而区。凡世之所谓善、不善者，仅以利、不利分之而已。虽然，天下有利即有害。有所利于此，必有所不利于彼；此之利日益增，则彼之利日益减。此与彼相持，而生存竞争之理见矣；生存竞争之理见，则人人争自存；人人争自存，则必务扩张一己之自由，而侵犯他人之自由矣。（若中国杨朱学派，则保持一己之权利，我不以权力加人，故其言曰："利之所贵，存我为贵；力之所贱，侵物为贱。"）此强权之所由起也。盖强权发生之次第，分为二级。其始也，民与君争权，子与父争权，妇与夫争权。此权盛则彼权衰，彼权衰则此权盛。世人观于欧人十九世纪，以为系西人平权时代也。抑知所谓平权者，民权、子权、女权日伸，即君权、父权、夫权日削乎？名为平权，实则强权而已。此为个人谋个人幸福之时代。及群学日明，团体日固，人人知一己之谋幸福，幸福之小者也；一群之谋幸福，幸福之大者也。于是向之谋个人幸福者，今进而谋一群之幸福；向之以个人苦乐为苦乐者，今进而以一群苦乐为苦乐矣。然此群之乐利，必与彼群之乐利相背而驰，故谋伸己群权利者，不得不加权力于他群。群与群相竞，国与国相持，而帝国主义之说遂以盛行。是为国家谋国家乐利之时代。而世人每以强权既行，则彼此均受其益。（如谓强国之取弱国也，开其富源，启其文教，皆利人之事。）然加藤弘之有言：人之爱他心，即利己心之变相。所为谋他人幸福者，不过借利物之名，以作营私之计耳，其本心固不必尔也。使果以利物为本心，则强权必不行矣。此乐利派所由为强权之先导也。其故一。

二由于进化论也。欧洲之言进化者,以达尔文为最著。于动植物繁殖之故,悟物类之变迁,创为"天择""物竞"二说,以推古今万国之盛衰。(《中庸》云:"故天之生物,必因其材而笃焉。故栽者培之,倾者覆之。"《论语》云:"岁寒,然后知松柏之后凋也。"皆天择、物竞说。)盖以宇宙万物,莫不有强弱之差。强与弱相持,则优胜劣败之理见矣。欧人知其然也。彼以人类肇生,必经自然淘汰之作用。世界愈进,则野蛮种族愈不能常保其生存。即遐方殊族,亦不必以狂榛终,故以驱逐蛮民为白种自然之天职。观于英人之于波亚,法人之于越南,美人之于斐律宾,孰非实行帝国主义者乎?因权力之扩张,以实行殖民之政略,而民族竞争因之日烈。故英人入印度,而印度之旧种亡;西班牙入美州,而美州之旧种灭;俄人入西比利亚,而西比利亚之旧种微。物竞之理,彰彰明矣。又进化家之言曰:"强者之权利,即强者讨弱者之权利是也。"(见《加藤弘之讲演集》。)虽与平和之说相背,然揆诸天演之公理,则世界递迁,不外生存竞争之理。弱者先灭,强者后亡。故强者既占优胜之地位,则兼弱攻昧,亦可视为公理之宜然。(若中国儒书,则强胁弱、众暴寡,为大乱之道。)而劣种之蛮民,遂无复立国之地矣。观西儒进化论诸书,力斥耶教博爱之说。盖博爱之说,宗教家所鼓吹者也;物竞之说,乃科学家所实验者也。近代以来,物竞之说益烈,故其影响于政治上者,即有实行强权之一日,此帝国主义与进化论之关系也。(加藤弘之所著书,皆主此说。)其故二。

由此二者观之,可以知强权发生之由矣。盖近世以来,欧美之所以对中国者,无非用帝国主义之说,以实行其强权。其结果也,至有俄占东省之举。故处今日之中国,欲筹抵御强权之策,不得不谋自立之方。孟子有言:"国必自伐而后人伐之。"使己无可乘之隙,则敌国外患亦何从而至哉?《周易》有言:"天行健,君子以自强不息。"自强哉! 自强哉! 舍此无与救吾国矣。[1]

31 日,《中国白话报》第 8 期出版,"地理"栏刊载刘师培《西江游》,署

---

1 《论强权之说之发生》,《警钟日报》1904 年 3 月 27 日,社说,第 304—305 页。

名光汉。"补白"载《元旦述怀》诗（见本年 2 月 16 日），署名申叔。

本月，李详移馆扬州花园巷，作《甲辰二月移馆扬州花园巷，闲日出游，得诗八首》。其四为吊刘师苍，诗云："舟阳风度至今存，刘尹南朝几叶孙。独抱遗经守门户，瞻罗望汨为招魂。"[1]

4 月 1 日，何梅士去世。刘师培作《吊何梅士》诗，后刊于本年 9 月 19 日《警钟日报》。

7 日，《警钟日报》刊载刘师培、蒋维乔关于争存会问题的议案。其前有说明，谓：

> 自前月二十七日对俄同志会开第二次会议，由多数会员决定改名为争存会，且以会章属本社记者任属草之役。记者以此事宜征集会员各各之意见，而以多数折衷之，故广告以征，而久未有应者。记者欲姑以一二人之意见为案乎，则章程所著，务在实行，不得不按吾辈所处之境遇与夫所具之能力而为之。然记者固中国教育会会员也。今欲立于争存会会员之地位，而按吾辈之境遇、之能力以为章程，每一涉笔，即不能脱《中国教育会章程》之范围。夫对俄同志会，何尝非中国教育会会员所发起？然其会为临时者、为特别者，故与中国教育会之性质不相妨也。今改而为争存会，则其为永久、为普通，既与中国教育会符同，而会员之境遇、之能力又未有以相异，然则因袭内容、增饰词语，虽亦记者所优为，而同名异实，直狙公赋芧之技，非吾辈求是之道也，以是不能无踌躇。
>
> 而近日适得教育会会员提议之文两通，则皆以改变争存会为言者。刘君拈出玛志尼少年意大利〔会〕一条，尤足为吾党针砭。记者不能不赞成其议。然争存会题名诸君，其半本非中国教育会会员，或且以狭义之教育相绳，而疑其不足以容争存会之性质。记者请揭《中国教育会章程》之重要者以告。其第一条曰："本会以教育中国国民高其品格、以为恢复国权之基础为目的。"夫争存之大义，岂有外于"恢复国权"者乎？其第三条曰："本会以达第一条之目的而设左之二部：一、学校

1　李详：《学制斋诗钞》卷一，《李审言文集》下册，第 1192 页。

教育部；二、社会教育部。"其第四条曰："学校教育部主输灌学理，开发知识。凡设立学校、编辑教科书等事隶之。"其第五条曰："社会教育部主提倡政论，改良风习。凡书报、演说等事隶之。"夫吾党今日之境遇、之能力，所可公言之而实行之者，又岂能有外于是二者乎？记者以争存会会员，殆亦无不赞成其议。用载两君议案于左方，以质争存会题名诸君。如有异同，愿闻来命。

所载《刘光汉君提议》，云：

　　昔玛志尼之立少年意大利会也，谓一经签名本会之人，即不得再入他会。盖团体既立，义务既繁，非用志不纷，则精神不贯注，团体即不能坚固，此一定之理也。

　　中国教育会之创设，始于壬寅，而立会宗旨，本兼学校教育、社会教育之两部。及癸卯季春，俄不撤兵，祸难将作。当时海内之演说会、义勇队，多发原力于本会。及癸卯孟冬，俄患日急，本会会员更切陆沉之虑，以瓜分之祸，俄为戎首，乃立对俄同（立）〔志〕会，以筹捍卫之方，并撰《俄事警闻》，以为振聩发聋之助。当时签名与会者，虽及二百人，其发原力则依然本会一部会员也。甲辰正月，复经同志会会员之决议，改《警闻》为《警钟》。又以时局日非，"对俄"二字不足为吾人唯〔一〕之责任，特于正月二十七日开会提议，又经同志会会员之赞成，改名争存会。乃改名以来，入会之员寥寥无几。此固由同人德凉知疏，不足取信于社会，然返观社会之现象，则民智之锢塞，学界之黑暗，皆足以为国民莫大之阻力。此本会同人所深痛者也。

　　夫生存竞争，优胜劣败，而民族之优劣，一视教育之浅深。中国自古代以来，力守背关主义，文明教育，概乎未闻。故近世以来，智识日卑，民气日弱。其稍具普通之知识者，盖百不得一焉。今以未经教育之人，而欲语以争存之道，谓非躐等之甚耶？昔日本维新之初，吉田、福泽诸公，皆以教育之力感动国民，卒收今日之效。而中国古籍所记载，亦言善人教民，七年可以即戎。即越王勾践之报吴，亦俟十年教训之后。诚以抵御外侮，非先启瀹民智不能，而欲〔启〕瀹民智，则舍教育末由也。教育一端，有狭义，有广义。而广义教育之中，有军国民之教育，有实业之教育，有普通国民之教育。居今日之中国，不欲自强则已，欲筹自强之策，岂有舍教育而能别筹方法哉！

况教育会创办以来，甫巳二载，其历史固多影响于政治、军事。近岁以来，若科学仪器馆，若爱国女学校，若白话报社，若镜今书局，何一非本部会员所经营者哉？即《警闻》《警钟》，亦由本会之一分子担任其经济、撰述，而争存会之要素会员，亦以教育会会员占其多数。信如上言，是教育即所以争存，而争存会又为本会发生之枝体。本会会员何必为此名异实同之事业，使本会又因力分而见弱，丛其以脞本部之事务哉！窃意争存会宜归并于教育会，扩张教育会之范围，即以实达争存之目的，使昔之签名教育会者，得以用志不分，克尽会中之义务。盖合则力聚，而目的易达；分则力散，而目的难达。此马氏所言之微义也。今将应行事宜，[1]陈列于后。

一、凡签名争存会而未签名教育会者，皆得为教育会会员。其自请出会者，亦于一礼拜之中，投函本社。

二、当认《警钟报》为教育会之机关。

《蒋维乔君提议》称：

窃意吾侪止有如此精力、财力，组织一教育会，尚忧办事乏人。即如今女校中义务教员，半多求助于会外之人，本会会员亦知自愧否？又安能再分精力、财力以办争存会乎？且观争存会当日开会之现象，度不过拟一章程、存一空名已耳。诸君身在教育会中，而不尽力于教育会。窥诸君之用意，盖以中国垂危，教育之效终嫌缓不济急，故欲别立一会，为救急之良策，岂知期望甚切，收效实难。天下断无持区区空言可以号召而成事。诸君手无斧柯，而欲急起应变，无亦有颠倒因果而不切于实际者乎？况吾国人程度之浅，比诸外邦，不可以道（理）〔里〕计。诸君未尝一一研究，而欲骤策以至大之事业，是犹执负贩细人而谈哲理，其谁听之！今日教育未普及，民智民德未有进步，即欲语以救国，亦皆能言而不能行。古语有云："学道易使。"岂不信耶？故欲成今日之人格，

1　"今将应行事宜"，原本误植"得以用志不分"下，据文义乙。

必先有良善之教育。否则，诸君陈说虽高，亦未必能有领会者也。今诸君忘却自幼至长之经历，而望毫无意识之人物焉，一蹴而进，毋怪其窒塞难行也。诸君倘自返乎，则本会内容有急宜整顿扩张者甚多。去年爱国学社解散后，教育会之命脉不绝如线，仅保存一女学校，崎岖经营于险阻中，以至于今，幸有发达之象。及此时而恢复男校，则本会应为之事业也。诸君如以鄙言为然，则宜解散争存会，速从事于本会事业。我辈今日可以着手者，维既成之教育。无论中国危亡至何地位，欲求恢复，教育终不能不讲。不然，如诸君躐序急进之所为，譬犹建造房屋而不立基础、不筑墙壁，而汲汲焉先盖屋顶，其必不能成也，可预决矣。三月大会，即在目前，惟诸君以此付诸会议。[1]

案，蒋维乔（1873—1958），字竹庄，别号因是子，江苏武进人。20 岁中秀才，1895 年入南菁书院，后同时攻读南菁书院与常州致用精舍课程。1902 年由钟观光介绍，加入中国教育会，9 月结识蔡元培，参加张园集会。不久返武进，与人组织常州藏书阅报所，组织武进体育传习所。1903 年应蔡元培之请，任爱国学社国文教员，参与筹建爱国女校；夏，入上海商务印书馆编译所任编辑，主编小学教科书。1905 年主持商务印书馆速成小学师范讲习所，1909 年 10 月兼任爱国女校校长。1912 年 1 月，加入中华民国联合会。南京临时政府成立后，参与起草《中华民国普通教育暂行办法》及教育部官制，并任教育部秘书长。南北议和后，任北京政府教育部参事。1913 年 10 月辞职，重返上海商务印书馆，主持编辑中学及师范学校教科书。1917 年 1 月，与黄炎培等 6 人组成教育考察团，前往日本、菲律宾考察；9 月复任教育部参事，开始研究佛学。1922 年在北京组织法相研究会，7 月任江苏省教育厅厅长；1925 年 7 月任南京东南大学校长，1929 年 3 月赴上海定居，历任上海光华大学哲学系教授、中文系教授。1938 年 8 月兼任正风文学院院长，后兼任上海鸿英图书馆副馆长、馆长、名誉馆长，诚正文学社主任委员。抗战胜利后，任光华大学教务长兼文学院院长、中文系主任。中华人民共和国成立后，任气功疗养院院长、上海中医文献研究馆馆员。著有《学校管理法》

1　《争存会变更议案》，《警钟日报》1904 年 4 月 7 日，本社专件，第 416—418 页。

《佛学纲要》《孔子与释迦》《道教概说》《中国佛教史》《佛教概论》《中国近三百年哲学史》等,译著有《胡尔德氏植物学教科书》《新教育学》《长寿哲学》等。

10—11 日,《警钟日报》"社说"连载《公德篇》,[1] 无署名。此文主要观点与刘师培《伦理学教科书》第二册第十九课、二十课内容相同,故为刘师培作。森时彦《民族主义与无政府主义——国学之徒刘师培的革命论》也以为刘师培所作。[2]

12 日,《警钟日报》"广告"栏为《攘书》作广告,云:

> 空前杰著《攘书》出版
>
> 欧洲大革命之起,必赖三四文豪以鼓吹之。文豪之所鼓吹,盖即古学复兴时代也。不历此阶级,则人人无保存国粹之心,而举凡所谓爱国、保种,皆虚语矣。夫国且不知,爱于何有? 种且不辨,保奚之云? 是书为吾国大汉学家仪征刘光汉所著,上卷凡十六篇:曰《华夏篇》《夷裔篇》《夷种篇》《苗黎篇》《变夏篇》《胡史篇》《溯姓篇》《渎姓篇》《辨姓篇》《鬻道篇》《帝洪篇》《罪纲篇》《史职篇》《孔老篇》《周易篇》《正名篇》。发国人类族辨物之凡,取《春秋》内夏外夷之例,考文征献,核诂明经,发思古之幽情,铸最新之理想。置之四千年古籍中,当占一席。即置之东西鸿哲诸册子中,亦不愧为伟著矣。上卷业已出书。凡我国民有欲饮革命之源泉而造二十世纪之新中国者,不可不人手一编也。上卷四万余言,洋装美制。定价大洋四角,上海各书坊均有寄售。[3]

《攘书》出版后,销路甚广,题诗者甚多。《警钟日报》1904 年 9 月 1 日有黄天(高燮)《题〈攘书〉》,诗云:

> 华夷有大防,载笔《春秋》里。族类宜保守,不然神不祀。汉土我旧物,爱情恶能已。蛮种苟凭凌,黄民须战死。此书即麟经,读之

1　《公德篇》,《警钟日报》1904 年 4 月 10—11 日,社说,第 446—447、456—457 页。

2　森时彦:《民族主義と無政府主義——国学の徒、劉師培の革命論》,收入小野川秀美、岛田虔次:《辛亥革命の研究》,筑摩书房,1978 年,第 135—184 页。下引森时彦说,均出此文。

3　《空前杰著〈攘书〉出版》,《警钟日报》1904 年 4 月 12 日,第 462 页。

当奋起。[1]

9月15日，有汉剑（高旭）《题〈攘书〉，用前韵》，云：

> 识高馀子上，身困胡尘里。手持《春秋》笔，誓续皇汉祀。申叔洵可人，开卷情难已。黄炎好孙子，甘心为种死。谁无（仗）〔攘〕夷志，读之欣然起。[2]

13—15日，《警钟日报》"社说"栏刊载《论中国家族压制之原因》，[3] 无署名。此文与《伦理学教科书》第二册第一课相同，其关于人鬼之祀与《周末学术史序·伦理学史序》亦同，森时彦以为刘师培作。

15日，《警钟日报》"杂录"栏载有由己（陈独秀）《哭何梅士》、行严（章士钊）《二月十六日，福建何梅士以脚气病死于东京，盖吾党中又失一健卒矣。余闻而痛极，然非深知何梅士者亦不知所以为痛也。余与梅士居海上，形影相属者半年有余，无一日不促谈至漏尽。安徽陈由己，亦与余及梅士同享友朋之乐者也。梅士之立志与行事，由己知之亦详。梅士之死也，由己方卧病淮南，余驰书告之。余得由己报书，谓："梅士之变，使我病益加剧。人生朝露，为欢几何？对此能弗自悲！哭诗一首，惨不成句矣。"盖余久欲以诗哭梅士，今由己诗来，始枨触余怀，率成二绝。余词生硬，殆不以杀吾悲也。余甚欲集梅士之友，为位以哭梅士，庶足以尽待死友之道。今应声而同感者，只由己之一诗。吾安得不以梅士待友之侠与义，并兼人之泪，以恣哭吾梅士耶》诗。[4]

16日，《中国白话报》"历史"栏刊载《学术》，"学术"栏刊载《刘练江先生的学术》，均署名"光汉"。

21日，《警钟日报》"社说"栏刊载《书赫德〈筹饷节略〉后》，[5] 无署名。此文关于中西理财观念之异的观点，与刘师培《中国民约精义》卷一《礼记》合。

1　黄天：《题〈攘书〉》，《警钟日报》1904年9月1日，文苑，第1785页。

2　汉剑：《题〈攘书〉，用前韵》，《警钟日报》1904年9月15日，杂录，第1915页。

3　《论中国家族压制之原因》，《警钟日报》1904年4月13—15日，社说，第476—477、486—487、496—497页。

4　《警钟日报》1904年4月15日，杂录，第500—501页。

5　《书赫德〈筹饷节略〉后》，《警钟日报》1904年4月21日，社说，第556—557页。

24 日，《警钟日报》"杂录"栏刊载《水调歌头·书王船山先生〈龙舟会〉杂剧后》，署名光汉。词云：

> 一掬新亭泪，鼙鼓震江皋。回首天荆地棘，万里感萍飘。对此江山半壁，惆怅春灯燕子，宫阙吊南朝。逝水东流去，呜咽楚江潮。　子房椎，荆卿剑，伍胥箫。遐想中原，豪侠高义薄云霄。太息大仇未恤，安得骅骝三百，慷慨策平辽。一洗腥膻耻，沧海斩虬蛟。

25 日，《警钟日报》"社说"栏刊载《论白话报与中国前途之关系》，无署名。文中称《小学释例》《小学发微》为旧作，知为刘师培所作。文中认为："白话报者，文明普及之本也。白话报推行既广，则中国文明之进步，固可推矣。中国文明愈进步，则白话报前途之发达，又可推矣。"认为白话报有二善：一曰救文字之穷也，二曰救演说之穷也。[1] 该文于 26 日在《警钟日报》续完。"杂录"栏刊载《壶中天慢·春夜望月》，[2] 署名光汉，词云：

> 满身花影，看蟾儿如许，盈亏几易。难得南楼同醉月，不负天涯今夕。鼙鼓萧条，悲笳呜咽，辽海音书急。扶风歌罢，元龙豪气犹昔。　堪叹两鬓将华，沧桑阅遍，俯仰悲陈迹。千里相思无寄处，惹我青衫泪湿。

云海沉沉，金波脉脉，终古横空碧。夜乌惊起，一声何处长笛？
1905 年 6 月 23 日《国粹学报》第 5 期所载《壶中天慢·元宵望月》，与此文字略异。"蟾儿"，《国粹学报》作"蟾光"；"今夕"，《国粹学报》作"今昔"，与"豪气犹昔"重韵，似误；"堪叹两鬓将华，沧桑阅遍"，《国粹学报》作"堪叹好梦烟销，年华水逝"。《左盦词录》据《国粹学报》收录。

30 日，《中国白话报》第 10 期出版，"地理"栏刊载《论中国地理的形势》，"教育"栏刊载《军国民的教育》，"传记"栏始载《孔子传》（于第 13、14 期续完），均署名光汉。"学术"栏刊载《论责任》（警语录之一），无署名，其与署名"光汉"的"警语录之三"文风相同，且为系列文章，知为刘师培所作。

1　《论白话报与中国前途之关系》，《警钟日报》1904 年 4 月 25—26 日，社说，第 594—595、604—605 页。

2　光汉：《壶中天慢·春夜望月》，《警钟日报》1904 年 4 月 25 日，杂录，第 601 页。"望月"，原本误作"望日"，据《国粹学报》第 5 期改。

5月1—2日，《警钟日报》"社说"栏连载《质文篇》，无署名。据刘师培《甲辰自述诗》自注，知为刘师培所作。以为："中国不欲文明则已，欲自进文明之域，则舍从文舍质，别无进化之可言。彼唐子尚朴之说、亭林厚俗之言，何足为当今之定论哉！"[1]

4—5日，《警钟日报》"社说"栏连载《论孔教与中国政治无涉》，[2] 无署名。《甲辰年自述诗》自注云："余主张孔子非宗教之说，著《孔教与中国政治无涉论》。"

6日，《警钟日报》"杂录"栏载汉剑《伤心》诗，云：

伤心非种未曾锄，醉看吴钩恨有余。我不薄今我好古，《攘书》读罢读《黄书》。[3]

10日，《东方杂志》第1卷第3期出版，其"宗教"栏转载本月4—5日《警钟日报》所载《论孔教与中国政治无涉》。

11—12日，《警钟日报》"社说"栏连载《论中国阶级制度》，[4] 文末署名申。此文主要内容与《伦理教科书》第二册第十五、十六课，《中国历史教科书》第二册第八课《西周阶级制度》及《古政原始论·阶级原始论》略同。森时彦、冯永敏亦以为刘师培所作。

13日，《警钟日报》"杂录"栏刊载《三月十九日，俗传太阳生辰，乃明怀宗殉国之日，而中国亡国之一大纪念也，作诗一章》，署名光汉。诗云：

忆昔妖氛锁冀门，胡尘（项）〔颎〕洞暗乾坤。孤臣枉作秦庭哭，父老犹思汉腊存。蜀道鹃啼悲望帝，鼎湖龙去泣轩辕。昌平寂寞松楸老，往事（妻）〔凄〕凉孰与论！[5]

15日，《中国白话报》第11期出版，"社说"栏刊载《国民意见书·说法

---

1 《质文篇》，《警钟日报》1904年5月1—2日，社说，第656—657、664—665页。

2 《论孔教与中国政治无涉》，《警钟日报》1904年5月4—5日，社说，第688—689、696—699页。

3 汉剑：《伤心》，《警钟日报》1904年5月6日，杂录，第711页。

4 申：《论中国阶级制度》，《警钟日报》1904年5月11—12日，社说，第756—757、765—767页。

5 光汉：《三月十九日，俗传太阳生辰，乃明怀宗殉国之日，而中国亡国之一大纪念也，作诗一章》，《警钟日报》1904年5月13日，杂录，第780页。

律》（政治意见之二），无署名。据《中国白话报》第 13 期《刑法》"我于前两期的《国民意见书》，已做了一篇《讲法律》的论说"，知为刘师培所作。"历史"栏刊载《兵制》，无署名。此文主要观点与《古政原论·古代兵制论》相合，且文中称"我所以做前一期《白话报》时，登了一篇《论军国民的教育》上去"，知为刘师培所作。"学术"栏又有《说君祸》（警语录之二），无署名，其资料来源于《中国民族志》，其观点与《中国民约精义序》相合，知为刘师培所作。"歌谣"栏刊载《美哉中国歌》三首（《地理歌》《人种歌》和《学术歌》），刘师培为作附记。

18—19 日，《警钟日报》"社说"栏刊载《论中国古代教育之秩序》，[1] 无署名。此文与《中国白话报》第 15 期《教育》相合，其论"学级有秩序"，与《周末学术史序·教育学史序》相合，知为刘师培所作。《东方杂志》本年第 5 期曾转载。

21 日，上海会审公廨改判章太炎监禁三年，邹容监禁二年。

29 日，《中国白话报》第 12 期出版，"历史"栏载《田赋》，无署名。其主要观点与《古政原论·古代田制论》相合，且与《兵制》等篇为系列文章，知为刘师培所作。"地理"栏刊载《说运河》，无署名。文后所附《运河诗四首》，与 1906 年 12 月 5 日《复报》第 7 期所载《运河诗》全同，知为刘师培所作。《运河诗四首》云：

> 河流千里达京东，我道人功胜禹功。（龚定安句。）两戒河山浑不隔，支那南北启交通。
>
> 昔时地凿苏夷士，今日河开喀拉圭。（在中美洲。）为溯支那兴利日，巨功原不逊欧西。
>
> 南河北（徒）〔徙〕已频年，运道于今几变迁。（咸丰间事。）辽海云帆千里转，东吴（梗）〔粳〕稻达幽燕。
>
> 挽粟飞刍自古叹，江干度尽又河干。太仓红粟侏儒饱，（专养旗人。）回首东南民力（单）〔殚〕。

---

1 《论中国古代教育之秩序》，《警钟日报》1904 年 5 月 18—19 日，社说，第 816—817、825—827 页。

本期"歌谣"栏刊载刘师培所辑《板荡集诗余》（署名光汉），选录张孝祥《六洲歌头·感事》、陈亮《水调歌头·送章德茂使虏》、黄机《满江红·感愤》、陆游《诉衷情·当年万里觅封侯》、辛弃疾《永遇乐·京口北固亭怀古》、刘克庄《忆秦娥·感旧》、刘过《沁（原）〔园〕春·张路分秋阅作》、李璮《水龙吟·腰刀帕首从军》、张元幹《石州（漫）〔慢〕·吴兴舟中》、王安中《菩萨蛮·大军阅罢犒兵将》，均为南宋人的词作。

6月3—4日，《警钟日报》"社说"连载《教育普及议》，[1] 无署名。刘师培《甲辰年自述诗》自注称为其所作，《中国白话报》第13期光汉《讲教育普及的法子》与此文相似，知为刘师培所作。冯永敏也以为刘师培所作。此文又载于《东方杂志》6月8日，第1卷第4期。

5—6日，《警钟日报》"社说"栏刊载《观物篇》，[2] 无署名。冯永敏以为刘师培所作。又载本年8月1日《广益丛报》第44号"下编·学说"栏。

11日，《警钟日报》刊载《中国教育会第三次改订章程》，称：以教育中国男女青年，开发其智识，而增进其国家观念，以为他日恢复国权之基础为目的；下设学校教育部、社会教育部、军事教育部、实业教育部四部。[3]

12日，中国教育会事务所迁至新马路华安里，[4] 本日"午后二点至五点钟于新衙门东祥麟里间壁爱国女学校开本月月会"，要求"凡会员在本埠者，届时请莅会，并携缴本月月捐"。[5]

13日，《警钟日报》"社说"栏刊载《论中国人民依赖性之起原》，[6] 无署名。此文与《论中国家族压制之原因》相表里，与《中国历史教科书》第一册第十九课、《周末学术史序·社会学史序》观点一致，森时彦、冯永敏以为刘师培所作。此文又载于《东方杂志》7月8日，第1卷第5期。

19日，中国教育会"午后三时开五月初六纪念会于事务所，由会长演说

1　《教育普及议》，《警钟日报》1904年6月3—4日，社说，第974—977、986—987页。

2　《观物篇》，《警钟日报》1904年6月5—6日，第995—997、1004—1007页。

3　《中国教育会第三次改订章程》，《警钟日报》1904年6月11日，本社专件，第1053—1056页。

4　《中国教育会广告》，《警钟日报》1904年6月18日，第1123页。

5　《中国教育会广告》，《警钟日报》1904年6月12日，第1063页。

6　《论中国人民依赖性之起原》，《警钟日报》1904年6月13日，社说，第1073—1075页。

此次开会意旨,并讨论对于侨寓地所管之法律与后此应付之方法。至五时散会。是日到会者,在沪会员约三分之二,来宾五人"。[1]

20—21 日,《警钟日报》"社说"连载《论中国对外思想之变迁》,[2] 无署名。此文与《江苏》第 9、10 期合册申叔《中国对外思想之变迁》内容相似而稍异,当由《江苏》所载修改后重发。

22 日,《警钟日报》"社说"栏刊载《论中国并不保存国粹》,[3] 无署名,据《甲辰年自述诗》自注,知为刘师培所作。此文于本月 23—25 日续完。

23 日,《中国白话报》第 13 期出版,"历史"栏刊载《刑法》,"教育"栏刊载《讲教育普及的法子》,"传记"栏续载《孔子传》,均署名光汉。

《广益丛报》第 40 号"上编·社说"载《论中国家族压制之原因》,无署名。

28—29 日,《警钟日报》"社说"栏连载《论善恶之名无定》,无署名。此文与《伦理教科书》第二册第三十一课《释服从》大致相同,知为刘师培所作。

30 日,《警钟日报》"杂录"栏发表佩忍(陈去病)《赠林、刘二君子》诗:

> 刘子醰醰学派醇,肖泉通俗语能新。世衰道丧文章敝,不逐波涛算此人。[4]

案,"刘子"指刘师培,"肖泉"即少泉,指林獬。

本月,刘师培回扬州与何班结婚。

《刘氏五世小记》云:

> 因这一年已择定八月与舅母何震结婚,外祖母派人到沪,将他接回。这时他在上海与章太炎、蔡元培诸先生订交,主张种族革命。在《警钟报》上口诛笔伐,锐利无前,已经剪除辫发,改着西服。但一时亲友,互相传说,一种疑惧心情,避之若浼的态度,我至今犹能记忆他们当时

---

1 《中国教育会记事》,《警钟日报》1904 年 6 月 20 日,第 1143 页。

2 《论中国对外思想之变迁》,《警钟日报》1904 年 6 月 20—21 日,社说,第 1143—1144、1155—1156 页。

3 《论中国并不保存国粹》,《警钟日报》1904 年 6 月 22—25 日,社说,第 1165—1166、1175—1176、1183—1184、1194—1196 页。

4 佩忍:《赠林、刘二君子》,《警钟日报》1904 年 6 月 30 日,杂录,第 1250 页。

的看法，甚至有不肯认为亲戚朋友的。回扬后，就不让他一人外出，但上海的信、电仍是雪片飞来，家人也不与他看。到了秋天就结婚了，仍是仪仗、衔牌，相当煊赫。其时是用假辫装在清装红缨纬帽上，再加红丝绳的。[1]

案，梅鹤孙此处认为刘师培结婚时间与其初到上海时间在同一年（1903），应为误记。陈奇《刘师培年谱长编》也以为何震、刘师培结婚于1903年秋，并据本年7月26日何震《赠侯官林宗素女士》诗附识"结婚才逾月"，推何震诗作于1903年冬。其说亦非。何震诗实作于随刘师培初到上海时，作后即发，其间并无间隔。林宗素作为《警钟》副编辑，其附识也是随作随发，亦无间隔。

何班（1885—1921？），字志剑，江苏仪征人，世居扬州。父何承霖（1837—1897），字春海，刘师培曾为作墓志铭，称：

> 其先出自东海，奕业载德，光于方志。祖□□，县学生员。父域，诰赠知府，生子八人，仍世济美。里人语曰："何氏八龙，达者尨降。"先生次五，故以拟焉。少承世祚，佐以徇齐。秉刚健之纯精，履直方之义路。忠信足以进德，黄中足以通理。至于亢臧否之谭，坚进退之节，不求苟得，不为苟行，自行束修，藐有节烈。终始劳谦克己之度，兼弘诗人匪石之义。虽在环堵，不易万钟；非辟所干，怫然形色。虽古曾、史，未足多也。属丁丧乱，就养服勤，孝以利亲，怡怡兄弟，躬体贞亮，推易居难。勤政豫东，历涉寒苦，正言立节，抗志浮云。以县学生员中式丁卯科举人。中兴之始，兴学四门，宜得名儒，懋率厥德，补授八旗官学教习，进则修业，退综艺文。开于道术、义理之旨，以广济济缉熙之美。期月绩闻，诞膺显异。会以大挑，再授知县。念存逊遁，肆志抱关。悔仕思初，曾不终日。遂以教职改选吏曹，补常州武进县学教谕。德教之官，上应古始，思惟盛化，宜洽时雍。于乐泮宫，载葺载治。和展百事，以遵稽古。祈祈童冠，抠衣升堂。泛爱博容，惠训不倦。令仪令问，仰若圭璋。视职十年，恢风鲁变。属以省试，公役江宁，大命不融，弥留寝疾。春秋

1　梅鹤孙：《刘氏五世小记》，第35—36页。

六十，以光绪二十四年七月□□卒于十二圩舟次。於乎哀哉！取甘泉殷氏，诰封孺人。子家铭、家勤；女二，次适师培。[1]

《〔民国〕江都县续志》卷二十四云：

> 何镜，字述庭，仪征岁贡生，居郡城。父域，究心理学。子八人，皆擅文誉。镜次居长，工诗、古文辞，兼善书，为学使童华所赏。泰州袁锦、仪征刘寿曾兄弟均视为畏友，所授弟子，多知名士。卒年七十七。弟承霖，字春海，域第五子。同治丁卯举人，武进县教谕。尝主泰州胡公书院，识拔精当，时论翕然。

1955 年 7 月，谢无量有诗云："奇气纵横年少日，渡江相访独幸余。扬州明月春风夜，忆共方干读《攘书》。"自注云："清末，余居上海，申叔自扬州来访。及余至扬州，友人方泽山在酒肆，招申叔携《攘书》来，共读之。中有《帝洪篇》，犹《项羽本纪》之意。"谢无量所云访扬州，晤刘师培、方泽山，应在此时。

不久，刘师培夫妇同赴上海。刘师培继续为报刊撰稿，何班改名何震，入爱国女校，很快接受革命思想的影响。

《刘氏五世小记》云：

> 舅母原名何班，字志剑，是仪征何春海孝廉承霖的次女。幼年在家，秉承闺训甚严，不见生人。结婚后忽然思想大为解放，以后就与舅氏每出必同行了。[2]

夏，马君武等利用暑假教军国民暗杀团制作炸弹。

案，马君武（1881—1940），原名道凝，字厚山，改名和，又名同，号君武，广西桂林人。1899 年考入广西体用学堂。1900 年入广州丕崇书院学法文，7 月赴新加坡谒康有为，旋被派回桂林，策应唐才常自立军起义，失败后赴日本。1901 年入上海震旦学院，冬赴日本。1903 年结识孙中山，7 月考入京都大学学习应用化学。1905 年 8 月加入中国同盟会，任广西主盟，年底回国，任上海中国公学总教习兼理化教授。1907 年赴德国留学，入柏林工业

---

1 刘师培：《清故武进县学教谕何先生墓志铭》，《仪征刘申叔遗书》第 12 册，第 5389 页。
2 梅鹤孙：《刘氏五世小记》，第 36 页。

大学学习冶金。1909 年加入南社。1911 年冬毕业回国,获工学博士学位;11 月 30 日,以江苏代表出席在武汉召开的各省都督府代表联合会;12 月,以广西代表出席在南京召开的会议。1912 年任南京临时政府实业部次长、代理部长,参与起草《中华民国临时约法》;4 月,任全国铁路公司秘书长。1913 年任参议院议员。二次革命失败后,再度赴德,入柏林农科大学学习,兼德国波鸿化学工厂工程师。1916 年回国,1917 年 9 月任广州大元帅府秘书、护法军政府交通部部长。1918 年 5 月随孙中山赴上海,与王乃昌等组织改造广西同志会。1921 年任中华民国非常大总统秘书长,7 月任广西省长。1924 年 11 月任上海大厦大学校长。1925 年任善后会议会员、国立北京工业大学校长、段祺瑞政府司法总长。1927 年初创办广西大学。1929 年辞职赴沪,先后任上海中国公学校长、广西大学校长、西南政务委员会委员、广西省政府委员兼广西修志局总纂等职。1937 年抗战全面爆发后,任最高国会议参议、广西省政府高等顾问,与李四光在桂林开办科学实验馆,与欧阳予倩成立广西戏剧改进会。1938 年任第一届国民参政会参政员,次年任国立广西大学校长、三民主义青年团中央监察会监察。1940 年 8 月 1 日在桂林病逝。译著有《法兰西革命史》《民约论》《物种原始》《人类原始及类择》《自然创造史》等,著有《马君武诗集》。

陈去病《清秘史》二卷成,由陆沉书社印行,刘师培为之序,末署“黄帝纪元四千三百九十五年甲辰季夏光汉序”。

7 月 3 日,《中国白话报》第 14 期出版,“历史”栏载《宗教》,“地理”栏载《论山脉》(中干),“教育”栏载《讲授国文的法子》,“传记”栏续载《孔子传》,均署名光汉。其中《讲授国文的法子》文末有“未完”二字,但未见续载。

上旬,刘师培所著《中国民约精义》由上海镜今书局印行。其自序云:

> 吾国学子知有“民约”二字者,三年耳,大率据杨氏廷栋所译和本卢骚《民约论》以为言。顾卢氏《民约论》,于前世纪欧洲政界,为有力之著作。吾国得此,乃仅仅于学界增一新名词,他者无有。而竺旧顽老,且以邪说目之,若以为吾国圣贤,从未有倡斯义者。暑天多暇,因搜国籍,得前圣曩哲言民约者若干篇,篇加后案,证以卢说,考其得失。阅月

书成,都三卷,起上古,迄近世,凡五万余言。癸卯十月,以稿付镜今主人。主人以今月付梓,来索序。仲尼有言:"述而不作。"兹编之意,盖窃取焉。[1]

12 日,《中国白话报》第 15 期出版,"历史"栏刊载《教育》,"地理"栏刊载《论山脉》(南干),"学术"栏刊载《讲民族》(警语录之四),均署名光汉。

13 日,《警钟日报》"杂录"栏刊载该社《谢赠书》启事,称:

> 本社又承镜今书局惠赠《中国民约精义》一部,书分上、中、下三卷。举中国前哲所言,凡有与西儒民约之旨相合者,悉加采录,而每条之后,悉加后案,以与《民约论》相印证。盖《民约论》输入中国后,中国旧儒或斥为邪说妄言,以为与中国古书相背。得此书以印证之,可知民约之义,本吾中国所固有,而改革政治之阻力,亦无从而生矣。敬谢。[2]

15 日,《警钟日报》"社说"栏刊载《思祖国篇》,[3] 无署名。文中自称"旧作《华夏篇》",即指《攘书·华夏篇》而言;《甲辰年自述诗》自注称"作《思祖国篇》",知为刘师培作。此文于该报 16—20 日续完。

17 日,《警钟日报》续载天梅(高旭)《甲辰年之新感情》诗,有云:

> 江南人物重荆楠,惭愧鲰生百弗堪。七尺宝刀一壶酒,风尘何处访刘三?

自注云:

> 余最钦慕刘申叔之学识,至沪访之不遇,同志有言其已往扬州矣。[4]

20 日,《警钟日报》"杂录"栏刊载《杂咏》诗,署名光汉人。诗云:

> 万物形盛衰,空虚乃不敝。悟者至无言,岂复立文字?冰非水可名,迹岂履可制?使无水与履,迹与冰奚致?近知清静原,不外修悲智。闻思无著处,著此精进意。静观自有真,岂复纤尘翳?群生沦苦海,归宿

1 刘师培:《中国民约精义》,《仪征刘申叔遗书》第 4 册,第 1657 页。

2 《谢赠书》,《警钟日报》1904 年 7 月 13 日,第 1285 页。

3 《思祖国篇》,《警钟日报》1904 年 7 月 15—20 日,社说,第 1298—1299、1310—1311、1318—1320、1328—1330、1338—1340、1349—1351 页。

4 天梅:《甲辰年之新感情》,《警钟日报》1904 年 7 月 17 日,杂录,第 1325 页。

了无际。惟作平等观，用以求真谛。[1]

案，据《刘氏五世小记》，此诗曾改题《读释典作》，收入《匪风集》初刻本，文字略异，《左盦诗录》失收。

22日，《中国白话报》第16期出版，"地理"栏刊载《讲地理的大略》，"传记"栏刊载《中国革命家陈涉传》（第17期、19期续完），均署名光汉。《警钟日报》刊登《蔡孑民敬白》：

> 孑民近担任爱国女学校事务，故警钟社编辑之役，已由汪允宗君主任。凡以社务投函者，请勿于函面写鄙人姓名，免致展转延阁。如与孑民个人交涉之事，则请寄新闸西胜业里六百三十号。[2]

26日，《警钟日报》发表何震《赠侯官林宗素女士》诗，云：

> 献身甘作苏菲亚，爱国群推玛利侬。言念神州诸女杰，何时杯酒饮黄龙！

林宗素为之附识称：

> 何女士为刘申叔先生夫人，结婚才逾月。先生于吾国学界，为有数之人物。其夫人学问宗旨，足以称之。吾为吾国女界贺！吾为刘先生贺！宗素附识。[3]

31日，《警钟日报》"社说"刊载《论地方自治之易行》（8月1日续完），[4]无署名。《中国立宪问题》称引此文，知为刘师培所作。

本月，钱玄同"渡申制西衣，因晤孟崇年等人。其时欲往谒刘申叔、蔡孑民而不可得"。[5]

8月1日，《中国白话报》第17期出版，"学术"栏刊载《泰州学派开创家王心斋先生学术》，署名光汉；"歌谣"栏刊载《板荡集》，署名光汉辑，辑

1　光汉人：《杂咏》，《警钟日报》1904年7月20日，杂录，第1354页。"使无水"，原本误作"使无冰"，据《刘氏五世小记》改。"清静原"，《刘氏五世小记》作"清静缘"。

2　《蔡孑民敬白》，《警钟日报》1904年7月22日，第1366页。

3　仪征何震：《赠侯官林宗素女士》，《警钟日报》1904年7月26日，杂录，第1415页。

4　《论地方自治之易行》，《警钟日报》1904年7月31日—8月1日，社说，第1460—1463、1468—1470页。

5　钱玄同：《钱德潜先生之年谱稿》，杨天石主编：《钱玄同日记》（整理本）上册，北京：北京大学出版社，2014年，第6页。

录文天祥《言志》、顾炎武《羌胡引》、朱继祚《绝命诗》。

2 日，《警钟日报》"征文"栏刊载《新史篇》，[1] 署名无畏，实为刘师培以旧文《陈去病〈清秘史〉序》改作而成。

6 日，《警钟日报》"社说"刊载《中国立宪问题》，[2] 至本月 12 日连载毕，无署名。此文所论中国古代宪政及宗法之制，与《古政原始论》基本观点一致，冯永敏亦以为刘师培所作。"本国纪闻"载《剧坛之新生面》，[3] 介绍汪笑侬等将《波兰亡国史》改为新剧《瓜种兰因》演出事。此后，《警钟日报》连续关注汪笑侬及新剧事，8 日"专件"节录《绍兴戏曲改良会简章》，[4] 14 日"本国纪闻"载《〈瓜种兰因〉续演演期》，[5] 16 日"本国纪闻"栏载《记续演〈瓜种兰因〉新剧》，[6] 19 日"杂录"载笑侬《题〈瓜种兰因〉新戏》，[7] 20—31 日"杂录"连载汪笑侬《新排〈瓜种兰因〉班本》第一本，[8] 21 日、24 日、26 日"社说"连载《论戏剧之有益》，[9] 28 日"本国纪闻"栏载《请看〈桃花扇〉新戏》[10] 等，不断推动戏剧革命，并促成《二十世纪大舞台》创办于本年 10 月。

10 日，《中国白话报》第 18 期出版，"学说"栏刊载《中国思想大家陆子静先生学说》，署名光汉；"地理"栏刊载《论北干山脉》，无署名。因与此前《论山脉》（中干）、《论山脉》（南干）为系列文章，《论山脉》（中干）云："中

1　无畏：《新史篇》，《警钟日报》1904 年 8 月 2 日，征文，第 1478—1479 页。

2　《中国立宪问题》，《警钟日报》1904 年 8 月 6—12 日，社说，第 1518—1519、1529—1531、1538—1541、1548—1551、1560—1561、1568—1569、1578—1581 页。

3　《剧坛之新生面》，《警钟日报》1904 年 8 月 6 日，本国纪闻，第 1521 页。

4　《绍兴戏曲改良会简章（节录）》，《警钟日报》1904 年 8 月 8 日，专件，第 1544—1545 页。

5　《〈瓜种兰因〉续演演期》，《警钟日报》1904 年 8 月 14 日，本国纪闻，第 1605 页。续演，原本误作"续期"，据文义改。

6　《记续演〈瓜种兰因〉新剧》，《警钟日报》1904 年 8 月 16 日，本国纪闻，第 1624—1625 页。

7　笑侬：《题〈瓜种兰因〉新戏》，《警钟日报》1904 年 8 月 19 日，杂录，第 1655 页。

8　笑侬：《新排〈瓜种兰因〉班本》，《警钟日报》1904 年 8 月 20—31 日，杂录，第 1664—1665、1674—1675、1684—1685、1694—1695、1704—1705、1714—1715、1724—1725、1734—1735、1744—1745、1754—1755、1764—1765、1774—1775 页。

9　《论戏剧之有益》，《警钟日报》1904 年 8 月 21、24、26 日，社说，第 1668—1669、1698—1699、1718—1719 页。

10　《请看〈桃花扇〉新戏》，《警钟日报》1904 年 8 月 28 日，本国纪闻，第 1742 页。

国的山脉，除得中干以外，还有南干共北干两条，都狠好顽的。你们如若耐听，且等我下期再讲。"故知为刘师培作。

11 日，《政艺通报》甲辰第三年第 12 号出版，其"附录·湖海青灯集"刊载《变夏篇》，署名仪征刘光汉。此文同《攘书·变夏篇》，而略删其小注。

12 日，自本日起，汪允宗不再担任《警钟日报》编辑。[1]

16 日，《警钟日报》广告栏载"《中国民族志》折价券"，云：

> 本志为国学巨子刘申叔先生研著，详载五千年来中国民族与诸外族之交涉，盛衰得失，历历如绘。爱国爱种之士，不可不读之书也。用为折价，以广流传。原价五角，折价三角，中历九月五日截止。[2]

18 日，《警钟日报》"杂录"栏刊载刘师培《题佩忍与林宗素、孙济扶女士论文绝句后》，署名申叔。诗云：

> 蘦露阳阿入耳频，淫哇无复古音陈。文俳吾久嗤扬子，和寡君应效郢人。文字无灵凭覆瓿，鬘丝未改忍思莼。成连不作牙弦绝，寂寞河山二百春。[3]

20 日，《中国白话报》第 19 期"历史"栏刊载《中国历史大略》，署名光汉。该文续载于第 21—24 期合刊，至"第一期上古时代·第四章夏朝"而止，后因停刊，全文未完。

23 日，《警钟日报》"社说"栏刊载《论中国改革刑法》，[4] 无署名，27 日续完。此文部分论点与《中国白话报》第 11 期《说法律》相合，冯永敏以为刘师培作。

29 日，《警钟日报》"社说"栏刊载《论汉族不振之由》，[5] 无署名，冯永敏以为刘师培作。

30 日，《警钟日报》"杂录"栏刊载佩忍《偕光汉子观汪笑侬桃花扇新剧》

1　《汪允宗启》，《警钟日报》1904 年 9 月 11 日，第 1876 页。

2　《警钟日报》1904 年 8 月 16 日，第 1618 页。

3　申叔：《题佩忍与林宗素、孙济扶女士论文绝句后》，《警钟日报》1904 年 8 月 18 日，杂录，第 1645 页。

4　《论中国改革刑法》，《警钟日报》1904 年 8 月 23、27 日，社说，第 1688—1691、1728—1731 页。

5　《论汉族不振之由》，《警钟日报》1904 年 8 月 29 日，社说，第 1748—1749 页。

诗,云:

> 久无人复说明亡,何意相逢在剧场。最是令侬凄绝处,一声肠断哭先皇。[1]

《中国白话报》第 20 期出版,"传记"栏刊载《中国排外大英雄郑成功传》,署名光汉。此文于该刊第 21—24 期合册续完。"歌谣"栏载《民劳集》,署名光汉,所辑为杜甫《兵车行》、白居易《杜陵叟》、元结《贼退示官吏》、苏轼《吴中田妇叹》。文末云:"以上四首诗,都是古人做的。也有古代的事情,到了满洲入关以后,中国百姓吃的苦,更是加重几十倍的。别的诗,等我下一期再登罢。"然而未见续刊。

秋,游上海愚园,作诗二首。诗云:

> 一角斜阳倚石幽,萧骚梧竹自鸣秋。无端触我家园梦,归去羞为马少游。

> 尘梦廿年一炊黍,年年辜负是花时。槐黄已过芙蓉老,一夕秋霜上鬓丝。[2]

此时,何海樵等至上海,东京暗杀团成立上海暗杀分会,刘师培与蔡元培、钟宪鬯、俞子夷、章士钊等先后加入。

9 月 3 日,《警钟日报》"复函"栏刊载《答宋君复仁》,署名光汉,讨论黄帝纪年问题。函云:

> 中国纪年,素无画一之法,故鄙人于癸卯季夏曾著《黄帝纪年说》一篇,以发挥种族思想。至纪年之确数,则由唐尧元载至于今岁,共周七十二次甲辰,计年共四千二百六十一载。若唐尧以上,虽书缺有间,搢绅先生所难言,然据《史(纪)〔记〕》及《帝王世纪》古史者各书,则唐尧以前,帝喾在位十年(或作九年),商辛在位七十年,颛顼在位七十八年,少昊在位八十五年(《史记》无少昊),黄帝在位百年,生十一□□□□,共计三百五十四年。合唐尧以后□□□□四千六百一十五

1　佩忍:《偕光汉子观汪笑侬桃花扇新剧》,《警钟日报》1904 年 8 月 30 日,杂录,第 1765 页。"一声肠断",原本误倒作"一肠声断"。

2　万仕国辑校:《刘申叔遗书补遗》上册,第 440 页。梅鹤孙:《刘氏五世小记》第 58 页误将二首合为一首。

年。鄙人所见如此，而近人推黄帝纪元之岁，谓去今仅四千三百九十五年，似未足据。不知高明以为如何？光汉谨复。[1]

7—8日及10—12日，《警钟日报》"杂录"栏连载《甲辰年自述诗》，计64首，署名光汉。云：

昔江都汪氏作《自序篇》，而仁和龚氏亦作诗自述。余未入中年，百感并合。新秋多暇，因述生平所历之境，各系以诗。劳者自歌，非求倾听。后之览者，或亦有慨于斯乎？

看镜悲秋鬓渐华，年来万事等抟沙。飞腾无术儒冠误，寂寞青溪处士家。

年华逝水两蹉跎，苍狗浮云变态多。一剑苍茫天外倚，风云壮志肯消磨？

桓子著书工自序，潘生怀旧述家风。廿年一枕黄粱梦，留得诗篇证雪鸿。

零编断简古人重，汩没丹铅似蠹鱼。回忆儿时清境乐，青灯风雨读奇书。

旁通隐识理堂说，互象参考端斋书。童蒙学《易》始卦变，爻象昭垂非子虚。（余八岁即学变卦之法，日变一卦。）

读如（诺）〔读〕若汉儒例，识此义者段懋堂。欲考群经通假例，《毛诗》《戴记》古音详。（余著《毛诗郑读考》及《礼记异读考》，未成。仅成《大学》一卷。）

正名大义无人识，俗训流传故训湮。析字我师荀子说，新名制作旧名循。（余著《正名篇》，又作《中国文字流弊论》。又注《急就篇》，未成。）

高邮王氏雒山刘，解字知从辞气求。试证西方名理学，训辞显著则余休。（余著《国文〔典〕问答》《国文杂记》，又编《国文教课书》。）

古人制字寓精义，周秦而降渺不存。试从苍颉溯初祖，卓识能穷文字原。（余著《小学发微》，以文字证明社会进化之理。又拟编《中国

1　光汉：《答宋君复仁》，《警钟日报》1904年9月3日，复函，第1805页。

文典》,以探古人造字之(厚)〔原〕。)

许君说字重左形,我今偏重右旁声。江都黄氏发凡例,犹有王朱并与衡。(余著《小学释例》,发明字以右旁之声为主。)

字义多从音韵出,训同音近字多通。字形歧异随音读,南北方言自不同。(余著《小学释例》,发明训同音近之字,在古只为一字。)

事物名称自古歧,土风区别读音随。方言古有輶轩采,遗语流传颜籀知。(余拟采辑各种方言书,以地分类。)

典制备详三礼学,披图犹识古衣冠。胡尘鸿洞风沙暗,何日成仪睹汉官?(余以古代衣冠之制,多与西国之制暗合,曾作《中国并不保存国粹论》。)

祭礼流传自古初,尼山只述六经书。休将儒术侪耶佛,宗教家言拟涤除。(余主张孔子非宗教之说,著《孔教与中国政治无涉论》。)

《王制》一篇汉儒辑,微言大义可得闻。典章备述殷周制,家法能窥今古文。(余拟作《王制义疏》,以分析三代制度及今文、古文各家师法。)

今古文中无《太誓》,龚生此论无乃诬。伏生教授马迁述,西汉儒书实启余。(余著《驳龚定安〈太誓答问〉》一卷。)

新周王鲁说披猖,改制为何罔素王?忆否史迁师董子,曷从《史记》证《公羊》?(余据《史记》以"王鲁"为"主鲁",谓记事据鲁为主,又(政)〔正〕"新周"为"亲周"。)

申受渊源溯二庄,常州学派播川湘。今文显著古文晦,试为移书让太常。(此言近代今文学派之非。)

丘明亲授孔门业,《公》《穀》多(频)〔凭〕口耳传。独抱麟经承祖业,礼堂写定待何年?(余治《左氏》,著《〈左传〉一地二名考》《官制异同考》。又作《左氏古义述》,未成。)

程朱许郑皆贤者,汉宋纷争本激成。堪笑俗儒工左袒,至今异说尚纵横。(余著《〈汉学商兑〉评》,但以合公理为主,不分汉宋之界,未成。)

官守师儒古合一,史官不作九流分。取长舍短具深识,忆否兰台志《艺文》?(余著《墨子短评》及读管、商、庄、老《杂记》。)

子玄论史窥流别,渔仲征文重校雠。亦有龚章矜绝业,独从学派溯源流。(余著有《中国古代学术史》,又有《国学溯源》及《续文史通(议)〔义〕》,未成。)

有宋五子阐心性,道学儒林派别歧。不有南雷编《学案》,宋明儒术几人窥? (余著《读学案新记》二卷、《明儒渊源表》一卷。)

一物不知儒者耻,学而不思亦徒已。好学深思知其意,六经注脚师陆子。(此自言生平治学之法。)

静对残编百感生,攘夷光复辨纵横。陆沉隐抱神洲痛,不到新亭泪亦零。

前人修史四夷附,别生分类渺无据。非其种者锄而去,后有作者知所取。(余著《中国民族志》二卷。)

轩辕治绩绍羲农,帝系分明王气钟。诸夏无君尼父叹,何年重返鼎湖龙? (余著《黄帝纪年论》。)

瑶台玄圃渺难望,欲上昆仑睨旧乡。试向赤乌寻旧迹,犹闻彼美艳西方。(余作《思祖国篇》。)

郑樵不作氏族斋,为慨先民谱谍沉。甄别华戎编信史,渊源犹溯顾亭林。(余著《溯姓篇》《渎姓篇》《辨姓篇》。)

古人作史重世系,后人作史重传纪。他日书成《光复篇》,我欲斋戒告黄帝。(著《光复篇》,未成。)

据事直书信史笔,计年二百六十一。为补民劳板荡什,亡国纪念曷云巫? (著《满洲□□□……》。)

□□□□□□□,所南作史智井沉。攘社著书百无用,书成奚补济时心? (著《攘书》十六篇。)

大厦将倾一木支,乾坤正气赖扶持。试从故国稽文献,异代精灵傥在兹。

厉王监谤曾何补,秦政焚书亦可哀。掇拾丛残吾有志,遗编犹识劫余灰。

淮海英灵间世出,乡邦文献叹沦微。一从虏骑南侵后,城郭人民半是非。(余著《扬民却虏录》。)

攘狄《春秋》申大义，区别内外三《传》同。我缵祖业治《左氏》，贾服遗书待折衷。（余著《春秋左氏传夷狄谊》，未成。）

横渠讲学盛关右，邹衍而后此一人。《正蒙》一编寓精理，薑斋先生知其真。（余著《闽学发（徽）〔微〕》，未成。）

王学多从性宗出，澄澈空明世莫如。试向良知窥性善，人权天赋说非虚。（余著《王学发微》一卷。）

幼年喜诵《明夷录》，曾慨余姚学派沉。戎马间关余大节，未应名字伺《儒林》。（余拟著《黄黎洲学术》，未成，仅成序。）

奇人间世不一出，正学无□□□□。□□一卷辉千古，敬为先生炷瓣香。（余著《读船山丛书札记》一卷。）

东原立说斥三纲，理欲分明仁道昌。焦阮继兴恢绝学，大衢朗朗日重光。（余最服《孟子字义疏证》及焦氏《释理》《释欲》、阮氏《论仁》等篇，曾采其说入《罪纲篇》。）

魏晋清（淡）〔谈〕启旷达，永嘉经济侈事功。惟有北方颜李学，欲从宋俗振儒风。（余著有《颜习斋先生学术》一卷。）

马迁作史贵博采，孰据遗编证旧闻？欲继厚斋编《考异》，胪陈众说习纷纭。（予拟著《史记考异》。）

虐焰无过忽必烈，武功无过帖木真。有元一代史籍缺，遗闻拟辑传其真。（予著有《元史西北地附录补释》二卷、《〈西游记〉释地》一卷、《元秘史注正误》一卷，余甚多。）

条支故国邻西海，大石遗都隔叶河。欲补前朝西域史，残编犹自溯张何。（予拟著《〈唐书·西域传〉补注》，又著《中央亚细亚史》《西方亚细亚史》，均未成。）

不学和峤嗜钱癖，拟续洪遵《泉志》编。出土铜花犹炫碧，何时重见五铢年？（喜藏古钱，著有《契刀考》《齐（力）〔刀〕考》数篇。）

访古偶获宋代物，淮南城堡名犹镌。江山半壁盛戎马，令我长忆南渡年。（喜搜藏南宋古砖，有考释数篇。）

桐城文章有宗派，杰作无过姚刘方。我今论文主容甫，采藻秀出追齐梁。（予作文，以《述学》为法。）

《小雅》哀音久不作，奇文郁起楚《离骚》。美人香草孤臣泪，缀玉编珠琐且劳。（予著《楚词类对赋》一卷。）

山谷吟诗句入神，西江别派倍清新。只缘生硬堪逃俗，终异西昆艳体陈。（余著《匪风集》诗词。）

一自归心服大雄，众生普度死何功。欲知物我相忘说，三界唯心万象空。（著有《读释典札记》一卷。）

西籍东来迹已陈，年来穷理倍翻新。只缘未识佉卢字，绝学何由作解人？

道教阴阳学派异，彰往察来理不殊。试证西方社会学，胪陈事物信非诬。（予于社会学研究最深。）

现身偶说出世法，振聩发矇惟予责。我今更运广长舌，法音流布十方域。

少年颇慕陶元亮，诗酒闲情亦胜流。壮志未甘终为隐，巢由毕竟逊伊周。

斜阳衰草气萧森，学界风潮四海深。天下兴亡匹夫责，未应党祸虑东林。

努力神州俟异材，子衿佻达倍堪哀。何当重启光明藏，无量群生慧业开。（余著《教育普及议》。）

畅好申江赋卜居，而今消渴类相如。料量身外无长物，止有随身数卷书。

闻道西邻又责言，更虞瓜步阵云屯。可怜天堑长江险，到此长鲸肆并吞。

女娲炼石天难补，精卫衔冤海莫填。鸿鹄高飞折羽翼，辍耕陇上又何年？

一从辽海煽妖氛，莽莽东陲起战云。四海旧愁一惆怅，何时重整却胡军？

瀛海壮游吾未遂，有人招我游扶桑。欲往从之复洄溯，天风浪浪海山苍。

江天如镜客舟还，风雨萧条赋《闲关》。万种相思抛不得，零云老木沪城山。

四海风尘虏骑喧，遗民避世有桃源。青门瓜事垂垂老，斜日江天独闭门。[1]

9 月 9 日，《警钟日报》附张因外国小说《黑狱之光》停载，新辟"光汉室丛谭"，本日所载为《洪水祸》《五洲民族之性质》《近儒学派考略》《满洲与宋学之关系》。[2] 又载《惠书志谢》云：

> 兹经有妫血胤惠赠《清秘史》一册，东大陆惠赠《国民报汇编》一册，新新小说社惠赠《新新小说》首期一册。言言血泪，字字珠玑。或搜秽迹于旗裘，或作直笔于天壤；或文情斐亹，或歌哭缠绵，类皆发挥透澈，词旨宣明，洵为当世之奇构也。合志数言，以鸣谢悃。[3]

10 日，《警钟日报》附张"光汉室丛谭"刊载《纬书符箓》《燕云遗民思宋》《辽待汉人之法》《刺和亲诗》《女娲化物》。

11 日，《警钟日报》附张"光汉室丛谭"刊载《梁公狄诗》《明太祖谕李思齐书》《戴子高民族思想》《汤燕孙诗》。

12 日，《警钟日报》附张"光汉室丛谭"刊载《辎轩》《蚩尤》《四裔之称》《赘婿》《石斧》《秦儒》《女娲》《〈中庸〉为秦书》。

13 日，《警钟日报》附张"光汉室丛谭"刊载《杨娥传》《陈子壮》《明末李元荫》《江南奏销之狱》《陆放翁诗》《救命银》。

14 日，《警钟日报》附张"光汉室丛谭"刊载《明太祖谕日本王书》《吴梅村病中有感词》《左懋第》《秣陵春》《神武传》《朱三太子》《薙发之最初令》《何腾蛟》《红楼梦》。

15 日，《警钟日报》"杂录"栏刊载《题陈右铭先生西江墨沈》，署名光汉。诗云：

> 雨覆云翻又一时，纵横贝锦怨南箕。行藏龙豹千秋史，得失鸡虫万

1　光汉：《甲辰年自述诗》，《警钟日报》1904 年 9 月 7—8、10—12 日，杂录，第 1844—1845、1854—1855、1874—1875、1884—1885、1895 页。

2　刘师培撰，卢康华辑：《光汉室丛谭》，上海图书馆文献研究所：《历史文献》第 17 辑，上海：上海古籍出版社，2013 年。此下《光汉室丛谭》，均出自此本。

3　《惠书志谢》，《警钟日报》1904 年 9 月 9 日，第 1865 页。

劫棋。苍狗浮云空复尔，石泉槐火有余思。澧兰沅芷湘江路，楚客吟成涕泗垂。[1]

《刘氏五世小记》谓此诗曾收入《匪风集》初刻本，诗题"墨渖"作"遗渖"，"千秋史"作"千年史"。[2]

16—17日，《警钟日报》"杂录"栏连载《明代扬州三贤咏》，分咏曾铣、王艮、刘永澄，署名光汉。据《刘氏五世小记》，此三诗也曾收入《匪风集》初刻本。诗云：

江都曾襄愍公铣

曾公古卫霍，正气何堂堂！早跻侍从班，嘉谟翊庙廊。辽兵肆猖獗，烟尘浩纵横。公时提义师，投袂亲戎行。一纸安反侧，辽海消欃枪。赤子皆吾民，群颂帝德滂。秉钺督晋秦，惠化苏疲忙。惟时逢艰虞，丑虏纷披猖。初战浮图峪，再战跨马梁。将军振臂呼，万貔惨不扬。禽其名王归，威弧殪天狼。功成谢弗居，雅度何舼舼。公言河套地，自古称朔方。巍巍受降城，屹立西河旁。藩篱守未坚，何以苏民殃？郁此攘夷心，结感回中肠。意待套虏除，再睹民物康。密陈攻守机，严城固金汤。昊天嗟不吊，党论纷蜩螗。竟无三字狱，遂以诛岳王。白日鉴精诚，暑路飞严霜。阴霾暗九阍，排云叫天阊。忆昔受书时，识公姓字香。检公复套疏，展诵声琅琅。想公天人姿，冠世真豪英。公如在庆历，韩范富欧阳。遐思却虏功，西北浮云翔。惟有袁督师，后先相颉颃。

泰州王心斋先生艮

王公豪杰士，崛起海滨地。神解出天倪，道根具夙慧。忆昔皇明初，大道日沦替。老释杂伪真，朱陆析同异。俗学尚支离，考据矜破碎。惟公倡心宗，独与往古契。郁此瑰奇姿，崇尚无师智。六经皆注脚，奚用凭文字。忧时恐堕天，愤俗颇裂眦。论学得阳明，深契良知旨。正己立准绳，格物标新理。聊用觉愚蒙，兼拯末俗散。区区化民心，与俗能无忤。口讲手画间，高天豁氛翳。欲挽叔季风，重睹唐虞世。耻作伊傅流，

1　光汉：《题陈右铭先生西江墨渖》，《警钟日报》1904年9月15日，杂录，第1915页。

2　梅鹤孙：《刘氏五世小记》，第61页。

簪绂心何系。藜藿甘道腴，羔雁却书币。一作帝京游，公卿争倒屣。奇节傲王侯，雄谈复高睨。车服效古初，往往遭掣曳。盛名纵倾倒，下里竟沉滞。门材罗杞梓，庭阶森兰桂。遂令泰州学，举世皆风靡。馨香永未沫，名不随身瘗。因思吾郡士，闻风多兴起。乐吾起陶工，李珠弃胥吏。鄙事列多能，大道寓末艺。退稽孟氏言，立志斯为士。

宝应刘练江先生永澄

　　皇明御九有，养士三百年。大哉练江公，岳岳忠格天。奇节慕文山，孤忠师屈原。揽辔盼澄清，耿耿心孤悬。斯时朝政缺，阉宦方柄权。困藩羊不触，燎火薪已然。当世岂乏才，莠苗杂莆田。置身清浊间，结舌同寒蝉。惟公膺此际，百感纷膺填。感叹士气颓，只手为转圜。大海回狂澜，一发千钧牵。首陈邪正淆，继陈刑赏愆。嫉恶森刚肠，直节朱丝弦。颇恋君父恩，宁受妻子怜。何以报主知，退恶兼进贤。叩阍帝不闻，吾道终迍邅。耻污京洛尘，思结焦山椽。言从高顾游，结交金兰坚。讲社辟东林，念国心忧煎。宁为珠玉破，耻作瓦釜全。幸免北寺诛，党籍名犹镌。觥觥史鳅节，清白遗子孙。独惜公去后，天骄方窥边。当年讲学场，化作腥与毡。我读练江文，字字森戈铤。继诵《楚辞注》，忠爱大缠绵。举世尚脂韦，习俗凭谁迁？惟有嫉俗心，与公同惓惓。[1]

19 日，《警钟日报》"杂录"栏刊载《春深》诗，署名光汉。诗云：

　　盼到春来春已深，残花如雪柳成阴。好凭烟月消佳节，岂有风云付壮吟？病起空增迟暮感，书成奚补济时心？光阴弹指惊驹隙，江上青山阅古今。

又有《吊何梅士》诗，云：

　　黄金宝剑肝肠热，破浪乘风壮志深。海水天风归不得，夜深风雨泣鹍禽。[2]

10 月 8 日，《中国白话报》第 21—24 期合册出版，"论说"栏载《论列强在中国的势力》，"传记"栏载《攘夷实行家曾襄愍公传》（未完），"学术"

1　光汉：《明代扬州三贤咏》，《警钟日报》1904 年 9 月 16—17 日，杂录，第 1924—1925、1934—1935 页。梅鹤孙《刘氏五世小记》第 58—59 页所录，文字偶异。

2　光汉：《春深》《吊何梅士》，《警钟日报》1904 年 9 月 19 日，杂录，第 1954 页。

栏载《西汉大儒董仲舒先生学术》、《说立志》（警语录之三），皆署名光汉。
"地理"栏《论亚洲北干山脉》《论中国沿海的形势》，无署名，因与该栏诸文
为系列文章，知为刘师培作。

本日，《警钟日报》"讲坛"栏刊载《孔子生日之演说》，[1] 无署名。

11日，《警钟日报》刊载《读某君孔子生日演说稿书后》，无署名。《东
方杂志》第1卷第11期转载，注"录九月初三《警钟报》"；《政艺通报》甲
辰第三年第19号"附录·湖海青灯集"亦载，署名"光汉"，知是刘师培所作。

12日，刘师培返扬州，10天后（即22日）返沪。23日，刘师培在《警钟
日报》刊登广告，称：

> 鄙人于九月初四日返里，于十四日至沪，现已定居新马路昌寿里
> 一千七百二十四号。如有与光汉个人交涉信件，乞径带该处可也。[2]

24日，《警钟日报》"杂录"栏载《岁暮怀人》诗，署名光汉。《刘氏五世
小记》谓此诗曾收入《匪风集》初刻本。诗云：

> 枚叔说经王戴伦，海滨绝学孤无邻。薑斋无灵晚村死，中原遍地多
> 胡尘。（余杭章太炎）

> 神州陆沉古人叹，屹然一士当颓澜。夔涓牙旷久不作，茫茫四海知
> 音难。（山阴蔡子民）

> 孤芳写怨屈正则，神仙吏隐梅子真。生平傲骨压尘俗，结庐偶来淞
> 江滨。（庐江吴彦复）

> 蹈海归来一握手，颖慧杰出无其俦。西土光明照震旦，期君才笔横
> 九秋。（桂林马君武）

> 六朝撷艳文派古，雠书哦诗百不堪。满眼衔官谁屈宋，天留词笔大
> 江南。（吴江陈佩忍）

> 著书不作郑思肖，拭剑偶慕吴要离。纷纷蛾眉工谣诼，蜩鸠安识鲲
> 鹏奇。（侯官林少泉）

1　《孔子生日之演说》，《警钟日报》1904年10月8日，讲坛，第2094—2095页。此文未完，
10月9日应有续载，因影印本下缺，不能确指。然《政艺通报》甲辰第三年第18号《附录·湖
海青灯集》所载《孔子生日纪念会演说辞》，为首尾完具之全本，署名"某君"。

2　《刘光汉启》，《警钟日报》1904年10月23日，第2176页。又载10月24—25日广告栏。

琼琚玉佩美无度，少年奇气干将横。眼前腐儒不称意，从君共入寥天行。（潼川谢无量）

荆卿不作渐离死，易水萧萧白日寒。言念渔阳豪侠士，四方多故薄儒冠。（沧洲张溥泉）

东门倚啸郁奇志，南阳抱膝歌长吟。漆室敢论天下计，独有炯炯千秋心。（甘泉朱菊平）[1]

案，杨亮功《早期三十年的教学生活》称其藏有刘师培《赠谢无量》诗手稿，云："六朝撷艳文派古，吟书哦诗百不堪。纷纷衙官谁屈宋，天留词笔大江南。"与此怀吴江陈佩忍诗略同，疑杨氏误记。又录《赠马君武》诗，则与此同。[2]

25 日，《警钟日报》载丹斧（张延礼）《读〈匪风集〉诗赠光汉》诗四首，云：

又见东云现一鳞，长歌短泣劳艰辛。残棋入劫宜翻局，上帝能言耻叩阍。梦里钟声千手杵，旗边杨柳几家春。从今扬子江头路，默取潜蛟大有人。

燕子飞飞日落时，侧身天地一长思。书灰那复有《周礼》，骚客还能续《楚辞》。宁有湘累辛杜若，只看山鬼下云旗。洞庭波浪消沉惯，鹤唳风声总可疑。

独恃道力战群魔，不动风幡出太阿。我望斯时降弥勒，君怜同病作维摩。贪云南蔽除难尽，爱水西来劫更多。何日黎耶成白净，手提同种出婆婆。

故山猿鹤肥复肥，非君知音君莫归。君家有田数百顷，独上青天高处飞。黄沙漫漫满大地，南风势力微乎微。吾忧引商刻羽光汉集，和者不希知者希。[3]

1　光汉：《岁暮怀人》，《警钟日报》1904 年 10 月 24 日，第 2194—2195 页。梅鹤孙：《刘氏五世小记》第 58—59 页所录同。

2　杨亮功：《早期三十年的教学生活·五四》，合肥：黄山书社，2008 年，第 20 页。

3　丹斧：《读〈匪风集〉诗赠光汉》，《警钟日报》1904 年 10 月 25 日，杂录，第 2204—2205 页。

29 日，《警钟日报》"时评"栏刊《王之春勉旃》一篇，云：

> 癸卯三四月间，王之春颇不惬于国论。时王方抚桂，政府卒以报馆舆论之嚣嚣，竟落王职。今桂事依然糜烂，自王之后，已屡易人，而竟无术以消弭大患。岂桂乱果难平邪，抑抚之者犹未得人邪？倘以至今犹未得人，则前此之事，似不能专咎于王矣。今王以湘省绅士之公举，担负全湘路矿之要事。若筹款，若设公司，若立章程，若对外之交涉，事繁任巨。少不留意，即蹈大戾。夫王昔日所以不惬于国论者，盖亦有故矣。今苟勿有他意，力谋所以尽职于其乡里，则桑榆之收，正自未晚。吾侪且秉笔以待之，拭目以观之。[1]

"杂录"载《黄炉歌呈彦复、穗卿》诗，署名光汉。诗云：

> 吴侯四十豪无俦，快如健鹘横高秋。钱塘先生富绝学，奇思直与龚章俦。招携胜侣出门去，萧然同作黄炉游。良朋胜地今合并，有酒不醉非良谋。举觞痛饮杂谐谑，狂歌直欲笑孔丘。持论往复各一义，切直如见嘤鸣求。方今神洲悲板荡，茫茫横海多长虬。渤澥风潮荡未已，中原北望荆榛稠。劝君买醉勿复忧，风花瞥眼如浮沤。浮云蚁蠓等闲事，安得羁束学楚囚。众醉独醒举世嫉，始知刘伶阮籍工消愁。[2]

30 日，《警钟日报》"杂录"栏载《题照相片》，[3] 署名光汉。

本月，刘师培为桂邦杰母陈惟德《竹轩诗存》作序，称：

> 尝读会稽章氏《妇学篇》，谓古代妇学，必由礼而通诗。及反而求之《三百篇》，由二《南》以至《雅》《颂》，所采妇女之诗，以数十计，无一非原于礼。窃叹三代以降，妇学式微。凡公宫、女史之所戒，师氏、姆氏之所箴，条目节次，悉凭诗什以传，而知诗之为用大矣。

> 甘泉桂康衢先生，笃行力学，遭时不偶。德配陈太君，系出甘泉儒家，幼习礼训，间以余力为诗。及嫔于先生，生子邦杰，历三岁而先生殁。时粤兵陷扬郡，太君避兵海陵，转徙荒村大泽中，母子偭然相保，恒匝日不举火。同族之人，曾不一顾。及移家返扬郡，邦杰已策名学宫，稍致

---

1 《王之春勉旃》，《警钟日报》1904 年 10 月 29 日，时评，第 2238—2239 页。

2 光汉：《黄炉歌呈彦复、穗卿》，《警钟日报》1904 年 10 月 29 日，杂录，第 2244 页。

3 光汉：《题照相片》，《警钟日报》1904 年 10 月 30 日，杂录，第 2255 页。

甘旨之奉。太君于综理家政外，日课女弟子数人，家以再立，而诗亦日工。成《竹轩诗钞》一卷，澄澹安雅，言副其德，力屏纷华之习，非所谓由礼通诗者欤？

余观春秋以来，妇学尚盛。如敬姜、柳下惠妻、黔娄妻，其人皆深于典礼，出言有章，文人学士或不及。太君之于诗，庶几近之矣，固非夸宗派、矜格律者所与知也。

光汉童年即以通家孙行，拜太君于堂下。近复授《竹轩诗钞》读之，因推太君之由礼而通诗者，以申章氏之说，且为世之谈妇学者勖焉。

光绪甲辰九月，仪征刘光汉序。

案，此文见《竹轩诗存》1912 年刻本卷首，未公开发表。

本月，东大陆图书译印局纂集《国民日日报》所刊载的重要文章，编印出版为《国民日日报汇编》四册。清政府明令禁售，称：

上海逆党著书刊报，煽惑人心，大逆不法。业将苏报馆办事人等按名拿办，并将报馆封闭在案。乃又有人创办《国民日日报》，依然妄肆蜚语，昌言无忌。实属执迷不悟，可恨已极。仰各属府州厅县，将《国民日日报》荒谬悖逆情形，示知地方商民，不准买看。如有寄售《国民日日报》者，提究。[1]

外务部又发文总税务司，不准代寄《国民日日报》，文称：

八月初九日，接准南洋大臣谘称：据苏松太道袁树勋禀称，查上海……现又有人创设《国民日日报》。……该报执事人等，多半寒酸出身，甘于为非，扰害大局，怂人观听，借广销场。但使无人阅其报纸，彼必支持不住，不难立即闭歇。除分谘沿江各省，通饬一体示禁，不准商民买看该报外，应请剀行总税务司转知邮政局，毋得代寄《国民日日报》，杜其销路，绝其来源。[2]

本月，刘师培诗集《匪风集》出版。

案，《刘申叔先生遗书》所收《匪风集》为钱玄同据刘师培家藏手稿编

1　戈公振：《中国报学史》，《民国丛书》第二编第 49 册，上海：上海书店，1990 年，第157 页。

2　同上。

定，收诗 55 首，然以为此集当编定于 1906—1907 年，则非是。今虽未亲见是集原本，然《刘氏五世小记》称：

> 《匪风集》木刻本，我但听见说过，从未寓目。一九六一年辛丑六月，正在整理此稿时，扬州图书馆长刘梅先君于故纸堆中检出此刻，寄到上海。薄薄一册，板刻尚佳，上下书衣均已零落，亦无序言，署名"仪征刘光汉"。证之钱玄同先生《刘申叔遗书总目序言》，舅氏于民国前九年癸卯至上海，与章太炎、蔡子民诸先生相识，主张攘除清廷，光复汉族，遂更名"光汉"，用"光汉"时期，约有五年，由癸卯至戊申，后遂复用"师培"原名了。舅氏年十九举壬寅科乡试，则此书之刻，大约在廿五岁以前。我当即与宁武南氏于民国廿五年印成之《刘申叔先生遗书》中的《左盦诗录》校对，乃发现《遗书》内的《匪风集》比木刻本缺少诗二十二首。若云经舅氏芟薙，则内有《明代三贤咏》及《怀人杂诗》等篇，均是有关文献之作，似乎不在删削之列。想是全集所收，并非根据此木刻本无疑了。钱玄同氏在《左盦诗录后记》中，亦叙明"申叔自定而属人抄录者"。集外遗珍，何能任其放失？因即将所缺之诗，照录于后，以作补遗，并详述其原委，以备他日重印全集时作为参考之助。[1]

所缺 22 首诗分别为：《泛舟小金山》、《秋风萧瑟，池荷零落，感而赋此》、《愚园》（二首）、《送佩忍归吴江》、《岁暮怀人》（九首）、《六言诗效山谷》、《读释典作》、《明代扬州三贤咏》（三首）、《书佩忍与宗秦、济扶女士论文诗后》（二首）、《题陈右铭先生西江遗沺》。

11 月 5 日，《警钟日报》"社说"栏刊载《论中国人重视儒家之观念》，[2]无署名，冯永敏以为刘师培作。

6 日，《警钟日报》"社说"栏载《论大同平等之说不适用于今日之中国》，[3]无署名，冯永敏以为刘师培所作。《东方杂志》第 1 卷第 12 期"社说"栏转载，无署名，题下注："节录九月二十九日《警钟报》。""杂录"栏载自芸

1　梅鹤孙：《刘氏五世小记》，第 56—57 页。
2　《论中国人重视儒家之观念》，《警钟日报》1904 年 11 月 5 日，社说，第 2308—2309 页。
3　《论大同平等之说不适用于今日之中国》，《警钟日报》1904 年 11 月 6 日，社说，第 2318—2319 页。

《赠仪征刘光汉，即题〈匪风集〉》诗四首，云：

淮海英灵自有真，萧萧玄发汉宗人。每看群燕嬉倾厦，还许流莺作比邻。荆棘宫门终古恨，桃花洞口旧时春。天风吹出思归引，便现龙伦说法身。

乔陵松柏几枒杈，独挽乌号逐日斜。满道舆台皆帝子，一壶天地付谁家。种瓜骊上机初发，卖海鲛人计已差。牛马枭卢君莫问，相期负石与怀沙。

九幽世界翻天魔，一曲潮音依吕波。宝杵有轮开净土，愿船无楫鼓恒河。为惭先觉光明在，长使能□涕泪多。不度众生不成佛，要从地狱试经过。

与汝神交十五年，弥天四海两忘言。文章落拓胡琴价，风雨凄凉宝剑篇。朕舌未将三寸烂，好头须向九边传。明朝唤醒春人梦，楚覆秦亡何处边。[1]

案，自芸者，即田其田，江苏六合人。据《警钟日报》本年 11 月 7 日"杂录"附注称："六合田君，文名震江左。自芸于去岁十二月廿五日，横遭官吏之诬陷，萋菲交讧，几兴大狱，已详见正月分本报。兹田君以旧作词稿见示，皆被逮时所作，亟录于此。又闻田君有《被逮记》一书，不日亦拟出版矣。"[2]
查本年 2 月 26 日该报"地方新闻"栏有《田其田被拘》一则，称：

田其田，号自芸，江苏六合拔贡生。其人素任放，如淳于髡之无所宗主。魏制军忽十二月某日，接江西一武官来禀，指田为革命党，谓《江西新语》（即《哭告江西人》也）是田所为，盖误田为江西人。又谓田有八万金，存于庚源钱庄，即日起事云云。魏以示保甲局员徐赓陞、营务处夏时济，皆请密拿正法。徐恐田逃遁，乃托刘世珩致书，招往徐处。田欣然往，即拘至江宁县狱。当田被诱至徐所，徐亲讯之曰："汝与文芸阁相交否？"又问："与康、梁有来往否？"田皆对以不识。即派兵数百围其家，遍行搜检，无所获。又查阅庚源各账簿，亦无田姓存项。魏督

1　自芸：《赠仪征刘光汉，即题〈匪风集〉》，《警钟日报》1904 年 11 月 6 日，杂录，第 2325 页。

2　《警钟日报》1904 年 11 月 7 日，杂录，第 2335 页。

乃电江西巡抚,调武官某来对质,而夏抚覆电:"武官中并无此人。"魏知轻听误拘,乃释之。[1]

7日,《警钟日报》"征文"栏载《论国文之教授法》,[2]无署名。此文与《中国白话报》第14期《讲教授国文的法子》约略相似,冯永敏亦以为刘师培作。

本日,因长沙起义失败逃至上海的黄兴,在余庆里与陈天华、张继、黄炎培、章士钊、陈去病、刘三、徐佛苏、柳亚子、金天翮、蔡锷、陈竞全等讨论反清革命方略。[3]

本日,《时报》第1版刊载《国民必读中国民约精义出世》广告,云:

自卢梭《民约论》出,欧美均被其响。三十年前,又横渡太平洋而达日本。今大陆列国政体之改良,宪法之完备,公理日阐,民气大昌,所以为二十世纪文明世界者,皆卢氏赐也。吾国审此义者有年,顾犹暗昧无动,毋亦数千年专制古国,非卢氏一人所能为力欤? 鸷新之子,等国学如弁髦。经史百家,其大义微言,有先乎卢氏而契合。在千百载后,或视卢氏之论尤精者,湮然不著,致使楚仓豕哕,目斯论为邪说;少年狐拜,认欧人为大师。而立言无本,一击(辙)〔辄〕踣。乌乎! 前哲有灵,能勿恫乎? 是书博采古籍,举先民之言关于民约者,汇为三卷,起上古,讫近世;又复详加后案,条举卢氏之说,比较其得失,论列其是非。书凡五万余言,今已出版。昔日本以中江笃介为东方卢梭,夫东方卢梭,宁彼中江氏而已! 翳我先哲人,是式是凭。他日国民军之兴,其足以作射击专制之爆弹者,吾知有赖乎是书矣。洋装美制,每册定价大洋四角八。我国民亟宜购取。[4]

本月初,光复会成立于上海,以入会誓词"光复汉族,还我河山,以身许国,功成身退"为宗旨,蔡元培任会长。

上海暗杀团改组为爱国协会,杨笃生、章士钊任正副会长,成员有刘师

---

1 《田其田被拘》,《警钟日报》1904年2月26日,地方新闻,第10页。

2 《论国文之教授法》,《警钟日报》1904年11月7日,征文,第2328—2329页。

3 刘揆一:《黄兴传记》,中国史学会主编:《辛亥革命》(四),第279页。

4 《镜今书局新书出版广告》,《时报》1904年11月7日第1版。又载于该报本月9、11、13、15、17、19日第1版。

培、蔡元培、蔡锷、杭帧修、万福华、陈独秀、徐锡麟、赵声、于右任、敖嘉熊、龚宝铨、陶成章、张继、刘禺生、熊成基、吴春阳、蒯寿枢等。陈独秀负责以安徽为中心的中江地区工作，成员有刘师培、李光炯、柏文蔚等。

沈砺民《记光复会二三事》云：

> 一九〇四年（甲辰），龚宝铨也在上海组织暗杀团，与陶成章、敖嘉熊、黄兴暗中配合。暗杀团成立后，人数极少，力量单薄。龚宝铨想扩大组织，是时陶成章来上海，龚、陶在东京时，已成刎颈之交，两人密商后，根据东京浙学会的原议，组织一革命团体。因章炳麟在狱中，惟蔡元培系清朝翰林院编修，声望素高，欲推为首领，以资号召。陶素知蔡书生气重，恐不能相容，反使工作造成不利，于是由龚宝铨先与蔡元培商讨，决定扩大暗杀团组织，并由蔡元培自动提出邀陶成章参加，于是光复会遂在上海正式成立。陶成章《浙案纪略》记光复会成立事，稍有出入者，雅不愿自居首功而已。[1]

冯自由《记光汉变节始末》云：

> 甲辰（一九〇四年）秋冬间，蔡元培、龚宝铨、陶成章等组织光复会于上海，光汉以蔡元培之介入会。[2]

魏兰《陶焕卿先生行述》云：

> 是冬，先生［指陶成章］又与皖、宁各志士，在上海组织一秘密会，名曰"光复"，以蔡元培为会长。十二月，先生约兰赴日本，与诸志士筹商。兰因变卖田产，偕毓祥等腊杪至上海，而先生则先期而行。[3]

陈魏《光复会前期的活动片断》云：

> 光复会的前身是军国民教育会，而军国民教育会的前身则是支那亡国纪念会，这个会是在日本的章太炎、冯自由等为了挽救祖国的危亡而组织的。后因日本政府不许其他国家的人民在它的国土上进行政治活动，军国民教育会就迁来上海。适值蔡元培先生来沪，闻有这个组织，

1　沈砺民：《记光复会二三事》，《辛亥革命回忆录》第4集，第133—134页。
2　冯自由：《革命逸史》上册，第332页。
3　魏兰：《陶焕卿先生行述》，浙江省辛亥革命史研究会、浙江省图书馆编：《辛亥革命浙江史料选辑》，杭州：浙江人民出版社，1981年，第341页。

即来参加入会。后经商讨,改名为光复会,蔡被选为光复会会长。[1]

案,支那亡国二百四十二周年纪念大会是留日爱国学生组织的一次活动。1902 年是南明永历帝覆亡二百四十二周年,4 月 26 日(旧历三月十九)是崇祯皇帝自缢纪念日。为了唤起人们的反清革命思想,由章太炎、秦力山等十人发起,定于本日在日本东京举行纪念会,章太炎起草的《宣言书》中,号召人们学习二百多年前的反清志士,同清朝封建统治者斗争。中国留日学生报名赴会者达数百人。由于清朝驻日公使蔡钧和日本外务省勾结,阻止开会,大会未能如期举行。当天下午,孙中山等六十余人在横滨补行了纪念仪式。同日,在香港的爱国人士也举行了纪念仪式。军国民教育会则是留日学生的革命组织。它的前身是 1903 年 4 月 29 日拒俄大会后成立的拒俄义勇队,由于清政府与日本政府相勾结,5 月拒俄义勇队被强令解散。5 月 11 日,秦毓鎏、叶澜等将义勇队改组为军国民教育会,以"养成尚武精神,实行民族主义"为宗旨,斗争矛头直接指向清政府,提出进行民族革命的三种方法,即"一曰鼓吹,二曰起义,三曰暗杀"。军国民教育会成立后,分派会员回国开展革命活动,建立组织,筹划反清活动。同年上海爱国学社也组织军国民教育会,蔡元培、刘师培、章士钊、陈独秀等均参加了活动。1912 年 1 月 28 日《大共和日报》载章太炎《致临时大总统书》亦称:"详考光复会初设,实在上海,无过四五十人。其后同盟会兴于东京,光复会亦渐涣散。"

13 日,《警钟日报》"社说"栏刊载《王之春联俄之警告》,[2] 反对王之春联俄之举。

14 日,《警钟日报》"社说"栏刊载《论联俄后之影响》,[3] "国内要闻"栏载《王之春联俄确闻》,[4] "丛谈"栏载《王之春隐事一则》。[5] 此后数日,均载有关于王之春联俄之消息。

1　陈魏:《光复会前期的活动片断》,《辛亥革命回忆录》第 4 集,第 127 页。

2　《王之春联俄之警告》,《警钟日报》1904 年 11 月 13 日,社说,第 2388—2390 页。

3　《论联俄后之影响》,《警钟日报》1904 年 11 月 14 日,社说,第 2398—2399 页。

4　《王之春联俄确闻》,《警钟日报》1904 年 11 月 14 日,国内要闻,第 2399—2400 页。

5　《王之春隐事一则》,《警钟日报》1904 年 11 月 14 日,丛谈,第 2405 页。

19 日（农历十月十三日），刘师培参与万福华行刺王之春于上海英租界四马路、湖北路口的金谷香西餐馆。因万福华不谙枪法，功败垂成，刘师培、黄兴、苏鹏、薛大可、章士钊、周素铿、张继、赵世暄、郭人漳等先后被拘押。刘师培旋出狱，即与林少泉集资延聘律师，为万福华等辩护。最终万福华被会审公廨判处徒刑十年。

20 日，《警钟日报》"国内要闻"云：

> 有客枪击王之春于上海金谷香番菜馆，不中。[1]

汪东《刘师培传》云："清光绪二十八年冬，万福华于上海狙击王之春不遂，师培亦预谋。"[2] 案，汪说时间不确，实为今年事。

黄翼云 1930 年所作《闽县林白水先生传略》云：

> 为清吏王之春潜通俄人，又为主张卖粤路之有力者，因偕刘光汉、万福华谋刺杀，不遂，万君被逮。公同时与黄兴、章士钊、张继、薛大可、彭义民、徐佛苏、章勤士、郭人漳俱被捕。诸君旋出狱，各引去。公独与刘光汉集资延律师，为万力争。万因得免死，监禁十年。[3]

《刘氏五世小记》称：

> 舅氏一直在家庭庇荫与外祖母劬劳慈爱之下生长的，当然对于人情世故是生疏的。所以在上海与子民、太炎诸公朝夕谈论，思想日新。加之性情急躁，听见人提一个意见，不假思索，不计利害，马上实行。甲辰到河南会试，未中进士，心中更为愤郁，革命观点愈加高涨。归途过上海，住在一品香。当时广西巡抚王之春奉清廷命，来沪与外国人签定密约。这个密约酝酿已久，内容当然是丧权辱国的。舅氏与诸革命同志大为愤恨，遂在一品香定议，由万福华探明王之春次日在三马路金谷香番菜馆宴客。是日下午，舅氏即与陈佩忍等人，据闻还有章行严，各怀手枪前往行刺。由万福华冲锋直抵楼上。其时，万与王之春已经对面，正欲开枪，乃子弹不出膛，顷刻为其护兵所执。舅氏与陈等甫到楼梯上

---

1 《警钟日报》1904 年 11 月 20 日，国内要闻，第 2459 页。

2 汪东：《刘师培传》，《国史馆馆刊》第 2 卷第 1 期，国史拟传，第 75 页。

3 黄翼云：《闽县林白水先生传略》，林慰君：《我的父亲林白水》，北京：时事出版社，1989 年，第 95 页。

层，目睹情形，随即弃枪于地，奔出。当被逻者盘问，见其形色仓黄，言语支吾，知为怯弱书生，加以嫌疑罪名，拘入捕房，坐了一夜，次日释放。舅氏因有两三处报馆主持笔政，留沪未归。万福华直到辛亥光复时甫出狱。[1]

案，此处关于刘氏至沪时间、原因表述不确。《安徽俗话报》第17期（该刊注明其日期为甲辰十一月朔日，实为乙巳三月补出）"时事"栏《行刺革抚》云：

> 十月十三日下午六七点钟的时候，安徽人万福华，在上海金谷香西菜馆，行刺革抚王之春，未经刺中，即被巡捕拘获，解至捕房，并株连张杏年等十二人，一并被捕。十八日，奉江西抚台电嘱，释放四人，其余各人，仍押入捕房。现在已有人延请律师，代万福华伸辩，说是万福华并无实在行刺王之春的凭据。大约结案以后，总要监禁几年哩。

案，"张杏年"应是"章行严"的讹误。《大陆》杂志1904年第2年第10号"时事批评"栏《记万福华行刺王之春事》云：

> 王之春以争粤汉铁路之故，来沪已数月。十三日，有持吴葆初名刺约王至某处议事者，王未赴也。比夜六点余钟，又有以吴名刺约王至金谷香议事，王乘戴阿大马车往，并有差弁名黄锦堂者随行。入十二号房间内，一状似日本留学生者促之坐，出纸笔书"联俄卖国"四字，王急辩曰："某并无联俄事，贵国切不可信□□报陈□□之语。"盖王误彼为日人也。（闻先一日，此人往日本领事署，告以王之春联俄事，劝日本领事开交涉。领事语之曰："我国兵力甚强，决不惧俄罗斯。任凭贵国联俄也好，不联俄也好，我却不管。"某大惭而出。）彼又书"尔何故召法兵以平粤乱"十字示之，王愕然出。其人似欲拦阻，为王仆推仆于地。及彼扒起，而王已下梯，出金谷香门。忽迎面来一年约四十许、衣红色呢袍者，袖出枪拟之。王大骇，竭力握（腕）其〔腕〕，并夺其枪，仆助焉，遂擒其人。王呼警察絷其人，同赴警署。警察长询之，则曰："我，万福华也。我来为刺联俄者。我不出此署则已，果得

1　梅鹤孙：《刘氏五世小记》，第36页。

释放，必竟我志。"警察长视其枪且锈朽，问以何从得此物，则日假自友人。启其机，中实五子，已空其一。警察长乃令暂羁别室中。十四晨，万福华供称同党多人，有盐船一艘，泊在十六铺河内。包探班塞乃携万往觅，至则该船已遁去。万又言：彼寓三洋泾桥某客栈。班塞遂偕万往该栈，万妻已于先一日逃避矣。当班塞及万返捕房，时途中二人，欲与交谈。班塞谓之曰：若有要事，可偕往捕房，再行面商。及二人至捕房，班塞询其行业、住址，二人不答。后由包探探得其寓新马〔路〕余庆里一衖启华译书局，遂派印捕多人，于是夕十二点半钟至启华书局缉拿，旋获得十二人，特列如下：

张杏年　万云卿　章士夏　周寅山　周永曾　赵洪和　张信　龙善行　赵梅　汤祚贤　郭宝生　李寿芝

又起出各物列下：

洋伞三顶，（内有一顶，柄甚粗，拔出，有单刀一把。）又单刀二把，六门手枪一柄，木斗一只，内储铅弹。

十五〔日〕九点钟，由各包探会同二十七号西探及四百三十六号华捕，将以上各人及起出各事物，解送公堂，新巡捕房捕头惠尔生亦到堂禀白。途中用极大马车，令各人稳坐其中，外用马巡四面保护。钟鸣十一点，逾七八分时，始将此案解上。各人均不下跪，旋经堂上喝跪，谓系法堂，各人乃偏西而跪。郭宝生先言曰："我乃江西常备军统领。"官问："尔何处人？"答："是湖南湘潭人，本系陕西候补道，由江西抚台奏调至江，统领常备中军。此次来沪，奉中丞札委，带同学生四人，回江教习陆军，并不与闻他事。"问官又将各人逐一讯问，又据各供如下：

李寿芝供长沙人，汤祚贤供德化人，赵梅供南昌人，龙善行供（戈）〔弋〕阳人，张信供天津人，赵洪和供善化人，周寅山供善化人，章士夏、周永曾、张杏年均供长沙人，万云卿供德化人，万福华则闭口不言。

时万福华延高易律师到堂伸辩。黄司马曰："此事，贵律师可以无须管理。"高律师曰："本律师系由人延请而来。"司马唯唯。高律师又曰："本律师尚不知此案详情，即堂上亦未必能知详细也。"司马与英国德翻译官会商之下，谕候礼拜五到堂集讯，该律师乃脱帽而退。此行刺案及株累各人之大概情形也。

兹事之起，沪上各日报多不以万氏为然。有谓其当施之柄执国政之诸巨老，不当施一无权力之废员者；有谓租界章程，不许华人身怀枪械，万氏此举，实扰乱租界之治安，恐此后西官得所借口，不肯保护国事犯者；有谓其徒恃血气之勇，无济于事，且有志之士，以后欲有所举动，反生出无数阻力者；有谓万氏本为职官，王之春任皖抚时，曾奏参之，万怀恨数年，借此以图一泄者；有谓万若果暗杀王，有许多妙法，何必出此下策，明系好名之心达于极点，借此获名者；有谓王之联俄，乃出道路谣传，毫无实据，不能以"莫须有"三字置人于死地者。甚至有谓万轻举妄动，乃一不学无术之人，断不足以比古之任侠之士者。且有谓因彼一人而令十二受累为不仁，杀一衰翁不死为不武，事后又不能脱身而走为不智，被逮后倩其友延请律师为之辩护为不豪者。诸说求全责备，似未足以服万氏之心。平心而论，万氏执锈枪以刺一老朽，不能达其目的，且反为所擒，不无可议。第今之言流血者多矣，数年来风潮迭起，趋时之士无不以是为口头禅，然未闻有见诸实济。即其高自期许者，亦惟执笔为文，哓哓然望他人之流血，及责备他人之不流血而已，岂真敢牺牲其身，为民请命哉？今万氏慷慨敢死，以雪志士空谈之耻，而开政党暗杀之风，其心志有足多者，正不得以事理、以成败论之也。虽然，如某报谓古来大侠如荆轲、聂政等，皆为一人报私仇，而无与于国事。若万氏此举，虽不敢言绝后，实足空前云云，则又未免扬之太过而冤抑古人。夫黄衫剑客之流，以代伸公愤而杀人者，往往而有。第彼耻留其名于世，故史册或逸其事耳。即以现代而论，如史坚如之谋炸德寿，罗某之枪击刘学询，不能谓之为报私仇而发也。而其手段、胆略，似尤有过于万氏。彼独标万氏而抹倒一切者，殆由阿其所好与！

章士钊《书甲辰三暗杀案》记行刺王之春事较详，曰：

时蔡子民在上海办一中学，余与刘申叔、林少泉，俱为都讲。学生中有唐才常之子有壬，年不过十一二岁，别有一扬州学生曰陈自新，为刘、林所激赏。谓其志在革命，尤愿比踪荆、聂，能听指挥，数数强聒于余。……夫万福华既与余习，其渐因余而缔交当时著名党人，自为事势之所必至。适刘、林盛称陈自新有胆，旋与福华一拍而合，亦不待烦言而解。于是刘、林、万合谋而图一逞，要余以不得不从，乃为当时局势之显然眉目。顾克强不之知，华兴会诸人更不相涉也。

刘、林定计，诱致之春入彀，则以余外舅吴北山名义，折简邀之（但其时余与吴尚无婚议），地点在金谷香番菜馆二楼。靳靳执役射杀者为陈自新，先时登楼，人至辄狙。万福华守候楼下，以防不测。顾二人只有一枪，而枪又为前述下关击铁备而未用之凤物，中程与否未可知。刘、林认为器不利，恐误事。适余购置一握，备豫自用，少泉厉声责余，以新枪专委自新，福华则持旧枪盾后，以备万一，余不得不承。或谓枪由张继手授，非也。继此役诚牵连入狱，然其初并未与谋。

夫计已定矣，时间骎骎迫近。福华目击之春马车到门，浸假而之春与仆肩随登梯而上。福华刚毅木讷之人也，而心怦怦然动。顾久之久之，非徽寂无枪声，且之春又与仆肩随蹑梯下矣。时则危急存亡，间不容发，福华一怒而断，不遑筹思，急出之春前，拔枪拟之。顾机屡拨而弹不出，两造俱木然不知所为，旁观者麇集，亦俱无所措手足。正僵持间，卒于人声沸鼎中，捕者骤至，出械縶福华以去。……后知自新佯充日本人，与之春笔谈数语，之春见机反走。[1]

21 日，《警钟日报》"社说"栏载《论小学与社会学之关系》[2]，无署名。续载于 22—28 日、30—12 月 4 日。钱玄同以为此篇即《小学发微》，乃刊发时为求简明而改。然刘师培《周末学术史序·文字学史序》既引《小学发微》，又引《小学与社会学关系篇》，则明为二书，则钱说非是。

本日，《政艺通报》甲辰第三年第 19 号出版，"附录·湖海青灯集"栏载《读某君孔子生日演说稿书后》，署名光汉。《孔子生日纪念会演说辞》载于该刊甲辰第三年第 18 号，署名"某君"。

---

1 章士钊：《书甲辰三暗杀案》，全国政协文史资料委员会编：《文史资料选辑》第 19 辑，北京：中华书局，1961 年，第 147—148 页。

2 《论小学与社会学之关系》，《警钟日报》1904 年 11 月 21—28 日、11 月 30 日—12 月 4 日，社说，第 2468—2469、2478—2480、2488—2491、2498—2501、2508—2510、2518—2521、2528—2529、2540—2542、2560—2561、2570—2571、2580—2581、2590—2591、2600—2601 页。

22 日,《警钟日报》"紧要新闻" 载《刺客案第二记》云:

昨有人投书本社,责问前日刺客一案,何以语(然)〔焉〕不详,并问十五日[1] 本报何以不载其事。本报以吾国数千年以来,未有刺客之事。荆轲、聂政之辈,虽彪炳史册,以今日吾人之眼光观之,大半为报主知,或关于个人仇怨而起,未有足以代表国民公意之价值也。今万福华此举,若果因革抚联俄,有关大局,愤而为此,则其人之价值,在吾国人观之,不敢云绝后,实足以空前矣。倘使探询未详,遽以道路之口,拉杂登载,矛盾支离,瞀惑全国,本报既为民党之机关,则观听所系,何敢不慎? 爰自今日为始,特托委员,详细探访,择其确实可靠,按日排登论前,以昭郑重。

刺客已受审判

刺客万福华,于昨日上午已受第一次之审判。闻审判时,甚严紧,不许旁人探视,并闻已有人代万福华延律师,争辩此事云。

大索党人

刺客一案,上海工部局视之甚为郑重,疑尚有别人指使。闻昨日又拿获多人,是否与万同党,尚未可知。惟恐其牵连甚众,且恐影响于全国学界并各种社会云。

会审刺客案详报

王之春被人用手枪击害未成,报由包探窦如海、方长华协同西探拿获万福华,以及在新闸麦文义路拿获同党张杏年、周咏曾、赵洪和、周寅山、章士夏、张作、龙善行、赵梅、汤祚贤、郭宝生、李寿芝等十二人,于昨解期谳实。黄司马讯,张供湖南善化县人,两周及赵同供均善化县人,章供长沙县人,龙供弋阳县人,赵供江西南丰县人,张供天津人,汤供江西德化县人,郭供湘潭县人,李供长沙县人。司马即商之德君,以律师高易投案代辩,可不必干预。高称敝律师有人所请,来案听审。司马遂判一并还押捕房,订礼拜五两点半钟讯夺。手枪、刀械,存堂查考。[2]

1　指农历十月十五日,公历 11 月 21 日。
2　《刺客案第二记》,《警钟日报》1904 年 11 月 22 日,紧要新闻,第 2478—2479 页。

此后一个多月时间，《警钟日报》连续刊载文章，介绍万福华行刺案进展及社会各界之反应。

24 日，郭人漳、黄兴等四人获释。[1] 黄兴即赴日本，向华侨及留学生募款四千余元，支持国内营救在狱诸同志。

12 月 7 日，《扬子江白话报》第 1 期"社说"栏刊载《讲扬州人没有人格》，署名光汉，题下注："人格即是人品。"

本日，《警钟日报》"社说"栏刊载《论中国古代经济学》，[2] 无署名。其内容与《周末学术史序·计学史序》相合，知为刘师培作。"杂录"栏载飞布山人《感情呈申叔》诗，云：

> 旧日神州播劫灰，摆伦歌竟几肠回？蓼虫食苦关天性，芒砀飞云有自来。海外风潮驰骇电，山中草木待春雷。年年铁血酣龙战，梦共江东论霸才。[3]

案，"摆伦"即乔治·戈登·拜伦（George Gordon Byron，1788—1824），英国浪漫主义诗人。

12—13 日，《警钟日报》"社说"连载《论孔学不能无弊》（13 日的标题误作"论孔学不免有学"），[4] 无署名，其内容与《孔学真论》主体部分略同，知为刘师培作。

13 日，《警钟日报》"撰录"栏载《近儒学案序目》，[5] 署名仪征刘光汉（误作"刘天汉"），于 14 日、17 日续完。

本日，《警钟日报》刊载《本馆特别广告》，云："扬州仙女庙，乃宁波米、木两商大市场。本社特添设代派处，住仙镇河南，由袁松樵君经理。如有阅

1　《刺客案第五记》，《警钟日报》1904 年 11 月 25 日，紧要新闻，第 2508—2509 页。

2　《论中国古代经济学》，《警钟日报》1904 年 12 月 7 日，社说，第 2630—2631 页。

3　飞布山人：《感情呈申叔》，《警钟日报》1904 年 12 月 7 日，杂录，第 2637 页。

4　《论孔学不能无弊》，《警钟日报》1904 年 12 月 12—13 日，社说，第 2680—2681、2690—2691 页。

5　《近儒学案序目》，《警钟日报》1904 年 12 月 13—14、17 日，撰录，第 2697、2706—2707、2737 页。

报者，可就近购接洽阅。并派有访事妥员，以便调查米木商务情形。"[1]

14日，《警钟日报》"时评"栏载《舍旧谋新之问题》，[2]无署名。冯永敏以为刘师培作，今存疑。

19日，《警钟日报》"社说"栏载《论好名之说可以救今日之中国》，无署名，冯永敏以为刘师培所作。又载1905年3月5日《广益丛报》第65号"上编·记言"栏，无署名。

20日，《警钟日报》刊载章太炎在监狱情况，云：

> 昨日，有人到虹口提（蓝）〔篮〕桥外国老监，探视去年《苏报》案章炳麟先生，见先生身着灰布棉衣一袭，下着棉裤，面目稍带黑色，鬖发下垂，精神甚健。先生言："吾在狱中，见教会报有载万福华事。吾正朝夕系念此事，亟欲闻其详也。"又言："吾在狱甚安好，每日作工外，辄与邹子研究佛学、社会学。惟狱中此类书卷甚少，前月外间送来数十卷，大都浅薄无味，不足供我研究。"因坚嘱来人为觅《相宗八要》并《瑜珈经》各一部，得间即递入。先生又自言："吾近来于佛学甚有进步。吾在狱中，所以鲜疾病而神态能如是泰然者，皆得力于佛学也。"继又问其友人某某好否，某某何状，时局如何，来人一一告之。立谈五十分钟，握手而别。亟书之，以告世之念先生者。[3]

21日，《警钟日报》"社说"栏刊载《万福华传》，署名"来稿"。文云：

> 万福华，字绍武，安徽合肥人。曾祖某某，举人。祖□□，邑庠生。父□□，候补同知。君十岁失怙，家赤贫。母赵恭人，以缝纫给朝夕，夜课君读。知窭贫不能卒儒业，乃习医金陵，继又舍医习贾。君昼执贾业，入夜读书，漏四下乃寝。师闵其劳，恒去其灯。君潜灯于衾，默诵所得书。如是三年，学益昌殖，乡人亦稍稍知君名。时合肥龚照屿（借）〔备〕兵[4]淞沪，招君至申，司官银号事。适直隶议兴铁轨，设分局

---

1 《本馆特别广告》，《警钟日报》1904年12月13日，第2690页。此广告连续刊载至本月22日。

2 《舍旧谋新之问题》，《警钟日报》1904年12月14日，时评，第2701页。

3 《国事犯狱中无恙》，《警钟日报》1904年12月20日，紧要新闻，第2760页。

4 备兵淞沪，指龚照屿任淞沪兵备道。《安徽俗话报》所附《万福华历史》也称万福华在龚照屿任"上海道时，曾在署中帮理帐席三年"。

于銮州，龚君聘君任总办，以知县候铨。君在銮十余年，以医药给贫民。民食其赐，至今诵其德。及团匪祸发，避乱反里，倡办乡团，以兵法相部勒。又为龚太史□□兴垦牧利，辟荒土数十顷，种艺桑竹，浚池蓄鱼，境以大富。适广东大吏闻君名，檄君至粤，委小三河坝监局事，兼辖北关监厂。莅任月余，去粤莅闽，闽省大吏亦以汀州盐局委君。盐为闽省利薮，君莅局务，首严非义之取，鄙陋规，绝馈遗。民察其廉，于其去也，佥曰："失吾好官！"送者千余人。时俄占辽东，与日本启战。君观察时变，知欧祸之将临，慨然弃官归。至上海，思联日制俄，瘏口焦思，闻者多泣下。君知国事日非，非合众不能自卫，即游历川、楚、湘、粤。所至之地，登览山川城邑，物色豪杰，交其贤豪长者，备询民间疾苦，矫然有澄清天下之志。当□员□□南下，君散家财，隐结死士数人，思得间进击。事不成，乃沂江至沪。适王之春议联俄，沪上士气稍振起。君思空言无裨，拟以暗杀主义为诸志士倡。有尼君者，君曰："欧美革新，无不从暗杀起。今中国无其人也。有之，请自福华始。"十月十三日，君袖枪入金谷香。适王之春自楼下，君出枪于袖，垂发而机蔽。君手把之春袖，伤其指，历数其罪，谓："足下昔借法兵，不自厌足，复作俄间谍，害我黎庶。福华将为天下复仇。"之春惊，绝袖而起，挥仆从前进，以手共搏君。适华捕闻风至，君慷慨就捕，词色不少屈。观者数百十人，咸知君为非常人。时君年已四十有二矣。君读书多心得，诗文畅茂。在闽时，作演说稿数十篇，讲演国家大义，旁及尚武兴利，皆凿切可行。初持保皇主义，继乃提倡民族，思有所建立。志卒未遂，故身陷刑狱，人尤惜其贤。妻□氏，豁达明大义。子一，名□□。

论曰：吾少读《史记·游侠传》，至荆轲入秦事，未尝不掩卷太息。夫轲少读书，欲以一身为天下报仇，虽身死咸阳，亦足褫强秦之魄。而君事适与相类。志虽未达，然汉土遗黎，惕然知俄人弗足恃，联俄之谋或可稍寝，则君功为不朽矣。又闻君居乡时，以割股疗母疾。而旷观古史，若北郭骚、聂政诸侠烈，咸以孝亲著闻，其迹多与君符，则君舍身救世,有由来矣。故述其言行,以俾世之传游侠者知所采焉。[1]

案,《中国日报》《二十世纪之支那》等所载《万福华传》,大都本此。

23日,万福华案最后一次开审,判处监禁十年,罚作苦工。[2]

24—25日,《警钟日报》"社说"栏连载《原戏》,[3] 无署名。此文后又载于《国粹学报》。

25日,《警钟日报》"撰录"栏载《习斋学案序【近(传)〔儒〕学案之一】》,[4] 署名光汉。

29日,《警钟日报》"征文"栏刊载《并青雍豫颜门学案序》,[5] 署名光汉;"撰录"栏载《幽蓟颜门学案序》,[6] 无署名。

张静庐辑注《中国近代出版史料初编》谓,本年刘师培所著《光汉室丛谭》一册,由上海警钟日报社印行,"内容全为有关民族之史乘"。案,此书疑即《警钟日报》所载而汇印者。

【著述】

满江红　《中国白话报》第3期,1月17日,论说·补白,署申叔

　　案,此篇又刊于《俄事警闻》1903年12月27日,杂录。

昆仑吟　《中国白话报》第4期,1月31日,歌谣,署刘光汉

长江游　《中国白话报》第5期,2月16日,地理,署光汉

中国理学大家颜习斋先生的学说　同上,学说

致端方书(一)　第一历史档案馆藏端方档案,手稿,2月29日(农历正月十三)

黄黎州先生的学说　《中国白话报》第6期,3月1日,学说,署光汉

论激烈的好处　同上,来稿,署激烈派第一人

1　来稿:《万福华传》,《警钟日报》1904年12月21日,社说,第2770—2771页。

2　《刺客案第二十记》,《警钟日报》1904年12月24日,紧要新闻,第2800—2801页。

3　《原戏》,《警钟日报》1904年12月24—25日,社说,第2800—2803、2810—2811页。

4　《习斋学案序(近儒学案之一)》,《警钟日报》1904年12月25日,撰录,第2816—2817页。

5　光汉著:《并青雍豫颜门学案序》,《警钟日报》1904年12月29日,征文,第2850—2851页。

6　《幽蓟颜门学案序》,《警钟日报》1904年12月29日,撰录,第2857页。

王船山先生的学说 《中国白话报》第 7 期,3 月 17 日,学说,署光汉

中国对外思想之变迁 《江苏》第 9、10 期合刊,3 月 17 日,学说·历史,署申叔

　　案,此文又刊于《警钟日报》本年 6 月 20—21 日,无署名

论华兵不竞之故 《警钟日报》3 月 19 日,社说,无署名

论强权之说之发生 《警钟日报》3 月 27 日,社说,无署名

西江游 《中国白话报》第 8 期,3 月 31 日,地理,署光汉

元旦述怀 同上,补白,署申叔

争存会变更之提议 《警钟日报》4 月 7 日,本社专件,刘光汉

公德篇 《警钟日报》4 月 10 日,社说,无署名

　　案,此文于该报 4 月 11 日续完。

论中国家族压制之原因 《警钟日报》4 月 13 日,社说,无署名

　　案,此文于该报 4 月 14 日、15 日续完。又载《广益丛报》第 40 号,6 月 23 日,社说,无署名。

学术 《中国白话报》第 9 期,4 月 16 日,历史,署光汉

刘练江先生的学术 同上,学术

书赫德《筹饷节略》后 《警钟日报》4 月 21 日,社说,无署名

水调歌头·书王船山先生《龙舟会》杂剧后 《警钟日报》4 月 24 日,杂录,署光汉

论白话报与中国前途之关系 《警钟日报》4 月 25 日,社说,无署名

　　案,此文于该报 4 月 26 日续完。

壶中天慢·春夜望月 同上,杂录,署光汉

论中国地理的形势 《中国白话报》第 10 期,4 月 30 日,地理,署光汉

军国民的教育 同上,教育

孔子传 同上,传记

　　案,此文于该刊第 13 期、14 期续完。

论责任(警语录之一) 同上,学术,无署名

攘书 4 月,上海东大陆图书译印局出版

　　案,其子目如下:

华夏篇

夷裔篇

夷种篇

苗黎篇

变夏篇

胡史篇

溯姓篇

渎姓篇

辨姓篇

鬻道篇

帝洪篇

罪纲篇

史职篇

孔老篇

周易篇

正名篇

质文篇　《警钟日报》5 月 1 日，社说，无署名

案，此文于 5 月 2 日续完。

论孔教与中国政治无涉　《警钟日报》5 月 4 日，无署名

案，此文 5 月 5 日续载，称"未完"。又载于本年《东方杂志》第 1 卷 3 期，无署名。

论孔教与中国政治无涉　《东方杂志》第 1 卷第 3 期，5 月 10 日，宗教，无署名，注"录三月《警钟报》"

论中国阶级制度　《警钟日报》5 月 11 日，社说，署申

案，此文于该报 5 月 12 日续完，文末署申。

三月十九日，俗传太阳生辰，乃明怀宗殉国之日，而中国亡国之一大纪念也，作诗一章　《警钟日报》5 月 13 日，杂录，署光汉

说法律　《中国白话报》第 11 期，5 月 15 日，社说，无署名

兵制　同上，历史

说君祸（警语录之二） 同上，学术

《美哉中国歌》附记 同上，歌谣，署光汉

论中国古代教育之秩序 《警钟日报》5 月 18 日，社说，无署名

　　案，此文于该报 5 月 19 日续完。又载于《东方杂志》第 1 卷第 5 期，7 月 8 日。

田赋 《中国白话报》第 12 期，5 月 29 日，历史，无署名

说运河 同上，地理

运河诗四首 同上

　　案，此诗四首，又载《复报》第 7 期，署申叔。

板荡集诗余 同上，歌谣，署光汉

教育普及议 《警钟日报》6 月 3 日，社说，无署名

　　案，此文于该报 6 月 4 日续完。又载于《东方杂志》第 1 卷第 4 期，6 月 8 日。

观物篇 《警钟日报》6 月 5 日，社说，无署名

　　案，此文于该报 6 月 6 日续完。又载于《广益丛报》第 44 号，下篇·学说，无署名。

教育普及议 《东方杂志》第 1 卷第 4 期，6 月 8 日，署"录四月二十日《警钟报》"

　　案，此文载于《警钟日报》6 月 3—4 日，社说。

论中国人民依赖性之起原 《警钟日报》6 月 13 日，社说，无署名

　　案，此文又载于《东方杂志》第 1 卷第 5 期，7 月 8 日。

论中国对外思想之变迁 《警钟日报》6 月 20 日，社说，无署名

　　案，此文于该报 6 月 21 日续完。又载于《江苏》第 9、10 期合册。

论中国并不保存国粹 《警钟日报》6 月 22 日，社说，无署名

　　案，此文于该报 6 月 23—25 日续完。

刑法 《中国白话报》第 13 期，6 月 23 日，历史，署光汉

讲教育普及的法子 同上，教育

论中国家族压制之原因 《广益丛报》第 40 号，6 月 23 日，社说，无署名

　　案，此文又载于《警钟日报》4 月 13—15 日，社说，无署名。

论善恶之名无定 《警钟日报》6 月 28 日，社说，无署名

　　案，此文于该报 6 月 29 日续完。

中国民约精义 7 月，上海镜今书局印行

宗教 《中国白话报》第 14 期,7 月 3 日,历史,署光汉

论山脉（中干） 同上,地理

讲教授国文的法子 同上,教育

论中国人民依赖性之起原 《东方杂志》第 1 卷第 5 期,7 月 8 日,注"录四月三十日《警钟报》"

  案,此文又刊于《警钟日报》6 月 13 日,社说,无署名。

论中国古代教育之秩序 同上,注"录四月初四日《警钟日报》"

  案,此文又刊于《警钟日报》6 月 18—19 日,社说,无署名。

陈去病《清秘史》序 见原书

  案,序末署"黄帝纪元四千三百九十五年甲辰季夏光汉序"。

教育 《中国白话报》第 15 期,7 月 12 日,历史,署光汉

论山脉（南干） 同上,地理

讲民族（警语录之四） 同上,学术

思祖国篇 《警钟日报》7 月 15 日,社说,无署名

  案,此文于该报 7 月 16—20 日续完。

杂咏（万物形盛衰） 《警钟日报》7 月 20 日,杂录,光汉人

讲地理的大略 《中国白话报》第 16 期,7 月 22 日,地理,署光汉

中国革命家陈涉传 同上,传记

  案,此文于该刊第 17 期、19 期续完。

论地方自治之易行 《警钟日报》7 月 31 日,社说,无署名

  案,此文于该报 8 月 1 日续完。

泰州学派开创家王心斋先生学术 《中国白话报》第 17 期,8 月 1 日,学术,署光汉

板荡集 同上,歌谣,署光汉辑

观物篇 《广益丛报》第 44 号,8 月 1 日,下篇·学说,无署名

  案,此文载于《警钟日报》6 月 5—6 日,社说,无署名。

新史篇 《警钟日报》8 月 2 日,征文,署无畏

中国立宪问题 《警钟日报》8 月 6 日,社说,无署名

  案,此文于该报 8 月 7—12 日续载。

中国思想大家陆子静先生学说 《中国白话报》第 18 期，8 月 10 日，学说，署光汉

论北干山脉 同上，地理，无署名

变夏篇 《政艺通报》甲辰第三年第 12 号，8 月 11 日，附录·湖海青灯集，署仪征刘光汉

题陈佩忍与林宗素孙济扶女士论文绝句后 《警钟日报》8 月 18 日，杂录，署申叔

中国历史大略 《中国白话报》第 19 期，8 月 20 日，历史，署光汉

    案，此文于该刊第 21—24 期合刊续载，全文未完。

论改革中国刑法 《警钟日报》8 月 23 日，社说，无署名

    案，此文于该报 8 月 27 日续完。

论汉族不振之由 《警钟日报》8 月 29 日，社说，无署名

中国排外大英雄郑成功传 《中国白话报》第 20 期，8 月 30 日，传记，署光汉

    案，此文于该刊第 21—24 期合刊续完。

民劳集 同上，歌谣

愚园 《匪风集》（《刘氏五世小记》）

答宋君复仁 《警钟日报》9 月 3 日，复函，署光汉

甲辰年自述诗 《警钟日报》9 月 7 日，杂录，署光汉

    案，诗凡六十四首，连载于该报本月 8 日、10—12 日。

洪水祸 《警钟日报》9 月 9 日附张，光汉室丛谭，无署名

五洲民族之性质 同上

近儒学派考略 同上

满洲与宋学之关系 同上

纬书符箓 《警钟日报》9 月 10 日，附张，光汉室丛谭，无署名

燕云遗民思宋 同上

辽待汉人之法 同上

刺和亲诗 同上

女娲化物 同上

梁公狄诗 《警钟日报》9 月 11 日，附张，光汉室丛谭，无署名

明太祖谕李思齐书　同上

戴子高民族思想　同上

汤燕孙诗　同上

牺轩　《警钟日报》9 月 12 日,附张,光汉室丛谭,无署名

蚩尤　同上

四裔之称　同上

赘婿　同上

石斧　同上

秦儒　同上

女娲　同上

《中庸》为秦书　同上

杨娥传　《警钟日报》9 月 13 日,附张,光汉室丛谭,无署名

陈子壮　同上

明末李元荫　同上

江南奏销之狱　同上

陆放翁诗　同上

救命银　同上

明太祖谕日本王书　《警钟日报》9 月 14 日,附张,光汉室丛谭,无署名

吴梅村病中有感词　同上

左懋第　同上

秣陵春　同上

神武传　同上

朱三太子　同上

薙发之最初令　同上

何腾蛟　同上

红楼梦　同上

题陈右铭先生西江墨沜　《警钟日报》9 月 15 日,杂录,署光汉

明代扬州三贤咏　《警钟日报》9 月 16 日,杂录,署光汉

　　案,此诗于该刊 9 月 17 日续完。

春深 《警钟日报》9 月 19 日，杂录，署光汉

吊何梅士 同上

论列强在中国的势力 《中国白话报》第 21—24 期合刊，10 月 8 日，论说，署光汉

论亚洲北干山脉 同上，地理，无署名

论中国沿海的形势 同上，地理

攘夷实行家曾襄闵公传 同上，传记，署光汉

> 案，此文因该刊停刊而未载完。

西汉大儒董仲舒先生学术 同上，学术

说立志（警语录之三） 同上

读某君孔子生日演说稿书后 《警钟日报》10 月 11 日，无署名

> 案，《孔子生日纪念大会演说辞》载于《警钟日报》本年 10 月 8 日"社说"栏，无署名。《读某君孔子生日演说稿书后》又转载于《东方杂志》第 1 卷第 11 期，12 月 31 日，注"录九月初三日《警钟报》"；又刊于《政艺通报》甲辰第三年第 19 号，11 月 21 日，附录·湖海青灯集，署光汉。

刘光汉启 《警钟日报》10 月 23 日，广告

岁暮怀人 《警钟日报》10 月 24 日，杂录，署光汉

黄炉歌呈彦复、穗卿 《警钟日报》10 月 29 日，杂录，署光汉

题照相片 《警钟日报》10 月 30 日，杂录，署光汉

杂咏 《觉民》第 9、10 期合刊，署申叔

匪风集 出版者待考

竹轩诗存序 见原书，甲辰九月

论中国人重视儒家之观念 《警钟日报》11 月 5 日，社说，无署名

论大同平等之说不适用于今日之中国 《警钟日报》11 月 6 日，社说，无署名

> 案，此文又载《东方杂志》第 1 卷第 12 期，社说，无署名，注"节录九月二十九日《警钟报》"。

论国文之教授法 《警钟日报》11 月 7 日，征文，无署名

> 案，本文主要内容与《中国白话报》第 14 期光汉《讲教授国文的法子》相近。

读某君孔子生日演说稿书后 《政艺通报》甲辰第三年第19号,11月21日,附录·湖海青灯集,署光汉

案,《孔子生日纪念会演说辞》刊于该刊第18号同栏中,署名某君。《读某君孔子生日演说稿书后》又载于《警钟日报》本年10月11日,"社说"栏,无署名;转载于《东方杂志》第1卷第11期,12月31日,注"录九月初三日《警钟报》"。

论小学与社会学之关系 《警钟日报》11月21日,社说,无署名

案,本文于该刊本月22—28日、30日—12月4日连载。

论中国古代经济学 《警钟日报》12月7日,社说,无署名

案,本文内容与《周末学术史序·计学史序》相合。又载《东方杂志》第二年第1号,1905年1月28日,财政,无署名,注"录甲辰十一月初一日《警钟报》";又载《北洋学报汇编》,丙编·科学丛录三·文编类四集,无署名,出版时间不详;又载《济南报》第17期,论说,注"录《北洋学报》",出版时间不详。

讲扬州人没有人格 《扬子江白话报》第1期,12月7日,社说,署光汉

案,本文在该刊第2期续完。

论孔学不能无弊 《警钟日报》12月12日,社说,无署名

案,本文在该刊12月13日续载。其内容与《孔学真论》主体部分相同。

近儒学案序目 《警钟日报》12月13日,撰录,署仪征刘光汉

案,本文在该刊12月14日、17日续载。又刊于本年《政艺通报》第21号,题作《近儒学案序》。

论好名之说可以救今日之中国 《警钟日报》12月19日,社说,无署名

案,此文又载《广益丛报》第65号,上编·记言,无署名。

近儒学案序 《政艺通报》甲辰第三年第21号,12月21日,上篇·政学文编,署刘光汉

案,本文又刊于《警钟日报》12月13—14日、17日,题作《近儒学案序目》。

习斋学案序 同上

案,本文又刊于本年12月25日《警钟日报》。

幽蓟颜门学案序 同上

案,本文又刊于本年12月29日《警钟日报》。

并青雍豫颜门学案序 同上

案，本文又刊于本年 12 月 29 日《警钟日报》。

原戏 《警钟日报》，12 月 24 日，署光汉

案，该文于 12 月 25 日续完。又刊于《国粹学报》第 34 期。

习斋学案序（近儒学案之一） 《警钟日报》12 月 25 日，撰录，署光汉作

案，本文刊于本年《政艺通报》第 21 号，上篇·政学文编，署刘光汉。

并青雍豫颜门学案序 《警钟日报》12 月 29 日，征文，署光汉

案，本文又刊于本年《政艺通报》第 21 号，上篇·政学文编，署刘光汉。

幽蓟颜门学案序 同上，撰录，无署名

案，本文又刊于本年《政艺通报》第 21 号，上篇·政学文编，署刘光汉。

读某君孔子生日演说稿书后 《东方杂志》第 1 卷第 11 期，12 月 31 日，无署名，注"录九月初三日《警钟报》"

案，本文刊于《警钟日报》10 月 11 日，社说，无署名；又刊于《政艺通报》甲辰第三年第 19 号，附录·湖海青灯集，署光汉。

光汉室丛谭 警钟日报社编印，署光汉子

附：本年何震著述

赠侯官林宗素女士 《警钟日报》7 月 26 日，杂录，署仪征何震

1905 年（光绪三十一年，乙巳） 二十二岁

【事略】

1 月 2 日，《扬子江白话报》第 2 期出版，"社说"栏续载《扬州人没有人格》毕，署名光汉。本期"传奇"栏始载丹斧《刺客记》（刺王之春之大侠万福华全传），并于该刊第 5 期、7 期续载。

3 日，《警钟日报》"杂录"栏刊载孟广《甲辰秋，内子创自立女工传习所于沪上。有韩靖盦君之女公子平卿从游，情旨甚洽，不忍相离。兹承靖盦君函许，作为义女，遂于仲冬下旬六日作汤饼之筵，以谦同志，喜成俚句

三章,乞大疋赐和》[1]诗三首。据本年1月4日《警钟日报》"专件"栏《女子自立集序》[2]称,1904年春,张竹君至爱国女校,担任手工教习,钟君鸥为之特设女工传习所。山阴俞树萱随丈夫何琪(字阆仙,号孟广)至上海,入传习所学习。后张竹君离爱国女校,谋独立,设育贤女工分院,俞树萱随入育贤女工分院。至九月中旬毕业,遂创自立女工传习所于上海,又应爱国女校校长蔡元培之招,担任手工教习,以尽义务,并以传习所生徒学费之半,捐入女校,以报培育之恩。杭州韩平卿入其校学习,与俞氏情洽,遂收为俞氏义女,以十一月二十六日补行仪式。参加集会者男女三十余人,查元晦、杜亚泉、吴丹初演说,何琪作诗三首索和。得贺诗、序文后,将编为《女子自立集》。

6日,《警钟日报》"杂录"栏刊载《和孟广作》,署名光汉。诗云:

> 韩何(雨)〔两〕字属谐声,谱牒分明古合(汉)并。今日木兰当户织,(韩女公子今习手工。)何年逾漠却胡兵?[3]

8—9日,《警钟日报》"社说"栏连载《第二次亡国大纪念》,[4]署名程劲。文云:

> 中国之亡,非一次而已。大明烈宗毅皇帝殉国煤山,满人率八旗精兵入山海关,定鼎北京之一日,是吾皇汉民族第一次之亡国。今满清政府实行加税免厘之约,举中央财政权让与英人之一日,是吾皇汉民族第二次之亡国。
>
> 满清政府三百年来,攫吾民族之膏腴,罗雀掘鼠,无所不至。虎口既饱,狼心亦厌,乃作浔阳老妇,媚态百般,奉赠税务权利于紫髯碧眼儿

1　孟广:《甲辰秋,内子创自立女工传习所于沪上。有韩靖盦之女公子平卿从游,情旨甚洽,不忍相离。兹承靖盦君函许,作为义女,遂于仲冬下旬六日作汤饼之筵,以谶同志,喜成俚句三章,乞大疋赐和》,《警钟日报》1905年1月3日,杂录,第2906—2907页。

2　俞树萱口述:《女子自立集序》,《警钟日报》1905年1月4日,专件,第2915—2916页。又,校长何俞树萱订:《自立女工传习所改良章程》,《警钟日报》1905年1月8日,专件,第2956—2957页。

3　光汉:《和孟广作》,《警钟日报》1905年1月6日,杂录,第2937页。

4　《恭祝天足会》,《警钟日报》1905年1月14日,专件,末署"甲辰十二月上旬,浙江山阴阆仙何琪同妻俞树萱谨告",第3016—3017页。

之手,而为最贵重之礼物,何其阔绰哉! 何其阔绰哉!¹

又云:

> 哀哉! 吾皇汉民族始祖黄帝四千余年遗传之堂堂中国,昔亡于满
> 人之攘窃,今亡于列强之瓜分;昔为亡国之奴隶,今欲为奴隶而不得。
> 亡国犹可兴,一亡而再亡,其何能兴? 奴隶犹可存,奴隶而不得,其何能
> 存? 国也何辜,民也何辜! 昊天不吊,降此大丧,永永沉沦,万劫不复。
> 黄帝有灵,必痛哭流涕于地下也!²

11 日,《警钟日报》"国内要闻"刊载《德人请易东抚》,云:

> 传闻山东德人因署抚胡廷幹不善办理交涉,电请驻京该国公使,胁
> 迫外部速为更调云云。实缘胡抚办事公正,民望攸归,不能如彼之心愿
> 也。³

14 日,天足会在上海举行第二次大会,《警钟日报》刊载何琪夫妇《恭祝天足会》,以为"中国女子之缠足,较之西洋束腰之习,其害更深,其祸更烈",并胪举缠足害及人种、多难产、不便操作、大贻国耻四端,指出女子"缠小我足,可使男子悦我",是"举国女子尽入于卖淫之一途"。⁴这一观点,后来在《天义》报的文章中也曾出现。

16—17 日,《警钟日报》"外论"栏译载伦敦《太晤士报》文章《俄德协约说》。⁵

17 日,《警钟日报》"杂录"刊载刘师培《光汉室诗话》,谓:

> 近日,无量、君武自日本西京归,郁仁来自扬州,佩忍亦留沪上,聚
> 饮甚欢,而得诗亦最多。君武《赠佩忍》诗云:"论诗昔慕美尔顿,观戏
> 今逢莎士披。怀才抱奇不自得,献身甘作优伶诗。"《赠光汉》诗云:"白
> 日无光地狱黑,万鬼狞狰相搏啮。先生苦口为说法,出入泥涂愈皎洁。"

1　程劲:《第二次亡国大纪念》,《警钟日报》1905 年 1 月 8 日,社说,第 2950—2951 页。

2　程劲:《第二次亡国大纪念》,《警钟日报》1905 年 1 月 9 日,社说,第 2960 页。

3　《德人请易东抚》,《警钟日报》1905 年 1 月 11 日,国内要闻,第 2983 页。

4　《恭祝天足会》,《警钟日报》1905 年 1 月 14 日,专件,末署"浙江山阴阆仙何琪同妻俞树萱谨告",第 3016—3017 页。

5　《俄德协约说》(译伦敦《太晤士报》),《警钟日报》1905 年 1 月 16—17 日,外论,第 3030—3032、3040—3041 页。

《赠一浮》诗云："自言与我同血族，古今文人无其俦。沉沉中国文学史，纪元开新自马浮。"《赠无量》诗云："潼（小）〔川〕公子何翩翩，同居蓬莱及二年。归来空囊无一钱，（卖）〔买〕得异书载满船。"《赠郁仁》诗云："绝岛漂流未得死，归来痛饮新优倡。万事蹉跎不称意，愿随君隐温柔乡。"《赠常州谈君》诗云："茫茫尘海有奇士，偶于无意一逢之。饮我三日玫瑰酒，赠为一章琳琅词。"又《赠林校书》诗云："好色不避沛公诮，挟妓谁知安石心。林家女儿怜我醉，止酒为我歌秦声。"此次郁仁至沪，得诗亦多。《感怀》诗云："接凭醉酒老英雄，此语沙场痛略同。犹幸海容高士蹈，鲁连遭遇未应穷。"又《赠君武》诗云："狂歌三日复大哭，中原满目皆胡尘。"无量诗不多作，前日同郁仁访李革香校书不值，作诗一首，云："穷海归来万感新，酒杯无意伴红裙。天告仙子知何往，闲煞巫山一段云。"光汉近日同诸公游，亦得诗数首。《饮酒楼》云："画烛当筵辩论雄，浮生奚必叹飘蓬。〔难〕忘雅会邗江集，颇杂危言泰始风。宝剑酬恩何处是，酒杯邀醉几人同？微生蓬颣垂垂老，留取诗篇证雪鸿。"《赠君武》诗云："蹈海归来再握手，颖慧杰出仍无俦。文豪不幸逢亡国，党狱于今多伪流。醉酒无端生痛哭，著书不就为穷愁。西风黄叶申江上，姑作平原十日留。"《赠无量》诗云："狂歌当哭不称意，嬉笑怒骂皆文章。李白苏坡皆蜀产，惟君有才相颉颃。"《游张园》诗云："地兼金谷玉山胜，敦槃四集觞咏多。青山白云自怡悦，别有襟抱宜若何。"率尔成章，诗虽不工，然足征友朋欢聚之盛，因汇录之。[1]

案，"无量"即谢无量，"君武"即马君武，"郁仁"即王郁仁，"光汉"即刘师培，"佩忍"即陈去病，"一浮"即马一浮。"美尔顿"即约翰·弥尔顿（John Milton，1608—1674），英国诗人，民主主义者，著有《失乐园》等。"莎士披"即威廉·莎士比亚（William Shakespeare，1564—1616），英国戏剧家，著有《哈姆莱特》等。

24日，《警钟日报》记者赴西狱探视章太炎，并送去佛教书籍。《警钟日报》云：

---

1 《光汉室诗话》，《警钟日报》1905年1月17日，杂录，第3046—3047页。

昨日午后二时，本社记者莅虹口西狱存视章炳麟先生，并馈以《相宗八要》《成唯识论》诸书。二时半，印捕启门使入。先生服灰色短衣，立短案侧，一西人监视其旁。先生之貌，较去冬稍丰泽，长发覆额，须稍下垂。先生言曰："予自入狱后，日书号簿，每日约八小时。礼拜多暇，稍得研究释典。惟西狱之例，凡在狱之人，概禁操弄翰墨，故读书有得，不能笔之简册也。予近日以工作代体操，以书籍代寝食，故虽身入地狱，犹乐地也。人生苦乐，由心里而生，非境所能移也。邹子威丹与予同书号簿，亦稍治佛典。惟伊性素躁，体魄亦稍弱耳。万君福华近罚作织屦，伊体质坚刚，不复以狱为苦也。"先生又曰："予去岁著《释典杂记》，意有所触，援笔立书，未及编次。具此时，予佛学尚浅，未足称杰作也。惟旧作《读左约抄》，约五六十万字，稿存某君处。长编已具，惟编纂未成。子为我删汰繁词，俾克成书。沪上人士，学术浅陋，孰克校定予文？倘徼黄帝之灵，俾吾出狱，当与子研究古学，以存国粹于一线耳。"又询问沪上友朋踪迹，嗟叹者久之。言甫毕，西人促使出，遂反。时钟尚未鸣三点也。[1]

案，据汤志钧《章太炎年谱长编》引蒋维乔说，"太炎索阅《瑜伽师地论》。是书当时上海尚无处可购，惟蒋智由寄存于会中书箧内有之，乃设法取出，送与太炎"。[2]亦未说明何人所送。然太炎既以为此人可以为之删汰《读左约抄》繁词，且能与太炎"研究古学，以存国粹于一线"者，当非蒋维乔也。究指何人，待考。

28日，《东方杂志》第二年第1期出版，"财政"栏转载《警钟日报》所刊《论中国古代经济学》。此文又载《北洋学报汇编》丙编·科学丛录三·文编类四集，无署名，出版时间不详；又载《济南报》第17期"论说"，注"录《北洋学报》"，出版时间不详。

本日，《警钟日报》"国内要闻"刊载《东报记德国经营山东近况》（译西

---

1 《国事犯在狱近况》，《警钟日报》1905年1月25日。转引自汤志钧：《章太炎年谱长编》（增订本）下册，北京：中华书局，2013年，第629页。

2 汤志钧：《章太炎年谱长编》（增订本）上册，第115页。引文见蒋竹庄：《章太炎先生轶事》，《制言》影印本第5册，第25期，扬州：广陵书社，第2685页。

一月十八日日本报），谓：

> 德国乃以济南府为根据，渐次经营其比邻。而其经营也，尤注重于铁路政策。前已派遣铁路事务官驻于东省，名为管理铁路，实则掌外交事务也。德官最善于笼络有力之清官，借此冀伸其势力于政教商工等界，故政界中有所谓德人派者。盖清官亦愿与德人相善，因以维持一己权势，而德人又缘以逞其野心。此等亲德派之官员，同僚虽甚嫉视，究无如之何。虽以周馥之明白，尤无法以制之。然周心中，实甚恶德人专横，故不与德人商量，亟开济南府、周村、潍县三处为商埠，德人深为不怿。论者多谓周升任江督，由德人运动之，未谂确否。[1]

本月，刘师培与邓实、黄节等人在上海发起成立国学保存会。

2月8日，马和在《大陆》杂志第三年第1号发表《赠友人》诗，其序云：

> 甲辰之冬，休假归上海。友朋之好我者，皆饮以酒，各以一诗报之。

其诗云：

> 白日无光地狱黑，万鬼狰狞相搏啮。先生慈悲为说法，出入泥涂愈皎洁。（刘申叔）

> 自言与我同血族，古今文豪无其俦。歜歜支那文学史，开新纪元必马浮。（马一浮）

> 莽莽风尘有奇士，我今无意一逢之。饮我三日玫瑰酒，赠我一章琳琅诗。（谭善吾）

> 飘流海岛未能死，归来饮酒杂优娼。万事蹉跎不称意，愿从君隐温柔乡。（王毓仁）

案，马和，即马君武；王毓仁，即王郁仁。

18日，《政艺通报》第四年乙巳第1号出版，"风雨鸡声集"刊载刘师培所作《读〈天演论〉》（二首）、《寒夜望月》、《杂咏》（二首）诗，均署名申叔。

23日，国学保存会机关刊物《国粹学报》创刊于上海，刘师培参与了该会的发起工作，并成为该刊主笔之一。《国粹学报》第1期邓实《国学保存

---

1 《东报记德国经营山东近况》，《警钟日报》1905年1月28日，第3132—3133页。

会小集叙》曰:"粤以甲辰季冬之月,同人设国学保存会于黄浦江上。"[1]潘博《国粹学报叙》称:"友人邓君枚子、刘君申叔因创为此报,欲以保全吾国一线之学。"[2]

本期所载《国粹学报发刊辞》云:

学术,所以观会通也。前哲有言:"执古之道,以御今之有。""睹往轨,知来辙。"史公之言曰:"知天人之故,通古今之变。"又曰:"好学深思,心知其意。"班孟坚曰:"函雅故,通古今。"盖化裁为变,推行为通。观会通以御世变,是为通儒。但所谓观其会通者,非断断于训故词章之末、姝姝守一先生之说也,乃综贯百家,博通今古,洞流索源,明体达用。

昔庄生作《天下篇》,荀卿作《非十二子篇》,皆明学术之源流,历叙诸家之得失。炎汉代兴,通儒辈出。马谈《论六家要旨》,刘、班志《七略》《艺文》,于学派源流,反覆论说,尤能洞见元本,至谓"修六艺之文,采诸家之言,舍短取长,可通万方之略"。观古人会通之学,何其盛哉!

自汉氏后,二千余年,儒林、文苑,相望而起。纵其间递兴递衰,莫不有一时好尚以成其所学之盛,然学术流别,茫乎未闻。惟近儒章氏、龚氏崛起浙西,由《汉·志》之微言,上窥官守师儒之成法,较之郑、焦,盖有进矣。无如近世以来,学鲜实用。自考据之风炽,学者祖述许、郑,以汉学相高。就其善者,确能推阐遗经,抉发阃奥。及陋者为之,则攟摭细微,剿袭成说,丛脞无用。而一二为宋儒学者,又复空言心性,禅寂清谭,固陋寡闻,闭聪塞明。学术湮没,谁之咎欤!

海通以来,泰西学术输入中邦,震旦文明不绝一线。无识陋儒,或扬西抑中,视旧籍如苴土。夫天下之理,穷则必通。士生今日,不能籍西学证明中学,而徒炫哲种之长。是犹有良田而不知辟,徒咎年凶;有甘泉而不知疏,徒虞水竭。有是理哉?

嗟乎!旧籍未沦,风徽未沫。旧国旧都,望之畅然。虽百世之下,犹将感发兴起。况生于其邦,可不知尚论其人乎?

1 邓实:《国粹学报小集叙》,《国粹学报》第3册,第13页。
2 潘博:《国粹学报叙》,《国粹学报》第3册,第12页。

夫前贤学派，各有师承。懿行嘉言，在在可法。至若阳明授徒，独称心得；习斋讲学，趋重实行；东原治经，力崇新理。椎轮筚路，用能别辟途径，启发后人。承学之士，正可师三贤之意，综百家之长，以观学术之会通，岂不懿欤！

惟流俗昏迷，冥行索途。莫之为导，虽美弗彰。不揣固陋，拟刊发报章，用存国学。月出一编，颜曰"国粹"。虽夏声不振，师法式微，操钟鼓于击壤之乡，习俎豆于被发之俗，易招覆瓿之讥，安望移风之效？然钩玄提要，括垢磨光，以求学术会通之旨，使东土光明广照大千，神州旧学不远而复。是则下士区区保种、爱国、存学之志也。知言君子，或亦有取于斯。

圣为天口，心存牖蒙。论说之名，实始《雕龙》。宣口为说，析理成论。披条索贯，推见至隐。弥纶群言，权衡万事。振聩发矇，曰惟予志。撰"社说"第一。

人亦有言：儒效迂阔，空言无补，曷以宰物？吾思湖州，治事名斋；亦有颜门，为世储才。仕学互训，因时制宜。如有用我，举而措之。撰"政篇"第二。

《春秋》于世，体备法严。迁直而核，固详而赡。公论如火，直道如川。清议寝微，秽史流传。用理秘文，发扬幽潜。志古匡今，俾作箴砭。撰"史篇"第三。

诸子百家，殊途同归。汉尊儒术，九流式微。治学之要，实事求是。门户不立，争端奚起？循序致精，大道非歧。实斋、瑷人，是曰导师。撰"学篇"第四。

一为文人，固无足观。立言不朽，舍文曷传？古曰《文言》，出语有章。昭明《文选》，巨编煌煌。大雅不作，旁杂侏儒。堕地斯文，孰振厥衰？撰"文篇"第五。

《吕览》《鸿烈》，古称杂家。《稗海》《说郛》，其书五车。说经之家，学必崇汉。琐碎支离，于道益畔。顾曰《日知》，钱曰《养新》。仰彼前徽，用扩异闻。撰"丛谈"第六。

秦廷遗烬，孔壁残书。觥觥巨制，册府莫储。阐发幽光，德以不孤。

亦有时流，才超杨、马。《白雪》《阳春》，曲高和寡。启发篇章，择言尤雅。撰"撰录"第七。[1]

又附《国粹学报略例》，云：

一、本报以发明国学、保存国粹为宗旨，不存门户之见，不涉党派之私。

一、本报撰述，其文体纯用国文风格，务（来）〔求〕渊懿精实，一洗近日东瀛文体粗浅之恶习。

一、本报各门，皆由邃于国学者分任撰述，每门皆有精理特识。

一、本报于我国学术源流派别，疏通证明，原原本本。阅者得此，可以知读书门径。

一、本报于泰西学术，其有新理精识，足以证明中学者，皆从阐发。阅者因此可通西国各种科学。

一、我国近今学校林立，而中学教科书尚无善本。（我国旧有之载籍，卷帙浩繁，编纂极艰，故无一成书者。坊间所有，多译自东文。夫以本国之学术事实，而反求之译本，其疏略可知，其可耻孰甚。）本报体例精审，择精语详，原以备海内中学教科之用。

一、本报共分七门，每号六十页，五万余言，皆自出心撰。

一、本报"撰录"一门，搜罗我国佚书遗籍，征采海内名儒伟著，皆得之家藏手钞、未曾刊行者，为外间所希见之本，至可宝贵。

一、本报首，每号附中国历代学人遗像一二幅，皆搜求采访，得之极难者。海内收藏家如有此种遗像，尚希见寄。（无论绘本、木刻。）本报摹绘刊刻后，仍可奉还。

一、本报刊行，原欲与我国学人讲习实学，俾收切磋之益。海内通儒，如有专家著述，皆可惠寄本馆，代为刊登。本报体例、论著有未善者，亦望教诲惠我，或赐以驳义，或别发新议，其宗旨原不必相同。庶几奇义与析，真理日出。

---

1 《国粹学报发刊辞》，《国粹学报》第 3 册，第 1—4 页。

一、本报由创办人筹足三年资本，担承责任，不募外捐。[1]

《民报》第5号曾刊载《国粹学报》出版广告，云：

地星之国，固以国民、国土、国权膏液之、造合之而成，然其文犷兴颓，莫不以国粹之论事保存为一大关键。粤自通古斯入寇以来，二百六十年中，国粹泯之殆尽。讵意人心不死、顿放光明者，则《国粹学报》之显于宇内也。且著（述）〔述〕诸子，以心胸之精博、见识之卓越，于枯窘之中，发挥微义，辉煌陆离，实二十世纪之一怪物也。凡欲保存国粹者，不可不人人手一编。

发行所：上海四马路国粹学报社。东京代派所：民报社编辑部。[2]

本日，《国粹学报》第1期出版，"学篇"刊载《论古学出于史官》《周末学术史序》（《总序》《心理学史序》《伦理学史序》《论理学史序》《社会学史序》《宗教学史序》）；"文篇"刊载《文章源始》、《论文杂记》（未完），"文篇·文录"刊载《孙犊山〈春湖饯别图〉序》，"文篇·诗录"刊载《台湾行》《齐侯罍歌》，"文篇·诗余"刊载《扫花游·读南宋杂事诗》《桂殿秋·望月作》《扫花游·汴堤柳》《如梦令·游丝》《长亭怨慢·送春》；"丛谈"刊载《国学发微》（未完）、《读左札记》（未完）、《读书随笔》（《〈公羊〉〈尔雅〉相通》《贾生〈鹏赋〉多佛家言》《儒林文苑道学分传之由》），均署名刘光汉。"撰录"刊载《顾亭林手札》、王怀祖《与宋定之书》、王伯申《与焦里堂手札》，并有跋语，署名"光汉"。此及后所载各跋，钱玄同辑为《左盦题跋》，收入《刘申叔先生遗书》中。"撰录"又有《章太炎致刘申叔书》《章太炎再与刘申叔书》，即《刘申叔先生遗书》卷首所录《与刘光汉书一》《与刘光汉书二》。

案，《论古学出于史官》改写后，收入刘师培《中国历史教科书》第二册第十四课《西周之学术下》。《论文杂记》裁出部分内容，题作《〈文选古字通疏证〉书后》《古文辞辨》，收入《左盦集》卷八。

1929年5月3日，北京《京报》第5版刊载郭绍虞《刘师培〈论文杂记〉

1　《国粹学报略例》，《国粹学报》第3册，第4页。

2　《国粹学报》，《民报》第5号，1906年6月26日。《民报》影印本第1册，北京：科学出版社，1957—1958年，第784页。

跋》，云：

> 刘氏论文，严文笔之辨，以有韵偶行者为主，与其乡先辈阮元说同。此近人所称为仪征文派，与桐城角立者是也。实则论文言派，识者早议其非；必别仪征于桐城之外以角立门户，未免巧立名目。盖有清文学上骈散之争，实远继明代秦汉、唐宋之余波，而近出当时汉学、宋学之潮流。使囿于地域之见，以桐城、仪征别派，斯又未得其真矣。大抵汉学家论文，推究文字本义，故谓文章取义于藻饰，辨别文词性质，故又谓论文宜根于小学。前义阮氏元主之，后义王氏引之发之，而刘氏则兼取长。故即汉学家文论而言，刘氏所论，已非阮说所得范围。何况刘氏言学，重在贯通，颇能兼取浙东史家之长，故其所得，乃能于文章流变，别具会心。谓为融清代经学、史〔学〕、文学诸家论文之长，以自成一家之言，殆非过誉已。

3 月 5 日，《广益丛报》第 65 号出版，刊载《论好名之说可以救今日之中国》。

20 日，《政艺通报》第四年乙巳第三号出版，"附录·风雨鸡声集"刊载《杂咏》（二首）、《孤鸿》、《效长吉》、《杂咏》（大块劳我生）、《古意》、《宋故宫》，均署名申叔。

25 日，《国粹学报》第 2 期出版。其"政篇"刊载《论古代人民以尚武立国》；"学篇"续载《周末学术史序》（《政法学史序》《计学史序》《兵学史序》）、《南北学派不同论》（《总论》《南北诸子学不同论》《南北经学不同论》）；"文篇"续载《论文杂记》，"文篇·文录"刊载《重刊洪氏〈元史西北地附录释地〉序》，"文篇·诗录"刊载《文信国祠》《古意》《读楚词》《有感》《书〈扬雄传〉后》《台城柳》《楚词》《咏扇》《出郭》《读戴子高先生论语注》《归里》《幽兰吟》，"文篇·诗余"刊载《菩萨蛮·无题》《菩萨蛮·咏雁》《一萼红·徐州怀古》《菩萨蛮》；"丛谈"续载《国学发微》、《读书随笔》（《音韵反切近于字母》《景教源流》《有教无类》《〈孟子字义疏证〉解理字》《性善性恶》）、《驳〈泰誓答问〉》（《一论伏生原本二十九篇，非二十八篇》《二驳论夏侯无增篇》《三驳论欧阳无增篇》《四驳论今文篇数俱在》《五驳论近儒异序同篇之说非是》《六驳答客难》），均署名刘光汉。"撰录"刊载汪孟慈《致刘

孟（詹）〔瞻〕书》、江晋三《致汪孟慈书》、柳宾叔《穀梁大义自序》、梅延祖
《续汉学师承记商例》，并有跋，署名光汉。

案，《驳〈泰誓答问〉》全文未完，亦未见续载，实因清政府查封《警钟日
报》时，《读左札记》《驳〈泰誓答问〉》两稿被同时没收。本年刘师培《答章
太炎论〈左传〉书》云："鄙人于申受之书，亦略有条辨，属稿未成。去岁文祸，
竟偕《驳〈太誓答问〉》之稿，同没入官。今《学报》所登《读左札记》，其绪
余也。"[1] 刘师培因《警钟日报》事被通缉后，避居外地，自无可能向上海租界
追索其书稿。《章太炎再与刘申叔书》所述之《驳〈泰誓答问〉》，应为刘氏
稿本。否则，既有印本或抄本存世，《国粹学报》不至于无法续载。《驳〈泰
誓答问〉》引言称：

> 仁和龚氏作《泰誓答问》，以今、古文《泰誓》皆为伪。今取其书驳
> 之，明今、古文皆有《泰誓》，一也；明民间晚出之《泰誓》，与今、古文同，
> 二也；明《孟子》《墨子》所引之《泰誓》，即汉今、古文《泰誓》中、下篇，
> 三也；驳唐人以此《泰誓》为伪书，四也。按条分驳，次第一沿龚氏之书。
> 且此编所辨，仅在《泰誓》一篇，固非若西河《冤词》为伪古文作辩也。[2]

本日，《警钟日报》被清政府强行查封，刘师培遭通缉，逃亡浙江嘉兴。
冯自由《刘光汉事略补述》云：

> 乙巳年（一九〇五年）春，是报以批评清廷外交失败为德人所忌，
> 于二月廿日为清吏封禁。光汉以是逃匿于平湖大侠敖嘉熊家者数月。
> 旋易名金少甫，主讲皖江中学及安徽公学，二年成就甚众。同时粤人邓
> 实（秋枚）、黄节（晦闻）等倡设《国粹学报》于上海，光汉及章太炎均任
> 撰述。[3]

戈公振《中国报学史》谓：

> 清廷介德领事函致会审公堂，出票拘究主笔金少甫、刘师培。经理

---

1 刘师培：《答章太炎论〈左传〉书》，《左盦外集》卷十六，《仪征刘申叔遗书》第 12 册，
第 5114 页。

2 刘师培：《驳太誓答问》，《左盦外集》卷一，《仪征刘申叔遗书》第 10 册，第 4025—
4026 页。

3 冯自由：《刘光汉事略补述》，《革命逸史》中册，第 513 页。

李春波事先离沪。结果：戴普鹤以发报出售，监禁一年半；胡少卿系校对，监禁半年；代印该报之机器充公。此光绪三十一年三月事也。[1]

案，金少甫为刘师培被通缉后所用化名，非二人。《刘氏五世小记》称：

> 舅氏以清廷通缉，改名金少甫。按《元史》卷一百八十九《儒学传》：金履祥，其先本刘氏，避钱武肃王嫌名，更名为金姓。外祖父字良甫，所以用此名。[2]

陶成章《浙案纪略》云：

> 刘光汉（仪征人）本名师培，字申叔。少慧，曾应科试，中癸卯举人。革命风潮起，绝意仕进，置身革命党中，党人咸尊礼之。寻由蔡元培介绍，为光复会会员，任《警钟日报》之主笔。因辱詈德人，德领事遂邀集各国领事，封禁报馆，且欲逮治光汉。光汉因避居于敖嘉熊家，嘉熊亦善视之，与商理温台处会馆事宜。温台处会馆者，常时实为浙西党人之交通机关，所以故，光汉遂洞悉浙人所办事宜。[3]

冯自由《兴中会时期之革命同志》云：

> ［刘师培］甲辰冬，由蔡元培介绍入光复会，先后任上海《俄事警闻》及《警钟日报》记者，因辱詈德人，报馆横被封禁，遂匿同志敖嘉熊家，并助理温台处会馆事宜。[4]

冯自由《记刘光汉变节始末》云：

> 光汉乃匿居于浙江平湖大侠敖嘉熊家。时敖方创设温台会馆，为浙西党人之交通机关。因光汉来投，引为臂助，颇资得力。[5]

案，敖嘉熊（1874—1908），字梦姜，浙江平湖人。少时热心教育，先后在嘉兴创办学稼公社及竹林小学堂。1903 年肄业于爱国学社，后加入兴中会。曾用白话文编著《新山歌》一书，宣传革命，为嘉兴官绅所构陷。1904 年秋，出资与陶成章、魏兰、陈梦熊等组织温台处兴中会会馆，为联络秘密会

1　戈公振：《中国报学史》，《民国丛书》第二编第 49 册，第 158 页。

2　梅鹤孙：《刘氏五世小记》，第 36 页。

3　陶成章著，魏兰补注：《浙案纪略》，1916 年铅印本，第 56 页。

4　冯自由：《兴中会时期之革命同志》，《革命逸史》中册，第 468 页。

5　冯自由：《记刘光汉变节始末》，《革命逸史》上册，第 332 页。

党、策动浙江之机关,数月后以商业亏折,无以维持而解散。1907年,秋瑾绍兴之役,亦预其谋,后潜逃得脱。1908年3月,为仇家暗杀于嘉兴。

朱维铮在《刘师培:一个"不变"与"善变"的人物》一文中称:1905年初,刘师培曾前往被日本占领的台湾。[1]陈奇《刘师培年谱长编》卷四也说:"刘师培上海无法立足,走避台湾。有七言长诗《台湾行》。""台湾返回后,避往浙江嘉兴温台处会馆,协助敖嘉熊办理会馆事务。"[2]此说实误。《台湾行》为歌行体之诗,非述其个人有台湾之行。诗中所言,皆回顾台湾与大陆交通史事,感叹满清无能,邦土被割,无一语涉及其在台湾行踪。且刘师培因何赴台,在台何为,均无任何资料可以支撑。

4月3日,邹容卒于上海狱中。刘师培闻讯,作《闻某君卒于狱,作诗哭之》,诗云:

> 七字凄凉墨迹新,当年争说自由神。(某君前赠余笺,隶书"中国自由神出现"七字。)草间偷活吾滋愧,奇节而今属故人。(梅村词云:"故人慷慨多奇节,恨当日,沉吟不断,草间偷活。")[3]

此时至本年秋,刘师培避匿嘉兴,故自愤"草间偷活"。其间曾赴上海,逗留数日。

9日,《广益丛报》第68号"下编·学说"续载《近儒学案序》,"丛书"续载《小学与社会学关系论》。

24日,《国粹学报》第3期出版,"学篇"续载《周末学术史序》(《教育学史序》《理科学史序》《哲理学史序》《术数学史序》),"文篇"续载《论文杂记》,"丛谈"续载《国学发微》《读左札记》,均署名刘光汉。"撰录"栏载阮芸台《传经图记》、包慎伯《致沈小宛书》、汪孟慈《上张石洲先生书》、许印林《致杨实卿书》、丁俭卿《致刘楚桢书》、陈卓人《上刘孟瞻先生书》、刘叔俯《致刘伯山书》,并有跋语,署名"记者识",皆为刘师培所作。

26日,宋教仁致函《国粹学报》,辩黄帝纪年说。《宋教仁日记》本日载:

> 写一函致上海国粹学报馆,与辩黄帝纪年说。(彼说当用黄帝八年

---

1 朱维铮:《刘师培:一个"不变"与"善变"的人物》,《书林》1989年第2期。

2 陈奇:《刘师培年谱长编》卷四,第118页。

3 刘光汉:《闻某君卒于狱,作诗哭之》,《国粹学报》第4册,第964页。

之第一甲子纪年,余谓当用黄帝之即位元年纪年。且黄帝之第一甲子亦不在八年,而在三年也。)[1]

5 月 13 日,《广益丛报》第 70 号"下编·丛书"续载《小学与社会学关系论》。

18 日,刘师培为《雁荡金石志》作序,后收入《左盦集》卷六。

23 日,《国粹学报》第 4 期出版,"政篇"始载《古政原始论》(《古政原始总叙》《国土原始论第一》《氏族原始论第二》《君长原始论第三》《宗法原始论第四》),"学篇"续载《周末学术史序》(《文字学史序》《工艺学史序》),"文篇"续载《论文杂记》,"丛谈"续载《国学发微》、《读左札记》、《读书随笔》(《富贵贫贱》《氏姓不同》《孔门论学之旨》《音近义通之例多见于小尔雅》《古代以黄色为重》),均署名刘光汉;"文篇·文录"载《天宝宫词序》《函谷关铭》,"文篇·诗录"载《咏明末四大儒》、《咏女娲》、《黄天荡怀古》、《申江杂感,用苏东坡〈秋怀〉诗韵》、《烟雨楼》(二首)、《闻某君卒于狱,作诗哭之》、《东京清明杂感》(二首),均署名光汉子。"撰录"栏载江郑堂《多宝塔帖跋》、江郑堂《书宋张炎〈词源〉后》、吴南屏《致戴子高书》、刘叔俯《致刘恭甫书》、成心巢《致刘恭甫书》、袁季枚《刘张侯传》,并有跋,署名"记者识"。案,《读书随笔·氏姓不同》改作后,收入《左盦集》卷二,题作《释氏》。

6 月 2 日,《广益丛报》第 72 号"上编·政事门·粹论"刊载《中国文字改良论》,署名仪征刘光汉。

9 日,《宋教仁日记》载:本日得黄节复书,解释所著《黄史》中用黄帝甲子纪年而不用黄帝即位纪年的原因,宋教仁仍不能信从。[2]

12 日,《广益丛报》第 73 号"下编文章门·短品"刊载《国文典问答小序》,署名仪征刘光汉。

22 日,《国粹学报》第 5 期出版,"学篇"续载《周末学术史序》(《法律学史序》《文章学史序》),刊载《东原学案序》(近儒学案之一);"文篇"续载《论文杂记》,署名刘光汉;"文篇·诗余"载《壶中天慢·元宵望月》《卖

1　宋教仁:《宋教仁日记》,北京:中华书局,2014 年,第 54 页。下同。
2　宋教仁:《宋教仁日记》,第 67—68 页。

花声·登开封城》，署名"光汉"；"丛谈"续载《国学发微》、《读书随笔》（《周易言位无定》《古人贵能让》《虽有周亲不如仁人》《法先王法后王》《析支即鲜卑》），始载《小学发微补》，均署名刘光汉。"撰录"载焦理堂《家训》（摘录）、陈穆堂《周公摄位辨》、成芙卿《禹贡今地释序例》、陈竞全《读说文杂记》，并有跋语，署名"记者识"。

夏，刘师培在嘉兴作《文说》。其序称：

> 昔《文赋》作于陆机，《诗品》始于钟嵘。论文之作，此其滥觞。彦和绍陆，始论"文心"；子由述韩，始言"文气"。后世以降，著述日繁。所论之旨，厥有二端：一曰文体，二曰文法。《雕龙》一书，溯各体之起源，明立言之有当；体各为篇，聚必以类，诚文学之津筏也。

> 若夫辨论文法，书各不同。或品评全篇，或偶举只语；或发例以见凡，或标书以志义。至于纂类摘比之书、标识评点之册，本为文之末务，岂学文之阶梯？自苏评《檀弓》，归评《史记》，五色标记，各为段落，乃舍意而论文，且蹈虚以避实，以示义法，以矜秘传。因一己之师心，作万世之法程。由是五祖传灯，灵素受箓，师承所在，罔敢或遗，可谓文章之桎梏矣。（赵执信作《声调谱》，谓古人之诗，宜有音节，遂穿凿附会，无所不至，其失与论文之书同。）

> 或谓规矩方圆，非言克传；文本天成，妙手偶得。其言虽异，其失则同。震旦文人，会心言外，或知其当然，昧其所以。而字类分区，文辞缀系，咸矜自得，罕识本源，学者憾焉。

> 幽居多暇，撰《文说》一书，篇章分析，隐法《雕龙》，庶修词之士，得所取资。非曰竞胜前贤，特以启瀹后学耳。[1]

案，此《文说》，与《四川国学杂志》所载《国学学校论文五则》（附《文笔词笔诗笔考》）及《中国学报》所载《文说五则》内容全异。

7月12日，《广益丛报》第76号"中编·学问门·学案"续载《周末学术史总叙》。

案，《广益丛报》第74—75号今未见，此文何时始载，未详。

---

1 刘师培：《文说》，《仪征刘申叔遗书》第5册，第2053页。

17 日（农历六月十五），董玉书与仪征巴泽惠、余鏊，丹阳贺邦治，丹徒吴兆元，山阳田春寿，甘泉苏廷权，江都唐鸿猷，武进张惟骧泛舟安徽菱湖，诸人联句，严宇良于同年七月补作《菱湖泛舟图》。刘师培为题诗二首，即《左盦诗录》卷三《题董丈蜕盦〈菱湖泛舟图〉》。此图册，今仍存世。

案，董玉书（1869—1952），字逸沧，号蜕厂、蜕盦、菱湖长，江都人。清末拔贡生，任天长、霍丘县知县，曾在居庸关至张家口一带佐军治民近十年，晚年流寓北京。

22 日，《国粹学报》第 6 期出版，"政篇" 续载《古政原始论》（《田制原始论第五》《阶级原始论第六》《职官原始论第七》《刑法原始论第八》）；"学篇" 续载《南北学派不同论》（《南北理学不同论》），始载《汉宋学术异同论》（《汉宋学术异同论总序》《汉宋义理学异同论》《汉宋章句学异同论》）；"文篇" 续载《论文杂记》，"文篇·文录" 载《谶纬论》；"丛谈" 续载《国学发微》、《小学发微补》、《读书随笔》（《游牧之制至三代犹存》《火山》《字有虚用实用之分》），均署名"刘光汉"。"撰录" 载阮芸台《京师慈善寺西新立顾亭林先生祠堂记》、汪孟慈《问经图跋》、张石洲《致刘孟瞻书》、章实斋《任幼植别传》、沈小宛《族谱论》，并有跋，署名"记者识"。

案，《古政原始论·阶级原始论第六》改作后，编入刘师培《中国历史教科书》第二册第八课《西周阶级制度》中。

30 日，孙中山等在日本东京赤阪区桧町三番地黑龙会本部、内田良平私宅，召开"中国同盟会"筹备会，各省代表及日本宫崎寅藏、内田良平 79 人参加会议，黄兴、陈天华、宋教仁、马君武等 8 人被推为同盟会章程起草员。

本月，刘师培患疟疾，持续高烧（详见后文陈去病《喜得无畏书却寄》注）。

8 月 20 日，中国同盟会在日本东京赤阪区南坂坂本珍弥私邸成立。该会由孙中山倡导并任总理，以兴中会和华兴会为基础，联络光复会及中国留日学生，以"驱除鞑虏，恢复中华，建立民国，平均地权"为纲领，制订《中国同盟会章程》三十条和《革命方略》等。决定设立总部于东京，下设执行、平议、司法 3 部，黄兴担任执行部庶务，协助总理主持本部工作。计划在国内设东、西、南、北、中 5 个支部，下属各省区设分会；在国外设南洋、欧洲、美洲、檀香山 4 个支部，各国设分会，以《民报》为机关报。

本日，《国粹学报》第 7 期出版，"学篇"续载《南北学派不同论》（《南北考证学不同论》）、《汉宋学术异同论》（《汉宋象数学异同论》），"文篇"续载《论文杂记》，"文篇·文录"刊载《招蝙蝠文》，"文篇·诗录"刊载《咏汉长无相忘瓦》、《咏怀》（五首）、《咏禾中近儒》（三首）、《题陈去病〈拜汲楼诗集〉》，"文篇·诗余"刊载《点绛唇·咏白荷花》《好事近·杨花》《浣溪沙·读〈钱塘纪事〉》《临江仙·咏蝶》《扫花游·宿迁道中见杏花》《一萼红·题〈碧海乘槎图〉》；"丛谈"续载《国学发微》、《小学发微补》、《读书随笔》（《孔门弟子多治诸子学》《易不言五行》），均署名刘光汉。本期"撰录"所载篇末跋语，虽亦署名"记者识"，然均为陈去病所作。

秋，刘师培应陈独秀之招，离开嘉兴，往芜湖，任安徽公学、赭山中学教师。陶成章《浙案纪略》谓：

> 光汉寓嘉熊处半年，因安徽友人之招，前往芜湖，办理安徽公学，兼任皖江中学校教员。[1]

冯自由《刘光汉事略补述》谓：

> 乙巳年（一九〇五年）春，是报［指《警钟日报》］以批评清廷外交失败为德人所忌，于二月廿日为清吏封禁，光汉以是逃匿于平湖大侠救嘉熊家数月，旋易名金少甫，主讲皖江中学及安徽公学。[2]

冯自由《记刘光汉变节始末》亦云：

> 光汉寓嘉熊处半年，因安徽友人之招，乃往芜湖。历任安徽公学、皖江中学、赭山学堂各校教职，与张通典、苏曼殊、范光启诸人同事。[3]

案，此所谓"半年"，指《警钟日报》被查封至刘师培赴芜湖之时间，故本年冬陈去病至芜湖访刘师培（详后）。《国粹学报》第 8 期"文篇·诗余"所载枚子（邓实）《贺新郎·送无畏》一阕，即作于此时。其词云：

> 相对无言说。剩一轮、明月照人，肝肠如雪。耿耿此心谁与白，百转千回不折。况此日，匈奴未灭。壮士无颜归故里，望沧江、独自孤舟发。秋风起，吹华发。　　胡笳不断声呜咽。动故人、慷慨悲歌，几多奇节。

1　陶成章著，魏兰补注：《浙案纪略》，第 56 页。

2　冯自由：《刘光汉事略补述》，《革命逸史》中册，第 513 页。

3　冯自由：《记刘光汉变节始末》，《革命逸史》上册，第 332 页。

日暮天寒何处去,满地江湖流血。思往事,肝肠欲绝。如此头颅应有价,待功成,青史争英烈。君记取,从此别。[1]

尹炎武《刘师培外传》云:

> 怀宁陈仲仲父、歙洪汝阍泽丞迎归国,主皖江中学。师培易名金少甫,居皖中,讲学二年,成就甚众。[2]

安徽公学前身为安徽旅湘公学,1904年2月由李光炯创办于湖南长沙,无为卢仲农助学费、火费每年四十千文,面向在湘安徽学生招生,赵声、黄兴、张继等在该校任教,宣传革命要义。1904年2月15日,黄兴与宋教仁、刘揆一、陈天华等在长沙组成以"驱除鞑虏,复兴中华"为宗旨的华兴会,又与哥老会首领马福益合作,另立同仇会,作为联络会党机关,密谋慈禧七十岁生日官员行礼时引爆炸弹,夺取湖南,推翻满清统治。因国子监祭酒王先谦探知消息后,密告官府,学校被湖南官方监视。在陈独秀鼓动下,1904年底迁至芜湖二街三圣坊,改名安徽公学,聘李经迈、蒯光典为名誉总理,邓艺孙为副总理,方守敦、李光炯为监督,于1905年二月开学。《辛亥前安徽文教界的革命活动》云:

> 先是李光炯在长沙巳与革命党人黄兴、刘揆一、张继、周震鳞等发生关系,黄兴、赵声等都曾在公学教过书。及公学迁来芜湖,他暗中推动革命工作的开展,更趋积极。为了办好学校教育和开展革命运动,李先后礼聘了不少知名之士来校任教或讲学,其中大多人都名列党籍,有同盟会员,也有光复会员,一时各地方的革命领袖人物荟萃于芜湖,以此吸引着不少青年,轰动了芜湖社会,安徽公学成了当时中江流域革命运动的中心,也成了中江流域文化运动的总汇。最著名的有刘申叔(名师培,江苏人,化名金少甫),陈仲甫(即陈独秀,怀宁人),柏烈武(名文蔚,寿州人,曾任安徽都督),陶焕卿(名成章,浙人,光复会领袖),张伯纯(名通典,湘人),苏曼殊(名子谷,粤人),还有谢无量、周震鳞、江彤

1　枚子:《贺新郎·送无畏》,《国粹学报》第4册,第1062页。

2　尹炎武:《刘师培外传》,《仪征刘申叔遗书》第1册卷首,第39页。案,尹炎武《刘师培外传》述刘师培生平,时间颇错乱。其述刘师培赴日本,在创办《国粹学报》、至皖江中学任教之前,故云"迎归国",实为误说。陈独秀招刘师培至芜湖,则为得实。

侯、俞子夷等。公学经费不足，延致名师不免有些困难。李光炯则设法保举张伯纯任官立赭山中学监督，彼此合作，如苏曼殊等即由赭山中学厚致俸金，延揽来芜；还有一个日本著名的科学家来芜教授理化，他的俸金和译员费用，也是由赭山中学负担。安徽公学请他们带课，只需致送少许酬金就行了。[1]

常恒芳《记安庆岳王会》云：

> 刘光汉改名叫金少甫。刘当时不过二十岁左右，他在学校教历史和伦理学，还参加《国粹学报》。[2]

据高语罕《百花亭畔》回忆，教员中除上述人员外，还有胡渭清、段昭、金天翮、冷遹等。陈独秀在《安徽俗话报》上为其刊载招生广告。

在芜湖期间，刘师培结识安徽公学创办人李光炯（1870—1941），两人后来仍有交往。

9月8日，中国同盟会上海分会成立，由光复会会员、同盟会会员吴春旸推荐，蔡元培任分会会长。光复会大多数人加入，刘师培也在此时加入同盟会。

18日，《国粹学报》第8期出版，"社说"始载《古学起原论一》（《论古学出于宗教》），"政篇"续载《古政原始论》（《学校原始论第九》《礼俗原始论第十》），"学篇"始载《理学字义通释》、续载《汉宋学术异同论》（《汉宋小学异同论》），"文篇"续载《论文杂记》，"文篇·文录"刊载《六儒颂》（有序）、《〈雁荡金石志〉序》，"丛谈"续载《国学发微》《读左札记》《小学发微补》，均署名刘光汉。《六儒颂》改作后，收入《左盦集》卷八。此诗颂扬昆山顾炎武、德清胡渭、宣城梅文鼎、太原阎若璩、元和惠栋、休宁戴震6家学术贡献，首有序云：

> 昔吾乡汪容甫先生，以东南经学，亭林开其先；《河洛图书》，至胡氏而绌；中西推步，至梅氏而精；阎氏力辟古文，惠氏专精汉《易》，至东原集其大成，拟作《六儒颂》，未成而殁。夫亭林以济世之弘才，抱艰

1　政协安徽省委员会文史资料工作组：《辛亥前安徽文教界的革命活动》，《辛亥革命回忆录》第4集，第378—379页。

2　常恒芳：《记安庆岳王会》，《辛亥革命回忆录》第4集，第438页。

贞之大节，而说经稽古，亦深宁、东发之俦。定九殚精数学，观象授时，厥绩良多。东原好学深思，心知其意，而诠明理欲，竞胜宋儒。近世经师，莫之或先矣。若阎、胡、惠三家说经，虽多创获，然阎学末流，必至穿凿横生，妄疑经典；胡学末流，必至炫博逞才，废堕家法；惠学末流，必至笃信泥古，胶固罕通。此则后儒有作，必当审辨者也。予束发受经，服膺汪氏之学，爰继先生之志，作《六儒颂》。[1]

24日，吴樾得知清政府预备立宪，并派五大臣出洋考察宪政，潜回北京，于本日携炸弹进入北京正阳门车站谋炸五大臣。因人多拥挤，车身震动，炸弹自动爆炸，出洋五大臣仅载泽、绍英受微伤，吴樾牺牲。吴樾在《暗杀时代·自序》中，叙述了自己思想变化过程中所受刘师培等革命党人宣传的影响，称：

> 予年十三，遂慕科名，岁岁疲于童试。年二十，始不复以八股为事，日惟诵古文辞。有劝予应试者，辄拒之。年二十三，自念亲老家贫，里处终无所事，乃飘然游吴。不遇，遂北上。斯时所与交游者，非官即幕，自不竞怦怦然动功名之念矣。逾年，因同乡某君之劝，考入学堂肄业，于是得出身、派教习之思想，时往来于胸中，岂复知朝廷为异族，而此身日在奴隶丛中耶？又逾年秋，友人某君授予以《革命军》一书，三读不置。适其时奉天被占，各报传(惊)〔警〕。至是而知家国危亡之在迩，举昔卑污之思想，一变而新之，然于朝廷之为异族与否，仍不在意念中也。逾时，某君又假予以《清议报》。阅未终编，而作者之主义，即化为我之主义矣。日日言立宪，日日望立宪。向人则曰：西后之误国，今皇之圣明。人有非康、梁者，则排斥之。即自问，亦信梁氏之说之登我于彼岸也。又逾时，阅得《中国白话报》《警钟报》《自由血》《孙逸仙》《新广东》《新湖南》《广长舌》《攘书》《警世钟》《近世中国秘史》《黄帝魂》等书，于是思想又一变，而主义随之，乃知前此梁氏之说，几误我矣。[2]

28日，《广益丛报》第84号"中编·学问门"续载《周末学术史分序》(《计

---

1 刘光汉：《六儒颂》，《国粹学报》第4册，第1055页。

2 吴樾：《吴樾遗书·自序》，《天讨》(《民报》增刊)。

学史序》《兵学史序》《教育史序》《理科史序》）。

29日，《醒狮》杂志第1期在日本东京出版，编辑兼发行者署李昙，实为高旭等所主持。本期"论说"栏有《醒后之中国》，署名无畏，以乐观姿态，展望中国觉醒后的美好未来。在刘师培诸多论述中，此篇别具一格。其文云：

> 吾远测中国之前途，逆料中国民族之未来，吾惟有乐观。
>
> 吾友某作诗一章寄余，且问其可为中国之国歌否。其词曰：
>
> 美哉黄帝子孙之祖国兮，可爱兮。
>
> 北尽黑龙，西跨天山，东南至海兮，
>
> 皆我历代先民之所经营拓开兮。
>
> 如狮子兮，奋迅震猛，雄视宇内兮，
>
> 诛暴君兮，除盗臣兮，彼为狮害兮。
>
> 自由兮，独立兮，博爱兮，书于旂兮。
>
> 惟此地球之广漠兮，尚有所屈兮。
>
> 我黄帝子孙之祖国兮，其大无界兮。
>
> 其音雄壮，其意简括。虽然，其克为国歌与否，吾不敢言。
>
> 吾所敢言者，则中国之在二十世纪必醒，醒必霸天下。地球终无统一之日则已耳，有之，则尽此天职者，必中国人也。
>
> 外人之论中国者，曰："有官吏而无政府，有朝廷而无国家。"外人之论中国人民者，曰："有义务而无权利，有道德而无自由。其君，则盗魁也；其官吏，则群贼也；其朝署，则割地鬻权之契约所也。"夫杀一人、劫十金者，罪当死；彼日杀万亿人、劫万亿金者，则从而顺从之，谓之何哉？准进化之理言之，则此属盗贼，不能一日存。而不然者，目盲脑腐，奉此属盗贼而君官之，其种族亦不能一日存。
>
> 时势之所造，境地之所因，二千余年沉睡之民族，既为克虏伯格林放大炮之所震击而将醒矣。"起向高楼撞晓钟，人间昏睡正朦胧。纵令日暮醒犹得，不信人间耳尽聋。"值廿世纪之初幕，而亲身临其舞台，自然倚柱长啸，壮怀欲飞。
>
> 举头于阿尔泰之高山，濯足于太平洋之横流，觉中国既醒后之现

象，历历如在目前。今请根据事实，为国民言之。

一、中国醒后之版图。中国失地，每以租借之名让人。彼盗贼政府之愚，不足责矣；而国民安之，不闻有一诛大臣、覆政府之事。此皆昏睡之罪也。自今年德兵入海州，国民始有请杀周馥者。夫欲杀，则一人杀之足矣，何以请为？德之据胶州湾，法之据广州湾，其为祸于将来，诚不可测。乃昔日一朝丧地百万方里，而国民无一人知其事者，此最为惊愕者也。

一八四七年，俄之东部西伯利亚总督 Muravieff，始略地于黑龙江，谋开通堪察加之路，以兵船溯黑龙江，建 Nikolaievsk、Mariinsk 二城；至一八五三年，又建 Alexandrofsk、Konstantinnovsk 二城，遂尽略黑龙江以北之地。至一八五八年，盗贼政府与结 Aigun 条约，尽以其所略地让之，俄始建黑龙江省，其地广逾百万方里。

至一八六〇年，俄将军 Ignatieff 复不费一兵，尽得乌苏里至海之地，由黑龙江以至于高丽。其地之大，半于欧俄。又乘庚子之变，尽据满洲。满洲之大，实三十六万二千三百十方里（皆英方里）。又英（米）〔乘〕日俄之战，据西藏。西藏之大，实六十五万一千五百方里。失地之速，地积之广，为古今历史之所未有，而越南、暹罗、高丽尚不计焉。

中国其既醒乎，则必尽复侵地，北尽西伯利亚，南尽于海，建强大之海军，以复南洋群岛中国固有之殖民地。迁都于陕西，以陆军略欧罗巴，而澳、美最后亡。

一、中国醒后之民数。英人某有言：地球上最后之民族，乃中国种、英格鲁撒逊人种及司拉夫种也。据最近之调查，中国人数四〇九一八〇〇〇〇，其实断不止此数。俄人一四三〇〇〇〇〇〇，英人三八〇〇〇〇〇〇〇，乃兼所属野蛮生蕃、言语风俗不同者统计之，然皆远不及中国。

中国之居海外者，统诸业计之，殆近千万。无政府之保护，犹能如是。中国既醒，则中国人殖民之地，皆属中国主权。吾族之繁殖，殆不可测也。

中国人繁殖之力莫强焉。张献忠之乱，四川省殆为所屠。今其人数，复有六七七一二〇〇〇矣。准此计之，中国人之宗主地球，岂不易哉！岂不易哉！

一、中国醒后之陆军。中国既可以陆军略欧洲，则初兴之际，海军殆不必措意。据俄国现时国防为例，平时有兵一一〇〇〇〇〇，战时有四六〇〇〇〇〇，即约每三十人有兵一人。以中国民数计之，战时可得兵一千三百余万人，可以战必胜、攻可克矣。我国民如之何其勿兴！

一、中国醒后之实业。中国皆天然之农业国也，然近五十年以来，不种麦稻而种罂粟。盗贼政府不之禁，且从而奖励之，如之何其不穷？东南之地力既尽，而民不知用新法之肥料；西南一望千里，鞠为茂草。《禹贡》所谓"厥田上上"者，今为石田矣。中国煤、铁之富，甲于地球。山西（逼）〔遍〕地皆煤，云南遍地皆铜，此人人所闻也。矿植百产，不必仰给外国而自足。既醒之后，百艺具兴，科学极盛，发明日富，今世界极盛之英、德、美，不足与比矣。

一、中国醒后之宗教。国民必有宗教。宗教者，进化之伴侣也。然世运日新，犹太之古箓，断不足为不变之圣典。且上帝非实有。新中国宗教者，以国家为至尊无对，以代上帝。一切教义，务归单简；且随人类之智识，经教会若干议员之允可，可得改良。既经群认为教义，则背之者为叛国家，由众罚之，以代地狱；有功于国家，若发明家、侵略家、教育家，由众赏之，以代天堂。此事甚大，吾今方发愿研究之。

一、中国醒后之政体。实行帝民之主义，以土地归国有，而众公享之，无私人垄断之弊，以致产出若美洲所谓钢铁王、煤油王者。君官公举，数年而易，仍如法、美之例。土地国有之说，倡于美人 Henry George，社会主义中之既改良而可实行者也。

呜呼！我国民其果醒矣乎？徒摭拾革命排满之空说，附和保皇立宪之谬论，自命曰志士、志士，曰"吾既醒矣"。此等"志士"日多，则中国日危。所谓既醒之中国人者，能自牺牲其人是也：或牺牲其身以钻研科学、输入智识焉，或牺牲其身以诛杀盗贼、炮弹自焚焉，或牺牲其身以尽瘁教育、作成人才焉。醒之途万，报国家之途万，要须各尽其一分子之职分，殚精竭力，死而后已。彼鹦鹉才人，蝙蝠志士，畏首畏尾，聚敛骗诈，以谋自肥，于二十世纪光天化日之下，敢倡保皇邪说以误人者，其罪乃不可胜诛也。

美哉！吾测中国之前途，唯有光荣！吾料中国〔国〕民之未来，唯有奋进！我国民其勿志衰，其勿气馁，其勿兴尽！吾为君等译二十世纪初幂文明最盛德意志之国歌而自歌之。歌曰：

> 波声渐湃，河流纵横兮，轰轰兮雷霆之震鸣兮，
> 是莱因兮，是日耳曼国之莱因兮，谁守其境兮？
> 亲爱之祖国，汝勿怖兮！亲爱之祖国，汝勿怖兮！
> 莱因之守备其既固兮，莱因之守备其既固兮。
> 亿万之民气焰勃勃兮，如火之眼，其光相答兮，
> 日耳曼少年其来集兮，来集以卫神圣之国兮，
> 亲爱之祖国，汝勿怖兮！亲爱之祖国，汝勿怖兮！
> 莱因之守备其既固兮，莱因之守备其既固兮。
> 热血周身如潮喷涌兮，一手执剑一手执铳兮，
> 神圣兮莱因之河岸兮，不许河岸有一敌纵兮，
> 亲爱之祖国，汝勿怖兮！亲爱之祖国，汝勿怖兮！
> 莱因之守备其既固兮，莱因之守备其既固兮。
> 军旗高翻，其势凌云兮，万军齐动兮誓望宣兮。
> 莱因兮日耳曼之莱因，吾曹誓死守其河线兮，
> 亲爱之祖国，汝勿怖兮！亲爱之祖国，汝勿怖兮！
> 莱因之守备其既固兮，莱因之守备其既固兮。

本月，所著《经学教科书》第一册出版，署刘师培编著，邓实参校，上海国学保存会编辑，上海国粹学报馆发行，为《国学教科书》之一。

10月18日，《国粹学报》第9期出版，"史篇"刊载《孙兰传》，"学篇"续载《理学字义通释》《南北学派不同论》（《南北文学不同论》），"文篇"续载《论文杂记》，"文篇·文录"载《扬州前哲画像记》，"丛谈"续载《国学发微》《小学发微补》，均署名刘光汉。其《扬州前哲画像记》有序，云：

> 昔朱侍郎闻汪先生《广陵对》，以为天下百郡，无若广陵。及读

焦氏《邗乘》诸书，旁摭佚闻，表彰先烈。至今读之，流风余韵，犹焜耀今古焉。昔襄阳有《耆旧》之编，汝南有《先贤》之传，以此方之，亦何多让！光汉生长斯土，粗窥志乘，用仿曾氏《圣哲画像记》例，述都人士之遗烈，凡四十一人，义各有取，庶无剿说之讥云尔。[1]

本期"文篇·诗录"刊载陈去病《喜得无畏书却寄》，诗云：

惊鸿迅天末，劳思各何如？万里三山国，千金纸一书。崎岖怜薄恙，（来书言：近得疟疾，四十日而未瘳。）著述慰蟫鱼。忧患余生后，交情忍尔疏。

一自伤离别，中原事迭殊。冤沉梁苑雪，魂断太丘闾。抔土秋萦草，黄肠麦冷盂。相期敦古谊，扬阐竭琼琚。

天且期君厚，云霄羽独骞。不需秦力士，且振汉山川。圮上黄公履，芦中老父船。此时应记省，毋复怨荪荃。

我亦翻然矣，埋名隐猎渔。朝从屠狗侣，夕宿钓璜居。思想枯禅似，形神落木如。只因余眼福，阅遍柳颜书。（予近获睹明季东林、复社名贤手迹，约三千余通。）[2]

本日，《醒狮》第2期"文苑"刊载《读〈天演论〉》，署名申叔。

11月16日，《广益丛报》第89号"中编·学问门·学案"续载《周末学术史分序》，"下编·文章门·国粹"续载《国学发微》。

案，《周末学术史分序》，《广益丛报》第87号无载。今虽未见第88号，然此续载当承第88号。

《国粹学报》第10期出版，"史篇"刊载《王艮传》；"学篇"续载《理学字义通释》，始载《两汉学术发微论》（《两汉学术发微论序》《两汉政治学发微论第一》）；"文篇"续载《论文杂记》，"文篇·诗录"刊载《鸳鸯湖放棹歌》、《焦山放船至金山》（用苏东坡《金山放船至焦山》韵）；"丛谈"续载《国学发微》、《小学发微补》、《读书随笔》（《〈易〉言不生不灭之理》《〈山海经〉不可疑》），均署名刘光汉。其《两汉学术发微论序》略云：

1　刘光汉：《扬州前哲画像记》，《国粹学报》第4册，第1079页。
2　陈去病：《喜得无畏书却寄》，《国粹学报》第4册，第1085—1086页。

自汉武采仲舒之言,用田蚡之说,尊崇《六经》,表扬儒术,而学士大夫悉奉《六经》为圭臬,卑者恃以进身,贤者用之以讲学,由是有今文、古文之分争,有齐学、鲁学之派别。然汉人经术,约分三端:或穷训诂,或究典章,或宣大义微言。而宣究大义微言者,或通经致用。盖汉人说经,迷于信古,一若《六经》所记载,即为公理之所存,故援引经义,折衷是非。且当此之时,儒术统一。欲抒一己所欲言,亦必饰经文之词,以寄引古匡今之意。故两汉鸿儒,思想学术,悉寓于经说之中,而精理粹言,间有可采,惜后儒未能引伸耳。此《两汉学术发微论》所由作也。[1]

又云:

发微者,就汉儒精确之论,而宣究其理耳。故书中所采,半属汉儒说经之书。[2]

26 日,同盟会机关刊物《民报》在日本东京创刊。孙中山在《〈民报〉发刊辞》中首次揭示"三民主义"内涵。

本月,所著《中国历史教科书》第一册出版,署刘师培编著,上海国学保存会印行,上海国粹学报馆发行,为《国学教科书》之一。

12 月 13 日,钱玄同随钱恂(1853—1927,字念劬,钱玄同异母兄,1905年冬任湖北留日学生监督)至神户,赴日本早稻田大学师范科留学。次日抵东京。

16 日,《国粹学报》第 11 期出版,"社说"续载《古学起原论》(《论古学由于实验》),"政篇"续载《古政原始论》(《古乐原始论第十一》),"史篇"刊载《全祖望传》《梁于涘传》;"学篇"续载《两汉学术发微论》(《两汉种族学发微论》),始载《群经大义相通论》(《群经大义相通论序》《〈公羊〉〈孟子〉相通考一》《〈公羊〉〈齐诗〉相通考二》);"文篇"始载其《文说》(《文说序》《析字篇第一》),"丛谈"续载《国学发微》、《读左札记》、《读书随笔》(《西域道路古今不同》《阳明格物说不能无失》《〈墨子·节葬篇〉发微》《〈王制篇〉言地理中多精言》),均署名刘光汉。《古乐原始论》改作后,收入《左

1　刘光汉:《两汉学术发微论》,《国粹学报》第 4 册,第 831 页。

2　刘光汉:《两汉学术发微论》自注,《国粹学报》第 4 册,第 831 页。

盦集》卷一,题作《广释颂》。

群经大义相通,经子义或相通,是刘师培经学思想中的重要观点。其《群经大义相通论序》云:

> 《六经》订于孔门。《易》传商瞿,五传而至田何。何为齐人,是为齐人言《易》之始。《春秋》之学,传于子夏。一由子夏授公羊高,公羊氏世传其学;一由子夏授穀梁赤,再传而至申公。高为齐民,赤为鲁产,由是《春秋》有齐、鲁之学。若夫《尚书》藏于孔鲋,而齐人伏生亦传《尚书》;《鲁诗》出于荀卿,而齐人辕固亦传《齐诗》。即《论语》之学,亦分齐、鲁二家。是则汉初经学,初无今、古文之争也,只有齐学、鲁学之别耳。

> 凡数经之同属鲁学者,其师说必同;凡数经之同属齐学者,其大义亦必同。故西汉经师,多数经并治,诚以非通群经,即不能通一经也。盖齐学详于典章,而鲁学则详于故训,故齐学多属于今文,而鲁学多属于古文。观《白虎通》所采,以齐学为根基;《五经异义》所陈,则奉鲁学为圭臬,曷尝有仅治一经而不复参考他经之说哉? 后世儒学式微,学者始拘执一经之言,昧于旁推交通之义。其于古人治经之初法,去之远矣。

> 今汇齐学、鲁学之大义,辑为一编,颜曰"群经大义相通论",庶齐学、鲁学之异同,辨析昭然,亦未始非治经之一助也。[1]

本期《国粹学报》"撰录"栏刊发廖季平《群经大义序》,谓:"经学有微言,有大义,有事文,有取义。""儒者章句繁多,博而寡要,劳而少功。说'尧典'二字,至三万言。青年入学,皓首不能通一经。儒无用,实经累之。方今去古逾远,史册政典,日新月积,数十百倍于经传。西学度海,篇帙繁博,过于中典。子史流派,尤属芜杂。书简繁多,古今变局也。"[2]

21日,《广益丛报》第93、94号合刊"中编·学问门"续载《周末学术史分序》完。

案,今未见《广益丛报》第90—92号,其间续载情况不明。

1　刘师培:《群经大义相通论》,《仪征刘申叔遗书》第3册,第993页。
2　廖平:《群经大义序》,《国粹学报》第4册,第1423页。

本月，所著《中国地理教科书》（第一册）、《伦理学教科书》（第一册）出版，署刘师培编著，上海国学保存会编辑，上海国粹学报馆印刷，为《国学教科书》之一。

冬，陈去病往芜湖访刘师培。陈去病《尘网录》云：

> [乙巳]八月，赴苏，偕冯竟任襄办苏苏女校。适师范学校报考，余戏往考，竟列第一，遂往肄业。校长罗振玉，满臣端方食客也，闻之恚甚，假事与予为难。予知不可留，遂代竟任赴镇江承志学校担任教授。时四川谢无量、会稽高一浮方读书焦山海西庵，因日相邀从，意兴甚盛。未几，又溯江抵芜湖访刘申叔光汉，遂约纵游赭山诸胜而还。[1]

柳无忌《苏曼殊及其友人·芜湖皖江中学时代的朋友》谓，陈佩忍藏有苏曼殊在南京与邓绳侯、江彤侯合摄的小影，题曰"白门尘梦"，并题识如下：

> 此曼殊大师在南都时与怀宁邓绳侯荻孙、歙县江一木彤侯两君所摄之小影也，藏之且二十年矣。绳侯为石如老人之孙，曾与彤侯在芜湖勾当教育。予于乙巳冬往访无畏（申叔），始相识焉。及丁未九月，大师来沪，以此影见赠，恍然如遇故人。光复后，两君先后任安徽教育厅数年。邓死未几，大师亦逝，今惟彤侯耳，为可悲也。[2]

【著述】

和孟广作　《警钟日报》1 月 6 日，杂录，署光汉

光汉室诗话　《警钟日报》1 月 17 日，杂录，无署名

读《天演论》（二首）《政艺通报》第四年乙巳第 1 号，2 月 18 日，风雨鸡声集，署申叔

寒夜望月　同上

杂咏（二首）　同上

1　张夷主编：《陈去病全集》第 3 册，第 1103 页。

2　柳亚子编：《苏曼殊全集》第 5 册，影印北新书局本，北京：中国书店，1985 年，第 18 页。下同。

论中国古代经济学　《东方杂志》第二年第1期,1月28日,财政,无署名,注"录甲辰十一月初一日《警钟报》"

　　案,此文载《警钟日报》1904年12月7日,社说,无署名。又载《北洋学报汇编》,丙编·科学丛录三·文编类四集,无署名,出版时间不详;又载《济南报》第17期,论说,注"录《北洋学报》",出版时间不详。

读左札记　《国粹学报》第1期,2月23日,丛谈,署刘光汉

　　案,此文于该刊第3期、4期、8期、11期、13期、18期、20期和22期续载,但全文未完。

国学发微　同上

　　案,此文于该刊第2—14期、17期和23期续载,但全文未完。又刊于本年《广益丛报》。

周末学术史序　同上,学篇

　　案,此文于该刊第2—5期续完,其子目如下:

总序

心理学史序

伦理学史序

论理学史序

社会学史序

宗教学史序

政法学史序

计学史序

兵学史序

教育学史序

理科学史序

哲理学史序

术数学史序

文字学史序

工艺学史序

法律学史序

文章学史序

论文杂记　同上，文篇

案，此文于该刊第 2—10 期续完。

读书随笔　同上，丛谈

案，此文于该刊第 2 期、4—7 期、10 期、11 期、15 期、20 期、22 期、38 期和 44 期续载。其子目如下：

《公羊》《尔雅》相通

贾生《鹏赋》多佛家言

儒林文苑道学分传之由

音韵反切近于字母

景教源流

有教无类

《孟子字义疏(义)〔证〕》解理字

性善性恶

富贵贫贱

氏姓不同

孔门论学之旨

音近义通之例多见于小尔雅

古代以黄色为重

《周易》言位无定

古人贵能让

虽有周亲不如仁人

法先王法后王

析支即鲜卑

游牧之制至三代犹存

火山

字有虚用实用之分

孔门弟子多治诸子学

《易》不言五行

《易》言不生不灭之理

《山海经》不可疑

西域道路古今不同

阳明格物说不能无失

《墨子·节葬篇》发微

《王制篇》言地理中多精言

理学不知正名之弊

《春秋繁露》言共财

西藏族正名

西周强大所由来

王季无迁周事

太康失邦非避羿乱

稷契非帝喾子

凤沙即肃慎

秦汉说经书种类不同

汉人之称所自来

用水火必时

㰽当作楷

《黄帝内经素问校义》书后

《易·系辞》多有所本

古代医学与宗教相杂

《助字辨略》正误

《史记》用古文《尚书》考

跋顾亭林手札　同上，撰录，署光汉

跋王怀祖《与宋定之书》及王伯申《与焦理堂手札》　同上

台湾行　同上，诗录

齐侯罍歌　同上

扫花游·读《南宋杂事诗》　同上，诗余

桂殿秋·望月作　同上

扫花游·汴堤柳　同上

如梦令·游丝　同上

长亭怨慢·送春　同上

论古学出于史官　同上,学篇

文章原始　同上,文篇

孙犊山《春湖饯别图》序　同上,文录

论好名之说可以救今日之中国 《广益丛报》第 65 号,3 月 5 日,上编·记言,无署名

　　案,又载《警钟日报》1904 年 12 月 19 日,社说,无署名。

杂咏(二首) 《政艺通报》第四年乙巳第 3 号,3 月 20 日,附录·风雨鸡声集,署申叔

孤鸿　同上

效长吉　同上

杂咏(二首)　同上

古意　同上

宋故宫　同上

驳《泰誓答问》《国粹学报》第 2 期,3 月 25 日,丛谈,署刘光汉

　　案,此文未完,亦未见续载。

南北学派不同论　同上,学篇

　　案,此文于该刊第 6 期、7 期和 9 期续完。其子目如下:

　　总论

　　南北诸子学不同论

　　南北经学不同论

　　南北理学不同论

　　南北考证学不同论

　　南北文学不同论

论古代人民以尚武立国　同上,政篇

　　案,此文又载《山东国文报》丙午年第 17、18 期,考古之文,署刘光汉。

文信国祠　同上,诗录

古意　同上

读楚词　同上

有感　同上

书《扬雄传》后　同上

台城柳　同上

楚词　同上

咏扇　同上

出郭　同上

读戴子高先生《论语注》　同上

归里　同上

幽兰吟　同上

菩萨蛮·无题　同上,诗余

菩萨蛮·咏雁　同上

一萼红·徐州怀古　同上

菩萨蛮　同上

重刊洪氏《元史西北地附录释地》序　同上,文录

跋江晋三《致汪孟慈书》　同上,撰录,署光汉

跋柳宾叔《榖梁大义自序》　同上

跋梅延祖《续汉学师承记商例》　同上

跋汪孟慈《与刘孟瞻书》　同上

跋阮芸台《传经图记》　《国粹学报》第 3 期,4 月 24 日,撰录,署记者识

跋许印林《致杨实卿书》　同上

跋汪孟慈《上张石洲先生书》　同上

跋丁俭卿《致刘楚桢书》　同上

跋陈卓人《上刘孟瞻先生书》　同上

跋刘叔俛《致刘伯山书》　同上

古政原始论　《国粹学报》第 4 期,5 月 23 日,政篇,署刘光汉

　　案,此文于该刊第 6 期、8 期、11 期、12 期续完。其子目如下:

　　总叙

国土原始论第一

氏族原始论第二

君长原始论第三

宗法原始论第四

田制原始论第五

阶级原始论第六

职官原始论第七

刑法原始论第八

学校原始论第九

礼俗原始论第十

古乐原始论第十一

财政原始论第十二

兵制原始论第十三

函谷关铭　同上，文录，署光汉子

《天宝宫词》序　同上

咏明末四大儒　同上，诗录

咏女娲　同上

黄天荡怀古　同上

申江杂感，用苏东坡《秋怀》诗韵　同上

烟雨楼（二首）　同上

闻某君卒于狱，作诗哭之　同上

东京清明杂感（二首）　同上

跋袁季枚《刘张侯传》　同上，撰录，署记者识

跋刘叔俯《致刘恭甫书》　同上

跋成心巢《致刘恭甫书》　同上

跋吴南屏《致戴子高书》　同上

跋江郑堂《多宝塔帖跋》及《书宋张炎〈词源〉后》　同上

中国文字改良论　《广益丛报》第 72 号，6 月 2 日，上编·政事门·粹论，署仪征刘光汉

《国文典问答》小序　《广益丛报》第73号,6月12日,下编·文章门·短品,署仪征刘光汉

小学发微补　《国粹学报》第5期,6月23日,丛谈,署刘光汉

　　案,此文于该刊第6—10期、12期、13期、17期、19期、22期、23期续载,为续《论小学与社会学之关系》之作,但全文未完。

壶中天慢·元宵望月　同上,诗余

卖花声·登开封城　同上

东原学案序(近儒学案之一)　同上,学篇

跋焦理堂《家训》　同上,撰录,署记者识

跋陈穆堂《周公摄位辨》　同上

跋成芙卿《禹贡今地释序例》　同上

跋陈竞全《读说文杂记》　同上

题董丈蜕盦《菱湖泛舟图》　原件,后收入《左盦诗录》卷三

谶纬论　《国粹学报》第6期,7月22日,文录,署刘光汉

汉宋学术异同论　同上,学篇

　　案,此文于该刊第7期、8期续完。其子目如下:

　　总序

　　汉宋义理学异同论

　　汉宋章句学异同论

　　汉宋象数学异同论

　　汉宋小学异同论

跋章实斋《任幼植别传》　同上,撰录,署记者识

跋阮芸台《京师慈善寺西新立顾亭林先生祠堂记》　同上

跋沈小宛《族谱论》　同上

跋汪孟慈《问经图跋》　同上

跋张石洲《致刘孟瞻书》　同上

招蝙蝠文　《国粹学报》第7期,8月20日,文录,署刘光汉

咏汉长无相忘瓦　同上,诗录

咏怀(五首)　同上

咏禾中近儒（三首）　同上

题陈去病《拜汲楼诗集》　同上

点绛唇·咏白荷花　同上，诗余

好事近·杨花　同上

浣溪沙·读《钱塘纪事》　同上

临江仙·咏蝶　同上

扫花游·宿迁道中见杏花　同上

一萼红·题《碧海乘槎图》　同上

古学起原论　《国粹学报》第 8 期，9 月 18 日，社说，署刘光汉

　　案，此文于该刊第 11 期续完。其子目如下：

　　一、论古学出于宗教

　　二、论古学由于实验

理学字义通释　同上，学篇

　　案，此文于该刊第 9 期、10 期续载，全文未完。

六儒颂（有序）　同上，文录

《雁荡金石志》序　同上

　　案，序末署"乙巳年四月望日"，即作于本年 5 月 5 日。

经学教科书（第一册）　上海国学保存会编辑，邓实参校，上海国粹学报馆印
刷，9 月初版，32 开，36 叶，环筒装，系《国学教科书》之一

孙兰传　《国粹学报》第 9 期，10 月 18 日，史篇，署刘光汉

扬州前哲画像记　同上，文录

读《天演论》　《醒狮》第 2 期，10 月 28 日，文苑，署申叔

　　案，此文又刊于《政艺通报》第四年乙巳第 1 号。

国学发微　《广益丛报》第 88 号，11 月，下编·文章门·国粹，署刘师培

　　案，此文于该刊第 89 号、105 号续载，又刊于今年之《国粹学报》

两汉学术发微论　《国粹学报》第 10 期，11 月 16 日，学篇，署刘光汉

　　案，此文于该刊第 11 期、12 期续载。其子目如下：

　　总序

　　两汉政治学发微论

两汉种族学发微论

两汉伦理学发微论

王艮传　同上,史篇

鸳鸯湖放棹歌　同上,诗录

焦山放船至金山(用苏东坡《金山放船至焦山》韵)　同上

中国历史教科书(第一册)　刘师培著,上海国学保存会印行,上海国粹学报馆发行,11 月出版,32 开,环筒装,78 叶,系《国学教科书》之一

全祖望传　《国粹学报》第 11 期,12 月 16 日,史篇,署刘光汉

梁于涘传　同上

群经大义相通论　同上,学篇

案,此文于该刊第 12—14、16、18、31 期续载。其子目如下:

总序

《公羊》《孟子》相通考

《公羊》《齐诗》相通考

《毛诗》《荀子》相通考

《左传》《荀子》相通考

《穀梁》《荀子》相通考

《公羊》《荀子》相通考

《周官》《左氏》相通考

《周易》《周礼》相通考

文说　同上,文篇

案,此文于该刊第 12—14 期续载,全文未完。其子目如下:

序

析字篇第一

记事篇第二

和声篇第三

附录:明陈季立《读诗拙言》论古韵语

耀彩篇第四

字骚篇第五

　　中国地理教科书（第一册）　刘师培编著,上海国学保存会编辑,上海国粹学报馆发行,12 月出版,32 开,环简装,86 叶,系《国学教科书》之一

　　伦理学教科书（第一册）　刘师培编著,邓实参校,上海国学保存会编辑,上海国粹学报馆发行,12 月出版,32 开,环简装,44 叶,系《国学教科书》之一

1906 年（光绪三十二年,丙午）　二十三岁

【事略】

　　1 月 9 日,《政艺通报》第四年乙巳 23 号出版,"附录·湖海青灯集"刊载《经学教科书第一册序》《伦理教科书第一册序》《中国地理教科书第一册序》,均署名刘光汉。

　　14 日,《国粹学报》第 12 期出版,"政篇"续载《古政原始论》（《财政原始论第十二》《兵制原始论第十三》）,"史篇"刊载《颜李二先生传》,"学篇"续载《两汉学术发微论》（《两汉伦理学发微论》）、《群经大义相通论》（《〈毛诗〉〈荀子〉相通考三》,题下注："此义本先伯父恭甫先生所发,故即其义推广之,以辑为此篇。"）,"文篇"续载《文说》（《记事篇第二》）,"文篇·文录"刊载《真州看山记》（集古人杂记）,"文篇·诗录"刊载《夜月》（集杜）、《读〈楚词〉》（集杜）、《燕雁代飞歌》（集杜）、《拟杜工部赠李十二白二十韵》（用原韵集杜句）;"丛谈"续载《国学发微》《小学发微补》,均署刘光汉。"撰录"载张皋闻《吴兴施氏族谱序》、张皋闻《答陈扶雅书》、沈小宛《义塾附（视）〔祀〕先儒议》、毛生甫《书凌子昇〈礼论〉后》,并有跋语,署名"记者识（汉）"。

　　案,后人有讥刘师培剿袭先人成果以成名者,不知古人有归美先人之义,无掠美先人之举。今观《〈毛诗〉〈荀子〉相通考》刘师培自注,其为诬辞,不辨自明。

　　25 日（农历春节）,刘师培与苏曼殊同过马关,苏曼殊作画一幅相赠。《苏曼殊文集·题画题照》云："丙午元旦,与申叔过马关作。"马以君谓："1907 年春节,曼殊与刘师培、何震夫妇自上海东渡日本,途经马关,绘下

此图",且以"丙午"为"丁未"之误记。[1] 其说非是。此"马关"当为国内小地名,今虽不能确指,然此时刘师培因"警钟案"被通缉,由上海逃到嘉兴,又至芜湖,其足迹仍在国内(嘉兴、上海、芜湖、扬州等地),未见有赴日本的记载。今云南文山壮族自治州虽有马关县,似亦非刘师培、苏曼殊此时所到。

春节期间,刘师培由芜湖至扬州,又至上海,结识柳亚子等,并与陈陶遗、高旭、马君武等介绍柳亚子加入同盟会。柳无忌《柳亚子年谱》谓:

> 病愈后,留沪,与高天梅(旭)、朱少屏(葆康)交往,应邀去高、朱主持之健行公学(上海西门宁康里)任教国文。始识陈陶遗(剑虹),与高、陈时相唱和赋诗。此时在沪订交者尚有马君武(和)、孙竹丹(元)、苏曼殊(玄瑛)、刘申叔(师培)、傅钝根(尃)、宁太一(调元)、诸贞壮(宗元)、黄晦闻、邓秋枚诸人。[2]

刘师培离沪回扬州后,携其妻何震、母李汝蘐同赴安徽芜湖,仍任皖江中学、安徽公学、赭山学堂等学校教职,继续开展反清宣传活动。

正月,陈去病应徽州府中学堂之聘,再至芜湖,晤刘师培,刘师培介绍其加入同盟会。陈去病《尘网录》云:

> 正月,应徽州府校之聘,偕迈枢、蓉镜至周庄,即约费公直善机由芦墟达歇浦与陈鲁德钝会,遂同行至芜湖,因申叔介绍入同盟会。时大雪盈衢,风寒特甚,与人咸有难色。因冒雪徒步,凡一星期始达歙城,见者咸为惊叹。[3]

柳亚子《我和南社的关系·虎丘雅集前后的南社》云:"一九〇六年(清光绪三十二年),[陈去病]应徽州府中学校之聘,道出芜湖,由刘申叔介绍,加入中国同盟会。"

刘师培在芜湖组织黄氏学校,专门从事暗杀工作。二月,常恒芳等在芜湖成立岳王会,刘师培又加入岳王会。柏文蔚《五十年经历》称:

> 是时所延请教师,有精于汉学之刘光汉君,化名金少甫,组织黄氏

1　马以君编注:《苏曼殊文集》上册,广州:花城出版社,1991年,第347页。

2　柳无忌:《柳亚子年谱》,北京:中国社会科学出版社,1983年,第22页。

3　张夷主编:《陈去病全集》第3册,第1103页。

学校,专门从事暗杀工作。余与李光炯君诸友,皆歃血为盟,加入团体。旋以排满革命,徒众宜多,主义虽定,宣传宜广,又于中学及师范两校以内集学生之优秀者,联络组织成立岳王会。盖岳武穆抵抗辽金,至死不变。吾人须继其志,尽力排满。此种组织,陈仲甫、常恒芳皆最重要分子也。[1]

常恒芳回忆称:

> 第一次开会在芜湖关帝庙,烧香宣读誓约,并在芜湖租了两间房子,作为联络的中心点。我们在通信的时候,都用假名字,类如当时有个姓孙的叫孙天一,又象刘光汉改名为金少甫等是。(刘那时不过二十岁左右,他在学校教历史和伦理学,出有《国粹学报》,学生受他启发的地方很多。)我们所组织的团体名称叫岳王会,意思是崇拜岳王精忠报国的精神。[2]

案,岳王会以安徽公学教员、学生为主体。本年秋冬间,在南京、安庆设立分会,柏文蔚、常恒芳分别担任分会长。徐锡麟行刺案后,清政府监视日严,革命党人难以容身,多数人离开芜湖,岳王会芜湖总会陷于停顿状态。

2 月 8 日,《政艺通报》第五年丙午第 1 号"上篇·政学文编"刊载《宪法解》,署名刘光汉。

11 日,皮锡瑞在《日记》中批评刘师培的经学研究,云:

> 刘光汉之学博而不精,以伪古文《尚书》说经大误,驳《太誓答问》非是,邓实说经沿章学诚、龚自珍之误,予皆不谓然也。[3]

13 日,《国粹学报》第 13 期出版,"史篇"刊载《戴震传》,"学篇"续载《群经大义相通论》(《〈左传〉〈荀子〉相通考》),刊载《典礼为一切政治学术之总称考》;"文篇"续载《文说》(《和声篇第三》,附录明陈季立《读诗拙言》论古韵语),"文篇·文录"刊载《节孝君陈母传》("节孝君"即陈去病之母),

---

1　柏文蔚:《五十年经历》,《近代史资料》1979 年第 3 期(总第 40 号),北京:中华书局,1979 年,第 8 页。

2　常恒芳:《安徽革命始末》,手稿,安徽省博物馆藏。

3　皮锡瑞:《皮锡瑞日记》,吴仰湘编:《皮锡瑞全集》第 11 册,北京:中华书局,2015 年,第 2023 页。

"文篇·诗录"刊载《谒冶山顾亭林先生祠》《癸卯夏纪事》；"丛谈"续载《国学发微》《读左札记》《小学发微补》，均署名刘光汉。

14日，皮锡瑞购得刘师培所著《经学教科书》《伦理教科书》，发现《经学教科书》第一册第三十六课《近儒之孝经学》列有皮氏所著《孝经郑注疏》，但将作者误书作"皮日瑞"。事实上，这一错误，南氏本亦未校正。《皮锡瑞日记》丙午年正月二十一载：

> 到集益，买得《孟子字义疏证》《原善》及《经学》《伦理教科书》。《经学》列入《孝经郑注疏》，但误"锡"为"日"耳。欲作一函，赠以文集，又恐生事。[1]

案，此时刘师培正被通缉。皮氏所谓"又恐生事"，当指此而言。

3月4日，《广益丛报》第98号"中编·学问门·史髓"刊载《王门巨子泰州学派大家王心斋先生传》，"下编·文章门·短品"刊载《经学教科书第一册序》《伦理学教科书第一册序》，均署名刘光汉。

9日，《政艺通报》第五年丙午第3号"附录·风雨鸡声集"刊载《铜人辞汉歌》《雨花台》《怀桂蔚丞（时客汴梁）》《送春》《相忘》《癸卯夏游金陵》，均署名光汉。

14日，《广益丛报》第99号"上编·政事门·粹论"刊载《宪法解》，署名刘光汉。

本日，《国粹学报》第14期出版，"史篇"刊载《戴望传》；"学篇"续载《群经大义相通论》（《〈穀梁〉〈荀子〉相通考》），始载《古学出于官守论》；"文篇"续载《文说》（《耀采篇第四》）；"丛谈"续载《国学发微》，刊载《老子韵表》（未完），均署名刘光汉。

《古学出于官守论》序曰：

> 周代学术，掌于官守，会稽章氏论之详矣。然吾观上古之时，政治、学术、宗教，合于一途，其法咸备于明堂。明堂者，合太庙、太学为一地者也。凡教民、宗祀、朝觐、耕耤、举贤、飨射、献俘、议政、望氛、治历、告朔、行政之典，皆行于其中。（以上见惠栋《明堂大道录》、阮元《明堂

1　皮锡瑞：《皮锡瑞日记》，吴仰湘编：《皮锡瑞全集》第11册，第2024页。

论》，详《学校原始篇》中。)而有周一代之学术，即由此而生。儒家之学，即教民之遗法也；墨家之学，即宗祀之旧典也；名家之学，即举贤之遗制也；法家之学，亦行政之大纲也。推之，纵横家之学，出于朝觐；阴阳家之学，出于治历、望氛；农家之学，出于耕藉；杂家之学，出于议政；兵家之学，出于习射、献俘。即道家之学，亦从此起源。(如《素问》言黄帝"坐明堂，正天纲"，《史记》言黄帝接万灵于明堂，皆其证。)厥后明堂各典，掌以专官。及官失其传，私家著作，乃各执一术以自鸣，惜章氏未见及此耳。然章氏之说，未及备者尚多，今作《古学出于官守论》以补之。[1]

《老子韵表》有序，云：

> 古音之说始于宋。吴才老作《毛诗补音》，又作《韵补》，就二百六部，注古通某、古转声通某、古通某或转入某，前儒多讥其分合疏舛。郑庠作《古音辨》，分《阳》《支》《先》《虞》《尤》《覃》六部。近世顾亭林作《音学五书》，更析《东》《阳》《耕》《真》为二，析《鱼》《歌》为二，为十部。江慎修又据《三百篇》为本，作《古韵标准》，分古音为十三部。段若膺又作《音均表》，析《支》《脂》《之》为三，析《真》《谆》《元》为三，析《尤》《侯》为二，计十有七部，言音学者多宗之。又，戴东原作《声类表》，分为九类。孔巽轩作《诗声类》，分为十八类，又创为阴阳对转之说。严铁桥作《说文声类》，以声为经，以形为纬，分为十六类；其阴阳对转之说，略与孔氏相同。此诸家韵学之大略也。

> 夫三代之文，多杂韵语。不惟《六经》为然也，即《老子》《荀子》《离骚》《庄子》诸书，亦莫不奇偶相生，音韵相协。欲考古韵之分合，必考周代有韵之书。而周代之书，其纯用韵文者，舍《易》《诗》《离骚》而外，莫若《老子》。不揣固陋，先撰《老子韵表》。仿严氏《说文声类》例，借《广韵》二百六部建立标题，分为十六类，又合为六大类。凡古韵与今韵异类者，古本音也。古字之不仅一音者，则正音以外，又有转音

1　刘师培：《左盦外集》卷八，《仪征刘申叔遗书》第 10 册，第 4503—4504 页。

也。夫古音与今音不同者,则因古音为本音,而今音则系古音双声之音。若正音之外,别有转音者,其所转之音,亦必与正音为双声。故古今之音不尽同,而四方之音亦不尽同。试推其故,则莫不由于双声。况音有转移,凡古韵之与今韵异类者,在古代未必非同类也。(此表于字旁加〇以别之。)俗儒不察,多谓古用协音。然明陈季立有言:"时有古今,地有南北,字有更革,音有转移,亦势所必至,岂必果出于协哉?"则协音之说,不足取信,明矣。舍协音而论本音,可以知古音之异于今音矣。试将古代韵目列于左。

之类第一	脂类第二	支类第三	古代合为一大类
歌类第四	鱼类第五	侯类第六	古代合为一大类
尤类第七	萧类第八		古代合为一大类
蒸类第九	东类第十	侵类第十一	古代合为一大类
真类第十二	元类第十三		古代合为一大类
阳类第十四	耕类第十五	谈类第十六	古代合为一大类[1]

案,此文未完,未见续载。其序改作后,收入《左盦集》卷七,题作《老子韵表自序》。

25 日,《政艺通报》第五年丙午第 4 号"上篇·政学文编"始载《古政原论》(《总论》),署名刘光汉。

本月,赭山中学发生学生殴打邓艺孙事。

4 月 2 日,钱玄同在日本东京,其日记载:"菊圃购一《国粹学报》至,借观之,颇有趣味。盖现今东洋文体,粗率之书,实不足观,且亦无甚道理。保存国粹,输入新思想,光大国学,诚极大之伟业也。数年以来,余扮了几种新党,今皆厌倦矣,计犹不如于此中寻绎之有味也。"[2] 此为钱玄同首次接触到《国粹学报》。

案,张国华(1871—1944),字菊圃,笔名鞠普,原籍江苏吴县,先代游幕入粤,遂籍番禺。1906 年赴日本,访舅氏、湖北留日学生监督钱恂(钱玄同

---

1 刘师培:《左盦外集》卷七,《仪征刘申叔遗书》第 10 册,第 4464—4466 页。
2 杨天石主编:《钱玄同日记》(整理本)上册,第 33 页。

之兄），为编端方等五大臣《考察日本司法纲要》。1907 年，钱恂任出使荷兰、意大利大臣，随往，接受无政府主义影响，作《大同释义》等刊于巴黎《新世纪》。民国后，任广东都督府、粤军总司令部秘书长，开平、南海县县长等职。工诗，其子女辑其诗文为《不薄斋存稿》，油印赠送。

3 日，钱玄同"在东浓馆，竟日无事，看《国粹报》"。[1]

5 日，姚永概《慎宜轩日记》载，本日"访［方］玉山，谈赭山学生殴邓绳侯事，公作函致方伯"。次日日记又载："早，方伯、廉访、朗老、玉山及余到处，会商电致芜湖。"[2]

8 日，《政艺通报》第五年丙午第 5 号"上篇·政学文编"续载《古政原论》（《总论》《古代阶级制度论》《古代封建论》），署名刘光汉。

13 日，《国粹学报》第 15 期出版，"史篇"刊载《刘永澄传》，"学篇"续载《古学出于官守论》；"文篇"续载《文说》（《宗骚篇第五》），"文篇·文录"载《凌晓楼先生遗像赞》；"丛谈"续载《读书随笔》（《理学不知正名之弊》《〈春秋繁露〉言共财》《西藏族正名》《西周强大所由来》《王季无迁周事》），均署名刘光汉。

案，《文说·宗骚篇第五》末有"未完"二字，未见续载。《凌晓楼先生遗像赞》删除小序后，收入《左盦集》卷八。

24 日，《政艺通报》第五年丙午第 6 号"上篇·政学文编"续载《古政原论》（《古代封建论》《古代风俗论》），署名刘光汉。

5 月 4 日，《钱玄同日记》载：

> 看国学保存会之《历史教科书》，系申叔所编，取精用宏，体例亦不差，远胜夏《历史》矣。惟属于高等科用，盖文字渊深也。中学以下，诚能仿其体例，掇其菁英而编之，必有佳者。昔尝谓横阳翼天氏之《中国历史》，体例未错，而喜用新名词，太远国风，且考据多讹，恨无人循其体例而改其内容之组织。今得此，真获我心也。[3]

1　杨天石主编：《钱玄同日记》（整理本）上册，第 33 页。
2　姚永概著，沈寂等标点：《慎宜轩日记》下册，第 982—983 页。
3　杨天石主编：《钱玄同日记》（整理本）上册，第 41 页。

5日，《钱玄同日记》云："看国学保存会之《历史教科书》。"[1] 可见刘师培此作，虽为学校教科之书，在青年读者中仍有较大吸引力。

8日，《复报》铅印本第1期出版。《复报》为柳亚子1905年创办于吴江同里镇，初为油印，1906年改铅印，并将社址移至上海。该报声称与《民报》同一宗旨，亦用黄帝纪年。

本日，《政艺通报》第五年丙午第7号"上篇·政学文编"续载《古政原论》（《古代风俗论》《古代官制论》《古代田制论》），署名刘光汉。

13日，《广益丛报》第105号"下编·文章门·国粹"续载《国学发微》（续第96号），"下编·文章门·短品"载《中国地理教科书第一册序》，均署名刘光汉。"附编·杂录"栏始载《王船山史说申义》，无署名。钱玄同编《刘申叔先生遗书》收入《左盦外集》卷十四，章士钊以为己作。

案，钱玄同《左盦外集目录》自注云："《外集》卷十四所收《黄帝魂》中之《王船山史说申义》一篇，亦系录自《警钟日报》者。"[2] 而钱玄同1936年6月4日日记云：

> 今日上午校点刘氏《王船山史说申义》，忽觉此文是否申叔之作略有可疑，似忆三十年前《警钟日报》见之，然而误矣。因此文收入于《黄帝魂》，而此书系癸卯冬出版，而《警钟》则甲辰也。《俄事警闻》虽始于癸卯，但其中似不应有此文，意者其《国民日日报》乎？然总觉可疑，不入《外集》也好。[3]

未知此篇后何以又收入《左盦外集》中。

本日，《国粹学报》第16期出版，"史篇"刊载《朱止泉传》，"学篇"续载《群经大义相通论》（《〈公羊〉〈荀子〉相通考》），始载《中国哲学起原考》，"丛谈"刊载《光汉室丛谈》（《梁公狄诗》《汤燕孙诗》《吴梅村〈病中有感〉词》《秣陵春》），均署名刘光汉。案，《光汉室丛谈》四则，已见于《警钟日报》1904年9月附张中。

本期，棣臣发表《题〈国粹学报〉，上刘光汉同志诸子》诗，云：

1　杨天石主编：《钱玄同日记》（整理本）上册，第41页。

2　刘师培：《左盦外集》卷首，《仪征刘申叔遗书》第10册，第4015页。

3　杨天石主编：《钱玄同日记》（整理本）下册，第1207页。

轩历三千载,尧封十二州。文明巴克族,浩荡大河流。孰阐先民学,
而为祖国谋。寒风人独立,怀古万端忧。

庖牺图肇祖,仓圣字权舆。卦画参天地,元音孕古初。荄孳生自演,
模效理同符。大启獉狉运,轩皇迄有虞。

贞符玄白赤,继世夏商周。谱牒存宗法,神权倡大酋。华夷严析界,
文野划分流。鲁史通三统,微言尚可求。

耗矣衰周会,乾坤欻晦冥。尼山嶓一老,大业订群经。异学纷深轸,
斯文炳日星。千秋开化史,高望想仪型。

九流方鉥析,百喙各纷纶。亦有宗风盛,畴探太史真。无为聃道德,
兼爱墨精神。余子骈枝耳,厄言勿更陈。

洙泗风徽邈,姬嬴学界盲。闻知邹孟圣,祭酒赵荀卿。卫道功殊绝,
传经业固宏。小康大同说,来者漫纷争。

黯黮秦灰劫,辛勤鲁壁搜。六经充秘府,百氏溢支流。家法殊今古,
师儒盛董刘。西京诸博士,大义烛潜幽。

训诂形声学,东都竞发明。六书许叔重,三礼郑康成。□长[1]无双誉,
经神盖代名。遗编今东阁,谁与撷菁英?

太息清谈祸,萧条晋室空。中原几胡羯,江左一儒宗。云曀寥天夕,
澜回巨澥东。岂知文武尽,遗恨古今同。

六代摛华藻,三唐绣悦鞶。艳香熏摘易,文史博通难。弘识尊刘杜,
高言振李韩。如何郊岛辈,一字费吟安。

泰东心理学,极盛宋明贤。主静全希圣,良知或堕禅。阴阳探太极,
无有证天泉。一自王黄逝,前修遂邈然。

狼鹿横中夏,狐枭踞上台。缘秦天竟醉,揖盗祸谁胎? 种族黄书痛,
文章黑狱哀。空余笺疏学,白首捃蒿莱。

窃国乘□运,[2]张纵弋俊民。美新文竟媚,□夏[3]义长湮。垒树阁胡帜,

---

1 "□长",原本阙上字,疑当作"季长"。马融,字季长,后汉经师,推重许慎,谓"五经无双许叔重"。见《后汉书·儒林传》。

2 "□运",原本如此,当作"胡运"。

3 "□夏",原本如此,当作"夷夏"。

车扬惠戴尘。龚生吾最许，渊想妙无垠。

飞扬专制焰，桔柽自由权。暗室仍蘸照，飚轮倏变迁。灵光新世界，古涕旧山川。物竞归天演，欧风醉大千。

刘生今健者，东亚一卢骚。赤手锄非种，黄魂赋大招。人权光旧物，佛力怖群妖。倒挽天瓢水，回倾学海潮。

当代章□□，[1] 与君同绝伦。渊源百家学，卓荦两天民。举国喧蛙黾，斯人泣凤麟。怀哉不可见，矫首问苍旻。[2]

23 日，《政艺通报》第五年丙午第 8 号"上篇·政学文编"续载《古政原论》（《古代田制论》），署名刘光汉。

本月，所编《中国文学教科书》第一册出版，署刘师培编辑，上海国学保存会印刷，为《国学教科书》之一。《伦理学教科书》第一册再版。

陈去病自歙入浙，游历杭州等地。至 7 月，复入歙县。[3]

6 月 6 日，《政艺通报》第五年丙午第 9 号"上篇·政学文编"续载《古政原论》（《古代兵制论》《古代刑制论》《古代学校论》），署名刘光汉。《古代学校论》改作后，收入《左盦集》卷一，题作《成均释》。

11 日，《广益丛报》第 108 号"下编·文章门·国粹"续载《国学发微》，无署名。

《国粹学报》第 17 期出版，"学篇"刊载《孔学真论》、《补古学出于史官论》（自注："原论见第一期内。意有未尽，故作此补之。"），"丛谈"续载《国学发微》《小学发微补》，均署名刘光汉。

案，《小学发微》，今未见其书。《章太炎再与刘申叔书》称："大著《小学发微》，以文字之繁简，见进化之次第，可谓妙达神指、研精覃思之作矣。"刘师培《周末学术史序·文字学史序》云："如'羊'字之音，近于羊鸣；'雀'字之音，近于雀鸣；'鹰'字之音，近于鹰鸣；'鸦'字之音，近于鸦鸣是也。见旧作《小学发微》。"所引即《小学发微补》第 23 条。钱玄同于《左盦外集》卷六《论小学与社会学之关系》文末案语，以为《小学发微》即《论小学与社

1　"章□□"，原本如此，当作"章炳麟"。时章太炎在狱中，故讳。

2　棣臣：《题〈国粹学报〉上刘光汉同志诸子》，《国粹学报》第 6 册，第 2353—2356 页。

3　张夷主编：《陈去病全集》第 6 册，第 72—73 页。

会学之关系》之异名，然刘师培《周末学术史序·文字学史序》既引《小学发微》，又引《小学与社会学关系篇》，其他文章中亦有类似称引，是为两书甚明，钱说不足信。

22 日，《政艺通报》第五年丙午第 10 号"上篇·政学文编"续载《古政原论》（《古代学校论》《古代商业论》《古代工艺论》）完，署名刘光汉。

案，《古政原论》改写后，收入刘师培所编《中国历史教科书》第一册中。其中，《总论》与《中国历史教科书》第一册第十二课、十三课《古代之政治》（上、下）相合，《古代阶级制度论》与第十四课《古代阶级制度》相合，《古代封建论》与第十五、十六课《古代之封建》（上、下）相合，《古代风俗论》与第二十三课《古代之风俗》相合，《古代官制论》与第二十六课《古代之官制》相合，《古代田制论》与第二十七、二十八课《古代之田制》（上、下）相合，《古代兵制论》与第二十九课《古代之兵制》相合，《古代刑制论》与第三十课《古代之刑法》相合，《古代学校论》与第三十一课《古代之学校》相合，《古代商业论》与第三十二课《古代之商业》相合，《古代工艺论》与第三十三课《古代之工艺》相合。

29 日，章太炎刑满出狱，蔡元培、叶浩吾、蒋维乔等到工部局门前守候，接至中国公学，当晚登船，随孙中山所派迎接人员赴日本东京，主持《民报》。

暑假，苏曼殊至上海，晤刘三，结识柳亚子、高天梅、陈陶遗、朱少屏。旋与陈独秀赴日本，寻义母河合仙，未遇。[1]

马君武自日本东京帝国大学毕业，返沪，任中国公学理化教授，并任同盟会上海分会会长。

同盟会江苏分会在上海宁康里机关召开第一次会议，蔡元培、刘师培、张昭汉等三十余人莅会。

7 月 1 日，《钱玄同日记》载："余购去年之《国粹学报》等而归。"[2]

6 日，《政艺通报》第五年丙午第 11 号"上篇·政学文编"刊载《周代官

1　马以君编注:《苏曼殊文集》下册，第 799 页。

2　杨天石主编:《钱玄同日记》（整理本）上册，第 50 页。

制发微》，始载《汉代法制发微》；"附录·湖海青灯集"刊载《中国文学教科书第一册序例》，均署名刘光汉。

11 日，《国粹学报》第 18 期出版，"社启"刊载《劝各省州县编辑书籍志启》（并凡例），"学篇"续载《群经大义相通论》（《〈周官〉〈左氏〉相通义》），"丛谈"续载《读左札记》，均署名刘光汉。

21 日，《政艺通报》第五年丙午第 12 号"上篇·政学文编"续载《汉代法制发微》完，署名刘光汉。

8 月 9 日，《国粹学报》第 19 期出版，"社说"刊载《论中国宜建藏书楼》，"丛谈"续载《小学发微补》，均署名刘光汉。本期"学篇"刊载廖平《公羊春秋补证后序》《公羊验推补证凡例》《〈春秋〉孔子改制本旨三十问题》，均以今文家立说。章太炎作《与刘光汉书三》（即《国粹学报》第 24 期《某君与某书》），提出批评，此后《国粹学报》遂无廖平文章。

案，廖平（1852—1932），原名登廷，字旭陔，改名平，字季平，号六译，四川井研人，1852 年（清咸丰二年）生。1874 年参加院试，获第一名，补为县学生。1876 年入尊经书院，师事王闿运。1879 年己卯科举人。1890 年庚寅科进士，以知县用，旋改授龙安府学教授。历任射洪安岳教谕，绥定府学教授，尊经书院襄校，嘉定九峰书院、资州艺风书院、安岳凤山书院山长等职。自称研求宋学，渐而专析今古文经学。其学善变，在 1888 年至 1889 年间，则尊今抑古，颇守今文家法。康有为《孔子改制考》《新学伪经考》即由此推衍而成。1912 年刘师培任四川国学院院长，聘其讲经学。1914 年任四川国学专门学校校长，后兼高等师范、华西大学教授。1922 年辞退。1932 年 6 月 5 日，由嘉定返里途中病逝。著有《今古学考》《四益馆经学丛书》《六译馆丛书》等。

章太炎《与刘光汉书三》云：

《学报》钩微探（喷）〔赜〕，宣扬国光，诚所崇仰。独其中所录《公羊》诸说，时有未喻。

严、颜立学，须以发策决科；劭公《解诂》，独推胡毋条例。彼既远在汉初，未睹《左氏》，随文发例，亦无菁焉。劭公生值炎季，古文师说，灼然见明，然犹党同妒真，自誓墨守，捃摭纬候，多及百条，适足使人迷罔。魏、晋以来，其书废阁，非无故也。刘申受辈，当戴学昌明之世，研寻古义，苦其烦碎，拾此吐果，自名其家，固所以便文士。常州儒人，媢嫉最甚。古文辞之笔法，受之桐城，乃欲自为一派，以相抗衡。其所谓今文学派者，志亦若是而已，然犹援据师说，语必有宗，不欲苟为皮傅。公羊学之所以为公羊学者，本贵墨守，不贵其旁通也。□□□耳食欧书，惊其瑰特，则又旁傅驺氏，通其说于赤县神州，至谓雅言即翻译，翻译即改制，荒谬诬妄，更仆难终。仆尝见其全书，举《庄子》"玄圣素王"之语，谓"玄圣"即周公，（案，玄圣即孔子，见《剧秦美新》。纬书以孔子为水德，黑、绿不代苍、黄，故旧有玄圣之号。□氏以庙讳书"玄圣"作"元圣"，谓即周公。周公在古，未有"元圣"之名，《逸周书》言"元圣武夫"，非指周公为说。称周公为"元圣"者，始于时文家之破题耳。□乃据以为说，伧陋实甚。）此可谓全未读书者。今乃录其学说，不已过乎？又，□□□文学深湛，近世鲜其畴类。仆亦以为第二人也。而门下标榜，乃谓擒迹史迁，俾倪韩、柳，则亦誉过其职。鄙意提倡国学，在朴说而不在华辞。文学诚优，亦足疏录，然壮言自肆者，宜归洮汰；经术则专主古文，无取齐学。（《穀梁》《鲁诗》皆可甄录，《公羊》、辕固则无取焉。）

　　君家世治《左氏》，诚宜笔其精粹，以示后生。仆亦素崇子骏，考迹《新论》，则知子政父子，非有异端。（前已有一书言之。）由此上窥，乃及贾生训故。昔尝作《左氏读》，约有五十万言，藏在箧中，未示学者。曾以语君，求为编次。当时书笥已失，今复寻检得之，复欲他人编排年月，则已不可得矣。臣精销亡，又未能躬自第录，唯《叙录》一篇，文成二万，当觅书手移写，更以寄君。窃谓申受见之，唯有匍匐却走耳。宋人程公说《春秋分记》，寻求未获。孙渊如尝赞是书，以为远过顾栋高辈，更望代为寻取。

　　书此达意，兼问起居。如有德音，无吝金玉。

钱玄同注云：

　　此书中第一□□□及注中之□，原文为"廖季平"三字及"廖"字。章公所讥廖氏之说，见《国粹学报》第十九期所载廖氏《公羊春秋补证后序》《公羊验推补证凡例》《春秋孔子改制本旨三十问题》三文之中，略一检寻，即可审知。至第二□□□，则原文为"王壬秋"三字，此余昔年亲闻诸章公者。[1]

26日（农历七月初七），陶成章与龚宝铨、敖嘉熊等赴芜湖安徽皖江中学，居赭山。28日，陶成章作书致韩静涵，称：

> 章等于本月七日到芜湖，现居赭山。嗣后若赐教言，请寄芜湖赭山皖江中学堂可也。[2]

敖嘉熊来芜湖时，偕徐慕达同行。徐慕达（1878—1908），字小波，浙江平阳县农家子。刘师培曾为其作传，云：

> 少好勇，筋骨果劲，能曳牛倒行。长善击掊，通少林拳法，十人莫当。里闾惮之。性伉直，重气任侠。知浙江多党会，遍结其魁，以是数犯法。尤喜事，其趋人急，水火勿避也。嘉兴敖嘉熊者，少志排满，以浙东民风刚劲，冀收其用，规创温台处会馆，用弘招纳。游平阳，识慕达贤，延归，主其家，饮食必共所。慕达任气使酒，醉，与少年角力，伤数人。或告嘉熊：弗远慕达，害将及。嘉熊愤曰："慕达非负我者。"益厚慕达，或斥资代偿博负。慕达钦其义，誓结生死。闻毁嘉熊，辄瞋目抵几，面尽赤。岁丙午，师培游芜湖，招嘉熊往。慕达与偕，居安徽公学，间授校生技击。居数月，随嘉熊归。时嘉熊资浸落，会馆筑费逾千金，责偿温、台人，温人多怨。黠者途毙嘉熊，弃尸于水。逾日得尸，索犯者主名，久弗得。慕达大愤，昼夜泣。或劝归平阳，慕达叹曰："敖君遇我厚。敖君为国故死，吾将为敖君死也。"以清戊申年八月□□仰药而卒，年三十。[3]

此时，苏曼殊由日本回国，应刘师培之邀，由长沙明德学堂至安徽皖江中学任教，结识邓绳侯（蓺孙）、江彤侯（一木）、张伯纯（通典）及陶成章（焕卿）、龚宝铨（薇生）等。苏曼殊至芜湖后，与刘师培全家同住弋矶山（俗

1　章炳麟：《与刘光汉书三》，《仪征刘申叔遗书》第1册卷首，第49—50页。

2　汤志钧编：《陶成章集》，北京：中华书局，1986年，第74页。

3　刘师培：《徐慕达传》，《左盦外集》卷十八，《仪征刘申叔遗书》第12册，第5351—5352页。

称野鸡山）下。此时，刘师培肺病发作。9 月 13 日，苏曼殊在芜湖作《与刘三书》，略称：

> 申江别后，弟即偕仲甫东游。至处暑后，始抵皖江。
>
> 途闻叶君清漪亦在南京师范传习所，常相见否？晤时乞道念。太炎先生现寓东京新宿，兄处常通信息否？少甫兄同住山顶，体弱异常，日以颎颎。此间学堂，俱已开学，但须待来月方可上课也。
>
> 弟甚欲过宁，与诸公谈别后事，以他缘"行不得也哥哥"。深望我兄与海航哥于中秋节来此晤谈数日，以抒积悃。[1]

案，本年处暑为 8 月 24 日，中秋节在 10 月 2 日。陈奇据此信中述及"太炎先生现寓东京新宿，兄处常通信息否"询问语，以为：本年暑期苏曼殊应刘师培邀请赴芜湖任教，一月后离开芜湖到上海，稍后，刘师培亦因无法立足芜湖回到上海。9 月初，苏曼殊偕陈独秀东渡日本，旋于 9 月中旬返回芜湖。几乎与苏曼殊东渡同时，刘师培也去了日本，10 月底或 11 月初从日本返回芜湖。[2] 此说不确。刘师培此时因肺病，体弱异常，无法东渡日本，其时仍在芜湖，且作有《芜湖赭山秋望》诗。[3]

本月，所编《中国历史教科书》第二册出版，署名刘师培编辑，上海国学保存会印刷，为《国学教科书》之一。

9 月 1 日，慈禧太后下诏，准备"仿行宪政"，清政府预备立宪开始。

8 日，《国粹学报》第 20 期出版，"丛谈"续载《读左札记》《读书随笔》（《太康失邦非避羿乱》《稷契非帝喾子》《夙沙即肃慎》），均署名刘光汉。本期《国学保存会报告》（第一号）"特别捐款题名"载：仪征刘光汉先生捐洋五十元；"捐基本书题名"载：仪征刘光汉先生捐出、寄存基本书六百六十册。[4] 又为编辑乡土教科书，征求各省府县志，有《征各省府县志书启》，云：

> 德儒萨尔曼氏谓：教授历史之初，必先授以乡土史谈，俾其抚前代遗迹，以得直观之方便。不惟历史而已，即地理亦然。希尔列尔之

1　马以君编注：《苏曼殊文集》下册，第 469 页。

2　陈奇：《刘师培年谱长编》卷四，第 166—168 页。

3　刘师培：《左盦诗录》卷二，《仪征刘申叔遗书》第 12 册，第 5492 页。

4　《国学保存会报告》（第一号），《国粹学报》第 6 册，第 2993 页。

乡土志，其分目至细，且与府县志不相混合，如是乃能唤起爱乡心，即由此而生爱国心，斯小学校教师之不可不知者也。吾国今日欲培养国民，使受完全之教育，莫重于小学。敝会以保存国学为愿，兹已编辑各行省乡土史志、小学教科书，次第出版。惟取材固贵最近之调查，而征引实不能不有资载籍。内地搜求不易，尤望爱国诸君寄示各行省通志、府志、县志、乡志、族谱及地方物产志等书，俾敝会得从事编辑，以饷国民。而诸君子亦得以表扬其爱乡土、爱国之心，其于国学前途，必蒙大影响矣。谨启。[1]

上旬，马君武、黄兴等在上海四马路创立广艺书店，作为同盟会交通机关。

17日，《广益丛报》第117号出版，"下编·文章门·短品"刊载《中国文学教科书第一册序例》，无署名。

26日，钱玄同首次致信章太炎。因钱玄同本月19日曾购《民报》《国学讲习会略说》，28日至民报社，定《国学讲义》及《革命评论》，10月6日又再次致信章太炎，疑两次致书，可能与钱玄同参加国学讲习会活动有关。

下旬，苏曼殊自芜湖赴南京，又晤刘三，作画寄赠刘师培。其画跋云："丙午，重过莫愁湖，画寄申叔。"[2]郑逸梅《清娱漫笔》云：

《丙午重过莫愁湖画寄申叔盟兄》的一帧，现今度藏在我处。这画曾印入《曼殊上人墨妙》中，纸本，纵约七八寸，横一尺许，画作远山荒堞，水波浩渺，垂柳板桥间，泊一小舟，僧人立堤畔似欲唤渡，意境很是超脱。墨笔不设色，更觉高古。原来这画是画给刘申叔的，申叔也常寄寓邓秋枚的国学保存会中，申叔留画会中没有携去。后来申叔病故，画归秋枚保存。数年前秋枚逝世，画为其弟秋马所有。秋马喜欢搜罗明代名人尺牍，我把旧藏一部份明人信札赠给他，他慨然把这幅《莫愁湖图》让给我，我就请吴眉孙老诗人题写了几个字，配着镜框，悬挂在我

1　《征各府县志书启》，《国粹学报》第6册，第2994—2995页。
2　马以君编注：《苏曼殊文集》上册，第347页。

的纸帐铜瓶室中。……这幅《莫愁湖图》，山水苍茫中着一僧人。[1]

10 月初，陈去病始游历黄山、歙州等地，出入皖、浙之间。

6 日，苏曼殊由芜湖复刘三书，云：

> 昨日到芜。此间风潮愈出愈奇，不可思议。焕卿、薇生与曼，日间当拂袖去矣。过江时，或可再图倾倒也。[2]

所谓"此间风潮"，指皖江中学安徽籍教员攻讦皖江中学监督邓艺孙招致外人，致有殴斗之事。当时误传，谓江彤侯为幕后鼓动者。本月，苏曼殊致书皖江中学教员卢仲农、朱谦之，亦云：

> 奈何徽州诸公，必欲将总理殴死，卒致大局无可收拾，反谓总理破坏学堂，乌睹所谓佛性者乎？贤如两公，尤不能使人无责备也。我闻有谓江君彤侯于中播弄，致有此次风潮。然耶，否耶？匪夷所思！曼亦与江君为至友，如其有之，当愿两公劝渠痛改前非，善果则不远矣，亦大善士所不宜得已者耶。[3]

7 日，《国粹学报》第 21 期出版，"社说"始载《编辑乡土志序例》，署名刘光汉。

8 日，钱玄同收到章太炎对其 9 月 26 日及本月 6 日所发希望结交信的回复，为章太炎首次给钱玄同复信。其《日记》载："西狩片，知前信已得，且愿结交。"[4]

17 日，《山东国文报》丙午年第 17 期出版，"考古之文"栏载《论古代人民以尚武立国》，署名刘光汉。

中下旬，陈去病有《山中寄刘申叔》诗二首，诗云：

> 山北山南网四张，惊鸿何事独回翔？闭门种菜君须记，忍复相随齐武王。
>
> 由来韬晦良佳事，不见当年田舍翁。落落青田一秀士，乘时也得奏

1　郑逸梅：《苏曼殊遗墨〈莫愁湖图〉》，《清娱漫笔》，上海：上海书店，1984 年，第 51—52 页。

2　马以君编注：《苏曼殊文集》下册，第 472 页。

3　马以君编注：《苏曼殊文集》下册，第 472—473 页。

4　杨天石主编：《钱玄同日记》（整理本）上册，第 61 页。

元功。[1]

案,此诗收入《浩歌堂诗钞》卷三。此卷系年于丙午,各诗以时间先后为序。此诗前有《九月朔日偕迈枢作齐云之游出门口号》(即本年 10 月 18 日),其后即《九月初七日新安江上观水嬉并为有明尚书苍水张公作周忌》(即 10 月 24 日),故系其事于此。

21 日,钱玄同首次与章太炎见面,其日记云:

> 下午访西狩,道貌蔼然,确是学者样子。入室,见满架皆旧籍。西狩方握笔作《内典学》文字,与之谈及近人一切,并代布宣定《国学讲义》一份。后观云来,余乃走。[2]

27 日,《广益丛报》第 120 号"中编·学问门·学案"刊载《孔学真论》,署名刘光汉。

11 月 1 日,《山东国文报》丙午年第 18 期出版,卯编续载《论古代人民以尚武立国》,署名"国粹报"。

月初,刘师培由芜湖经南京至上海治病,带去邓艺孙赠苏曼殊《忆曼殊阿阇黎》绝句一首。途经南京时,曾经小住几日,有《燕子矶》和《清凉山夕望》诗。

苏曼殊收到邓艺孙赠诗后,作画回赠,载 1908 年 3 月《天义》第 16—19 卷合刊(春季增刊)"图画"栏,有跋云:

> 怀宁邓绳侯先生荍孙,为石如老人之曾孙,于其乡奔走教育。余今夏至皖江,就申叔之招,始识先生,与共晨夕者弥月。后余离皖之沪,月余,申叔亦来,出先生赠余一绝,云:"寥落枯禅一纸书,欹斜淡墨渺愁予。酒家三日秦淮景,何处沧波问曼殊?"今别先生,不觉半载,积愫累怖,云胡不感?画此奉寄。丙午,曼殊记。[3]

6 日,《国粹学报》第 22 期出版,"社说"续载《编辑乡土志序例》,"政篇"刊载《春秋时代地方行政考》(全文未完,无续载),"史篇"载《汪绂传》,"学篇"始载《正名隅论》,"文篇·文录"载《书〈曝书亭集〉后》《书〈汪小穀先

1　张夷主编:《陈去病全集》第 1 册,第 51—52 页。

2　杨天石主编:《钱玄同日记》(整理本)上册,第 64 页。

3　万仕国、刘禾校注:《天义·衡报》上册,北京:中国人民大学出版社,2016 年,第 37 页。

生遗书〉后》，"丛谈"续载《小学发微补》、《读书随笔》（《秦汉说经书种类不同》《汉人之称所自来》《用水火必时》《艡当作橋》）、《读左札记》，均署名刘光汉。

案，《正名隅论》后裁出部分内容，改作为《古韵同部之字义多相近说》，收入《左盦集》卷四。

本期"附录"《国学保存会报告》（第二号）载《已出版国粹丛书》，云：

> 本会为发扬国光起见，搜罗佚书遗籍，皆择其钞本或孤本，汇刊为《国粹丛书》，共分三集。第一集著述类，凡有关学术之书而极精至粹者；第二集诗文集类，凡宋明遗民逸老之遗集；第三集稗史类，凡宋明至今之野史私乘，有关纪载，无愧直笔者。三集之中，其稗史一类，凡《胜朝遗事》《荆驼逸史》《明季（禅）〔稗〕史》《纪载汇编》四书所已丛刊者，兹不复刊；四书所未刊者，则搜求而汇刊之，庶于四丛刻之外，复成一大部之稗史丛刻焉。现已出版者，计第一集五种，曰《明二大儒墨迹手帖》，曰《明十完人墨迹手帖》，曰戴东原《孟子字义疏证》，曰戴东原《原善》，曰包慎伯《说储》；第二集三种，曰谢皋羽《晞发全集》，曰《吴赤溟集》，曰《投笔集》；第三集十二种，曰黄梨洲《行朝录》，曰《劫灰录》，曰《余生录》，曰《草莽私乘》，曰《甲申传信录》，曰《子遗录》，曰《金陵癸甲摭谈》，曰《陆右丞蹈海录》，曰《南渡录》，曰《孤臣泣血录》，曰《烬余录》，曰《辛巳泣蕲录》，共成书二十种。其余续刊者，尚有多种，将次第出版焉。[1]

又载《编辑十八行省乡土历史地理格致小学教科书兼办神州乡土教育杂志》，云：

> 敝会窃以小学一级，为培养国民之基础。泰西各国教育，咸注重乡土史志一门，就其见闻中最亲切有味者以为教授，则其记忆力与感觉力，皆易黏触，所以感发其爱乡土心，由是而知爱国也。吾国今日当重小学教育，夫人皆知，而惟乡土史志教科书，坊间尚无善本。盖抉择甚难，非通才不办也。敝会以保存孤学、发扬国光为愿，特集合国学深邃

---

1 《国学保存会报告》（第二号），《国粹学报》第 6 册，第 2997 页。

数人,编辑十八行省乡土史志教科书,举吾国可宝可贵之事物,编为课本,务求合初等小学之程度,以印入全国青年脑中。又创办《神州乡土教育杂志》,月出一册,为教科课本之参考书,以备小学校老师之研究。兹准于明年正月次第出版。敝同人殚心竭力为此,实期爱国教育普及全国,庶几以偿敝会保存孤学、发扬国光之大愿。海内爱国君子,或有取焉。[1]

11 日,《复报》第 6 期刊载天梅《奉寄刘光汉先生》诗三首,云:

> 扫荡妖氛树一军,麟歌凤叹泣斯文。厄言日出伤流俗,手障狂澜赖有名。

> 诗魂剑胆肯消磨,哀乐中年百倍多。尸冢之间竞跳掷,白杨萧瑟奈侬何。

> 板荡中原直到今,空山老我抱青琴。徘徊汉月婆娑影,远隔江湖共此心。

18 日,汪公权在上海加入同盟会,主盟人为吴春阳[2]。

19 日,国学保存会藏书楼在上海举行开楼礼。据《国粹学报》第 22 期《国学保存会报告》(第三号)《开楼纪事》载:

> 本会藏书楼于十月初四日举行开楼礼,来宾到者甚众。午后一时开会,由创办人邓君秋枚报告本会所办之事,共分五科:一、发行《国粹学报》;一、编辑《国学教科书》;一、刊行《国粹丛书》;一、设立藏书楼;一、设立国粹学堂。计前四科,业已陆续开办,基础已成。《国粹学报》已出至二十二期,《国学教科书》已编印五种,《国粹丛书》已刊行二十余种,藏书楼所庋之书,由创办人所捐及同志诸君子所赠者共七万余卷,其中孤本、钞本之书一万余卷。国粹学堂亦拟有简章、学科、课程表,现方组织一切,定于明春开办云。五科之外,另办之事,复有二:一为编辑十八行省乡土历史、地理、格致小学教科书,一为编中国博物教

1　《国学保存会报告》(第二号),《国粹学报》第 6 册,第 2998 页。

2　《中国同盟会成立初期(乙巳、丙午两年)之会员名册》,陈夏红选编:《辛亥革命实绩史料汇编》(组织卷),北京:中国大百科全书出版社,2011 年,第 353 页。吴春阳,又作"吴春飏"。

科书。顷方从事编辑,实力经营,务期成就。计明正当有十余省乡土历史、地理教科书出版焉。报告毕,合会员、来宾合照一影,以留纪念。三时,提议扩张藏书之办法。四时,茶叙散会。[1]

据《国学保存会报告》第一、二号,该藏书楼开办时约有书五六万卷,以邓实、黄节、刘师培三人之书作为基本书。其中:邓实捐存的基本书有三千册,各种旬报一千册;黄节捐存四千册,刘师培捐存六百六十册。次日(十月初五)正式开楼。藏书楼的宗旨是:庋藏古今载籍,搜罗秘要图书,分别部目,以供本会会员及会外好学之士观览。可见它不仅向国学保存会同人开放,也对社会上的好学之士开放。开放的时间是每天上午八时至下午五时,专门辟有一阅览室供读者阅览。进楼阅书须购买阅书券,阅书券分三种:一日券每张五分,一月券每张一元,长年券每张十元。藏书楼编有藏书目录供读者查询,对阅者来说甚为便利。顾颉刚谓其幼时到上海,就曾经到藏书楼看过书。

《国学保存会藏书楼募捐启》[2]云:

> 国学保存会成立既半载,藏书楼典籍日益增,四方珍帙,远近而集。计至今所庋汉文之书,刊本、钞本,已有二万余册、十五万余卷矣。基础稍立,同人等乃敢以劝捐之文,求将伯于我海内外好学爱国诸君子之前曰:

> 呜呼! 此区区之书虽小乎,固我先民祖考之精神所式凭者也。夫人既不能救民以事,乃欲救民以言,不得已而著书。有积数十年之精力毕萃于此者,固欲其书之传,庶几以救吾民云尔。虽其书之足以救世与否不可知,而其用心之勤、好学之笃,亦有足多者。虽在异国之士,犹将感发兴起,矧为吾同国之先进乎?

> 今人无不知爱其国者。爱其国,无不知爱其国之祖考先民者。顾知爱我先民祖考,而不知爱我先民祖考之学与所著之书,则其爱犹未至也。何也? 此先民祖考之书,固我先民祖考之精神所悉寄焉者也。夫

1　《国学保存会报告》(第三号),《国粹学报》第 6 册,第 2999—3000 页。

2　《国学保存会藏书楼募捐启》,《广益丛报》第 137 期,短品门。

群学公例，人生于世，不能有食而无报。先民之书，即先民之所以报也。吾人之保我先民之书，即我之所以报先民，而即以报斯世也。故同为一国之民，同为一国先民之子孙，对于先民之书，皆有保存之责。馨香手泽，千载如新。见先民之书，则如见先民；爱先民，尤爱我先民所著之书，则吾神州之国光，不在斯乎？

嗟乎！吾先民精神所寄之高文典册，自秦火之残、咸阳一炬，孝献移都，图书所收而西者，仅七十余乘。五胡云扰，中原涂炭。刘裕平姚，收其图籍，五经子史亦才四千卷耳。是故经一朝兵燹，则先民之典籍散亡一次。使无抱残守阙者，收拾于山岩屋壁之间，则载籍沦亡，文献无征。无以见先民之书，即无以见先民之学，而一国之光者不光矣。自元明以来，绛云、汲古、万卷、世学，无不聚书至盛。乃兵烽所及，芸编玉轴，云灭烟销。非特其书之亡也，即其目录亦不可见，岂非当日士君子不知保守残阙之过哉？昔王梦熊谓陆君实遗书不传于宋亡之后，谓为一时士君子不肯少置手眼于闲冷之地。今之时，去宋又不同矣。宋之亡也，其士君子熏心富贵，始不肯置手眼于闲冷；今之时，国犹未亡也，其士君子熏心富贵，已先弃旧籍如弁髦。及今不图，则更后三数十年，兵火一至，荡为灰烬，谁复向烬余寒灰之中少置手眼乎？

呜呼！旧国旧都，望之畅然。典册常新，风徽未泯。此区区之书虽小乎，我先民祖考之精神，实式凭之。黄浦之滨，吴淞江上，他日有光气隐隐触霄汉而长留者，则斯楼之不朽，实诸君子之赐也。谨启。

其《募捐简章》云：

一、本楼支出，每月需楼租五十余元，司籍工役二十元，饭食二十元，约共百元，故常年经费约在一千二百元之内。

二、本楼收入，每月阅书券约一百余张，每张五分，仅得洋五元至七元之间，故不敷甚巨。全借热心君子慷慨捐助，俾得支持。

三、本楼假定募捐得银一万元，即可觅地兴工，自建楼所；或存殷实银号生息，以充常年经费。苟募足此巨款，则斯楼可以长存。

四、捐款概由本楼会计收存，经理人出具收据。所收捐款，按月登《国粹学报》报告内，以志盛谊；年终另刊出入报告节略奉览。

五、凡捐款二百元以上者，推为本楼名誉赞助员，本楼赠以长年阅书券十张；百元以上者，赠以长年阅书券五张；五十元以上，赠以长年阅书券二张；二十元以上者，赠以长年阅书券一张。第长年券一张，可换每日券三百六十张，因得分赠介绍亲友，持券到楼阅书。

六、所募捐款既充常经费之外，倘有余款，即以添购本楼所未有之书，逐渐扩充，以成完备。

七、倘蒙捐助，请交上海铁马路北爱而近路国学保存会事务所、上海四马路东惠福里国粹学报馆收。

中旬，因在安徽公学用革命思想讲授历史和伦理学，公开宣传反满反清革命，引起清政府的注意，刘师培全家离开芜湖回扬州，并托胡渭清将一百名新近吸收的同盟会会员名册送上海交蔡元培先生。《辛亥前安徽文教界的革命活动》称：

> 安徽公学员生在学校内外积极地进行革命活动，风声很大，特别是刘申叔等在校内公开宣传倒清，更为露骨，引起了清廷东南疆吏的注意。据说，两江总督端方曾告知蒯光典，他打算拿办安徽公学革命党人。经蒯婉言解释，端才没有下令实行。由于发生了这种情况，学校不免受到了影响，刘申叔等许多革命党人都呆不下去了，先后离开了芜湖，分往他处活动。[1]

刘师培离开芜湖后，敖嘉熊偕力士徐慕达返浙江嘉兴。刘师培《徐慕达传》云：“师培游芜湖，招嘉熊往。慕达与偕，居安徽公学，间授校生技击。居数月，随嘉熊归。”[2]

28 日，刘师培由扬州赴上海，于舟中作《邗故拾遗》自序，云：

> 昔焦理堂先生作《邗记》八卷，于郡邑沿革、职官变迁、兵争始末，旁及名宦乡贤之言行，记载靡遗，足补史乘之缺。虽所记之事，自古迄明，然明末遗闻，概从缺如。吾观汪容甫先生《广陵对》谓：“亡臣降子，不出于其间。”斯言也，非征之明季则不验。故参考志乘各书，旁及文

1　政协安徽省委员会文史资料工作组：《辛亥前安徽文教界的革命活动》，《辛亥革命回忆录》第 4 集，第 381 页。

2　刘师培：《徐慕达传》，《仪征刘申叔遗书》第 12 册，第 5351 页。

集说部,作《邗故拾遗》,以彰乡邦节义之盛。其以明末为限者,则以有焦氏之书在前也。丙午十月十三日序于焦山舟中。

案,刘师培此次赴上海,乃应《申报》之聘,担任撰述,与苏曼殊同住八仙桥鼎吉里同盟会江苏分会秘密机关(乃上年秋由宁康里迁来)。《刘氏五世小记》云:"光绪三十二年丙午,上海《申报》聘为主笔,撰社论。"[1] 1948年5月22日《申报》载郑逸梅《本报耆旧补谈》云:

> 江苏仪征刘师培,字申叔,张皇国学,诵说革命,尝与黄晦闻、邓秋枚诸子,创国学保存会于海上,刊行《国粹学报》。申叔即寄宿会中,兼任本报笔政。备一破旧包车,往返代步。每日撰一论文,而不具名,所论切中肯要,人咸传诵之。[2]

胡道静《申报六十六年史》云:

> 一九〇六年(光绪三十二年)秋冬之间,江都王钟祺(毓仁)、仪征刘师培(申叔)任《申报》编撰。二人均为旧学家,从提倡国粹,而感到民族被压迫的惨痛,所著社论,每纵论古今学术源流,示我族之悠久与优秀,而词意间露排满之意。《申报》的面目,顿由维新而转其倾向于革命。卒因江督端方注目,二人不久即离馆去。[3]

30日,《政艺通报》第五年丙午第21号"附录·风雨鸡声集"载郁仁《新年杂感示无畏》,当作于本年春节,诗云:

> 悔抛心力贸才名,百事年来一未成。泪已欲枯翻纵乐,死犹多恨暂求生。沉沉哀乐凋双鬓,草草河山战一坪。试问天津桥上道,那堪重听杜鹃声。

> 欲求遁世愁无地,回首中原泪数行。思倚昆仑弄南斗,独扶衰病送斜阳。苦无丝竹供陶(舃)〔写〕,羞与侏儒校短长。泪眼自枯人自笑,天回地转一沾裳。

12月2日,民报社在日本东京召开《民报》创刊一周年纪念会,到会者

1　梅鹤孙:《刘氏五世小记》,第36页。

2　郑逸梅:《本报耆旧补谈》,《申报》1948年5月22日,第8版,自由谈。

3　胡道静:《申报六十六年史》,《新闻史上的新时代·报坛逸话》附篇,上海:世界书局,1936年。《民国丛书》第三编第41册,第91页。

六千人。孙中山、章太炎等发表演说。

3 日,《申报》始载《论中国教育之弊》(5 日续完),文末署名汉,以为:

> 非教育之不足致富强也,教育既普及,在创设学校者,初无培植人才之意,不过借创设学校之名,以博当道者之奖励;或借以广通声气,为异日招权纳贿之基。在肄业学校者,亦非以求学为宗旨也,不过缘学级以迁升,以冀毕业文凭之幸获。是则学校者,人人视为利禄之途者也。既学校为利禄之途,则学校无殊于科举。
>
> 近岁以来,官办之学堂,其学生多汩没性灵;私立之学堂,其学生多增长浮气,与真气不同。在创办学堂者,以为精神教育不可不提倡,今日言自由,明日说改革,相习成风。人人自谓为国民,然其所谓精神者,非由于自动,实倚赖他人而发者也。使提倡者失其人,则向之所谓空精神者,一变而为虚浮,再变而为放诞。求一守规则、治实学者,渺不可得,则以气浮于外而虚于中也。……世有提倡学风者,必先以根柢之学植其基,又奚必空说精神教育哉![1]

5 日,《复报》第 7 期出版,刊载刘师培《运河诗》四首。

本日,《国粹学报》第 23 期出版,"社说"续载《编辑乡土志序例》,"政篇"始载《论孔子无改制之事》,"史篇"刊载《徐石麒传》《王玉藻传》,"学篇"续载《中国哲学起源考》《正名隅论》,"丛谈"续载《国学发微》《小学发微补》,始载《邠故拾遗》,均署名刘光汉;"文篇·诗录"刊载《书怀》《题〈风洞山传奇〉》《观物吟》《多能》,署名光汉。"撰录"载《某君与某论朴学报书》,为章太炎之作。

案,《论孔子无改制之事》中曾裁出部分内容,改作为《孔子作春秋说》《王鲁新周辨》,收入《左盦集》卷二;又改作为《释儒》,收入《左盦集》卷三。《风洞山传奇》载《中国白话报》第 4、6 期,吴梅著,署江东逋飞癯庵填词,汾阳飞侠薇伯评点。

本期《国学保存会报告》第四号载《发行国学讲义》云:

1　汉:《论中国教育之弊》,《申报》1906 年 12 月 3 日、5 日,第 2 版。《刘申叔遗书补遗》上册,第 450—452 页。

本会每月开讲习会,以商量旧学,互收切磋之益。自明春起,编为《国学讲义录》,月出一册,以三年讲毕为卒业。吾国典籍至繁,浩如烟海,学者苦无门径,每兴望洋之叹。又百家诸子,立说互歧;朱陆、汉宋,门户攸别,非探赜索隐,提要钩玄,深明学术之源流,何以造成有用之学? 本会正讲师刘君光汉,家传汉学,好学深思。其所讲述,渊博精微,多发前人所未发。有嘤鸣求友之益,无党同伐异之见。风雨如晦,鸡鸣不已。庶几读书申明大义,当亦爱国好学之士所乐闻也。[1]

《国学教科书第二册编成出版》云:

本会所编国学教科书分为五种,曰伦理,曰经学,曰中国文学,曰中国历史,曰中国地理。其第一册已于去岁冬出版,今第二册已次第编成付印,历史第二册现已出版,而经学、伦理、地理第二册,亦一律于年内出齐,以应学校按期教授。本会编辑此教科书之宗旨,原因吾国学术浩瀚渊博,非萃荟群籍,提要钩玄,折衷至当,不足以发挥国学之精粹。其事之难,非就外国科学之一面,有东西洋编成之本,可以按文直译者可比,故吾国至今尚无一精良之国学教科善本。本会有鉴于此,特任其难,由刘君光汉为总编辑,邓君秋枚为总参校。复集合邃于国学之士,参考互订,务求完善,编成此书,举我国五千年之学术,皆融会于此五种教科之中,庶以造成实学有用之才。至其内容精确渊博,有典有则,皆自出手眼,不用东文成本之片言只字。其详略得失,学者当自辨之。[2]

又有《已编成江宁江苏安徽广东四省乡土历史教科书及参考书》云:

本会所编十八行省乡土历史、地理、格致教科书,以供初等小学教授之用,盖使幼童入学,先感发其爱乡土之心,由是而知爱国,则教育之成,收效必远。今江宁、江苏、安徽、广东乡土历史及参考书(经)已〔经〕编成付印,明正当可出版。其余各省,亦陆续编辑。前拟月出《乡土教育杂志》一册,以为教科书之参考书,今改作附刊于每书之后,不另出

---

1 《国学保存会报告》(第四号),《国粹学报》第23期,报告。广陵书社影印本缺,兹据原刊。

2 《国学保存会报告》(第四号),《国粹学报》第23期,报告。

版,以期便捷焉。[1]

又有《募捐启》,云:

> 本会及藏书楼,除开办费外,常年经费每月需百余金,而添购书籍之费尚不在内。同人类多寒素,汲深绠短,深恐不克支持。所望海内外大夫君子,慷慨捐助,俾集众力而成此公益不朽之举,何幸如之! 西国藏书楼,皆有地方公款。吾国民德未兴,骤难语此。然近日国家主义渐渐发明,保存孤学,发扬国光,斯亦二三君子与有同责也。[2]

8 日,《申报》载《论各省界之说足以亡国》,署名汉,云:

> 处一统之世,不能合全力以御外侮,徒斤斤于省界之争。使长此不改,吾恐人心愈离,群力愈涣,外人得而乘其隙。一有祸乱,则同国之民且自相戕贼。故知省界之说,与亡国有密切之关系也。世有欲保存中国者,尚其持国界之说,废省界之说而不言,庶中国人民可以收合群之效,以保我中土乎![3]

11 日,《申报》载《论各省宜设局调查物产》,署名汉,以为:

> 近岁以来,东南各省,间设矿产调查局。然矿物仅物产之一端,矿产而外,植物、动物,均宜与矿物并崇。……且中国各学校,其教授博物,均用东、西之书为课本。推其极弊,养成重外轻内之风,于保存国粹之意,大相违驰。……惟各省之中,先设物产调查局,隶于提学司。颁发表格于各邑、各乡之有学校者,撰择谙悉学务之人,按地调查,列为一表。复将所产之原物,制为标本,以广流传,既供学校教科之用,兼备制造物品之资,庶愚民可以使之智,而贫民亦可使之富,或亦振兴中国之一助乎![4]

13 日,《申报》载《论新名词输入与民德堕落之关系》,署名汉,云:

> 中国民德之堕落,未有甚于今日者也。当数年以前,人民虽无新智

---

1 《国学保存会报告》(第四号),《国粹学报》第 23 期,报告。

2 同上。

3 汉:《论各省界之说足以亡国》,《申报》1906 年 12 月 8 日,第 2 版。《刘申叔遗书补遗》上册,第 453—454 页。

4 汉:《论各省宜设局调查物产》,《申报》1906 年 12 月 11 日,第 2 版。《刘申叔遗书补遗》上册,第 455—456 页。

识，然是非善恶，尚有公评。自新名词输入中国，学者不明其界说，仅据其名词之外延，不复察其名词之内容，由是为恶为非者，均恃新名词为护身之具，用以护过饰非，而民德之坏，遂有不可胜穷者矣。

今也欲救其失，其惟定新名词之界说，而别创新宗教乎！ [1]

16 日，郑孝胥、张謇、汤寿潜等在上海成立预备立宪公会。[2]

17 日，《申报》第 2 版刊载《萍乡匪乱汇志》，报道本月 7 日以来官军围剿萍乡会党事。

19 日，《申报》载《论萍乡之匪乱》，署名汉，以为：

山岳之地，异于平原；工业发达之地，异于农业发达之地。然工业发达之地，有滨于河海者，以其与商埠相近也；有邻于山岳者，以其与矿山相近也。然山岳之地，于农业极不便利；农业既不便利，则食易于缺乏。一旦工业发达，食谷之人日增，而产谷之地弗增，势必至于生乱，若今之萍乡匪乱是也。

今欲筹萍乡善后事宜，其惟速造铁路，以预筹民食乎！ 否则，匪乱虽平，忧未艾也。若夫增警察、设兵防、禁流民，固为萍乡切要之图，然非正本清源之策也。[3]

20 日，《民报》第 10 号出版，刊载章太炎《说林》，云：

仪征刘光汉赠余《字诂》《义府》，明黄生作也。其言精塙，或出近世诸师上。夫伪古文之符证，发于梅鷟；周、秦古音之例，造端于陈第。惟小学亦自黄氏发之，孰谓明无人乎？ 顾独唱而寡和耳。

顾宁人稍后黄氏，始为《易》《诗》作《本音》，以正《唐韵》。讫于江、戴、段、王，分部渐塙。外有孔氏，独明《东》《冬》之异。音韵通，文字可以略说，则小学始自名其家。然达者能就其声类以知通转，比合《雅》《诂》，穷治周、秦、两汉之籍；而拘者惟分析字形，明征金石，若王筠之

1　汉：《论新名词输入与民德堕落之关系》，《申报》1906 年 12 月 13 日，第 2 版。《刘申叔遗书补遗》上册，第 457—458 页。

2　《预备立宪公会开会纪事》，《申报》1906 年 12 月 17 日，第 4 版。

3　汉：《论萍乡之匪乱》，《申报》1906 年 12 月 19 日，第 2 版。《刘申叔遗书补遗》上册，第 459—460 页。

徒，末矣。苗夔稍知声音，亦肤浅无心得。莫友芝、郑珍、黎庶昌辈，皆宝玩碑版，用意止于一点一画之间，此未为正知小学者。方之唐人，犹不失为张参、唐玄度也。史官放堕，此曹复不可得。如其上者，通神旨，知义趣，余与刘生所有志也。下之求一点一画之是非，无所望于后生。

礼失则求诸野。匠师雕虫，贤于士人远矣。[1]

30 日，《政艺通报》第五年丙午第 23 号"附录·风雨鸡声集"载无量（谢无量）《赠无畏》诗，云：

纵横涕泪惊相见，重与班荆共一谈。时势日非君独往，姓名如故我怀惭。梅花已发归无计，萱草忘忧意亦甘。旋转乾坤需（竦）〔辣〕手，未容憔悴在江潭。

本月，刘师培编著《经学教科书》（第二册）、《伦理教科书》（第二册）、《中国地理教科书》（第二册）、《江苏乡土历史教科书》（第一册）、《安徽乡土历史教科书》（第一册）由上海国学保存会出版。同期出版的还有陈庆林的《湖北乡土历史教科书》《直隶乡土历史教科书》和《江西乡土历史教科书》，黄晦闻的《广东乡土历史教科书》等。

冬，陈去病辑《松陵文集》成，刘师培为之作序。是书于 1910 年冬至 1911 春间始得印行。

本年，章太炎致书刘师培，希望其专心《左传》研究，发扬国学。称：

国粹日微，赖子提倡。泛滥群籍，未若塼精一家。君以贾、服古文奕世载德，年力鼎盛，必当比辑成书，岂效稚存《左诂》，率尔操觚，自矜博览而已。弟研精此《传》，殆逾十年，中更忧患，未能成帙。今者修吾故服，亦颇沾沾自憙，而独弦寡和，方更寂寥。念昔仲师与侍中同处明、章之世，征之史传，未有交通踪迹；彼此商榷，复无其文，良为悼恨。吾辈生丁衰季，与郑、贾二公所遇殊绝。子漱江流，我迎日出，相距一苇，竟无遇期。方之前哲，又益悲矣。书此敬问起居不傺。[2]

此文后刊于 1907 年 1 月 4 日《国粹学报》丙午年第 12 号，题作《某君与某书》

1　章炳麟：《〈说林下〉一则》，《仪征刘申叔遗书》第 1 册卷首，第 51—52 页。

2　刘师培：《仪征刘申叔遗书》第 1 册卷首，第 50—51 页。

之二，署"刘子骏之绍述者"。据此书言"子漱江流，我迎日出"，乃据刘师培在上海、太炎在日本立言，知作于本年。

章太炎又作书与刘师培，论《左传》疏证、《明史》编撰、词典编辑等事，称：

> 连接三书，以事冗未及答。今少得暇，敬陈鄙意，以俟采择。《春秋》书"朝"，而无三时之礼。君云鲁在东方，得之。然"公及宋公遇于清"，则遇礼未尝不举，而事在造次，当不及会礼之详备。是知"遇"名与《周礼》同，"遇"实与《周礼》异。素王改制，固无其文；桓、文霸政，亦未墙尔。此绝不可解者。刘、贾以"遇"为冬遇，此即取《周礼》为说，无如事在夏时，不应反行冬礼。《曲礼下》云："诸侯未及期相见曰遇。"此为今文家说。征南取以解经，于情转惬。窃疑《周礼》亦有损益，纬书《文耀钩》有"成周改号""苌弘分官"之说，恐前此固尝修改，非必始于苌弘也。前书云："孤卿非齐、晋所无。""齐、晋"指桓、文霸制，文尚未明，故君疑谓齐、晋二国耳。春秋上公之国，惟有宋在，或亦自行殷礼，无《周礼》孤卿之制。然三监之称公，见于《仪礼》，则亦与孤卿同体。周室旧封，惟卫最大，实兼殷畿千里之地。（郑谓邶、鄘为卫所并，此未必然。邶、鄘所载，皆是卫事。若为卫所并者，则邶、鄘自当有《诗》。如桧为郑所并，魏为唐所并，而《桧》《魏》二风，自载彼国之事，不载郑、唐之事也。）其后方伯之国，亦当自有其官。观卫、晋皆置六卿，未必僭拟天子；其三，即"三监"耳，而《春秋》书此，亦与三命之卿无异。且卿亦书为"大夫"，此岂绝无取义？或"大夫"为孤、监、命卿之通称，文从省略则然乎？若夫五十凡例，不足尽《传》文之旨，君言诚是。而刘、贾、许、颍复于《传》文之外，自为枝梧，则不足致意者。今欲作疏，惟就征南《释例》，匡救其违。先于篇首为条例数十篇，然后随事疏证，各附其年，斯纲纪秩如矣。康成笺《诗》，必先作《谱》；辅嗣说《易》，亦有《略例》。此则揭示大义，自与随文训说有殊，可据以为法者也。征南《释例》，惟拘于赴、告者，必当匡救，其余可采者多。即如贾侍中言，《左氏》"义深君父"，此与《公羊》反对之辞耳。若夫称国弑君，明其无道，则不得以"义深君父"为解。征南于此，最为闳通。而近世鲰儒，多谓

借此以助典午。如焦里堂、沈小宛辈，可谓深通古义矣，于此犹龂龂忿争，则所谓"焦明已翔乎寥廓，弋者犹视乎薮泽"也。征南短丧之说，亦为近儒所诮。若夫据《檀弓》所述曾、申之说，则《左氏》本无此义。惟文公于丧中纳币，而《传》谓知礼者，或由历记有讹，诚难猝定。其他卒哭、除服之法，未有明征。然春秋诸大国，惟鲁、卫、齐、晋，周室所封，宜秉周礼；秦、楚僻远，或杂前王之俗；杞、宋本用夏、殷旧典，而附庸小国，亦多得封于前代，则典礼不同，亦毋多怪。要之，邦交之法，虽僻陋在夷者，亦不得不以周礼为准。若内政则未必尔，故丧服三年之制，亦不通于杞、宋诸国。至于编辑旧注之法，鄙意汉世以《左氏》名家者，不止贾、服二公。贾谊、马迁、二刘，下及司农父子，其训诂皆略可诠次。前四公同睹古文，义据确凿；二郑、贾、服，渐有粗疏。今既所据多家，而又摭拾不具，非如毛、郑二公，原书具在，是当择其善者，列之为注；其异说，则于（书）〔疏〕中驳之可也。其先儒所未具者，自下己说，列于疏中，亦可也。

　　来书言，《后明史》当作《地理》《职官》《艺文》三志，最是。遗老故书，搜寻未易，然《禁书目录》于今尚存，即编排亦非难事。特四部、七略诸科，不易分配耳。《职官》经制，略与全盛之世有殊。惟临事题署者，致为纷拏，非细考不能得实。《地理》最易，直于《黄图》中抹去数省，递缩递微，则了然明白矣。《南疆佚史》，日本亦有钞传，惜其讹误过多。行箧中独有《明史》及《行朝录》，举以对校，未能就理。内地既有旧刻，宜速印行。明季旧闻，多在零丁小册，独此则为正史体裁，睿临即故相温体仁之从子，故议论不偏护东林；其论福王，亦甚平允。而日本所钞，卷帙未具。西南诸将，若李定国、刘文秀辈，则无列传；孔有德、尼堪之死，皆所不详；延平始末，亦不具载。未审内地有其文否？

　　编辑辞典，体与字书有异。字书但据朱氏《通训》，略施条贯，如是已足。辞典当分词性，而日本九品之法，施于汉文，或有进退失据。儿岛献吉复增前置词，为十品，然此皆以欧语强傅汉文，而副词一品，尤为杂乱，必应分析。又，《说文》训"欥"为诠词，此亦自成一种。如

"聿""曰""欨""谓"等字,有时为意中拟议,而非实形于言,则当以诠词目之。《公羊传》云:"王者孰谓?谓文王也。"此"谓"字,非明有语言,与寻常用为动词者有别,则所谓诠词者也。尔来新学小生,归命日本,或以英、法语格,强相支配,适足见笑大方。此则吾辈责任,必不应弛者也。[1]此书后亦刊于1907年2月2日《国粹学报》丙午年第13号,题作《某君与某书》,亦作于本年。否则,刘师培赴日本后,即与章太炎同住,尽可面谈,无须书信交流矣。

本年,高旭有《寄刘光汉芜湖》诗,云:

> 扫荡妖氛树一军,麟歌凤叹泣斯文。厄言日出伤流俗,手障狂澜赖有君。

> 诗魂剑胆肯消磨,哀乐中年百倍多。尸冢之间竟跳掷,白杨萧瑟奈侬何!

> 板荡中年直到今,空山老去抱青琴。徘徊汉月婆娑影,远隔江湖共此心。[2]

【著述】

经学教科书第一册序 《政艺通报》第四年乙巳23号,1月9日,附录·湖海青灯集,署刘光汉

案,此文又刊于《广益丛报》第98号。

伦理教科书第一册序 同上

案,此文又刊于《广益丛报》第98号。

中国地理教科书第一册序 同上

案,此文又刊于《广益丛报》第105号。

颜李二先生传 《国粹学报》第12期,1月14日,史篇,署刘光汉

真州看山记(集古人杂记) 同上,文录

夜月(集杜) 同上,诗录

---

1 刘师培:《左盦外集》卷十六,《仪征刘申叔遗书》第12册,第5117—5120页。
2 天梅:《寄刘光汉芜湖》,《新闻报》1912年6月8日,第4张第1版,留声机。

读《楚词》（集杜） 同上

燕雁代飞歌（集杜） 同上

拟杜工部赠李十二白二十韵（用原韵集杜句） 同上

跋张皋闻《吴兴施氏族谱序》及《答陈扶雅书》 同上，撰录，署光汉

跋沈小宛《义塾附（视）〔祀〕先儒议》 同上

跋毛生甫《书凌子昇〈礼论〉后》 同上

宪法解 《政艺通报》第五年丙午第 1 号，2 月 8 日，政学文编，署刘光汉

　　案，此文又刊于今年《广益丛报》第 99 号，《江西官报》丙午年第 8、9 期。

戴震传 《国粹学报》第 13 期，2 月 13 日，史篇，署刘光汉

典礼为一切政治学术之总称考 同上，学篇

节孝君陈母传 同上，文录

谒冶山顾亭林先生祠 同上，诗录

癸卯夏纪事 同上

论中国古代经济学 《东方杂志》第二年第 1 号，2 月 28 日，财政，无署名，题下注："录甲辰十一月初一日《警钟报》。"

　　案，本文原载《警钟日报》12 月 7 日，社说，无署名，内容与《周末学术史序·计学史序》相合。

王门巨子泰州学派大家王心斋先生传 《广益丛报》第 98 号，3 月 4 日，中编学问门·史髓

经学教科书第一册序 同上，下编·文章门·短品，署刘光汉

　　案，此文又刊于《政艺通报》第 23 号。

伦理学教科书第一册序 同上

　　案，此文又刊于《政艺通报》第 23 号。

雨花台 《政艺通报》第五年丙午 3 号，3 月 9 日，附录·风雨鸡声集，署光汉

送春 同上

癸卯夏游金陵 同上

铜人辞汉歌 同上

相忘 同上

怀桂蔚丞（时客汴梁） 同上

老子韵表　《国粹学报》第14期,3月14日,丛谈,署刘光汉

　　案,全文未完,亦未见续载。

戴望传　同上,史篇

宪法解　《广益丛报》第99号,3月14日,上编·政事门·粹论,署刘光汉

　　案,此文曾刊于《政艺通报》第五年丙午第1号,《江西官报》丙午年第8、9期。

古政原论　《政艺通报》第五年丙午第4号,3月25日,上篇·政学文编,署刘光汉

　　案,此文于该刊第5—10号续载,又为其所著《中国历史教科书》第一册之部

分。其子目如下:

　　总论

　　古代阶级制度论

　　古代封建论

　　古代风俗论

　　古代官制论

　　古代田制论

　　古代兵制论

　　古代刑制论

　　古代学校论

　　古代商业论

　　古代工艺论

刘永澄传　《国粹学报》第15期,4月13日,史篇,署刘光汉

凌晓楼先生遗像赞　同上,文录

中国地理教科书第一册序　《广益丛报》第105期,5月13日,下编·文章门·短

品,署刘光汉

　　案,此文曾刊于《政艺通报》第四年乙巳23号。

朱止泉传　《国粹学报》第16期,5月13日,史篇,署刘光汉

　　案,此文即《左盦外集》卷十八之《朱泽沄传》。

中国哲学起原考　同上,学篇

　　案,此文于该刊第23期、25期续载,然全文未完。

光汉室丛谈　同上,丛谈

案，此所载四篇，均自《警钟日报》附张中裁出者。其子目如下：

梁公狄诗

汤燕孙诗

吴梅村《病中有感》词

秣陵春

伦理教科书（第一册）　刘师培编，邓实参校，上海国学保存会印行，5 月，32 开，环筒装，第二版

中国文学教科书（第一册）　刘师培编辑，上海国学保存会印行，5 月，32 开，环筒装，121 叶，系《国学教科书》之一

孔学真论　《国粹学报》第 17 期，6 月 11 日，学篇，署刘光汉

案，此文曾刊于《广益丛报》第 120 号。

补古学出于史官论　同上，学篇

案，题下原注："原论见第一期内。意有未尽，故作此补之。"

周代官制发微　《政艺通报》第五年丙午 11 号，7 月 6 日，上篇·政学文编，署刘光汉

中国文学教科书第一册序例　同上，附录·湖海青灯集，署刘光汉

案，此文又刊于《广益丛报》第 117 号。

汉代法制发微　同上，上篇·政学文编

案，此文于该刊第 12 号续完。

劝各省州县编辑书籍志启（并凡例）《国粹学报》第 18 期，7 月 11 日，社启，署刘光汉

论中国宜建藏书楼　《国粹学报》第 19 期，8 月 9 日，社说，署刘光汉

中国历史教科书（第二册）　刘师培编著，上海国学保存会印行，8 月，32 开，环筒装，118 叶，系《国学教科书》之一

芜湖赭山秋望　收入《左盦诗录》卷三

中国文学教科书第一册序例　《广益丛报》第 117 号，9 月 17 日，下编·文章门·短品，无署名

案，此文又刊于本年《政艺通报》第 11 号。

编辑乡土志序例　《国粹学报》第 21 期，10 月 7 日，社说，署刘光汉

案,此文于该刊第 22—24 期续完。

论古代人民以尚武立国　《山东国文报》丙午年第 17 期,10 月 17 日,考古之文,署刘光汉

案,此文于该刊第 18 期续完,题作《续论古代人民以尚武立国》,署名《国粹报》。又载《国粹学报》第 2 期,政篇,署刘光汉。

孔学真论　《广益丛报》第 120 号,10 月 27 日,中编·学问门·学案,署刘光汉

案,此文曾刊于《国粹学报》第 17 期。

春秋时代地方行政考　《国粹学报》第 22 期,11 月 6 日,政篇,署刘光汉

案,此文未完,亦未见续载。

汪绂传　同上,史篇

书《曝书亭集》后　同上,文录

书《汪小穀先生遗书》后　同上

正名隅论　同上,学篇

案,此文于该刊第 23 期续载,然全文未完。

论中国教育之弊　《申报》12 月 3 日,署汉

案,此文于该报本月 5 日续完。又载 1907 年 2 月 7 日《东方杂志》第三年第 13 期。

运河诗　《复报》第 7 期,12 月 5 日,诗薮,署申叔

论孔子无改制之事　《国粹学报》第 23 期,12 月 5 日,政篇,署刘光汉

案,此文于该刊第 24—25 期续完,并附录二则:

焦循《孟子正义》说

刘恭冕《春秋说》之言

又刊于 1907 年《广益丛报》第 6—9 期

徐石麒传　同上,史篇

王玉藻传　同上

书怀　同上,诗录,署光汉

题《风洞山传奇》　同上

观物吟　同上

多能　同上

邘故拾遗　同上,丛谈,署刘光汉

案,此文于该刊第 25 期、33 期续完。

论各省界之说足以亡国　《申报》12 月 8 日,署汉

论各省宜设局调查物产　《申报》12 月 11 日,署汉

论新名词输入与民德堕落之关系　《申报》12 月 13 日,署汉

案,《东方杂志》第三年第 12 期转载。

论萍乡之匪乱　《申报》12 月 19 日,署汉

安徽乡土历史教科书(第一册)　刘师培编著,上海国学保存会印行,乡土教科书总发行所发行,12 月,附参考书,32 开,环筒装,46 叶

安徽乡土地理教科书(第一册)　刘师培编著,上海国学保存会印行,乡土教科书总发行所发行,12 月,32 开,环筒装,9 叶

江苏乡土历史教科书(第一册)　刘师培编著,上海国学保存会印行,乡土教科书总发行所发行,12 月,附参考书,32 开,环筒装,35 叶

江苏乡土地理教科书(第一册)　刘师培编著,上海国学保存会印行,乡土教科书总发行所发行,12 月,32 开,环筒装,9 叶

江宁乡土地理教科书(第一册)　刘师培编著,上海国学保存会印行,乡土教科书总发行所发行,12 月,附参考书,32 开,环筒装,26 叶

伦理学教科书(第二册)　刘师培编著,邓实参校,上海国学保存会出版,12 月,32 开,环筒装,54 叶,系《国学教科书》之一

中国地理教科书(第二册)　刘师培编著,上海国学保存会出版,12 月,32 开,环筒装,80 叶,系《国学教科书》之一

经学教科书(第二册)　刘师培编著,上海国学保存会印行,12 月,32 开,环筒装,59 叶,系《国学教科书》之一

以下出版日期不详:

两汉伦理学发微　《北洋学报》第 26 期,丙编科学丛录·子史学说类一集,署刘光汉

案,此文于该刊第 37 期续完,为《两汉学术发微论》中之部分。

古学由于实验论　《北洋学报》第 37 期,丙编科学丛录·子史学说类一集,署刘光汉

　　案,此文于该刊第 46 期续完,其内容即《古学起原论》中之部分。1908 年第 6 期《并州官报》曾转载《北洋学报》此本。

群经大义相通总论　《北洋学报》第 40 期,丙编科学丛录·经学学说类一集,署刘光汉

　　案,此文与《群经大义相通论·总论》内容相同。

论文杂记　《江西官报》丙午年第 7 期,论说,署刘光汉

　　案,此所载为《论文杂记·序》;又于该刊丙午年第 10 期续载,所载为《论文杂记》第四节。又连载于《国粹学报》第 1—10 期。

宪法解　《江西官报》丙午年第 8 期,文学丛录,署刘光汉

　　案,此文于该刊丙午年第 9 期续完。又载《政艺通报》第五年丙午第 1 号、《广益丛报》第 99 号。

工艺学史论　《江西官报》丙午年第 11 期,论说,无署名

　　案,此文即《周末学术史序·工艺学史序》。

卷　二

（1907—1908 年）

1907 年（光绪三十三年，丁未）　二十四岁

【事略】

1月4日,《国粹学报》第24期出版,"社说"续载《编辑乡土志序例》,"政篇"续载《论孔子无改制之事》,"学篇"始载《汉代古文学辨诬》(《序》《一辨明汉代以前经无今古文之分》《二论今古文之分仅以文字不同之故》)。其《今古文之分仅以文字不同之故》改作后,收入《左盦集》卷三,题作《古今文考》。本期"撰录"所载"某君与某书"二则,前一则即《刘申叔先生遗书》卷首之《与刘光汉书三》,后一则为《与刘光汉书四》。附载《国学保存会报告》(第五号),其《发行国学丛编》,云:

> 本会搜罗佚书遗籍,刊为《国粹丛书》,以发扬幽微,现已出版计二十九种。惟本会经费有限,故每遇重要大部之书,辄无力刊行,坐使珍要巨籍不能早日出版,以贡献于社会,同人每引此为咎心。今自明年正月起,重定办法,凡大部重要之籍,皆分期出书,每月一册,每册八十页内容。书计十一种,颜曰"国粹丛编",每年十二册,定价洋四元,外埠加邮费四角;零售每册四角五分,外埠加邮费四分。其余小本精秘之书,仍照旧刊为单行本,随时出版发行。如此,则巨编小帙,皆可陆续刊成,而古人之幽光伟著,无隐而弗彰者矣。兹将丁未年所刊《国粹丛编》内容书目如左:
>
> 李卓吾《焚书》《吕晚村文集》
>
> 《张苍水全集》(全榭山编)《李刚主年谱》

刘继庄《广阳杂记》 李刚主《瘳忘编》

顾亭林《肇域志》 王昆绳《平书》

《颜氏学记》 全榭山《续(著)〔者〕旧集》

《颜习斋年谱》[1]

《国粹学报增广门类》云：

> 本会《学报》发行已满二载，其宗旨在"发明微学，阐扬幽光"，于转移学风、保存国粹，不无少补。自明年丁未起，益复广延撰述，增加门类，由华辞而趋重朴学，由议论而渐归实际。所增之门凡二：一曰"博物篇"。吾国地大物博，菁华所蕴，甲于全球。惜无人发表疏录之，坐使精光久闷。今撰"博物篇"，分为植物、动物、矿物三科，以搜求内国物产，明(拆)〔析〕辨章，使人由爱土物之心而知爱国。二曰"美术篇"。东方文明，发生独早。雕刻、印刷、练染、刺缕、绘画之术，皆先泰西而精巧。至若诗歌、文学之优美，尤为吾国之特长。今撰"美术篇"，凡金石、音乐、刻(缕)〔镂〕、图画、书法、歌词，莫不阐其精微，详为论列，以见吾先民高尚优美之风。以上二端，拾其微茫，无非神川光采之至可宝者。吾愿爱国之士之共宝此国光也。[2]

又有《已编成江宁、江苏、安徽、广东四省乡土地理教科书》云：

> 乡土地理所纪前代遗迹及古先贤之祠墓、事实，与夫户口、赋税、兵额、农田、水利，最足以感发儿童爱乡爱国之心，故本会编江宁、江苏、安徽、广东四省乡土历史之后，即续编四省乡土地理，庶几一同出版，以便教授焉。[3]

本月初，筹办国粹学堂事无进展。5日，苏曼殊在上海致书刘三，称：

> 少甫先生谓："国粹学堂明春能否开办，现尚未决，因经济尚未筹定也。"今寄上简章一张，可知其大概。[4]

---

1 《国学保存会报告》(第五号)，《国粹学报》第6册，第3001页。

2 《国学保存会报告》(第五号)，《国粹学报》第6册，第3002页。

3 同上。

4 马以君编注：《苏曼殊文集》下册，第477页。

9日、10日，钱玄同晚间均"卧被中看《攘书》数页"。[1]

11日，《申报》载《论立宪不可尽恃政府》，署名汉，以为：

> 今日中国所急需者，莫若政党。盖政党者，与民党相表里者也。民党结于下，斯政党成于上。夫政党者，所以伸多数人民之意见于政府，非反对政府者也。有政党，然后宪政易以实行。有政党，然后宪法益臻于完美。否则，政府视此事为可忽，日复一日，以粉饰其民，是名为以其责归政府，实则与政府以诿责之地也，夫岂可哉！[2]

13日，张之洞捕拿刘静庵、胡瑛等日知会负责人，使该组织遭到严重破坏。

14日，《政艺通报》丙午年第24号出版，"附录·风雨鸡声集"刊载秋枚《沪江重见无畏》诗，云：

> 乱后亭台还见子，别来沧海转多风。参差吹彻神州暮，瓜蔓抄残世路穷。且渐惊魂忘物外，可怜相识在菰中。头颅如此成何用，落魄英雄总不同。

本日，秋瑾主办的妇女刊物《中国女报》在上海创刊，以"开通风气，提倡女学"为宗旨，宣传民主革命，反对妇女缠足，主张男女平权。本年3月被迫停刊，共出两期。主要撰稿人有吕碧城、燕斌、白萍、纯夫等。

25日，《民报》第11号出版，刊载《南疆逸史》广告，谓该书"阳历二月念七日"出版，日本东京神田区小川町十八番地大华书局发行，有章炳麟先生、刘光汉先生叙文，附录杨凤苞先生遗跋十二通、刘光汉先生论《逸史》手书。所载《批评一》云："章炳麟氏曰：足以比肩陈承祚之《三国志》，视《南唐书》《魏书》，过之远矣。"《批评二》云："刘光汉氏曰：昔李瑶据温氏《南疆逸史》而作《南疆绎史》，时温〔民〕〔氏〕书已佚其半，复多所点窜，颇乖原书之意。温氏列明四王为本纪，其旨与王螺山相符，是野史中之完善者也。"[3]

1 杨天石主编：《钱玄同日记》（整理本）上册，第80、81页。

2 汉：《论立宪不可尽恃政府》，《申报》1906年1月11日，第2版。万仕国辑校：《刘申叔遗书补遗》上册，第461—462页。

3 《民报》第11号，1907年1月25日，广告。

26 日,《申报》刊载《论近日人心之陷溺》,署名汉,指出:

今之言自治、言兴学者,讵异于昔日绅董之把持公务乎? 争考分、求文凭者,讵异于昔日应科举、攻举业乎? 昌言革命、著书刊报者,讵异于昔日治考据、攻词章乎? 若以厌世为宗旨,则又生无益于人,死无益于世,与昔日老死乡曲者无异。故知今日之人心,不异于昔日之人心,其自私则一也。

惟人人能破利害之见,而作事悉准是非,庶人才可以兴起,而国势亦可转移乎![1]

28 日,《政艺通报》第五年丙午第 25 号"附录·风雨鸡声集"刊载《滴翠轩》、《留别》二首、《赠李诚庵》、《留别邓绳侯先生》、《偶成》、《杂赋》,署名少甫。

案,李绪昌(生卒年不详),字诚庵,安徽合肥人。早年由吴春阳介绍加入同盟会,与胡渭清等相善。1911 年任合肥学会(同盟会合肥分会对外的公开名称)会长,参加合肥光复之役,与葛质夫(1883—1859,字盛章,安徽肥东人)负责筹办枪械。

30 日,宋教仁阅刘师培《中国文学教科书》,颇不满意。《宋教仁日记》云:

观刘申叔《文学教科书》,见其编法无条理,且不合教授法,及误以《马氏文通》状词为形容词、介词为转接词、连词为前置词等处,甚不洽意。[2]

2 月 2 日,《国粹学报》第 25 期出版,"政篇"续载《论孔子无改制之(说)〔事〕》完,"学篇"续载《中国哲学起源考》、《汉代古文学辨诬》(《三论古经亡于秦火》《四辨明今古文立说多同非分两派》),"政篇"续完《论孔子无改制之事》,"丛谈"续载《邴故拾遗》,均署名刘光汉。"撰录"刊载《某君与某书》,为章太炎致刘师培书,即《左盦外集》卷十六所附《章君来书》;[3]《某君复某书》,为刘师培回复章太炎之书札,即《左盦外集》卷十六之《答章太

1　万仕国辑校:《刘申叔遗书补遗》上册,第 463—464 页。
2　宋教仁:《宋教仁日记》,第 316 页。
3　刘师培:《左盦外集》卷十六,《仪征刘申叔遗书》第 12 册,第 5115—5117 页。

炎论〈左传〉书》。[1] 案，《论古经亡于秦火》改作后，收入《左盦集》卷三，题作《六经残于秦火考》。

7日，《东方杂志》第三年第13期出版，"教育"栏节录刘师培1906年12月3日、5日发表于《申报》的《论中国教育之弊》一文。

10日，端方在留学生中发展侦探，其书信竟误投革命党手中。《宋教仁日记》载：

> 接弘文学院来一函，折视之，则南京总督端方与弘文学院生张劲松、石维高，令其侦探革命党者，因误入革命党员之手而转送来者也。余遂拟明日往查之，并拟设法仍送交信于彼二人之手。[2]

12日（除夕），黄节作《丙午海上除夕，有怀广州，兼送无畏元日东渡》诗，云：

> 出门以往缘何事，可惜年光付渺漫。已听鹃声不归去，且从马上报平安。残宵漏尽无多雨，近海楼高料峭寒。又是故人临别际，平明风雪满林端。[3]

13日（农历春节），由于清政府对革命党人缉拿趋紧，对安徽公学的监视更加严密，刘师培听从马君武建议，应章太炎等人的邀请，携妻何震、姻弟汪公权并苏曼殊东渡日本。马君武不久也赴德国留学。1908年初，刘师培《上端方书》云：

> 暨去岁之冬，东南钩党甚急，乃于今春元旦移居日本东京。[4]

苏曼殊丁未年6月28日于日本《与刘三书》也称：

> 衲昨冬自芜至沪，月余过西湖，少住数日回申。闻申叔谓曾会足下。尔时衲正欲觅足下一叙积愫，适因南事，须往温州一行，耽搁旬余，始得回申，而足下已回府矣。斯时衲在申，贫乏已极，幸于达权兄处借来四十元，方得度此残冬。嗣于元旦日同少甫、少甫夫人航海而东，今

1　刘师培：《左盦诗录》卷二，《仪征刘申叔遗书》第12册，第5112—5114页。

2　宋教仁：《宋教仁日记》，第321页。

3　晦闻：《丙午海上除夕，有怀广州，兼送无畏元日东渡》，《国粹学报》第7册，第3608页。

4　洪焕椿：《清末革命史实之新发现——刘师培与端方书》，天津《大公报》1934年11月2日，《史地周刊》。

住东京已阅五月，日间舍学梵文、学画外，无他事。[1]

冯自由《记刘光汉变节始末》称：

> 及丙午（一九〇六年）六月，章太炎以《苏报》案期满出狱，东京《民报》推章为总编辑。光汉闻之，遂于丁未（一九〇七年）正月偕其妻何震及姻弟汪公权莅日本，均加入同盟会。光汉且任《民报》撰述，署名韦裔。[2]

案，冯自由称刘师培、何震、汪公权均于至东京后加入同盟会，非是。刘师培加入同盟会在 1905 年，汪公权加入同盟会在 1906 年 11 月 18 日，均已见前。

赴日本途中，刘师培情绪亢奋，作《日本道中望富士山》诗，云：

> 朱明返义辔，昔慕匡庐崇。讶兹高寒区，移属榑木东。厖薄衍峻壤，崛崎培峣峰。冰液凝夏条，雪尘浣春丛。吐曜迍龙蚝，委羽仙禽翀。冈冢草罢绿，嵚渎樱燃红。侧观拭游目，遐览愉旅衷。颇疑嬴氏臣，瞰影标瀛蓬。逌士有坏丘，仙俦无遗踪。空闻珠玕林，奇光开颎濛。[3]

尹炎武《刘师培外传》也说：

> 遭党锢，走东瀛，交余杭章炳麟太炎，学益进，当时有"二叔"之目，缘炳麟初字枚叔也。[4]

冯自由《刘光汉事略补述》：

> 光汉时向太炎请业，学乃益进。当世有"二叔"之目，以太炎初字枚叔，光汉亦号申叔也。[5]

此时，孙中山因国内南方党人起义为清政府忌恨。清政府便与日本政府交涉，要求引渡孙中山。日本政府既不能拒绝清政府之请，也不愿意开罪孙中山等革命党人，于是由内田良平出面，通知孙中山在日本政府驱逐令发出之前离开日本。

1　马以君编注：《苏曼殊文集》下册，第 479 页。
2　冯自由：《革命逸史》上册，第 332 页。
3　刘师培：《左盦诗录》卷二，《仪征刘申叔遗书》第 12 册，第 5494 页。
4　尹炎武：《刘师培外传》，《仪征刘申叔遗书》第 1 册卷首，第 39 页。
5　冯自由：《革命逸史》中册，第 513 页。

25 日，内田良平宴请孙中山等，转告日本政府的意图，并秘密资助孙中山五千元，另有日本商人铃木久五郎公开资助一万元。席间，刘师培晤孙中山。这是目前已知的刘师培与孙中山最早的一次接触。《宋教仁日记》记载：

> 三时，至孙逸仙寓。四时，同逸仙、章枚叔、刘申叔、鲁（夕）〔文〕卿、胡展堂等至赤阪三河屋，时内田偕宫崎、清藤、和田诸氏等已至。坐良久，遂各一席，有艺妓七八人轮流奉酒。又良久，歌舞并作，约三四出讫。诸人不觉皆醉，余亦带醉意矣。夜九时始罢，十时回。[1]

案，"胡展堂"即胡汉民，"鲁文卿"即鲁鱼，"内田"即内田良平，"宫崎"即宫崎滔天（寅藏），"清藤"即清藤幸七郎，"和田"即和田三郎。

27 日，章太炎所校刊《南疆逸史》在日本东京出版。《南疆逸史》，温睿临撰，由大华书局"于日本某藏家处抄得"，章太炎为之校刊。

3 月 4 日，孙中山、胡汉民、汪精卫与日本人池亨吉、萱野长知等离开日本赴越南，黄兴代理同盟会总理。

《国粹学报》第 26 期出版，"学篇"始载《王学释疑》、续载《汉代古文学辨诬》（《五论西汉初年学者多治古文学》），"文篇"刊载《论近世文学之变迁》，"博物篇"刊载《物名溯源》，"美术篇"刊载《古今画学变迁论》（附《汉射阳石门画像》《汉少室神道碑画像》），均署名刘师培。

案，《物名溯源》中裁出部分内容，改作为《数物同名说》，收入《左盦集》卷四；《古今画学变迁论》删改后，收入《左盦集》卷六，题作《原画》。"报告"栏《国学保存会报告》（第六号）载有该会《会员姓氏录》，[2] 计有黄节（晦闻）、刘光汉（光汉）、陈去病（去病）、邓实（秋枚）、诸宗元（真长）、恽榮森（菽民）、马叙伦（夷初）、陆绍明（良丞）、高剑公（天梅）、朱葆康（少屏）、马和（君武）、文永誉（公达）、王锺麒（毓仁）、沈咏韶（匽庐）、柳人权、吴钦廉（一青）、张桂辛（�五）、卢爵勋（艺亭）、胡素（薛宾）等 19 人。又载《刘光汉征书启》一则，云：

1　宋教仁：《宋教仁日记》，第 327 页。

2　《国学保存会报告》（第六号），《国粹学报》第 6 册，第 3003—3004 页。

内地藏书家，于近儒说经之书，凡解释《春秋左传》者，无论刊本、抄本，均乞寄入国学保存会珍藏。光汉曾祖孟瞻公所编《左疏》，未成而卒。光汉欲继先人之志，入山闭门，赓续成书，故广征近儒之书，以便编辑之用。如系世鲜藏本者，则本会付抄后，仍将原本寄还。[1]

《分科办事》一则，云：

本会创办已成之事，共分五科，每科皆由会员中分任经济、庶务，各专责成。计国粹学报、国学教科书、国粹丛书、国粹丛编、各省乡土教科书，均各自担任经费、编辑、校勘、发行等事务，其出入费用，不与会中相连。至于各科撰述，按篇计酬，亦不与会费相混。庶业分则易成，用分则不费，以求持久，毋中蹶焉。[2]

本期"社说"载《拟设国粹学堂启》，云：

中国自古以来，亡国之祸叠见，均国亡而学存。至于今日，则国未亡而学先亡。故近日国学之亡，较嬴秦、蒙古之祸为尤酷。何则？以嬴秦之焚书，犹有伏生、孔鲋之伦，抱遗经而弗堕；以蒙古之贱儒，犹有东发、深宁数辈，维古学而弗亡。乃维今之人，不尚有旧。自外域之学输入，举世风靡，既见彼学足以致富强，遂诮国学而无用，而不知国之不强，在于无学，而不在有学；学之有用、无用，在乎通大义，知今古，而不在乎新与旧之分。今后生小子，入学肄业，辄束书不观，日惟骛于功令利禄之途，卤莽灭裂，浅尝辄止，致士风日趋于浅陋，毋有好古博学、通今知时而务为特立有用之学者。由今而降，更三数十年，其孤陋寡闻，视今更何如哉！嗟乎！户肆大秦之书，家习劫卢之字；

---

1 《刘光汉征书启》，《国粹学报》第6册，第3003页。案，广陵书社影印本《国粹学报》有两种不同版本的《国学保存会报告》（第六号），一在第6册第3003—3004页，一在第8册第4417—4418页。二者相较，前者《捐书题名》略少，多《刘光汉征书启》《会员姓氏录》二篇；《会计报告》"自七月二十五日起，至十二月十五日止"，存洋为五元七角。后者《捐书题名》略多，有《阅书开楼》，无《刘光汉征书启》《会员姓氏录》；《会计报告》"自三十二年七月二十一日起，至三十三年正月十三日止"，截止时间较前者为晚，收、支、存明细亦异，存洋式元五角五分，亦较前为少，然与《国学保存会报告》（第十二号）所载"上年存来洋"金额一致。查广陵书社影印本所据底本为《国粹学报》（分类合订本），乃是《国粹学报》初印本的重印本，因疑前者为初印本，后者是重印时所改。今两者并引。

2 《国学保存会报告》（第六号），《国粹学报》第8册，第4418页。

宿儒抱经以行，博士倚席不讲。举凡《三仓》之雅诂，六艺之精言，九流之坠绪，彼嬴秦、蒙古所不能亡者，竟亡于教育普兴之世，不亦大可哀邪？故国学之阨，未有甚于今日者也。夫国于天地，必有与立。学也者，政教礼俗之所出也。学亡，则一国之政教礼俗均亡；政教礼俗均亡，则邦国不能独峙。试观波尔尼国文湮灭，而洼肖为墟；婆罗门旧典式微，而恒都他属。是则学亡之国，其国必亡。欲谋保国，必先保学。昔西欧肇迹，兆于古学复兴之年；日本振兴，基于国粹保存之论。前辙非遥，彰彰可睹。且非惟强国惟然也，当春秋之时，齐强鲁弱，而仲孙谓鲁未可取，犹秉周礼。是学存之国，强者可以益兴，弱者亦可以自保。今也弃国学若弁髦，非所谓自颠其本乎？况青年之辈，侈言爱国。夫所谓爱国者，以己国有可爱之实也。故怀旧之念既抒，保土之情斯切。若士不悦学，则是并己国可爱者而自弃之矣。虽托爱国空名，亦何益哉？夫中土之学，兴于三代之前。秦汉以还，大师魁儒，篡述尤盛，代有传人，人有传书，篇目并较然可按。今竟湮没不彰，销蚀湮轶。彼东西重译之国，其学士大夫转以阐明中学为专门，因玄奘《西域记》，以考佛教之起源；因赵氏《诸蕃志》，以证中外之交通。而各国图书楼，竞贮汉文典籍。即日本新出各书报，于支那古学亦递有发明。乃华夏之民，则数典忘祖，语及雅记故书，至并绝域之民而不若，夫亦可耻之甚矣！同人有鉴于此，故创立国学保存会于沪渎，并刊行学报、丛书，建设藏书楼，以延国学一线之传。然君子之学，非仅自为而已也。学术之兴，有倡导之者，必有左右翼赞之者，乃能师师相续，赓续于无穷，而不为异说誓言所夺。昔颜习斋先生施化漳南，以礼乐射御书数分授弟子，旁及水火工虞之学；黄梨洲先生主讲证人书院，首倡蕺山之学，并推论读经考史之方，承其学者，咸择其性之所近，以一艺自鸣。风声所树，掞芳承轨，矢音不衰，则化民成俗之功，必基于讲学。今拟师颜、王启迪后生之法，增益学科，设立国粹学堂，以教授国学。夫颜、黄诸儒，生于俗学滋行之日，犹能奋发兴起，修述大业，以昌其学术。今距乾嘉、道咸之儒，渊源濡染，近不越数十年。况思想日新，民智日瀹，凡国学微言奥义，均可借皙种之学，参互考验，以观其会通，则施教易而收效远。从学之士，三载业成，各出其校中所肄习者，发挥光大，以化于其乡。学风所被，凡薄海之民，均从事于实学，使学术文章，寖复乎古，则二十世纪为中国古学复兴时代，盖无难矣，岂不盛乎？[1]

所附《拟设国粹学堂简章》云：

一、宗旨：以保存国粹，阐明实学，养成通才为宗旨。

一、学额：正额六十名。旁听生二十名，作为副额。

一、学科：略仿各国文科大学及优级师范之例，分科讲授。惟均以国学为主，另有《学科预算表》。

一、学龄：以年龄在二十二以下、十七以上，国文清通，国学有根底者为合格。

一、学期：半年为一学期，六学期卒业。量程度之高下，发给毕业及修业文凭。

一、学费：正额生每学期收费四十元，膳费及一切杂用在内，讲义由校给发，参考书籍可向藏书楼取阅。旁听生例不寄宿，每学期收费二十五元。

一、学规：以整齐严肃为主，另有细章。

一、校舍：上海。[2]

所附《拟国粹学堂学科预算表》，分三年二十一科，即：经学（经学源流及派别，汉儒经学，宋明经学，近儒经学，经学大义）、文字学（文字源流及派别，字音学，偏旁学，训诂学，析字学，论理学）、伦理学（古代伦理学，汉唐伦理学，宋明伦理学，近儒伦理学，伦理研究法，教育学）、心性学（古代心性学，中古心性学，近代心性学）、哲学（古代哲学、佛教哲学、宋明哲学、近儒哲学）、宗教学（宗教派别）、政法学（历代政法学史）、实业学（历代实业学史，计学）、社会学（古代社会状态，中古社会状态，近代社会状态，社会研究法）、史学（年代学、大事表、历代兴亡史，外患史，政体史，外交史，内乱史，史学研

---

1 《拟设国粹学堂启》，《国粹学报》第 7 册，第 3009—3012 页。
2 《拟设国粹学堂简章》，《国粹学报》第 7 册，第 3015—3016 页。

究法）、典制学（历代行政之机关，官制，法制，典礼，兵制、田制，制度杂考）、考古学（钟鼎学，石刻学，金石学史，美术史，研究法）、地舆学（中国自然地理、人为地理，直隶、山东、山西、河南、陕甘、江苏、两湖、江西、四川，闽浙、两广、云贵，东三省、新疆及外藩，地理研究法）、历数学（历代算学之派别、九章，天元一法，四元各法，中西算学异同，历学，算学大义）、博物学（中国理科学史，中国植物，动物，矿物，古生物学，理科大义），文章学（文学源流考、作文，文章派别考，文章各体，著书法）、音乐学（单音、唱歌用古诗歌，单音、复音，复音读古乐府，古词曲、古乐器，戏曲学、律吕学，练习诗歌）、图画学（图画史、毛笔画法实习，历代画家派别，毛笔画法实习，毛笔及铅笔画法实习，铅笔，用器，绘影）、书法学（书法派别，古碑帖学实习）、译学（东文，拉丁文，希腊文，梵文）、武事学（古柔术，古兵法，古兵学，外国操）。[1]

9日，宫崎寅藏宴请黄兴于凤乐园，出席者还有章炳麟、宋教仁、张继，可能是为了缓和他们与孙文之间因革命国旗图案问题及离日馈金问题而激化的矛盾。[2]《宋教仁日记》亦云：

> 宫崎滔天来，邀余及张溥泉、章枚叔、黄庆午等食午餐。[3]

13日，《钱玄同日记》载：

> 晚，得景庐寄来《国粹学报》《甲申传信录》《黄氏行朝录》《郑所南集》种种。[4]

14日，《钱玄同日记》载：

> 阅《国粹》，丙午下半年的似较上半年为趋实，且有有关系之文，如《论中国宜建藏书楼》《编辑乡土志叙例》等是也。[5]

《政艺通报》第六年丁未第2号"附录·湖海青灯集"刊载《江苏乡土历史教科书叙》，署名刘师培。

15日，《钱玄同日记》又载：

---

1 《拟国粹学堂学科预算表》，《国粹学报》第7册，第3012—3015页。

2 《宫崎滔天年谱稿》，《宫崎滔天全集》第5卷第688页。转引自毛注青：《黄兴年谱长编》，北京：中华书局，2014年，第117页。

3 宋教仁：《宋教仁日记》，第331页。

4 杨天石主编：《钱玄同日记》（整理本）上册，第90页。

5 同上。

晨起太迟，卧被中看《国粹报》。[1]

18日，宋教仁阅云友公所著《腹笥草》。《宋教仁日记》载：

> 夜，……读云友公《腹笥草》。卷首有公传，余见其不善，为改作之。因思及《国粹学报》馆曾搜求前明遗籍刊刻，可以公诗草寄至该社，请其付印，遂又作跋于后，拟交刘申叔，托其代寄。[2]

20日，宋教仁访刘师培，托将《腹笥草》代转《国粹学报》刊发。《宋教仁日记》载：

> 夜，……至刘申叔寓，以云友公《腹笥草》交之，请其代（写）〔寄〕至上海《国粹报》馆，申叔允之。[3]

25日，章太炎在日本报纸《革命评论》第10号发表《邹容传》，指《苏报》案中吴稚晖出卖同志，引发章太炎与吴稚晖之间的笔战。《邹容传》云：

> 容既明种界，又任气，视朋辈无足语者，独深信余，约为兄弟。时爱国学社教员吴眺故依附康有为，有为败，乃自匿，入盛宣怀之门。后在日本，与清公使蔡钧不协，逐归，愤发言革命排满事。而爱国学社生多眺弟子，颇自发舒，陵轹新社生如奴隶。余与社长元培议，欲裁抑之。元培畏眺，不敢发。余方驳康有为政见书，事寝。寻闻于清政府，欲逮爱国学社教员，元培微闻之，遁之青岛。而社生疾余甚，问计于眺。会清政府遣江苏候补道俞明震穷治爱国学社昌言革命事，明震故爱眺，召眺往，出总督札曰："余奉命治公等，公与余昵，余不忍。愿条数人姓名以告，令余得复命制府。"眺即出《革命军》及《驳康有为》上之曰："为首逆者，此二人也。"遽归，告其徒曰："天去其疾矣。尔曹静待之。"[4]

此时，章太炎因为只知道日商赠款，所以要求孙中山留下五千元作为《民报》办报经费，以解燃眉之急；孙中山因图谋南方再次起义，未同意，双方遂产生隔阂。后来，又听闻日本政府以五千元收买了孙中山，孙以不言革

1　杨天石主编：《钱玄同日记》（整理本）上册，第90页。

2　宋教仁：《宋教仁日记》，第334页。

3　宋教仁：《宋教仁日记》，第335页。

4　章炳麟：《邹容传》，〔日〕《革命评论》第10号，明治四十年（1907）3月25日，第7页。

命为表态接受了赠款,出卖革命。章太炎等人听信传言,一怒之下,撕下了民报社所悬孙中山像,在背面写上"卖《民报》之孙文应即撤去",寄给正在香港的孙中山,以示羞辱。刘师培便提议改选同盟会东京本部,后因刘揆一的反对而中止。冯自由《记刘光汉变节始末》云:

> 光汉复介绍日人北辉、和田二人为同盟会员,欲援引二人任同盟会干事,以庶务干事刘揆一反对而止。[1]

30 日,《复报》第 9 期出版,其"附录"栏有高天梅《万树梅花绕一庐》诗,小序云:

> 鄙人近倩名手绘《万树梅花绕一庐》卷子,托此孤芳,用以寄意。

海内外诗豪词杰,有与我表同情者乎? 乞惠一二佳什为感。

刘师培为作和诗四首,云:

> 天梅先生工赋诗,欲与元气争春回。南枝北枝竞窈窕,北枝香谢南枝开。
>
> 根干轮囷郁奇致,芳香悱恻时袭余。不偕众卉斗妩媚,此中应中孤山庐。
>
> 瀛海壮游令已矣,西归料理买青山。知君别具岁寒操,携鹤抱琴独往还。
>
> 哀乐过人最凄绝,无端枨触故乡心。小园花发归无计,一任虹桥春色深。(前日,同里方泽山赠予诗,有"梅花已发归无计"句。)[2]

此图为高旭倩人绘制,"托此孤芳,用以寄意",征求海内外"诗豪词杰"题咏。《复报》还发表了高燮、柳亚子、高增、刘三、沈砺、傅尃、陈去病等人的题咏诗词。

4 月 2 日,《国粹学报》第 27 期出版,"政篇"始载《论历代中央官制之变迁》,"学篇"续载《汉代古文学辨诬》(《六论西汉今文家不废古文》《七论宋于庭之说不足信》),"博物篇"载《中国古用石器考》,"美术篇"载《古代镂金学发微》(附古器图),"丛谈"始载《法言补释》,均署名刘师培。《论

1　冯自由:《革命逸史》上册,第 332 页。

2　刘光汉:《和〈万树梅花绕一庐〉》,《复报》第 9 期,1907 年 3 月 30 日,附录,第 56—57 页。万仕国辑校:《刘申叔遗书补遗》上册,第 571 页。

宋于庭之说不足信》改作后，收入《左盦集》卷一，题作《宋于庭〈朴学斋文录〉书后》。本期"报告"《国学保存会报告》（第七号）有《特别捐款题名》《捐书题名》《国粹丛编第一期出版》《征求内地博物物产及美术品书目志简章》，又有《已编成湖北、江西乡土历史、地理教科书出版》，称：

> 本会所编乡土教科书出版以后，颇受海内教育家之称许，以为书之图画、文字、引证，皆具有精神特色，最足以助长儿童爱乡土、爱国之心，为效至巨。故公私学校，采用至夥，今同人益勉力为此。其湖北、江西二省，地居扬子江流域之中，交通最繁，学校林立，需此尤急。顷已编印完备，出版焉。至其余各省，已在编辑中，不日当可告成。而已出各书之第二册，亦已次第付印，必无愆期云。[1]

其《分赠书报目录提要》云：

> 本会出版书报，名目至繁，计《国粹学报》二十七期，《国粹丛编》第一期，《国粹丛书》二十九种，《国学教科书》五种，乡土教科书十二种。现已编成目录一册，略述各书报之大概，以分赠同志购阅诸君，俾便省览。欲阅者，请向本会书报发行处索取可也。外埠寄邮票一分。[2]

13日，《政艺通报》第六年丁未第4号"下编·附录·风雨鸡声集"刊载郁仁《赠无畏》诗，云：

> 中年哀乐时时变，入世肝心日日寒。无病尚嫌流涕过，有生终觉自戕难。得闲幸遇平生友，小聚穷追竟日欢。朝政近来无一可，莫谈时事且加餐。

> 文章悔被虚名误，忧患皆因识字多。不愿著书在尘世，无端流涕对山河。楚江风雨摧兰蕙，北海鲲鹏笑网罗。知己平生幸无恙，不妨重理旧渔蓑。

19日，《钱玄同日记》载："受信：狩复片。"章太炎致钱玄同书，谓：

> 刘申叔阴历正月巳至东京，今其寓处适在报社对门，可邀与语也。[3]

---

1 《国学保存会报告》（第七号），《国粹学报》第8册，第4420页。
2 同上。
3 章炳麟：《与钱玄同书》（三），上海人民出版社编，马勇整理：《章太炎全集·书信集上》，上海：上海人民出版社，2014年，第166页。

22 日，刘师培在东京与钱玄同初次相识。《钱玄同日记》载：

> 午后访章公，并初次晤刘申叔（据章信补录）。[1]

钱玄同《刘申叔先生遗书序》称：

> 余留学日本，始谒章公。丁未阳历四月二十二日，于章公座上始识刘君，缘章公与刘君彼时皆以党祸避地日本也。[2]

案，本年钱玄同刚 20 岁，留学于日本早稻田大学，为同盟会会员。其间相识的还有黄侃（1886—1935，字季刚，湖北蕲春人）等。黄焯《记先从父季刚先生师事余杭仪征两先生事》云："清光绪丁未岁（一九〇七年）因倡言革命，亡命日本。从父始于章君座上遇之，遂与订交。"[3]

25 日，《民报》出版临时增刊《天讨》，刘师培发表《普告汉人》一文，署名"豕韦之裔"。这是刘师培到日本后写的第一篇重要文章。刘师培认为：排满并不是革命的最终目的，"就种界而言，则满洲之君为异族；就政界而言，则满洲之君为暴主。今日之讨满，乃种族革命与政治革命并行者也"。[4]

本月，刘师培、张继等发起"亚洲和亲会"。陶铸《〈亚洲和亲会约章〉中文抄稿附识》云：

> 此会成立于 1907（光绪三十三年）丁未之春，首由中印两国革命志士发起于日本之东京。《亚洲和亲会约章》为章太炎先生之手笔，译成英文。开章明义，即为反对帝国主义。其后陆续加入者有：越南、缅甸、菲律宾、朝鲜诸邦，形成亚洲民族解放统一战线，以余记忆所及，中国方面入会者有：章太炎（炳麟）、张溥泉（继）、刘申叔（师培）、何殷振（震）、苏子谷（元瑛，法名曼殊）、陈仲甫（独秀）、吕剑秋（复）、罗黑子（象陶）及余等数十人。……陶冶公附志，一九五四年四月。

亚洲和亲会约章

（公元一九〇七年四月，成立于日本之东京）

> 亚洲诸国，印度有释加、商羯罗之教，支那有孔、墨、老、庄、杨子之

1　杨天石主编：《钱玄同日记》（整理本）上册，第 94 页。

2　钱玄同：《刘申叔先生遗书序》，《仪征刘申叔遗书》第 1 册卷首，第 74 页。

3　程千帆、唐文编：《量守庐学记》，北京：生活·读书·新知三联书店，2006 年，第 124 页。

4　刘师培：《左盦外集》卷十四，《仪征刘申叔遗书》第 11 册，第 4985 页。

学,延及波剌斯国,犹有尊事光明,如阖逻斯托逻者。种族自尊,无或陵犯。南方诸岛,悉被梵风;东方苍生,虑餐华教。侵略之事既少,惟被服仁义者尊焉。

百余年顷,欧人东渐,亚洲之势日微,非独政权兵力,浸见缩朒,其人种亦稍稍自卑。学术既衰,惟功利是务。印度先亡,支那遂沦于满洲;马来群族荐为白人所有,越南、缅甸继遭蚕食;菲律宾始制于西班牙,中虽独立,亦为美人并兼。独有暹罗、波剌斯,财得支柱,亦陵迟衰微甚矣。悲夫!

曩者天山三十六国,自遭突厥、回鹘之乱,种类歼亡,异日支那、印度、越南、缅甸、菲律宾辈,宁知不为三十六国继也? 仆等鉴是,则建"亚洲和亲会",以反对帝国主义而自保其邦族。他日攘斥异种,森然自举,东南群辅,势若束芦。集庶姓之宗盟,修阔绝之旧好,用振我婆罗门、乔答摩、孔、老诸教,务为慈悲恻怛,以排摈西方旃陀罗之伪道德。令阿黎耶之称,不夺于暂种;无分别之学,不屈于有形。凡我肺腑,种类繁多,既未尽集,先以印度、支那二国组织成会,亦谓东土旧邦,二国为大,幸得独立,则足以为亚洲屏蔽。十数邻封,因是得无受陵暴,故建立莫先焉。一切亚洲民族,有抱独立主义者,愿步玉趾,共结誓盟,则馨香祷祝以迎之也。

定　名

一、本会名"亚洲和亲会"。

宗　旨

一、本会宗旨,在反抗帝国主义,期使亚洲已失主权之民族,各得独立。

会　员

一、凡亚洲人,除主张侵略主义者,无论"民族主义""共和主义""社会主义""无政府主义",皆得入会。

义　务

一、亚洲诸国,或为外人侵食之鱼肉,或为异族支配之佣奴,其陵夷悲惨已甚。故本会义务,当以互相扶持,使各得独立自由为旨。

二、亚洲诸国，若一国有革命事，余国同会者应互相协助，不论直接间接，总以功能所及为限。

三、凡会员均须捐弃前嫌，不时通信，互相爱睦，期于感情益厚，相知益深，各尽其心，共襄会务。且各当视为一己义务，以引导能助本会及表同情者使之入会；并以能力所及，建设分会于世界各国。

组　织

一、凡会员，须每月聚会一次。

二、各会员须存一全体会员名籍住址簿；

开会时记入新会员于名簿，并介绍之于各会友；

发表会务报告书；

宣读在各国会员所致之报告函件等，并报告于各处分会；集收会费若干，以充临时费用，但其额以能支纸笔邮费为限。

三、会中无会长、干事之职，各会员皆有平均利权，故各宜以亲睦平权之精神，尽相等之能力，以应本会宗旨；无论来自何国之会员，均以平权亲睦为主。

现设总部于东京、支那、孟买、朝鲜、菲律宾、安南、美国等处，俾收发函件皆得定处，既便交通，且使散处之各会员，均得易悉会中事务。[1]

石母田正谓：

这个亚洲和亲会是由张继、刘光汉等中国革命家组成的社会主义讲习会的会员们发起的，有日本的金曜讲习会即"直接行动派"的革命家幸德秋水、大杉荣、山川均等人参加，在青山的印度会馆举行了第一次集会，各民族出席的有安南、印度、中国的同志和日本的社会主义者。

第二次集会是在九段唯一神教的教堂举行的，有中国、日本、印度、安南、菲列宾等国的同志参加。但这次会议上，大杉荣鼓吹了非军备主义。

1　汤志钧：《关于亚洲和亲会》，《辛亥革命史丛刊》第一辑，1980 年。转引自章念驰编：《章太炎生平与思想研究文选》，杭州：浙江人民出版社，1986 年，第 90—92 页。

中国革命家参加这个亚洲和亲会的，除张继、刘光汉之外，还有胡汉民、宋教仁、马宗豫、章炳麟等人，但其主办人则是张继和刘光汉。

当时，朝鲜人表示，如有日本人出席，他们就不参加。结果没有加入。虽说是革命家的集会，对日本人也是心怀疑忌的。朝鲜人对日本的反感，竟至如此之甚。

笔者于 1940 年 5 月访问土佐和中村镇时，亚洲和亲会的《约章》尚有保存，因此推想幸德秋水当年可能与这个组织有关。后经竹内善朔氏谈话证明，事实确是如此。[1]

竹内善朔 1948 年在东京中国研究所演讲时，回忆说：

《约章》是用上等纸张印刷的，用了大约上百斤纸。纸幅的大小为横 54 公分，纵 21 公分；即宽约一尺四寸二分多，长约五寸五分左右，然后横叠七折，构成细长形状，最后分发出去。纸的表里两面分别印上中文和英文。折叠的方法，乍看起来好像是以中文为主的样子，其实是为了使英文读来方便，而将它印在一页纸上。表里均叠成七页，各有一页印上《约章》名称，其余的地方，英文印成四页，中文则印成五页。[2]

汤志钧以为，亚洲和亲会筹议在先，发起起草《约章》的时间是 1907 年 4 月，章太炎参加筹议，而不是竹内善朔所称的"该会原在张继、刘光汉的积极倡导下筹建起来，却把章炳麟推于上位，以章炳麟的名义发表了宣言书"。[3] 此说依据似不足。陶铸附识作于 1954 年，淡化作为国民党元老的张继、作为筹安会六君子的刘师培在其中的主导作用，是可以理解的回避办法。如果章太炎是此事的主导者，陶铸不应不特别说明。

5 月 2 日，《国粹学报》第 28 期出版，"社说"刊载《近儒学术统系论》，"政篇"续载《论历代中央官制之变迁》，"学篇"续载《汉代古文学辨诬》（《八辨魏氏之说不可从》），"美术篇"刊载《释矩》（附图），"丛谈"续载《法言补

1　石母田正著，李士苓译：《续历史与民族之发现》，《国外中国近代史研究》第 2 辑，北京：中国社会科学出版社，1981 年，第 336—337 页。

2　竹内善朔著，曲直、李士苓译：《本世纪初日中两国革命运动的交流》，《国外中国近代史研究》第 2 辑，第 342 页。

3　汤志钧：《章太炎年谱长编》（增订本）下册，第 640—643 页。

释》，均署名刘师培；"博物篇"刊载《物名溯源续补》，署名刘光汉。

案，《辨魏氏之说不可从》改作后，收入《左盦集》卷三，题作《书魏默深〈古微堂集〉后》；《物名溯源续补》裁出后，改作《〈经义述闻〉"五色之名"条广义》《释翍》，收入《左盦集》卷四。

5 日，《民报》第 13 号出版，刊载刘师培《利害平等论》，署名韦裔。

22 日，根据同盟会的计划，同盟会会员许雪秋派陈涌波、余纪成联合三合会，乘夜攻入黄冈，擒杀司官巡检王绳武及守城把守许登科，缴获清军枪械数十枝，推举陈涌波、余纪成为革命军正、副司令，发布檄文，免除苛税。后来，起义军攻打清军驻守的浤洲（距黄冈十公里）时死伤甚众，遂告失败，余纪成等逃亡香港。

31 日，《国粹学报》第 29 期出版，"社说"始载《儒学法学分歧论》，"政篇"始载《氏姓学发微》（《一论一姓误歧为数姓》），"学篇"续载《汉代古文学辨诬》（《九论龚氏之说不足信》），"博物篇"始载《〈尔雅〉虫名今释》，"美术篇"刊载《舞法起于祀神考》，"丛谈"续载《法言补释》，均署名刘师培。"撰录"载《阮芸台答友人书数则》，有跋语，末署名"记者识（培）"，知为刘师培所作；又载《某君复某书》，即章太炎答刘师培之书札，收入《左盦外集》卷十六《答章太炎论〈左传〉书》所附《又章君答书》。

案，《论龚氏之说不足信》改作后，收入《左盦集》卷一，题作《中古文考》。《〈尔雅〉虫名今释》之《序》改作后，收入《左盦集》卷三，题作《〈尔雅〉虫名今释自序》；"果蠃"条改作后，收入《左盦集》卷四，题作《释蒲卢》。《舞法起于祀神考》改作后，收入《左盦集》卷四，题作《〈说文〉巫以舞降神释》。《氏姓学发微·一论一姓误歧为数姓》裁出部分内容，改作为《释羌蛮闽》，收入《左盦集》卷四；又改作为《妣姓释》《偃姓即嬴姓说》《释鳌姓（上下）》，收入《左盦集》卷五。

本期"报告"载《国学保存会报告》（第九号），有《国粹丛编第三期已出》《开编藏书楼书目》，其《已编成直隶历史、地理乡土教科书》云：

> 直隶一省，当黄河流域，为吾国开化之先。古代帝王，自黄帝邑于涿鹿，声名文物，已有可观。厥后，每为历代帝王建都之所，其历史、地理上之事实，尤为繁夥，足资观感。本会所编乡土之书，已有六省，而直

隶为首善之区，更宜亟于编辑。现已编成出版焉。[1]

刘师培《〈尔雅〉虫名今释》前有序，云：

> 盖考古不能知今，则为无用之学。匪独地学然也，即物名亦然。以今物证古物，与以今地证古地，其功略同。昔宋儒罗愿、陆佃，于古籍所详庶物，咸考其形状，证以乡曲之称，其学亦邻于征实。特不明声音、训故，故物名起源，言之未晰。至近儒高邮王氏，作《广雅疏证》，凡花柳竹木、鸟兽虫鱼，皆购列于所居，故诠释物类，咸以得之目验者为凭。即郝氏疏《尔雅》、桂氏疏《说文》，咸以今物证古物，与王氏之文略同。仆幼治小学，知万物之形状，均可于声音、训故求之，拟仿钱氏诂《释地》以下四篇之例，作《尔雅物名今释》。惟编纂未成，先成《释虫》一篇，以为博物学之一助。夫近儒之论物名也，谓一物数名，或由言语递转，或由方土称谓各异。此固不易之说矣。……故今作《尔雅虫名今释》，先溯其得名之源，继以今名释古名，证明古物即今某物。得之目验者半，本于故籍者亦半。其所不知，则缺如也。[2]

本月，陈去病作《我生示真长、秋子、晦闻、兼简无畏》诗，云：

> 我生既不辰，有子安足仗。不如清净身，完我本来相。无罣亦无碍，一销翳与障。腾步上天衢，翛然成独往。

> 邓侯不世才，好古重耆旧。掘撷多异书，雕镌不稍后。诸俊尤翩翩，风雅足领袖。日夕与编摹，出入共携手。高谭泯古今，荡胸涤尘垢。兹乐亦最难，允须期白首。乘化归帝乡，廓然浑无有。下以见老庄，达者傥无诟。

> 行行上高台，四顾多洹澜。鱼烂不复收，瓯缺宁能完。徒令视陆沉，袖手空悲叹。淹忽亦易尽，何事长辛酸？与子且行乐，放眼青云端。

> 同方有中垒，经术醲且深。著书比韶濩，噌吰振元音。胡为别海上，莫鼓成连琴。思之每涕泣，徘徊向中林。时清文网疏，君子无容心。阌儒傥归来，大夫当不禁。（时无畏惧触忌讳，莽莽出门，念之泫然。）

1　《国学保存会报告》（第九号），《国粹学报》第 8 册，第 4424 页。

2　刘师培：《尔雅虫名今释》，《仪征刘申叔遗书》第 3 册，第 1289—1290 页。

　　吾友黄叔度，御己与齐年。我忝长一龄，疾病今缠绵。合并适百岁，

萍萃岂偶然？（予于晦闻、真长，闻声相思久矣。今春遇之海上，问年，

则三人适百岁。）三寿自作朋，匪容张广筵。要当缔贞盟，金石坚乎坚。

不观松竹梅，岁寒争煊妍。[1]

此诗后刊于《夏星》1914 年第 1 期。

　　6 月 2 日，为响应黄冈起义，孙中山派人到惠州发动起义。邓子瑜、陈

纯等便集合少数三合会党人在惠州城二十里的七女湖截获清军防营枪械，

击毙巡勇及水师哨弁多人。5 日，起义军进攻泰尾，清守兵溃逃，起义军乘

胜进军，连克杨村、三达、柏塘等地，又在八子爷击败清营管带洪兆麟。归善、

博罗、龙门等地会党纷纷响应，队伍增至 200 余人。清水师提督李準急忙调

兵镇压。起义军声东击西，使清军疲于奔命。后来因黄冈起义失败，得不到

声援，遂在梁化墟解散。部分起义者逃亡香港，大部分退入罗浮山区。

　　8 日，《民报》第 14 号出版，卷首刊载"西比利亚阿喀兑狱中之俄国革

命党员""阿喀兑狱中女革命党员"照片，刊载刘师培《清儒得失论》，始载

《辨满人非中国之臣民》（第 15、18 号续完，署名韦裔）一文，开始参加《民

报》与《新民丛报》的论战。此前，梁启超在《新民丛报》发表文章，鼓吹"中

国不亡"论，宣传君主立宪，反对革命。汪精卫在《民报》先后发表《希望

满洲立宪者盍听诸》（第 3 号、5 号）、《驳〈新民丛报〉最近之非革命论》（第

4 号）、《再驳〈新民丛报〉之政治革命论》（第 7 号）、《满洲立宪与国民革命》

（第 8 号）、《杂驳〈新民丛报〉第十二号》（第 10 号、11 号、12 号）、《斥为满

洲辩护者之无耻》（第 12 号），予以回击。刘师培《辨满人非中国之臣民》

引言指出：

　　　自满族入关二百余年，立其朝者虽深颂虏酋盛德，然咸知满人非中

　　国人。即书之订于虏酋手者，若《大义觉迷录》，若《满洲源流考》，于

　　己族之非中国人，亦直承不讳。近岁以来，汉族人民咸知"非种必锄"

　　之义，而排满之说日昌；即满人之稍黠者，亦盛倡排汉之说。盖满、汉

　　二民族，当满族宅夏以前，不独非同种人，亦且非同国之人。遗书具在，

1　张夷主编：《陈去病全集》第 1 册，第 60—61 页，以《夏星》1914 年第 1 期校。

固可按也。乃无耻之徒，认贼作父，谓满人之于明代，曾为中国之臣民，以中国之臣民为中国之君主，其国虽亡而不亡，故作为"中国不亡"论，以塞排满者之口，兼以献媚于满人。本报记者精卫已作为巨论，以辟其词。不意热心媚虏之流，复执"中国不亡"之论，谓前明之时，满洲土地在中国统治范围之内，即为中国领土；厥后自立国家，战胜明室，不可谓之亡国。推其意，大抵谓满、汉二族，虽非同族之人，实为同国之人。

呜呼！吾诚不意当今之世，犹有此无稽之谬论也。夫满人起于建州，精卫据《明史·兵志》，以建州为羁縻卫，并谓羁縻卫非领土，建州无国籍，以证满洲非中国臣民，其说均确。惟既以建州非领土，又言建州即被保护地；仅据建州无国籍，并言明代卫所均无户籍，则立说未免稍疏。乃驳其说者，谓明之羁縻卫较之被保护地，其统治关系更为密切，又谓建州并非羁縻卫。盖不知明境东北有两建州，据陈建"明初以建州隶辽东"之文，以为锦州边外之建州，即建州三卫之建州，遂以建州三卫亦属辽东，并疑《明史》列建州于羁縻卫为差谬。此满州为中国臣民之说所由兴也。然所立之说，则较精卫为尤疏。倡此说者，岂果考古之疏耶，抑亦故为此说以悦满人耶？由前之说，则其愚可闵；由后之说，则其心可诛。

夫欲明满州是否为中国臣民，当先知建州之地是否属明。以今考之，则明之边境，以辽东都司所辖为界，建州三卫属于奴尔干都司，远在辽东边外，则建州为外夷。建州既为外夷，则满州初起之地，当明时，仅为羁縻卫。明人视之若敌国，未曾入中国统治范围。不独非领土，亦且非明被保护地，则满洲非汉族同国之人，不言而可喻矣。试博引史册，以辟彼说之诬。吾知倡（被）〔彼〕说者，亦将自削其草，以自悔其失词。孟子有言："岂好辩哉？予不得已也。"今作是篇，亦斯志也。[1]

冯自由《记刘光汉变节始末》云：

时梁启超方在《新民丛报》大发挥"满洲本为明朝藩属，中国亡于满洲绝非亡国"之说，光汉乃条举史事，为文数万言以驳斥之。义正辞

1　万仕国辑校：《刘申叔遗书补遗》上册，第572—573页。

严，深为海内外称赏。[1]

南桂馨《青溪旧屋仪征刘氏五世小记序》称：

> 在东京时，梁任公著《满洲为建州卫论》，揭诸《新民丛报》，意在调和满汉民族矛盾，以达其君主立宪之主旨。申叔著《满洲非建州卫考》，刊诸《民报》，驳斥梁说。此文征引精详，为申叔有功民族革命之作。[2]

《刘氏五世小记》转述南桂馨函云：

> 余在庚午至乙未五年之间，卜居故都，搜求申叔遗著，汇刊七十四册，郑君友渔实总其事。一日，携旧稿一册授余读，见其墨迹，固申叔之亲笔也，其内容即五十年前在日本所阅者。友渔曰：此固为申叔力主民族革命之文，但日本正在扶植满洲国小朝廷之时，若经刊出，恐滋借口，足以影响全书之刊印。余谓此文数十年前已载《民报》，郑孝胥辈岂有未见之理？友渔言：《民报》散佚已久，一般人未必忆及。余嘱商诸钱玄同，钱亦同意郑说。因而考虑再三，终于割爱。犹记当时汪精卫亦有一篇驳梁文字，但以征引不充，辞气未达，致遭任公反驳。申叔文出，太炎戏曰：申叔此作，虽"康圣人"亦不敢著一词，况梁卓如、徐佛苏辈乎？[3]

此时，刘师培所用"韦裔""豕韦之裔"两笔名，其典出于《左传》，取意于在商为豕韦氏，以更刘累之后。刘师培曾在《攘书目录》前作《赞》云：

> 豕韦之系，世秉麟经。我生不辰，建房横行。鉴于前言，扶植人极。炎黄有灵，实凭实式。[4]

此时，刘师培开始接受盛行于日本的社会主义、无政府主义学说；何震则受斯宾塞《女权篇》影响，与陆恢权、徐亚尊、周怒涛等发起创办女子复权会，以《天义》报作为机关刊物，宣传男女平等。冯自由《记刘光汉变节始末》云：

1　冯自由：《革命逸史》上册，第332页。

2　梅鹤孙：《刘氏五世小记》，第4页。

3　梅鹤孙：《刘氏五世小记》，第38页。

4　刘师培：《攘书》，《仪征刘申叔遗书》第5册，第1840页。

光汉夫妇时与章太炎、苏曼殊同居,渐与日本社会党之急激派北辉次郎、和田三郎等游,遂心醉社会主义。寻发刊一《天义报》月刊,极力鼓吹社会主义学说,是为我国人发刊社会主义机关报之嚆矢。其妻何震更提倡父母姓并重之说,自号其姓名曰何殷震。[1]

10日,何震创办的《天义报》半月刊出版第1号(创刊号),报社设在东京小石川区久坚町二十七番瑜伽师地。该刊前二期以"第×号"标称,第三期起,报名改称"天义",期号改称"第×卷"。其编辑兼发行人为震生(第2号起改为何震,第4卷起改称编辑兼印刷者何震)。

本号"图画"栏有何殷震所绘《女娲像》,有何殷震所作《赞》,云:

于穆娲皇,厥姓惟风。断鳌足,杀黑龙。先禹有功抑下鸿,辟除民害逐共工。是宜报功崇德,与轩羲并隆。[2]

柳无忌《苏曼殊及其友人》谓:

在《天义报》上,有《女娲像》一幅,并附赞语,署名何震,实则画像为曼殊手笔,而赞语的捉刀人却是太炎。[3]

案,柳无忌此为悬测之言,并非实际。盖《女娲像》与苏曼殊画风不合,其题字亦与太炎字不类也。

"社说"栏有何殷震《女子宣布书》、何殷震(内页署名"震述")《公论三则》(《帝王与娼妓》《大盗与政府》和《道德与权力》),"附录"载何殷震《致留日女学生书》。此外,"社说"栏载去非子《破坏社会论》,"学理"栏载不公仇《李卓吾先生学说》,"时评"栏载志达《(时评)四则》(《伟哉女杰》《悲哉男权之专制》《请看俄国虚无党》《女为人妾》),"译丛"栏载公权《百北尔总同盟罢工提议案》(译日人《社会主义研究》第五册)、《巴枯宁学术要旨》(节译日人《独立评论》第五册)、《呜乎劳动者》(译幸德秋水氏《平民主义》)、《〈击石火〉节译》(译幸德秋水《平民主义》)、《日本社会歌》(译意),"来稿"栏载陆守民《论女子受制之原因》,"杂记"栏有大鸿《女娲为女杰》《赵威后语》《异族凌辱女子》《洪秀全男女平等之制》《秦会稽刻石》

1　冯自由:《革命逸史》上册,第332页。
2　万仕国、刘禾校注:《天义·衡报》上册,第3页。
3　柳无忌:《苏曼殊及其友人》,《苏曼殊全集》第5册,第21页。

《郦山女保塞》。封二有《简章》，封三有《女子复权会简章》、《本社捐助金芳名》（列尚介君五元、宝瑚君五元、陈吉生女士五元）。《天义》早期印刷所为东京市神田区中猿乐町四番地秀光社。

《女子复权会简章》云：

一、宗旨

确尽女子对于世界之天职，力挽数千载重男轻女之风。

二、办法

对于女界之办法有二：一曰暴力强制男子，二曰干涉甘受压抑之女子。对于世界之办法有二：一曰以暴力破坏社会，二曰反对主治者及资本家。

三、规律

不得尊信政府。

不得服从男子驱使。

不得降身为妾。（以下三则，均指未嫁之女言。）

不得以数女事一男。

不得以初昏之女为男子之继室。

四、道德

耐苦，冒险，知耻，贵公，正身。

五、权利

入会之后，所享权利有三：

凡已嫁之后，受男子之压制者，可告本会，为之复仇。

由因抵抗男权及尽力社会而死者，本会为之表章。

由因抵抗男权及效力社会而罹危险者，有受本会救济及保护之权利。

六、义务

入会之后，所尽义务有三：

一、结婚、离婚，均当报告本会。

二、入会之时，纳会捐一元。嗣后，每月纳捐一角。

三、入会之后，当扩张本会势力，介绍会员。

七、入会之资格

凡实行本会规律者，均得为会员。

八、总会所

日本东京牛込区新小川町二丁目八番地天义报社。[1]

关于去非与去非子的身份，考去非子《破坏社会论》，其主要观点与刘师培《废兵废财论》《政府者万恶之源也》《人类均力说》等观点相同；去非《戴东原先生学说》，斥宋儒"以意见为理"、人民"死于空理"，与刘师培《戴震传》持论相同，则去非及去非子似为刘师培笔名。《天义》所载志达署名文章，"时评"栏18篇，其他文章3篇。其中《天义》第13—14卷合刊之目录，"社说"栏首篇《女子教育问题》署名"震述"，第二篇《女子革命与经济革命》署名"志达"；而在正文中首篇《女子教育问题》作者署名为"志达"，第二篇题目作《经济革命与女子革命》，作者署名则为"震述"。则志达与震述疑为一人，即何震。否则，不可能如此互书。

15日，《复报》第10期刊载《天义报启》，云：

地球之上，邦国环立，然自有人类以来，无一事合于真公。异族之欺陵，君民之悬隔，贫富之差殊，此咸事之属于不公者也。自民族主义明，然后受制于异族者，人人均以为辱；自民约之论昌，然后受制于暴君者，人人均引为耻；自社会主义明，然后受制于富民者，人人均以为羞。由是种族革命、政治革命、经济革命，遂为人民天赋之权。然环顾世界各邦，其实行种族革命者尚占多数。若政治一端，虽实行共和政治者，犹不能尽人而平等；经济一端，更无论矣。试推其原因，则以世界固有之社会，均属于阶级制度，合无量不公不平之习惯，相积而成。故无论其迁变之若何，均含有不平之性质。非破坏固有之社会，决不能扫除阶级，使之尽合于公。顾今之论者，所言之革命，仅以经济革命为止。不知世界固有之阶级，以男女阶级为严。无论东洋有尊男轻女之风也，即西洋各国号为男女平等者，然服官议政之权，均为女子所无，则是女子所有之权，并贱民而不若。更反观之于中国，

1　万仕国、刘禾校注：《天义·衡报》上册，第581—583页。

则夫可多妻，妻不可多夫；男可再娶，女不可再嫁；服丧则一斩一期，宾祭则此先彼后。即有号为均平者，既嫁之后，内夫家而外母家，所生子女，用父姓而遗母姓，又安得谓之公平乎？夫男女之间，其制度失平且若此，于此而欲破坏固有之阶级，不亦难乎！故欲破社会固有之阶级，必自破男女阶级始。所谓破男女阶级者，即无论男女，均与以相当之教养、相当之权利，使女子不致下于男，男子不能加于女，男对于女若何，即女对于男亦若何。如有女下男而男加女者，则女界共起而诛之，务使相平而后已。夫以男女阶级之严，行之数千载，今也一旦而破之，则凡破坏社会之方法，均可顺次而施行，天下岂有不破之阶级哉！夫居今日之世界，非尽破固有之阶级，不得使之反于公；居今日之中国，非男女革命与种族、政治、经济诸革命并行，亦不得合于真公。震等目击心伤，故创为女子复权会，讨论斯旨，以冀实行其目的。又虑此理之不能共喻也，故刊《天义》旬报，以作本会之机关。惟经营伊始，财政拮据。世有赞成此旨者，尚祈慨解囊金，共襄此举，使公平之真理得以普及于寰区，此则世界之幸也。

附简章如左：

一、宗旨及定名　以破坏固有之社会，实行人类之平等为宗旨，于提倡女界革命外，兼提倡种族、政治、经济诸革命，故名曰"天义报"。

一、办法　每月本拟出报三期，因排印延期，暂定每月二册。

一、材料　每册以二十页为限，首图画，次社说，次学理，次时评，次译丛，次来稿，次杂记，均以醒世齐民为主。

一、经济　暂由发起人筹捐开办，如有捐款三十元以上者，永远奉酬，均推为名誉赞成员。五元以上者，均赠全年报二份，以一年为限。十元以上者，以二年为限。二十元以上，奉酬本报三份，以三年为限。

一、报费　每册售洋一角，订一月者报金一角八分，半年者一元零五分，全年二元，邮费另给。

一、通信　凡国内外有通信汇款者，请寄至：日本东京牛达区新小川町二丁目八番地何震。

发起人　陆恢权　周怒涛

何
　　震　张旭　同启
殷

徐亚尊[1]

16日，《钱玄同日记》载：

> 本日，由福建学生开陈不浮追悼会，请章、刘、张诸人演说，大致皆讲辟功利。[2]

案，陈天听（1872—1907），字不浮，福建福州人。1904年留学日本法政速成科第四班，1907年毕业，乘博爱丸号回国，激于时事日非，6月1日（农历四月二十一）中午从回国船上蹈海自杀。"章、刘、张"，指章太炎、刘师培和张继。据《天义》第3卷"附录"载何震《陈君不浮追悼会演说稿》，则何震也参加了这次追悼会，并发表演说，认为"实行强权的人，就是杀人抢钱的人"，指出：

> 现在的人，所发的理想，不过到抵制强权为止，不晓得抵制强权，还是以暴易暴。想抵制强权，不如打消强权。想打消强权，都要扶弱锄强。对于力强的人，无一不用其抵制；对于力弱的人，无一不用其保护，教强弱复归于平等。如若不归于平等，惟有用陈君遗书所讲的话：人人不怕死，人人不顾害，把一切不公不平的社会，都由暴力破坏。大约现在的社会，都是阶级社会；阶级社会，就是强者的社会。现在的世界，都是功利的世界；功利世界，也是强者的世界。不是破坏社会，决不能打消强权，决不能教人类平等。所以，诸君对于陈君蹈海，当晓得陈君蹈海的原因。陈君蹈海的原因，是因为不忍见强权盛行。[3]

中旬，刘师培、张继等人创办的"社会主义讲习会"在日本东京成立。讲习会以宣传无政府主义、社会主义思想为主。陶铸《无政府主义思想对同盟会的影响》称：

> 我和他们并参加了日本原始社会主义幸德秋水为首组织的座谈会。这时日本社会主义的党虽还未成立，但已有了雏形的组织。座谈

1　万仕国辑校：《刘申叔遗书补遗》上册，第661—662页。
2　杨天石主编：《钱玄同日记》（整理本）上册，第99页。
3　万仕国、刘禾校注：《天义·衡报》上册，第550页。

会主要是宣传马克思主义，经常以旅行玩山游水为名，到东京郊外一些地方秘密开会。日人参加的有：幸德秋水、堺利彦、北辉次郎、和田三郎、宫崎民藏（宫崎滔天之兄）和菅野子（女），此外还有我不知其姓名的。中国有张溥泉、刘申叔、何殷震、汪公权和我等数人。[1]

案，陈奇以为，刘师培"仿效日本无政府主义者组织'社会主义金曜（星期五）讲演会'，与张继一起发起创立社会主义讲习会"，[2]其说似误。刘师培、张继发起社会主义讲习会时，日本无政府主义者金曜讲演会尚未成立；社会主义讲习会第一次会议于 8 月 31 日举行，金曜讲演会首次集会则于 9 月 6 日举行，时间上亦有先后关系，至少不存在刘师培仿效金曜讲演会的问题。

25 日，《天义报》第 2 号出版。"图画"栏载《法国女杰露伊斯·米索尔像》，"社说"栏刊载何殷震《女子复仇论》、申叔《废兵废财论》。此外，"学理"栏刊载亚公《唐铸万先生学说》，"时评"栏刊载大鸿《〔时评〕四则》（《清政府亦欲抑女权耶》《异哉中国妇人会》《雇婢评》《社会革命大风潮》），"译丛"栏刊载公权译《法国女杰露依斯传》（题下自注："此传系日人志津野又郎选，刊入《革命妇人》中，惟文多冗词。今仿中史列传体译之，删剪芜词，使文气清朗。"）、《俄国女杰骂阁臣语》（节译日人《新时代报》）、《日本劳动歌译意》（此歌载日《大火鞭报》中，以"劳动者神圣也"六字名题。诗共七首，今载其四），"来稿"栏刊载恢权《平权论》、留学界一分子《东京来函》、白圭女史《女地狱歌》，"杂记"栏刊载叔时《〔杂记〕二则》（实为三则，即《中国古代均贫富之制》《富人之病民》《颜元斥土地不均之害》）。封二有《上海小说赏阅社广告》，插页有《社会主义讲习会广告》《书报介绍》（汉文部有《民报》《复报》《鹃声》《中国日报》和张继译《无政府主义》，日文部有《社会新闻》《大阪平民新闻》《革命》以及金子喜一《社会问题》、久津见蕨村《无政府主义》、志津野幼郎《革命妇人》），封底有《本社捐助金芳名》，列二人：黄中黄君五元，沙浮君三十元。

该期刊载的《社会主义讲习会广告》，称：

1　杨天石：《"社会主义讲习会"资料》，《中国哲学》（第 3 辑），北京：生活·读书·新知三联书店，1978 年，第 379—380 页。

2　陈奇：《刘师培年谱长编》卷五，第 201 页。

　　近日以来，社会主义盛于欧美，蔓延于日本，而中国学者则鲜闻其说。虽有志之士，知倡民族主义，然仅辨种族之异同，不复计民生之休戚。即使光复之说果见实行，亦恐以暴易暴，不知其非。同人有鉴于此，拟研究社会问题，搜辑东西前哲各学术，参互考核，发挥光大，以饷我国民。又虑此义之不能普及也，故创设社会主义讲习会，以讨论此旨。留学界诸君如有与本会表同情者，乞将名姓、住址寄交本会通信所。俟开有期，即行函达。张继、刘光汉等同启。[1]

30 日，《国粹学报》第 30 期出版，"政篇"刊载《政治名词起原考》，始载《古代要服荒服建国考》（《序》《古代南方建国考》），"学篇"续载《汉代古文学辨诬》（《十总论》）完，"博物篇"续载《尔雅虫名今释》，"美术篇"始载《中国美术学变迁论》，均署名刘师培。《古代要服荒服建国考·古代南方建国考》后裁出部分内容，改作为《释沤国》，收入《左盦集》卷五。

　　夏，章太炎开始编写《新方言》一书，刘师培、黄侃等人都给予了较多的合作。章太炎《与刘光汉、黄侃问答记》云：

　　　　仪征刘光汉申叔、蕲黄侃季刚，皆善小学。炳麟为《新方言》，光汉、侃各分疏数十事。

　　　　光汉说"有"字，疑《说文》从"月"，不谛。炳麟曰："有"者，本义为日、月食。《开元占经》引西方说，言日、月食者，阿修巨灵所为；浮屠书谓手遮蔽之。上古诸神怪语，多自西方来。"有"从"月"，又兼会意也。不然者，《春秋》书日食，必言"日有食之"，辞繁不杀，何也？日月蔽遮为"有"，凡有所蔽曰"圃"，或谓之"宥"；反宥则谓之"别"，皆"有"字也。言"有无"者，当作"宥"，《庄子》所谓"在宥"矣。

　　　　光汉曰：《释诂》"贲、畀、卜"皆训"予"，义云何？炳麟曰："畀"与"鼻"同声，古文"鼻"但作"自"，"畀"借为"自"。《说文》："吾，我自称也。""我，施身自谓也。"《春秋》："有邾畀我季芈。""畀我"即"自我"也。"卜"者，仆也。《记》"卜人师"，《注》改为"仆"，是古"卜""仆"

1　万仕国、刘禾校注：《天义·衡报》上册，第 585—586 页。《天义》第 3 卷所载《社会主义讲习所广告》与此文字略异："近日以来"作"近岁以来"，"欧美"作"西欧"，"此义"作"此主义"，"名姓"作"姓名"，"寄交"作"函寄牛込新小川町二丁目八番地"，"俟会"作"俟开会"。

通也。王侯称"不穀"，"不穀"合音即为"仆"。世以"不善"为说，无由知"仆"字，亦戆矣。"不徕，不来"，"来""以"一声，"赉"即"台"字。是故"赉、畀、卜"训"予"，非"付予"也。

炳麟问光汉：鲁冉雍字仲弓，义云何？光汉曰：辟雍，泮宫类也。河间献王奏对《三雍宫》。"弓"借为"宫"，"宫"从"躳"省声，"躳"又作"躬"，明"弓""宫"声通也。他日问侃，对如光汉言。炳麟又曰：《夏侯婴传》："汉王蹶两儿弃之，婴常收载行，面雍树驰。"苏林曰："南方谓抱小儿为雍树。"雍者，雍树。"弓"借为"躬"，亦得也。

宋公子目夷，字子鱼，前世说者引"二目白为鱼"，不说"夷"字何义，今可说否？侃曰：《老子》曰："视之不见，名曰夷。"王弼曰："无色曰夷。"二目白，即无色矣。一曰：鱼日在江湖中，不见水波动溶，故曰"目夷"也。《水经》"济水"注："鱼山，亦为吾山。"管仲、晋惠公皆名"夷吾"，"吾"亦"鱼"字，谓鱼目视不见也。炳麟以为说，"目夷"义于是为冰解冻释也。

鲁公子奚斯，字子鱼，复可说邪？侃曰：《淮南·道应训》："得骇虞、鸡斯之乘。"高诱曰："鸡斯，神马也。""奚斯""鸡斯"，人知之矣。本字"鸡"当为"骎"。《释畜》曰："前足皆白，骎。"斯者，《小雅》："有兔斯首。"谓鲜白也。白足、白目相类，是以字子鱼也。一曰："鱼""虞"声通，"骇虞""骇吾"声皆近"鱼"。骇虞者，白虎黑文，故与"鸡斯"邻类，前足皆白，由是字"子虞"也。

炳麟复问："一""二""三"，古文作"弋""式""弍"，从"弋"，何取？侃曰："弋"者，杙弋。古用筹算，凡陈数，必以弋计。张良为汉王陈十事，借前箸筹之，故"弋""式""弍"从"弋"也。炳麟曰："必"者，古文"八"字。《说文》："八，别也。""必，分极也。""分""别"同义，从"弋"，犹"弋""式""弍"矣。

侃曰：十干之文，虑有本义。"己"本义云何？炳麟曰："久"象两胫后有所距。《周礼》曰："久诸墙，以观其桡。""久"字横书即"己"，是故"久""己"一字。"玖"读若"芑"，明声同也。"己"者，本义为长跽，故两胫后有距。"久""己""跽""亝"，古一字也。"庚"本义云何？侃曰："兵"者，从"收"持"斤"，古文作"偑"，从"人""庚"会意。"庚"者，从"收"持"干"。《说文》干盾虽作"戰"，此孳乳之文，古独有"干"而已。从"收"持"干"，"更卒"之本字也。"卒更""践更""过更"，征调之法则然，由是称卒曰"更"，免卒为"不更"，领卒者为"左更""右更"，其本字当为"庚"。"庚"又训"续"，亦"践更"之义也。

"昰"字，《说文》无训，当何义？炳麟曰：春、秋、冬皆有本义，独"夏"假借"诸夏"为之，本字宜为"昰"，"丽"读若"昰"，则"昰"音如"夏"也。夏日可畏，从"亞"声，"亞"本古文"恶"字，"畏""恶"同义，兼会意也。

炳麟又曰：《诗》言"薄伐猃狁"。今《虢季子盘》"薄"字为"搏"，从"干"，"尃"声。"干"者，犯也。"薄"训"迫"者，此为本字。两军相薄，字为"搏"，日月薄蚀，字为"普"，今悉书"林薄"字，学者不悟久矣。

侃曰：儒先故训有盖阙者，待后生补苴甚众。世人皆云：段、桂、严、朱诸公说小学既究竟，今者宜述不作。然造次一二语，章章如此。先正有垣，待吾侪而涂塈也。盖自僄弃乎哉？[1]

此书成后，刘师培又作《新方言后序》，称本书"方俗异语，撷拾略备。复以今音证古音，参伍考验，以穷其声转之原。读斯书者，非徒可以诠古训、达神旨，即噡唯应对之中，亦可名闻而实喻，无复间介之虞。夫言以足志，言通则情达，情达则志同。异日统一民言，以县群众，必将有取于斯编矣"。《新方言后序》改作后，收入《左盦集》卷四，题作《新方言序》。章太炎《新方言序》称：

> 会仪征刘光汉申叔、蕲春黄侃季刚亦好小学，申叔先为札记三十余条，季刚次蕲州语及诸词气。因比辑余说及二君所诊发者，亡虑八百事，为《新方言》十一篇。[2]

由于同盟会东京本部内部矛盾不断，民报社经费困难，章太炎颇为心灰意冷，准备赴印度研究佛经。28 日，苏曼殊由东京致书刘三，称：

> 衲今后决意与太炎先生同谒梵土，但行期现尚不能定。[3]

---

1 章炳麟：《与刘光汉、黄侃问答记》，《仪征刘申叔遗书》第 1 册卷首，第 52—54 页。

2 章炳麟：《新方言》，《章太炎全集》第 4 册，上海：上海人民出版社，2014 年，第 5 页。

3 马以君编注：《苏曼殊文集》下册，第 479 页。

7月，苏曼殊由东京致书邓艺孙时亦称：

> 衲今决意于此数年西诣梵土，审求梵学。虽慧根微弱，冀愿力庄严，想居士亦以为然也。[1]

7月1日，日本《世界妇人》第13号"内外时事"栏刊载《女子复权会》，介绍女子复权会及其《简章》，称：

> 旅日清国革命派青年中，此度有发起"女子复权会"，创刊"天义报"杂志者。《天义报》宣言，以破坏固有之社会，实行人类之平等为旨趣，于提倡女界革命之外，兼提倡种族、政治、经济诸革命。"女子复权会"发表如左"简章"。
>
> ［中略，《女子复权会简章》与上引同］
>
> 此于中国人观之，固有滑稽之处，亦有不能被接受之条款，要其意气之雄壮，毕竟有日本人中不可见者也。[2]

7月5日，《民报》第15号出版，卷首刊载俄国暗杀团首领该鲁学尼狱中之肖像、法国鼓吹革命之少年新闻记者德谟那像，又刊载韦裔《悲佃篇》，竭力主张"尽破贵贱之级，没豪富之田，以土地为国民所共有"，[3]并将革命的希望寄托在农民革命上；同时，续载《辨满洲非中国之臣民》。本期刊载《社会主义讲习会广告》，云：

> 近世以来，社会主义盛于西欧，蔓延于日本，而中国学者则鲜闻其说，虽有志之士，间倡民族主义，然仅辨民族之异同，不复计民生之休戚。即使光复之说果见实行，亦恐以暴易暴，不知其非。同人有鉴于此，慨社会主义之不昌，拟搜集东西前哲诸学术，参互考验，发挥光大，以饷我国民。又虑此学之不能普及也，拟设社会主义讲习会，以讨论此旨。留学界诸君，如有与本会表同情者，乞将名姓、住址寄交牛込新小川町二／八民报编辑部对面巷内本会通信所，俟开会有期，即行函达。张继、刘光汉同启。[4]

1　马以君编注：《苏曼殊文集》下册，第481页。

2　《女子复权会》，日本《世界妇人》第13号，明治四十年（1907）7月1日，第2版。

3　刘师培：《左盦外集》卷十四，《仪征刘申叔遗书》第11册，第5032页。

4　《社会主义讲习会广告》，《民报》第15号，1907年7月5日，广告。

又刊载《天义报广告（第二号已出）》，云：

> 本报之宗旨在于破坏固有之社会，颠覆现今一切之政府，抵抗一切
> 之强权，以实行人类完全之平等。于男女平等精理，言之尤详。月出二
> 册，每册售价一角，订全年者二元。欲购阅本报者，可向民报编辑所对
> 面巷内天义报社函订。[1]

与《复报》所刊《天义报启》相比，这则广告所称的"本报之宗旨"，更明显
地表现出浓厚的无政府主义色彩。

此外，又刊载苏曼殊《梵文典》广告。

6日，徐锡麟在安庆枪杀安徽巡抚恩铭，率领巡警学堂学生起义，攻占
了军械所，与清军激战四小时，失败被俘。审讯时，徐锡麟挥笔直书，自称：
"蓄志排满已十余年矣，今日始达目的。本拟杀恩铭后，再杀端方、铁良、良
弼，为汉人复仇。"当晚英勇就义。姚永概本日日记云：

> 是日，警察会办徐锡麟因行毕业礼，枪毙中丞及一巡捕、一收支委
> 员，与其党陈、马诱学生至军械所，为官兵所围，拒斗，久之乃见获。阖
> 城大哗，戒严。[2]

10日，《天义》第3卷出版。"社说"栏续刊震述《女子复仇论》，刊载
申叔《人类均力论》（内页题作"人类均力说"），"附录"栏载震述《陈君不
浮追悼会演说稿》。此外，"图画"栏刊有《露国革命志士之气概》《名画
之二》（曼殊《邓太妙秋思图》），"学理"栏刊去非《戴东原先生学说》，"时
评"栏刊载志达《政府者万恶之源也》《排满与保满》，"译丛"栏刊载公权
译《苦鲁巴特金之特色》（内页题下注："此摘译日本久津见蕨村《无政府主
义》。"）《妇人与政治》（题下注："译日人幸德秋水《平民主义》。"），"来稿"
栏刊载《幸德秋水来函》，"附录"栏刊恢权《女子军歌》，"书报绍介"栏"日
文部"有《世界妇人报》、堺利彦《妇人问题》和《家庭杂志》、《熊本新闻》、
西川光次郎著《富之压制》、堺利彦译《理想乡》，"英文部"有金子喜一夫
人编辑《社会主义妇人杂志》（*The Socialist Woman*）。封二有《简章》，封三、

1　《天义报广告》，《民报》第15号，1907年7月5日，广告。此广告后在《民报》第16
号等连续刊载。

2　姚永概：《慎宜轩日记》下册，第1033页。

封底有《社会主义讲习所广告》、《本社捐助金芳名》(列伍□□女士二元，竹弹君二十元)。

刘师培在《人类均力说》中，主张"共产主义"，提出"扫荡权力，不设政府，以田为公共之物，以资本为社会之公产，使人人作工，人人劳动"[1]等无政府主义主张。

《幸德秋水来函》云：

> 《天义报》首册读毕，拍案呼快。就中《女子宣布书》，议论雄大，如名将行兵，旗鼓堂堂不可当。若《帝王与娼妓》，骂得痛绝，如利刃刺骨，何等刺心文字也！敬服之至。
>
> 男女同权者，人生之精理，而方今之急务也。贵娘今开阐此真理，以冀实行此急务，以著女子先鞭，感激无已。即为社会之女子思之，固不容不谢此劳也。
>
> 但仆意犹有憾者，则以仆所持者，有一二异见，可容仆之直言乎？
>
> 贵娘所言，以为初婚之女，必嫁初婚之男；再婚之妇，必嫁再婚之夫。是诚仆之所不解也。夫夫妇关系之第一要件，在于男女相恋相爱之情。纵令初婚之夫妇，心中无相恋相爱之情，则固有妨于夫妇之道。又令再婚之男与初婚之女，真克爱恋和谐，何害其为夫妇乎？而贵娘必欲使初婚之男女、再婚之男女互相配合，能无仍为古来"贞女不见二夫"之陋道德所染乎？仆窃疑之。既以爱情为男女交际之要件，即可不必问其为法律上所许否。即夫妇相栖而成家，如现时所谓结婚制度者，将来自由之社会，亦不必以此为必要之事。盖仆最恶淫佚，为于伪道德之束缚人生爱情者更觉其有害，则男女问题之解决，岂可不深思乎？
>
> 仆今卧病褥，艰于执笔，尚幸贵娘枉驾茅屋。又，友人堺利彦，平生颇讨究女权问题。贵娘若来，仆亦欲延之共论也。[2]

何震有案语云：

> 震得书后，即往访幸德君。时堺君亦在座，堺君所持之见，略与幸

1　申叔:《人类均力说》，万仕国辑校:《刘申叔遗书补遗》上册，第 704 页。

2　万仕国、刘禾校注:《天义·衡报》上册，第 347 页。

德君函中所言相同。盖幸德君及堺君之意，在于实行人类完全之自由，而震意则在实行人类完全之平等。立说之点，稍有不同。即幸德君及堺君，亦以为持论不必强同也。然海内外诸学士，如有攻斥本报之瑕者，均乞加以书函，详加辩驳，以匡本报之缺，则本报同人之幸也。震附志。[1]

11 日，钱玄同初次读到《天义》。本日《钱玄同日记》载：

> 晨至廉处，购得《天义报》第一期，观之，亦精美绝伦。[2]

14 日，徐锡麟行刺案发后，由于奸人告密，清政府派兵包围大通学堂，企图逮捕秋瑾。秋瑾与少数学生持械抵抗，失败被捕。绍兴知府贵福深夜提审，秋瑾坚贞不屈，仅书"秋风秋雨愁煞人"作为回答。次日，秋瑾在浙江绍兴轩亭口就义。

15 日，日本《大阪平民新闻》第 4 号刊载幸德秋水《水潺潺》云：

> 中国妇女何震等，近日发刊《天义报》，其主张男女同权，且鼓吹政治革命及社会革命处，与单纯从事排斥满清的革命党青年的选择颇不相同，中国妇女之前途绝不可轻视也。
>
> 何女史一日寄书云："贵国女界，素称文明。何男女平等思想，必赖男子提倡"云云。呜呼！仆何辞以对之？借问受文明教育之日本妇女诸君亦果何语以对之？[3]

《新刊杂志》介绍《天义报》第 2 卷，云：

> 《天义报》（第二号），中国妇女何震氏主办的月刊杂志，其主旨曰："以破坏固有之社会，实行人类之平等为宗旨，于提倡女界革命外，兼提倡种族、政治、经济诸革命。"其议论之勇健，意气之热烈，足令日本男子愧死。汉文读者，值得一读。（一册一角，东京牛込新上川町二ノ八何寓）[4]

19 日，《申报》"论说"栏刊载《论政府处于两败之地位》，署名叔，陈奇

---

1 万仕国、刘禾校注：《天义·衡报》上册，第 347—348 页。

2 杨天石主编：《钱玄同日记》（整理本）上册，第 100 页。

3 幸德秋水：《水潺潺》，《大阪平民新闻》第 4 号，明治四十年（1907）7 月 15 日，第 11 版，文末署"七月五日於東京大久保村"。

4 《天义报（第二号）》，日本《大阪平民新聞》第 4 号，明治四十年（1907）7 月 15 日，第 14 版，新刊介绍。

以为刘师培所作，[1]且将该报所有署名"叔"的文章均归入刘师培逸作。《刘申叔遗书补遗》误从其说，亦列入，今订正。案，此时刘师培在日本宣传无政府主义，不可能同时为《申报》撰论说稿。且本年 10 月 27 日《申报》第 3、第 4 版载《苏抚致苏路公司电》，次日该报第 2、第 3 版"代论"即载署名"叔"的《苏抚致苏路公司电书后》一文。刘师培此时在日本，何以能如此迅速作文、且能迅速传回国内登载？实则刘师培参与《申报》，仅为 1906 年事，署名为"汉"；其赴日本后，即未再为该报撰论说。《申报》署名"叔"者，或与《端制军列国政要序》（续）[2]后案语所署名"叔子"者为一人，而非刘师培。

20 日，钱玄同收到刘师培复信，[3]内容今不详。

21 日，英国工党领袖哈叠（James Keir Hardie，1856—1915）抵达日本东京，22 日下午 2 时，日本社会党在锦辉馆召开欢迎会，社会主义讲习会派员参加。《天义》第 6 卷载《日本社会党欢迎英开耶哈叠氏记事》云：

> 日历七月二十一日，英国社会党首领开耶哈叠氏抵东京。次日午后二时，日本社会党开欢迎会于锦辉馆楼上，并邀本社记者往，会者一百五十余人。先由田添铁二氏宣布开会词，继由片山潜氏演说哈叠氏之历史；次由哈叠氏演说，片山潜氏为之通译。略谓：吾辈之目的，在于由国内劳动者之运动，进而为世界劳动者之一致运动。次述本党之历史及英国劳动者之现况。次言劳动者欲得自由幸福，欲争政权，必以武力为必要。虽受非常之压制迫害，亦所不辞。次言社会主义与无政府主义相近，然唱无政府主义者，如自由共产之说，可行于社会主义实行之后。若处今之世，则仍以社会主义为必要。次言社会主义主张平等，尤主张与妇人选举权。今日之社会，男子压制妇人，遂生社会不平等之结果。欲救此失，必不能不与妇人选举权。次言社会主义不以国界为限，并及运动之方法。众皆拍掌。演说既终，由田添铁二氏述致谢之词，复由会员三呼"哈叠氏万岁""社会党万岁"。至四时而散会。

---

1 陈奇：《刘师培年谱长编》卷五，第 204 页。

2 《端制军列国政要序》（续），《申报》1907 年 7 月 25 日，第 2—3 版。

3 杨天石主编：《钱玄同日记》（整理本）上册，第 100 页。

会既散，哈叠氏遂辞东京，往神户，日人送者数十名。[1]

24日，《政艺通报》第六年丁未第11号"下篇·湖海青灯集"刊载《安徽乡土历史教科书叙》《安徽乡土地理教科书叙》《江苏乡土地理教科书叙》，均署名刘师培。

25日，《天义》第4卷出版，"社说"栏续载何殷震《女子复仇论》，始载申叔《无政府主义之平等观》；"学理"栏刊申叔《西汉社会主义学发达考》。此外本卷"图画"栏刊有《烈士徐君锡麟陈君伯平遗像》、海哥美尔《同盟罢工》（名画之三）、曼殊《江干萧寺图》（名画之四），"时评"栏有志达《不平哉万国平和会》《暗杀之影响》《鸣乎三纲之国》《专制之政将复活矣》，"译丛"栏刊载公权《欧洲无政府党宗旨汇录》、《露国革命之祖母婆利萧斯楷传》（内页注："此篇系节译幸德秋水《露国革命之祖母》及志津野次郎《革命妇人》而成。"），"来稿"栏刊载汉一《毁家论》、独应（周作人）《妇女选举权问题》、独应《绝诗三首》（刺女界也）。本期目录标示的《湖南某女史书》并未发表。封三有《本社捐助金芳名》：曼殊君五十元，汪公权君四十元，周大鸿女士四十元，陆恢权女士二十元。封底有广告："独应君鉴：前承惠寄大作，不胜铭感。惟未详尊寓所在，乞急示知。因有要事奉商故耳。本社白。"[2]

29日，《国粹学报》第31期出版，"社说"刊载《近代汉学变迁论》，"政篇"始载《春秋时代官制考》，"学篇"续载《群经大义相通论》（《〈周易〉〈周礼〉相通考》），"文篇"始载《荀子词例举要》，"博物篇"刊载《论前儒误解物类之原因》，"美术篇"续载《中国美术学变迁论》，刊载《论美术援地而区》，"丛谈"续载《法言补释》完，均署名刘师培。"报告"载《国学保存会报告》（第十一号），载《答问》云：

昨承笃学斋主人惠问数条，并示所当改良注意者数事，足征盛谊。为答如左：

一、《学报》内未完之稿，尚有数文，因篇幅过长，著者精心结撰，成书非以年月可限。盖古人著述之事，当如是也。或则自食其力于四方，

1　公权：《日本社会党欢迎英开耶哈叠氏记事》，《天义》第6卷，1907年9月1日，记事。万仕国、刘禾校注：《天义·衡报》上册，第306—307页。

2　万仕国、刘禾校注：《天义·衡报》上册，第594页。

人事烦冗，赓续未遑。惟俟后当陆续赶出，以慰读者诸君之望。

一、来示劝以加广篇幅，增倍价目。但本报取价所以特别从廉者（为近今各旬报最廉者），原欲以普遍国学、易于销行计。若价目一增，寒儒购之非易。本报今年"图画"已增多数张，并未加价，而销路反短于去年，可见中国阅报者日少一日，可胜慨叹。

一、承问本会每岁用费、干事人姓氏，及书籍目录。本会用费，每半年由会计报告一次，大约每月需楼租五十五元，饭食杂用二十元，司籍、杂役薪水十五元，煤气灯、自来水、巡捕捐等每月十元，总共百元之谱。现捐款甚少，全借邓、黄二君竭力认捐，勉强支持。而会内各事，亦由邓、黄二君经理，担承责任，兼尽会计、书记之义务。藏书楼书籍目录，顷已开编，约秋冬之间可以告成。因书籍已积至十六七万卷，其编比排次非易也。[1]

8月10日，《天义》第5卷出版。"社说"续载何殷震《女子复仇论》、申叔《无政府主义之平等观》，始载畏公《论女子劳动问题》；"学理"栏续载《西汉社会主义学发达考》，"附录"载震选《曼殊画谱序》（河合氏、章太炎、苏曼殊、何震）。"畏公"，亦刘师培（无畏）笔名之一。本期"图画"栏载《老子像》、曼殊《清秋弦月》，刘师培为《清秋弦月》图题曰：

> 始夜枫林初下叶，清秋弦月欲生华。凉凝露草流萤缓，云断西峰大火斜。藏壑馀生惊逝水，迷津天上悯星槎。兴亡聚散经心地，高柳萧森隐荻花。曼殊写王船山诗意。

所题诗，即王夫之《夜》诗，见《薑斋诗集》卷五。

此外，"时评"栏载志达《男盗女娼之上海》《政府奖励实业》，"译丛"载去非《节译俄杜尔斯德答日本报知新闻社书》，"来稿"载悲生《秋瑾传》、太炎《秋女士遗诗序》、子毅《秋瑾遗诗序》，"附录"载《新刊介绍》，首次介绍巴黎《新世纪》，云：

> 此报为欧洲留学界所刊，报社设于法京巴黎侣濮街4, Rue Broca. 每星期出报一纸。其宗旨在于破除国界，扫荡特权，不设政府。其主张

---

1 《国学保存会报告》（第十一号），《国粹学报》第8册，第4428页。

废兵废财，尤与本报宗旨相合。另刊印《新世纪丛书》，所译之稿，均西人无政府主义之书。复能以浅俗之笔，达精微之理，诚中国报界中之第一杰作也。

　　　　代派所：东京市牛込区新小川町二丁目八番地民报社。[1]

本期封三有《〈秋女士诗词〉出板豫告》、《社会主义神髓》（日本幸德秋水著，中国蜀魂译）、《拉萨尔传》（幸德秋水著，蜀魂译）、《本社捐助及赞成芳名》列王芷馥女士三十元、林步荀女士三元、高文藻女士三元、韩中英女士一元、吴亚男女士二元、胡蕴庄女士一元、陈伯荃女士一元；封底有广告云："独应君鉴：屡承惠寄大作，不胜铭感。惟未详尊寓所在。如有佳作及译稿，仍祈寄登，则本报之幸也。本社白。"[2]

18 日、19 日，钱玄同两次致书何震，具体内容不详。[3]

23 日，《政艺通报》第六年丁未第 13 号"上篇·政学文编"始载《论古今学风变迁与政俗之关系》，署名刘师培。

本日，钱玄同收到章太炎、刘师培ハガキ（明信片），并复二人ハガキ。[4]

本月 18—24 日，第二国际（《天义》称为"万国社会党"）第七次代表大会在德国斯图加特召开，《天义》第 6 卷以《万国社会党大会记》作了介绍，云：

　　　　第七次万国社会党大会，自西八月十八日起，至二十四日止，开会于德国斯的奥加尔特市之音乐堂。其开会之次序：于十六日午后，开本部会员集合会，以为开大会之准备。十七日午前，开万国议会委员会，由诸国社会党议员出席。至十八日午前十时，举行开会式，为开会之演说，并宣布议事日期。是日午后，于来因河附近撒尔斯天桥之平民馆，为一般之大集会。入夜以后，复于音乐堂开音乐会，以娱会员。

1　万仕国、刘禾校注：《天义·衡报》上册，第 554 页。

2　万仕国、刘禾校注：《天义·衡报》上册，第 596 页。

3　钱玄同原著，杨天石整理：《钱玄同晚年未刊稿〈我与章君、左庵之关系〉》，《关东学刊》2009 年第 2 期（总第 32 期），第 14 页。《钱玄同日记》上册第 101 页亦有记载，何震之名取"何殷"偏旁作"姻"。

4　杨天石主编：《钱玄同日记》（整理本）上册，第 101 页。

本部之提案

本部昔于六月九日草提议事件若干条,俟开大会时提议。

一、大会当一律采用本部之诸决议。因可节省时间,又因此等之诸决议已经万国社会党代议员之承认。

二、依于同一之理由,凡大会规则,当一律采用本部规则及万国议会委员规则。

三、本部谓必当招待劳动组合于万国大会,亦不可限止阶级斗争主义者,望勿决英国独立劳动党之修正案。

四、本部谓对于各团体均可作党员,望勿决瑞士国内伊太利社会党之提案。

五、本部谓各国议会之社会主义议员,于各议会有关于同一目的之劳动议案,可于同时一律提出;而英国社会民主同盟之提案,望移于万国议会委员会。

六、本部对于杜兰斯发尔及法兰西之提案,于世界语采用之利益,因时机尚未十分娴熟,可勿决。

七、本部对于"关于选举权之德国社会民主党妇人之提案",可暂勿议,而妇人选举权之一项,当记入议事日程,并望采用澳太利社会民主〔党〕妇人之提案。

本部议事日程

本部议定议事日程如左:

一、军备及国际纷争;

二、社会党与劳动组合之关系;

三、殖民地问题;

四、劳动者之移住及入国;

五、妇人选举权。

附:各国社会党之投票数如左:

德意志、澳太利、伯爱米阿、法兰西、英吉利、俄罗斯,各二十票;北美合众国,十四票;比利时,十二票;丁抹、波兰、瑞士,各十票;濠洲联邦、芬兰、瑞典、荷兰,各八票;西班牙、匈牙利、那威,各六票;南阿非利加、阿尔塞期、联邦外濠洲、布尔加利、日本、罗马尼亚、塞尔维亚，各四票；细克塞波哥，二票。[1]

《天义》第8—10卷合册《万国社会党大会续记》介绍了第二国际内部的观点分歧，云：

> 此次万国社会党开会，出席者总数共八百八十六名。
>
> 西历八月十八日，社会党开会。先唱赞美歌，所唱之歌，善于发挥团结之精神。
>
> 奏乐既终，德人百拜尔演说，首述前数次开会之状况，次言英国劳动阶级势力之增进，次言芬兰、澳大利社会党勃兴之况，次斥万国平和会议。演说约二时余。
>
> 次由乌恩叠尔乌奥特以法语演说，首述彼运动之历史，次幸亚州会员之来集，次述法、英及俄国运动事，深望劳动阶级之革命；复痛斥万国平和会，以为平和大会即系战争大会。演说毕，遂于一时三十分散会。（乌恩氏昔曾以提倡非军备主义，为法政府所捕。）
>
> 十八日午后，社会党大集于郊外公园，设讲坛演说。其夜，奏乐音乐堂。
>
> 十九日午后九时，开国别委员会，每国各撰四名。英国社会党因党派不同，于选举委员时，致生纷议。
>
> 二十日，委员会提议阶级战争问题。由英国独立劳动党马克特诺特演说，次由英国社会民主同盟党克奥尔第演说，均用德、法语通译。
>
> 廿一日，提议殖民政策问题。社会党对此问题，分为二派：一谓殖民政策即系以此国民统治他国民，故社会党当斥殖民问题之非；一谓殖民地亦社会进化之一分子，惟社会党对于属地之待遇，当确立正义、自由之标准。
>
> 廿二日，仍续议殖民问题，以投票决前二议，前派得多数。午后四时，乃提议妇人选举权问题。
>
> 廿三日，提议社会主义与劳动组合之关系。由委员提出决议案，次

1　万仕国、刘禾校注：《天义·衡报》上册，第305—306页。

由美洲社会劳动党首领叠列厄演说，次由法国革命劳动派乌耶依昂演说。是日午后，提议移民问题。其议案略谓，万国劳动者，无论世界何国，出入均可自由。惟为资本家所输入者，不在此限。

廿四日，提议非军备问题。其讨议大旨，在于凡持社会主义者，均当反对海陆军扩张豫算案。是夕，唱各国社会主义歌，遂以闭会，并决议第八次开会定于丹麦之科奔哈康城。

当克奥尔第演说时，痛斥万国平和会议，称为"盗徒之晚餐会"。及廿一日，社会党会长森克尔忽诘问克氏："何谓出此言？"并谓此言为平和会所闻。荷兰政府谓，非将克氏言取消，即将解散大会。后由克氏登坛，宣明其旨。至于次日，克氏竟遭放逐。

廿一日开会时，有德国温和派（名"改正派"）首领拜洛斯达因演说，众多嘲骂之。

当国别委员会开会之日，共议军备问题。德人百拜尔言："社会党虽反对一切军备，然当战争之时，犹不得不尽其全力，以求战争之速止。"法人拜尔乌奥大反对之，痛斥德国民主党，并称百拜尔为加依森尔云（西人称"皇帝"之言）。

日本代表人加藤时次郎亦于廿三日午后演说，系言美州排斥日人事。[1]

这是中国人关于第二国际第七次代表大会所作的最早、最详细的介绍。

27 日，钱玄同收到关于举行社会主义讲习会活动的明信片。[2]

28 日，《国粹学报》第 32 期出版，"社说"续载《儒学法学分歧论》，"学篇"刊载《荀子名学发微》，"文篇"续载《荀子词例举要》，"美术篇"刊载《书法分方圆二派考》，均署名刘师培。"报告"载《国学保存会报告》（第十二号）《会计报告》附启云：

本会创始时，原以保存国学，搜聚遗书。际滋横流，义无旁贷，故奋然兴起，力任其难，先由邓秋枚君捐洋三百元、黄晦闻君捐洋二百元，即

---

1 万仕国、刘禾校注：《天义·衡报》上册，第 319—320 页。
2 杨天石主编：《钱玄同日记》（整理本）上册，第 102 页。

为开办。原冀入会者众，阅书者盛，得收回会捐、阅书券费，以作常年经费。乃开会至今，会员不过二十一人，阅书券每月所入仅及一元，所入不敷所出，为数甚巨。今年正月至今，每月不敷之数，全由邓秋枚君任其三分之二，黄晦闻君任其三分之一，相与竭力维持。但二君本皆寒素，平日自食其力，所得甚微。支持半年，罗掘俱尽，后顾茫茫，终非长久之策。所望海内大夫君子，慷慨捐助。月得十人、人捐十金，或月得二十人、人捐五金，集腋成裘，长此不已，则费用有着，而斯楼、斯会得以长存，万卷丛残不至复归灰烬，则不特先民前哲感激地下，而吾辈后死者所受赐无涯也。是为启。[1]

31 日，社会主义讲习会第一次集会，刘师培、何震、张继、幸德秋水等发表演说。《天义》第6卷刊载的汪公权《社会主义讲习会第一次开会纪事》云：

本年六月，刘君光汉、张君继因中国人民仅知民族主义，不计民生之疾苦，不求根本之革命，乃创设社会主义讲习会，以讨论此旨。于日历八月三十一日，开第一次大会于牛込赤城元町清风亭，会员到者九十余人，遂于午后一时开会。

先由刘君光汉告布开会之宗旨，略谓：今日为社会主义讲习会开会第一次，但吾辈之宗旨，不仅以实行社会主义为止，乃以无政府为目的者也。无政府主义，于学理最为圆满。如征之历史，则原人平等，无政治之组织。继因人民信神，雄黠者托神以愚民。民因信神之故而尊之，是为君长之始。有君长，然后一切阶级、制度因之而生。又，上古之初，人民之于百物，均自为自用，无督制、供给二统系。继因两族相争，胜者处于督制统系，败者处于供给统系，是为人类异业之始。由是言之，名位不平等，由于智诈愚；职业不平等，由于强凌弱。今观于原人之平等，则知政府非不可无。此一证也。更征之心理。无论何人，其心理之发现者，一为嫉忌心，一为恻隐心。嫉忌心者，恶人之出己上，或欲己之上与彼齐，或欲人之退与己平。恻隐心者，闵人之不若己，欲援之使与己平。足证人类之中，有平等之理性。本此心而扩充之，即足以促人类

1　《国学保存会报告》（第十二号），《国粹学报》第 8 册，第 4430 页。

平等。此人类不甘有政府之征。其证二也。更征之科学。观视天然界，昔人以太阳为世界中心，今则科学愈进，有倡空间无中心之说者。空间既无中心，则人类妄指政府为中央机关者，出于谬想。又，空气蔓延空间，无复畛域，则今之区画一隅土地而称为国家者，亦为谬想。又观之动物、植物界，虽虫蚁之微，均有互相扶助之感情，故昔之倡进化论者，谓物类因竞争而进化；今之倡新进化论者，谓物类因互相扶助而进化。物类互相扶助，出于天性，不因强迫而生，则人类互相扶助，奚待法律之强迫哉？况植物甲坼之初，若瓦石障其上，则其根必避瓦石之障碍，转向他方，以遂其苗生，足证物类有避障碍之天性。今政府之居民上，其障碍为何如？使即人类避障碍之心而充之，则政府必应消灭。其证三也。有此三证，则人类必当无政府，明矣。况今日之世界，政府之于人民，固有莫大之压力。即资本家之于雇工，强种之于弱种，亦以横暴相凌。推其原因，则一由政府保护资本家，一由政府欲逞野心。政府之罪，上通于天，诚万恶之原也。故欧美各国，渐倡无政府之论。然欧美各国无政府，其事较难，而中国无政府，则其事较易。何则？中国数千年之政治，出于儒、道二家之说。儒、道二家之学说，主于放任，故中国之政治，主放任而不主干涉。明日专制，实则上不亲民，民不信官，法律不过具文，官吏仅同虚设，无一真有权之人，亦无一真奉法之人。上之于下，视若草木鸟兽，任其自生自灭；下之于上，视若狞鬼恶神，可近而不可亲。名日有政府，实则与无政府无异。其所以不去帝王、政府、官吏者，则以人人意中，迷信尊卑上下，以为自然之天则。使人人去其阶级之观念，由服从易为抵抗，则由放任之政府一变而为无政府，夫复何难之有哉！故世界无政府，以中国为最易，亦当以中国为最先。若排满主义，虽与无政府不同，然今之政府，既为满人所组织，而满汉之间又极不平等，则吾人之排满，即系排帝王，即系颠覆政府，即系排特权，正与无政府主义之行事相合。惟无政府优于排满者，亦有三端。仅言民族主义，则必贵己族而贱他族，易流为民族帝国主义。若言无政府，则今日之排满，在于排满人之特权，而不在于伸汉族之特权。其善一也。仅言民族革命，则革命之后，仍有欲得特权之希望，则革命亦出于私；若言无政府，则革命以后,无丝毫权利之可图,于此而犹思革命,则革命出于真诚。其善二也。今之言排满革命者,仅系学生及会党,倘成功由于少数之民,则享幸福者,亦为少数之民;若言无政府,必以劳动组合为权舆,使全国之农工悉具抗力,则革命出于多数人民,而革命以后亦必多数人民均享幸福。其善三也。大约仅言无政府,则种族革命该于其中;仅言种族革命,决不足以该革命之全。此吾辈所由以无政府为目的也。惟无政府以后,必行共产;共产以后,必行均力。而未行革命以前,则联合农工,组合劳动社会,实为今日之要务。然欲达此目的,势必于全国民生之疾苦,悉行调查。此实与社会主义无异者也,惟吾辈不欲以社会主义为止境耳。此今日开会之宗旨也,愿与诸君共勉之。

次由张君继报告,此次开会,在于诠明无政府主义。次由日本□□□□君演说。(稿另刊。)

□□君演说既终,刘君光汉复起而言曰:据□□君所言,于政府之弊、无政府之利,言之最详。幸中国近日,尚为放任之政府。然以今日之人心,无一非崇拜强权。无论满州立宪,无论排满以后另立新政府,势必举欧美、日本之伪文明推行于中国,使放任之政府变为干涉之政府。则□□君所谓法律、租税、官吏、警察、资本家之弊,无一不足以病民,而中国人民愈无自由,愈无幸福,较之今日,尤为苦困。故吾辈之意,惟欲于满州政府颠覆后即行无政府,决不欲于排满以后另立新政府也。

次由何女士震演说,谓吾于一切学术,均甚怀疑,惟迷信无政府主义,故创办《天义报》,一面言男女平等,一面言无政府。盖无政府之目的,在于人类平等及人无特权。若男女平等,亦系人类平等之一端;女子争平等,亦系抵抗特权之一端,并非二主义相背也。特无政府主义不仅恃空言也,尤重实行。现世界无政府党,以俄国为最盛。俄国无政府党,其进步分三时期:一为言论时代,二为运动时代,三为暗杀时代。今中国欲实行无政府,于以上三事,均宜同时并做。即使同志无多,亦可依个人意志而行,以实行暗杀。盖今日欲行无政府革命,必以暗杀为首务也。

次由刘君光汉提议:今日开会后,拟每星期中举行讲习会一次。其讲习之科目,一为无政府主义及社会主义学术,一为无政府党历史,一为中国民生问题，一为社会学。由中外各国绩学家讲演，并可随时质问。如有各国民党至东京者，亦开会请其演说。众皆赞成。

时天色已薄暮，遂由张君继宣布散会。[1]

以上"□□□□"指幸德秋水，"□□"即代指幸德。当时幸德秋水因宣传无政府主义和社会主义学说，正被日本警方严密监视。幸德秋水本次演说词刊载于《天义》附张，巴黎《新世纪》第 25、26 号曾予转载。《天义》附张所载幸德秋水演说如下：

本年六月，刘君光汉、张君继因中国人民仅知民族主义，不计民生之疾苦，不求根本之革命，乃创设社会主义讲习会，以讨论此旨。于日历八月三十一日，开第一次大会于牛込赤城元町清风亭，会员到者九十余人，遂于午后一时开会。先由刘君光汉告布开会之宗旨（文载《天义报》第六期中），次由张君继报告：此次开会，在于诠明无政府主义，故请日本幸德秋水君演说，并叙述幸德君历史及其主义。幸德君乃演说曰：

我为社会党人，今承诸君之邀，实为大幸。又我虽为日本人，对于本国人宗旨相异者，视之为敌；对于外国人宗旨相同者，亦视为至亲之友，并无所谓国界也。况在会诸君，均热心人类自由及公平之道德，尤为可幸之至。特鄙意所不满足者，则以言语不通之故，然世界语通行之期，当亦不远，固不似今日演说之需重译也。若今日演说之大旨，即社会主义中一部之无政府主义耳。或所言与刘君相复，亦未可定。今特以单简之语该之。

考一般社会主义及无政府主义，起源甚久。如中国、印度及欧州，于古代均有此等思想，特其与世界有影响，则始于一千八百六十〔四〕年。当一千八百六十〔四〕年时，欧州有万国劳动组合。此会之宗旨，在于谋劳动者之幸福及高劳动者之位置，乃马尔克斯所创也。欲使土地、财产，均易私有为公有。该会之中，虽主义大略相同，而行事之手段则相异。盖无论何国，其人民之谋改革者，均有激烈、平和二党。该会之分派，亦犹是也。故平和派属马尔克斯，激烈派则属巴枯宁。时万国

---

1 万仕国、刘禾校注：《天义·衡报》上册，第 307—310 页。

劳动者之势力，甚为拓张。自是以降，历二十余年，则二派相争。至其结果，致万国劳动同盟会因以解散。属于马氏者，为德国派；属于巴氏者，为法国派。一欲利用国家之力，举土地、财产之私有者，易为公有；一欲不用国家政治之力，惟依劳动者固有之力，出以相争。此二派不同之点也。后德国派日盛，势力及于德、澳；而法国派之势力，亦延及拉丁诸国（如法、意、西班牙）。加以普法战争之后，德相毕斯麦，于以上二派，均严为镇压，于巴氏一派为尤甚，为万国所痛绝，不得不为秘密运动。然秘密运动后，其党人亦日多，遂成今日之无政府党。夫无政府主义所以异于社会主义者，盖无政府主义欲为劳动者谋幸福，必先尽去资本家，并颠覆一切政府。若社会党之意，则借政府之力，化土地、财产为公有。然行之不善，势必举土地、财产，均归政府。夫既归政府，则土地、财产，昔之属于少数资本家者，易而属于统一之政府，是不啻以政府为一大资本家也。举多数劳动之民，昔也受少数资本家之压制，今也受最大资本家之压制，岂非不平之甚乎？此无政府党所由与之反对也。

　　夫无政府党之目的，在于不迷信政府为必要。政府之为物，由历史上证之，有功于人民者甚少，不过以暴力加于人民而已。政府之所恃，首尚法律，然法律之有益与否，以苦鲁巴特金所解为最精。彼谓：法律之为物，不过取人民固有之道德感情，以归之于法律之中。既有法律，则人民所固有道德感情决不因之而增长。在外容观之，似若于人民有益，实则用此以欺骗人民耳。故利于人民者少，利于政府者多。试观日本帝国议会，每岁所定法律，计四五十种，其利益之所被，仅政府、贵族、资本家，而平民之贫苦则日甚一日，富人之获利亦日增一日，岂非法律无益于人民之确证乎？且法律之性质，施之平民则重，施之贵族、资本家则轻。一若贵族、资本家在法律保护之中，而人民则在保护之外，岂不哀哉？且法律非惟无益于人民，抑且有妨于进步。盖法律性质，属于积极者少，属于消极者多；仅计目前之利益，不计后来之结果，与进化之公例相反，仅欲制人民使不反抗耳。其所以使民不反抗者，则恃有警察、陆军，以制其后。于一切之事，不曰不可为，则曰不必为。此皆阻碍进步者也。故今日之人民，反抗法律，即系异日进化之根本。此政府之恶一也。

其次则为收税。其收税之意，不外收人民之财力，归之政府，以吸收民间之资本。然税重则民陷于死，税轻则民有生机。而政府之收税，则欲使人民陷于半死半生之一境。日本德川家康有言："国家收税，当令人民居不死不生之境。"诚为知言。故收税以后，虽伪奖实业，鼓励农商，实则所生之财，于归于上，乃欺民之手段耳。加以官吏之所入，悉取之于民。为官者既富，则人人均思为官，实则仍欲富之心耳。然人民之脂膏，既为在上者所吸取，虽欲不贫，岂可得哉？此政府之恶二也。

况今之政府，欲压制多数之人民，必先联络少数资本家。盖以一切劳动之民，若佃人、工人之属，均居资本家之下，而资本家对之，又有压制之权，故政府亦欲利用其力，以间接压制一般劳动者。又虑资本家不为所利用，则又订为法律，以保护资本家。观《治安警察法》之规则有云："如劳动〔者〕有反对资本家，则劳动者必治罪，而资本家解雇劳动者则为无罪。"如近日足尾铜山暴动，此山本资本家私产，而政府则助以兵力，加以捕缚。又昔日日俄战争之先，议开战者，均少数资本家，劳动者不得与闻。而政府之于资本家，又诱之出财，许以特权及经商利益。及资本家佐以财，则强迫劳动之民，使之赴战。此皆利于资本家、不利于平民者也。如人民有聚议罢工之事，则以法律相干涉，或禁之监狱，岂非政府利用少数资本家以压制多数贫民乎？此事于中国古代，未之或闻。近政府亦奖励南洋商人，使之为政府所利用。自今以降，必有利用资本家以压平民之一日。此政府之恶三也。

由是言之，则政府为万恶之源，明矣。或谓政府既恶，何以就古史观之，亦有良善之政府？然此决非政府之良善也，特组织政府之人善耳。况明君良相，其真为人民谋幸福者，千百载不一出。我辈奚必希望其人而欲留政府乎？故希望政府之得人者，均为昏愚之见。

或又谓：专制政体虽恶，若立宪及共和，则未尝不稍善。不知专制固非，立宪、共和亦非尽善。如日、英、德、澳，名为立宪，实则仍为君主、资本家之利益。又如法、美，均共和之国，然今法统领枯利曼松，素为民党，抱自由主义。及组织内阁之后，则镇压劳动者。美统领罗斯福，素有义侠之名，今亦借政府以络富民。其所以如此者，则希望得富民选举多数之票耳，故对于平民之压力日以增加。岂非一入政府，无论善恶若何，均将化而为恶乎？

况考政府所由来，不过由少数野心家及一二雄桀所创耳。因互相竞争，乃立不平等之政府，以居于人上，渐次相传，遂为习惯。试思：基督言"爱人如己"，孔子言"己所不欲，勿施于人"，其理至浅焉，有以一人而统辖多数人民之理哉？又焉有以多数人民服从一人之理哉？盖人民均能自治，若举多数人民为政府所治，岂非视多数人民为孩童乎？故人民必当脱政府之治，以成个人之自治。能成个人之自治，即无政府可也。

今之反对此说者，谓既无政府，即无法律及秩序，彼此争夺戕杀之祸，必日以加增。实则不然。凡人类非不喜安乐及完聚也，且兼有互相亲睦之天性，非以残杀为本性也。而今之政府，转阻碍人类本性之发达。今既去之，则人类共享安乐之生活，岂有互相戕贼之理哉！

且就生物界考之，凡动物、植物之中，如有以相争相杀为性者，其种类必不蕃，如虎狼是也；其有互相扶助之感情者，则种类必蕃，且适于生存，如虫蚁是也。今以人类与虎狼相较，其天性之残忍，必不若是之甚。乃其有互相扶助之感情者也。譬如今日在会诸君，纯然与无政府之制同，行止坐立，均可自由，无规则以相束缚，何以不闻有戕杀争斗之事乎？

或又谓：公产之制，行于古代，何以行之而旋废，以复立政府？不知古代之社会，农工商诸业，均未发达，故生产甚寡，而失业者多。及所生之物不足给人类之求，乃出而相争，或劫掠他部财产，或以他种为奴隶。积时既久，故首领政治以兴。及首领与首领相争，乃区划国界，设立政府，创国家政府不可无之邪说。及邪说流行，而政府势力已固。是则公产制度易为政府制度，实由于生产力之不足耳。今则人民进化，农工商诸业亦日兴。其生产之力，较之古代，不啻有百倍之增。以社会之所产，分给一般之人民，决无不足之虞。故今日行共产之制，较之古代共产之制，必尤为完全，岂必以此为疑乎？

　　或又虑动物本无法律，若人类之有法律，具于阶级社会之初，习惯既久，一旦去之，恐终启纷争。不知近代之阶级制度，不外资本家及劳动者二类，故近世纷争之历史，均资本家、劳动者之冲突也。若去此阶级，则竞争自息。至于政府，则君主、统领、大臣、官吏，处于平民之上，阶级不同，使平民处服从之地位，故平民日与相争。若去此阶级，人类平等，则争端亦不兴。若虑既无法律，恐相争者日众，则法律愈密之地，争端愈多；法律愈疏之地，争端愈少。故中日商人往南洋者，不受法律之保护，惟以固有之道德互相扶助，以信义相交，而商业亦日盛。又日本法律日繁，东京附近，干涉甚严，而盗贼杀人之事叠出。反观村野之间，愚民不知法律为何物，而亲睦之风犹存，争夺之端不作。即推之法、美、德诸国，凡干涉力不及之地，其人民道德亦迥出都市人民之上，岂非人民固不赖有政治乎？且在会诸君，多抱自由思想。譬如开会之时，警吏突至，肆行干涉；清国公使，亦临会场，以谋箝制。诸君甘安之否乎？足证不悦法律之心为人类所共具，岂有去法律而转相戕贼残杀之理哉？此皆政府不必设之说也。

　　然疑此问题者，必又以二事相诘。或谓既无政府，傥有野心家崛起其间，必将另建政府。或谓中国既行无政府，则邻国之有政府者，必起而瓜分。然此均易决之问题也。

　　夫世界之大野心家，或百年一出，或千年一出。即使有之，则人民之实力，既能颠覆数千年固有之政府，奚有并新造之政府而不能颠覆者哉？此野心家不足虑之说。

　　若夫瓜分之说，更不必虑。盖人民欲防御他国，决不赖政府之力。如法国大革命之际，鲁易虽借普、奥之师，然决不能敌人民之力。又如拿坡仑第三，以政府所设精强之兵与普国战，卒以败覆。及普军围巴黎，法民男女老幼，困守危城，卒以持久，岂非人民自为防御，迥出政府防御之上乎？况法国之革命，仍为少数之革命。若实行无政府，则为多数之革命。加以各国民党，抱此志者甚多。假使中国无政府，日本继之，则欧美诸民党，必将效之而行，以自覆其政府，安有瓜分中国之事乎？

　　况举历史之事证之，则法国大革命，影响甚大。及于英、普、澳、伊诸国，足证革命之蔓延，较之传染病，尤为捷速。夫政治革命之影响，犹能遍达他境，况于无政府之影响乎？盖反抗无政府主义者，非各国之人民，仅各国之政府耳。如日俄战争之际，俄国人民行总同盟罢工，俄皇乃与德皇相约，拟合两国政府之力镇压之。然德国民党亦与俄民相通，谓德若助俄，则民党扰其内。即法国、西班牙无政府党亦倡应授，德皇之议遂寝。是一国无政府，彼各国无政府党亦必起而与政府相敌。其政府虽强，安有余力以干涉他境哉？此邻国瓜分不足虑之说。

　　今世界各国，均有无政府党，而就其实际观之，则实行无政府，当以法国为最先。盖法国人民，不计一己之安乐，以传布无政府主义为天职；又以军队为镇压民党之用也，则创非军国主义。复对于军人潜行运动，使之共明此旨。其他各国，近亦效法法民之所为。盖政府有陆军，为妨碍民党之第一阻力。今也并此而去之，则实行无政府，其事至易。假令一国无政府，则各国之无政府党均可成功。盖此乃世界变迁自然之趋势也。

　　况他种之革命，均有种界及国界含于其中。如美国为民主国，然排斥华人，近且排斥日本人，而在无政府党观之，则与此主义为敌。盖无政府主义，在于视世界万国为一体，无所谓国界，亦无所谓种界。主义相同，则爱之若兄弟；主义相背，则抗之若敌仇，故势力蔓延日广。近日德皇维廉第二，以英雄自居，对于无政府党，屡抱感叹，谓："彼之无政府党，能合万国人民为一团体，而今之政府，则不能合万国为大同盟。"据此语观之，则各政府团结之力，远出无政府党之下，故知无政府主义，至于异日，必为万国所通行。

　　加以中日二国，地域相近。诸君如抱此旨，则此后两国国民，均可互相扶助，均可彼此互相运动。及联合既固，以促无政府主义之实行，此固予之所深望者也。抑尤有进者，无政府党之人格与社会党之人格，决不相同。社会党人欲以劳动社会握选举国会议员之权，实则欺劳动社会以攫权利，则仍自私自利之心耳。其人格之卑下，为何如哉！若夫无政府党人，惟求公共之自由，而己则居于贫苦之地位，牺牲一己之名誉及幸福，以谋公众之幸福。此其异于社会党者也，故人格亦有天渊之别。

若夫东方人种，又多抱野心，虽口谈革命，实则欲为帝王、大统领、大臣及官吏耳。此为一己计，非为人民计。此东方人格之最不善者也。今欲改造人格，其第一重要者，则为先去利益心、名誉心及权位心，继去其希恋安乐之心，不为一己谋幸福，以养成高尚之人格，庶几可以为无政府党人乎！

予素抱社会主义，及游美洲，与各国民党游，见无政府党之人格，远出社会党之上，由是于仅持社会主义者，颇抱不满之意。然居已国之中，鲜克发舒己意。今承诸君之召，故不惮举平昔所欲言者，悉为诸君陈之。诸君之中，如有信此说及疑此说者，均可随时面质云。（余详《天义》报第六期中，不具录。）

本日，钱玄同复刘师培、张继明信片。[1]

本月 25—31 日，国际无政府主义大会（International Anarchist Conference）在荷兰阿姆斯特丹举行，《天义》第 7 卷以《万国无政府党大会记略》作了简要介绍，云：

万国无政府党大会，于本年西历八月开会于荷兰之马姆斯叠敦姆，从二十五日起，至三十一日止。其讲演之事，计有八端，试述之于左。

一、无政府主义之劳动组合。讲演者：法国人批爱毛拉颠，英国人修达拉。

二、全社会总同盟罢工（革命的）之政治的总同盟罢工。讲演者：伊大利人爱利哥马刺颠斯达，德国人布利颠北古。

三、无政府主义之结社组织。讲演者：法国人阿马颠仇诺，比利时人修期独拉。

四、无政府主义政策中之非军备主义。讲演者：法人马尔万达，英人批爱剌母斯。

1　杨天石主编：《钱玄同日记》（整理本）上册，第 102 页。

五、生产组合之无政府主义。讲演者：德人之斯达无剌达爱，荷兰人夫阿爱颠，比利时人爱姆夏北连，荷兰人谢沙母苏。

六、俄国革命与其教训。讲演者：俄国人某某。

七、饮酒之无政府主义。讲演者：夫阿里斯。

八、近世文学之无政府主义。讲演者：批爱剌姆斯。[1]

《天义》第8—10卷合册译载《万国无政府党大会决议案记》。[2]

本月，苏曼殊由东京致书刘三，谓"申夫人集《画谱》一册"，嘱刘三为作"《曼殊画谱》序、《梵文典》序"，并称"曼现暂寓东京小石川区久坚町二十七番瑜伽师地"，[3] 即天义报社。所谓"申夫人"，即指何震。

9月1日，《天义》第6卷出版，"社说"续载畏公《论女子劳动问题》，始载震、申叔《论种族革命与无政府革命之得失》(驳鹤卷町某君来函)；"学理栏"载申叔《欧洲社会主义与无政府主义异同考》。此外，"图画"栏载《徐烈士遗墨》《法国劳动者罢工传单》，"记事"栏载公权《万国社会党大会记》《日本社会党欢迎英开耶哈叠氏记事》《社会主义讲习会第一次开会记事》及《日人社会主义金曜讲演会广告》，"来稿"载《绍兴某君来函论秋瑾事》、《新刊介绍》("英文部"《母亲之土地》*Mother Earth*、《结姻离婚》*Marriage and Divorce*)，"附录"载《〈梵文典〉序》(章太炎、刘申叔序，苏曼殊自序，熙州仲子题词，何震题偈)。本卷插页广告有《梵文典》《复报社广告》《日华新报馆广告》《活地狱》。封三有《社会主义讲习会广告》，又有《本社捐助及赞成芳名》：唐群英女士贰元，功群女士伍元，方君英女士贰元，杨蕙畹女士壹元，何香凝女士六元，丘新荣女士伍元，廖平女士贰元，杨光君贰元，邱心荣君壹元，方萌女士贰元，王寄庐君拾元，郭君女士伍元，胡汉子女士三元。[4] 封底有《本社广告》，云：

本报从本册起，另增"记事"一门。又，本册因所记之事浩繁，暂缺"时评""译丛"二门。本社白。

1　万仕国、刘禾校注：《天义·衡报》上册，第311页。

2　万仕国、刘禾校注：《天义·衡报》上册，第321页。

3　马以君编注：《苏曼殊文集》下册，第482—483页。

4　万仕国、刘禾校注：《天义·衡报》上册，第600—601页。

本报自第一册起，本定于每月初十、廿五日出版。现因本册出版逾期六日，本册以后，定于每月初一、十五二日出版，以昭画一。本社白。[1]
该卷所载刘师培为苏曼殊所著《梵文典》序，云：

曼殊作《梵文典》成，而索序于余。余思支那、天竺，古称名邦，而汉民东迁以前，则相依若唇齿。观草昧之初，以"因提"名纪，"因提"则"印第"之殊文；而伶伦求乐，轩辕西巡，均由大夏之墟，涉身毒之壤。故汉土语言，多导源梵语，如"丘"为昆仑墟，其字从"北"，从"人在丘南"会意。此即天竺之遗言。旁逮神名、地名，亦同音异字，或由声转，或由语讹。然循音以求，可审汉语所从来，以考其得名之始。

特汉民宅夏以还，言容贵止，崇敛音而贱侈音，故《歌》《麻》二部之声，鲜传于中土，而汉民之语，遂与天竺相违。加以苍颉造文，其书下行，与梵书左行相异，由是汉字主形，梵字主音。主音之字，立音为纲，以音统义。故释教既昌以后，亦兼崇法音。《华严经》云："各以一切音声海，普出无尽妙言词。"（普贤菩萨偈）《维摩经》云："佛以一音演说法，众生随类各得解。"盖人自有身，咸具六根。惟此耳根，具足圆通。耳根缘境，音声以生。故无量法门，音声为上。昔如来出广长舌，说三藏十二部经，而观自在菩萨以耳根圆通，成等正觉，得大自在。又佛经言：昔目犍连欲穷佛音，尽其神力，历恒沙河，至一佛国。彼佛语连："佛音无尽，非尔可穷。"盖世尊普教，首崇说法。一切妙法，均由闻入。声音既达，道无障阂。故山河虽隔，音义可通。

若汉土之文，虽形声并重，言字音区部，古无专书。郑、许诂经，始为譬况之语，以正音读。魏儒孙炎，创为翻语。盖直音之用有尽，反切之用无穷。反切之法，合二字以求一音。上字定位，必与本字为双声；下字定音，必与本字为叠韵。后儒说经，递相承袭。惟两字双声，必系同母，而中土前儒，未有字母之谱。至佛典西来，竞相译述。所传字母，以婆蓝摩为最先。字母之数，四十七言。而华严字母，则数仅达四十。以迄有唐，沙门神珙，列图为三：一为《四声》，一为《五音》，一为《九

1 万仕国、刘禾校注：《天义·衡报》上册，第601页。

弄》。而唐僧守温复制三十六言，以梵音之法，括中土之音，审声辨似，各归其纽，而等韵之学得所折衷。近代巨儒，或斥字母为夷学，侈言双声，羞言字母。不知字母既立，定位分等，斯得统归，而清浊、轻重、高下、疾徐，若网在纲，秩然不紊。此梵文有裨中土者一也。

名家者流，侈言空辩。秦汉以降，辩学多沦。及鸠摩罗什播象教于西秦，遂开三论之宗，而三论之书，隐寓因明之律。学士大夫，多崇其学，承魏晋清言之绪，以大畅玄风。由是辨名析理，递起义端。偶持一义，反覆辩诘。言必遵则，而论理之学日昌。嗣达摩南游，遂启禅宗之派。唐代高僧，承曹溪之绪，机锋迅捷，辩难多方，以寓言见真理。及玄奘西归，法相之书遂输中土，而窥基诸师，兼阐因明之说。三支之法，自是大明。用以正名，则考言类物，名实昭明；用以持论，则出入离合，语不违宗。剖析纤微，无微弗入。非惟推理之妙用，抑亦修词之导师。此梵文有裨中土者二也。

惟是梵言东输，匪译莫达。《晋书·鸠摩罗什传》谓其通辨夏言，寻觅旧经，多有乖谬，不与梵本相应。姚兴执旧经，罗什持梵本，互相考较，若新文异旧，咸会于理义。是译文讹异，自晋已然。盖由汉魏、两晋之间，译经高僧，多出三十六国。彼取天竺之籍，译以西域之文；复据西域之文，译以中邦之字。语经重译，辗转相传，加以词多藻饰，落实取华，致与故书迥异。及玄奘通习梵言，研机睹奥。于旧译之经，重经更定，名曰"斫雕从朴"，而新译、旧译，非惟文字迥殊，即义旨亦生差别。是犹六经有今文、古文之异也。生其后者，非以梵文为据，孰能溯厥本源，以判其得失？然玄应、慧苑之流，虽为众经作《音义》，仅征汉籍，鲜引梵言。惟广撷佚书，可资掇拾。至于宋代《翻译名义集》诸作，始有专书，然亦仅释名词，未标词例。时梵语诸书，存者尚众。《通志》所列，卷目频繁。及宋代以降，亦复湮没不彰。惟梵文经典，犹存于关西雁塔。近代回部肇祸，尽付劫灰，不可谓非学术之阨矣。惟梵语失传，故"菩提""萨埵"，本系二名，俗言误合为一词，而"菩萨"遂为众神之号。"观世音"三字，即观自在之异称，俗言省称为"观音"，而观音遂伺女神之列。略举二例，余可推求。

今曼殊作此书，推轮筚路，已启其先。用此例以诵佛书，凡天地、人物之名，均可即音以求义。若译文失其本真，亦可参互考核，以订异同。此则征实之学也。况舍卫遗墟，多中土未译之经。倘曼殊有志西行，纵览鹫岭、龙庭之盛，校理遗经，踵事译述，使法音流布，横遍十方；西土光明，广昭震旦，则此书特其权舆耳。故举梵文关于中土者，备著于篇，且以坚曼殊之志。[1]

柳亚子《苏玄瑛新传》云：

丁未，在日本，从章炳麟、刘师培游，著《梵文典》八卷，自为序。师培为《天义报》，倡无政府主义，邀玄瑛同居，刊其画于报端。师培妇何震则从玄瑛习绘事，号称女弟子。震为玄瑛辑《画谱》，玄瑛自有序，河合氏暨炳麟为序，震为后序，将付梨枣。又思刊布《梵文典》，印度波逻罕学士暨炳麟、师培为序，震为题偈，陈独秀为题诗。顾二书咸未及刊成，仅于《天义报》载其序跋诸作而已。[2]

本期所载《日人社会主义金曜讲演会广告》云：

日本幸德秋水、堺利彦、山川均三君，发起社会主义金曜讲演会，于每周金曜夜，开会于九段坂下ユニヴアサリスト会堂。于社会主义外，旁及无政府主义。会费五钱。中国留学界无论男女，届时均可往听，并可质疑问难云。[3]

5 日，《钱玄同日记》载：

晚间，适仲权来，言留美学生电致会馆，言日法、日露、英露诸条约成后，今将实行保护支那矣，不禁为之气结。唉！吾侪之国，自此亡定矣。虽然，吾谓自此以后，宜结交各国无政府党，专以破坏政府为事。

得传单，知后日何震发起，将为徐、马、陈、秋四人开追悼会。欲思作一联挽之，以不文所苦，思半夜，不得。[4]

6 日，金曜讲演会召开第一次会议，幸德秋水、堺利彦到会演讲。《天义》

1 刘师培：《梵文典序》，《仪征刘申叔遗书》第 12 册，第 5216—5219 页。
2 柳亚子：《苏玄瑛新传》，《苏曼殊全集》第 4 册，第 275 页。
3 万仕国、刘禾校注：《天义·衡报》上册，第 310—311 页。
4 杨天石主编：《钱玄同日记》（整理本）上册，第 103 页。

第 7 卷《日本社会主义金曜讲演会记》云：

> 日人社会主义金曜讲演会既于九月六日午后七时开第一次会于ユニヴアサリスト会堂，复于十三日午后七时开第二次会于该会堂。其讲演之人为幸德秋水、堺利彦、山川均三君，会者七十余人。其讲演之主题如左。
>
> 第一次：评哈叠氏。
>
> 第二次：论ジュラ同盟。[1]

7 日上午，何震发起召开徐、陈、马三烈士及秋女士追悼会。《钱玄同日记》载：

> 晨六时半起，盥漱毕，即乘人力车赴キンキカン。其时尚早，候门时，久之，见有人入，始入。入则见人仅三五，盖尚早也。至开会中，人约到有三千光景。首由何サン报告开会，继章サン述历史，继刘、章、张诸公及另三数人演说毕，由张继读祭文。祭文古雅，类周秦笔，量章作也。惜太长，未抄出。刘サン演说，主张暗杀，张サン主张无政府，章则嬉笑怒骂也。今日始知，绍狱之成，蒋观云实为之首，其人真可杀也。[2]

《天义》第 7 卷"记事"栏载《徐陈马三烈士及秋女士追悼会记》，云：

> 本报编辑人何女士震于公历九月七日，开徐（锡麟）、陈（伯平）、马（宗汉）三烈士及秋（瑾）女士追悼会于神田锦辉馆，会者千余人，遂于午前九时开会。先由何女士报告开会，次由章君炳麟报告徐、陈、马、秋之历史，次由刘君光汉演说暗杀之效果。相继演说者，络绎不绝。次由张君继读祭文，（祭文系章君太炎所作，见《民报》中。）次行三鞠躬礼，至午后三时散会。[3]

案，此为海外留学生首次举行秋瑾悼念活动，祭文即章太炎所作《祭徐锡麟陈伯平马宗汉秋瑾文》，载《民报》第 17 号。

8 日，《政艺通报》第六年丁未第 14 号"上篇·政学文编"续载《论古今学风变迁与政俗之关系》，署名刘师培。

1　万仕国、刘禾校注：《天义·衡报》上册，第 314 页。
2　杨天石主编：《钱玄同日记》（整理本）上册，第 103 页。
3　万仕国、刘禾校注：《天义·衡报》上册，第 313 页。

本日,钱玄同获何震所赠《天义》第 5 卷,晚阅《天义》第 1 号。《钱玄同日记》载:

> 至学堂,得《天义报》第五册,何女士所赠。顾心颇不安,受之。

> 晚看《天义报·李卓吾学说》。噫！吾国竟有若是通人乎！《焚书》一编,吾渴想早睹之,日前已托人由上海购就带出,未知能如愿否。[1]

10 日,钱玄同致书刘师培、何震。[2]

13 日,刘师培答钱玄同书(即《丁未答钱玄同书》),告以社会主义讲习会第二次集会地点,云:

> 昨接手书,济世之忱溢于言表。处混浊之世,而具高旷之思,此岂醉心功利者所克逮耶？庄生有言:"处空谷之中,闻足音,则跫然喜。"仆于君言,亦犹是耳。创报一事,仆蓄念甚久。顾财政拮据,非仓卒所克集。数旬之内,当可告成。惟祈时赐箴言,用匡不逮,则幸甚矣。社会主义讲习会定于本月十五日(日曜)午后一时,开会于牛込区赤城元町江户川亭,延日人堺利彦君演说,并研究中国民生问题。务祈届时惠临。是为至祷。[3]

案,所谓"创报一事",指日后所办《衡报》,非指《天义》而言。

本日,金曜讲演会召开第二次会议,幸德秋水、堺利彦、石川三四郎到会讲演,出席会议者七十余人。

14 日,钱玄同接刘师培 13 日书信。《钱玄同日记》载:

> 午间得刘信,知明日彼会(社会主义讲习会)又将开会,延堺利彦演说,并研究中国民生问题。明日必当往キマセウ,以聆崇论闳议也。[4]

本日,《新世纪》第 13 号出版,发表《吾道不孤》一文,云:

> 本报新接得西七月分(第拾伍号)《民报》,有《社会主义讲习会广告》一通,谨录如左,足见今日之世界,车轮星驰,邮驲电飞,声息之快,此响彼应。进化之加速力,乃为繁比例,断不能以已往之世界为较量。

1　杨天石主编:《钱玄同日记》(整理本)上册,第 103 页。
2　杨天石主编:《钱玄同日记》(整理本)上册,第 104 页。
3　刘师培:《左盦外集》卷十六,《仪征刘申叔遗书》第 12 册,第 5120 页。
4　杨天石主编:《钱玄同日记》(整理本)上册,第 104 页。

本报同人敢下断语曰：今日社会党意想之无政府世界，当不出百年。

近世以来，社会主义盛于西欧，蔓延于日本，而中国学者则鲜闻其说，虽有志之士，间倡民族主义，然仅辨民族之异同，不复计民生之休戚。即使光复之说果见实行，亦恐以暴易暴，不知其非。同人有鉴于此，慨社会主义之不昌，拟搜集东西前哲诸学术，参互考验，发挥光大，以饷我国民。又虑此学之不能普及也，拟设社会主义讲习会，以讨论此旨。留学界诸君如有与本会表同情者，乞将名姓住址，寄交《民报》编辑部对面巷内本会通信所，俟开会有期，即行函达。张继、刘光汉同启。

15日，社会主义讲习会第二次集会，刘师培两次发表演说，堺利彦到会演说。《钱玄同日记》载：

> 午至江户川亭，赴讲习会，到者有五十人。首由刘光汉演说《中国民生问题》，述农民之失业及前途之隐忧。次请堺利彦演说，张继翻译，略言：社会自有政府、富豪，而后贵贱日分，贫富日区。今欲平此阶级，宜实行无政府至共产主义云云。后刘申叔又痛陈立宪之害，言欧米物质上固较我为文明，而政体一切尚以更比我野蛮者，末乃归重无政府。满堂拍掌之声如雷。末张继言，将办一报，汉、日、英文并用，期与各国无政府联合云云。五时散会。[1]

《天义》第8—10卷合册载《社会主义讲习会第二次开会记略》云：

> 社会主义讲习会于九月十五日午后一时，开第二次会于牛込赤城元町江户川亭。

> 先由刘光汉君演说《中国民生问题》，陈说农民之疾苦及中国旷土不耕、谷不敷食之状况，并推论贫民弃农就工之由，致受作工之苦。（此稿与本册《中国民生问题》及下册《民生问题》稿同，不具录）

> 次由张君继介绍日本堺利彦君之学术宗旨，即请堺君演说，张君通译。

> 堺君演说大旨，略谓：人类之社会变迁，分三时代，一为蒙昧时代，一为野蛮时代，一为文明时代。蒙昧时代，人间衣、食、住均就天

1　杨天石主编：《钱玄同日记》（整理本）上册，第105页。

然而成，无人为之生业。渐渐而有交换智识，由渔获而变为耕稼，由耕稼而渐兴工业，经济界亦稍发达，则进为野蛮时代。然其财产之状态，决无私有，实为共有。特共有制度仅行于血族团体中，对于他部族，不免相争。加以古代之人，生产之力薄弱，一有不给，不得不掠他部族。其战败之族，则获之为奴隶。由是战胜之族操督制之权，战败之族尽生产之职，故奴隶制度既兴，分业社会乃起。即共产制，亦因以破坏。然战胜之族，所获奴隶之数非必相均。由是，得奴隶多者，生产亦丰；得奴隶寡者，生产亦寡。生产多者益富，生产寡者益贫，则奴隶而外，即同族之民，亦渐分富民、贫民二阶级。富民居上，贫民居下，而政治组织亦渐完备。是为由野蛮渐趋文明之时代。今世称为"文明时代"，然贫富之阶级甚严，资本家之势日以增加。欲矫此弊，莫若改革财产私有制度，复为上古共产之制。且上古共产制所以不能保存者，由人民生产力薄，不足则出于争；今则人民生产力，较上古之民几增十百倍。生产无缺乏之虞，则争端不起，共产之制固无虑其行之不终也。演说约二时。（全稿已另有刊本）

次由刘光汉君演说《宪政之病民》（其大旨与第七册所载《论种族革命与无政府革命之得失》篇后半相同，不具录），约一时余。

末由张君继演说自由结合之益，并宣布散会。是日到会者约百余人。[1]

刘师培此次会上的演说稿，以《中国民生问题》为题，刊载于《天义报》第13—14卷合册中。

本日，《天义》第 7 卷出版，"社说"栏续载申叔《无政府主义之平等观》，始载震述《女子解放问题》，续载《论种族革命与无政府革命之得失》（驳鹤卷町某君来函）；"附录"刊载震述《秋瑾诗词后序》，录何震所辑章太炎、苏曼殊为《秋瑾诗词》所作序及何震跋。《秋瑾诗词》二卷由王芷馥助资，

1　万仕国、刘禾校注：《天义·衡报》上册，第 324—325 页。日本外务省档案《民报関係雑纂》明治四十年九月十九日乙秘第 1060 号《清国人社会主义研究ノ件》载，出席会议留学生约五十名，与《钱玄同日记》合；又以此次为社会主义讲习会第一次会议，且谓幸德秋水与堺利彦均出席活动，疑为传闻之误。

本年刊印于日本东京，平装四十九页，收录诗八十七首，词三十八阕，各为一卷，为秋瑾就义后出版的第一个作品集。后上海复汉书社曾以此本石印，封面改题"流血女侠秋瑾"。此外，本卷"图画"栏载《维拉·斐哥奈尔》《罗马教之看护妇》，"学理"栏载民鸣《社会契约说评论》，"时评"载志达《结婚奇谈》《世界主义之公敌》《亚洲之暗杀》，"记事"栏载公权《万国无政府党大会记略》《万国社会主义妇人会议纪略》《伊大利社会党分裂记》《徐陈马三烈士及秋女士追悼会记》《社会主义讲习会预告》《日本社会主义金曜讲演会记》《清外部欲禁〈新世纪〉之不果》，"译丛"载独应《妇女选举权问题》，"杂记"载独应《读书杂拾》（一）。封三载《本社捐助及赞成芳名》，有陈登山君伍元、张旭庐君伍元、李萼女士伍元、周锡之君伍元、李季恭君伍元。[1] 封底有《本社启事》，云：

> 本社所收捐款，无论巨细，均付有收条，并按期登报。近悉东京以外各友人，假敝报捐款之名，以为骗财之计。特此登报声明。如有捐款已付，而本报未登出者，均乞函致本社，书明付于何人，以便本社切实调查。是为至祷。本社白。[2]

18日，《钱玄同日记》载：

> 购得《新世纪》三、四两号。打破阶级社会，破坏一切，固亦大有识见。惟作者于中文太浅，历史不知，每有不轨于理之言。[3]

中旬，刘师培母李汝藻由扬州赴日本，与刘师培夫妇共同生活。

王和顺钦州起义失败，起义军溃散，黄兴出走河内，与孙中山商议，拟取广西镇南关为根据地。

20日，金曜讲演会召开第三次会议，堺利彦讲圣西门学术。

本日，日本《大阪平民新闻》第8号第11版"新刊绍介"刊载《天义》第5卷出版消息，云："《天义》五号，月二回，一册一角，东京小石川久坚町二七何震女史。"

22日（中秋节），《政艺通报》第六年丁未第15号"上篇·政学文编"续

1　万仕国、刘禾校注：《天义·衡报》上册，第602页。

2　同上。

3　杨天石主编：《钱玄同日记》（整理本）上册，第105页。

载《论古今学风变迁与政俗之关系》完，署名刘师培。

社会主义讲习会第三次集会，刘师培主持会议，并发表《中国财产制度之变迁》演讲。《天义》记其事云：

九月二十二日午后一时，社会主义讲习会开第三次会于清风亭。是日天雨，为中国中秋节，故到会者仅数十人。日本山川均君亦以他事未至。

先是刘君光汉演说中国财产制度之变迁，略谓：财产私有，起于游牧、耕稼时代。中国三代时，有土地国有制，有家族共产制，即井田、宗法是也。后世亦有行国家社会主义者。至于今日，则纯为财产私有制。非实行共产制度，不足矫贫富不均之弊。

次由章君太炎演说，痛斥国家学之荒谬并立宪之病民。谓：无论君主立宪、民主立宪，均无一可采。（其稿已载入《民报》第十七册《国家论》中，不具录）

次由江苏潘君演说湖北、江苏农民之苦况及田主之虐待，并含本会宜筹维持之策。

次由山西景君演说欧美社会党之分派，并痛斥软派之非，主张硬派之说，并举中国老子、许行各学术，与西国各学派相较。

次由贵州某君演说无政府之利益，及人民不受压制之幸福。

次由江西汤君演说，谓无政府主义虽系高尚，然今日欧美尚未实行，恐终偏于空论，不若仅言民族主义。

次由张继君演说，解释汤君之疑，力陈世界民生之苦及经济界之趋向，并言各国民党多赞成无政府主义，以与政府为敌，必有实行之一日。

演说毕，已六时有余，遂由刘君宣布散会。[1]

案，"江苏潘君"即潘怪汉，"山西景君"即景定成（1882—1959，字梅九），"江西汤君"即汤增璧（1881—1948，字公介，号朗卿）。

25 日，《民报》第 16 号出版，卷首刊载徐锡麟、秋瑾像，章太炎发表《五无论》。"五无"者，一曰无政府，二曰无聚落，三曰无人类，四曰无众生，五

1　万仕国、刘禾校注：《天义·衡报》上册，第 326—327 页。

曰无世界。又有太炎《定复仇之是非》、寄生《刺客校军人论》等，均与刘师培等所倡无政府主义思想相一致。又刊载《天义报社移居广告》云：

> 本社已迁于小石川久坚町二十七番地。如有信件、文稿，请直寄本处为荷。

> 天义报社白[1]

27 日，金曜讲演会召开第四次会议，山川均讲演社会主义运动史，并介绍克鲁泡特金《社会主义复活》大义；堺利彦讲演现时处世之方针及社会主义革命之必要；印度保斯讲演英人虐印之苛暴。

《国粹学报》第 33 期出版，"政篇"续载《春秋时代官制考》，"学篇"刊载《儒家出于司徒之官说》，"文篇"刊载《骈词无定字释例》、续载《荀子词例举要》，"博物篇"续载《尔雅虫名今释》，"美术篇"刊载《论美术与征实之学不同》，"丛谈"续载《邗故拾遗》，均署名刘师培。

本日，苏曼殊在上海写信给刘三称：

> 曼抵沪时，适申公老太太前数日已东渡（闻令弟子守民亦已东游），今无有住留之处。[2]

后，苏曼殊住国学保存会藏书楼，与陈去病、黄节、邓实、诸宗元、刘三、高旭、朱少屏等相晤。

本月，清政府外务部庶务司照会日本驻华使馆，称《民报》《洞庭波》《天义》《复报》《大江》《汉帜》《鹃声》及张继译《无政府主义》《新灭汉种策》9 种书刊变坏政体，紊乱朝宪，有坏乱社会风气、倡导革命、措语狂悖者不胜枚举，实于本国治安大有妨害，要求日本政府严禁印刷递送，类似书刊一律停止出版。同时通令内地，严禁邮寄。

10 月 2 日，钱玄同致函刘师培，询问讲习会事。[3]

3 日，《钱玄同日记》载：

> 购得《新世纪》五至八号，于晚间卧被中观之，觉所言破坏一切，颇具卓识。惟终以学识太浅，而东方之学尤所未悉，故总有不衷于事实之

1　《天义报社移居广告》，《民报》第 16 号，1907 年 9 月 25 日，广告。

2　马以君编注：《苏曼殊文集》下册，第 484 页。

3　杨天石主编：《钱玄同日记》（整理本）上册，第 106 页。

处。较之《天义》,瞠乎后矣。(此由《天义》报中,如 Liu Kuang Han 君诸人,中国学问深邃之故。)而要之,大辂椎轮,于现今黑暗世界中,不得谓非一线之光明也。[1]

4 日,金曜讲演会召开第五次会议筹备会议,堺利彦、木下尚江、守田有秋、荒畑寒村等作演说。

5 日,《新世纪》第 16 号出版,其《革命界之新报》介绍《天义》,云:

> 每月两册,以破坏固有之社会、实行人类之平等为宗旨,于提倡女界革命外,兼提倡种族、政治、经济诸革命,故曰"天义"。编辑者何君震,为女界一健将。社设日本东京牛(辻)〔込〕区新小川町二丁目八番地。现已刊行五期。该杂志实东方惟一之社会新报。行文博赡,立义奇卓,内容丰富,插画精美,允为向来杂志之冠。报价,全年二十四册,连邮税八佛郎,他国钱币准此。欲购者,先付报资,径向该社或本局定购。

此广告又载该刊第 17 号,内容同。据此,则此时刘师培夫妇与李石曾、吴稚晖、褚民谊等巴黎《新世纪》诸人已经建立联系,并开始相互交流期刊及相关信息。

本日,钱玄同收到社会主义讲习会通知开会的信函。[2]

6 日,《广益丛报》第 148 号"上编政治门·粹论"刊载《近儒学术统系论》,无署名。

本日,社会主义讲习会第四次集会,刘师培到会并演说,钱玄同与朱宗莱等参加。《钱玄同日记》云:

> 午后,偕大、世二人同赴会,满身尽湿,裙更如在河中取出者。
>
> 是日,山川均君演说:"△△△△△。"
>
> 后有福建金君言:虽主无政府,而爱国心之学则不可少。张、刘皆有答言,而以刘言"爱国本假名词,强者曰爱国,无宁曰扩张权利;弱者曰爱国,无宁曰抵抗强权",此二语为最痛快。[3]

1　杨天石主编:《钱玄同日记》(整理本)上册,第 106 页。Liu Kuang Han 即刘光汉,指刘师培。

2　杨天石主编:《钱玄同日记》(整理本)上册,第 106 页。

3　杨天石主编:《钱玄同日记》(整理本)上册,第 107 页。

《天义》报第 8—10 卷合刊《社会主义讲习会第四次开会记略》记其事云：

> 十月初六日午后一时，社会主义讲习会开第四次会于清风亭，请日本山川均君演说。山川君演说二时余。（演稿甚长，下册补录。）次由张君继、刘光汉及景君等演说，大抵均辨明排强权与排外不同，演稿下册补录。是日大雨，到会人数亦稀。[1]

7 日，《政艺通报》第六年丁未第 16 号 "附录·湖海青灯集" 刊载《江宁乡土历史教科书序》《江宁乡土地理教科书序》，署名刘师培。

本日出版的日本《社会新闻》周刊第 19 号，第 4 版刊载赤羽生《〈秋瑾詩詞〉を讀む》。

11 日，金曜讲演会续开第五次讲习会于吉田屋，山川均介绍蒲鲁东学术，堺利彦介绍第二国际第七次代表大会，其他演说者则痛陈劳动者疾苦，主张直接行动主义。

12 日，巴黎《新世纪》第 17 号刊载 "无恬来稿" 的《续与赞成立宪之同胞一谈》一文，在千夜（褚民谊）所作案语后，附载《天义》第 3 卷 "时评" 栏志达的《政府者万恶之源也》全文。

13 日，社会主义讲习会未开会。《钱玄同日记》云：

> 今日未得讲习会はがき，未知开会否。[2]

16 日晚，钱玄同阅刘师培《中国文学教科书》。《钱玄同日记》载：

> 晚，取刘氏《中国文学教科书》观之，见错字甚多，因取《说文》等书斠正之。然立说每误，谬处亦颇多。刘氏固近今之硕儒，章氏以后，当推此公。惟博而乱，是其病耳。即如此书，若学堂中欲采行，则必须重行斠正，方可用。不然，今之先生什九不识字，以多误字之书投之，鲜能有济矣。[3]

17 日，梁启超、蒋智由、陈景仁、徐佛苏等在日本东京发起成立政闻社，并发表宣言，创办机关刊物《政论》，鼓吹君主立宪，主张设立议会，提出 "实

1　万仕国、刘禾校注：《天义·衡报》上册，第 327 页。
2　杨天石主编：《钱玄同日记》（整理本）上册，第 108 页。
3　同上。

行国会制度，建立责任政府；厘订法律，巩固司法权之独立；确立地方自治，正中央、地方之权限；慎重外交，保持对等权利"等四大政纲，以迎合清政府的预备立宪，反对同盟会的革命主张。本日，政闻社在锦辉馆举行成立大会，张继等大闹会场。《钱玄同日记》载：

> 今日蒋观云之政闻社开会，闻梁启超上台衍说，即被张溥泉殴打，又黄可权之臂为凳子所掷伤云。快事！快事！保皇贼奴，宪政猾贼，今日吃了些眼前小亏矣。[1]

18日，金曜讲演会召开第六次会议，为幸德秋水送别。山川均、北辉次郎、片山潜、田添铁二、神川松子女士、张继等演说。

19日，清政府通谕各省，即行筹办咨议局。

21日，苏曼殊在上海致信刘三，称：

> 少公无一书至，其老太太及令弟子等于前月东渡，今尚未见来信，殊耿耿！兄捐入《天义》之款，弟到东，即交申公便是。申公忙甚，不易抽身回国。[2]

案，"少公""申公"均指刘师培，以刘师培曾化名金少甫而尊称"少公"，又以其字申叔而称"申公"。

25日，金曜讲演会召开第七次会议，山川均讲演产业革命，白柳秀湖、堺利彦、守田有秋等也作演说。

本日，《民报》第17号发表章太炎《国家论》，称：

> 余向者于社会主义讲习会中，有遮拨国家之论，非徒为期望无政府者说，虽期望有政府者，亦不得不从斯义。然世人多守一隅，以余语为非拨过甚。故次录前论，附以后义，令学者得中道观云。

26日，《国粹学报》第34期出版，"政篇"续载《春秋时代官制考》，"史篇"刊载《崔述传》，"学篇"始载《古书疑义举要补》，"博物篇"续载《尔雅虫名今释》，"美术篇"刊载《原戏》，"丛谈"始载《王会篇补释》。

案，《古书疑义举要补》乃就俞樾《古书疑义举例》而补，发凡十一例：

1　杨天石主编：《钱玄同日记》（整理本）上册，第108页。
2　马以君编注：《苏曼殊文集》下册，第487页。

（1）两字并列，系双声、叠韵之字，而后人分析解之之例；（2）两字并列，均为表象之词，而后人望文生训之例；（3）二义相反，而一字之中兼具其义之例；（4）使用器物之词，同于器物之名例；（5）双声之字，后人误读之例；（6）二语相联，字同用别之例；（7）虚数不可实指之例；（8）倒文以成句之例；（9）举偏以该全之例；（10）同义之字并用，而义分深浅之例；（11）同字同词异用之例。[1] 其"虚数不可实指例"改作后，题作《古籍多虚数说》六篇，收入《左盦集》卷八。《崔述传》乃详述崔氏学术及成绩，为我国最早推崇崔氏、发明其学术精华者。

《王会篇补释》序云：

> 《王会》一篇，《周书》之遗。晋孔、宋王，相继作注。及何氏秋涛作为《笺释》，爬罗别抉，曲证旁通，奇义奥词，涣然泮融。近世奇书，此其一矣。幼诵此书，稍有更订，得义若干条，名曰"补释"。至于地名、物名之考订，多散见于他文，兹从略。[2]

30日，《天义》第8—10卷合册出版。"社说"栏续载震述《女子解放问题》、震述《女子复仇论》，刊载申叔《论新政为病民之根》《中国民生问题论》《非六子论》及震述《论女子当知共产主义》，"学理"栏刊载申叔《鲍生学术发微》，"杂记"栏载申叔《穷民俗谚录》，"专件"栏载《农民疾苦调查会章程》，"附录"载申叔《〈总同盟罢工论〉序》《〈穷民俗谚录〉征材启》《〈活地狱〉（即〈鬼哭神愁〉）序》《戒学政法歌》。此外，"图画"栏载《克鲁巴特金像》《露依斯·米索尔画像》《俄皇冬宫图》《梁萃轩像》《从军苦图》，"学理"栏载自由《斯撒纳尔无政府主义述略》，"时评"栏载扶弱《祝日本社会党之分裂》《惨哉工女》《哀我农人》，"记事"栏载公权《芜湖万顷湖农民抗租记》《中国各省罢市案汇志》《中国毁学案汇记》《万国社会党大会续记》《万国无政府党大会决议案记》《记女界与万国社会党大会之关系》《女界近事记》《记东京金曜讲演会》《社会主义讲习会第二次开会记略》《社会主义〔讲习会〕第三次开会记》《社会主义讲习会第四次

---

1 刘师培：《古书疑义举例补》，《仪征刘申叔遗书》第3册，第1201—1222页。

2 刘师培：《王会篇补释》，《仪征刘申叔遗书》第9册，第3603页。

开会记略》《社会主义讲习会支金报告》，"译丛"载秋心室主人《秋心室丛译》、衡民《俄国女杰遗事汇译》，"来稿"栏载凤词《节妇辨》、少年《天义之证定》、《汉川陈胡志淑女士来函》、《东京五六居士来函》（节录）、《神田某君来函》、《日本小幡宗海君来函》、《日本长肇君来函》、《王朗鸿〈菱花将军行〉》（附某君寄诗函），"杂记"载独应《读书杂拾》（二）、志达《女界吁天录》、志达《石破天惊谈》，"附录"载《南非洲杜省虐待华侨之惨状》、《平民歌》、《新刊豫告》、《新刊绍介》（罗列著、张君译《总同盟罢工》）。

《论新政为病民之根》一文，反对君主立宪，提倡实行无政府主义。认为："盖举行新政，名曰图富强，实则利于上而不利于下。若今日中国之新政，则尤为病民之根。"这实际上是刘师培与孙中山领导的同盟会在思想上分道扬镳的政治宣言书。他所反对的，既包括了清政府的"新政"措施，也包括了孙中山领导的同盟会所提出的建立新政权的主张，认为："若于政府尚存之日，则维新不如守旧，立宪不如专制。"[1]

《〈穷民俗谚录〉征材启》，称：

> 谣谚之兴，由于舆诵，发于天籁。盖人民意有郁结，不能通其志，则不得不托诸韵语，以抒其怨愤之忱。成于文士者为诗歌，成于齐氓者为谣谚，而里谚之词，尤足表民间之疾苦。故周、汉史册，间载时谚，以观民风。后人鲜知其意，由是匹夫匹妇之怨，不复昭闻，而人民疾苦滋巨矣。近世秀才杜文澜辑《古谣谚》为一书，惜详古略今，背于宣达民情之旨。辄念子夏《诗序》言："在心为志，发言为诗。"今匹夫匹妇不得其所者，鲜娴文墨，而韵词隐语，情发于声，呈露而不自知。里巷相传，渐成通语。伤世变之亟，哀刑政之苛，律以言志之诗，尤为质实。若汇而录之，不独可以察遐迩之情，且足为感发齐氓之助。嗟乎！生今之世，夫人愁痛，不知所庇。物屈必伸，至理同然；龙蛇起陆，指日可俟。吾于民谚征之矣。惜见闻浅狭，采择未周。尚乞薄海志士，各述所知，录赠鄙人，以助编辑之材，则禹域群生之幸也。刘申叔启。[2]

1　万仕国、刘禾校注：《天义·衡报》上册，第 142—143 页。

2　万仕国、刘禾校注：《天义·衡报》上册，第 564—565 页。

本期所载《新刊豫告》云：

《共（和）〔产〕党宣言》 马尔克斯等著

《致中国人书》 杜尔斯特著

《人道主义》 杜尔斯特著

《神与国家》 巴枯宁著

《无政府主义之哲学》 苦鲁巴特金著

《平民唱歌集》（一名《民劳集》） 申叔编

《贫民俗谚录》 申叔编

以上各书，已由社会主义讲习会请同志编译，不日出板。[1]

本期目录页有《幸德秋水先生演说稿出板》（本期起连载），云：

幸德先生应社会主义讲习会之招，演说数小时，诠明无政府主义，深切著明，为吾国人士所未闻。现已将原稿译为华文，排印一小册。凡欲先睹为快者，乞至本社通信所面领，不取分文。如有嘱本社转寄者，乞将邮费寄下。本社启。[2]

又有《本社启事》二则，云：

（一）

本社从本册起，另增"专件"一门。凡与本社宗旨合者，均可代登。

（二）

中国各报记事，详于政治，于社会之现况，则记载甚略。各省之中如有官绅虐民及横征暴敛事，以及人民之疾苦，均乞函致本报代登，以伸平民之冤抑。[3]

本期"广告"栏有《新世纪》一则，云：

此报为欧州留学界所组织，报社设于法都巴黎，以实行无政府为宗旨，宣播平民革命主义，详载各国民党内容，图画精美，材料丰富，中国各报未有能出其右者。读斯报，可无震于欧美伪文明，即迷信政治之思想亦可渐行斩绝矣。

1　万仕国、刘禾校注：《天义·衡报》上册，第568页。

2　万仕国、刘禾校注：《天义·衡报》上册，第605页。

3　同上。

　　东京代派所：牛込新小川町二八，民报编辑所。[1]

　　《本社捐助及赞成芳名》载：郑君、黄君合捐金二十元，刘三君捐金十元，剑公君捐金十元，汉一君捐金五元。本卷印刷所改为东京市小石川区竹早町三十四番地中国新女界社合资印刷所。

　　根据《天义》所附《社会主义讲习会支金报告》，至本日，社会主义讲习会"入款项"共十八元，其中怪汉子五元（犹有十元未缴），刘君五元，许君一元，刘光汉君三元，何震女士四元。"出款项"共十七元二角五分，其中首次租会场费三元，二次租会场费一元八角，三次租会场费一元八角，四次租会场费一元五角，首次至四次"邮片费"五元一角五分，幸德君演说稿印费四元。存金仅七角五分。[2]其经费拮据，不言而喻。

　　刘师培又发起成立"农民疾苦调查会"，专门研究农民问题，反映农民生存的现状，唤起大家对农民问题的关注。其《农民疾苦调查会章程》云：

　　　　中国幅员广大，以农民为最众，亦以农民为最苦。惜困厄之状，鲜有宣于口、笔于书者。近今所出各报纸，于各省政治、实业虽多记载，然于民事则弗详；民事之中，又以农事为最略。嗟我农人，诚古代所谓"无告之民"矣。仆等有鉴于此，爰设"农民疾苦调查会"，举官吏、富民之虐，据事直陈，以筹农民救济之方，兼为伸儆平民之助。海内志士，如有热心平民主义者，均乞代任调查，或各举所知，通函本会，则多数农民之幸也。今将调查简章列于后。

　　　　一、赵充国有言："百闻不如一见。"农民疾苦，有此省与彼省不同者，有此府与他府不同者。即一府一县之中，所罹之苦亦或殊异。惟以本境之人，述本境人民之况，斯与传闻之说不同。故担任调查诸君，无论留学日本及身居祖国，所陈之事，均乞以本邑为限，或以他乡所目睹之事为凭。

　　　　一、农事宜调查者，一为田亩实数，一为农人实数，一为每亩产谷之平均数，一为粮谷输出之数。或将近岁之数与前数岁不同者，互相比较。

此关于全国之民食者也。若夫农民疾苦,其调查者有四端:一为官吏横征与胥吏苛扰之事,一为田主虐待事及私税所纳之额,一为凶荒饥馑之况,一为耕芸刈获之苦。此关于农民之困阨者也。调查诸君,于关于农事者,或列为表;于关于农民疾苦者,或绘为图。至于陈述之法,不拘一例,惟以征实详明为主。

一、凡担任调查诸君,每月通信不拘定数,或数月通函一次,各从其便。

一、凡所寄调查之稿,在海外者,乞寄日本东京小石川区久坚町二十七番地本会通信所;在国内者,或暂寄上海四马路国粹学报社代收。

一、凡通函一次者,均以《天义》报半年(十二册)为酬,按期奉寄。

一、凡各境调查之稿,每经半岁,则本会同人汇编其稿为一册,以付刊印,并寄赠调查诸君。[1]

11月9日,《新世纪》第21号出版,其第4版转载《天义》第3卷志达《保满与排满》一文,并载"千夜"(褚民谊)所作按语,云:

观近日各革命报之议论,多发挥、力横议革命,其思想与言论之进步,殊庆其速。然有不误解、不执偏见、不计利害者,无一焉。无已,其惟《天义》报乎!其议论之范围,固如其宗旨(破坏固有之社会,实行人类之平等)所言,可谓知道明理之言也。就右之论文,论保满与排满之均非,甚直接爽快,不偏亦不狭,诚为至公无私之论也。夫满、汉二种族冲突之由,由来久矣。彼保满者,媚异族以求利禄,或私己族以保残喘。有心肝者,多能斥其非矣。吾无以名其罪恶,名之曰"丧心病狂"而已。至于排满者,彼固以排强权为念者也。见满人之横暴二百六十余年如一日,汉人之受惨酷,无所告诉。二种族苦乐不同,自生冲突,故主排征服者之强权,以求人类平等,初诚无自利之心存于其间也。迨经一般之自私者之误解、之偏见,以为今日中国所以积弱致贫之源,皆为满〔政〕府(政)所致,谓其政策,对内专以防家贼为务,

---

1　万仕国、刘禾校注:《天义·衡报》上册,第544—545页。

对外一惟苟且敷衍,赔款割地,固所肯愿。彼既以"宁赠朋友,不愿予汉奴"为宣言,其心可见。且土地财产,非彼固有。区区一港、一湾、一岛,割之何足重轻?金银矿路,失之如九牛一毛。能不失其九五之尊与征服者之荣,足矣,何暇问民之休戚哉?故内政日以废颓,外交日以失败。以若所为,非至国亡(瓜分之谓也)种灭不已。设使吾汉人群起革命,推倒满政府,自立共和,以新中国,其现象之兴盛,可立而待。与今日之衰弱相较,当不啻天壤。故其议论,动辄谓胡运将终、汉风复兴,或谓非种必锄,或谓还我河山,或谓杀尽鞑子,专尚意气、计利害,甚至不问革命后如何,惟望满政府之倾覆,虽代以专制或立宪,亦所甘心,以为汉人自立政府,当必胜满政府万万也。观近年来革命党中,抱此思想者甚多。不愿为满政府季世大官,而欲为新中国元勋者,尤不乏其人。故本报初发刊时,同党中颇多疑议,以为是将不利于本国,谓其反对祖国主义与不立政府也;以为是将有碍于革命之运动,谓其反对军国主义与不言排满也。夫吾辈之鼓吹革命,当以公理为衡,不当以利害为准。如吾辈以利害排满而革命,是失革命之本义也。盖革命之本义,岂尽刮于排满哉?凡不合公理,以阻碍世界之进化者,一概摈斥。排满,其一也。如仅知排满而不及于他,谓其不知革命,可也;知之,而执偏见、计利害,是失革命之效力也,等于不知。至于革命后,汉人自立新政府,彼固以共和为最平等、为最合公理也,殆不知有政府即不平等、不合公理,以其阻碍世界之进化,终不能免。吾之所以主张革命,特为去政府耳。于推倒政府后,而己为政府,则不以政府为不合公理,而以旧政府之无能为,代以新政府而振顿之也,是则仍不脱以暴易暴之言。故吾谓此革命,为非本公理之革命,而计利害之革命也;非排强权之革命,而以强代强之革命也。是谓误解,是谓偏见。惟其有误解,惟其有偏见,故不可不与辨。今特录右论文,以为保满与排满者忠告。末附数语,以表微意。愿主排满革命而欲设新政府者,平心而三复之,自当了然于革命之不可不以公理为衡,而以政府为阻碍世界之进化也。

10日,章太炎等人发起"拒款会",刘师培、张继等参加大会,并发表演说。本月 24 日《神州日报》刊载《党人拒款之运动》，云：

> 据东京投函云：阳历十一月三日，浙江同乡会开会于锦辉馆，提议借款抵路事。到会之人虽多，然毫无决议，仅举代表数人，政闻社社员蒋观云、金保稚亦被选举。浙江人有不赞成此举者，爰于初十日七时，重开会于锦辉馆，由章炳麟发起，江浙两省及他省来宾约八百余人。
>
> 首由章氏宣布宗旨，言发电报、举代表之无益，并言此次借款与造路为二事。今日办法，惟有由股东收回股本及自行断路，或运动省城罢市，庶可收回。
>
> 次由刘某言，立宪不足保全铁路，即说国会被选举者，亦不过汪大燮诸人，安能有益？惟罢市、罢工，尚为有益。
>
> 次由张某伸明无政府主义罢工之说，言今日首当反对者，在于外国资本家，而各国之社会党、无政府党以及大多数之平民，必表同情于我。
>
> 后演说者数起，至日午散会。闻此会并无派代表诸事，并闻浙江同乡会已将金、蒋二人之代表撤销。又是日午前，政闻社亦定锦辉馆开会，后因章等开会，遂不复往云。[1]

案，"章氏"指章太炎，"刘某"指刘师培，"张某"指张继。《神州日报》1908 年 1 月 10 日第 1 页"代论"《记东京革命党苏杭甬路事研究会》（转录东京《日华新报》），录章太炎本次集会演说甚详。

本日下午，社会主义讲习会第五次集会，刘师培发表《中国经济界之变迁》的演说。

> 西历十一月第二星期，社会主义讲习会开会清风亭，首由刘光汉君报告，次由张继君演说南洋群岛华民之苦及中国革命方法，次由刘光汉君演说《中国经济界之变迁》，次由日本大杉荣君演说巴枯宁联邦主义。由午前八时开会，至午后一时始散。[2]

由于刘师培夫妇旅日开销及办报所费颇大，章太炎有赴印度学佛计划，均急需资金，双方合谋，派何震回国，以假投诚的方式骗取端方信任，"诱窃

1　《党人拒款之运动》，《神州日报》1907 年 11 月 24 日，第 2 页，紧要新闻。
2　万仕国、刘禾校注：《天义·衡报》上册，第 329 页。

官金"（详 1912 年刘师培致章太炎书）。本月上旬,何震由日本回到上海,逗留数日。

15 日,何震由上海返回扬州,刘师培也准备明年春由日本回国。

何震回国后,利用其兄何誉生与张之洞女婿卞綖昌的朋友关系,为章太炎赴印度研究佛经,向张之洞运动路费。何震到上海后,章太炎曾给何震寄去一封信,云:

> 志剑小妹如见:连接数信,因懒未覆,近想安抵沪上。天寒气燥,宜多吃芦服、橄榄以自卫。所托诸事,务望尽力。曼殊师前有信来,知其有意东渡,欣慰之至。附一函,可转交则转交之。上海传言,兄与申弟皆已入日本籍。此等妄语,不知何人编造,甚可怪也。兄麟顿首。[1]

章、刘反目后,1908 年何震对外公布此间通信,并加注语,云:

> 此信无甚关系,惟观"所托诸事,务望尽力"二言,则凡运动张之洞诸事,皆包括其中矣。[2]

16 日,《新世纪》第 22 号出版,转载《天义》的《社会主义讲习会第一次开会记事》一文。

17 日,刘师培参加日本留学界全体大会,并发表演说。《神州日报》本年 12 月 4 日"留学界拒款之运动",刊载《留东豫晋秦陇协会开留学界全体大会纪事》,称:

> 据秦陇协会来函云:自外部强迫苏杭甬铁道借款之问题起,内外人士函电交驰者,日必数十起,邹、汤两烈士至以身殉,然尤不足以挽回政府之心而张商办之权。本月十二日（阳十一月十七日）,遂有豫晋秦陇协会发起开留学界全体大会之议。未开会之前数日,发传单数千张。会场设神田区锦辉馆。
>
> 是日午前七时开会,到会者约四千余人。八时,该协会会长河南刘君基炎报告开会宗旨,略谓:苏杭甬已奉旨商办之铁道,政府可以任意送人,则凡中国之铁道,同时与苏杭甬皆立于并等之地位。苏杭甬铁道

1　燃:《党人》,《新世纪》第 117 号,1910 年 1 月 22 日。

2　同上。

危,则江浙(之)〔亡〕;江浙亡,则中国东南之屏障去,而中国危。故今日欲研究此问题,当视苏杭甬铁道为中国全国共有之铁道,而苏杭甬路权存亡之问题,亦即全国之生死问题也。今日到会诸君,无论为立宪党、革命党,凡有关于苏杭甬铁道之切实议论,皆当竭力发表,共筹抵制之策,则江浙之幸,亦(有)〔为〕全国之幸也。

　　报告既毕,复由该协会庶务、陕西曹君澍演说,略谓:事已至此,打电、上书,全属无用。与其打电、上书,而以虚言危吓政府,莫如直接运动国民,业实力抵制之法。其所言者四端:(一)□卖路贼[1]汪大燮、邹嘉来,以张民气而寒卖路者之心。(二)招股以为拒款之实力。(三)不□租税、□工[2]之说,江浙两省行之无效。所主张者,全国不□租税,则政府无处用其蛮力;全国□工,则外人无从招工。(四)立全国共同拒款会。谓政府与外人以邻国为壑之政策,日见发达。江浙不借款,有移借浦信东三省之说。福公司欲开山西矿而不得,遂转谋河南。凡此,皆以邻为壑之政策。江浙、山西既为中国之江浙、山西,然则安徽、东三省、河南非中国之东三省、河南乎? 故必组织一共同拒款会,以协谋之。

　　继起者为余杭章君,谓恐吓主义无用。所主张者:积极的则□工,消极的则断路。

　　时至此,会场已不能容,又开十余间之大室,使来会者有立足之地。

　　继起者为浙江殷君,略言今日欲救此路,无论江浙人、非江浙人,皆当入股。

　　继起者为仪征刘君,谓外国以资本亡我,我当力争;即中国之资本家垄断一切利权,亦当以死争之而后可。

　　复次为直隶张君,谓路矿譬之面包,人口所不可少者。中国之路矿为政府所垄断,故其与我四万万同胞面包之权操之政府。今为人民谋面包计,非直接运动人民,使之知面包之权不可操诸人始可。

　　至此已十二时,会期已迫,而致发言者争上演坛,遂续一小时。

1　"□卖路贼",即"杀卖路贼"。
2　"不□租税",即"不纳租税";"□工",即罢工。下同。

山西乔君起云，中国之路矿被送于人者，皆中国之バカ（糊涂）政府为之也。欲中国之路矿皆不亡，非组织暗□[1]不可。

又其次为湖南某君、陕西高君、四川朱君、又山西邵君，谓政府所以保护人民。政府既不尽保护之责任，人民即应不尽纳税之义务。况江浙财赋，甲于全国。以此相争，政府必能回心。

一时钟已过，遂由该协会会长决议，以为暗□手段固好，然非普通行为，且非本协会开会之宗旨。本协会开会之宗旨，为目前江浙计，即以为后日中国计也。江浙既有拒款会，凡我同胞，皆应出死力以争。然江浙争回后，我同人尤当据此意而扩充之，以组织全国共同拒款会，庶全国可以与江浙并不亡。而共同拒款会之组织法，尤当以直接运动国民为唯一之手段。欲入此会者，在敝协会事务所签名。众皆拍掌赞成，遂闭会。是日签名者，已有百余人之多矣。[2]

24 日，社会主义讲习会举行第六次集会，刘师培到会报告。《天义》第11—12 卷合册《社会主义讲习会记事》云：

十一月之第四星期，社会主义讲习会复开会清风亭。首由刘光汉报告，次由张君继演说无政府党大会事，次由大杉荣君续演巴枯宁联邦主义，次由乔君宜斋演说基督教中无政府共产主义。午后一时开会，至六时始散。[3]

据《清国留学生社会主义研究会（第 3 回）》（见日本外务省档案《各国内政関係雑纂／支那ノ部／革命黨関係（亡命者ヲ含ム）》第 2 卷）记载，大杉荣在演讲中称：

因为今日欧洲呈小国割据状况，所以骚乱不断发生。如果使其成为欧洲联邦这样一个国家，就不会发生战争。同样，如果把"欧洲"二字换成"东洋"，这与我们有关系。建设一个东洋联邦，就可能保持没有骚乱的状态。另外，美国成立美洲联邦。这三大联邦如果能保持亲

---

1 "暗□"，即"暗杀"。下同。

2 《留东豫晋秦陇协会开留学界全体大会纪事》，《神州日报》1907 年 12 月 4 日，第 3 页，紧要新闻。

3 万仕国、刘禾校注：《天义·衡报》上册，第 329 页。

密关系的话,就能消除骚乱,拯救国民。[1]

25 日,章太炎再次给何震写信,云:

> 志剑小妹如见:接信后,已发一函,托购医书各种。闻妹将赴金陵,想近日已在途也。惟自接信至今,已一礼拜,而汇款仍未寄到。家兄既已言明,想亦不致欺诳。但恐由《中外日报》馆转汇,或有支离胶葛之处。妹回沪时,幸细为调查清楚。若仍在《中外日报》馆,不如亲自赍来为安。刘、卞二处消息何如,幸告。此颂近祉。兄麟顿首。阳十一月二十五日。[2]

何震注此信云:

> "刘、卞二处",刘即□□□[3]之姊,系章下狱后,刘允月贴二十金,至今未交者也。卞即前长崎领事卞綍昌,张之洞之女婿。彼于去岁八月致函张之洞,誓言决不革命,决不与闻政治,且言中国革命决难成功。若赠以巨金,则彼往印度为僧。书(与)〔为〕申叔所见,始知彼与官场有往来。及我返国,彼知吾兄何誉生与长崎领事卞綍昌亲善,彼为张婿,故属我往长崎访之,使再致书于之洞。[4]

本日,《国粹学报》第 35 期出版,"社说"续载《儒学法学分歧论》,"政篇"刊载《义士释》(附《文献解》),"史篇"刊载《蔡廷治传》《广陵三奇士传》,"学篇"续载《古书疑义举要补》,"文篇"刊载《文例举隅》,"博物篇"刊载《格物解》,"美术篇"始载《论考古学莫备于金石》,"丛谈"始载《晏子春秋补释》,均署名刘师培。

案,《义士释》《格物解》改作后,均收入《左盦集》卷一;《文例举隅》改作后,题作《文史通义言公篇书后》,收入《左盦集》卷八。《晏子春秋补释》

1　转译自嵯峨隆《近代中国の革命幻影——劉師培の思想と生涯》,东京:研文出版,1996 年,第 127 页。

2　燃:《党人》,《新世纪》第 117 号,1910 年 1 月 22 日。

3　"□□□",即吴葆初,《民权报》1912 年 5 月 4 日《章炳麟之丑史》作"刘葆初"。1912 年 2 月 5 日《时报》第 4 版"词林"寄禅《寄章太炎君沪上并招游天童》诗云:"故人最忆吴彦复,其姊净信优婆夷。称子人中芬陀利,黄金赎罪胜须留。"自注云:"君曩因党祸被逮,彦复姊刘氏圣慧极力周旋,得以解脱。"则"刘葆初"乃"吴葆初"之误,其姊氏刘,乃从夫姓。

4　燃:《党人》,《新世纪》第 117 号,1910 年 1 月 22 日。

有序,云:

> 《晏子春秋》孙、吴两刻,瑕瑜互见,卢校尤详。浙江局本,经定海黄氏校勘,所作《校勘记》,兼采王、洪、俞诸家之说,附以己见,疑文奥训,渐加理董,较之孙氏《音义》,斯为美矣。旅东多暇,兼治周秦诸子。以《晏子》之书,疑义尚多未发,乃取《音义》及《校勘记》所未释者,粗为补苴,名曰"晏子春秋补释"。其所不知,则缺如焉。[1]

郭象升云:

> 刘师培作《蔡廷治传》,言程云庄之学甚为详明,且举其书名,亦考云庄事实者所宜抄取也。[2]

本期《国学保存会报告》(第十五号)载《国粹学报举行第三周年大祝典》云:

> 《国粹学报》自出版至今,已满三载。明年正月,举行第三周年大祝典,并于戊申第一号报内,附刊纪念册,增广篇幅,比常加倍有余,内插入画像、墨迹,金石彝器,唐宋元明名人书画,古代雕刻、绣绘、织练、陶瓷、漆塑各种美术品,并博物图画,不下五十张,皆属神州至宝,精美无匹。又征求海内耆宿硕儒,赠以题词、赠序及其平昔著作,汇刊册端,以作纪念。精光正气,出版在迩,当亦吾党爱国好学之君子所乐闻也。[3]

28 日,苏曼殊由上海寄信给刘三,称:

> 前太炎有信来,命曼随行,南入印度。现路费未足,未能豫定行期。[4]

30 日,《天义》第 11—12 卷合册出版,"社说"栏刊载申叔《亚洲现势论(附中国现势论)》、震述《女子非军备主义论》,"学理"栏刊载申叔《苦鲁巴特金无政府主义述略》,"杂记"栏续载申叔《穷民俗谚录》,刊载申叔《读书杂记》。此外,"图画"栏刊载《世界同胞》《布鲁东像》《俄虚无党女员饶果图》《鹰山共产村图》,"社说"栏刊载独应《论俄国革命与虚无主义之别》,"时评"栏刊载独应《见店头监狱书所感》《中国人之爱国》及扶弱

---

1 刘师培:《晏子春秋补释》,《仪征刘申叔遗书》第 7 册,第 2587 页。

2 郭象升:《鲒埼亭集跋》,《郭象升藏书题跋》,第 489 页。

3 《国学保存会报告》(第十五号),《国粹学报》第 8 册,第 4436 页。

4 柳亚子编:《苏曼殊全集》第 1 册,第 197 页。

《防淫奇策》，"译丛"栏刊载忱刍《俄杜尔斯托〈致支那人书〉节译》，"来稿"栏刊载怪汉《哀佃民》及《平民来函》《平原断侵来函》，"杂记"栏续载志达《女界吁天录》，"记事"栏刊载公权《无政府党大会后事实汇记》《万国革命运动记》《万国女界运动记》，"附录"栏刊载高亚宾《废纲篇》，另载《革命原理》（摘录《新世纪》）。

《亚洲现势论（附中国现势论）》云："安南所罹之虐政，具载越南某君所作《越南亡国史》。而某君复与予言，谓彼史所载，于法人之虐政，不过撮举其大略。"则本年刘师培与越南潘佩珠已经相识。潘佩珠（1867—1940），号巢南子、是汉，越南民族解放运动领袖之一。1885 年组织"学生军"勤王，1904 年创建维新会。1905—1909 年，在日本领导东游运动。1912 年在广州组织越南光复会，任总理。1924 年筹建越南国民党，1925 年在上海被法国密探逮捕后，长期软禁于越南顺化。著有《越南亡国史》《海外血泪书》《狱中记》等。

本卷广告插页，载《晋乘》、《江西》杂志、《晨钟》、《河南》杂志、《新世纪》、《新世纪丛书》第一册、《无政府主义》（张继译）广告。其《新世纪》及《新世纪丛书》第一册广告，从本卷起，连载至第 16—19 卷合刊止，云：

> 此报系巴黎留学生所刊，专提倡无政府主义。所译西籍，尤为精善。详记万国革命之风潮，破醒中国人民之迷梦。周刊一纸，现由本社代散。欲阅此报者，乞至本社通信所面领。[1]

所载《新世纪丛书第一册已到》广告云："凡欲阅者，亦乞至通信所面领。"[2]

本卷封三有《社会主义讲习会广告》，《本社捐金及赞成芳名》列有：陆君每月一元，剑侠君捐金十元，陈楚楠君捐金五元，黄礼君捐金五元。[3] 封底有《本社启事》，云：

> 本社从首册起，均按期出报。近因前印局排印延期，致违期限，故此册已易局排印，并以速于出板之故，乃汇十一册、十二册为一编，所有

1　万仕国、刘禾校注：《天义·衡报》上册，第 611 页。

2　同上。

3　万仕国、刘禾校注：《天义·衡报》上册，第 612 页。

页数，较之单行二册，尤为丰富，售价亦格外从廉，仅售一角九分。从十三册起，仍每月出报二册，以符定章。本社白。[1]

然而事实上，《天义》此后各期均多合刊及延期情况，并未如此广告所云。自本期起，印刷所改署"上海西门内天义印刷所"，当为托名。

本日，《新世纪》第 24 号出版，发表《书天义报社会主义讲习会第一次开会记事后》（署名"无政府党分子来稿"），对相关观点提出商榷。

12 月 1 日，张继等大闹会场，日本留学生拒款运动失败。《神州日报》载《留东学界拒款运动之失败》云：

东京函云：苏浙路事问题发生以来，全留学界大愤，除江浙两省已经开会协议外，各省各校纷纷图谋抗拒。西江捕权问题适又发现，事机危迫。总会馆遂遍发传单，定以阳历十二月初一（中历十月二十六）午后一时起，六时止，开留学生全体大会于神田锦辉馆，一为苏浙路事，一为西江缉捕权，一为浦信路事。

先是，总会已召集各省干事会议，致电政府。此次专为认股大会，先公决认股简章，刊刻分派阅看。西江缉捕权及浦信路事，则待是日提议。

到会者约二千人。一时半，宣告开会。首由总干事王运嘉报告大旨，次由苏浙两代表报告苏浙路事历史，又述苏浙求助之意，众皆赞成。总干事方欲宣告收股，革命党首领张继即登坛大呼，反对此事，随即下坛散布意见书，略谓：苏浙路事，内地新党提倡招股之议，实欲借以自肥。总会谬为此举，亦与彼等用意相同。望诸君勿以有限之金钱，填无限之欲海云。众与张哄，张同党八九十人，因拥护张，遂向众人搏斗。有某君起立，谓今日会场不得暴动。不知何人，以火钵掷某君，误中旁坐之温州蔡君，头破血流，立即晕绝。一时人声鼎沸，秩序大乱。后经各干事尽力镇压，乃得安坐。张继又起言曰：言论为个人之自由，请一终其说。遂陈述意见，末云：此事须从根本上解决。言毕，扬长而去。是时天色已晚，会场纷扰，不能交股。总干事乃宣言：今日不收股，以后由各省会代收，或径至会馆交收股处，遂纷纷散会。西江、浦信两问题，更

1　万仕国、刘禾校注：《天义·衡报》上册，第 612 页。

不能提议矣。[1]

防城起义失败后，孙中山改派黄明堂为镇南关都督，计划袭取镇南关。2日，黄明堂与关仁辅等联络炮台守兵为内应，率义勇乡团百余人由山背间缒绳直取右辅山第三炮台。守军溃逃。革命军乘胜占领第二、第一炮台，掳获大批枪炮。3日晚，孙中山亲率黄兴、胡汉民等由河内入驻镇南关指挥。因炮台中弹药全无，大炮多不能使用，决定由黄明堂坚守五天。5日，孙中山偕黄兴等折回河内筹款购械，以资接济。此后清广西提督龙济光、镇南关防军统领陆荣廷率援兵四千余人反攻，直扑北炮台。革命军英勇反击，从8日夜一直打到9日下午，清兵先后占领四方岭及小尖山。革命军全部退入工事坚守。9日夜，因枪弹告罄、粮食不继，黄明堂率军弃炮台突围，退入越南燕子大山，起义失败。

4日，苏曼殊在上海给刘三写信，云：

> 谨接二十七日赐复，知不余弃，快慰何言？至云责兄，则余岂敢！前书如怨如诉，盖郁怫使然，宁如兄有湖山佳致、黄酒消忧者哉？比来愁居，朗生、千里、晦、枚连日邀饮，坚辞不得。兄闻之，得毋谓曼殊却兄言乎？幸怜我也。顷须俟剑妹来，方能定日东行。剑妹十五日回乡，云一周可返。今逾半月尚未来，殊邑邑。昨闻效鲁有主《神州》笔政之说，未知确否耳？佩公尝言兄与彼素有芥蒂，第何所因，能见告否？申叔有意明春返居沪渎，以留东费用繁浩，且其老太太适异国，诸凡不便故也。[2]

案，"千里"即杨天骥（1880—1960），字骏公，号千里，别号茧庐、东方，江苏吴江人。"晦"即黄节（晦闻），"枚"即邓实（秋枚），"剑妹"即指何震（字志剑），"效鲁"即秦毓鎏（字效鲁），"佩公"即陈去病（字佩忍）。

因端方坚持与刘师培面谈，并承诺保证刘师培的安全，5日，刘师培自日本抵上海，何震也由扬州返上海，与苏曼殊、柳亚子、朱少屏、韩笔海、邓秋枚、林立山等八人相聚，有合影。

---

1 《留东学界拒款运动之失败》，《神州日报》1907年12月12日，第3页，紧要新闻。

2 柳亚子编：《苏曼殊全集》第1册，第199页。

柳亚子《苏和尚杂谈》云：

我十二月到上海，和申叔夫妇及杨笃生、邓秋枚、黄晦闻、陈佩忍、高天梅、朱少屏、沈道非等相聚数天，可惜此时曼殊已走，不及相见了。[1]

案，此为柳亚子事后回忆，以为苏曼殊当时不在上海，未能见面。此当为误记，其八人合影（见本书卷首）中有苏曼殊，可证。

7日，《新世纪》第25号出版，以《续社会主义讲习会第一次开会记事》为题，转载《天义》附张幸德秋水在社会主义讲习会第一次会议上的演讲稿，于第26号续完。

8日，社会主义讲习会举行第七次集会，商议举办世界语培训班事。刘师培因回国而未参加集会。《天义》第13—14卷合册《社会主义讲习会记事》云：

西十二月第二星期午后，社会主义讲习会开会清风亭。首由汪公权报告，次由日本山川均君演说，次由张君继演说，并报告无政府党本部情况，次提议教授世界新语事。到会者五十余人，六时散会。[2]

10日，苏曼殊由上海再渡日本，访张文渭。本日在上海，有致刘三书，云："曼今夕东行，约下月再来。"[3]

苏曼殊离沪后，刘师培夫妇与柳亚子、高旭、陈去病等人又在上海张园聚会。席间，刘师培作《张园》诗，云：

海上归来百感新，西风吹冷沪江滨。迷离衰草恋斜日，历落寒梅逗早春。犹有楼台供入画，那堪金粉易成尘。独从陈迹低徊处，阅尽繁华梦里人。[4]

柳亚子作《张园，次申叔、巢南韵》诗，云：

久别重逢握手新，飘零又向此江滨。辽东皂帽归何晚，海上红梅岁已春。金碧楼台仍照眼，沧桑歌泣易成尘。明朝散发扁舟去，天地苍茫

1　柳亚子：《苏和尚杂谈》，《苏曼殊全集》第5册，第178页。

2　万仕国、刘禾校注：《天义·衡报》上册，第335页。

3　马以君编注：《苏曼殊文集》下册，第491页。

4　刘师培：《左盦诗录》卷四，《仪征刘申叔遗书》第12册，第5567页。原载《政艺通报》丁未年第19号，"附录·风雨鸡声集"，标示出版时间为本年11月20日，署名无畏。

失此人。[1]

高旭作《张园次无畏韵》诗,云:

> 万木凋残秋气新,寒梅肯死老淞滨。适来海上听哀剧,不信人间贮
> 古春。历历风光思故国,重重帝网感微尘。间寻水石真萧瑟,误尽儒冠
> 可笑人。[2]

案,《张园》诗最初发表于《政艺通报》丁未第 19 号,该刊出版日期标
为丁未十月望日(11 月 20 日)。然而 11 月 17 日刘师培参加日本留学界全
体大会并发表演说,11 月 24 日又在日本参加社会主义讲习会集会并报告,
其间无法往返。且 12 月 4 日苏曼殊在上海致信刘三,提及刘师培,但未提
及其已回国(详前),而刘师培回国实在 12 月 5 日后、10 日前,故首次集会
之八人合影,有苏曼殊、柳亚子,无高旭、陈去病;张园集会时间则在 12 月
10 日后,高旭、陈去病参加,苏曼殊已返回日本,故未参加。可见,《政艺通报》
丁未第 19 号虽标示出版日期为本年 11 月 20 日,而真正印刷时间应当在张
园集会之后。清末民初期刊,每有正式发行日期虽晚,仍按出版周期标示其
出版日期的做法。

22 日,社会主义讲习会举行第八次集会,张继、汪公权、潘怪汉等人演
讲,日本大杉荣续讲巴枯宁的联邦主义,刘师培因仍在国内而未参加。《天
义》第 13—14 卷合册《社会主义讲习会记事》云:

> 西十二月第四星期午后,社会主义讲习会复开会清风亭。首由张
> 君继报告,次由日本大杉荣君演说,次由怪汉君演说,次由李君演说,次
> 由汪公权报告。到者约六十人。六时散会。[3]

据《清国留学生社会主义研究会(第 5 回)》(见日本外务省档案《各
国内政关系杂纂／支那ノ部／革命黨关系(亡命者ヲ含ム)》第 2 卷乙秘第
1299 号)记载,大杉荣在演讲中称:

> 巴枯宁的宣言,讲到欧洲联邦的成立。我们想模仿他的宣言,宣布

1　柳亚子:《磨剑室诗初集》卷五,柳亚子著,中国革命博物馆编:《磨剑室诗词集》上册,
上海:上海人民出版社,1985 年,第 57 页。

2　哀蝉:《张园次无畏韵》,《神州日报》1908 年 2 月 21 日,第 6 页,神州词选。

3　万仕国、刘禾校注:《天义·衡报》上册,第 335 页。

建立东洋自由和平同盟。同时，我们认为建立东洋联邦，取得革命之成功是最适当的办法，巴枯宁的联邦主义是要使欧洲各国合并成为一个团体。……我们的理想，是建立东洋联邦、实现圆满的和平同盟。因此，必须采取摧毁现在的国家的手段。各国历史上拥有权利，而这种权利之重点主要放在国境上。所以，必须把国境取消，成立新联邦。

章太炎致刘师培夫妇第三函亦谈及此次大杉荣讲演联邦主义事，见下。

24 日，《国粹学报》第 36 期出版，"政篇" 始载《王制篇集证》，"文篇" 载《论说部与文学之关系》，均署名刘师培。《王制篇集证》序云：

> 盖《王制》一书，为汉文时博士所作。博士各出其师说，汇为一编，故一篇之中，有古文说，有今文说，不拘于一经之言也。所记之制，有虞夏制，有殷制，有周制，不拘于一代之礼也。惟其不拘于一经之言，故《史记》言其刺六经而成；惟其不拘于一代之礼，故郑君以为所记乃先王之事。是则《王制》一篇，与东汉《白虎通》无异，乃杂采众家之说、历代之制而成书者也。……近人解《王制》者，其误有二。一以《王制》为孔子改制之书，或以为合于《穀梁》，或以为合于《公羊》，不知《王制》所采，本不仅今文之说，于今文之中又不仅《公》《穀》二家之说，谓之偶取《公》《穀》则可，谓之悉合于《公》《穀》则不可也。一以群经非古籍，均依《王制》而作，不知此乃《王制》杂采群经也，谓《王制》依群经而作则可，谓群经依《王制》而作，则倒果为因，夫岂可哉！[1]

案，《王制篇集证》未载完，亦未见续载。此《序》文改作后，收入《左盦集》卷一，题作《王制篇集证自序》。

本期 "报告" 载《国学保存会报告》（第十六号），有《国粹学报第三周年大祝典敬征祝辞及图画启》，又有《迁移广告》，云：

> 本会事务所及藏书楼，原设美界爱而近路，地嫌僻远，阅者不便。今于十一月二十六日迁往四马路惠福里口东面辰字二十六号。现年内须整理书籍，重编目录，暂停阅书。待至明正，再为开阅。此布。[2]

1　刘师培：《左盦外集》卷二，《仪征刘申叔遗书》第 10 册，第 4121 页。

2　《国学保存会报告》（第十六号），《国粹学报》第 8 册，第 4438 页。

25 日，《民报》第 18 号出版，刊载《本社谨白》云：

> 本社总编辑人章君炳麟因脑病忽作，不能用心，顷已辞职，仍请张
> 君继接续主持。

案，章太炎此时脑病忽作，辞去《民报》编辑兼发行人，然而《民报》
第 19 号载有章太炎《覆吴敬恒函》，就《新世纪》第 28 号《吴敬恒与章炳
麟书》作答。而章太炎辞《民报》职，又与刘师培《上端方书》所言相合，
是否故意与刘师培夫妇运动端方相配合，不敢遽定。张继接任后，编辑《民
报》第 19 号。

本日，章太炎致信陈幹，劝其专在学会传播社会主义，云：

> 明侯吾兄如见：连接数书，未知复处。近接手教，知青岛大有可为，
> 喜极。鄙意学堂不当骤办，盖此事既需经费，讲师又不易求，不如专在
> 学会讲社会主义为妙。溥泉可至青岛一游，与同人开讲社会主义一两
> 礼拜，但今尚无经费。由日抵胶，不过二三十圆而已，不可骤得。君若
> 能为溥泉筹集川资寄下，则甚好也。手此，敬颂岁祉。冬至后二日，章
> 炳麟白。[1]

27 日，《新世纪》第 27 号出版，发表"问疑来稿"《读"书后"后之意见》，
就刘师培在社会主义讲习会第一次会议上的演讲继续进行商榷。

29 日，章太炎收到刘师培夫妇自上海寄去的关于运动赴印度研究佛经
路费的信。

30 日，章太炎回信给刘师培，云：

> 四、六君鉴：二十九日接得手示，知四弟在船甚苦。黄海风浪，素
> 自平静。今忽狂暴，亦应数中所言也（黄杨厄闰苦虐刘）。东坡已归长崎，
> 亦知二君意中，恐其妄行泄事耳，亦未直告。讲习会开时，大杉来会，讲
> "巴古宁"（此三字原文用日本假名——何震注）联邦主义，甚有理致。
> 四弟既不往宁，在沪交涉亦善。前书言恐有枝节，愚意可密致杨仁山书，
> 令其转圜。得则为高阳酒徒，不得亦市南宜僚，不泄人言以求媚也。发

1　章太炎：《与陈幹》，原载《文史资料选辑》第二十四辑，转引自马勇整理：《章太炎全
集·书信集上》，第 267 页。

愤扬灵，最宜深戒。此行亦由一祸。四、六二君，无可说也。勉为其难，吾所属望。家款尚未汇到，则由误交钱庄之故。此间本月开销尚足，勿念。手此即问近好！毛一顿首。十二月三十日。[1]

案，章太炎所谓"得则为高阳酒徒，不得亦市南宜僚"一语，与1912年刘师培致章太炎书"希张微言，訾业有限。诱窃官金，始衿齐给，终罹胁持"之说相合。何震注此信说：

> 四君、四弟，均刘申叔也；六君，即何震也；毛一，章自称也；东坡者，何震英文师苏曼殊也。刘申叔至沪时，恐章报告清政府，加以暗害，遂伪致书于彼，言已在沪为彼运动，故章书有"在沪交涉亦善"语；又恐彼以必成相要，故以"恐有枝（叶）〔节〕"告之。杨仁山者，池州杨文会也，以通佛学闻，南京官场多敬之。故彼欲嘱何致书于彼，请其向江督为彼乞恩。由"愚意"至"深戒"，均言此事。又观"此行亦由一祸"以下数语，则彼以运动官场事谆谆相托，不烦言而解矣。[2]

本日，《天义》第13—14卷合册出版，"社说"载震述《经济革命与女子革命》（附录马尔克斯、焉格尔斯合著之《共产党宣言》一节）、申叔《社会主义与国会政策》，续载申叔《中国民生问题》（市业与野业）；"学理"栏续载申叔《苦鲁巴特金学术略述》，"译丛"载苦鲁巴金著、申叔译《快愉之劳动》，"杂记"续载申叔《穷民俗谚录》，"附录"载申叔《从军苦歌》（七首）、《滇民逃荒行》。此外，"图画"栏载《露西亚女杰方锦像》、《强者受刑图之一》（奥后伊利沙伯受刑之状、塞王及后受刑之状、伊王安伯受刑之状、美麦坚尼受刑之状）、《强者受刑图之二》（美林肯受刑之状、法统领葛尔诺受刑之状、法统领高非尔受刑之状、俄亚历山大第二受刑之状）、《马场路自由民乐园图》，"社说"栏载志达《女子教育问题》，"时评"栏载志达《请看日本工女赁银额》《异哉万国社会党对于女子选举权之议案》，"来稿"栏载划平王《世界平等政府谈》，"杂记"栏载自觉生《女界杂事谈》（《美国富室女子之骄愚》《德女子提倡罢工》《澳洲家庭劳动者组合》《俄社会党关于女界之

1　燃：《党人》，《新世纪》第117号，1910年1月22日。

2　同上。

议案》《劳动组合与女子》），"记事"栏载公权《记美国拟放逐哥尔多曼女史事》《记浦盐斯德俄女子加入革命运动事》《记英国妇人社会党本部》《汇记万国革命风潮》《记中国近日民变事》《社会主义讲习会记事》《记河南杂志社拟刊女报事》，"专件"栏载《神州女报发刊词》，"附录"栏载巢南《轩亭吊秋文》。

本卷插页所载《本社捐金及赞成芳名》列有：复汉君捐金二元，何君捐金三十元，吴女士捐金廿五元，倚剑君捐金三元，无生君捐金一元。[1]

刘师培在上海期间，作有《冬日旅沪作》诗。

《刘氏五世小记》称：刘师培此时还用过"鉏非"的别号，取意于《汉书·朱虚侯列传》。[2]然迄今未查得用例。

《天义》传入国内，已暗中流布。民国《中牟县志》载：

> 于光绪三十一年，得睹在日本东京出版之《民报》，又于光绪三十二年，由邑人杜树德、陈家琦冒险致函日本东京留学生何殷震，代订《天义》杂志，蒙寄十份，每份十二册。当时清政府检查颇严，该杂志外裹株式会社章程，故进口时未得验出，亦云幸矣。旋分散于邑人吴凤诏、贺锡龄、宋子殷及固始人吴古岳、新蔡人陈瀚阶等，同志势力增加，乃结社盟誓，实行革命。[3]

案，所云"光绪三十二年"为1906年，当时《天义》尚未创刊，当为"三十三年"之误。

本年，柳亚子作《读〈天义〉杂志感题一律》（收入《南社》第二集）：

> 一卷新书仔细论，浇愁未信酒盈樽。华拿竖子何须说，巴布英雄有几存？压线穿针贫女泪，快枪炸弹富儿魂。群龙无首他年事，好与驱除万恶门。[4]

案，"华拿"，指华盛顿、拿破仑；"巴布"，指巴枯宁、蒲鲁东。

1　万仕国、刘禾校注：《天义·衡报》上册，第613页。
2　梅鹤孙：《刘氏五世小记》，第38页。
3　萧德馨：民国《中牟县志》卷三《党务》，1936年中牟明德堂石印本，21a—21b。
4　柳亚子：《磨剑室诗初集》卷五，《磨剑室诗词集》上册，第49页。

【著述】

汉代古文学辨诬　《国粹学报》第 24 期,1 月 4 日,学篇,署刘光汉

　　案,此文于该刊第 25—30 期续完。子目如下:

　　一、辨明汉代以前经无今古文之分

　　二、论今古文之分仅以文字不同之故

　　三、论古经亡于秦火

　　四、辨明今古文立说多同非分两派

　　五、论西汉初年学者多治古文学

　　六、论西汉今文家不废古文

　　七、论宋于庭之说不足信

　　八、辨魏氏之说不可从

　　九、论龚氏之说不足信

　　十、总论

论新名词输入与民德堕落之关系　《东方杂志》第三年第 12 期,1 月 9 日,无署名。题下注:"录丙午十月二十八日《申报》。"

　　案,原载《申报》1906 年 12 月 13 日,社说,署汉。

滴翠轩　《政艺通报》第五年丙午 25 号,1 月 28 日,附录·风雨鸡声集,署少甫

留别(二首)　同上

赠李诚庵(二首)　同上

留别邓绳侯先生　同上

偶成(二首)　同上

杂赋　同上

某君与某书　《国粹学报》第 25 期,2 月 2 日,撰录

　　案,此即《左盦外集》卷十六所附《章君来书》。

某君复某书　同上

　　案,此即《左盦外集》卷十六之《答章太炎论〈左传〉书》。

论中国教育之弊　《东方杂志》第三年第 13 期,教育,2 月 7 日,无署名。题下注:"节录丙午十月十八日《申报》。"

案,此文原载《申报》1906 年 12 月 3 日、5 日,署汉。

日本道中望富士山　收入《左盦诗录》卷二

《南疆逸史》序　见原书,2 月 27 日

案,《南疆逸史》,温睿临撰,由大华书局"于日本某藏书家处抄得",章太炎校刊,1907 年 2 月 27 日出版于日本东京。书前有章太炎、刘师培序文各一篇,书后有《杨凤苞跋十二通》和《刘光汉先生论〈南疆逸史〉手书》。

论《南疆逸史》手书　同上

王学释疑　《国粹学报》第 26 期,3 月 4 日,学篇,署刘师培

案,此文未完,亦未见续载。又刊于本年《广益丛报》五年第 7 期 135 号,中编·学问门·学案。

论近世文学之变迁　同上,文篇

案,此文又刊于本年《广益丛报》第 137 号。

物名溯源　同上,博物篇

古今画学变迁论　同上,美术篇

江苏乡土历史教科书叙　《政艺通报》第六年丁未第 2 号,3 月 14 日,附录·湖海青灯集,署刘师培

万树梅花绕一庐　《复报》第 9 期,3 月 30 日,诗薮,署刘光汉

论历代中央官制之变迁　《国粹学报》第 27 期,4 月 2 日,政篇,署刘师培

案,此文于该刊第 28 期续完。

中国古用石器考　同上,博物篇

古代镂金学发微(附古器图)　同上,美术篇

法言补释　同上,丛谈

案,此文于该刊第 28、29、31 期续完。

普告汉人　《民报》临时增刊《天讨》,4 月 25 日,署豕韦之裔

近儒学术统系论　《国粹学报》第 28 期,5 月 2 日,社说,署刘师培

物名溯源续补　同上,博物篇,署刘光汉

释矩(附图)　同上,美术篇,署刘师培

利害平等论　《民报》第 13 号,5 月 5 日,署韦裔

论孔子无改制之事　《广益丛报》五年第 6 期 134 号,5 月 21 日,上编·政事门·粹

论,署刘光汉

案,此文于该刊第 135—137 号续载完,又刊于去年《国粹学报》第 23 期。

王学释疑 《广益丛报》第五年第 7 期 135 号,5 月 31 日,中编·学问门·学案,署刘师培

案,此文未完,亦未见续载。又刊于本年《国粹学报》第 26 期,学篇,均未完。

儒学法学分歧论 《国粹学报》第 29 期,5 月 31 日,社说署刘师培

案,此文于该刊第 32 期、35 期续载,全文未完。又载 1908 年《山东国文报》第 46 期。

尔雅虫名今释 同上,博物篇

案,此文于该刊第 30、33、34、37、50、51、53 期续载完,又刊于《广益丛报》第 161—165 号,又刊于《江宁学务杂志》本年第 4 期。

氏姓学发微 同上,政篇

案,此文于该刊第 51 期续载,全文未完。

舞法起于祀神考 同上,美术篇

清儒得失论 《民报》第 14 号,6 月 8 日,署韦裔

辨满人非中国之臣民 同上

案,此文于该刊第 15、18 号续完。

论近世文学之变迁 《广益丛报》第 137 号,6 月 20 日,中编·学问门·国粹,署刘师培

案,此文曾刊于本年《国粹学报》第 26 期。

废兵废财论 《天义》第 2 号,6 月 25 日,社说,署申叔

政治名词起原考 《国粹学报》第 30 期,6 月 30 日,政篇,署刘师培

古代要服荒服建国考 同上

案,该刊本期仅刊出此文的《序》和《古代南方建国考》,后未见续载,全文亦未完。

悲佃篇 《民报》第 15 号,7 月 5 日,署韦裔

人类均力说 《天义》第 3 卷,7 月 10 日,社说,署申叔

安徽乡土历史教科书叙 《政艺通报》第六年丁未第 11 号,7 月 24 日,附录·湖海青灯集,署刘师培

安徽乡土地理教科书叙　同上

江苏乡土地理教科书叙　同上

无政府主义之平等观　《天义》第 4 卷，7 月 25 日，社说，署申叔

  案，此文于该刊第 5、7 卷续载完。

西汉社会主义学发达考　同上，学理

  案，此文于该刊第 5 卷续载完。

近代汉学变迁论　《国粹学报》第 31 期，7 月 29 日，社说，署刘师培

春秋时代官制考　同上，政篇

  案，此文于该刊第 33、34 期续载完。

荀子词例举要　同上，文篇

  案，此文于该刊第 32、33、37 期续载完。

论美术援地而区　同上，美术篇

论前儒误解物类之原因　同上，博物篇

尔雅虫名今释　《江宁学务杂志》光绪三十三年第 4 期，署申叔

  案，此文本期未完，续载情况不详。此文又载《国粹学报》第 29、30、33、34、
37、50、51、53 期续载完，又刊于《广益丛报》第 161—165 号。

论女子劳动问题　《天义》第 5 卷，8 月 10 日，社说，署畏公

  案，此文于该刊第 6 卷续载完。

论古今学风变迁与政俗之关系　《政艺通报》第六年丁未第 13 号，8 月 23 日，
政学文编，署刘师培

  案，此文于该刊第 14、15 号续载，全文未完。

书法分方圆二派考　《国粹学报》第 32 期，8 月 28 日，美术篇，署刘师培

荀子名学发微　同上，学篇

欧洲社会主义与无政府主义异同考　《天义》第 6 卷，9 月 1 日，学理，署申叔

论种族革命与无政府革命之得失　同上，社说，署震、申叔合撰

  案，此文于该刊第 7 卷续载完。

丁未答钱玄同书　原札

  案，此信首次公布于《刘申叔先生遗书》，札末署"阳历九月十三日，光汉"。

儒学出于司徒之官说　《国粹学报》第 33 期，9 月 27 日，学篇，署刘师培

骈词无定字释例　同上,文篇

论美术与征实之学不同　同上,美术篇

近儒学术统系论　《广益丛报》第 148 号,上编·政治门·粹论,10 月 6 日,无署名

江宁乡土历史教科书序　《政艺通报》第六年丁未第 16 号,10 月 7 日,附录·湖海青灯集,署刘师培

江宁乡土地理教科书序　同上

古书疑义举要补　《国粹学报》第 34 期,10 月 26 日,学篇,署刘师培

案,此文于该刊第 35、44 期续载完。收入《刘申叔先生遗书》时,题作《古书疑义举例补》。

王会篇补释　同上,丛谈

案,此文于该刊第 37 期续完。

崔述传　同上,史篇

原戏　同上,美术篇

案,又刊于《警钟日报》1904 年 12 月 24—25 日。

论新政为病民之根　《天义》第 8—10 卷合册,10 月 30 日,论说,署申叔

中国民生问题论(市业与野业)　同上,论说

案,此文于该刊第 13—14 卷合册续完。

非六子论　同上

鲍生学术发微　同上,学理,无署名

《总同盟罢工论》序　同上,附录

案,《总同盟罢工论》,德国无政府主义者罗列(A. Roller)著,张继据日本幸德秋水译本转译,封三署“新世纪第七年十一月廿八日出版,任人翻印”,无出版社名称,上海图书馆有藏本。章太炎也为该译本作序,收入《太炎文录》初编《别录》卷二。

《穷民俗谚录》征材启　同上

案,《穷民俗谚录》是刘师培编辑的一部反映民生疾苦的民间歌谣集,《天义报》第 8—10 卷合册曾作新书预告;另有一本《平民唱歌集》(一名《民劳集》),均署申叔编。

农民疾苦调查会简章　同上

《活地狱》序 同上

案,俄国社会民主党人略铎伊齐著《西伯利亚十六年记》,日本幸德秋水译为日文,更名为《鬼哭神愁》,七曲山民据幸德秋水译本译为中文,改名《活地狱》。

穷民俗谚录 同上,杂记

案,此文于该刊第11—12卷合册、第13—14卷合册、第15卷及第16—19卷合册续载。

张园 《政艺通报》第六年(丁未)第19期,11月20日,下篇·风雨鸡声集,署无畏

晏子春秋补释 《国粹学报》第35期,11月25日,丛谈,署刘师培

案,此文于该刊第51、56、62期续完。

义士释(附文献解) 同上,政篇

文例举隅 同上,文篇

蔡廷治传 同上,史篇

广陵三奇士传 同上

案,三奇士指仪征樊名英和江都谢骈、萧世忠,清兵攻打扬州时,均参与抗清斗争。

格物解 同上,博物篇

案,又载1908年《山东国文报》第44期。

论考古学莫备于金石 同上,美术篇

亚洲现势论(附中国现势论) 《天义》第11—12卷合册,11月30日,社说,署申叔

苦鲁巴特金无政府主义述略 同上,学理

案,此文续载于该刊第13—14卷合册。

读书杂记 同上,杂记

论说部与文学之关系 《国粹学报》第36期,12月24日,文篇,署刘师培

王制篇集证 同上,政篇

案,此文未完,亦未见续载。

社会主义与国会政策 《天义》第13—14卷合册,12月30日,社说,署申叔

快愉之劳动 同上,译丛,署申叔译

案,此文译自俄国无政府主义者克鲁泡特金所著《面包略取》第十章第二节。

从军苦歌（七首） 同上,附录,署申叔

滇民逃荒行 同上

附：本年何震著述

女娲像并赞 《天义报》第1号,6月10日,图画,署何殷震

女子宣布书 同上,社说,署何殷震述

公论三则 同上,署何殷震

> 案,其子目如下：
>
> 帝王与娼妓
>
> 大盗与政府
>
> 道德与权力

致留日女学生书 同上,附录

女子复仇论 《天义》第2号,6月25日,社说,署何殷震述

> 案,此文于该刊第3卷、4卷、5卷、8—10卷合刊续完。从第3卷起署"震述"。

陈君不浮追悼会演说稿 《天义》第3卷,7月10日,附录,署震述

《曼殊画谱》后序 《天义》第5卷,8月10日,附录,署何震

《梵文典》序 《天义》第6卷,9月1日,附录,署震录

女子解放问题 《天义》第7卷,9月15日,社说,署震述

> 案,此文于该刊第8—10卷合册续完。

《秋瑾诗词》后序 同上,附录,署震

论女子当知共产主义 《天义》第8—10卷合册,10月30日,社说,署震述

女子非军备主义论 《天义》第11—12卷合册,11月30日,社说,署震述

女子革命与经济革命 《天义》第13—14卷合册,12月30日,社说,署震述

1908 年（光绪三十四年,戊申） 二十五岁

【事略】

1月4日,《新世纪》第28号出版,载《吴敬恒与章炳麟书》,就章太炎在日本《革命评论》所发《邹容传》,涉及吴稚晖向俞明震告密事,提出交涉,

文云：

> 枚叔先生执事：去年恒来巴黎，见君所作《慰丹传》，登诸第十号《革命评论》者，中间以恒旧名，叙述恒与俞君相晤事，满纸"孔子若曰""孟子以为"，作优孟之声口。文品如斯，恒乃大奇。恒与俞君相晤，恒亲告于君。君与恒现皆存世，非如慰丹之既没，岂当由君黑白者？当时方拟东归，欲当面就问。今因事滞留，东归无定，故先函问左右。如《慰丹传》所云，有所原本，请将出诸何人之口，入于君耳，明白见告，恒即向其人交涉。如为想当然语，亦请见复，说明为想当然，则思想自由，我辈所提倡，恒固不欲侵犯君之人权，恒即置之一笑。倘不能指出何人所口述，又不肯说明为想当然语，则将奴隶可贵之笔墨，报复私人之恩怨，想高明如君，必不屑也。敬候惠覆，附颂撰祺。寓址别陈。八年一月一日，吴敬恒谨白。[1]

此前，吴稚晖曾函请蔡元培帮助回忆《苏报》案当时情形，蔡元培有复书，[2]且作《读章氏所作〈邹容传〉》，[3] 支持吴稚晖观点，以为章太炎所说无据。

7 日，《神州日报》第 6 页"神州诗选"刊发刘师培、高旭、柳亚子、沈砺、陈去病相聚之诗作。佩忍（陈去病）作《无畏、天梅、亚卢、嘤公翩然萍集，喜成此什》云：

> 星辰昨夜聚，豪俊四方来。别久忘忧患，欢多罄酒杯。文章馀老健，生死半凄哀。（谓冯沼清。）待续云间事，词林各骋才。

无畏（刘师培）作《步佩忍韵》云：

> 老木清霜黄歇浦，故人应讶我重来。海天归棹人千里，江国消愁酒一杯。尽有文章志离合，似闻欢笑杂悲哀。四方豪侠今寥落，越水吴山汩霸才。

哀蝉（高旭）作《次佩忍、无畏韵》云：

> 到头时事何堪说，地老天荒我始来。几复风流三百首，竹林豪饮一千杯。尽教黄种遭奇劫，端为苍生赋大哀。尚有汨罗须蹈去，江山如

1　《吴敬恒与章炳麟书》，《新世纪》第 28 号，1908 年 1 月 4 日，第 1 版，外来广告。

2　蔡元培：《致吴敬恒函》（一九〇七年冬），高平叔编：《蔡元培全集》第一卷，第 398 页。

3　蔡元培：《读章氏所作〈邹容传〉》，高平叔编：《蔡元培全集》第一卷，第 398—401 页。

此不宜才。

　　离合悲欢遽如许，年年此地可能来？渐看暮色侵衣袂，略慰牢愁倒酒杯。南国伤心沦小雅，西风吹鬓寄馀哀。楚囚对泣犹难得，戮力神州诩易才。

11 日，《新世纪》第 29 号出版，刊载《答问疑君》（署名"无政府党分子来稿"），申说政府为万恶之源、革命后当实行无政府等观点。

12 日（十二月初九），社会主义讲习会举行第九次集会，章太炎演讲《齐物论》，山川均演讲《代议政治与革命》，汪公权提议教授世界语。刘师培夫妇仍在国内，未能参加。《朱希祖日记》本日载：

　　至社会学讲演会，山川筠演说代议政治与革命。[1]

《钱玄同日记》云：

　　午后，社讲习会开会于清风亭（一时ヨリ）。先太炎讲《齐物论》之理，意谓平等必难做到，惟各任自然，不相强迫，斯为得之。又谓天下无极端之真自由，亦无极端之真不自由云云。次某君（不知其何人）演说排满为革命之始步，日人山川均演说代议政体卜革命，言代议政治之最不堪。末由汪公权提议，拟请日人大杉荣教 Esperanto，余颇欣然。盖余学此，蓄志久矣，恨无机耳。今有之，不亦快哉！[2]

本日，刘师培夫妇、陈去病、柳亚子等又有聚会，倡组文社，并有十人合影。柳亚子有《偕刘申叔、何志剑、杨笃生、邓秋枚、黄晦闻、陈巢南、高天梅、朱少屏、沈道非、张聘斋海上酒楼小饮，约为结社之举，即席赋此》诗，云：

　　慷慨苏菲亚，艰难布鲁东。佳人真绝世，馀子亦英雄。忧患平生事，文章感慨中。相逢拼一醉，莫放酒樽空。[3]

柳亚子在《南社纪略》中回忆说：

　　南社的人物，除掉后来作为发起人的陈巢南、高天梅和我，次第加入社籍的黄晦闻、朱少屏、沈道非、张聘斋以外，还有刘申叔、何志剑、杨

1　朱希祖：《朱希祖日记》上册，北京：中华书局，2012 年，第 44 页。

2　杨天石主编：《钱玄同日记》（整理本）上册，第 111—112 页。

3　柳亚子：《南社纪略》，柳无忌编《柳亚子文集》，上海：上海人民出版社，1983 年，第 3 页。

笃生、邓秋枚四人。笃生和秋枚后来始终没有加入社籍。[1]

又说：

> 申叔名师培，一名光汉，字无畏；志剑，名震，同为江苏仪征人。他俩是当时有名的革命夫妻，曾在日本发刊《天义》杂志，提倡无政府主义，表面上主干是志剑，实际却是申叔在揽。所以一九〇七年诗上说他俩是布鲁东和苏菲亚，而一九〇八年的诗上又说是法国大革命时代的罗兰先生和玛利侬夫人了。但他俩后来摇身一变，做了满清两江总督端方的间谍，南社社友陈陶遗、张同伯两人的被捕，都是他俩告密的。所以在一九〇九年夏间我的诗集上，又有《重题南社写真》两绝句：

> > 风流坛坫成陈迹，盟誓河山葆令名。凤泊鸾漂吾辈事，未须憔悴诉生平。

> > 扬子美新成绝学，士龙入洛正华年。千秋谁信舒章李，几社中间着此贤。

还有《有感次巢南韵》一律：

> > 聂姊庞娥旧等伦，如何竟作息夫人？琵琶青冢方辞汉，歌舞邯郸已入秦。国外争传司马语，梦中犹是堕楼身。伤心一传河间妇，刻划无盐恐未真。

也是对申叔痛惜不堪的。这就是刘申叔夫妇没有正式加入南社的原因了。[2]

《神州日报》3月17日载天梅（高旭）作《丁未十二月九日国光雅集写真，题两绝句》，云：

> 伤心几复风流尽，忽忽于兹三百年。记取岁寒松柏操，后贤岂必逊前贤。

> 馀子文章成画饼，习斋学派断堪师。荒江岁暮犹相见，衰柳残阳又一时。

15日，《天义》第15卷出版，"社说"栏刊载震述《论中国女子所受之

1　柳亚子：《南社纪略》，柳无忌编《柳亚子文集》，第3页。

2　柳亚子：《南社纪略》，柳无忌编《柳亚子文集》，第3—4页。

惨毒》，续载申叔《社会主义与国会政策》，"译丛"栏载苦鲁巴金著、申叔译《未来社会生产之方法及手段》，"杂记"栏续载申叔《穷民俗谚录》。此外，本卷"图画"栏载《波兰革命图》《伏诛各元首之肖像》（奥后伊列沙伯、俄亚历山大第二、美统领高非尔、美统领麦坚尼、法统领葛尔诺、塞王亚历山大），"学理"栏刊载因格尔斯作、民鸣译《〈共产党宣言〉The Communist Manifesto 序言》，"时评"栏载志达《秋瑾死后之冤》，"来稿"栏载《山东千佛山奇狱记》《金华织布局虐待工女记》，"杂记"栏续载志达《女界吁天录》。

在民鸣译《共产党宣言序言》（即恩格斯所作《共产党宣言》1888 年版英文版序言》）的末尾，刘师培有跋，称：

> 《共产党宣言》发明阶级斗争说，最有裨于历史。此序文所言，亦可考究当时思想之变迁。欲研究社会主义发达之历史者，均当从此入门。《宣言》全文亦由民鸣君译出，另于下册增刊号载之。[1]

本册封二刊载《本社重要广告》称：

> 本报下册汇列新译各书，成一最巨之册，其目如左：
>
> 一、《共产党宣言》，马尔克斯、因格尔斯著；
>
> 二、《社会主义经济论》，哈因秃曼著；
>
> 三、《社会主义史大纲》，布利斯著；
>
> 四、《面包略夺》，苦鲁巴金著；
>
> 五、《无政府主义之哲学》，同上；
>
> 六、《俄国革命之趣旨》，杜尔斯读著；
>
> 七、《致支那人书》全稿，同上；
>
> 八、《俄国社会党提议之土地法案》；
>
> 九、《无政府共产主义之工人问答》，马拉叠斯丹著。
>
> 此外，尚有《区田考》《世界新语文法书》《妇人问题研究》《政治罪恶论》《平民唱歌集》诸书，特此预告，不日出板。[2]

---

1 万仕国、刘禾校注：《天义·衡报》上册，第 270 页。

2 万仕国、刘禾校注：《天义·衡报》上册，第 614—615 页。

　　本册封三另有苏曼殊编选《文学因缘》出版广告，[1] 详列其二卷目录。封底载《本社收款记》，列张吕君捐款十元，韩旡生君捐款三元，平亨君捐款五元。[2]

　　18 日，《申报》"论说"刊载《治枭策》（无署名，注"来稿"），提出解决盐枭二策，治标则加强缉防，治本则招抚收编。[3]

　　中旬，章太炎第四次写信给在国内的刘师培夫妇，叮嘱他们注意保密。信中说：

　　　　四、六弟如见：接信，具悉一切。家款近已汇到，家中亦皆安堵。六弟为我尽力，切至周详，感甚。黄、叶亦无他语，惟已明知四弟到沪，在外喧传。黄更知兄欲出家，前数日，有周尊者自上海来信云："闻黄抱香语，公欲出家"，则此事已稍漏泄矣。运动之事，想二子无不周知。□□□、□□□由沪来东，乃欲为《新世纪》设发行所，别无他故。此报语多模糊。盖留学欧洲者，不知中国情形，辄以欧美相拟；亦犹留学日本者，不知中国情形，辄以日本相拟耳。凡议论，不在高深，只求剀切。高而不切，言无政府，与言十六字心传无异。兄已详告周君，并望四弟转语竺公也。手此即颂近祉！兄毛一顿首。[4]

　　"竺公"疑即杨毓麟（1872—1911），字笃生，号叔壬，后改名守仁，湖南长沙人。1907 年与汪彭年等在上海主办《神州日报》，本年春任欧洲留学生监督蒯光典秘书，随赴英国。何震曾为此信加注云：

　　　　彼接何震信，不知己受何欺，转感其尽力。黄者，湖北人黄抱香也。叶为黄友，浙江人，忘其名。黄见章不做《民报》，将疑彼无心革命，在东京对人宣言，故彼畏之甚，疑其尽知彼事。又叶为邻人，知申叔返沪，故信中言"运动之事，想二子无不周知"也。[5]

　　接章太炎此函后，刘师培与端方接触，被端方扣留。为脱身计，上书端

1　万仕国、刘禾校注：《天义·衡报》上册，第 615—616 页。

2　万仕国、刘禾校注：《天义·衡报》上册，第 616 页。

3　万仕国辑校：《刘申叔遗书补遗》下册，第 1675—1676 页。

4　燃：《党人》，《新世纪》第 117 号，1910 年 1 月 22 日。

5　同上。

方,假意输诚(此为刘氏第二次与端方通信)。其书云:

午帅大人钧鉴:

师培淮南下士,束发受书,勉承先业。略窥治经家法,旁及训故典章之学。意欲董理故籍,疏通证明,以步戴、段、阮、王之后。适时值艰虞,革命之说播于申江,揭民族主义为标,托言光复旧物。师培年未逾冠,不察其诬,窃以中外华夷之辨,默合于麟经。又嗜读明季佚史,以国朝入关之初,行军或流于惨酷,辄废书兴叹,私蓄排满之心。此虽由于《苏报》之激刺,然亦以家庭多难,泯其乐生之念,欲借此以祈遄死也。至沪以后,革命党人以师培稍娴文墨,每有撰述,恒令属草。然仅言论狂悖,未尝见之行事也。嗣蔡元培诸人设暗杀会于上海,迫师培入会。该会人数甚稀,然颇饶勇敢之概。吴樾、徐锡麟,皆其党也。及前岁之冬,孙文居东京,创立同盟会,势力蔓延于腹地。时师培居芜湖,以事莅沪,蔡元培、黄兴又以入会相诱胁,并以皖省革命事相嘱。然师培居芜湖岁余,实未敢公为叛逆之举,惟党人密谋知之较审耳。

暨去岁之冬,东南钩党甚急,乃于今春元旦移居日本东京。东京为革命党萃居之地。东渡以后,察其隐情,遂大悟往日革命之非。盖孙文本不学之徒,贪淫性成,不知道德为何物。为之徒者,咸希冀功成以后,可以骤跻贵显。下劣者则假革命之名,敛财以糊口。而内地之供其使令者,厥惟会匪。彼等固深冀四方有变,以逞其淫杀劫掠者也。傥窃据一隅,其为生民之害,胡可胜言!况内变既生,政府必以兵力弭乱。兵饷所出,必出于敛民财,而人民之疾苦滋巨矣。故为中国生民计,必弭消革命之萌,然后可以拯民于水火。加以民族主义尤与公理相违。今日亚洲各国为欧人所凌,以强权相压抑。吾人婴此时局,凡亚洲弱族之陷于巨阨者,仍当力拯其灾,岂有同国之满人转可互相屠毒?况国朝入关以后,所行政治,满汉虽间失平,然较之欧人之遇属地,已有天壤之判。此民族主义所由当斥也。师培既持此旨,故将往日之眚,自首于明公之前。今承明公知遇之恩,试将中心所欲言者,陈其一得之愚,以备采择。

中国之国体,素与西欧及日本不同。西欧、日本均由封建之制度易为宪政之制度。封建之世，地仅弹丸，户籍、税额，易于昭晰。理财则量入为出，用人则以世举贤。故干涉之政易施，而下无隐情。此即今日西欧、日本政治所由生也。（今日西欧、日本之政治，乃封建之变相。）中国自战国以后，封建之制久更，政治悉偏于放任，以农业为国本，以聚敛为民贼，故以薄赋轻（谣）〔徭〕为善政。一二牧令之贤者，率以锄抑豪强、（于）〔子〕惠黎元，为部民所讴诵。至于历代末业，则率以横征暴敛之故，致民穷财尽，豪杰蜂起，宗社为墟。是则自古及今，凡国家之治乱，验之下民之苦乐；而民生之苦乐，又验之民境之富贫。征之往籍，衡之民情，有不爽者。今中国之大患，即在民贫之一端。民贫则身苦，身苦则思乱，故排满革命之说得以乘间而入。此实前途之一大隐忧也。欲筹补救之策，区见所及，略有数端。

一曰民事不可轻也。雍、乾之世，朝廷以吏治为重，守令黜陟以爱民与否为衡。偶有盗案、命案，必详加谳审，以察其情。其重视民事为何如！自道光之末，邵阳魏源掇拾遗民王夫之〔之〕说，以为国家要政，惟在兵、食二端。厥后经洪、杨之乱，湘军诸将，平奠东南，乃举王、魏之说，见之施行。于练兵、筹饷而外，鲜勤民事。饷源既增，生民重困。又守令承其风尚，亦视民事为轻。今则东南各省，局所林立，非为兵备所资，即为理财而设，鲜有为民事计者。郡邑长官，则吏治不举，莅民自治，惟以徒粉外观之新政，饰大僚之耳目，即可婴迁擢之荣，民生疾苦非所计也。故人民之苦逾于往昔，而无告之穷民亦日有增益。此宜补救者一也。

二曰豪民不可纵也。今新党之瞽论，咸曰以土著之民治地方之事，可以兴利除弊。此实不然之说也。试观往昔各郡邑中，其有鱼肉良民、助官为奸者，均劣绅、书吏、胥隶之俦。斯皆土著之民，而为害于民，甚于贪官酷吏。今若假以自治之权，势必舞弊犯科，武断乡曲，假公益之名，敛贫民之膏血。试观今日之商董、学董，半属昔日之劣绅。论其兴学，则教科不谙，惟争学款；论其保商，则实业不兴，惟征商贾。今地方民变，多此辈所激成。而此辈利用商会、学校之名作彼护符，若贫民稍逆其言、官吏稍违其请，则以团体之空名，电致商、学二部，坐以阻挠新政之罪，而官民交受其病矣。昔汤、陆、于、张诸公，均以锄豪民以伸民愤，得循吏之称。以是知豪民望族，为民怨所归。若再予以自治之名，岂非傅虎以翼乎？此宜补救者二也。

三曰外观不必饰也。今之新党，恒不计民力之若何，炫于西国之文明，以为事事均宜效法。不知治有本末，功有缓急。一国之强弱，视其能得民心与否，不在于徒饰外观。今中国欲兴一事，必需巨款。以府库空虚之国，势必征税于民。不知东南之民，因赔款之故，已将竭泽而渔。若税敛叠增，势必民怨沸兴，或挺而走险。此增税之策不易行也。若假资外邦，则必以利权相抵。试观中国各省：奉天之地，外观之政最为完备，而赋税最重，所假外款最多，所失利权亦出各省之上。其次则为湖北，然亦屡假外款矣。故今日举行新政，其有益于民者，固宜次第推行。若徒饰外观之政，则兴一政即耗一费。非重敛以病民，即假资于外以自失其利权耳。埃及覆辙，可为殷鉴。此宜补救者三也。

四曰农业不可忽也。中国人民，以农立国，故民以食为天。历代之治，均由所产之谷足敷民食；而历代之乱，则以所产之谷不足敷民食，饥寒之民，揭竿思变。中国自近世以来，上海、汉口诸区，开为商埠。昔日业农之民，以为商埠谋生所得之利，巨于力农，乃相率弃农不务。今江淮之间，农民背弃乡井者，岁必数万。使常此不改，势必民日增而谷不益。加以饥馑荐臻，物值昂贵，恐数年以后，合全国所产之谷，不足敷全国人民之食，而四方之民变叠起矣。今西北各省，地力未尽，每亩产谷仅以斗计，此由地旷民稀之故。又沿江之地，荒山亦饶，今多未垦，此由民恶业农之故。若能奖励农民，予以重利，则垦荒者必日多。旷土既辟，国无乏谷之忧，则民人亦永弭作乱之萌矣。此宜补救者四也。

五曰浇德不可长也。今东南民气日趋于轻浮，土苴旧学，弁髦道德，饰欧儒边沁、弥儿、赫需黎之唾余，醉心功利之说，不以自利为讳言，认生存竞争为天理，以致放肆恣睢，纵欲败度。举世相习，不以为非。与古人断私克欲之旨，大相背违。此即《乐记》所谓强者胁弱、众者暴寡、智者诈愚、勇者苦怯也，其去四维不张者几何哉！至于贿赂公行，梯荣取宠，犹其末焉者耳。此宜补救者五也。

以上五端，均近今保民之重务。以明公慈惠及民，东南之民如登衽席，故述其概略，陈之明公之前。至于师培近今之志，则欲以弭乱为己任，稍为朝廷效力，兼以酬明公之恩。若明公俯鉴其愚忱，乞暂将此次之报告秘密弗宣，并俾师培时往来东京、上海间，以徐行其志，则一二载之内，必可消弭革命之焰，以抒国家之虞。若久居省垣，虽沐明公保全之德，然与师培效忠之心，稍相背驰。况明公果以弭乱为心，亦断不出兹策。此则师培欲陈情于明公之前者也。兹将师培所持弭乱之策，条列于后，以备台鉴。即请

勋安

部民刘师培禀

谨将弭乱之策十条开列于后：

一、中国革命党所持之旨，不外民族主义，故舍排满而外，别无革命。师培自斯以后，凡遇撰述及讲演之事，均设词反对民族主义，援引故实，以折其非。盖事实均由学理而生。若人人知民族主义不合于学理，则排满革命之事实，自消弭于无形。此即古人所谓正本清源之说也。

一、民族主义之报，以《民报》为最著，次则苏人所办之《复报》。今《复报》已由师培运动，嘱其停刊。《民报》虽存，然章炳麟已辞编辑，并不为该报作文。倘师培再加以运动，数月之内，亦可令其停刊。

一、中国革命党之势力，以两广为最盛。其次则湖南、浙江、山西。师培于两广之事，未能一一尽知。于浙江、山西之事，若在东京，则偶有举动，固不知悉。倘大吏能因师培之言，思患预防，则二省之间，可保其无大乱。

一、中国革命党人，其在东京者，惟张继、陶成章、谷斯盛、刘揆一、宋教仁稍有势力。张于内地羽党甚稀，惟居日本久，工于演说，以盛气凌人。今岁东京留学生之嚣张，之［案，原文如此，疑乃以字之误］彼一人为主动。今拟诱之赴欧洲，盖彼既去东京，则留学生嚣张之气可以骤减。陶为浙人，运动会党，百折不挠。全浙会党，均为彼用。谷为晋人（谷如墉之子），所行略与陶近，势力遍于晋省，惟作事颇持重，故未骤发。

此二人所作事,师培均能深晰。若在东京,于浙、晋之举动,可了如指掌,必可破其隐谋。至于刘、宋二人:刘之势力在两湖会匪,宋之势力在东三省马贼,然近今均无大举动。如有举动,亦可暗侦。

一、近今张继、陶成章仍拟刊一最激烈之报,今拟暗为运动,使之不成。即使能成,亦不令彼二人操其权,使之为革命排满之机关。

一、革命党之炸弹,其始均由日本炮兵厂匠人私购。近拟向长崎俄人处学制,事尚未成。惟广东李姓能自行制造,中国留学生学者六七人,近则日有所增。彼等如有举动,师培靡所不知。(如前日彼党欲害伦贝子,早日即知是也。)若在东京,必可知其所往,以嘱中国各大吏预防。

一、孙文、黄兴,如侦其有潜入腹地事,即行报告。否则二三年之内,亦可设法毙之。

一、今日对付革命党,只宜用解散之策。若身非渠魁,严加捕获,转以坚彼等之心,于国家前途,至为不利。

一、近今东南之侦探,有明以侦探语人而向之勒索者。夫其名既为人所知,安能得真确消息? 故所报告,多在传闻疑似之间,(如今秘言张继入长江是。)转为彼党所笑。今拟力矫此失。然公果能确守秘密,则师培之志不难达也。

一、以上所列,均系至诚之言。如有虚伪,甘伏斧钺。乞公以诚心相待,不必致疑。

又禀者:余杭章炳麟,少治经学,尤深于《春秋左氏传》。解析经谊,继美段、王。复谙通小学,穷声音、训故之源。旁及诸子百家之术,观览略备。而行文古茂,近时鲜出其右。特以未冠以前,嗜阅野史,遂倡民族主义。后复作《訄书》,兼为《苏报》司撰述,致入上海西狱者三年。彼入狱以后,日阅佛典,深造有得,顿悟往日宗旨之非。出狱以后,拟入山为僧,以毕余年。而东京革命党人,仰彼名高,迫之东渡,使编辑《民报》。彼居东京岁余,抑郁不得志。初拟变易《民报》宗旨,以消弭种族革命。(彼所作文词,均言佛理,或考古制,无一篇言及排满革命。)嗣彼党时有谤言,故彼即作檄斥孙文,并置身同盟会之外,近且辞《民报》编辑矣。即偶有讲演，亦系党人迫彼使为，非其志也。今拟往印度为僧，兼求中土未译之经。惟经费拮据，未克骤行。傥明公赦其既往之愆，开以自新之路，助以薄款，按月支给，则国学得一保存之人，而革命党中亦失一绩学工文之士。以彼苦身励行，重于言诺，往印以后，决不至有负于明公。惟此事宣露于外，则革命党人或对彼潜加暗害，所谓以爱之者害之也。《论语》有言："君子成人之美。"尚祈明公之力践此言也。师培又禀。[1]

刘师培此札提出的"按月支给"章太炎款，得到端方同意。刘师培即写信给章太炎，称已商端方，同意"由领事按月支付"。

案，此札原件由周作人购得，钱玄同曾亲见原稿。在日本时，钱玄同与刘师培接触较多，且存有刘师培书信，对于刘氏字迹，应当熟悉，不致误认。1932 年 8 月 21 日《钱玄同日记》载：

> 十时，至启明家。因季明来信，约今日至周家，出彼新以四元购得之刘申叔致端方告密信二十八张，共观之也。其信用有光纸裁成小张（比普通八行字书为小）而写之，工楷。在申叔，大概是最好之字矣。阅此，始知其讲社会主义时，已做侦探也。□□因在周家抄之，竟抄了四个钟头之久（约四千字）。[2]

洪业《清末革命史料之新发现——刘师培与端方书》谓：

> 偶得抄本刘师培与端方书。据曾见原本者云：原本申叔手书白纸上，共二十八张，张以八行，行以十四字至二十二字为格。[3]

1935 年 9 月 16 日，黄侃作《申叔师与端方书题记》，为章太炎、刘师培辩护，所述"伪为自首""绐取巨资""申叔遂见幽矣""盖脱身之计，兼遂绐资之谋"，与 1912 年刘师培致章太炎书相合（详后）。惟以汪公权与端方联络，与史实不合，此时汪在日本（见前）；又不信太炎参与其事，乃维护师尊

1　洪煨莲：《清末革命史料之新发现——刘师培与端方书》，天津《大公报》1934 年 11 月 2 日，《史地周刊》。以中华书局 1981 年版《洪业论学集》参校。

2　杨天石主编：《钱玄同日记》（整理本）中册，第 876 页。

3　洪煨莲：《清末革命史料之新发现——刘师培与端方书》，天津《大公报》1934 年 11 月 2 日，《史地周刊》。

所致。黄侃云：

> 丁未秋冬间，申叔师与太炎师同居日本东京小石川一椽，贫窭日甚。适其戚汪公权，憸人也，为申叔设策，谓伪为自首于端方，可以给取巨资。申叔信之，先遣汪西渡，展转闻于端方。端方言非面晤申叔，钱不可得。申叔乃赴上海，与端方之用事者交谈，固未敢径赴江宁也。既而端方手书致申叔，道倾慕已久，得一握手为幸，不敢繁维，矢以天日。申叔又信之。至则遽以肩舆舁入督府，三月不见，申叔遂见幽矣。此书盖脱身之计，兼遂给资之谋。以迂暗之书生，值狡黠之戎虏，宁有幸乎？书稿流传，贻人笑柄，至可痛惜。然谓申叔反复无恒，卖友卖党，又谓所言可充史料，则何不于书中辞气细玩绎之？且书中所引之人，如张继、谷斯盛、刘揆一皆存，能谓申叔所言实是当时实状耶？若太炎师无故受诬，至今犹在梦中，则申叔发言不慎之咎也。要之，申叔不谙世务，好交倭人，忧思伤其天年，流谤及于身后。尝尽言而不听，有失匡救之义，侃亦何能无愧乎？乙亥八月，门人黄侃记。[1]

22 日，《神州日报》第 3 页载《东京留学界杂志纪闻》，云：

> 东京函云：前半年留学界月刊之杂志不下二十种，不满一载，停刊半数。目下续刊及新出者共十七种。

报　名	编辑人	发行号数	销售份数
民报	张继	十八号	一万二千份
复报		十二号	八百份
云南	孙志曾	十号	五千份
新译界	范熙任	七号	三百份
天义报	刘光汉	八号	五百份
中国新报	章家瓒	七号	百份
新女界	燕斌女士	六号	一万份
医药学报	千叶医学校留学生	五号	三百份
牖报		五号	百五十份

1　黄侃：《申叔师与端方书题记》，黄延祖重辑：《黄季刚诗文集》下册，北京：中华书局，2016 年，第 618—619 页。

（续表）

报　名	编辑人	发行号数	销售份数
大同报	恒钧	五号	
卫生世界		四号	六百份
农桑杂志	杜用选	二号	二百五十份
政论	蒋智由	二号	八十份
四川杂志	四川留学生	二号	
晋乘		一号	
河南杂志	河南留学生	一号	
广西	广西留学生	一号	

23 日,《国粹学报》第 37 期出版,"学篇" 始载《司马迁〈左传〉义序例》,"文篇" 续载《荀子词例举要》,"博物篇" 续载《〈尔雅〉虫名今释》,"美术篇" 刊载《唐张氏墓志铭释》(附拓片),"丛谈" 续载《〈王会篇〉补释》,均署名刘师培。《司马迁〈左传〉义序例》略改后,收入《左盦集》卷二,题作《〈史记〉述〈左传〉考自序》。

26 日午后,社会主义讲习会第十次集会,刘师培夫妇因在国内,未参加。《钱玄同日记》载:

> 午后,开社会主义会。是日,溥泉因前礼拜六平民书房事未到。首由汪公权报告开会,次由太炎演说理论不如实行,举内地逆伦(下阙)。[1]

30 日,章太炎接到刘师培信后当即复信,反对 "按月支给" 办法。称:

> 领事按月支款之说,万难允从。一、若按年分摊,则一岁不过千余圆,或仅数百,必不敷用。二、若摊年过久,章甫去江宁后,事即中寝。三、领事为政府所派,非两江私派。若果迁延抵赖,亦无如何。以留学官费证之,可见。要之,不以意气相期,尽力磋磨,亦无益也。弟若转(圆)〔圜〕,当要以先付三分之二,不则二分取一。如或未能,当面回复。此则当令六弟任之。手此敬问起居不具。兄毛一白,阳三十日。[2]

何震注云:

1　杨天石主编:《钱玄同日记》(整理本)上册,第 112 页。
2　燃:《党人》,《新世纪》第 117 号,1910 年 1 月 22 日。

此信最有关系。何接彼第四信，复致书于彼，故为疑问之词，谓"将付领巨款欤，抑至印后按月支款欤？请明示，以便开交涉"。彼乃以此函相答，反对"按月支款"之说。章甫者，端方也。[1]

此次交涉因双方意见不一，即告失败，刘师培夫妇则入端方之彀，充当暗探，破坏革命。前引黄侃《申叔师与端方书题记》谓"既而端方手书致申叔，道倾慕已久，得一握手为幸，不敢縻维，矢以天日。申叔又信之。至则遽以肩舆昇入督署，三月不见，申叔遂见幽矣"，与1912年刘师培致章太炎书（详后）所云"终罹胁持"大致相合，确实存在刘师培由诈降给款到被端方软禁的变化。

冯自由《记刘光汉变节始末》云：

> 光汉心衔所提议改组同盟会、攘夺干部职权之策不成，渐有异志。会是时清吏肃王善耆、铁良、端方等鉴于徐锡麟之暗杀，咸有戒心，各自设法向党人施展金钱政策，使为己用。肃王首罗致皖省党员程家柽，遣至东京，愿贡献万金于同盟会本部，以尽友谊，声明绝无条件。刘揆一等以渴不饮盗泉拒之。端方亦授意败类学生多人从中作祟，或伺隙离间，或用金钱收买。党人之意志薄弱者，间为所愚：光汉之妇何震及其姻弟汪公权即其人也。何、汪不独从此入于侦探一流，且形同夫妇，宣言公夫公妻不讳。适光汉因事与章太炎、陶成章等大起冲突，又以勾结日人谋夺党权事不理人口，何、汪等乘之，日夜怂恿光汉，使入官场，以图报复。光汉外恨党人，内惧艳妻，遂不得不铤而走险，始真为江督端方之侦探矣。[2]

案，冯自由将刘师培变节原因归咎于何震、汪公权之怂恿，根据不足。刘师培夫妇回国期间，汪公权一直在日本。1907年12月的社会主义讲习会两次集会，汪均参加并作报告。其次，刘氏变节，也不能仅仅归咎于何震。章太炎与刘师培夫妇运动合谋"诱窃官金"以赴印度学佛，为刘氏变节提供了机会。而此时刘氏夫妇也因为留日费用浩大，加上办报、开会之需，经费拮据，回国筹款，也为决定是否住在日本做一选择。他们选中端方作为目标，可能是端方在朝中得势，在预备立宪中又呈上了梁启超代拟的二十万言奏稿，看上去还是一个开明官吏。刘师培与章太炎的计谋是诈降，然而端方则更为深谋，最终由"二叔诈降"演变为申叔幽囚，最终就范。当然，在这次政治交锋中，端方应当给了刘氏夫妇一些钱，使得他们得以在日本又住了将近一年。另一方面，刘师培与同盟会党人的政治分歧已经很深，早就有了"维新不如守旧"的念头，政治上的分道扬镳是必然要发生的。

本月，日本金曜讲演会成员因为组织例行讲演会宣传社会主义，受到日本警察干扰。混乱中，大杉荣、山川均等人爬上会场屋顶进行演说，被警察逮捕，是为"金曜会屋上演说事件"。参加活动的张继也因卷入该事件险些入狱，遂匆忙逃离日本，经香港赴欧洲，与无政府主义者相联络。

2月2日，《钱玄同日记》载：

> 前月函问芸生，讨甲辰年《警钟日报》。昨日电说，托人带到，因检一过。余因此报中有刘子数作，皆关乎学问之物（如《论小学与社会学之关系》一篇，其尤著也），拟撷录之，以资考证。[1]

5日，澳门商人柯某购买日本军械，由日本轮船二辰丸号运抵澳门海面，被清政府缉获。后日本驻华公使向清政府提出抗议，粤督张人骏以赔偿损失并鸣炮谢罪了事。粤人引为大耻。上海两广同乡会及政闻社皆电粤力争，并爆发了抵制日货运动，香港成立了"振兴国货会"。

13日，钱玄同托屈伯刚购得《国粹丛编》及刘师培所编《伦理教科书》、《经学教科书》（第二册）等书。[2]

15日，《新世纪》第34号始载"醒来稿"《万国新语之进步》（第35、36号续完），认为：

> 欧美文明发达已数十年，而中国则至今尚落人后，考其原因，实由乎文字之野蛮。故吾辈今日而欲急起直追也，非废弃中国旧文字而采

1　杨天石主编：《钱玄同日记》（整理本）上册，第113页。

2　杨天石主编：《钱玄同日记》（整理本）上册，第115页。

用万国新语不为功。[1]

16 日，社会主义讲习会举行第十一次集会，刘师培因回国未参加，章太炎及所请印度人亦未到会。《钱玄同日记》载：

> 午后至讲习会，则印人某君（今日所请来演说者）及太炎均未到。迟之至四时顷，因勉强开会，由汪君公权述数月来世界各国民党失败之事，复言俄国革命党，世人竞言是虚无党，其实不然。虚无党者，特俄国革命党之一派耳。若概俄国革命党全体以虚无之名，非确论也。至于所谓虚无党者，其党人多砥砺旧节，舍身济世，不同虚伪之繁华者。以上所述汪氏言，见诸 Krapotkino 集中，是国人所罕知者也。语毕即散。

章云：下礼拜（廿三）再开，印人必到也。[2]

19 日，《钱玄同日记》载：

> 晨，得《新世纪》寄来《新世纪丛书》七种（第一集）一册、《萍乡革命军与马福益》一小册，又《社会学书报目录》一册，余去年所函索也。计佛金一佛朗三十生丁，约合日币五十余钱，因寄邮票六十钱去。《新世纪》各书籍，议论思想，自较以前崇拜功利诸说为进步，而余所不满意者有大小两端：（大）希望未来幸福之心太盛；（小）文笔太劣，不可解者颇多。而要之，其排斥强权，提倡无政府主义，固亦不得谓无进步矣。[3]

中旬，刘师培夫妇再次东渡日本。途中，刘师培作《再渡日本舟中作》诗，云：

> 曳轮利涉川，水牡俪火妃。朝别黄歇城，夕辨长门崎。崩腾众峰驰，吸噏群流归。岱舆矊绵眇，郁夷瞵峻巍。推牖震风急，倚槛阳景微。爓银熚精液，车渠绚瑶辉。蘱英曳紫波，石华鐲绿矶。习习鲛旗寨，轩轩鳐翼蜚。浥清慕遐尚，观澜研静几。负石嗤倔碪，遁踪嘉鑫肥。深感鲲徒溟，静愧沤忘机。[4]

1　醒：《续万国新语之进步》，《新世纪》第 36 号，1908 年 2 月 29 日，第 2 版。

2　杨天石主编：《钱玄同日记》（整理本）上册，第 115 页。Krapotkino，即克鲁泡特金（1842—1921）。

3　杨天石主编：《钱玄同日记》（整理本）上册，第 116 页。

4　刘师培：《左盦诗录》卷二，《仪征刘申叔遗书》第 12 册，第 5495 页。

21日，《国粹学报》第38期出版，刘师培为之作《祝辞》，[1]刘三有《〈国粹学报〉三周年举行祝典，上秋枚、晦闻、光汉、去病诸君》诗，云：

> 朴学清才蛰一庐，弥天忧患此归墟。我生蓬累悲荒落，许上经楼读秘书。[2]

"学篇"续载《司马迁〈左传〉义序例》，"丛谈"续载《读书随笔》（《洮水即沘水考》《〈黄帝内经素问校义〉书后》《〈易·系词〉多有所本》《古代医学与宗教相杂》），均署名刘师培。

案，《〈易·系词〉多有所本》改作后，收入《左盦集》卷一，题作《〈易·系词〉多有所本说》；《洮水即沘水考》改作后，收入《左盦集》卷五；《〈黄帝内经素问校义〉书后》改作后，收入《左盦集》卷七，题作《〈黄帝内经素问校义〉跋》。

本期及第39期"藏书志"载邓实《国学保存会藏书志》，详细著录刘师培所捐仪征刘氏藏钞校本《肇域志》十册，云：

> 右顾亭林《肇域志》钞本十册，仅南直隶一省，而凤阳一府，重出二册。盖是本为湘乡曾氏开府江南时，设局欲以活字刊行，校写未定之稿也。眉间多有汪梅村、刘恭甫、蒯礼卿诸人手校跋语，考核、钞补、移置，极十数通人之力，仅仅就绪，终以大贤巨著，精博繁密，未易藏事，而曾氏旋去，厥功遂不成。书局既散，刘恭甫先生遂将其原校南直隶一省稿本，携归扬州，即是本也。是本虽不全，然岂当时校刊体例，每数人分任一省，或先校首数卷南直隶一省，而余省尚未有校写欤？今观凤阳府一册，凡三写三校，皆为楷书，尚未以活字排印，则其时前辈当事之审慎，概可想见。惜乎其未摆以成书也。旧闻合肥蒯氏钞有全稿，沪上晤礼卿先生，允出所钞，以付本会校印，但恐工艰力薄，未克竟前人未竟之志。今先录此，并钞卷首诸贤题跋，及汪梅村集内《跋》《商例》各一通，使海内学人，知神州尚留此绝大之著作。宁局一役，实梅村先生总其事。其据以为底本者，当为蒋寅昉所钞本，观梅村前跋可知。而许周生所藏

亭林原稿，今不知尚在人间否。如此重宝，必有神物呵护之矣。[1]

23 日，社会主义讲习会举行第十二次集会，刘师培已经由国内回日本，遂参加此次集会。《钱玄同日记》载：

> 午后，至讲习会。今日刘サン已到，到会者已较多。余往时，公权、申叔等均未来，独来宾印人某君（即演说者）已先到了。二时开会，前由申叔述现今上海社会，皆以立宪为薮。因前顽固者，今见立宪之手段温和而趋之；前革命者，今以立宪名目之好听，得之较容易，亦退而就之。又，功利主义之《天演论》，几为家弦户诵之教科书。凡编教科书者，皆以富强、功利等说为主干，故吾侪宜亟以无政府主义之书药其毒云。

> 次由公权述非军备主义，痛言军人之贱，及日俄战争之后卖淫妇之多。次由印人演说 Max、布隆东、某氏（未悉其何人）三人学说，译者吕君。

> 毕，有某君言：吾于无政府无问题，惟共妻主义，则血族结婚，极妨生理，愿请高明解释。公权答以此问题甚大，《新世纪》报近对于此事，大为研究，不久将有书出，可供吾人之参考，盖非一二言所能概也。

> 次由汪公权说以后拟讲三书：（一）马克斯《共产党宣言》；（二）乐波轻之《无政府主义之哲学》；（三）杜尔道《致中国人书》。时已暮，遂散会。[2]

案，Max、"马克斯"，即卡尔·马克思（Karl Marx, 1818—1883），马克思主义学说创始人；"布隆东"，即蒲鲁东（Pierre-Joseph Proudhon, 1809—1865），法国政论家、经济学家，无政府主义创始人之一。"乐波轻"，即克鲁泡特金（Kropotkin, 1842—1921），俄国地理学家，无政府主义理论家，无政府共产主义创始人。"杜尔道"，即列夫·尼古拉耶维奇·托尔斯泰（Lev Nikolayevich Tolstoy, 1828—1910），俄国批判现实主义作家、思想家、哲学家。

25 日，《民报》第 19 号出版，载《本社特别广告》云：

1　邓实：《国学保存会藏书志》，《国粹学报》第 10 册，第 5813—5814 页。
2　杨天石主编：《钱玄同日记》（整理本）上册，第 117 页。

本报编辑人张继君以要事已离东京,自二十期起,改请陶成章君当编辑之任。

案,张继离开日本东京,是因为卷入"金曜会屋上演说事件",日本警方拟加逮捕。张继离开后,陶成章接办《民报》第21、22、23三号。自本年8月10日《民报》第23号出版后,仍由章太炎接办。《民报》第19号"附录"载太炎《覆吴敬恒函》,就吴稚晖所述作答。吴稚晖曾将此文抄示蔡元培。

26日,苏曼殊由日本寄信给刘三,云:

申叔伉俪西来,询知足下平安。

前此寄上一信,并日文杂志四册,《天义》第八、九、十号合一册,均托秋枚转致,妥收未?

曼现暂寓神田猿乐町一丁目二番地清寿馆。日间须往横滨病院静养,盖得肝跳症也。足下赐教,乞寄申叔转交无误。申叔下月迁居,曼病愈后亦同住。申叔云:足下今春尚至杭,不致多生烦恼矣。[1]

29日,《新世纪》第36号刊载褚民谊(署名"民")《续无政府说》,引用《天义》第4卷汉一的《毁家论》全文以为论据。

本月,刘师培完成《琴操补释》,其序云:

汉蔡邕《琴操》二卷,古鲜刊本。以孙氏平津馆校本为善。蔡氏于经,治古文,尤精《鲁诗》。其所诠引,多今文师说。……孙校审正字句同异,说至辨晰。嗣惟孙诒让《札迻》,稍加校释,顾义多未尽。兹取平津馆刊本,略事雠勘,得义若干条,名曰"补释",以附于《独断释补》之后云。[2]

案,此序删改后,收入《左盦集》卷五,题作《琴操补释自序》。

本月,柳亚子作《海上题南社雅集写真》诗二首,云:

云间二妙不可见,(原注:高天梅、张聘斋里居未出。)一客山阴正独游。(原注:陈巢南时客越中。)别有怀人千里外,罗兰、玛利海东头。(原注:谓刘申叔、何志剑伉俪。)

---

1 柳亚子编:《苏曼殊全集》第1册,第202页。

2 刘师培:《琴操补释序》,《仪征刘申叔遗书》第9册,第3671—3672页。

鸡鸣风雨故人稀，几、复风流事已非。回首天涯惟汝在，相逢朱、沈
倍依依。（原注：南社诸子时在海上者，唯朱少屏、沈道非两人而已。）[1]

3 月 2 日，《广益丛报》第 161 号"中编·学问门·理科"始载《尔雅虫
名今释》，署名刘师培。

本日，在沪粤人由政闻社社员徐勤、徐佛苏、伍宪子等主持集会，抗议日
本公使就"二辰丸案"向清政府提出的"抗议"，倡导抵制日货运动。同时
广东粤商自治会聚众数万人集会，定 2 月 19 日为国耻纪念日。会后，抵制
日货运动蓬勃发展。运动持续八个月，使日商受到巨大经济损失。

5 日，《钱玄同日记》载：

> 午后作致静谦书，与之言世界大势所趋，已至无政府 Anarchism，并
> 告以 La Novaj Tempoj 诸报之特色，托其购《拉丁文通》。未上课。

> 晨，卧被中阅《国粹》卅二期，内《书法分方圆二派考》篇（申著）
> 中言：篆体属于圆，隶属于方。真书出于隶，故方；草书出于篆，故圆。（行
> 书者，由草书变者也。）南派属于圆，北派属方。兼南北者为褚河南，兼
> 方圆者为八分书。[2]

案，La Novaj Tempoj，即李石曾、吴稚晖等在巴黎所办《新世纪》的世界
语译名。

7 日，刘师培夫妇与苏曼殊等已迁居至东京麴町区饭田六丁目二十一
番地。[3]

8 日，社会主义讲习会举行第十三次集会，刘师培、汪公权演说。《钱玄
同日记》载：

> 下午，讲习会开会于清风亭。首由刘申叔演述クロポトキン氏之
> 无中心互助之学说（大抵本于クロ氏之《互助》一书，见《新世纪》）。

> 次由汪公权演述杜尔斯德《致中国人书》。书甚长，大致言：支那
> 人不可弃其农业立国之美德，而学欧人立宪、警察、陆军诸邪说。次由

---

1 柳亚子：《南社纪略》，柳无忌编《柳亚子文集》，第 2 页。
2 杨天石主编：《钱玄同日记》（整理本）上册，第 120 页。
3 本年 3 月 7 日，苏曼殊由东京致刘三书，嘱其"复示请寄：东京麴町区饭田六丁目
二十一番地何震转交"，见柳亚子编《苏曼殊全集》第 1 册，第 204 页。

太炎述ク口氏及杜之言，均不免有弊，择其善者而从之，可也。若因其圣人、哲人，而遂谓其言之尽是，斯非也。

　　末由某君演述マルマス之《共（和）〔产〕党宣言》。中有某君，以日本语演说粤革命，意此其人当是广东人或新由南洋来，不能通官话欤？[1]

案，クロポトキン，即克鲁泡特金。其《互助论》思想，见《天义》第11—12卷合册、第13—14卷合册所载申叔《苦鲁巴特金学术略述》，第16—19卷又有申叔译《面包略夺》、齐民社同人译《无政府主义之哲理同理想》。"杜尔斯德"，即列夫·托尔斯泰。《致中国人书》是托尔斯泰回复辜鸿铭的一封信，《天义》第16—19卷合册有忽氢译本，另有《俄国革命之旨趣》中译本。"マルマス"，应为"マルクス"之误，即马克思。"共和党宣言"，即"共产党宣言"。关于马克思的学说，《天义》第15卷有民鸣译《共产党宣言序言》（1888年英文版），第16—19卷合册有申叔《共产党宣言序》、民鸣译《共产党宣言》序言及第一章。钱玄同《我与章君、左庵之关系》称："章公谓：克、托之说皆有弊，择善而从可也。"[2]

　　本日，蔡元培有《复吴敬恒函》，认为章太炎答吴稚晖书，"多影响之谈，仍是此公故技"[3]。

　　12日，《广益丛报》第162号出版，"中编·学问门·理科"续载《尔雅虫名今释》，署名刘师培。

　　14日，钱玄同访章太炎，晤刘师培夫妇及其母。其时，章太炎、苏曼殊仍与刘师培全家同住一处。《钱玄同日记》载：

　　未上课，偕味生同至太炎处，申叔、何震及其太夫人及曼殊等均在。谈次，知溥泉已往法国去矣。[4]

　　案，"味生"即龚宝铨（1886—1922），字未生，号薇生、味荪、味生，浙江

1　杨天石主编：《钱玄同日记》（整理本）上册，第121页。

2　钱玄同原著，杨天石整理：《钱玄同晚年未刊稿〈我与章君、左庵之关系〉》，《关东学刊》2019年第2期（总32期），第15页。

3　蔡元培：《复吴敬恒函》（一九〇八年三月八日），高平叔编：《蔡元培全集》第一卷，第404页。

4　杨天石主编：《钱玄同日记》（整理本）上册，第121页。

秀水人，1902年留学日本，参加反满活动。章太炎以女妻之。1907年春，与陶成章同赴日本，随侍章太炎。著有《龚味苏自叙革命历史》等。

15日，刘师培等为日本社会党人出狱开欢迎会。《钱玄同日记》载：

> 今日为日本社会党森冈永治、竹内善朔、阪本清马三君释放之期，申叔等为开会于小石川白山御殿町植物园草亭内。日前曾有邮片招往，吾本拟与味生同行，而未生适以嘉府开恳亲会事未克往，予亦不往矣。[1]

17日，《政艺通报》第七年戊申第2号出版，"政学文编"刊载《颜氏学派重艺学考》，[2]署名刘师培。

本日，《民报》第19号刊载章太炎《大乘佛教缘起说》等，宣传佛教理论。

22日，社会主义讲习会举行第十四次集会，刘师培、章太炎、宫崎民藏等发表演说。《钱玄同日记》载：

> 午后至讲习会，今日请宫崎民藏到会演说农业与平民之关系。宫崎氏在日本创土地复权同志会，彼系主张共产主义者。后又演述运动农民之方法，申叔演述法律之害人。太炎言：人之恶，起于有知识。诚欲尽善，非使人野蛮不办。末，申叔复提议Esperanto，现拟开之。大杉出狱，亦在尔矣。[3]

朱希祖与屈伯刚也参加了集会，《朱希祖日记》载：

> 下午偕屈君至清风亭，聆宫崎明藏讲社会主义及无政府主义派别，刘申叔讲法律出于宗教说。太炎讲人之根性恶，以其具好胜心，二物不能同在一处，即排斥性也，而断定愈文明之人愈恶；愈野愈蛮，其恶愈减。蒙古游牧数千年历史，至今不变，然犹不若台湾之生番。然生番犹具淫杀性，惟其为原人之渔猎，以石投兽，生涯独立。此其稍自由耳，然终不若猿之为善。吾辈拟猿，可也。[4]

本日，《广益丛报》第163号"中编·学问门·理科"续载《尔雅虫名今

1　杨天石主编：《钱玄同日记》（整理本）上册，第122页。
2　万仕国辑校：《刘申叔遗书补遗》上册，第567—570页。
3　杨天石主编：《钱玄同日记》（整理本）上册，第123页。
4　朱希祖：《朱希祖日记》上册，第58页。

释》，无署名。

《国粹学报》第 39 期出版，"史篇"刊载《田宝臣传》，"学篇"刊载《司马迁述〈周易〉义》，均署名刘师培。案，《司马迁述〈周易〉义》改作后，收入《左盦集》卷一，题作《司马迁述〈周易〉考》。

本期"报告"载《国学保存会报告》（第十九号），有《〈国粹学报〉增地理一门》，云：

> 本报所分门类，均经几番详审始定。自去岁增入"博物""美术"二门，材料益形优美。今自本年第二期起，再添入"地理"一门，举吾国山川形胜、疆域沿革、郡国利病、风俗、户口、赋税，无不详述。吾国历代地理之学，本有专门，今学科亦分专科，故本报特另辟一门，以发明此学，不统属于政、史二篇之内。所担任撰者数子，均于地理之学素有心得者也。[1]

28 日，《新世纪》第 40 号刊载"前行来稿"《编造中国新语凡例》，欲"编造中国新语，使能逐字译万国新语"。[2]

29 日，刘师培所办世界语讲习班方案确定。《钱玄同日记》载：

> Esperanto 事亦将定夺，大约每星期五时（土曜无课）。分二班，一用英文书教授，一用日文书教授。因太炎要迁，故场所即定于麴町永田町六ノ廿一。[3]

31 日，《广益丛报》第 164 号出版，"中编·学问门·理科"续载《尔雅虫名今释》，无署名。

本日，钱玄同访刘师培，商议世界语讲习班事。《钱玄同日记》载：

> 午后至申叔处，今日商议エスペラント教事，计在报名者已有十余人。太炎竟告知，伊明日必迁。[4]

本月，《天义报》第 16—19 卷合册出版后，该刊停刊。本期合册"译丛"栏载申叔《〈共产党宣言〉序》，苦鲁巴金著、申叔译《面包略夺》；"编

1　《国学保存会报告》（第十九号），《国粹学报》第 10 册，第 5928 页。

2　前行：《编造中国新语凡例》，《新世纪》第 40 号，1908 年 3 月 28 日，第 3 版。

3　杨天石主编：《钱玄同日记》（整理本）上册，第 124 页。

4　同上。

纂"栏刊载申叔辑《选举罪恶史》、《贫民唱歌集》（申叔《工女怨》二章,民鸣《农民哀》六章,石门华作、申叔译《希望诗》二章,孙枝蔚《善哉行》,谭献《小车行》,无名氏《述所见》,郑燮《逃荒行》,秋鸡哈威作、张继译《咏同盟罢工》）、申叔《Esperanto 词例通释》。此外,"图画"栏载《实行暗杀之九义士肖像》（罗石、濮鲁西、克舍利、柏涛、查古斯、卢支尼、赵沙滨、路佛、哥萨多）、《葡国王后及太子遇刺图》、《石门华氏肖像》、《曼殊画四幅》;"译书"栏载民鸣译《共产党宣言》（序言及第一章）,哈因秃曼著、齐民社同人译《社会主义经济论》（首章）,比利斯著《社会主义史大纲》（*A Handbook of Socialism* 之一节）,苦鲁巴金著、齐民社同人译《无政府主义之哲理同理想》,杜尔斯德著《俄国革命之旨趣》,杜尔斯德著、忱刍译《致中国人书》,怪汉译《俄国第二议会提议之土地法案及施行法案》,公权译《无政府党第四次大会决议》,马拉叠斯丹著、巻译《无政府共产主义之工人问答》;"附印"栏载梅毓《区田考》（前有申叔《序》）;"记事"栏载《记葡王被刺事》、《万国革命记》（从一月廿日起）;"附录"栏载英译《吊古战场》文,英译《礼记》"孔子过泰山侧"一节,英译汉诗。

民鸣译《共产党宣言》前,有刘师培所作《序》,称:

> 《共产党宣言》,马尔克斯、因格尔斯所合著。欧美各国,译本众多,具见于因氏《叙》中。日本堺利彦君曾据英文本直译,而民鸣君复译以华文。移写既成,乃书其端曰:共产主义同盟（The Communist League）,创于千八百三十六年。先是,德人维特替林（Weitling）以"共产主义"标其学,为德都青年所慕。嗣多亡命巴黎,乃潜结秘密会社,奉维氏学术为依归。及千八百三十九年巴黎变起,德人多罹放逐,乃改赴伦敦。时会员渐众,德人、英人、丹马人、波兰人、匈牙利人、瑞典人多与加盟。及千八百四十七年,乃以"共产主义同盟"之名,公揭于众。由春徂冬,开大会二次。时马氏及因氏均为社会主义大师,因氏著《英国劳动阶级状态》（*The Condition of the Working Class in England*）,马氏亦著《困贫之哲学》（*Mlisère de la philosophie*）。嗣同居伦敦,适同盟成立,以《宣言》起草相委。次年二月初旬,遂以《宣言》公于世。自斯以降,欧州政府威令日严。即此同盟,亦于千八百五十二年

解散。然千八百六十四年,万国劳民同盟(International Workingmen's Association)复兴于伦敦。现今万国社会党大会,即权舆于兹。其《宣言》始由义人马志尼撰述,嗣为劳民所斥,仍由马氏起草,是为《万国劳民同盟宣言》,与《共产党宣言》不同。夫马氏暮年宗旨,虽与巴枯宁离析,致现今社会民主党利用国会政策,陷身卑猥,然当其壮年,则所持之旨,固在共产。观此《宣言》所叙述,于欧州社会变迁,纤悉靡遗,而其要归,则在万国劳民团结,以行阶级斗争,固不易之说也。惟彼之所谓"共产"者,系民主制之共产,非无政府制之共产也。故共产主义渐融于集产主义中,则以既认国家之组织,致财产支配不得不归之中心也。由是,共产之良法美意,亦渐失其真。此马氏学说之弊也。若此《宣言》,则中所征引,罔不足以备参考。欲明欧州资本制之发达,不可不研究斯编。复以古今社会变更,均由阶级之相竞,则对于史学,发明之功甚巨。讨论史编,亦不得不奉为圭臬。此则民鸣君译斯编之旨也。[1]

在《〈Esperanto 词例通释〉总序》中,刘师培指出:

> 自古迄今,世界争端,其因有二:一由生计而生,一由感情而起。由于生计者,即财产不平均是也;由于感情者,即语言不统一是也。故欲泯世界之争端,所操之术有二:一为平均财产,一为统一语言。欲平均财产,必推行共产制度;欲统一语言,必采用 Esperanto 之文。[2]

本期合册首卷有《本社重要广告》,云:

> 本报从今岁起,每季发行增刊号一巨册。本号所列各译稿,定于夏、秋、冬三季内出全。此外,西文各书之译稿,凡此册所未载者,亦于下三号补登。[3]

本月,齐民社刊行苏曼殊《文学因缘》,所收录其英译汉诗及汉译西方诗歌,由日本东京博文馆印刷。苏曼殊自为《序》,云:

> 先是,在香江读 Candlin 师所译《葬花诗》,词气凄泊,语无增减。若法译《离骚经》《琵琶行》诸篇,雅丽远逊原作。夫文章构造,各自含

1　万仕国、刘禾校注:《天义·衡报》上册,第 420—421 页。

2　万仕国辑校:《刘申叔遗书补遗》下册,第 1010 页。

3　万仕国、刘禾校注:《天义·衡报》上册,第 617 页。

英，有如吾粤木棉素馨，迁地弗为良。况歌诗之美，在乎节族长短之间，虑非译意所能尽也。衲谓文词简丽相俱者，莫若梵文，汉文次之。欧洲番书，瞠乎后矣。汉译经文，若输卢迦，均自然缀合，无失彼此。盖梵、汉字体，俱甚茂密，而梵文"八转""十罗"，微妙儇琦。斯梵章所以为天书也。今吾汉土，末世昌披，文事弛沦久矣。大汉天声，其真绝耶？比随慈母至逗子海滨，山容幽寂，时见残英辞树。偶录是编，闽江诸友，愿为之刊行，得毋灵府有难尘泊者哉？曩见 James Legge 博士译述《诗经》全部，其《静女》《雄雉》《汉广》数篇，与 Middle Kindom 所载不同；《谷风》《鹊巢》两篇，又与 Francis Davis 所译少异。今各录数篇，以证同异。伯夷、叔齐《采薇歌》，《懿氏谣》，《击壤歌》，《饭牛歌》，百里奚妻《琴歌》，箕子《麦秀歌》，《箜篌引》，《宋城者讴》，古诗《行行重行行》及杜诗《国破山河在》等，亦系 Legge 所译。李白《春日醉起言志》《子夜吴歌》，杜甫《佳人行》，班固《怨歌行》，王昌龄《闺怨》，张籍《节妇吟》，文文山《正气歌》等，系 Ciles 所译。《采茶词》亦见 Williams 所著 The Middle Kingdom，系 Mercer 学士所译。其余散见群籍，都无传译者名。尚有《山中问答》《玉阶怨》《赠汪伦》数首，今俱不复记忆。畏友仲子尝论"不知心恨谁"句，英译微嫌薄弱。衲谓第以此土人译作英语，恐弥不逮。是犹倭人之汉译，其寒涩殊出意表也。又如"长安一片月"，尤属难译，今英译亦略得意趣。友人君武译拜伦《哀希腊》诗，亦宛转不离原意，惟稍逊《新小说》所载二章，盖稍失粗豪耳。顾欧人译李白诗不可多得，犹此土之于 Byron 也。其《留别雅典女郎》四章，则故友译自 Byron 集中。沙恭达罗 Sakoontala 者，印度先圣毗舍密多罗 Viswamitra 女，庄艳绝伦。后此诗圣迦梨陀婆 Kalidasa 作 Sakoontala 剧曲，纪无能胜王 Dusyanta 与沙恭达罗慕恋事，百灵光怪。千七百八十九年，William Jones（威林，留印度十二年，欧人习梵文之先登者）始译以英文。传至德，Coethe 见之，惊叹难为譬说，遂为之颂，则《沙恭达纶》一章是也。Eastwick 译为英文，衲重移译，感慨系之。印度为哲学、文物源渊，俯视希腊，诚后进耳。其《摩诃婆罗多》Mahabrata、《罗摩衍那》Ramayana 二章，衲谓中土名著，虽《孔雀东南飞》《北征》《南山》诸什，亦逊彼闳美。而今极目五天，荒丘残照，忆昔舟经锡兰，凭吊断塔颓垣，凄然泪下，有"恒河落日千山碧，王舍号风万木烟"句，不亦重可哀耶！[1]

案，章太炎 3 月 31 日自刘师培住处迁至民报社，乃因刘师培夫妇与章太炎关系破裂，二叔失和。关于二叔失和的原因，后人众说纷纭。《刘氏五世小记》以为因章太炎不修小节而起，继因学术政见不同，云：

> 戊申年又赴日本，这一次外祖母同去的。章太炎也在日，住在舅氏家中。章先生囚首垢面，衣巾经月不浣。养松鼠于袖中，果壳和干肉狼藉，室内虫蝇飞扰。又夜斥下女，继以号哭，旋复高歌。舅母不能堪，噪逐之。先生逡巡出，入小旅舍。外祖母以为同在客中，宜相照顾，晓舅母以大义，命舅氏迎之归。故先生见外祖母，必致敬礼，与舅氏亲若昆季。乃未久，以论学及政见不同，闻其中有奸人播弄，遂略有龃龉，是年即归国。[2]

又称：

> 舅氏与余杭章太炎氏学术既同，情好甚敦。因有不良分子造为诽谤，说"章炳麟外和内忌，游扬当道，有不利于孺子之心"等语，登诸报章。再经舅母加以饰词，舅氏引为大恨，遂向太炎绝交。太炎百计修好，舅氏都是置之不理，有信亦不覆的。[3]

其说虽有小误，然与章太炎函请孙诒让先生为其与刘师培修好（详后）的说法大致相符，似因"学术声名之争"而起。而章太炎不修小节之事，当时也多有传闻。但也有人说，是因何震与汪公权有染而起。冯自由《记刘光汉变节始末》云：

> 端方亦授意败类学生多人从中作祟，或伺隙离间，或用金钱买收。党人之意志薄弱者，间为所愚，光汉之妇何震及其姻弟汪公权即其人也。何、汪不独从此入于侦探一流，且形同夫妇，宣言公夫公妻不讳。适光汉因事与章太炎、陶成章等大起冲突，又以勾结日人谋夺党权事不理人口。何、汪等乘之，日夜怂恿光汉，使入官场，以图报复。

1　马以君编注：《苏曼殊文集》上册，第 294—296 页。
2　梅鹤孙：《刘氏五世小记》，第 37 页。
3　梅鹤孙：《刘氏五世小记》，第 48 页。

光汉外恨党人，内惧艳妻，遂不得不铤而走险，始真为江督端方之侦探矣。[1]

叶知秋《章太炎与刘师培决裂前后》所说，与冯自由说大同小异，或即本彼。而章士钊《柳文指要·刘申叔论古文》称："太炎尝论凌次仲，谓'次仲号为工骈体，然止似文章家之骈体耳，无以自见所学也，彼岂谓一为文章，便当抛却经师本色耶？'此殆欲以晏文献意中之柳子厚策励申叔。"又云："申叔，吾友也，平日学优于吾，吾甚敬之。独少时违难东京，太炎与吾及申叔聚处时，偶谈文事，意辄相左。时吾撰《中国文典》，太炎谓是别通故训之一途径，而申叔反对甚烈。"则以学术之争而起，与章太炎致孙诒让书所称相同。至于冯自由谓何震、汪公权形同夫妇、公夫公妻，与何震女性解放理论完全相背，实为冯氏想象之词。冯氏一向仇视共产主义理论，所著《革命逸史》中，称共产主义即公夫公妻者非止一处，即可证明。

于以上二说之外，《钱玄同日记》称章太炎迁出，乃因张继事与汪公权小有口角，而汪理屈，且所为乃银钱事。（详后）似二叔反目，非仅一因。

4 月 2 日，章太炎迁至民报社。《钱玄同日记》载：

> 至小石川大冢町太炎新屋处，知未迁来，日内寓民报社。[2]

3 日，章太炎迁至新居。《钱玄同日记》载：

> 午后，至太炎处。（至民报社，太炎已迁出麴町。）[3]

6 日，世界语讲习会在刘师培住宅首次开班，参加者有刘师培夫妇、张继、苏曼殊、景梅九等 20 多名中国留学生。拟每周月、水、金曜日下午四时至五时半上课。《钱玄同日记》载：

> 午后，至申叔处，今日为エスペラント教授开始日。今日且不教，先由大杉荣演说学エス亦非甚易之事，大约谙英文者，三月小成，半年大成；不谙者，半年小成，期年大成云。改定时间为每星期月、水、金三日之五时半至六时半，甲班（谙英文者）；月、水、金四至五半，乙班（未谙Eノ）。用课本为 Ekzercaro de la lingvo Esperanto（世界语

---

1 冯自由：《革命逸史》上册，第 333 页。

2 杨天石主编：《钱玄同日记》（整理本）上册，第 124 页。

3 同上。

练习），乙班。余在乙班，惟水曜日时间与国学讲习会又有冲突，因至神田董修武处商议。伊言：此水曜日只可照旧，后当再与同人酌之，未知能改期否。若必不能，则吾决计上国学班，赖工ス班矣。盖此次请太炎讲小学、文学，大非易事，以后难再，真是时哉不可失。二者比较，工ス究非难得之事，况又有仲权等去上班，竟可借抄矣。[1]

10日，《广益丛报》第165号出版，"中编·学问门·理科"续载《尔雅虫名今释》，无署名。

本日，因与章太炎所办国学振起社的国学讲习会时间冲突，钱玄同致书刘师培、汪公权，决定暂时放弃世界语学习。《钱玄同日记》云：

因思每周礼拜三世界语及国学振起社班冲突，二者既不可得兼，则吾宁舍工ス而取国学，故今日函汪公权与刘申叔，言不去读矣。[2]

12日，社会主义讲习会改名齐民社后，举行第一次集会，刘师培、汪公权、潘怪汉、大杉荣等到会演说。《衡报》第1号《齐民社（即社会主义讲习会改名）开会记事》云：

本会于西四月十二日午后二时开会牛込赤城元町清风亭。先由刘申叔君演说国家之害，并证明国家不能保卫人民。次由江苏某君演说日本军人之苦及军官压制，并推及征税之苦。次由刘君及汪君、怪汉君言□公学筹款事，并乞同志募捐，而公学□君亦宣布宗旨及办法。次由日本大杉荣君演说佛国叛乱之精神，由贵州某君通译。六时散会，并宣布下次开会之期，定于本月二十六日午后。[3]

14日，《申报》刊载"革命党之近状"，称章太炎将出家，云：

主持民报社之章炳麟，现已延请南京某僧来东受戒，决意出家，《民报》事从此绝不顾问。章自谓被捕七次，坐狱三年，身世茫茫，正不知如何结果，大有废然自返之意。党中人颇愤恨之。[4]

15日，二叔失和事逐渐为外界所知。《钱玄同日记》载：

1　杨天石主编：《钱玄同日记》（整理本）上册，第125页。
2　杨天石主编：《钱玄同日记》（整理本）上册，第126页。
3　万仕国、刘禾校注：《天义·衡报》下册，第863页。
4　《革命党之近状·章太炎出家》，《申报》1908年4月14日，第2张第4版，东京通信。

在民报社，见《万朝报》，有一节言太炎辞革命事而为僧侣，且与张之洞之侦探通情云云。是必汪公权所为。人之无良，一至于此，殊为可恨！太炎前之迁出，本因小有口角（为溥泉事）。此事本汪理屈，而今又为此，是真小人之尤矣。[1]

17日，《时报》又载章太炎出家事，云：

据确实友人言：民报社主笔章太炎已延南京某僧来东受戒，决计出家，从此不问世事云。[2]

20日，《国粹学报》第40期出版，"文篇·文录"刊载《松陵文集叙》，"地理篇"始载《辽史地理考》，均署名刘师培。案，《松陵文集》为陈去病所编，内容均为吴中文人旧作。《辽史地理考》裁出部分内容，改作为《辽史部族表书后》两篇，收入《左盦集》卷五。

本期"报告"载《国学保存会报告》（第二十号），有刘师培《与邓秋枚书》，云：

秋枚足下：

前日游东京博物馆，其中古迹颇多。其最著者，有宋版《玉篇》《广韵》及医书数册，又有明廷封丰成秀吉敕书墨迹及日本古碑墨拓数十种。另有埃及上古残碑，惜文多缺佚。至中国古金石，则有唐石刻一具，外有靖康、（成）〔咸〕通诸钱，均中国所罕见者。至于书画家之墨迹，则多真伪杂淆矣。惜观览之际，为时甚短，故未能深考也。[3]

21日，何震利用吴稚晖、章太炎的个人恩怨，致书吴稚晖，揭发章太炎与端方关系。函称：

稚晖先生大鉴：

久慕大名，恨未晤面，以聆教诲，怅甚！留法同人发起《新世纪》，久为敝等所崇拜。不意日京民报社之章炳麟，因与先生有隙，即加诋毁；又因恨《新世纪》之故，并憾及留法之人，以及法国各学派。于此次张君溥泉如法，彼即虚造伪言，甚至欲将渠入狱，一月引渡清国。险

1　杨天石主编：《钱玄同日记》（整理本）上册，第127页。

2　《东京近信·章太炎受戒作僧》，《时报》1908年4月17日，第2版，要闻。

3　刘师培：《左盦外集》卷十六，《仪征刘申叔遗书》第12册，第5122页。

恶如此，罪当如何！而东方无知之革命党受其影响，亦排斥无政府主义及世界语，故贵报于东方不克发达，而观19期《民报》载有答先生书一篇，痛加宣布。其言虚实，鄙人固不能知，但彼暧昧之历史，则知之甚晰。试陈之，以备参考。

章炳麟，一名绛，字太炎，又字枚叔，别号末底、西狩、载角，浙江余杭人。幼婴羊疯疾（今尚缺二门牙），甫应县试，其疾大作，遂纳粟为国子生，且从伯兄习制艺，冀应乡举。则其革命思想，非具于壮年之前，且非蓄排满主义，始以应试为耻，彰彰明矣（此事彼家族及炳麟亲对吾言）！彼又受张之洞之召，供其役使。又皖人吴保初为故提督吴长庆子，彼在沪常主其家，则又非疾视官场者比。且彼庚子年偕保皇党上书李鸿章（此书由章起稿），又致书张之洞及江南道员俞明震，多以变法冀清廷（今此稿犹存），并明震复言，将此面呈老帅，老帅大悦云（即刘坤一）。去岁曾受铁良二百金（系由国事侦探程家柽经手，刘林生言），又去年九月上张之洞书，与伸〔申〕旧谊，逢迎其国学，末言若助以巨金，则彼于政治问题，不复闻问，并谢辞《民报》编辑（此言系下婢名□□所发）。余甚多，不克枚举。近已用针笔板照像法付印，俟成即寄上。外附《民报》19期答先生原函寄上。是端已为同志中一友人披过，如合尊意，留登贵报。

余容续布。即颂自由幸福并祝《新世纪》无政府万岁！

Chin 上

西 4 月 21 日[1]

《申报》载章太炎仍然办理《民报》消息，云：

前信纪章炳麟决意作僧，不闻世事，刻得章《致通信社辨明书》，略云：近日党派纷争，宪党已微，女子复仇党又思乘机而起。彼辈宗旨虽与吾党无大差池，而志在揽权，其心极隐。《二六新闻》前登程家柽事，本属虚诬，其意并不在程家柽，欲因此以倾覆《民报》，故中有"《天义

---

1 杨天石：《何震揭发章太炎——北美访报录》，杨天石著：《晚清史事》，北京：中国人民大学出版社，2009 年，第 351—352 页。

报》《民报》优劣”一段事。《二六新闻》明著送稿者为刘光汉,使吾辈知其语所由来。刘君本非险诈之徒,惟帐下养卒(陈)〔汪〕公权者,本一势幻小人,以借贷诈谝为务。刘君素无主张,一时听其谗言,遂至两家构衅,诚可浩叹。闻彼辈亦曾送稿责同人,言鄙人种种灰心事。其意只欲取而代之耳。鄙人近仍在《民报》办事,拟重新整顿一番。至于削发为僧,本与此事绝无关系。月照尚可作尊王攘夷事,况我辈耶!若谓从此入山,摈弃世事,则今日并无山可入也。一切謷言,愿勿听纳。此问近安。章炳麟白。[1]

案,“女子复仇党”,当指何震等所创女子复权会,且因何震著有《女子复仇论》,故云。

22日,章太炎将所著《驳中国用万国新语说》交钱玄同翻印。《钱玄同日记》载:

午后先至太炎处,太炎出一篇,曰《驳中国用万国新语说》,将《新世纪》《万国新语之进步》一篇驳尽,且中多精义。又将神瑛三十六字母改用小篆,取最简单者用之;将《广韵》二百六韵并为二十二文(上、去、入规以〇),亦用小篆最简单者改之,言反切上一字字母、下一字字母所成,仅用韵母、字母即可相切,故作此形,期可如日本力ナ之注音,法甚善也。因交我,令即印出。与太炎同至神田。余归,先写一张,明日拟用蒟蒻板试之。[2]

案,此文虽针对《新世纪》而发,然而刘师培此时正在东京办世界语培训班。此举一出,势必波及刘师培而激化双方矛盾。

24日,刘揆一、汪东等调和章、刘矛盾。《钱玄同日记》载:

在太炎处竟日。知刘林生与汪寄生拟调和章、刘间,章颇愿,因致函规刘,托刘林生携去。申叔亦本无不可,而何震、汪公权二人坚执不可调停。申叔内受制于房闱,外被弄于厮养,默默无言,事遂不果。噫!立宪党与革命党应该冲突者也,而谈排满者与谈无政府者乃或起冲突,

1 《章炳麟仍办〈民报〉》,《申报》1908年4月21日,第2张第4版,东京通信。

2 杨天石主编:《钱玄同日记》(整理本)上册,第128页。

而其故又极小,不过为银钱事。使外人闻而解体,可叹! 可叹! ¹

案,刘林生即刘揆一,汪寄生即汪东。章太炎托刘林生"致函规刘"之函,今未详。钱玄同前称二叔失和乃因张继而起,与汪公权有口角之事,且认为汪公权理屈,此又谓"为银钱事",其间究竟如何,今虽不能尽知,然《钱玄同日记》为今日所见最早记载二叔失和原因的资料。后来,汪东在《同盟会和〈民报〉片断回忆》中称:

> 一九〇八年,同盟会内部曾发生过向南北洋告密的事。不久刘申叔就投靠端方,做了端的幕僚,月薪三百两,因此证明是刘所为。实则其中还有内幕。刘是一个学者,终日埋头著作,又有肺病。他与妻子何震本是表兄妹,而汪公权者又是刘的表弟,在日本时同住一起。何既好名,而又多欲。他一面利用刘能写文章,替她出名办了一种月刊(是否即《天义报》记不清),提倡女权,并带无政府色彩;一面又对刘不满足,行为放荡。汪趁此勾引,与何发生了关系。那时章太炎从民报社迁居刘处,于无意中发觉了汪、何的秘密,便私下告诉刘。刘的母亲也听见了,非但不信,反大骂章造谣,离间人家骨肉。这事声张开来,汪、何二人当然恨之切齿,尤其是汪。我那天正去看太炎先生,被刘母遮住了诉一顿冤(那时我尚未做太炎学生)。汪公权满脸凶气,眼睛里都是红丝,跳出跳进,嚷着"我们白刀子进去,红刀子出来",我简直不懂他说的什么。恰巧刘揆一也在那里(刘可能是去调解这件事的),便同我一道出来,摇头冷笑道:"这种江湖上的下流口吻,他(指汪公权)拿来吓谁?"我是觉得于我无关,不愿再问。随后太炎搬回民报社。我暑假回国,正值端方大捕党人。陈陶遗比我后一班船,刚到上海,就被捉去了。我住镇江,常镇道刘襄孙忽然差人拿名片到我祖父训导衙门里来查问我,幸亏我又回苏州上坟,没有查着。我兄姊们是知道些我的情况的,便竭力阻止我不再回到日本。而同年秋天,民报社发生了毒茶案,又是汪公权的主谋。幸察觉得快,没有伤人。在案未查明以前,汪溜归上海。这时上海有些同志已经弄明白了端方大捕党人是由于告密,而告密这件事,

---

1 杨天石主编:《钱玄同日记》(整理本)上册,第129页。

是汪公权、何震挟持刘申叔,用刘的名义做的。大憝元恶,罪有攸归,于是王金发奋起锄奸,刺杀了汪公权,使人心为之一快。[1]

案,汪东当年虽在日本,然本年秋即未再赴日本。且此文为晚年的回忆,何震所办是否是《天义报》已经记不清,则其中杂入多少传闻之言,已不能明。

25 日,《新世纪》第 44 号出版,载《吴敬恒答章炳麟书》[2],针对《民报》第 19 号所载章太炎答书再作答。

26 日,齐民社第二次集会。《衡报》第 2 号《齐民社记事》云:

> 西四月二十六午后一时,齐民社同人开会神田猿町锦辉馆,兼为坂本清马君送别。首由南君报告开会,次由怪汉君演说俄国社会党要求土地法案事,次由山川均君演说动植物之互助,次由竹内善朔君演说日本阶级制度及绅商之压制,次由坂本清马君演说暗杀主义。六时散会。[3]

案,"南君"即南桂馨。章太炎此时因二叔失和,不再参加齐民社活动。

28 日,刘师培所办《衡报》Equity 第 1 号(创刊号)在东京出版,为躲避日本警方的干涉,托名澳门平民社。其宗旨为:颠覆人治,实行共产;提倡非军备主义及总同盟罢工;记录民生疾苦;联络世界劳动团体及直接行动派之民党。通信所设东京麴町区饭田町六ノ二十一,编辑者署"刘申叔",该报言论稿均为刘师培所作。"社说"栏载刘师培(署名 Sun Soh)作《发刊词》,云:

> 大道之行,天下为公。庄诠《齐物》,翟阐《尚同》。芸芸众〔生〕,禀性惟均。孰判其等,卑高以陈? 恢恢大圜,群萌并育。孰划其藩,辨物类族? 古亦有言:藏富于民。孰颛其利,蹲财役贫? 往古来今,三弊同然。爰匡其非,泯私戒偏。民蠹有三:曰兵、刑、财。上挟其利,民婴其灾。懿惟军人,赋质凶残。锯牙钩爪,艾民若菅。欺弱攻昧,

1 汪东:《同盟会与〈民报〉的片断回忆》,中国人民政治协商会议全国委员会文史资料研究委员会编:《辛亥革命回忆录》第 6 集,北京:文史资料出版社,1981 年,第 30 页。

2 《吴敬恒答章炳麟书》,《新世纪》第 44 号,1908 年 4 月 25 日,第 4 版,外来广告。

3 万仕国、刘禾校注:《天义·衡报》下册,第 864 页。

上将凯还。戎马所经，千里朱殷。师或无功，鼓衰旗折。寄身锋镝，暴骨沙砾。鲸鲵既封，鸢鸟饱食。招魂不归，山河黯色。古有至训：佳兵勿祥。谨告征夫，永矢勿忘。刑章之设，防民为首。乱若丝棼，苛察缠纠。天网协张，有若罟筌。絷躬梏体，民陷徽缠。桓桓司虣，吮血磨牙。毁室破柱，万口咨嗟。屠伯狰狞，众鬼森厉。画地为牢，地天晦翳。法为民害，四海毒痛。弁髦典宪，责在吾徒。聚敛之术，盗臣是操。竭泽而渔，吸髓屯膏。哀我农人，立锥无土。贷耕豪民，见十税五。亦有黠商，财力相君。龙断既登，致身青云。给役万人，牛驹同贱。短褐不完，民用嗟怨。爰荡其制，化私为公。共财之法，利与民同。凡此三端，施行孔迩。爰发群蒙，以伸厥旨。嗟乎！运会循环，有如转毂。无陂不平，无往不复。祝诅式兴，崇高必覆。物屈则伸，龙蛇起陆。自今以往，玄黄战血。群黎驿骚，土崩瓦解。师徒倒戈，农工辍业。斩艾人治，无俾萌蘖。污俗既涤，改弦更辙。货力不私，等威荡灭。无有远迩，大同为臬。是日郅治，群情洽浃。《衡报》刊行，意在于兹。涤残蠲暴，拭目俟之。今将宗旨列于后。

一、颠覆人治，提倡共产；

二、提倡非军备主义及总同盟罢工；

三、记录民生疾苦；

四、联络世界劳动团体及直接行动派之民党。[1]

本号"社说"栏载 Sun Soh《论国家之利与人民之利成一相反之比例》，"短评"载 Sun Soh《议会之弊》《共和之病》，"专件"载《劝同志肄习世界新语》，"通函"载《山东贫民之状态》，"中国记事"载《警局扰民汇记》《军人病民汇记》《工人困苦》《加税汇记》《汇记人民愤激之举动》，另有"时事小言""万国大事记""杂记"等栏。其《劝同志肄习世界新语》云：

昔在战国之世，各邦并峙，文各异形，言各异声。及秦皇采李斯议，立秦文为准鹄，而宇内混一。今之世界，众国林立，亦文各异形、言各异声之世也。非言文统一，不能跻世界于大同。幸近今民党，渐谙国家主

---

1 万仕国、刘禾校注：《天义·衡报》下册，第627—628页。

义之非，欲以世界主义为天下倡始，如社会党、无政府党是也。然语言阂隔，达志通欲，非译莫由，致团结之效，势难骤跻。由是，有采用世界新语之议。考世界新语，创于俄人石门 Zamenhof 氏，民党用为暗符，近则推行各国。去岁，于英国圜桥 Cambridge 开设巨会，赴者二千余人，拟创立万国联合会，使各国小学悉列新语为教科。而石门氏演说词，亦以新语通行，则国际纷争可息，复谓："爱世界者为真爱，爱一国者为私爱。新语普及，庶几由爱国之情，扩为爱世界之情。"是新语创造之初，已含博爱、大同之想，故英国无政府党本部，议以新语通函。又，去岁社会党大会，于改用新语，亦为提议案之一端，虽未经议决，然社会党、无政府党员欲图万国之联合，咸以娴习新语为先务。今万国平和自由协会 La Internacia Asocio Paco-Libereco 创设于巴黎 Paris，欲传播新语，以为传道、刊书之用。支会之设，遍于各国；运动平民之书册，日有增刊，则数年以降，五州各民党，嘤唯应对，必执新语以为衡。加以世界名著用新语译成者，科学、文学之编，充盈于市；专门字典，计类尤多；而无政府党员所撰著，恒用新语刊行。惜支那人民，鲜知肄业。傥人人知新语之益，竞相肄习，学成以后，用以友天下之士，读四方之书，较之仅通英、日（今中国人所习外国语，以此二国为多）文字者，所收之益，不啻倍蓰。异日真理诠明，天下为公，世界众生咸知联合群类，以感情相融洽，实行互助，泯国界之畦町，奏民党之伟绩，则同文之世，必有可期之一日，而新语之行，又为同文之嚆矢。吾党同志，如有抱世界主意，欲聆四方民党之论者，或亦有志于此乎？

谨将世界语讲习科简章列于后。

一、目的：以世界语渐为万国所通行，故设立此科，用为译书、传道及游历之用。

二、教师：日本大杉荣君。

三、班次：分甲、乙二班。已习英文者入甲班，未习英文者入乙班。

四、时间：每逢星期一、星期三、星期五，均开班教授。乙班四时起，五时半止；甲班五时半起，六时半止。

五、修费：每人月出授业料一元，杂费五角。

六、教科书：甲班用英文课本，乙班用日文课本，*Ekzercaro*[1]。

七、开班期：公历四月六日。

八、场所：东京麹町区饭田六ノ二十一何方。

另有大杉君开班演说词，定于第二号登载。[2]

"同志消息"载张继消息云：

前月至香港，后其来函云："即日趁船渡法。"至新加坡，来一片；至锡兰，又来一片，末言："有一印人毙船中，船长掷之海，其状至为惨酷。"目下想早已抵巴黎矣。[3]

案，吴稚晖与章太炎发生笔战后，《民报》原代派《新世纪》事取消。蔡元培建议吴稚晖利用张继至欧洲的机会，引为助手。蔡元培《复吴敬恒函》云：

此等毫无价值之言，似可不必介意。惟彼不任代派《新世纪》，则当别行设法耳。张溥泉君来欧，贵报或可引为助手。此公伉直，无城府，且持无政府主义甚早，想先生所谂也。[4]

本号《衡报》有《齐民社（即社会主义讲习会改名）开会记事》，记4月12日齐民社第一次集会情况。另载《本社启事》二则（第2号仍载），云：

（一）

阅报诸君，如有谙悉国内民生疾苦者，乞函告本社，代为登录。

（二）

世界语班由日本大杉荣君教授，现拟于甲、乙二班外，或另开新班。留学日京诸君，如有立志愿学者，乞阅本号所载简章，并速向本报通信所报名。又，大杉君由外国语言学校毕业，尤通法语，拟为中国人开法文班。留学日京诸君，如有愿学者，亦乞向本报通信所报名。[5]

30日，《山东国文报》戊申第5册（第43期）出版，刊载《颜学学派重艺

---

1 Ekzercaro，世界语"练习册"，是世界语创始人 Zamenhof 编撰的世界语教科书。

2 万仕国、刘禾校注：《天义·衡报》下册，第737—738页。

3 万仕国、刘禾校注：《天义·衡报》下册，第863页。

4 蔡元培：《复吴敬恒函》（一九〇八），高平叔编：《蔡元培全集》第一卷，第405页。

5 万仕国、刘禾校注：《天义·衡报》下册，第869页。

学考》，署名刘师培。

5月6日，《钱玄同日记》载：

> 未生来，知公权那面竟欲施放种种陷害人之手段云。爱国志士、革命党、社会党、无政府党果如是之阴险，而权利心若是之甚耶？[1]

案，"未生"即龚宝铨，章太炎女婿。

受二叔失和牵连，本与刘师培夫妇同住的苏曼殊迁居友人处避祸。7日，苏曼殊在日本写信给刘三，称：

> 盖近日心绪乱甚，太、少两公又有龃龉之事，而少公举家迁怒于余。余现已迁出，飘泊无以为计。欲返粤一转，奈无资斧何！故只可沿门托钵。[2]

8日，《衡报》第2号出版，"社说"载《论中国搜括民财之现象》《论共产制易行于中国》，"短评"载《地方选举之流弊》，"专件"载《大杉荣君世界语 Esperanto 开班演说词》（节录），"来函"载《贵州农民疾苦调查》《上海电车谈》，"中国近事记"载《加税汇记》《官军扰民汇记》《警察病民汇记》《学捐病民汇记》《民灾记》《铁路病民记》《外国资本家病民记》《人民骚动记》《商民抗税记》《工民罢工记》《军人脱营记》，"同志消息"载《张继君》云：

> 三月二十一，到非洲之埃及飞亚，来一片；至博水，来一片；至巴黎，来片云："观览巴黎著名之建筑物，拿破仑所以画者也。拿破仑以□吞并列国之后，在此堂内受各国之朝贺，不意中途崩溃，野心竟未遂也。"[3]

又有《齐民社记事》，记录4月26日齐民社第二次集会事。

9日，《新世纪》第46号出版，所载褚民谊《续无政府说》一文，引《天义》第一号（《新世纪》误作第十一号）何震《公论三则》之《道德与权力》一文为论据。

本日，陈去病致书高旭（收入《国学丛选》第六集），邀请高旭、柳亚子到杭州张煌言墓前一哭，兼吊秋瑾，并希望以章太炎、刘师培反目为鉴，永固贞

---

1 杨天石主编：《钱玄同日记》（整理本）上册，第130页。

2 柳亚子编：《苏曼殊全集》第1册，第208页。

3 万仕国、刘禾校注：《天义·衡报》下册，第864页。

盟。其中称：

> 刘、章结果，弟数年前早料到。盖两人皆经生，铿铿好辩，不肯服输，匪若吾侪终不忍以意气坏大局也。好兄弟而如此，能无怃然？所愿吾侪当日凛凛，无蹈此覆辙而自破其贞盟也，则吾心安矣。[1]

陈去病又作《有怀刘三、钝剑、安如，并苦念西狩、无畏二首》，希望二叔能"廉蔺合"，诗云：

> 吾有数同好，性行皆轶伦。其一为刘季，豪宕生风云。长才擅三绝，写作何玢璘。掉头竟不顾，独饮曹参醇。其二有渐离，生来耻帝秦。报仇志不遂，往往多哀呻。要我结南社，谓可张一军。最少独屯田，儒雅尤恂恂。韩亡知自奋，留侯岂妇人。缔交逾十载，意气侔雷陈。所憾落拓士，江海多沉沦。譬如尺蠖屈，终古无一伸。又如骄阳虐，宁怪蛟龙嗔。去去一长啸，其人真悲辛。所以发慨叹，嘘气摧星辰。

> 我歌且未了，我悲今更多。出门结朋友，所贵心气和。况荷世衰乱，交道常参差。相期胶与漆，犹苦生离俪。奚为君子士，立行多偏颇。不知金石好，学术相磋磨。徒矜洙泗习，龂龂空龃龉。所志卒未成，同室先操戈。知己纵或谅，忌者将如何！成连空知音，徒闻海上波。管邴并良士，割席乃纷拏。思之独泫涕，欲乘沧海槎。终教廉蔺合，毋贻钟吕嗟。不见耳馀事，千古资谯诃。[2]

案，"钝剑""渐离"即高旭，"安如""屯田"即柳亚子，"西狩"即章太炎，"无畏"即刘师培。

10日，齐民社第三次集会，刘师培作讲演。《衡报》有《齐民社记事》，云：

> 公历五月十日九时，齐民社开会于麴町富士见楼。首由刘光汉演说结合之必要，次由守田有秋君演说劳动组合及无政府主义，次由李君演说蜂群之组织，次由南君、汪君报告。十二时半散会。[3]

案，"南君"指南桂馨，"汪君"指汪公权。

14日，《山东国文报》戊申年第6册（第44期）出版，卯编续载《文献考》

1　张夷主编：《陈去病全集》第1册，第360页。

2　陈去病：《浩歌堂诗钞》卷四，张夷主编：《陈去病全集》第1册，第68—69页。

3　万仕国、刘禾校注：《天义·衡报》下册，第865页。

（《义士释》附录），始载《格物解》，署名刘师培。案，《格物解》于戊申年第7 册续完。

17 日，为扼制由"二辰丸案"掀起的抵制日货运动，齐民社第四次集会，反对抵制日货。刘师培等作报告。《衡报》第 3 号《齐民社记事》称：

> 五月十七日午后一时，齐民社同人开排斥日货研究会于神田锦辉馆楼上。其传单曰："排斥日货，出于立宪党之阴谋。而广东同乡会反对此事者，其所刊意见书，复虑此举与立宪前途有碍。此均同人所反对。爰于十七日午后一时开大会于神田麴町锦辉馆，讨论此举所生之结果，并明揭立宪党邪谋。留学界全体均可按时莅会及自由演说。"是日也，大雨若注，到者七百人，日警察及新闻记者均至会场。首由刘光汉报告，次由潘怪汉诸君演说，相继演说者十四人，均归罪保皇党。闻者为一致之拍掌。次决议刊布书册，陈述利害，使此举速结。否则将排斥日货各机关，以暴力破坏，并宣言此等劳民对外团体，当加以运动，使进为对内团体。五时散会。[1]

18 日，《衡报》第 3 号出版，"警要新闻"载《汉口罢市记》，"社说"载《论中国排斥日货事》，始载《社会革命与排满》，"短评"载 Fraud in the General Election of Japan（日本选举之徇私）；"来函"续载《贵州农民疾苦调查》，刊载《衢州纸工苦况》《应城警察之害民》；"译丛"载苦鲁巴特金著，山川均、民鸣共译《无政府共产主义之基础及原理》；"中国近事记"载《加税汇记》《兵警冲突记》《军人脱营记》《警卒扰民汇记》《人民骚动汇记》。"同志消息"载《张继君》云："现居伦敦，来函甚长，录于次号。"又载《齐民社记事》，记载 5 月 10 日、17 日活动情况。

本号《社会革命与排满》一文强调：

> 为今日旗民计，则凡属于蒙古、汉军者，宜实行阶级斗争，以抗满族；而多数满人，又以生计之不充，合力以抗其上，谢绝服兵之责，以行社会大革命。对于汉人，则尽弭种界，互相提携。俟君统既覆，退与汉人相平，以建共产无政府之社会，斯则旗人之幸也。至于彼族达官贵族，

1　万仕国、刘禾校注：《天义·衡报》下册，第 865 页。

虽久享安富尊荣，然苟阐明公理，去与平民为伍，使巴枯宁、苦鲁巴金之美举重见于亚东，此尤吾等所深为欢迎者也。故吾等欲行社会革命，必首排满洲之特权；而对于旗人，则冀其同行社会革命。此吾等所持之旨所由与民族主义稍殊也。若夫联合民党，颠覆现今恶劣政府，则固与表同情。惟于满清政府颠覆后，别设新政府，则非吾等所欲与闻也。[1]

与同盟会在对满态度上作了明确的划分。

19日，《国粹学报》第41期出版，"社说"始载章绛《驳中国用万国新语说》，第42期续完。"报告"载《国学保存会报告》第二十一号，有《戊申续出国粹丛书》，又有《神州国光集第一集已出》，云：

> 本集所印金石彝器、名迹墨本，皆系至精极塙，人间希见之宝。其于真赝之界，辨别至严。第一集内有黄本宋拓《汉石经》，近归汉阳万氏，久已著声海内，为神州第一至宝。又有唐人书藏经残字，近归元和杨氏。宋元真迹，世间已罕，何况唐人墨宝乎？其外，名家法书名绘数十种，皆极珍品，世人久有价值定评，无庸赘述。本会所制玻璃、铜版，又极工巧，与真迹无异。不惜縻精工以传巨迹，第一集所费，已逾数千金矣。世有巨眼精鉴之君子，当不以为河汉也。[2]

24日、25日，《神州日报》第2页刊载《炳麟启事》，称：

> 世风卑靡，营巧竞利。立宪、革命，两难成就。遗弃世事，不撄尘网，固夙志所存也。近有假鄙名登报或结会者，均是子虚。嗣后闭关却扫，研精释典。不日即延高僧剃度，超出凡尘。无论新故诸友，如以俗事见问者，概行谢绝。特此昭告，并希谅察。章炳麟白。[3]

28日，《衡报》第4号出版，"社说"载《汉口暴动论》，续载《社会革命与排满》；"短评"载《选举之徇私》《无政府党之镇压》；"来函"载张继君由伦敦来函、由巴黎来函，知耻君由汉口来函；"同志消息"载《齐民社记事》《张继君》《平原断侵君》；"中国近事记"载《加税汇志》《军人扰民汇记》《警察扰民汇记》《人民暴乱汇记》《工民扰乱汇记》《商民抗税汇记》。本号《汉

1　万仕国、刘禾校注：《天义·衡报》下册，第656—657页。
2　《国学保存会报告》（第二十一号），《国粹学报》第10册，第5931—5932页。
3　《炳麟启事》，《神州日报》1908年5月24日，第2页。次日仍载。

口暴动论》称：

> 吾党之意，以为中国革命非由劳民为主动，则革命不成；即使克成，
> 亦非根本之革命。故吾党所希望者，唯在劳民之直接行动。[1]

《选举之徇私》，详载日本议员选举中的舞弊情形，以为殷鉴。《无政府党之镇压》则揭露了美国、法国、西班牙等对于无政府党人的迫害。张继由伦敦、巴黎来函各二则，详述国外无政府主义运动发展情况。《本报收款广告》则称：

> 本报自发刊以后，承各同志捐助。今将捐金者姓名列于左：张民
> 伍君一元五十钱，张平君三元，平原断侵一元，顾君五元，秦君二元，汪
> 君三元，李君五十钱，锄权子六元，黄女士二元，韩君八十钱，张静君五
> 元。计收三十四元八十钱。[2]

又载《世界语夏期讲习会开班广告》一则，称：

> 本社为世界语班扩张计，又以教授九十小时可得其大要，以为阅一
> 切书报基础，特于西历七月一日起开夏期讲习班，至八月十五日止，每
> 日由大杉荣先生授课二小时。由午后六时起，至八时止。入学金五十钱，
> 授业料三圆，杂费不取。如有欲学者，乞至麹町区饭田町六丿二十一本
> 社通信所报名。[3]

29日，《广益丛报》第170号出版，"上编·政事门·粹论"刊载《近代汉学变迁论》，署名刘师培。

30日，《新世纪》第51号出版，有《吾道日昌》一篇，以"中国道司道"（即中国的托尔斯泰）称刘师培，云：

> 日本之无政府党，数年来，潜滋暗长，所在布满。中国留东学界起
> 而相应和者，亦日盛一日。惟中国内地，为政府之游魂幻气蔽塞人民之
> 耳目，谈此事者，与三十年前之谈立宪同，连名词之不知，有待乎贯输开
> 通者甚急。是以中国"道司道"刘申叔君，特于澳门编辑《衡报》，每月
> 三回发行，现第一期已到，先在会馆等众人相聚之处附送，以便诸公之

1　万仕国、刘禾校注：《天义·衡报》下册，第657页。

2　万仕国、刘禾校注：《天义·衡报》下册，第872页。

3　万仕国、刘禾校注：《天义·衡报》下册，第872—873页。

快睹。如有定购者，每年连邮税三佛郎，函致本馆代定可也。至该报记载之价值，刘君之道德学问，久已名满海内。该报实为无政府党报发明种种之特色，乃吾党撼声殷天之新导钟。[1]

本月，章太炎在《民报》第20号发表《支那印度联合之法》，强调"联合之道，宜以两国文化相互灌输"。

下旬，吴稚晖将章太炎托刘师培夫妇运动端方事告知蔡元培，蔡元培复函云：

> 手示暨各件谨悉。枚叔末路如此，可叹可怜！然申叔亦太不留余地。公所谓贻反对党骇笑，诚不免。公及博公劝之，甚善。弟曾于《神州日报》见《炳麟启事》一条（《申报》之东京通信，尤可怪），言嗣后不答俗事函件。以为公之第二书，彼将援此例，不置一辞矣。乃又有复函，其言尤为无聊。公不再作答，尤善。〔中略〕
>
> 奉上邮票值十二马克，其中十马克请转交《新世纪》社，两马克之票则作为一年内《衡报》之价，并乞转交。[2]

6月1日，章太炎致函孙诒让，请其出面调停与刘师培的矛盾。《制言》第30期影印原函云：

> 仪征刘生（旧名师培，新名光汉，字申叔，即恭甫先生从子），江淮之令，素治古文《春秋》，与麟同术，情好无间，独苦年少气盛，喜受浸润之谮。自今岁三月后，谗人交构，莫能自主，时吐谣诼，弃好崇仇。一二交游为之讲解，终勿能济（以学术素不逮刘生故）。先生于彼则父执也，幸被一函，劝其弗争意气，勉治经术，以启后生，与麟戮力支持残局。度刘生必能如命。偻偻陈述，非为一身毁誉之故，独念先汉故言，不绝如线。非有同好，谁与共济？故敢尽其鄙陋，以浼先生。惟先生少留意焉。[3]

函末云："刘生寓东京麹町区饭田町六丁目二十一番何方。如寄字，由杭州日本邮政直达，或可由上海《国粹学报》馆转寄皆可。"孙延钊《余杭先生与

---

1 《吾道不孤》，《新世纪》第51号，1908年6月30日，第1版，本馆广告。

2 蔡元培：《复吴敬恒函》（一九〇八年），高平叔编：《蔡元培全集》第一卷，第406页。

3 《太炎先生与孙仲容先生手书》，《制言》影印本第6册，扬州：广陵书社，2009年，第3344页。

先征君》云："札尾署五月初三日。时先征君已在病中，而即于是月二十二日卒。此札寄到，已不及见。"

6 日，南桂馨因其父去世，由神户乘船回国。[1]

钱玄同将《驳中国用万国新语说》印成，每人得三十五本，广为散发。[2]

8 日，《广益丛报》第 171 号"上编·政事门·外国部"发表《章太炎果将受戒作僧》。

《朱希祖日记》记载，本日下午，"回寓写信四封，各送《驳中国用万国新语说》书一册"，[3] 即钱玄同等代为石印之本。

本日，《衡报》第 5 号出版，"警要新闻"刊载《汉口农民暴动又起》，报道本月 1 日午后，汉口后湖农户数千人，为保护围垦田地产权，向清丈总局示威引发斗殴事，并加按语云：

> 汉口罢市案甫息，而农民暴动复起，则本报前号所谓"中国劳民革命，当由汉口发端"者，验于此而益信。据访函所言，此事主动，虽半由田主，然一湖之田，为三千余户所分有，则小农之自有其田者，必不乏其人。此次暴动，必以小农占多数，此可预决者也。昔法国大革命以前，农民小叛乱 Jaqueries 三百次。今观之中国，则数载以来，若镇江之闹漕、芜湖万顷湖之叛乱、浙江桐乡之反对加漕，合以汉口此变，均农民之小叛乱也。由是而降，则农民抗税之革命，必可普及于全国，孰谓农民无革命资格哉？[4]

"社说"载《论中国宜组织劳民协会》《论中国资本阶级之发达》，"短评"载《非兵备主义之盛行》《权力阶级之违法》《强政府之恐慌》《白种劳民又排斥华人》，"来函"载《福州乡民反对警局记》（署平）、《湘民毁坏开矿公司记》（署峥）、《八都湖佃民谋暴动记》（署周）、《厦门罢市记》（署采）、《上海电车肇祸记》（署平）、《记南京火药伤人事》（署桐）、《张继君由巴黎来函》、《KB 生自伦敦来函》、《黄蕴君自美来函》，"同志消息"载《□桂□

1　万仕国、刘禾校注：《天义·衡报》下册，第 866 页。

2　杨天石主编：《钱玄同日记》（整理本）上册，第 133 页。

3　朱希祖：《朱希祖日记》上册，第 74 页。

4　万仕国、刘禾校注：《天义·衡报》下册，第 624 页。

君》(当即"南桂馨")、《汪公权君》、《日本同志消息》,"中国近事记"载《加税汇记》《兵警扰民汇记》《人民骚动汇记》《商民抗税汇记》。本号所载《张继君由巴黎来函》云:

> 近日吾党中人,恒造谣生事,殊非善状。东京所出新书,于关社会革命者,无论中文、日文,乞寄数份来。吾党今日要务,在于多印小册,输入内地。于有学堂之处,亦秘密寄送。欧洲革命运动,以散布小册为主。即在东京,亦可分散。昔日吾辈所刊书报,均带商业性质,非出资相购,则不给与。此大谬也。法国革命报,送人之额,约占卖者一倍。中国革命党,均以书报为空话。实则此等空话,较兴起革命军之价值,相去不远。近来日人有何运动? 秋水先生曾来东京? 立宪狗党有何动作?《天义》报可改排五号字,惟需作出报十年之计画耳。要甚! [1]

10 日,《民报》第 21 号出版,章太炎发表《排满平议》《驳中国用万国新语说》。其《排满平议》称:

> 人有恒言曰:玉卮无当,虽宝非用。凡哲学之深密者类之矣。无政府主义者,与中国情状不相应,是亦无当者也。其持论浅率不周,复不可比于哲学。盖非玉卮,又适为牛角杯也。转而向上,言公理者,与墨子"天志"相类,以理缚人,其去庄生之齐物,不逮尚远。言幸福者,复与黄金时代之说同其迷罔,其去婆薮槃头舍福之说,又愈远矣。诚欲普度众生,令一切得平等自由者,言无政府主义,不如言无生主义也。转而向下,为中国应急之方,言无政府主义,不如言民族主义也。

又云:

> 汉族自西方来,非有历史成证,徒以考索比拟而得之。

又发表《特别广告》,否认《炳麟启事》出自其手笔,谓:

> 仆于阳历五月二十四日,赴云南独立大会,时本社人员亦俱往赴。仆归后即不见印章一方,篆书"章炳麟印",知是侦探乘间窃去。以后

---

1 万仕国、刘禾校注:《天义·衡报》下册,第 764 页。

得仆书者,当审视笔迹,方可作准。其印章"章"字上画阙者,可信为真,完具者即非真印也。章炳麟白。

再,近有人散布匿名揭帖,伪造仆与锡良之电报。又有人冒名作信,在上海《神州日报》登《炳麟启事》一则。其散布匿名揭帖者,查得是山西宁武府人;其冒名告白,尚待调查。合并声明。

13 日,《山东国文报》戊申年第 8 册(第 46 期)出版,丑编刊载《儒学法学分歧论》,署名刘师培。

14 日,齐民社举行第五次集会,刘师培作演说。《衡报》第 6 号《齐民社记事》云:

十四日午后一时,齐民社开会神乐坂上文明馆,并演活动大写真。首由刘光汉演说,略谓:人类共具之性情二:一为同感,一为模仿。有同感之情,故由见他人之苦,兼念及己身之苦;有模仿之情,故效法他人愤激之行为,由困苦而生愤激,暴动遂生。然此等性情,必待他物之感发,如戏剧、图画、诗歌是也。而兼具戏剧、图画之用者,则为活动写真。此次所演,非关于劳民疾苦,即系人民愤激之举动。深望观者之有感于中,以发破坏社会之观念也。是日也,本拟演法国杀君、足尾铜山暴动、俄国革命诸事,嗣为日警吏所干涉,遂不果。所演者计十种,均由汪公权君讲演,并加以评论,其目如左:

(1)工厂之放火(兼说明资本家虐待工人)

(2)马贼之劫掠(因说明世界贫富不均)

(3)伊国矿山火灾(因说明矿夫生命之危险)

(4)伪造银货者末路(因说明废金钱主义)

(5)纽约大惨灾(因说明当时无政府之状态)

(6)法国水兵之苦(因说明非军备主义)

(7)巴黎无赖民杀侦探(因说明秘密会社之特色)

(8)警察之无状(因说明警察不能保民)

(9)宗教之酷残(因说明非宗教主义)

(10)盗贼之冒险(因说明贫穷为犯罪原因)

演既毕,天已薄暮。时到会者数百人,日本同志到会者亦有十余人。[1]

18 日，汪公权由日本赴爪哇。《衡报》第 5 号《同志消息》云：

汪公权君定于本月十八日，由日本起程，赴爪哇岛。[2]

本日，《衡报》第 6 号出版，"警要新闻"载《苏州机匠罢工之胜利》《万顷湖农民请撤公司》，"社说"续载《论中国宜组织劳民协会》《铁道民有问题》，"专件"载《世界新语 Esperanto 发达记》，"译丛"续载山川均、民鸣译《无政府共产主义之基础及原理》，"来稿"载《川省农民疾苦谈》（署坚）、《山东资本家杜平民生计》（署臣）、《上海劳民之惨遇》（署平）、《张继君由巴黎来简》，"同志消息"载《齐民社记事》，记齐民社第五次集会事。

《国粹学报》第 42 期出版，"地理篇"续载《辽史地理考》，署名刘师培。又，"文篇"刊载章绛《古音娘日二纽归泥说》，"报告"载《国学保存会报告》（第二十二号），"通讯"有章太炎致国粹学报馆书，推荐黄侃，云：

国粹学报馆鉴：近日寻求古音，知字纽不可废弃，但古纽不得有三十六。昔钱晓征言，知、彻、澄三纽，古皆读见、溪、群。弟复考得娘、日二纽，古皆归泥。证以《说文》声系，明白无惑，曾在国学讲习会中为同人陈述，今将是篇寄上。尚有《古双声说》，容即续寄。贵报以取材贵广，思得其人。前此，蕲州黄君名侃，曾以著撰亲致贵处。黄君学问精博，言必有中。每下一义，切理厌心，故为之介绍，愿贵报馆加以甄采，必能钩深致远，宣扬国光。盖衣锦尚纲，暗然日章者，昔人所以为学观人，亦当如是。名高者未必吐辞为经，思深者不能违道殉誉。微显阐幽，存乎其人。愿诸君少注意焉。章绛顿。[3]

案，章太炎所撰《古双声说》刊于《国粹学报》第 43 期"文篇"。

中旬，何震再度秘密回国，筹措资金，解决其生活及办报经费问题。

22 日，日本社会主义者、金曜讲演会成员大杉荣等与日本警察发生冲突，大杉荣等被捕，史称"赤旗事件"。《衡报》第 7 号《记日本无政府党抵抗警察及入狱事》称：

---

1 万仕国、刘禾校注：《天义·衡报》下册，第 867—868 页。
2 万仕国、刘禾校注：《天义·衡报》下册，第 866 页。
3 《国学保存会报告》（第二十二号），《国粹学报》第 10 册，第 5934 页。

是月廿二日，亚州无政府党抵抗官吏事，竟首次现于日本之东京。

先是，六月十九日，山口义三君由仙台出狱，乘车抵上野，西川派及柏木派均往欢迎。柏木派持无政府党之赤旗，唱革命歌。警卒多数，欲夺其旗。彼等力卫其旗，与之抵抗，高呼"无政府主义万岁"，由上野驿列队而行至小石川春日町，以行大示威运动。

廿二日午后，石川三四郎等同西川派发起山口氏欢迎会，开会锦町锦辉馆。午后二时开会，石川、西川及柏木派堺利彦君各为欢迎之演说。会将散，柏木派大呼"无政府党万岁"，高唱革命歌，揭赤旗三：一书"无政府"，一书"共产"，一书"革命"，于六时排队出门。

时警察十数人，立于锦辉馆门前，争夺其旗，其状至为暴戾。堺利彦、山川均二君与之语，彼不之应，而夺旗如故。神田警署复派三十余人至，佩剑而来，助彼夺旗。由是，东自神田署前，西至一ツ桥，北自神保町，南至神田桥，均为警察与无政府党激战之区。

时大杉荣、佐藤悟、荒畑寒村三君与警卒战，或裂其衣，或殴之致伤，而"无政府万岁"之声高呼不绝。警卒来者愈众，计八十余人。柏木派十余人与之力抵一小时之久，以保护其手中之赤旗。

嗣赤旗均为警吏所夺，而荒畑寒村君、宇都宫卓尔君、森冈永治君、百濑晋君、村木源次郎君、菅野须贺子女史，均于锦辉馆、神田警署之间被捕；大杉荣君、德永狂风君、神川松子女史，均于外国语学校前被捕；佐藤悟君往神田桥方面，堺利彦君、山川均君、大须贺里子女史、小暮礼子女史往神保町方面，均于一ツ桥被捕。由是，被捕者十四人，均寄监于神田警察署。

神田警署对于彼十四人，虐待百端。大杉、荒畑二君均遭警吏之蹴，致腰、腹受伤；神川、菅野、大须贺三女史亦身受重伤，鞭声、哭声闻于署外。饮食仅以一盂为限。欲往便所，亦有限制。所居之地，臭虫啮人。其困苦有若此。事为《二六新闻》所详载，而警署迫其取销。其专横又若此。

逾二日，无政府党十四名，由神田警察送至市之谷东京监狱，至今尚未裁判。闻其罪名，系违反《警察法》及抗拒官吏云。

　　噫！日本官吏横暴，至于此极。其野蛮则同于中国，其横暴则甚于俄罗斯。试看今日亚洲文明先进国，竟有此惨无天日之事件。

　　日本无政府党万岁！日本革命万岁！[1]

24 日，清政府命各省一年内设立谘议局。

26 日，刘师培等至东京监狱，探望因"赤旗事件"被日本警察拘捕的金曜讲演会成员大杉荣等人。

27 日，《钱玄同日记》载：

　　日本堺利彦诸君被捕事，我函询申叔，今日得复。申函并谓：世界语夏期讲习班仍旧开设，由大杉荐人代。有愿肆此语者，仍可于日内报名云云。[2]

《左盦外集》卷十六载《戊申答钱玄同书》云：

　　手示敬悉。日本诸同志，其被捕原因，东报所言均确。至神田警署虐遇一事，则系传闻之误。因彼等被拘后，至与警卒斗争，声闻于外。愤激者附会其事，遂有为警卒殴伤之说矣。昨日仆等至东京监狱，见大杉诸君情况犹昔，且与犯轻罪者同处。想裁判之时，不过定以轻禁锢之罪耳。世界语夏期讲习班仍旧开设，已由大杉荐人自代。如贵友之中，有欲肆习此语者，仍可于日内报名。特此奉闻。即请著安。申叔启，阳历六月二十七日。[3]

28 日，《衡报》第 7 号（即"农民号"*An Appeal to the Peasant*）出版，专门讨论中国农业和农民革命的前途问题。"社说"载《无政府革命与农民革命》《论中国田主之罪恶》《农民讨官吏檄》《论农业与工业联合制可行于中国》，"研究资料"载《苦鲁巴金氏之农业论》，"来函"载《山西佃民之疾苦》（署言）、《江西袁州农民之疾苦》（署介）、《山东沂州佃民之苦》（署臣）、《皖北佃民之苦》（署生）、《江苏松江农民之困苦》（署清）、《浙江湖州农民之疾苦》（署清），"中国近事记"载《加税汇记》《军警扰民汇记》《民灾记》《汇记人民愤激之举动》，"万国大事记"载《记日本无政府党抵抗警察及入狱

1　万仕国、刘禾校注：《天义・衡报》下册，第 857—858 页。

2　杨天石主编：《钱玄同日记》（整理本）上册，第 134 页。

3　刘师培：《左盦外集》卷十六，《仪征刘申叔遗书》第 12 册，第 5121 页。

事》。《无政府革命与农民革命》指出：“中国农民果革命，则无政府之革命成矣。故欲行无政府革命，必自农民革命始。所谓农民革命者，即以抗税诸法，反对政府及田主是也。”[1] 因为中国农民中“有团结之性”，“含有无政府主义者”“保存共产制者”，并且“有抵抗之能力”，[2] 所以革命的方法有两个，“一曰抗税，一曰劫谷”。[3]《论中国田主之罪恶》列举地主对于佃民之横暴，认为：“异日中国之田，必悉操于大地主之手。非实行农民革命，废灭土地私有制，则佃民所罹之苦，岂有涯乎？”[4]

本日，《广益丛报》第 173 号出版，“上编·政事门·纪闻·外国部·日本”刊载《章炳麟之意见》，云：

> 通信社诸公鉴：近日党派纷争，宪党已微，女子复仇党又思乘机而起。彼辈宗旨虽与吾党无大差池，而志在揽权，其心极隐。《二六新闻》前登程家柽事，本属虚诬，其意并不在程家柽，欲因此以倾覆《民报》，故中有“《天义报》《民报》优劣”一段。幸《二六新闻》明著送稿者为刘光汉，使吾辈知其语所由来。刘君本非险诈之徒，惟植党营私之念，是其本怀。帐下养卒（污）〔汪〕公权者，本一势幻小人，惟借贷诈编是务。刘君素无主张，一时听其谗言，遂至两家构衅，诚可浩叹。闻彼辈亦曾送稿贵同人，言鄙人种种灰心事，其意只欲取而代之耳。鄙人近仍在《民报》办事，拟重新整顿一番。至于削发为僧，本与此事绝无关系。月照尚可作尊王攘夷事，况我辈耶？若谓从此入山，摈绝世事，则今日几并无山可入也。一切谰言，愿勿听纳。此问近安不具。

案，此书较 4 月 21 日《申报》所载，多“植党营私之念，是其本怀”一语。又有评语云：“观于此书，则所谓社会党者，亦有内讧耶？呜呼！”

7 月 1 日，原定的世界语讲习会暑期班，因大杉荣被捕无法上课而暂停举办。《钱玄同日记》云：

> 因申叔处又将开エスペラント班（夏期），自（阳历）本月一日起，

1　万仕国、刘禾校注：《天义·衡报》下册，第 685 页。
2　万仕国、刘禾校注：《天义·衡报》下册，第 686—687 页。
3　万仕国、刘禾校注：《天义·衡报》下册，第 688 页。
4　万仕国、刘禾校注：《天义·衡报》下册，第 695 页。

至八月十五日止，每日晚间六至八时教授，颇愿往习，因往其处。知近日报名诸君，都将考校课，故不果行，须初五、六间云。

与申叔讲时事，伊总主张进步说，因甚以《新世纪》为是，又谓世界语言必可统一云云。果哉其难化也！然不斥旧学，贤于吴朓诸人究远矣。[1]

8日，清政府资政院奏拟院章，颁布咨议局及议员选举章程。

本日，《衡报》第8号出版，侧重报导两广水灾及灾民惨状，并刊登图片5幅。一为 Flood-woes in South China（华南之水灾），二为 A Junk Sinking as too Many in Habitants onboard（帆船载人过多沉没），三为 Dead Bodies after Dead Neap（灾后尸体），四为 Hungry populations drive by the mandarins（官吏驱赶饥民），五为 Rice rob by the poor after flood（灾后贫民抢米）[2]。"社说"载《大水灾论》《两广水灾述略》《两广灾民苦困述略》《各省水灾汇记》《论水灾即系共产无政府之现象》《论水灾为实行共产之机会》《论官绅放赈之弊》。《大水灾论》在分析洪水之原因、结果与教训的同时，强调：

> 凡古今之大乱，均生于大灾之后。盖大灾之后，必有流民；流民无食，必兴叛乱。况现今之中国，水旱之灾遍中国，而救济之法有名无实，及迫于饥寒，未有不铤而走险者。即灾区以外各省，谷物均输往灾区，其结果亦必乏食。乏食以后，即生革命之心。则此次大水灾，所以促中国平民之革命者也。[3]

"附录·中国近事记"载《各省民灾汇记》《请看惨无天日之上海》《天津贫民之惨遇》《四川工人之悲苦》《沪宁铁路之杀人》《苏州薙发铺雇工同盟罢工》《宁波耆匠要求加价》《宁波小贩同盟罢市》《杭州工人同盟罢工》《嘉兴罢市记》《松江罢市记》《加税汇记》《警察扰民汇记》《军人扰民汇记》《汇记人民愤激之举动》，"专件"栏续载《世界新语 Esperanto 发达记》。"来函"载《上海平原断侵君来函》，云：

1　杨天石主编：《钱玄同日记》（整理本）上册，第134页。

2　此处原刊英文拼写有错误，未作订正。

3　万仕国、刘禾校注：《天义·衡报》下册，第701页。

世界语设立传习所，弟久抱此志。惟此间多顽固者，恐借保存国粹之名，从中阻扰。故于开办之前，须得同志十人，诚心支持，虽有百倍阻力，不为所动，庶于一二年后，可睹成效。否以半途中止，恐后起者裹足不前，故此事当于下半年时再议。若有一精熟此语之老师，则此事更易办矣。[1]

其所刊《本社重要广告》称：

本报前二号所登广告，言世界新语开设夏期讲习会，延大杉荣君为教师。今大杉君于前月廿二入狱，已另延千布利雄君为教师，定于本月十五日开班。章程仍与昔同，惟教授之期延至九月十日（或十五日）。凡有志愿学者，均乞报名。[2]

9 日，革命党人陈陶遗（1881—1946）自日本归，刚至上海即被捕。本月 10 日《神州日报》载《又有革命党事》云：

巡缉队官汪禹臣少尉协同道台侦探长杨金山，于昨拿获革命党陈陶怡一名，解送道辕。蔡观察谕饬发县收押，李大令命交捕厅赵少尉看管，并派差役到厅防护。惟陈系奉江督密拿，不日由申解往金陵云。[3]

10 日，留日江西学生创刊《江西》杂志第 1 号出版，刘师培为该刊作祝词。[4]

11 日，《神州日报》载《上海县提讯革命党》，云：

革命党陈陶怡被拿到县，已纪昨报。前晚，上海县李大令在扦押房提陈研讯。陈供：奉贤人，向在日本留学。此次请假回籍，取有文凭。道经沪上，无端被获，求鉴。大令曰："尔系奉宪严拿，事之虚实，须赴督辕伸辩，即可水落石出。"判交带差往栈中，好为优待，一面备文，解往金陵讯办。[5]

张夷主编《陈去病全集》外编三《陈去病年谱》以为，陈陶遗被捕，乃因

1 万仕国、刘禾校注：《天义·衡报》下册，第 776 页。

2 万仕国、刘禾校注：《天义·衡报》下册，第 873 页。

3 《又有革命党事》，《神州日报》1908 年 7 月 10 日，第 4 页，本埠新闻·城内。

4 万仕国辑校：《刘申叔遗书补遗》下册，第 1200—1201 页。

5 《上海县提讯革命党》，《神州日报》1908 年 7 月 11 日，第 4 页，本埠新闻·城内。

刘师培夫妇告密所致，[1] 柳亚子、陈去病等亦持此说。然此时何震虽在国内，而刘师培尚在日本，奔走于《衡报》事务，并未归国。陈去病后作《将去粤中，夜集镜清楼，闻陶怡被逮》诗，云：

> 脉脉秋心暗带愁，沉沉长夜共登楼。归鸿几处惊罗网，纵馨还须怕钓钩。惜别只令诗思塞，当筵惟有酒樽酬。相怜去住浑无准，羡杀平湖不系舟。[2]

本日，柳亚子闻陈陶遗被捕，作《高阳台·闻卧子被系作》词，云：

> 旖旎红箫，温柔碧玉，算来此福难消。雨雨风风，春光一霎飘摇。魂消心死都无赖，盼伊人，路远难招。最伤心，马角乌头，梦也迢迢。　　雕笼鹦鹉深深锁，叹聪明误汝，翠羽萧条。如海侯门，萧郎怎忍轻抛。黄衫侠客今何处，更谁能，盗取红绡？愿将来，成骨成灰，私誓坚牢。[3]

15 日，世界语夏期讲习班开班授课。

本日，《神州日报》载《陈陶怡解宁讯究》，云：

> 革命党陈陶怡即陈纪鸿，前经米占元拘获，发送上海县，由李大令讯供不认，判交差看管，栈中优待在案。兹悉，此案曾经大令据情面禀道宪蔡观察电禀江督请示办理。旋奉覆电，即著解宁讯办，等因。当由大令立饬皂头全顺、快头薛贵、捕头徐文等三役，并备文，即将陈纪鸿押登长江船，前往金陵归案讯究。[4]

18 日，《国粹学报》第 43 期出版，刊载《〈新方言〉后序》，署名刘师培。

案，据日本无政府主义者坂本清马回忆，自本月中旬起至 8 月 18 日，彼借居于刘师培寓所，与章太炎、宋镇东、马宗豫、汪公权等相识，并通过向其学习世界语的马宗豫翻译，与章太炎有过交谈。[5] 然而章、刘关系于 5 月份

1 《陈去病年谱》，张夷主编：《陈去病全集》第 3 册，第 114—115 页。

2 陈去病：《浩歌堂诗钞》卷四，张夷主编：《陈去病全集》第 1 册，第 71 页。

3 柳亚子：《磨剑室词初集》，《磨剑室诗词集》下册，第 1762 页。

4 《陈陶怡解宁讯究》，《神州日报》1908 年 7 月 15 日，第 4 页，本埠新闻·城内。

5 坂本清马：《我观中国　其の八》，载《中国》第 77 号，1970 年。转引自富田昇撰、邹皓丹译：《关于刘师培变节问题的再探讨》，《复旦史学集刊》第 3 辑《江南与中外交流》，2009 年，第 337 页。

破裂后，章太炎即已搬出刘宅，此后并未搬回，则此时不可能在刘宅再见章太炎，疑其回忆有误。

27 日，《神州日报》刊载《留东苏人为陈陶怡辨诬》，云：

> 留东江苏同乡会为陈陶怡被诬事致沪上苏绅函，云：敬启者：六月十二、十三日，上海各报载有陈陶怡被诬一事，同人等惊诧无地，当即电请台端，力为营救。顾电文简略，兹请续陈之。陈陶怡，江苏金山县生员，于光绪三十二年十一月来东，入法政大学法政速成科。毕业后，本拟转入本科，以经济竭蹶，不获已而归国。其人沉潜好学，不染嚣张，为同人所深悉而共认。今乃无端加以革命党之罪名，毫无证据，置诸大逆，则何人不可以文致？查欧美各国法律，必啸聚党徒、私置军械、有倾覆政府之据者，乃可谓之革命党。吾国独不然，一介书生，所与交者学友数人，所挟持者图书数箧，所从事者究心学术，轸念时艰，罪名不章而辄被收掠者，不知凡几矣。呜呼！告密之风益逞，罗织之技益工。凡在清流，一网打尽，夫岂国家之福哉？[1]

8 月 1 日，刘师培寄赠钱玄同《衡报》第 7 号。《钱玄同日记》载：

> 购《天义》十五号，得申叔寄来《衡报》七号。[2]

8 日，《衡报》第 10 号出版，"警要新闻"载《直隶人民暗杀州官》《山东宁海州人民又因抗捐暴动》，"社说"始载《衡书三篇》（《国学问题》《生计问题》，署申撰），"短评"载《华工之惨遇》，"来函"栏载天《惨无天日之四川》（署天）、《山东劳民疾苦三则》（署臣）、《杭州电话局同盟罢工》、《杭州垦荒之病民》、《浒浦镇抗捐罢市》、《嘉兴商民罢市》、《上海电车惨毙数命》、《上海最近电车伤人表》（署平）、《上海劳民之大蠹》（署权）、《竺原生从上海来函》、《平原断侵君来函》、《梅公由青岛来函》、《何震女史由镇江来函》、《张继君来函》，"专件"载《今之所谓大实业家张謇之罪状》，"杂记"载《印人失经商权》《德廷趋民于死》《英国减税之难》《英国养老金增加之难》《法国政府费之日增》《美国地价之腾贵》《土国革命之密谋》《土国国事犯之众

---

1 《留东苏人为陈陶怡辨诬》，《神州日报》1908 年 7 月 27 日，第 2 页，要闻一。
2 杨天石主编：《钱玄同日记》（整理本）上册，第 135 页。

多》《美洲印人之激昂》《英议员主张非军备》《孟买罢工之原因》，"记事"载《汇记日本政府虐待无政府党事》《记日本警保局长之社会主义取缔策》《Esperanto 第四次大会杂报》。

《何震女史由镇江来函》，云：

> 由上海至镇江，所经沪宁铁路，凡车站之中，不准卖食物者入内。卖者均于站外高呼，然下车购物者有几？故有此等之小贩，生活极为艰难，而车中食物，则贵于市间数倍。一盂红茶，亦索价五分，则贫民之乘车者，亦惟忍饥忍渴而已。又，各小站仅一面有车台，下车者必经轨道。稍不注意，即为车轹死，闻毙者已数人矣。

> 扬、镇一带，近日物价愈贵。扬州非商埠，然鸡蛋一枚，已贵至十文以上；猪肉一斤，则需值一百六十文。较之前三年，殆增一倍，则贫民之多，可知矣。

> 镇江各商店闭歇者甚多，其原因均因钱庄盘剥，负债不克偿，以致歇业。然歇业以后，每店之中，均有十余人（负）〔赋〕闲。

> 闻前日镇江沿江一带破圩甚多，现遍处皆饥民矣。[1]

《本社重要广告》云：

> 本社近拟刊发小册，每一社会刊印小册一种，首言□及身所受之苦，继言社会革命之必要。其目如左：

> 告佃民　告小农　告土财主　〇告地方官　〇告绅士　〇告法政家　〇告科学家　〇告美术家　〇告教员　〇告实业家　〇告留学生　〇告学生　告军人　告警察　告差役　告官吏　告大商　告商伙　告小店商　告□商　告小贩　告矿工　告路工　告车夫　告轮船给事人　告电局邮局给事人　告火车电车给事人　告工场劳动者　〇告幕客　〇告候补官　告会党　告基督教徒　告僧道　告回民　告满人　告满州贵族　告苗民　告蒙古人　告西藏人　告盗贼　告囚徒　〇告守旧党　〇告排外党　告立宪党　〇告排满党　告男仆　告女仆　告上流女子　〇告女学生　告工女　告娼妓　告乞丐　告饥民　告流氓　告荷

1　万仕国、刘禾校注：《天义·衡报》下册，第784—785页。

物夫　告无业者　告海外华工　告马贼　告盐枭　告军官　○告在留外国人

以上所列各题，凡加圈者，均作文言，余皆白话。海内、海外各同志，如有愿担任撰著者，可举以上所列各题，择作一篇或数篇，寄交本社。若与本社宗旨相合，则代为印刊，并以本报三份及《天义》《新世纪》各一份相赠。本社启[1]

16日，《国粹学报》第44期出版，"学篇"续载《〈古书疑义举要〉补》，"文篇·文录"载《〈梵文典〉序》，"丛谈"续载《读书随笔》（《〈助字辨略〉正误》《〈史记〉用古文〈尚书〉考略》），均署名刘师培。

21日，日本麹町警察署传唤刘师培夫妇，认为《衡报》发行手续不全，要求正式发行前需补齐有关手续。

27日，清政府宪政编查馆颁布《钦定宪政大纲》共二十三条，内容包括"君上大权"与"臣民权利义务"两部分。前者为正文，共十四条；后者为"附录"，共九条。该大纲以确保封建专制制度、维护封建统治秩序为根本目的，规定皇统可以永远世袭，皇权不可侵犯。皇帝有颁行法律、发交议案、召集及解散议院、统帅海陆军、编定军制、宣布戒严、发布命令等权力。人民自由可以诏令限制。宣战、媾和、订立条约由皇帝决定，用人、司法由皇帝总揽。同时还规定，法律虽经议院议决未得皇帝核准者，不准施行。凡一切军事，皇帝得以全权执行；"国交之事"，也由皇帝亲裁，议院不得干预。"臣民权利义务"部分，规定人民只有纳税、从军、遵守国家法令等义务，不准有言论、著作、出版、集会、结社等自由，更没有任何其他真正的公民权利。《钦定宪政大纲》表明，清政府名为立宪，实则强化其封建专制统治。

31日，日本麹町警察署再次传唤刘师培，要求9月8日前交纳保证金，方可正式发行《衡报》。刘师培夫妇为筹集保证金四处奔走。

月底，苏曼殊自日本东京回上海，住虹口西华德路田中旅馆六号，寄信给刘三称：

1　万仕国、刘禾校注：《天义·衡报》下册，第873—875页。

末底、无畏同心离居,言之有余恫焉。[1]

案,"末底"即章太炎,"无畏"即刘师培。

9月3日,何震自国内回日本,所筹保证金数额不足。

8日,刘师培夫妇向日本麹町警察署交纳筹集到的发行保证金,但仅为警察署要求的一半,不得不继续奔走筹集。

本日起,《词例通释总序》在《神州日报》(8—10日、12日)第4页"来稿"连载,文末署申叔。案,此即《天义》第16—19卷合册(春季增刊)所载《Esperanto 词例通释》的《总序》部分。

9日,日本麹町警方跟踪调查刘师培夫妇筹集发行保证金的动向,并注意到了《衡报》托名澳门出版的问题。

10日,日本警方的调查资料《劉光漢ノ行動ニ就テ》称:

刘光汉于研究各国社会主义者著作外,且承担澳门平民社所发行之《衡报》通信事务。警方因对《衡报》发行处略有怀疑,故作调查,发现该刊发行全在刘氏住所。上月二十一日,所辖麹町警察署对其传讯,并以其缺少发行手续为由进行训诫。彼因办理正式手续继续发行,抑或就此停刊,尚需认真考虑,乃请求准予十天考虑时间。警署准其请,令其于上月三十一日至本月八日间交付保证金,并经审查同意后,方可正式发行。其妻何震如前所报,六月中旬秘密回国,本月三日回东京。刘氏拟待其妻回京,以其所筹之款支付保证金。然其妻所携之款仅足其半,现正多方奔走筹款,尚无进展。[2]

12日,《新世纪》第64号出版,第1页"广告"栏有《天义报第十五卷已到,衡报第七期已到》,云:

两报精言卓论,愈出愈丰富。同志诸公处,皆另外封寄,想均收览。付值与否,随意可也。[3]

---

1 马以君编注:《苏曼殊文集》下册,第498页。

2 《劉光漢ノ行動ニ就テ》,明治四十一年九月十日,日本外务省档案乙秘第701号。又,嵯峨隆:《近代中国の革命幻影——劉師培の思想と生涯》,日本:研文出版,1996年,第155—156页。

3 《天义报第十五卷已到,衡报第七期已到》,《新世纪》第64号,1908年9月12日,第1版,广告。

15日，刘师培到麴町警察署，补交齐所需的《衡报》发行保证金，获得正式发行手续，但日本警方继续监视其活动。本日，日本警方的调查资料《劉光漢ニ就テ》称：

前报清国革命党人刘光汉本日至本厅，为《衡报》正式发行，已交纳保证金。[1]

本日，世界语讲习会暑期班结束。

《国粹学报》第45期出版，"学篇"始载《荀子补释》，"文篇"始载《文例释要》，均署名刘师培。

案，《文例释要》后裁出部分内容，题为《化即古为字说》，收入《左盦集》卷四；裁出另一部分内容，题作《古用复词考》，收入《左盦集》卷八。

获得《衡报》正式发行手续后，刘师培将原《衡报》第11号改作新一号，重新发行。然而该号刊载克鲁泡特金文章，在翻译时发生了错误。[2]据本年12月1日《朝日新闻》所载《发卖颁布停止》所称，《衡报》新一号主要内容有中国劳民协会章程、各国村落共业制、苦鲁巴金氏对于集产主义及赁银制之评论、美清同盟与社会革命、世界人民之大恶等。

19日，《新世纪》第65号出版，"广告"栏有《天义春季增刊即第十六、十七、十八、十九之合刻本即已到，衡报第八号亦到》，云：

两报纸数，皆大扩张，材料亦至为丰富。名作如林，无美不备，足见近日东方无政府同志热力之膨胀，而无政府主义流布之兴盛。报到后，旧有地址寄发者，皆已寄出。倘有索阅者，即乞示明，报值可任诸公之意。

24日，《广益丛报》第182号出版，"下编·文章门·短品"载《〈江西〉杂志祝词》，无署名，内容与《江西》杂志创刊号所载刘师培文同。

10月10日，《衡报》被日本政府查禁。该刊先后出刊10期。1909年1月1日出版的《广益丛报》第192号"上编·政事门·纪闻·外国部·日本"

---

1 《劉光漢ニ就テ》，明治四十一年九月十五日，日本外务省档案乙秘第741号。又，嵯峨隆：《近代中国の革命幻影——劉師培の思想と生涯》，第156页。

2 竹内善朔：《本世纪初日中两国革命运动的交流》，《国外中国近代史研究》第2辑，第349页。

载《衡报禁止出版》，引《日华新报》云：

> 社会主义党刘光汉组织之《衡报》，顷闻已为日本政府所禁止出版，不准发行云。

本日，《民报》第24号出版。本期刊载章太炎《代议然否论》《规新世纪》《清美同盟之利病》《德皇保护回教事》《告回人》《政闻社解散之实情》《中国之川喜多大尉袁树勋》《法显发见西半球说》及伯夔（汤公介）《革命之心理》等文章，其附载《本社名誉赞成员》中列"刘光汉"捐款五元，说明此时刘师培虽与章太炎决裂，但与同盟会及民报社关系并未中止。别有《社会主义讲习会天义报社广告》，云："本通信所已迁于麴町区饭田町六丁目二十一番地。如有信、文稿，请直寄本处为荷。"

12日，驻日公使署参赞兼留日学生监督田吴炤致电端方，为刘师培回国请款。电云：

> 南京制台：柱。何桢来言：申叔定计归国，曾经切禀：稍有累，求助成行，盼覆至切。嘱电陈，求速覆。炤，霰。[1]

案，田吴炤（1870—1926），字小钝，一字伏侯，湖北荆州人，1897年入两湖书院，次年留学日本成城学校。1901年任湖北学务处审定科帮办，随罗振玉等赴日本考察教育。1905年随五大臣出洋考察，1908年担任驻日公使署参赞、留日学生监督。刘师培投靠端方后，由田吴炤代与端方联络。"何桢"，即何震。1963年卢慎之《致梅鹤孙书札》亦云："申叔未晤，何震夫人曾交换名刺。同学田伏侯时为留学生监督，据云申叔与午桥往来文件，皆由彼作介。"[2]

本日，日本警方调查资料《劉光漢ノ言動ニ就テ》称：

> 清国革命党员、社会主义者刘光汉，以其所营之《衡报》第一号于十日前被令停刊，知其在日本已发展无望，拟远行美国或法国，与彼地同志者商议再发行一大机关报，以成其素志。[3]

1　田吴炤：《为何桢来言申叔定计归国事自东京致端方电报》，第一历史档案馆藏端方档案，27-01-002-000183-0109。此件承张仲民先生转知。

2　卢慎之：《致梅鹤孙书札》（1963年4月26日），杨丽娟：《学海遗珍——仪征刘氏家藏书札笺注》，扬州：广陵书社，2014年，第210页。

3　《劉光漢ノ言動ニ就テ》，明治四十一年十月十二日，日本外务省档案《民報関係雜纂》乙秘第963号。又，嵯峨隆：《近代中国の革命幻影——劉師培の思想と生涯》，第157页。

13 日，衡报社在《朝日新闻》刊载《衡报废刊》启事一则，云：

> 本报第一号出版后，被内务省禁止发卖。兹同人议决，将行废刊，故特豫为声明。十月十一日。

14 日，《国粹学报》第 46 期出版，"社说"刊载《论中土文字有益于世界》，署名刘师培；"学篇"续载《荀子补释》，"文篇"刊载《读〈全唐诗〉发微》，均署名刘师培。

案，《读〈全唐诗〉发微》改作后，题作《读〈全唐诗〉书后》上、下，收入《左盦集》卷八。郭象升云：

> 亡友刘申叔语余："昔曾阅《全唐诗》卒业，以两《唐书》先卒业也。"[1]

《论中土文字有益于世界》一文，其观点与章太炎《驳中国用万国新语说》相对立，文中称：

> 今欲扩中土文字之用，莫若取《说文》一书，译以 Esperanto（即中国人所谓"世界语"）之文，其译述之例，则首列篆文之形，或并列古文、籀文二体，切以 Esperanto 之音，拟以 Esperanto 相当之义，并用彼之文，详加解释，使世界人民均克援中土篆籀之文，穷其造字之形义，考社会之起源，此亦世界学术进步之一端也。[2]

15 日，何震至麴町区平河町五丁目三十三番地，拜访留学生监督田吴炤。日本警视厅报告《清国革命党员何震ノ言動》云：

> 何震助其夫刘申叔（旧名刘光汉）发行机关杂志《天义》，致力鼓吹社会主义。前因资本缺乏，回国筹款。然目的未达成，上月上旬再来日本。因不能再从国外输入资金，目前《天义》已陷入中止状态。日前，其夫刘申叔发行之《衡报》第一号因违反《新闻条例》被禁止发售，其后亦陷入烦闷状态。昨日（即十五日），至麴町区平河町五丁目二番地，拜访清国留学生监督田吴照，所言如下。
>
> 丈夫刘申叔所发行《衡报》，主要译载欧美各国社会主义者经历及

1　郭象升：《玉台新咏跋》，王开学辑校：《郭象升藏书题跋》，第 354 页。
2　刘师培：《左盦外集》卷六，《仪征刘申叔遗书》第 10 册，第 4377 页。

其学说等，并以此分发给清国人，希冀唤醒与养成祖国人民智识，以期祖国速达文明之域。此外别无他意，与日本国毫无关系。然日本政府以妨害治安之名，禁止其发售。以吾等外人之眼观之，日本自诩文明国，而日本政府如此处置，实难令人心服。今后于日本发展该主义，势必极难。即便赌上身家性命，亦不知会招致日本政府如何误解，颇堪忧虑，盼得相应保护。[1]

16 日，端方回复田吴炤，告以刘师培所请款已汇出。电云：

> 东京使署田监督：柱。申叔八数，日前已由叶志道函汇，祈转告。[2]

19 日，日本政府徇清政府专使唐绍仪之请，借口《民报》第 24 号所载《革命之心理》一文，涉嫌宣传无政府主义，鼓吹暗杀主义，破坏治安，指使东京警视厅强行封禁民报社，加强对革命党人的监视。

24 日，日本警察报告刘师培谈话，云：

> 今日，清国革命党员刘申叔（刘光汉）向人言：世人多单单视我等为革命党员，然予之主张，实为俄国人克鲁泡特金凤昔首唱之共产主义。予最崇高之理想，依科学应用，期望有朝一日，能够渐渐达成此理想。故本此目的，发行《衡报》。然日本政府认定此报纸妨害治安，竟下令禁售。此《衡报》原仅译载欧美诸国各家经历及オーソリチート诸家社会主义学说而已。予竟如何有害日本政府治安，而受日本国法律如此处罚，实难判断。又，社会主义者，实为文明之赐物。闻日本国前任内阁时，于此尚稍宽容，未知确否。予为彼等命令《衡报》停刊之后，又收到废刊通知书，妻子何震所经营《天义》亦被断然废刊。嗣将寻机漫游欧美文明国家，深入研究社会主义蕴奥，然后再行活动。[3]

31 日上午 8 时，刘师培送何震至东京新桥站，何震乘火车经神户由下

---

1 《清国革命党员何震ノ言动》，明治四十一年十月十六日，日本外务省档案《民报関係雑纂》乙秘第 101 号。

2 端方：《为申叔八数日前已由叶志道函汇事致东京留学生监督田吴炤电报》，第一历史档案馆藏端方档案，27-01-001-000137-0221。此件承张仲民先生转知。

3 《清国革命党员ノ谈》，明治四十一年十月二十四日，日本外务省档案《民报関係雑纂》乙秘第 1064 号。

关至长崎,乘船回国,母亲李汝蘐仍留在东京市麴町区饭田町 6–31 号齐民社内。日本警方调查资料《劉光漢ノ妻帰国ノ件》称:

> 清国革命党人刘光汉(别名刘申叔)之妻何震此次突然回国,本日上午八时自新桥赴神户,刘为其送行至本地,将同赴神户。据其抵达后情形推测,允或同时回国。[1]

兵库县知事服部一报告:

> 接警视厅电报:疑似清国革命党员、一名清国人刘光汉伴同其妻离开。上月三十一日下午十时三十分到达神户站,同日十时四十分乘列车通过(已电话通报冈山县,电报通报山口县)。两人均在二等车厢横卧。因停车时间较短,遂未能充分检查,然未见异常举动。[2]

案,日本警方一直认为刘师培送何震赴长崎,然而长崎警方并未查到刘师培踪迹。据福冈县知事本年 11 月 9 日报告和山口县知事 11 月 13 日报告,[3] 当时由于对刘师培衣着和相貌特征不了解,将一名日本人误认为是刘师培。从广岛开始与何震相识的煤炭商诹访安太郎也向警方供称,未见何震有同行者;检查下关、门司港前往欧洲轮船乘客名单,也无刘师培踪迹。刘师培送何震,仅至新桥站而已。

11 月 1 日,何震抵达下关。福冈县知事寺原长辉报告:

> 本月一日接山口县消息:清国革命党员刘光汉(ユウコカン)与妻某氏于上月三十一日由神户出发,昨(一日)下午二时十分到达下关,直接出站。同日三时四十四分,乘门司站所发列车前往长崎。据称,此行为与长崎同志商量要务。已发消息告知佐贺县:正通过其治下,未

1　《劉光漢ノ妻帰国ノ件》,明治四十一年十月三十一日,日本外务省档案《民報関係雑纂》乙秘 1129 号。又,嵯峨隆:《近代中国の革命幻影——劉師培の思想と生涯》,第 157—158 页。

2　《清国革命黨員通過ノ件》,明治四十一年十月四日,日本外务省档案《民報関係雑纂》兵發秘第 362 号。

3　《清国革命黨員(二)日语假名関スル件》,明治四十一年十月七日,日本外务省档案《民報関係雑纂》高秘第 774 号。《清国革命黨員劉光漢》,明治四十一年十一月十三日,日本外务省档案《民報関係雑纂》高秘第 12243 号。

见异状。[1]

2日，何震到达长崎，住广马场町四海楼。日本长崎县知事《清国革命党员ニ関スル件》称：

顷接函称：清国革命党人刘光汉外，同国人一男一女，同行日本人一名，昨夜自神户出发，当日下午三时四十分自门司乘列车前往长崎。次日下午四时四十五分，接佐贺县警察署电话通报，遂在警戒中。同日下午八时，又接该警察署电话通报，称："清国革命党人现已通过佐贺车站。然除刘光汉外，清国男子一名，二人均着日本服，乘坐二等车；另清国女子一名，着黑色护士服，同在二等车厢，与原电话通报所称日本人一名不符。"该车于当日下午十时五十一分抵长崎站，遂作检查，仅有着护士服之清国女子，并无他人。该妇人自称（阿）〔何〕志剑（二十三岁），在市内广马场町四海楼投宿。二日下午五时，乘当地轮船春日丸号赴上海。停留期间，曾发电至东京市麴町区饭田町6-31齐民社内刘老夫人，告以即将出发，并无他言。至前称刘光汉者是否到达，经严密检查，至今无到达迹象。二日后，又接山口县查询清国革命党人刘光汉是否到达之电报，经询与清国女子同车之本市本下町煤炭商诹访安太郎（年约五十），彼谓："自大阪登车，一日早晨于广岛车站附近，与车内一着洋装妇人相识。车抵下关前，列车服务员谓该妇人欲赴长崎，嘱予照顾保护。予询妇人：'抵长崎已近深夜，有否熟人？投宿何处？'因语言不通，仅可笔谈。该妇人拟于广马场町四海楼投宿一夜，并无其他同行之人。"又询门司车站发车前临时检查之警察："该妇人有无同行者？"彼称："自广岛以西，均与该妇人同在车中，未见同行之人，亦未见与之交谈者。"[2]

4日下午5时，何震乘春日丸号轮船回国。

6日下午6时，刘师培母亲李汝蘐从新桥出发回国。钱玄同谓丁惟汾

---

1 《清国革命党员ノ动静》，明治四十一年十一月五日，日本外务省档案《民报関係雑纂》高秘第758号。

2 《清国革命党员ニ関スル件》，日本外务省档案《民报関係雑纂》高秘第788号。又，嵯峨隆：《近代中国の革命幻影——劉師培の思想と生涯》，第158—160页。

代刘师培送母,云:

> 丁君昔年亦刘君挚友,刘戊申冬归国,其母尚是丁君送归也。(《外集》中有丁竹筠之《毛诗正韵序》,鼎丞即竹筠先生之子也。)[1]

丁惟汾 1931 年回忆刘师培回国情形时称:

> 刘师培在《国粹学报》时代,署名为刘光汉,以文字震动一时,也很得同盟会里面的信任。但是他一切的行动,却受(之)〔制〕于他一位姓何的太太,而他的太太和她的表弟姓汪的有一种不可告人的关系,所以刘师培也就间接的受姓汪的影响。当刘师培奉同盟会命令回国的时候,他的母亲也在日本,她对丁惟汾先生说:"申叔(刘字)为人,下起笔来胆子比老虎还大,做起事来比老鼠还要小。他这次回国,请丁先生送他一送。"所以丁先生遂送他上船,并且把许多亲秘的信件——特别是关于运动山东军队的秘密信——都交给刘师培带回来。当丁先生交信给他的时候,这位刘太太在旁边很注意的看,丁先生还不十分注意。那知道刘师培一回到中国就投降了端方,而替满清做侦探了。因为端方对于革命党的政策不主张杀,而主张给他们官做的。刘师培受迫于太太,外诱于端方,于是便做了一个牺牲者了。刘师培回国以后,把丁先生交给他的秘密信一起交给端方,于是山东的军事秘密已完全失败,被运动和去运动的几个同志,或者同情革命的人,都由端方打电报给山东巡抚逮捕。幸而这个电报到巡抚衙门的时候,巡抚的秘书也是一位革命党,不待电报翻完,立刻通知在军队中的同志,立刻亡命,于是他们个个逃掉。这件事,几乎使丁先生在党内蒙不白之冤。他说起来,至今犹觉伤心。[2]

案,丁惟汾(1874—1954),字鼎丞,山东日照人。1903 年入保定师范学堂就读,1904 年赴日本官费留学,参加同盟会。其父丁以此(1846—1921),

---

1　钱玄同:《致郑裕孚》(59),1936 年 11 月 28 日,《钱玄同文集》第六卷《书信》,北京:中国人民大学出版社,2000 年,第 283 页。

2　丁惟汾口述,罗家伦笔记:《刘师培做侦探的经过》,《山东文献》第 22 卷第 4 期,第 103—104 页。此文承张仲民先生提供。罗家伦笔记作于 1931 年 7 月 31 日,原稿书写于"国立中央大学十行纸"上。"当刘先生交信给他的时候",疑误,据文义,当作"当丁先生交信给他的时候"。

字竹筠，一作竹君，许瀚弟子，著有《毛诗正韵》，刘师培为之序。考刘师培由日本回国，先后两次：一为1907年底（见前），另一则为1908年11月。然而本年刘师培回国时，何震已经先期回国，不可能有丁惟汾交"亲秘的信件"给刘师培时何震在场的可能。若为1907年，则何震在刘师培前回国，亦不可能有何震在场的可能。据此，则丁惟汾回忆有误，钱玄同说较可信。日本警视厅报告（见下）中，仅提及李汝蘅，没有提及刘师培踪迹，则刘师培应当未能送行；而李汝蘅不通日语，其回国时不应独自一人，当有人相送。或者丁惟汾送李汝蘅回国时，曾受李汝蘅之托，待刘师培回国时，也请丁惟汾相送，但无其他资料证明。

7日，赵声、朱执信等策划广州起义，事泄未举。

9日，日本警视总监龟井英三郎《劉光漢二就テ》称：

> 清国革命党人刘光汉因送其妻何震回国，上月三十一日至神户。据至本地情形分析，其妻一旦回国，彼允或同时回国。均已前报。彼送其妻至下关后（其妻自长崎赴上海），曾电告其母，称彼将赴欧洲。刘母七日后取出家财，同日午后六时自新桥出发赴上海。上月十日《衡报》责令停止发售后，彼见在本国发展无望，拟赴美国或法国，与当地同志者商计发行一大机关报。若此法可行，则赴美国。[1]

13日，《国粹学报》第47期出版，"学篇"续载《荀子补释》，署名刘师培。其序改作后，收入《左盦集》卷七，题作《荀子补释自序》。

14日，光绪皇帝病卒，溥仪为嗣皇帝，淳亲王载沣为摄政王。

本日，苏曼殊在南京给刘三写信称：

> 少公已返国。衲前日过沪，日余即返。闻佩公亦于月杪至沪。[2]

15日，慈禧太后卒。熊成基、张恭、陈其美、褚辅成等筹备趁清廷混乱之机，在江浙皖同时起义。

刘师培回国后，曾遍告同仁，称：

> 鄙人因发行《衡报》遭日本政府迫害，拟迁报社至沪，期便传布。

1　《劉光漢二就テ》，明治四十一年十一月九日，日本外务省档案《民报関係雑纂》乙秘第1197号。又，嵯峨隆：《近代中国の革命幻影——劉師培の思想と生涯》，第160—161页。

2　柳亚子编：《苏曼殊全集》第1册，第214页。

至沪后，一俟根基稳固，即秘密出版，并设世界新语事务所，以为通信机关。凡有海内外同志欲通讯、寄报及邮报者，请寄上海租界太古马德星第一千一百五十四号。[1]

19 日，熊成基利用慈禧、光绪去世及江鄂大操之机，在安庆发动马、炮两营起义。

22 日，熊成基起义失败。

24 日，安徽巡抚"悬赏二千，购缉乱首熊队官成基"。[2]

26—28 日，《时报》第 1 版"来稿"连载《劝告中国人士宜速习世界新语》，无署名。文中称"鄙人于所作《新语词例通释序》既略陈其梗概矣"，则知为刘师培所作。《神州日报》本月 26—27 日"来稿"栏亦载此文（未完），署仪征刘氏；《中外日报》第 2 张第 1 版"来稿"本月 27—29 日连载，署名仪征刘氏。张仲民《刘师培的一则佚文——〈劝告中国人士宜速习世界新语〉》有考证。[3]

26 日下午，民报社女佣因喝冷茶呕吐；30 日下午，汤增璧又在民报社因喝冷茶中毒呕吐，时人均指汪公权所为。曼华《同盟会时代〈民报〉始末记》云：

> 一九零八年，《民报》既遭封禁，章枚叔、汤公介及黄复生（四川人）仍同居民报社。枚叔日至国学振起社讲学，而公介任大成中学附设中国留学女生讲习所国文教师。时章枚叔与刘申叔、何振夫妇，以事不睦，乃至绝交。申叔之戚，有汪公权者，亦党中人，时或来社，瞯枚叔不在，便攀公介杂谈。一日，公介课毕归，渴甚，方就茶壶饮，觉甚味异，头目晕眩，急入邻近某医院倩诊，幸茶未入口，毒不得中，经医士检验茶水，知为人混掺猛性毒物。医士盖警署之医官也，急为报署。一时民报社之毒茶案，轰传东京。（时汤公介在警署所报假名为邓诚意，故日本新闻纸所载《民报》毒茶案受害人为邓诚意君。）经日本警署秘密侦察，

1 转译自嵯峨隆：《近代中国的革命幻影——刘师培の思想と生涯》，第 161 页。

2 《神州日报》1908 年 11 月 25 日，第 1 页，"本馆专电"载"初一日申刻安庆电"。

3 张仲民：《刘师培的一则佚文——〈劝告中国人士宜速习世界新语〉》，《史林》2007 年第 3 期，第 184—188 页。万仕国辑校：《刘申叔遗书补遗》下册，第 1237—1243 页。

半月有余,迄无要领,留学界稍有嫌疑而被拘讯者十数人。惟是案出后不数日,汪公权忽以返沪闻,始知荼毒一案,汪氏实为主犯。盖汪氏放毒之意,或不专在公介、枚叔,惟以曾受清使之贿而为耳目,非此不足以坚信用,后闻即此一案,汪氏竟得使馆五千元云。[1]

12月1日夜,汪公权乘汽车自新桥出发,往长崎。[2]

2日,日本《东京日日新闻》有报道称:

> 深受在我国的清国革命党人领袖器重的汪公权,最近被怀疑为清政府收买而遭同党排斥。汪忍不住不满,已有企图下毒以复仇的言论。而且,若使革命党人在中国遭毒害,则人人皆知汪有下毒的意图。所以这次事件很可能是汪心机一转的结果,汪有重要嫌疑,但事实真相目前还无法判断。[3]

4日,汪公权由长崎乘山口丸号往上海,抵沪后,寄居望平街《申报》馆内项臣葵宅中,据说项为汪公权亲戚。[4]

12日,日本政府假借《民报》编辑、发行人和发行所变更"没有提出登记"为词,判决章太炎作为编辑兼发行人罚一百元,对发行所改变问题罚十五元。

13日,《国粹学报》第48期出版,"学篇"续载《荀子补释》,署名刘师培。

刘师培回国后,为端方所控制,一面参加上海革命党人的活动,一面将革命党的密谋报告给端方。冯自由《记刘光汉变节始末》称:

> 戊申(一九○八年)冬,光汉偕何震、汪公权归上海,亟欲立功自见。初闻陶成章自南洋返国,以陶名列徐锡麟案通缉之列,日与两江督标中军官米占元往各码头查探成章行踪。久之不得,无以复端方之命,意甚

---

1 曼华:《同盟会时代〈民报〉始末记》,中国史学会编:《辛亥革命》(二),上海:上海人民出版社,1957年,第446页。

2 《革命黨毒殺未遂事件顛末》,日本外务省档案《民报関係雜纂》乙秘第1528号,1908年12月25日。

3 转译自嵯峨峨隆:《近代中国の革命幻影——劉師培の思想と生涯》,第164页。

4 《革命黨毒殺未遂事件顛末》,日本外务省档案《民报関係雜纂》乙秘第1528号,1908年12月25日。

焦灼。[1]

安庆起义后，张恭等加紧活动，准备响应，议定本月17日在上海天保客栈召开会议，研究起义事宜。

16日，张恭在上海南京路、山西路交叉口被捕，革命党人指为刘师培所出卖。《申报》载《公廨审讯留学生》，云：

> 留学生万平假寓公共租界宁波路天保栈内，江督端午帅侦悉，万系革党，原名张恭，札饬沪道转饬公廨宝谳员，派令包探朱阿巧、邵阿金，于前日在南京路、山西路转角处，将万缉获，并同至寓所，抄出书籍、照像等物，当即解押捕房。昨解公廨请究。据供：学生姓万，号仲伯，名平，并非张恭。学生系浙江衢州人，年三十二岁，留学日本大圣体育会。于本月初七日来沪，预备回里省亲。所有照片、书籍，均出价购来，并无犯法之物。今指学生为革党张恭，实系误会，求恩代辩。宝谳员商之西官，判还押捕房，候禀请道宪核示。[2]

《神州日报》亦云：

> 江督端午帅近因革党潜谋内渡煽乱，特札巡缉等队购线来沪密查，在案。嗣据眼线探得革命党张恭即万平，现由日本回国，匿迹沪上。禀经午帅电饬沪道蔡观察飞札英廨宝大令，照会捕房，派差协探，在南京路、江西路转角处，将张拿获，并在宁波路天保栈张之寓处，抄出革命书籍暨照片等件，昨晨一并解廨。奉宝谳员会同美副领事巴君升讯，据供：姓万名仲伯，别字平，并非张恭。原籍浙江衢州，年三十二岁，留学日本大圣体育会。兹拟回籍省亲，于本月初七日抵沪，暂寓天保栈。起案之书籍、照片，均非违禁物件，亦无入党为匪情事，乃被误作张恭。今虽被逮，无以自明，将来自不难水落石出。应请明察。中西官得供会商，以案关叛逆，未便含糊，判仍还押捕房，候禀道宪核示遵行。[3]

被捕后，张恭聘请爱礼司律师为自己辩护，并坚称自己是万平而非革命党张恭，浙江宣平人，在日本大圣体育会留学二年，明年毕业。父兄经商，兄正在

1　冯自由：《革命逸史》上册，第333页。

2　《公廨审讯留学生》，《申报》1908年12月18日，第3张第1版，本埠新闻。

3　《是否革命党》，《神州日报》1908年12月18日，第4页，本埠新闻·英租界。

福建采办茶叶。有妻子袁氏，生有二女。此次由日本回国，因回里省亲过沪，实被误拿。[1]

张恭被捕，是因为有人向端方告密，端方遂饬上海道缉拿。而告密之人，革命党人均指为刘师培、汪公权。陶成章《浙案纪略》说：

> 清帝死后，光汉意成章回国，日与两江督标中军官米占元往各船坞查成章行踪。久之不得，无以复端方之命，而以张恭报告于端方，张恭遂被拿问。[2]

冯自由《记刘光汉变节始末》云：

> 己酉（一九〇九年）夏，党人陈其美、张恭、王金发等日集江浙两省同志计划大举，以上海马霍路德福里为机关。时光汉逆迹尚未显著，故开会时常获列席，众咸不之疑，因将党人开会详情密报端方。端方乃命上海道向租界当局交涉，即派警吏查抄党人机关。陈其美适外出，周淡游、褚辅成易工人服装走脱，仅张恭一人被捕，解送南京。党人大举计划因而事泄中止。[3]

1928 年 7 月 5 日陈去病《致柳亚子书》说：

> 戊申冬季，弟自汕头还，又与〔苏曼殊〕遇沪上，弟乃大集朋好二十余人，相宴于四马路之杏花楼，一时忏慧、小叔、天笑、千里、哲生及楚伦咸莅止焉（申叔夫妇时亦在座）。……是宴，英士独不至。及弟归寓，英士忽奔告曰："张恭被端方侦探逮捕去矣。"盖已心疑申叔伉俪之所为，然此时曼殊方住申叔家，弟亦与申叔至契，故英士绝不明言何人所为，弟亦茫然怅然而已。[4]

吕月屏《回忆辛亥革命时期的几件事和处州光复经过》谓：

> 一九〇四年春间，褚辅成、陶成章等在上海五马路口开设了天保客栈，以为革命党人住宿和联系、掩护的处所。

---

1 《西报纪万平被获案》，《申报》1908 年 12 月 20 日，第 3 张第 3 版，本埠新闻。《律师为留学生辩护》，《申报》1908 年 12 月 25 日，第 3 张第 3 版，本埠新闻。

2 陶成章：《浙案纪略》卷上，第 57 页。

3 冯自由：《革命逸史》上册，第 333 页。

4 张夷主编：《陈去病全集》第 1 册，第 372 页。

一九〇八年冬，清那拉太后与光绪皇帝先后死去，在上海的浙江革命党人拟召集十一府属党人代表在上海商议乘机起义，每府属代表二人，处州府属代表是吕月屏和吕逢樵。嗣因会内败类刘光汉（申叔）受清政府收买，进行破坏，因而会议不能开成。金华府属代表张恭是一个举人，很是贫苦，到了上海后，所带川资不多，组织上也不加以照顾。刘光汉看见了张恭这一弱点，又见他忠厚可欺，所以极力拉拢，向他刺探革命机密。张恭认为刘光汉是同盟会内人，在谈话当中不觉露了一点口风。刘光汉于是据以向两江总督端方告密，同时还亲自出马，想对党人作一网打尽之计。于是他于某日向龙凤舞台包了三层楼正厅座位，请我们这些各府属代表和因事在上海的革命党人赵宏甫、周振三等去看戏。竺绍康（酌仙）在看戏时突然发觉包厢座后的"看客"形迹可疑，因即佯装外出如厕，探明究竟。他正要下楼，"看客"即强加阻止。竺绍康当〔即〕以金质烟咀留作质物，声明如厕后仍回来看戏，但"看客"仍不放行。竺听到"看客"中有一人低声说了一句"让他出去，就在外面做了好了"的话，才又缩回，不敢冒昧出去。等待了一些时间后，代表还未到齐。竺绍康乘"看客"不备，混在人群中，从厕所侧门溜走了。继而王金发也溜走了。"看客"们手忙脚乱，慌慌张张。我们代表即在此间隙时间走出了舞台大门。

第二天早晨，租界包打听头子黄金荣带领了多人到天保客栈搜捕，计捕了张恭、沈荣卿、蒋叔南、童保暄等多名（蒋叔南是由日本回国来不久，恰在这时来到天保客栈，因而一同被捕）。这些人被捕，据说是因为两江总督端方捏称这些人曾在南京总督衙门犯了盗窃罪，训令上海道会同租界当局逮捕，并要求引渡。租界当局以为如属政治犯，依照国际通例不能引渡。南京方面保证，如属政治犯，当即送回。我们乃以银元三千元聘请英籍律师进行辩护。结果获得胜利，被捕诸人于捕后第三天送回上海，经租界当局释放。

吕月屏、赵宏甫、周振三避居在上海西门外吕的姑母开设的靛油行内，风声稍缓和后，才离开上海。

天保客栈在熊成基安庆发动革命失败后，为租界当局封闭。[1]

17 日，陈去病由粤归，至沪。徐自华集刘师培、何震、苏曼殊、包天笑、邓实、朱少屏、沈砺、杨天骥、叶楚伧、林寒碧等，在杏花楼为陈去病洗尘。1909 年 4 月 1 日《中华新报》载徐自华《金缕曲·春江即事》，其序云："巢南先生归自粤中，同人咸集，酒酣，先生为述游迹，慷慨若不胜情。会余亦有所感激，即席填此，示无畏、志剑、曼殊、天笑、秋枚、屏子、嘤公、千里、楚伧、亮奇及家妹小淑、女儿馨丽。"

17—18 日，日本《朝日新闻》刊载《毒茶事件的真相》，自称据当事人身边的"日本社会党某人"谈话而写成，称：

章炳麟的献媚活动　去年春，在张继等人不满足于排满主义思想而使得党内发生思想动摇之际，《民报》主笔章炳麟由于与张继、刘师培关系匪浅，搬到小石川的饭田町不久后即与刘师培等人共同居住，通勤往返于《民报》与刘师培寓所之间。但双方因为与革命有关的意见分歧而导致感情逐渐疏远，直到本年底，双方完全背道而驰。但是，导致他们彼此分裂的直接原因则是因为章炳麟的名誉问题——对章来说，最悲哀的莫过于流言蜚语，流传章炳麟对中国政府进行一些献媚的活动。我不相信章炳麟这样的志士学者会从事这样的活动，但是当时从与章有关的同志那里亲耳听到这样的传言，却连进行反驳的证据都没有，想来非常遗憾。去年四五月间，章炳麟又对孙逸仙、黄兴等人的政策和行为抱有不平之气，计划排斥他们而未成，竟然兴起决定赴印度做僧侣的打算（他是位精通佛学的学者）。

章炳麟与端方　当时何震女士某担任长崎领事的亲戚是张之洞的女婿，章便使何震与他接触，想通过他向张之洞索求二万元，以此后一切有关革命之事皆不诉诸笔端为条件，倘若事成，章则直接去印度做僧侣。何震因为有要事承诺章在回国的途中处理此事，但是当何震到长崎时，此亲戚业已回国；等何震到上海想见面时，他已经赴北京去了。

1　吕月屏：《回忆辛亥革命时期的几件事和处州光复经过》，《辛亥革命回忆录》第 4 集，第 197—199 页。

无论如何，何震乃名门所出，与许多显贵均有交情，章遂委托她与南京总督端方接触。端方虽承诺考虑，但认为女子作为谈判方不甚可靠，应该有男子来直接谈判。而且回复说，二万元难以一笔支付，可以先付五千元，余款保留在新加坡领事手中，分年偿付。章便去委托何震之夫刘师培前去谈判，但是未获得刘师培的同意（刘师培如果去南京，将会被立刻处以死刑）。再加上分年偿付的方式不甚令人满意，该计划彻底失败。

章的奸佞伎俩　但是章炳麟把此次计划的失败归因于刘氏夫妇没有为自己尽全力办事，又怀疑刘氏夫妇业已从端方那里获得不少金钱的好处，遂与刘氏夫妇发生冲突乃至分道扬镳。章与刘氏夫妇的冲突又延伸到章与刘氏亲戚汪公权的冲突中去。据说，章曾向神户的《日华新报》投稿，揭露汪的隐私并对其人身攻击，双方的敌对态度愈演愈烈。如果这些皆为事实的话，这回毒茶事件中，汪公权被流传为嫌疑人，并背负上清政府密探的恶名，其原因就可想而知了。[1]

16 日，日本警视厅报告《清国人ノ談話》，对毒茶案及汪公权亦有所记载，云：

> 现住牛达区山伏町十八番地之早稻田大学学生章勤士（前政闻社社员）最近对清国革命党员之行动，曾向来客作如下之谈话。按，此种出于冰炭不相容之反对派之言论，本不可全信，但亦可看作革命党中一派之行动，特记奉参考。
>
> 一、革命党员等在其本国时，均以进行各种活动被投入狱而有名。来到日本后，因渐渐穷于衣食之费，即以"革命"二字骗取好奇者之欢心，征集捐款。甚至以揭发留学生及商贾等之恶事非行为要挟而索取钱财。对拒绝出资者，有时即以暴力对待。其手段方法，千变万化，此种临机应变之手段，为中国所特有。
>
> 为发展革命党员，彼等在留学生中进行访问，发表慷慨悲愤之言论，

1　《毒茶事件的真相》，日本《朝日新闻》明治四十一年（1908）12 月 17—18 日，转引自富田昇撰、邹皓丹译：《关于刘师培变节问题再探讨》，《复旦史学集刊》第 3 辑《江南与中外交流》，上海：复旦大学出版社，2009 年，第 333—334 页。

劝诱入党。但考其真意，无非要从新入党者中获得资金之供给。据闻，在清国公使馆中之《日华新闻》记者某，即有被迫而交付三千元之事。

一、《日华新闻》为一周刊，在神户发行，现与《民报》脉络相通。《民报》维持费不足时，即由《日华新闻》以胁迫手段在清国人中获得之资金予以弥补。《民报》以"革命"二字为标榜，以巧妙之手段自好奇者流征收金钱。但时至今日，能看破彼等以"革命"二字为粮食者已日益众多，因而征集金钱之事已不能如意成功，最后彼等只得与《日华新闻》进行联络。

与革命党一起，以"革命"之名义谋求衣食之日本人，有男子四名（民报社、《日华新闻》）、女子四名（标榜共和政体）。在天义报社，即社会主义者方面，计有日本人十余名、女子五十六名（标榜社会主义）。此外依靠保皇党者计有日本人十名，其中亦有皈化人（标榜立宪保皇）。以上三者常常忌妒反目，互相钳制，将稍为富裕之留学生列入自己一派，对别派则进行中伤谰诬，尽其权谋术数之能事。

一、民报社员等于今年七月间准备发表有关社会主义者刘光汉之新闻，记载其邻居汪公权（毒药事件之可疑者）与刘妻何震有奸通之事，刘、汪、何三人为此至民报社向章炳麟及社员等提出质问。双方开始争论，后何与章又互相殴打，汪公权因此负伤，后即借此脱离革命党。又今年九月，彼又利用排斥日货反对运动之机会，为表示自派势力之强大起见，对平时慊忌之人，如不肯向革命党员低头，即加以殴打。

一、使用上述手段之结果，使自派之衣食住费用渐渐有人供给，但突然发生下令禁止《民报》发行之事，因此而受到之直接损害五六百圆之数。如不讲求填补之策，全体民报社员眼看即将陷入衣食无着之境地。犬入穷巷，势必反噬。彼等即在口头上、书面上发表危激之词，试图使好奇之清国人多少寄赠金钱。

一、随后即于十一月十三日发生有人对民报社放火之恶戏，民报社员扬言此事乃清国政府之间谍所为，并对此事广为传播。又如廿六、卅日两日之毒药事件，不明其中底细之人，即使为社员，亦有服之者。但此事出于一二人之计划，则甚明显。彼等之苦心，乃在于扰乱日本之公安秩序,自肥私囊。此种恶劣心意,不难推测也。

一、廿六日毒药事件发生后,革命党员等即指为汪公权所为,一面在报上予以揭载,一面又派吴崑将此事通与汪公权,使其隐蔽踪迹。此种情况,仿佛可以想象。盖吴崑与汪公权本为亲交,并曾交换相片,但对汪之住所仍确保秘密不语。

一、民报社员经常唆使少年学生,或采用其他种种方法,对别派或采中立态度而用功勤读之学生,注意彼等有无不规行为,即以毒药及放火事件作为彼等所为,以便作为因受到清国政府之猛烈迫害而募集金钱之手段。并进而为夺取别派之势力起见,对平时对之有不快情绪之人,滥加嫌疑。即如止宿于本乡区元町一丁目二番东方轩宿舍之张怀奇,曾以民报社员邓诚意之关系逼彼加入革命党,并购买《民报》及捐助义金等,但张对此并未允承,只愿作文字上而非主义上之来往,因此之故,彼即被认为此次毒药事件之容疑者。

一、民报社之主谋者,日本人方面为宫崎寅藏、前田卓子(女),清国方面为黄兴、宋教仁、吴崑、吕复、邓诚意等,章炳麟被除在外。

革命党(标榜共和政体)之秘密,不过在于揭发别派之陷阱或非行而已,但装作具有不知如何远大之计划,其所以对内外之人远而避之,则恐其识破此种连幼儿不如之内容实质。即如彼等走私军火事件,其目的并不真在发动革命,而在于金钱而已。[1]

案,章勤士即章士夔(1885—1924),字勤士,章士钊胞弟。早年就读湖南时务学堂,1902年考入江南陆师学堂。入学不久,因学生与教官冲突,章士夔等人退学,至上海,入爱国学校。因参与行刺王之春案被捕,获释后,赴日本。辛亥革命后,任广西省警察厅厅长。此篇所言,真伪相杂,多不可信。

20日,《申报》刊载《西报纪万平被获案》,云:

《文汇报》云:华人万平因被疑为革命党,于星期三日拘获,已志前

---

1 《清国人ノ談話》,日本外务省档案《民報関係雑纂》乙秘第1561号,1908年12月16日。转引自汤志钧:《章太炎年谱长编》(增订本)下册,第677—679页。

报。惟近来会审公廨中西官员时因要案，互费唇舌。今万平之案，亦将为难题之一。盖万为国事犯，现已延请律师代辩。会审公廨是否有权处置该犯，恐又难免冲突。当该犯送交华官时，先在洋务局讯供，实为通融之举。兹闻尚有被疑之同党多人，下寓租界，现巡捕已密为侦察矣。[1]

24日，张恭所聘爱礼司律师向公共租界公廨申请讯问日期。《申报》载《律师为留学生辩护》，云：

留学生万平由日来沪，经江督端午帅侦悉，万系革党张恭化名，电饬沪道饬廨提获，已纪前报。昨晨，万延爱礼司律师到廨，声请订期讯夺。谳员宝大令谓：万系奉宪饬拿要犯，应解江宁讯究。爱律师又曰："从前《苏报》馆及瞿龙龙等案，均奉总督、道宪札拿，均未解辕，仍由公堂讯结。今万平实系误拿，应由公堂讯断。仍请堂上查照前案，订期讯夺。"又据万平自行供称：学生实系浙江宣平县人，在日本大圣体育会留学二年。兹因回里省亲过沪，实被误拿。所有抄出之书籍、照片，确非悖逆之件。现既在案，请为察核。宝谳员商之英副领事巴君，判仍还押，候再讯夺。[2]

《神州日报》云：

江督端午帅前饬关道蔡观察札廨密拿革党万平即万仲伯原名张恭一案，奉中西官讯供之下，判押候禀请沪道示遵在案。昨万延爱礼律师到堂代表，订期会讯。大令以案系督宪饬拿，未便任律师干预，遂判还押捕房候讯。[3]

26日，《新世纪》第79号发表《东京报界》一文，介绍《衡报》及《民报》被查禁事，云：

东京之报册，最为满政府所注目而忿恨者，则为《民报》。近来复有无政府报及各省杂志之含有革命性质者，次第发刊。满政府愈觉芒刺在背，必欲去之而后快。有如无政府党报之《衡报》及《天义报》者，并为日政府所忌。因日本政府惧社会革命风潮之盛，将普及于日本之

---

1 《西报纪万平被获案》，《申报》1908年12月20日，第3张第3版，本埠新闻。

2 《律师为留学生辩护》，《申报》1908年12月25日，第3张第3版，本埠新闻。

3 《律师请订期讯问革党》，《神州日报》1908年12月25日，第5页，本埠新闻·英租界。

劳动社会，故将彼内国之社会党报十数种，一一设法破坏。于是颇知《衡报》《天义报》同人，皆与日本社会党相联络，且日、华同文，《衡报》等亦颇能助日本社会党之运动，久思乘机抑制。《衡报》本托言在澳门出版，后于第十一期，忽经日本内务省之允可，许在东京出版。不料即于本期，抉出违碍数文，禁抑将第十一期停止发行。适有唐绍仪之衔命，愿割地求禁党报，遂同时将《天义报》《民报》《四川》《云南》皆指出违碍之处，各停止其近刊之发行。《衡报》与《天义报》本为日本政府之直接对头，故无从理喻，止能别适他国出版。至于《民报》等，则皆为外国政府所应保护。今乃违背公法，出此野蛮卑劣之手段，以适其外交，殊足为文明之笑柄。

27 日，《神州日报》载 26 日（初四）戊刻北京电云："政府议：满人就本姓译成一字，冠于名首，如汉人姓氏。一、二品满汉大员，实行通婚。"[1]

本月，湖北新军中的革命党人黄申芗、杨王鹏等将军队同盟会改组为"群治学社"，设社长一人，文书二人，评议员若干人，以"研究学问、提倡自治"为名，在新军士兵中发展革命力量。1909 年接办汉口《商务报》作为宣传机关。1910 年春，改组为"振武学社"。

刘师培将章太炎托其运动赴印度学佛路费的五封信函拍成照片，广为散发。曼华《同盟会时代〈民报〉始末记》云：

> 申叔抵沪时，且遗书黄廑午、林广尘、汤公介等，诋章枚叔曾致函端午桥，由刘妻何振转交，要挟巨款二万，即舍革命而不言，往印度为僧以终其身云。内并付章氏关于此事之手书真迹照片，廑午一笑置之。[2]

案，廑午即黄兴，汤公介即汤增璧，端午桥即端方。

本年底，刘师培所著《逸周书补释》上卷由上海国学保存会印行。此书即《周书补正》之初本。钱玄同《刘申叔先生遗书总目》谓此书未见，且云：

> 《左盦集》卷一中有此书之《序》，《国粹学报》第五十七期"绍介遗书"门亦载此《序》，并云"上卷丁未刊成"。（丁未为民元前五年。）

1　《神州日报》1908 年 12 月 27 日，第 1 页，本馆专电。
2　曼华：《同盟会时代〈民报〉始末记》，中国史学会编：《辛亥革命》（二），第 447 页。

按：《周书补正》之《跋》作于民国二年癸丑，即删改此序而成者。是此书乃《周书补正》之初本也。[1]

今案，《逸周书补释》上卷，铅印本，半叶十三行，行三十二字，封面题作"佚周书补释"，内页作"逸周书补释"，署名"仪征刘师培"，今南京图书馆有藏。据"仪"字缺末笔，则应刊于 1908 年 11 月溥仪嗣位后、宣统改元前。盖至宣统时，仪征已讳改扬子。其书无版权页，出版者疑即国学保存会。此书与《周书补正》不尽相同，钱玄同谓"此书乃《周书补正》之初本"，是也。其《序》收入《左盦集》卷一，题作《〈佚周书补释〉自序》。

【著述】

步佩忍韵　《神州日报》1 月 7 日，署无畏

未来社会之生产方法及手段　《天义》第 15 卷，1 月 15 日，译丛，署申叔译

案，此文为俄国无政府主义者克鲁泡特金所著《面包略夺》第八章第二节，刘师培由日文转译。刘师培原有翻译全书的计划，似未果。

《〈共产党宣言〉1888 年英文版序言》中译本跋　同上，学理，署记者识

司马迁《左传》义序例　《国粹学报》第 37 期，1 月 23 日，学篇，署刘师培

案，此文于该刊第 38 期续完。

唐张氏墓志铭释（附拓片）　同上，美术篇

祝辞（一）　《国粹学报》第 38 期，2 月 21 日，署刘师培

案，此文为纪念《国粹学报》创刊三周年而作。《刘申叔先生遗书》收入《左庵外集》第十七卷，题为"国粹学报三周年祝辞"。

尔雅虫名今释　《广益丛报》第 161 号，3 月 2 日，中编·学问门·理科，署刘师培

案，此文于该刊第 162 号—164 号续载，又曾刊于上年《国粹学报》，均未完。

颜氏学派重艺学考　《政艺通报》第七年戊申第 2 号，3 月 17 日，政学文编，署刘师培

案，此文又载本年《山东国文报》第 43 期卯编、1909 年《广益丛报》第 209 号。

田宝臣传　《国粹学报》第 39 期，3 月 22 日，史篇，署刘师培

1　钱玄同：《刘申叔先生遗书总目》，《仪征刘申叔遗书》第 1 册卷首，第 17 页。

司马迁述《周易》义　同上,学篇

《共产党宣言》序　《天义》第 16—19 卷合刊,3 月,译书,署申叔

面包略夺　同上,署申叔译

案,此文原著者为俄国无政府主义者克鲁泡特金。

区田考序　同上,附印

选举罪恶史　同上,编纂,署申叔辑

案,此文译自法国路易·博洛尔(Lius Proal)著《政治罪恶史》(*La criminalité politique*,1892)。

《工女怨》二章　同上,编纂·贫女唱歌集,署申叔

《希望诗》二章　同上

案,此诗原作者为波兰诗人柴门霍夫(刘师培译作石门华)。

Esperanto 词例通释　同上,编纂

案,此文未完,未见续载。其《总序》又载本年 9 月《神州日报》《中外日报》。

《松陵文集》叙　《国粹学报》第 40 期,4 月 20 日,文篇·文录,署刘师培

案,《松陵文集》,陈去病所辑吴中文献。

与邓秋枚书　同上,报告·通讯,署师培

《辽史》地理考　同上,地理篇

案,此文于该刊第 42 期续完。

《衡报》发刊词　《衡报》第 1 号,4 月 28 日,署 Sun Soh 申

论国家之利与人民之利成一相反之比例　同上,署 Sun Soh

议会之弊　同上,短评

共和之病　同上

颜(学)〔氏〕学派重艺学考　《山东国文报》戊申年第 5 册(第 43 期),4 月 30 日,署刘师培

案,本文载《政艺通报》第七年戊申第 2 号,1909 年《广益丛报》第 209 号。

论共产制易行于中国　《衡报》第 2 号,5 月 8 日

格物解　《山东国文报》戊申年第 6 册(第 44 期),5 月 14 日,署刘师培

案,此文于本年第 7 册(第 45 期)续完。

汉口暴动论　《衡报》第 4 号,5 月 28 日

社会革命与排满　同上

近代汉学变迁论　《广益丛报》第170号,5月29日,上编政事门·粹论,署刘师培

论中国资本阶级之发达　《衡报》第5号,6月8日

《汉口农民暴动又起》编者按　同上

论中国宜组织劳民协会　同上

　　　　案,此文续载于该刊第6号。

儒学法学分歧论　《山东国文报》戊申年第8册(第46期),6月13日,署名刘师培

《苏州机匠罢工之胜利》跋　《衡报》第6号,6月18日

戊申答钱玄同书　原札

　　　　案,此信首刊于《刘申叔先生遗书》,札末署"阳历六月二十七日,申叔"。

无政府主义与农民革命　《衡报》第7号("农民号"),社说,6月28日,署刘师培

论中国田主之罪恶　同上

农民讨官吏檄　同上

论农业与工业联合制可行于中国　同上

苦鲁巴金氏之农业论　同上,研究资料

大水灾论　《衡报》第8号,社说,7月8日

论水灾即系共产无政府之现象　同上

论水灾为实行共产之机会　同上

论官绅放赈之弊　同上

祝词　《江西》杂志第1期,7月10日

　　　　案,此文又载《广益丛报》第182号,下编·文章品·短品,题作"《江西》杂志祝词"。

《新方言》后序　《国粹学报》第43期,7月18日,文篇,署刘师培

　　　　案,《新方言》,章太炎著。

衡书三篇　《衡报》第10号,8月8日,署申

梵文典序　《国粹学报》第44期,8月16日,文篇·文录,署刘师培

　　　　案,此文曾刊于《天义》第6卷。《梵文典》,苏曼殊编,书似未刊成。

词例通释总序 《神州日报》9 月 8 日，第 4 页，来稿

案，此文续载于该报 9 月 8—10 日、12 日，文末署申叔。此文即《天义》第 16—19 卷合册所载《Esperanto 词例通释》之《总序》部分。

荀子补释 《国粹学报》第 45 期，9 月 15 日，学篇，署刘师培

案，此文于该刊第 46—60 期续完。其序又刊于《国学丛刊》第二卷第 2 号。

文例释要 同上，文篇

案，此文于该刊第 50 期续完。

《江西》杂志祝词 《广益丛报》第 182 号，9 月 24 日，下编·文章门·短品，无署名

案，此文载《江西》杂志第 1 号，题作"祝词"。

论中土文字有益于世界 《国粹学报》第 46 期，10 月 14 日，社说，署刘师培

案，此文内页题作"论中土文字有益于世界"。

读《全唐诗》发微 同上，文篇

案，此文收入《左庵集》卷八时，题作"读《全唐诗》书后"。

1908 年上端方书 天津《大公报》史地周刊，1934 年 11 月 2 日

劝告中国人士宜速习世界新语 《时报》11 月 26 日，无署名

案，此文在该报本月 27—28 日续完。又刊于《神州日报》11 月 26—29 日，无署名；《中外日报》11 月 27—29 日，署仪征刘氏。

逸周书补释上卷 疑上海国学保存会印行

案，《国粹学报》第 57 期《绍介遗书·近儒新著类》载《逸周书补释序》，其题下注云："仪征刘师培著，丁未刊成。"盖误。

附：本年何震著述

论中国女子所受之惨毒 《天义》第 15 卷，1 月 15 日，论说，署震述

案，此文未完，亦未见续载。

何震女史由镇江来函 《衡报》第 10 号，8 月 8 日

卷 三

（1909—1919 年）

1909 年（宣统元年，己酉） 二十六岁

【事略】

1 月 2 日，刘师培夫妇因春节由上海回扬州，春节后返回上海。本日，苏曼殊在上海写信给刘三，云：

> 申公伉俪今日归家，数日即来。衲亦束装东归。[1]

本日，清政府命袁世凯开缺养疴。3 日，《神州日报》载上谕云：

> 军机大臣、外务部尚书袁世凯，夙承先朝屡加擢用。朕御极后，复予懋赏，正因其才可用，俾效驰驱。不意袁世凯现患足疾，步履维艰，难胜职任。袁世凯着即开缺，回籍养疴，以示体恤之至意。[2]

5 日，钱玄同由日本东京致书在浙江海盐老家的朱希祖，"告讲书事，告刘事"。[3] 案，"讲书"指章太炎在国学讲习会授课，"刘"即刘师培，疑指刘师培归国后，日本风传其变节事。

11 日，《国粹学报》第 49 期出版，"学篇"续载《荀子补释》，"地理篇"刊载《秦四十郡考》，均署名刘师培。

案，《秦四十郡考》删改后，收入《左盦集》卷五。

13 日，《申报》载《万平与张恭之历史》，云：

1　马以君编注：《苏曼殊文集》上册，第 504 页。
2　《神州日报》1909 年 1 月 3 日，第 1 页，电传阁抄。
3　杨天石主编：《钱玄同日记》上册，第 144 页。

留学生万平被人指为革党张恭,由江督札饬公共公廨派探拿获,收押捕房在案。昨日复讯,万延爱礼司律师译称:万平实非张恭,应请开释。旋又由俞宝亭投称:职员系浙江金华候补人员,奉浙江抚宪命令,查拿张恭。张系壬寅科举人,号伯荃。张父名雁,系廪贡,职员向识其人。张恭系金华土匪头目,因散放票布,饬拿逃逸。又据见证赵静供称:张恭逃逸后,由其妻与妹管领戏班,去年亦不见踪迹,请为察夺。讯之,万供:处州宣平县溪口人。曾祖万雨,祖万全,耕种度日。父兄均就商业,现兄在福建采办烟叶。学生留学日本大圣体育会,来年毕业。每年学费约六七百元,由兄贴补。兹因乏资,回华筹措。妻子袁氏在家,生有二女。学生实非张恭,求恩代禀开释。继又由爱律师声称:据俞、赵二人称,张恭系土匪。今上宪指为革党,似有出入,请堂上察核。宝谳员商之英副领事巴君,判万仍还押,候详请道宪核示。[1]

19日(腊月二十八),张恭在租界公堂再次受审。《神州日报》载:

留学生万平被人诬指为革命党张恭,奉江督端午帅电,饬沪道札廨拿获,讯押在案。去腊念八日,由捕解廨覆讯,仍执前供:张恭另有其人,不认入党为匪情事。宝谳员驳诘,不移。会商美巴副领事,判即押解金陵,禀请午帅核办。[2]

《申报》亦云:

留学生万平被人疑为革党张恭,屡志前报。去腊二十八晨,由捕房解请公共公堂复讯,盘诘再三,供仍如前。判押解江宁督辕讯夺。[3]

2月3日,《时报》载上海道严查《攘书》,云:

沪道蔡观察近查本埠各书坊,现有新出一书,名曰《攘书》,乃仪征刘光汉所著,内有鼓吹民族、排斥异类等语,因与章炳麟所著《訄书》同宗旨,均属摇惑人心,亟应查禁。蔡爰于日前分行上海县、英法两公堂及各巡警局,一体严查。各书坊如有此项书籍出售,立即销毁云。[4]

---

1 《万平与张恭之历史》,《申报》1909年1月13日,第3张第2版,本埠新闻。
2 《神州日报》1909年1月25日,第7页,本埠新闻·英租界。
3 《留学生解宁讯究》,《申报》1909年1月25日,第4张第3版,本埠新闻。
4 《严查刘光汉所著之〈攘书〉》,《时报》1909年2月3日,第4版,本埠新闻·纪事。

9日，《神州日报》刊载"滑稽小说"《书生侦探》，影射刘师培夫妇变节事，录于下：

"大人！""洋大人！"其声娇婉轻脆，殆金闺间佳丽口吻。

维时酒香喷若，臡炙纷若，华灯皎若，花影掩若，宾主秩若，觥筹错若，钗鬓颤若，屏山曲若，笑语哗若，刀叉戛若，绮罗烂若，烟雾缭若，拇战横若，"起手巾""局来"骈呼而阗阗若，"某老来""某少不来"纠绕而莫之请若。

门以外，围人与舆台语，舆台与仆夫语，仆夫与厮养奚奴语，皆曰：吾家大人、吾家少大人新自东洋归，眷某先生、某倌人，云将置为第几房如夫人。

门以内，蚁媪与鸦婢语，鸦婢与龟奴语，龟奴又与房老鸨妇语，皆曰：某大人、某少大人新学洋务归，与外国人投契，不日便作高官，广置姬妾，动万金。吾家钱树子在其列，我辈好为之，一生吃着不尽也。语毕，都吃吃作鸱鹕笑。

"客来！""客来！"声彻屋瓦，自院内历堂登梯，履声橐橐然，众客惊起。

客何人？客谁？客二：一少年儒雅，眼镜金丝，口呼雪茄，领后发氄氄下垂，知亦为断发后髦以伪辫者；一颜色白皙，翠鬓修眉，宛然好女子。主人迎入座，谦抑再四，执礼甚恭。既而通殷勤，道姓氏，自云兄弟。

二客俱温文，能道古，口若悬河，众心折不置。征花侑酒，皆一时名校书。诸大人目迷心醉，咸知客为非常人，愿缔交。二客无骄吝色，诸大人益贤之。及谈明季遗事，尤慷慨激昂，有谢皋羽西台痛哭气概。

"吁咧咧！""吁咧咧！"马腾槽，人塞巷。两首赤巾、手矮棒者入门，径登梯。诸大人惊起曰："谁？谁敢？谁敢！"

两首赤巾、手矮棒者终不语，但目视手中物，又谛视诸大人颜色者约一秒钟之久，指一少年衣服丽都者曰："良是！"径前捉其襟。又指一尫瘵西服者曰："良是！"复前掣其肘。又指一肥白服蜡衣者曰："良是！"且后扼其项。诸大人已被辱及半。有哗辩者，有喋声者，有战栗者，有遁去者。歌声咽，弦管声断，莺莺燕燕无踪迹。顾觅后来两少年亦乌有，捕者、被捕者俱鸟兽散。

众窃窃私议曰："革命党欤？翻戏局欤？拐骗家欤？犯案之盗贼亡命欤？必居一于是。"或曰："非也。是国粹党而新充南洋侦探者。择富而少不更事之学生为渠新赘见礼物。一美少，盖其妻，易钗而弁者也。"

呜呼！书生耶，侦探耶？[1]

本日，李经羲就任云贵总督。

10日，《国粹学报》第50期出版，"史篇"始载《穆天子传补释》，"学篇"续载《荀子补释》，"文篇"续载《文例释要》，"博物篇"续载《尔雅虫名今释》，均署名刘师培。

案，《文例释要》裁出部分内容，改作《腐草为蠲说》，收入《左盦集》卷一。《穆天子传补释》前有序，收入《左盦集》卷五，题作《穆传补释自序》；又裁出其部分内容，改作《穆传耿翛考》，收入《左盦集》卷五；其所附《晏子春秋篇目考》，收入《左盦集》卷七。《穆天子传补释·序》云：

《隋·经籍志》"起居注类"载《穆天子传》六卷，注云："汲冢书，郭璞注。"新、旧《唐书》均同。《晋书·束皙传》则谓，此书"本五卷，末卷乃《杂书》十九篇之一"。盖五卷为汲冢旧简本，末卷则校者以《杂书》并入也。此书虽出晋初，然地名符于《山海经》，人名若孔牙、耿翛，均见《书序》；所载宾祭礼仪、器物，亦与《周官礼》、古《礼经》相符，则非后人赝造之书矣。

考穆王宾于西王母，其事具载《列子》；马迁修史，亦著其文。虽所至之地，均今葱岭绝西，然证以《山海经》诸编，则古贤遗裔，恒宅西陲；西周以前，往来互达。穆王西征，盖亦率行轩辕、大禹之轨耳，不得泥"博望以前，西域未通"之说也。

此书字多古文，钞胥复多舛挩，宋晁武公《郡斋读书志》已谓"转写益误，殆不可读"。明人所刊，校雠益疏。近人檀萃、徐文靖、陈逢衡

---

1 《书生侦探》，《神州日报》1909年2月9日，第1页，小说。

均注此书，然均泛乱无条纪。檀本增补字句，尤为蓗古。惟洪、翟所校为差善。孙诒让《札迻》刊校义若干条，亦均精审。

师培幼治此书，病昔治此书者率昧考地，因以今地考古名，互相证验；古义、古字，亦稍阐发。成书一卷，颜曰"补释"。惟书中古字，率多未详。又，卷三"世民之子"，亦深思而昧其解。世有善思误书之士，尚其阐此蕴义乎！

己酉正月，刘师培序。[1]

3月1日，《广益丛报》第194号出版，"中编·学问门·地学"载《秦四十郡考》，无署名，与《国粹学报》所载刘师培文同。

3日，日本检察厅以《民报》案，改判章太炎拘留一百二十五日。

11日，《国粹学报》第51期出版，"政篇"续载《氏姓学发微》（《续论一姓误歧为数姓》），"史篇"续载《穆天子传补释》，"学篇"续载《荀子补释》，"博物篇"续载《尔雅虫名今释》，"丛谈"续载《晏子春秋补释》，均署名刘师培。

此时，刘师培被指为侦探，在上海无法容身，便到南京，任两江师范学堂教习，并公开入端方幕，"为方考订金石，称匋斋师，名遂替"。[2]同时在两江师范学堂任教的，还有雷恒、陈三立、王伯沆、柳诒徵、钟钟山等。

《刘氏五世小记》称：

端方为两江总督，李瑞清为两江师范学堂监督。这时要开办历史、地理选科，为全国高等教育的先河，必需请硕学高名的人担任教授。访得上海学通中西的姚文栋先生之子明煇，凤承家学，聘为地理教授。惟历史一门，仍乏通才。有人建议延聘舅氏，但李瑞清以舅氏名挂党籍，不敢专主。一日，谒端督于宝华盦。端方因得到海内止存三本的《西岳华山碑》，宝爱非常，遂在署内辟一精舍，名宝华盦，公余常与一班文学名流在盦内读碑谈艺。李瑞清先商之丹阳陈庆年。陈字善馀，是一个博学多识的人，与端方契洽，时在督署为首席幕僚，言听计从。他本

1　刘师培：《穆天子传补释序》，《仪征刘申叔遗书》第9册，第3613—3614页。

2　汪东：《刘师培传》，《国史馆馆刊》第2卷第1期，国史拟传，第75页。

与舅氏有旧，听了极为赞成，力任进言。次日即与端方谈到："仪征刘氏，三世传经，家学渊源，为嘉、道以来江淮间第一。他本人又是英年博学，虽为革命党人，近年已不谈种族革命。他若能来，实为上选。"端遂嘱江宁藩司樊云门具函礼聘，由李、陈电约返国。舅氏尚在考虑。这时舅母何震久厌居东，听小人之言，适符她的名利思想，以为能与官场联系，自然另有出路，遂极力怂恿，加以要挟。舅氏是个疏于世故的人，听她的话，不能坚定立场、权其得失，就贸然返国。[1]

案，陈庆年（1863—1929），字善馀，江苏丹阳人，清光绪戊子优贡生，早年以经史诸子学著称，王先谦拟之汪中，入张之洞幕多年，后依端方幕，主办江南图书馆。唐文治为作《陈君善馀墓志铭》。姚明辉（1881—1961），号孟埙，上海人，曾任武昌高等师范学校教务主任兼代校长，南京国学专修馆馆长，东南大学、上海持志学院、上海女子大学、上海国学专修馆、旦华学院教授。1957年6月，任上海文史馆馆员。樊云门，即樊增祥（1846—1931），原名嘉，字嘉父，又字天琴，号云门、樊山，晚号樊山老人，湖北恩施人。1867年丁卯科举人，以家贫，为人司书记，旋被张之洞荐为潜江书院山长，又移主江陵讲席，后赴北京，受业于李慈铭之门。1877年丁丑科进士，授翰林院庶吉士。1884年起任陕西宜川、咸宁、富平、长安等县令。1900年去西安，荣禄任为掌诏敕。1901年任安徽凤颍六泗道，9月升陕西巡按使。1902年8月，调北京任政务处提督。1903年任陕西布政使，1906年因盐官贪污案被劾撤任。1908年经军机大臣张之洞特保，开复原官，任江西布政使。1909年6月，以布政使暂护两江总督。1911年10月南京光复，舍官挟印去上海。1912年4月，袁世凯任为湖北民政长，未就。1913年12月，奉委为总统府出席政治会议八议员之一。1914年任参政院参政。1915年任政府参议、顾问，兼清史馆事。所著汇为《樊山全书》。

刘师培入端方幕之初，住南京四条巷。其学术研究，主要侧重于诸子校勘。

31日（农历闰二月十日），《陈庆年日记》载："过刘申叔，得其新印《佚

1　梅鹤孙：《刘氏五世小记》，第47—48页。

周书补释》一本。"

本月，苏曼殊居东京，托邓实转交其与刘师培书札。苏曼殊《致邓秋枚、蔡哲夫》云：

> 申公一笺，乞为我转之。[1]

春，应云贵总督李经羲之聘，李光炯赴昆明入幕，主持教育。姚永概本年闰二月初七日（3月28日）记载其《正月十日偕金子善、马冀平游浮山，方伯岂为主人，未陪行，而命人治具待客》诗其七自注亦云："去年李光炯曾读书金谷岩，今闻从李仲仙制军将之云南。"[2]

4月4日，缪荃孙访刘师培。《艺风老人日记》载：

> 十四日庚午，……拜吴福丞、蒋笃斋、连荷生、刘笙叔。[3]

10日，《国粹学报》第52期出版，"史篇"续载《穆天子传补释》，"学篇"续载《荀子补释》，均署名刘师培。

本日，刘师培拜访缪荃孙于南京。《艺风老人日记》载：

> 廿日丙子，……饭后，张幼丹（心赤）、刘笙叔来。[4]

案，"张幼丹"即张心泰（1857—？），字幼丹，江苏江都人。早年侍父广西巡抚张联桂（1838—1897），游历两广。光绪十三年（1887）以副贡生谒选，十六年（1890）任平阳通判，调丰镇同知、归化同知、宣化知府，十九年（1893）被参革。著有《粤游小识》七卷、《宦海浮沉录》等。

22日，柳诒徵与梁苓、李详、吴温叟公宴缪荃孙、况周颐、刘师培等于南京鸡鸣寺豁蒙楼。《柳诒徵日记》本日载：

> 初三日，写《龙藏寺碑》一纸。得初一日家信。是日，予与梁公约、李审言、吴温叟公宴缪小山师及况夔笙、朱仲我、王寿萱、丁秉衡、陈善馀、刘申叔、毛元徵、王道农、雷夏昆仲、刘蕗六、逊甫叔侄于鸡鸣寺之豁蒙楼。楼五楹，踞鸡鸣埭之颠，俯逼台城故址，北瞰后湖，东眺龙膊子，光绪甲辰张抱冰督两江时所建也。予以午前九时自商校乘人力车循马

1　马以君编注：《苏曼殊文集》下册，第506页。

2　姚永概撰，沈寂等标点：《慎宜轩日记》下册，第1105页。

3　缪荃孙：《己酉日记》，《缪荃孙全集·日记（三）》，第17页。

4　缪荃孙：《己酉日记》，《缪荃孙全集·日记（三）》，第17页。

路往，沿途柳絮扑面氄氄然。迟日吞吐于薄云中，天气半阴半晴，体目爽朗，忘路之远。至寺下车，拾级登山径造楼下，则寿萱、仲我、道农、秉衡、审言、温叟已先在。……仲我……与秉衡谈湘军克江宁城时状至悉。

又云：

> 王氏昆仲，直隶正定人，侨寓泰州。刘氏叔侄，安徽贵池人，侨寓金陵。况夔笙，广西临桂人，亦寓此。仲我，长洲人。秉衡，常熟人。缪师父子，江阴人。温叟、寿萱，淮安人。公约，江都人。元徵，甘泉人。申叔，仪真人。审言，兴化人。善馀与予，均丹徒人。十七人无一江宁籍，而同时聚于兹地。耆年宿德如缪师、仲我者，犹及见道咸时事，述中兴战业如指掌。最少者为蘧六、僧保，得奉杖履，闻先朝掌故，是皆不可不记。予以昔人兰亭诗序、曲水诗序率皆藻缋景物，述事不详，使后人读其文者不能推见当时谈宴之乐，故创为变体，以记其事，俾异日得览观而想象焉。[1]

春，刘师培游南京城北，作《金陵城北春游》诗，云：

> 旷眺怡素忱，清遽濯尘轨。俊风嘘暄柔，宿莽演繁祉。嘤嘤止灌鹎，鸑鸑踔林雉。蹊纤疑绝踪，径险凛折屣。东瞰融湖泓，北瞩峥陵峛。且磬览景娱，遐媵登台旨。[2]

5 月 9 日，《国粹学报》第 53 期出版，"史篇"续载《穆天子传补释》，"学篇"续载《荀子补释》，"博物篇"续载《尔雅虫名今释》，"美术篇"始载《琴操补释》，均署名刘师培。

此时，刘师培第三次上书端方，建议在南京朝天宫设立"两江存古学堂"，培训国学教员，以"正人心，息邪说"。奏称：

> 窃维《孟子》有言："经正，则庶民兴；庶民兴，斯无邪慝。"又《春秋左氏传》载齐仲孙湫之言曰："鲁未可取，犹秉周礼。"是则守礼即所以保邦，为学首基于植本。自外域之学输入中土，浅识之士昧其实而震其名，既见彼学足以致富强，遂诮国学为无用。端倪虽微，隐忧实巨。

1　柳诒徵：《有关太平天国的两则史料——宣统元年三月初三日记（摘录）》，《江海学刊》1983 年第 2 期，第 73—74 页。

2　刘师培：《左盦诗录》卷二，《仪征刘申叔遗书》第 12 册，第 5498 页。

道衰学弊，职是之由。

伏读叠次兴学谕旨并学部奏定各章，于尊孔爱国诸大端，谆谆致意；而读经、修身、国文、中史诸科，定为必要科目。乃数年以来，学校林立。公立、私立各校，固多遵守定章，然阳奉阴违、视若具文者，亦所在多有。国学教师，恒以乡曲陋儒，滥竽伺选。后生小子，入学肄业，于经史巨谊，浅尝辄止。读经则潜缩时间，作文则日趋浅率。甚至年逾弱冠，竣业有期，西文、数学程度甚优，而读书未知句度，书字未识偏旁。倘使举世风靡，相沿莫返，恐数载而降，校舍日益，而教授国学之员猝不易得。此则今日所当深虑者也。

或谓居今之世，学崇实用。成编所载，用以施治，未必悉适于今。不知泰西各邦，学士大夫，敦崇考古。埃及残碑，希腊诗曲，均参互考验，递相阐明。则察来之用，首恃藏往。若侈陈通今，罔知鉴古，本实先拨，用于何有？况中国学术兴于三代以前，圣贤懿训，固炳若日星，足俟百世而不惑。即六书雅故、九流绪言，亦赓续相延，篇目均较然可按。至于国朝，士崇稽古，魁儒大师，纂述尤盛。上者足以训俗，次者亦有裨博闻。试观日本维新，尊王大义，窃取《春秋》；侠义之士，身所执持，不外宋、明儒术。此又中国学术足以效用之证也。

且近年以来，欧美诸国，竞治泰东古学；都会各书馆，恒远致汉文典籍，断碣残碑，珍袭备至。而日本大学，亦列汉学为专门。使中国士风，长此僿陋，非惟自丧其所守，且将贻诮于邻封。加以青年失学，士习日漓。或留学外邦，侈为忘本之谈，弁髦道德，蔑侮圣贤；故书雅记，弃若糟粕，排摈剪刈，靡所不用其极。邪说蔓延，罔知所届。又或稍窥故编，昧于择别，援饰前言，穿凿附会，妄歧种界，撼国本而基内忧。思乱之徒，遂得资彼片言，荧惑民庶。是则学术不正，下之则为人心之蠹，上之则贻宗社之忧。欲祛其弊，必自振兴国学始。

伏念两江所辖，地大物博。自明公莅治以来，学风移易，均知崇实黜虚。复创设图书馆，以冀保存典籍。惟国学一科，尚缺专门学校。查湖北、苏州创设存古学堂，均经奉旨允准在案。窃以宁垣之地，亦可仿彼成例，奏设两江存古学堂，暂以城西朝天宫为校址，广延绩学之士，分任教师。肄业之生，限以八十人，均以学有根柢、敦品励行者为合格。所授学科，略仿湖北定章。复将教师所编讲义，月刊成册，颁发所属各州县，使官立、民立各校，奉为参考之资，以矫孤陋寡闻之习。至学生毕业之期，限以三载，俾得各出其所习，施教于其乡，以膺国学教员之任。庶尊孔爱国之词，克以实践；即正人心、息邪说之功，胥于是乎在。想明公必有以乐从其请也。[1]

本月，刘师培作《致林宝麟书一》，云：

定安先生座右：

　　日久未通音问，抱歉之至！近闻质卿诸君言，备悉尊府近况，欣慰无既。弟频年漂泊，备尝艰险。近旅白门，暂为栖身之计。顾念先著未成，于《左疏》一书，不得不速为赓续，于二年以内刊板行世，以为缵述先业之一助。现到陵仅两月，支款浩繁，而家中学费，复需按节汇寄；所购故书虽日有增益，然非旦夕所可购齐也，故家中所藏书籍，不得不择尤取用。前日，三家叔过陵，曾言此事。今接来信，已蒙允诺，惟检寻匪易。今乘质卿来陵之便，弟拟托先将必需应用之数书，托伊带下。今开单呈览，即乞兄照单寻检，面交质卿，无任拜祷之至！弟若得暇，定当回里一行，以图畅聚。惟扬州情况，已与畴昔有殊，不禁感慨系之。兆甥开敏殊常，闻所读之书已甚众，想兄之学术，亦随年俱进，能以厓略见示否？余容再布。即请

著安！

　　　　　　　　　　　　　　　　　　　　　　　　弟培叩首

　　老伯、伯母大人前各请安。二姊均此问好。兆甥问吉。

　　另呈上弟拙著《佚周书补释》上卷二部、所刊《文学因缘》二部，乞哂收。

　　《通典》、《玉海》、《初学记》、《绎史》、《古经解钩沉》、《援鹑堂笔记》（姚范作）、《颐志斋丛书》（《左传补释》一本）、《研六堂文集》（胡

培挈作）、《舆地纪胜》、《文选集释》[1]

案，此札及以下致林宝麟二札，见扬州市图书馆藏《西山林氏来往书简》，刘建臻《新见刘师培书札四通》[2]有介绍。林宝麟号定庵，江苏甘泉（今扬州）人，刘师培堂姐师昭（刘寿曾之女，书中称"二姊"）之夫。"质卿"即何家辂，字质卿，刘师培妻弟，且为刘师培堂姐师韫之夫。"三家叔"即刘富曾，字谦甫。《佚周书补释》上卷，刘师培著，1908年铅印。《文学因缘》，苏曼殊著，1908年印行。据此札，一则刘师培入端方幕，乃"暂为栖身之计"，且拟赓续完成《春秋左氏传旧注疏证》，于二年以内刊行。二则刘师培外出谋生后，一直承担其伯母的生活费用以及刘师苍两遗孤的读书费用，并按时节汇寄，所以虽然入幕，经济上仍然十分困难。三则刘师培每次从家中取藏书，均需征得家人同意。

6月6日，中、英、法、德订立湘鄂境内粤汉铁路、鄂境川汉铁路借款合同。

张恭被捕后，上海革命党人非常愤怒，派人查寻叛逆者。不久，王金发查知乃刘师培、汪公权所为，本日，将汪公权暗杀于上海英租界大马路寿康里。冯自由《记刘光汉变节始末》谓：

> 王金发侦知为光汉所为，怒挟枪访之，责其变节卖友，将处以死刑。光汉跪地乞命，谓必以一己生命，保全张恭。恭因得移禁上元狱，幸不死。光汉由是不敢再至上海。汪公权以为无虑，仍时至上海侦探党人举动，卒为王金发枪毙示儆。闻者快之。案发后，王金发偕其友一人亡命香港，访冯自由求庇。冯乃匿之于湾仔东海旁街七十六号四楼自宅。[3]

汪东《致黄焯书》（未刊，承黄焯先生录示）亦云：

> 刘申叔告密于南北洋。袁世凯置之不理，端方则密侦党人，陈陶遗回国即被逮。刘本书生，告密事皆受其妻何震及表弟汪公权二人所劫持。汪至上海，即被王金发刺死。王盖受党中央命令也。

1　刘师培：《致林宝麟书一》，万仕国辑校《刘申叔遗书补遗》下册，第1285—1286页。

2　刘建臻：《新见刘师培书札四通》，赵昌智、周新国主编：《祁龙威先生学术活动六十周年纪念文集》，扬州：广陵书社，2006年，第201—209页。

3　冯自由：《革命逸史》上册，第333页。

本月 8 日《神州日报》载《刺客发达之可危》,述汪云生（即公权）被刺杀情形,云:

> 扬州人汪云生前晚十时,途经英大马路小菜场对过寿康里相近,突被仇家连击三枪。汪虽受伤,犹自勉力奔至捕房,请为查办,并称"曾赴日本游学,讵有革命党疑系侦探,竟图加害,因即束装回国。近自青浦来沪,赁居宝善街老天福客栈。先父在日,曾任青浦县学训导。今晚偶经小菜场对过同春总会门首,突被开枪轰击"等语,言讫,即行仆地。捕头立饬中西包探载送仁济医院,当由医生察得身中两弹,另有一弹虽中腰间,幸为衣袋所储外国账簿所格,故未深入。惟胸际一弹,已伤内脏,施救为难。延至十二点钟毙命,并由包探查获目睹开枪之成衣倪少林,昨饬二图地保报县请验。旋由现在沪嘉铁路公司司帐之尸兄汪苏生自投捕房,声请免验。捕头谕至尸场,禀请县尊核示。迨至下午五点余钟,邑尊田大令莅所升座后,尸兄汪苏生投案,大令谕令免跪,并谓曰"本县前在青浦县任时,本与尔父有旧。尔弟出洋游学,本县亦曾酌助学费。兹忽横遭惨死,殊堪悯恻"云云。谕毕饬仵验得,委系弹伤肺、肝两部,以致血管奔裂（身）。尸身兄请免标封,大令准之,饬即具结收殓,并谕中西包探严密缉凶,务获解办。[1]

该报本月 9 日又续载云:

> 扬州人汪云生于十九夜九点半钟,在本埠南京路被刺客击毙,已见昨报"本埠新闻"内。兹访悉,汪云生即汪公权,曾投身革党,为同盟会员,继复投诚而为官场侦探,遂为革党所嫉。且其人私德不修,久为社会所不齿。当去岁冬间,汪在东京,曾至某人寓中,投毒药于饮料内,欲图暗杀。其计未成,而毒中于佣妇。佣妇控之裁判所,汪被拘去,终以无左证得免。当时日本各报均载此事,题曰"革命党之谋杀案",其事

1　《刺客发达之可危》,《神州日报》1909 年 6 月 8 日,第 4 页,本埠新闻·英租界。本日《时报》载《租界又出暗杀案》,所云略同。同日《申报》第 3 张第 3 版"本埠新闻"载《留学生被人暗杀》,姓名作"汪泳生",盖因方言差异而致;且谓在死者身畔搜出某妓女托寄伊友信函一封、照片一张;又田令谓"曾资助学费五十金",与此略有不同。《申报》6 月 9 日第 2 张第 4 版"纪事"又有《纪汪泳生枪毙事》,略详。

犹在吾人记忆中也。汪于事后返国，即徜徉于上海，遂及于死云。

又本埠《泰晤士报》昨日记有此事，标题曰"革命党之杀革命党"，今译其概如下。略云：四月十九日晚，有中国革命党二人，一名汪兴化（译音），一名汪云生，在南京路寿康里左近，因争论口角，汪兴化遂出手枪向汪云生连击，中云生胸部。云生狂奔呼救，兴化又击一枪，中云生背，遂倒地。当时闻声往观者甚众，巡捕亦至，凶手即于人群纷杂之中逃逸。云生尚能勉力奔至老闸捕房，陈述被刺情形。因伤重，血流不止，送往仁济医院，至夜十二点十五分钟毙命。现凶手尚未就获云。[1]

9 日《申报》引《文汇报》，指凶手为王金发，云：

前晚九点四十五分钟，有留学生两人，一名王金发，一名汪泳生，在南京路议事厅对面弄内，因责备泄漏秘密事起衅。王突出手枪向汪胸部轰击；汪转身图逃呼救，（黄）〔王〕又击中汪背。一时行人麇集，凶手即乘隙由旁弄逸去。汪遂负痛奔至附近老闸捕房报告，并将被击原由，凶手姓名、形状详细诉述，既而由捕将汪送入医院，延至夜半毙命。当时捕房即派西捕于附近一带缉拿凶手，迄今尚无影响。闻凶手年约二十七岁，身中，鼻扁，左腮有疤，常带眼镜。现已四处严缉，想不致漏网也。[2]

7 日，《国粹学报》第 54 期出版，"学篇"续载《荀子补释》，"美术篇"续载《琴操补释》，均署名刘师培。

本日，伯希和来南京拜访端方，并出示其在敦煌所掠部分文物。《陈庆年日记》载：

夜雨，……溧阳以法人伯希和至，约往夜话，赠我以白沙枇杷一篓。[3]

8 日，端方宴请伯希和，刘师培与缪荃孙、王瑾、章钰、况周颐、完颜景贤、陈庆年等陪同晚餐。《艺风老人日记》载：

---

1 《续记汪云生之死》，《神州日报》1909 年 6 月 9 日，第 3 页，要闻二。

2 《留学生被人暗杀续志》，《申报》1909 年 6 月 9 日，第 3 张第 2 版，本埠新闻。

3 转引自徐俊：《伯希和劫经早期传播史事杂考》，《鸣沙习学集》下册，北京：中华书局，2016 年，第 481 页。

廿一日己亥，……晚，匋帅招陪伯希和，王孝禹、章式之、况夔生、景朴孙、刘笙叔、陈善馀同席。[1]

9日，伯希和参观端方藏品，并在端方访德所获《且渠安周造寺碑》拓本上用法文作跋。据伯希和称：端方曾拟购回一部分敦煌文书，未得同意，便提出希望他日以精印本寄赠。同时，端方向伯希和借《沙洲志》等文书，六个星期后才退还给伯希和。[2]

10日，刘师培拜访缪荃孙。《艺风老人日记》载：

廿三日辛丑，……匋斋约至图书馆阅工毕，即至扫叶楼早饭，又上翠微亭云巢庵方回，同席者赵伯藏、陈伯严、程雒庵、费子贻、沈冕士、刘笙叔，来见者何雪门、陆叔同、吴锡永。[3]

本日，《神州日报》刊载"短篇小说"《暗杀党》，[4]演绎汪公权被杀事。

12日，缪荃孙拜访刘师培。《艺风老人日记》载：

廿五癸卯，……拜夏虎臣、仇涞之、刘笙叔、金铽衡浥、胡幼嘉、恽心云。[5]

本日下午两点，宁、苏两属士绅在南京夫子庙召开谘议局研究会，选举张謇为会长，仇涞之、马相伯为副会长，各属推定调查主任一人，推举编辑员若干。13日午后两点，谘议局研究会继续开会，提议会中所应研究的问题，择其目前所最紧要者三事：（一）地丁征收问题；（二）补救铜元弊害问题；（三）筹集地方自治经费问题。要求所有会员于六月十五日前，一律呈出意见书。次又讨论分任调查办法，刊印谘议局研究会报告书，由各属团体认缴经费。刘师培参加会议，并认特别捐四十元（六月缴）。[6]

1　缪荃孙：《己酉日记》，《缪荃孙全集·日记（三）》，第27页。

2　徐俊：《伯希和劫经早期传播史事杂考》，《鸣沙习学集》下册，第482页。

3　缪荃孙：《己酉日记》，《缪荃孙全集·日记（三）》，第27页。"费子贻"即费子彝，凤凰出版社本误作"黄子贴"。

4　臣：《暗杀党》，《神州日报》1909年6月10日，第1页，小说。

5　缪荃孙：《己酉日记》，《缪荃孙全集·日记（三）》，第28页。"金铽衡浥、胡幼嘉"，凤凰本误作"金铽衡、浥湖幼嘉"。

6　《宁苏绅士合开谘议局研究大会纪事》（南京），《申报》1909年6月16日，第1张第4版，紧要新闻。

17日，刘师培拜访缪荃孙。《艺风老人日记》载：

> 卅日戊午，……陈少梧、刘笙叔、陈柏村来。[1]

18日，刘师培作《致林宝麟书二》，谈及《春秋左氏传旧注疏证》稿本整理、刘寿曾手稿、伯母月费及两侄学费等事，云：

> 定翁先生座右：
>
> 前日怀山来陵，承赐食物数品，均已拜领。接读手书，备悉一是。弟处自家母以次，均甚平善。《左疏》旧稿现已发抄，嗣后定当随编随刻，以期速成。惟前接大伯母手谕，询及先伯父遗稿，然《诗文集》并《南史校义》《文谱类释》《昏礼重别论驳义》诸稿本，弟均宝藏甚至，并拟俟《左疏》刊成，将《文集》渐次付印。惟《日记》数册，则仍在家中，弟实未曾携出也。下月中旬，定将先伯父各稿，并前此所带各书今已用毕者，妥送至扬，而家中所存应用各书，尚需暂取数部，届时再为函告也。现弟已迁居大行宫，嗣后通函，乞勿再寄四条巷。又：两侄学费并大伯母月费，已寄扬州，想日内定可收到也。余容再布。此请
>
> 著安！
>
> 弟培叩
> 五月初一
>
> 老伯、伯母大人前请安！二姊均此。兆甥问吉。[2]

案，据此札，刘师培住处已由四条巷迁至大行宫，其母李汝蘐随往南京。刘师培入端方幕后，即整理家藏文稿，先发抄《春秋左氏传旧注疏证》稿本，拟随编随刻。其伯父刘寿曾著作，拟于《春秋左氏传旧注疏证》进行后，次第付印。为避免伯母疑虑，决定先将刘寿曾各稿先行带回扬州家中。由此可见，当时伯母对刘师培并不完全放心，其家族关系似略有扞格。

《刘氏五世小记》云：

> 舅氏到南京，住在大行宫，舍旁有一小花园。我时已十四，随母亲去住过两月。客厅中常有陈善馀、夏午诒、樊云门、杨梓勤诸公。舅氏

1　缪荃孙：《己酉日记》，《缪荃孙全集·日记（三）》，第28页。

2　刘师培：《致林宝麟书二》，万仕国辑校：《刘申叔遗书补遗》下册，第1287页。

不常入署，仍在家中著述。我见他仍然不修边幅，经月才肯理发。衣服固然敝旧的多，即制新衣，也是墨痕、香烟灰狼藉。但随身仆从数名，都是衣服整洁华美，出去马车，亦极鲜亮。当时南京官场慕名来调者，不轻接见，每日案头请柬成束，赴者极少。[1]

案，夏午诒即夏寿田（1870—1935），湖南桂阳人，光绪十五年（1889）举人，二十四年进士，二十九年考授翰林院侍读学士，转学部图书馆总纂，为父辩诬被革职。入端方幕，宣统三年（1911）授朝议大夫，随端方南下四川。民国元年任湖北民政长，次年任总统府内史，参与洪宪帝制。杨梓勤即杨钟羲（1865—1940），汉军正黄旗人，姓尼堪氏，原名钟广，戊戌变法后改钟羲，冠姓杨，字子勤（一作梓勤、芝晴）、圣遗，号留垞、梓励、雪桥、雪樵。光绪十五年进士，翰林院庶吉士，授编修。光绪二十三年，任国史馆协修、会典馆图画处协修，历任襄阳、淮安、江宁知府。民国后，以遗老自居，富收藏。

20 日，刘师培与端方等小集。《艺风老人日记》载：

三日辛亥，……匋斋送六件拓本来，约在公园午饭，樊山、乐庵、子岱、笙叔、伯藏、式之、朴孙、伯严同席。[2]

案，乐庵即程志和（1843—1915），字雒庵，江西新建人；子岱即宗舜年（1865—1933），字子岱，号耿吾，江苏上元人；伯藏即赵于密（1845—?），字疏盦，一字伯藏，湖南武陵人；式之即章钰（1865—1937），字式之，号坚孟，江苏长洲人；伯严即陈三立。

28 日，清政府任命两江总督端方为直隶总督兼北洋大臣。《神州日报》29 日载本日阁抄云：

奉上谕：直隶总督兼北洋大臣着端方调补，迅速来京陛见。未到任以前，着那桐署理。[3]

30 日，刘师培拜访缪荃孙。《艺风老人日记》载：

1　梅鹤孙：《刘氏五世小记》，第 50 页。

2　缪荃孙：《己酉日记》，《缪荃孙全集·日记（三）》，第 29 页。凤凰本"笙叔"误作"呈叔"。

3　《神州日报》1909 年 6 月 29 日，第 1 页，电传阁抄。

十三日辛酉，……殷亦坪、刘笙叔、赵穆士来。[1]

7月1日，缪荃孙得知赴北京图书馆任的消息。《艺风老人日记》载：

十四日壬戌，……得匋斋信，言南皮约办北京图书馆。转致陈善馀，定十七日半山寺请老帅。晚入署，与匋斋谈。[2]

3日（农历五月十六），刘师培作《致林宝麟书三》，述带书回扬州家中及由家中取书事，云：

定安先生座右：

前接手书，备悉种种。北望广陵，亟欲回里一行，与公把晤。奈俗冗羁牵，此愿未能骤遂。近因怀山反里之便，将弟处所存各书带回家中，共计二箱。（另有清单寄家中。）先伯父各稿，亦在其中。惟弟于家中所存各书，亦有需暂行检阅者，已开单寄回家中，惟以小部占多数，务望公拨冗一检，以交怀山带下。俟此次所取之书到陵，则弟将所存大书数部寄家中。（另有单。）先伯《文集》二册，仍由怀山送回扬州。似此办理，想家中必无异言也。（如此次所取之书，不能一时带来，可暂将《文苑英华》扣下，以便下次送书还家时带来。）

今呈上《秣陵集》三册，《群学肄言》四册，乞哂收。即请

著安！

弟培叩

十六日

老伯、伯母大人前请安！二姊均此。兆甥问好。[3]

案，此札中所称"似此办理，想家中必无异言也"，指刘师培将家中藏书取出事，家中长辈颇有顾虑，仍是家族不能辑睦之事实。

4日，《神州日报》载缪荃孙调学部消息，云：

学部奏片云：再臣部具奏分年筹备事宜：一、开办图书馆，收储古今图籍，以惠士林；一、编定各种学科中外名词对照表；一、编辑各种词典，皆属目前教育急务，宜得海内通人相助为理。查有四品卿衔翰林院

1　缪荃孙：《己酉日记》，《缪荃孙全集·日记（三）》，第30页。

2　缪荃孙：《己酉日记》，《缪荃孙全集·日记（三）》，第31页。

3　刘师培：《致林宝麟书三》，万仕国辑校：《刘申叔遗书补遗》下册，第1288—1289页。

编修缪荃孙，博通群籍，贯澈源流，金石目录之学冠绝海内，现充江南高等学堂总教习，士林翕服，堪以办理图书馆事宜。候选道严复学问渊深，文辞宏赡，著述甚富，沾丐士林。于中外名理，实能发挥通贯。令其编定学科名词、各种辞典，洵堪胜任。合无仰恳天恩俯准，将该员等调在臣部丞参上行走，以资赞助。谨附片具陈。奉旨：依议。钦此。[1]

本日，刘师培访缪荃孙。《艺风老人日记》载：

> 十七日乙丑，大雨竟日，街市成渠。接学部照会，在丞参厅上行走。诣陈善馀谈，半山寺请客改督练公所。督帅到，草草不恭。午帅又约傅苕生、沈淇泉、王以慜入席，清谈竟日，绝不易得。许、庄二生来，程乐庵、景朴孙、刘笙叔、章式之、沈冕士随行。[2]

7日，《国粹学报》第55期出版，"政篇"刊载《论中国古代财政国有之弊》，"学篇"续载《荀子补释》，"美术篇"续载《琴操补释》，均署名刘师培。"报告"载《国学保存会报告》第三十五号，有《迁移广告》，云：

> 本会藏书楼及事务所，始在爱而近路洋房，因开销太巨，迁在惠福里口马路上。今因马路喧杂，复迁入惠福里内，与报社合归一处，办事较便。且里内地方幽静，稍植花草，于阅书尤宜。然此不过暂为苟安之计，他日若能筹积经费，当于郊择地自建楼所，始为久远之局。本会同人久蓄此愿，不知何日成之耳。[3]

本日，王闿运至南京。[4]

9日，《神州日报》载"二十一日戊刻南京电"：

> 端督二十四日交卸，六月初一日起程入都。[5]

10日，缪荃孙送还刘师培所存丁晏《春秋杜解集正》。《艺风老人日记》载：

---

1 《缪荃荪严复之调部》，《神州日报》1909年7月4日，第2页，要闻一。

2 缪荃孙：《己酉日记》，《缪荃孙全集·日记（三）》，第31页。

3 《国学保存会报告》（第三十五号），《国粹学报》第12册，第7482页。

4 马积高主编、吴容甫点校，王闿运：《湘绮楼日记》，长沙：岳麓书社，1997年，第2979页。

5 《神州日报》1909年7月9日，第1页，本馆专电。

廿三日辛未，……还刘师培丁俭师《春秋杜解集正》四册。[1]

案，"丁俭师"即丁晏（1794—1875），字俭卿，号柘堂，江苏山阳人。道光元年（1821）举人，官至内阁中书，晚年任观海书院、丽正书院、文津书院山长，著有《颐志斋丛书》。缪荃孙就读丽正书院时，曾从之问业。

本日，端方宴请王闿运。《湘绮楼日记》载：

廿三日，阴。……室中甚热，长廊初漆。午桥邀至一凉处，设十坐，令余择客，用笔点左子翼、余寿平、程雒安、何诗孙、王孟湘、易实甫、赵伯臧、李文石八人来坐。任秉枝裴回偃蹇，自在他处。蔡伯浩闻言陈伯屏，逡巡逃去，张次山补其阙，月卿子也。子初散。[2]

11日，端方晤王闿运。《艺风老人日记》载：

廿四日壬申，……晚与樊山道喜，即陪匋斋晤王壬秋，年七十八，别二十年，风采如故，真异人哉。寔甫、伯年、文石同集。[3]

《时报》刊载《刘申叔孝廉之知遇》，云：

刘申叔孝廉光汉，粹于经史之学。午帅闻其名，延揽之，叹为今世绝学。尝与谈至深夜弗倦，而供养甚优，俸糈亦厚。燕台好士，古今无两。而江南一班听鼓者流，见刘孝廉宪眷之隆也，都有乞孝廉绍介于午帅。一时臣心如水者，臣门亦如市也。

刘孝廉邃于学而短于视，午帅署中，本可任意出入，无所拘里。一日，刘乃误闯入上房，午帅初不嗔责。今闻将随节北洋，他日可望为京师大学经学教习。一时同学少年，均艳美之。[4]

13日，江南文人宴集胡园，欢迎王闿运。《湘绮楼日记》载：

廿六日，晴。江南文士开欢迎会，设宴胡园。发起人李世由，臣典子爵之孙；刘世瑷，芝田巡抚之子。代表为缪小山，昨于云门处见，不识之矣。照片摄影。初定茶会，今乃翘席。会散赴灯船，李菇渊、翟荋

---

1 缪荃孙：《己酉日记》，《缪荃孙全集·日记（三）》，第32页。"刘师培"，凤凰本误作"刘师浩"。

2 王闿运：《湘绮楼日记》，第2980—2981页。

3 缪荃孙：《己酉日记》，《缪荃孙全集·日记（三）》，第32页。

4 《刘申叔孝廉之知遇》，《时报》1909年7月11日，第3版，地方要闻。

侯（衡玑）为主人，秦子和、王汉鹏、张庚三、何诗孙、易、陈、陈（子元）先在。陈伯弢自苏来，闯席，相见甚欢，各挟一妓，惟我独无。[1]

《神州日报》载江宁函云：

> 湘潭王壬秋先生闿运忽于日前税驾来宁，从行者有大弟子夏君及其宗党近百人，馆于俞恪士观察别墅。二十六日，缪筱珊、陈伯严、刘逊甫、刘蘪六、梁饮真、李审言、魏季词、毛元贞诸君凡二十余人，慕王先生之风义，开会于胡园以欢迎之。是日，王于席间高谈雄辨，惊倒四座，闻者叹为未有之盛云。此次王先生莅宁，闻拟来宁讲学，欲立尊古学堂。王曾亲拜端督，请款三万，端以乏辞。王因所谋不遂，将于日内还湘。或云，因端、樊两帅交代颇多轇轕，特请王到宁和解，疑莫能明也。[2]

案，夏君即夏寿田（1870—1935），俞恪士即俞明震（1860—1918），陈伯严即陈三立（1853—1937），刘逊甫即刘慎诒（1873—1926），刘蘪六即刘世珩（1889—1917），梁饮真即梁公约（1864—1927），李审言即李详（1858—1931），魏季词即魏谳（1852—1920）。"端、樊两帅"，指端方与樊增祥。

14 日，端方访缪荃孙，辞行。《艺风老人日记》云：

> 廿七日己亥，……匋帅来辞行，交来刻资一千两、别敬五百两。[3]

本日，府、县公饯端方，王闿运作陪。《湘绮楼日记》载：

> 夕至藩署饯端，王仲孺儿在坐，福建陈（子砺伯陶）、安徽余寿平、王、易均集。……今日府、县公饯督帅，请余为客。至火车站，久待不至，将夕乃还，夜又无轿，殊可笑也。[4]

16 日，缪荃孙提前赴镇江，为端方送行。《艺风老人日记》载：

> 廿九日丁丑，……七点上城里火车，八点上宁沪铁路，与庄欣梓同车。午刻至镇江。[5]

17 日，王闿运离开南京，赴安庆。《刘氏五世小记》谓王闿运在南京时，

---

1 王闿运：《湘绮楼日记》，第 2982—2983 页。

2 《王湘绮至宁记》，《神州日报》1909 年 7 月 16 日，第 3 页，要闻二。案，李详《药裹慵谈》卷五"己酉愚园之集"条亦谓："己酉五月，先生游江宁。"

3 缪荃孙：《己酉日记》，《缪荃孙全集·日记（三）》，第 33 页。

4 王闿运：《湘绮楼日记》，第 2983 页。

5 缪荃孙：《己酉日记》，《缪荃孙全集·日记（三）》，第 33 页。

曾拜会刘师培：

> 这一年，湖南王壬秋先生到江宁来拜会，舅氏请他在园内小厅中谈了半日。我见王先生着白罗衫，纱马褂，手摇纸扇，黝黑的面，须发皆白，打着湘潭官话，狂谈大笑，滔滔不绝。舅氏频呼换茶，拿点心。自午至酉始去。次日，端督宴王先生，请舅氏去照相。舅氏回来向我说："王先生真是海涵地负之才，国内不能多见。汝辈得见风采，已是幸运了。"[1]

然《湘绮楼日记》无此记载。查《湘绮楼日记》，王闿运在宁期间，端方参与宴请王闿运的活动计三次：7月10日，端方宴请王闿运，未记载照相事；11日，樊增祥宴请王闿运，端方曾作陪；14日，府、县公钱端方，王闿运作陪。梅鹤孙所载若不误，王闿运拜会刘师培或即7月9日事。

本日，端方抵镇江。刘师培随端方北上，任直隶督辕文案、学部谘议官等职，何震随往。《艺风老人日记》载：

> 六月戊寅，朔，……匋帅酉刻到，同人麇集。匋帅江天寺山门马头纳凉，送诗及石曼卿手绢赠别。[2]

案，《神州日报》载"二十八日申刻南京电"云："探知端督出城，乘兵舰赴焦山，盘桓数日再北上。或云：已溯江上行，由京汉赴京。"[3]以为端方于15日离开南京赴镇江，应属误传，缪荃孙为当事人，其说可信从。

19日（农历六月初三），端方离开镇江，抵上海。《神州日报》载"初二日戌刻镇江电"云：

> 端督到镇，游焦山。明日到沪。[4]

《艺风老人日记》亦云：

> 三日庚辰，……未刻，匋帅行，上船送别，同人景散。[5]

本日，刘师培作《从匋斋尚书北行，初发焦山》诗，云：

> 别景析万揆，哀乐相嬗周。涸鲋志呴湿，饥凤奚穴幽。连玺征扬牧，

1　梅鹤孙：《刘氏五世小记》，第50页。

2　缪荃孙：《己酉日记》，《缪荃孙全集·日记（三）》，第33—34页。

3　《神州日报》1909年7月16日，第1页，本馆专电。

4　《神州日报》1909年7月19日，第1页，本馆专电。

5　缪荃孙：《己酉日记》，《缪荃孙全集·日记（三）》，第34页。

楼舻指皇州。绚袴藻行川，薜鼓振岭陬。明撋句貂蝉，宾从择琳璆。跂予飞蓬姿，腼公英簜搜。蹑屐辞焦岩，展舲泳沧流。丹橘伤逾淮，抓挌坡首丘。亭亭乡树瞁，洸洸溟波浮。拱揖江侧峰，绝目天尽头。[1]

22 日，端方乘火车抵京。《神州日报》24 日载"初七酉刻北京电"云：

> 直督端方昨午后乘专车到京，预备明日（初八）陛见。[2]

24 日，《新世纪》第 105 号发表《续暗杀进步》（即 104 号《暗杀进步》一文之续篇），记革命党暗杀汪公权事，凡二则，其一云：

> 汪云，扬州人，或云曾入革党，近为清国侦探。去岁在日本，一次欲毒害章某未成，误毒下女，被日政府严拿访缉在案。乃潜逃上海，与新设侦探机关之某戏院等，通同一气。又与秘密侦探机关、某日报之主笔某某及刘某夫妇等，尤有密切关系，故侦察内地党事情形甚力，常有报告。某督宠之，而党人恨之，痛入骨髓，遂于十九日晚十时，在上海英租界大马路之小菜场对面，被人连枪痛击，登时倒地。捕房异至某医院诊救，经医生亲视，伤及肝肺，无救，延至十二时气绝。当时环而观者如堵，而放枪者旁若无人，加放一（眴）〔响〕，均中胸部，且连声大呼曰："做侦探，均请如是结果。"迨至巡捕驰前，乃狂奔远遁。现在侦队异常（谎）〔慌〕乱，搬寓所者有之，辞主笔者有之，远遁者亦有之。且闻前数礼拜，方云卿曾被人枪毙于大马路，亦系侦探党最为得力之爪牙云云。

其二云：

> 上海革党被人暗杀一事，闻十九晚十点余钟，扬州人汪云行经英租界南京路小菜场左近寿康里，忽一人向汪连开三枪而逸。汪并不倒地，即奔至老闸捕房，诉称："二十六岁，先父在日，为青浦县学师。我曾赴东京游学，讵有革命党误疑我是侦探，欲图加害，故即回国。今由青浦到沪，暂住宝善街老天福客栈。刻过同春总会门首，被人开枪击伤。"言讫，即行倒地。捕头即将汪尸身察看，见汪身中两弹，一弹被袋内外

---

1 刘师培：《左盦诗录》卷二，《仪征刘申叔遗书》第 12 册，第 5498—5499 页。
2 《神州日报》1909 年 7 月 24 日，第 1 页，本馆专电。

国账簿阻住，故未入肤，并有情书一封、豫昌当票壹张、妓女小照一张，遂饬包探朱亚巧、钱寿生与七号西探，车送仁济医院。经医生验得，汪云所中胸前一弹太深，不能取出，遂将腹剖开，察得是弹轰击伤肝，难以挽救。延至十二点钟，即行身死。捕头即饬探查到目见枪击之成衣匠倪少林。二十早，饬二图地保报县请验。未几，即有在沪嘉铁路公司为司账之尸兄汪苏生，赶至捕房，请免报验，自愿备棺收殓。捕头令至尸场伺候。是日薄暮五点余钟，新任上海县田春亨，带同刑件，莅仁济医馆，升座后，即据尸兄汪苏生投案跪禀前情。该令即命站立供诉，并谕汪曰："本县昔在青浦县任，尔之故父，在青浦为教谕。尔弟出洋，本县尚为资助。当据捕房，将死者被击在衣袋内外国簿上之枪弹，及身畔检出信函，并洋三元六角，呈案见证。"倪少林供：在城内为成衣匠。昨晚行经大马路，见汪奔撞我身，凶手未见。并据赖生声称：汪云被枪弹击伤，送院后，即欲剖腹取弹，讵是弹由前心口直入，血皆下注。迨腹剖，血涌而死。该令饬件验得，委系枪弹击伤脏腑身死。尸兄汪苏生请免发封，自行棺殓。该令准之，遂将汪云所遗之洋，交汪苏生具领，即回县听候缉凶。[1]

24、25 日，摄政王奕劻两次召见端方。《神州日报》25 日载"初八日亥刻北京电"云：

> 今日（初八日）召见端方，备陈江南练军、兴学、理财情形，并陈才力竭蹶、屡招清议，请开去直督缺，推贤让能。监国大加慰劳，饬速赴任，勿为浮言所动。[2]

次日又载"初九日酉刻北京电"云：

> 端督今日再召见，奏对甚长。[3]

26 日，《广益丛报》第 209 号出版，"中编·学问门·学案"刊载《颜学学派重艺学考》。

31 日，天津《大公报》载"端督随员"，云：

1　夷：《续暗杀进步》，《新世纪》第 105 号，1909 年 7 月 24 日，第 7—9 页。

2　《神州日报》1909 年 7 月 25 日，第 1 页，本馆专电。

3　《神州日报》1907 年 7 月 26 日，第 1 页，本馆专电。

此次南洋调补直督,端制军所带随员为数不少。兹将其姓氏探纪如下:

幕府:陈毅,字尧圃;沈铭昌(字未详);刘景沂,字卓冬;陈琪,字兰勋;朱昌琦,字麟伯;余建侯,字东屏;邹建鹏,字子芳;象煮,字伯钧;刘师培,字申叔。洋务参议:温秉忠,字莐臣。文巡捕:姚肇桥,字子穆;夏鸣皋,字升如;戴宗之,字瑞峰;赫成额,字鸣轩。武巡捕:万德华,字清泉;马立朝,字寿康;唐仁瑞,字玉麟。账房:王鸿玉,字式如。电报房:何文、黄永。[1]

8 月 1 日《神州日报》所载端方"随带到北洋差遣人员共二十三员,系刘景沂、劳锡昌、陶葆廉、潘睦先、陈毅、沈铭昌、洪寿朋、景光枢、朱昌琦、章钰、象煮、沈敬学、重善、岳焒燏、关保林、蒋有谟、王鸿玉、王运长、余建侯、刘培恩、黄永言、王宗海、姚子穆等",[2]与此有异。

在南京期间,刘师培的肺病有所发展。梅鹤孙云:

> 其时虽已结过婚,舅母是不善照顾周详的人,而舅氏自己,又是缺乏摄生经验的,但有一种皮气,相信多医治病。在南京的时候,有一次发病,经朋友介绍,就请了六七位有名的中西医生,客厅都坐满了。看了几天,病是好了,但也不知是谁治愈的。[3]

端方随员名单,经南北报纸披露后,刘师培入端方幕完全公开化。此时,苏曼殊已从上海赴杭州西湖白云庵。有人怀疑他与刘师培夫妇为同伙,雷昭性投函警告苏曼殊。为表示清白,苏曼殊离开杭州到上海,并断绝与刘师培夫妇的一切交往。章太炎则托人切责何震外,又写了一封信给刘师培,希望他能远离官场,专心学术,云:

申叔足下:

> 与君学术素同,盖乃千载一遇。中以小衅,翦为仇雠,岂君本怀?虑亦为人诖误。兼以草泽诸豪,素昧问学,夸大自高,陵懱达士。人之践愆,古今所同;铤而走险,非独君之过也。天羑其衷,公权陨命。

---

1 《端督随员》,天津《大公报》1909 年 7 月 31 日,第 2 张第 4 版。

2 《端方随员名单》,《神州日报》1909 年 8 月 1 日,第 2 页,要闻一。

3 梅鹤孙:《刘氏五世小记》,第 51 页。

君以权首，众所属目，进无搏击强御之用，退乏山林独善之地。彼帅外示宽弘，内怀猜贼。闲之游徼之门，致诸干掫之域，臧谷扈养，由之任使，赍春执爨，莫非其人。猜防积中，菹醢在后。悲夫！悲夫！斯诚明哲君子所为嗟悼者也。夫恩素厚者怨长，交之亲者言至。仆之于君，艺术素同，气臭相及。猥以形寿有逾，恒人视之，若先一饭。精义冥思，亦有多算。君雅好闻望，不台于先我。自谓文学绪业，两无独胜。怀此觖望，弥以恨恨。然仆岂有雍蔽之志哉！学业步骤，与年相将。悠悠之誉，又非由己。畴昔坐谈，盖尝勤攻君过；时有神悟，则推心归美。此盖朋友善道之常，而君岂忘之耶？自顷辀张，退息坟典，匈怀相契，独有黄生。思君之勤，令人发白。何意株附，乃寻斧柯，令中夏无主文之彦，经术有违道之谤，独学少神解之人，干禄得鼎烹之悔？以此思哀，哀可知矣。君虽缧离鞅绊，素非愚暗。内奉慈母，亦闻史家成败之论。絜身远引，虽无其道；阳狂伏梁，为之由己。盖闻元朗、冲远，皆尝为凶人牵引矣，先迷后复，无减令名，况以时当遁尾经籍道息！俭德避难，则龙蛇所以存身；人能弘道，而球图由之不队。祸福之萌渐，废兴之枢机，可不察乎？然则唐棣之华，翩然如反。未之思也，何远之有？[1]

刘师培得书未复。

8月3日（农历六月十八），《神州日报》载"十七日申刻天津电"云：

端方定十九日请训，二十一日出京，赴直督任。[2]

5日，《国粹学报》第56期出版，"学篇"续载《荀子补释》，"丛谈"续载《晏子春秋补释》，均署名刘师培。

8日，端方由北京出发至天津，次日接篆。《政治官报》第647号有《直隶总督端方奏接篆日期谢恩折》。

21日，《新世纪》第109号刊载"燃料"（即吴稚晖）《鳞鳞爪爪》一文，其中首条为"刘光汉"，云：

1　章炳麟：《与刘光汉书七》，《仪征刘申叔遗书》第1册卷首，第56—57页。
2　《神州日报》1909年8月3日，第1页，本馆专电。

刘氏，江苏人，初名师培，讲饾饤考据之学，即所谓"咬文嚼字之斗方名士，其间没有好东西"，刘其一也。癸、甲间，在上海主张国粹，发起《国粹学报》。既而谈革命，改名光汉，盖以光复汉土自任。久居东京后，即与其妻何震，共讲无政府主义，发刊《天义》报；再接再厉，更刊《衡报》，主张用万国新语。本报喜吾道之不孤，热诚与之交通，并以为如刘氏者，能牺牲其国粹之旧惯习，提倡正当进化之学理，诚不可多得。乌乎哀哉！岂知大谬不然。不知如何，何震氏与刺杀于上海之汪公权氏，有暧昧不明之胶葛，金钱不够挥霍，遂凿孔安胡子，运动起端方来。去冬即人言藉藉，如此这般，《神洲日报》等之《书生侦探》之类，皆谓刘、何。本报同人亦托人密探，得其实状甚多，知支那之巴开、何才夫，即出于我无政府党。本报记俄警丑剧之际已标明，当略有所记，后以道远，征取事实不备，故尚未记载，今则无庸再求事实，有《民呼日报》《时报》等新闻数则证之，刘氏之跳濐，已明明白白。

有云：江督端自接调任直督电后，……定于二十六日起节，刻正部署行装，颇形忙碌。所有文案，陶保廉主政及刘申叔孝廉素为信用，今特仍令随往办公。

有云：刘申叔孝廉光汉，粹于经史之学。午帅闻其名，延揽之，叹为今世绝学，尝与谈至深夜弗倦。闻供养甚优，俸糈亦厚。燕台好士，古今无两，而江南一班听鼓者流，见刘孝廉宪眷之隆也，都有乞孝廉绍介于午帅。一时臣心如水者，臣门亦如市也。

刘孝廉邃于学而短于视。午帅署中，本可任意出入，无所拘罣。一日，刘乃误闯入上房，午帅初不嗔责。今闻将随节北洋，他日可望为京师大学经学教习。一时向学少年，均艳美之。

观以上云云，刘氏必因不能伪冒党人，作侦探于上海，故即索性出头露面，入端方之幕中。在公安上推论，则为较善。否则不稂不莠，为鬼蜮于上海，必害人较多。彼在上海时所害之人，去年报上所捕获之党人张恭，即数中之一，余则未详。惟刘本痴人，无所作为。况现已明作幕僚，肆恶为难。至于其妻何震氏，实不愧为何才夫之阿妹。此妇廉耻良心，一齐梏亡，恐从此隐在幕后，行将叠演丑剧。党人宜慎防之。

文末别有附按云：

> "燃料"者，即吴敬恒之别号。执笔人所以标出姓名，非欲以吴敬恒别异于刘光汉，因欲便刘氏之反诘而有其主名也。至有人谓此等党丑，深恐贻笑党外。吾则以为如此存心，至为不合理。刘氏者，无政府党员也，可引之以为同党者，止寥寥如本报等之小部分，固与支那大多数之革命党无关。党外失笑，仅笑我辈。然主义者，不因党人之故而能增损其价值。故友人尝云："纵无政府党之学者有如克鲁柏金氏，一旦忽为何才夫，亦徒毁克氏一人，于正当不可侵犯之无政府主义，依然无恙。讲无政府主义者，彼时如尚有一党员，理当明数克氏之恶迹。"今刘氏夫妇作恶如此，若不明白宣布，恐贻害必将无穷。至于其个人俗世之名誉，老实品评，狗彘不若。一头两脚，茹鲜齿肥，至为无聊。本报无此义务，代为遮栏。因人类无聊如此，同人中安保无丧心病狂，愿作狗彘，为刘光汉第二者？则其吐之也，一若今日之吐刘氏夫妇而已，不问其为可燃之料与不燃之料也。[1]

本日，蔡元培接到吴稚晖所寄章太炎致刘师培夫妇五书等变节证据，复函吴稚晖，云：

> 前日奉惠书，并刘事各证据。先生于百忙之中，详书见示，感激不可言状。知先生已挈眷定居伦敦，遥任《新世纪》撰述之事，甚慰，甚慰！
> ［中略］
> 刘申叔，弟与交契颇久，其人确是老实，确是书呆。惟尚杂以三种性质：（一）好胜。此尚是书呆本色，盖所谓"文人相轻，自古而然"也。弟尚记得一段笑话：有一日，吴彦复言：夏穗卿到彦复处，见申叔所作《□〔攘〕书》，有言黎民即汉人指目苗种之名，则大诧曰："光汉小子，好盗人书。"盖穗卿曾于《汉族纪□》（见《新民报》）中有此说，以为申叔袭之而不著其所自出也。时陈镜泉在座，曰：申叔前见屠敬山之《历史讲义》有此说，尝曰："吾书不可不速刊，否则人将以此说为创于屠氏也。"（二）多疑。此则在其与何震结婚及主任《警钟

1　燃料：《鳞鳞爪爪（一）》，《新世纪》第 109 号，1909 年 8 月 21 日，第 13—14 页。

日报》以后,始时时发见。其最著者,在芜湖任安徽中学堂事,敫梦姜、陶焕卿(成章)、龚未生诸君皆与(其)〔共〕事。后校中有冲突,敫君为某某等所殴,寄居于申叔家中。一日,敫君不知以何事到衙门一次,而申叔家人即大猜疑之,谓其告密于官,将捕拿申叔。顿加敫以白眼,立刻欲驱逐之。(三)好用权术。此则弟已不能举实事以为例证,惟曾忆有此情状而已。此三种性质,甚之为老实人之累。盖世界自有一种机警之人,心术至正,而能用权术以求集事,然必非老实人所当为。如弟者,自量无权术之机智,则竟不用之。在申叔,未免好用其所短。然此等性质,充类至尽,亦不过于自党中生冲突而止,万不料其反面而受满人端方之指挥,且为之侦探同党也。弟初见《书生侦探》小说,即疑之。然彼报未几即自行取消,弟尚以为在疑似之间。一月前,得锺君宪鬯来函,有云:近来风会大变,素日同志,改节易操者,盖多有之,如刘申叔辈,其尤甚也云云。锺君素不妄语,弟于是始知申叔之果变节。及后见《民呼日报》,两载端方携其亲信之书记陶保濂主政、刘师培孝廉赴北洋云云,则彼又公然入端方之幕矣。现又得阅先生所示各证据,此人之变节殆已无疑(□□一节,弟亦从未闻之,张君疑为太炎所造成然)。然何以变而一至于此!最后之希冀,或者彼将为徐锡麟第二乎?徐君当将到安徽之时,其刎颈交攻之颇剧烈。后来之事,大出意外。然则论定一人,非到盖棺时竟有未可质言者。此亦先生所谓与进与洁之意也。〔中略〕

(□□在□中,乃并朱葆康、苏□毅亦牵连在内,未知何据。)[1]

刘师培夫妇公开入端方幕后,柳亚子、高旭均作诗寄慨。1912 年 4 月 21 日《太平洋报》载钝剑(高旭)《愿无尽庐诗话》云:

《重观海上写真成两章》:"今贤那识古贤心,几复风流何处寻?富贵于侬本无分,聊将皓月证初襟。""残阳疏柳黯魂消,吟到河山惨不骄。毕竟经生成底用,可怜亡国产文妖。"亚子亦有二诗,可谓同心之

1 蔡元培:《复吴敬恒函》(一九〇九年八月二十一日),高平叔编:《蔡元培全集》第一卷,第 407—409 页。

言矣,录如下:"风流坛坫成陈迹,盟誓河山葆令名。凤泊鸾飘吾辈事,未须蕉悴诉平生。""杨子美新称绝学,士龙入洛正华年。千秋谁信舒章李,几社中间著此贤!"亚子自云:"耳食之士,必嗤魏收轻薄。自有心人视之,缕缕皆血泪痕耳。"数言洵堪为定评,惜知其意者稀耳。奈何![1]

9月4日,《国粹学报》第57期出版,"学篇"续载《荀子补释》,署名刘师培。"绍介遗书"介绍《逸周书补释》,谓"《逸周书补释》上卷,仪征刘师培著,丁未刊成",且录其《序》。案,此书实刊成于1909年底,见前。

16日,学部图书馆成立。《神州日报》"八月初三日亥刻北京电"云:

图书馆成立,四库书移入。不全者,开目征补。[2]

18日,《新世纪》第113号出版,其署名"燃"(即吴稚晖)《俄警丑剧之尾声》文末案语,再次指何震为"女侦探"。云:

俄罗斯素闻有女革命党,今知又有女侦探。所以支那既有秋瑾,必又有何震。何震者,尝寓书于同人,兢兢然以名誉为重,所以不能流芳百世,亦必遗臭万年。乌乎! 此之谓名誉,真有别解也。[3]

23日,钱玄同对刘师培《文学教科书》等有所不满,本日致书汪东云:

乃若三世传经、号为博览群籍之刘申叔,年前于国学界中颇负盛名。当时吾等不求甚解,以耳为目,不知其柢蕴。乃近检报中诸作,见其前后矛盾之处甚多。凡说谊平正无疵者,什九袭取前人成说。至彼自矜创获之处,率皆荒唐误谬,见之欲笑者。(《文学教科书》笑话尤多。)[4]

28日,钱玄同取刘师培《荀子补释》录于《荀子·劝学篇》上。本日,《钱玄同日记》云:

阅《荀子·劝学篇》,略取刘氏《补释》录于上端。刘氏之注,穿凿皮傅者多,且多有不必改字者。然亦间有可采,因录于上端,期看时得

---

1 钝剑:《愿无尽庐诗话》,《太平洋报》1912年4月21日,第10版,文艺集。
2 《神州日报》1909年9月17日,第1页,本馆专电。
3 燃:《俄警丑剧之尾声》,《新世纪》第113号,1909年9月18日,第7页。
4 杨天石主编:《钱玄同日记》(整理本)上册,第177页。

案以检刘氏原书耳。[1]

本月，刘师培为陈潮《东之文钞》作序，云：

> 陈先生潮，字东之，泰兴人。中道光辛卯顺天举人，曾馆大兴徐星伯先生所，殁于京师，年三十五。甘泉杨季子先生亮归其丧，并为作《传》。此册所录，计文四篇，杂记数十则，末附《金山泉悔堂记》一篇，或季子先生所手辑与？展诵再三，知先生之学，尤长于声音训故，惟于《毛诗》《春秋左氏传》有微词。盖先生入都之顷，在朝之士竞治常州二庄之学，迨其末流，遂集矢古文经传，习实为常，其势然也。余读《刘礼部集》，其《诗声衍》一书，半属先生所苴补；条例二十一，则先生补其三；末有《跋》文，亦出先生之手。此均刊斯集者所当采补也。宣统元年八月，扬子刘师培记。[2]

案，《东之文钞》连载于《国粹学报》第80—82期"通论"栏。

10月3日，《国粹学报》第58期出版，"学篇"续载《荀子补释》，"美术篇"刊载《唐故文林郎守益州导江县主簿飞骑尉张府君墓志跋尾》，均署名刘师培。"文篇"始载汪黎庆《小学丛残》，首有刘师培叙一篇，文末署"己酉夏五月，扬子刘师培序"，收入《左盦集》卷四。"报告"《国学保存会报告》第三十八号所载"特别捐款题名"，有"刘无畏先生捐洋十五元。"

15日，严复拜访端方，端方在署留饭，刘师培等作陪。《严复日记》本年"九月初二"云：

> 谒匋帅。其夕，在节署饭，遇晦若侍郎，坐有沈冕士邦宪、于渊若、丁春农、刘申叔。[3]

17日，钱玄同（自称其名"夏"）再致汪东书，讨论刘师培学术。本日，《钱玄同日记》谓：

> 夏之斥申叔，初非故作丑诋，以世方震骇其书，虽薄其行而仍重其学。就如旭初来书，亦有"有所望于将来"之语。夏以为，申叔籀书，骛博而无主，故观其所著，率多影响浮夸之谈。兼情钟势耀，凡遇一字一

1 杨天石主编：《钱玄同日记》（整理本）上册，第179页。
2 刘师培：《左盦外集》卷十七，《仪征刘申叔遗书》第12册，第5234页。
3 王栻主编：《严复集》第5册，北京：中华书局，1986年，第1495页。

名之近译籍者,必多方附会。如以"我、彼、天、地"为即罗马字母之"哀、皮、西、地"（见《国粹学报》22期《正名隅论》）,日本字母之"阿、伊"为即"我、尔"二文（见《文学教科书》）之类,触处皆是,更仆难数。而邹生简字、新字之说,尤为彼所赞同。故言新党之谣,固推申叔;而附和新党以破坏国学者,亦申叔也。又其《文学教科书》谬妄尤多,如"朱"为"人"加"木"上,"牢"云"牛"在"屋"下;"敏"右从"文","焚"上作"林",此说字形之误也。"能"为无力之熊,"必"为弓檠,此说字义之误也。"竹"、"裯"归"彻"纽,此说字音之误也。其他如论字形之起原,开篇可谓荒谬绝伦。故彼之著作,不特无足重,且易迷暗学子。夏之斥之,大非得已。若云心理变迁使然,则学问之事,非可以意为褒贬。果无隙者,故未能作文致之辞也。[1]

11月2日,《国粹学报》第59期出版,"学篇"续载《荀子补释》,"地理篇"刊载《〈金史·地理志〉书后》,均署名刘师培。

案,《〈金史·地理志〉书后》删改后,收入《左盒集》卷五。"报告"载《国学保存会报告》第三十九号,"通讯"有章太炎书札,云:

> 国粹学报社者,本以存亡继绝为宗。然笃守旧说,弗能使光辉日新,则览者不无思倦。略有学术者,自谓已知之矣;其思想卓绝、不循故常者,又不克使之就范。此盖吾党所深忧也。弟近所与学子讨论者,以音韵训诂为基,以周秦诸子为极,外亦兼讲释典。盖学问以语言为本质,故音韵训诂,其管篇也;以真理为归宿,故周秦诸子,其堂奥也。经学繁博,非闭门十年,难与斠理。其门径虽可略说,而致力存乎其人,非口说之所能就,故且渐置弗讲。音韵、诸子,自谓至精,然音韵亦有数家异论,非先览顾、江、戴、孔诸家之说,亦但知其精审,不知精审之在何处也。诸子幸少异说,（元明以来,亦有异论,然已无足重轻。近世则惟有训诂,未有明其义理者,故异说最少。）而我所发明者,又非汉学专门之业。使魏晋诸贤尚在,可与对谈。今与学子言此,虽复踊跃欢喜,然亦未知其异人者在何处也。其稿已付真笔誊写,字多汗漫,恐刻工不审。

1　杨天石主编:《钱玄同日记》（整理本）上册,第182页。

暇当斟理一过，却再寄上。虽然，学术本以救偏，而迹之所寄，偏亦由生。近世言汉学，以其文可质验，故謷言无由妄起，然其病在短拙。自古人成事以外，几欲废置不谈。汉学中复出今文一派，以文掩实，其失则巫。若复甄明理学，此可为道德之训言（即伦理学），不足为真理之归趣。（理学诸家，皆失之汗漫。不能置答，则以不了语夺之。）惟诸子能起近人之废，然提倡者欲令分析至精，而苟弄笔札者，或变为猖狂无验之辞，以相诡耀，则弊复由是生，此盖上圣所无如何也。贵报宜力图增进，以为光大国学之原。（肉食者不可望。文科、经科之设，恐只为具文，非在下者，谁与任此？）延此一线，弗以自沮，幸甚。绛顿。[1]

又，本期"文篇"刊载松友《述赋篇》，其末有刘师培跋语，云：

案，此二篇，其体与鄙作《文说》相同，而论文之辞颇多心得。师培记。[2]

5 日，缪荃孙抵北京，就任京师图书馆监督。

6 日，《南洋总汇新报》刊载《请看章炳麟宣布孙汶罪状书》，其内容即章太炎的《伪〈民报〉检举状》，注云："西历十月十八号由东京寄。"[3]

8 日，缪荃孙首至广化寺京师图书馆视事。

9 日，慈禧梓宫移奉。

上旬，日本神户《日华新报》刊载《刘光汉致黄某手简》，并加按语云：

革命党章炳麟到东以来，主持《民报》，颇为该党所欢迎。本报亦以其国学大家，殊器重之，是以章氏来函，无不为之宣布。初谓章炳麟倡言道德者，必不作欺人语也。项得革命党刘光汉（现在北洋总督衙门充当幕友）致该党黄某一函，披阅一过，令人发指。章氏日言道德，而其个人之道德则如是！呜呼！章氏休矣！己不正而欲正人，一何可笑之甚耶！说者谓章刊"伪《民报》"传单，为图归国地步。本社已得章炳麟背叛该党之亲笔函六纸，当付手民，刊成铜版，刊登报端，以告东京学

---

1 《通讯》，《国粹学报》第 12 册，第 7489—7490 页。

2 松友：《述赋篇》，《国粹学报》第 11 册，第 6722 页。

3 《请看章炳麟宣布孙汶罪状书》，《南洋总汇新报》1909 年 11 月 6 日，第 2 版，代论。

界,毋再以章先生为道德家。[1]

11 日,《南洋总汇新报》开始刊载陶成章、李燮和等起草的《南洋革命党人宣布孙文罪状之传单》,谓:"孙文之人品,谅久已为诸执事及众同志所洞悉。此亦无庸赘言,今仅就其于团体上利害关系之处,述之而已。"[2] 诋毁孙中山残害同志、蒙蔽同志、败坏团体名誉,意图罢免孙中山同盟会总理职务,争夺领导权,形成第二次"倒孙风潮"。《南洋总汇新报》在文末发表评论谓:

> 记者曰:自革命邪说流毒南洋以来,一般之劳动社会几于尽为所惑,其每况愈下,如尤烈等创立中和堂名号,搜罗万象,但知敛钱,不论流品,甚至如茶居酒楼之堂倌、妓院娼寮之厨夫,亦皆侈言革命。流风所及,诚足为风俗人心之大害。记者慁焉忧之。兹特将此传单录出。在记者之意,不过欲使华侨知革党之内容如是如是,则已入迷途者宜急早回头,将入而未入者更宜视之若浼。大之为国家培无限之正气,小之为华侨惜有限之资财,如是焉而已。[3]

案,1912 年 11 月 2 日《神州日报》"来件"栏也曾刊载《孙文罪状》,其前与《南洋总汇新报》相同,其后多出"今就以后办法,陈之于左"数节,提出九条善后办法,另有识语云:"此稿系己酉年由李柱中原名燮和在南洋网甲岛槟港中华学堂为教员时所作,托陶焕卿带至日本东京同志会;陈威涛在爪哇谏义里魏兰处用药水印刷百余张,邮寄中外各报馆,登之各报。今特录出,以供众览。石汉识。"查本年 12 月 8 日《中兴日报》载庇胜华商阅报所同人《复泗厘歪也再寄匿名谤书者》云:"本社同人及各埠之人,于七月时均接有匿名谤书,……不料今又有由泗厘歪也再将匿名谤书寄来本社,……

1　杨天石:《刘师培举报章太炎引起的风波》,《团结报》1989 年 9 月 16 日。《章炳麟背叛革命党人之铁证》,新加坡《星洲晨报》1910 年 1 月 18 日,第 7 版,专件,题下注:"录神户《日华新报》。"

2　《南洋革命党人宣布孙文罪状之传单》,《南洋总汇新报》1909 年 11 月 11 日,第 2 版,代论;续载于该报 11 月 27、29 日,第 2 版。

3　《南洋革命党人宣布孙文罪状之传单》(续),《南洋总汇新报》1909 年 11 月 29 日,第 2 版,代论。

并将前书加入办法数条。"[1] 而《邱君海沧责陈威涛之复书》亦云："足下与陶成章丧心病狂,朋比为奸,伪造七省南渡留学生《布告孙文罪状书》,其中所言,与足下在林明时施于孙君之诽谤,同其声调,以数张寄仆;至前月,复来一函,内夹该《布告书》一纸,已加入'办法'数条,读之令人捧腹。"[2] 则所谓《罪状书》有两种版本,一是本年7月无"善后办法"的印本,即陶成章携至日本东京者;二是本年10月新增"善后办法"的印本,即《神州日报》所载者。《南洋总汇新报》所载《罪状书》,其末有"下略"二字,疑本有"善后办法"而编者有所删节。

13日,陈去病、高旭、柳亚子等在苏州虎丘成立南社。

《新世纪》第115号发表"革命党一分子君来稿"(即吴稚晖)《劝劝劝》一文,其中《劝革命党二》乃循孙中山所请,针对陶成章等人《布告孙文罪状书》而发,称:"想必为三数谬妄人托而为之,肆其倾轧,以快其私恨者也。""愿我革命党人,正其心理,要知革命者为时势上不得已而应负之天职,必非又为一种啖饭之事业。意中当止有捐去小命,决不可略望巨款。"

20日,内阁奉上谕,端方交部议处。《神州日报》载上谕云:

> 李国杰奏据实纠参大员一折:孝钦显皇后梓宫永远奉安山陵,礼节隆重。在差各员,宜如何敬谨将事。乃直隶总督端方沿途派人照(料)〔相〕;初三日举行迁奠礼,焚化冠服时,该督乘舆横冲神路而过;又于风水墙内,借行树为电杆等语,实属恣意任性,不知大体。直隶总督端方着交部议处。[3]

22日,新加坡《中兴日报》载"芙蓉、庇朥、嘛六甲、麻坡华侨多份子"的《责言》,对章太炎、孙中山以及东京留学生均有批评,而倾向于支持孙中山。[4]

23日,《顺天时报》载:

> 隆裕皇太后懿旨:在东陵拿获沿途拍照孝钦显皇后梓宫并在隆福

1 《复泗厘歪也再寄匿名谤书者》,《中兴日报》1909年12月8日,第1版,特件。
2 德如:《呜呼跳梁之小丑》,《中兴日报》1910年1月3日,第1版,论说。
3 《神州日报》1909年11月22日,第1页,电传阁抄。
4 《责言》,《中兴日报》1909年11月22日,第1版,代论。

寺照隆裕皇太后御影之官犯，日前已送大理院。闻直督端方认，该官犯系由督署所派，罪在总督一人，慌恐不置。奏请将所获之人仍交回直，故日前有明谕，即将直隶总督端方交部议处。现在吏部正在详议，闻将得降级处分，日内即由吏部具折入奏矣。[1]

本日，上谕："吏部奏遵议大员处分一折，直隶总督端方着照部议，即行革职。"同时，任命陈夔龙为直隶总督兼北洋大臣。[2]此后，端方离任，刘师培仍在直隶总督幕府。

30日，新加坡《中兴日报》转载香港《中国日报》的《为章炳麟叛党事答复投书诸君》一文，以为《伪〈民报〉检举状》不必辩，而章太炎办《民报》则有四罪：一是以《民报》为私有，宣传佛教；二是宣传无神论，伤害基督教徒感情；三是以个人私忿与《新世纪》论战，伤害同志感情；四是鼓吹暗杀，激化与日本政府的矛盾，导致报社被封。[3]又发表《章炳麟与刘光汉之关系历史》，所述真伪相杂，云：

> 丙午年章炳麟自上海出狱，东京革命党颇欢迎之。其时《民报》已刊至第六期，党人以其素能文章，遂使担任编辑。章炳麟于演论其佛教之外，亦稍发挥民族主义。讵自刘光汉由上海来东，章炳麟特与契密，刘招之同居天义报社。汪公权者，刘妻何震之表弟也，既为江督端方所信用，刘遂因是夤缘于端方。章炳麟诞之，自上书求端方给资十万，谓如是则彼自后不做革命党云。端方置不答。章炳麟以为是汪公权所阻，遂揭汪、刘之阴事以告人，谓何震与汪公权有私，且登之神户《日华新报》，嗣是章刘之交不合。去年刘光汉返上海，大得端方信用，月给侦探薪俸七百两。留学生张恭之被逮，即刘夫妇所为。章以刘等得志，更函托刘向端方介绍。刘不报，则又移书革党本部，攻刘侦探之事。刘乃为书责章，谓中国革命党皆可目我为汉奸，惟非汝章炳麟所宜言。以汝慕我之地位而不得，妒我而攻我耳。汝

---

1 《拍照之官犯交直督》，《顺天时报》1909年11月23日，第7版，时事要闻。
2 《顺天时报》1909年11月24日，第2版，谕旨。
3 《为章炳麟叛党事答复投书诸君》，《中兴日报》1909年11月30日，第1版，代论，题下注："录《中国报》。"

上端方书原文具在,汝丐吾等助汝运动之书亦具在,汝欲冒革命党之名耶? 遂将章炳麟前后叛党之证据,用石印映出,寄至东京革党,其书辞龌龊卑劣,见者皆唾。嗣是革党知章炳麟为两截人物,皆屏弃之。又以汪公权久充端方侦探,罪状显著,即行宣告死刑,而汪遂伏诛于上海。是即章、汪、刘之秽史也。最近东京革党本部谋迁《民报》发行所于法京巴黎,以章为人污下已甚,不特不使担任编辑,并拒绝其投稿。章老羞成怒,乃布散流言,必欲破坏《民报》,而东京党人屹不为动。章近致书直督幕中刘光汉,重申前约,愿和好如初。日前刘已派委员到东京与章交涉革党事,谓端午帅命其解散革党,事成,许以重利。现章已允尽力担任云。呜呼! 俄国革党有何才夫,而中国革党有章、汪、刘诸奸,东西一辙,可胜慨叹。[1]

案,章太炎致书刘师培,愿意和好,此事属实;刘派人赴日本联络章太炎,解散革命党,实无其事。汪公权为刘师培姻弟,非何震姻弟。

12月2日,《广益丛报》第219号"中编·学问门·史髓"始载《论中国古代财政国有之弊》,文末有"未完"二字,疑当在第220号续完,因未见原本,不敢遽定;"下编·文章门·国粹"刊载《白虎通义考》,均无署名。

本日,《国粹学报》第60期出版,"史篇"刊载《汪仲伊先生传》,"学篇"续载《荀子补释》,刊载《吕氏春秋斠补自序》,"文篇"刊载《转注说》,"地理篇"刊载《邶鄘卫考》(附《殷韦同字考》),均署名刘师培。

案,《转注说》删改后,收入《左盦集》卷四;《吕氏春秋斠补自序》,收入《左盦集》卷七;《汪仲伊先生传》,收入《左盦集》卷六。

本期"社说"刊载《原名》,署名章绛;"报告"载《国学保存会报告》第四十号,"通讯"又有章太炎书札,云:

> 《原名》一篇,已属友人誊出,即寄上。前见皋文、仲容所说《墨经》,俱有未了。邹特夫曾以形学、力学比傅,诚多精义,然《墨经》本为名家之说,意不在明算也。向时无知因明者,亦无有求法相者。欧州论理学

复未流入,其专以形学、力学说《墨经》,宜也。今则旧籍已多刊印,新译亦时时间出,而学者不能以是校理《墨经》,观其同异。盖信新译者不览周秦诸子,读因明者亦以文义艰深置之,而《墨经》艰深,又与因明相若,因无有参会者。仆于此事,差有一长,不以深言比傅,惟取真相契当之文,为之证解。其异者,亦明著之。如宗、因、喻之次第,彼此互异;大故、小故,相当于欧人之大前提、小前提,不当于尼夜耶派之大词、小词,皆稽合文义,不以单词强证。又,《荀子·正名篇》亦与《墨经》互有短长,言名相则荀优,立辩论则墨当,故以二家参会,成《原名》一篇,当不让鲁胜也。弟绛顿,阳十一月七日。[1]

2—3日,新加坡《中兴日报》转载《公益报》所刊意公《与章炳麟书》,指责章太炎变更《民报》宗旨,为佛氏传教,致受诋诽基督教嫌疑;宣传社会主义,撄日本政府之忌而致《民报》被封;动辄与同志动武,伤害同志感情;缺乏军事经验,无端猜疑,并指责其"利令智昏,阴行不道,内资竖子良弼,以蠶缘于铁良;外借汉奸刘申叔,以交通于端方"。[2]

4日,孙中山复吴稚晖函,云:

十一月廿二及廿六两函,并港信及《新世纪》已得收到。《新世纪》所评陶言甚当而公,见者当无不明白,可以毋容再发专函于报馆矣。且东京同盟会近已有一公函致各报馆,想此亦足以解各人之惑矣。

近得东京来信,章太炎又发狂攻击,其所言之事较陶更为卑劣,真不足辩。陶之志犹在巨款不得乃行反噬,而章之欲则不过在数千不得乃以罪人。陶乃以同盟会为中国,而章则以民报社为中国,以《民报》之编辑为彼一人万世一系之帝统,故供应不周,则为莫大之罪;《民报》复刊,不以彼为编辑,则为"伪《民报》"。兹将章太炎《检举状》寄上一观,此真卑劣人种之口声也。闻太炎此状一出,则寓东京之人士,无党内党外皆非之云。此足见公道尚存于人心也。可否再下公评于《新

---

1 《通讯》,《国粹学报》第 12 册,第 7492 页。

2 意公:《与章炳麟书》,《中兴日报》1909 年 12 月 2 日,第 1 版,代论,题下注:"录《公益报》意公来稿。"次日续完。

世纪》，一听高见裁之。[下略]1

6—7 日，《中兴日报》发表《责章炳麟与发匿名书者》，就章太炎《检举状》所涉事实进行反驳，认为：

> 中国之革命，孙君为首发难，历尽艰险。其才识学问及办事资格，同志中未有能出孙君之右者，故为同志推戴，举为盟长。而革命事业之发达，未始非孙君抱持之坚、毅力之长有以致之也。惟成功之日，相去尚远。此吾人卧薪尝胆、枕戈待旦之时，何竟忘所处之地位，而效卑污苟贱、人类所不齿之保皇党之所为，自暴自弃，互相倾轧。稍知自爱而能为大局计者，必不出此。虽然，革命事业，人人可以为之，惟不可以服从于人为耻。盖吾人所服从者，公理也。使吾人所服从之人，其才识学问与办事之资格果出吾人之上，此正吾人所当服从而崇拜者，又何耻焉？2

8 日，《中兴日报》发表《中国之何才夫》，指刘师培夫妇、章太炎为清政府侦探，云：

> 金格罗为俄党女奸细，与革命党员劳扑亭密谋暗杀俄皇，暗中举发，令警察将自己一同捕获，以掩其迹。系狱中者十一月，旋流高加索。其后乃屡陷革命党于死地，盖刘光汉妻何震之流。

又云：

> 自有中国何才夫出现，而党人可知有近名好利之见者，皆不可亲。因革命之言，为社会所趋重，于是操之以自高其声名，则其立节必不固。吾党某君有言，谓其人好以古书装点门面者，必非良士。盖以古书装点门面，即其好名之见端也。今此辈相率而去，为恶政府直接、间接之走狗，则某君之言验矣。从古文人，往往无行。侯朝宗曾赞史可法之军，名重南朝，而中满洲副榜；毛奇龄奔走光复之师，间关跋涉者屡，而应博学鸿词科。是皆为世诟病，然亦自爽其名节而止。

---

1 孙中山:《复吴稚晖函》，广东省社会科学院历史研究室、中国社会科学院近代史研究所中华民国史研究室、中山大学历史系孙中山研究室合编:《孙中山全集》第 1 卷，北京：中华书局，2006 年第 2 版，第 428—429 页。

2 德如:《责章炳麟与发匿名书者》(续)，《中兴日报》1909 年 12 月 7 日，第 1 版，论说。

若今之文人，则竟为汉奸侦探，以与何才夫之流为比，斯所谓每下愈况也。[1]

同时又有庇勝华商阅报所同人《复泗厘歪也再寄匿名谤书者》，[2]批驳《布告孙文罪状书》自相矛盾之处。

13日，孙中山再致吴稚晖函，云：

> 前寄上一函，并附入太炎之《日华新报》论文一篇，询先生可否再下公评。今得星加坡来信，云太炎此论已登于保党之《南洋总汇报》，且大加痛击，此其立心破坏党事已不留余地，自不能不与之辩论是非矣。请先生务于下期《新世纪》再加傍观之评论，使人一见晓然，不为所惑为好。因太炎向负盛名，且有上海下狱一事为世所重，彼所立言若不有匡正其失，则惑人必众也。请先生裁之。[3]

16日，就章太炎发表《伪〈民报〉检举状》一事，孙中山自波士顿致函吴稚晖，称：

> 前寄上太炎登《日华新报》之《检举状》一则，想或已加公评于《新世纪》矣。近见星洲来信，云此文又登于星洲保党之《南洋总汇报》，如此则太炎欲破坏党势之心已不留余地，想不日美洲各保党报必有照登，不可不有以抵之。如先生前未理会此文，望于来期《新世纪》全录之，而加公评，指出其谬，以解人惑。又弟于〔所〕到各处，如遇有人质问，必历言太炎为人之状以对。并望先生将刘光汉发露太炎同谋通奸之笔迹照片寄与弟用，以证明太炎之所为，庶足以破其言之效力。因海外革命志士，多以太炎为吾党之泰山北斗也；非有实据以证彼之非，则类于相忌之攻击，弟不欲为也。[4]

本年，端方于北京琉璃厂海王村建匋斋博物馆，将四明本《西岳华山庙碑》等诸多藏品陈列其中，供公众观览。

【著述】

秦四十郡考 《国粹学报》第 49 期，1 月 11 日，地理篇，署刘师培

　　　案，此文又刊于《广益丛报》第 194 号。

穆天子传补释 《国粹学报》第 50 期，2 月 10 日，史篇，署刘师培

　　　案，此文于该刊第 51 期—53 期续完。其序末署"己酉正月，刘师培序"。

秦四十郡考 《广益丛报》第 194 号，3 月 1 日，中编·学问门·地学，无署名

　　　案，此文即《国粹学报》第 49 期所载者。

琴操补释 《国粹学报》第 53 期，5 月 9 日，美术篇，署刘师培

　　　案，此文于该刊第 54 期、55 期续完，其序末署"戊申正月"。

致林宝麟书（一） 5 月，手稿，见《西山林氏来往书简》，藏扬州市图书馆

致林宝麟书（二） 6 月 18 日，同上

致林宝麟书（三） 7 月 3 日，同上

论中国古代财政国有之弊 《国粹学报》第 55 期，7 月 7 日，政篇，署刘师培

颜学学派重艺学考 《广益丛报》第 209 号，7 月 26 日，中编·学问门·学案，无署名

　　　案，此文又载 1908 年《政艺通报》第七年戊申第 2 号。

《逸周书补释》序 《国粹学报》第 57 期，9 月 4 日，绍介遗书，署仪征刘师培

《东之文钞》序 据《东之文钞》印本

《小学丛残》叙 《国粹学报》第 58 期，10 月 3 日，文篇，末署"己酉夏五月，扬子刘师培序"

　　　案，此序文在汪黎庆《小学丛残》文首，《国粹学报》目录未列。

《唐故文林郎守益州导江县主簿飞骑尉张府君墓志铭》跋尾 同上，美术篇，署刘师培

《金史·地理志》书后 《国粹学报》第 59 期，11 月 2 日，地理篇，署刘师培

汪仲伊先生传 《国粹学报》第 60 期，12 月 2 日，史篇，署刘师培

《吕氏春秋斠补》自序 同上，学篇

　　　案，此文又刊于《国学丛刊》第二卷第 4 号。

转注说 同上，文篇

邶鄘卫考（附殷韦同字考）　同上，地理篇

　　案，此文又刊于《广益丛报》第 228 号，《夏声季刊》1929 年第 1 卷第 1 期。

1910 年（宣统二年，庚戌）　二十七岁

【事略】

　　1 月 1 日，《国粹学报》第 61 期出版，"社说"刊载《左氏学行于西汉考》《史记述尧典考》，"学篇"始载《贾子新书斠补》，均署名刘师培。

　　案，《左氏学行于西汉考》删改后，收入《左盦集》卷二；《史记述尧典考》，[1]《刘申叔先生遗书》未收，改作后收入《左盦集》卷一，题作《尧典钦明文思光被四表古文说考》；《贾子新书斠补》之序，改作后收入《左盦集》卷七。又，《贾子新书斠补》续载时，第 62、63、65 期题作"贾子新书补释"，为同书异名；第 64、66—71 期题作"贾子春秋补释"，似为误植。钱玄同编《刘申叔先生遗书》时，收录《贾子新书斠补》二卷（抄本），附《贾子新书佚文辑补》（手稿本）、《群书治要引贾子新书校文》（抄本），以《贾子新书斠补》抄本乃就《国粹学报》本所删定，且已印成，故《国粹学报》所载初稿本未收入。《仪征刘申叔遗书》则据《国粹学报》本所载《贾子新书补释》，附于《贾子新书斠补》之后。以下所录续载各篇题名，据《国粹学报》原文，不作统一。

　　本日，《广益丛报》第 222 号出版，"下编·文章门·短品"刊载《小学丛残叙》，署名刘师培，同时刊载汪黎庆辑《小学丛残》。

　　10 日，《广益丛报》第 223 号出版，"下编·文章门·短品"刊载《唐故文林郎守益州导江县主簿飞骑尉张府君墓志跋尾》，文内署名刘师培。

　　11 日，钱玄同在日记中责难刘师培经学，云：

　　　　刘申叔更以六经为孔子教科书讲义。此以今日之制，臆想古初，可笑已极！若果为教科书，则孟子何以言《春秋》天子之事，且有"知我罪我"之说乎？若使今之编教科书者作是语，岂不可笑？孔子是否教主，固尚在不可知之例。要之，殷周受命之事，必不能一笔抹杀，谓其必

　　――――――――

1　万仕国辑校：《刘申叔遗书补遗》下册，第 1290—1291 页。

妄也。董、何之语，谓其不可凭信，则孟子之语又当何如耶？总之，非常异义可怪之论，断不能以浅儒之见臆断之也。[1]

13 日，《钱玄同日记》又谓：

> 又如刘申叔附合西方古种之说，止可存疑于著作，万不可羼入教科书也。至神话，则据以推测上古社会情形，自无不可，然强为解说则不可，如天皇氏九头等说，不可以"头"为头目，如刘申叔所言也。[2]

17 日，《钱玄同日记》又云：

> 刘申叔之《中国民约精谊》，取古来之说与《民约论》相比附，合乎卢氏者题，不合者非。故《礼运》大同说及许行并耕说，悉斥为不合。此等可笑著作，稍有知识者不齿，即梁卓如尚未必如此。刘固自命为博通国故者，乃如此，岂不可笑之者也乎哉！又如刘氏《国文典问答》，既服从鄙夫以言，以中国象形字为不便，并且更举严氏所谓丐词者，竟以"春风风人、夏雨雨人"名动之引申而指为不合，谓动词之"风""雨"二字须改造新字。此等不通之见解，偏出于通小学之口，岂非怪事！[3]

由此可见，钱玄同尚不能客观认识刘师培早期思想的意义及价值。

18 日，《星洲晨报》"专件"栏转载《日华新报》所刊《章炳麟背叛革命党之铁证》，前有案语云：

> 革命党章炳麟到东以来，主持《民报》，颇为该党所欢迎。本报亦以其国学大家，殊器重之，是以章氏来函，无不为之宣布。初谓章素唱言道德者，必不作欺人语也。项得革命党刘光汉（现在北洋总督衙门充当幕友）致该党黄某一函，披阅一过，令人发指。章氏日言道德，而其个人之道德则如是。呜呼！章氏休与！己不正而欲正人，一何可笑之甚耶？说者谓，章刊攻伪《民报》传单，为图归国地步。本社已得背叛该党之亲笔函六纸，当付手民，刊成铜版，刊登报端，以告东京学界，毋再以章先生为道德家。

下录刘师培致黄兴书（原文首尾不具），云：

1　杨天石主编：《钱玄同日记》（整理本）上册，第 208 页。
2　杨天石主编：《钱玄同日记》（整理本）上册，第 209 页。
3　杨天石主编：《钱玄同日记》（整理本）上册，第 211 页。

　　至于仆与太炎冲突之原因,则因彼于去秋以后,与仆同居。仆因平昔所学,与彼相同,赏奇析疑,遂成莫逆。然太炎当此之时,已无心于革命,欲往印度为僧。又以无款之故,欲向官场运动,乃作函于张之洞,语多猥鄙。乃其稿藏于书中,猝为仆见。彼亦不复自讳,宣言:"士各有志,同盟会不足与有为,而研习佛教,亦当今急务。"且与仆相商,言今长崎领事卞〔缵〕昌为张之婿,于何震为戚属,可将致张之函,(此为第二函,非仆于书中所见之稿。书中所见之稿,已早由邮局寄出,无回音。)托卞转致,向张索款三万元,以二万助彼旅费,以一万归仆,为□印书之资。时震适以事返国,并为彼向余杭家索款(得洋八百元),道经长崎,登岸访卞。适卞已于前数日卸职,乘轮返国,此事遂成画饼。然太炎之心仍未已,复作函于震,使之向金陵刘姓索款,并向卞兄绪昌及池州杨仁山谋,使以此事干江督端方。复令仆返沪,共商此事。然仆等均知此事不易成,至沪以后,乃告以三万之款,必不可得;即成,亦不过按月支款,冀寝其谋。而彼仍作函相促,并于《民报》登告白,言:"近罹脑疾,不克用心。"(并将此报寄至沪上,嘱仆等由卞、杨转示官场。仆等一笑置之,此报旋赠高某。)此众人所共见者。今试将太炎寄沪之函,摘录如左。(其遗失者甚多。)

　　第一函曰:"刘、卞二处消息如何?"

　　第二函曰:"所托诸事,务望尽力。"

　　第三函曰:"东坡(苏某)已归长崎,亦知二君意中,即恐其妄行泄事耳。"又曰:"四弟(即仆)既不往宁,在沪交涉亦善。前书言恐有枝节,愚意可密致杨仁山书,令其转圜。得则为高阳酒徒,不得亦是市南宜僚,不泄人言以求媚也。"又曰:"此行亦由一祸(一即彼自称),四、六二君无可说也。勉为其难,吾所属望。"

　　第四函曰:"日本麒麟,一牝者死,而牡独存。此兄□出家之兆也。"

　　第五函曰:"六弟为我尽力,切至周详,感甚。黄、叶亦无他语,惟叶(黄系湖北人,叶系浙人,时叶与仆为邻。)已明知四弟到沪,在外喧传;黄更知兄欲出家。前数日,有尊周者自上海来信云:'闻黄某语,公欲出家。'则此事已稍泄漏矣。运动之事,想二子无不周知。"

第六函云：“领事按月支款之说，万难允从。”又曰：“要之，不以意气相期。尽力磋磨，亦无益也。弟若能转圜，当先交付三分之二，否则二分取一。如或不能，当面回复。此则当令六弟任之。”（此六函外，尚有数函。因回国时，已在东京印照片，尚未告成。俟该照相馆将此片寄沪后，再为寄上。今印成者，仅六片，故先寄上。）

此皆太炎寄至沪上书也。观此数函，则太炎背叛本党之迹，显然可睹矣。嗣仆等返东京，以彼有学无行，遇之稍薄。彼转疑仆等为彼运动，已有成效，以干没其款，恒以语言相冲突，因之仇隙渐深。彼亦移居他去。彼本移居牛込区某所，后以金不可得，乃处心积虑，与仆等为仇，盘踞民报社以自固。（彼去岁即与民报社绝，誓不再往。今忽移入其中，自为社长，其故在利用同盟会，不言可喻。）当彼未入之前，《民报》编辑及维持事，已一律由仆担任。适程家柽之劣迹为《二六新闻》所登载，（此系谷某所为。或言谷因去岁刺孙文事，程已向北京运动多金，彼所分甚少，故登报以泄其忿。）彼疑此稿系仆等所寄，然仆与程素无交谊，亦无恶仇；彼与程，亦非密友。（时程因北京运动事发露，刘某迫之，出金五千。程怒甚，乃思联章以拒刘。故当彼之时，与章往来较密。）又其所以出而干涉者，盖以仆于程事，既登日本报章，则彼去冬之运动，其实□〔证〕已操仆手。今既绝交，势必出而登报，乃为先发制人之计，妄□〔出〕诬词，登入《日华新报》。（如□〔言〕将彼收信筒毁拆。实则当时门首，收信筒仅有一所。彼居其内，并无另置之筒。又与彼同居八九月，房饭之金，伊实分文未付。惟向彼假押租三十元，彼迁居时，大声向仆索还。此众目所共睹者，而该报转言仆用彼款。其他妄言，不一而足。）该报既出，仆等乃憾□□□，虽有友人调停，亦不之□。拟延律师（添田增男）控诉，因所□〔需〕之费甚巨，遂以中止。嗣以将彼劣迹及往来函信，汇印成帙，拟当众宣□〔布〕，又为某所劝止。乃偕何震至民报社，将彼痛殴。此均公未至东京以前之事。[1]

---

1 《章炳麟背叛革命党之铁证》（录神户《日华新报》），载《星洲晨报》1910 年 1 月 18 日第 7 版，专件。

案，此札中所引章太炎致刘师培夫妇六函，其第四函不见于何震致吴稚晖书中，其余则略同。

20日，《广益丛报》第224号出版，"下编·文章门·短品"刊载《逸周书补释上卷序》，题下无署名，文末署"仪征刘师培序"。

21日，孙中山在芝加哥成立同盟会分会，并将在该地及纽约、波士顿所募捐八千元先后电汇香港，充同盟会南方支部起义经费。

22日，《新世纪》第117号发表"燃"（吴稚晖）所作《党人》，反驳章太炎《伪〈民报〉检举状》，并遵照孙中山指示，公布章太炎托刘师培夫妇运动端方的五封信，同时发表何震按语（见卷二1907年11月—1908年1月各条）。

29日（农历十二月十九），端方集刘师培等在北京无闷园纪念苏东坡生日，并绘图。刘师培作《东坡生日集无闷园》诗，云：

> 阳煦散凛冽，寒律调暄妍。泄泄曦展轮，棱棱冰融川。壶觞平泉集，履綦雄社联。勉覆岁寒贞，尚缅峨嵋贤。及兹览揆辰，精享森明禋。焦黄箧实灿，寒碧溪毛塞。画像攓吴都，宝珉溯蜀川。展字焕真彩，雠文勾琅玕。方知球璗珍，足拟馨香蠲。图成证雪踪，纪远稽奎躔。思旧遥情集，伤时殷忧缠。磨蝎契吕论，归鸟赓陶篇。愧非裴笛宾，静抚桓筝篇。[1]

案，《左盦遗诗》系此诗于"庚戌"年下，实误。此次无闷园雅集所绘之图，端方曾邀名流题诗，其中陈三立有《题匋斋尚书京师无闷园东坡生日雅集图》（自注：图后有自题兼喜梁节庵至诗），[2]郑孝胥有《匋斋属题无闷园雅集图》，[3]而陈曾寿有《匋斋尚书作东坡生日，宴集同人，节庵师会张文襄公之葬，亦来京师》。查张之洞于1909年10月4日去世，其会葬在当年（即宣统元年己酉），无闷园雅集即在己酉十二月十九日（1910年1月29日），

1 万仕国辑校：《刘申叔遗书补遗》下册，第1295页。

2 陈三立：《散原精舍诗续集》卷上，民国十五年（1926）上海商务印书馆铅印本，第43页。又见《南洋官报》1911年第174期，"艺文存略"，署"散原"。

3 郑孝胥：《匋斋属题无闷园雅集图》，《海藏楼诗集》卷七。又，郑孝胥1911年3月13日日记云："题匋斋《无闷园雅集图》。"见中国国家博物馆编、劳祖德整理：《郑孝胥日记》第三册，北京：中华书局，1993年，第1312页。

而非庚戌十二月十九日（1911 年 1 月 19 日）。

30 日，《国粹学报》第 62 期出版，"学篇"续载《贾子新书补释》，"丛谈"续载《晏子春秋补释》，均署名刘师培。"绍介遗书"有《毛诗正韵》，谓"日照丁以此著，尚未印行"，且录章太炎序。"报告"载《国学保存会报告》第四十二号，《通讯》有章太炎手书，云：

> 近见日照丁竹筠以此所著《毛诗正韵》五卷，条理极精，远在宁人、先麓之上。其人年六十余，教授里巷，岁只三十千文。仆以其付印无资，为作序一首，望先登"绍介遗书"门中，以后或有人助之刻版。北方学者，今已寂寥。有此一介，而乡邑不知其名，致以训蒙糊口，然后知贤士湮没者多。宁人遇张稷若，亦在蒙塾中。丁君用心于《诗》，亦犹稷若用心于《礼》。山东耆秀，先后同符，可慨也。书此敬问著安。章绛白。[1]

本日，熊成基在哈尔滨售书筹款，谋刺载洵，由于臧冠三告密而被捕，2 月 27 日在吉林就义。

2 月 22 日，刘师培得一女，取名颍，全家欢喜异常。

本月，刘师培《左盦集》（八卷）木刻本出版，端方为之署检。据钱玄同《刘申先生遗书总目》云：

> 此原刻，今极希见。吾友张少元君（鸿来）藏有一部，封面中书"左盦集"，左书"端方署检"。全书版心上端均刻"左盦集"，鱼尾下均刻"卷■"，下端均刻"第■■页"，似全书之卷数、篇数、页数及次序均未编成，故作墨丁。然分为八卷，实已确定。知者，各卷首行已刻"左盦集一"至"左盦集八"，次行均刻"扬子刘师培"也。此本《目录》系抄补者，盖刻时所无。首卷首页钤有"王仁俊"一印。王君字捍郑，《目录》殆彼所抄补。刘君入端方幕，在民元前三年己酉。彼时因讳"仪"字，改仪征为扬子。又，此书内容，多数为《国粹学报》中诸文之改作，亦间有在端方处所作之文（如《将渠玺考》等）。根据上述情形，可以断定此书之编刻必在己酉，故出板于庚戌也。此书板片是否尚存，余所不知。

---

1 《通讯》，《国学保存会报告》（第四十二号），《国粹学报》第 12 册，第 7496 页。

民国十七年，北平隆福寺街之脩绠堂书店借得张君藏本，重为刻木，闻主其事者为邵次公（瑞彭）、尹硕公（炎武）两君。《遗书》即据此重刻本付印，而郑君又向张君借得原刻本覆勘。重刻本有张伯英君一序，未曾印入，今附录于此。

　　有清中叶，淮海之间多以经学世其家者，近世则渐微，惟仪征刘氏代有传人。予少从冯金坛师游，时称及刘氏家学相承之美。越十有余年，刘君师培之名显于大江南北，惜未得接其人、读其书也。所著《左盦集》，光绪季年刻于江宁，板已不存，学者往往求而弗获。都中书肆，集资重梓。其文原原本本，殚见洽闻，异乎空疏浅薄者。刘氏家学渊源，于兹可见。原刻无目次，卷数、页数亦未填注，盖非定本。其最精湛之文，在光绪以后，此集所未有。今遗稿不知存佚，会萃以成全帙，殆必有踵为之者欤？戊辰夏五月，铜山张伯英书。[1]

案，钱玄同所说有小误。《左盦集》端方署检原刻本，南京图书馆有藏，其形制与钱氏所述同，惟卷内篇次与《遗书》本略异。因原刻本版片已毁，1920年张伯英曾于江宁翻刻。1928年脩绠堂本乃据张伯英翻刻本重刻，张伯英遂为之作《序》，而非据端方署检原刻本重刻，故与原刻本篇次有异。《遗书》所录，乃脩绠堂本，故与张伯英翻刻本同，而与端方署检本篇次略异。《左盦集》中各文来历，详《仪征刘申叔遗书》各篇注中。郭象升《左盦集笺序》谓：

　　岁在癸酉，南佩兰先生刊传《刘申叔遗书》，延郑君友渔总其事。以余与申叔夙相往还，粗能言其学术本末也，时时通书，以编次先后、校订异同为问。余适有批识《左盦集》一部，因以寄之。《左盦集》者，申叔脱党籍归国，取生平文字，重加删削，益以新作，总为八卷，印行于上海者也。仪征刘氏，四世传经。申叔生丁改革之交，蒿目世变，辗转风波，故其精神意气过于前人远甚。然亦以此故，所言不能安和。余举《国粹报》所登载者，两相勘对，用力颇勤。至于有所辨难，乃生平送抱推襟之素耳，论笃是与，无争心也。其有裨于《申叔遗书》者，惟在《国粹

1　钱玄同：《刘申叔先生遗书总目》，《仪征刘申叔遗书》第1册卷首，第13—14页。

报》异同诸条。佩兰既资借鄙说，多所折中，毕役后，以其本付于友渔，友渔秘不相还，奄忽十年矣。顷因叶凤庭先生刊《辛勤庐丛刻》，抄撮鄙笺，得五十余项，备短著之一种。[1]

3月1日，《国粹学报》第63期出版，"子篇"续载《贾子新书补释》，署名刘师培。卷首刊载邓实《第六年〈国粹学报〉更定例目》，云：

> 神州古国，学术肇兴，绳绳千年，不绝一线。东周失官，学乃在野。汉崇利禄，史公所悲。亦越雍、乾，文网愈密。英著材士，知能莫骋，托于经说，志晦微显，是曰朴学。世运一变，遂成学风。大师宿儒，嫥壹精神，归于故雅。著述等身，遍在江海。道、咸以后，学风少衰，简帙零落，日渐湮没。不有搜集，罕睹微文。罔逸拾残，当与同志，庶几复古，无愧先民。爰区篇目，著于左方。庚戌正月，邓实记。

> 通论

> 经篇

> 史篇（政学、地理学、目录学附）

> 子篇（理学附）

> 文篇（小学附）

> 博物篇

> 美术篇（金石学附）

> 丛谈

> 撰录

> 藏书志

> 绍介遗书

> 报告

> 一、每篇分为内、外，"内篇"录本社自撰稿及生存人著述，"外篇"则录前人旧著。

> 一、"外篇"所录，皆前人未刊著作；或刊而版即佚，为世所罕睹者。或全书浩繁，或丛书汇刻，而其文实有关于学术源流之大者，亦录

1　郭象升：《左盦集笺》，闻喜叶氏《辛勤庐丛刻》第一辑，1942年。

刊一二。

一、每期不必每门均齐，每篇不必内外皆有，然所缺总不过一二门而止。

一、"外篇"所录前人著作，按期刊入，不使间断。各种至年终，必为刊完，以便汇订成丛书。

一、所分门类，不尽与《四库全书总目》合者，小学不入"经篇"而入"文篇"，（积字成句，积句成文。）金石不入"史学"而入"美术篇"。（金石在美术类雕刻中。）盖报章体裁，意自微异也。[1]

"广告"刊载《左盦集出版广告》，云：

近扬州刘申叔先生师培，将平昔说经及考订子史之作，编为《左盦集》，刊木印行。书分八卷，装订六册，刊印美善。现已出书，由本社代售。定价三元五角。[2]

"报告"载《国学保存会报告》第四十三号，《通讯》有章太炎书札，云：

得信，具悉。委录乾嘉以来师儒遗著，弟处目录、传记之书甚少，粗冯记臆，略得数种。窃谓经训如《学海》《南菁》两编所收，史考如《史学丛书》所收，皆已通行，无烦登录。其未收而已流布者，如《礼书通故》《汉书补注》之类，亦当除去。子部近人鲜专书，如《绎志》《潜书》之类，亦世所多有者。乾嘉以后，札记、文集日繁，而真为子部者鲜矣。算学精者甚多，皆已传布；理学或有阙遗，亦未可定。其集部有文有质者，不传之本亦少。此次意在搜求遗逸，其小册可入报者固佳，即部帙过大者，得其书，亦可扶微辅绝。今略识数种，分别已刊、未刊，惟达者裁酌云。章绛顿首。[3]

17 日，缪荃孙接刘富曾信。[4]

20 日，《广益丛报》第 226 号出版，"中编·学问门·学案"刊载《西汉

1　邓实：《第六年〈国粹学报〉更定例目》，《国粹学报》第 13 册，第 7529—7530 页。

2　《左盦集出版广告》，《国粹学报》第 14 册，第 9067 页。

3　《通讯》，《国粹学报》第 14 册，第 9039—9040 页。此札后，原附有书目，今略。《章太炎全集·书信集上》载《与国粹学报》六通，实则五通，乃误析此札所附书目为第六通（第 331—332 页）也。

4　缪荃孙：《庚戌日记》，《缪荃孙全集·日记（三）》，第 74 页。

学派渊源于左氏考》，无署名。

案，此文与《国粹学报》第 61 期"社说"所载《左氏学行于西汉考》文略同，小注微异，故知为刘师培所著。

23 日，《申报》"紧要新闻二"载《北洋督幕之人才》云：

> 直督陈制军现将署内应办公事，分为八科。一曰刑钱科，专司刑名、钱谷事件，仍由幕友办理。一曰洋务科，办理交涉事件，派钱明训、王克敏、杨荫椿、李光亨、蔡廷幹、周和霈充任文案。一曰度支科，办理局所款目事件，派汪士元、沈铭昌、周和霈、赵长鉴充任文案。一曰宪法科，办理关涉宪政事件，派钱明训、胡嗣瑗、金邦平、陈庆和、林葆恒、唐宝锷充任文案。一曰民政科，办理巡警、禁烟、卫生、清讼等事，派汪士元、俞纪琦、张征乾、卢廷俊、宋士伸充任文案。一曰学务科，办理教育行政事件，派沈铭昌、陈庆和、林葆恒、于式稜、李士伟充任文案。一曰农工商科，办理农工商矿及航路、邮电等事件，派王克敏、俞纪琦、赵长鉴、严俨、凌重伦充任文案。一曰庶务科，分办收发公文、缮校折件、标判核对、提要译电等件，收发股派凌重伦、黄祖戴办理，核对标判股派吴焕、潘传芾办理，提要股派陈光麟办理，译电股派于俊驹、江锡龄办理。此外派钱明训为总稽核，稽查各科事宜，并派刘师培、王庆骧、侯士奇、陈立成充书记员，专司拟办笺启、缮写要折等件。

据此，则端方被罢后，刘师培仍在直隶总督署幕中任事。

24 日，邮传部批准湖北商办粤汉、川汉铁路公司。26 日，英、美、法、德代表到外务部，抗议湖北铁路商办。

30 日，《国粹学报》第 64 期出版，"子篇"续载《贾子春秋补释》，署名刘师培。

本月，四川存古学堂成立。谢无量任监督兼任理学，曾学传任经学，杨赞襄任史学，吴之英任词章，罗时宪任声韵小学。本年 5 月 9 日《广益丛报》第 231 号"上编·政事门·文牍"载《提学司请于省垣南城外设立四川先正四先生祠兼作存古学堂文并批》云：

> 为详请事。窃维时艰日盛，学术日漓。非使承学之士，提振其高尚之思想，荡涤其委琐之襟怀，断不足以造就伟才，撑撑危局。在昔

科举之所以为世诟厉者，以人皆视为禄利之途。朱子尝谓：学校之官，虽遍天下，游其间者，大率以追时好、取世资为事。又谓：科举不废，人才不出。其指陈时弊，固已慨乎言之。我国家近年惩举业之猥陋，概予罢黜，兴立学堂。首奉明诏，宣示教育宗旨，其于明义利、清本源，垂戒至为深切。《奏定章程》于修身及人伦道德科目，尤谆谆焉。无如颓风痼习，不能骤挽。近日各处学堂，凡鼓箧而来者，其趋向所在，大抵冀幸毕业后，可以充教员、博奖励，一若所习学科，不过为他日谋生之借、猎名之津，而于立身之大节，经国之远怀，矫矫自勉者，殊难骤遇。此无论挟苟简之意，科学未能精研，即程度甚优，欲其担荷事任，终不可恃。夫方其为士也，但存希荣慕利之心；及其居官也，何能识公尔忘私之义？是科举之弊，仍递嬗于学堂之中。所不同者，科举多失之腐陋，学堂多失之浮嚣，皆其志趣之卑下，则一而已矣。川省自汉以来，承杨、马之流风。降及近世，尚以文雅称盛。独有宋一代，讲明义理之学者为多，而其尤著者，则推范景仁、范纯甫、张南轩、魏鹤山四先生，皆以羽翼圣道为己任，实邦人所宜景行，士林所宜效法。而省会之地，祠宇阙焉。莘莘学子，或不知乡先正有绍明正学、师表人伦者，何以动其抗希往哲、闻风兴起之念乎？南城外杨氏第宅，上年典归学务公所。本年正月，杨氏愿以出售。经署司饬华阳县钮令传善协商，由学务公所备价承受，拟即以立二范、张、魏四先生祠，兼作为存古学堂。非惟在堂诸生常得瞻仰企慕，亦使各校士子，得于岁时享祀，生观感而缅遗徽。昔文信国为童子时，见学宫所祀乡先生欧阳修、杨邦乂、胡铨像，皆谥忠节，欣然慕之曰："没，不俎豆其间，非丈夫也。"当此江河日下，营私罔利，靡然从风，谓宜推崇儒先，立之表范，冀可以转移培植于无形，即就近事而论，咸同间倭文端、曾文正，皆以服膺理学，克佐中兴；日本伟人如伊藤、东乡、乃木之伦，皆奉阳明为师法。可知学无中外，必有敦崇本原之士，而后有宏济艰巨之才，未可以为迂阔而忽之。所有祠祀，川省先儒缘由，理合具文详请宪台，俯赐察核，立案示遵。为此备由，另文呈乞照详施行，须至详者。

　　督宪批：详悉。该司拟就购买南城外杨氏第宅，改建存古学堂，并设二范、张、魏四先生祠宇，俾学者知所景崇，生其观感，立意甚善，应予如详立案，仰即知照缴。

据何域凡《存古学堂嬗变记》称，《拟存古学堂开办简章》谓：

一、宗旨：开办存古学堂，所以保存国学，俾此后中等以上学堂教师不致缺乏，并可升入大学，或就通儒院。暂定章程试办，俟奉部颁章程，即照部章办理。

二、学科：以理学、经学、史学、词章为主课，兼习地理、算学；其余学科，姑从缺略，免致博而不专。惟第六学期内，添讲教授管理法，以便毕业后，可派往各处充任教员。

三、名额：暂定一百名为额，皆在学堂膳宿，以便专意用功。

四、资格：举人、贡生、秀才、监生及中学堂毕业生皆可入选，但须中文素有根柢，品行端谨无嗜好者。其年龄限二十岁以上，四十岁以下。

五、征费：学生每名每一学期纳费十元，由各生自备，学费、膳宿在内。

六、职员：监督一人，兼授理学一门。经学、史学、词章正教员各一人，副教员各一人。教务长、斋务长，即以正教员经学、词章兼任。地理一门，即以史学正教员兼任。算学教员一人，监学二人，庶务长一人。

七、规则：一律照《奏定章程》《学堂管理通则》办理。

八、年限：查湖北存古学堂，七年毕业；江苏三年毕业，其自愿深造者，再予留堂四年毕业。现拟仿照江苏办法，三年毕业给凭。由提督司按其程度之深浅，派至中小学堂，充当中文教员。其三年届满，愿留堂深造者，即参仿鄂省章程，七年毕业。

九、考验：平时用功，分门札记，一并衡校，以觇心得而定等差。

十、奖励：俟部令专章，遵照办理。

附则：现规定于四月初一日考取学生，应先由地方官会同视学及教育会，按照第四条资格，认真挑选，备文申送，多或七八名，少或二三名。其平日有著述者，准随文呈阅。此外如有隽雅杰出之士，亦可由学界酌商保送。与考、应考各生，自三月初一日起，至学务公所报名,三月二十五日截止。[1]

案,据"附则"所言三月初一(1910年4月10日)起报名,则四川存古学堂成立,应早于此日,故系于本年3月。

春,刘师培游天津公园,有诗云:

> 商思对韶景,群汇阌研淑。及兹春木芒,乃复跂游瞩。阳气施孚微,宿雨休溟沐。径骈药畦歧,桥转蕧地曲。柳稊漾短青,桐芭苬纤绿。麌麌兽走林,嘈嘈羽迁木。寓目物自怡,抚候时空促。流连金谷吟,曼税河桥躅。[2]

4月9日,《广益丛报》第228号出版,"中编·学问门·地学"刊载《邯郸卫考》,署名刘师培。

16日,由于谋炸摄政王载沣未成,汪兆铭、黄复生等人在北京被捕。

29日,《国粹学报》第65期出版,"子篇"续载《贾子新书补释》,署名刘师培。

5月1日,汪精卫等判终身监禁。《神州日报》载四月二十一日亥刻北京电云:

> 革党案,汪兆铭等经法部定永远监禁。[3]

19日,刘富曾拜访缪荃孙。[4]

28日,《国粹学报》第66期出版,"子篇"续载《贾子春秋补释》,署名刘师培。

6月26日,《国粹学报》第67期出版,"史篇"刊载《元太祖征西域年月考》,"子篇"续载《贾子春秋补释》,均署名刘师培。本期"文篇"载章太炎《文学总略》,批评刘师培终生所阐扬的阮元"文笔"说,云:

> 近世阮元以为,孔子赞《易》,始著《文言》,故文以耦俪为主,又牵引"文笔"之说以成之。夫有韵为文,无韵为笔,是则骈散诸体,一切是

1　何域凡:《存古学堂嬗变记》,四川省政协文史资料委员会编:《四川文史资料集粹》第4卷,成都:四川人民出版社,1996年,第418—419页。

2　刘师培:《左盦诗录》卷二,《仪征刘申叔遗书》第12册,第5502页。

3　《神州日报》1910年5月1日,第1页,本馆专电。

4　缪荃孙:《庚戌日记》,《缪荃孙全集·日记(三)》,第86页。

笔非文，借此证成，适足自陷。既以《文言》为文，《序卦》《说卦》又何说焉？且文辞之用，各有体要。彖、象为占繇，占繇故为韵语；《文言》《系辞》为述赞，述赞故为俪辞；《序卦》《说卦》为目录、笺疏，目录、笺疏故为散录。必以俪辞为文，何缘十翼不能一致？岂波澜既尽，有所谢短乎？或举《论语》言"辞达"者，以为文之与辞，划然异职，然则《文言》称文，《系辞》称辞，体格未殊而题号有异，此又何也？董仲舒云"《春秋》文成数万"，兼彼经、传，总称为文，犹曰今文家曲说然也。《太史公自序》亦云"论次其文"，此固以史为文矣；又曰："汉兴，萧何次律令，韩信申军法，张苍为章程，叔孙通定礼仪，则文学彬彬稍进。"此非耦俪之文也？屈、宋、唐、景所作，既是韵文，亦多俪语，而《汉书·王褒传》已有楚辞之目，王逸仍其旧题，不曰楚文。斯则韵语、耦语，亦既谓之辞矣。《汉书·贾谊传》云："以属文称于郡中。"其文云何？若云赋也，《惜誓》载于《楚辞》，文辞不别；若云奏记、条议，适彼之所谓辞也。《司马相如传》云："景帝不好辞赋。"《法言·吾子》云："诗人之赋丽以则，辞人之赋丽以淫。""或问：君子尚辞乎？曰：君子事之为尚，事胜辞则伉，辞胜事则赋，事辞称则经。"以是见韵文耦语，并得称辞，无文、辞之别也。且文辞之称，若从其本以为部署，则辞为口说，文为文字。古者简帛重烦，多取记臆，故或用韵文，或用耦语，为其音节谐适，易于口记，不烦纪载也。战国纵横之士，抵掌摇唇，亦多积句。是则耦丽之体，适可称职。乃如史官方策，有《春秋》《史记》《汉书》之属，适当称为文耳。由是言之，文、辞之分，反复自陷，可谓大惑不解者矣。[1]

本月，刘师培《〈晏子春秋〉黄之寀本校记》成，其序云：

> 近旅津门，购得黄刻明印本，又得日本翻刻本，爰取景元刊本及沈启南本，参互校雠，撰为校记，以补诸家之缺。其日刊上方校语，出自日人，亦间可采，因并录焉。宣统二年五月，师培记。[2]

7月26日，《国粹学报》第68期出版，"子篇"续载《贾子春秋补释》，

1 章氏学：《文学总略》，《国粹学报》第13册，第8180—8181页。
2 刘师培：《晏子春秋校补》附录，《仪征刘申叔遗书》第6册，第2577页。

署名刘师培。

本月，作《季夏雨霁，游北洋公立种植园，泛舟竟夕》诗，云：

> 海壖蕴暄氛，尘陌怨新寒。缅怀阴旷游，屏逖离炎羹。郊圻逗疏樊，璜影萦曲湍。菱木菀蕾翳，彩卉纷姬斓。糁差陂茝蒲，戛击风鸣蘿。堤蝶扬静响，春箕播文翰。横漰维绋缡，泳川狎澔澜。警耳破雷阗，泫裾霝露霚。祥延谢绣服，任鬵倾筠箄。睢盱物滋适，阒仰情弥宽。折麻缅阳阿，伐轮惭河干。无忘挹潦清，庶踵临濠观。[1]

8月11日（农历七月初七），刘师培女儿刘颍因病夭折。刘氏夫妇十分伤心，刘师培作《女颍圹铭》，云：

> 师培以宣统元年从事天津，越岁春正，妻何氏举女，名曰颍，扬且之皙，鬒发如云，朗质彻乎玉莹，慧识形于岐嶷，亦既咳笑，授色知心。禀命不兼，历旬一十有六，以七月七日罹疾而殇。殡以聖周，与机即葬。哀矣！既湣悼之摧怀，虑谷陵之有易，乃刊石以志其圹，词曰：
>
> 蕣华丽都，荣弗崇朝。猗兰青青，先霜悴凋。尔魂曷归，秋原㦦廖。[2]

此后，刘师培又作《伤女颍》诗二首，极陈其悲。诗云：

> 梧桐阴西轩，蜻蛚鸣何急！思尔隔重泉，抚景滋于悒。仄闻籁声泠，髣髴尔呱泣。涉室搴床帷，惟觉蟾晖入。架侧浸长书，尔手昔持执。指编意若稔，欲语词终涩。潭潭六书谊，希尔跂年习。何期玉莹质，不遂芳华煜！怳疑朱鸟魂，春至秋复蛰。仁立忘夜深，清露襟头湆。
>
> 昔读仲任书，短修数实然。葳蕤木槿华，弗匹冥灵年。皇天岂不惠，大运多循旋。诗人歌陨萚，君子伤逝川。物情懔摇落，翙尔长相捐。荧魂尔曷休，微颜岂终妍？匣中文褓裳，黄尘集何遄！聖周不盈趄，榛薄纷盈阡。掩噎阴岫云，眇漠萧林烟。命驾巡尔丘，暝色瞻芊眠。[3]

24日，《国粹学报》第69期出版，"子篇"续载《贾子春秋补释》，署名刘师培。

本月，刘师培作《白虎通义斠补》二卷成，有序云：

1　刘师培：《左盦诗录》卷二，《仪征刘申叔遗书》第12册，第5503页。

2　刘师培：《左盦外集》卷十九，《仪征刘申叔遗书》第12册，第5403页。

3　刘师培：《左盦诗录》卷三，《仪征刘申叔遗书》第12册，第5508页。

《白虎通义》，隋、唐《志》均云"六卷"，宋《崇文书目》则曰"十卷十四篇"，《玉海》四十二引《中兴书目》又作"十卷四十篇"，陈氏《直斋书录解题》称为"十卷四十四篇"，则《总目》"十"上抈"四"字，《书目》"十"下抈"四"字，实则无异本也。今所传宋小字本、元大德本所标之目，篇均四十有四，则与《崇文》所收本同。明刊各本，虽析区卷帙，多寡互殊，实均导源元本，故标目亦同。《玉海》又言"今本四十三篇"者，盖据卷中合"三纲""六纪"为一言也。然北宋之世，书已抈残。宋人援引，虽恒出今本外，盖均移引他籍。近余姚卢氏所校，世推善本，然或损益旧文，出自潜改。句容陈氏作《疏证》，疏通经术，斯其所优；缔审文字，或亦未足。师培治斯书久，伤旧本文字之舛讹，又病卢校或丧其本真也，爰钩核宋、元以上诸书所引，所得异文，以百千计。于卢校删改未确者，亦考得数十事。集为二卷，颜曰"斠补"。文宗元本，误则从卢。书既成，因记其缘起于首。宣统二年七月序。[1]

秋，刘师培作《秋思》《题赵受亭〈黄山松图〉》《夕雨初晴，登西山重兴寺孤亭》《西山观秋获》等诗。

9月18日（农历八月十五，中秋节），刘师培整理旧日诗作，订成《左盦诗》一卷，作《自序》，略云：

> 师培髫岁习诗，模桀未准。古今专集，颇事搜讨。忱或触怅，恒怡仿规。年际弱冠，浸润世论。西江之体，擎钻较劼。曾勾衷所作，刊为《匪风集》，苦不逮意，乃颇悙怿。嗣有啸吟，辄弗省录。惟正变之源，雅郑之判，根倪粗测，采秩浸严。及羁津门，栖偲多暇。爰薙撷旧刊，十或存一。蠋袯宿蒇，贸更旧观。益以近作，用丽文集之末，名曰《左盦诗》，敷忻戚于中情，寓惨舒于物候。邦有子云，应歆雾縠；世无正则，畴折琼枝。序而存之，以俟达者。宣统庚戌八月十五日，扬子刘师培识。[2]

23日，《国粹学报》第70期出版，"通论"刊载《刘向撰〈五经通义〉〈五经要义〉〈五经杂义〉辨》，"子篇"续载《贾子春秋补释》，均署名刘师培。

---

1 刘师培：《白虎通义斠补》，《仪征刘申叔遗书》第 8 册，第 3277 页。
2 刘师培：《左盦诗录》卷二，《仪征刘申叔遗书》第 12 册，第 5484—5485 页。

本日，刘师培录《左盦诗》一卷毕，凡诗六十二首。《刘申叔先生遗书》据刘氏家藏稿本收录，卷末有"宣统庚戌八月二十日录毕付刊，师培记"，则似有刻本，惜未见。

缪荃孙为张仲昭发刘富曾信。[1]

本月，诸贞壮由北京南下武昌，刘师培为之送行，并作《送诸贞壮》诗一首，后刊于《中国学报》1916 年第 4 期，题作"庚戌八月，送诸君贞壮由北京南归，时君将游武昌"。诗云：

> 商籁肃凄响，越鸟惊流光。朔风驱羁羽，不得晞朝阳。岂为凌氛矜，弗怀鬐鬣伤。冈梧自菶菶，竹华悴严霜。北林集菀区，恓惶鹍风翔。顾瞻宾鸿南，轩翮抟旻苍。荆山富贞干，露杆青琳琅。欲从川涂修，翘忧眐罗张。安得斗与箕，化作银汉梁。[2]

10 月 3 日，资政院举行开院典礼，国会请愿团向资政院上书，请速开国会。清政府宣布缩短立宪期限，允于宣统五年召开国会。

22 日，资政院接受国会请愿团代表孙洪伊等要求，决定上奏朝廷，速开国会。

本日，《国粹学报》第 71 期出版，"子篇"续载《贾子春秋补释》毕，署名刘师培。

26 日，资政院通过请速开国会奏。《神州日报》载"九月念四北京特电"云：

> 今日（二十四）资政院会议，泽公亲临，演说财政困难，甚望即开国会，得国民协助。众欢呼。次宣读本院请开国会奏稿，众俱起立赞成。即日上奏。[3]

11 月 4 日，清政府下诏，国会期限缩短三年，定于宣统五年实行召集。明年先订内官制，组织责任内阁。[4]

8 日（农历十月初七），刘师培与端方等聚饮。《艺风老人日记》载：

---

1 缪荃孙：《庚戌日记》，《缪荃孙全集·日记（三）》，第 103 页。
2 刘师培：《左盦诗录》卷二，《仪征刘申叔遗书》第 12 册，第 5505 页。
3 《神州日报》1910 年 10 月 27 日，第 1 页，本馆专电。
4 《神州日报》1910 年 11 月 5 日，第 1 页，本馆专电。

七日乙丑，……诣陶斋招饮，宝瑞丞、刘仲鲁、于晦若、陈仕可、罗叔蕴、李文石、于东屏、刘笙叔、管士修同席。[1]

13 日，孙中山在槟榔屿召开同盟会秘密会议，决定发起广州起义。

21 日，《国粹学报》第 72 期出版，"子篇"始载《白虎通德论补释》，署名刘师培。

本日，《神州日报》载伯希和寄敦煌文献照片给端方的消息，云：

京函：去年法国伯希和学士在甘肃燉煌鸣沙山石室，所得唐、五代物件，除留京由端午桥及学部用撮影法印出并排印外，其余已送回法国者甚多，彼时曾允将照片寄来。近寄致三四百片，大概为唐高宗时物，中有《易》《书》《诗》诸本及《穀梁》、《文选》李善注、《文选》五臣注，与今本颇有异同，大足供学者研究。又有已佚之《修文殿御览》，又有《纂金录》，亦类书，惜均是残卷，闻现皆在端午桥处，大约将来必可印出云。又，学部所得之唐人写经，现存学部之图书馆。或云存国子监者，误也。惟自解至学部后，存贮甚严密，并无失去之事。其失去者，系在未到学部以前云。[2]

案，据此所述内容，均与刘师培撰《敦煌新出唐写本提要》切合，则此批照片当即刘师培考证所据的材料。

本月，刘师培于北京白云观京师图书馆筹备处阅道藏，并作《读道藏记》，涉及道藏计 37 种，为近代最早之《道藏》提要。其序云：

西晋以前，道书篇目，略见于《抱朴子·遐览篇》，次则甄鸾《笑道论》颇事甄引，均属汉、魏、六朝古籍。晚近所存，什无二三。即《崇文总目》《中兴书目》所著录，亦复十亡其六。今之《道藏》，刊于明正德间，经箓符图，半属晚出。然地志、传记，旁逮医药、占卜之书，采录转众，匪惟诸子家言已也。故乾嘉诸儒，搜集旧籍，恒资彼《藏》。顾或录副未刊，致鲜传本。迄于咸、同之际，《南藏》毁于火，《北藏》虽存，览者逾尠。士弗悦学，斯其征矣。予以庚戌孟冬，旅居北京白云观，乃叚阅全《藏》，

1 缪荃孙：《庚戌日记》，《缪荃孙全集·日记（三）》，第 110 页。陈奇《刘师培年谱长编》卷七（第 278 页）系此于 1909 年，非是。

2 《燉煌法宝但留影片》，《神州日报》1911 年 11 月 21 日，第 3 页，要闻。

日尽数十册。每毕一书，辄志其序跋，撮其要旨。若鲜别刊，则嘱仆人移录，略事考订。惟均随笔记录，未足为定稿。兹先差拣若干条，录成一帙，以公同好之士云。庚戌孟冬，刘师培记。[1]

此时又以《道藏》校《文子》。1922 年 8 月 9 日，黄侃作《跋徐行可所藏刘先生手校文子注本》，云：

> 壬戌六月十七日，行可持是本见示，展视筐当上校语，乃先师仪征刘君手迹。所据诸书，皆其幽居白云观时，见之《道藏》中者也。幸归行可，使侃今者犹得捧玩歙歔。刘君没时，其书皆散。蔡元培诸人始欲藏其书于大学，知君未没前，曾以未成书之稿数种付侃，来书督索，不可少稽缓。既而为德不卒，举君书悉付其族人，天津书店遂往往见君手批书籍。此亦命也。才高运屯，所遭逢不若其家子骏、光伯远甚，已足伤心。矧此残编，复何足道？君卒于己未岁九月廿七日，心丧之制，倏已盈期，追忆平生，宛然心目。循摩是册，不知泪之何从也！[2]

12 月 21 日，《国粹学报》第 73 期出版，"子篇"续载《白虎通德论补释》，"美术篇"刊载《周代吉金年月考》[3]，均署名刘师培。

29 日，刘师培与缪荃孙等在端方处相聚。《艺风老人日记》载：

> 廿八日戊辰，……又至匋斋处，夏瑞琦、刘聚卿、蒋伯斧、罗叔蕴、章式之、李文石、刘世培、刘仁先、陈仕可同席。三鼓始寝。[4]

本年，刘师培下礼向新军第九镇统制、番禺徐绍桢学习历法。殷孟伦《忆量守师》谓：

> 申叔先生曾入端方幕，以六历之学从番禺徐绍桢先生请益。时徐以武职在幕府，而刘先生知其所长，因下礼于徐，竟通六历之学。[5]

刘禺生《世载堂杂忆》"徐固卿精历算"条云：

> 亡友黄季刚告予曰：学者皆好匿其所长，而用其所短。徐固卿绍

1　刘师培：《读道藏记》，《仪征刘申叔遗书》第 13 册，第 5709 页。
2　黄延祖重辑：《黄季刚诗文集》下册，第 552—553 页。
3　刘师培：《左盦外集》卷十二，《仪征刘申叔遗书》第 11 册，第 4868—4875 页。
4　缪荃孙：《庚戌日记》，《缪荃孙全集·日记（三）》，第 118 页。
5　程千帆、唐文编：《量守庐学记》，2006 年，第 129 页。

桢，由道员转武职，历任第九镇统制、江北提督，辛亥革命后，任南京卫戍总督、广州大总统府参军长、广东主席。不知者以武人视之，知者敬其藏书丰富，学问淹通，已刻著作百数十种，更不知其历算、天算冠绝有清一代。予师事刘申叔师培，刘先生曰：予一日与徐固老谈及《春秋长律》，予家五世治《春秋左氏》之学，自高曾伯山、孟瞻诸先生以来，子孙继承，传治《春秋》。予笃守家学，萃数代已成之书，蔚装成轶，精细正确，首尾完备。但《春秋长历》一卷，中多疑难，未成定本。闻先生历算精深，请校阅疑误，则小子无遗恨，先人当罗拜矣。固卿先生曰："汝诚敬欲予校正者，明日当具衣冠，捧书来，视其全书，予能修改，汝再具衣冠行跪拜礼，乃秉笔为之。"翌日，具衣冠捧书往。予旁坐，徐先生正坐，尽数时之力，前后详阅之，曰："错误甚多，不仅签条疑难也。当尽半月之力，为君改正。"予乃跪地行礼，顶书谨呈，徐先生受而动笔。十日后，予往谒先生。先生曰："全书改正完善，其中错误，凡百数条，予运用步算，尽掘其微，可携书归，钞正送来再阅。"归后展卷恭览，予家数代所不能解决之疑问，先生不独改正错误，且为之发明微旨。徐先生算学，真莫测高深矣。语竟，告予（季刚）曰：汝愿从我深研经义训诂之学，予亦仿徐先生例，子行拜跪谒师礼，而后教之，不必另具衣冠也。予（季刚）整服履，请刘先生上立，行四拜三跪礼。礼成，刘先生曰：予有以教子矣。此段故事，十年前季刚在南京为予郑重言之。[1]

1936 年 9 月 22 日《南京日报》刊载狄香《刘申叔师事徐固卿》，亦述刘师培从徐绍桢学历法事，然传言不同，云：

徐绍桢先生为革命先进，其道德文章，世人皆能道之，至其为积学之士，则知者甚少。先生之祖，精研天文历算之学，著有《寿萱堂丛书》。至先生，能世其业，然韬晦甚。其为新军第九镇统制时，每日戎服轻骑，校阅行伍，尽人皆目为一介武夫也。端方为两江总督，刘申叔变节为幕宾。某日，端与刘纵谈碑版，因考证年代而言及历法。申叔虽积学，然于此道，不过耳食一二皮毛，所言未能确当。先生适在座，略为之商

---

1 刘禺生：《徐固卿精历算》，《世载堂杂忆》，第 141—142 页。

榷。申叔大惊异之，次日诣先生于营中，请竟其说。先生曰："欲闻门面语耶，抑欲精研其学耶？"申叔曰："今日既来，固欲请先生不吝其精微也。"先生曰："此甚繁，姑为尔言其大端。"因讲四分三统之理，娓娓不休。申叔大叹服曰："吾始以先生为庸吏，吾今乃知先生为天算大师也。愿为弟子，以竟此业。"次日，果送门生帖至，先生受之，尽授其学。申叔本敏，故为北大教授时，每能道天算之学，炫其博洽。清史馆后延之纂《天文》《律历》二志，不知其学本出于先生也。[1]

案，徐绍桢（1861—1936），字固卿，广东番禺人。光绪二十年（1894）举人，入广西藩署幕，历任福建武备学堂总办、江西常备军统领、广东全省营务处总办、苏淞镇总兵、江北提督。光绪二十八年赴日本考察军事，三十年任两江总督衙门兵备处总办，三十一年任新军第九镇统制。参与辛亥江苏光复，追随孙中山。著有《学寿堂文集》《学寿堂诗集》《三国志质疑》《勾股通义》等。

本年，刘师培从兄刘师慎由北京归，卜居江苏省泰县（今泰州市姜堰区）县城。

【著述】

左氏学行于西汉考　《国粹学报》第 61 期，1 月 1 日，社说，署刘师培

史记述尧典考　同上

贾子新书斠补　同上，学篇

　　案，此文于该刊第 62 期—71 期续完。第 62、63、65 期题作"贾子新书补释"，第 64、66—71 期题作"贾子春秋补释"。《刘申叔先生遗书》乃据其删定此文的未刊手稿收录，凡二卷，与此略异。

《小学丛残》叙　《广益丛报》第 222 号，1 月 1 日，下编·文章门·短品，署刘师培

　　案，《小学丛残》，清汪黎庆辑，《国粹学报》第 58—62 期连载。

唐故文林郎守益州导江县主簿飞骑尉张府君墓志跋尾　《广益丛报》第 223 号，1 月 10 日，下编·文章门·短品，署刘师培

1　狄香：《刘申叔师事徐固卿》，《南京日报》1936 年 9 月 22 日，第 1 张第 4 版，人间味。

幼稚园之创立　《扬子江白话报》中兴第 2 期,1 月 15 日,杂俎,署汉

致黄兴书　《星洲晨报》,1 月 18 日,专件

　　案,此札原载《日华新报》,今未见。

逸周书补释上卷序　《广益丛报》第 224 号,1 月 20 日,下编·文章门·短品,无署名

　　案,文末署"仪征刘师培序"。

东坡生日集无闷园　《左盦遗诗》,1 月 29 日

左盦集（八卷）　出版者待考

　　案,其子目如下：

　　第一卷

　　连山归藏考

　　《易·系词》多有所本说

　　司马迁述《周易》考

　　中古文考

　　宋于庭朴学斋文录书后

　　尧典钦明文思光被四表古文说考

　　义士释

　　《佚周书补释》自序

　　诗分四家说

　　广释颂

　　《韩诗外传》书后

　　《周礼》行人诸职隶秋官说

　　《礼记注疏校勘记》书后

　　《王制篇集证》自序

　　《王制》有后儒窜易之文考

　　《明堂月令》即《周书·月令解》说

　　腐草为蠲说

　　成均释

　　《求古录礼说·五官考》书后

格物解

第二卷

古《春秋》记事成法考

孔子作《春秋》说

《春秋》三传先后考

左氏不传《春秋》辨

周季诸子述《左传》考

左氏学行于西汉考

《春秋名字解诂》书后

《史记述左传考》自序

王鲁新周辨

《左传·隐元年》百雏说

释氏

《国语贾注补辑》自序

第三卷

刘氏《论语正义》左丘明姓氏驳义

文献解

孟子兼通古今文考

释谊

释理

《尔雅虫名今释》自序

注《尔雅》舍人考

《尔雅》逸文考

《尔雅》误字考

六经残于秦火考

古今文考

西汉今文学多采邹衍说考

汉初典制多采古文经考

书魏默深《古微堂》集后

钱可庐《后汉郡国令长考》书后

《辽史·部族表》书后（一）

《辽史·部族表》书后（二）

《金史·地理志》书后

武王三年二月朔日考

《穆传补释》自序

穆王西征年月考

《战国策》书后

钱培名《越绝书札记》书后

《列仙传斠补》自序

《琴操补释》自序

姒姓释

偃姓即嬴姓说

释釐姓（上）

释釐姓（下）

伊尹为庖说

《穆传》耿翛考

释沤国

秦四十郡考（附秦郡建置沿革考）

洮水即沘水考

且末河考

《方舆胜览》书后

刘郁《西使记》书后

张德辉《边堠纪行》书后

第六卷

先府君行略

汪仲伊先生传

将渠铢考

汉土圭考

《北齐道能造像记拓本》跋

《魏张尔等造像记》跋

《唐太原王公夫人李氏合祔墓志铭》跋

《唐洪府君夫人张氏墓志铭》释

《札朴》书后

《雁荡金石志》序

原画

《广群芳谱》书后

第七卷

晏子非墨家辨

《晏子春秋斠补》自序

《晏子春秋》篇目考

《老子斠补》自序

《老子韵表》自序

《荀子补释》自序

《吕氏春秋斠补》自序

《吕氏春秋高注校义》自序

《吕氏春秋高注校义》后序

《韩非子斠补》自序

《鬼谷子》书后

《黄帝内经素问校义》跋

《贾子新书斠补》自序

《春秋繁露斠补》自序

《法言斠补》自序

钱校《申鉴》书后

《白虎通义》佚文考

《白虎通义斠补》自序

《风俗通义》书后

《六帖》书后

第八卷

文学出于巫祝之官说

广阮氏《文言说》

《文选古字通疏证》书后

《汉书·艺文志》书后

古文辞辨

古用复词考

《文史通义·言公篇》书后

古籍多虚数说（一）

古籍多虚数说（二）

古籍多虚数说（三）

古籍多虚数说（四）

古籍多虚数说（五）

古籍多虚数说（六）

读《全唐诗》书后（上）

读《全唐诗》书后（下）

《樊南文集详注》书后

《元宪集》书后

《浮溪集》书后

《苏诗合注》书后

许叔重像赞

阳明像赞

白沙像赞

颜习斋先生像赞

六儒颂（并序）

凌晓楼先生遗像赞

西汉学派渊源于左氏考　《广益丛报》第226号，3月20日，中编·学问门·学案，无署名

案，此文与《左氏学行于西汉考》略同。

邺廊卫考 《广益丛报》第 228 号，4 月 9 日，中编·学问门·地学，署刘师培

案，此文又曾刊于《国粹学报》第 60 期。

《晏子春秋》黄之寀本校记 未刊

案，此文首刊于《刘申叔先生遗书》，序末署"宣统二年五月，师培记"。

山西两江会馆记 同上

案，此文末署"大清宣统二年，岁次庚戌，夏五月扬子刘师培撰"。

元太祖征西域年月考 《国粹学报》第 67 期，6 月 26 日，史篇，署刘师培

白虎通义斠补（二卷） 未刊稿

案，书前序作于"宣统二年七月"。

左盦诗（一卷） 钞稿本，《左盦诗录》卷二据此收录

刘向撰《五经通义》《五经要义》《五经杂议》辨 《国粹学报》第 70 期，9 月 23 日，通论，署刘师培

白虎通德论补释 《国粹学报》第 72 期，11 月 21 日，子篇，署刘师培

案，此文于该刊第 73 期、74 期续完。

周代吉金年月考 《国粹学报》第 73 期，12 月 21 日，美术篇，署刘师培

1911 年（宣统三年，辛亥） 二十八岁

【事略】

1 月 18 日，黄兴抵达香港，主持广州起义筹备工作。月底成立统筹部，黄兴自任部长。

20 日，《国粹学报》第 74 期出版，"通论"刊载《白虎通义源流考》，"经篇"始载《古历管窥》，"子篇"续载《白虎通德论补释》完，均署名刘师培。

案，《古历管窥》上卷，后改题《古历经征》，刊于 1913 年《四川国学杂志》第 11 号；其下卷，改后题《周历典》，刊于 1912 年《四川国学杂志》第 2 号、1916 年《中国学报》第 2 期。《古历管窥》别有定本，存黄侃处。黄侃《阅严辑全文日记》卷一（1928 年 6 月 16 日）载：见顾尚之《武陵山人遗书》目录有《六历通考》，"因忆先师刘君《古历管窥》写定本，昔存侃处，置一箧中，

今经丧乱迁徙,竟不知置何所。侃之咎大矣! 怅恨久之"。[1]

本月,刘师培据伯希和提供给端方的敦煌文书照片,撰成《敦煌写本提要》,计涉及写本 19 种(参见本年"著述"子目)。其题记云:

> 法人伯希和于敦煌所得唐写本,其数至多。近阅其印片若干种,各为提要一首,以寓目后先为次。依类编集,俟诸异日。庚戌十二月,师培记。[2]

2 月 18 日,《国粹学报》第 75 期出版,"通论"始载《读道藏记》《敦煌新出唐写本提要》,"经篇"续载《古历管窥》,"子篇"始载《白虎通义阙文补订》,均署名刘师培。

本月,刘师培《楚辞考异》成,其《题词》云:

> 《诗》教沦冥,《楚辞》代兴。汉人赓续有作,咸附隶焉。及叔师作《章句》,别附《九思》于编末。由汉迄宋,相传各本,虽第次或殊,然均靡所损益。自紫阳《注》出,篇目损益,遂更旧观。今所传王本,明刊而外,惟日本庄益恭刊本,较为精善。然毛刊洪氏《补注》本,出自宋椠,尤为近古。《补注》以前,恒列异文,盖属宋人校记,于博考众本外,恒注《史记》《文选》异文,亦间及《艺文类聚》。宋代之书,斯为昭实。

> 惟是汉人所引,文已互乖。六朝而降,异本滋众。故群籍引称,文多歧出。即书出一人之手,后先援引,乃复互殊。勘雠同异,昔鲜专书,致旧本之观,靡克窥睹,学者憾焉。

> 今以洪本为主,凡古籍所引异文,按条分缀;《序》及《章句》,文亦附校。篇各为卷,名曰"考异",以补宋人校记之缺。惜孟坚、景伯《章句》,自昔弗昭;景纯所注,书亦坠失。殊文异字,勘审靡资。兴念及此,犹叔师所云"怆然悲感"也。

> 辛亥正月,刘师培题。[3]

3 月 20 日,《国粹学报》第 76 期出版,"通论"续载《读道藏记》《敦煌新出唐写本提要》,"经篇"始载《〈春秋左氏传〉时月日古例诠微》,"子篇"

1　黄侃:《阅严辑全文日记》卷一,《黄侃日记》中册,北京:中华书局,2007 年,第 310 页。

2　刘师培:《敦煌新出唐写本提要》,《仪征刘申叔遗书》第 13 册,第 5757 页。

3　刘师培:《楚辞考异》,《仪征刘申叔遗书》第 9 册,第 3497 页。

续载《白虎通义阙文补订》,均署名刘师培;"史篇"刊载《周书略说》,署名扬子刘师培。

春,刘师培作《轸春思词》,抒发其抑郁彷徨的痛苦心情。云:

> 辛亥之春,予旅天津,忧思郁湮,词以泄志,因名"轸春思"。

> 献岁兮发春,扬朔风兮载和。桃虫兮群飞,顾朱蓼兮方华。北流兮扬扬,聊假日兮徜徉。因高兮遐望,思夫君兮天一方。思君兮永叹,撷芳馨兮缱绻。棣华兮翩反,望所思兮室远。思君兮日夕,胖独处兮异域。肥泉兮何极,轸予车兮长太息。太息兮何为,邈长途兮逶迤。凫鸟兮南飞,余怊怅兮何归?老舟舟兮将迈,羌茕独兮靡依。[1]

4 月 18 日,《国粹学报》第 77 期出版,"通论"续载《读道藏记》《敦煌新出唐写本提要》,"经篇"续载《春秋左传时月日古例诠微》,均署名刘师培。

24 日,刘师培、赵尔巽等在北京海王村匋斋博物馆观赏《西岳华山庙碑》。史树青《琉璃厂史话》云:

> 清端方藏《汉西岳华山庙碑》(有正书局影印本),乾隆以后的名人题跋甚多,其中有志锐题跋二行,文曰:"宣统辛亥二月二十六日,赵尔巽、荣庆、赵尔萃、陶葆廉、刘师培、赵世基同观于海王村陶氏新建之博物馆,志锐书记。"[2]

案,此拓本现存北京故宫博物院,据其网站所附之图,"二月"实为"三月"之讹。考本日郑孝胥日记,有"夜,端午桥约至博物馆午饭"[3]之语,则观《华山碑》时,无郑孝胥,故题跋中无其名;晚饭时邀郑孝胥参加,故郑氏日记中有载。

25 日,端方又邀约刘师培、郑孝胥等至琉璃厂匋斋博物馆午饭。《郑孝

1　刘师培:《左盦外集》卷二十,《仪征刘申叔遗书》第 12 册,第 5437 页。

2　史树青:《琉璃厂史话》,《文物》1959 年第 9 期,第 41 页;又收入北京政协文史资料委员会编:《北京文史资料精选》(宣武卷),北京:北京出版社,2006 年,第 113 页。魏小虎谓"辛亥三月二十六日"当 1911 年 4 月 24 日,见魏小虎:《宝华盦时期〈西岳华山庙碑〉拓本题跋系年》,《上海文博论丛》第 39 辑,2012 年,第 29 页。

3　中国国家博物馆编、劳祖德整理:《郑孝胥日记》第三册,第 1318 页。"午饭",原文如此,"午"字疑衍。

胥日记》云：

> 阴，大风。赴午帅之约于琉璃厂博物馆，座中有赵次山、荣华卿、志伯虞、李柳溪、于晦若、袁芸台、陶拙存、金仍珠、叶揆初、许久香、赵小鲁、赵□卿、志赞羲、余东屏、刘申叔等。[1]

27日，黄兴、赵声发动广州起义，次日失败，死难八十六人，由潘达微收得烈士遗骸七十二具，葬于城郊黄花岗。

5月8日，清政府组成"皇族内阁"，以奕劻为内阁总理大臣，那桐、徐世昌为内阁协理大臣。[2]

9日，清政府宣布铁路政策，"干线均归国有""支路仍归商办"，从前批准干路各案一律撤销。如有不顾大局，故意扰乱路政，煽惑抵抗，即照违制论。[3]

14日，长沙湘路公司召开全体大会，筹议抵制铁路国有，到会者万余人。

16日，长沙绅商民各界一万余人往抚辕请愿，铁路工人举行罢工，抗议"铁路国有政策"。川汉铁路董事局致电邮传部，请将川汉铁路仍归商办。各地保路运动蓬勃展开。

18日，刘师培以学部谘议官、拣选知县上《为东汉大儒贾逵学行卓绝请从祀文庙事呈文》，云：

> 学部谘议官、拣选知县刘师培谨呈，为东汉大儒学行卓绝，请从祀文庙，以挽世风而维学术，恳请代奏，仰祈圣鉴事。
>
> 窃维两汉经师，所治之经有今文、古文之殊，今文多涉纬书，古文多宗故训。东汉之时，研精古学虽不乏人，然笃学敦行，首推贾逵。职考《后汉书·逵传》谓："逵字景伯，扶风平陵人。自为儿童，常在太学。性恺悌，多智思，俶傥有大节。永平中为郎，与班固并校秘书。建初元年，入讲北宫白虎观、南宫云台，后迁卫士令、左中郎将、侍中领骑都尉，甚见信用。永平十三年卒，年七十（三）〔二〕。后世称为通儒。"是逵为东汉纯儒，早为史家定论。至其学术，大抵综贯群经，博物多识。所注之经，

1　中国国家博物馆编、劳祖德整理：《郑孝胥日记》第三册，第1318页。

2　《神州日报》1911年5月9日，第1页，电传阁抄。

3　《神州日报》1911年5月11日，第1页，电传阁抄。

（目）〔具〕详《隋书·经籍志》。

其治古文《尚书》也，上承涂恽之传，又亲睹杜林漆书，为之作训。复以古文训诂与经传、《尔雅》相应，撰欧阳、大小夏侯古文同异，集为三卷。今遗说所存，虽仅百一，然许慎《五经异义》恒引古《尚书》说，其大端均出于逵。此逵有功《尚书》之证也。

若《毛诗》之学，逵父贾徽受业谢曼卿之门，逵传父业，于《齐》《鲁》《韩诗》与《毛诗》异同者，曾奉诏撰书，事详前史。唐陆德明《经典释文》亦曰："后汉郑众、贾逵传《毛诗》。"此逵有功《毛诗》之证也。

逵又从杜子春受《周礼》，作《周官解诂》，以传、记转相证明。书虽弗传，然群籍所引《周礼》注，有独标贾氏者，有与马融同说合称"贾马"者，计二十条，均足补二郑之阙。此逵有功《周礼》之证也。

逵于《春秋》，治《左氏传》及《国语》，兼通五家《穀梁》之说，故《左传》《国语》均有《解诂》。复撰《左氏长经章句》，创通条例，远出服虔、颍容之上。此逵有功《春秋》之证也。

职考《后汉书·逵传》，有云："建初八年，诏诸儒各选高才生，受左氏、穀梁《春秋》，古文《尚书》，《毛诗》，由是四经遂行于世。"是则东汉古学，非逵则莫传。

今值朝廷百度振兴，以经术作人，创立经科大学，先设《毛诗》《左传》《周礼》三科，而《尚书》诸科亦将设立。此数经者，其传授均出自逵。证以泽宫祀典，则从祀之恩，逵宜首沐。

又逵注《国语》，其遗说散见群书。训诠字义，恒与《说文》相同。盖逵为许慎之师，故慎作《说文》，多宗逵说。今慎既从祀，逵独未与。国典所关，似亦弗容久阙。

至《后汉书·逵传》虽云"不修小节"，惟考汉晋从祀大儒，首推郑玄、范宁。《玄传》之言曰："不乐为吏，父数怒之。"而《晋书·宁传》亦载宁守豫章，为刺史王凝之所奏，谓"肆其贪浊，所为狼藉"。乃议者不闻鄙其行，诚以旧史所载，不尽昭实之词，而知人论世，不当绳之以浮言。

况《逵传》又言：逵母有疾，帝令马防加赐，谓"逵无人事于外，屡空则从孤竹之子于首阳"。清节高标，于斯可睹。顾云"不修小节"，说乃互歧。盖逵治古学，汉臣多治今文，由是伐异党同、饰词相诋。史臣不察，因缀传末。无稽之言，奚容坚执？

抑职尤有进者。逵治群经，与章句之儒迥别，于微言大义，推阐独深。其条奏《左氏长义》曰："臣谨摘出《左氏》三十事尤著明者，斯皆君臣之正义，父子之纪纲。其余同《公羊》者什有七八，或文简小异，无害大体。至如祭仲、纪季、伍子胥、叔术之属，《左氏》义深于君父，《公羊》多任于权变，其相殊绝，固已甚远。"又云："今《左氏》崇君父，卑臣子，强干弱枝，劝善戒恶，至明且切。"盖《春秋》三传，惟《左传》独契圣经。注《左传》者数十家，惟逵克诠微旨。

职曾祖、故候选训导文淇，祖、故荐举八旗官学教习毓崧，伯父、故同知寿曾，均以治《左传》汉注之学，历蒙列圣殊恩，并入《国史·儒林传》。职少承先业，服膺逵说，窃以逵说大纯，汉罕其匹。彼于《公羊》"反经行权"说，斥为闭君臣之道，此即大权必出朝廷之义也；于《公羊》"黜周王鲁"说，斥为背正名之训，此即君统万世一系之旨也。其他粹言，并与此符。以纪季专邑为叛君，以卫辄拒父为悖德，上契尧舜周孔之传，下开濂洛关闽之绪。传经卫道，厥功至巨。

方今士习嚣张，诐辞竞作，荡覆礼教，播弃纲维，势必犯上凌长，靡所届极。非表章逵说，不足崇正学以靖人心。为此取具同乡京官印结，呈请都宪大人代奏。仰恳天恩，敕部核议，将汉儒贾逵从祀文庙，则学术世风，深受裨益。

所有恳请代奏缘由，谨呈。[1]

案，此呈由都察院都御史张英麟代奏。张英麟（1837—1925），字振卿、振清，号潘诏、南扶老人，山东历城人。同治四年（1865）进士，十三年授弘德殿行走。光绪间，任国子监祭酒充经筵讲官、詹事府詹事、奉天府丞兼学政，晋内阁学士、奉天学政，擢吏部侍郎，官至都御史。辛亥革命爆发，内阁

---

1 《为东汉大儒贾逵学行卓绝请从祀文庙事呈文》，中国第一历史档案馆藏，录副档号：03-7468-026。此件承项旋先生代查。

改制,乞罢归。

《国粹学报》第78期出版,"通论"续载《敦煌新出唐写本提要》,"经篇"续载《春秋左传时月日古例诠微》完,均署名刘师培。

本日,清政府任命端方为督办粤汉、川汉铁路大臣。《北洋官报》第二千七百八十四册"上谕"载:

> 四月二十日,内阁奉上谕:端方着以侍郎候补充督办粤汉、川汉铁路大臣,迅速前往,会同湖广、两广、四川各总督、湖南巡抚,恪遵前旨,妥筹办理。钦此。

"交旨"载:

> 四月二十日,钦奉谕旨:都察院代奏学部谘议官刘师培呈称东汉大儒贾逵学行卓绝,请从祀文庙一折,着礼部议奏。钦此。

19日,《神州日报》、天津《大公报》也刊载刘师培呈请贾逵从祀文庙消息。

23日,《神州日报》载本月二十四日北京专电云:

> 端方决俟收回干路办法议定后,方肯出京。近又因接湘抚杨文鼎密电,湘省绅民集议抗拒湘路官办甚力,故行期愈将迟迟。[1]

而本日所载"电传阁抄"云:

> 奉上谕:前经降旨,铁路干路收归国有,并派端方以候补侍郎充督办粤汉、川汉铁路大臣,饬令迅速前往,妥筹办理。朝廷所以毅然行之者,固以统一路权,亦借以稍纾民困。当川路创办之初,该省官绅遂定有按租抽股之议,名为商办,仍系巧取诸民。至今数年之久,该省迄未告成,上年且有倒亏巨款之事。其中弊窦,不一而足。是贴累于间阎者不少,而裨益于路政者无多。嗣湘省又复踵行租股,该省地方瘠苦,更非川省可比。际兹新政繁兴,小民之担负已重。倘不谅加体恤,将此项无益于民之举早日革除,农田岁获,能有几何? 取求之而未有已时,其将何以堪此? 现既将铁路改归官办,着自降旨之日起,所有川、湘两省租股,一律停止。其宣统三年四月以前已收之款,着邮传部、督办铁路大臣会同该省督抚,详细查明,妥拟办法奏闻,总不使有丝毫亏损,以致

---

1 《神州日报》1911年5月23日,第1页,本馆专电。

失信吾民。倘地方官有隐匿不报者，一经发觉，立予严参不贷。此外如有另立各项名目，捐作修路之款，一并查明，请旨办理。着该督抚迅即刊刻誊黄，遍行晓谕，以示朝廷体念民艰之至意。钦此。[1]

24日，《神州日报》载本月二十五北京专电云：

端方因湘、川人民反对干路国有，夷视商民既得权利，风潮方炽，拟自请专办路工而不干涉借款，以求为湘、川士民所谅。[2]

25日，《天铎报》载《刘师培恶历史》云：

前日上谕："都察院代奏学部谘议官刘师培呈称：东汉大儒贾逵学行卓绝，请从祀文庙"云云。按，所谓刘师培者，即江苏扬子县人，数年前上海、东京之刘光汉也。光绪甲申，曾与闽人林某以血书号召江淮一带，起革命军，并著论与革党首领章炳麟辩论光复与革命之意义不同，申明夷夏之界。其所著《攘书》，即本此义以发明之。在上海时，曾充鼓吹革命各报如《警钟报》等主笔。后又窜身日本东京，与革党朝夕聚谋。其妻何氏名班仙，阴狠性成。自与刘到东，即明目张胆与汪云生往还。师培为人怯而易欺，故一听其妻之播弄，卒与章炳麟等相仇。民报馆放火及毒茶事件，当时为日本东京警察上之问题，一时骚动，而皆汪之所为，与师培有极切之关系也。刘既无行，故东京同学，不特革党中人恶之；即非革党，亦均相率不齿。于是窘迫无聊，恒数日不克举火。何氏乃匆匆与汪某回国，居扬州母家，寓书于前两江总督端方，谓凡革命党，彼皆可拿。时端方正受徐锡麟之惊吓，方日召夏某、潘某等大索党人，得书大喜，即召其心腹至扬，与何氏面谈。何氏乃挟汪某同至南京，住某公馆楼下。霄夜上院，见端甚洽。翌晨，挟巨资出，电召师培，谓："事已谐，速归。"于是师培从此受端卵翼，每月坐支薪水甚丰，而侦探费尚不在内也。端调北洋，师培与偕。时汪某已在上海为仇家所杀，何因无所系念，故亦同来。未几，端革职，而师培仍流连于北洋，每月尚可有二百金以糊口云。不图此次异想天开，竟欲表彰贾逵从祀文庙。贾

1　《神州日报》1911年5月23日，第1页，电传阁抄。
2　《神州日报》1911年5月24日，第1页，本馆专电。

遽有知，能无痛哭于地下耶？

刘师培自入革党后，忽变为光复党，抱狭义之排满主义；忽又变为无政府党，斥革党为顽固；继乃为端方所买收。其前后变化不测，皆系汪某及其妻所唆使，故归国后，二三年来，颇知敛迹，亦自知其所行，得罪于全社会也。此次忽然抛头露面，呈请都察院代奏表彰贾逵，盖因其久静思动，以为社会忘其为人，思乘间运动保举。有某大员已允之，将以硕学通儒字样入告，而不敢遽办，嘱其先自设法，将"刘师培"三字露于社会，以觇舆论如何，再为下手。适其叔某为某道御史，乃奇想天开，竟想出一东汉贾逵，以为是固可以标榜声誉者，故即由其叔手，在都察院代为运动出奏。闻不久将有某大员即借此保为硕学通儒矣。呜呼！人心如此，世道安得而不坏耶？[1]

案，此文所述刘师培事，多据传闻之辞，与史实不合。"闽人林某"当指林獬，"甲申曾与闽人林某以血书号召江淮一带"，史无别载；何震原名班，此称"何氏名班仙"，未详何据。刘师培联络端方，原为"诱取官金"（详1912年"事略"），此亦与之不合。刘师培叔父显曾，光绪壬辰（1892）进士，由吏部郎中加四品衔，转甘肃道监察御史，协理辽沈道。庚子之役，官吏部兼总理各国事务衙门章京，留守京师。后虽转监察御史，然刘师培上此呈时，刘显曾已于1910年回扬州丁忧，无从助其保举之事。[2]表彰贾逵学术，乃刘文淇、刘毓崧一贯主张。刘师培呈请贾逵从祀，实为完成曾、祖遗愿，其于筹安会时期呈请贾逵从祀文中有明确表述（详1915年"事略"）。

本日，刘富曾在南京拜访缪荃孙。[3]

30日，端方宴请湖北京官，商议铁路国有办法。《神州日报》云：

端方自奉旨督办川粤汉路后，深恐四省人民反对，初三日，特在黄米胡同京寓，邀请湖北京官汤化龙、张国溶、程明超、郑万瞻、陈曾寿、傅

1 《刘师培恶历史》，《天铎报》1911年5月25日，第1张第3版，要闻二。《表彰贾逵之刘师培》，《新闻报》1911年5月25日，第1张第3版，中外要事。《五光十色之刘师培》，《时报》1911年5月25日，第3版，地方要闻。案，此文较《神州日报》《新闻报》所载内容稍详，三文同时发表，当为一人所作。

2 陈懋森：《清故监察御史刘先生墓志铭》，梅鹤孙：《刘氏五世小记》，第89—90页。

3 缪荃孙：《辛亥日记》，《缪荃孙全集·日记（三）》，第140页。

岳棻等筵宴，闻系婉商铁道事宜。至接谈若何，容探续报。[1]

又引京函，续载端方与湖北京官谈话内容，云：

> 端方于初三日，大宴鄂省京官一节，昨已报告。兹悉，是日到者为汤化龙、张国溶、程明超、郑万瞻、陈曾寿、傅岳棻、哈汉章、吴禄贞、卢静远、易乃谦诸人，端一一与叙寒暄。宴毕，端宣言曰："此次奉命办路，鄙意务在速成。至办事方法，则以力求撙节、慎重用人为主要。然非诸君相助，断难有效。务恳共结团体，为鄙人作将伯。"诸人对曰："鄙等非对于公有所抵抗，惟事关全国存亡，故不得不请命于朝廷耳。况此路主张自办，川、湘、粤三省共同一致。若鄙等独标异帜，不惟无以对桑梓父老，且无以对三省人民。倘公能令三省改厥初心，鄙等断无不服从之理。"端曰："鄙人前在鄂时，即知诸君皆槃槃大才，欲求助于诸君久矣。奈去位太速，未得一当，此心缺然。今奉朝命督办贵省铁路，正酬夙愿之时也。不意诸君竟不与鄙人表同情，何见弃之深耶？"鄂京官同声对曰："鄙等属望于公者甚重，只以相别数年之久，时移势易，不能无今昔之异耳。"端嘿然，诸人群起告退。端又握某君之腕曰："请诸君稍坐，鄙人尚有数言，愿垂听焉。"诸人乃复坐，端曰："鄙人意思，总望诸君审察。"诸人又以原语答之，少间又告辞，端亦不复留，盖时已十二句钟矣。[2]

本日，缪荃孙在南京拜访刘富曾。[3]

本月，刘师培《〈群书治要〉引〈贾子新书〉校文》一卷成，"以潭本、建本为主，勘校同异"，其小序署"宣统三年四月，师培记"。同时，《晏子春秋斠补》成，作《晏子春秋斠补跋》。

6月4日，端方向清政府提出南下条件。《神州日报》载五月七日北京特电云：

> 端侍郎因与邮部权限未定，迟未出京。昨经在内阁议定五事：（一）不受邮部节制；（二）不任解散争路风潮；（三）由阁饬沿路督抚和衷协

1　《路事一束》，《神州日报》1911 年 6 月 5 日，第 2 页，要闻一。

2　《端午桥与鄂京官问答》，《神州日报》1911 年 6 月 6 日，第 1 页，要闻一。

3　缪荃孙：《辛亥日记》，《缪荃孙全集·日记（三）》，第 141 页。

助;(四)关于路工人员,不由部派;(五)由阁力诚沿路督抚,顾念民(依)〔意〕,勿用专制手段。闻已议定,即日将赴汉。[1]

6 日,缪荃孙起程赴京,12 日晚抵京。[2]

7 日,汪康年宴请端方、严复等。《严复日记》载:

> 汪穰卿请,坐有端午桥、吴仲怿、宝瑞臣、陈伯潜、曹觉生、罗叔韫、瞿希马。到馆。[3]

上旬,刘师培夫妇与母李汝蘐由天津抵上海,派人护送其母回扬州,一直居住至去世。刘师培夫妇在上海与陈去病相会,此时陈去病将赴杭州,刘师培作《沪上送陈佩忍至杭州》诗,云:

> 冥麟蒇寒彩,越羽流商音。咫尺通浒渍,尔我同滞淫。语君进一觞,馀怀实难任。迁木昔同条,巢枝今异林。中菴忘湿蘽,杨舟有浮沉。载驰崽垒乡,息偃沧溟浔。南箕曜中天,谷风嘘重阴。眇纶休明章,婉娈江婓吟。黄裳岂不珍,葛绤难为襟。所期扬水石,化作雍都琳。睠言礛砺资,怅望孤山岭。[4]

离开上海后,刘师培夫妇拟赴云南,投奔李光炯,但因川资不敷,只得仍随端方赴湖北(参见 1912 年 4 月 17 日刘师培《致章太炎书》)。

11 日,《神州日报》载五月十四北京特电云:

> 湘抚电内阁:湘人因争路无效,已密散传单,词甚激烈。湘人今日罢市,学生停课,咨议局议员将全体辞职。阁臣得电,虑有革党勾结,颇为忧惶,因令盛宣怀拟定办法电复。盛主张由鄂速派水陆师赴湘,勒令复常。否则,治为首者以违旨之罪。[5]

16 日,《国粹学报》第 79 期出版,“通论”续载《读道藏记》《敦煌新出唐写本提要》,均署名刘师培。

17 日,四川保路同志会在成都成立,推蒲殿俊为会长。奕劻召见内阁

1 《神州日报》1911 年 6 月 4 日,第 1 页,本馆专电。

2 缪荃孙:《辛亥日记》,《缪荃孙全集·日记(三)》,第 142—143 页。

3 王栻主编:《严复集》第 5 册,第 1509 页。

4 刘师培:《左盦诗录》卷三,《仪征刘申叔遗书》第 12 册,第 5509 页。

5 《神州日报》1911 年 6 月 11 日,第 1 页,本馆专电。

协理大臣泽涛、盛宣怀、端方、张学华,清政府宣布川汉、粤汉铁路收回详细办法。

本日,《神州日报》载五月二十日北京特电,述端方近况云:

> 端侍郎迟展出京之期,实因湘、粤风潮方炽,现在粤人抗拒之端益起,因托言半身麻木不仁之旧疾复发,暂时不能出京,大约须待风潮平定始南下。[1]

29日,端方出京。《神州日报》载六月初四北京特电云:

> 督办大臣端方今日(初四)出京,先赴天津晤陈督,闻沿途尚须淹留。到汉之期,今尚未能预定。[2]

《郑孝胥日记》亦载:

> 晨,过李伯行。至东车站,送午帅赴天津。[3]

7月1日,孙洪伊、汤化龙、谭延闿等在北京组成宪友会。

2日,端方抵卫辉,晤袁世凯。《神州日报》载六月初七卫辉特电云:

> 端侍郎今日(初七)到此,即访袁项城,晤谈良久,力劝袁出山,言:"朝廷向用方殷,令我宣布德意。"袁答言:"身已衰朽,现在事势纠纷,益难收拾,决不愿舍遂初之志,投身急流"云云。[4]

5日,端方抵达汉口。《神州日报》载六月十三北京特电云:

> 端方电告内阁及邮部云:初十日已抵鄂省。[5]

关于端方抵鄂情形,颇为秘密。即同一报纸,所载亦前后异辞。《神州日报》本月9日载《端午桥到鄂详志》云:

> 督办川汉粤汉铁路大臣端方,自于前月十一日起,即电传行期来汉,湖北文武官吏赴汉口大智门车站迎接者不下十余次。至初六日,始接端氏密电,定于初七日出京,至河南袁项城家拜会,初九日来鄂。鄂

1 《神州日报》1911年6月17日,第1页,本馆专电。

2 《神州日报》1911年6月30日,第1页,本馆专电。

3 中国国家博物馆编、劳祖德整理:《郑孝胥日记》第3册,第1328页。

4 《神州日报》1911年7月3日,第1页,本馆特电。

5 《神州日报》1911年7月9日,第1页,本馆专电。案,《神州日报》1911年7月5日"本馆特电"曾云:"督办川粤汉路端侍郎今日(初九)到汉,迎接与兵卫均盛。"今依端方自报行程为据。

督当饬江清兵轮□赴刘家庙江边守候,并委余藩司、王提学、施交涉使、王巡警道、齐关道及武昌赵守、汉阳琦守、夏口厅王国铎、第八镇统制张彪督率文武员弁,在大智门车站迎迓。至是晨早七点一分钟抵汉,随即乘兵轮渡江。鄂督在皇华馆迎接,跪请圣安毕,寒暄数语,即驻节武昌乙栈。至十一钟,乘马车至督院拜会,并赴各司道投刺返栈,门外均派有警察、陆军巡防,颇形戒慎。所有向日门生故吏前往禀见者,几如山阴道上,有应接不暇之势。闻端氏未出京之前,其宅中连接匿名书缄,不下百余封之多,大致皆反对铁路国有。其甚者谓朝廷如出以强迫手段,则人民必当有所对待。语涉恫吓,率皆来自湘省。故此次端氏到汉,尚须观察动静,方能决定办法云。[1]

次日又载《端午桥到鄂再记》则云:

督办粤汉铁路大臣端午桥到鄂情形,已记昨报。兹又接鄂函,略称端氏由卫辉起节,初八日申刻,行抵彰德,电告鄂督,拟往鸡公山盘桓一二日;继又电告云:次日清晨抵鄂。瑞督[2]乃命江清兵轮赴谌家矶听候使用。及端氏车至谌家矶,即登轮到省。候迎之水陆军不下数千人,多不知端氏抵岸,故皆未及鸣炮。(偃旗息鼓,可怜!)迨端氏登岸,乘车赴院,始知使节到省,各统带遂传令整队回营。端氏既抵乙栈,即由张彪派陆军一小队在行辕守卫,(惴惴其慄。)盖因乙栈地临江滨,恐遭不测故也。端氏登岸时,鄂人有望见其丰采者,谓其面目枯槁,颜色憔悴,颇似老臣忧国光景,不如昔年之丰腴矣。其由京南下,仆从仅二十余人,随员、差弁、巡捕则有五六十员。今一切未遑措手,先亟亟于设兵自卫。(可怜!)前湖北辎重第八营管带齐宝堂,自鄂假归天津,赋闲至今。端氏奉派南来,该管带得耗,即往投效,于初七日先已到汉,闻系端氏着令在汉招募卫队一营,计二百五十名,现准于本月十五日开募矣。[3]

15日,《国粹学报》第80期出版,"通论"续载《敦煌新出唐写本提要》,"子篇"始载《管子斠补》(题下注"正文悉据杨忱本"),均署名刘师培。又,

---

1 《端午桥到鄂详志》,《神州日报》1911年7月9日,第2页,要闻一。

2 瑞督,即瑞澂,原本误作"端督",据文义改。

3 《端午桥到鄂再记》,《神州日报》1911年7月10日,第2页,要闻一。

"通论"始载陈潮著《东之文钞》,首有刘师培序(参见 1909 年 9 月)。

24 日,清政府在北京召开中央教育会,讨论义务教育及军国民教育等问题,有在校学生打靶议案。刘师培作《校生打靶议》,[1] 表示反对。

29 日,刘师培为《黄大夏文》旧钞本作跋,云:

> 右抄本《黄大夏文》一册,前阙陆楣《序》一页,卷末《评信陵君列传》,词亦弗完。据华学泉《序》,谓"得文若干首,外附诗若干首,都为一集"。此册无诗,则知《评信陵君列传》后,挩页甚多。篇中涂改、批评、圈点,非出一手。有标揭"通甫记"者,未知即山阳鲁氏否也。又抄胥讹字,校改亦未尽。如《邹黎眉诗序》误"候虫"为"侯虫",《来鹤诗序》误"和靖"为"和晴",《秋霞浦题咏序》误"重趼"为"从趼"(又"过徒"亦疑"过从"之误),《书曹少保事》误"铠仗"为"铠伏",《施孺人寿序》误"交遍"为"交编",《评萧相国世家》误"任何"为"任河",《评信陵君列传》误"谯让掣肘"为"樵让制肘",此均讹误之显然者也。爰记之,以质秋枚。
>
> 辛亥闰六月四日,漏下二鼓,师培记。[2]

案,黄瑚(1635—1672),字夏孙,号大夏,无锡人。著有《黄大夏遗文遗集》二卷。《黄大夏文》旧钞本,原为邓实所藏,今存南京图书馆。1910 年 7 月《国粹学报》"文录"栏选载《黄大夏文》三篇(《菊隐说》《书曹少保事》《书张春事》),题下注:"据旧钞本选刊。大夏名瑚,吴人。"

31 日,宋教仁、谭人凤、陈其美在上海成立中国同盟会中部总会,宋教仁任总务干事,并发布宣言及章程。

本月,刘师培删改《逸周书补释》,定名为《周书补正》,凡六卷。其序称:

> 稿凡四易,成书六卷,名曰"补正"。《略说》一卷,别丽简末,所以捃撰悠、撰残佚也。惟是蒐言蹳作,故籍冥湛。六艺之文,几侪髦弃。矧兹经余,肆业畴及。纠绳谬謷,是在达者。辛亥六月,仪征刘师培。[3]

此书后有《左盦丛书》本行世。周作人《知堂回想录》云:

---

1 刘师培:《校生打靶议》,《仪征刘申叔遗书》第 12 册,第 5165—5166 页。
2 万仕国辑校:《刘申叔遗书补遗》下册,第 1298 页。
3 刘师培:《周书补正自序》,《仪征刘申叔遗书》第 6 册,第 2130 页。

《周书补正》六卷，后附《周书略说》一卷，板心下端刻"左盦丛书"四字，题叶为"秦树声署"，未记刻书年月。案，《遗书》中所收《周书补正》，据《总目》注系用抄本。在《后记》中，亦未说及曾经刊刻，但取两本比较，则无大异。后与赵斐云谈及，则所云"抄本"，即系赵君手笔，昔年在南京据刻本移写者。乃知此刻本实系祖本，其无异同，宜也；其有偶异处，或恐是《遗书》校字者之误耳。[1]

郭象升论此书云：

> 陈逢衡、丁宗洛所注，旧亦见之，不及朱氏远矣。孙仲容之校补，即据朱氏此书。刘申叔亦有补注，不如孙谛；而一用高邮之法，多求之于音转，则孙所未逮者。孙盖多据金文、古籀立说也。[2]

刘师培赴鄂途中，有诗作《九江烟水亭夕望》《舟中望庐山》《横江词》（四首）、《花园镇关帝庙夜宿》、《黄鹤楼夕眺》。

案，林思进清寂堂刻本《左盦遗诗》别有《望庐山》诗，下有阙文，与《左盦诗录》卷三《舟中望庐山》文字略异。[3]

8 月 1 日晚，汉口《大江报》因发表黄侃《大乱者救中国之妙药也》"莠言乱政"，被夏口厅查封，主笔詹大悲被捕。

6 日，端方奏请以薛鸿年为湘路总办，并请派黄忠浩为湘路总绅，赞襄路事，获得清政府批准。[4]

13 日，黄兴派同盟会会员林冠慈、陈敬岳在广州炸伤清水师提督李凖，林冠慈殉难，陈敬岳被捕。

14 日，《国粹学报》第 81 期出版，"通论"续载《敦煌新出唐写本提要》，"子篇"续载《管子斠补》，均署名刘师培。

19 日，《神州日报》载闰六月二十四北京特电：端方电告邮传部，聘定格林森为鄂湘段总工程师，每月薪水一万两，公费三百两，已订三年合同。[5]

1　周作人：《知堂回想录》，转引自《刘氏五世小记》第 62 页。

2　郭象升：《周书集训校释跋》，王开学辑校：《郭象升藏书题跋》，第 31 页。"陈逢衡"，原误作"陈逢衔"，据文义改。

3　万仕国辑校：《刘申叔遗书补遗》下册，第 1300 页。

4　《神州日报》1911 年 8 月 7 日，第 1 页，本馆专电。

5　《神州日报》1911 年 8 月 19 日，第 1 页，本馆专电。

24日,成都召开四川铁路公司股东大会及保路同志会,会议倡导罢市、罢课,停纳捐税。25日,成都及附近各县举行罢市、罢课,支持保路运动。同时,浙江也掀起铁路风潮。

30日,章太炎致书钱玄同,有谓:

> 张元济本严复之徒,而并世尊为教育会副长,其废去读经一科,抑无足怪。独怪季直文儒,亦相与浮沉耳。京师大学中讲经者即吾乡夏迢庵,闻其标举井田,亦太迂矣。罗叔蕴尚知旧学,其反对军国民教育,是其缪处。报章詈之,辞亦过甚。亦如申叔谓贾侍中从祀,虽近顽固,实无罪于天下,而报章极口骂之,则不知前日请三遗民从祀者,何以独蒙赦宥也?爱憎之见,一往溢言,等之儿童戏语而已。[1]

9月1日,针对立宪派在川汉铁路公司股东会上通过"抗粮抗捐案",上谕:

> 着派湖广总督瑞澂、两广总督张鸣岐、署四川总督赵尔丰、湖南巡抚余诚格各于粤汉、川汉所辖境内,会同办理铁路事宜。[2]

本日,刘显曾拜访缪荃孙。[3]

2日,《神州日报》载北京特电云:

> 内阁接川督电告:川民抗争路事,商民罢市,学堂停课,已历八日。官绅调停无效,万众一致,决以不纳租税为最后抵抗之法。如再压制,势必激成大变,请示办法。阁臣相顾错愕,急奏请监国电谕川督,妥为劝告,并严密防范,勿令暴动。监国对此,颇咎盛宣怀主张借债收路,坐失人心,致有今日。盛亦非常自危,正与郑孝胥辈密商对付川民之策,颇思严办一二争路领袖,以儆其余。
>
> 阁臣以赵尔丰对于川路收回事,未能尽力赞助,致川民有挟而求,特言于监国,请予以路事专责,勿使旁贷。监国然之,故有今日(初九)派四省督抚会同办理路事之命。[4]

---

1 章太炎:《致钱玄同》(三十三),《章太炎全集·书信集上》,第208—209页。

2 《神州日报》1911年9月2日,第1页,电传阁抄。

3 缪荃孙:《辛亥日记》,《缪荃孙全集·日记(三)》,第156页。

4 《神州日报》1911年9月2日,第1页,本馆专电。

4日，监国召见盛宣怀，并饬端方赴川。《神州日报》载：

> 今日（十二）召见盛宣怀，监国诘以川路风潮应如何设法解散。盛言：川人之狂愤，皆王人文宽纵使然。请加王以严谴，一面责成赵尔丰拿办首要数人，其势自解。监国哂之。

> 廷意颇咎端方到鄂后深居简出，近于葸懦，故为川人所窥，群起抗路，无复畏惮。已有廷寄，饬即赴川，与赵尔丰妥商川路善后事宜，毋再推诿，以干咎责。[1]

6日，四川股东大会散发《川人自保商榷书》。

7日，赵尔丰诱捕川省谘议局议长蒲殿俊、保路同志会副会长罗纶等九人，群众近万人要求释放蒲等。赵尔丰命令军队镇压，杀死群众数十人。

8日，成都邻县民团数万人聚集在省城外。四川省各地民众纷纷起义，保路同志会到处起兵，成都闭城，电报不通。

本日，端方致电盛宣怀，称：

> 今日晤英、德领，允各借驻重庆兵轮一只。惟峡中水急，不能下驶至宜，仅允由万县送至嘉定，并云须报公使。其由宜至万一节，只得雇民船，多用纤夫，趱程前进。[2]

10日，刘师培随端方乘楚同舰赴宜昌，何震滞留武汉。《神州日报》载十七日北京特电云：

> 端方因受朝旨逼迫，不得不赴川，昨（十六）电军谘府，谓川省如有变乱，川军请准调用。

又载十七日武昌特电云：

> 端方原定十八日赴川，昨接川中电告，成都邻近匪乱甚亟，惧有革党从中煽动，往或不利，有再请展行期消息。[3]

又据十八日汉口特电，云：

> 端方得军谘府允准，川省陆军可相机调遣，已于今日（十八）动身

---

1 《神州日报》1911年9月5日，第1页，本馆专电。

2 《端方致盛宣怀电》，陈旭麓、顾廷龙、汪熙主编《盛宣怀档案资料选辑》之一《辛亥革命前后》，上海：上海人民出版社，1979年，第142—143页。

3 《神州日报》1911年9月10日，第1页，本馆专电。

赴川。[1]

又云：

> 端侍郎自奉旨严催赴川，不得已于十八日由鄂乘轮赴宜昌，再由旱道入川。除与军谘府商定，随时调遣新军外，并由张虎臣派辕下探弁王开甲、陈大发，陆军队官彭祖福、军功刘魁荣等为前站，并由莘帅电饬沿途巡防队护送云。[2]

端方本日致电载泽、盛宣怀，云：

> 借外轮上驶事，莘帅、一琴均虑有滞碍，十七日即属翻译詹贵珊辞谢英、德总领。顷奉电旨，亦以此为虑，幸辞之在先。俟到宜后，再别筹进行之法。现乘"楚同"赴宜，但稍缓，非五六日不能达。其能否入峡，尚须觅可靠之领港，详酌再定。川事有闻，仍望随时电告。方。啸。此电金口遣人带发。[3]

11日，清政府命令学部严饬学堂，约束学生，不准随意出堂，干预路事。命令民政部、步军统领严禁聚众开会，并将四川保路会代表刘声元押解回籍。[4]

12日，清政府命令川督赵尔丰严拿首要，解散四川保路会，防范匪徒煽惑，借图变乱。[5]

赵熙（1867—1948，字尧生）访郑孝胥，托其代为蒲殿俊等纾解。《郑孝胥日记》云：

> 赵尧生来，谈蜀乱事，闻邓孝可、蒲殿俊等已被拘，萧湘亦拘于武昌，欲余为之解。乃致午帅电曰："闻蒲殿俊、萧湘、罗纶、颜楷、胡嵘、邓孝可等各有隐情，事定自白。似宜保全，以为转圜之地。胥禀，奇。"[6]

本日，《国粹学报》第82期出版，"通论"续载《敦煌新出唐写本提要》

---

1 《神州日报》1911年9月11日，第1页，本馆专电。

2 《端午桥之无可奈何》，《神州日报》1911年9月13日，第2页，要闻一。

3 《端方致载泽、盛宣怀电》，陈旭麓、顾廷龙、汪熙主编《盛宣怀档案资料选辑》之一《辛亥革命前后》，第143页。

4 《神州日报》1911年9月13日，第1页，本馆专电。

5 同上。

6 中国国家博物馆编、劳祖德整理：《郑孝胥日记》第三册，第1343页。

完，"子篇"续载《管子斠补》完，均署名刘师培。"报告"载《国学保存会报告》第六十号，有《拟推广本会之志愿》，云：

> 本会倡办至今，已越六七年矣，所刊先儒遗著、明季野乘、古代金石图画，不下百余种；《国粹学报》发刊，亦已及八十二期。今者满清退位，汉德中兴。海内识微之士，多谓本会为精神革命之先河。同人等固未敢自居文字之功，然硁硁自守，抱其素志，毋敢少渝。中间虽屡经官家之注目，始饵以金资，继加以威吓，同人不为少动，不为中止，得延一线至今日。际兹民国成立，言论、结社得以自由，同人等固当不懈而益勤，思以发展其素抱，尤愿海内同志相与有成也。今将拟推广之条例列左。
>
> （甲）流通古学
>
> 一、刊印先哲遗书。除《风雨楼丛书》《美术丛书》之外，另印多数大部丛书。
>
> 一、发刊《古学汇刊》（即《国粹学报》改名）、《神州大观》（即《神州国光集》改名）。
>
> 一、设古物流通处。凡海内士夫，有欲收罗搜访者，通函本社，为之购求。有欲将家藏古物、家刻书籍寄售者，本社为之经理。
>
> 一、设金石采访处。凡海内有新出土之金石碑版，本社皆愿收罗。或旧碑久埋，本社当派人往拓；或由当地人代拓，本社当送回工资。
>
> （乙）研究古学
>
> 一、设立古学研究所。招致海内耆硕，分门研究，按期讲说。
>
> 一、推广藏书楼。本会藏书楼，仍无力自建。所储宋元旧椠仍少，不得不亟求扩充。
>
> 一、设考古展览会。分大会、常会二种。[1]

案，此期出完后，《国粹学报》即停刊，1912 年 6 月创办《古学汇刊》，且此云"今满清退位"，则此期实际印成时间应在 1912 年 2 月 12 日清室下退位诏后，而非其所标示"辛亥七月二十日"。

13 日，端方致电盛宣怀，云：

1　《国学保存会报告》（第六十号），《国粹学报》第 16 册，第 10314 页。

此次川事,剿办匪徒,实川督责任;查办情形,宣布德意,乃鄙人责任。鄙意已见顷电。及读廿日上谕,于鄙旨相符合。惟鄙人究系办路之人,川人不晓鄙意,误以为朝廷遣鄙人前往,意主从严;季帅不晓鄙意,误以为鄙人前往,将取而代之。两处各挟疑团,此事何从着手? 故鄙人辞之,奏申明请派与路事毫无干涉之人,是明言此役非独鄙人不宜,即莘帅亦不宜。阁座未谅鄙意,仍责鄙人迅往,实属进退两难。惟有请公偕行,庶释川人疑虑。公如允往,大局之幸;公不肯行,鄙人惟有将真确为难情形,奏请宸断,另简重臣,或即责季帅一手办理。倘不得请,虽获严谴,亦所不避。……幸速为密陈,鄙人在宜守候环音,立待取决,感极急极! [1]

14 日,湖北文学社、共进会举行联席会议,决定派人赴上海,邀请黄兴等来鄂领导起义。清政府以四川省城外聚众数万人,四面围攻,命湖广总督瑞澂严饬所派赴川部队,兼程入川;命端方克期前进,迅速到川。

晚,盛宣怀邀郑孝胥商量川事。《郑孝胥日记》载:

夜,赴梅斐漪之约于德昌饭店,盛宫保请即赴其寓,观川电数道。午帅又托盛劝余往助,余曰:"午帅退缩不暇,虽往何益。"归,得午帅个二电,其一询前电"隐情"一语,以为太简;其一自言"处万难之危地,又预知良果之必无,如公不允来助,惟有奏陈真确为难情形,请责季帅一手办理,或另简与路事无涉之重臣。虽得严谴,亦所不避。"且使余往陈于二协理。余咤曰:"此公方寸乱矣。"[2]

15 日,端方乘楚同舰抵沙市,即赴宜昌。《神州日报》载"七月廿四北京特电"云:

端方有电到京,昨(念三)抵沙市,即日趱程西行。拟到宜昌后,即颁布军律,禁止行旅。[3]

清政府命岑春煊前往四川,会同赵尔丰由上海乘轮,即刻起程,办理

<hr>

1 《端方致盛宣怀电》,陈旭麓、顾廷龙、汪熙主编《盛宣怀档案资料选辑》之一《辛亥革命前后》,第 148 页。

2 中国国家博物馆编、劳祖德整理:《郑孝胥日记》第三册,第 1343 页。

3 《神州日报》1911 年 9 月 17 日,第 1 页,本馆专电。

剿抚事宜；命端方先行设法，速解城围，俾免久困，并沿途妥为布置，毋任滋蔓。[1]

郑孝胥复电端方，称：

> 个二电谨悉。既以为置危地、无良果，帅意疑沮，诚宜将真确为难情形迅奏固辞，则立脚尚稳；愈迟愈不得辞，恐致取咎。"请由季帅一手办理"及"另简与路事无涉之重臣"，二义均可用。望即决奏，不可再缓。胥来无益，请仍作罢论。前电所谓隐情，无关系，已函详。[2]

又致书盛宣怀，谓：

> 窃见午帅内怀疑怯，智勇并竭。如强遣之，必至误事。请公切言于中枢，日内须速另筹办法，万勿大意。乱本易了，措置失宜，或酿巨祸。王、赵已误于前，政府复误于后，则蜀事败矣。[3]

16 日，文学社与共进会召开会议，成立领导起义的统一机构，推选蒋翊武为总指挥，孙武为参谋长。

18 日，《神州日报》载端方家眷回京消息，云：

> 端方眷属到鄂尚未及一月，此次赴川后，忽在途中电致其家，嘱令迅返都门，大约二十四五准可到京。其张皇之情状，可笑亦可怜矣。[4]

此时，何震亦随端方眷属北上。

21 日，端方致电郑孝胥，云：

> 得二十一日缄，所论与鄙见正合。此次乱党，自当别有渠魁。谘议局诸人必当设法保全，以系人望。请公速达赵侍御，并转告川省京官，以方意在息事安人，凡有可从宽之处，必不稍从苛刻也。方，二十九日，曹家坂。[5]

24 日，文学社与共进会在武昌举行联合会议，商定起义动员计划，决定中秋节起义。

---

1 《神州日报》1911 年 9 月 17 日，第 1 页，电传阁抄。
2 中国国家博物馆编、劳祖德整理：《郑孝胥日记》第三册，第 1343—1344 页。
3 中国国家博物馆编、劳祖德整理：《郑孝胥日记》第三册，第 1344 页。
4 《川路血战片片录》，《神州日报》1911 年 9 月 18 日，第 2 页，要闻一。
5 《端督办自途中致电郑苏戡》，《申报》1911 年 9 月 28 日，第 1 张第 5—6 版，要闻一。

25 日，四川同盟会会员吴玉章、王天杰等宣布荣县独立，建立革命政权。岑春煊由沪乘船赴汉口。

26 日，端方仍滞留宜昌。本日《申报》云：

> 端方奉命入川，前请借用英国兵轮，以便迅速起行。奉旨申饬。闻端早知朝旨必不允行，不过借此以为不能迅速到川之话柄耳。现尚在宜昌，其行程日期表，订于九月初二日到川。庆总理、那协理闻之，颇滋不悦，并谓其实系有意规避云。[1]

29 日，岑春煊抵达汉口。《神州日报》载八月初九武昌特电云：

> 岑春煊昨日（初八）抵汉，旋即渡江，与瑞督商定入川方略。瑞意仍欲严办，岑以给还十成股款之说告，瑞不甚以为然，谓恐他省援例以求，朝廷实无财力应付，转使反抗者得所借口云。[2]

30 日，瑞澂迭接革命党将在湖北起义的密报，即调集军队加以防范，下令戒严。

10 月 3 日，端方进抵夔州。岑春煊因力主安抚，与瑞澂入川方略不同，遂电奏内阁请假，并得允准。[3]

刘师培途经夔州时，面对革命风潮，深感生死难卜，作《悲秋词》，云：

> 辛亥八月，途次夔州，感宋生《九辨》之作，因赋此词。

> 悲风兮萧条，严霜凄兮草凋。怊怅兮永思，轸予怀兮郁陶。青蝇兮营营，榛棘兮森森。顾盼兮屏营，感不绝兮愁予心。夜皎皎兮既明，月暧暧兮飞光。顾南箕兮经天，缘北斗兮酌浆。夫君兮不归，窅辫兮永怀。水滔滔兮日度，抱此哀兮何愬？[4]

5 日，端方至万县，会见绅商代表，允诺主持公义。

7 日，端方电鄂，"言夔州北岸有乱民出阻，兵力单薄，请速派后援军从速应赴"。[5]

---

1 《川路滴滴血（七）》，《申报》1911 年 9 月 26 日，第 1 张第 4 版，要闻一。
2 《神州日报》1911 年 10 月 1 日，第 1 页，本馆专电。
3 《神州日报》1911 年 10 月 5 日，第 1 页，本馆专电。
4 刘师培：《左盒外集》卷二十，《仪征刘申遗书》第 12 册，第 5437 页。
5 《神州日报》1911 年 10 月 8 日，第 1 页，"本馆专电"录"八月十六汉口特电"。

9 日上午八时,孙武在汉口俄租界配制炸药引起爆炸,革命机关暴露。下午五时,蒋翊武、刘复基等决定夜间十二时起义。晚九时,文学社机关被破坏,彭楚藩、刘复基被捕。武昌、汉口间消息断绝,起义未成。

10 日晨,刘复基、彭楚藩、杨洪胜在武昌被杀害。晚九时,武昌新军起义,辛亥革命爆发。湖广总督瑞澂、提督兼第八镇统制张彪弃城而逃。

11 日,起义军攻陷总督衙门,占领武昌全城。革命党人成立中华民国湖北军政府,推新军协统黎元洪为都督。文学社社员胡玉珍率新军起义,占领汉阳。

12 日,革命军占领汉口,湖北军政府通电全国,宣告武汉光复。清政府将瑞澂革职,戴罪图功;派陆军大臣荫昌率北洋军南下,程允和率长江水师即日赴援,合攻湖北革命军。

13 日,端方往重庆。

14 日,清政府任命袁世凯为湖广总督,岑春煊为四川总督。[1]

18 日,刘师培随端方抵重庆。

20 日,徐世昌赴彰德,与袁世凯密谈。袁世凯提出就职六大条件,谋图军政大权。

本日上谕:“袁世凯现已补授湖广总督,所有长江一带水师各军均着暂归该督节制调遣,会同沿江各该督抚,妥筹办理。”[2]

21 日,清政府准袁世凯奏请,在直隶、山东、河南等地招募新军,编集二十五营为湖北巡防军。

22 日,湖南革命党人焦达峰、陈作新等率新军、会党攻占长沙,宣布独立。此后,陕西、太原、云南、上海、苏州、广西、安徽、广东等地先后宣布独立。

朱山为营救蒲殿俊、罗纶等,赶赴重庆,面见端方,详陈川中形势,请求释放蒲、罗等人。端方迫于形势,电请清廷将蒲殿俊、罗纶释放出狱。

案,朱山(1886—1912),原名昌时,改名山,字云石,江安人。年十二,应童子试,得案首。年十八,赴重庆,任《广益丛报》记者。次年回成都,就读知耻中学。1909 年毕业后,创办《平论日报》。1910 年 7 月,任四川谘议

---

1 《神州日报》1911 年 10 月 15 日,第 1 页,电传阁抄。

2 《神州日报》1911 年 10 月 22 日,第 1 页,“电传阁抄”录八月二十九日阁抄。

局机关报《蜀报》总编辑兼发行代表，吴虞任主笔，经朱友侯介绍加入同盟会。保路同志会成立后，任川东游说员。1912 年 11 月，被四川都督胡景伊杀害。

23 日，《神州日报》载九月初一北京特电云：

> 北军最困乏者，无饷、无弹、无食物。荫请拨百五十万，勉由大清银行筹百万。弹则最先南下兵，每发三百枚；第二军人仅百枚，闻后发者但二十余枚，士无斗志。现银甚缺，食物尤乏。不得已，命取于沿途供应。[1]

26 日，盛宣怀被革职，永不叙用。[2] 清政府令将前护川督王人文、现署川督赵尔丰交内阁议处，将蒲殿俊、罗伦等全部开释。责成蒲殿俊等分投开导，迅速解散，不得借词诿卸。[3] 蒲殿俊被释后，旋即发表声明，阻止全川民众继续战斗。

本日，据《神州日报》载九月初五"本社特别电"云：

> 军政府得西军报告：川省民兵围攻成都，重庆全城归顺。端方愿复陶氏故姓，为中华民国效力。[4]

28 日，清政府授湖广总督袁世凯为钦差大臣，所有赴援之海陆军并长江水师及此次派出各项军队均归其节制调遣，应会同邻省督抚者随时会同帮办；关于该省剿抚事宜，相机因应妥速办理；冯国璋总统第一军，段祺瑞总统第二军，均归袁世凯节制调遣。[5]

黄兴自香港抵武昌。

11 月 1 日，清政府罢斥奕劻内阁总理大臣，任命袁世凯为内阁总理大臣，授权组织内阁。[6]

袁由彰德誓师南下。清军攻入汉口市区，纵火焚掠，革命军退守汉阳。

---

1 《神州日报》1911 年 10 月 23 日，第 1 页，本社关于鄂乱之紧急消息。

2 《神州日报》1911 年 10 月 29 日，第 1 页，电传阁抄。

3 《神州日报》1911 年 10 月 23 日，第 1 页，本社关于鄂乱之紧急消息。

4 《神州日报》1911 年 10 月 30 日，第 4 页，电传阁抄。"成都"，原本误作"城都"，据文义改。

5 《神州日报》1911 年 10 月 31 日，第 4 页，电传阁抄。

6 《神州日报》1911 年 11 月 3 日，第 4 页，电传阁抄。

何震辗转回天津,生活无着。后赴山西太原,住南桂馨家,由南桂馨推荐任女子师范学校教员,并由南介绍转任阎锡山家庭教师。南桂馨《辛亥革命前后的回忆》云:

> 民国成立,刘妻何震从汉口辗转入京,行李萧条,生活无着。这时同盟会老同志杜羲因事到了太原,向我谈到何震的落魄情况。我即请她到了太原,暂住我家,由我把她先荐到女子师范任教,后又转任阎锡山的家庭老师。[1]

案,南桂馨此说微误。何震离开汉口后,实至天津。因刘师培夫妇随端方南下前,在天津赁有房屋,在北京则无居所。其离开汉口时间在本年,而非民国成立之后。

2 日,黄兴与黎元洪会商对付清军之策,在军政府紧急会议上通报军情。会议选黄兴为战时总司令。袁世凯遣使议和,被拒。[2]

3 日,黄兴就任战时总司令,设司令部于汉阳。

6 日,端方率卫队二百余人由重庆出发,赴成都。[3]刘师培随行。

9 日,重庆光复。[4]湖北军政府通电各省,请派代表来武汉,组织临时中央政府。

上旬,端方由重庆抵成都,委朱山以五营统领随行。[5]

12 日,端方率部抵资州,命令部队就地休整;又与朱山商议,愿将所部鄂军交朱山,以求得川人优待。朱山即由资州电告蒲殿俊、罗纶,要求通电独立时,需有优待端方之语。[6]

---

1 南桂馨:《山西辛亥革命前后的回忆》,中国人民政治协商会议全国委员会文史资料研究委员会编:《辛亥革命回忆录》第 5 集,北京:文史资料出版社,1981 年,第 159 页。案,此文 1959 年 3 月由李泰棻执笔,初题《辛亥革命前后的回忆》,载《山西文史资料》第 2 辑,太原:山西人民出版社,1962 年,第 97 页。

2 《神州日报》1911 年 11 月 3 日,第 1 页,大革命之紧要消息。

3 《宜昌归客谈话》,《神州日报》1911 年 11 月 25 日,第 2 页,特别纪事。

4 《神州日报》1911 年 11 月 10 日,第 1 页,大革命之紧要消息。

5 黄季陆:《革命人物志》第二集,台北:"中央"文物供应社,1969 年,第 76 页。

6 《时事新报》1911 年 12 月 16 日第 1 张第 2 版"特别纪事"栏《四川泸州独立志略》云:"据闻,成都危迫万分,赵尔丰有自行枪毙之说,端方在资州有降汉之说,因隆昌、资州一带电杆不通,故传闻不一,确否未详。"

15日，独立各省都督府代表在上海举行会议，公认武昌为中央军政府，以鄂军都督执行中央职务，推选伍廷芳、温宗尧为民国外交代表。

16日，袁世凯组成责任内阁。

22日，张培爵在重庆成立军政府。端方抵资州后，指派朱山偕刘师培、夏寿田，亲至成都游说。

27日，成都军政府成立，蒲殿俊为都督，朱庆澜为副都督。[1]

本日，朱山游说起义军事尚未竣，端方被所部鄂军中革命党人杀于资州。[2]《时报》载《蜀报记鄂军杀端方实状》云：

> 武昌起义，久有密约。当端方奉清谕带鄂军剿四川时，各军士悉有死方于途之心，以行辕未驻、标兵前后开行，未能骤集也。及抵重庆，正欲举大事，而内部组织未完全，虑有不测，或致生灵涂炭，咸以是劝其少待。方颇自疑惧，命人检查各邮局信函，凡语涉川鄂大事，止不发交。以是武昌八月十九日之事，遂不接于军士耳目。会上下交迫，方不得已起程赴省，沿途逗留，有以武昌之情密输军士者。至资州，又闻重庆独立，成都亦将宣告独立，各军士相与谋议，咸谓时不可失。此时不杀方，不特不足以信川人，更不足以报鄂军政府，遂议杀方之法。议定，众皆书押，脱去肩章，剪去辫发，以明一志。独某标统不肯，欲与方逃生，然无如众议何也。十月初七日，军士借要饷为名，直入方坐帐。先一日，方之幕僚、剿客已尽逃，独方与其弟二人在帐中。方见军士怒目直立，骇然曰："军士意何为？"曰："发饷！"曰："已预备十万金，由自流井盐厘解来，不日可到。"曰："不足！"曰："二十万，可乎？"曰："犹不足！请至天上宫，与众谋之。"天上宫者，行营所在也。方欲命舆，众曰："今非往昔比！"遂挟方与其弟偕行。至天上宫，当门有木长凳一，方坐，其弟亦坐，神色沮丧，泣谓军士曰："吾本汉人，陶姓，投旗才四世。今愿还汉，何如？"众曰："晚矣！"方又曰："吾治军，始湖南，而两江，而直隶，待汝弟兄不薄。今之入川，

1 《神州日报》1911年12月19日，第1页，中华民国征伐之电报。

2 黄稚荃：《朱山事迹》，成都市政协文史学习委员会编：《成都文史资料选编·辛亥前后卷》，成都：四川人民出版社，2007年，第491—492页。

尤特加厚。"众曰："诚然,然此私恩耳！今日之事乃国仇,不得顾私恩。"三十二标军士、荆州人卢保清者,素骁健,挥刀直劈其颈,断其半,遂仆,更截之。其弟骤欲奔,任永森拔指挥刀自后击之,应手头落。是日也,军中欢呼雷动,而资城人民安堵如垣。[1]

案,"端方之弟",指端方胞弟端锦（？—1911,字叔纲）,三品衔河南候补知县,随端方南下。《时报》又载《蜀军都督宣示端方罪状》云：

> 照得鞑虏入主中国二百余年,此次鄂省起义,克复名城,七战七胜,满酋丧魄,于是而湘、粤、皖、赣、闽、浙、桂、吴、燕、秦、汴、晋、云、贵各省先后恢复,本军政府亦宣布成立。不及三月,而汉族光复旧物,实鄂军首义为之先倡,足见其军人教育之高、毅力之富,凡我国民,所当钦敬。此次端方来蜀,本奉虏廷剿川之命。七月十五日之事,虽赵尔丰之淫威残杀,其实皆瑞澂、端方连章参劾所激。吾川人只知仇赵,不知仇端。而端方亦天夺之魄,逗遛不进,致二恶未聚,毒螫未加。当本都督图谋起义之时,鄂军已有秘密联络之意,徒以事机未熟,钮守、朱道之羽翼未剪,恐致激生变故,扰害商民。及鄂军西上,吾党人自万县归者,始袖鄂军介绍书以来。本都督亟谋联合,专人递书,冀以剪除端方,而杜吾川后患。此书方达于资州,而端方之首即应时而膏斧锧。鄂军之明于大义、造福吾川,不特本都督苦志光复之心所当钦佩,亦吾蜀同胞父老子弟所共当欢迎者也。今者鄂军东归,本军政府极表欢忱。窃恐吾民或不晓始末,妄自惊疑,合即恺切晓谕,仰军民人等一体安堵如故,勿得惊疑。[2]

端方被杀后,刘师培、夏寿田滞留成都,避居朱山家中。

此时,许多人不知道刘师培的下落,刘氏弟子刘文典请章太炎向四川都督尹昌衡打听。刘文典《回忆章太炎先生》云：

> 章先生不久也就回国,住在上海哈同花园里。我因为太忙,只去看过一次,是为刘先生的事。那时候,申叔先生正在端方的幕府里。端

---

1 《蜀报记鄂军杀端方实状》,《时报》1912年1月8日,第3版,地方要闻。
2 《蜀军都督宣示端方罪状》,《时报》1912年1月8日,第3版,地方要闻。

方被杀后，刘先生下落不明。我怕刘先生有危险，求章先生打电报给四川都督尹昌衡。章先生不待我说，慨然说道：我早有电报，并把电稿给我看。我记得电文上有这样几句话："姚广孝劝明成祖：殿下入京，勿杀方孝孺。杀方孝孺，则读书种子绝矣。"又说："申叔若死，我岂能独生？"[1]

28日，《神州日报》刊载《章太炎宣言》，以为不应拘执党派之见而杀刘师培。《宣言》云：

昔姚少师语成祖云："城下之日，弗杀方孝孺。杀孝孺，读书种子绝矣。"今者文化陵迟，宿学凋丧。一二通博之材，如刘光汉辈，虽负小疵，不应深论。若拘执党见，思复前仇，杀一人无益于中国，而文学自此扫地，使禹域沦为夷裔者，谁之责耶？[2]

12月8日，乘蒲殿俊、朱庆澜较场阅兵之际，士兵因索饷而哗变。尹昌衡率新军入城，继任都督，成都颇形混乱。

此时，刘师培仍居朱山家中，常与谢无量相晤。谢无量《朱山诗序》云：

殿俊在位旬日，成都兵变大掠。余与申叔、午诒日会云石家中，朝夕谈宴赋诗。[3]

刘师培有《蜀中赠沄石》诗，云：

劲弦无鸷羽，乔干无曲阴。之子挺明德，弱龄扬妙音。朝讴扶风章，夕披东武吟。宝剑七流星，白马千黄金。揽骖游侠场，回轩文雅林。凝飙结晨䰂，微霜变春岑。西南遘阅多，丧乱天难谌。愿挹滮池流，无俾樵薪煁。巴橄闾雾霮，邛车狷欻鉴。无为效蜀庄，垂帘矜冥湛。[4]

案，沄石，即朱山。尹昌衡（1886—1953），原名昌仪，后更名昌衡，字硕权，号太昭，又号止园，四川彭县人。早年毕业于四川武备学堂，后保送入

1　刘文典：《回忆章太炎先生》，《文汇报》1957年4月13日。

2　《章太炎宣言》，《神州日报》1911年11月28日，第1页，宣言。下有"记者按"云："太炎先生为吾国先觉，今斯言之忠诚笃挚，绝无意必之见，诚我国民之师导也。愿读者服膺勿失。"此《宣言》亦在其他各报登载。

3　转引自黄稚荃：《朱山事迹》，成都市政协文史学习委员会编：《成都文史资料选编·辛亥前后卷》，第498页。

4　刘师培：《左盦诗录》卷三，《仪征刘申叔遗书》第12册，第5514页。

日本陆军士官学校第六期步兵科,加入同盟会。归国后,初任陆军管带,累升至广西陆军小学总办。1911 年任四川陆军小学总办,10 月成都独立,任都督府军政部部长,同月在成都继任四川省都督。1912 年 3 月,四川成都、重庆两军政府合并,任四川都督;6 月,袁世凯任尹为征藏军总司令;7 月袁世凯正式任尹为四川都督,出征期间由胡景伊任护理四川都督;8 月选为参议院参议;9 月兼川边镇抚使;10 月授陆军中将加上将衔。1913 年 4 月返回成都,6 月改任为川边经略使,7 月兼领川边都督,11 月请假赴北京就医。1914 年 1 月,被袁世凯裁撤川边经略使,着留北京,另有任用;因赵尔巽构陷,2 月被捕入狱,8 月夺去军职。后返蜀,在成都筑止园,从事著述,不问政事,著有《止园丛书》。

18 日,南方代表伍廷芳、北方代表唐绍仪在上海英租界开始举行首次南北议和会议。

25 日,陆征祥在梁士诒授意下,联合一些驻外使节,发电劝清帝退位,配合袁世凯逼宫。

孙中山本日抵达上海。

27 日,孙中山在上海与同盟会负责人黄兴、宋教仁等讨论临时政府方案。袁世凯内阁开全体会议,以南方坚持共和、和议难于进展,议决总辞职。

29 日,十七省代表会议选举孙中山为临时大总统。孙中山致电袁世凯,告以南方组织临时政府乃权宜之计,"虽暂时承乏,而虚位以待之,终可大白于将来"。

30 日,南北双方议和会议拟定召集国民会议办法四条。

31 日,各省代表会议议决改用阳历,以辛亥年十一月十三日为中华民国元年 1 月 1 日。

本月,尹昌衡任命朱山为江安县知事,刘师培迁居谢无量家中。

本年,大汉四川军政府设枢密院,聘廖平为院长,下设院士数人。

本年,刘师培作《独漉篇》诗,云:

　　独漉独漉,波深渐车。直波渐车,逆波荡间。鸿雁于飞,爰集中乡。阳失厥莹,炎风霣霜。相彼西南,有煌其都。梁肉苦饱,置委道周。大车啴啴，小车班班。峻霍挂天，车不得前。[1]

【著述】

白虎通义源流考 《国粹学报》第 74 期，1 月 20 日，通论，署刘师培

案，此文又刊于《四川国学杂志》第 7 号及《雅言》第 1 卷第 4 期。

古历管窥 同上，经篇

案，此文于该刊第 75 期续完。其上卷改题《古历经征》，又刊于《四川国学杂志》第 11 号；其下卷经改作，题《周历典》，刊于《四川国学杂志》第 2 号、《中国学报》第 2 期。

读道藏记 《国粹学报》第 75 期，2 月 18 日，通论，署刘师培

案，此文于该刊第 76 期、77 期、79 期续载。题下注"庚戌孟冬"。子目如下：

元始无量度人上品妙经四注

上清大洞真经玉诀音义

黄帝阴符经集注

黄帝阴符经疏

黄帝阴符经注

黄帝阴符经解

黄帝阴符经注解

悟真篇注释

周易图

大易象数钩深图

元始上真众仙记

三茅真君加封事典

金莲正宗记

陶真人内丹赋

谷神赋

灵台经

1　万仕国辑校：《刘申叔遗书补遗》下册，第 1299 页。

广黄帝本行记

穆天子传

汉武帝内传

列仙传

历世真仙体道通鉴

华阳陶隐居传

紫阳真人内传

西岳华山志

太华希夷志

金箓斋三洞赞咏仪

宋真宗御制玉京集

太上灵宝五符序

登真隐诀

黄庭内景五脏六腑补泻图

上清后圣道君列纪

洞玄灵宝三师记

孝道吴许二真君传

太极葛仙公传

南岳九真人传

太极祭炼内法

黄帝太乙八门入式诀

敦煌新出唐写本提要　同上

案，此文于该刊第 76 期—80 期续完。其子目如下：

毛诗诂训传国风残卷

毛诗故训传鄘风残卷

左传杜预集解昭公残卷

左传杜预集解定公残卷

榖梁传范宁集解残卷

文选李注卷第二残卷

文选李注残卷

文选白文残卷

唐地志残卷

古类书残卷之一

古类书残卷之二

蠡金一卷半

周易王弼注卷第三残卷

周易王弼注第四残卷

庄子郭象注残卷

春秋穀梁经传解释僖公上第五残卷

隶古尚书孔氏传夏书残卷

隶古尚书孔氏传卷第五商书残卷

二十五等人图

白虎通义阙文补订　　同上，子篇

　　案，此文于该刊第 76 期续完。其序末署"庚戌九月"，则为去年所作。

周书略说　《国粹学报》第 76 期，3 月 20 日，史篇，署扬子刘师培

　　案，此文又刊于《四川国学杂志》第 9 号及《雅言》第 6 期。

春秋左氏传时月日古例诠微　　同上，经篇，署刘师培

　　案，此文于该刊第 77 期、78 期续完。其序末署"庚戌年十二月初二日"，即本年 1 月 2 日。其所定目录下注云："正例列入子目，附例、变例均附入，不列目。"其子目如下：

元年例

春三月书王例

春三月不书王例

空书时月及时月不具例

晦朔例

闰月例

是月例

盟例

会遇例

崩薨卒例

葬例

弑例

出奔及归入纳例

侵伐袭例

战例

灭入取例

朝觐例

还至例

内外逆女例

执杀例

城筑新作例

郊雩烝尝例

搜狩例

日食例

内外灾变例

为东汉大儒贾逵学行卓绝请从祀文庙事呈文　未刊手稿,5 月 18 日

案,此稿藏中国第一历史档案馆。

晏子春秋斠补跋　未刊手稿,5 月

案,跋末署"宣统三年四月刘师培识"。

《群书治要》引《贾子新书》校文　同上

案,序末署"宣统三年四月刘师培记"。

沪上送陈佩忍至杭州　同上,6 月

管子斠补　《国粹学报》第 80 期,7 月 15 日,子篇,署刘师培

案,此文于该刊第 81 期、82 期续完。

《东之文钞》序　同上

案,序末署"宣统三年八月,扬子刘师培记"。

《黄大夏文》跋　手稿,7 月 29 日

校生打靶议　手稿,7 月

九江烟雨亭夕望　未刊手稿

舟中望庐山　同上

独漉篇　《左盦遗诗》,民国二十年清寂堂刻本

望庐山(残)　同上

1912 年(民国元年,壬子) 二十九岁

【事略】

1 月 1 日,孙中山在南京就任临时大总统,宣告中华民国成立。

2 日,临时政府通令各省,改用阳历。

7 日,清廷上谕:对端方及其弟端锦着从优赐恤,端方"着加恩予谥,追赠太子太保,并赏给二等轻车都尉世职,照总督阵亡例,从优赐恤;任内一切处分,悉予开复;应得恤典,该衙门查例具奏;灵柩回京时,沿途地方官妥为照料;准其入城治丧。伊子、外务部主事继先,着以四品京堂候补;监生陶磐,着以主事补用。伊弟、三品衔河南候补知府端锦随行入川,因救兄同时被害,尤属忠义可风,着照三品官员阵亡例,从优赐恤"。[1]

8 日,章太炎在《大共和日报》发布《宣言》,以为改历"断难遵行",称:

> 凡事当决于民议,不决于是非。仆非反对阳历,乃反对用阳历者之不合法制。[2]

11 日,章太炎、蔡元培联名在《大共和日报》刊登《求刘申叔通信》,查寻刘师培下落,云:

> 刘申叔学问渊深,通知今古。前为宵人所误,陷入藩笼。今者民国维新,所望国学深湛之士,提倡素风,任持绝学,而申叔消息杳然,死生难测。如身在他方,尚望先一通信于国粹学报馆,以慰同人眷念。章炳

---

1 《神州日报》1912 年 1 月 9 日,第 3 页,"清廷近电",据《时报》1912 年 1 月 9 日第 2 版"北京宫钞"校正误字。

2 《本社社长宣言》,《大共和日报》1912 年 1 月 8 日,第 1 页。

麟、蔡元培同白。[1]

12 日，清政府予端方谥忠敏。[2]

13 日，吴虞在成都谢无量处晤刘师培。吴虞《虞山日记》载：

> 晤廖季平、谢无量，同至无量处谈。晤刘申叔。[3]

案，吴虞（1872—1949），原名姬传、永宽，字又陵，号黎明老人，四川新繁（今成都市新都区）人。早年肄业成都尊经书院，从吴之英、廖平学。戊戌后，接受新学，设馆授徒。1905 年，赴日本东京政法大学留学。1907 年回国后，担任成都府中学堂、四川公立法政专门学校教习，一度主编《蜀报》。1910 年与父亲冲突，四川教育总会会长徐炯集议，将其逐出学界。辛亥革命后，入共和党，任《四川政治公报》主编，反对袁世凯称帝。1917 年入南社，1919 年在《新青年》发表《吃人与礼教》，次年担任北京大学、北京高等师范学校教授。1922 年遭尊孔复古派排挤，被迫辞职。晚年任教于成都大学、四川大学。著有《秋水集》，后人辑有《吴虞文集》。

本日，《时报》误传刘师培在资州与端方一同被杀。[4]

18 日，《神州日报》《新闻报》《时报》均载张恭寻找刘师培下落的公电，云：

> 神州报转各大报馆鉴：故人刘申叔，学问渊深，性情和厚。自戊申冬间一别，闻其转徙津、鄂，信息杳然。前者为金壬朦蔽，致犯嫌疑。现在民国维新，凡我同人，正宜消除意见。所有知其寓址者，代为劝驾，惠然来归，或先通信于杭州祠堂巷庄君新如处，以慰渴念。金华张恭叩。[5]

20 日，南京临时政府和袁世凯正式提出清帝退位优待条件。

本日，《大共和日报》刊载《章太炎与张季直书》，有云：

> 欵欵之愚，每以老子"常善救人"为念。苟有寸长，以为不应记其

1 《求刘申叔通信》，《大共和日报》1912 年 1 月 11 日，第 1 页。又载于该报 1 月 12—14 日，第 1 版。

2 《内阁官报》第 143 号，1912 年 1 月 13 日，宫门钞·谕旨。

3 中国革命博物馆整理：《吴虞日记》上册，成都：四川人民出版社，1984 年，第 14 页。

4 《时报》1912 年 1 月 13 日，第 1 版，中华民国立国记。

5 《神州日报》1912 年 1 月 18 日，第 1 页，共和民国之紧要电报。又载本日《新闻报》第 1 张第 2 版"公电"栏、《时报》第 2 版"中华民国立国记"，无"神州报转"四字。

瑕（适）〔过〕。昔于仪征刘申叔，尝伸此旨矣。[1]

22日，孙中山提出辞临时政府总统五项条件，并经各省代表会议通过。

25日，《民立报》刊载消息，称："刘光汉在资州被拘，该处军政分府电大总统请示办法。"案，此说不确，资州军政分府既未拘获刘师培，又无请示大总统府之电文。

26日，章太炎、蔡元培电请南京临时政府，设法保护刘师培性命。

28日，南京临时参议院成立，孙中山出席开幕式。

29日，南京临时政府教育部、大总统府据报纸所言及章、蔡所请，分别致电四川都督府，保释刘师培。教育部电报云：

> 四川都督府转资州分府：报载，刘光汉在贵处被拘。刘君虽随端方入蜀，非其本意。大总统已电贵府释放，请由贵府护送刘君来部，以崇硕学。教育部。宥。

大总统府电报云：

> 四川资州军政署鉴：刘光汉被拘，希派人委送来宁，勿苛待。总统府。宥。[2]

30日，《临时政府公报》第2号载安徽都督府秘书科邓艺孙、陈独秀等致大总统府电，称：

> 大总统钧鉴：仪征刘光汉累世传经，髫年岐嶷，热血喷溢，鼓吹文明。早从事于爱国学校、《警钟报》、《民报》等处，青年学子读其所著书报，多为感动。今之共和事业得已不日观成者，光汉未始无尺寸功。特惜神经过敏，毅力不坚，被诱金任，骤节末路。今闻留系资州，行将议罚。论其终始，实乖大法；衡其功罪，或可相偿。可否恳请赐予矜全，曲为宽宥。当玄黄再造之日，延读书种子之传，俾光汉得以余生，著书赎罪，某等不啻身受大法矣。谨此布闻，伏待后命。皖都督府秘书科邓艺孙、洪海阆、汪津本、李德膏、陈仲、卢光诰、冯汝简、吕嘉德、李中一、

1　章炳麟：《与张謇》（二），《章太炎全集·书信集上》，第547页。"瑕过"，原本误作"瑕适"，天津《大公报》1912年1月27日同，据文义改。

2　《临时政府公报》第1号，《临时政府公报》第1辑，扬州：广陵古籍刻印社，1981年，第9b页。又载《时报》1912年2月1日第2版，中华民国立国记。

龙炳等谨叩。[1]

本月，刘师培作《废旧历论》，反对临时政府改用公历。其文云：

古历之法，以三百六十五度四分度之一为天周。日日行一度，即一岁之数也。因置节中，数各十二。基初度于牛躔，终余分于斗极，翕为二十四气，析为七十二候。日行十五度三十二分度之七，即一气之数也。

若夫岁实消长、日躔盈缩，天周、岁周之异，度余、岁余之分，原其进退之行，察其出入之验，虽著距离之实，靡伤拟附之同。故日周之度，恒与星度相符；气周之度，必与日周相应。中星既正，则天运有常；分至既平，则日行有准。

至于考二气之升降，推寒暑之迭运，察五星之见伏，稽八风之终始，候云物于观台，极卦气之符验。古辨叙事，惟准节中。行之于上，则庶绩咸熙；施之于下，则民时敬授。用是启蛰而郊，龙见而雩，昴中收敛，水昏栽筑，率因八节之差，靡涉四时之位。其在《礼运记》曰："日星为纪，故事可列；月以为量，故功有艺。"以日候事，具有典常。综厥大原，概同西术。日有分至，四周而景复初，闰日之方也；长至元辰，郊祀朝飨，岁首之拟也。冬至子午，夏至卯酉，岁迁六日，终而复始，阳历之法也。是知仪象所揆，晷漏所核，审日次之所穷，极斗纲之所建，先天候其余始，执枢验其平分，不忒凤离，无失经纪，乃夷夏所齐同，非殊邦所独至。

特地转日行，古今异测。若夫月次十二，三月成时，审朓朒以定朔，测弦望以课密，所以辟还宫于律度，验合朔于交会，示颁朔之常，序交蚀之轨也。其在《周官经》曰："太史正岁年以序事。"中数为岁，朔数为年，譬之经纬相成，殊途同归。

又古历章首，朔至分齐；上极历元，至亦在朔。汉、魏以降，颇易前经，然经以四时，佽以月次，齐以分至启闭之差。治历明时，相承无改。斯实推策之上经，占天之妙赜。天方妙彦，未洞幽微；大秦畴人，愧斯眇密，何则？

---

1 《临时政府公报》第 2 号，《临时政府公报》第 1 辑，第 19a 页。

　　近今西术，有岁无年。旧历表里阴阳，岁年并建。譬诸數算，此偶彼奇，析偶为奇，奇该于偶。又如制礼，始挩终文，易简为挩，渐进为文。文以饰群，无取易简。夫列廛市锦，错彩斯珍；海国聆琴，复音滋尚。于物犹然，矧于历数？是知精粗之度，判以周疏；参伍之变，极于错综。清台所课，百世不能易也。

　　晚近历工，谓为"阴历"，侪诸希腊之旧章，拟以澳、非之夷俗。夫邃古洪濛，裔夷狂犷，以晦朔之循环，表运流之代谢。日躔之度，布策莫知。即或数极日分，象稽辰极，正长短以晷景，剂盈虚于气朔。然闰有常经，谊率未寤。易从西术，足泯偏踦。诸夏历书，顾与舛异。彼以日月运行，月舒日疾。中朔不齐，齐之以闰。约朔虚于归余，会气盈于岁法。用是履端于始，归奇于扐。发敛之气罔逾，昏明之期可测；日法、月法异其分，章闰、闰余同其数。调列会轨，无差肤寸；综贯终始，若合符节。是则举正于中，既契天行之度；正时以闰，足剂月建之平。若复殄绝闰余，废斯月次，则是交文之锦，不入五都；迭宣之音，弗登六律。棘成其"从质"之褒，邹贤无"入幽"之叹也。

　　今之论者，以日为众阳之精，月仅卫星之一。以月配日，籀实斯乖。夫图陈《纳甲》，术阐《参同》，莫不准月盈虚，与时消息。又，潮汐往来，息于朓朒；群阴化渊，望实晦朓。阶蓂数荚于哉生，朱草雕英于终魄。以言因应，则履候弗愆；综彼幽微，则准萌靡自。是则列宿有恒，月实迻地。感通之适，通于太和；同气相动，无间隐显。又复禀日余辉，助斯宵曜，弗惛载魄之常，用副夜光之实。故曰："日往月来，相推明生。""百星之明，不如一月之光。"且悬象著明，表识易资；旬有后先，察而可识。先王准彼朓茶，率其美会。以月统旬，以旬系日。次陬毕之名，象星周之数。立正首以歧《三统》，顺阴阳以叙四时，不乖"钦若"之经，宁陷无征之化？

　　至于径周小大，日月悬殊，阳德阴灵，拟诚非匹。然西教典彝，七日来复。曲立曜名，以月次日。是彼非此，宁非矛盾？若以闰附日余，天无是月，则闰无中气，斗指两辰；黄杨有厄岁之征，梧叶表畸零之度，符验昭于物象，机感肇于自然。天道所成，五年再闰。民生枢机，于是乎在。

闰非常月，岂通论哉？顾乃取枭殊方，诡更昔宪；弃轩后之星历，革夏时之大顺。建首两存，既淆视听；历元靡准，复昧本原。无俾齐一之观，徒滋拨本之惑。

昔九黎乱德，羲和失官；有扈弗恭，三正胎藉。用是《楚语》垂箴，《夏书》昭儆。替兴之故，具有前征。今者月名具存，晦望失准；废时失日，甲子弗知。败度之愆，宁殊前辙？势必孟陬殄纪，摄提失方。占往蔽其源，综数佚其文，作事偭其时，考类丧其象。悲夫！[1]

四川都督尹昌衡改枢密院为四川国学院，院址成都三圣街，吴之英为院正，刘师培为院副，另聘诸暨楼黎然、温江曾学传、井研廖平、新繁曾瀛、资中李尧勋、乐至谢无量、天全杨赞襄、成都大慈寺住持圆乘八人为院员。其宗旨称：

本院设立，以研究国学，发扬国粹，沟通今古，切于实用为宗旨。所办事件：一、编辑杂志；二、审定乡土志；三、搜访乡贤遗书；四、续修通志；五、编纂本省光复史；六、校定重要书籍；七、设立国学学校。[2]

刘师培在四川国学院期间，讲授《春秋左氏传》，随其学习者有萧定国、向华国、皮应熊、唐棣农、魏继仁、李燮、李茵、华翥、杨斌、鄢焕章、马玺滋等十余人。其答诸生所问者，由郑兰编为《春秋左氏传答问》一卷。其《序》称：

民国元年，薄游蜀都，承乏国学院事，兼主国学学校讲习。诸生六十人，人习一经。习《春秋左氏传》者计十有一人。讲授之余，课以札记。有以疑义相质者，亦援据汉师遗说，随方晓答。璧山郑君刘生（兰）粗事纂录，辑为一编，计二十有七条，名曰《春秋左氏传答问》云。[3]

冯自由《记刘光汉事略补述》云：

辛亥，从端方入蜀。端至资州为民军所杀，光汉遂只身流亡入成都。蜀名士谢无量邀主四川国学院，与著名今文大师廖平角立。手订所为

1　刘师培：《废旧历论》，载《左盦外集》卷十五，《仪征刘申叔遗书》第 12 册，第 5047—5050 页。

2　何域凡：《存古学堂嬗变记》，四川省政协文史资料委员会编：《四川文史资料集粹》第 4 卷，第 421 页。

3　刘师培：《春秋左氏传答问》，《仪征刘申叔遗书》第 3 册，第 891 页。

辞赋诗文若干首，成《左盦文集》五卷。[1]

案，刘师培除前刻《左盦集》八卷外，后有《左盦文内篇》，刻于 1916 年，且非五卷。冯自由谓刘师培在成都删其所著诗文为《左盦文集》五卷，未知何据。尹炎武《刘师培外传》谓："师培从忠敏入蜀，行至重庆，忠敏殉难。师培只身流亡入成都，谢无量邀主国学院，与蜀中今文大师廖季平角立，手订《左庵集》雕版行之，蜀学丕变。"其说端方死于重庆，刘师培与廖平角立，在成都刻《左盦集》，乃承袭冯自由误说而更误。

本月，鲁迅作《穆天子传校补》，并摘录刘师培《穆天子传补释》及《读道藏记·穆天子传》附于其后。[2]

2 月 2 日，《香港华字日报》载：

> 刘光汉被拘，资州军政分府电大总统，请示办法。查刘光汉优于旧学，曾投同盟会。后又为端方文案。今民政府以宽厚待人，赦其前愆。矧其邃于国学，当为世所护惜云。[3]

3 日，清隆裕太后命袁世凯与临时政府磋商清帝退位、优待皇室条件。

12 日，清帝下诏退位，授权袁世凯"全权组织临时共和政府"。

13 日，袁世凯通电声明，赞成共和。

本日，孙中山向参议院辞职，推荐袁世凯为临时大总统。

15 日，参议院通过选举袁世凯为临时大总统、建都南京的决议。

18 日，参议院派蔡元培、汪兆铭、宋教仁为迎袁专使，由上海赴北京，27 日抵达。

25 日，孙少荆在成都创办《公论日报》，刘师培受聘为该报主笔之一。孙少荆云：

> 记者在民国元年阴历正月初八，发行《公论日报》，出版即归属统一党，仍由记者主办，并聘请刘申叔、吴又陵、饶伯康三先生和谢无量、潘立三（潘大道）、祝芝怀、张梦馀诸君分任主笔。又请康心如偕同田君、陈君赴上海、北京就特派员职，兼领得交通部电报执照第 158 号。成都

1　冯自由：《革命逸史》中册，第 513 页。

2　鲁迅：《鲁迅全集》第 11 卷，北京：人民文学出版社，2005 年，第 239 页。

3　《刘光汉被拘》，《香港华字日报》1912 年 2 月 2 日第 4 版，京省新闻。

报纸，向外部派特派员和领电报执照，这算是第一次。购买路透电，也是这报起头。后来统一党与演进诸党合并，《公论》也就和演进党的《演进报》合并为《四川日报》，由黄美涵（黄墨涵）君主办。[1]

案，孙少荆（1888—1927），字今是，笔名行者，四川成都人。早年毕业于四川法政学堂，为吴虞学生。民国初创办《公论日报》《女界报》等。1913年 6 月赴日本，次年回国，先后担任《共和杂志》《崇正日报》《蜀报》主笔，创办《民知日刊》。1918 年受聘四川法政学校，讲授法学通论、刑事政策。1919 年 6 月加入少年中国学会成都分会，并任该会机关报《星期日》经理。1920 年赴德国留学，并任《星期日》周报欧洲通信记者。1924 年回国后，与卢作孚同办通俗民众教育馆。1927 年 5 月 27 日，被仇家枪杀。《公论日报》今未访得，其中刘师培著述情形未详。

27 日，《民报》刊载端方头颅照片，《郑孝胥日记》谓："匋斋头平列案上，面目略可辨。旁有贼二人执刀，乱党赍其元武昌献功耳。"[2]

29 日，袁世凯策划北京曹锟第三镇兵变，借此拒不南下。

本日，上海《天铎报》刊载夏重民与旅津商人代表某往来电，云：

> 《天铎报》转自称旅沪农工商学界代表夏重民鉴：电悉。君谓章某充端方侦探，不配参预国事。君究有何凭据，而诬人志节至此？望覆。旅津商人代表□□□叩。[3]

> 所谓旅津商人代表□□□鉴：章某运动当端方侦探亲笔迹，弟等前已拍诸照片，至今尚存敝处。如公等不信，请来沪一看，方知余言之不谬。特复。夏重民。[4]

又载重公（即夏重民）《咄咄侦探亦有谭国事之资格耶》，称：

> 若辈果持之有故，言之成理，其平日之志节，又复光明磊落，大公无我，记者亦何尝不以言论自由为若辈谅？奈之何倡都北京，斥都南京

1 孙少荆：《1919 年以前的成都报刊》，第 242—243 页。四川省政协文史资料委员会编：《四川文史资料集粹》第 4 卷，第 242—243 页。此文原载 1919 年 1 月 1 日《川报增刊》第 2—3 版，标题为《成都报界回想录》，署名"行者"。
2 中国国家博物馆编、劳祖德整理：《郑孝胥日记》第三册，第 1401 页。
3 《北京》，《天铎报》1912 年 2 月 29 日，第 1 版，要电。
4 《去电》，《天铎报》1912 年 2 月 29 日，第 2 版，要电。

者,乃一平日有学无行、以十万金充端方侦探之某社长乎? 呜呼! 以端方侦探,而竟学人谈国事。(鹰武)〔鹦鹉〕能言,不离飞鸟; 猩猩能言,不离禽兽。记者多见其不知量也。[1]

3月5日,《中华民报》发表《民国之文妖》,指责章太炎在日本曾“假手卞綍昌、刘光汉辈,以通款曲于张之洞、端方,同受虏廷之饶遗”。

6日,南京参议院同意袁世凯在北京就临时总统职。

10日,袁世凯在北京宣誓就职,并颁布《大赦令》及《豁免钱粮令》。

11日,孙中山颁布《中华民国临时约法》。

成渝军政府合并,尹昌衡任都督,张培爵为副都督,胡景伊任军团长。

案,张培爵(1876—1915),字列五,四川荣昌(今属重庆市)人。1904年入成都高等学堂理科优级师范科,同年创办旅省叙属中学,1906年加入同盟会。辛亥革命光复重庆时,被举为蜀军政府都督,成渝合并后任副都督、民政长。袁世凯调其入京,1913年充总统府高等顾问。“二次革命”时辞职,赴天津举办实业,秘密反袁。1915年被袁世凯诱捕,杀害于宛平。

胡景伊(1877—?),字文澜,四川巴县人。早年入四川武备学堂,后被选送入日本陆军士官学校第三期步兵科,加入同盟会。毕业后回国,历任四川武备学堂教官、总监,云南兵备处总办,云南督练处总办,云南陆军小学堂及武备学堂总办。1911年,任广西混成协协统兼第一标标统。1912年,任四川镇抚府总长、四川军团长。1913年6月任四川都督,次年6月改任四川将军,授成武将军。1915年任北京政府参政院参政,8月改任毅威将军。

20日,王金发因暗杀汪公权案被上海西捕房起诉。3月21日《神州日报》云:

> 绍兴军政分府王金发因西历一千九百零九年六月六号东洋留学生汪云生在南京路被人暗杀一案嫌疑,昨由老闸捕房十三号西探将王逮解公堂请讯。先由捕房代表侃克律师上堂译诉案情,并称此种刑事案件,捕房因于租界治安攸关,是以无论贫富,均一律办理,请为讯究。讯之,王延德富斯律师上堂辩称,被告系狠有名望之人,捕房不应以此种

---

1 《咄咄侦探亦有谭国事之资格耶》,《天铎报》1912年2月29日,第2版,遒职之一。

全无证据之案控告，应请交保候讯。聂襄谳以此案业奉沪军陈都督来函声明理由，遂商之英领，判王开释。如须续讯，即函请沪军政府送案。[1]

25日，袁世凯颁布《劝谕蒙藏令》。

春，朱山应四川教育司司长沈宗元之聘，任成都叙属联合中学教员。

4月1日，孙中山至参议院，解临时大总统职，并公布《参议院法》十八章一百〇五条。

4日，《民立报》发表消息，称：

> 刘师培君前由资州只身来省，现与谢君无量组织政进党机关报。

何震得知刘师培在川，由阎锡山、南桂馨各赠川资一百元，自太原出发，南下赴川。南桂馨《山西辛亥革命前后的回忆》云：

> 后来，何震探知师培在川之消息，由阎及我各赠川资百元，何遂引师培入晋，任都督府顾问。[2]

1963年3月14日张重威日记云：

> 革痴来长谈，问东海修《清儒学案》经过，并述申叔师困居四川时，何夫人入晋，乞援于南佩老。南佩老请于阎锡山，各赠一百元，交何夫人迎申叔。申叔至太原，聘为山西都督府顾问。及改都督为将军，无可位置，佩老建议荐之项城，立即招邀入京，申叔遂为袁氏所利用矣。[3]

案，“革痴”即李泰棻（1897—1972），字革痴，号痴庵，1914年考入北京高等师范学校史地科，1916年出版《西洋大历史》上古、中古二期，章士钊、李大钊、陈独秀等为之序。毕业后留校任教，历任私立民国大学、朝阳大学讲师、山西大学、山西省法政专门学校教授，北京大学教授，湖北高等师范学校文史地部、北京女子师范大学史学系主任，北京师范大学讲师，绥远省通志馆总纂等。著有《中国史纲》《西洋近百年史》《中国近百年史》《西周史征》等。刘师培在北京大学任教期间，李泰棻曾从问学。1959年3月，李泰棻曾执笔为南桂馨整理《山西辛亥革命前后的回忆》一文，其所述南桂馨、

1　《王金发被捕房控告》，《神州日报》1912年3月21日，第5页，本埠新闻。

2　南桂馨：《山西辛亥革命前后的回忆》，《辛亥革命回忆录》第5集，第159页。

3　杨丽娟：《张重威与〈刘氏五世小记〉出版新史料考略》，赵昌智主编：《扬州文化研究论丛》（第十八辑），扬州：广陵书社，2016年，第176页。

阎锡山资助何震情形,当得之于南桂馨。"东海"即徐世昌(1855—1939),字卜五,号菊人、弢斋、涛斋、东海,天津人。光绪十二年(1886)进士,授编修。与袁世凯为政治盟友,宣统时任协办大学士、军机大臣、体仁阁大学士,1915年北洋政府国务卿,因反对袁世凯签订"二十一条"而辞职。1918—1922年任民国总统。抗日战争期间,支持团结抗日。著有《水竹邨人集》《退耕堂集》《拣珠录》等,编选《晚晴簃诗汇》,编纂《清儒学案》208卷。

此时,郭象升已经与何震相识。郭象升《左盦集笺》云:

> 民国元年,始识之在太原,一躁动喜事之妇人耳。

案,郭象升(1881—1942),字可阶,号允叔、云舒、云叟,山西晋城人。1904年任浑源学堂教习,1906年入山西大学堂中斋学习,参与创办《晋阳学报》《晋阳白话报》,加入同盟会。1909年中己酉科拔贡,考取学部七品小京官,任山西大学堂西学专斋国文教员。民国初,任山西优级师范学堂教习、山西医学专门学堂监督、民军通志局局长、山西大学教员,1916年任山西大学文科学长。1917年起,任阎锡山督军府参议、山西省参事会参事、山西省立师范学院选科主任。1918年当选安福国会众议院议员,兼清史馆纂修。1921年起,先后任山西省图书馆馆长、山西公立图书馆馆长、山西省立国民师范学校校长、山西大学教育学院院长,编辑《山右丛书》《山西献征》。1939年,被胁迫授伪山西省文化委员会委员长。著有《郭象升文钞》《文学研究法》《古文学家别集类案》《渊照楼札记》《经史百家拈解》等。[1]

12日,《吴虞日记》载:

> 胡安澜来,反对章太炎、刘申叔,未免太狭隘。[2]

案,胡淦(1856—1929),原名鸿勋,字安澜,四川新津人,时任四川省立中学教师。

16日,《民权报》载本月十五日成都专电,云:"蜀中得西藏消息,藏人

---

1 《郭象升》,载《国闻周报》第12卷第42期(1935年),时人汇志。据《国风日报》1943年2月18日"社论"有老梅《哀郭允叔》,称"近闻允叔病殁",疑其卒当在1943年。

2 中国革命博物馆整理:《吴虞日记》上册,第31页。

声言将独立。"又云："藏兵近至巴塘,煽惑雅州各属土司反抗共和。"[1]

农历二月间,刘师培与谢无量、林思进游成都花市,林思进作《壬子二月,申叔、无量同游花市,时并有买园少城之约》,云:

> 危城坐送年,薄游始春半。晴曦几日照,风花已零乱。佳客自南来,羁孤逢世难。岂无漂泊思,襟怀聊得散。青羊仙灵宅,红鹅人世换。谁言繁华异,未觉凋疏惯。大车感尘冥,清江目石烂。鲂鱼毁自深,山鸟嘤相唤。蹉跎顾余岁,濡迟乏长算。劝君抱瓮期,政余买园灌。[2]

案,林思进(1873—1953),字山腴,署清寂翁,四川华阳人。刘师培任教四川国学院期间,与林思进交往。1931 年刻刘师培《左盦遗诗》,且为之序。

17 日,刘师培致章太炎书,详述入端方幕府情形,多有追悔之意。本年 6 月 4—6 日,北京《亚细亚日报》连载之,云:

太炎先生执事:

> 往昔婴民溢尤,谝佞善言,梼昧弗察,凶怒愤兴,上乖君子澄忿之贞,下违晋阳佩玮之训。远复祗悔,匪一日矣。惟是兆云询多,以变节易度相诬,至以燕人刘景宜昆季事,移被藐躬。长此弗昭,乾坤几息。
>
> 夫八年亡命,丧乱末资,公所知也;家室勃溪,交相谪谣,公所睹也。顾乃任重力少,希张言微,訾业有限,诱窃官金。始衿齐给,终罹胁持,其罪一也。《衡报》既封,子身如沪。希情作述,不能引决自裁,至为赵椿林、洪述轩甘言所盅。困株入幽,三岁不觌,其罪二也。
>
> 惟抵沪而后,思误浃旬。秋枚、千里,佥可谘询。逮及北征,履弗踰阈,无结引旁驰之务,俭德避难,好爵不縻。政党时论,曾无一字。清吏积疑,伺察日加。虽葱灵挈轴、楼台荐棘,弗是过也。少侯、蛰仙,颇悉厥况;津署幕僚,见闻尤审。若夫证段昭以无罪,促吴昆使速飔,厥谂尤昭,遑云郁德。
>
> 近岁室如悬罄,靡异旅东。故友李光炯去夏招游滇南,中途殄资,

---

1 《民权报》1912 年 4 月 16 日,第 3 版,专电。

2 林思进:《清寂堂诗录》卷一,刘君惠、王文才等选编:《清寂堂集》,成都:巴蜀书社,1989 年,第 25 页。

复为端方迫致，牵率西行。然繇鄂抵渝，闲约日严，闭置幽室，坚禁独行。巴渝人士，类能言之。迹其百忧之隉，仰展史册，殆寡拟方。昔公旦礼葬，天动风雷。启滕省书，流言终白。夫公旦才美，自逊弗侔。至于艰贞晦明，内难正志，旦身遭悯，万弗逮一。乃周郊偃禾，未闻表异。天道偏颇，固如是乎！

自婴诽谤，久拟自明。顾清廷咫尺，言出祸随。又左右前后，冈弗为端方作耳目。中怀郁勃，潜托咏歌。去岁所槜《左盦诗》，可覆按也。

今者诸夏光复，不失旧物。本拟迅赴秣陵，躬诣参议院法廷，伸诉枉抑。积疑既白，退从彭居。惟蜀都东南，尊攘傫仍。彼都学人，因以讲学属文相稽。近则陈兵清途，行旅无阒。东征有期，弗逾二旬。晗言匪遥，祈公释怀。

至于覃精著书，三载若一。《左氏》经例，豁然通贯。赓续《旧疏》，业逾十卷。又《尚书》古文、《周官》旧谊，近儒诠释，往往纰谬。诤补所及，亦有成书。子史之属，日事勘雠。剖泮泯棼，书达百种，亦欲萃集大成，希垂善本。顾以录副鲜暇，稿存武昌。烽燧之余，存亡弗审。

夫新故更贷，群雄攘意。愚（款）〔骏〕乔傺之夫，衰克侵（蜂）〔蜂〕之辈，往昔缘循偃侠，柔若蒲苇，蹠运而兴，金膺胡福。弟则捐弃井乡，振发蒙瞆，百苦毁家，隘穷不悯。卒之谤毁丛积，文字佚湮，天命所定，奚假怨訧？惟邦无惇史，直道无存，斯岂国家之福哉？

又，往者敬午诸君，系身沪狱，同人审伏，鲜复介怀。弟独奔走忘寝，丏贷讼金，律师既延，遂免缧绁。今则持彼浮言，严词相莅。（渠）〔浇〕淳散朴，一至于斯，当亦公之所深慨也。余俟面罄，书不宣心，并询子民先生近祉。

　　　　　　　　　　　　　　　　　光汉顿首，三月朔日[1]

案，此札涉及人事甚多。赵椿林，宛平人，太医院吏目，曾参订光绪十八年（1892）《昌平外志》。1909年11月21日、23日，南皮张彬、常熟曾朴、宛平赵椿林、义州李葆恂、新建程志和同观四明本、长垣本、华阴本《西岳华

1　《刘申叔与章太炎书》，北京《亚细亚日报》1912年6月4—6日，第7版。

山碑》于端方宝华盦。洪述轩，端方幕僚。劳乃宣《等韵一得自序》云："光
绪癸未（1883）客天津，潘君笏南、洪君述轩以等韵见问。""秋枚"即邓实
（1877—1951），字秋枚，广东顺德人。曾与刘师培创办国学保存会，编辑《国
粹学报》，兴办藏书楼，相知较深。"千里"即杨天骥（1882—1958），字千
里，江苏吴江人。1904 年起，执教于澄衷学堂，曾介绍严复翻译《天演论》。
1909 年 5 月起，先后任《民呼》《民吁》《民立》《申报》编辑。"少侯"即孙毓
筠（1869—1924），字竹如，号少侯，安徽寿州人。1906 年加入同盟会，1907
年策动南京新军起义，事泄被捕。武昌起义后获释，任江浙联军总部副秘书
长、安徽都督。1915 年参与发起筹安会。"蛰仙"即汤寿潜（1856—1917），
字蛰先、蛰仙，浙江萧山人。光绪十八年（1892）进士，入翰林院，为庶吉士。
1903 年任两淮盐运使，以养亲居上海。1906 年与张謇、郑孝胥等成立预备
立宪公会，任副会长。1909 年任浙江谘议局议长，组织立宪请愿。次年被
清廷革去全浙铁路公司总理职，不准干预路政。辛亥光复时，被推举为浙江
军政府都督。民国临时政府成立后，任交通部长，改任南洋劝募公债总理。
段昭（生卒年不详），刘师培在安徽公学期间的同事，倾向革命。"吴昆"即
吴崑（1882—1942），字寿天、寿田，号吼生，湖北黄冈人。日知会会员，与宋
教仁同肄业于武昌文普通学堂。1904 年 3 月留学日本东京弘文学院，入同
盟会，任本部评议员。1907 年与宋教仁、白逾桓等密赴东三省，联络马侠李
逢春，密谋袭据辽宁，直取北京。事泄，与白逾桓同时被捕，经程家柽营救，
被递解回籍，途中脱逃，再赴日本，一度主持同盟会总部事务。1911 年夏回
武汉，参与武昌起义。冯自由《中华民国开国前革命史》第二十三章《香港
中国报及同盟会》"黄克强与吴崑"云："及丙午夏间，鄂同志吴崑奉日知会
刘家运、冯特民命至港，欲访黄协议鄂省军事，因黄未返，乃在中国报守候两
月。黄回，以饷项不足，令吴返鄂，传语各同志静候。复有同志梅霓仙自桂
林来，谓郭人漳部待款而动，请黄接济，黄亦遣其返桂，嘱令听候时机。"[1]李
光炯（1870—1941），名德膏，晚号晦庐，安徽枞阳人。光绪二十九年（1903）

---

1 冯自由：《中华民国开国前革命史》上册，上海：中国文化服务社，1946 年，第 164—165 页。

创办安徽旅湘公学，次年迁芜湖，改名安徽公学。1905—1906年，刘师培应陈独秀之邀，在该校任教，并结识李光炯。宣统元年（1909）春，应云贵总督李经羲之聘，李光炯赴云南入幕，主持教育，直至辛亥革命爆发。"敬午"即廑午，指黄兴（1874—1916），字克强，一字廑午，号庆午、竞武，湖南长沙人。1904年11月19日，万福华刺杀王之春，黄兴（化名李寿芝）也涉案被拘留，11月24日被释放。

26日，《民权报》刊载《讨章炳麟》（一），云：

> 周公恐惧流言日，王莽谦恭下士时。假使当年身便死，一生真伪有谁知？
>
> 咄咄章炳麟，非提倡革命，与邹容同下西牢者乎？胡为威武所屈，一遭累绁，顿变宗旨，后竟通汉奸刘申叔，与侦探革命事有关系？谓予不信，请追按某报告白，于革命最剧烈时，犹欲寻访刘贼，且为之巧词开脱也。
>
> 无惑乎彼被征为南京枢密顾问，次日即保盛宣怀办理财政。全体大哗，无颜自去。今又被征为北京高等顾问矣。既与袁世凯薰莸同臭，则实行其理想，或甚易易。犯众怒而不悔，甘铁像其如饴。身果早死，何致殃民以自殃也？悲夫！[1]

27日，《吴虞日记》载：

> 《公论日报》登有刘申叔赠余五言诗三首。[2]

29日，《吴虞日记》载：

> 《公论日报》登刘申叔文一篇，极佳。[3]

5月2日，刘师培作《庄子斠补》成。其序云：

> 昔治《庄子》，历检群籍，兼隶《道藏》各本，以雠异同；故解舛讹，亦附正焉。计所发正，约数百事，均王、俞、郭、孙所未诠也。稿均手录，行箧未携。蜀都同好，以《庄》书疑谊相质，因默忆旧说，什获式式。按次编录，辑为一卷，名曰《庄子斠补》云尔。

1　民畏：《讨章炳麟》（一），《民权报》1912年4月26日，第6版，时评二。
2　中国革命博物馆整理：《吴虞日记》上册，第34页。此诗今待访。
3　中国革命博物馆整理：《吴虞日记》上册，第34页。

民国元年三月十六日，仪征刘师培记。[1]

案，刘师培由于反对废旧历，本年所记日期仍为农历，而非民国政府所颁之公历。

本日，《民权报》刊载"天仇"《哀章炳麟》，指其借助袁世凯势力，排斥同盟会，反对孙中山。[2]

4 日，《民权报》刊载"天仇"《章炳麟之丑史》，引录章太炎 1907 年致刘师培夫妇之后四函，并加案语，以为"以万金出卖革命"的罪证。其文云：

> 天仇前日著《哀章炳麟》一篇，以吾辈文人立言，应稍存忠厚，故宣言持不咎既往之例，仅就其最近（诃）〔阿〕谀袁氏、排斥民党者为论点。孰意竟有毫不知羞之《民声报》记者，以为天仇不知章之丑史，于是欲以欺天仇者欺天下人，而昨日《告哀章炳麟者》之文出焉，曰海内外无不赞成，曰章氏尽忠民党，曰章氏为民国魁垒耆硕之儒，种种谬词，不一而足。该记者之作此文，或不知章炳麟之丑史，故敢出此言耳。不然，该记者亦人也，人之所恶宜恶之，何竟甘为此狗彘不食之章炳麟作辩护士乎？惟此文既出，天仇恐信之者多，而民国又多一康有为、梁启超也，爰就其最荒谬之丑史，自最远以及最近者皆述之，并告普天下有人心者，相与弃之。若存心忠厚，则直可认为著《訄书》之章炳麟已与邹味丹同死，其至于今日存在者，并非章炳麟，特禽兽而冠人名者耳。呜呼！吾辈文人中，何不幸而竟有此败类？吾辈革命党中，更何不幸而有此败类也？吾深恫之。

> 章昔日之丑史甚多，若尽载之，非数十万言不能尽。今所欲举而出之者，仅章炳麟以万金出卖革命党之一篇大罪案也。观此，则可知章实为民国之大罪人。今民国已成，非杀不可者，有章亲笔致刘申叔及何震书为证。曾以电版登其原文笔迹于美国《少年中国晨报》，此外更载于法国《新世纪》、香港《中国日报》。特录载之，并附昔人按语。原信本五封，以第一关系甚小，略之。

1　刘师培：《庄子斠补序》，《仪征刘申叔遗书》第 7 册，第 2651 页。

2　天仇：《哀章炳麟》，《民权报》1912 年 5 月 2 日，第 2 版，论说二。"天仇"即戴季陶。

其所录为第二至五封,所称"原注"即何震注,所称"原按"即《新世纪》按语也。此文四篇案语依次为:

原注云:"刘、卞二处,刘即刘葆初之姊,卞即前长崎领事卞(克)〔绲〕昌,张之洞之婿也。"盖以书托何震代为运动张之洞,并托何转托卞为之运动。若张能出钱,彼立刻取销革命党,往印度为僧。作此书之时,即辞民报社编辑长而诋毁孙中山之时也。此书以《新世纪》之评最谑而虐,可知章之为民党罪人,其由来久矣。

原注云:"四君、四弟,均刘申叔也。六君,即何震也。毛一,章自称也。杨仁山者,杨文会也,以通佛学闻于江南,端方甚敬厚之。东坡者,苏曼殊也。恐苏知其行而泄之也。刘至沪,恐章报告清政府加以暗害,故致书于章,谓在沪为之运动。所谓'在沪交涉亦善'者,即指此言也。""此行亦由一祸",质言之,则"老弟、老妹为我忙,何以报答"? 平生傲骨化为豆腐,丑哉丑哉!

天仇按,有钱便不革命,去作和尚去。此事居然便有人知,此章炳麟所万万梦想不到者也。观此信所谓"外间喧传",所谓"此事已稍泄漏",其中心之畏惧、恐缩、羞愧,盖活现纸上矣。呜呼! 若要人不知,除非己莫为。章炳麟休矣!

原按云:"此即太炎先生得金之清单。玩'摊年过久'一语,必指十年、八年而言。又玩'岁不过千余元'一语,即可推其总数大约万金。万金出卖一革命,至为便宜。惟照满政府悬赏之成例,当不过曰:如有人捉获章炳麟者,赏洋一千元。现在具一改过切结,索价一万,未免太昂,故成交颇不易也。"此按语之骂章炳麟,至矣尽矣。同按语之第二节,论章太炎、刘申叔、何震三人之卑污历史尤详,阅者诸君取一百十七号之《新世纪》报或五年前美洲《少年中国晨报》及香港《中国日报》观之,其丑状可悉见。手迹具在,非他人所可拟作也。《民声日报》谓天仇斥章为无据,并谓海内外人士皆赞同之,怪哉!

又云:

以上所举其远者也,其近者更略述之。三周之前,章尚未赴北京,一日与于右任、张溥泉、宋钝初同席,章炳麟忽狂语曰:"共和者,专制之退化也。孙、黄无论矣，即袁世凯亦无作专制君主之本领。今日中国，非绝对专制不可。"其意似对于袁之专制尚未满足，吾不知章氏心中之专制程度果若何也？其后于是有致于右任、张溥泉书，其语意已稍平和。张溥泉答书，仅谓昨夜之语，想系脑筋昏乱，而不明言之者，盖尚欲全章炳麟之名誉也。于张、宋诸人，今皆尚在，且为人所共知之人，不难觅之以为证也。至于欲得侦探费，而代刘光汉开无政府党之社会主义讲习会于东京，此亦人所共知者，不待言也。

就此数事论，章已无人类之价值，而《民声报》乃欲为之作辩护士，不亦羞乎？自此以后，天仇所急欲宣布者已尽。苟有欲自失其人类之资格者，亦不妨再为之辩护，然而天仇所欲研究之新问题甚多，不欲以此种无谓之事而扰我文思也。呜呼！章炳麟休矣。呜呼！《民声报》休矣。[1]

5日，《民声日报》有文称：

初，日人有汉字统一会之设，而张之洞亦赞成之。章氏曾为一文，揭诸《民报》，盛致讥评张氏之意。张氏于文学极自熹，闻章氏非之，思所以自通者，令其婿卞某、刘申叔代达殷勤，谓每年感致千金。而章氏多所要索，卞某不敢应，以语端方。端方固慕章甚，以为可以术致章氏，归国除之。章氏知其猾诈，则愈为谰言相弄。端知章终不可利诱，其事遂寝。

19日，《吴虞日记》载：

谢无量谓四川人自矜绝学者多，申叔亦云然。

《尔雅》《广雅》《说文》《诗》《楚词》《文选》《八代诗选》。

刘申叔于小学、经义精熟，本之以为诗文，异常深厚茂密。又佐之以子书，更富理趣。乃知为学徒逐末流，真多而无当也。

《抱朴子》《文心雕龙》《新论》《颜氏家训》《潜夫论》《论衡》。[2]

29日，姚永概受北京大学校长严复之聘，任北京大学文科教务长，到校视事。[3]

1 天仇：《章炳麟之丑史》，上海《民权报》1912年5月4日第2版，论说二。
2 中国革命博物馆整理：《吴虞日记》上册，第37页。
3 姚永概：《慎宜轩日记》下册，第1201页。

6月6日,《越铎日报》刊载章太炎致浙江统一党支部电,就同盟会指其为端方侦探事予以澄清,云:

> 同盟会南北诸报皆举端方事件以为攻仆之辞,其实不值一哂,请为诸君道其原委。仆自抵东办报,亲戚故旧,音问俱绝。后见同盟会渐趋腐败,愤欲为僧,以求梵文于印度。又与安南、朝鲜诸学生立亚洲和亲会,闻印度革命党才高志坚,欲裹粮以从之,得所观法。于是假贷俱绝,惟南皮张孝达有一二日之旧游,□在东京,关于文字、教育诸事,亦尝遗书献替。张于革命党素无恶感,不得已告贷焉。其书属长崎领事下某带归,下即之洞婿也。下回国后,不敢请通,私以语端方,遂居为奇货,□属下来告。其言十万金、五万金者,皆凭虚饵人之语。仆亦欲达初志耳,何论出资者为端、为张。而端遂欲致之鼓山(福建岛)、普陀等处,仆遂决意不受。对敌之言,自有开合张弛,同盟会人遂云仆作侦探。然则黄兴出洋留学,亦端方特与官费,其侦探耶,非耶? 同盟会□业成而归者,亦多仕宦,或为将弁幕府之属,其侦探耶,非耶? 诬人之言,心所不可。《天铎》《民报》诸报市井丑谈,未脱南洋、美洲口吻,夫何足致辨哉! [1]

11日,因西藏土官本年6月6日出兵占领川边巴塘、里塘等地,受胡景伊怂恿,尹昌衡电请袁世凯,要求亲征西藏。[2]

16日,刘富曾致书缪荃孙。[3]

30日,袁世凯任命尹昌衡查办边藏事宜,所有四川都督事务由胡景伊暂行护理。刘师培上书都督尹昌衡、民政长张培爵,反对西征。刘师培《与四川都督尹昌衡论川边书》称:

> 顷者番夷畔戾,凶狡反复,乘虚寇暴,以忧边围。是诚国家边虑,不可不察。执事受任方面,职在斧钺。功若丘山,犹云未足。为国勤事,广耀武灵,虽合《周易》"重门"之谊,虑非《春秋》"先内"之旨。
>
> 夫战者,圣人所慎。兵者凶器,故战而时动,乃后为威。《尚书传》曰:

1　章炳麟:《与浙江统一党支部电》,《章太炎全集·书信集上》,第597—598页。

2　《神州日报》1912年6月13日,第2页,国内电报。

3　缪荃孙:《壬子日记》,《缪荃孙全集·日记(三)》,第198页。

"好攻伐，轻百姓，则兵不从革，厥罚恒旸。"今也兴百倍之役，发不訾之费，县粮千里，以广封疆。虽有克获，曾弗补害；卒有不虞，当更征发。又，夷狄重译，庐落之居，曾无郭邑城隍之守，岁有暴风瘴气之害。士卒疲劳，转相泠染，疾疫夭命，物故大半。上逆时气，下伤农业，人用弗康，何以示远？况今荒耗，杼柚将空，人饥流冗，寇攘浸横，弥亘山泽，充斥滋甚。如复扰动，虚内给外，使患役之民，相聚为非，党辈连结，必更生患。

夫危众举事，仁者弗为；违义要功，智者所耻。近思征伐前后之计，宜有罢兵安人之道。诚能权轻重之数，存万安之福，忍赫斯之怒，抑贲育之勇，收疲民之倦，以恤久役之士，旋军广农，务行德惠，远维李牧守边之术，近准严尤保塞之论，无令幽远独有遗失，则桓是徕同，西戎即序矣。[1]

其《与四川民政长张培爵论川边书》云：

迩闻省署会议，议定遣师出援川边者，师培之愚，窃以为过。

康定以西，古号蕃落。大小欣贡，有恭顺之素。今兹至计，要在安集。开示信诺，通接商贾，俾知顺附和同之利，用就有征无战之业。其在《书》曰："西戎即序。"谓各得其序，而西方远戎并就次序也。今之议者，弗务文德，欲以草昧经纶之始，上规季末开边之迹。无资怀远，适益病蜀。

蜀地沃野，材干所生。往者安宁，无鸡鸣之警，忘战日久。复修征伐，三军县远，饥疲太半；卒临锋刃，必见败衄。《葛生》之诗，所为训作。又所赋发，日竭千金，力役失时，舍委稽事。军有边征之费，民有雕残之损。襁负流散，庶品不安。听闻讴谣，辄为辛楚。下竭则溃，弗可不察。

幸垂三省，广度成败。哀黎元之失业，愍下民之劳止，息军养德，以时优育。斯则勾践滋民之术，桓、文忠纯之效也。[2]

本月，《古学汇刊》第一编在上海出版，邓实、缪荃荪主持其事，由风雨楼编印，国粹学报馆发行。至1914年8月停刊，计出12编。刘师培未预其事。第一编载邓实《古学汇刊序例》，云：

1　刘师培：《左盦外集》卷十六，《仪征刘申叔遗书》第12册，第5147—5148页。

2　刘师培：《左盦外集》卷十六，《仪征刘申叔遗书》第12册，第5148—5149页。"张培爵"，原本误作"张修爵"。

本编宗旨，在发明绝学，广罗旧闻，故所刊录，专主经史杂记之有关系而足资考订者，欲使读者得此，足以增益见闻，助长学识。全编当无一无兴味之作，无一寻常经见之书。

本编分上下二篇，上篇刊前人遗著，下篇刊近人新著。

本编共分经史、舆地、掌故、目录、金石、杂记、诗文各门。

本编所刊各种，均为全书。每编加广页数，约至二百页。卷数少者，一期刊完；多者，按期续刊。每半年作一结束，无有不完之怅。

本编每二月出一编，全年出六编。

本编卷首，附印名人画像、墨迹、金石、古画等。或仿《留真谱》之例，附印宋元旧本一二页。[1]

7月8日，《吴虞日记》载：

少荆交来申叔《论小学经学门径》一函，极佳。[2]

案，刘师培应吴虞之请，为其开列小学、经学书目一份，并函一件，载于本月10日（农历五月二十六）《吴虞日记》中，其书云：

又陵先生执事：

晤言挈阔，昫臻三旬。前晤少荆，盛称执事鞠究汉学，并以涂辙下询。窃以处今之世，道与政学析殊；政之与学，亦弗符合。忱有所仰，研求得真，道之谓也；稽諰俗言，与时偄侠，政之谓也；钩谌搴佚，资消昕夕，学之谓也。斯旨既阇，则今治汉学，惟在谛古言、审国故。其说弗必浹于衷，其证弗必验于俗，迸涤衍曼，遏远缘饰，斯丌尚也。

汉学大别，约有三端：一曰音诂，二曰师法，三曰数术。三者粗明，肆习古籍，弗啻凤谙。丌于疑谊，涣若冰液，謀若堎地，是亦蛰居自烨之资也。

兹将阅书艶次，胪列如左，以俟采择。六朝文派，俟详别函。

即咨著安。　光汉启

1　缪荃孙、邓实编：《古学汇刊》第1编，第1册，扬州：广陵书社2006年，第8—9页。
2　中国革命博物馆整理：《吴虞日记》上册，第43页。

《说文释例》　　　王　筠　此为通六书之门径。

《说文解字注》　　段玉裁　虽非悉当，区辨近精。

《六书音均表》　　同　上　此为通古均之祖，必宜深肆。

《尔雅义疏》　　　郝懿行　此书深明音转，当观其古字互通之例。

《广雅疏证》　　　王念孙　例与《尔雅义疏》约符，其推说古字互通，均归音转。

《经义述闻》　　　王引之　当观其校改经字精确处。

《读书杂志》　　　王念孙　其校改子史精确处，悉可奉以为法。

　右音诂

《淮南天文训补注》钱　塘　此书为通天文、历数之根源。

《九章算术》　《算经十书》本　此书算法至浅易，然考核古书，必用其术。

《五经算术》　　　同　上

《三统术衍》　　　钱大昕　此书为历学门径，宜略谙其法。

《摘阅易汉学》　　惠　栋　此书所诠卦气、支辰、纳甲，均系古法。

《考工创物小记》　程易畴　此书详实测古器之法。

　右数术

《经典释文叙录》　唐陆德明　此书于汉魏经学传，略志梗概，惟古今文分析未清。欲明汉人家法，需详考前、后《汉书·儒林传》。两汉博士说，尤宜深索。

《五经异义疏证》　陈寿祺　此书于古今文分析尚清。

《白虎通疏证》　　陈　勋　《白虎通义》集汉儒经术之大成，陈《疏》亦颇明了。

《今古学考》　　　廖　平　廖季平以前治汉学者，率昧师法。廖书断古文学为伪，诚非定论（今亦不主此说），武断穿凿，厥迹尤多。然区析家法，灼然复汉学之真，则固魏晋以来所未有也。

　右家法

《周易虞氏义》　　张惠言

《周易荀氏九家义》同　上

《易义别录》　　　同　上　以上三书，于汉儒《易》学条例，搜集略备。

仅阅此书,其他谈《易》之书均可缓阅。

　　　《古文尚书考》　　　惠　栋　清儒发见《伪古文尚书》,著述滋众,此编较为简明。

　　　《今文尚书经说考》　陈乔枞　此书于汉人《尚书》说,援采至博。

　　　《韩诗遗说考》　　　同　上

　　　《鲁诗遗说考》　　　同　上

　　　《齐诗遗说考》　　　同　上　三家《诗》已亡,得此足窥汉谊。

　　　《周礼正义》　　　　孙诒让　精博,为二千年所无。

　　　《仪礼图》　　　　　张惠言　近吴伯竭撰《仪礼注》,简明雅洁,图亦较张为优。

　　　《左传诂》　　　　　洪亮吉　《左传》古谊,搜辑较详。

　　　《公羊何氏释例》　　刘逢禄　条理秩然,古茂可观。

　　　《论语正义》　　　　刘宝楠　集《论语》说大成。

　　　《四书改错》　　　　毛奇龄　清人攻击宋学,始于此书。

　　　右专门之学

　　　《述学》　　　　　　汪　中

　　　《揅经室初集》　　　阮　元

　　　《潜研堂集》　　　　钱大昕

　　　《东原集》　　　　　戴　震

　　　以上四家,为近人文集之最资实用者。[1]

　　本日中午,姚永朴、姚永概应桂邦杰之约,赴北京便宜坊之宴,晤刘师培叔父显曾。[2]此时姚氏兄弟与桂邦杰均在北京大学,姚永概为文科教务长;刘显曾为前清御史,与姚永概为戊子同年,旧相识。

　　10日,尹昌衡亲自率兵二千五百人出发西征,欢送于武侯祠者约万余人,都督及副都督并省议长均相继演说。统计成都出发西征之师,迄今已有

1　中国革命博物馆整理:《吴虞日记》上册,第43—45页。
2　姚永概:《慎宜轩日记》下册,第1203页。

五千人。[1]

11日，刘师培与孙少荆拜访吴虞。《吴虞日记》云：

> 早饭后，刘申叔、孙少荆来谈，还来杂志二册。同游公园，午刻归。[2]

12日，袁世凯任命尹昌衡为四川都督，张培爵为四川民政长。"尹昌衡现在出差查办边事，四川都督仍着胡景伊护理。"[3]

仲夏，刘师培作《古本字考》。[4]

22日，《公论日报》未刊登主笔吴虞所作时评《南郭先生》一稿，吴虞遂起疑心。而《进化白话报》时评栏有人撰文，影射祝屺怀与吴虞关系，吴虞尚未知。

23日，吴虞托孙少荆追问时评未登事。《吴虞日记》云：

> 早饭毕，少荆遂去。余托其问屺怀，时评《南郭先生》一则及专任时评、每月二十元事。[5]

24日，吴虞与孙少荆、余啸仙同游公园，得知22日《进化白话报》文意，托孙等追查作者。吴虞与祝屺怀矛盾公开化。《吴虞日记》云：

> 午刻少荆、啸仙来约同游公园，言二十二日《进化白话报》时评，论某人诬蔑某报主笔，欲倾害他，置之死地，即指余也。余托少荆清查。归见屺怀信，要求每三日作千字。余以义务太重，权力太轻，且报馆对于主笔不能尽维持之责任，遂携关聘至第二学校交少荆解约。至则少荆归家，余乃将关聘交啸仙，请其转交。[6]

25日《吴虞日记》云：

> 少荆来，言因七月十四日"时评二"讥讪林山腴，余啸初遂向报界联合会言之。然此时评乃祝屺怀、曾通一合作，非余所为也。余作一函，

1 《特约路透成都电》，《神州日报》1912年7月12日，第2页，国内电报。案，尹昌衡"蒸"日电报袁世凯，谓已于"蒸"日出发，则出发日期为10日，与《国民公报》1912年7月12日第2版"新闻二"所载《尹都督之师出发纪盛》合。《神州日报》记为11日事，误。

2 中国革命博物馆整理：《吴虞日记》上册，第46页。

3 《国民公报》1912年8月3日，第2版，政令。

4 刘师培：《左盦外集》卷七，《仪征刘申叔遗书》第10册，第4422页。

5 中国革命博物馆整理：《吴虞日记》上册，第47页。

6 同上。

与山腴声明之。[1]

8月1日，刘师培劝吴虞勿辞《公论报》社事。《吴虞日记》载：

> 刘申叔请余勿辞公论报社事，余以川人知识芒昧，于近处法学尚不能研究，真难与言。申叔谓，余言在南边，十年前或有诧者，今日则固不怪矣。川人到南人程度，尚待十年后也。悲夫！[2]

4日，刘师培拜访谢无量于寓所。《吴虞日记》载：

> 午刻，魏子常来，便饭。同至谢无量处，晤申叔谈。申叔标知雄守雌主义，余深然之。[3]

6日，《吴虞日记》载：

> 申叔、无量目山腴为斗方名士，不诬也。[4]

10日，《太平洋报》刊载《古学汇刊》出版消息，云：

> 《古学汇刊》继《国粹学报》而刊，宗旨在发明绝学、广罗旧闻，所收录多经史、杂记有关系而足资考订之书，而寻常所不多见者也。分两（篇）〔编〕：上编为前人遗著，下编为近人新著。细目分经史、舆地、掌故、目录、金石、杂记、诗文等，每二月出一编。今第一编已出板，昨承惠阅，选录甚精。留心国学者不可不置一编也。[5]

11日，桂邦杰等在扬州发起国粹保存会。《太平洋报》云：

> 此间名士桂邦杰、钱湘宝、董玉书等以新学昌明后，旧学几于无人过问。扬州素为文学最盛之邦，爰创设国粹保存会，无论时赋词章、经学考据诸大家，均可入会。现已筹定经费，拟妥简章，一俟择定会所，即开成立大会云。[6]

本月，刘师培与谢无量游成都，获一古塔砖。刘师培在《蜀中金石见闻录》中称：

> 今岁七月，与谢君无量游蜀市，获塔砖三。砖镌塔形，旁列佛像十

---

1 中国革命博物馆整理：《吴虞日记》上册，第48页。
2 中国革命博物馆整理：《吴虞日记》上册，第48—49页。
3 中国革命博物馆整理：《吴虞日记》上册，第49页。
4 同上。
5 《古学汇刊出板》，《太平洋报》1912年8月10日，第12页，文艺集·文艺消息。
6 《国粹保存会》，《太平洋报》1912年8月11日，第10页，各省新闻·扬州通信。

余。文曰:“信州金轮寺僧智慧,建造佛塔砖五十座。”砖阴文五行,行十一字,文称:“大隋仁寿二年壬(午)〔戌〕岁三月,翊军将军、恒州长史游愔,与妻袁四娘,舍钱五百贯,在信州金轮寺塔上,造佛塔砖五十座。”字画完好。谢君以为即舍利塔砖。惟书法秀劲,颇似《苏孝慈碑》;又有“恒州长史”之文,存以志疑。[1]

此时,四川国学会成立。刘师培参与发起工作,并为该会作序。序云:

孔子曰:“古之学者为己,今之学者为人。”孙卿子曰:“小人之学也,以为禽犊。”夫为人之学,非徒揭衔赖赢已也。诎伸偶变,用学掍同。即志佛时,亦鼓为己。何则?

用世之术,卑迩斯周,移运易施,时为槷极。治学之方,弟隆求是,秉执品科,以稽为决。若张虞机,省括斯释,適术咈韦,无尚骛俗。是故探册研机,比物讨类,学之始也;祐术开业,居德善俗,学之终也。志弗率程,庸假习肄?曲因随模,焉异自谖?自夏声弗勍,穷变趣时,远国异人,播蚑政艺。粗阔士夫,摄夺奇侅,以斁研国故相呫謑。翕辞诱訹,驰智搥提。翕侮成人,骞亡故章。泉流熏胥,坎窞检沈。“本实先拨”,斯之谓也。

其或黏黏贯忕,迮敀自樊;觊迪彝教,鲠固慎完。然德音孔胶,持贵有故;说涉挢虚,即乖掔劼。诐詻偶施,扣端则竭。又或衷盅俗辞,佯陈昔典,移并拗截,媣量搉扬。苏、张揣摩,曾莫是隃。然艮腓承随,栋桡奚吉?宽肆肃悖,其失实均。至若味妣《录》《略》,钦玩卣彝,事出藉丰,用檝饶美,櫋宨弗裁,庸关学旨。

窃以故术多方,靡有夷艘。今俗瞀犹,积靡四惑。夫下言上用,有近匪思;玄德摛舒,洵资二教。远心旷度,迦越象先。遗物秉一,于道緟尊。末学懱陵,谓仳腌用,厥惑一也。揗离儧散,魁琐勋钧。稽敛单词,撢搋片谊。谶不偭方,佥资疏甍。世恺讙言,哌訾首隶。然搜乘补卒,亦埤治兵。厥惑二也。箓图幡书,谂或无韦。视祲保章,姬官宿业。知深来物,汉诂耀焞。即比挢诬,理宜瀸籥。俗从拭拒,素隐

1　刘师培:《蜀中金石见闻录》,《四川国学杂志》第1号,1912年9月20日,附录二。

瘝庸。厥惑三也。扁、仓方技，夔最雅音。迹端依嚣，咸中矩常。数度所晖，奚容畸弃？失时遗诹，迹端其匿。俗抑曲艺，违逖弗亲。厥惑四也。

同人有鉴于斯，爰创国学会于蜀都。术主遍晐，揭垐圻吟；周疏相济，曲成弗遗。惟是望高测深，矩有偭覆；一致百虑，迪屡安同？既假泛谋，无废众难。昔何治《麐经》，郑恢矛伐；觭牾孼稠，郁伊斯育。六代隆玄，诤訐频比。顾书、范论，柬现偆驰。嫥一匪龢，斯其往谶。若夫希意道言，善否两容；和调累解，偃侠茅靡。厝玉憩攻，曷资群萃？觑瑳玲实，有郏焉喧？

《易》曰：“丽泽，兑，君子以朋友讲习。”巴蜀名封，世有显学。奂伴矢音，昭兹来迣，其亦有乐于此乎？[1]

四川存古学堂改为国学馆，附设于四川国学院，吴之英仍任院正，刘师培、谢无量任院副。国学馆后改为四川国学学校。

9月10日，《吴虞日记》载：

> 太炎颇不取严复，以其太旧而又仅采惟物派，专重科学实验；如社会学，非惟心派之说不能圆满。严氏所译《社会通诠》，则仍惟物派之老书也。然太炎于严氏，仍称其精深；于梁启超，亦谓其精深虽不及严氏，而智识之宽博，则非严氏所及。最称佩康南海，谓善分别今古文者廖季平，独尊古文者刘申叔。又谓世界上之心粗者，殆无过于刘申叔，其考证几无不错误者。[2]

20日，《民主报》刊载《讨民贼章太炎三》，反对章太炎电销约法、废去总理、取消议院、解散政党等做法，再揭章太炎运动端方事，云：

> 呜呼太炎！民国之贼，奈之何不穷且死也！犹忆乙未、戊申间，《民报》被封，太炎绝笔，曲居蟠伏于东京之牛込区。遇其友黄侃于途，道太炎近事，为之咨嗟太息不置。盖以太炎并日而食，常不得饱。同人乃

1　刘师培：《左盦外集》卷十七，《仪征刘申叔遗书》第 12 册，第 5257—5259 页。

2　吴虞：《吴虞日记》上册，第 55 页。案，《吴虞日记》误以农历七月仅二十九日，遂将七月三十日误记为八月初一。汤志钧《章太炎年谱长编》又将《吴虞日记》所记农历日期误认为公历。

节衣缩食,以养其躯。设当日饥饿以死,犹得保令名于今日。太炎在东,居恒述作,动辄乖方。辟兄离母,作书绝之,一罪也。其为《民报》编辑也,以图饱私囊,故倾轧中山,东京留学界类能言之,二罪也。充端方侦探,至卖友邀功,亲笔手札,千金赏酬,久已揭载报章、摄之影片,真凭确据,人所共知,三罪也。《民报》停版,犹强聒庶务员,索去日币二百余圆,又移社内书籍于寓,攫为己有,四罪也。贪图盛贼宣怀金钱,至不惜一再为之荐于南京政府为财政顾问,不计是非,不顾大局,五罪也。因刘申叔与圣母何震受端方之运动,每月得其干修二百两,六罪也。丑诋社会党,以图己党势力之澎涨,且提倡阶级制度,主持中央集权,以阿附当道,七罪也。临时约法,神圣不可侵犯者也。乃恣无忌惮,至欲取销之。南北奔驰,务求达其目的,言伪而辨,行僻而坚,八罪也。其他恶德丑行,不胜偻指。凡与太炎相习稍稔者,于其行事,莫不思之发指,言之齿冷。所谓六十老妓,狐媚狼贪,不知祸人几万矣,而犹涂(指)〔脂〕抹粉,以愚游客,其有不掩鼻而过者几希。呜乎太炎!民国之贼,奈之何不穷且死也。[1]

本日,《四川国学杂志》月刊第 1 号在成都出版,首有《中华民国四川国学杂志简章》,云:

一、本报由四川国学院刊刻发行,故名曰"四川国学杂志"。

二、本报以发挥精深国粹、考征文献为宗旨。

三、本报代登各种广告,酌量收费。

四、本报月出一册,每月二十日发行。

五、本报每册暂定二角。

六、中学以上各校及各属教育分会,皆有购阅本报之义务。其有具文请领者,照九折征费。学校学生联名请领者,十份以上九折,三十份以上八折。

案,该刊由四川国学院主办,存古书局发行,编辑人曾培,发行人张子梁。自 1914 年起,改名《国学荟编》,编辑所改署四川国学学校,发行所不

1　快:《讨民贼章太炎》(三),《民主报》1912 年 9 月 20 日,第 2 版,民国阳秋。

变，期次按年重起。刘师培为该刊主要撰稿人之一。本期"校录"刊载《春秋繁露爵国篇校补》，"文苑"刊载《四川国学会序》《致吴伯朅书二首》《阴氛篇》《八墥篇》《大象篇》，"附录二"刊载《蜀中金石见闻录》，均署名刘师培。另有吴之英《致刘申叔谢无量书》，云：

> 稷下之燕，旁贯六家；南皮之游，消摇百氏。为乐难再，咸谓无忘。既而追思，幡生他感。羊叔子何与人事，王处仲差有豪情，可怜亦可笑也。果令纬书近征，子骏作帝；文人凤慧，灵运成佛，将见诏译轮台，无取中国文字；法传宝树，不关地上语言。若谓通乘左丘，犹传章句；移书博士，尚播人间。故当抗奋东丘，弁覆南土。学以为己，文仪不假孔融之荐；和而不同，曼山可投庚桑之迹。英婴病归卧，精采顿佚，不治琴书，无心耕钓，致使司徒袁逢，揖赵壹而致礼；郎中高彪，刺马融而贻书，不复能纡节委时，循文考谊。老之将至，忧来无端，两君夙知之、见之矣。顾念杜辛五世，欧阳八叶，斯文遂衰，岂责家运？继绝振替，是资贤劳。懋肩厥艰，以启后劲。将豫涤耳，遥伫佳音。善惠宗气，以纳闲和。

10月20日，《四川国学杂志》第2号出版，"史学"载《周历典》，"文苑"始载《左庵诗续》（《咏史》十二首），均署名刘师培。

本月，章太炎、马良、梁启超等发起"函夏考文苑"，拟仿效法国，开设研究院，下设研究所，以便"作新旧学""奖励著作"。马良作《函夏考文苑议》，刊载于1913年1月26日、2月2日、2月16日天津《广益录》，所拟名单如下：

马 良	相伯		章炳麟	太炎	
严 复	几道		梁启超	卓如	
沈家本	子敦	（法）	杨守敬	惺吾	（金石、地理）
王闿运	壬秋	（文辞）	黄 侃	季刚	（小学、文辞）
钱 夏	季中	（小学）	刘师培	申叔	（群经）
刘汉章	倬夫	（群经、史）	陈庆年	善馀	（礼）
华蘅芳	若汀	（算）	屠 寄	敬山	（史）
孙毓筠	少侯	（佛）	王 露	心葵	（音乐）

陈三立　伯严　（文辞）　　李瑞清　梅斋　（美术）

沈曾植　子培　（目录）[1]

11 月 3 日，《独立周报》第 1 年第 7 号载吴保初《北山楼诗》，有《羁栖逆旅，北风凄其，岁暮怀人，百端交集。睠山河以哀咤，复抚膺于逝者，作怀人诗》（八首存四），其怀刘师培云：

> 人言病夫老大，我见支那少年。东方庐梭有几，申叔夫子最贤。

案，"庐梭"即让 - 雅克·卢梭（Jean-Jacques Rousseau，1712—1778），法国十八世纪启蒙思想家。他的《社会契约论》，由杨廷栋据日译本转译为中文，名《民约论》，风行一时，并深刻影响了清末民初的中国思想界。据"我见支那少年"一语，可知此诗作于 1903—1904 年间，而吴保初以"东方庐梭"称刘师培，可谓誉之至矣。

5 日，钱玄同再记其对刘师培学术评价，与上年日记所载截然不同。本日，《钱玄同日记》云：

> 检订《国粹学报》，因忆申叔诸作，虽过于求博，又仓卒成篇，心不细，识不精，而疵颣甚多。要之，其人在近今，实不可多得者。况彼治学之途，实能探诸清代诸先生之门径，不同专事目录之事者比。穿凿固有，精当亦甚多，真所谓瑕不掩瑜者也。《国粹报》中，除章、孙两家外，生存诸人之作，刘氏实为第三。彼马夷初、陆绍明者，焉足比数！申叔昔年背亲，即惑于艳妻、宵人，当时恨不手刃其人。然至今日，则时势大变。虽满洲大酋，犹且优以致礼；元恶大憝，如铁良、善耆之类，且邀赦免。如申叔之学术深湛者，不当宥之十世乎！然世多瞀惑，睹申叔之废法律伦纪、废汉字之论，必以为是；言乎国粹，则鲜不遭唾骂者矣。[2]

17 日，谢无量自上海寄书刘师培，云：

> 叟说经纷纶，想共晨夕。足下著述，必更富盛。傥有新篇，勿吝传示。仆虽惭君山知子云之心，或比王筠诵沈约之赋耳。即今式过之烈，昭于域中，而国陨方弘，民劳弥甚久已。羊公不如铜雀之妓，犹怜墨者

1　汤志钧：《章太炎年谱长编》（增订本），上册，第 242 页。
2　杨天石主编：《钱玄同日记》（整理本）上册，第 234—235 页。

徒吹卫肆之笙。高情遗世,宁以关怀? 临书恨恨,不尽万一。无量白
申叔足下。

　　蜀中同好有相问者,并求致声。仆疾少间,更当一一致书。见居上
海法界宝昌路吴兴里怡字二十四号。谨以附白。

十一月十七日 [1]

　　案,此札无年份。查谢无量本年冬卸任四川国学院院副,赴沪治病;
刘师培此时在成都,明年 7 月离开成都,10 月抵上海,则此札当作于本年。
又,"叟说经纷纶"上,疑有阙文。

　　20 日,《四川国学杂志》第 3 号出版,"经学"始载《春秋左氏传古例考
序略》,"文苑"刊载《周书补正自序》、《与人论文书》、"左庵续集"(《九江
烟水亭夕望》《黄鹤楼夕眺》),均署名刘师培。

　　案,《与人论文书》,国家图书馆藏《左盦文内篇》抄本题作"与尹硕公
论文书",《吴虞文续录·别录》题作"刘申叔与吴又陵书",且首有"又陵先
生"四字,字句偶异。

　　"通论"载杨赞襄《书刘申叔南北考证学不同论后》,云:

　　　　杨赞襄曰:震旦山河,古分两戒,流域分而流派异。南北学派之不
　　同,实地理上之关系也。顾刘子之论此也,有诸子学派,有经学派,有理
　　学派,有考证学派。诸子萃于周、秦,经师衍于汉、魏,性理盛于宋、明,
　　兹不具论,论考证学。

　　　　考证之兴,近今为盛。维新以前之学派,均考证学派也。惟是,泰
　　西文明,近输远东。旧新接触,虚实互形。考古之勤,奚裨实用。抑考
　　证学者,国粹之阶钥也。中国国粹,以经学为本源,自余皆其支流也。
　　清朝考证,以经学为中坚,自余皆其茅汇也。派中巨子,类博而精,既足
　　附骥不朽,前任其劳,后享其逸;前说其博,后反其约。今治国学,实受
　　其赐矣。

　　　　抑此学者,又进化之影响也。西学进步,始自培根,首创归纳论理

1　洪银兴主编:《南京大学藏近现代名人手迹选》,南京:南京大学出版社,2012 年,第 98
页。

学。嗣是专科成立，学者复分科研讨，遂成今日之文明。清朝诸大师，因懵于致用，然为伯厚、杨、焦所弗逮。何则？南方学派三，北方学派二，皆由演绎而进于归纳者也。治一器而工聚焉者，车为多。经学，其考证家之车乎？解经必先训诂也，于是有小学；读经必求善本也，于是有校勘学；谭经必详形势也，于是有地理学；说经必考文物也，于是有制度学。而小学又分为音韵学及金石学，校勘学又辅以辑佚学。经之内界，又分为今、古文学；经之外界，又辅以史学、子学。学愈进则剖析愈精，近于生计家之分业矣。

近人以东樵、百诗譬宋孙、胡，定宇、东原譬宋濂、洛，王伯申父子譬宋紫阳，与此论不无出入，而皆有南北、吴皖之见存。至于休宁戴氏，实集大成，以比阳明，毋宁以比晦叔，盖皆皖产。据南北之陲际，有江淮之沟通，其吸收也易，其分布也亦无难。故乾嘉以降，皆其附庸。即郑子尹、俞荫甫诸人，何莫非戴之支别哉？

今汽船云集沪上，铁道辐凑汉口。沪、汉者，天下之枢也。故地气自西徂东，则钟于吴越；自东至西，则钟于楚蜀。旧邦既焕新猷，旧学亦开新派。吴则刘子，越则太炎，其考证用古文法式，而理论则近于今文，又湛于佛。昔宋学借玄理而昌明，二子其有意乎？楚南，则湘绮提倡今文家说。及主讲尊经书院，其道乃大行于吾蜀。吾师富顺宋先生，于微言大义，独有会心。其宗旨在以教养致富强，夫然后通经乃能致用。襄及中江刘退溪、资州郭景南，拳拳服膺焉；资州饶焱之，则得其小学。此富顺学派也。井研廖氏，亦别有会心，其宗旨以皇帝王霸循环逆数为归宿。或咎其作符命，不尽然也。其门人之笃信好学者，唯青帅王佐。廖学又逾岭而南，康、梁实为巨子，与章、刘旗鼓中原，遂影响于革命、保皇二党。此井研学派也。夫章、刘、王、宋、廖、康，皆思以其道易天下，太史公所谓"此务为治者"也，岂从前考证家所能及耶？湘绮门下蜀士，尚有华阳吕雪堂，以朴学鸣；又有新宁傅晋卿，亦湘潭学派也。楚北，则吴华峰墨守古文家说，刘幼丹长于金石学，襄尝问字焉。是亦旧考证家也。畴昔读《汉书·儒林传》，至田何《易》东之叹，窃疑两汉经学，有东西、无南北。今之新考证家，亦复如是，无山脉河流之扞格，而有轮舶、汽车之交通,理论渐趋统一,而事实随之,汉代所以威震华夷也。愿以质之刘子。

又附注云:

> 此丙午旧作也。维时首夏清和,与陈衡山先生阅《国粹学报》,至仪征刘申叔所撰《南北学派不同论》,未尝不叹息,想见其为人。因昉康成笺《诗》之意,作《考证学书后》,以志景仰。驹光过隙,歘已七年。广州、成都发难于前,武昌、金陵成功于后,匪独改换数千年政局,即发难地域亦不在皖,是不幸多言而中也。所幸申叔入川,常相过从,商量邃密。今也其时,检付手民,聊以志鸿雪因缘尔。民国元年九月中旬,南公自跋。

本期"附件一"载《国学院捐助图书金石题名》,云:

> 刘申叔先生捐《剑南诗碣拓本》一张,《飞鸾图》拓本一张,《瞻礼纪名》石刻拓本一张,《越国夫人装佛碑》拓本一张,《记访水利碑》拓本一张,《清明前一日纪游碑》拓本一张,《称意石碣》拓本一张,《瑞象颂碑》拓本一张,《乌奴诗碣》拓本一张,《造佛碑》拓本一张,《大云寺题名碑》拓本一张,《访龙湫题名碑》拓本一张,《嘉定诗碣》拓本一份,《装佛残碣》拓本二张,《龙藏寺》拓本一张,《剪灯馀话》一部。

"附件二"载《国学院征集图书碑拓广告》(第5号起改称《国学院征集图书碑拓启》)云:

> 窃本院设立,以研究国学、发扬国粹、沟通古今、切于实用为宗旨,所办事件:(一)编辑杂志;(二)审定乡土志;(三)搜访乡贤遗书;(四)续修通志;(五)编纂本省光复史;(六)校定重要书籍;(七)分设国学学校。以上各端,非广集图书、碑拓,无由着手。故家硕彦,藏蓄孔多。或慨然捐赠,或暂假庋存,均由本院发给收条,并随时登报志谢,用章盛谊。其以川碑拓本,或川贤遗著捐借者,本院同人,尤为勌感。特此布闻,幸垂察焉。

本月,民国教育部要求各地存古学堂"毋庸继续办理",四川存古学堂提出改名四川国学学校,以冀名实两符。四川省议会决议,将国学院与由存古学堂更名的国学馆合并，由国学院负责办理所有事务，并增加教学功能。

12 月 3 日，《钱玄同日记》载戴望遗稿与刘师培关系，云：

> 访邓秋枚，知戴子高客死金陵，其遗书皆归刘慕父。慕父殁后，悉归申叔。去岁申叔随端方入蜀，置书于鄂渚。及武汉事起，全毁灭矣。惨矣！[1]

案，戴望（1837—1873），字子高，号仲颀，浙江德清人。曾受业陈奂（硕甫），学习声韵训诂，得经师家法；又从宋翔凤受《公羊春秋》。同治六年（1867）入两江总督曾国藩幕，校书金陵书局，与汪士铎、刘毓崧、张文虎、李善兰、刘恭冕、成蓉镜、莫友芝共事。著有《颜氏学记》《谪麐堂遗集》。

14 日，胡景伊以煽动二次革命为由，将朱山捕入都督府。

刘师培得知朱山被捕后，致书胡景伊，认为朱山"罪非殊死，得在宽宥"，为之求情。书云：

> 盖闻五教在宽，著于《帝典》。与其失善，宁失不经。故以唐、虞之明，犹慎四凶之狱。钦哉刑谥！慎之至也。
>
> 窃见江安朱昌时，少怀迈世之略，違尔清厉，有高世君子之度。立言振辩，粲盛可观，足以宣赞风美，广益时务。是实羽翮之妙用，群士之楷式。徒以直道孤立，不能协同朋类，乃有司卒然见构，用坠祸辟。察其所坐未暴，理官拘对考验，迄无申证。若罪非殊死，得在宽宥。未蒙皋陶惟允之察，横被共工滔天之恶，辛迫吏议，赍恨幽冥，上令国家获杀士之名，下令学者丧师资之益，恐临河之叹，复章于世。
>
> 师培弗敏，虑国失贤。虽无祁老知人之哲，窃慕范宣听言之美，岂敢避咎，不尽悾悾？愿垂明恕，广量山薮，俾从三宥之科，以示无讳之美，无令乌茕以言得罪。书不尽意，伏维裁察。[2]

1 杨天石主编：《钱玄同日记》（整理本）上册，第 244 页。
2 刘师培：《与四川都督胡景伊书》，《仪征刘申叔遗书》第 12 册，5149—5150 页。

18日夜，朱山被四川都督府军法局处斩。[1]

20日，《四川国学杂志》第4号出版，"经学"刊载《易卦应齐诗三基说》（附《三基应历说》《齐诗历用颛顼说》《迮鹤寿齐诗翼氏学书后》），续载《春秋左氏传古例考序略》，均署名刘师培。"附件一"《国学院捐助图书金石题名》载：

> 刘申叔先生捐洋一百二十元，购置旧印《天一阁书目》十六本，汲古阁原板六经四书三十六本，通志原板《经典释文》十六本，明本《春秋大全》十二本，明本《食物本草》十二本，明本《陌巷志》四本，明本《谭子诗归》八本，原板《袁文笺正》六本，原板《仪礼图》五本，原板《汤潜庵集》八本，殿本《正斋集》十本，《读画斋丛书》七十本，初印本《二酉堂丛书》十二本，《经训堂丛书》二十二本，残本《知不足斋丛书》三十二本，《宋琐语》六本，《史阙》六本，日本刊本《海录碎事》五本，《思适斋集》十二本，精印《康輶纪行》六本，《经籍访古志》六本，日本旧刊《论语集解》六本，精印《古今韵略》十本，旧板《诗所》八本，《全蜀艺文志》十六本，《续及见诗》八本，《蜀中金石志》四本，《汉南诗》四本，《伊阙佛龛碑》精裱本一册，汉碑裱本四种，《九成宫碑》裱本一册，《云麾碑》裱本一册，《巨鹿张君碑》一册，川碑大小一百六十种，外省碑拓三十二种。

本年，刘师培在四川游览重庆老君洞、凌云山、浣花溪杜甫草堂等名胜，与吴虞、朱山等诗歌唱和。又有《述怀一百四十韵示蜀中诸同好》诗，云：

> 汉业晖天德，乘时岂异人。蛟螭频失水，雕隼竟离尘。浩荡新机转，栖遑往迹陈。吾身富忧患，壮志岂沉沦？逸致凌蘅鹄，遗闻对木麟。锦篇梁苑鹿，宝憾鲁郊驹。闻吹思游宋，褰裳罢涉溱。鼎膏贞玉铉，箧缊丽蓦巾。海筏怨徐福，昆珍笑郱诜。载驱征捷捷，多难诲谆谆。朔气方嘘毒，群黎尚遘迍。薇红疏北伐，董绿梦西巡。京洛滋蛇豕，乾坤穴介

1　《朱山家属提起诉讼》，《国民公报》1913年1月4日，第3版，新闻二。黄稚荃《朱山事迹》误以朱山被杀事在本年11月，又谓："刘妻何氏，是极端热衷名利的人。她家与袁世凯家是世交，何氏要刘到袁世凯处做官，刘素来听妻子支配，遂投到袁世凯处。"以朱山《闻道友将赴袁项成之约寄两绝止之》诗，是为阻止刘师培、夏寿田往袁世凯处做官而作。所说均非，不可从。刘师培、何震与袁世凯家本非世交，刘师培夫妇在川时，尚无投靠袁世凯的计划。刘师培入袁世凯幕，乃由阎锡山推荐。

鳞。辽砧榆月晓，燕笛柳烟春。驼帐金杯酪，貂幨绮陌轮。冰寒玄獏集，飙劲赤鹰瞵。阆圃犹堪忆，幽陵已不神。中原富萧菽，故老泣松筠。萤野滋萧瑟，黎天幸耀焞。烬灰将有鬲，温律斡伶伦。往训襄歼遂，亡征兆降莘。粉祠无白帝，草泽属黔民。都士思台笠，小灵效爝银。轩祥萌土蝼，姬制迓郊驷。渐觉洪钧转，犹烦漆室呻。散舟期夏癸，摽剑吊春申。感念灵修远，咨嗟旧牒泯。征文空杞宋，祝发侣瓯闽。蕡烬钟阴烛，枫魂冀野磷。戈痕延日驭，钟讯警霜晨。无复鲲鹏息，翻虞虎豹佻。援琴樗里引，滞迹会稽畯。汲涧惊多蜮，潜渊愧隐蜦。漂零鸳渚窟，局踣皖江滨。草逐青袍黯，花迎绛帻新。五铢蒙故业，三户奋孤臣。兔信聆萑泽，狐篝笾棘禋。傥携濠泗杰，应复沛丰禋。六镇终戡魏，三良惜殉秦。不逢诸葛恪，空负九方歅。寂浦渊鳣察，寒更国狗狺。剑虹韬蓟阙，箫月咽吴闉。处晦夷垂翼，知时艮列膞。羽凝桑扈皎，尾拔藻鱼鲜。涅彩丹丘穴，珠条碧海津。鲸潮横铁弩，鹓铎曳金镎。问俗忧增切，开编意益振。哲人贵齐物，彼美竞工䡝。幻术弘卤极，中枢巩北辰。茗华编户扰，槐石外朝询。乡论周三物，都官汉五均。锥刀山国轨，皮币水衡缗。铁晕缠青宇，瑶光绚紫宸。蔓蒙中野棘，湿浸沈泉薪。世已洪波汩，功矜息壤堙。凌阴铃坎窞，焱火荡坤垠。浩劫移今古，苍生有屈伸。由来民愦愦，莫返政淳淳。思挽中天运，潜移率土濒。用乾无首吉，远复独心醇。濠濮知鱼乐，容台泪马真。素文先灏噩，彤膴谢份彬。草昧今虽远，华胥或可臻。井瓶模水准，离缶笑陶甄。鹩遂巢林适，狙忘赋芧嗔。樽占衢酒设，裾化祻裳贫。赤野轻捐玉，朱门范指囷。银河应洗甲，绣畈尽区畛。此谊共财古，初基偓武仁。七襄鸳织锦，独缕茧抽纶。䙆籍融遐域，劳歌灿大钧。蜡游曾叹鲁，狼跋又讴豳。自昔谐笙磬，曾闻鉴齿唇。租氛期共涤，蓬问悔空宾。栎社阴犹合，桃潭恨莫湮。木萎风习习，榆逝日逡逡。嘉遁原贞吉，求蒙惜往遴。悲凉驹谷怨，惆怅凤台姻。未惜乘桴数，其如脱辐频。溓霜凌雁鹜，桐雾化鸳鹑。风雨群离索，云雷命蹇屯。灌渊萑潗潗，扬水石粼粼。一自金柅系，难忘玉佩绅。困株三岁木，泛梗五湖苹。鹈老常栖梓，蝇寒更集榛。葭愁抒蔡女，竹泪竭湘嫔。周锦翻成贝，淮珠靳献蠙。藩空羝罥触，笯密凤知驯。扴石疏盱豫，莹珪厉栗恂。缅怀沧海鲽,怆忼菀林鹛。蒋阜寒株老,燕峰古黛皴。征鸿翔肃肃,挺鹿走甡甡。浪迹轻艰险,孤经尚率循。谀闻血化鸟,绝笔角生麋。秘纬齐方术,微言鲁缙绅。逸馨搴贯颖,沉焰郁虞荀。红豆敷纤艳,青藜悟夙因。锲金功弗舍,攻错道无邻。绝学今人贱,残编几度捃? 羸灰终寂漠,雄阁转淄磷。北使颁英荡,南材揽簬箘。赠珠凄汉广,伐辐愧河漘。小别辞鄢郢,征途折益岷。江门缄滟滪,溪嶂蔽渠潾。朱绮枫崖晚,黄莱稻陨匀。枯松曾度鹤,疏楛尚闻蓁。賨布搴橦策,黔羹餍竹莨。巫墟螽趯趯,梁徼蝮蓁蓁。涪郭频牵缆,渝波偶泛艑。琯噤邹衍律,璧阏卞和珍。往节荧丹史,丰碑缺翠珉。浩歌馀野哭,叹逝诵车辚。谕蜀犹中道,亡胡已浃旬。楚车新筚路,秦毂旧文茵。越甲思鸣镝,并谣证服袀。猿愁开峡柳,乌梦警齐枸。赤剑锋三尺,玄圭组百纯。昆辉焜瑜瑾,辽彩失玗珣。杕杜休征狌,苞稂待劳郇。威仪官秩秩,原隰甸畇畇。诸夏方旁午,严秋又饯寅。已闻张挞伐,未息度嶙峋。哀思萦樜杞,归程阔括杶。月寒聆杜宇,飙急梦闻麟。冀奋天吴勇,难箴梼杌嚣。白旄轩孑孑,绛节戢甡甡。玉垒横戈数,铜山伐鼓轒。劳旋鹔曜羽,逅愍象焚身。骄将惩严武,雄才进马璘。帝心睠赤县,吾道付苍旻。独客羁游倦,群公意气亲。经帷恢李撰,文囿扩苏洵。未觉荒秋驾,相期凛夕夤。龟图昭坦坦,雀瑞辨龈龈。自分同朝槿,何心慕大椿! 泪渐泉客溢,材谢匠师抡。负石纾岑寂,怀沙诉楚辛。火痕绵谷树,乡梦泖溪莼。风絮琴三迭,沧桑镜一眴。彭殇原自定,不必问严遵。[1]

刘师培又有《与林思进书》,云:

手示敬悉。石拓三种,谨付国学院典籍弆储。贯公阙文字虽较旧拓为缺,然贯字下半仍具形模,致足珍也。贱恙已痊,祈释念。此复山腴先生。

师培拜启[2]

案,此札所用为"国学院"笺纸,有双钩隶书"疋言"二字,为 2020 年 9

1 刘师培:《左盦诗录》卷三,《仪征刘申叔遗书》第 12 册,第 5514—5516 页。

2 刘师培:《致林思进信札》,广东崇正拍卖有限公司 2020 春季拍卖会"古逸清芬·信札古籍文献"专场,据该公司网站所公布之图录。

月 13 日广东崇正拍卖有限公司 2020 春季拍卖会拍品（编号 0758）。此札无日期，据所述"石拓三种，谨付国学院典籍弄储"，当即本年刘师培购赠国学院图书金石之事，故系于本年。

秋冬间，刘师培为林思进《南河修禊图》题诗，并作《释禊》。[1]《〈南河修禊图〉山腴先生属题》云：

> 长安二三月，灼灼城南花。都人熙皙旸，君子扬柔嘉。驾言芮阮游，缅延盘干偈。南溪信潦清，北流亦淲沱。柔风蔚桐蕤，阳景开萍波。祁祁物序迁，雍雍繁祉和。洛觞藻华羽，沂服鲜轻罗。景融物不违，事迈情谁那。沧浪如未远，兰亭焉足多。[2]

《再题南河图》云：

> 九衢丽飞薨，五陵富鸣珂。黄金络骏镳，翠羽缨明驼。贻简及良辰，揉椒扬清歌。康会良独难，流薤宁久华。炙阴液玄都，飘风开卷阿。昔聆南山其，今睹东陵瓜。管云阒昀盱，枌雨疏槃娑。一为渌水吟，用逝今如何。[3]

《释禊》云：

1　1911 年 4 月 1 日，林思进任内阁中书，曾与陈宝琛、陈衍、潘之博、林纾、罗惇曧、冒鹤亭等在北京广宁门（今广安门）外石路南之南河泊（又称南泡子、苇湾）举行修禊，林纾绘《南河修禊图》。当时刘师培虽在天津，未预其事。王永波《近代蜀人别集知见录》称此次修禊在民国元年（1912），谓《花之寺第三集赋呈宾主十三人》记叙了这次盛会，且谓谢无量、刘师培曾与会（见《蜀学》第三辑，成都：巴蜀书社，2008 年，第 279 页），均误。此次修禊在辛亥三月三日，林纾《辛亥三月三日，山腴先生集同人修禊于南河泊，属余作图，并纪以诗》可证；此次修禊与二月十五日花朝罗惇曧招集花之寺第三集，既非一地，亦非一事；题《南河修禊图》者非一时一地所作，更非全部参与修禊之人，不可因林思进《清寂堂诗录》卷一有《巳日招同彀老、尧翁、石遗、瘿公、毅甫、畏庐、若海、漱唐、鹤亭、刚父南河泊修禊，曾参议、赵、温、胡三侍御并以事未至，晚仍集晤》，又附录诸家题诗，遂混为一谈。赵熙未参与南河修禊，其《山腴舍人招集南泊修禊，余方有嵩山之游，赋送山腴归蜀》诗为林思进辛亥夏离京归蜀时所作，最是显据。林思进《左盦遗诗序》云："君在成都日浅，不知所得诗凡几。惟题予《南海修禊图》诗，则确然当补。两诗之后，君复缀其《释禊》一首，或亦刻君文者所未收也。"则刘师培赋诗于成都，明矣；《左盦遗诗》于《〈南河修禊图〉山腴先生属题》下注明"壬子"，更是明证。

2　万仕国辑校：《刘申叔遗书补遗》下册，第 1314 页。案，《清寂堂诗录》附录此诗，列谢无量壬子四月、吴之英壬子秋题诗之后，应作于本年秋冬间。

3　万仕国辑校：《刘申叔遗书补遗》下册，第 1315 页。

　　《说文》无"禊"字，《广雅》"祓""禊"均诂"祭"。繇今考之，"禊""絜"谊同。《风俗通义·祀典篇》云："禊，絜也。"又云："《尚书》：'以殷中春，厥民析。'言人解析。疗生疾之时，故于水上衅絜之也。"《汉书·仪礼志》云：三月"上巳，官民皆絜于东流水上，曰洗濯祓除，去宿垢疢，为大絜。絜者，言阳气布畅，万物讫出，故絜之矣。"遐稽二训，则修禊、修絜，古实一文。《国语·周语》云："姑洗，所以修絜百物。"百物姑洗，律应季春，故上巳祓除，援"絜"锡名。惟"絜"字本谊，鄅诂麻岢。"絜除"正字，实当作"窦"。《说文》："窦，静也。"清、静谊符，引申为净。《广雅》"絜""静"互诠，《虞书》"直哉维清"，迁《纪》作"维静絜"，"絜"即"窦"也。玄应《一切经音义》卷十六云："絜，古文作窦，同。"亦摧征"絜""契"同声，故即假"絜"为"窦"。"禊"为后起字，"祭"亦引延之诂。清儒释"禊"数十家，说或未遭。近撰《古本字考》，偶摅斯谊，适题斯图，因并志焉。[1]

　　龚煦春以所藏张船山《南台寺饮酒图》征题，吴之英、谢无量、廖平、曾学傅、朱山均等先后为之题诗。

【著述】

刘师培与章炳麟书　《亚细亚日报》1912年6月4日，第7版，署光汉

　　　　案，此札于6月5—6日在该报续载完，末署"三月朔日"。

与四川都督尹昌衡论川边书　未刊手稿，6月

与四川民政长张培爵论川边书　同上

与吴虞论小学经学门径书　未刊手稿，7月

春秋繁露爵国篇校补　《四川国学杂志》第1号，9月20日，校录，署刘师培

四川国学会序　同上，文苑

致吴伯匌书二首　同上

　　　　案，该刊同期刊出的还有谢无量《致吴伯匌书二首》和吴之英《致刘申叔谢无量书》。刘师培此二札又刊于《独立周报》第28、29期合册。

阴氛篇　同上

1　万仕国辑校：《刘申叔遗书补遗》下册，第1316页。

八填篇　同上

大象篇　同上

蜀中金石见闻录　同上,附录

周历典　《四川国学杂志》第 2 号,10 月 20 日,史学,署刘师培

咏史(十二首)　同上,文苑·左庵诗续

刘申叔最近与某君书二首　《独立周报》第 7 期,11 月 3 日,文艺部文苑,署刘师培

> 案,此文收入《左盦外集》卷十六,题作"与谢无量书二首"。

《春秋左氏传古例考》序略　《四川国学杂志》第 3 号,11 月 20 日,经学,署刘师培

> 案,此文于该刊第 4 号续完。又刊于《国故钩沉》第 1 期(题作"春秋左氏传古例诠微序例")、《中国学报》第 5 册。

《周书补正》自序　同上,文苑

与人论文书　同上

九江烟水亭夕望　同上,文苑·左庵续集

黄鹤楼夕眺　同上

易卦应齐诗三基说　《四川国学杂志》第 4 号,12 月 20 日,经学,署刘师培

> 案,此文附《三基应历说》《齐诗历用颛顼说》《迕鹤寿齐诗翼氏学书后》,又刊于《中国学报》第 3 册。

与林思进书　未刊手稿

述怀一百四十韵示蜀中诸同好　未刊手稿

《南河修禊图》山腴先生属题　《左盦遗诗》

再题南河图　同上

释禊　同上

1913 年(民国二年,癸丑)　三十岁

【事略】

1 月 19 日,邓艺孙在故乡病逝。刘师培为作《邓绳侯先生阙铭》,云:

先生讳艺孙，字绳侯，安徽怀宁人也。曾祖石如、祖传密、父解，奕世载业，京夏归声。

先生承积世之祚，佐以叡哲，含章足以贞德，履和足以辨义。爰自在髫，逴尔奇伟；清明在躬，几神殆庶。以县学生员应乡举，非其好也。遂习家训，诞循前业。祗事黄考，因不失亲。休复下仁，乾乾日昃。洪天山之多识，察《雅》《颂》之终始，博综经、记，通《诗》《楚词》。讲诲丘园，不改其乐。实怀伯玉可卷之节，兼弘平仲久要之信。用是艺足成名，行足高世。乐行忧违，盖无德而称焉。出任芜湖公学总理、安庆高等学堂教务长，光演大业，远朋方来。自行束修，未尝无诲。时急党禁，构狱学徒。引义而诤，卒免按验。是虽贾彪、陈寔之义，不远过也。

清祚告终，有孚改命，州郡幅裂，观衅阻兵。遂体在公，顺是邦请，任统一机关处议长，躬逆孙毓筠为都督。间关险难，所历向风，内外靖安，民亦宁壹。乃司教育，旧贯聿循。详延洽闻，以遵稽古。举遗兴礼，儒行鼎新。母丧去官，省举高等学校校长，躬履孝道，焦毁过礼。春秋五十有六，以民国二年一月十九日卒于家。子寿慈、庆初、以蛰、以发、以从等，以是年冬月，卜葬虎形山之原，礼也。里人慕德，表厥后来，乃共勒词铭阙。词曰：

繄硕德，迪前光。德维明，统圣纲。邈洪崖，佚老彭。乐栖迟，泌洋洋。鹭于飞，感和鸣。明丽正，文德成。命不淑，世作程。怅高山，追景行。君子泽，民弗忘。[1]

20日，《四川国学杂志》第5号出版，"经学"刊载《古本字考》（前有小序，署"壬子仲夏，刘师培识"），"文苑"刊载《左庵文抄》（《前四川提督丁公墓志铭》），均署名刘师培。"附件一"《国学院捐助图书金石题名》载：

刘申叔先生捐洋五十九元七角一仙九星，购置《庄子集释》一部，《庄子集解》一部，《韩非集解》一部，《晏子春秋》一部，《潜夫论》一部，《盐铁论》一部，《世说新语》一部，王校《水经注》一部，《古微堂集》一部，《章氏遗书》一部，《三苏全集》一部，《鹤山文钞》一部，《张南轩集》

---

1 刘师培：《左盦外集》卷十九，《仪征刘申叔遗书》第12册，第5369页。

一部，《汉书补注》一部，《话堕二集》一部，明板苏批《孟子》一部，《四书说约》一部，《春秋抄》一部，日本板正续《疑孟》一部，《山海经补注》一部。

21 日，吴彦复去世。刘师培曾作《赠吴彦复》诗，云：

> 平生壮气凌湖海，卧对西风感鬓丝。谏草耻留青史迹，骚心潜付美人知。更无大地容真隐，为写新愁入小诗。好待尘寰炊黍熟，劫灰影里辨残棋。[1]

案，此诗题于团扇背面，作年不详。其正面为程建勋所绘梅花图，署“作于津门”。

本月，刘师培作《西汉周官师说考》二卷成。

案，此书稿本藏黄侃处。1931 年 3 月 3 日黄侃《寄勤闲室日记》载：

> 雨寒，不适。发箧，得刘先生遗稿《西汉周官师说考》一册，雨中持付焯手钞之。[2]

2 月 9 日，刘师培从兄刘师慎因精神失常自杀。刘师培为作《仲兄许仲先生行状》，云：

> 仲兄讳贞吉，原名师慎，字许仲，江苏仪征人。自教习公以上，学行均载国史《儒林传》。教习公四子，侍御公，其季也。配江淑人；继室吴淑人，生兄。天性恳愿，困而悦学，篝灯诵经，恒至丙夜。幼随侍御公江宁，年十四，随宦京师，习业舅氏、同里吴先生镕甫（春镕），文学有成。越五年归，赴督学试，补县学附生，赘于高邮杨氏。居四年，省侍御公京师，援例得礼部司务。毕业高等巡警学堂，改七品警官，供职外厅分局，湛深谨密，三年如一。
>
> 时清政失纲，仕以贿进。兄性忓俗，罕交人事。取与必一义，未尝私谒权门。志行愊实，屏远声色。见人无贤愚，容色必恭。与人交，恂恂谦克。己有所知，弗以先人；己所不知，弗以怯人。公余捷户，乐耽书籍。少治《元史》，尤精西北地理，推治边徼古今沿革，披图按史，无

1　方继孝著：《旧墨记——世纪学人的墨迹与往事》，北京：北京图书馆出版社，2005 年，第 151—152 页。

2　黄侃：《寄勤闲室日记》，《黄侃日记》下册，第 686 页。

不该综。及居高邮，师培适里居，邮书商榷，往复辨难，书或千言弗休。长居京师，治汉儒经术，殚精《春秋左氏传》，博综贾、服、颍三君条例，竺嗜许氏《说文》，丹黄弗去手。偶获一谊，欣然忘寝食。间就甘泉桂先生蔚丞（邦杰）质析疑谊，居侪人中，率矢口弗自言。所为诗文，谨严有则。顾以少作，削稿弗存，虽家人，弗能尽睹也。

民国肇立，兄先期投劾去。时侍御公春秋高，清贫弗克具归装。兄贷资亲故，得白金百余两，捆载书策什器，航海而南，卜居泰县，躬迎侍御公夫妇南归。送弟坤元入江宁中学，力庇家事，游更艰苦。重以郁怫，浸成心疾。返至江都，哀乐丧常。或以出仕劝，兄慨然曰：“时事沸羹，四方靡骋。吾安能随滑于温蠖中乎？”竟以民国元年十二月二十二日，间行登南门谯楼，仰药而卒。距生于光绪六年十月十三日，春秋三十有三。呜乎痛哉！

娶杨氏，高邮翰林院编修福臻孙女。无子，立从兄师苍子崇儒为后。以次年三月□□日，卜葬故郡城西郝家宝塔先茔之侧，从遗命也。

惟兄力学惇行，缵隆先业，出处语默，无愧幽明。顾居则寡欢，出复不谐于污世，生人道尽，悼心失图，虽诗人《北门》之痛，曾弗是过。是亦人事之极哀者矣。用是诠次言行，质之立言君子，尚祈惠锡传诔，阐发幽光。世世子孙，感且不朽。[1]

12 日，刘师培为李尧勋《中国文字问题》作序，支持廖平反对“希行简字”的观点。

20 日，《四川国学杂志》第 6 号出版，“通论”刊载《中国文字问题序》，“经学”刊载《西汉周官师说考卷上并序》，“文苑”刊载《国学学校论文五则》（附《文笔词笔诗笔考》），均署名刘师培。本期“通论”刊载廖平《天人论》。

案，《国学学校论文五则》，1916 年《中国学报》复刊第 1 号改题《文说五则》，与《中国中古文学史》第一课《概论》内容相同；所附《文笔词笔诗笔考》，与《中国中古文学史》第二课《文学辨体》内容相同。由此可见，刘师培在北京大学所讲授，乃日常积累，非仅为讲学时所准备者。

---

1 刘师培：《左盦外集》卷十八，《仪征刘申叔遗书》第 12 册，第 5356—5357 页。

本日，刘师培为张问陶《南台寺饮酒图》题诗，云：

> 江山无灵网今古，景仪妫代成新故。长留画卷在人间，藻绩尚资觞咏补。遂宁公子文章伯，壮年奇气横干镆。谏草新裁羽猎篇，梦游合证蓬莱客。三年索米长安市，凤城仙袂飘归骑。笑指祇洹作酒乡，槐花疏雨城南寺。（本船山诗。）城南山色背烟萝，曲水题襟别思多。未觉金经翳慧月，（船山诗："慧月不受金经翳。"）直遣流光泛酒波。画图缥绿春江水，半曲新词题锦字。荷锸曾随刘伯伦，拈毫欲问倪高士。（船山句。）当年文酒乐升平，岷云喷泄幻阳英。紫宫飞宇缠灵景，鲛绡媚彩倾江城。江城旧说人文薮，饱撷西英延颢秀。委约真情谢辨雕，笑抉苞符阐灵宝。吟罢江山词客老，遽头燕散春归早。转毂蹶来无百年，醉乡日月阆浮小。尘海无崑往迹非，隔垣烟树辨依稀。无复寒僧补秋衲，似闻红女罢春机。三冬万里桥边住，咫尺招提不知处。坐觉琴尊异哀乐，那堪笳鼓成羁旅。几回吊古锦江曲，独向郊南讯灵躅。柿业当阶夕照黄，寒芜满地霜华绿。忽睹君图增太息，西青大足今衰歇。青冢谁招杜宇魂，碧珠重灿苌弘血。苍狗浮云各一时，茂陵消渴纍成丝。不须重谱伽蓝记，卧听巴僮唱竹枝。
>
> 南台寺今已无僧，前岁改蚕桑讲习所，今则幼孩工厂也。去冬再过其地，几山先生出此图索题，辄为赋此。癸丑元宵日，师培力疾书。

案，此图及诸家题诗，今藏四川大学博物馆，收入《中国古代书画图目》第十七册。刘师培《左盦诗录》卷三《题张船山南台饮酒图》，文字与此偶异。

本月，彭作桢、谢子夷等从刘师培学习《说文解字》。彭作桢《周礼古注集疏序》称：

> 民国二年，申叔师任成都国学院副院长。予时厕迹省署内务司，与同司谢子夷及其他三人往受业。因有公务，于每星期内，乘暇请授《说文》，别为一室，不在讲堂。师每次讲授逾二小时余，犹不止。予与子夷等请曰："师过劳，可以休憩矣。"始退。[1]

垫江李经权、华阳冯鉴平等在绵州（今四川绵阳）北芙蓉溪拍摄大通造

1　刘师培：《周礼古注集疏序》，《仪征刘申叔遗书》第2册，第427页。

像（书箱石），并绘为《蓉溪访古图》。刘师培为之作记。

3月19日，《神州日报》载："马湘伯开办考文苑，保存国粹学。大总统允先拨助经费银三万两。"[1]

20日，《四川国学杂志》第7号出版，"通论"刊载《白虎通义源流考》、《今文尚书无序说》（附《陈氏寿祺今文有［序］十七证驳议》），"经学"刊载《西汉周官师说考》（卷中），均署名刘师培。

案，"今文有序十七证"，指陈寿祺所撰《今文尚书有序说》，见《左海经辨》卷上。

本月，刘师培完成《白虎通义定本》，其《序》云：

> 《白虎通义》，隋、唐《志》均云"六卷"，宋《崇文总目》则曰"十卷十四篇"，《玉海》四十二引《中兴书目》又作"十卷四十篇"。据陈氏《直斋书目解题》称为"十卷四十四篇"，则《总目》"十"上捝"四"字，《书目》"十"下捝"四"字，实则无异本也。今所传宋小字本、元大德本，所标之目，篇均四十有四，则与《崇文》所收本同。明刊各本，虽析区卷帙，多寡互殊，实均导源元本，故标目亦同。《玉海》又言"今本四十三篇"者，盖据卷中合"三纲""六纪"为一言也。

> 然北宋之世，书已捝残。宋人援引，虽恒出今本外，盖均移引他籍。近余姚卢氏所校，世推善本，然或损益旧文，出自潜改。句容陈氏作《疏证》，疏通经术，斯其所优；缔审文字，亦或未足。

> 师培治斯书，久伤旧本文字之舛讹，又病卢校或丧本真也，爰钩核宋、元以上诸书所引，所得异文以百千计；于卢校删改未确者，亦考得数十事。始撰《斠补》，并补佚文；嗣复绌籀全书，录为定本。羡捝之文，揭橥以示；章节所析，粗绎旨归。觉昭所尤，用俟达者。

> 民国二年三月，仪征刘师培序。[2]

案，此文始载于《四川国学杂志》第8号，出版时间为本年4月20日。此所谓"民国二年三月"，应为公历。因为本年农历三月初一当公历4月7

---

1 《有志入考文苑者注意》，《神州日报》1913年3月19日，第2页，本馆特电·北京专电。

2 刘师培：《白虎通义定本序》，《仪征刘申叔遗书》第8册，第3421页。

日，而《四川国学杂志》为木刻本，只有公历 3 月完成，才能适应该刊的雕版周期。所以，从本年起，刘师培所署月日已改从公历。

春，应康宝恕之请，刘师培为其叔父康寿桐（字季琴）作《前四川彭山县知县康君墓志铭》。

案，康宝恕（1890—1969），字心如，祖籍陕西城固，光绪十六年（1890）出生于四川绵阳。1907 年，在成都开办粹记书庄，销售革命书报，后在重庆设分庄。1911 年春赴上海，加入中国同盟会。不久赴日本，入东京早稻田大学政治经济学专科；同年夏，回成都奔丧。1912 年南京临时政府成立，与李哲夫等在成都筹设民国联合会四川分会。次年春，创办《公论日报》，同年又与汪象孙等创刊《国民公报》。1913 年 12 月，在上海创办《雅言》半月刊。1915 年 12 月，与张季鸾等创办《民信日报》，自任经理，进行反袁斗争。1916 年 8 月，随《民信日报》迁往北京，任北京政府国务院侨务局佥事，并任重庆《新蜀报》访员；同年 9 月，张季鸾在北京发刊，任《中华新报》经理兼编辑。1918 年 9 月，因揭露段祺瑞政府签订满蒙子路借款被逮捕，报纸遭查封。获释后，弃文从商。中华人民共和国成立后，历任西南军政委员会委员，四川省政协第一届委员，全国工商联合会执行委员。1953 年任公私合营重庆投资公司经理。

4 月 20 日，《四川国学杂志》第 8 号出版，"经学"始载《白虎通义定本》，"史学"载《校雠通义箴言》，均署名刘师培。本期"通论"载廖平《孔子天学上达说》（附《人天学内外不同说》《人天学说具于佛经说》）。

本日，《独立周报》第 28、29 期合刊出版，"文艺部·文选"载《师培文录》（《四川国学会序》《致吴伯朅书二首》）。

本月，刘师培《周书补正》全部定稿。其跋云：

> 成书六卷，署曰"补正"。若五官、三监、五服、濮路、月令、明堂诸考，则别著为篇，不附本书。《略说》一卷，书亦别出。世有好古敏求之士，幸详览焉。民国二年四月，师培记。[1]

5 月 4 日，《独立周报》第 30、31 期合刊出版，"文艺部·诗选"刊载刘

---

[1]　刘师培：《周书补正跋》，《仪征刘申叔遗书》第 6 册，第 2326 页。

师培诗《阴氛篇》《八壈篇》《大象篇》，"论说部·社论"刊载松岑《辟联邦制》。

18日，《独立周报》第32、33期合刊出版，"文艺部·诗选"刊载刘师培诗《咏史》十二首。

20日，《四川国学杂志》第9号出版，"经学"载《周书略说》，"文苑"载《左庵文抄》（《前四川彭山县知县康君墓志铭》），"杂录"载《繁露佚文辑补》，均署名刘师培。

吴虞《与柳亚子论文学书》称：

> 昔年以《唐文粹》诗不录近体，曾取《全唐诗》近体，细加圈识，数年之中，成《唐文粹诗补遗》十卷。又取汉、魏、六朝及唐之李、杜，清之梅村七言古诗，为《杂言诗录》七卷，唐诸家七言古诗为《杂言诗别录》一卷。刘申叔游蜀时，持以示之，叹为向来未有如此选者。

27日，《神州日报》第5页"文苑"刊载刘师培《八壈篇》。

6月1日，袁世凯令各省尊孔祀孔。

20日，《四川国学杂志》第10号出版，"通论"刊载《定命论》《非古虚篇》，"经学"续载《白虎通义定本》、《月令论》、《周明堂考》（附《东宫考》）、《古重文考》，"文苑"载《左庵文抄》（《近读〈何衡阳集〉，至〈达性论〉〈答宗居士书〉，轩轾儒释，虚画疮痏，崇深未窥。颜、宗二哲往复伸难，足使迷途自反，异见杜口。乃所作〈报应论〉，净者顾鲜，虚滋世惑，驳之云尔》《〈匡谬正俗校证〉序》），"杂录"载《晏子春秋逸文》、《左庵杂著》（《书春秋繁露止雨篇后》《法言李注非故本考》《古籍示期互讹考》《〈周书〉少昊考》），均署名刘师培。

中旬，刘师培夫妇准备离开成都，北上山西，投奔阎锡山。

23日（农历五月十九），《吴虞日记》载：

> 刘申叔闻二十五起身回南。[1]

案，据刘师培夫妇本年7月29日离成都（详后），此"二十五"应指农历六月二十五（7月28日），而非农历五月二十五（6月29日）。

---

1 中国革命博物馆整理：《吴虞日记》上册，第88页。

24 日,杨南皋夫人宴请何震,吴虞夫人曾香祖作陪。吴虞《爱智日记》载:

> 香祖过杨南皋夫人处便饭,因请有刘申叔夫人何震,故去一谈。[1]

本日,鉴于四川国学学校不符合学制规定,被要求"毋庸办理","俟原招学生尽数毕业,即行停办,不得添招新生"。为保住办学资格,四川国学学校致函四川民政长,提出定名为四川国学专修学校,按照高等师范专修科方式办学。[2]

本月,刘师培作《方伯考》,论证古代方伯之制为"四伯"。

7 月 12 日,李烈钧等在江西湖口起义,宣布独立,"二次革命"爆发。其后,各省相继宣告独立。

20 日,《四川国学杂志》第 11 号出版,"经学"刊载《春秋原名》,"史学"刊载《古历经征》,"文苑"刊载《〈国学学校同学录〉序》,"杂录"刊载《荀子佚文校补》,均署名刘师培。

案,《古历经征》,即《古历管窥》之卷上,又与《周历典》部分内容相同。本号卷首有《国学杂志发行所改良广告》,云:

> 本杂志向专刻国学院各员著作,排印校对未尽完善,殊不足厌阅志诸君心目,现亟谋改良办法。查院章,原有"搜刻蜀中先正遗书"条件;又国学院兼办国学学校,其中"院生课艺不乏有心得者,应酌选刊布,以资鼓励"。现拟增"汇刻"及"课艺"二门,从中华民国三年第一期起,刊校务求精审,印订一律加工。恐未周知,特此预告。

本期末又有《四川国学院附存古书局设张缘起暨补板记》(附价目),云:

> 成都锦江、尊经两院板刻,凤称精美。归官印刷,漫漶滋多。雨湿郁蒸,尤嗟蠹朽。前清宣统三年,始由存古学堂监督谢无量商诸护川督王人文,提归存古,酿金设局,冀重保存、流通古籍,意至善也。列肆首基,路潮浡起,武汉风云,河山改色。民国成立,沿前清存古旧校,易名

---

1 中国革命博物馆整理:《吴虞日记》上册,第 89 页。

2 《为国学学校定名四川国学专修学校事致四川民政长公函》(1913 年 6 月 24 日),四川大学档案馆藏"四川存古学堂、国学学校档案"。

国学馆,赓续设局,印刷发售。(十月后,省议会议决,国学馆与国学院合并,局遂附院。)弟经史子集各板,均资修补,乃先别其朽腐难印者,以旧本翻之;旧刻未完者,鸠工补刊。计自民国元年五月起,至二年十二月末,补成经类七种、史类十一种、子类五种(内二种新刻)、集类四种,都凡一百七十一万七千余字(畸零拾补不与),外购入私家精刻十六种。其他各书,尚骆驿覆校,竢付手民。蜀贤遗书新刊未成者,有《唐诗纪事》八十一卷,《雠校识语》附后,以备海内好古家博览。欲购局书者,庶有考焉。罗元黼记。

其所附《经史子集各书价目表》,"经类"有刘师培《白虎通义定本》二册,化连纸刷印,定价七十钱;《左盦杂著》二册,化连纸刷印,定价一百八十钱。此两种均有印本存世,其款式与《四川国学杂志》同,当即用《四川国学杂志》本拼版重印者,其正式出版则在民国三年(1914)。

21日,袁世凯发布讨伐令,镇压"二次革命"。

27日,《吴虞日记》载:

> [曾]阁君来,与艾绪光送刘申叔函及《骈文读本》下编去。[1]

案,《骈文读本》上编四卷,起上古,迄隋代,吴虞选,刘师培为之序。吴虞《国文撰录自序》又云:"刘君申叔,昔年游蜀,不佞曾请其选文数十篇,用资法式。凡分'明德''彻玄''衡往''揆今''议礼''辨物'六类,都为六卷。刘君时在客中,书籍弗备,其阙略者,则不佞为补足之。"

29日,刘师培夫妇离开成都,30日遇盗被劫后,又折返成都。据《申报》载《刘申叔遇劫》云:

> 国学院长刘申叔请假回里,于七月二十九号挈眷登舟,三十号由东门外江干启行。午后四时,行至(诓)〔距〕省约七十里之红花场,突来一舟,载盗十余人,执持快枪利刀,将刘仆戳伤。刘行时,华阳唐知事派有巡缉队四名护送,亦无可如何,听其饱掠而去。计所受损失,川资衣物及宝贵书籍约数千金。闻该院得信,已专人迓其回省矣。[2]

1　中国革命博物馆整理:《吴虞日记》上册,第94页。
2　《刘师培遇劫》,《申报》1913年8月24日,第6版,地方通信·四川。

8 月 4 日《吴虞日记》载：

> 杨南皋言：刘申叔舟行七十里即被劫，损失约千余金。[1]

20 日，《四川国学杂志》第 12 号出版，"经学"刊载《〈春秋左氏传〉传例解略》，"政鉴"刊载《王畿田制考》《方伯考》，"文苑"刊载《休思赋》《旷情赋》，均署名刘师培。

24 日，《申报》第 6 版"杂评二"有署名"默"所作评论二则，其《刘申叔》云：

> 刘申叔，博学好古士也。前清时，初主革命，而又提倡国学。官场捕之急，乃赴东。抵东后，忽又改变其宗旨，与党人不相能。乃归而投诸端方之门下，相与摹挲金石，品评书画，翕如也。迨路事风潮起，端方提兵入川，挈刘行，并携带图书彝鼎甚众。不数月而难作，端方既毙于兵，所带古玩复尽失。刘得人说项，乃脱险，孑身从间道抵川，匿年余，而始长该省之国学院。今者久离桑梓，回省情殷，遂忽忽请假东返。不谓剧盗觊觎，复遇浩劫。虽其生命获免，所遭不及端方之惨，而数年来心血所积之异书古器，已荡然矣，其遇抑何可悲也。[2]

其述刘师培从间道抵川、匿年余而始长国学院等语，均出自传闻、悬测，而非实情。《章太炎》一篇云：

> 我悲申叔，我思章太炎矣。太炎自出狱后，赴东，号召同志，极力鼓吹革命。初与申叔甚相得，后忽暗起冲突，时人咸伸章而斥刘。此段故实，不足为外人道。盖其时申叔已稍稍改变其宗旨，而太炎则正盛倡革命之说也。迨民国成立，太炎东归，忽而和附政府，以攫镇边使之斗大印；忽而做几篇讨袁大文章，以扶助南方之民党。今者见民党失败，恐失政府欢，又亟亟自表其心迹矣。然则章之宗旨，亦仅与刘氏等，而博学好古，本相伯仲，刘固章之同调者耳。呜呼！申叔盍归乎来，以与太炎一话东京时之旧雨乎？[3]

26 日（农历七月二十五），刘师培夫妇抵湖北宜昌。刘师培作《陈君式

1　中国革命博物馆整理：《吴虞日记》上册，第 96 页。

2　默：《刘申叔》，《申报》1913 年 8 月 24 日，第 6 版，杂评二。

3　默：《章太炎》，《申报》1913 年 8 月 24 日，第 6 版，杂评二。

仁别碑》，云：

> 民国二载秋，仲月日廿五。维舟宜昌郭，道出君故宇。斯人今则亡，感此泪如雨。鲁贤叹冉牛，秦俗悲缄虎。作诗昭德音，奕世永君誉。庶几费凤刻，传诵亘终古。[1]

9 月 10 日，《吴虞日记》载：

> 午刻，张梦馀来，约同游公园。梦馀言：徐炯在渝任教育司，大开演说，得熊克武三万元。又言杨南皋暗中使人攻去刘申叔事，一闻之于张少斋，一闻之于陈卓夫之子。[2]

案，杨南皋（1872—1917），字赞襄，天全人。张梦馀此说不确。刘师培离川，与杨赞襄无关。

本月，《国故钩沉》杂志出版，仅出一期即停刊。刘师培在该刊发表一些旧作。

本月，刘师培夫妇抵扬州，小住数日，即赴上海，与在上海的谢无量相会。刘师培作《上海赠谢无量》诗，云：

> 倦游良寡欢，揽辔轸千虑。之子沛清扬，款言发心素。凄凄聆谷风，恻恻怀阴雨。岂无揭车怀，缱绻劳鬶釜。[3]

在沪期间，刘师培曾与廖平相晤，廖平以《孔经哲学发微》（又称《哲学史》）一书序言相托。明年，刘师培作《廖氏学案序》，其自注云："去秋在沪，属作《哲学史序》，惟书名弗雅驯，故易称'廖氏学案'，未知尊意以为何如。"[4]

曼华回忆称，刘师培在沪时，见到过章太炎，"申叔殊感枚叔厚谊，复言归于好"。[5] 其说似不确。查章太炎行踪，本年 8 月 11 日"早，入京，驻化石

1　刘师培：《左盦外集》卷十九，《仪征刘申叔遗书》第 12 册，第 5381 页。案，据刘师培离开成都行程推知，此"仲月日廿五"乃指农历，而非公历。

2　中国革命博物馆整理：《吴虞日记》上册，第 100 页。

3　刘师培：《左盦诗录》卷三，《仪征刘申叔遗书》第 12 册，第 5530 页。

4　刘师培：《廖氏学案序》，《国学荟编》民国三年第 4 期，文末署"仪征刘师培序"。

5　曼华：《同盟会时代〈民报〉始末记》，中国史学会编：《辛亥革命》（二），第 447 页。

桥共和党本部"，[1] 随后即被监视，继而软禁，便没有离开北京。直至1916年6月16日撤警，[2] 方获自由行动。而刘师培8月26日方抵宜昌，仅从时间上说，章、刘二人没有在沪见面的可能。刘师培夫妇选择由上海北上，应是由上海乘海轮至天津，搬取所存行李后，由天津入山西太原。

10月6日，袁世凯派军警数千人包围国会，强迫议员选举其为正式大总统。次日，选黎元洪为副总统。

10日，袁世凯在北京故宫太和殿就任正式大总统，黎元洪在湖北都督府就任副总统。

11月4日，袁世凯解散国民党，并收缴国民党员的证书、徽章。12日，又下令取消各省议会国民党籍议员。

27日，袁世凯接见衍圣公孔令贻，给予一等嘉禾章，又颁布尊孔令，云：

> 所有衍圣公暨配祀贤哲后裔，膺受前代荣典、祀典，均仍其旧。惟尊圣典祀綦重，应由主管部详稽故事，博考成书，广征意见，分别厘定，呈候布行。[3]

本月，刘师培夫妇至山西后，住友人南桂馨家中。后由南桂馨作筏，刘师培任山西都督府顾问，何震仍作阎锡山家庭教师。郭象升《左盦集笺》云：

> 申叔旋由四川来，居南佩兰家。久之，迁寓察院后一宅，素号为太原城四凶宅之一。余间语之，申叔即失色，移去。何震亘语余曰："君与申叔交密，慎无导之服食阿芙蓉也。"

案，何震嘱郭象升不可引诱刘师培吸鸦片，因何震知郭氏自食。1922年10月5日《晨报》载镜芙《阎锡山调停鸦片案》，[4] 谓张籍（贯三）向警署举报郭象升夫妇吸食鸦片事，可证。

12月12日，袁世凯任命李经羲为政治会议议长。

23日，王无生在上海因病逝世，《神州日报》刊载《王无生先生之讣》云：

1　章炳麟：《家书》（1913年8月11日），转引自汤志钧：《章太炎年谱长编》（增订本）上册，第257页。

2　章炳麟：《太炎先生自订年谱》，转引自汤志钧：《章太炎年谱长编》（增订本）上册，第299页。

3　《神州日报》1913年11月29日，第1页，命令。

4　镜芙：《阎锡山调停鸦片案》，《晨报》1922年10月5日，第6版。

本报前记者王无生先生秋间抱病返扬，于半月前因事来沪，寓居小花园一号独立周报社，不幸病棘，于二十三日下午七时逝世，定于今日成殓。因周报社中地位窄小，棺柩不克少停，入殓之后，即行移柩至西门外京江公所殡房，择日开会追悼，再行布闻。[1]

刘师培作《哀王郁仁》诗，别有《王郁仁哀词》（见1916年3月15日）。《雅言》第5期"文选"有马浮《江都王君墓志》。

25日，《雅言》杂志第一年第1期在上海出版，"文选"载《康君季琴墓志铭》，署名刘申叔。本年夏，该刊主编康宝恕作函向刘师培约稿，刘师培作《答康宝恕书》，云：

> 接来教，知有《雅言》杂志之刊，甚休！甚休！
>
> 往丁丧乱，绝蔑微学，常恐南金已尽，此道遂绝。执事元意素业，尊广道艺，杙立言之矩庸，宣往哲之旨务。辟之正朝夕者立司南，善晞望者操表撅。间弼衰之隐括，亦幽夜之逸光也。
>
> 顾复无弃菅、蒯，属缮近制。夫汉阴枯蚌，非灵照所存；龙门孤桐，岂搴荣之地？曩习《七经》，粗缀津绪。诶文群典，不无缵绛。惟讨析所及，义存广求，虑弗悉备，每用疑略。方期犍门退扫，补葺漏目；理当改为，复更鳌董。岁月弗居，志与愿谢。并土濒胡，经籍道息。偶资寻省，内寡简轴。假班嗣之书，徒闻在昔；驰陈农之传，未见其人。
>
> 至若底究流畛，捃采残落，叶附图籍，该综记录，徒怀涉津之望，每深闭舟之惑。虑就陵迟，但用穷结。方将询巫彭于开明，从郤缺于冀壄，伏龙光于潜渊，埋《韶护》之清赏。兹承嘉命，辄复搜录，篇繁弗具，别当相简。惟均迹燕石，切响郢歌，正恐多嗤于荆璞，无当于阳菁耳。
>
> 炎蕴方隆，愿珍清轨。川途修旷，瞻伫好音。[2]

冬，刘师培作文吊介子推，云：

> 癸丑之冬，予游太原，询故老绵山故迹，悲介推志，作文吊之。
>
> 伊余身之不辰兮，独抱感而不怡。登重城而遐望兮，意凄悢而含悲。

---

1 《王无生先生之讣》，《神州日报》1913年12月24日，第1页。该版另有《本社前记者王无生先生传略》《王无生长别诸知好书》。

2 刘师培：《左盦外集》卷十六，《仪征刘申叔遗书》第12册，第5156—5157页。

夕驰梦于绵野兮，觌幽人于髣髴。结流景以聆词兮，申精诚于宵寐。曰予好此奇服兮，独姱修以为常。申君子之绸缪兮，筮觅（睦）〔陆〕兮吾将行。朝予陟此崔嵬兮，申《谷风》之永怀。夕发轸于苹野兮，聆鸣鹿之求俦。载予车于榛林兮，捐予辅兮中野。繁霜凄其夕降兮，予亦焉怀夫阴雨。愿远迹而自舒兮，谅跬步之易踬。惋颓年之迟暮兮，尽余阴于尺木。运回沉其无常兮，吾亦安知其起伏。将上下而求索兮，尚颠跻之予告。曰浮沉之判分兮，错万形于殊辙。彼椿菌之殊年兮，宁荣凋而异节。相密云于西郊兮，固沾渥之所兴。贻好音于在穴兮，鸟垂翼而弗升。刚柔错其相诡兮，鲁叟颇测其永贞。昔偓狨之信美兮，贞磏仁于怀石。彼祐谦而辅信兮，徒理存而事隔。虽德厚而祚卑兮，谅天命之匪易。伊夫子之絜清兮，矧昭质其未亏。抗浮云而上征兮，超玄阙之崔嵬。邈旷世而难俦兮，宁下土之足怀。

重曰：郁郁绵山，望阡眠兮；炎炎原燎，百卉痟兮。飘风蓬龙，日惛惛兮；沛浊浮清，质九天兮。[1]

【著述】

古本字考　《四川国学杂志》第 5 号，1 月 20 日，经学，署刘师培

左庵文抄：前四川提督丁公墓志铭　同上，文苑

《中国文字问题》序　《四川国学杂志》第 6 号，2 月 20 日，通论，署刘师培

　　案，序末署"民国二年二月十二日序"，由出刊日期观之，刘师培此时所署日期均为民国时所用之阳历，而非此前所署之阴历。此文又刊于《甲寅》第 2 期。《中国文字问题》，李尧勋作，刊于《四川国学杂志》第 3、4 号，《国学荟编》民国四年第 12 期。

西汉周官师说考　同上，经学

　　案，此文于该刊第 7 号续完。

国学学校论文五则（附：文笔词笔诗笔考）　同上，文苑

　　案，此文又刊于 1916 年《中国学报》第 1 期，题作《文说五则》。

1　刘师培：《吊介推文》，《刘申叔遗书补遗》下册，第 1341—1342 页。

《蓉溪访古图》记　未刊手稿

题张船山《南台饮酒图》　未刊手稿，原图藏四川大学博物馆

白虎通义源流考　《四川国学杂志》第7号，3月20日，通论，署刘师培

　　案，此文曾刊于《国粹学报》第74期及《雅言》第一年第4期。

今文尚书无序说（附：陈氏寿祺今文有序十七证驳义）　同上

白虎通义定本　《四川国学杂志》第8号，4月20日，经学，署仪征刘师培校定

　　案，此文于该刊第10号续完。其序末署"民国二年三月，仪征刘师培"。

校雠通议箴言　同上，史学，署刘师培

师培文录　《独立周报》第28—29期合刊，4月20日，文艺部·文选，无署名

　　案，其子目如下：

　　　四川国学会序

　　　致吴伯竭书二首

刘师培诗　《独立周报》第30—31期合刊，5月4日，文艺部·诗选，无署名

　　案，本期刊载《阴氛篇》《八墥篇》《大象篇》。该刊第32—33期合刊有续载。

刘师培诗　《独立周报》第32—33期合刊，5月18日，文艺部·诗选，无署名

　　案，本期刊载《咏史》十二首。

周书略说　《四川国学杂志》第9号，5月20日，经学，署刘师培

左庵文抄：前四川彭山县知县康君墓志铭　同上，文苑

　　案，此文又刊于《雅言》第一年第1期，题作"康君季琴墓志铭"。

繁露佚文辑补　同上，杂录

八墥篇　《神州日报》5月27日，第5页，文苑，署申叔

　　案，此诗又载本月《独立周报》。

定命论（附：讲学词）　《四川国学杂志》第10号，6月20日，通论，署刘师培

非古虚篇　同上

月令论　同上，经学

周明堂考（附：东宫考）　同上

　　案，此文又刊于《国故钩沉》第1号。

古重文考　同上

左庵文抄：近读何衡阳集，至达性论答宗居士书，轩轾儒释，虚画疮痏，

崇深未窥。颜、宗二哲往复伸难，足使迷途自反，异见杜口。乃所作报应论，诤者顾鲜，虑滋世惑，驳之云尔

匡谬正俗校证序　同上，文苑

> 案，《匡谬正俗疏证》一卷，谢无量撰。

晏子春秋逸文　同上，杂录

左庵杂著　同上

> 案，其子目如下：
>
> 书春秋繁露止雨篇后
>
> 法言李注非故本考
>
> 古籍示期互讹考
>
> 周书少昊考

春秋原名　《四川国学杂志》第 11 号，7 月 20 日，经学，署刘师培

古历经征　同上，史学

> 案，此篇即《古历管窥》卷上。

《国学学校同学录》序　同上，文苑

荀子佚文辑补　同上，杂录

> 案，此文又刊于《中国学报》第 1 册。

《春秋左氏传》传例解略　《四川国学杂志》第 12 号，8 月 20 日，经学，署刘师培

王畿田制考　同上，政鉴

方伯考　同上

休思赋　同上，文苑

> 案，此赋又刊于《国故钩沉》第 1 期及《中国学报》第 1 册。

旷情赋　同上

杂咏（如此风尘行路难）　《神州》第 1 卷第 1 期，词林，署刘光汉

周明堂考（附：东宫考）　《国故钩沉》第 1 期，9 月，署刘师培

古尚书五服说　同上

> 案，此文未完。

达巷党人考　同上

春秋左氏传古例诠微序例　　同上

案，此文即《四川国学杂志》第 12 号之《〈春秋左氏传〉传例解略》，仅标题略异。

校雠通议笺言　　同上

清三等轻车都尉杨君墓志铭　　同上

休思赋　　同上

案，此赋又刊于《四川国学杂志》第 12 号及《中国学报》第 1 册。

非古虚（上、下）　　同上

周髀说　　同上

舒兆熊妻夏孺人墓志铭　　同上

康君季琴墓志铭　《雅言》第一年第 1 期，12 月 25 日，文选，署刘申叔

案，此文又刊于《四川国学杂志》第 9 号，题作"前四川彭山县康君墓志铭"。

吊介推文　《左盦文内篇》，南京图书馆藏二卷本

1914 年（民国三年，甲寅）　三十一岁

【事略】

1 月 10 日，袁世凯宣布解散国会，停止参议院、众议院议员职务，一律资遣回籍。

本月，《四川国学杂志》改名《国学荟编》，出版民国三年第 1 期，刊载《庄子校补》，署名刘师培。

2 月 7 日，袁世凯通令各省祀孔，以春、秋两季行祀孔礼。

10 日，《雅言》第一年第 4 期"杂录·文选"刊载《白虎通义源流考》，署名刘申叔。

本月，《国学荟编》出版民国三年第 2 期，续载《庄子校补》完，署名刘师培。

《扶风月报》第 2 期出版，"载道之文"刊载《中国宗教原始》，目录署名刘光汉，内页署名汉，乃据《国粹学报》所载《周末学术史序·宗教学史序》收录而删去其小注。

3月9日，袁世凯命令设立清史馆，"踵二十四史沿袭之旧例，成二百余年传信之专书，昭示来兹，导扬盛美"。[1]

10日，《雅言》第一年第6期"文艺·学录"刊载《周书略说》，署名刘申叔。

11日，《神州日报》载特约路透社北京10日电，云：

> 据《中国公报》载称：四川城口县知事陆某呈请政府，将大总统任期改为终身。袁总统初阅时，以陆弁髦《约法》，颇形震怒；继复细阅所陈理由，极可实行，故决意付各省都督、民政长征求意见。[2]

春，因担心尾大不调，袁世凯下令裁撤各省都督府，缩减编制，裁减人员。山西都督府改编为将军府，裁撤顾问，刘师培面临裁撤问题。南桂馨深知袁世凯对阎锡山存有介心，遂合谋由阎锡山保荐刘师培给袁世凯，既可对袁表示忠心，又可使刘师培为之缓颊。南桂馨回忆谓：

> 迨都督府改编为将军府，编制缩小，顾问裁撤，刘的生活，因此无着。我很替他着急，适逢帝制议起，我认为有机可乘，遂与阎密谋以专电保刘入京，请袁任用。袁既素闻刘名，而袁的亲信秘书闵尔昌又是刘的亲戚，也向袁吹嘘，所以袁命刘入京。刘到京后，由袁的长子克定带领觐见，初任总统府内史，后兼参政院参政。[3]

4月1日，应袁世凯之邀，王闿运由长沙出发赴京，就任国史馆职。

19日，王闿运应孔教会之约，到该会演讲《诗经》首数章。[4]

24日（农历三月二十九），王闿运等在北京法源寺饯春，作《法源寺留春会宴集序》。[5]《神州日报》谓：

> 前清翰苑本有每年团拜之例，自国体改革，兹事遂废。此次王湘绮先生到京，因系清末钦赐检讨，文章、学问素称渊博，年逾八秩而精神矍

1 《神州日报》1914年3月12日，第1页，命令。

2 《神州日报》1914年3月11日，第2页，本馆电报·特约路透北京电。

3 南桂馨：《山西辛亥革命前后的回忆》，《辛亥革命回忆录》第5集，第159页。

4 《王湘绮在京讲经记》，《神州日报》1914年4月24日，第5页。又，《王湘绮讲经之粹语》，《神州日报》1914年4月25日，第4页。

5 王闿运：《法源寺留春会宴集序》，《神州日报》1914年5月18日，第5页，神皋杂俎·文苑。

铄，尤不易得。爰由袁励准发起，遍邀旧日翰苑五十人，萃集城南陶然亭，为文酒之会，款宴先生。先生赋五古一篇，传观索和。韵押"十灰"，诗中用"圣清"两字，加以双抬，颇为别致。[1]

《刘氏五世小记》云：

《湘绮楼日记》：一九一三年甲寅，旧历三月廿九日，在北京法源寺饯春，大集海内名流，会者百有廿人，未见者严复、姜颖生。午初往，酉正散云云。是集，舅氏曾作五言古诗一首，记曾附入寄母亲信中。还有一句笑话，说弟又向《儒林外史》中轮回一次了。母亲阅信大笑，因为是年屡函母亲到京小住，并谓春日各寺院有花可赏，故附此诗博笑。[2]

案，刘师培未曾入翰林院，不宜获邀，且此时在太原，不在北京，应无缘于法源寺饯春之集。梅鹤孙所记时间有误，当为明年袁克文邀集事。

本月，《国学荟编》出版民国第三年第4期，刊载《廖氏学案序》，署名刘师培。题下注云："去秋在沪，属作《哲学史序》。惟书名弗雅驯，故易称'廖氏学案'，不知尊意以为何如。"则此文作于本年。《六译馆丛书》本题下注同，而1919年《戊午周报》所载，其题注"哲学史序"作"孔经哲学发微序"，与此微异；1919年天津《大公报》所载，无题注。

5月1日，袁世凯公布《中华民国约法》，改责任内阁制为总统制；废除国务院，设政事堂；任命徐世昌为国务卿。

10日，章士钊等在日本东京创办《甲寅》（*The Tiger*）杂志，出版第1卷第1号，"文录"栏载《刘申叔与谢无量书》二首，"诗录"载《咏史》，署名刘师培。

26日，参政院成立，政治会议停止。袁世凯任命黎元洪为院长，汪大燮为副院长，李经羲、孙毓筠、王闿运等七十一人为参政。

30日，刘富曾拜访缪荃孙。[3]此时，刘富曾与缪荃孙、李详等同在嘉业堂校书，过从甚密。

本月，《国学荟编》出版民国三年第5期，刊载《与大慈寺性证法师书》

---

1 《湘绮诗话》，《神州日报》1914年5月18日，第4页。

2 梅鹤孙：《刘氏五世小记》，第51页。

3 缪荃孙：《甲寅日记》，《缪荃孙全集·日记（三）》，第320页。

《答罗芸裳书》，署名刘师培。

6月1日，缪荃孙回访刘富曾。次日，缪荃孙送《鲁春秋》《读书记》《左传杜解集正》与刘富曾校。[1]

10日，《甲寅》第1卷第2号出版，"文录"刊载《刘申叔中国文字问题序》。

本月，刘师培作《癸丑纪行六百八十八韵》长诗，自述身世，大有"江海飘零""风云感会"之意。诗末有跋，云：

> 民国二年夏，由蜀适沪。秋，复由沪适晋，作诗纪行。韵宗《集韵》，间用正字及经典假文。因系初稿，瑕颣孔多，改定未遑，姑付石印。应注之处，亦均从略。师培记。[2]

郭象升云：

> 刘申叔在晋时，忽一日贻余短简曰："《广雅疏证》，君当有之。顷有检查，请借一观。"余即举此本付之，留彼处，经年始还。复索《集韵》，余以姚觐之刊本付之。后问其何所考证，乃笑曰："偶撰一诗耳。"余曰："何事《广雅》《集韵》耶？"则曰："君曾见古今最长之诗几韵？我今作得六百韵诗一首，所以需此等书也。"申叔殁已十五年，偶展此书，感触往事，怅然题之。[3]

7月10日，《雅言》第一年第7期"文艺·学录"刊载《鞠躬解》，始载《庄子校补》，署名刘师培；"文艺·文录"刊载《致本社记者书》，署名刘申叔。

25日，《雅言》第一年第8期"文艺·学录"续载《庄子校补》，"文艺·文录"载《答四川国学学校诸生问说文书五通》，署名刘师培。

28日，袁世凯公布《文官官秩令》，分卿、大夫、士，以上、中、下列为九等。

本月，《国学荟编》民国三年第7期出版，刊载《与廖季平书》（即《中国学报》所称《与廖季平论天人书》），云：

> 季老经席：申江话别，裘葛代更，想履候惟宜，与时俱适。往奉清

1　缪荃孙：《甲寅日记》，《缪荃孙全集·日记（三）》，第320—321页。

2　刘师培：《左盦诗录》卷三，《仪征刘申叔遗书》第12册，第5547页。

3　郭象升：《广雅疏证跋》，王开学辑校：《郭象升藏书题跋》，第20页。

尘，获睹《四变记》《天学》各条，条勒经旨，致极钩深；理据昞然，无假
掎摭。惟比同孔、释，未消鄙惑。夫经论繁广，条流舛散。仰寻玄旨，理
无二适。盖业资意造，生灭所以相轮；觉本无明，形名所以俱寂。势必
物我皆谢，心行同泯；理绝应感，无极机初；超永劫之延路，拔幽根于始
造。非徒经纬地天，明光上下，逞形变之奇，知生类之众已也。至于《诗》
以明天，《老》《庄》抱壹；《淮南》辨人极之宜，《山经》伏大荒之目；邹
书极喻于无垠，屈赋沉思于轻举，虽理隔常照，实谈遗凤业。使飞鸢之
喻有征，迈龙之灵弗爽。然巫咸升降，终属寰中；穆满神游，非超系表。
何则？清轻为天，重浊为地。无色之外，方属化城；非想之中，犹称火宅。
虽复景迹峒山，同风姑射；观始极之崇，翔虚无之轸，致化人于西极，聆
钧天之九奏。至于俱禀太始，同陶冥化，遭逆生死之涂，隐显幽明之迹；
清升浊降，轮转实均。是知宙为迁流，宇为方位；宙兼今古，宇彻人天。
内典以道超天，故籍以天为道。玄家所云方外（六合之外亦然），仍内典
所谓域中耳。以天统佛，未见其可。窃以渊旨所寓，在极圣功。妙统三才，
足章无外。至内典要归，惟诠出世。譬之月不知昼，日不知夜。部居既别，
内外有归。引为同法，无资崇孔；括囊空寂，转蠹孔真。正恐夷夏化胡
之论，复见于今耳。不揣梼昧，粗揭所疑。书不尽言，幸更详究。山川
悠远，引领綦劳。幸惠余音，用披蕴滞。师培拜启，七月十四日。

　　《说文》"伊"从人、尹，是阿衡以前，本无"伊"字；《夏书》有"伊
洛"，《礼》有伊耆氏，均出阿衡之前。当阿衡未尹天下之前，果为何
字？引而伸之，足为尊著孔制六书之验。又如"俣"字及"偓""佺"
二字，均以人名为正诂，然必有取名之义。（如申繻所言是。）是知取
名之义，字无正形。字有正形，因人而制。推之许书《女部》诸字，（姬、
姜皆水名，何字不从"水"而从"女"？）厥例均同，亦足资尊说之助。
师培附及。[1]

　　1　此文从《国学荟编》录入。钱玄同编《刘申叔先生遗书·左盦外集》卷十六《与廖季平
论天人书》，据手稿，《中国学报》本收录，其文字与此有异。1913年刘师培离川后、赴山西
时，曾与廖平话别于上海。据此函云"申江话别，裘葛更代"，则札末所署"七月十四日"当
指1914年。

8月10日，《雅言》第一年第9期出版，"文艺·学录"续载《庄子校补》，"文艺·文录"刊载《答四川国学学校诸生问〈说文〉书四通》，署名刘师培。

25日，《雅言》第一年第10期出版，"文艺·诗录"刊载《左庵长律：癸丑纪行六百八十八韵》，署名刘师培。

9月25日，袁世凯发布告令，称：

中国数千年来，立国根本，在于道德。凡国家政治、家庭伦纪、社会风俗，无一非先圣学说发皇流衍。是以国有治乱，运有隆污，惟此孔子之道亘古常新，与天无极。经明于汉，祀定于唐，俎豆馨香，为万世师表，国纪民彝，赖以不坠。隋唐以后，科举取士，人习空言，不求实践，濡染酝酿，道德寖衰。近自国体变更，无识之徒，误解平等自由，逾越范围，荡然无守，纲常沦弃，人欲横流，几成为土匪禽兽之国。幸天心厌乱，大难削平，而黉舍鞠为荆榛，鼓钟委于草莽，使数千年崇拜孔子之心理缺而弗修，其何以固道德之藩篱而维持不敝？本大总统躬膺重任，早作夜思，以为政体虽取革新，而礼俗要当保守。环球各国，各有所以立国之精神，秉诸先民，蒸为特性。中国服循圣道，自齐家、治国、平天下，无不本于修身。语其小者，不过庸德之行、庸言之谨，皆日用伦常所莫能外，如布帛菽粟之不可离；语其大者，则可以位天地，育万物，为往圣继绝学，为万世开太平。苟有心知血气之伦，胥在范围曲成之内。故尊崇至圣，出于亿兆景仰之诚，绝非提倡宗教可比。前经政治会议议决祀孔典礼，业已公布施行。九月二十八日为旧历秋仲上丁，本大总统谨率百官，举行祀孔典礼。各地方孔庙，由各该长官主祭，用以表示人民，俾知国家以道德为重，群相兴感，潜移默化，治进大同。本大总统有厚望焉。此令。[1]

28日，袁世凯举行祀孔大典。[2]

本月，《国学荟编》民国三年第9期出版，刊载《达巷党人考》，署名刘师培。

1　《大总统告令》，中国第二历史档案馆编：《北洋政府公报》第860号，第40册，上海：上海书店，1988年，第405—406页。

2　《大总统秋仲祀孔记》，《神州日报》1914年10月5日，第5页。

10月12日，袁世凯令阎锡山将刘师培先行送觐。《政府公报》载：

> 同武将军、督理山西军务阎锡山呈，保荐经学通儒、前分省补用知府刘师培，请恩准送觐，量才录用由。刘师培先行送觐，交政事堂饬铨叙局查照，履历并发。此批。中华民国三年十月十二日。[1]

15日，《政府公报》载《同武将军、督理山西军务阎锡山呈保荐经学通儒、前分省补用知府刘师培，请恩准送觐、量才录用文并批令》，云：

> 为保荐经学通儒，请准送觐事。窃自汉代表章六经、崇尚实学，一时通儒硕彦，阐微言于既晦，守师说以名家，用能经学昌明，蔚为风气。盖以学术之纯疵，有关治术之得失。际此众说争鸣之会，诚得通经致用之士，实足为匡时厉俗之资。兹查有前分省补用知府刘师培，江苏仪征县人，由举人拣选知县，保涉知府，曾派充学部谘议官、粤汉川汉铁路顾问官。该员博闻强记，颖悟过人。经史百家，靡不淹贯。自襄事南洋督幕，于吏治掌故，研究有年，力求实用，而于保存国粹，提倡尤力。故东南人士，咸耳该员淹博之名。嗣充四川国学院院长，兼办存古学校，分经教授，造就多才。其征文考献之功，尤为川人所交颂。上年来晋，锡山知其传经累世，粹然儒者，聘充顾问。一年以来，讲学论文，深资获益，而考其著书之宏富，修业之精勤，为晚今所仅见。锡山深知该员学有本源，用特据实保荐，理合附呈履历，伏乞恩准送觐，量材录用，无任惶悚待命之至。谨乞大总统钧鉴，训示施行。谨呈。
>
> 批令：刘师培先行送觐，交政事堂饬铨叙局查照，履历并发。此批。

中华民国三年十月十二日[2]

案，郭象升《左盦集笺》云：

> 民国三年，晋督阎公保荐申叔及余于大总统，其呈札，自为之也。为余下考语十六字，今不记其词，其意则云：史学精深，窥见根柢云云。余亦甚感其相知，不以其相形轻重为病也。

郭象升又云：

---

1 中国第二历史档案馆编：《北洋政府公报》第876号，第41册，第462页。

2 中国第二历史档案馆编：《北洋政府公报》第878号，第41册，第554—555页。

余与刘申叔一室而处者二年，曾勉以停罢他课，早就《左疏》。申叔攒眉曰："人人见我作此语，君亦尔乎？家业不终，诚哉余责，然安得此光阴？且其书卷目烦多，幸而成就，谁为刻之矣？余不暇为之矣。"申叔四世传经，万卷著录，然不肯整比先业，而自骋其才，亦以人生任性情则乐、负义务则苦也。《左传》新疏，其终无出版之日乎？[1]

其《左盦集笺》卷首跋亦云：

余于为学属文，兴之所发，一往而深，往往万言倚马。申叔亦然。然曩尝语之曰："君家三世疏《左》，止于襄公二十三年。卒此大业，非君而谁？君今广心务博，乃束置《左疏》不谈，殊失海内之望矣。"申叔曰："君言是也，然此心移不到《左疏》上，奈何？（余删去七跋中，有一节已及此。）心移不到，即小跋短引，尚将因循岁月，况《左疏》繁重，能无望而却步？虽然，此事终吾责也。自号左盦，所以识也。"今《申叔遗书》褒然，《左疏》迄无一字，而《左盦集》中，小跋短引特多，可以知学士文人著述，多由兴发。余之小德，亦申叔终身出入者也。[2]

郭象升与刘师培虽过从甚密，然谓其"不肯整比先业而自骋其才"，归之"心移不到"，所论未当。刘师培非"不肯整比先业"，实因家累过重，无力从事耳。又，刘氏《春秋左氏传旧注疏证》止于襄公五年（前 568），而非襄公二十三年。

得袁世凯批准后，阎锡山即遣刘师培入京进觐，并再次呈文。《政府公报》载《同武将军、督理山西军务阎锡山呈前呈保荐经学通儒刘师培遵批送觐文并批令》，云：

为保荐人员遵批送觐事。窃锡山前呈，保荐经学通儒、前分省补用知府刘师培，请准送觐，量才录用。本年十月十二日，奉大总统批令：刘师培先行送觐，交政事堂饬铨叙局查照，履历并发。此批。等因，奉此，遵即备文，交由该员刘师培赍赴铨叙局报到，以凭由局带领觐见。除给咨外，理合将遵批送觐缘由，备文具呈，伏乞大总统钧鉴。谨呈。[3]

1　郭象升：《刘孟瞻先生年谱跋》，王开学辑校：《郭象升藏书题跋》，第 44 页。

2　郭象升：《左盦集笺卷首跋》，《辛勤庐丛刻》本。

3　中国第二历史档案馆编：《北洋政府公报》第 891 号，第 42 册，第 578 页。

25日，袁世凯将阎锡山送刘师培进觐呈文批交政事堂饬铨叙局查照。《政府公报》载：

> 大总统批令：同武将军、督理山西军务阎锡山呈，前呈保荐经学通儒刘师培，遵批送觐由。呈悉，交政事堂饬铨叙局查照。此批。中华民国三年十月二十五日。[1]

本月，《国学荟编》民国三年第10期出版，始载《左庵长律：癸丑纪行六百八十八韵》，署名刘师培。

11月10日，《甲寅》第1卷第4号出版，"评论之评论"刊载秋桐（章士钊）《联邦论》。

12日（农历九月二十五），刘师培拜访缪荃孙。《艺风老人日记》载：

> 廿五日辛亥，晴。陆中堂、罗子敬、刘世培、傅沅叔来。[2]

14日，《神州日报》披露宋育仁、劳乃宣、王闿运等呈请袁世凯，请宣统复位。[3]

18日，《神州日报》刊载阎锡山保荐刘师培的消息，云：

> 阎锡山保刘申叔为硕学大儒，特送觐见。刘现到京，住大同公寓。[4]

23日，袁世凯发布申令，斥责清帝复辟说，以为"似兹谬说流传，乱党将益肆浮言，匪徒且因以煽惑"，"不特为民国之公敌，且并为清室之罪人"。现除既往不咎外，"后如有造作谣言，或著书立说及开会集议，以紊乱国宪者，即照内乱罪从严惩办"。[5]

本月，吴虞所编《骈文读本》脱稿九年后，友人樊孔周为之出版。吴虞作《自序》，略称：

> 顾《骈体文钞》卷帙繁重，弗便诵习，且不佞欣赏之文，亦不免有所漏略。九年前，曾综平昔所嗜之文共一百五首，都为四卷，命曰《骈文读本》，取备讽览。以视王志坚《四六法海》之夐杂，许梿《六朝文絜》

1　中国第二历史档案馆编：《北洋政府公报》第889号，第42册，第465页。

2　缪荃孙：《甲寅日记》，《缪荃孙全集·日记（三）》，第344页。

3　《竟有公然请清帝复位者》，《神州日报》1914年11月14日，第1页，北京专电。

4　《刘申叔得此特别保举》，《神州日报》1914年11月18日，第2页，北京专电。

5　《神州日报》1914年11月26日，第1页，命令。

之纤丽,似微有别裁。昔苏子瞻讥《文选》去取之谬,而张戒则谓子瞻文章,长于议论而乏奇丽,其弊正坐不留意《文选》。共和草创,日不暇给,陆沉聋瞀,滋世诟詈。国华消丧,文献零替。至乃词不达旨,文而无彩,或则竞抚赋律,妄称骈体。流别罕存,雅正相冒。词章家宋玉、扬雄轨辙,邈难踵武;非词章家如乐毅、庄辛之华藻精蕴,弥弗能望之于伟人政客。此则修饰之美、摇曳之笔如桐城派古文者,已同凤毛麟角之足宝,而《骈文读本》虽陋,或亦有合于申耆之言者也。

刘师培、谢无量均为《骈文读本》作序,刘师培在《序》中系统阐发了自己对文质关系的见解,略云:

> 物成而丽,交错发形,分动而明,刚柔象也;参伍磬折,莫水范也;率由仇匹,威仪极则也。在物佥然,文亦犹之。自言父典祭,赞词陈信,铭颂諨吊,于焉其滋。行人喻词,文以行远。诏册书檄,斯其蕰薐。俊髦所肆,于古为经。其在《易》曰:"云雷,屯,君子以经纶。"云雷昭象,则是旋回。"经"谓经纶,比绪以成。"经籍"之名,枲丝制锡,故必偶类齐音,以资习诵。

> 若夫直言论难,口说是媵。捈欲通嚏,惟资辞达。言语同科,离文制辙。观《文言》可伺《十翼》,则知文衍经余;观《论语》弗俪《六经》,则知语非文媲。《易·大传》曰:"物相杂,故曰文。"《论语》曰:"馘馘乎文哉!"由《易》之说,则青白相比、玄黄厝杂之谓也;由《语》之说,则会集众采、含物化光之谓也。准萌制字之基,顾题正名之旨,文匪一端,异出同流,必重明丽正,致饰尽亨,缀兆舒疾,周旋矩规,然后考命象以极情性,观形容以况物宜,故能光明上下,劈楮万类。未有志白贲而詑翰如,鹜素功以该绘事者也。惟是音泮轻轩,象昭明两,比物丑类之规,切响浮声之畛。后贤斯闇,古或未昭,则以清浊周疏,间世斯密;抒抴鼙储,致殊科臬。何则?

> 人性之能,别声被色而已。声弗过五,而生变比音,不可胜奏;色弗过五,而成文不乱,不可胜宣。故舞溢在庭,方员自形;蕤宾偶搒,左钟退应。因物而作,或秉自然。至若龙璪齐辉,上下异昭;笙镛节律,间代而鸣;彰彩谐音,率由世巧。由是而言,前哲因情以纬文,后贤截

文以适轨。故沉思翰藻，今古斯同，而美媲黄裳，六朝臻极。

晚近论文，恒以后弗承前为诟，然六爻之位，皆骊左右，翦偶隆奇，曷云成列？况周冕玉藻，前后邃延；骤易夏收，必乖俯仰。至于律吕宫商，虽基沈《论》，然锡銮失和，虽有金辂樊缨，末由昭其度；双璜错鸣，虽有韫韨幽衡，末由佾其娓。故文而弗俪，治丝以棼之说也；俪弗和律，琴瑟抟一之说也。二惑既躏，文则斯准。又著诚去伪，俗儒拘执，谓舍文从质，《春秋》所誉，至以太圭不瑑譬方，不知说而丽明，物睽斯类；明不可息，冥升奚贞？古入公门，必彰列彩。杂服是习，不愆安礼；火龙可贱，于昔葭闻。夫莫席之平，素衣之裼，犹必画纯铄其华，朱绡炜其裼，况于记久明远、经纬天地者乎？孔崇先进，旨主刺时，故有质有文，葛卢垂贬。质果可复，则是彪蒙匪吉，虎炳匪孚，子羽未可休，棘成未足黜也。

又，隋唐以前，偁章文笔。五代而降，捋类翕观。袒褐在躬，蒙袭袞裳之名；土硎是饭，因云雕俎可齐。董仲舒有言："名生于真，非其真不以为名。"名背厥真，此万民所由丧察也。吴君所撰，篇仅盈百，然决拾有常，宿离不贷。信述所资，独先科律。虽文体周流，迭更匪一，抽引绪岊，间及周季。辟之大飨，丹漆丝纩，庭实旅陈，蒲越稿鞂，兼昭贵本。于礼有然，庸伤翩反？

若夫沟名实以昭椠鍱，究古始以宣流衍，俯法象以显耀焞，聆《咸》《韶》以诠痈协，则《抱朴·钧世》之篇，彦和《知音》之论，粲列本编。率迪匪远，理无异诠，无假扬榷。因粗述往昔论文之旨，以质吴君。[1]

12月10日，刘师培作《民国三年答钱玄同书》，云：

手示悉。《春秋繁露·王道篇》云："亡国五十一。"拙著《繁露斠补》谓《公羊》经文明言"灭国凡三十三"，乃兼赅夏阳言。《僖二年》："虞师、晋师灭夏阳。"《公羊传》云："夏阳者何？郭之邑也。曷为国之？君存焉尔。"据《传》说，是《春秋》弗以夏阳系郭。董数灭国，似应计及也。尊论谓柬去吴亡，增入郭公、部子二失地之君，持谊至确。若然，则是"亡

---

1 刘师培：《左盦外集》卷十七，《仪征刘申叔遗书》第 12 册，第 5252—5254 页。

国五十一"，当从《淮南子》《史记》作"二"。《繁露》《灭国》、《盟会要》二篇均不作"一"。鄙说昔讹，兹当刊改。

至《王道篇》"弑君三十二"，勘以《公羊》经、传，"二"匪讹文。楚卷、齐悼，自系考终，弗必援《左氏》为说。凌《注》谓"当作六"，直误说耳。此复，即颂

道绥。

师培上言

十二月十日

《白虎通义定本》，稿在四川行箧，所携仅零星数纸耳。

闻季刚已行，确否？又及。[1]

21 日，刘师培进觐袁世凯。

23 日，袁世凯举行祀天大典。此前，刘师培作有《总统祀天议》，云：

盖闻五帝官天下，三王家天下，治莫隆于有虞，道莫高于帝舜。禅让之文，《诗》《书》著焉。《书·尧典》曰："遂类于上帝。"又曰："至于岱宗，祡。"非时祭天谓之类，祭天告至谓之祡。天有常祭，从可知矣。由是而言，肃恭郊祀，禅代一也。《礼·祭义》记曰："惟圣人为能享帝。"圣人德合天地，藏元通灵，天降嘉康，礼无不报，故必崇五兆之封，躬泰坛之礼。耕籍千亩，以供齐盛；作龟祢宫，以听誓命，所以仁鬼神、序天位，茂育万物，为百姓蒙嘉气。斯实报本之上经，重民之极致。典有其文，礼无或替。方今元首维明，德被四表；巍巍之盛，同符唐虞。顾禋祀之典，废焉弗修；维清之颂，阙而弗作，是非所以答皇天之惠、遵稽古之业也。窃以郊天之祀，事在宜行。增制邦典，斯其首矣。[2]

28 日，吴虞所编《骈文读本》由昌福公司排印。《吴虞日记》载：

至昌福公司，交《骈文读本》封面，并捡刘申叔、谢无量序及自序交印刷人。阅《骈文读本》一过，题下作者姓名间有缺夺，宋玉、王符是也。午饭后，令人将携回《骈文读本》与孔周交去，附有一笺。[3]

1　刘师培：《左盦外集》卷十六，《仪征刘申叔遗书》第 12 册，第 5121—5122 页。

2　刘师培：《总统祀天议》，《刘申叔遗书补遗》下册，第 1350 页。

3　中国革命博物馆整理：《吴虞日记》上册，第 163 页。

29 日，袁世凯令将刘师培交教育部从优任用。《神州日报》1915 年 1 月 4 日载袁世凯策令云：

> 本月二十一日明保觐见之刘师培，着交教育部从优任用。此令。[1]

本年，《白虎通义定本》《左盦杂著》由成都存古书局出版，乃用《四川国学杂志》拼板重印者。另有《左盦长律》（华新石印本），文字与存古书局本略同。

本年，刘师培在太原期间，与郭象升等游书肆购书，郭象升有《太原市上购书歌》，其序云：

> 甲寅居太原，日游书肆。知好中同此癖者，辄相遇于其间。戏作《太原市上购书歌》。

其述刘师培之诗有云：

> 申叔博综今儒枭，十行一目风卷蒿。冷摊捆载后车满，明日便叹陈迹遥。[2]

郭象升又有《刘申叔先生游晋长句赋赠》，疑即作于本年。诗云：

> 申叔先生今卢骚，（吴彦复尝以卢骚比君。）两年蓬转西南遥。并垣督府夜开宴，邂逅乃与斯人遭。高邮绝学冠一代，德清踵事增科条。瑞安余杭亦卓诡，吾子更鼓稽天涛。百年晋故我能说，名贤几辈兹游遨。亭林北来主青主，丁既忙矣传诙调。金风亭长两载住，日剔断石诔蓬蒿。东原兀兀撰汾志，通义讥让殊无聊。（《文史通义》谓戴东原撰汾《志》，以名僧入《古迹》。今检汾《志》无之，实斋语不实也。）颇闻面食近一月，微言翻藉穷秋毫。（东原客朱石君藩署，自云：家人食面一月，乃以其间撰《绪言》一书，即《孟子字义疏证》之初稿也。）抱经撰杖此都讲，校雠秘笈刊讹淆。纪阮前后各持节，（纪文达以主考，阮文达以祭告西岳，皆至晋。）默深载笔随星轺。（周系英督晋学，魏默深在其幕中。）铜章墨绶有人在，晚近难得筠与璈。（王箓友为乡宁令，

---

1 《神州日报》1915 年 1 月 4 日，第 1 页，命令。《申报》1915 年 1 月 9 日第 11 版“补录命令”同。

2 郑裕孚辑：《郭象升（允叔）文钞》，沈云龙主编：《近代中国史料丛刊续编》第四辑，台北：文海出版社，第 39 册，第 214 页。

徐六襄为阳城令。)稚威六雅富记述,翁山秋谷饶歌谣。文章之士异
朴学,更端姑不数此曹。先生淹雅绝流辈,即论光复尤有劳。焦头烂
额尽上客,翻弃公等如弁髦。南八健者气盖世,把臂得子心郁陶。狐
貉喝嗫终有尽,知子风义秋争高。我生博览薄章句,譬航断港矜持篙。
六书九数废不讲,词章佚丽犹云标。愿从门下问汉诂,虫鱼细注攻茧
毛。云何人世磊落事,让彼螺赢蟆蛉豪。[1]

【著述】

庄子校补　《国学荟编》民国三年第 1 期,1 月,署刘师培

　　案,此文于该刊第 2 期续完。又刊于本年《雅言》第 7 期、8 期、9 期。

白虎通义源流考　《雅言》第一年第 4 期,2 月 10 日,杂录·文选,署刘申叔

　　案,此文又刊于《国粹学报》第 74 期。

中国宗教原始　《扶风月报》1914 年第 2 期,载道之文,署刘光汉

　　案,此文系据《国粹学报》所载《周末学术史序·宗教学史序》收录而删去其
小注,文末署名"汉"。

周书略说　《雅言》第 6 期,3 月 10 日,文艺·学录,署刘申叔

《廖氏学案》序　《国学荟编》民国三年第 4 期,署刘师培

咏史　《甲寅》第 1 卷第 1 号,5 月 10 日,诗录,署刘师培

刘申叔与谢无量书二首　同上,文录

与大慈寺性证法师书　《国学荟编》民国三年第 5 期,署刘师培

答罗芸裳书　同上

刘申叔中国文字问题序　《甲寅》第 1 卷第 2 号,6 月 10 日,文录

鞠躬解　《雅言》第一年第 7 期,7 月 10 日,文艺·学录,署刘师培

庄子斠补　同上

　　案,此文于该刊本年第 8 期、9 期续完,又刊于本年《国学荟编》第 1、2 期。

致本社记者书　同上,文艺·文录,署刘申叔

答四川国学学校诸生问《说文》书五通　《雅言》第一年第 8 期,7 月 25 日,

1　郑裕孚辑:《郭象升(允叔)文钞》,第 217—218 页。

文艺·文录,署刘师培

　　与廖季平书　《国学荟编》民国三年第 7 期,7 月,署刘师培

　　　　案,此书即《与廖季平论天人书》,又刊于《中国学报》第 2 期。

　　答四川国学学校诸生问《说文》书四通　《雅言》第一年第 9 期,8 月 10 日,
文艺·文录,署刘师培

　　左庵长律　《雅言》第一年第 10 期,8 月 25 日,文艺·诗录,署刘师培

　　　　案,此诗又刊于《国学荟编》本年第 10 期和明年第 4、7、9 期。

　　达巷党人考　《国学荟编》民国三年第 9 期,9 月,署刘师培

　　左庵长律:癸丑纪行六百八十八韵　《国学荟编》民国三年第 10 期,10 月,
署刘师培

　　　　案,此诗于本刊明年第 4、7、9 期续完,又刊于《雅言》第一年第 10 期。

　　民国三年答钱玄同书　原札,12 月 10 日

　　左庵长律(癸丑纪行六百八十八韵)　华新石印本

　　白虎通义定本　四川存古书局

　　左盦杂著　四川存古书局

　　　　案,是书无刻工,牌记题"中华民国三年,四川成都存古书局印",应为用《四
川国学杂志》本拼板刷印而成,其子目如下:

　　　　书春秋繁露止雨篇后

　　　　古籍示期互讹考

　　　　法言李注非故本考

　　　　周书少昊考

　　　　古本字考

　　　　古重文考

　　　　达巷党人考

　　　　周书略说

　　　　定命论

　　　　今文《尚书》无序说(附陈氏寿祺今文有序十七证驳义)

　　　　非古虚篇

　　　　《校雠通义》箴言

国学学校论文五则

西汉周官师说考

1915年（民国四年，乙卯） 三十二岁

【事略】

1月1日，袁世凯发布《附乱自首特赦令》及悔罪切结格式、免罪证书格式，清算反袁势力。[1]

15日，《申报》载《清史馆延揽纂修之骈牍》，云：清史馆馆长赵尔巽"近日又加聘仪征刘师培、六合田北湖为协修，二君皆《国粹学报》中之健将也"。[2]

18日，日本利用欧洲各国陷入第一次世界大战、中国国内政局动荡之机，派驻华公使日置益向袁世凯政府提出灭亡中国的"二十一条"。

本日，姚永概应陆军部次长徐树铮之聘，与林纾在北京筹办正志学校，兼为陆军编辑局润色书稿。20日，正式到任副教务长兼教习。[3]

23日，《民国日报》刊载《冯朱之联邦思想》一则，云：

> 《大陆报》载：冯国璋及朱瑞赞成采用德国联邦制，将全国按省分为若干小邦，每邦冠以王，以直隶首邦，中央政府在焉。闻已将意见条陈于北京政府，并由各省将军讨论云。
>
> 按，联邦组织之适用于我国，已经多数学者赞成，但以民主国家，不采美之二重政府制，而采用德国之联邦制，无论国体不合也，即以国之根据言之，历史传来之性质，亦与合众国多似，与日耳曼不同。西报所言，其信然欤？其传之微失其真欤？姑录之，以待后报。记者志。

案，刘师培作《联邦驳议》，当即为此类论调而发。《联邦驳议》虽刊于明年《中国学报》，其单行本似当印行于本年。

---

1 《附乱自首之特赦令》，《神州日报》1915年1月7日，第4页，内外要闻。

2 《清史馆延揽纂修之骈牍》，《申报》1915年1月15日，第6版，要闻二。

3 姚永概：《慎宜轩日记》下册，第1286—1287页。

24 日，《新闻报》载刘师培任政治谘议之谢恩文，云：

> 刘师培日前被任为政治谘议，其陈谢任命呈文，系一篇骈体文字，辞藻典雅，真樊樊山所谓"以文字报国"之杰构。录之如下：

> 呈为恭陈谢悃事：（中略）某某业耽《七略》，才谢三长。孝标荐历艰屯，子骏冀兴古学。自维梼昧，幸值休明。综邹鲁之《七经》，昔惭呫哔；诵唐虞之二典，今睹都俞。恭维大总统乾德诞敷，谦光下济，风宣衢室，化溢灵台；访辛尹之遗箴，聘申公以束帛。偕偕士子，伸凤议而遂栖迟；駪駪征夫，咏咨诹而怀靡及。顾复不遗菲采，悉备莁询。班周士之外朝，进汉臣于前席。俾闻国政，责以《春秋》致用之方；遂候禁宫，置之朝夕论思之地。宠光曲被，陨越滋虞。惟有勉竭涓埃，冀图报称，申远猷于辰告，励亮节于寅恭。尔有嘉谋，庶备南宫之专对；朝无阙事，愿窥东观之遗书。[1]

案，杨亮功《早期三十年的教学生活》将此文题为"就参政院参政奏稿"[2]，非是。就署参政院参政呈文别为一文，见后。

本月，《国学荟编》民国四年第 1 期出版，刊载《左庵诗钞：答陆菁那诗二首》，署名刘师培。

2 月 4 日，《申报》载北京电：

> 刘师培（即光汉）刊布一文，劝其同盟旧人，勿利用国危以乱宗国。[3]

又载《难得此党人之言》，云：

> 京电称：刘师培近撰一文，劝其同盟会旧人，勿乘危机，以乱宗国。刘虽为旧同盟会人，然今已任政府谘议，其言未必为党人所信。至杨象离系尚未邀赦之党人，而其请宣布交涉内容电亦曰："宁为政府罪人，不愿为亡国奴隶。"此等语出党人口吻中，可谓未之前闻。余昨评劝党人一审其利害。若杨者，能审其利害者也。今之党人，可不深味其言耶？[4]

1　《刘师培之谢恩文》，《新闻报》1915 年 1 月 24 日，第 2 张第 1 版，紧要新闻。又，《刘申叔之骈俪文章》，《神州日报》1915 年 1 月 24 日，第 4 页，内外要闻。"駪駪"，《新闻报》作"駃駃"，据《神州日报》改。

2　杨亮功：《早期三十年的教学生活》，第 20—21 页。

3　《申报》1915 年 2 月 4 日，第 2 版，专电。

4　讷：《难得此党人之言》，《申报》1915 年 2 月 4 日，第 11 版，杂评三。

6—7日，《申报》《新闻报》《神州日报》等均载刘师培《告旧同盟会诸同志书》，云：

师培与诸君阔别久矣！数载以来，奔驰南北，惓惓之心，曷尝一日忘诸君哉！至于今日，则一得之愚，有不得不为诸君告者。

诸君亦思同盟会成立之由乎？前清季业，满族世臣，竞谋排汉，横征暴敛，民弗聊生。由是革命主义，昌于东南。其所谓革命主义者，实以民族主义为前提。盖中国人民，政治思想素称薄弱。欧美法理，尤非浅学所易谙。惟华夷之辨，著于《春秋》。汉宋巨儒，发挥尤切。一经鼓吹，万众从风。在诸君踊跃入会之初，岂不以满族驱除，吾愿已足？即乡僻愚民，其所以欢迎革命主义者，亦曰光复旧物，吾国不亡。用是远近一心，群谋独立。否则，俄国民党，计其成立，远出中国之前，党力既充，宜收速效。顾中国成功转易者，是缘族见，弗尽关政体也。

今者清帝逊位，五族共和，大功告成，政体改革。数年宗旨，一旦实行。非惟恢复中华，抑且建立民国。此实国家休养生息之年，亦即诸君长揖归田之日也。不意诸君之心尚未餍足，或拥兵自卫，反抗中央，进为二次革命。

夫二次革命，其宗旨是非，姑弗具论，然战事之起源，不外党争之结果。今以党见异同之故，至于攻城掠地，流血盈野，寡人之妻，孤人之子，甚至农夫辍耒，工女下机，盗贼横行，疮痍满目。诸君事后自思，其亦有动于中否耶？及所计不成，覆亡旋踵，则窜伏海隅，进为三次革命之计画。二次革命之初，中央势力，尚未巩固。南方各省，据万里之地，拥数十万之师，士马精强，财赋充溢。究其计画，宜若可成。乃未及二旬，一蹶不振。今之情势，与昔迥殊。中央政府所措施，虽善否未知何若，然澄清吏治，丰裕邦财，国本既坚，民情渐洽，动摇未易，煽惑滋难。诸君以亡命之身，不资尺土一民之柄，而全国舆论，复随举事成败为转移。取鉴覆车，交相诟病。欲求多助，岂可得哉？虽复广结奸民，假资群盗，于现今政府，夫固无损于丝毫。然诸君在外，既以反对政府为方针，政府因之亦以防范党人为急务。忧内之心既切，则对外之策或疏；防乱既属不遑，则求治难期专力。况复东南各省，骚动时闻，闾里有纷扰之虞，军备有扩充之实，则人民负担，亦必增益于无形。

以上所言，或非诸君始料所计及。然诸君举行革命之心，舍少数希心利禄外，虽意气用事，实以利民福国为前提。今则举事未成，而荼毒生灵，至于此极，则是诸君非反对政府，实反对人民也。至其结果，则利民福国，转以祸国病民。非惟祸及国家，抑且害延己党。证以诸君举事之初心，岂宜有此？

在诸君之意，必以吾等举动，在于促政治改良。虽祸中一时，可告无罪于天下。然据最近所传闻，则诸君之中，其有怀愤激之谋者，不惜为虎作伥，引外力以覆祖国。窃以诸君所资外力，不过结某国一二浪人，冀收其用。然彼国政府不乏明达之才，既以保持东亚和平为天职，必不以一二浪人之故，致破邦交。惟穷究诸君所蓄之隐谋，则舍个人逞忿外，虽复亡国灭种，亦所不辞。为计则愚，为谋复拙。夫妇姑勃溪，其室不昌；同室操戈，其家必败。欧美各邦，不乏民党，攻击政府，其焰至张。至于国有外难，则一致进行，同谋捍御。盖两利相权取其重，两害相权取其轻。国与党衡，则党见为轻，国家为重。国若不存，党于何有？其在《诗》曰："兄弟阋于墙，外御其侮。"斯其喻也。

至于去国之义，礼有明文。君子之行，不适仇国，不以所恶废乡。故乐毅在赵，弗与伐燕；廉颇适荆，尚思用赵。至于因小恶而覆宗国，虽下及公山不（纽）〔狃〕，亦所弗为。诸君以光复元勋、民国伟人，顾乃逆伦绝理，生心外畔，谓非大惑不解者耶？

诸君亦知朝鲜一进会之事乎？当诸君慷慨论事之时，于彼等所为，亦曾痛加诋斥。乃昔则引为深戒，今则步彼后尘，言与行违，若出两辙。诸君清夜自思，何以为心？倘全国人民，悉以李完用诸人相拟，又将何以为颜乎？往者波兰之季，民党首魁假外力以倾政府，君主贵族亦资外力为后援，朝野相争，遂召瓜分之祸。殷鉴不远，可为寒心！然波兰民党，处专制政体之下；中国宣布共和，业经三载。诸君之于政府，特党见不同。顾乃倾覆邦家，重蹈波兰之覆辙，不亦哀哉！

若云改良政治，则主权已失，政将他属。若云竞争权利，则大势已去，权利何存？诸君试一览朝鲜故国，凡昔之所谓一进会员者，至于今日尚有权利之可言乎？至于扬祖国之恶，以博一己之名，然人民亦为国家分子，国家既辱，个人不能独荣，不啻自辱其身也。昔乐祁贱其宗人，叔孙以为贱己。何诸君之愚，复出乐祁之下哉？

窃以诸君自二次革命后，其视诸君为公敌者，不过现今政府。若复逞愤一朝，甘心卖国，是则全国同胞之公敌，千秋万世之罪人。孝子慈孙，百世不改。言今及此，能勿幡然？

且人民之情，莫不怀旧。故远适异国，昔人所悲。至于背父母、弃妻子，捐离乡井，颠沛异邦，斯亦人事之极哀者矣。今诸君去国，二载于兹。怀抱所寄，虽各不同，当夫春晨秋夕，登山临水，西望故乡，云树依然；钓游之所，渺不可即。归欤兴叹，谅有同然。

且异域卜居，谋生非易。储金既罄，抽注无从。琐尾流离，情滋可悯。现赦免党人，业由政府宣布明令。在政府之意，亦欲昭示信诚，藉安反侧。凡诸君迹涉嫌疑者，于四年元日赦令，自可遵照办理。一经反国，必无危险之虞。试观沪宁之役，洪承点身居师长，犹复特邀赦令，注销通缉，则政府与民更始之心，谅亦诸君所共信。至于情节重大，纵一时难邀赦免之条，然自今伊始，果确守消极主义，以师培所悬测，亦深信中央政府稍稽时日，必有特别之赦书。

昔驷颛当国，用竹刑而杀邓析，君子以为不忠。现今政府，首以宽大示民，决不蹈驷氏所为，贻讥后世。异日连翩归国，造福人民，则是诸君舍累卵之危，而据盘石之安也。较之身作逋逃，病民祸国，是非得失，何去何从？在师培之于诸君，昔曾同撄艰险。阔别以来，虽数年不白之冤，曾不一宣其底蕴，则以仁不轻绝，智不轻怨。《谷风》之刺，君子弗为。且金縢启箧，迟速有期；鸱鸮之贻，徒滋世病。然区区之忱，实未能忘情于左右；事关利害，未忍缄默弗言。深望诸君之对于中国，亦犹师培之对于诸君。在诸君，既伸报国之忱；在师培，亦践久要之信。书弗尽意，幸三思之。[1]

---

1 《刘师培告旧中国同盟会诸同志书》，《申报》1915年2月6日、7日，第7版，专件。《刘师培劝告旧同盟会诸同志文》，《新闻报》1915年2月6日、7日，第1张第3版，紧要新闻。《刘申叔之觉迷新语》，《神州日报》1915年2月6日、7日，第3—4页，内外要闻。

17—26日，《神州日报》连载《泣血告旧同志书》《劝同志书》《泣告旧同志猛省回头》及《刘揆一忠告孙黄之言》，呼吁旧同盟会同志放弃党见，同建共和，反对借重外人进行"三次革命"。[1]

23日，天津《大公报》刊"无妄"之《闲评一》，云：

> 近年报章所载，老同盟会人物之致书党人，劝喻其力图自拔，以共维祖国者，不一而足。
>
> 有刘师培之《与同盟会旧同志书》焉，有隐名氏之《泣血告旧同志书》焉，有刘揆一之《与孙黄书》焉，有过来人之《泣告旧同志猛省回头书》焉，其意味皆恳挚，其文字皆极沉痛。果能唤醒党人，勿再作祟，尚不可知。
>
> 然闻该党人中，有组爱国宣誓团者，有致电北京某报力辩其正在自新者，可见党人中未尝无明白大体者。
>
> 是则党人当未必再有何扰乱举动。即日有之，其分子已携贰，其能力亦薄弱。小鳅决不能生大浪也，明矣。
>
> 然而近日之谣言，偏洋洋盈耳，若惊伯有之将至者，是亦可谓无事自扰也已。

3月1日，《神州日报》接黄兴、陈炯明、柏文蔚、钮永建、李烈钧等公电，称："只知媚外，亦有穷时；专务欺民，何异自杀？吾国经此惩创，实乃迷梦猛醒、发愤独立之秋。曰存曰亡，惟视民气。兴等流离在外，无力回天。遇有大事与吾徒有关者，亦惟谨守绳墨，使不危及邦家而已。虽怀少卿不蒙明察之冤，犹守亭林匹夫有责之志。"[2] 否认勾结日本、乘机革命的传闻。

2日，《四川公报》特别增刊《娱闲录》第16册出版，刊载刘师培《感怀三首》，云：

> 历历江东树，斯人竟索居。守雌周柱史，玩世汉相如。多病痴行药，

---

1 《唤醒革命迷梦之新警钟》，《神州日报》1915年2月17日，第6页，内外要闻；续载于该报2月18—19日、22—23日，第4页，内外要闻；《泣血告旧同志猛省回头》，《神州日报》2月23—24日，第3—4页，内外要闻；2月26日，第3页，内外要闻。《刘揆一忠告孙黄之言》，《神州日报》1915年2月18日，第5页，内外要闻。

2 《海外党人暂不革命之息壤》，《神州日报》1915年3月2日，第3页，内外要闻。

忧生负灌蔬。犹惭辨命论，应寄秣陵书。

嘉树滋春色，庭花澹夕阴。荣枯知应节，开落本无心。聊悟无生理，闲标物外吟。由来弹指顷，慕迹去来今。

牢落迷阳曲，凄凉广泽篇。栖迟成底事，哀乐嬗中年。春色生巴舞，秋心变蜀弦。坐看崦谷日，万里下虞渊。[1]

案，钱玄同编《左盦诗录》卷三据刘师培手定稿，收有《嘉树》二首，即此诗"嘉树滋春色"与"历历江东树"。本期《娱闲录》又刊载吴虞《读刘申叔感怀诗漫书三首》，诗云：

市国仍多难，劳生负遂初。徒非《辨命论》，强写茂陵书。骏骨怜虚市，蛾眉恨有余。重华不可就，江海日萧疏。

丛桂新阴满，逍遥悟养生。庄遵知弃世，李叟贵无名。仙圣愁迁播，栖迟得性情。沧浪堪鼓枻，清浊未须明。

众寡相倾久，推移感变迁。人夸河曲智，世绝广陵弦。屎溺争谈道，椿芝岂辨年。儒生方甚密，哀乐几时捐。（申叔谓蜀人自为风气，俨如异国。余三年来，亦深有感于夔门以内之言论焉。吁！）[2]

18日，国民对日同志会在上海张园召开抵制日货大会，到会者数万人。北京、上海、广州、武汉、东北等地先后掀起抵制日货运动，日本对华输出锐减。袁世凯发布通令，禁止排斥日货。

29日，姚永概应王揖唐、张一麐之招，在北京中华大学晤刘师培，为二人初次相见。当日参加者，尚有马良、辜鸿铭、饶孟任、吴士鉴、叶景莘、黎渊、吴象之。姚永概《慎宜轩日记》载：

夕，赴王揖唐、张仲仁之招于中华大学，晤马湘伯、辜鸿民、饶敬伯、吴绹斋、叶叔衡、刘申叔、黎伯颜、吴象之诸公。散，已十二钟。[3]

本月，杨度窥见袁世凯有称帝意图，作《君宪救国论》，由公府内史夏寿田转呈袁世凯。袁世凯将此文秘密交湖北彰武上将军段芝贵付印，分发各省文武长官，并赐给杨度"旷代逸才"匾。

---

1 刘师培：《感怀三首》，《娱闲录》第16册，1915年3月2日，文苑。
2 爱智：《读刘申叔感怀诗漫书三首》，《娱闲录》第16册，1915年3月2日，文苑。
3 姚永概：《慎宜轩日记》下册，第1293页。

4月6日，姚永概回拜刘师培，未遇。[1]

16日，樊增祥、易顺鼎等组织什刹海修禊。

17日，中日"二十一条"交涉中止。

26日，日本向外交部提出"二十一条"修正案。

本月，《国学荟编》民国四年第4期出版，续载《左庵长律：癸丑纪行六百八十八韵》），署名刘师培。

5月1日，《申报》"专电"载北京电云：

> 刘师培呈袁总统，谓乱党削平武功，为尧舜以来所未有。请开馆编纂方略，并请设总纂、纂修、协修、提调、收掌各官，以纪寰宇宁平、兵革不作、修文偃武、民乐升平之盛迹。[2]

2日，袁克文等邀集名流，在法源寺赏丁香。《申报》云：

> 宣武城南法源寺之丁香，著称已久。前代以来，文士名流往往于此作文酒之高会。现值丁香盛开，袁抱存、易实甫、罗掞东诸君特治（延）〔筵〕，招请在京名流，雅集斯寺，以踵前人韵事，并由袁抱存公子于是日将所藏唐宋佛像大轴数十帧悬寺中观览，以助清兴。所邀皆当世名流，兹录其《莲社赏花启》云："法源寺丁香盛开，阳历五月二日，薄治斋筵，敬迎雅集。一钟齐集，三钟拍照，四钟入座。袁克文、易顺鼎、罗惇曧、陆增炜、何震彝、道阶同约。"[3]

又云：

> 昨日为莲社名流盛会之期，其地点在宣武城南之法源寺。寺中丁香，著称已久。前代以来，文士名流往往于此作文酒之高会。此次莲社成立，由袁抱存、易实甫、罗掞东诸人，特治筵招请在京名流，雅集斯寺，以踵前人之韵事，并由袁抱存于是日将所藏唐宋佛像大轴数十帧，悬挂寺中，备人观览，以助清兴。其略情及通启，已录前报。是日午后一钟，名流咸集，开筵坐花，吟诗寄兴，大有王羲之雅叙兰亭、李太白张宴桃李

1　姚永概：《慎宜轩日记》下册，第1294页。据《慎宜轩日记》，无刘师培回访记载，知此后二人无交往。

2　《申报》1915年5月1日，第2版，专电。

3　《法源寺之名流盛会》，《申报》1915年5月5日，第7版，地方通信·北京。

园光景。三钟拍照后，各人将名字签于册页之上，以备题咏。该寺僧又特治素餐，以饷来宾。散会时，已夕阳西下矣。[1]

案，梅鹤孙《刘氏五世小记》载刘师培参与王闿运等 1914 年法源寺宴春事（见前），实为此次雅集之误记。刘师培与袁克文有师生之谊，当在所邀集名流之列。

本日，《申报》又载《挨时日》，云：

> 据外电谓，大隈伯请日皇，如要求仍不允准，以武力从事。是日政府对华之决心已更形显著。我于此时，伸头一刀也，缩头亦一刀也。明白答覆，一言辞绝，不过听日之所为而已。若虚与委蛇，开会商榷，亦终不能避日人之所欲为。是故今日而欲照前例继续讨论者，弗论日人之不允，即允，亦不过稍挨时日耳。中国之时日，以挨而过，时局可知矣。且此所挨之时日，其能有几？危难亦可想矣。

> 然而今日之世，尚有以为寰宇乂宁、兵革不作、修文偃武、民乐升平而请开方略馆，如刘师培者。[2]

3 日，《神州日报》载 2 日北京专电云：

> 刘师培请开方略馆呈已批准，惟名称须变更，并派编纂十六人，陆某任总编纂。[3]

4 日，《神州日报》载老谈之讥评，云：

> 刘申叔请开方略馆，固可谓识时务俊杰，然亦不失为书生本色，而且功德无量。殆自总编纂以达录事，将来容纳寒畯，正自不鲜矣。于两史馆外，更新辟一啖饭所矣，岂不盛哉！[4]

5 日，《申报》"专电"载北京电云：

> 袁总统派沈闿生等十六人编《平乱纪》，不设方略馆，原请人刘师培不与。[5]

1 《北京之文酒会与义务戏·法源寺之雅集》，《申报》1915年5月7日，第6—7版，要闻二。
2 默：《挨时日》，《申报》1915年5月2日，第7版，杂评二。
3 《方略馆开办之批准》，《神州日报》1915年5月3日，第2页，北京专电。
4 老谈：《琐言》（五十三），《神州日报》1915年5月4日，第4页，信手拈来。
5 《申报》1915年5月5日，第2版，北京专电。

案,"沈阎生"当为"吴阎生"之误。该报又载"滑稽小说"《亏得刘师培》,嘲讽刘师培所为,云:

夜午矣,一老翁独坐室中,眉宇紧蹙,垂其首,长吁短叹。无何,籁籁哭矣。阅者疑翁不中储蓄票头奖而哭乎? 否,否! 翁固弗屑以有用之金钱,购不可必得之储蓄票也。考不着知事而哭乎? 否,否! 翁之做官思想,固未尝盘旋于脑海中也。然则目击近日国事,伤于心而哭乎? 则更大谬不然。翁盖有人劝之捐输救国储金而哭也。

翁雄于赀,顾性吝啬。有以公益事、慈善事劝捐者,辄额筋暴起,掉其利舌,反辨难。劝募者卒无可奈何而去,翁则大乐。自救国储金发起,翁栗栗危惧。盖人或踵其门者,固设何辞以推托之乎? 一夕者,果有一人至,其人雄辩滔滔,翁无以难,而面色顿灰白如纸。其人又出日报数纸示翁曰:赘丐某储金若干,茶房某储金若干,车夫某储金若干,妓女某储金若干,继激翁曰:"以君之富,虽出万金,不为多也。"翁大窘,口呐呐不能出声,额上汗点点下。既而曰:"吾亦国民一分子,吾非甘为亡国奴者。吾今愿出百金。"其人嗤然而笑。翁大赧,乃曰:"然则吾出五百金,可乎?"其人曰:"然乎?"翁期期曰:"然也。"曰:"良佳,请君明日亲送中国银行存储。后日吾当阅报,视君名。"语既,遂告别而出。其人去后,翁大悔,卒之籁籁哭曰:"无端端五百好银元,不翼而飞去矣。割吾肉,犹不若是之痛心也。"

诘朝,翘其花白之须,气吁吁然不作一语。无已,取案头《申报》第一张而阅,一行又一行,枯腊之颊,忽展为笑容。阅者亦欲知翁笑之故乎? 盖见"刘师培呈总统,谓乱党削平武功,为尧舜以来所未有。请开馆编纂方略,以纪寰宇宁平、兵革不作、修文偃武、民乐升平之盛迹"北京专电一节也。阅已,翁又拍掌大笑。

明日,劝募者复至,诘翁曰:"前日之夕,君非已承认存储五百金乎? 何今日遍阅各报救国储金栏,不见君名乎?"翁狞笑曰:"救国储金! 救国储金!! 若欺我亦太甚矣。方今寰宇安宁,民乐升平,若犹以国势阽危,存亡旦夕为言。吾不阅报纸,吾几被若哄矣!"其人愕然,翁出报纸示之,其人弗与之辨,嗒然而出。翁乃呶呶曰:"亏得刘师培! 亏得刘师培!!"[1]

本日,《神州日报》载本月 4 日北京专电,云:

> 刘师培呈请开方略馆,袁总统仅派十六人编纂平白狼及赣宁乱纪事本末,并不设馆,刘亦未派入。[2]

7 日,日本公使日置益致外交部最后通牒,限四十八小时内答复。

《申报》载《最近拟议中之两机关》,云:

> 刘申叔之方略馆条陈,现已核准,不日将见诸实行。惟方略馆之名称,当局以为未洽,尚须改定。日昨已由国务卿呈明总统,派定吴闿生、罗述谖等十六员筹办一切。闻原拟以罗为领袖,继经总统改定,圈为机要局人员。此次委派,闻由于张仲仁局长之保荐。吴号辟疆,为吴挚父之子,其文章颇有家法,曾充北洋督署文案,现任内史。此外尚有陈诜、步翼鹏两人:陈诜系统率办事处人员;步翼鹏现为中立办事处人员,昔年日俄之战,曾在天津办理中立事务。闻公府中,中立办事处人员尚有多数调入方略馆者,而刘申叔尚未派入。刘系此事之发动者,想不能不分据一席也。[3]

9 日,凌晨一时,外交总长陆征祥亲自到日本使馆呈交复文,承认日本最后通牒要求。上海法租界召开国民大会,致电袁世凯,反对"二十一条"。

10 日,《甲寅杂志》第一卷第 5 号刊载秋桐《学理上之联邦论》。

21 日,全国教育界联合会议定每年 5 月 9 日为国耻纪念日。[4]

《时报》"内国专电"载北京二十日亥刻专电云:

> 刘师培曲学阿世,久为清议所不容。经王鸿猷弹劾后,内不自安,将出京谋干。[5]

24 日,《神州日报》发表社论,讥刺刘师培,云:

> 诸君有曾籀《国粹学报》者,度于刘师培申叔之学术文采,仿佛犹

1 觉迷:《亏得刘师培》,《申报》1915 年 5 月 5 日,第 14 版,小说·滑稽小说。

2 《方略馆主张原来如是》,《神州日报》1915 年 5 月 5 日,第 2 页,北京专电。

3 《最近拟议中之两机关·刘申叔之方略馆》,《申报》1915 年 5 月 7 日,第 6 版,要闻二。

4 《教育联合会覆穆湘玥电》,《申报》1915 年 5 月 22 日,第 10 版,本埠新闻。

5 《时报》1915 年 7 月 21 日,第 1 版,内国专电。

在心目。此君少承家学，博识多闻，著述流传，惊服长老。十年已往，愤国势之不竞，东走搏桑，昌言光复，与余杭章君并见重于当世。余从某杂志中见其所著《非六子论》，于亭林、黎洲、船山诸老，且多微词，则其自待之不薄，初愿之闳远，即此已可得其崖略。又纠合同志创齐民社，慨然欲以社会主义易中国。其政论之得失然否，姑且勿论。要之，不才当日心中，固确例此君为勇猛精进、纯白无佗之男子。就令学术文采毫无足称，吾辈犹当始终敬其人而哀其志也。

无何，有相传其归而就食于浈阳者。其踪迹之离异，闻者鲜不以为骇怪。中遭鼎革，蜀道阻绝。党人恶其无行，颇欲得而甘心。赖清流营救，仅乃得免。其后不知何以展转缘附，而入阁督莫府，又膺荐剡，荷蒙知遇，感激驰驱。以忧患之余生，得大隐于朝市，亦不可谓非奇福。如其居晦用明，亟图晚盖，不远而复，又何讥焉？乃者都门消息，众口交腾，佥谓此君上书总统，讴歌太平，大意以为内乱戡定，萌庶乐生。元首之德，贤于尧舜。宣著方略，以诏后人。方中日交涉事机之急，自负床之子，稍有闻见，莫不知国势阽危，如不终日。而刘申叔顾以治定功成之呓语，欺饰白宫，涂塞耳目，自戕人格，固所不恤。其视项城为何如人？抑岂有更历世变、周知国情如项城者，虽治乱之成迹而有所未察，并自知之明而亦不逮庸众耶？嗟乎！申叔可以窹矣。

或谓：君以中岁拓落，沉滞下位；久处京华，不耐玄默。亟欲发愤，以功名自见。又见今之以口舌取卿贰者，亦非无人，（某次长曾语人云："彼革命家以流血得勋位，吾以口舌取之，如反掌也。"见本报近日通信。）于是忍俊不禁，攘臂而起，则亦人之恒情。不悟人各有长，东施效颦，适增其丑。且当世虽盛言复古，而政海风波，迄未晏静，岂容有文士经生回翔之余地？若为区区升斗之禄，借此以图报称，则以申叔之高文绩学，亦何施而不可？而必献其突梯滑稽、如脂如韦之故技，以求侥得于万一。是亦不可以已乎？《诗·苕之华》曰："人可以食，鲜可以饱。"申叔惟一饱之是谋，不务正学以言，而甘曲学以阿世。假令辕固而生今日，其愤慨又当何如！《易》《兑》之六三曰："来兑，凶。"王弼释之曰："以阴柔之质，履非其位，来求说者也。非正而求说，邪佞者也。"申叔说经铿铿，未审亦以此言为达诂不？

抑吾阅顾宁人之教学者，其为学之纲要曰：“博学以文，行己有耻。”若申叔者，被服经术，泛滥百家，庶几博学之选。顾于所谓“行己有耻”者，适得其反。处危乱之世，而作违心之论，喔咿嚅唲，安所不至？徒令怙权借势之雄，羞贱儒冠，轻蔑当世之士，则未始非若辈阶之厉也。宁人又云：“士大夫之无耻，是谓国耻。”悲哉！何其言之激切而深痛也。吾推论及此，非独以弹责申叔，其谓湘中之旷代逸材、第一流内阁之魁宿，宜亦取鉴于斯。（闻杨度于公府召集大会之日，颂言交涉之胜利；熊希龄亦对于元首多贡谀词，故并及之。）[1]

25 日，外交总长陆征祥与日本公使日置益在北京签订“中日二十一条及换文”。[2]

6 月 7 日，《西蜀新闻》刊载政事堂参议王鸿猷条陈，谓蔡乃煌之蝇营狗苟，刘师培之阿谀逢迎，皆社会所不耻、国家不可用之人，语词激切。

本月，上海进步书局出版《刘申叔文钞》（共三册），作为《现代十大家文钞》（全二十册）的一种，共收录刘师培发表于《国粹学报》的文章 28 篇，包括史论、序跋、传记、文论等，按文体排序，书前无序，书后无跋，文章基本按原刊照录，未作删改，与刘师培手订者不同。本丛书所收另 9 家为王湘绮、王益吾、樊樊山、康有为、严几道、林琴南、张季直、章太炎、梁启超。

7 月 7 日，《神州日报》载《袁总统掬诚示人》，述及袁世凯关于国体问题之言论，云：

《亚细亚日报》载，江苏将军冯国璋到京，与袁总统谈及国体事，总统云：“外间误以帝制将复活者，（一）因我曾怀疑共和不适用于中国，但总统制实行以来，权力无所不足，又何用帝制为？（二）因封爵问题行将实施。此乃根据《约法》，不可妄加揣测。若谓为子孙计，大儿克定有病，次儿克文志在做名士，三儿克□（电码不明）难担世务，其余均

---

1 友箕：《我独无解于今日之刘师培》，《神州日报》1915 年 5 月 24 日，第 1 页，社论。“非六子论”，原本误作“非三子论”，据刘师培文改。

2 《屈辱条件签定之续报》，《神州日报》1915 年 5 月 27 日，第 1 页，最后通牒之深耻大辱。

在幼年，虽与以一排长亦难放心，岂能付以天下之重任？且自古君主传不数世，每遭不测之祸，予又何苦以此等危险加诸吾子孙哉？"冯答云："南方一带闻政体改革，并非不赞成，但不过时期之研究。他日天与人归，恐总统欲避不得耳。"总统正色曰："闻此言，是仍在予身上打主意。但予已饬四、五两儿，在英薄购田园。设有以帝制相逼迫者，我惟有赴英终老而已。"外间见《亚细亚报》此说，又发生一种谣言，谓不日有四王爵发表，首为黎副总统，次为冯国璋、为徐东海、为世续，或系因总统有实施封爵语而起。[1]

10日，《神州日报》载《帝制谣》，所引梁启超转述冯国璋语与此同而更详，又引默珂自日本东京通信，云：

> 日前日本《东京朝日新闻》忽妄载一种无根之风说，略谓杨度、孙毓筠等于参政院提出建议变更国体，一时人心惶惑。复妄称于驻日某使馆之书记官处传出消息，谓改制事已渐成事实，各国之中，如英、日、俄则大表同情。[2]

本日，《甲寅》第1卷第7号出版，章士钊发表《共和平议》及《联邦论答潘君力山》，署名秋桐；"论坛"则有潘力山《读秋桐君学理上之联邦论》，"通讯"栏则有储亚心《联邦论》。

15日，《神州日报》载方略馆开办，云：

> 前月刘光汉条陈开办之方略馆，现由政事堂设一编纂方略处，派吴闿生、罗述稷主任其事。[3]

22日，《申报》载《孙少侯召请法师讲经》，称：

> 谛闲、显珠两法师，为中国法门之龙象，顷闻孙少侯参政将召之北来，宣扬大教。日昨曾商之内务总长，据闻亦甚赞许，愿以中央公园新造之大屋为两师说法之所，并云：两师为僧界伟人，都人士对之须表示十分欢迎之态度。将来开讲时，上流人士往听者愈多愈妙。以为此举

1　《袁总统掬诚示人》，《神州日报》1915年7月7日，第1页，北京专电。

2　《帝制谣》，《神州日报》1915年7月10日，第3页，内外要闻。

3　《方略处之主任人物》，《神州日报》1915年7月15日，第1页，北京专电。《政事堂编纂方略处成立》，《神州日报》1915年7月17日，第4页，内外要闻。

不独可以增进社会信仰之热度，使吾国将绝之玄风可以由兹大阐，并可表现我国人民重视国教之心理。所言若确，则朱总长固亦提倡佛教之一人也。然寄禅和尚昔岁来京请愿，提倡佛教时，曾因内务部某司长一骂而绝。今金棺已冷，而大法中兴。抚今思昔，世人当更有一层感想也。兹录孙少侯参政召集同人商量发起兹事之启事如左（闻谛闲名卓三，显珠名月霞）。

敬启者：谛闲、显珠两法师，德慧具进，宗说兼通，为吾国僧界中之领袖，先后在南方各都会讲演《大乘》经典，垂十余年，善男信女闻而发菩提心者，殆不可以数计。现经毓筠寓书，敦请两师莅都讲经。业于本月十四日相偕由沪航海北来，日内计可抵此。昨已在东城本司胡同借定房屋，为两师驻锡之所。都人士皈依佛乘者甚多，闻两师之来，当无不踊跃欢迎，愿聆法要者。谨述缘起，报告同人。至讲经地点及日期，俟两师抵京商定后，再行登报通知，伏惟鉴察。孙毓筠启。[1]

25日，孙毓筠在中央公园来今雨轩召集名流，商议谛闲、显珠法师来京弘法事宜，刘师培与会。《申报》载《孙少侯讨论提倡佛教方法》，称：

孙少侯参政于昨日午后六时，召集在京名流约六十余人，于中央公园之来今雨轩，讨论提倡佛教方法。席间，孙君曾起而演说大旨，谓吾国自六朝以来，佛教极盛，至赵宋而始衰，至今已成末法之世。最近始因欧洲哲学输入之故，士夫研究佛教者渐多，如席间诸君，即多系信仰佛教之人。适会此时，有南方领袖之法师谛闲、显珠两公飞锡北来，吾人似宜与以极端之欢迎，俾社会知所趋向，且于发扬国光之处，所关尤大。谛闲、显珠两师在南方讲经多年，教义至所深悉。拟即请其于京开讲《楞严经》，以五十日为限，一期讲毕，俾北方人士共聆得未曾有之妙义。惟《楞严经》本文印刷须时，非至十日以后不能办妥，故讲经之期，一时尚未能遽定。又讲经法筵，非得一能坐二千人之场所，不足以容四众，此亦颇费选择。至欢迎会如何发起方法，则请大家讨论云云。嗣经大众公议，于孙君此举极表赞成。惟一切欢迎办法，仍推孙君筹办，以

---

1 《孙少侯召请法师讲经》，《申报》1915年7月22日，第6版，要闻二。

便易与两大师接洽。至讲经地点，或主即在中央公园，或主于先农坛，尚未得确当之解决。其欢迎会之公启，则由刘申叔担任起草云。又闻谛闲、显珠二法师抵京后，于昨日（二十一日）拜访观音寺方丈觉先和尚，除寒暄外，便痛言佛教衰败之原因，大致谓方今世界大通，所在奋斗。非然者，必居劣败之地。我国佛教不能发扬，即昧于时势之所致也。言之厥端有二。一守旧派。盖佛入震旦以来，信奉者多行二乘道，不与众生结缘，惟独善其身，以寂静为贤，演成一种腐败之气息。虽有一二开明之僧，主张设学校、开学会、创办慈善机关，组合布教团体，则彼辈极力反对，将所有财产把持之惟恐不坚，事事遂无发展之望，众生亦莫由领受观摩之益，乌能使其实地奉行耶？二讨单派。此派实《大中华杂志》所揭载中国之赘民之一种，大抵为社会中无赖者，入教讨一时之生活，或无能为之僧人，要皆怠惰性成，不肯奋勉，不求学问，蠕蠕蠢蠢，惟仰给于人，苟活世间，因之佛教财产受损失者甚巨。夫以有用之金钱，养无用之赘民，于实际上亦无怪乎其谬戾也。总之，居今日而欲振兴教务，创办新事业，非光明旧道德、整治众僧侣，不能为功。今士大夫渴望甚切，当以大乘菩萨道，宏阐优扬，使其咸有扶持法教、助理慈善事业之精神，则佛教幸甚，民国幸甚。二法师均甚题其言云。[1]

《神州日报》亦云：

两法师之来，系应孙少侯参政之请。少侯固政界中佛门弟子之领袖，久钦两大法师证果高深，乃寓书劝驾，三请而后来。为之择定驻锡之所于锡拉胡同（少侯寓所）附近之本司胡同，以便朝夕传授妙法，并先期约集名流六十余人，于中央公园来今雨轩讨论极端欢迎之方法，并拟请开讲《楞严经》，选一能容二千人之法筵，以容四众。当时推定少侯担任筹办一切欢迎手续，刘光汉担任撰拟《欢迎通启》。至地点一层，或主张在中央公园，或主张在先农坛，盖皆北京最宽阔之地也。当时议论纷纷未决，后由大听戏家易实甫以听戏上之经验，证明此两处之不相宜，谓场所太广，则虽人多，亦不觉热闹。盖第一舞台名角常因座儿不

---

1 《孙少侯讨论提倡佛教方法》，《申报》1915 年 7 月 26 日，第 6 版，要闻二。

满为之扫兴，其实非座不多，实场所太大也。都人士恶缘太多，灵根太浅，恐不能一致欢迎。若届时到客少于期望之数，反为不美云云。此说颇为多数赞成，乃选定适宜地点于江西会馆。江西会馆者，近一年中最著名之演剧公所，为一般达官贵人、名流政客音樽宴乐之地，而此次《欢迎启》中所谓"地据尘中、胜超人外"者也。"地据尘中"，故演剧于是，宴会于是；"胜超人外"，故欢迎法师于是，讲经亦于是焉。《欢迎启》为革命巨子、小学大家刘光汉君所撰，自然出色当行。惟中多梵典，普通学者苦不能解。闻有某君于接到此启后笑曰："我未听两法师讲《楞严经》，先要请刘申叔讲《欢迎启》。"亦趣谈也。惟即此"尘中""人外"二语观之，一开一合，已足见申叔文章之妙矣。[1]

本月，《国学荟编》民国四年第7期出版，续载《左庵长律：癸丑纪行六百八十八韵》，署名刘师培。

8月1日，孙毓筠、刘师培等在北京江西会馆召开谛闲、显珠两法师欢迎会。《神州日报》记其事云：

> 欢迎会于八月一日下午一时开幕，善男信女，少长咸集，堂客座照例设于楼上，官客坐则池子。两廊皆满，共计九百余人。内分沙门、居士两项。沙门则京师各寺观住持，如道阶、澄海、纯悦、诚一、秀山、慧峰、德修、海印、达文、清一、桓印、性真、献果、天朗、续明等，计五十余人。居士一项则甚多，除一般普通人民外，有前任国务总理、现任都肃政史，政事堂机要、法制、印铸等局局长，铁路督办、银行总裁、政堂参议、内部秘书，其以参政余暇而来参禅者尤居多数，此时则概为"居士"两字所容纳。佛法平等，盖信然也。首由孙少侯君报告欢迎宗旨，谓吾人所以欢迎两大法师者，其故有二：（一）欢迎两法师之道德与学问；（二）欢迎两法师北上，提倡讲经风气，并将开讲《楞严》之日期及《楞严》之价值略略说明。次由何嵩威君朗读骈四俪六之《欢迎词》。斯时忽有一杀风景事，则北京佛教会某法师，于演说时，忽谈及某国现欲以彼之佛教输入我国，我辈不可不振奋精神，以谋……语未毕，递为前场某君乱

---

[1] 闲斋通信：《京尘法雨录》，《神州日报》1915年8月9日，第3页，内外要闻。

以他语，劝令休息，下台而去。某法师慈悲心盛，殆又忘却"嗔"字戒矣。[1]

4日，《申报》载刘师培所作《欢迎谛闲月霞两法师启》，云：

今日（一号）北京沙门、居士，假江西会馆，欢迎谛闲、月霞两法师讲经。所撰小启，不知系何人手笔，典雅可诵。文云：盖闻义林奥颐，非言无以回其机；至教幽玄，非人无以弘其道。语默一致，并契不二之门；定慧双融，始接无为之化。鹿苑四蹄之旨，法振初轮；鹤林三身之譬，道光末劫。燃灯赞圣，足七日而翘诚；宝积献僧，舌千光而表瑞。舍利佛子，施目而发四禅；最胜仙人，滴血而求半（揭）〔偈〕。故得千灯永照，一指竞烘。智水珠澄，布慈云而沾赤块；意苗玉朗，舒慧日而耀昏衢。遂使凉台宝笈，争图显节之陵；洛川石函，还起须弥之殿。莫不家尊神足，俗演圆音。康会南迈，则吴帝解襟；图澄东游，则赵主拥篲。舍身布发，乞脑归心。在净住之众中，依庄严之讲下。年逾千禩，化洽四生，有由然矣。自玉衡掩曜于尧年，金镜韬光于嬴代。安国赴陇，削迹故山。弥天逃秦，栖真蔺楚。玄黄倾洞，苍赤流离。给孤之苑，但有布金。物利之宫，无闻涌塔。何充佞法，交臂恨失神僧；吕才辩玄，涉目辄成魔外。化城易失，觉岸无津。不亲大德之显扬，安克一期之冥窹。有谛闲法师者，戒染三衣，道餐四果。是菩提善衣之友，作人天调御之师。早誓愿船，遂披忍铠。有宗八聚，扇芳轨于光宅；圆教十如，散希声于台岭。半满之宇，如水泻瓶；大小之乘，路花贯络。有月霞法师者，超地标奇，化仪（回）〔迥〕秀。周涉万里，应扣诸方。青莲粲舌，辩摧鲽腹之宾；白足应身，慈被卉衣之国。三坚驰誉，七众归诚。敬为不动之尊，了是无师之智。素称都讲，实曰阇黎。聊步口维，振锡都甸。似家依之桴交海，制止道扬；譬支遁之出剡山，迎居高座。岂同杯度，但树心无之义；庶几僧肇，无愧说空之首。澄海等或皈依了义，或钻仰净因。张融遇病，偏嗜僧言；灵运遗荣，自薰慧业。白骡兆异，欣道朗之再逢；青苣应期，卜鸠摩之远贲。爰因恣夏，遂吁法施。时则江西会馆，地据尘中，胜超人外。黄楠五民，讵异巢山；碧莲九茎，还疑庐阜。声音之树，无风自鸣；

---

1 闲斋通信：《京尘法雨录》，《神州日报》1915 年 8 月 9 日，第 3 页，内外要闻。

频伽之鸟，在觳能韵。敷琉璃之座，筑璎珞之台。心心奉钵，亦有蛤天；额额献珠，非无龙女。加以义山执拂，彦和燸须。闻喜相公，奉宗密作导师；庐陵王子，体慧琳为常供。受不请友，起大悲心。建迦叶之白椎，镂世亲之赤简。将使法流神潢，共尼连而等愚；道树宝柯，与贝多而普荫。敢抽秘藻，式导觉津。凡在胜缘，无孤法喜。庶梁家同泰之讲，远轶南宗；姚氏逍遥之集，重辉北地。谨启。[1]

7日，法源寺住持道阶欢迎谛闲、显珠法师。《神州日报》云：

都中近更有一哄动满城之事，则为谛闲、显珠两大法师之讲经。两法师应孙少侯之约，卓锡北来。北京之沙门、居士既开欢迎会于江西会馆，复于月之七日，由法源寺住持道阶发起欢迎，各寺僧人及一般名流届时咸集。正当茗叙言欢之际，忽有刘某者起而与二僧大开辩难。刘固研究老学者，老、佛本自异趣，故刘即以"真""无"两字为辩论之点。刘谓真即无，僧曰无非真。记者于此本门外汉，但闻双方清辩滔滔，真……真……无……无……真即是无……无即是真……真非是无……无非是真……之声洋洋盈耳，凡历三时之久，其结果以即真即无、非真非无结束之，盖亦不了了之矣。说者谓两法师自入京以后，但闻欢迎称颂之声，尚未有为教义上之讨论者，此则其第一次也。吾国儒、释、道三教，本为鼎足。除儒教向为国教外，释教势力远在道家之上。近来北京谈佛有人，佛教有会，惟老教则殊为萧索。今得一刘氏者起而张之，亦足为黄冠羽客辈一吐其气也。[2]

8日，谛闲、显珠法师在北京江西会馆首次讲经。《神州日报》云：

谛闲、显珠两禅师昨（八日）在江西会馆讲《楞严经》，听者千余人。[3]

《申报》载《两法师开讲楞严经》，云：

昨日（八日）北京江西会馆讲经会第一日开幕，与会听讲者几达二千人，门外车马塞途，坛前座为之满。振铃开会后，先由谛闲法师入座，讲演《楞严经》开首"大佛顶"等语，以一字一义，乃至一字数十义，

---

1 《欢迎谛闲月霞两法师之骈启》，《申报》1915年8月4日，第6版，要闻二。

2 《都市新谈》（续），《神州日报》1915年8月15日，第3页，内外要闻。

3 《软红尘中一慧业》，《神州日报》1915年8月10日，第1页，北京专电。

引伸之，至于无穷义。讲毕，即由月霞接讲。惟两法师均操南音，而在座多北人，听时不能了了。生公说法，此则大足为点头者之障碍耳。座众问法师：此次讲经，可否编发讲义。法师云：演讲《楞严经》，至少须半年以上。余等急须南下，但能为演讲五十日之预定，略举精要，并须二人轮讲，以期互相参证，故事实上断难颁发讲义，为正式的讲演云云。

又开讲之前一日午后，有居士多人于法源寺开会，欢迎谛闲、显珠二法师。即有某君，素精庄老之学，所持主义原与佛之大乘相同，唯派别既属殊源，立论不无异趣，故坐谈之际，致与二法师大开辩论之端，其争点乃为"无"与"真"之区别。持老说者谓无即真，而持佛说者，则谓真非无。双方讨论共历三小时以上，其结果卒归一致。盖所异者，唯文字之表，而其观念之内容，则实无异也。当辩论之际，同时该寺之内忽发现有一僧徒投井自杀，以经时既久，无法施救。据该寺方丈道阶法师云，因持咒入魔，致有此事。座众疑有他故，及细询寺中诸人，均言此人素为方丈及诸僧所器重，平日专从事于念经持咒，绝无何种事实足以引起其自杀之念者，亦异闻矣。[1]

10日，总统宪法顾问、美国博士古德诺受周自齐鼓动，在《亚细亚日报》发表《共和与君主论》，认为共和国体不适合于中国。袁世凯复辟帝制的企图日益昭彰。

14日，刘师培与杨度、严复、孙毓筠、李燮和、胡瑛联名发表《发起筹安会宣言书》，称：

我国辛亥革命之时，国中人民激于情感，但除种族之障碍，未计政治之进行。仓卒之中，制定共和国体，于国情之适否，不及三思。一议既倡，莫敢非难。深识之士，虽明知隐患方长，而不得不委曲附从，以免一时危亡之祸。故清室逊位、民国创始绝续之际，以至临时政府、正式政府递嬗之交，国家所历之危险，人民所感之痛苦，举国上下，皆能言之。长此不图，祸将无已。

近者，南美、中美二洲共和各国，如巴西、阿根廷、秘鲁、智利、犹鲁

---

1 《两法师开讲〈楞严经〉》，《申报》1915年8月12日，第6版，要闻二。

卫、芬尼什拉等，莫不始于党争，终成战祸；葡萄牙近改共和，亦酿大乱。其最扰攘者，莫如墨西哥。自爹亚士逊位之后，干戈迄无宁岁。各党党魁，拥兵互竞，胜则据土，败则焚城，劫掠屠戮，无所不至。卒至五总统并立，陷国家于无政府之惨象。我国亦东方新造之共和国家，以彼例我，岂非前车之鉴乎？

美国者，世界共和之先达也。美人之大政治学者古德诺博士即言：世界国体，君主实较民主为优，而中国尤不能不用君主国体。此义非独古博士言之也，各国明达之士，论者已多，而古博士以共和国民而论共和政治之得失，自为深切著明。乃亦谓中美情殊，不可强为移植。彼外人之轸念吾国者，且不惜大声疾呼，以为吾民忠告，而吾国人士乃反委生任运，不思为根本解决之谋。甚或明知国势之危，而以一身毁誉利害所关，瞻顾徘徊，惮于发议，将爱国之谓何？国民义务之谓何？

我等身为中国人民，国家之存亡，即为身家之生死，岂忍苟安默视，坐待其亡？用特纠集同志，组成此会，以筹一国之治安，将于国势之前途及共和之利害，各摅所见，以尽切磋之义，并以贡献于国民。国中远识之士，鉴其愚诚，惠然肯来，共相商榷，中国幸甚！

发起人：杨度、孙毓筠、严复、刘师培、李燮和、胡瑛

附：凡愿充本会会员者，须由发起人二人以上之介绍。本会事务所暂设石驸马大街东口路南。[1]

案，"犹鲁卫"即乌拉圭，"芬尼什拉"，即危内瑞拉。"爹亚士"，即波菲利奥·迪亚斯（Porfirio Díaz，1830—1915），墨西哥总统，在任期间（1884—1911）实行独裁统治，被称为"黑暗的波菲利奥时代"。《神州日报》云：

筹安会者，杨度、严复、孙毓筠、刘师培、李燮和、胡瑛六人所发起也；其发起词，出于刘申叔之手笔。[2]

关于刘师培参加筹安会的原因，汪东云：

民国四年，袁世凯方以兵力暂壹海内，渐谋改制。杨度、孙毓筠等

---

1 《识时务哉筹安会之发起人》，天津《大公报》1915 年 8 月 16 日，第 3 版。《清机徐引之政体变更谈》（一），《神州日报》1915 年 8 月 18 日，第 3 页，内外要闻。

2 《如是我闻之筹安会》，《神州日报》1915 年 8 月 23 日，第 2 页，内外要闻。

创筹安会，议假民意劝进。以师培善属文，引之入会。作《君政复古论》，辞采渊懿，时人比诸《剧秦美新》。[1]

冯自由《记刘光汉变节始末》云：

> 民四，袁世凯自谋称帝，袁克定、梁士诒等献策，主张罗致失意无行之老革命党人，许以厚利，使之上书劝进，庶可收举国人心一致推戴之实效。袁韪其议。时光汉已任北京大学文科教授，潦倒半生，受命之下，如膺九锡。故洪宪筹安会六君子中，光汉与湖南李燮和、胡瑛，安徽孙毓筠四人，皆同盟会员。[2]

《刘氏五世小记》云：

> 舅氏学问文章，闳通淹雄，固为学者所交推。但文人习气，不免急功近名。加以妗氏时常怂恿，以为在教育界当教授，是没有什么出路的；国内政治已到如蜩如螗的趋势，学者不研究政治是行不通的，种种论调，时加浸润。况杨度、孙少侯等正在为袁世凯包办帝制，搜罗海内名流之时，舅氏与严复、缪小山诸君又是好友，所以就被列名筹安会。[3]

案，二说均以为此时刘师培已任北京大学教授，误。刘氏至北大，为蔡元培所聘，事在帝制失败后，详1917年。

郭象升则云：

> 盖尝与余深谈，言及沈约、范云、任昉、江淹诸人，慨然如在天上。是故民国三年由晋入京，即追随阮忠枢、夏寿田之间，旋得参政，复擢内史，贻书劝余入京，有相援之意。余懒漫不应而已，亦非自矜气节也。申叔自是文人见地，始终不乐武人之横、党人之嚣。前投端，后附袁，意以为两公尚是上流霸才，比之草泽之豪为贤，曰借彼可以保存国学。[4]

郭象升又记其与刘师培论文云：

> 刘申叔与余言，甚不取沈氏《读书四谱》。余购其书阅之，亦以为无用之书。由谢山之言观之，则《三通》羽翼何可少耶？余与申叔皆不

1　汪东：《刘师培传》，《国史馆馆刊》第2卷第1期，国史拟传，第76页。
2　冯自由：《革命逸史》上册，第333页。
3　梅鹤孙：《刘氏五世小记》，第54页。
4　郭象升：《左盦集笺》，闻喜叶氏《辛勤庐丛刻》第一辑，1942年。

从《三通》着想耳。[1]

余曾语刘申叔：明代假秦汉一派不足道也，而归、唐之文又非君辈所喜，然则如后冈诸贤，君辈何不亟表扬之乎？亦曾以语黄季刚。[2]

《筹安会宣言》发表后，全国舆论哗然。15 日，《申报》"专电"载北京专电云：

杨度、孙毓筠、严复、刘师培、李燮和、胡瑛等发起一筹安会，纠集同志，各抒所见。其发起词大抵如古德诺之言，并谓事务所暂设北京石驸马大街。凡愿充会员者，须由发起人二人以上之介绍云。[3]

《顺天时报》刊载《又有筹安会出现》，云：

自前年解散国会后，各政党均如烟消雾散，有其名而无其实，洵为世界立宪国家之特色也。近日杨度、严复、胡瑛等，组织一筹安会，观其发起词，显与改变国体有关。……观此，则该会之宗旨可知矣。呜呼！"国之将兴，必有祯祥；国之将亡，必有妖孽。"杨度等其今日之妖孽乎？祯祥乎？[4]

又载《筹安会组织之近讯》云：

昨据与筹安会有关系之某君谈云：日来北京诸报多有载筹安会业于日前在石驸马大街设立事务所者，其实该事务所现今正行设备。考本会原系孙毓筠、杨度诸君所发起者，以维持中国之国家人民幸福利益为目的，而谋增进之前途，如政事各项及关于国体之根本计划，亦调查研究焉。故本会亦颇有几分宛肖政务研究会之性质云云。[5]

15 日，贺振雄上书肃政厅，弹劾筹安会诸人。《申报》刊载《贺振雄之原呈》，谓："湘人贺振雄为筹安会事，曾上书肃政厅，请代呈总统。肃政厅以其手续未合，将不批答各节，已见昨日专电。兹得贺氏原呈，为录如次。"引贺振雄原呈云：

1　郭象升：《鲒埼亭集跋》，王开学辑校：《郭象升藏书题跋》，第 443 页。

2　郭象升：《鲒埼亭集跋》，王开学辑校：《郭象升藏书题跋》，第 455 页。

3　《申报》1915 年 8 月 15 日，第 2 版，专电。

4　愚：《又有筹安会出现》，《顺天时报》1915 年 8 月 15 日，第 2 版，时事要闻。

5　凉：《筹安会组织之近讯》，《申报》1915 年 8 月 15 日，第 2 版，时事要闻。

为扰乱国政，亡灭中华，流毒苍生，遗祸元首，恳请肃政厅代呈大总统，严拿正法，以救灭亡而谢天下事。窃闻天下兴亡，匹夫有责。奸奴误国，人得而诛。我古神州，四千余载，君主相传，干戈扰攘，万民涂炭，四海疮痍。稽披历史，至为寒心。自唐虞揖让，天下讴歌。暨汤武征诛，人民杀伐，国无宁岁，民无安时。七雄相并，五霸竞争。秦吞六国，汉约三章。王莽出，光武兴。曹操称雄，司马逞智。南北六朝，梁唐五代，陈后主、隋炀帝、武则天、安禄山、宋太祖、元世宗、明朱氏、清觉罗，各代君王，而今安在？惟留祸害，传染中华。自古愚人，相争相夺，称帝称王，因一时昏迷不悟，徒博眼前虚荣，而遗子孙实祸，诚可怜而可哀也。在昔闭关时代，相争相夺，犹是一家；今则环海交通，群雄耽视，一召灭亡，万劫难覆。叔宝心肝，何无至此？吾民国共和，创造未及五载，而沙场血溃，腥臭犹闻；人民痛苦，呻吟未已！我大总统手创共和，力任艰巨，四年以来，宵衣旰食，剑寝履皇，维持国政，整理军务，削平内乱，亲睦外交，不知耗多少心血，费几许精神，始克臻此治理。现方筹备国会，规立法院，整饬吏治，澄肃官方，惟日孜孜，不遗余力。民生国计，渐有秩序。四年之间，国是已经大定。内外官吏，诚能以国家为前提，辅弼鸿猷，绥厥中土，国力日见其发展，国基日见其巩固。而谓吾中国不适于共和，不能不用君主政体，真狗彘不食之语也。吾敢一言以告我同胞曰：有吾圣神文武之袁大总统首任一期，规模即已大备；若得连任，国政即可完全。不十年间，我中华民国共和程度，必能驾先进之欧美，称雄地球。况我大总统高瞻远瞩，硕画伟谋，既铲除四千余载专制之淫威，开创东亚共和之新国，不独人民颂祷馨香，铜像巍峨，即世界各国，亦莫不钦仰其威信。何物妖魔，竟敢于青天白日之下，露尾现形，利禄薰心，荧惑众听，尝试天下，贻笑友邦！窥若辈之倒行逆施，是直欲陷吾元首于不仁不义之中、非圣非贤之类，蹈拿坡仑倾覆共和、追崇帝制之故辙，贻路易十六专制魔王、流血国内之惨状，其用心之巧、藏毒之深，喻之卖国野贼、白狼枭匪，其计尤奸，其罪尤大。呜呼！国之将亡，必有妖孽。妖孽者谁？即发起筹安会之杨度、孙毓筠、严复、刘师培、李燮和、胡瑛诸贼也！振雄生长中华，伤心大局，明知若辈势毒弥霾，言出祸至，窃恐覆巢之下，完卵俱无。与其为亡国之奴，曷若作共和之鬼！故敢以头颅相誓，脑血相披，恳请肃政厅长代呈我大总统，立饬军政执法处，严拿杨度一干祸国贼等，明正典刑，以正国是，以救灭亡，以谢天下人民，以释友邦疑义。元首幸甚！民国幸甚！谨上。八月十五号。[1]

天津《大公报》也载贺振雄此文，且云：

> 有名贺振雄者，因反对筹安会，上书肃政厅，请代呈大总统，至目该会发起诸巨公为妖孽、为贼，请大总统明正典刑。其言真可谓失之过激，亦不似能虚衷研究者。昨日北京某报首载其全文，初不知贺振雄者实为何许人。继闻贺亦湘人，前于民国元、二年间，与王天纵同为国民纪念会正副会长，当时颇出现于北京社会，今则久不耳其名矣。[2]

17 日，《神州日报》载 16 日北京专电，云：

> 某要人谒袁总统，谈及筹安会应否干涉，袁总统谓：予只知民主，不应别有主张。古德诺博士曾力辩君主与民主之优劣，惟答以民主总统，义利所存，实难研究及此。惟共和原理，本当集众谋公众幸福。此等会议，不悖原理，何从横加干涉？予迭表素志，帝固不愿，总统亦弗恋。洹上秋水，无时去怀。无论研究此议者作何主张，予个人固不虑嫌疑。况此事乃四万万众生死问题，予既受国民付托，何敢以非所愿及非所恋者强加干涉？且此可视为学者事，如不扰秩序，自无干涉之必要。[3]

18 日，黄节写信给刘师培，痛斥筹安会"动摇国本，召致祸败"，劝筹安会诸人"深察得失，速为罢止"，书云：

申叔足下：

> 阅报，见《筹安会启》，诸君标论爱国，言征切磋，情或难知，语则有据。顾往史不可诬，国众不可欺。若摭拾外人言论，欲以钳制人口，一言不智，莫斯之甚。《会启》谓，革命之际，国家与人民所历危险痛苦，

1 《关于筹安会之各面观》，《申报》1915 年 8 月 20 日，第 6 版，要闻二。《贺振雄惊人之一鸣》，《神州日报》1915 年 8 月 20 日，第 3 页，内外要闻。"势毒弥霾"，《神州日报》作"势毒弥漫"，天津《大公报》作"势毒弥张"；"窃恐"，《神州日报》、天津《大公报》作"尚恐"。

2 《反对筹安会者之激烈谈》，天津《大公报》1915 年 8 月 20 日，第 2 张第 6 版，录件。

3 《袁总统之对人谈论》，《神州日报》1915 年 8 月 17 日，第 1 页，北京专电。

由于国体不善。亦知明祖戡乱，中更十八年；满清勘明，亦越二十年。史之所书，惨杀夷戮，分崩割据，其为危苦，视今倍蓰。共和创国四年，反侧虽兴，旋踵即战；士不从乱，民无去心。非力不能奋、死不能致也，徒以共和维系，异夫专于一人、私于一家，举国之人所以不争也。自黄帝立国，君主世及，至挚以不善禅；尧病世及，举舜民间。三代之盛，不由君主世及，实有明效。今欲复君主不世及制，则禹、汤犹难。必从斯制，亦只蔽欺一时，涂饰观听。是则一易君主，必为世及。承嗣或贤，而威福玉食，供奉增倍。何待易世，盘游乱德，始足为祸？虽有宪治，为救已末矣。夫根本解决，不在君主之制，而在人民知有国家。革命之初，诸将解兵，陈书劝逊。清之臣庶，岂尽忘君？盖为改建民主，非让人以君位，是以不嫌而不雠。故根本解决，定于当日。今若复倡君主，则对于旧君，为有惭德；对于民国，为负初志。长官虽忍隐赞同，其亚旅、师氏能无二议？且国体一变，承认待人。强邻在旁，诛求无已。我能以赂免讨耶？邻能遍赂，民亦能遍赂耶？斯议倡起，未及逾旬，而士大夫之明耻者，相携持而去，已有所闻矣。义不可以利取，事不能以言饰也。夫倾覆民国，是为内乱；聚党开会，是为成谋，岂与米博士泛论国体、著书私言所可同语？仆以为斯议一出，动摇国本，召致祸败，心所谓危。愿因足下，以告诸君，深察得失，速为罢止。

民国四年八月十八日，黄节顿首[1]

高旭作《感事六咏》，对筹安会诸人逐一讥讽。其四云：

误人红粉与黄金，覆雨翻云万变心。此辈只宜束高阁，枉谈经术到刘歆。[2]

柳亚子作《咏史二绝，为筹安会某君作》，云：

附骥马融曾失足，美新扬子又登场。经生家法原如此，一炬何人学始皇？

1　《粤省对于筹安会之态度》，《时报》1915年9月11日，第5版，要闻。《是是非非之变更国体谈》（廿一），《神州日报》1915年9月14日，第3—4页，内外要闻。又载本年《大同月报》第1卷第10期"纪录门·讨论国体文牍汇录"。

2　高旭：《天梅遗集》卷八，民国二十三年（1934）万梅花庐刻本。

卖友求荣事可羞,腼颜枉自附清流。魏珰殛后怀宁在,义子干儿记得不?[1]

又作《孤愤》诗,云:

孤愤真防决地维,忍抬醒眼看群尸。美新已见扬雄颂,劝进还传阮籍词。岂有沐猴能作帝,居然腐鼠亦乘时。宵来忽作亡秦梦,北伐声中起誓师。[2]

19日,《申报》载北京电,谓:

孙毓筠、杨度等发起之筹安会,入会者已达六百人,各部、院长官亦有入会者,并有分令属员签名之说。明、后日将开预备会,二十一日可正式成立。

又云:

湘省宁乡人贺振雄呈肃政厅,斥筹安会为国贼妖孽,请将孙、杨等明正典刑。此呈无保证人,不合格式,将不批出。惟闻庄都肃政交张一麐,转呈袁总统阅。袁总统谓:此事本应共同研究,果有人反对,甚好云云。杨度约梁任公来京,梁因病不来,汤化龙亦请病假。梁士诒病疟甚重,特延为袁总统治病之王医诊视。袁总统屡传见,前日力疾入府。外间传言,梁又将任外部或财部一部分事。[3]

21日,天津《大公报》刊载《筹安会之通告及启事》,云:

启者:本会宗旨,原以研究君主、民主国体,二者以何适于中国,专以学理之是非与事实之利害为讨论之范围。例如中国数千年,何以有君主而无民主;又如清末革命之结果,何以不成君主而成民主;又如共和实行以后,究竟利害孰多;又如世界共和国家,何以有治有乱。诸如此类,皆在应行讨论之列。然讨论范围,亦仅以此类为限。至此范围以外各事,本会概不涉及,以此为至严之界限。恐本会会员未及详知,特此布告。

启者:本会自发起后,所有与各界接洽商办之事,至为繁重,几于

1　柳亚子:《磨剑室诗二集》卷二,《磨剑室诗词集》上册,第217页。

2　柳亚子:《磨剑室诗二集》卷三,《磨剑室诗词集》上册,第230页。

3　《申报》1915年8月19日,第2版,专电。

日不暇给。欲照寻常党会手续，俟会员人数众多，再行宣告成立，实有迫不及待之势。现由本会同人，先行议定简章，并照章推定理事长、副理事长，暂时处理会务，以便进行。此后定期集会，再当随时通知。特此布告。

附：筹安会简章及理事长、副理事长、理事姓名

第一条 本会以发挥学理，商榷政论，以供国民之研究为宗旨。

第二条 愿充本会会员者，须具入会愿书，由本会会员四人以上之介绍，理事长之认可。

第三条 本会置理事六人，由发起人暂任，并互推理事长一人、副理事长一人。

第四条 本会置名誉理事若干人，参议若干人，由理事长推任之。

第五条 本会置干事若干人，由理事推任之。其事务分配，随时酌定。

理事长杨度，副理事长孙毓筠，理事严复，理事刘师培，理事李燮和，理事胡瑛。[1]

22日，《时报》称："刘师培到处拉人相助，为各种鼓吹之文字。"[2] 又云：

有人以筹安会中之六人而分析之，曰严复，曰杨度，人尽知其为守旧党也；曰孙毓筠，曰李燮和，曰胡瑛，人尽知其为革命党也。惟刘师培之为人，最难位置。谓之为守旧党欤，则从前亦提倡革命最烈者也；谓之为革命党欤，则辛亥之役，几为革命党所杀，而言论界奋笔舌以营救之者也。或曰："大难不死，必有后福。"刘师培有焉。[3]

本日，《申报》等刊载古德诺《共和与君主论》全文。[4] 谷钟秀、徐傅霖、杨永泰、欧阳振声等发起共和保持会，发布《宣言书》，主张维持共和国体。[5]

---

1 《筹安会通告及启事》，天津《大公报》1915年8月21日，第5版，要闻。《进退维谷之筹安会》，《神州日报》1915年8月24日，第2页，内外要闻。

2 《时报》1915年8月22日，第2版，内国专电。

3 笑：《筹安会六人之分析》，《时报》1915年8月22日，第4版，时评一。

4 《古德诺之〈共和与君主论〉》，《申报》1915年8月22日，第6版，要闻二。本月23日续完。《古德诺洋洋洒洒之国体论》，《时报》1915年8月22日，第4版，要闻。

5 《筹安会之反响》，《神州日报》1915年8月22日，第3页，内外要闻。

23 日，筹安会在石驸马大街设立的事务所正式办公。鉴于筹安会的频繁活动，上书反对者不断。鼓吹立孔教为国教的日本学者有贺长雄抵京，拜访杨度。[1]

24 日，袁世凯授意各省请愿团要求改变政体，刘师培旧友林獬、汪东等参与请愿。筹安会连发两电给各将军、护军、巡按使、巡阅使等，要求派遣代表来京，就国体问题进行表决。

《神州日报》载 23 日北京专电云：

> 杨度近著《君主立宪救国论》，分上、中、下三篇。日报又诮为与古氏《君主民主论》雷同。[2]

25 日，《申报》载《李诲请提起公诉》，谓："湘人李诲以筹安会足以摇动国本，曾上呈总统及内务部，并具禀京师总检察厅告发，请其提起公诉。"并录李诲上检察厅呈文，云：

> 具禀人：四等嘉禾章、前湖南省议会议员李诲，为叛逆昭彰、摇动国本，恳准按法惩治，以弭大患事。窃维武汉首义，全国鼎沸。我大总统不忍生民涂炭，出肩艰巨。不数月间，清室退位，以统治权授之我大总统，组织政府，定为共和国体，人心之倾向于以大定。南北既一，我大总统就职宣言，曾经郑重声明，不使帝政复活。迨正式政府成立，世界友邦遂次第承认。民国三年五月公布《中华民国约法》，我大总统又谓：谨当率我百职有司，恪守勿渝。三年十一月，宋育仁等倡为复辟之谬说，我大总统又经根据《约法》，严切申诫。国体奠定，既已炳若日星，薄海人民，方幸有所托命。虽内忧外患尚未消弭，而我大总统雄才大略，硕画宏谟，期以十年，何患我国家不足比肩法、美？乃国贼孙毓筠、杨度、严复、刘师培、李燮和、胡瑛等，组织筹安会。其发起词中，以共和国体不适于吾国国情，历引中美、南美诸邦以共和酿乱之故，指为前鉴，主张变更国体，倡言无忌。似此谬说流传，乱党必将乘机借以煽动，势必至危及国家。万一强邻伺隙，利用乱党之扰乱，坐收渔人之利，其祸何堪

---

1 《有贺氏殆为筹安来》，《神州日报》1915 年 8 月 25 日，第 1 页，北京专电。

2 《杨皙子发愤著书》，《神州日报》1915 年 8 月 24 日，第 1 页，北京专电。

设想？当国体既定之后，忽倡此等狂瞽之说，是自求扰乱，与暴徒甘心破坏，结果无殊。虽自诩忠爱，实为召乱之媒，其罪岂容轻恕？赣宁之乱，虽为暴民专制之征，而我大总统命将出师，期月之内，一律肃清。迨今暴徒敛迹，政治悉循正轨，此岂中南美诸邦之所可企及？安得以此颠破共和？夫国体原无绝对的美恶，恒视时势为转移。吾国今后国体，果当何若，固不能谓其永无变更，但一日在共和国体之下，即应恪守《约法》，不能倡言君主、反对共和，以全国家之纲纪。且共和国家以多数之国民组织而成，即迫于时势之需要，有改弦更张之日，则国体之选择，当然由代表民意之机关，以大多数人民心理之所向决之。事势之所至，自然而然，决非少数妄人所能轻议。今大总统德望冠于当世，内受国会之推戴，外受列强之承认，削平内乱，巩固国交，凡所以对内、对外，不敢稍避险阻者，无非欲保全国家。今轻议变更国体，万一清室之中，或有一二无知之徒，内连乱党，外结强邻，乘机主张复辟，陷我大总统于至困难之地位，而国家亦将随之倾覆。该国贼等，虽万死不足伏其辜。伏查三年十一月二十四日申令有云：“民主共和，载在《约法》。邪词惑众，厥有常刑。嗣后如有造作谰言、著书立说及开会集议以紊乱国宪者，即照内乱罪，从严惩办，以固国本而遏乱萌。”明令具在，凡行政、司法各机关，允宜一体遵守。今孙毓筠等，倡导邪说，紊乱国宪，未经呈报内务部核准，公然在石驸马大街设立筹安会事务所，配布种种印刷物，实属弁髦法纪，罪不容诛。检察厅代表国家，有拥护法权、惩治奸邪之责。若竟置若罔闻，则法令等于虚设。法之不存，国何以立？诲怀匹夫有责之义，心所谓危，不敢安于缄默，用特据实告发，泣恳遵照民国三年十一月二十四日申令，立将孙毓筠等按照内乱罪，从严惩治，以弥大患。民国幸甚！国民幸甚！谨禀总检察厅检察长。[1]

《神州日报》谓，李诲上此禀后，投函北京报界云：

诲固主张君主立宪之一分子也。辛亥革命以还，隶籍进步党，栖息

---

1 《筹安会之反响》，《申报》1915 年 8 月 25 日，第 6 版，要闻二。《李诲告发筹安会之文章》，《神州日报》1915 年 8 月 26 日，第 3 页，内外要闻。

于湖南省议会，备受国民党之欺凌。今者大局粗安，暴民匿迹，正吾人吐气之时。顾何以主持《湖南公报》，其所著论，乃反牺牲昔日之主张，而翊赞共和耶？良以国体既定，国法（其）〔具〕在，诚不敢以身试法。使共和政体之下，而可以倡言帝制，则异日帝制之下，又可以倡言共和。朝三暮四，国基不定，政治何以进行？综观史籍，国体之变更，大抵由于时势之推移者多，由于人为之造作者少。中国而果不适于共和，时期既熟，自有解决之道。默观时局，目前尚无迫不及待之理由。此诲所以虽怀君主立宪之主张，而未敢一日出诸口者也。近日孙毓筠等以少数私人，组织筹安会，其发起词中，力主改变国体，违背《约法》，淆惑人心。值此邦基未固之时，筹安即以召乱。若在欧美各共和国，必以叛逆治罪。稽之我国刑律，紊乱国宪，亦有专条。乃言官未闻上章弹劾，法官未闻提起公诉，内务当局亦熟视若无睹。纪纲坠地，国法何在？诲怀匹夫有责之谊，不揣绵薄，除径呈大总统及内务部外，已照法定手续，在总检察厅告发，请按法惩治，以弭大患。国家而可以无法律也，则无妨宽纵；国家而苟须法律也，则罪无可逃。[1]

《神州日报》又云：

筹安会自发起后，即设事务所于石驸马大街。近有好奇之新闻家特至该处探访内容，乃入门仅见老仆二人，方掉一签名簿，二簿内并无人名，深为骇异。因询之，深知其事者则曰：现入该会者确已有百人，但均在杨、孙二人宅内签名。因杨、孙两人近颇深居简出，即江西会馆之讲经会，亦不见少（侯）〔侯〕参政之汽车。唯刘申叔谘议尚间日一至耳。盖自贺振雄一书发见于肃政厅后，实际上虽无效力，然发起人等因此颇激动自卫之神经。[2]

本日，阎锡山致筹安会电：

筹安会鉴：两电均悉。贵会讨论国家安危根本问题，卓识伟论，无任纫佩。已遵嘱派遣代表崔廷献、南桂馨赴会讨论，乞赐接洽，时盼教

1　《李诲告发筹安会之文章》，《神州日报》1915年8月26日，第3页，内外要闻。

2　《如是我闻之筹安会》（二），《神州日报》1915年8月25日，第3页，内外要闻。

言。锡山，有。[1]

26日，阎锡山致电刘师培云：

> 筹安会刘申叔先生鉴：来电诵悉。除前电已派代表崔廷献、南桂馨赴会，兹复加派邢殿元、马骏、徐一清、范元澍为代表，请即转达为盼。阎锡山，宥。[2]

此次阎锡山派南桂馨赴京，另一原因是，金永密告阎锡山反对帝制，引起袁世凯的猜疑。南桂馨与刘师培、阎锡山关系紧密，所以派南氏作说项。南桂馨《山西辛亥革命前后的回忆》称：

> 我到京后，和孙毓筠、胡瑛都见了面，但主要方面，还是请刘师培设法疏通，请袁世凯不必偏信金永的话，阎锡山也是赞成帝制的。同时阎并拨款二万元，作为筹安会的经费。经过此番奔走，才逐渐消除了袁对阎的疑忌。[3]

本日，《申报》又录李诲呈内务部文，云：

> 孙毓筠等倡导斜说，紊乱国宪，公然在石驸马大街设立筹安会事务所。如其遵照结会集社律，已经呈报大部，似此显违《约法》、背叛民国之国体，大部万无核准之理。如其未经呈报大部核准，竟行设立，藐视法律，亦即藐视大部。二者无论谁属，大部均应立予封禁，交法庭惩治。顷过筹安会门首，见有警兵鹄立门首，盘查出入。以私人之会所，而有国家之公役为之服务，亦属异闻。若云为稽察而设，则大部既已明知，乃竟置若罔闻，实难辞玩视法令之责。去岁宋育仁倡议复辟，经大部递解回籍，交地方官察看。以此例彼，情罪更重。若故为宽纵，何以服人？何以为国？[4]

27日，杨度《君宪救国论》三篇由筹安会印作单行本，广为散发。《申报》载：

> 杨度之《君宪救国论》上、中、下三篇，已以该会名义印一小册颁送。上论谓国体不变，则富国、强国及立宪均无望。综之以欲求立宪，

1　《筹安会之最近消息》，《申报》1915年8月30日，第6版，要闻二。

2　同上。

3　南桂馨：《山西辛亥革命前后的回忆》，《辛亥革命回忆录》第5集，第159页。

4　《李诲告发后之筹安会》，《申报》1915年8月26日，第6版，要闻二。

先求君主。中论极言竞争大总统之祸，而谓君主继位时，即有祸乱，必稍杀。下论立宪之利，归本于正当与诚实。[1]

31日，黄节再度致函刘师培，痛斥筹安会的所作所为，函称：

申叔足下：

前书达览，知拂趣旨。日昨阅报，见足下有《国情》之论，所陈土俗民情，关乎政治，是与国体何涉？至谓管子之法不可以治秦，犹商君之法不可以治齐，斯论尤为未当。夫商君所为书号曰法，法者宪令，著于官府，赏存乎慎行，而罚加乎奸佞。准是以观，管子治齐，已有《任法》《法禁》《重令》诸篇，是则商鞅治秦，实师管子。其后汉除秦法，汉亦以理。文、景而降，则又黄老为治，何必商鞅？此盖政术之穷变，本无一定。足下必强为区别，证民主之不可以治中国，未见其审也。

今日又见足下所为《唐虞禅让与民国制度不同论》，所辨唐虞君位不世袭，似为仆前书而发。仆谓黄帝立国，君主世及。尧病世及，举舜民间，何尝目为民主？若夫君位世及，当时实为定制。观颛顼、帝喾，皆黄帝之孙。挚虽不善，然以长故，得承高辛，可为明证。尧以是病之，乃废斯制；舜以是病之，亦废斯制。是君位世及之不善，尧不惜举旧制而废之；夏商复世及，则盘游乱德之事生于易世。

由今观之，官天下制，苟能行于三代，垂为后世法，则君位虽尊，惟贤是与，庶几天下为公之道，复见隆古。夫官天下制，虽由授受，罔勿徇诸民意。禹授益而天下未治，则终属启。故君位之继承，以民意为转移，非若诸君所谋，预定世及之计也。

要之，君主、民主之辨，今日犹为空谭。就如诸君言，谓必君主方足以治中国，然求其具有君主之资格者，今尚未见其人。仆观吾国创业之主，必有扫除敝政、恢复领土之效略，而后举国方奉之为君。是故汉高帝、唐太宗、宋艺祖、明太祖，皆以有是两者资格，而天下翕然。夫果能是，欲为帝则竟为之矣，无所用其研究也。

至若摧共和、复帝政，外乘记载，以拿破仑之枭杰，由总统跃为帝，

---

1 《申报》1915年8月27日，第1版，专电。

武力所至，几混一欧洲。不过十稔，被流荒岛。其后三世拿破仑效之，初被选总统，则誓行共和。既得大权，遂陈兵五十万，逼国会上帝号，而卒为普禽，斯亦可为殷鉴。惟彼二君，皆能以武力取之，非得于文士之论议及他人之劝进也，是故虽至祸败，犹足为雄。

　　远观汉唐以来，近衡域外，实于今日举无所可。愿因足下之辨，复申言之。

　　　　　　　　　　　　　　　　　　八月三十一日，黄节启[1]

本日，《顺天时报》刊载《刘师培引经据典》，云：

　　筹安会中坚人物，以文章闻著于时者，除严几道外，若杨皙子与刘申叔，其新旧学说皆具有根柢。

　　皙子《君宪救国论》，对于国体问题，反复详辨，滔滔不竭，探其指归，一言以譬之曰：“中国今日无过于君主立宪。”

　　同时，申叔之《国情论》，引经据典，亦露布于京外各报，并闻近又撰文二篇：一为《共和解》，一为《唐虞禅让与民国制度不同论》，行将脱稿。

　　吁！杨、刘等之筹安中国，为公为私，将来之结果如何，功效奚若，姑不备论。即此煌煌著作，亦足以称豪当世，使小儒咋舌。中外政闻之士，确可引为研究之资。偶忆某氏咏戊戌六君子诗云：“文字收功日，中华革命时。”断章取义，抑亦国体蜕嬗时代一大纪念也。[2]

据南华居士编《国体问题》（下册）[3]所载《国情论》题下注“八月二十九日”，《唐虞禅让与民国制度不同》题下注“八月三十日”，均为首次发表时间。

9月1日，参政院自本日起，到本年底，代行立法院职权。

参政院开会时，筹安会指使山东、江苏、甘肃、云南、广西、湖南、新疆、绥远等省区旅京人士组织的所谓“公民团”，呈递由筹安会代拟请求变更国体的“请愿书”。刘师培在江苏请愿书上签了名。

1　《黄节与刘师培书》，《时事新报》1915年9月23日，第2张第2版，国内要闻。

2　时中：《刘师培引经据典》，《顺天时报》1915年8月31日，第7版，时评。

3　刘师培：《国情论》，南华居士编：《国体问题》（下册），“篇丁论辩”，北京：直隶书局，1915年，第149—150页。《唐虞禅让与民国制度不同》，第164—166页。

《顺天时报》载刘师培《国情论》，谓：

昨筹安会发起人刘君师培与其友人某氏谈及中国国情，其言甚长，略谓：一国政治，必与土俗民情有极大关系，故《史记·货殖传》《汉书·地理志》，于各方民情土俗，记载特详。此即《诗经》"国风"分为十五之经说也。又如《淮南子·要略篇》谓：周公受封于鲁，移风易俗，故儒者之学生；齐地负海障河，民多智巧，故《管子》之书生；韩国地墝民险，介于大国之间，故刑名之书生；秦俗贪狠趋利，地利形便，故商鞅之法生。此足证政治之施行，其适宜与否，必以土俗民情为断。再以经术证之：《齐风》《秦风》所咏弗同，管子之法与《齐风》相为表里，商君之法亦与《秦风》相为表里。管子之法不可以治秦，亦犹商君之法不可治齐也。一国如此，大者可知。故国情之于国体，譬犹影之随形、响之应声。苟非详加体察，忽实际而务高名，虽有良法美意，亦必推行辄沮。中西进化，本自弗同。中国以礼教立国，亲亲而尊尊。其立国大本，以为万物本乎天，人本乎祖。风俗由斯而成，刑政亦由斯而出。其所组织，与西儒所谓宗法社会者，虽有相同之点，按其实际，精粗疏密，迥弗相同。至欧美现行政治，考其起源之点，虽甚复杂，然详加研究，实与基督教有莫大关系。盖该教宗旨，惟主一天，故立法之本，务在伸个人之权利，使之渐即于均平。至卢梭之徒，所倡学术虽与基督教殊科，然按其根源，仍多相合，故民主制度亦惟基督教盛行之国始可施行。日本当维新之初，民约之说亦尝盛行于下，其卒取用伯伦知理学术者，亦以国情同异之故耳。今中国宗教、礼俗，迥与法、美不同，而强效其制，正《庄子》所谓寿陵馀子学步邯郸，匍而归者也。故讨论一国之国体，不可不研究国情。

刘君之言既毕，有以《礼运》大同说质疑者，谓孔子答子游，亦以选贤与能为大同之治，岂非民主政体亦为孔子所主张？刘君答曰：孔子谓："大道之行，选贤与能，讲信修睦。"所谓"讲信修睦"者，谓世界和平，干戈不用，必国际竞争之事悉行消弭，然后民主制度始可推行。今中国国基未固，强邻逼处，较孔子所谓小康之世亦且不逮，顾欲推行大同之治，不亦难乎？

闻刘君最近撰文二篇，一为《共和解》，一为《论唐虞禅让与民国制度不同》，均根据经说，力斥附会之谈，不日当可脱稿云。[1]

《申报》刊载《文章时代之筹安会》，其中"刘师培之文章"云：

> 筹安会发起六君子中，除杨度氏有《君宪救国论》一篇大文章出而问世，其余若严复、刘师培等，皆一代文豪，自应有所发表。昨筹安会发出刘君所著之《国情论》一篇，录之如左。[2]

《新闻报》则云：

> 筹安会前刊行杨度之《君宪救国论》，近又发表刘师培之《国情论》，引经史百家及西哲之言为证。自来经生之文字，多以陈腐见訾。若刘此文，殆所谓揣摩工深者乎？[3]

两报其下均照录《国情论》原文。

《新闻报》又刊"介"《新评》（一），云：

> 吾初以杨度"非君主，不能立宪"之言为异，今观吕调元、刘师培之文电，杨度又不足奇矣。吕调元曰：共和政体，本系政治学者理想之谈。刘师培则谓，民主非基督教国不能行，又谓非国际弭兵，不能见大同之世。此等言论，真可谓语不惊人死不休者矣。

> 吕调元姑不论。若刘申叔，则颇负重名，即主张君主制，引经据典，其事已足，何必又画蛇添足，妄谈世界国体，贻此笑柄？语曰："有求全之毁。"其申叔之谓乎？[4]

野史氏《袁世凯轶事续录》卷四"骂刘师培为腐儒"条称：

> 袁实行帝制之先数日，曾命筹安会中发起人，拟一共和不适用于今兹时代之命令，以备发表。时刘师培力任其事。及拟成，袁见其虽引经据典，而卒无充分理由，且出语艰深，字又多篆籀体，一般学子，都不认识。袁阅之，颇不谓然，亟召而责曰："我叫你按切时局，说几句恳切动听的话。你偏要卖弄本事，使人不懂。这又何苦来？"言讫，谓阮忠枢

---

1 《刘师培君之国情论》，《顺天时报》1915 年 9 月 1 日，第 3 版，国体问题丛集。

2 《文章时代之筹安会》，《申报》1915 年 9 月 1 日，第 6 版，要闻二。《刘师培之国情论》，《时事新报》1915 年 9 月 1 日，第 2 张第 2 版，国内要闻，内容与同。

3 《国体问题之骚动》（十六），《新闻报》1915 年 9 月 1 日，第 1 张第 3 版，紧要新闻。

4 《新闻报》1915 年 9 月 1 日，第 1 张第 3 版，新评一。

曰："你的笔墨很是浏亮，还是你起草罢。他倒底是书生，将命令当做经解做，迂腐已极。"刘大惭而退。[1]

中华革命党在东京集会，反对袁世凯复辟帝制。由于反对者众，政府动用军警保护筹安会及其发起人。《顺天时报》谓：

> 自筹安会成立以来，各省表示赞成者甚形踊跃，而表反对者亦属不少。政府对于该会，外面则谓不加干涉，然观于现在外间有反对之声，恐惹不测，故对于各发起人严密保护。西安门外之杨君居宅，门内则有兵士四名，门外则有警士二人，轮流守卫。其余如孙、胡、严、李、刘诸人之门口，均有警士守备，以资保护而防不虞云。[2]

刘禺生《洪宪纪事诗本事簿注》录浠水闻惕生注云：

> 当师培为参政时，所居胡同，楼馆壮丽，军士数十人握枪环守之。师培每归，车抵同口，军士举枪呼"刘参政归"，自同口及于大门，声相接。妇何震乃凭栏逆之，日以为常。濮一乘伯欣《长安打油诗》云："门前灯火白如霜，散会归来便举枪。赫奕庭阶今圣上，凄凉池馆旧端方。"盖纪实也。[3]

2 日，《顺天时报》载刘师培《论唐虞禅让与民国制度不同》，云：

> 晚近学人，调和今古，或掇引古经类似之言，曲会殊邦之制度，移并比合，失其本真，乃庄生所谓截趾适屦者也。譬如民主制度，创自欧美。求之本邦，未有前例。考古者流，则以唐虞之世，君位不世袭，与方今民国元首略符，比附牵合，并为一词，一若民主制度乃本邦所固有。是则割裂经文，曲学阿世。经术之晦，莫甚于兹。窃考《尚书·禹谟》诸篇，出自梅赜。阎、惠而降，其证益昌。至于伏生今文，则《尧》《舜》二典，本系同篇。在《尧典》之述帝德也，谓"克明俊德，以亲九族。九族既睦，平章百姓。百姓昭明，协和万邦，黎民于变时雍。""九族"谓同姓之亲，

1　野史氏：《袁世凯轶事续录》卷四，上海文艺编译社，1916 年，第 49 页。

2　愚：《保护筹安会发起人》，《顺天时报》1915 年 9 月 1 日，第 2 版，时事要闻。《筹安会之面面观》，《申报》1915 年 9 月 5 日，第 6 版，要闻二。《筹安会纪闻·发起人严密保护》，《时事新报》1915 年 9 月 5 日，第 2 张第 2 版，国内要闻。

3　刘成禺著，宁志荣点校：《洪宪纪事诗本事簿注》卷一"刘师培"，太原：山西古籍出版社，1997 年，第 46—47 页。

"百姓"谓群臣、父兄、子弟。其曰"协和万邦"者，谓中国方万里，得百里之国万区，即《左传》所谓"执玉帛者万国"也。夫贵族之制，封建之法，有一于此，即非民政。帝尧之世，斯制并存。目为民政，诬莫甚焉。至于舍子传贤，则《史记·五帝本纪》著其说曰：尧知子丹朱之不肖，不足授天下，于是权授舜。授舜，则天下得其利而丹朱病；授丹朱，则天下病而丹朱得其利。尧曰："终不以天下之病利一人。"而卒授舜。据彼说，是传子、传贤，在当时本无定制。尧之传舜，特以胤嗣弗贤，出于一时之权制。使舍子传贤果为定制，则尧崩以后，舜应践阼，何为远避南河乎？若谓舜承尧位，出自民选，则《尚书》记帝尧禅舜之词曰："格！汝舜。询事考言，乃言底可绩，三载。汝陟帝位。"是尧之禅舜，出于一人之授受，弗由众庶之金同。至举舜之初，据《尚书》所载，虽有"明扬侧陋"之文，复有师锡之言，然郑玄《书》注，训"师"为诸侯之师。师即今《益稷篇》所谓"州十有二师，外薄四海"也。师谓诸侯之长，非谓庶民。至王肃作注，始以"博询吏民"为说。伪孔因之，训"师"为"众"，非经旨也。此谊既明，则知唐虞禅让，与民国制度迥殊。即《韩诗》说所谓"五帝官天下"者，亦谓君位弗世袭，非谓君由民选也。要之，中国儒生侈言崇古，古所凤无，不惜百端附合。譬之释典精深，其生灭、轮回诸诣，为中国古籍所凤无。乃汉魏而下，迄于六朝，言释典者必比傅孔、老之书，或取庄、（烈）〔列〕之言相拟，虽言之成理，而按其实际，弗啻千里之差！今之以民国制度附合古籍者，亦犹是也，故特辨之如此。[1]

又载《筹安会之分理职务》，云：

溯自筹安会成立以来，为期未久，而赞成与反对者已日在决战之中。然所谓反对者究无若何之效力，而综观该会之进行成绩，则异常神速。推其原因，自系一为大总统宣言不能加以干涉，各法律机关仰承此意，均守冷静之态度；一为反对者日归失败而益少，其联袂入会者益众，故其力愈雄厚，遂得以平坦进行而无阻。近且闻，该会之发起六人，将

---

1 刘师培：《论唐虞禅让与民国制度不同》，《顺天时报》1915年9月2日，第3版，国体问题丛集。又，《筹安会之最近消息》，《申报》1915年9月3日，第6版，要闻二。

紧要职务,各皆自认分理。计杨度氏担任运筹主要各项外,尚与刘师培发表鼓吹君宪论说,严、孙则担任总务及筹款等事,而胡、李二氏则专任编纂接收各种函电。至于接收之法,则系将赞成函电皆已陆续汇辑成帙,而关于反对诸篇,皆已封束高阁云。[1]

《申报》载《筹案会之分派观》,其"职务上之分理"所云略同。[2]

《时事新报》载《六君子之趣史》,述刘师培云:

> 刘师培即刘光汉,乃《国粹学报》之主笔,痛言种族之巨子也。当前清时代,端方总督两江,正刘氏力主排满之秋。端见此情形,即遣代表运动刘氏,每月出三百金,聘为幕府。刘氏欣然诺之,将平生种族之思想全然打消,前后竟判若两人矣。故端氏尝私语人曰:"甚么革命党!咱们花几个钱就得了。"辛亥年,端方为铁路事奉命入蜀,刘氏亦随往。端被杀,刘被拘,民军欲害之。黄兴、宋教仁等以其为人虽不善,而其学问尚好,杀之可惜,乃电阻勿杀,刘始得免。刘氏之性情若此,其欲变更国体者,亦意中事耳。[3]

3日,《顺天时报》谓:

> 参政梁卓如,本为反对筹安会之一人,经该会理事长杨度君亲往天津沟通意见,梁君已有宣言,体谅筹安会诸公之苦心,决计不再有反对之论说。是否赞成,尚未有如何表示云。[4]

《时事新报》谓:

> 梁任公自居津门,闭门谢客,从事著述。日前曾草就一文,对于国体问题欲发表其个人之意见。此文撰就,方欲邮寄沪上,刊诸《大中华杂志》,事为筹安会诸公探知,即由京电致任公,请勿将此文公布,而某某要人复同往津面晤任公,亦与此事有关系。闻任公已将原文语气略改婉转,但大体并未更变。筹安会之发起,曾自声明:对于国体问题,

---

1　振:《筹安会之分理职务》,《顺天时报》1915 年 9 月 2 日,第 2 版,时事要闻。《国体问题纪闻·分理会务之内容》,《时事新报》1919 年 9 月 6 日,第 2 张第 2 版,国内要闻。

2　《筹安会之分派观》,《申报》1915 年 9 月 6 日,第 6 版,要闻二。

3　《国体问题纪闻·六君子之趣史》,《时事新报》1915 年 9 月 2 日,第 2 张第 2 版,国内要闻。

4　《梁卓如之变更宗旨》,《顺天时报》1915 年 9 月 3 日,第 2 版,时事要闻。

以讨论学理为范围。有以学理相讨论者，该会且极欢迎。然则任公之煌煌大文，不独为筹安会所欢迎，并将为我言论界欢迎者矣。吾人拭目俟之。[1]

《神州日报》谓，梁任公已于本日发表所著之《国体论》。[2] 其评论云：

> 刘师培《国情论》发表，吾人得一新见解，曰："民主制必基督教徒国始适用。"今刘氏又有《论唐虞禅让与民国制度不同》一文脱稿，文中所谓"民主制度，创自欧美；求之本邦，未有前例"，盖其主旨也。全文引经释典，深以儒生崇古附和为非是，而所根据者，曰"伏生今文"，曰"郑玄《书》注"，一以断定唐虞为贵族制与封建制，一以断定尧之授舜，出于诸侯之长，而非出于众庶。其用心良苦矣。然而以实际言，四千年以前之唐虞，其制度为何制度，其授受从何授受，与今日中国国体问题，初无若何相涉。必武文断句，取以自释，附丽者固陷于泥古，辩论者亦岂得为识时？举此番破石惊天、亘古未闻之例外行动，而乃以（签）〔笺〕注疏解之文章手笔出之，亦惟足自表其经生家之雍容雅度而已，不知于彼所主持之问题有何禅益也。且即彼所诠释者言，师之为众，彼昔著《论古代人民以尚武立国》言之何其详尽？今乃以"非经旨"三字轻轻了之，抑又何自相矛盾若此耶？然犹得曰字义各适其地之所用，而不可一概拘也。若夫创之为字，在本文中，其义固谓前所未有而自我作之之谓，今乃于欧美则云未有前例者可以创作，而中国则任何制度，必不可于古所曾有之外，别求一世界可行之公例，此岂通论乎？反复再四，无以为解，敢还以覆诸刘氏。[3]

《顺天时报》亦有评论云：

> 天下事，无独有偶。辩论愈多，真理自出。心苟无瑕，何恤人言。如筹安会之发起六人中，有李燮和为理事，同时反对该会、向总检察厅提起控告者，为族弟李海，辞严气壮，几乎大义灭亲。

1　《国体问题纪闻·梁任公著述发表》，《时事新报》1915年9月3日，第1张第3版，国内要闻。

2　《梁任公之国体论发表》，《神州日报》1915年9月4日，第1页，国体问题电报。

3　步陶：《刘师培之文章》，《申报》1915年9月3日，第7版，杂评二。

刘师培近著《唐虞禅让与民主共和制不同论》，宗旨抱定，博引繁称，理由虽不充分，文词实觉斐然。乃又有刘世聪其人，借政谈作答复，略云："尧禅之舜，讴歌者不讴歌尧之子而讴歌舜，此而谓人民未与闻朝政，此而谓一人之授受、不由众庶之佥同，其确论乎？然则尧舜禅让为一种君选而民承诺之法，已无疑义。特其法不详，后世莫可考耳。"

此刘之言与彼刘之言，虽系商榷，较李诲之于李燮和，刚柔有别，其维持共和、否认君主则一。值筹安推行之秋，来同室操戈之举，道高一尺，魔高一丈，我将为李、刘致慨矣。[1]

4 日，筹安会在北京中央公园召开欢迎会，欢迎各省各界赴京代表。[2]

5 日，《神州日报》载筹安会网罗易顺鼎事，谓：

先是，筹安会发起人以兹事体大，不敢独断，非旁求俊乂共襄盛举不可。故一面通电各省将军、巡按使及商会等各派代表，加入讨论，一面设法延揽一班天潢贵胄、素王苗裔、天师高足等陆续入会，以壮观瞻；又一面拟罗致遗老。但遗老中除于晦若饿死首阳、劳玉初遁居青岛、樊樊山避暑西山、赵芝珊言归珂里外，仅有龙阳才子一人差有罗致之价值。遂由刘申叔作通启一封，寄与龙阳才子，除宣布该会宗旨，请龙阳才子入会外，并请代召全体遗老入会。闻申叔起草三日，始能脱稿。盖一封通启，满纸骈文，该会中人，仅申叔一人能担任起草也。不意该会翌日即接到覆书，刘申叔发函伸纸，瞠目不语。杨、孙等趋前视之，则一张白纸，大书"曲高和寡"四字。于是该会中人兴致索然，大骂龙阳才子恶作剧不止。[3]

6 日，《时报》记刘师培参与清史馆事，云：

编修荼法主任刘师培，为筹安会发起人之一。刘君以馆中多系老成一派人物，介绍入会，于会务不无裨益。各编纂、协修等多数赞成，即由刘君介绍加入该会矣。[4]

1　时中：《李刘之同室操戈》，《顺天时报》1915 年 9 月 3 日，第 7 版，时评。

2　振：《筹安会进行之程序》，《顺天时报》1915 年 9 月 5 日，第 2 版，时事要闻。

3　墨守：《曲高和寡之筹安会》，《神州日报》1915 年 9 月 5 日，第 3 页，内外要闻。

4　《清史馆近事记》，《时报》1915 年 9 月 6 日，第 5 版，要闻。

下午三时，参政院代行立法会议召开谈话会，讨论请愿办法。为安定人心，袁世凯派左丞杨士琦代表其出席参政院会议，并代读宣言，称：

> 本大总统受国民之付托，居中华民国大总统之地位，四年于兹矣。忧患纷乘，战兢日深。自维衰朽，时虞陨越，深望接替有人，遂我初服。但既在现居之地位，即有救国救民之责，始终贯彻，无可诿卸，而维持共和国体，尤为本大总统当尽之职分。近见各省国民纷纷向代行立法院请愿改革国体，于本大总统现居之地位似难相容。然大总统之地位，本为国民所公举，自应仍听之国民。且代行立法院为独立机关，向不受外界之牵掣。本大总统固不当向国民有所主张，亦不当向立法机关有所表示。惟改革国体，于行政上有甚大之关系。本大总统为行政首领，亦何敢畏避嫌疑，缄默不言！以本大总统所见，改革国体，经纬万端，极应审慎。如急遽轻举，恐多窒碍。本大总统有保持大局之责，认为不合事宜。至国民请愿，要不外乎巩固国基，振兴国势。如征求多数国民之公意，自必有妥善之上法。且民国宪法正在起草，如衡量国情，详晰讨论，亦当有适用之良规。请贵代行立法院诸君子深注意焉！[1]

本日，《申报》开始连载梁启超《异哉所谓国体问题》，谓：

> 梁任公对于国体问题著有文一篇，将刊布于《大中华杂志》，题为《异哉所谓国体问题者》，全篇洋洋数万言。筹安会中人闻之，曾特至津门，阻其发表。任公为略婉其语气，然终未允其搁置也。[2]

7日，《神州日报》载刘世骢驳刘师培《论唐虞禅让与民国制度不同》文章，云：

> 刘申叔《论唐虞禅让与民国制度不同》之文出，识者多付一笑，以为无辩难之价值，而刘世骢独著论驳之。刘世骢者，即杨皙子之湘潭同乡，前曾直接致书，痛诋筹安会者也。身居势力之下，而一再为此哓哓，亦士之戆直者矣。然在申叔视之，恐又将诃为"曲学阿世"耳。一笑。

1　《请愿声中之参政谈话会》，《申报》1915年9月10日，第6版，要闻二。《国体变更问题之最近要闻·大总统之宣言》，《时报》1915年9月10日，第2张第3版，要闻。

2　《梁任公对于国体问题之新著》，《申报》1915年9月6日，第6版，要闻二。本月7—10日续载。

其驳申叔文如左。

刘申叔先生辨民制一篇，援经据古，典丽辉煌。先生为当代宿学，当然有此美丽之文章，以饷国人。然吾窃以为先生之文，指事实而言也，禅让之精神犹未尽阐发也。夫唐虞逊位，事实上出于一人之授受，此不待先生之言而为国人所共知也。而精神上可认为共和之见端，其名弗由众庶之佥同，其实卒为全国之赞助，此又国人所共知，而先生亦知之，特有所讳而不肯言也。当古代未开化之时，人民由团体而拥戴酋长，穴居野处，结群相角，本无所谓国家。迨由酋长而进为君主时代，国家之名词于是发生。然其时堂陛未远，君民一家，朝事施行，百姓虽无参政明文，似已隐含参政意义。尧禅之舜，讴歌者不讴歌尧之子而讴歌舜，此而谓人民未与闻朝政，此而谓出于一人之授受，弗由众庶之佥同，其确论乎？然则尧舜禅让为一种君选而民承诺之法，已无疑义，特其法不详，经传复未尝明言，后世莫之可考耳。且古者君主晏驾，传子传贤，诚如先生所言，在当时本无定制。而吾则谓于此无定制之时，即君主与共和攸判之关键也。何则？君主之与共和，何者可以存在，何者归于消灭，惟视当时之元首，以"公天下"与"私天下"二语为之分判。唐虞禅让，揆诸"有德者居之"之义，为纯粹的"公天下"之心。若世世奉行，递传而降，由此萌芽，复加研究，法规日密，民智日增，安知后世之不能由君选而渐易为民选耶？孰知传之禹、禹传之子，家天下之事成，则并此共和之见端亦断焉而绝息，君主与共和存在问题于是乎解决矣。呜呼！禹王奈何以一念之私，而弃唐虞盛德，以种此数千年专制之祸？宜乎成汤见伐，祸贻子孙，开后世征诛惨剧，"家天下"作之俑也。[1]

《时事新报》载《散布〈君宪救国论〉》云：

筹安会成立以来，已将古德诺所著《君主与民主》一论，分寄各官署人员收阅。兹闻日昨财政等部又接得该会所寄杨度氏近著之《君宪救国论》，自总、次长以至办事员，每人均有一册。想其余京外各官署

---

1 《是是非非之变更国体谈》（十四），《神州日报》1915 年 9 月 7 日，第 3 页，内外要闻。刘世骢：《答刘申叔之辨民制》，《顺天时报》1915 年 9 月 7 日，第 3 版，国体问题丛集。

不日亦寄，人手一编矣。[1]

9日，肃政厅呈请取消筹安会以靖人心。《时事新报》载：

　　本报昨纪肃政厅呈请取消筹安会以靖人心一节，嗣经访悉，肃政厅呈文实于九日早晨上递，呈中辞意极为激烈，大略谓：自筹安会成立以来，虽宣言为学理上之研究，然各地谣言蜂起，大有不可遏抑之势。杨度身为参政，孙毓筠曾任约法议长。彼等唱此异说，加以函电交驰，号召各省军政两界，各派代表加入讨论，无怪人民惊疑。虽经大总统派员在参政院代行立法院发表意见，剀切声明，维持共和为大总统应尽之职分，并认忽遽变更国体为不合事宜，然日来人心并不因之稍安。揆厥所由，无非以筹安会依然存在之故。应恳大总统迅予取消，以靖人心云云。[2]

《神州日报》载北京通信云：

　　自各省将军纷派代表及电知赞成，筹安会之所谓学理讨论已觉酸而近腐，而六君子及君子之徒方搜索枯肠，从事于文字。有人往访刘君子光汉，见其独据一室，摇头晃脑，从事于《共和解》之新著。察其面色，若不胜其惨淡经营者。刘氏素称文豪，不知何以对于此事，反至艰于着笔，迟迟不能脱稿，以饷吾人也。[3]

又云：

　　至京中，则领衔者香岩上将也。上将未出京前，曾于烂面胡同受一虚惊。拦汽车伏地之人，卫士几以手枪相饷。后查系旧部求差，并无他故，乃送交执法处，分别惩办矣。而所谓六君子者，自发起筹安后，自问身系天下安危，久已深居简出。及闻此事，又添惊恐。除该学会门首本有警士执枪分立外，杨、孙二君子每出门，皆添派马队跟随。惟刘、胡二人，只可安居不出。盖虽同为君子，而地位与情状亦有不同者焉。[4]

《顺天时报》云：

　　1　《国体问题纪闻·散布〈君宪救国论〉》，《时事新报》1915年9月7日，第2张第2版，国内要闻。

　　2　《筹安会已被干涉》，《时事新报》1915年9月14日，第2张第2版，国内要闻。

　　3　《筹安会最近之写真》，《神州日报》1915年9月9日，第3页，内外要闻。

　　4　同上。

梁启超参政之国体大文章都数万言，大总统曾细心披览。其所论精密处，不禁加以批词或圈点，并啧啧称赞，亦可见任公之文笔足以惊人矣。[1]

10日，《甲寅》第1卷第9号刊载秋桐《联邦论再答潘君力山》。

11日，《时报》载北京某大员一函，云：

> 本埠某君接到北京某大员一函，某君以示本报，内有云：自筹安会发生帝制问题后，全国骚然。自参政院开会，袁总统派杨士琦赴院宣读意见书，筹安会之热狂活动始为之一挫。至总统所以发此宣言，其主要原因，实因冯国璋竭力反对此举之故。段芝贵曾一日发六电，促冯加入筹安会。冯不为动，并电政事堂，诘问政府出此不智举动，究属何故，政府不复。冯乃亲自入京，面见总统。据云，力请总统将筹安会发起诸人概行逮治。一面分电二十一省当局，请合电中央，反对该会云。[2]

上海《亚细亚日报》载袁世凯就肃政厅9日呈文批示，云：

> 肃政厅呈请禁筹安会以定民心，奉批交片内务部，谓：君主之研究，原为巩固国基。前清禁谈共和，查秘密结社，酿成内乱。今日君主说发生已久，过于禁制，或蹈覆辙。惟范围宜定，免滋流弊。着该部转饬遵照云云。筹安会本宣言以研究讨论为限，此片自不受影响。[3]

代行立法院开会审查国体变更请愿书。《顺天时报》云：

> 昨十一日星期六下午二时，立法院为国体请愿案特开审查会，经审查委员梁士诒、汪有龄、联芳、李国杰等九人分别讨论甚久。闻其结果，认定该请愿书可以成立，并拟根据请愿之旨，由立法院向大总统提出建议案，并定十四日星期二先行提出大会，付诸公决。并由九人中推定施恩、汪有龄、宝熙三人担任建议书之起草员。至三时余，始行散会云。[4]

此时汪荣宝提出总统世袭说，[5]筹安会起而反对。《时事新报》载北京专

1 《梁任公之大文章》，《顺天时报》1915年9月9日，第2版，时事要闻。

2 《西报对于国体问题最近消息》，《时报》1915年9月11日，第3版，要闻。

3 《大总统与筹安会》，上海《亚细亚日报》1915年9月11日，第1版，北京专电。

4 宣：《立法院审查会之述略》，《顺天时报》1915年9月12日，第2版，时事要闻。

5 《汪荣宝主张总统世袭说》，《时事新报》1915年9月14日，第2张第3版，国内要闻。《总统世袭说之现势》，《时事新报》1915年9月16日，第1张第3版，国内要闻。

电云：

> 孙毓筠著论，驳总统世袭主张之说，末有"众望方殷之时，忽为萦回屈折之阻力，孰不愤慨而起！又何必贻旁观者以慨叹？谓舍武力，无足解决政治"语。[1]

《顺天时报》称讲经会日见衰败，云：

> 江西会馆讲经会，昨有人前往调查，见听经人众不及百人，较前数日益见减色。盖因法师南音，听众莫辨，幸有讲义为之参考。现在讲义已无，此听众所以日减之原因也。[2]

> 讲经会发起人中之主要分子为孙少侯参政，现孙参政岌岌于筹安会一方面，于讲经会已难顾及。发起人心理如此，无怪讲经会精神为之衰败云。[3]

12日，《时事新报》称：

> 筹安会拟令各省人为第二次请愿，又拟组织联合会，扬言今日请愿变更国体，将来即为要求立宪之团体。

> 昨日该会报纸反对总统世袭说甚力。刘师培亦发表一驳议，彼等认此为君宪说之一最大障碍，足见此说于根本上已占势力。[4]

《神州日报》载十一日北京专电云："刘师培著论，驳民国帝政说。"[5]《顺天日报》载《刘师培君对于民国帝政说之驳议》，云：

> 近日少数舆论有主张民国帝政者（即政体改为君宪，国体仍为民国），筹安会理事刘君师培拟精撰一文，力斥其谬。有询刘君以作文大旨者，刘君答曰：此等办法，无论泰西有无成例，然现今各国决无此等制度。中国人民法律智识甚为幼稚，欲图改革，自宜采用各国普通定制以为标准，不当务为新奇，创为特别制度，以欺民庶，贻笑外人。数年以来，朝野上下知共和制度不适于中国，又鉴于民国之空名，不得不隐为迁

1　《时事新报》1915年9月11日，第1张第2版，专电。孙毓筠《驳总统世袭说》原文节载于《时事新报》1915年9月13日第2张第2版，国内要闻。

2　《讲经之近况》，《顺天时报》1915年9月11日，时事要闻。

3　《讲经会衰败之由来》，《顺天时报》1915年9月11日，时事要闻。

4　《时报新报》1915年9月12日，第1张第2—3版，电报。

5　《刘申叔与法律派开战》，《神州日报》1915年9月12日，第1页，帝制问题电报。

就。由是所行制度，在民国、帝国之间，互相冲突，互为抵触，非古非今，不中不外，为五洲万国所未闻。今谋根本改革，自不当仍留民国之空名，以为迁就游移之地。至于泰西最近学术，法学大家虽各为派别，然普通一般学者，均以国体、政体互为表里。征之日本各书，持论亦同，此固无待赘述。然师培之意以为，为政之本，莫大于正名。即使全球学术均以国体、政体不妨分（政）〔歧〕，以师培个人之意见，犹必力为反对，不敢赞同，以其与论理不合也。夫论理之学，为一切学术之原。即其最浅近者言之，无论何种事物，内容、外延必当相应。今即归纳法言之，民国之中，何容有帝！更即演绎法言之，既为帝制，何得有民国之名！此非所谓虎皮羊质者乎？夫虎皮羊质固不可也，羊皮虎质又奚可乎？且现今外交通例，元首称谓，明载国书。又友邦举行大典，必遣专使。其在君主国家，或遣亲王，或遣皇族；其他邦报聘之使，资格亦必相当。若从说者之议，其国书称谓若何，姑不具论，惟嗣后国家大典，友邦君主倘以亲贵为专使，我国报聘，其舍亲王、皇族之属而别遣专使乎？则于礼未周。其以亲王、皇族为专使乎？则于民国之名义决不相容。此亦外交上至困难之事矣。且即事实上言之，国家主体既属人民，君主之权亦由人民委托，其在一般桀骜之徒，自必借民国为名，以为立君之权既操于己，则废君之权亦操于己，其于君主亦必视若奕棋，惟意所立。非惟失君主之尊严，即奸雄窥视之心亦不能免。内乱之祸，自必仍旧发生。无论宪法若何规定，欲求巩固国基、长治久安，必不可得。故师培之意以为，非并更国体，则君宪政体亦必不能保存。使仅更政体，吾知三年以内，全国人民必有变更国体之请愿，则国家对内、对外，必费第二次之手续。与其重生周折，何如直截了当，以为一劳永佚之计乎？故欲更政体，不得不先更国体。

现闻刘君之意，以主张民国帝政说者，均以法国往事为根据，现已搜集证据，以供驳诘之材料矣。[1]

---

1 《刘师培君对于民国帝政说之驳议》，《顺天时报》1915 年 9 月 12 日，第 3 版，国体问题丛集。

案，本月 14 日，《时报》载刘师培《民国帝政说之驳议》，云：

　　筹安会发起人刘君师培对于近日时论，有所谓民国立君者，以为其主张不合于学理，亦于今日时势决非合宜，特著一论曰《民国帝政说之驳议》，其内容录之如左。[1]

《神州日报》15 日亦载刘师培《民国帝政说之驳议》，其前则云：

　　总统世袭与民国立君两说，既与筹安会之君主立宪说鼎足而三，势均力敌，发起筹安会之诸君子颇引为忧。孙君子毓筠既著长文，痛驳总统世袭说，刘君子师培继之，又力与民国立君说相搏，谓于论理与时势皆非所宜。其所著论文曰《民国帝政说之驳议》，其词如左。[2]

其所录《驳议》之文则同。

所谓"民国帝政说"，又称"民国立君说"，《时事新报》述其来源称：

　　日前，梁燕荪召集中外名流讨论国体问题，有人主张民国（主）〔立〕君之说。当时，有贺长雄博士亦在座，遂出其所藏法国古代货币一枚，遍视座客，谓该币系拿破仑帝政时代所发行。该币一面即载有共和国家字样，博士据此谓可以证民国立君说之非诬。座客某某从而和之。北京某报得此消息，大为鼓吹。现时，此说似颇占有势力云。[3]

上海《亚细亚日报》则云：

　　汪荣宝主张民国立君说最力，昨在外报发表意见，谓此为调和君民两派之善策。刘师培、孙毓筠均著论，极力反对。[4]

13 日，《顺天时报》传严复、刘师培未来可任教育总长说，谓：

　　教育总长汤君济武现在养疴津门，呈请辞职，已决无返任之意。近日虽暂任司法总长章君宗祥代长教育，窃恐终非长久之计。兹闻政府关于教育总长一席，颇属于严几道、刘师培两君。一俟汤君正式卸任后，必于严、刘二人中择任其一云。未知确否，姑志以观厥后。[5]

1　《国体改变问题之最近要闻》，《时报》1915 年 9 月 14 日，第 4 版，要闻。

2　《是是非非之变更国体谈》（廿二），《神州日报》1915 年 9 月 15 日，第 3 页，内外要闻。

3　《国体问题纪闻·民国立君说由来》，《时事新报》1915 年 9 月 15 日，第 2 张第 2 版，国内要闻。

4　《汪荣宝之民国立君说》，上海《亚细亚日报》1915 年 9 月 12 日，第 1 版，北京专电。

5　愚：《未来之教育总长说》，《顺天时报》1915 年 9 月 13 日，第 1 版，时事要闻。

《新闻报》"新评一"载署名"介"的评论云：

黄晦闻致刘申叔书，言根本解决在人民知有国家，可谓探本之论。惟彼辈方以救国自命，未必能因此缄默，则吾请继黄氏更进一解。

名者，实之宾也。国家之为国家，在其实质，不在名义，故真知国家、真爱国者，惟尽力于实质，而昌言救国者，或反不足预于爱国之列。盖尽力于实质者尽一分力，国家即受一分之益。反是，虽有所更张，而国家之地位如故。或事出不慎，且受无形之障害，其得失迥殊矣。论者疑吾言乎？则请视筹安之结果，是否名实相副。好事者奈何弗知止耶？[1]

14 日，国体审查委员会召开会议。《顺天时报》云：

参政院参政梁士诒、汪有龄、联芳、李国杰、王家襄、陈国祥、施愚、蔡锷、宝熙等九员于十四日下午一时开审查会，讨论各省公民二次请愿国体问题，多数主张认为成立，并提出建议案，列入下届议事日程云。[2]

本日，《顺天时报》载《筹安会会员之确数》，云：

筹安会发起以来，一般醉心君主制之舆论家为之鼓吹，不遗余力，甚至有谓入筹安会之会员已达一万余人以上者，未免有夸大失实、自欺欺人之病耳。兹据最确调查，自该会发起以后，政界重要人物入会者，本属不少，而徘徊观望者亦自有人。各省之分会，除湖南、河南已经发起外，其余尚无何等举动。（致）〔至〕于中央本部之会员，尚未达二千五百名之数云。[3]

17 日，《顺天时报》刊载刘师培复吴致虚书，云：

昨有署名吴致虚者，致书刘君申叔，谓：改建君政，最适中国国情。惟数载之中，频易名号，求之史册，既无前例，且非所以齐一视听也等语。顷刘君作书答之，其词如左。

吴君足下：顷诵手书，无任佩慰。绎寻尊旨，亦似主张君宪。其所疑虑，惟以名号频更，易歧视听。夫仆等所以主张君宪者，正以国权统于一尊，则民听不惑。尊函所述，不无过虑之词。至谓"求之史册，未

---

1 《新闻报》1915 年 9 月 13 日，第 1 张第 3 版，新评一。

2 冰：《昨日之国体审查会》，《顺天时报》1915 年 9 月 15 日，第 2 版，时事要闻。

3 三：《筹安会会员之确数》，《顺天时报》1915 年 9 月 14 日，第 2 版，时事要闻。

有前例"，仆虽翦陋，奚容缄默？夷考北周立国，上承魏禅，易帝称王，不建年号，由孝、闵以迄世宗，中更二主。世宗三年，始从崔猷之议，改称皇帝，建号武成。是开国之年，不以建号改元为始。试以今事证之，辛、壬之交，清命已讫。清帝逊位之日，即新邦成立之日也。虽帝号犹虚，然邦基已奠。今谋改革，惟在位号。求之前例，实与周符。然周起关中，内政修举，东墟齐社，南取巴荆，曷尝以位号频更之故，致陷国家于危弱之境哉？敢布区区，伏乞鉴察。刘师培顿首。[1]

18日，《新闻报》称"筹安会不肯罢手"，云：

> 日来内务部虽有命令与警察厅，令限制筹安会法律以外之行动，然该会之进行仍不少懈。现已添雇书记至二十余人，不日将发布一种印刷物，以鼓动舆论，并闻将托人运动外交团之有力人物，但能得其首肯，即运动召集国民会议，立时解决云。[2]

同时刊载"论说"，批驳刘师培《国情论》不合逻辑，云：

> 至刘师培之推论尤谬。其《国情论》中有一前提曰："民主制度，唯基督教盛行之国始可施行。"其意中之媒语断案，盖以中国非基督教盛行之国，故民主制度不可施行耳。试询诸世人：民主制度果唯基督教盛行之国始可施行也乎？即欲武断世间施行民主之国皆基督教盛行之国，又能换质以全称之，而谓"基督教不盛行之国，民主制度即不可施行也"耶？而况基督教盛行，神权之说弥漫，恰与民约之说不能两立，又何所见而能设此前提也？是故由论理学评之，则刘氏斯说，内籀不全，立言谬误，亦一种似是而非之推论而已，宁有他哉？[3]

19日，梁士诒发起全国请愿联合会，向参政院请愿，组织"国民代表大会"，投票解决国体问题。

《新闻报》围绕刘师培复吴致虚书刊发评论，云：

---

1 《刘申叔君致吴致虚函》，《顺天时报》1915年9月17日，第3版，国体问题丛集。《国体改变问题之最近要闻》，《时报》1915年9月19日，第4版，要闻。《是是非非之变更国体谈》（廿七），《神州日报》1915年9月20日，第3页，内外要闻。

2 《国体问题》（三十三），《新闻报》1915年9月18日，第1张第3版，紧要新闻。

3 《似是而非之论理》，《新闻报》1915年9月18日，第1张第2版，论说。

京报载有人与刘申叔论变更国体事,谓名号频更,史无前例,非所以齐一视听。申叔答书,谓北周立国,不建年号;世宗三年,始改称帝。今谋改革,惟在位号。求之前例,适与周符云云。此真可谓奇谈。变更国体之事,若何重大!岂史有先例,遂可引为口实?即日取法古制,亦当比较今昔情势是否相同。宇文氏篡夺大业,僻处一隅,造次建国,因多反复。以视今之民意所趋,建成共和者,胡可同年而语?且政制沿革,代有同异。若谓见诸载籍,即可垂型千祀,则五胡云扰,且乱中原;唐祚既终,枭桀竞起。申叔亦将一一效法,谓割据分崩为致治之极轨乎?夫进化之势,代有推迁。史册所述,绝非一揆。秦灭六国,初置郡县,海内沸腾,群以为暴。然楚汉继起,六国之后复立,而终莫能存。盖一制之兴废,与时转移。势异境迁,人力难挽。封建井田,古之盛治。施诸后世,适见迂缪。故论史之识,在温故以知新。因袭虽善,且非所贵,况引僭窃苟安之制以论今事乎?古德诺以墨、葡拟吾国,筹安会据为定论,世方以为怪。乃观其引己国历史,亦复如是,然则筹安会所向往者,固专在不足为训之邦耳,岂不异哉![1]

中旬,吴虞托邓寿遐将其诗集《秋水集》代赠给刘师培。

案,邓镕(1872—1931),原名代剑,字寿遐,一字守瑕,后号忍堪居士,四川金堂县人。光绪十二年(1886)廪贡生,入尊经书院肄业。甲午战争后,渐趋经世之学。戊戌变法后,授徒于威远、简州等地。光绪三十二年(1906)由成都县学堂公费入日本明治大学专门部法律科留学,获法学士。与宋育仁等组织蜀学会,参与《蜀学报》编辑事。回国后,钦赐举人,授内阁中书。辛亥革命后,任四川临时参议院议员、国民参政院参政、参议院议员、众议院议员等。喜吟咏,著有《荃察馀斋诗存》四卷、《续存》、《再续》等。

22日,《顺天时报》载《筹安会之内幕》云:

当筹安会出现时,一时哄动全国,几有不飞则已、一飞升天之概。兹探悉该会之内幕,入会者虽有二千余人,其中多系闲散无事之人。彼辈入会之目的,原为一饭碗起见。近见入会之后,凡可以作几句赞成君

1　介:《新评一》,《新闻报》1915年9月19日,第1张第3版。

主之文章者,登之于报端,则每篇可得五元之酬金,其不分亥豕鲁鱼之会员,毫无一点权利可享,依然为一贫闲之士,故此辈已多后悔。至于入会之手续,填写愿书后,则由该会发给证书一张,其形似军人誓书;徽章一颗,其形为三角形,蓝色黑字,一面刻"筹安会"三字,一面则刻号码。近来凡入该会事务所者,必须带此徽章,始可入门。然普通会员,其徽章必须到该事务〔所〕门首,方取出带上;出门后,即取下收藏,窃恐有人在前非笑之者。[1]

《神州日报》云:"所谓江苏请愿团者,以沈云沛、陈绍唐两人领衔。统计列名者五十有七,而鼎鼎大名之刘师培氏乃列名于中流,不在领袖之列。"[2]

本日,上海《甲寅》杂志、《正谊》杂志因妨害治安,经统率办事处函请,被查禁。[3]

24 日,《时报》刊载《筹安会推代表为名誉理事启》,云:

自代表团组织以来,筹安会拟推举各省代表为名誉理事一节,已志前报。兹将筹安会推代表为名誉理事之原启录下:

敬启者:本会自成立以后,事务繁多。欲谋美善之规,端赖劻勷之力。伏诼我公高才硕学,迥异恒流。兹敬推为名誉理事,惟望发抒伟画,指导津梁,同扶大雅之轮,俾作韦弦之佩。略疏短简,祗迓高轩。耑此即颂台绥,惟希朗鉴。筹安会谨启。[4]

案,此《启》疑为刘师培所作。

25 日,各省代表尚未齐集北京,筹安会便决定提前就实行君主制还是民主制问题进行表决。本日通告全体会员,并附表决票一张,称:

1　乐:《筹安会之内幕》,《顺天时报》1915 年 9 月 22 日,第 2 版,时事要闻。《国体改变问题之最近要闻》,《时报》1915 年 9 月 25 日,第 3 版,要闻。

2　《帝制问题之竹头木屑》(一),《神州日报》1915 年 9 月 22 日,第 3 页,内外要闻。江苏请愿团名单又见《国体问题要闻种种》,《时事新报》1919 年 9 月 21 日,第 1 张第 3 版,国内要闻。

3　中国第二历史档案馆编:《中华民国史档案资料汇编》第三辑《文化》,南京:江苏古籍出版社,1991 年,第 509 页。

4　《国体改变问题之最近要闻》,《时报》1915 年 9 月 24 日,第 4 版,要闻。

径启者：本会创办之初，原拟各省代表到齐之日，即行定期开会。不意入会人员极为踊跃，现在人数将近万人，开会场所苦难寻觅，不得已采用投票议决之法。兹奉上表决票一纸，祈于票正中空格内，填写"君宪"或"共和"二字，并于投票人下空格内填写姓名，务于本月二十六日以前，邮寄石驸马大街本会事务所。本会即据多少之数，以为议决标准。[1]

26 日，《顺天时报》载陈婴《正刘师培国情论》，云：

甚矣哉！师培之妄也。欲固利禄，媚兹一人，速奉劝进表足矣。华歆、陶毅，先贤自有成例，恶取比附经义，以欺天下学人之耳目，岂仅师培能读书哉？今观其所著《国情论》，谓中国国体不宜于共和，引《淮南子·要略篇》以证之。夫刘安狂躁，具鸡鼠之智，好逞闳肆博辨之论，足以自杀其躯而有余。后世或因其文，并伤其过。（惜）〔昔〕蔡邕同意，非谓其学术不可磨灭也。周秦诸子，辨不衷理。孟子谓"处士横议"，已可窥一班。安祖其故智，益形芜浅。就师培所引证者言之，如谓儒者之学生于鲁，管子之书生于齐，刑名之书生于韩，商鞅之法生于秦云云，抑知周公就封，太公问何以治鲁，周公曰："尊贤尚亲。"太公曰："后世寖衰矣。"太公就封，周公问何以治齐，太公曰："尊贤尚功。"周公曰："后世必有篡弑之臣。"二公政策弗同，故施设亦异，讵尚亲宜于鲁、尚功宜于齐乎？申商之学，不用于祖国，乃弃德即雠。战国急功近利之士，大抵若斯，与地理何预？满清时，刑名多出于浙绍，全国赖用。所谓"地徼民险，贪狼趋利"者，尤不足以喻此。然数子本所学以行其是，无论成就若何，亦惟守一而终，与师培前主民族、后主君宪者不可同年语矣。是师培急功近利之心，尤高出于申商，而所守则相去远矣。乃寖不自安，妄疑申商之学，因地施宜，亦以腹度心哉！至《国风》所采齐、秦诸篇，当时桓公、穆公相继争霸，故好战乐杀之情，形诸讽咏，抑亦未可以觇俗尚也。清未亡时，行军、学堂诸歌，何一非忠君爱国之言？其时人心趋

---

1 生：《筹安会最近之进行》，《顺天时报》1915 年 9 月 26 日，第 2 版，时事要闻。《国体问题纪闻·筹安会通函投票》，《时事新报》1915 年 9 月 29 日，第 2 张第 2 版，国内要闻。

向何如，至今益明。若《管子》一书，多杂黄老，后人疑为伪作，姑弗深求。第观其斤斤于礼义廉耻，知与王道无甚出入。而师培断章取义，谓与《齐风》相表里，不亦悖乎？况孔子论其功而病其器，小其政治，不足称也。宰孔云："齐侯不务德而勤远戎，其在乱乎？"其匡君无足述也。商鞅祸秦垂数十年，论囚水赤，仁者所弗忍闻。顾以赏不及私亲、罚不讳强大，犹为世所乐道。然比于文王治岐，德行化洽，仁暴悬殊矣。夫桓公卒而齐乱，始皇死而秦灭，论者归咎于管仲、商鞅，霸道固不足恃，亦可为主张君宪能弭继承之祸者当头一棒。晚近士夫喜钩（颐）〔赜〕索隐，每陈一义，务矜创获，而不顾天理人心之安。言治术，则薄周召而崇管商；言学术，则鄙孔孟而尊黄老。矫虔惨刻，不演至流血满地不止。此亦无道日下之最堪悲者也。重以中土学说纷歧，言庞意杂。元恶大慝，无在不可，窃附于往圣，拟曹操为文王则文王矣，比逆阉为孔子则孔子矣。而曲学贱儒如刘歆者，尤不惮僭经以叛君父，何刘氏之不幸能读书者多也！然刘歆忘祖，师培罔民，罪大罪小，还以证诸舆论。

案，师培政治学，不为世所称。如谓一国政治之施行，必以土俗民情为断。吾国地广人众，权衡度量，南北自为风气。如师培所言，法律、政治终不能收统一之效。因无辨论价值，故不赘。[1]

案，本月30日《神州日报》亦载陈婴《正刘师培国情论》，云：

自筹安会诸君子之论著先后发布于世，阅者佥谓，今日帝制之复活，纯以势力为前提，本无庸为文字之辩论。而诸君子独哓哓不已，已属多事。见者不察，又争起与之驳难，则更不免词费矣。此就事势言之也。至如理论，则言者与驳者两面，固又不妨俱存，以供世人之评骘。刘君子申叔所著之《国情论》，前报已具载之。今有陈婴其人，特著《正刘师培国情论》一篇，对于刘氏原文，抨击甚力，再录于左。[2]

27日，《顺天时报》称刘师培曾被列入教育总长提名录，云：

教育总长汤君化龙去志已坚，政府亦将允其辞职。唯继任之人，政

1　陈婴：《正刘师培国情论》，《顺天时报》1915年9月26日，第3版，国体问题丛集。

2　《又有痛驳刘申叔之文章》，《神州日报》1915年9月30日，第3页，内外要闻。

府颇属意于鲁巡按使蔡君儒楷，已志本报。兹闻政府已将此意电达蔡君，讨其同意。唯蔡君以中央经济困难，办事诸多掣肘，决计不愿担任教育总长之席。政府得此覆电后，亦只好再行物色相当之人物。唯最有希望者，则属于金邦平、严复两君。其他如马良、胡瑛、刘师培等，于教育总长之提名录上亦曾列其名云。[1]

28 日，参政院代行立法会议召开第四次会议，议定另筹解决国体问题特别办法。[2]

29 日，筹安会发表宣言，宣布国体投票结果，云：

> 筹安会会员及代表诸君鉴：本会设立之本旨，原以讨论共和、君宪何者适于中国。近以会员人数已万余人，京中无足容大众之场所可以开会议决，不得已采用通函投票之法。日前将表决票分寄各会员及各代表，并定期二十八日开票。现已按期开票，全体一致，皆主君主立宪。此即为本会讨论之结果。除通电各省机关及各团体外，特此布告。[3]

又发表通电通告，称：

> 本会宗旨，原以讨论君主、民主何者适于中国。各省机关及各团体皆派代表加入讨论。近月以来，举国上下议论风起，本会熟筹国势之安危，默察人心之向背，因于日昨投票议决，全体一致主张君主立宪。盖以立国之道，不外二端：首曰拨乱，次曰求治。今请逆其次序，先论求治，次论拨乱。
>
> 专制政体不能立国于世界，久为中外之公言。既不专制，则必立宪。然共和立宪与君主立宪，其义大异。君主国之宪政程度，可随人民程度以为高下，故英、普、日本，各不相同。共和国则不然，主权全在人民，大权握于国会，乃为一定不移之义，法、美皆如是也。若人民智德不及法、美，而亦握此无上之权，则必嚣乱纠纷，等于民国二年之国会，不能图治，反以滋乱。若矫而正之，又必悬共和之名，行专制之实。如我国现行之总统制，权力集于元首一人，斯责任亦集于元首一人。即令国会当

---

1 三：《蔡儒楷不愿长教育》，《顺天时报》1915 年 9 月 27 日，第 2 版，时事要闻。

2 《国体解决与代行立法院》，《顺天时报》1915 年 9 月 29 日，第 2 版，时事要闻。

3 《筹安会近讯·通告》，《时事新报》1915 年 10 月 3 日，第 2 张第 2 版，国内要闻。

前,亦不能因责任问题弹劾元首,使之去位。一国中负责任者,为不可去位之人。欲其政治进步,乌可得也?故中国而行前日之真共和,不足以求治;中国而行今日之伪共和,更不足以求治。惟穷乃变,惟变乃通。计惟有去伪共和,行真君宪,开议会,设内阁,准人民之程度以定宪政,名实相符,表里如一,庶几人民有发育之望,国家有富强之基。此求治之说也。

或曰:民权学说不必太拘,即共和亦可准人民程度以定宪政,何必因此改为君主。不知宪政不问形式如何,但使大权不在国会,总谓之伪共和。因恋共和之虚名,不得已而出于伪,天下岂有以伪立国而能图存之理?又况祸变之来,并此伪者亦必不能保存。何以故?君主国之元首责定于一,共和国之元首责不定于一。不定于一,即不能禁人不争。曩者二次革命,即以争元首而成大乱。他日之事,何独不然?无强大之兵力者,不能一日安于元首之位。数年一选举,则数年一竞争,斯数年一战乱耳。彼时宪法之条文,议员之笔舌,枪炮一鸣,概归无效。所谓民选,变为兵选。武力不能相下,斯决之于战争。墨西哥五总统并立之祸,必试演于东方。中原瓦解,外力纷乘,国运于兹斩焉绝矣。未来之祸,言之痛心。即令今日定一适宜之宪政,纲举目张,百度俱理,他日一经战乱,势必扫荡无遗。国且不存,何云宪政?救之之法,惟有废除共和,改立君主,屏选举之制,定世及之规,使元首地位绝对不可竞争,将不定于一者使定于一,是则无穷隐祸,概可消除。此拨乱之说也。

本会以为:谋国之道,先拨乱而后求治。我国拨乱之法,莫如废民主专制而行君主立宪。此本会讨论之结果也。谨以所得,布告于军政学商各界、全体国民。筹安会,二十九。[1]

30 日,参政院提出《国民代表大会组织法》。《神州日报》载 10 月 1 日北京专电云:

昨参政院议定《国民代表大会组织法》,全案分十七条。关于国体

---

1 《筹安会记事·筹安会通电通告》,《顺天时报》1915 年 10 月 1 日,第 3 版,国体问题丛集。本月 2 日第 3 版续完。

请愿，由该会决定。凡各省每县选一人，内、外蒙古三十二人，前、后藏十二人，青海六人，八旗廿四人，全国商会五十人，硕学通儒三十人，有勋劳于国者五十人，用记名单记法投票，以国民会议初选，当选人不限本区。选举及投票，决定国庆日以教令定之。投票决票后，将其结果报告代行立法院，由院汇齐宣布。[1]

本月，《国学荟编》民国四年第9期出版，续载刘师培《左庵长律：癸丑纪行六百八十八韵》完。

10月1日，衍圣公孔令贻任筹安会名誉理事。[2]

梅宝玑、马为珑等筹备全国教育界请愿会。《神州日报》云：

> 据最近消息，各省及商会均组织联合请愿机关，独学界尚未联合一致。昨湖北教育会代表梅宝玑君等偕北京学界请愿马为珑君，发起组织全国教育界请愿会，已于昨日午后一时，邀请各省教育会代表樊德光、杜光俊、阮庆澜、王榘曾、孟永昌、袁家元诸先生等十余人，莅长安饭店开茶话会，由梅君说明组织之理由，全体一致赞成，并议决两种办法：一面通电各省派代表到京与会，一面由本会发起各省代表等先行请愿参政院，为联合之进行。闻明日午后，复借筹安会招待所开成立会一次，及讨论章程、推举职员诸问题。将来事务所即附设招待所内，为全国教育界请愿会机关云。[3]

案，梅宝玑（1881—1946），字镜垣，湖北黄梅人。早年肄业两湖总师范学堂，任詹大悲《商务报》编撰。1911年参加共进会，参与武昌起义。1913年任众议院候补议员，1918年荆襄自治时，赴鄂西组织队伍，抗击北军。北伐胜利后，回湖北。马为珑（？—1919），字玲仙，号蜕枰、退郢，江苏盐城人。幼从陈玉澍授句读，后留学日本早稻田大学法政专科，归国选浙江提法使司

---

1 《国民代表大会组织法如是》，《神州日报》1915年10月2日，第1页，帝制问题近电。《顺天时报》1915年10月3日第2版"时事要闻"载《国民代表大会组织草案》，硕学通儒为廿人，有勋劳于国家者三十人，与此有异。

2 《衍圣公倾向筹安会》，《神州日报》1915年10月2日，第1页，帝制问题近电。

3 澄：《全国教育界请愿会将成立》，《顺天时报》1915年10月3日，第2版，时事要闻。《帝制声中之轶闻·教育界之请愿会》，《时事新报》1915年10月6日，第1张第3版，国内要闻。

法官,迁山西省督学。民国后,任蒙藏院秘书,转佥事。著有《瀛洲泪》《比较国会论》《富之满洲》等。

《新闻报》载"北京特约快信",分析筹安会势力日衰的原因,称:

> 变更国体,本筹安会所发起,全国注目。今事机将近成熟,不知者以为筹安会将极得意,而岂料其声势较初发起时已一落千丈。其所以然者,则与请愿联合会竞争,势力不敌故也。筹安会之失意,前函曾言之。彼时请愿团尚未成立大会,故尚不甚显。自全国请愿联合会成立后,优劣昭然。即如各省赞成之电报,近多移于请愿联合会及参政院,而筹安会所发表者,不过内地不相干之人,而最为人注意者,即大会未能开成一事。夫以筹安会前次之声势,人皆料其开大会时,必有一番大热闹,而孰料其竟寂寂无闻,改为投票表决之举。在筹安会发出《启事》,谓因人数太多,难开大会,实则人心已涣,即开会,亦未必有人肯劳跋涉,故不得不出此。然请愿联合会则开会、演说,极为热闹。彼此相形,筹安会益索然矣。

> 筹安会冒大不韪,发此大问题,何以势力之衰,如此之速? 则有种种原因在焉。

> 一曰骄倨。筹安会发起人,多系文人。文人者,自古相轻成性者也。一旦得意,必表示于外。彼等以为,做人所不敢做之事,自命甚不凡。于是自任理事长、理事等职,不容外人插足其间。此种作事法,本名士向来惯技。然名士脾气一发,外人遂望望然却步。前此各省要人电报,多直呈总统,今则督促参政院,亦由筹安会人性质不易接近之故。前有京中政界甲、乙二人谈筹安会事,甲云:"杨、孙等近日甚为得意。"乙云:"此等自然之结果。如童养媳圆房,何得意之有? 可谓眼皮浅矣。"观此可知其以傲见轻于人。而请愿会一方面则皆老官僚,待人接物甚为周到,且所作之事,从不夸示于人,则如与筹安会暗中竞争甚烈。而成立会之宣布宗旨,谓筹安会为其参谋本部。其应酬何等圆滑! 此筹安会气质不如人,遂致失败之原因也。

> 一曰懒惰。筹安会发起之六人中,孙少侯、胡经武、严又陵、刘申叔皆以大鸦片烟瘾著名。刘申叔常月余不沐头洗脸,毛发茸茸,泥垢满面。

严又陵在沪任某校教员时，每岁仅到十余次，其懒为人所共知。孙、胡虽无甚特别懒迹，然吸烟之人，懒惰乃其第二天性，故亦绝不能勤。此外，李燮和无甚声望，故认真办事者惟杨晳子一人。杨近年来虽日在官场，然其办事之能力仍无异一书生。故该会发起以来，将及两月，而除宣布文字、乱发电报外，毫未做出一有实力之事件。即如向参政院请愿，本系该会之主张，至今请愿团已经递过三次，该会方征集会员意见，以备进行。其勤惰相差，奚可以道里计？此筹安会办事不如人，遂致失败之原因也。

一曰势弱。自不知者观之，以为筹安会必势焰薰天。然实际上，杨、孙等并无甚信用。观其所招致者，多为无聊人物，与请愿会之联络有力者迥然不同。试思：此辈无力之人，虽集至数万，亦何能为？盖彼等之附和筹安会，方且欲假此为终南捷径，何能有力助人？若请愿会，则皆行有余力，出而任事，自不可同日而语。在筹安会，固未尝不欲招致有力者，特无此能力耳。此其原因，固由于前所言之骄傲，而实际上手段亦有分别。请愿代表有数人皆已放得好缺，而筹安会之代表则寂寂无闻。彼此相较，势力厚薄显然。盖筹安会所恃以招致人之具，惟在文字鼓吹。在今日作此等事，欲乞灵文字，第一着先已认错。即彼投入筹安会者，又岂为佩服学理而来？宜筹安会中无甚要人。此筹安会因权势不如人，遂致失败之原因也。

一曰贫乏。此一条，实筹安会失意之大原因。盖以上三条，尚不要紧，而金钱则系今日作事者断不能缺之物也。筹安会初起，曾向周四借款百万，周四拒绝。不得已，乃求助于梁燕荪。梁氏素有财神之目，筹款自非难事。然梁氏作事，向不肯居人下，杨、孙等又不肯受人指挥，两方遂成貌合神离。梁氏既别组织请愿会，则允助筹安之款亦相随俱去。闻筹安会百计张罗，仅取得三十万元。此三十万元，在吾侪小民视之，固已不菲。然以供筹安会之用，则殊嫌戋戋不足道。况所谓发起人者，率皆穷措大。筹得款项，尚须自奉，更何能尽供会中公费？闻取款之次日，某发起人即以三万元付某妓。以此推之，所有全额不过供十次挥霍而已，则会员等安得不向隅？据最确消息，即所为理事中，尚有未得分惠者,而前次悬赏二三十元所购之文字,今仅付四五元一篇,故其内幕日涣散,外间所传某老以文字著名,独无文字发表者,亦不肯减价出售之故也。请愿会一方款待代表者,旅行费也,夫马费也,名目繁多;而筹安会一方,则代表仅白住房子、白吃饭而已。试思:彼等千里跋涉,所为何来? 岂仅现成房饭即可满其欲望? 则安得不有怨言? 此筹安会财力不如人,遂致失败之原因也。

　　以上四端,有一于此,即不能存于今日北京之社会。筹安会乃兼备,安得不失意? 某要人谓彼等文人无用,可谓确评矣。[1]

案,此文称刘师培吸食鸦片,其说不确。刘师培平生吸食卷烟,且量较大,无吸食鸦片之癖。

2 日,《时事新报》刊载"弹刘"投函,节录刘师培《〈国粹学报〉三周年祝辞》文句以讥刘,云:

昨有署名弹刘者,投函本报云:

记者足下:近读大报,知有忧时君子倡议筹安,谋更国体。发起诸贤,皆海内知名之士,而仪征刘先生与焉。忆昔《国粹学报》之兴三年,刘先生尝撰辞以祝之,当世名流并多题寄,一时称盛。筹安会为极世创举,其丰功伟烈,奚止千百倍于《国粹学报》? 是更不可以无祝。谨就刘先生原文,摘其尤可诵之语,录于左方,还贻刘先生,借以代祝刘先生之健康,并祷发起余子之长生不老,俾神州四百兆众得永叼福庇于无穷。此则弹刘区区之志,而欲与大记者暨海内外人士之与大报同其旨趣者交勉者也。弹刘贡书

戊申孟春,为《国粹学报》之第四年,同人拟行三周年祝典,乃系之以词曰:昔虞卿弃相,穷愁著书;子云草《玄》,寂寞自守。不以学术为适时之具,斯能自成一家言。盖舍禄言学,其业斯精;以学殉时,于道乃绌。或者不察,妄援仕、学互训,郰书之粹言;官师联职,周庭之成法。是则学古为入官之所阶梯,变通乃趣时之捷径。道衰学敝,恒必由之。(中

略)励己则甘守湛冥,学祈自得;徇人则中怀躁进,说涉模棱。故思来述往,皆圣贤失志所为;而执古御今,乃策士纵横之习。(中略)名为用世之良规,实则干时之捷径。虽金人所乐道,亦君子所羞称。(中略)自诩识时之杰,渎陈济世之谟。颓风所被,利禄所趋,举世率循,莫之或挽。(中略)义与彼合,(弹刘曰:此"彼"字当作"君如彼何哉"之"彼"解,望阅者注意。)学虽绌而亦优;道与彼歧,谊虽长而亦短。(中略)饰殊途同归之词,作弋誉梯荣之助。(中略)卑之无甚高,讵必侈言经世;确乎不可拔,惟期毋贰尔心。(中略)此则师培区区之志,而欲与诸君交勉者也。(下略)[1]

3 日,谛闲、显珠两法师讲经会结束,刘师培、雷光宇、孙毓筠出席并演讲。《神州日报》载《讲经会中两种言论》云:

> 讲经会昨(三日)闭幕,孙少侯莅会行忏礼。谛闲法师说偈云:"今日宏经圆满时,各人消息自家知。此中若了原无事,华屋门开弹指时。"并演说谓:国体无论君主、民主,政治不问专制、共和,我辈但图自觉、觉他之精神而已等语。刘光汉亦演说,但语语暗射君宪。[2]

《洪宪纪事诗本事簿注》录《后孙公园杂录》云:

> 筹安会立,杨度、刘师培以儒教为经,迎衍圣公孔令贻入京。严复以通西学为望,张勋又有荐张天师朝见之举,某某则奏进天方教为宗。孙毓筠自命耽精佛典,乃倡议迎名僧月霞、谛闲来京讲《楞严经》,恭颂政教齐鸣之盛。月霞,湖北黄冈人,安庆迎江寺方丈。谛闲,浙江人,宁波观宗寺方丈。拨款拾万,讲经一月,以顺治门大街江西会馆为正会场,以南池子某地为别会法坛,以孙少侯住宅城东锡拉胡同为两师坐静禅堂。听者日数百人,皇子以降,列边持戒。

> 一日,月霞升座说法,反复讲"欲念"一章,其词曰:"万事皆起于欲,万事亦败于欲。至人无欲,能通佛路;达人去欲,乃获厚福;常人多欲,一切事业纵因欲兴,亦因欲败。事成知足,而能去欲者,鲜矣! 天道

---

1 《时事新报》1915 年 10 月 2 日,第 2 张第 3 版,来函。"中略""下略",均为原文。

2 《讲经会中两种言论》,《神州日报》1915 年 10 月 5 日,第 2 页,北京专电。《北京讲经会之尾声》,《神州日报》1915 年 10 月 8 日,第 4 页,内外要闻。《时事新报》1915 年 10 月 7 日第 2 张第 3 版载《讲经会之功德圆满》一文,记为 10 月 4 日事。

之盈亏有定，人生之欲望无穷。当日波斯国王，征服邻近诸国，身为皇帝，仍穷兵黩武，欲使世界无一存在之国。一旦事败，内忧外患叠起，国破而身亦随亡，足见欲望者为败事之媒，是以君子务慎欲也。旷观世界历史人物，作小官者欲为大官，作大官者欲为宰相。得作宰相，欲为皇帝；既作皇帝，又欲长生不老，求仙寻佛，以符其万万岁之尊号，皆欲念二字误之也。"云云。当时帝制诸臣，听者颇众，皆谓湖北老秃，可恶已极，借口说法，讥诋当今。群语少侯：此后不准月霞说法，勒令离京。而段芝贵等尤为愤激，商派步军统领派兵捕往军政执法处。少侯乃黉夜送月霞往丰台上车赴津，此段和尚公案遂告了结。留谛闲在京讲完《楞严》全部，饬返宁波。京师为谚语云："皇帝做不成了，和尚也跑了。"如月霞者，亦豪杰僧也。[1]

《时事新报》刊载筹安会请愿书，反对国民代表大会议决国体，要求参政院速决变更国体，云：

> 筹安设立之始，本托言研究学理，不涉政治。日前竟逾越其所谓至严界限，以速决变更国体请愿于参政院矣。兹将其《请愿书》照录于左：
>
> 自本会设立以来，国体问题举国风动。近来各地方、各团体人民纷纷请愿，贵院因此建议政府，谓国体为宪法上重要问题，解决之权应在国民会议，请提前于年内召集国民会议，请另筹征求民意妥善办法等语。旋读大总统咨覆，谓决定宪法为国民会议之职权，事关国家根本大计，不得不格外审慎。国民会议议员覆选举定于十一月二十日举行，俟各地方覆选报竣，即当召集开会等语。本会以为，共和不适国情，既为举国所同认，则非立宪不能救国，非君主不能立宪，实为不移之理论、必成之事实。贵院代行立法院，允宜迅与解决，以慰薄海望治之情。乃贵院建议偏重国民会议，大总统咨覆，专主国民会议，固亦皆为慎重起见。惟时期尚远，解决甚迟。如此重大问题，任其久悬不决，实非安定人心之道。且改革国体本为政治问题，而非法律问题。必欲强纳于宪法范围之中，为法律之解决，已觉过于舞文，而况

1　刘成禺著，宁志荣点校：《洪宪纪事诗本事簿注》卷一"月霞说法"，第38—39页。

法律实体，亦有大小之殊。今国民会议乃根据《约法》，议决民国宪法之机关，无端欲其变民国为帝国，而议其组织；变大总统为皇帝，而议其权限，彼亦何能于职掌范围以外，无中生有，撰此奇文？设令为之，则因果倒置，必为中外所讥。国民会议以为，民意不可过使，拟于民国宪法范围以内，力求所以变通，则亦必用舞文之术。或采时俗所谓总统世袭说者，定共和元首为世及之制；或又采民国立君说者，对外则为民国总统，对内则为民国皇帝，创一非驴非马之奇制，以勉慰求治之人民，是则腾笑五洲，过于前说。本会于兹，皆为反对。本会宗旨，以君主立宪为归。所谓君主，必其名实俱全，内外如一，而欲望之国民会议，彼实无此权能。是以国体问题付之国民会议，不仅于时机嫌其太迟，而且于权限嫌其太小。本会于贵院之建议及大总统之咨覆，不能认为解决国体之正当办法，应请贵院再行讨论，设一时机较速、权限较大之民间机关，将此国体问题付与议决，然后再以国民会议议定宪法，既于整理至顺，亦于法理无违，而人心得以早安，国是于焉大定，实为全国人民之福。谨依院法，具词请愿。会员万余人及各处代表姓名全册附录上陈，敬乞贵院公决施行，中国幸甚！[1]

4日，《申报》“北京特别通信”刊载《现在之系与将来之党》，有云：

至于筹安会中之他种人物，真乃不必絮絮置论。严复虽入会，却又不痛不痒，至今尚不肯作一篇文字，亦不甚到会参预机密。其人殆近于西洋哲学家之实利主义，而其自命则为洞见二百年以后之人物，此后最多不过能与孙争一教育总长而已。刘师培乃一龌龊书痴，胡瑛乃一丧家之狗，（孔子亦曾有此境，此语并非诋诽。）李燮和借为遁逃。此六君子者，乃一棹不伦不类之客人，不过发知单者之随意凑数而已矣。

5日，《时事新报》公布推举国民代表大会代表等四件密电，云：

国民代表大会之组织，其精神全在不用互选、不限区域，已具见三日本报北京通讯，但阅者或犹以为过于深文周内，则请一读下列之通电，盖不惟语语与本报通讯若合符节，且联想及于国庆纪念，欲以平淡

1　《筹安会近讯·请愿》，《时事新报》1915年10月3日，第2张第2版，国内要闻。

了之矣。[1]

6 日,代行立法院通过《国民代表大会组织法》。

7 日,《时事新报》载北京专电云:

> 有人发起全国学界请愿会,刘师培到会演说,谓当推衍圣公为会长。众赞成。[2]

《顺天时报》刊载《全国教育界请愿会简章》云:

> 第一条　本会以联合全国教育界人员,促进请愿为宗旨,定名曰全国教育界请愿会。
>
> 第二条　本会设理事一人,副理事一人,名誉理事若干人,均由会中公举之。
>
> 第三条　本会暂设文牍、交际、庶务、会计四部,各部设主任干事一人或二人,干事若干人。
>
> 第四条　理事综理本会一切事务。
>
> 第五条　副理事辅助理事整理会务。理事遇有事故时,副理事代行其职务。
>
> 第六条　各部干事关于本会事务,得随时商承理事办理。各部办事细则,另订之。
>
> 第七条　凡各省教育界已经签名请愿者,当然为本会会员。其继续加入请愿者,均为本会会员。
>
> 第八条　本会分常会、特别会两种。一、常会,星期日午后三时为会议时间。二、特别会,由理事临时召集。
>
> 第九条　本会事务所暂设于旧刑部街。
>
> 第十条　本会简章,遇有未尽之处,得随时修正之。
>
> 职员名单列左:
>
> 理事一人:衍圣公。

1　《筹商推举国民代表之内幕》,《时事新报》1915 年 10 月 5 日,第 1 张第 3 版,国内要闻。

2　《时事新报》1915 年 10 月 7 日,第 1 张第 2 版,电报。“全国学界请愿会”,当是“全国教育界请愿会”之讹。

副理事二人：刘师培，梅宝玑。

文牍部：主任干事二人：阮庆澜，马为珑；干事四人：黄圣时，周翰，沈鸿仪，夏必藩。

交际部：主任干事二人：丁纬东，孙斌；干事二人：周祖濂，杨增炳。

庶务部：主任干事一人：金葆桢；干事二人：沈鸿仪，韦汝霖。

会计部：主任干事一人：孙棨；干事一人：金葆桢。[1]

8 日，袁世凯颁布《国民代表大会组织法》。[2]

9 日，《顺天时报》载全国教育界请愿会，云：

衍圣公孔令贻为国体事，与刘师培、梅宝玑、阮庆澜、马为珑等组织一教育界请愿会，现正分途招集会员，学校学生、教职员及教育界人员被邀入会者颇不乏人云。[3]

为筹办全国教育界请愿会，刘师培曾召集在北京的学者名流，称说帝制，寻求支持。黄侃当场表示反对，遂告失败。章太炎《黄季刚墓志铭》云：

民国四年秋，仪征刘师培以筹安会招学者称说帝制。季刚雅与师培善，阳应之。语及半，即瞋目曰："如是，请刘先生一身任之。"遽引退，诸学士皆随之退。是时微季刚，众几不得脱。[4]

10 日，筹安会设立宪法研究部，研究君主宪法，[5]并订立规则三条：

第一条 本会特设宪法研究部，研究君主宪法。

第二条 宪法研究部设研究员若干人，由理事长指定。

第三条 研究之结果，以筹安会之名义发表之。[6]

13 日，杨度、孙毓筠发布《敬告筹安会全体会员》，云：

敬启者：本会宗旨，原以中国非立宪不能救亡，非君主不能立宪。

---

1 《全国教育界请愿会简章》，《顺天时报》1915 年 10 月 8 日，第 3 版，国体问题丛集。

2 《神州日报》1915 年 10 月 10 日，第 1 页，帝制问题近电。《国民代表大会组织法之完全成立》，《神州日报》1915 年 10 月 11 日，第 3 页，内外要闻。

3 《教育界之请愿》，《顺天时报》1915 年 10 月 9 日，第 2 版，时事要闻。

4 太炎：《黄季刚墓志铭》，《制言》半月刊第 5 期，影印本第 1 册，第 459—460 页。

5 《时事新报》1915 年 10 月 11 日，第 1 张第 2 版，电报。

6 《国体问题纪闻·筹安会研究宪法》，《时事新报》1915 年 10 月 13 日，第 1 张第 3 版，国内要闻。

设会以来，全国响应。现在国体问题，已开国民代表大会，取决多数。以全国人心趋向论之，君主国体，当可见诸事实。惟本会主张，不仅国体改为君主，更须政体定为立宪。今国体投票，其期不远。本会方针，应从君主问题移而注重立宪问题，双管齐下，一气呵成，务使君主成立之后，宪政从速成立，方为贯澈主张。今拟将筹安会名义改为宪政协进会，一切会中组织及职员、代表等，概仍其旧。即由会中所设宪法研究部，详细讨论，拟具方案，发表于世，以供上下之采择。本会于此，一以表示宗旨，终以立宪为归；一以求宪法随君主而发生，其期至为迅速。因会员人数过多，无从开会议决。兹特提议宣布，以三日为期，至本月十五日止。会员中赞成者，无庸表示意见；如有他项意见，乞于三日内通函本会事务所。本会即据全体会员人数，以多数取决。特此通告，即希鉴察。十月十三号。[1]

《申报》云：

筹安会初发生时，极自恃其居高临下之气势，治安等会皆间接遏抑，使不能成立，而肃政弹劾亦不为动。然自请愿团联合会等争向参政院请愿，该会乃大受影响，始忸怩随之上一请愿书以塞责。近来事势已大成熟，更觉无事可为，爰于会中设一宪法研究部，以为解嘲。继又以一部之名称太小，局势亦嫌太隘，此时国体问题已十有八九得手，无庸再事研究，只求君主从速成立而已。惟是自顾名义，"筹安"二字终不甚切当，故特拟改为宪政协进会，一切会中组织及职员、代表等概仍其旧，即由会中所设宪法研究部自行扩充，将君主成立后之宪政，一一先事草拟条文，具为方案，预备为新朝之贡献品。其发表此事之进行，仍以向例，不开会，不讨议，于十三日发出一通告，自谓会员人数过多，不能开会议决，故提出通告。有异议者限三日函复，否则作为赞成云云。该会无聊之情形，盖可想矣。[2]

---

1 《杨度、孙毓筠敬告筹安会全体会员》，《顺天时报》1915 年 10 月 14 日，第 1 版，广告。此后连载。

2 《关于国体问题之京尘一瞥·筹安会之解嘲》，《申报》1915 年 10 月 17 日，第 6 版，要闻二。

16日，筹安会以宪政协进会名义发布紧要通告，云：

> 本会由杨、孙两理事长提议，改筹安会名义为宪政协进会，于十月十三日登报通告全体会员：以三日为期，至本月十五日止，会员中赞成者无庸表示意见。如有他项意见，乞于三日内通函本会事务所。本会即据全体会员人数，以多数取决等语。今期限届满，多数会员并无他项意见，本会即据多数取决，定名为宪政协进会，所有会中章程及理事长、理事、名誉理事、参议、干事各职员，并各处所派加入讨论之代表，一切职务名目，概仍其旧。即以前此本会致函为凭，不再补送。所有会员亦不改填愿书。惟自本日起，凡入会者填写宪政协进会愿书。至于徽章、证书，未便仍用旧式，俟由会中备齐后，再行通知，一律补发。特此通告，惟希鉴察。十月十六日。[1]

《申报》《神州日报》又载本日筹安会致各省、各机关通电，云：

> 筹安会之设立，原以研究君主、民主国体何者适于中国。今国体问题已待决于国民代表大会，以全国民情向背论之，吾人所希望之君主国体当能得多数国民之同意。惟吾人前此宣言，非立宪不能救国，非君主不能立宪，是所希望者，在君主国体，并在立宪政体。盖国体必为君主，始有一定之元首；政体必为立宪，始有一定之法制。无一定之元首，何以拨乱？无一定之法制，何以致治？今者国体之解决匪遥，政体之研究愈重，允宜乘此时机，加以讨论，务求国体解决之后，宪政即随而发生，得以速底于成，庶几一国国是从兹大定。然宪政端绪，至为繁复。外观世界，内审国情，自宜早事研讨，以供上下之采择。今据会员多数之同意，决定将筹安会名义改为宪政协进会，所有会中组织及一切职员，并各处加入讨论之代表，概仍其旧。特此宣布。邦人诸友，幸共图之。宪政协进会，铣。[2]

1　《宪政协进会紧要通告》，《顺天时报》1915年10月16日，第2版，时事要闻。次日起，在第1版广告栏中连载。

2　《关于国体问题之北京政界观》，《申报》1915年10月20日，第6版，要闻二。《筹安会面目之一变》，《神州日报》1915年10月20日，第3页，内外要闻。《神州日报》另载筹安会给会员的《通告》。

筹安会在东安饭店召开茶话会,宣布更名"宪政协进会"。17日,《顺天时报》云:

> 据闻,筹安会特于昨日在东安饭店招各省代表人员开茶话会,当时在座间报告:筹安会之名义,自今以后,改为宪政协进会。复言该会场因庭室稍狭之故,从来与各代表诸君会面握谈,甚觉诸多不便。将来即以东安饭店定为接洽之所。又言:自各省代表远临京师,本会迄今犹未特设欢迎之席,以荣洗尘。拟于两三日间,定开欢迎诸君大会,务祈勿吝高轩等语。闻当日各代表等来会者约六十余名。下午二钟开会,致散会时,已三钟半矣。[1]

17日,《顺天时报》载投稿二则,揭露教育界请愿会内幕,云:

> 本报昨有投稿,详述教育界请愿会内幕,照录原文于后。自变更国体之说发动以来,遂惹起一般之官迷涎垂唇外,望眼欲穿,措手顿足,千思万想,究不知以何方法,始露头角于舞台,用何手段始收功名于将来,智力几乎用尽,脑筋几乎折断。忽然妙想天开,或运动某机关,或私约三二人,函电筹安会,曰某机关代表也,曰某某界代表也。于是洋洋得意,哄哄烈烈,坐马车,吃花酒,大有恢复国会时代之景况。然犹恐不能与杨、孙诸公齐名也,另组机关,别立团体,全国请愿联合会、全国商界请愿会相继产出。而刘师培、梅宝玑等,受此潮流所激,亦欲别树一帜,以求名扬一世,遂借教育界代表名义,组织一全国教育界请愿会。然当彼等提议之始,每苦该会降生太晚,又苦教育界人少,且系无名之士,遂东拉西扯,如士不士、商不商之杨缵绪(曾见全国商界请愿会列有名衔)等,他如云南高等检察厅检察长、法学士谢光宗,陆军少校、河南将军署参谋顾宪曾等,亦皆加入教育界中,挂号署名者虽有三十余人,而开会报到者不过十余人耳。名为全国教育界请愿会,而真正教育界之人不与焉。虽名为全国教育界请愿会,而发起人等尚且认题不清,当讨论会章时,竟有主张将二十二省之将军、巡按使举为名誉会长者,又有主张

1　长:《筹安会昨日之茶话盛会》,《顺天时报》1915年10月17日,第2版,时事要闻。《关于国体问题之京讯·东安饭店之将来》,《申报》1915年10月21日,第6版,要闻二。

举为名誉理事者。以将军加入教育界，实属罕闻。以全国教育界请愿会，而竟有四五十人之名誉会长，更为闻所未闻。会长及理事均经表决，忽焉私将会长取消。以如此之人，组织全国教育界请愿会，实足为全国教育界羞。然全国教育界人人有请愿权，何必请愿会而为彼等所愚弄，反被不洁之名云。

更有"冷眼旁观人"投稿，题曰《各代表的好下场》，谓国体问题发生以来，各省商会、教育会，纷举代表到京请愿，牺牲生命财产，来求富贵，可谓醉心君主，满望指日冠带上朝，去投皇帝票，得拥戴大功，回去可以封妻荫子。殊不料，强中还有强中手，尖头更有尖头人。近日大肆运动，不日揭晓。此百余投帝票者另有一班人物，所有商、学两界代表白跑断两条狗腿，一场欢喜一场空，请愿事了，投票事用不着他，到底孔夫子力量斗不过财神爷的本领。闻今日商、学界各代表商议无法，群恐落魄京华，两三日内都将卷旗息鼓而回。我替他想想，当初出门，对他夫人夸了多少大口。现在检点归装，将筹安会请客帖好好宝存，回去裱将起来，当做封诰罢，不周你们代表吃了一场辛苦，有此好下场也。果尔，各代表可谓乘兴而来，扫兴而归也。[1]

18 日，宪政协进会在《顺天时报》发布启事，云：

筹安会前此通电各处，请派代表，原为国体问题至为重要，不得不详加讨论，并以考求各方面人心之向背。乃承各机关、各团体派遣代表，加入讨论，全体投票，皆主君主立宪，实本会所极欢迎。惟本会关于讨论国体一端，亦已于兹告一结束，今惟静待国民代表大会之表决而已。特此通告。除筹安会未经改为宪政协进会时各处已到京赴会之代表，仍由本会照常接待外，其余均请一律停派，本会亦不再为接待。恐未周知，特此宣告。[2]

筹安会在东安饭店召开恳亲会，各省将军、巡按使代表出席。《神州日报》云：

1　《教育界请愿会之近状》，《顺天时报》1915 年 10 月 17 日，第 2 版，时事要闻。又，《关于国体问题之京讯·请愿代表之内幕》，《申报》1915 年 10 月 21 日，第 6 版，要闻二。

2　《宪政协进会启事》，《顺天时报》1915 年 10 月 18 日，第 1 版，广告。

　　该会代表又于十八日在东安饭店开恳亲会,到会者均系各省将军、巡按使所派之代表。盖因近月以来,代表人数甚多,商、学两界皆组织代表会议处,以资接洽,惟各省军、政两界之代表未有接洽机关。是日之恳亲会,即由该会军、政两方面之代表发起,专为讨论组织接洽机关事宜。开会之后,即磋议仿照商、学两界设立会议处办法,组织各省军政代表会议处,以为随时接洽之机关。当经到会诸代表一致赞同,其机关即设在东安饭店内。遇有重要问题,即可随时集议云。[1]

19日,《神州日报》录十八日德文电云:

　　中国政界谓,将来新君登极之际,袁总统必以前奉清廷谕旨,维持治安,组织民国,今民国既不继续成立,自当以帝位奉还宣统为言。于是溥伦代表宣统,必力辞不受。嗣后各省将军、巡按使及各大员必全体呈请袁总统即尊,袁仍必再三谦逊而后受之。登极后,将颁行大赦。闻跪拜礼不致恢复云。[2]

刘禺生《世载堂杂忆》"洪宪皇帝的揖让"条亦云:

　　张季直曾戏语袁世凯云:"大典成立,将举大总统为皇帝。"袁曰:"以中国政教合一论,宜仿罗马教皇,万世传统皇帝当属诸孔子后裔衍圣公孔令贻;以革命排满论,则皇帝当属朱家后人,延恩侯朱煜勋可以当之。"季直曰:"然则孔旅长繁锦、朱总长启钤,皆可登九五。否则,朱友芬、朱素云亦可奉为至尊矣。"因相对大笑。此真滑稽之谈,不意竟有人据此以议订揖让之礼。

　　国民大会代表表决国体后,诸臣乃筹备称帝程序,行三揖三让之礼制。如刘申叔诸帝师,据经证古,谓:"古者以揖让而有天下,尧让于舜,舜让于禹。让之许由,许由洗耳,走而不听。泰伯至德,三以天下让,民无得而称焉。夫揖让者,必有相对受揖让之人。舜也、禹也、许由也、季历也,皆相对之人也。即如清帝逊位,还政于民,大总统实为代表民国接受政权之人。清廷直接行交付之揖让,大总统代表承接受之揖让,大

1 《筹安会蜕化后之行动》,《神州日报》1915年10月23日,第3页,内外要闻。

2 《帝制又规定如此手续》,《神州日报》1915年10月19日,第1页,帝制问题近电。

总统即清廷相对之人也。今国民代表谓共和不适宜于中国，将公推大总统为大皇帝，只可为推戴，不可曰揖让；大总统不受，只可谓不受推戴，无对方可揖让也。今日之事，唯推戴与揖让两途。推戴者，行商、周以还之制。如大总统退还推戴书，只可曰谦让，不可曰揖让。如行三代揖让之制，则大总统宜有相对让与之人，提出代表大会，一让，二让，三让，国民代表皆否决，大总统揖让礼成，真隆古所未有，合中国尧、舜、夏、商、周之体制而为一矣。"袁称善，乃先议揖让程序。

刘师培等进曰："第一次揖让对方，宜还政宣统。大总统接受政权，得之满清，由清廷直接让与，而非得之民国。今国民既不以共和为然，大总统宜还帝权于移交之人。但清室既废，天下决不谓然，是亦欲取姑与也。第二次揖让对方，宜择延恩侯朱煜勋，提出朱明后人，既合排满宗旨，又表大公无私态度。实则朱某何人，只供笑柄，决不能成为事实也。第三次揖让对方，则为衍圣公孔令贻。清室、朱明为前代之传统，衍圣公为中国数千年之传统。远引欧洲罗马教皇为比例，近述政教合一为宗旨，大总统高瞻远瞩，真浃浃大风也。此种揖让，事近游戏，姑备一格耳。三揖三让礼成，大总统再受国民推戴书，御帝位，世无间言矣。"

廷臣又密议，接受推戴书，有两项办法：（一）让而不揖，无对象也，可退还三次，始接受帝位。（二）让而且揖，有对象也，可斟酌前议。宣统、延恩侯、孔子后裔，皆不成问题，但其时虚君共和学说流行，设会场中有一二人提出虚君制，大开玩笑，岂不偾事？宜慎之。必欲行三揖制，不如先从孔令贻下手。后曲阜县忽发生孔令贻控案数十起，实欲以此先毁伤孔令贻，预为揖让时不能接受之地步，其用心至为可笑。

厥后，终用让而不揖之策，接受帝位，开基洪宪。禹按：雍正二十年欲牢笼汉人，封明裔正定府知府朱之琏为一等承恩侯，列镶白旗汉军。琏子绍美袭爵，传十二代至煜勋，光绪十七年袭爵。清廷祀明陵典礼，每年春秋二祭，上谕派延恩侯某致祭，祭毕，向宫门谢恩，见每年宫门钞。洪宪臣子，为装点门面计，忽思搜及古董，真可谓想入非非。[1]

1　刘禺生：《世载堂杂忆》，第 211—213 页。

23 日，为笼络刘师培继续为其所用，袁世凯任命刘师培署参政院参政。同时任命署参政院参政者，还有谢桓武、王锡彤、林万里、戴戡。《政府公报》载：

> 大总统策令：王闿运现在请假，任命刘师培署参政院参政。此令。中华民国四年十月二十三日。[1]

本日，《神州日报》载《筹安会蜕化后之行动》，云：

> 筹安会自改名为宪政协进会以后，一切会中组织及职员代表等概仍其旧，即由会中所设宪法研究部讨论宪法，拟具方案，以供政府之采择。此节早已通告各会员在案。兹闻宪法研究部之研究员，业经该会理事长杨、孙二氏推定二十人，从事研究。兹录其《启事》云："敬启者：本会宗旨，在于君宪。凤荷执事赞成，俯加提挈。今幸全国舆论已归一致，国民代表投票之后，即为君主国体确定之时。是本会应行研究之事，已由国体问题移而至于政体问题，因于本会内特设宪法研究部，讨论宪政设施之大要，对外发表，以期贯澈主张。素仰执事精究法理，洞悉国情，谨即推定为宪法研究部研究员。即祈发挥素蕴，其赞宏谋，毋任祷幸之至。"[2]

25 日，《神州日报》载《刘申叔有大学校长之望》，云：

> 北京大学校长胡仁源辞职，遗缺将派刘师培充任。[3]

各省区"选举"国体投票的"国民代表"。《时报》"国内专电"载北京念四日辰刻专电云：

> 杨度宣言，时人见梁任公致总统书，有"成事不说，不再论列"等语，则加以"变更主张，悔过自首"等词，殊为不宜。立宪国民道德，必须专重反对者之人格，不应诬诋云云。[4]

27 日，刘师培接参政院秘书厅通知：奉到政事堂交片，派署参政院参政，先行赴参政院就职，续请觐见（详下月）。

---

1 中国第二历史档案馆编：《北洋政府公报》第 1243 号，"命令"，第 70 册，第 133 页。
2 《筹安会蜕化后之行动》，《神州日报》1915 年 10 月 23 日，第 3 页，内外要闻。
3 《刘师培有大学校长之望》，《神州日报》1915 年 10 月 25 日，第 2 页，北京专电。
4 《时报》1915 年 10 月 25 日，第 1 版，国内专电。

宪政协进会添设军政集议处。[1]

28 日，国体投票开始，至 11 月 20 日结束。

《神州日报》刊载署名"尘海闲身"《贺新刘参政》诗，云：

报端展读第三行，赫赫刘郎继老王。不信文章能吐气，衔标永叔学同匡。

邢水当年说妙才，孝廉十八手拿来。清宫史与轩辕历，早把风头出足哉。

感恩知己馈黄金，到手金多恩便深。惨剧西川还记否，磨刀险被恶魔侵。

有时呓语学章疯，到底文人理贯通。五等辉煌新爵现，顺流好趁一帆风。

任公已去老湘逃，文学而今浊浪淘。国粹好凭枝挂力，平山势比泰崧高。

（渐）〔惭〕愧非新非旧人，无缘来附后车尘。通儒硕学搜罗日，要借东风走一巡。[2]

29 日，《申报》发表《京讯中之国体问题》，其中"新署参政之略史"云：

刘师培、谢桓武、林万里、戴戡等之署参政，已见明令。刘为筹安会发起人，林为筹安会中宪法研究部研究员，又曾著文驳梁任公之《异哉所谓国体问题者》一文，其生平略史，人亦多知之。惟谢、戴之所以得此，个中蛛丝马迹尚未尽明。后经人谈及，乃知一为所谓请愿联合会者之主任员，一为贵州派来之代表，而在政界中负有其所谓时望者之人物云。[3]

30 日，袁世凯就刘师培署参政院参政谢呈作批令：

大总统批令：署参政院参政刘师培呈恭陈谢悃由，呈悉，此批。中华民国四年十月三十日。[4]

1 《宪政协进会并议军政》，《神州日报》1915 年 10 月 27 日，第 1 页，帝制问题近电。

2 尘海闲身：《贺新刘参政》，《神州日报》1915 年 10 月 28 日，第 8 页，神皋杂俎·谐文。

3 《京讯中之国体问题》，《申报》1915 年 10 月 29 日，第 6 版，要闻二。

4 中国第二历史档案馆编：《北洋政府公报》第 1250 号，第 70 册，第 502 页。

本日，《申报》刊载孙毓筠《致谛法师启》，称：

> 佛教讲习会聘请谛闲法师讲经，兹录孙少侯致谛法师启，文云：盖闻鹫峰善诱，鹿苑宏宣，实赖翻经，尤资讲论。是以丘樊之彦，安远擅奇；都邑之师，生奘竞爽。迹殊喧寂，道无别差。伏维谛闲法师秉五时四教之传，宏一心三观之旨，渡杯沧海，卓锡京畿，敷讲五旬，普施四众；元首回其睿照，异国翕其归心。毓筠爰集胜流，更张坛席，冀得宏宣奥义，大阐圆音。敢虚上座之仪，仁演《大乘》之法。伏望我法师，施此功德，愍彼沉沦，摄缁道场，启钵法乳，庶使权实之教，回向不迷；真俗所求，随分各得。仗我佛力，用宏汉京。稽首慈悲，允兹誓愿。孙毓筠谨启。[1]

本月，安徽寿县方勇致函刘师培，请其为所著《方子丛稿》作序。函称：

> 承服风问，从来有年。每读大著，钦慕尤切。慨自西学入华，举国若狂，乏记凋萃，国闻沦亡，《三体》束阁，《论语》当薪。怀古君子，每用蠹伤。勇，寿县细民也。年仅及弱，名为迂腐，居亡奇节，出乏高行。粗习小学，略解考征。去春，长洲朱仲我、桐城马通伯等办国学社于安庆，欲以挽近今之颓俗，振空谷之余音，勇亦从事其中。时更数月，和者尚众。值国事不臧，军旅云兴。讲学之所，变为戎马之区；青衿之宫，忽成屯兵之处。社遂停止，勇亦家居。息景敝庐，诵读故书，抽许君之微言，寻高密之遗义，辨今古之同异，明诂训之得失，日思误书，以为一适。惟才劣仲舒，亡下帷之思；勤非宁越，鲜兼夜之读。既亡班生之赐，且乏钱君之富。尚识纸录，亡所质证耳。先生广陵鸿硕，江表通儒，经学精深，佛理高妙。季长纷纶于六艺，康成网罗于大典。昔闻其语，今知其人。盖天然之异才，非钻仰所庶几也。勇也何人，敢攀龙门？惟是互乡难言，孔子见之；孟轲幼稚，子思进之。是以敢效孔文举之自通，高义方之不介，谨将拙著，呈诸左右，伏乞尘览，并晞郢斫。邯郸托曲于李奇，刘勰假论于沈约。妄冀一言，以为重耳。临楮神飞，言不尽意。方勇稽首。[2]

1　《孙毓筠致谛法师启》，《申报》1915年10月31日，第6版，要闻二。

2　方勇：《上刘申叔书》，《中国学报》复刊第二册，“经类”，1916年2月。

刘师培即为其《方子丛稿》作序，称：

> 《太誓答问评》一卷，《箴膏肓评订》二卷，《尔雅释地四篇考》四卷，《春秋名字解诂补正》一卷，《唐写本说文订》二卷，《新方言》一卷，寿县方勇作也。

> 勇少承崇轨，幼即徇齐。克岐之表，耀自初仪；如莹之美，挺出常度。良玉不琢，拟达项之生知；闻一知十，则颜回之卓犖。初览群经，便就大业。富平三箧，动彰默识；贾逵五典，习于龀龆。遂齿上庠，广近有道。昭序阙党之间，咏馈舞雩之下。长洲朱丈（孔彰）、桐城马君（其昶），思乐誉髦，咸所叹异。文其材素，展也大成。屡更丧乱，退耽冲默。匡壁余辉，继以朝旭；休羊石室，几忘足音。红休之略既通，汝南之文咸秩。好古能述，乐是斐然。恒以龚、刘缘隙，奋笔古经。爰发篇章，翦其浮伪；扶植微学，颇有整齐。足令东鲁壁藏，耀光奕叶之表；北海矛伐，摧坚百世之下。至若发精殊语，能说山川。张皇扬郭，则芬葩互属；连犿征南，亦深赜冈滞。可谓雅达广览，彬彬文质者矣。

> 夫三代之英，孔云未逮。彪蒙元吉，有启自天。综彼逸才，期以旷世。豹鼠之对，昔诒终童；驹齿之誉，今闻闿子。未见其止，乃在斯人；启予之叹，谅符圣赏。因弁言简首，署曰"方子丛稿"云尔。

> 民国四年十月，仪征刘师培序。[1]

11 月 1 日，刘师培以署参政院参政，随班觐见。本日觐见官员计有：参政院官六员，外交部官一员，财政部觐见官四员，陆军部觐见官一员。[2]

2 日，参政院代行立法院开会，讨论通过违警罚法案（大总统提出，三读）、修正著作权法案（大总统提出，二读）。据天津《大公报》所载《代立法院纪事》云：参政院代行立法院于十一月二日下午一时五十五分开会，参政列席者四十三人，续到三人，政府特派委员列席者二人，汪大燮代理主席。在讨论《著作权法》时，秘书长林长民逐条朗读后，逐条表决，均一一经多数同意通过。第四条（原案第五条），刘师培提议讨论，主席谓此条早经表决，

1　刘师培：《左盦外集》卷十七，《仪征刘申叔遗书》第 12 册，第 5238—5239 页。
2　《十一月一日觐见大总统人员衔名单》，《顺天时报》1915 年 11 月 2 日，第 7 版，觐见单。

勿庸讨论。遂经二读、三读通过，散会时二时三十五分。[1]

5日，英、俄、法、意、日五国向袁世凯政府发出共和劝告。

7日，政事堂致电各省将军、巡按使、都统、护军使、长江巡阅使，禁止称帝称臣，云：

> 各省将军、巡按使、都统、护军使、长江巡阅使：奉大总统令：迭接各省来电，有称帝称臣字样。以予否德，无补国家。推戴之来，何敢当此？行将以区区素怀，沥述于国民。且予从政前清，同僚多属比肩，何敢受臣下之称？且国民代表大会投票总数尚未报齐，改变国体亦未实行，万勿称帝称臣，使予愈抱不安也。等因，合达堂。阳，印。[2]

袁世凯批刘师培所上《汉人世爵应与满蒙汉军一律，请予绍封》呈。《政府公报》载批令云：

> 大总统批令：署参政院参政刘师培呈汉人世爵应与满蒙汉军一律，请予绍封由。呈悉，交政事堂饬铨叙局核议具复。此批。中华民国四年十一月七日。[3]

《政府公报》又载刘师培绍封汉人世爵呈文及批令，云：

> 为汉人世爵应与满蒙汉军一律，恳请酌予绍封，以光盛典，恭呈祈仰睿鉴事。窃维自古受命之君，必兴灭继绝，修废举逸，然后天下归仁。汉高以马上得天下，即位之初，修祀六国，表信陵之墓，封乐毅之后，前史所载，历历可征。下逮魏晋，制不师古，然开国伊始，于前代功臣之裔，亦必下诏绍封，以彰先烈。民国成立，宣布共和，袭爵之制，惟以满、蒙、汉军为限，汉人独否。立制失平，于兹四载。窃考前清封爵，满、蒙、汉军，十居八九。汉人之中，其袭公侯伯之封者，不越十人。即合子男之爵计之，亦仅二十人而止。溯其封爵之源，若杨忠武、曾文正、左文襄、李文忠者，均勋立乎国家，绩加乎生民，安内攘外，功在百世。其在《周官经》曰："国功曰功，民功曰庸。"《春秋左氏传》曰："盛德必百世祀。"今杨、

1 《代立法院纪事》，天津《大公报》1915年11月4日，第6版。

2 《政事堂致各省将军巡按使都统护军使长江巡阅使电》，中国第二历史档案馆编：《北洋政府公报》第1259号，第71册，第413页。

3 中国第二历史档案馆编：《北洋政府公报》第1258号，第71册，第335页。

曾、左、李诸公，既彰以劳；定国之勋，宜赡善及子孙之赏。况中国礼俗，与欧美殊。簪缨之族，兼以裕后为荣；冠带之伦，必以承家为孝。故世及之宠，荣于台司；国除之罚，等于诛绝。习俗所沿，相承无改。举凡国家劝惩之典，即寓于爵赏予夺之中。昔楚子之复箴尹、克黄也，以为子文无后，何以劝善？劝善之谊，古今一也。今当国体更新之始，非酌复前代功臣旧爵，不足昭激劝而树风声。伏乞大总统弘继绝之仁，伸报功之典，凡汉人五等世爵，袭至宣统三年者，饬下铨叙局，核其始封功绩，酌予绍封，俾其与满、蒙、汉军一律，以沛殊恩而酬众望。是否有当，理合呈请大总统睿鉴。谨呈。

批令：呈悉，交政事堂饬铨叙局核议具复。此批。中华民国四年十一月七日[1]

9 日，刘师培接袁世凯简任状暨申令，作呈文。《政府公报》载《署参政院参政刘师培呈恭报奉到简任状暨申令日期文并批令》云：

为恭报奉到简任状暨申令日期、仰祈睿鉴事。窃师培于本年十一月九日，准参政院秘书厅函开：准政事堂铨叙局咨，送大总统简任状暨申令各一道，由院转发，相应函送，等因。遵即敬谨领收所有。奉到日期，理合恭呈具报，伏乞大总统睿鉴。谨呈。[2]

案，《署参政院参政林万里呈恭报就职并奉到简任状暨申令日期文并批令》云："旋于十月二十七日准参政院秘书厅缄开：兹奉到政事堂交片，本日国务卿面奉大总统谕：此次派署参政林万里等，均着先行赴院就职，续请觐见，等因。万里遵于十月二十八日到院就职。兹于十一月九日复准参政院秘书厅缄开：准政事堂铨叙局咨，送简任状暨申令各一张，由院转发，等因，当即敬谨祗领所有。"[3] 据此，刘师培、林万里均于 10 月 27 日奉到参政院秘书厅函，28 日即到参政院就任，而简任状及申令则于 11 月 9 日始发。

本日下午，刘师培出席参政院会议，讨论《修正商会法案》（大总统提出，初读），指定孙多森、施愚、程树德、胡钧、刘师培、吕逵先、宋炜臣、王世彤

1　中国第二历史档案馆编：《北洋政府公报》第 1260 号，第 71 册，第 450 页。

2　中国第二历史档案馆编：《北洋政府公报》第 1267 号，第 72 册，第 335 页。

3　同上。

等九人为审查委员。又审议通过《民业铁路法案》。[1]

《神州日报》云：

> 筹安会发起各要人,对于此次变更国体,可谓极有勋劳,在事实上当膺懋赏。乃闻当局意见,对于酬勋颁赏甚费踌躇。为慎重名器起见,决不失之过滥。至此次鼓动君主各要人,尤宜斟酌。盖因君主之成立,既云出于民意,断无报德酬庸之理,且受之者亦不名誉,故决计不予以厚赏。大约此辈攀龙附凤之人物恐终不免觖望也。[2]

本日,《吴虞日记》载：

> 刘申叔、寿遐近听谛闲讲《楞严》,发心向道;称余文人慧业,生天成佛,都在我前云云,书法较昔为工,体貌亦较胖矣。[3]

10 日,《时报》"国内专电"栏载北京九日亥刻专电：

> 刘师培力请汉人封爵,已批交铨叙局议。[4]

《时事新报》载《新朝乐章之拟定》,云：

> 国体解决、君主即位之际,应奏国乐,已由国乐传习所拟定,详呈内务部。系仿《中和韶乐章》,词句如下："维天眷我皇,四海归仁泰运昌,御宇正当阳。庶职垂绅拜帝阍,寞夹肇嘉祥。乘銮辂,建太帝,人民被泽长。扬伟烈,迈先王,圣人延俊英。钧天乐奏绕彤庭,皇图一统宁。士庶欢忻乐太平,宝鼎御香盈。祥烟裹,瑞霭生,箫韶喜九成。齐庆祝,万千龄。"闻此项乐章,业由乐生练习预备矣。[5]

案,本年,刘师培亦作有《国乐颂》四章,其词云：

> 猗欤烝哉,论乐配灵。圉圉卿云,应德而兴。玄堂钟石,来告其祥。皙阳升歌,我有其和。

> 月正元日,布宪上宫。屏藩民则,南北七同。翙翙者凤,集我辟雍。

1 《参政院开会纪》,《申报》1915 年 11 月 13—14 日,第 6 版,要闻二。《十一月九日代行立法院开会记事》,《神州日报》1915 年 11 月 14 日,第 4 页,内外要闻。《参政院代行立法开会记》,《时报》1915 年 11 月 13 日,第 3 版,要闻。

2 《帝制声中之新谈片》,《神州日报》1915 年 11 月 9 日,第 3 版,内外要闻。

3 中国革命博物馆整理:《吴虞日记》上册,第 226 页。

4 《时报》1915 年 11 月 10 日,第 1 版,国内专电。

5 《新朝乐章之拟定》,《时事新报》1915 年 11 月 10 日,第 2 张第 2 版,国内要闻。

有喈其声,八风协从。

有瞽在庭,肃雍厥声。振鹭于飞,感我和鸣。我礼既淳,我德维馨。和乐东郊,太乙致灵。

下武登歌,允文维纪。烨烨德华,光哉七始。有风自南,嘉生阜祉。翼翼冯冯,百昌都茘。[1]

12 日,《新闻报》《申报》《时事新报》载刘师培请复汉爵事,云:

民国成立以来,前清世爵,惟满、蒙、汉军以《待遇条件》之关系,得准绍封。此其根据,实在建国以前。盖有如是之条件,始有五族共和之局也。至汉人世爵,惟衍圣公绍封则在民国成立之后,未可同年语矣。近日,参政刘师培乃复有呈请将汉人世爵与满、蒙、汉军一律绍封之举。闻其原呈,不外引经据典,侈陈古义,已奉批交政事堂饬铨叙局核议具复。果蒙核准,则凡前清世爵,正不止有与国同休之美矣。[2]

本日,《新闻报》又载署名“浩然”的评论云:

刘师培请绍汉人爵封,不知其意何在。将谓其热中富贵耶,则刘氏本无爵,为人作嫁,亦复何益?将谓其援引满、蒙之前例耶,则满、蒙之例,实五族共和条件之一。今日对于汉人有爵者后裔,殊无条件之必要,胡为多此一举?将谓念其祖先之劳耶,则历代功臣,其多不胜计,奚独厚于清臣?将谓汉人不可向隅耶,则爵封五等之说,已屡见于报纸,他日自有一班应运而生之新贵爵峥嵘于世,今又何必迫不及待?吾于兹事,自信推想颇为周密,竟苦不能得一理由,而刘氏乃能引经据典,侈陈古义。此等典故,不知出于何书。得一似已不易,更勿论连篇累牍。然则刘氏之博学多通,广识异闻,信非人所及哉![3]

14 日,袁世凯批刘师培所作恭报奉到简任状暨申令日期呈文。《政府公报》“命令”栏载:

1　刘师培:《国乐颂》,《刘申叔遗书补遗》下册,第 1353 页。

2　《国体问题》（八十八）,《新闻报》1915 年 11 月 12 日,第 1 张第 3 版,紧要新闻。《国体声中之北京政界消息》,《申报》1915 年 11 月 12 日,第 6 版,要闻二。《国体问题纪闻·刘师培请复世爵》,《时事新报》1915 年 11 月 12 日,第 1 张第 3 版,国内要闻。

3　浩然:《新评一》,《新闻报》1915 年 11 月 12 日,第 1 张第 3 版。

　　大总统批令：署参政院参政刘师培呈恭报奉到简任状暨申令日期由。呈悉。此批。中华民国四年十一月十四日。[1]

本日，《时报》载《汉人世爵之呈请》、《新闻报》载《刘师培请复汉爵》、《申报》载《刘师培请封汉人世爵原呈》、《时事新报》载《刘师培请复汉人世爵之原呈》，均录刘师培呈文（见上）。

天津《大公报》"要闻"载《总统府密议之要案》云：

　　国体开票，转瞬举行。所有关系重要之件，大总统连日与陆代国务卿及某参政秘密会议。昨日提出之件，为刘师培所陈绍封汉人世爵问题。陆以论功行赏，为国家旷典所关，自宜准照该参政所请各节办理。惟朝廷名器，不可轻假。宜特定标准，以资恪遵等语。大总统亦颇谓然，饬由政事堂详细核拟。此案既决，复提出外交上某项要件，讨论多时，未得结果，遂散议。[2]

15日，袁世凯又授刘师培为上大夫。《北洋政府公报》载袁世凯策令云：

　　大总统策令：刘师培授为上大夫，林万里授为中大夫并加上大夫衔。此令。中华民国四年十一月十五日。[3]

16日，《神州日报》刊载十五日北京专电云："刘师培已由袁总统授为上大夫。"[4]

17日，《申报》"命令"栏载刘师培授上大夫的消息。[5]《顺天时报》载有讥评，云：

　　挟少数官僚之心理，代表民意，而且舞文弄墨、邪说诬经如刘师培者，其尚足齿数哉！

　　子云投阁，基于美新，功名念重，不惮贻人口实。果也，上大夫之任授，头衔辉煌。今之刘师培，视昔之刘光汉，迥若两人。识时善变，勿忝乃祖；逆料将来，以事君为容悦者，胥奉渠为先觉矣。

1　中国第二历史档案馆编：《北洋政府公报》第1265号，第72册，第229页。
2　《总统府密议之要案》，天津《大公报》1915年11月14日，第1张第3版，要闻。
3　中国第二历史档案馆编：《北洋政府公报》第1266号，第72册，第276页。
4　《刘师培授上大夫》，《神州日报》1915年11月16日，第1页，北京专电。
5　《申报》1915年11月17日，第2版，命令。

语云："无德而富贵，谓之不祥。"刘稽古有素，当能鉴别妍媸，善自取法。若徒知上大夫之显荣，献媚赵孟，今日贡一条陈，明日上一封事，满纸神功圣德，纬武经文，亟示其感恩图报之素志，而廉耻道丧，国维破裂，孰与砥柱神州，争生存于大地？

吁嗟刘氏，生不逢辰！途穷日暮，借邀升斗。然枉寻直尺，所损实多。犹吾大夫求荣反辱，兹特表而出之，以告世之自命为读书种子者。[1]

18 日，《顺天时报》载朱介人因称帝称臣被斥事，云：

昨日浙江朱将军来电，竟称"皇帝陛下""臣某谨奏"，当奉大总统面谕政事堂，传电申斥，内有"改变国体，暂缓进行，岂该将军一无闻见"之语。若朱介人者，可谓自取其咎者矣。[2]

19 日，袁世凯就刘师培署参政谢呈作出批示。20 日《政府公报》第 1270 号载：

大总统批令：署参政院参政刘师培呈奉令授官、沥陈谢悃由。呈悉。此批。中华民国四年十一月十九日。[3]

22 日，参政院召开茶话会，讨论全国总投票办法。[4]

《顺天时报》载《宪政协进会之前途》云：

昨据宪政协进会某干事语其友人云：本会自开办至今，所用款项不下数百万元，除电报、招待费暨新闻津贴外，尚有一大宗巨款，即为作文者之薪金。此项支销，无款可筹。盖会中领袖初以为帝政办到，将来报酬定极优厚，而所用款项亦不至毫无着落。无如倡议未久，内外阻力相逼而来。政府睹此现象，不得不延期实行，而会务亦因是生一顿挫。且"宪政"二字，尤非当道所乐闻。本会以此为揭示，而平日恩宠，亦因之稍减几分；款项一层，无从掘罗。此本会所以有停止之状态也。但骤言停止，于会长体面上又有重大关系。故拟自来月始，先将作文诸君

1　心：《阔哉刘上大夫》，《顺天时报》1915 年 11 月 17 日，第 7 版，时评。

2　协：《恭称皇帝者之申斥》，《顺天时报》1915 年 11 月 18 日，第 2 版，时事要闻。

3　中国第二历史档案馆编：《北洋政府公报》第 1270 号，第 72 册，第 439 页。

4　《参政院之茶话会》，《神州日报》1915 年 11 月 23 日，第 1 页，帝制问题近电。

薪金，一切停给。俟有时机，再行解散云云。按，该会干事系局中人，所言如是，不为无因。姑志之，以符有闻必录之例，且观其前途之结果何如耳。[1]

26 日，代行立法院开会，讨论《修正商会法案》（大总统提出，审查报告）、《修正刑法草案》（大总统提出，审查报告），决定提请二读审议。[2]

30 日，代行立法院开会，审议《民国五年度总预算案》（大总统提出，初读）、《修正刑法案总则》（大总统提出，二读）。[3]

12 月 1 日，《政府公报》第 1281 号载《直隶巡按使朱家宝奏直隶推广小学成绩昭著请将办学官绅仵埠等择尤给予奖励开单奏请训示折并批令》（附单）、《直隶巡按使朱家宝奏拟请将教员作为职官陈明大概办法以备采择折并批令》、《直隶巡按使朱家宝奏恭报警务处长杨以德到任日期并代陈谢悃乞圣鉴折并批令》，[4] 其中均有"皇帝陛下""奏""折"等语，外报以为与帝制展期之说不合。[5]

3 日，因各官呈文均通称"皇帝陛下"并附请圣安手折，袁世凯以为国体未定，特再谕禁止。[6]

下午，代行立法院召开第十五次会议，二读通过《修正刑法案》分则第一至十四章，二读审议《修正商会法案》时因出席人数不足而停止。[7]

4 日，硕学通儒及教员等在安庆会馆开选举预备会。[8]

7 日下午，参政院代行立法院召开第十六次会议，二读、三读并通过《修正商会法案》，二读《修正刑法案》（分则第十五至二十五章）因时间仓卒，

1　明：《宪政协进会之前途》，《顺天时报》1915 年 11 月 22 日，第 2 版，时事要闻。

2　《二十六日代行立法院开会记事》，《神州日报》1915 年 12 月 1 日，第 4 页，内外要闻。

3　《三十日代行立法院开会记事》，《神州日报》1915 年 12 月 4 日，第 4 页，内外要闻。

4　中国第二历史档案馆编：《北洋政府公报》第 1281 号，第 74 册，第 16—20 页。

5　洋：《某政客之扑朔公牍谈》，《顺天时报》1915 年 12 月 3 日，第 2 版，时事要闻。

6　《袁总统谕禁呈文称帝》，《神州日报》1915 年 12 月 4 日，第 1 页，帝制问题近电。

7　《十二月三日代行立法院开会记事》，《神州日报》1915 年 12 月 7 日，第 4 页，内外要闻。

8　《硕学通儒开预备会》，《神州日报》1915 年 12 月 5 日，第 1 页，帝制问题近电。

决定延期审议。[1]

《时事新报》载《汉人绍封之手续》云：

汉人规复爵制，自刘师培提议后，政府早有依议照行之意，只以国体问题尚未确定，故迟迟尚未发表。现闻政界中人云：此项爵制，将于新皇登极之后，由法制局拟就草案，提交代行立法院讨论解决云。[2]

8 日，《神州日报》引北京 7 日电，称刘师培请复礼部，已奉批交礼制馆核议。[3]

9 日，天津《大公报》"专电"栏载：

参政刘师培呈：请令中外各机关对于总统之呈文，一律改为奏折。

政府批：暂置不论。[4]

又云：

大典筹备处以各省将军、巡按使已改呈为奏，而大总统命令一切仍旧。日昨提议略谓：京外两歧，固属不合。若径改为大皇帝命令，亦非所宜。闻议决但称奉令，不称总统，亦不称皇帝，以为目前权宜办法。今日将此项议案，分布各机关，一律照此议办理。

10 日，袁世凯批刘师培关于汉儒贾逵从祀孔庙呈文。《政府公报》载刘师培呈文及袁世凯批令云：

为汉儒贾逵学行卓绝，请从祀孔庙，以挽世风而维经术，恭呈，仰祈睿鉴事。窃考杜佑《通典》诸书，唐太宗二十一年，诏以贾逵等二十二人配享孔子庙堂。迄明中叶，罢黜逵祀。清承明旧，未遑议复。师培于前清宣统三年在学部谘议官差内，曾将贾逵应祀文庙各缘由，呈请都察院代奏。旋奉四月二十日谕旨："交礼部议奏，钦此。"等因。嗣以礼部改为典礼院，迄未议行。兹当文教昌明之日，祀孔典礼，视昔有加，则从祀先儒，自当酌予增益，以光盛典。考之《后汉书·逵传》，

---

1 《十二月七日代行立法院开会记事》，《神州日报》1915 年 12 月 11 日，第 4 页，内外要闻。

2 《国体问题纪闻·汉人绍封之手续》，《时事新报》1915 年 12 月 7 日，第 1 张第 3 版，国内要闻。

3 《礼部将与帝制同恢复》，《神州日报》1915 年 12 月 8 日，第 1 页，帝制问题近电。

4 天津《大公报》1915 年 12 月 9 日，第 2 版，专电。

谓逵字景伯，扶风平陵人。自为儿童，常在太学。性恺悌，多智思，俶傥有大节。永平中为郎，与班固并校秘书。建初元年，入讲北宫白虎观、南宫云台，后迁卫士令、左中郎将、侍中领骑都尉，甚见信用。永元十三年卒，年七十三，后世称为通儒。是逵为东汉纯儒，早为史家定论。至其学术，大抵综贯群经，博物多识。所注之经，具详《隋书·经籍志》。其治古文《尚书》也，上承涂恽之传，又亲睹杜林漆书，为之作《训》。复以古文训诂与经传、《尔雅》相应，撰欧阳、大小夏侯古文同异，集为三卷。今遗说所存，虽仅百一，然许慎《五经异义》恒引古《尚书》说，其大端均出于逵。此逵有功《尚书》之证也。若《毛诗》之学，逵父贾徽，受业谢曼卿之门。逵传父业，于《齐》《鲁》《韩诗》与《毛诗》异同者，曾奉诏撰书，事详前史。唐陆德明《经典释文》亦曰："后汉郑众、贾逵传《毛诗》。"此逵有功《毛诗》之证也。逵又从杜子春受《周礼》，作《周官解诂》，以传、记转相证明。书虽弗传，然群籍所引《周礼》注，有独标贾氏者，有与马融同说合称贾、马者，计二十条，均足补二郑之阙。此逵有功《周礼》之证也。逵于《春秋》，治《左氏传》及《国语》，兼通五家《穀梁》之说，故《左传》《国语》均有《解诂》，复撰《左氏长经章句》，创通条例，远出颍容、服虔之上。此逵有功《春秋》之证也。又考《后汉书·逵传》有云："建初八年，诏诸儒各选高才生，受左氏、穀梁《春秋》，古文《尚书》，《毛诗》，由是四经遂行于世。"盖两汉经学有今文、古文之分，今文多涉纬书，古文独宗故训。古学传授，均自逵出。由汉迄今，《毛诗》《左》《穀》，几于家有其书。律以木本水源之义，泽宫祀典，奚容久缺？又，逵注《国语》，其遗说散见群书，训诠字义，恒与许慎《说文》相同。慎子许冲于建光元年表献《说文》，《表》称"光帝诏贾逵修理旧文，臣父从受古学"。是逵为许慎之师，故慎作《说文》，多宗逵说。今慎既从祀，逵独未与。揆之于义，亦有未安。抑师培尤有进者：逵治群经，与章句之儒迥别，于微言大义，推阐独深。其条奏《左传长义》曰："臣谨摘出《左氏》三十事尤著明者，斯皆君臣之正义，父子之纪纲。其余同《公羊》者，什有七八，或文简小异，无害大体。至如祭仲、纪季、伍子胥、叔术之属，《左氏》义深于君父，《公羊》多任于权变。其相殊绝，固已甚远。"又云："今《左氏》崇君父，卑臣子，强干弱枝，劝善戒恶，至明且切。"盖《春秋》三传，惟《左传》独合圣经。注《左传》者数十家，惟逵克铨微旨。师培曾祖、故候选训导文淇，祖父、故荐举八旗官学教习毓崧，伯父、故同知寿曾，当前清道、咸、同、光之世，均以治《左传》汉注之学，列传国史，三世儒林。师培少承先业，服膺逵说，窃以逵说大纯，汉罕其匹。彼于《公羊》反经行权说，斥为闭君臣之道，此即大权必出朝廷之义也。于《公羊》黜周王鲁，斥为背正名之训，此即君统万世一系之旨也。其他粹言，并与此符。以纪季专邑为叛君，以卫辄拒父为悖德，上契尧舜、周孔之传，下开濂洛、关闽之绪。传经卫道，厥功至巨。方今国体问题，表决在即。远迩一词，赞成君宪。观于群情所趋向，愈征逵说之大醇。自非力与表章，不足昭公论而符民意。至《后汉书·逵传》，虽有不修小节之讥，惟考文庙从祀先儒，汉有郑玄，晋有范宁。《玄传》之言曰："不乐为吏，父数怒之。"而《晋书·宁传》亦载宁守豫章，为刺史王凝之所奏，谓肆其贪浊，所为狼籍，乃议者不闻鄙其行。诚以旧史所载，不尽昭实之词，而知人论世，不当绳之于微眚。况《逵传》又言：逵母有疾，帝令马防加赐，谓逵无人事于外，屡空，则从孤竹之子于首阳。清节高标，于斯可睹。顾云"不修小节"，说乃互歧。盖逵治古学，汉臣多治今文，由是伐异党同，饰词相诋。史臣不察，因缀传末。无稽之言，似亦不容深执。伏恳大总统弘稽古之风，笃崇儒之典，于贾逵从祀孔庙之处，饬下政事堂礼制馆议行，则经术、世风，交受厥益。所有恳请汉儒从祀缘由，理合恭呈具陈，谨乞大总统睿鉴，训示施行。谨呈。

批令：交政事堂礼制馆核议具复。此批。中华民国四年十二月十日。[1]

本日下午，国民代表大会举行国体表决，会员 134 人，全票赞成君主立

1　中国第二历史档案馆编：《北洋政府公报》第 1291 号，第 75 册，第 8 页。又《北洋政府公报》第 1293 号，第 75 册，第 119—121 页。

宪。参政院代行立法院召开第十七次会议，审议《修正刑法案》，决定 11 日上午总开票。[1]

11 日上午，代行立法院总开票。由于袁世凯等人的操纵，各省国体投票 1993 张代表票全部"赞成"君主立宪。即上劝进表，旋奉答覆，词旨与申令同，谦让不居。下午 5 时，复开临时紧急会议，上二次劝进表。[2] 袁世凯再发申令，称："应饬各部、院，就本管事务会同详细筹备。一俟筹备完竣，再行呈请施行。"[3]

袁世凯第一次大总统申令云：

准代行立法院咨开：本院前据国民请愿，改变国体，议定由国民代表大会解决，议具法案，咨请大总统公布施行。兹先后接准各省区国民代表大会监督文电，报称：依法组织国民代表大会。又据国民代表大会文电，报送决定国体票数，并公同委托本院为国民代表大会总代表，前来本院，于十二月十一日开会汇查，全国国民代表共一千九百九十三人，得主张君主立宪票一千九百九十三张。是全国民意，业经决定君主立宪国体。所有民国各法令，除与国体抵触不适用各条款外，仍应存其效力。又接准各省区国民代表大会文电，一致推戴今大总统为皇帝。伏查帝室典章，历代均有通例，其《选举大总统法》亦当然废止。兹谨将国民代表大会决定国体票数汇开总单，又国民代表大会总代表推戴书及各省区国民代表推戴书，又各界推戴文电，附咨赍送，应请大总统查照施行，等因，并收到国民代表大会决定国体票数总单及国民代表大会总代表推戴书、各省区国民代表推戴书等件。准此，查《约法》内载：民国之主权，本于国民之全体。既经国民代表大会全体表决，改用君主立宪，本大总统自无讨论之余地。惟推戴一举，无任惶骇。天生民而立之君，大命不易，惟有丰功盛德

1　《国民代表决定国体》《参政院代行立法会议纪闻》，《顺天时报》1911 年 12 月 11 日，第 2 版，时事要闻。

2　《参政院之劝进与总统之辞让》《立法院劝进别报》，《神州日报》1915 年 12 月 13 日，第 1 页，帝制问题近电。

3　《十二日大总统申令》，《神州日报》1915 年 12 月 16 日，第 1 页，命令。

者始足以居之。本大总统从政垂三十年，迭经事变，初无建树。改造民国，已历四稔。忧患纷乘，怨尤丛集。救过不赡，图治未遑，岂有功业足以称述？前此隐迹洹上，本已无志问世。遭遇时变，谬为众论所推，不得不勉出维持，舍身救国。然辛亥之冬，曾居政要，上无裨于国计，下无济于民生。追怀故君，已多惭疚。今若骤跻大位，于心何安！此于道德不能无惭者也。制治保邦，首重大信。

民国初建，本大总统曾向参议院宣誓：愿竭能力，发扬共和。今若帝制自为，则是背弃誓词。此于信义，无可自解者也。本大总统于正式被举就职时，固尝掬诚宣言：此心但知救国救民，成败利钝不敢知，劳逸毁誉不敢计。是本大总统既以救国救民为重，固不惜牺牲一切以赴之。但自问功业既未足言，而关于道德信义诸大端，又何可付之不顾？在爱我之国民代表，当亦不忍强我以所难也。尚望国民代表大会总代表等熟筹审虑，另行推戴，以固国基。本大总统处此时期，仍以原有之名义及现行之各职权，维持全国之现状。除咨复代行立法院，并将国民代表大会总代表推戴书及各省区国民代表推戴书等件送还代行立法院外，合行宣示，俾众周知。此令。中华民国四年十二月十一日。[1]

本日，《吴虞日记》载：

> 午刻，孙少荆来约游公园，甚为清静。少荆言，国体问题，袁大公子同唐绍仪、伍廷芳议定：由唐、伍二公规画组织就绪，乃令杨皙子、刘申叔诸君出任其事，主动者实唐、伍二公也。因袁项城不欲再由军人拥戴，以增军人骄气，故令杨、刘诸人以学说鼓动云。[2]

13日，特任、简任各官齐赴瀛台居仁堂，分班向袁世凯朝贺。[3]《时事新报》载：

> 十三日上午七时，在京特任、简任官及府中各机关人员共二百余

---

1 中国第二历史档案馆编：《北洋政府公报》第1292号，第75册，第43—44页。

2 中国革命博物馆整理：《吴虞日记》上册，第231页。

3 《昨日瀛台之各官朝贺》，《神州日报》1915年12月14日，第1页，帝制问题近电。《十三日觐贺之盛况》，《神州日报》1915年12月15日，第1页，帝制问题近电。《居仁堂受贺之详闻》，《神州日报》1915年12月18日，第3页，内外要闻。

人，入宫朝贺。排班后，由内史长阮忠枢及大礼官黄开文先行入奏："今日京内文武百官，俱已排班伺候，请皇帝升殿受贺。"总统闻"皇帝"二字，颇觉蹴踖不安，逊抑移时，乃升殿受贺，仍御军常服。朝贺之地在居仁堂，由内史长阮忠枢、礼官处黄开文值班。堂中设贡案，后设楠木交椅。惟总统并未御所，立于案之左侧。朝贺各官，分文武两班，文臣复分三排，由值班导引，行三鞠躬礼。总统亦还礼。礼毕，致训词。文臣自中路出，总统退休数刻钟，复由卫侍武官导引武臣百余人，自东路入，行礼一如文臣。礼毕，总统亦致训词。时已九钟余，文武百官敬谨而退。至是日朝贺文武百官，自简任以上，均递名帖，上书某职臣某字样。礼毕领训后，总统着值班内史及侍卫武官，分别传谕文武百官，谓："以余薄德，何敢臣诸君？"着将名帖一律退还。又闻是日参政中，则赵尔巽未至。有某部总长，亦因病未入贺。财政部长周学熙入贺时，仍衣寻常便服，其余人员则皆衣燕尾服云。[1]

《顺天时报》称贾逵附祀孔庙将核准：

> 汉儒贾逵附祀孔子庙一案，系由参政刘师培所呈请，大总统已交谕礼制馆议复。现闻该馆查核贾逵历史及其著作，甚有功于经学。附祀孔庙，尚无不合云。[2]

14日，代行立法院召开第十八次会议，二读审议《修正刑法案》（第三百一条至四百四十二条），其第三百十二条，刘师培根据法律编纂会草案提出修正，林万里谓与去年所议决之刑律补充条例不符。政府委员谓：现在刑期加重，拘役即等于前之五等徒刑。且谓如此情形，不能适用并科主义。程树德动议，修正为"奸通良家无夫之妇女者，处五等有期徒刑或拘役"，主席表决，可决。[3]

外交部以通告书分致各国驻京公使，报告帝政告成，并请各国承认。宪

政协进会开会,庆祝帝政成功。[1]

15 日,袁世凯册封黎元洪为武义亲王。[2]

17 日,李烈钧、熊克武等抵达昆明,准备反袁起义。

本日,《时报》载《贾逵从祀孔庙之建议者》,录刘师培呈文。[3]《中华教育界》第四年第 12 期“教育记事·时闻”栏刊载《刘申叔请将汉儒贾逵从祀之文章》,谓:“署参政院参政刘师培,以汉儒贾逵学行卓绝,呈请从祀孔庙,以挽世风而维经术,已奉批交政事堂礼制馆核议。”亦录其呈文全文。

18 日起,北京张灯结彩,庆祝三天,紫禁城各宫殿、名胜一律开放,各官齐集先农坛举行团拜。下午,绅商各界代表抵新华宫门口,冯麟霈跪进贺表,三呼万岁。[4]蔡锷、戴戡等由日本抵达昆明,策动反袁。[5]

20 日,为安抚其他人员,袁世凯申令以徐世昌、赵尔巽、李经羲、张謇为“嵩山四友”。21 日,又策令分封龙济光、张勋等爵位。[6]

21 日,杨度、孙毓筠宴请各界代表。《时事新报》云:

> 二十一日,杨度、孙毓筠在东安饭店公宴各界代表。正酬酢间,有张某起立,云:“今日大功告成,吾人当为杨、孙二君贺,各饮一杯。”又云:“宪政协进会将来是否属永久机关,为辅助宪法进行之政党耶?”又云:“各代表奔走之劳,赞成之力,到京数月,用费多金,诚亦苦矣。现在京兼任职守者固多,而赋闲无事者亦不少。尚有特辞事务,奔走前来,以为将来大功告成,必邀一次荣典。现君主已定,国体已改,究竟各代表行止如何?”孙君起立答云:“今日因大功告成,特开公宴,以为诸君

1 《帝政会之帝制庆祝》《帝制成时之通告驻使》,《神州日报》1915 年 12 月 16 日,第 1 页,帝制问题近电。

2 《神州日报》1915 年 12 月 17 日,第 1 页,命令。

3 《贾逵从祀孔庙之建议者》,《时报》1915 年 12 月 17 日,第 4 版,要闻一。

4 《帝制成时之大酺三日》《京师庆祝三日之状况》,《神州日报》1915 年 12 月 20 日,第 1 页,帝制问题近电。《都中前夕之提灯会》,《神州日报》1915 年 12 月 21 日,第 1 页,帝制问题近电。《记北京之开国庆祝会》,《神州日报》1915 年 12 月 23 日,第 3 页,内外要闻。

5 《京中有日本式之谣言》,《神州日报》1915 年 12 月 22 日,第 1 页,帝制问题近电。《党人口中之云南消息》,《神州日报》1915 年 12 月 27 日,第 1 页,帝制问题近电。

6 《神州日报》1915 年 12 月 23 日,第 1 页,命令。

贺。”各又饮一杯。又云："今日全系公宴，无他研究。至张君所云，本会系宪政协进之机关，凡关于宪政事宜，诸君皆得研究。至于各代表行止，鄙人亦不能强留。商界人等，或于年底有楚结账务情形。如果有事须出京者，听便。将来庆贺，尚可来京观光。其有不愿出京者，亦可留连数日。”云云。各代表听闻之下，垂首丧气，懊悔万分，惨象见诸颜色，以为吾侪从前睹该会之电文，再三催促，遂怀满腔热血，不辞劳怨，赞成帝制。今得如斯结果，为人愚弄，实在不值云。[1]

23 日，袁世凯在北京举行祀天大典，并再次封爵。[2]

唐继尧、任可澄等致电袁世凯，要求取消帝制，云：

> 伏望大总统力排群议，断自寸衷，更为拥护共和之约言，涣发帝制永除之明誓，庶使民嚣顿息，国本不摇，然后延揽才俊，共济艰难，涤荡秽瑕，与民更始，则国家其将永利赖之。[3]

24 日，代行立法院开会，审查民国五年度预算案，审议制定宪法程序草案。[4]

唐继尧、任可澄等再次通电袁世凯，要求取消帝制，诛罪魁杨度等以谢天下，限 25 日上午十时前答复。通电云：

> 窃惟中外人士所以不能为大总统谅者，以变更国体之原动力实发自京师，其首难之人皆大总统之股肱心膂。盖杨度等六人所倡之筹安会煽动于最初，而朱启钤等七人所发各省之通电，促成于继起。大总统知而不罪，民惑实滋。查三年十一月二十四日申令有云："民主共和，载在《约法》。邪词惑众，厥有常刑。嗣后如有制作谰言、紊乱国宪者，即照内乱罪从严惩办"等语。杨度等之公然集会，朱启钤

---

1 《国体决定后之闻见·代表为人愚弄》，《时事新报》1915 年 12 月 28 日，第 1 张第 3 版，国内要闻。

2 《神州日报》1915 年 12 月 26 日，第 1 页，命令。

3 《云南反对帝制二次之电文》，《时事新报》1915 年 12 月 26 日，第 1 张第 2—3 版，电报。《中央政府对滇之笔战·附录滇省反对帝制电文二则》，《神州日报》1915 年 12 月 29 日，第 3 页，内外要闻。

4 《二十四日代行立法院开会记事》，《神州日报》1915 年 12 月 28 日，第 4 页，内外要闻。

等之秘密电商，皆为内乱重要罪犯，证据凿然，应请大总统查照前项申令，立将杨度、孙毓筠、严复、刘师培、李燮和、胡瑛等六人及朱启钤、段芝贵、周自齐、梁士诒、张镇芳、袁乃宽等七人即日明正典刑，以谢天下，则大总统爱国守法之诚，庶可为中外所信，而民怨可稍塞，国本可稍定矣。再者，此间军民痛愤久积，非得有中央拥护共和之实据，万难镇劝。以上所请，乞以二十四小时赐答。不胜悚息待命之至。唐继尧、任可澄等。[1]

25 日，蔡锷、唐继尧、任可澄、刘显世、戴戡等通电各省，宣告独立，组织护国军，讨伐袁世凯。[2] 同时，按照蔡锷预定计划，朱德在蒙自起兵，举行讨袁誓师大会。

26 日，政事堂奉令：参政院依照《约法》，代行立法院职权。现在常年会业将届满，特依《约法》宣告，延长会期两个月。[3]

28 日，代行立法院开会，专题讨论滇事，请曹汝霖报告外交情形，二读民国五年度预算案。梁士诒提议：云南文武官员胆敢反抗中央政府，应请大总统派军征伐。全院一致赞成，推举萨镇冰、荫昌、梁士诒、杨度、王印川、陈懋鼎起草建议案。下午五时，开读建议案，全文胪列唐继尧、任可澄三大罪状，咨请袁世凯出湘致讨。[4]

29 日，《时事新报》刊载唐继尧、任可澄、刘显世讨袁檄告。[5]

31 日，袁世凯申令，改明年为洪宪元年。[6]

本年，刘师培《左盦长律》木刻本一册由成都存古书局印行，所收为《癸

1 《云南反对帝制二次之电文》，《时事新报》1915 年 12 月 26 日，第 1 张第 2—3 版，电报。《中央政府对滇之笔战·附录滇省反对帝制电文二则》，《神州日报》1915 年 12 月 29 日，第 3 页，内外要闻。

2 《云贵反对帝制通电各省之原文》，《时事新报》1915 年 12 月 28 日，第 1 张第 2 版，电报。

3 《顺天时报》1911 年 12 月 27 日，第 3 版，命令。

4 《神州日报》1915 年 12 月 30 日，第 1 页，"帝制问题近电"录特约路透社电。《参政院特开滇事会议》，《神州日报》1915 年 12 月 31 日，第 1 页，帝制问题近电。《参政院解决滇事之大会议》，《神州日报》1916 年 1 月 3 日，第 3 页，内外要闻。

5 《云贵反对帝制檄告全国之露布》，《时事新报》1915 年 12 月 29 日，第 1 张第 3 版，电报。

6 《神州日报》1916 年 1 月 3 日，第 1 页，命令。

丑纪行六百八十八韵》，乃成都存古书局以《国学荟编》拼板而成。

刘师培作《请立京师图书馆呈》，称：

> 昔在清季，启发秘藏，不加陈农，遗书山积。方期天禄，美业重兴，六艺九流，有符前录。乃经营爱始，戎马生郊，岂非运有质文，因时显用？则天稽古，有俟尧年。今虽草昧经纶，百废待理，而维新旧物，非此孰先？是宜选歆、向之才，就老、彭之业，兴废继绝，以光大化。师培不胜惓惓之至。[1]

本年，刘师培另有《蜀学祀文翁议》《包头西北屯田议》《禁伐京西森林议》，已收入《左盦外集》中。

张舒（丙生）《容拙斋文钞》由甘泉张氏刻印，刘师培为之作序，称：

> 邦人诸友，思乐德音，未觏鲁壁之藏，恍睹河东之箧。铨次遗藻，得文三十首，编为斯集，刊之楚北。岁纪邈远，传习寖微。先生曾孙云门，服习世美，恢亮儒素，弘孔门之追远，拟陆赋之《述德》，追维前绪，重付剞劂。[2]

陶菊隐《六君子传》云：

> 民国四年间，教育部高等司长易克枲到白庙胡同大同公寓访问他，他一面看书，一手拾馒头蘸墨而食，几上置有酱油碟，他把馒头错蘸到墨盒里，与清初朱文正（珪）蘸银朱吃角黍如出一辙。[3]

刘禺生《洪宪纪事诗本事簿注》录《后孙公园杂录》云：

> 筹安会六君子，都下皆征引史传，各上隐名，适合汉晋以来篡弑称帝、献符佐命之勋。如湘潭杨度，则称为"莽大夫"，杨雄作赋终投阁也。仪征刘师培，则称为"国师"，刘歆所学为类父向也。寿州孙毓筠，则称为"斜侯"，其头偏斜，字曰少侯，本王氏腊也。侯官严复为"短主簿"，善谈名理，其风度类郗超入幕之宾也。长沙胡瑛为"成济"，反噬革命，其戈及于高贵乡公矣。善化李燮和为"李龟年"，列身朝院，随唱旧曲，

1　刘师培：《左盦外集》卷十六，《仪征刘申叔遗书》第12册，第5163页。

2　刘师培：《左盦外集》卷十七，《仪征刘申叔遗书》第12册，第5241页。

3　陶菊隐：《六君子传》，沈云龙主编：《近代中国史料丛刊续编》第八十辑，第792册，第247—248页。

回忆吴淞炮台司令,大有江南落花时节之感也。[1]

【著述】

恭陈谢悃呈　《新闻报》1 月 24 日,第 2 张第 1 版,紧要新闻。

　　案,此呈又载《神州日报》1 月 24 日,第 4 页,内外要闻。陶菊隐《筹安会六君子传》亦录。

左盦诗钞:答陆蓍那诗二首　《国学荟编》民国四年第 1 期,1 月,署刘师培

告旧同盟会诸同志书　《申报》2 月 6 日,第 7 版,专件

　　案,此文于该报 2 月 7 日续完。又载《新闻报》2 月 6—7 日,第 1 张第 3 版,紧要新闻;《神州日报》2 月 6—7 日,第 3—4 页,内外要闻。

感怀三首　《娱闲录》第 16 册,3 月 2 日,文苑,署刘师培

　　案,又载《戊午周报》第 24 期,题作《左庵诗三首》。

请开方略馆呈　5 月

　　案,此呈原文未见。

刘申叔文钞（三册）　上海进步书局印行,6 月

　　案,本书为《现代十大家文钞》（全二十册）之一种,收录刘师培发表于《国粹学报》文章 28 篇,铜活字排印线装,页 30 行,行 34 字。凡 129 页,无序跋。其子目如下:

　　论古代人民以尚武立国

　　谶纬论

　　孔学真论

　　义士释

　　姓氏学发微

　　春秋时代官制考

　　中国古用石器考

　　周末学术史总序（以上第一册）

　　《中国文字问题》序

1　刘成禺著,宁志荣点校:《洪宪纪事诗本事簿注》卷二"走狗言志",第 233—234 页。

《新方言》后序

《梵文典》序

东原学案序

汉宋学术异同论总序

《雁荡金石志》序

重刊洪氏《元史西北地附录释地》序

书《曝书亭集》后

编辑乡土志序例

书《汪小毅先生遗书》后(以上第二册)

六儒颂

劝各省州县编辑书籍志启

孙兰传

全祖望传

颜李二先生传

田宝臣传

汪绂传

康君季琴墓志铭

函谷关铭

论文杂记(以上第三册)

欢迎谛闲月霞两法师启 《申报》8月4日,第6版,要闻二

发起筹安会宣言书 天津《大公报》8月16日,第3版

案,此文又载《神州日报》1915年8月18日,第3页,内外要闻。

国情论 《顺天时报》1915年9月1日,第3版

案,此文又载《申报》1915年9月1日,第6版,要闻二;《时事新报》1915年9月1日,第2张第2版,国内要闻;《新闻报》1915年9月1日,第1张第3版,紧要新闻;《神州日报》1915年9月2日,第3页,内外要闻。

论唐虞禅让与民国制度不同 《顺天时报》9月2日,第3版,国体问题丛集

案,此文又载《申报》1915年9月3日,第6版,要闻二;《时事新报》1915年9月3日,第1张第3版,国内要闻;《神州日报》1915年9月7日,第3页,内外要闻。

民国帝政说之驳议 《顺天时报》9 月 12 日,第 3 版,国体问题丛集

案,此文又载《时报》1915 年 9 月 14 日,第 4 版,要闻;《神州日报》1915 年 9 月 15 日,第 3 页,内外要闻;《时事新报》1915 年 9 月 15 日,第 2 张第 2 版,国内要闻。

致吴致虚函 《顺天时报》1915 年 9 月 17 日,第 3 版,国体问题丛集

案,此文又载《时报》1915 年 9 月 19 日,第 4 版,要闻;《神州日报》1915 年 9 月 20 日,第 3 页,内外要闻。

筹安会推代表为名誉理事启 《时报》9 月 24 日,第 4 版,要闻

署参政院参政恭陈谢悃呈 《政府公报》第 1250 号,10 月 31 日,命令

案,此呈原文未见,待查。

汉人世爵应与满蒙汉军一律请予绍封呈 《政府公报》第 1260 号,11 月 10 日,呈

案,此呈又载《时事新报》1915 年 11 月 12 日,第 1 张第 3 版;《新闻报》1915 年 11 月 14 日,第 1 张第 3 版,紧要新闻;《申报》11 月 14 日,第 6 版,要闻二;《神州日报》1915 年 11 月 15 日,第 4 页,内外要闻。

恭报奉到简任状暨申令日期呈 《政府公报》第 1267 号,11 月 17 日,呈

奉令授官沥陈谢悃呈 《政府公报》第 1270 号,11 月 20 日,命令

案,此呈原文未见,待查。

请令中外各机关对于总统之呈文一律改为奏折呈 天津《大公报》12 月 9 日,第 2 版,专电

案,此呈原文未见,待查。

贾逵学行卓绝请从祀孔庙以挽世风而维经术呈 《政府公报》第 1293 号,12 月 13 日,呈

案,此呈又载《时报》1915 年 12 月 17 日,第 4 版,"要闻一";上海《亚细亚日报》1915 年 12 月 17 日,第 2 张第 4 页;《时事新报》1915 年 12 月 17 日,第 1 张第 3 版、第 2 张第 2 版;长沙《大公报》1915 年 12 月 21—22 日,第 2 张第 6 页;《中华教育界》第四年第 12 期,"教育记事·时闻"。

请立京师图书馆呈 未刊手稿

周书补正六卷、略说一卷 左庵丛书,署刘师培著

案,此木刻本半叶 12 行,行 24 字,小字双行同,白口,左右双边单鱼尾,版心

下镌“左盦丛书”。疑此乃成都存古书局以《四川国学杂志》刻本拼板重印者。

左盦长律　一卷，成都存古书局，木刻本

国乐颂　《左盦文内篇》

蜀学祀文翁议　手稿

包头西北屯田议　手稿

禁伐京西森林议　手稿

1916年（民国五年，丙辰）　三十三岁

【事略】

1月1日，袁世凯申令孔令贻仍袭封衍圣公，并加郡王衔。[1] 不久，派刘师培、杨度等迎孔令贻入京。

云南都督府正式成立，唐继尧被选为都督。

4日，大典筹备处通告各机关：年号虽定洪宪，暂时不称帝国，对外尤宜称民国。[2]

5日，袁世凯宴请参政。《顺天时报》云：

> 袁公现以帝制即将完全告成，又值新岁将度，特于昨日（五号）上午十二时，召集参政院长溥伦、副院长汪大燮及各参政，在怀仁堂开宴。明日（七号）上午十二时，召集各部院文武特、简任各官及蒙古王公大臣，在大礼堂赐宴，以庆新岁。呜呼！在上者固有极欢极乐之景况，而屡受兵燹匪祸、水旱荒灾之难民，又当如之何？吾不禁为帝国前途哭。[3]

7日，参政院开会，那彦图请建议政府，最好旧历年底登极。众赞成。溥伦即派梁士诒负责起草。梁士诒又谓，贵州巡按使龙建章请另决国体，殊不合法，应由本院致电诘责。众赞成，随即派员起草，全体通过拍发，并咨行

1　中国第二历史档案馆编：《北洋政府公报》第1号，第77册，第10页。

2　《时事新报》1916年1月4日，第1张第2版，电报。《改元后暂不称帝国》，《神州日报》1916年1月5日，第1页，帝制问题近电。

3　坚：《袁公赐宴百官》，《顺天时报》1916年1月6日，第2版，时事要闻。

政府、分电各省。[1]

16日，《顺天时报》称《中国学报》将复刊，云：

> 公府内史郑叔进（名沅，湖南人，甲午探花），前清官至翰林院侍读。现因内史人多，有等素餐，面请辞职。元首素知其品学优长，再三挽留，令办《中国学报》，月支薪水六百元，社址已定西城二龙坑地方，大约下月可出版云。[2]

21日，代行立法院召开会议，审议通过路电邮航四政特别会计预算案。[3]

外交部派员赴日、英、俄、法、意五国使馆声明，因云南事件尚未平定，原定二月上旬举行即位一事取消。[4]同时致电各省将军、巡按使，通告帝制缓行原因。[5]

《神州日报》引20日北京电云：

> 都中传闻：江苏将军冯国璋、浙江将军朱瑞有于帝制实施之时世袭将军之意，足见各省联邦制之议论已渐萌芽云。[6]

《时事新报》又载强迫使用洪宪年号事，云：

> 昨闻政府会议，以新纪元年号已确定为洪宪元年，颁布多日，深恐各省仍有尚未实行遵章者，于国体前途殊多妨碍，应即责成各地方官长严查所属商民，所有印刷物、合同、契约、账簿、折据等项，应一律遵章。倘有妄行歧异，以别种名义混杂者，不惟在法律上不能发生效力，并须惩以违背国体之罪云。[7]

1　《七日参政院之议案》，《神州日报》1916年1月9日，第1页，帝制问题近电。《一月七日代行立法院开会记事》，《神州日报》1916年1月11日，第3页，内外要闻。《参政院驳斥龙建章通电之文章》，《神州日报》1916年1月13日，第3页，内外要闻。

2　力：《又有中国学报出现》，《顺天时报》1916年1月16日，第2版，时事要闻。

3　《参政院代行立法会议纪闻》，《顺天时报》1916年1月22日，第2版，时事要闻。《二十一日代行立法院开会记事》，《神州日报》1916年1月26日，第3页，内外要闻。

4　锡：《帝政遂延期矣》，《顺天时报》1916年1月22日，第2版，时事要闻。

5　走：《登极取消之通电》，《顺天时报》1916年1月23日，第2版，时事要闻。

6　《日人又欲造成联邦制之议论》，《神州日报》1916年1月21日，第1页，帝制问题近电。

7　《登极声中之轶闻·迫用洪宪年号》，《时事新报》1916年1月21日，第2张第2版，国内要闻。

23 日，《民国日报》"要闻"栏载《冯朱之联邦思想》，云：

　　《大陆报》载：冯国璋及朱瑞赞成采用德国联邦制，将全国按省分为若干小邦，每邦冠以王。以直隶为首邦，中央政府在焉。闻已将意见条陈于北京政府，并由各省将军讨论云。

　　按，联邦组织之适用于我国，已经多数学者赞成。但以民主国家，不采美之二重政府制，而采用德国之联邦制，无论国体不合也，即以国之根据言之，历史传来之性质，亦与合众国多似，与日耳曼不同。西报所言，其信然欤，其传之微失其真欤？姑录之，以待后报。记者志。[1]

25 日，袁世凯申令各路军队分道赴滇，堵截蔡锷军。

《时事新报》陆续公布帝制运动期间伪造民意之密电，计有：（1）《八月三十号段芝贵等通告用各省公民名义并代办请愿书电》；（2）《九月二十九号朱启钤等通告另组公民大会在各监督长官操纵利用电》；（3）《十月七号朱启钤等通告决定国体后拟推戴办法电》；（4）《十月十号国民会议事务局请将选举设法指挥妥为支配电》；（5）《十月十一号办理国民会议事务局通告关于选举密件应责专员管理确守秘密电》；（6）《十月十一号朱启钤等通告国民代表大会组织法应行解释之点电》；（7）《十月十五号办理国民会议事务局顾鳌通告内外相维之义约有四端电》；（8）《十月二十六号朱启钤等通告国体投票开票后应即推戴袁世凯为皇帝并拟定推戴办法电》；（9）《十月二十九号办理国民会议事务局通告各监督放手办事勉循内外相维之雅电》；（10）《十二月念一号办理国民会议事务局通告各省此次国体问题文件除关于法律规定外一律查明烧毁电》；（11）《十一月七号朱启钤等通告各省某国借口恐有变乱强拉英俄随同劝告政府取委蛇态度国民一方面宜表示决心电》。[2]

本月，刘师培与康宝忠发起重组《中国学报》，以君政复古相揭橥。社址设在北京宣武门内二龙坑梯子胡同，采用洪宪纪年。时刘师培住在西华门老爷庙胡同，任该刊编辑，作《重组中国学报缘起》，云：

1　《冯朱之联邦思想》，《民国日报》1916 年 1 月 23 日，第 2 张第 6 版，要闻。

2　《请看伪造民意之各种通电》，《时事新报》1916 年 1 月 25 日，第 1 张第 3 版、第 2 张第 2 版；1 月 26 日，第 1 张第 3 版；1 月 27 日，第 1 张第 3 版，均在"国内要闻"。

清室既屋，式造新邦。九服之士，习于横议，往往自矜奇奥，鄙弃国闻，虑非励进民德之道。同人惴惴，窃引为忧，思欲光大前修，以启来哲，俾知祖德匪遥，遗徽可宝，庶能阕我汉声，葆为黎元。壬癸之际，乃有《中国学报》之刊行。邦人诸友，幸不遐弃，置邮传抵，暨于南朔。方期侁俆斯业，而南服难作，狼匪跳梁，丧乱洊臻，弦歌辍响。遭斯挫折，遂渐销沉。抚心自讼，良用慭然。方今国体问题解决伊迩，应古合旧，厌塞众心。本社同人，重理旧业，誓赓往绪，适《雅言》主者亦移其社于北京，主恉悉符，乃相萃合，务使术艺并举，文质咸茂。群力既厚，巨功可期。扬祖国之光荣，示学人以模楷，以昌亭林、船山之余绪。凡我同人，实共图之。[1]

又有《本社启事》，云：

本报前次发行九期，上海《雅言》发行十二期，均因事停版，有负阅报诸君之雅意，抱歉良多。现由同人赓续前业，定于本月二十八日出版。所分门类，或接续前册，或另行新编，俱系人间未见之本。并采集唐宋以来名人书画，用珂罗版精印，以饷海内。大雅宏达，幸赐教正。本报每月一册，计一百页左右，定价三角五分，半年一元六角，全年三元五角，邮费在外。凡有定阅本报，与从前订购本报暨《雅言》全年诸君，务祈开具详细住址，速寄北京西城二龙坑梯子胡同本社为盼。

《中国学报》复刊第 1 册"通论类"刊载《刑礼论》《君政复古论》（上），"经类"始载《春秋左氏传例略》、刊载《立庙议》，"子类"刊载《庄子校补》（并序）、《荀子逸文辑补》，"集类"刊载《文说五则》《文笔诗笔词笔考》，"集类·文录·赋类"刊载《出峡赋》《休思赋》，均署名仪征刘师培；"附录"《介绍新刊》介绍《周书补正》，云："《周书补正》六卷、《略说》一卷，仪征刘师培著，《左盦丛书》木刻本。"并录《周书补正自序》。

案，《文说五则》与《文笔诗笔词笔考》，即《四川国学杂志》第 6 号所载《国学学校论文五则》（附《文笔诗笔词笔考》）。其《文笔诗笔词笔考》一篇，《中国学报》本期正文作"文笔词笔诗笔考"，虽正文论述顺序相合，

---

1 《中国学报出版》，《顺天时报》1916 年 1 月 19 日，第 7 版，本京新闻。

然与诸本顺序均异。今标题从目录。《周书补正》六卷、《略说》一卷木刻本，疑为成都存古书局以《四川国学杂志》所刊本而拼板重印者。

2月1日，吉林巡按使王揖唐致电政事堂，反对联邦制，云：

> 自滇氛不靖，薄海同仇。天戈所指，歼荡可期。乃近闻好乱党人、失意政客，有倡议改各省为联邦组织者，言虽不经，易淆闻听。若不严禁，为害滋多。查联邦之风说，为乱党主张，意在借此虚名，实行割据疆土。辛亥之际，屡见鼓吹，卒赖正论攻击，致邪说未能得逞。今兹重提旧说，犹是昔日攘权夺利之心。政治组织，远之由于历史之蜕蟺，近之由于时势所要求，断未有仅凭臆断，强以人为者。德之联邦各国，本具国家组织，惟因分立不足以图存，故共戴一尊，以期团结。是其分立状态，乃由历史原因；而共戴主盟，实系时势所逼迫。若夫吾国，则统一之势相沿已久，虽有各省之划分，义取行政之利便，人民本无以省为国之心理，何能有二重政府之组织？以视德国，沿革本殊。强相比拟，何能得当？人方以分立而求统一，我乃以统一而求分立，悖于事理，莫逾于斯。吾国自辛亥以还，中经癸丑赣宁之乱，迄于近时，中央权力统一，正当发展团结之力，以御外患。乃欲自破金瓯，开割据争攘之端。人非至愚，孰可为此？揖唐数年以来抱持政见，以为欲救中国，当重统一。及今内审国情，外察大势，自信弥坚，忧患弥切。联邦谬说，实为乱邪。心所谓危，义难缄默。拟请通饬查禁，以遏乱萌。无任切迫待命之至。王揖唐叩，先，印。[1]

3日，冯国璋、朱瑞致电政府，力辟联邦说。其通电云：

> 政事堂，统率办事处，各部、院，除云南、贵阳、南京各省将军、巡按使转各镇守使，徐州巡阅使，蚌埠倪将军，龙华、福州、宁夏护军使，张家口、归化、承德都统，定康、川边镇守使鉴：华密。现在君制告成，国基大定，京外一心，如手足之捍卫头目。不意某国人，乃以联邦之说相鼓吹。前阅本月二十一日上海各报译载东方通信社电云：都中传闻，江苏、浙江省于帝制实施之时，有世袭将军之意，各省联邦之议已渐萌芽

1　《王揖唐不赞成联邦说》，《神州日报》1916年2月9日，第3页，内外要闻。

等语。该社为某国人所设，其造作是项谰言，无非为希望各省分裂起见，本拟嘱令更正。又以该社日事造谣，对于京外常有可骇之说，实不胜辩正之烦。近见上海华报，多已自行更正。不谓在沪西报，又继载有此项谣传，谓各省将军现在讨论此事，议仿德制，分全国为若干部，各设一君主，以直隶为领袖等语。似此凭空造谣，邪说滋蔓，则奸人愈引为得计，此后鼓簧更不知伊于胡底。万一愚民受其煽惑，贻误非浅。处此多事之秋，实以息谣为先务。现在苏浙地方安谧，尚无此种谬说。除再严加察禁外，用特奉闻。冯国璋、朱瑞同叩，冬，印。[1]

5日，龙济光、张鸣岐致电冯国璋、朱瑞，反对联邦说。此后，段芝贵、汤芗铭、金鉴等均发电，反对联邦说。[2]

6日，《时报》载北京五日亥刻专电云：

> 筹安会各招待所因节省经费，一律取消。[3]

又载北京一月廿九日东方通信社电云：

> 中国帝制延期，通知诸外国后，大典筹备亦随之中止。据一般人之观察，当局之意，固为无期延期。然由现下之局面观之，情形益觉纷纠，或至惹起第二之国体解决问题云。[4]

《顺天时报》载《洪宪纪元之趣语》，云：

> 昨晤某法律家谈云：自政府改元洪宪后，南方报界多置之不理，仍用"民国五年"。嗣经官吏干涉，始削去"民国五年"，或用西历纪元，或不书年号。复经干涉，乃用最小铅字排印"洪宪"字样。言之殊为可笑。以余观之，政府既经改元，本国人民似不可不奉正朔。莫如径书之曰"中华民国洪宪元年"，盖大总统只有改元命令，并无取消中华民国命令。必如此书法，始于法令毫无抵触也云云。[5]

9日，《顺天时报》云：

1　《冯朱两将军不认主张联邦制》，《神州日报》1916年2月10日，第3页，内外要闻。

2　《各省长官反对联邦制之声》，《神州日报》1916年2月14日，第4页，内外要闻。

3　《时报》1916年2月6日，第3版，国内专电。

4　《时报》1916年2月6日，第4版，译电。

5　闻：《洪宪纪元之趣语》，《顺天时报》1916年2月6日，第2版，时事要闻。

中华今日之当道，将纳某将军之嘉谟，凡各省有关于联邦制度之著作文字，悉令销毁，以遏乱萌。[1]

10日，钱玄同对刘师培《君政复古论》颇为不满。《钱玄同日记》载：

归，得心孚寄来《中国学报》第一册，其中申叔之文，无可复言。噫！三世传经，结果至此。本师昔谓汉学之祸，昔疑过当，今乃知其信然。缪艺老作《刘恭甫》，谓其子孙流于盗贼，信夫！[2]

12日，《时事新报》再次公布帝制期间伪造民意的密电，云：

此次袁政府变更国体，假托民意之种种密电，本报曾于四年十月五日及本年一月二十五、六、七等日，陆续披露十四件。兹复从贵阳寄来密电四十余件，特再分日刊登，俾海内外人士知伪造民意之真相焉。

其所公布者，计有：（1）《孙毓筠致各省应注意办理国民会议事务局各种运用方法电》；（2）《朱启钤等致各省请于推戴书中照叙四十五字并嘱秘密电》；（3）《办理国民会议事务局致各省查照两元电并多认定有覆选被选资格者电》；（4）《办理国民会议事务局致各省认定有复选被选资格者须撮要汇报电》；（5）《办理国民会议事务局致各省若一县不敷选出一人均可不问电》；（6）《国民会议事务局密示组织法运用要着电》；（7）《段芝贵陈奉省系采用第四条后段办法并询两次投票日期致各省电》；（8）《段芝贵致各省劝均仿照奉省选举办法电》；（9）《段芝贵致各省奉省已遵用第四条前后段互用办法电》；（10）《段芝贵陈奉省选举运用情形致各省电》；（11）《国民会议事务局通告投票场所在军署举行电》；（12）《北京致各省请将投票开票情形撮影封寄电》；（13）《国民会议事务局密示认定被选资格并冀勉为其难电》；（14）《国民会议事务局通告两项投票日期先行电局电》；（15）《政事堂传达袁氏意旨电》；（16）《办理国民会议事务局致各省报告票数应由监督代转并一切文书应一体亲书代表姓名电》；（17）《办理国民会议事务局致各省报告投票结果须一面电事务局以便通行并事后汇册办法电》；（18）《陆建章致各省委托各县一节不宜轻易举行电》；（19）《办理国民会议事务局致各省

1　药石：《销毁文字》，《顺天时报》1916年2月9日，第7版，时评。
2　杨天石主编：《钱玄同日记》（整理本）上册，第288页。

密示投票时应特别声明赞成君主立宪并亲写赞成字电》;(20)《办理国民会议事务局致各省密示表示慎重免贻外人口实电》;(21)《办理国民会议事务局致各省抱定同一宗旨直捷了当迅速筹办电》;(22)《朱启钤等致各省只要操纵得宜便可放手办理电》;(23)《办理国民会议事务局预拟操纵选举办法电》;(24)《段芝贵请各省对于初选当选人用迅雷不及掩耳办法电》;(25)《办理国民会议事务局致各省决定国体投票日期应先电知电》;(26)《办理国民会议事务局致各省选举票勿庸公开形式上仍力求美备电》;(27)《办理国民会议事务局致各省密示全国分期决定国体投票期间电》;(28)《办理国民会议事务局致云南从速陈报选举办法电》;(29)《朱启钤致各省讨论事项不可询局意见电》;(30)《统率办事处致各省国体已经决定并对外情形电》;(31)《办理国民会议事务局致各省于决定国体投票日以危词压迫国民代表电》;(32)《办理国民会议事务局致各省密示开票投票发给投票纸各种情形电》;(33)《办理国民会议事务局致各省声明选举投票必要之点电》。[1]

13 日,《顺天时报》称筹安会招待所即将关闭,云:

> 筹安会设立招待所,原为便利各省赞成帝制代表起见。帝政现既告厥成功,实无设立之必要。特由孙少侯、杨皙子呈准政府,将各代表从优发给川资,令其回籍,各安生业外,并议定于本月二十日为度,将招待所实行裁撤,以免耗费公款云。[2]

17 日,上海《亚细亚日报》刊载《刘申叔力辟联邦之名著》,云:

> 刘申叔近著一论,力辟联邦,凡万余言,不用一新名词,为近日之杰构。[3]

案,此指刘师培所著《联邦驳议》,刊于本年 3 月《中国学报》复刊第 3 册中。

---

1 《请看伪造民意之密电》,《时事新报》1916 年 2 月 12 日,第 2 张第 2 版;2 月 13 日,第 1 张第 3 版、第 2 张第 2 版;2 月 14 日,第 2 张第 2 版;2 月 15 日,第 2 张第 3 版;2 月 16 日,第 2 张第 2 版;2 月 17 日,第 2 张第 2 版;2 月 18 日,第 2 张第 3 版;2 月 19 日,第 2 张第 3 版;2 月 20 日,第 2 张第 2—3 版;2 月 21 日,第 2 张第 2 版,均在"国内要闻"。

2 波:《筹安会招待所之寿命将终》,《顺天时报》1916 年 2 月 13 日,第 2 版,时事要闻。

3 《刘申叔力辟联邦之名著》,上海《亚细亚日报》1916 年 2 月 17 日,第 1 张第 1 页,北京专电。

20 日，《时事新报》公布《统率办事处致各省将军巡按使预拟投票后推戴庆贺各书格式请分别照办函》。[1]

钱玄同对刘师培《尚书》"三分《泰誓》"说表示反对。《钱玄同日记》载：

> 灯下检视经目。欧阳《尚书》三十二卷，章句三十一卷。龚定庵以为三分《盘庚》，刘申叔以为三分《泰誓》。然龚氏本来取消《太誓》，自可自圆其说。刘氏则杂钮古文，均未足凭。吾谓当从王伯申，改为"三十三卷"，《盘庚》与《太誓》皆三分方合。[2]

23 日，袁世凯宣布延期实行帝制。

26 日下午，参政院代行立法院召开第二十六次会议，审议政事堂所提国民会议覆选当选人为立法院覆选当选人咨询案，并咨覆政事堂，认为立法院议员选举与国民会议议员选举两项办法相同，当此国民望治孔殷、政府立行宪政之际，亟盼立法院早日成立，自应即以国民会议议员选举之覆选当选人作为立法院覆选当选人。其中央特别选举及蒙、藏、青海选举，亦即提前办理。立法院议员选举如此办法，与法律毫无所背。惟查《立法院组织法》，每年会期系自九月一日起，至年终止。今值厉行宪政之时，尤应迅速提前召集，俾得早日成立，以慰民望而固国基。[3]

28 日，袁世凯申令，以本年五月一日为立法院议员召集之期。[4]

29 日，参政院闭幕，陆征祥出席，宣读大总统训词。[5]

本月，《中国学报》复刊第 2 册出版，"通论类"刊载《君政复古论》（中）、《致廖季平论天人书》；"经类"刊载《〈连山〉〈归藏〉考》，续载《春秋左氏传例略》，始载方勇《太誓答问评》（附刘师培《〈方子丛稿〉序》、方勇《上刘申叔书》）；"史类"刊载《穆王西征年月考》，"子类"始载《老子斠补》（附题词），"集类"始载《楚辞考异》（附题词），"集类·文录·碑类"刊载《涪

1　《伪造民意又发觉矣》，《时事新报》1916 年 2 月 20 日，第 1 张第 3 版、第 2 张第 2 版，国内要闻。

2　杨天石主编：《钱玄同日记》（整理本）上册，第 289 页。

3　《代行立法院咨覆政府文》，《顺天时报》1916 年 2 月 28 日，第 2 版，时事要闻。

4　《申令》，《顺天时报》1916 年 2 月 29 日，第 7 版，命令。

5　《顺天时报》1916 年 3 月 1 日，第 2 版，时事要闻。《神州日报》1916 年 3 月 2 日，第 1 页，命令。

州蔺市镇里社碑》《故民吴骏卿义行碑》《清故四川即补道苏君墓碑》，"集类·诗录·赠答类"刊载《答梁公约赠诗》《蜀中赠朱云石》《蜀中赠吴虞》《上海赠谢无量》，均署名仪征刘师培。

案，《方子丛稿》包括《太誓答问评》一卷和《箴膏肓评订》二卷。本册"未刊书籍提要"介绍昌邑周元御撰《周易悬象》八卷，录其自序，后有案语云：

> 案，元御，山东昌邑人，当乾隆初年，以经学名，尤工医术。今所著医书尚有刊本，经学之书未有刊者。此书手稿八卷，为陈明侯少将（干）所藏。明侯亦昌邑人，于乡邦文献，甄录尤勤，现拟集资刊布云。师培记

另有廖平《覆刘申叔书》，云：

> 获读手书，绅绎玄言，罗觇眇论，直谅之益，惠我优渥。树义之坚，何段掎摭。惟孔子制作，生民未有。六经五纬，道澈人天。墨、列、老、庄，咸承派别。秦汉儒者，私淑遗闻，局于一隅，妄为推阐，迁就悠谬，为世诟病。贾、郑乘之，恣其搏击，移夺孔席，以与周公。望风承流，有唐辖极。逮赵宋请删纬言，而孔子之道息矣。岂惟神游物化，斥以诞荒；即言论道经邦，修身已足。夫无倦无隐，夫子自道诲人；而鬼神不告于仲由，天道不闻于端木。盖大义所揭，止于圣人。而微言之好，则极六合以外，无声无臭，载以上天。曰隐曰微，乃为显见，诚不可掩。至则圣穷，其体为《诗》，其用为《易》。鹡鸰鳣鲔，上浮下征，变动不居；九流六漠，化人神人，与梦为一。所谓觉本无明，形名俱寂，未有甚于此者也。即出世深诣，有识无识，三界四生，人天魔龙，法轮常转，皆名曰幻，亦衍庄、列之绪，而扬涅槃之波。至于海性种元，世界无量，则《国风》三五，实配星垣；斗极巍然，《天官》具列。亦若邹生瀛海，群斥不经，而轮舶既通，卒无以易。盖为高因陵，为下因泽。张学恢道，亦有乘时。自揣颛愚，敢言先觉？然例以进化，千万年后，人不能轻身远举、服气炼形，窃不信也。先生钩深极远，日进无疆。沉酝既深，自辖悟境。重违足意，肃布区区。

案，此即对刘师培1914年《与廖季平论天人书》之答书。

3月11日，《世爵世职条例》颁布实施。[1]

---

1 《昨日发表之颁爵条例》，《顺天时报》1916年3月12日，第2版，时事要闻。

15 日，《民权素》第 16 集出版，"名著"栏刊载《王郁仁哀词》，云：

予与江都王君郁仁少同州里，有伐木之谊。癸丑之冬，君遘疾终。永念生平，难为胸臆，因作哀词。

登高台以延望兮，聊容与而徘徊。水濂濂而晨结兮，日暧暧而夕垂。心纡萦而弥结兮，轸哀思而若遗。神眈眈其外淫兮，潜结想于南风。虽有生之必化兮，谅灵眈之独钟。懿婍修之信美兮，眴灵光以仪世。世荏苒其若颓兮，岁忽忽而日迈。纷云景之杳冥兮，尽余晖于天末。丏清徽于茂藻兮，谅芳与菲其未沫。惟春秋之代谢兮，佩流叹于驰光。敷长杨之晚素兮，变柔条于初霜。览（章）〔草〕木之零落兮，怀盛年之莫当。苟性命之不愆兮，吾亦焉取乎久常。夕徘徊于玄馆兮，郁怀思而渺绵。览余迹其未夷兮，恍灵素其若孝。祈精诚于交梦兮，申流景以寄言。景悄恍而易迁兮，倐瞻颜而丧规。怨沈惊之空结兮，顾广庭兮长寂。羌辗转而不寐兮，申踌躇而竟夕。倘大暮之可晨兮，愿绸缪而无斁。[1]

21 日，《顺天时报》开设"民意征实录"专栏，逐日连载帝制时期伪造民意之密电，至本月 26 日载完。[2]

22 日，袁世凯发表大总统申令，撤销"承认帝制案"，各省区推戴书发还参政院代行立法院转发销毁，所有筹备事宜立即停止。[3] 24 日《神州日报》载：

取消帝制命令已经发布，千有余言，略谓：共和四年，民间未获福利，故去年有一部分国民乃思恢复帝制，设会讨论，继以纷纷请求变更国体。予以此事体大，未便轻允，付之国民代表公决。嗣经全体一致主张君主立宪，参政院及各省国民代表更屡次推戴，辞不获已，乃于去年十二月十二日勉从国民之请。未及一旬，云南独立，反对帝制，因即令大典筹备暂缓进行，并严令不准呈递劝进书类。予始终无利，天下之心可以共见。乃西南风云日紧，生灵涂炭不堪。予不忍，兹将参政院之推

---

1 申叔：《王郁仁哀词》，《民权素》第 16 集，1916 年 3 月 15 日，名著。

2 《民意征实录》（一），《顺天时报》1916 年 3 月 21 日，第 3 版，来件。此后连载。

3 中国第二历史档案馆编：《北洋政府公报》第 77 号，1916 年 3 月 23 日，第 83 册，第 232—233 页，命令。

戴书却还，并取消承认帝制之命令云云。

取消命令下后，都人欢声雷动，各公使亦相继以私人名义向元首慰勉。

代行立法院明日开会，议决退还拥戴书案。[1]

23日，袁世凯发布废止洪宪年号的告令，云：

政事堂奉告令：前据大典筹备处奏请建元，现在承认帝位一案业已撤销，筹备亦经停办。所有洪宪年号应即废止，仍以本年为中华民国五年。此令。[2]

黎元洪、段祺瑞、徐世昌诸人致电蔡锷、陆荣廷、梁启超等，谓帝制已经取消，革命军目的业已达到，应即息戈，共筹和局。[3]

25日，参政院代行立法院临时开会，徐世昌代表袁世凯出席，通过将推戴书发还交各省区销毁案。

《申报》发表《筹安会人物之不自安》，称：

闻有筹安会中人，近致沪友一书，略云：接来书，情词恳切，并以游历欧亚、早自为计，足征爱我情深。惟当筹安会发生，初由某僧人倡言说法，继由某博士讨论进言，此中岂弟一人？当为天下人所共谅。帝制失败，讵能归咎！弟当辛亥之秋，有功民国，继而入掌枢垣，聊酬知遇。今则漫天烽火，愧愤交加。嗣后披发入山，不言时事。所难堪者，燕荪、皙子、范荪辈，近日神志沮丧，莫可究诘。然亦决不致如外间所言，以恩沾祸。都中谣言虽盛，尚幸镇静有方。某公帝制心灰，明令亦将颁布。支持危局，必有一大转移。知己如君，可勿以弟为念云云。[4]

27日，袁世凯发布申令：

准参政院代行立法院咨称：本院于本月二十五日代行立法院职权开会，多数议决，遵照申令，将各省区推戴书咨还各该省区，一律销毁，

1　《神州日报》1916年3月24日，第1页，专电。

2　中国第二历史档案馆编：《北洋政府公报》第78号，1916年3月24日，第83册，第260页。《顺天时报》1916年3月24日，第7页，命令。《神州日报》1916年3月25日，第1页，命令。

3　《神州日报》1916年3月25日，第2页，译电。该报将"二十三日"误为"二十二日"。

4　《筹安会人物之不自安》，《申报》1916年3月25日，第10版，本埠新闻。

即日咨发。又查去年十二月十一日本院议决咨行公布案内，有民国各法令，除与国体抵触不适用各条文外，仍应存其效力等语，曾奉申令公布。现在推戴一案既经撤销，所有因推戴一案失其效力各法令，自应仍旧回复其效力，一律适用。当于本日大会经多数议决，等因。民国所有现行各法令应仍一律继续施行，着交政事堂饬法制局查照。此令。[1]

29 日，经袁世凯同意，在公府内销毁政事堂及各部院关于帝制文电案牍、说帖共 840 余件。[2]

本月，《中国学报》复刊第 3 册出版，"通论类"刊载《联邦驳议》，"经类"刊载《易卦应齐诗三基说》（附《三基应历说》《〈齐诗〉历用颛顼说》《迮鹤寿〈齐诗翼氏学〉书后》）、续载《春秋左氏传例略》，"史类"载《〈战国策〉书后》，"子类"续载《老子斠补》、始载《荀子斠补卷一》，"集类"续载《楚辞考异》，"集类·文录·诔类"载《贞孝唐大姑诔》，"集类·诗录·哀伤类"载《伤女颖》《哀王郁仁》，均署名仪征刘师培。

《联邦驳议》自设十二问，逐一作答，认为美国式联邦制，不若君主立宪的帝制。北京大学图书馆藏有白纸铅印单行本《联邦驳议》一册，其行款、内容与《中国学报》本全同，即由《中国学报》本抽印者。钱玄同编《刘申叔先生遗书》本漏排第十一问，《仪征刘申叔遗书》已补录。

本月，为盐城马为珑《退郢诗钞》二卷作序。是书有丙辰六月油印本，刘氏序末署"丙辰三月，仪征刘师培序"，与《左盦外集》卷十七所录文字有小异。

春，作《抚宸先生祝退诗序》，云：

> 抚宸先生以商起家，与湘人竞贸茶之利，始数折阅，转益增炽。粤茶行于海外者，必以先生为有声。即展国利，又使山农无饥馑之色，业非不阃也。家既澹给，即所居芦花潭，修奥梁，设学校，举平粜，皆费巨万就之，功非不劭也。先生从商之余，雅好书画诗词，所蓄有北苑、大痴之奇，宋拓元刊之稀。近世文人骚客，多与相知，且敬先生之为人，视之

1 《神州日报》1916 年 3 月 29 日，第 1 页，命令。

2 坚：《帝制文电销毁之准期》，《顺天时报》1916 年 3 月 29 日，第 2 版，时事要闻。

同侪,诗酒相和,几使人忘棍外之红尘万丈也。今为先生四十大庆,同仁有兴寿庆之议,而先生止之日:"方今世事多艰,曷以此款助赈之?"乃悉以与之。同仁既佩其义,遂竞效其举,并以诗纪其盛,用贺其遐云。先生为报盛情,飨以佳酿。酒酣,先生出纸,各录佳句其上,而先生以序相属。培不文,曷敢为诸公序?且素不工书,酒后醉中,益不成字。勉记其所以,以充序云。

　　丙辰之春,弟师培谨序。[1]

4月1日,参政院代行立法会议召开,讨论撤销君主立宪国体及总代表名义案。《顺天时报》云:

　　昨日代行立法院开会,由议长主席,讨论问题为撤消君主立宪国体及总代表名义案。主席宣告开会后,即由秘书长报告文件。报告毕,主席谓:今日会议,即继续前次所会议之问题。前次大总统承认帝位一案既已撤消,此外尚有君主立宪国体及各省区推代行立法院为总代表一案,前虽由本院议决,现亦当随帝制问题一并撤消,已由秘书厅拟出文稿一件,分配于诸君,请诸君讨论。梁士诒谓:此属当然撤消之件,勿须研究。主席谓:诸君如无讨论,即须付表决。主席表决多数可决后,即散会。[2]

3日,《顺天时报》载筹安会员销毁证章事,云:

　　据某友人谈及:宪政协进会之会员,即筹安会之会员蝉蜕而来。自帝制取消,各省政客、公民又复纷纷来电,请惩办首倡帝制之筹安会各人,于是各会员知升官发财之途径已绝,且有波及祸患之虞,遂竞将会证、徽章等物毁灭,以泯痕迹。闻投诸火中烧毁者有之,将徽章委弃于垃圾堆中、将会证涂销而投诸字纸篓中者有之。吁!回忆去岁开庆祝大会时,各会员之踯躅于中央公园先农坛者,莫不将金色徽章缀以红花,佩带于胸际,以相夸耀。曾几何时,而弃如粪土,各会员亦当哑然自

1　刘师培:《抚宸先生祝遐诗序》,北京匡时国际 2017 年秋拍卖品,网络图片。
2　《参政院代行立法会议纪闻》,《顺天时报》1916 年 4 月 2 日,第 2 版,时事要闻。

笑也。[1]

刘揆一、康有为等公开劝袁世凯退位，各界劝退位之声不断，戚扬、王占元、段书云、李厚基等请辞封爵，袁世凯陷入四面楚歌之中。[2]

8 日，《时事新报》载南方独立军要求惩办祸首名单，云：

> 闻日前南方独立军来电，要求惩办祸首。其目为祸首者，计有筹安会理事六人（杨度、孙毓筠、〔严复〕、刘师培、李燮和、胡瑛），请愿联合会长三人（沈云沛、张镇芳、王印川），国民会议事务局局长一人（顾鳌），暗中运动各省伪造民意者十人（朱启钤、周自齐、梁士诒、阮忠枢、张镇芳、袁乃宽、唐在礼、张士钰、雷震春、吴炳湘），计一十九人。并谓：数载以来，政府种种罪恶，皆系梁、顾二人主谋，尤属罪不容诛云云。袁披阅之后，深为惊惶，再四筹思，苦无对付之策云。[3]

11 日，杨度、孙毓筠辞参政，帝制派纷纷辞职。[4]

18 日，黔、滇、桂、粤四省都督唐继尧、刘显世等发表宣言，要求免去袁世凯大总统职务，由黎元洪接任。

20 日，伍廷芳致书袁世凯，劝其退位。[5]

21 日，袁世凯公布《政府组织令》，并申令恢复责任内阁制。[6]次日，免除徐世昌国务卿职，由段祺瑞继任。[7]

1　正:《宪政协进会徽章会证之竞相毁灭》,《顺天时报》1916 年 4 月 3 日,第 2 版,时事要闻。

2　《刘揆一劝袁氏退位书》,《顺天时报》1916 年 4 月 3 日,第 2 版,时事要闻;《康有为劝袁氏退位书》,《顺天时报》1916 年 4 月 3 日,第 3 版,专件。《广东旅沪公民黄耀卿等斥袁世凯退位电》,《顺天时报》1916 年 4 月 4 日,第 2 版,时事要闻。《某将军电请总统退位》《辞退封爵者之六人》,《顺天时报》1916 年 4 月 5 日,第 2 版,时事要闻。

3　《日暮途远之袁政府·惩办祸首之姓名》,《时事新报》1916 年 4 月 8 日,第 2 张第 3 版,国内要闻。

4　通:《杨参政之回光返照》,《顺天时报》1916 年 4 月 11 日,第 2 版,时事要闻。年:《帝制派相继辞职》,《顺天时报》1916 年 4 月 12 日,第 2 版,时事要闻。《神州日报》1916 年 4 月 13 日,第 1 页,译电。

5　《伍廷芳致袁总统书》,《神州日报》1916 年 4 月 27—28 日,第 4 页,内外要闻。

6　《神州日报》1916 年 4 月 24 日,第 1 页,命令。中国第二历史档案馆编:《北洋政府公报》第 107 号,第 85 册,第 191—192 页,1916 年 4 月 23 日。

7　《神州日报》1916 年 4 月 26 日,第 1 页,命令。

22 日，刘师培辞去参政，获得批准。23 日《时报》载北京廿二日辰刻专电：

> 王印川、刘师培、严复等七人辞参政职，奉准。[1]

杨亮功《早期三十年的教学生活》载刘师培辞参政院参政奏稿云：

> 窃师培备员参政，一载于兹，冀宏通经致用之功，蔚成尊主庇民之绩。天降丧乱，事与愿违；徒陈宣室之书，无救晋阳之甲。鸥鸰之志，既非四国所知；鸡鹜之争，亦为三闾所耻。远惟圣达行藏之节，近览国家刑赏之章，伏乞俯鉴微忱，准予罢免。虽叔孙制礼，无补于当今；庶家令孤忠，见知于后世。[2]

23 日，《神州日报》载：

> 各参政闻参政院确有解散消息，连日辞职者纷纷。[3]

24 日，《顺天时报》载《刘师培将遭文字祸》，云：

> 某政客云：筹安会之发起，为杨、孙等六人，其中最有力者实为刘师培。刘本江苏布衣，学问渊博。东渡日本，与章太炎倡排满说于《民报》《复报》，所著文字署名“光汉”者是。归国后，投端方宇下，在沪上仍以笔墨为生涯，《国粹学报》中著作甚多。改革时，因不容于党，遁而之他，嗣为阎锡山将军保送到京，总统颇优遇之。旋经廉南湖荐于赵次山，遂入清史馆任协修。其为人有城府，筹安会之假造民意，多出自刘之手笔。现有某某等调查其种种确据，将宣布天下，以为声罪致讨之证。刘亦危矣哉！[4]

案，廉南湖即廉泉（1868—1931），字惠卿，号南湖，又号岫云、小万柳居士，无锡人。参与“公车上书”，光绪二十二年（1896）任户部主事，荐升户部郎中，与苏曼殊、徐锡麟、李石曾、秋瑾等相往还。戊戌变法失败后，资助杨模等创办翊实学堂、竞志女学等。光绪三十年（1904），辞职南归，次年在上海筑小万柳堂，三十二年（1906）创办文明书局。民国后，隐居北京潭柘

---

1 《时报》1916 年 4 月 23 日，第 1 版，国内专电。

2 杨亮功：《早期三十年的教学生活》，第 21 页。

3 《神州日报》1916 年 4 月 23 日，第 1 页，专电。

4 力：《刘师培将遭文字祸》，《顺天时报》1916 年 4 月 24 日，第 2 版，时事要闻。

寺。1914 年赴日本神户，筑三十六峰草堂，开设扇庄。1917 年回国，曾任故宫保管委员。著有《南湖集》《潭柘集》《梦还集》等。其妻吴芝瑛（1867—1933），安徽桐城人，吴汝纶侄女，曾国藩入室弟子。与秋瑾相善，资助秋瑾赴日留学。秋瑾就义后，偷葬于西湖畔，作《秋女士传》《秋女士遗事》等。赵次山即赵尔巽（1844—1927），字公镶，号次珊、次山，奉天铁岭人，时任清史馆馆长。此文称述刘师培事，多有错乱。刘师培入清史馆事，在 1915 年 1 月，见前。

26 日，冯国璋致电黎元洪、段祺瑞等，劝袁世凯退位。[1]

30 日，《神州日报》刊载陈宧转蔡锷电，再次要求劝袁世凯退位。[2]

本月，《中国学报》复刊第 4 册出版，“通论类”载《废旧历论》（题下注“辛亥冬作”），“经类”载《古〈周礼〉公卿说》、续载《春秋左氏传例略》，“史类”载《周历典》，“子类”续载《老子斠补》《荀子斠补卷一》，“文类”续载《楚辞考异》、始载《广阮氏文言说》，“文类·文录·铭类”载《故山西知县汪征典神祠铭》《清故云南试用巡检方寅亮神祠铭》《清故四川参将沈君阙铭》《清故三等侍卫杨君阙铭》《清故内阁中书韩君阙铭》，“文类·诗录·祖饯类”载《送诸贞壮》，均署名仪征刘师培。

5 月 9 日，孙中山发表第二次讨袁宣言。[3]

本月，《中国学报》复刊第 5 册出版，“通论类”刊载《非古虚上篇》《非古虚下篇》，“经类”刊载《中古文考》、《答方勇书》（论《太誓答问》），续载《春秋左氏传例略》，“子类”续载《老子斠补》（未完）、《荀子斠补卷一》（未完），“文类”续载《楚辞考异》（未完），刊载《与人论文书》，均署名仪征刘师培。该刊即停刊。

6 月 5 日，国史馆并入清史馆。[4]

6 日，袁世凯在北京病逝。

1　《冯将军亦劝退位》，《顺天时报》1916 年 4 月 27 日，第 2 版，时事要闻。《冯宣武劝袁退位之要电》，《顺天时报》1916 年 4 月 29 日，第 2 版，时事要闻。

2　《当今两大人物之主张》，《神州日报》1916 年 4 月 30 日，第 2 页，内外要闻。

3　《孙文之宣言书》，《时事新报》1916 年 5 月 9 日，第 2 张第 2 版，国内要闻。《孙中山之宣言》，《顺天时报》1916 年 5 月 12 日，第 2 版，内外要闻。

4　《神州日报》1916 年 6 月 5 日，第 1 页，专电。

7日，黎元洪接任大总统，发表申令云：

> 元洪于本月七日就大总统任。自维德薄，良用兢兢。惟有遵守法律，巩固共和，期造成法治之国。官吏士庶尚其共体兹意，协力同心，匡所不逮，有厚望焉。此令。[1]

28日，袁世凯出殡，刘师培恭送至北京西车站。《时事新报》云：

> 昨日袁前总统出殡，其情形已志昨报。送殡诸人，筹安六君子中，惟有刘师培躬送至车站，候开车始返，颜色甚惨淡；其余五人，均未往送。十三太保之中，梁士诒已先期逃亡，朱启钤、周自齐则在灵车之前指挥，极为出力；吴炳湘更当然负警察之责任。此外如段芝贵始终不见面，或先行上车赴彰德帮忙，亦未可定。此次杨度始终未到京叩奠灵前，孙毓筠亦不敢来京云。[2]

本日，刘显曾拜访缪荃孙。[3]

29日，黎元洪宣布遵行民国元年《临时约法》，裁撤参政院、肃政厅，恢复国会。特任段祺瑞为国务总理。[4]

7月5日，《顺天时报》载《中国学报》停办消息，云：

> 中国学报社自前年（三年）岁底中停后，自去岁帝制发生，刘师培亦为筹安会发起人之一。袁政府无处可报答其附和之意，遂发款三万，令其重办《中国学报》，借资豢养，并可使其作成数篇歌功颂德之文字，以粉饰帝政。乃自南方事起，项城猝逝，该报津贴之款无着，且销路亦不见畅旺，故本月初业已停版，并将社中所有器具拍卖一空。[5]

8日，黎元洪下令废止《文官官秩令》。

---

1 《神州日报》1916年6月9日，第1页，命令。

2 《都门闻见录·帝制派与袁氏灵榇》，《时事新报》1916年7月3日，第2张第2版，国内要闻。

3 缪荃孙：《丙辰日记》，《缪荃孙全集·日记（三）》，第447页。

4 《大总统申令》，《顺天时报》1916年6月30日，第7版，命令。《神州日报》1916年7月1日，第1—2页，命令。

5 正：《〈中国学报〉之消灭》，《顺天时报》1916年7月5日，第2版，时事要闻。又《祸首决不置之度外》，《申报》1916年7月8日，第6版，要闻二；《帝制罪魁之末路》，《民国日报》1916年7月8日，第2张第7版，要闻，内容均同。

12 日,黎元洪下令释放政治犯,云:

> 现在《惩办国贼条例》及《附乱自首特赦令》业经废止,所有本年七月十二日以前因政治犯罪被拘禁者应即一律释放,其通缉各案亦一律撤销,但触犯刑事罪名者不在此限。此令。[1]

13 日,黎元洪下令惩办帝制祸首,云:

> 自变更国体之议起,全国扰攘,几陷沦亡。始祸诸人,实尸其咎。杨度、孙毓筠、顾鳌、梁士诒、夏寿田、朱启钤、周自齐、薛大可均着拿交法庭,详确讯鞫,严行惩办,为后世戒。其余一概宽免。此令。[2]

14 日,黎元洪又有申令,云:

> 交通银行代理国库所发纸币,由政府担保,迭经申令在案。该行总理梁士诒现因案交法庭讯办,系个人犯罪行为,与该行无涉,应仍照常营业。着由财政、交通两部转饬该行遵照。此令。[3]

《顺天时报》载《惩办祸首令昨发表》,云:

> 《惩办帝制祸首申令》发表后,《政府公报》于当日晚又致电各报馆,阻止登刊是项命令。闻此项命令暂缓发表之理由,因祸首梁士诒与交通银行有至大之关系。若行发表,恐交行方面人以愈滋恐慌,惹起纷纠,亦未可料,宜豫筹善后,以免别生枝节。此项命令与《惩办祸首命令》于十四日同时发表矣。[4]

刘师培、严复本均属“帝制祸首”,由于李经羲以“爱惜人才”为由,经黎元洪等人首肯,列入“宽免”之列。冯自由谓:“袁世凯既逝,光汉流寓天津,几无以为生。”

16 日,《顺天时报》发表“论说”,质疑帝制祸首名单,云:

> 《申令》仅以杨度、孙毓筠、顾鳌、梁士诒、夏寿田、朱启钤、周自齐、薛大可等八人为始祸之首犯,是果以何者为标准乎?此八人及唐、任等所列举十三人外,世人又有所谓十三太保、六君子、二小妖之称。若阮

---

1 《大总统申令》,《顺天时报》1916 年 7 月 13 日,第 7 版,命令。
2 《大总统申令》,《顺天时报》1916 年 7 月 14 日,第 7 版,命令。
3 《大总统申令》,《顺天时报》1916 年 7 月 15 日,第 7 版,命令。
4 《惩办祸首令昨日发表》,《顺天时报》1916 年 7 月 15 日,第 2 版,时事要闻。

忠枢、唐在礼、张士钰、江朝宗、吴炳湘、严复、刘师培、叶恭绰等诸人，皆计算在内。彼等胥为帝政逢恶、制造民意之渠魁，事实昭昭，决不可掩。况乎应行科罪及宜加入首犯之列者亦多，就中如代行立法之参政院参政等，其多数皆清代之大官耆宿，翻云覆雨，忽而讴歌袁氏，决议全国代表之请愿书，奉表劝进，岂非丧心病狂之尤哉？[1]

18日，《民国日报》发表《惩办祸首近讯》一则，称：

> 第一批之祸首已发表，计八人。闻第二批者亦将于此数日内发表，人数较多，大致有刘师培、严复、胡瑛、李燮和、袁乃宽、雷震春、曹汝霖、沈铭昌、溥伦、刘冠雄等，约十余人。所以不同时发表者，别有用意在也。[2]

本日《申报》载《惩办祸首令之个中曲折》，略云：

> 帝制祸首内，本有六君子、十三太保之说，实有十九人之多。乃前日发表收回者，仅有八人，非但十三太保不全，即所谓六君子者，亦只发表二人。有议员某君，对于此事不能满意，以为筹安会六君子，为帝制大祸首，无可讳言，但命令中仅有杨度、孙毓筠二人之名。杨、孙固罪在不赦，然尚有刘师培、严复、李燮和、胡瑛四人，亦同在六君子之列。而刘师培反对共和，曾大发议论；严复亦遽尔署名，李燮和侵吞公债，政府方在追究，拟借办筹安会，可免追究；胡瑛本系党人，拟借此以媚政府，冀免通缉，各有一种不可告人之隐秘。不过谓其无罪，未免太觉便宜耳。[3]

20日，《顺天时报》称：

> 惩办帝制祸首，日前已颁明令。惟南方舆论对于惩办之人数以为过少，尚不满意，故于该令颁布之后，屡向政府要求，除杨度等八人外，再行恩惩若干人，以重国宪而垂大戒。近闻政府已纳其请，不久有再发

1　《帝制祸首之惩办》，《顺天时报》1916年7月16日，第2版，论说。

2　《惩办祸首近讯·第二批将发表》，《民国日报》1916年7月18日，第2张第7版，要闻。

3　《惩办祸首令之个中曲折》，《申报》1916年7月18日，第6版，要闻二。《惩办祸首之内幕》，《时事新报》1916年7月19日，第1张第3版，国内要闻。

表该项命令之说，其在惩办之列者约计十四人云。[1]

《神州日报》载专电云：

> 帝制祸首孙毓筠已入外籍，杨度拟自首，冀免其刑。[2]

21日，《申报》载《帝制罪人之惩治与逃匿》，中云：

> 在南方要求之初，筹安会发起之六君子，本全数在内。命令发布之前，诸人多已闻风远扬，独刘师培氏未逃。及惩办帝制罪魁令下，其名竟未列入，现仍安居京寓，此诚可异之一端也。[3]

23日，《申报》"要闻二"载《祸首案之起诉与自首》，中云：

> 盖筹安会刘师培现尚在京，老气横秋，心心念念，不忘帝制。于人谈话，每说皇帝如何好，总统如何不好。闻其言者，莫不嗤之以鼻，刘氏恬不知耻也。自见前日命令，将同会杨、孙均列在祸首之列，大不谓然，以帝制一举，首倡者大有人在，伪造民意者为夏、顾、薛三人。筹安会不过为进行帝制之辅助机关，且系奉命而设，不能自主，凡事莫不听首倡者之指挥。在刘之意，以孙、杨二人实不当祸首之罪，故有电致杨、孙，教他大胆来京，到法庭自首，与其辩论。杨度至今尚无复电，大约不敢来也。[4]

《民国日报》发表《八大罪魁之近讯》消息一组，其《自首之不确》称：

> 日前外间传说筹安会大君子杨度，有自行投案消息。兹经详细调查，此说不为无因缘。筹安会三君子刘师培，现尚在京，怙恶不悛，老气横秋，心心念念，不忘帝制。迄今对人谈话，尚每说皇帝如何好、总统如何不好。闻者皆嗤之以鼻，而三君子不顾。及见前日命令，将同会杨大君子、孙二君子均列在祸首之列，更不谓然。谓帝制一举，首倡者大有人在，伪造民意者，为夏、顾、薛三人，筹安会不过为帝制开台之傀儡机关，奉命而设，不能自主。凡事无不听首者之指挥。在刘三君子之意，

1　火：《政府拟颁第二次惩办命令消息》，《顺天时报》1916年7月20日，第2版，时事要闻。

2　《神州日报》1916年7月20日，第1页，专电。

3　《帝制罪人之惩治与逃匿》，《申报》1916年7月21日，第3版，要闻一。

4　《祸首案之起诉与自首》，《申报》1916年7月23日，第6版，要闻二。

以杨、孙二人，实不当祸首之罪，故有电致杨大君子，教他大胆来京，到法庭自首，与其辩论。杨大君子至今尚无复电，大约不敢来也。据某外人所论，此次明令公布后，有杨度、周自齐等均拟自首投案之传闻，但彼等决然无真实自首之心。倘果有此志，亦不致先期潜逃，现均分投门路，求外人保其生命，并谓政府亦不愿真办彼等，此不过聊以敷衍南方。果真实意惩办，何不预先依法逮捕，必至彼等走后数日，始布明令？据其所闻，彼杨、周等愿自投首一节，并非无此事。且明令未布以前，更有坐以待捕之意。且宣言：既经恢复《约法》，须将彼等交付法庭。既交法庭，亦许有所辩论，届时必牺牲一命，将真正罪魁提出，使之同归于尽。否则，须将此议取消。后经中央多次之会议，始决定此两全之办法，俟彼辈逃尽，再布明令。至外间传闻某人被逮等情，想均虚伪之捏造，此为必无之事云。[1]

其《避罪之地点》引《大阪每日新闻》称：

刘师培闻尚匿于交民巷某国医院，又有人谓彼已往天津。[2]

26 日，《申报》"要闻二"载《帝制余党与帝制议员》，有云：

祸首之惩办，在政府原不过为一种敷衍之办法，断不愿过事追求，只得如此含糊了结，以不了了之。所传二次宣布惩办一节，当系揣测之词也。惟是帝制罪人之未经有令惩治者，如严复、刘师培、袁乃宽、阮忠枢、叶恭绰等，近以政府如此宽大仁厚，颇形感激，故得安泰自由，消遥法外。于日前曾齐诣东厂胡同总统府进谒黎大总统，拜谢不究之恩。闻黎公以彼等毫无廉耻，故拒绝不见。彼等遂狼狈而去。[3]

8 月 1 日，参议院、众议院重新开幕，黎元洪宣誓就职。[4]

14 日，《民国日报》发表尘梦的《六君子赞》，其《刘师培》一则云：

本书生之无知兮，欲尝革命之味也。纵侦探之可为兮，不如封侯之

---

1 《八大罪魁之近讯》，《民国日报》1916 年 7 月 23 日，第 2 张第 6 版，要闻。《帝制犯之自首说》，《时事新报》1916 年 7 月 24 日，第 2 张第 3 版，国内要闻。

2 《八大罪魁之近讯》，《民国日报》1916 年 7 月 23 日，第 2 张第 6 版，要闻。

3 《帝制余党与帝制议员》，《申报》1916 年 7 月 26 日，第 6 版，要闻二。

4 《国会第二次开会之盛典》，《顺天时报》1916 年 8 月 2 日，第 2 版，时事要闻。《神州日报》1916 年 8 月 2 日，第 1 页，专电。

贵也。孔子曰："君子有三变。"斯人之谓也。[1]

9月15日，《时事新报》载蔡元培有担任北京大学校长之意，云：

> 教育范总长曾欲以大学校长一席延聘蔡元培担任，蔡氏电覆，略谓：近年留学欧洲，于学务颇有研究，已将对于中国学务之计画，具一说明书，请某君送部，借资参考。逐校长问题，亦有某君代表陈述意见云云。范氏得电后，以蔡氏愿否担任校长，语意殊未明了，其代表某君由欧东归，尚需时日，而北京大学校务重要，此席亦未可久悬，乃复电致蔡氏，敦切劝驾。昨日已得覆电，谓嘱事责任重大，恐难胜任。不日首途，详情尚容面达等语。据此，则蔡氏已有担任之意矣。[2]

19日，钱玄同以为刘师培提倡无政府（Anar）主义的创始之功不可没。《钱玄同日记》载：

> 八九年前，初读《新世纪》，恶其文章鄙俚，颇不要看。后又以其报主张用世界语及吴、章嫌隙之事，尤深恶之。由今思之，此实中国始创 Anar 主义之印刷物也。即如刘申叔，今日虽身败名裂，一钱不值，然其所作《天义报》《衡报》及与张溥泉同设社会主义讲习会，要是中国提倡 Anar 之先辈，不可以人废也。[3]

10月1日，蔡元培由法国启程回国。《顺天时报》云：

> 前由教育总长范源濂推荐蔡元培为北京大学校长，已得蔡氏同意。兹闻蔡氏于十月一日由法京巴黎起程回国。一般人咸以蔡氏学德并茂，且于教育经验甚深，以之充任大学校长，实为人地相宜云。[4]

20日，王闿运去世。[5]

1　尘梦：《六君子赞》，《民国日报》1916年8月14日，第3张第12版，强为欢笑。

2　《都门闻见录·蔡孑民与大学》，《时事新报》1916年9月15日，第2张第3版，内外要闻。9月18日"北京专电"又云："蔡元培已允就大学堂长，电告一日北来。"

3　杨天石主编：《钱玄同日记》（整理本）上册，第291页。

4　《蔡鹤卿回国就大学校长之确闻》，《顺天时报》1916年10月4日，第2版，时事要闻。《时事新报》1916年9月21日第2张第3版"内外要闻"载《蔡元培回国消息》，称蔡元培回国启程时间为9月1日，实误。

5　《王闿运已归道山》，《顺天时报》1916年10月22日，第2版，时事要闻。

12月26日，黎元洪任命蔡元培为北京大学校长。[1]

28日，《顺天时报》记蔡元培到北大调查云：

> 蔡元培为大学校长，此种声浪久已振动吾人耳鼓，然千呼万唤始出来，昨日始有蔡君来校调查之事。按，蔡君曾留学日、德，学术精深，办事认真，将来必能使大学脱离教育部管辖而独立，固为吾辈所欢迎，然反对者亦不少。此种或以感情用事，或以自利起见，其脑筋单简、能力薄弱，固不足道也。计大学分文、理、法、工、商五科，文、理、工之三年级及法科之四年级，皆将届毕业，文凭到手，自无反对之表示，亦必不附和风潮。惟法科之三、二年级，此班学生多半预科毕业，与胡校长感情极洽。预科风潮，反对何燏时，亦赖胡暗助斡旋。自此而后，预科毕业生竟直接升入本科，无庸考试，说者常称其善于笼络学生也。至本年高等文官考试，大学本科取录者三十余人。此种学生每日必到衙署办公，旷弃学校课务，亦幸得胡校长敷衍通融，故感德无量也。再其次，则文科学生亦多数反对，而反对之原因更不堪道。吾为爱惜本校名誉计，亦姑不述其龃龉理由矣。要之，此则学生中片面之反对，其中黑幕，大有人在。如某学长、某职员，实为运动反对蔡君之主要人物，将来闹出风潮，亦不过以学生为傀儡。然学生中老成明达者，靡不欢迎蔡君也。盖蔡君到校，大加整顿，不独于吾辈学问有莫大利益，即为吾辈前途亦有无穷之利益。不信者，请拭目以观。以上系校员某君所言，特志之。[2]

31日，《顺天时报》载蔡元培整顿北大计划，云：

> 蔡元培氏业已接任大学校长，刻正办理交代事宜。闻其拟就整顿之事项：（一）限制专任教员兼任他科、他校钟点；（二）辞退不称职教员，另聘专门家担任；（三）严禁学生在外兼差，以免旷废功课；（四）所有校中规程一律严厉实行云云。[3]

---

1 《大总统令》，《顺天时报》1916年12月27日，第7版，命令。《神州日报》1916年12月28日，第1页，命令。

2 《大学校长蔡元培来矣》，《顺天时报》1916年12月28日，第2版，时事要闻。

3 叟：《蔡校长整顿北京大学》，《顺天时报》1916年12月31日，第2版，时事要闻。

　　本年，何震姐姐何采苹（1869—1916）在扬州病逝，刘师培作《何大姑哀赞》。梅鹤孙谓，刘师培有挽联云："涧苹奠牖，溪藻承筐，养志悦衰亲，自有贞标齐漆室；芄陂写忧，丘芒怀远，遥天飞急讯，愧无佳传继宏农。"[1]

　　本年，刘师培有《左盦文内篇》木刻本，书已刻成，今存校对本，未见正式印本。其中南京图书馆藏两种，甲本封面题"左盦文"，线装二册。半叶十行，行二十一字，内页分卷，标"左盦文内篇上□"，有朱笔及墨笔校文，字迹与刘师培手迹相似。书前无序文，无目录，无书坊牌记，无著者姓名。版心单鱼尾，上刻"左盦文"，中留墨丁，未编页码。全书专收韵文俪词，凡 83 篇；剔除重出者 5 篇，实有 78 篇，依次为：《西汉周官师说考题词》、《四川国学学校同学录序》、《明堂赋》、《旷情赋》、《轸春心词》、《悲秋词》、《吊介推文》、《致尹硕权书》、《致圆承法师书》、《刑礼论》、《驳嵇叔夜养生论》、《定命论》、《驳何衡阳报应问》、《总统祀天议》、《蜀学祀文翁议》、《楚北治水议》、《郫县嘉禾颂》、《新津县重修通济堰支渎颂》、《新津通济堰水门铭》、《涪州蔺市镇里社碑》、《祭夏口火神庙文》、《国乐颂》、《清故南部县知县凌君德政碑》、《清四川直隶州知州鲁君功德颂》、《清故马边厅同知尹君去思碑》、《清故龙安府知府伊君功德颂》、《清里塘守备石君功德记》、《清宁远府知府魏君功德颂》、《清故四川直隶州知州陈君墓表》、《清故署开州知州方君墓表》、《清故贵州普安县知县郑君墓表》、《清故湖北候补知县徐君墓表》、《清故四川候补知县赵君墓表》、《清故甘肃直隶州知州许君墓表》、《清故四川候补知县方君墓表》、《清故四川候补知县方君墓表》（重出）、《清故候选训导张君墓表》、《故民周豫卿墓表》、《郑循墓碣》、《清故象州知州韩君阙铭》、《清故四川参将沈君阙铭》、《清故署万县知县程君阙铭》、《清故署茂州知州毛君阙铭》、《清故贵州候补道员郭君阙铭》、《清故三等侍卫杨君阙铭》、《清故四川直隶州知州姜君阙铭》、《清故四川候补知县程君阙铭》、《清故松潘厅同知唐君阙铭》、《清故宁夏府知府林君阙铭》、《处士郭叔材阙铭》、《清故广东直隶州知州蔡君阙铭》、《故云南迤西道李文渊祠堂碑铭》、《处士洪德膺

1　梅鹤孙：《刘氏五世小记》，第 55 页。案，梅鹤孙误将此记为刘师培在日本时事。

神祠铭》、《故浙江候补知府田允釐祠堂碑铭》、《处士洪德膺神祠铭》（重出）、《故云南试用巡检方寅亮神祠铭》、《清故拣选知县朱先生墓志铭》、《清故四川提督丁公墓志铭》、《清故署忠州知州晏君墓志铭》、《清故户部员外郎樊君墓志铭》、《清故山西候补知县娄君墓志铭》、《清故山东知县武君墓志铭》、《清故国子监生邢君墓志铭》、《处士郭叔材阙铭》（重出）、《清故山东候补道高君墓碑》、《清故陕西候补知县邵君墓志铭》、《清故四川即补道苏君墓碑》、《清故甘泉县学附生陈君墓志铭》、《民国四川省议会议员前重庆司法部长邓君墓志铭》、《故贵州直隶州知州王君墓志铭》、《清故四川彭山县知县康君墓志铭》、《清故四川直隶州知州甘君碑颂》、《清故东乡县知县陈君碑颂》、《清故四川峨边厅同知张君碑颂》、《清故山西知县熊君碑颂》、《清故陕西候补直隶州知州吴君碑颂》、《故云南迤西道李文渊祠堂碑铭》（重出）、《故浙江候补知府田允釐祠堂碑铭》（重出）、《清故四川候补同知吴毓蕃别碑》、《故民吴骏卿义行碑》、《孝子卫洪基碑》、《李君别碑》、《屈君别碑》。乙本形制与甲本同，篇目依次为：《西汉周官师说考题词》、《废旧历论》（题下注："辛亥冬作。"）、《心感论》（存"抒哀乐于无端"至文末）、《国乐颂》、《旷情赋》、《四川国学学校同学录序》、《新津通济堰支渎水门铭》、《郫县嘉禾颂》、《致尹硕权书》、《明堂赋》、《楚北治水议》、《总统祀天议》、《清故四川提督丁公墓志铭》（有墨改）、《清故陕西候补直隶州知州吴君碑颂》、《清故四川候补同知吴毓蕃别碑》、《清故东乡县知县陈君碑颂》、《清故四川直隶州知州甘君碑颂》、《孝子卫洪基碑》、《清故山东知县武君墓志铭》、《清故山东候补道高君墓碑》、《清故甘泉县学附生陈君墓志铭》、《清故国子监生邢君墓志铭》、《民国四川省议会议员前重庆司法部长邓君墓志铭》、《清故户部员外郎樊君墓志铭》、《清故陕西候补知县邵君墓志铭》、《清故山西候补知县娄君墓志铭》、《清故署忠州知州晏君墓志铭》、《清故四川峨边厅同知张君碑颂》、《清故广东直隶州知州蔡君阙铭》、《清故署茂州知州毛君阙铭》、《清故象州知州韩君阙铭》、《清故四川候补知县程君阙铭》、《清故四川直隶州知州姜君阙铭》、《清故贵州候补道员郭君阙铭》、《清故甘肃直隶州知州许君墓表》、《清故署开州知州方君墓表》、《清故四川候补知县方君墓表》、《清故四川直隶州知州陈君墓表》、《清故湖北候补知县徐君墓表》、《清里塘守备石君功德记》、《清故马边厅同知尹君去思碑》、《清故南部县知县凌君德政碑》、《清故龙安府知府伊君功德颂》、《清四川直隶州知州鲁君功德颂》、《清故候选训导张君墓表》、《清故四川候补知县赵君墓表》、《清故署万县知县程君阙铭》、《清故山西知县熊君碑颂》、《清故贵州普安县知县郑君墓表》、《李君别碑》、《故民周豫卿墓表》、《清故四川彭山县知县康君墓志铭》。国家图书馆藏抄本一册，半叶十行，行二十四字，计文 90 篇，篇目与上述甲、乙本有异，依次为：《出峡赋》《明堂赋》《登大别山赋》《旷情赋》《休思赋》《与尹硕公论文书》《致尹硕权书》《答康心如书》《答贺伯中书》《致圆承法师书》《轸春心词》《悲秋词》《楚北治水议》《总统祀天议》《校生打靶议》《小学达诂录序》《周书补正自序》《西汉周官师说考题词》《余庆余殃论》《心感论》《刑礼论》《驳何衡阳报应问》《国乐颂》《郿县嘉禾颂》《新津县重修通济堰支渎颂》《汉阳李祥兴开凿屈沱石险颂》《清四川直隶州知州鲁君功德颂》《清宁远府知府魏君功德颂》《清故龙安府知府伊君功德颂》《新津通济堰支渎水门铭》《处士洪德膺神祠铭》《故云南试用巡检方寅亮神祠铭》《故山西知县汪征典神祠铭》《翟安道妻冯氏诔》《王郁仁哀词》《吊介推文》《祭夏口火神庙文》《涪州蔺市镇里社碑》《夏口重修火神庙碑》《清故南部县知县凌君德政碑》《清故马边厅同知尹君去思碑》《屈君别碑》《清故四川候补同知吴毓蕃别碑》《清里塘守备石君功德记》《浙江候补知府田允釐祠堂碑铭》《故云南迤西道李文渊祠碑铭》《清故山西知县熊君碑颂》《清故东乡县知县陈君碑颂》《清故陕西候补直隶州知州吴君碑颂》《清故四川峨边厅同知张君碑颂》《清故四川即补道苏君墓碑》《清故四川直隶州知州甘君碑颂》《清故山东候补道高君墓碑》《清故四川参将沈君阙铭》《清故万县知县程君阙铭》《清故贵州候补道员郭君阙铭》《清故四川直隶州知州姜君阙铭》《清故署茂州知州毛君阙铭》《清故三等侍卫杨君阙铭》《处士郭叔材阙铭》《清故四川候补县程君阙铭》《清故象州知州韩君阙铭》《清故内阁中书韩君阙铭》《清故广东直隶州知州蔡君阙铭》《清故松潘厅同知唐君阙铭》《清故宁夏府知府林君阙铭》《清故甘肃直隶州知州许君墓表》《清故候补湖北知县徐君墓表》《清故四川候补知县方君墓表》《清故候选训导张君墓表》《清故贵州普安县知县郑君墓表》《清故署开州知州方君墓表》《故民周豫卿墓表》《清三等轻车都尉杨君墓铭》《清故拣选知县朱先生墓志铭》《清故国子监生邢君墓志铭》《舒兆熊妻夏孺人墓志铭》《清故贵州直隶州知州王君墓志铭》《清故山西候补知县娄君墓志铭》《清故山东知县武君墓志铭》《清故陕西候补知县邵君墓志铭》《清故户部员外郎樊君墓志铭》《清故署忠州知州晏君墓志铭》《王孺人墓志铭》《陈恭人墓志铭》《徐孺人墓志铭》《清故四川彭山县知县康君墓志铭》《郑循墓碣》《女颖圹铭》《李氏女圹铭》。

【著述】

刑礼论　《中国学报》复刊第 1 册，1 月，通论类，署仪征刘师培撰

君政复古论（上）　同上

春秋左氏传略例　同上，经类

　　案，此文于该刊第 2—5 册续完。

立庙议　同上

庄子校补（并序）　同上，子类

　　案，此文又刊于《雅言》第一年第 7 期—9 期，又刊于《国学荟编》民国三年第 1 期—2 期。

荀子逸文辑补　同上

　　案，此文又刊于《四川国学杂志》第 11 号。

文说五则　同上，集类

　　案，此文于该刊目录题作"文说"，即 1913 年《四川国学杂志》第 6 号所载之《国学学校论文五则》（附文笔诗笔词笔考）。

文笔诗笔词笔考　同上

休思赋　同上

　　案，此文又刊于《四川国学杂志》第 12 号及《国故钩沉》第 1 期。

出峡赋　同上

君政复古论（中）　《中国学报》复刊第 2 册，2 月，通论类，署仪征刘师培撰

致廖季平论天人书　同上

案，此文又刊于《四川国学杂志》第7号，题作"与廖季平论天人书"。

连山归藏考　同上，经类

穆王西征年月考　同上，史类

老子斠补（附题词）　同上，子类

案，此文于该刊第3—5册续完。《题词》署"宣统二年仪征刘师培识"。

楚辞考异（附题词）　同上，集类

案，此文于该刊第3—5册续完。《题词》署"辛亥正月刘师培题"。

涪州蔺市镇里社碑　同上，文录·碑类

故民吴骏卿义行碑　同上

清故四川即补道苏君墓碑　同上

答梁公约赠诗　同上，诗录·赠答类

蜀中赠朱云石（三首）　同上

蜀中赠吴虞　同上

上海赠谢无量　同上

方子丛稿序　同上，经类

案，此文附于《太誓答问评》后。

《周易悬象八卷》案语　同上，未刊书籍提要

王郁仁哀词　《民权素》第16集，3月15日，名著，署申叔

案，此诗与刊于今年《中国学报》第3册之《哀王郁仁》不同。

联邦驳议　《中国学报》复刊第3册，3月，通论类，署仪征刘师培撰

易卦应齐诗三基说　同上，经类

附：三基应历说

齐诗历用颛顼说

迕鹤寿齐诗翼氏学书后

案，此文又刊于《四川国学杂志》第4号。

战国策书后　同上，史类

荀子斠补卷一　同上，子类

案，此文于该刊第4册、5册续完。

贞孝唐大姑诔　同上，文录·诔类

伤女颎　同上，诗录·哀伤类

哀王郁仁　同上

案，此诗与刊于《民权素》第 16 集之《王郁仁哀词》不同。

抚宸先生祝遐诗序　手稿

废旧历论　《中国学报》复刊第 4 册，4 月，通论类，署刘师培撰

案，题下自注云"辛亥冬作"。此文又刊于《华国》第一卷第 8 期。

古周礼公卿说　同上，经类

周历典　同上，史类

广阮氏文言说　同上，文类

故山西知县汪征典神祠铭　同上，文录·铭类

清故云南试用巡检方寅亮神祠铭　同上

清故四川参将沈君阙铭　同上

清故三等侍卫杨君阙铭　同上

清故内阁中书韩君阙铭　同上

送诸贞壮　同上，诗录·祖饯类

案，内页题作"庚戌八月送诸贞壮由北京南归，时君将游武昌"。

非古虚（上）《中国学报》复刊第 5 册，5 月，通论类，署仪征刘师培撰

案，此文曾刊于《四川国学杂志》第 10 号及《国故钩沉》。

非古虚（下）　同上

案，此文又刊于《四川国学杂志》第 10 号及《国故钩沉》。

中古文考　同上，经类

案，此文又刊于《华国》第一卷第 12 期。

答方勇书（论《太誓答问》）　同上

与人论文书　同上，文类

案，此文又刊于《四川国学杂志》第 3 号。

左盦文内篇　南京图书馆藏木刻本（二种），国家图书馆藏抄本

1917年（民国六年，丁巳）　三十四岁

【事略】

1月4日，蔡元培正式就任北京大学校长。次日发表通告，云：

为通告事：

民国五年十二月二十六日奉大总统令，任命蔡元培为北京大学校长。此令。等因，奉此，元培遵于六年一月四日到校就职，除呈报外，特此通告。

一月五日

《神州日报》云：

新任大学校长蔡元培今日（四日）到校任事，职员中惟会计等略有更动。旧校长胡仁源本以工科学长兼署校长，现蔡既到校，胡拟并将学长辞去，往南洋筹办实业。[1]

15日，《时事新报》报道蔡元培整顿北京大学教师任课管理办法，云：

北京大学校长蔡鹤卿对于整顿大学校事务积极进行，刻闻蔡君发出通告，规定该校教员担任教科钟点办法，大致如下：（一）本校专任教员不得再兼他校教科；（二）本校教员担任教科钟点，以二十小时为度。（三）教员中有为官吏者，不得为本校专任教员；（四）本校兼任教员，如在他校兼任教科者，须将担任钟点报告本校；（五）本校兼任教员如在本校已有教科钟点十二小时者，兼任他校教科钟点不得逾八小时以上；（六）教员请假过多，本校得扣其薪金或辞退。[2]

27日，蔡元培向国立高等学校校务讨论会提出大学改制议案，大学专设文、理二科，法、医、农、工、商五科别为独立之大学。大学均分为三级：预科一年，本科三年，研究科二年，凡六年。此议获各校长赞同，30日公呈教育

1　《蔡元培任事》，《神州日报》1917年1月7日，第2页，快信·北京。

2　《蔡孑民整顿大学之办法》，《时事新报》1917年1月15日，第3张第1版，教育界·教育纪事。

部请核准。[1]

2 月 3 日，《神州日报》称：蔡元培拟改革北京大学组织，改法政专科学校为法科大学，北洋大学为工科大学，医学专科学校为医科大学，农业专科学校为农科大学，教育部已赞同。[2]

8 日，《神州日报》载蔡元培对于大学之计划，云：

> 大学生向来最大之误解，即系错认大学为科举进阶之变象，故首当矫正者即是此弊，务使学生了解于大学乃研究学术之机关，进大学者乃终其身于讲学事业。学生如此，教授亦如此。盖大学教授须一面教人，一面自家研究也。因此之故，拟竭力办理文、理两科，完全其科目。因此两科乃法、工、农、医诸科原理、原则所由出，而入是两科者又大抵为纯粹讲学而来，既不想官，亦不想办大实业也。今后预科年限拟缩短，而别设研究科。惟恐学生入大学者，其学力不能衔接，故预科改为一年或两年，尚待斟酌。要之，预科如两年，则研究科为一年；预科如一年，则研究科为两年，总尽现行之六年毕业制度支配。兹后预科收取学生，拟概从严格。惟近年因政潮不定，经费竭蹶，地方学务殊形退化，于招考大学学生殊多困难也。[3]

3 月 14 日，北洋政府宣布正式与德国断绝外交关系，本日起进入宣战状态。[4] 教育部指令：改编大学制年限办法经本部迭次开会讨论，应定为预科二年，本科四年。[5]

4 月，钱玄同作《古今学术思想升降变迁》，选定相关清人传记。4 日，《钱玄同日记》云：“戴氏之传，或用刘申叔所作，因他作均不详‘以理杀人’一

1 《北京大学改制之由来》，《神州日报》1917 年 8 月 13 日，第 2 页，内外要闻。蔡元培建议案全文见《大学改制之事实及理由》，《时事新报》1917 年 8 月 12 日，第 3 张第 1 版，教育界·教育调查，13、14 日同版续完。

2 《神州日报》1917 年 2 月 3 日，第 1 页，内外要电。

3 京津特约通信政公：《蔡子民之谈话》，《神州日报》1917 年 2 月 8 日，第 2 页，内外要闻。

4 《实行对德断交》，《顺天时报》1917 年 3 月 15 日，第 2 版，时事要闻。《三月十四日大总统布告》，《神州日报》1917 年 3 月 16 日，第 1 页，命令。《中德绝交手续之经过》，《神州日报》1917 年 3 月 17 日，第 2 页，内外要闻。

5 《北京大学改制之由来》，《神州日报》1917 年 8 月 13 日，第 3 页，内外要闻。

段议论也。"[1] 次日又载:"取《碑传集》所载钱大昕之《戴先生震传》与刘申叔《戴震传》相校,以刘著为简赅,定用刘著。"[2]

14 日,钱玄同初识新到北京大学预科任教的刘文典。《钱玄同日记》载:

> 大预中新请来一国文教习,为刘叔雅,合肥人,曾在《青年杂志》上登有《叔本华自我意志说》,年纪甚轻。问系刘申叔之弟子,今日在校中见之。[3]

案,刘文典(1889—1958),字叔雅,祖籍安徽怀宁,出生于合肥。1906年入芜湖安徽公学学习,得到时在该校任教的刘师培的赏识。1909年赴日本留学,1912年回国,任《民立报》编辑。1913年再赴日本,次年加入中华革命党,任孙中山秘书。1916年回国后,在大学任教。《叔本华自我意志说》,载《青年杂志》1915年第1卷第4期。

5月5日,《顺天时报》载北京大学计划吸收全国专门人才,称:

> 大学校素为吾国人才荟萃之地,自开办以来,政界、学界知名之士曾为大学校职员、教员、学生者不知凡几。蔡校长任事以来,一切革新。闻将设法招致全国专门人才,使为教员,再派其往欧美各国,以资深造。现校中主持一切者,为各学长。文科学长为陈独秀,中西学问均优,办有某英文杂志,其生平著述颇富。理科学长为夏浮筠,曾在德国、美国大学毕业,其人游历十余国,见闻广博,长于治事。法科学长林某,粤人。其他庶务、斋务人员,亦颇极一时之选。并闻某学长暑假期内将出洋游历,考查欧洲战事,以二年为期云。[4]

18 日,各省督军或督军代表上大总统、国务院呈文,并通电各省,要求解散国会。[5]

23 日,《神州日报》称:"有人在津,见刘师培状甚怱忙。闻各督军呈文,

1　杨天石主编:《钱玄同日记》(整理本)上册,第312—313页。

2　杨天石主编:《钱玄同日记》(整理本)上册,第313页。

3　同上。

4　《北京大学计划吸收全国专门人才》,《顺天时报》1917年5月6日,第2版,时事要闻。

5　《督军团呈请解散国会之原文》,《顺天时报》1917年5月21日,第3版。《神州日报》1917年5月22日,第1—2页,内外要闻。《申报》1917年5月22日,第3版,要闻一。

即其主稿。"[1] 然《申报》称："各督呈文出叶誉虎手笔,报载某会主稿不确。此呈系在倪寓签名,借将军府印递出。滇督来电,撤回代表。顷闻解散命令已由院送府,请求盖印。"[2] 观其行文,不类刘师培所作。

30日,国史馆并入北京大学,改称国史编纂处,一面编纂通史,一面纂辑民国史。[3]

7月1日,张勋发动政变,宣布溥仪登极,强迫黎元洪退位。《神州日报》载:

> 康有为至京后,与张勋、江朝宗等密议,决计推翻民国,拥清帝溥仪复辟。至今(一日)晨,军警全部出动,以张军围护宫城,以警察密布街市。七时,派梁鼎芬等至公府,称宣统当复辟,并劝请大总统退位。大总统力主共和,表示其宁以身殉民国之意,峻辞拒绝,旋即召王士珍等入府开紧急会议,结果未详。[4]

黎元洪发表通电,云:

> 本日,张巡阅使率兵入城,实行复辟,断绝交通,派梁鼎芬等来府游说。元洪严词拒绝,誓不承认。副总统等拥护共和,当必有善后之策。特闻。元洪,东。[5]

2日,黎元洪出公府,至日本公使馆避难,并致电冯国璋,任命冯国璋代行大总统职务,段祺瑞为国务总理,一切救国大计,由冯国璋与段祺瑞协力进行。[6] 又发讨逆手谕,号召"凡我各省热心卫国之长官与夫心爱共和之志士,速起殄贼,以奠国基"。[7] 段祺瑞、冯国璋等拒绝伪官,通告讨逆。各地纷纷反对复辟,通电支持讨逆。[8]

---

1 《神州日报》1917年5月23日,第1页,内外要电。

2 《申报》1917年5月21日,第2版,专电。

3 《指令第三百十号》附《北京大学国史编纂处呈》,《教育公报》1919年5月,命令。

4 《神州日报》1917年7月2日,第1页,内外要电。

5 《黎总统出府以前之通电》,《顺天时报》1917年7月4日,第2版,时事要闻。

6 《大总统出府始末记》,《神州日报》1917年7月7日,第2页,内外要闻。

7 《黎大总统亲笔手谕》,《神州日报》1917年7月8日,第3页,内外要电。

8 《一片反对复辟声》(二),《神州日报》1917年7月5日,第1—2页,内外要闻。

3 日，段祺瑞被推举为讨逆军总司令，发布《讨逆军总司令布告》。[1]

7 日，冯国璋在南京就任代理大总统。[2]

8 日，溥仪同意张勋、张镇芳、雷震春等辞职。[3]

12 日，讨逆军击败张勋叛军，张勋逃入德国医院。[4]

14 日，黎元洪发表通电，宣布辞去大总统职务，由冯国璋继任。[5]

17 日，冯国璋下令通缉逆首张勋及从犯康有为、刘廷琛、万绳栻、梁敦彦、胡嗣瑗。[6]

8 月 14 日，中国正式对德、奥宣战。[7]

本月，刘师培所著《论文杂记》由北京朴社出版。

秋，刘师培应蔡元培之聘，任北京大学文科教授，兼任文科研究所国文门指导教师。1917—1918 学年担任的课程有：中国文学（一年级、二年级，每周各三小时），中国古代文学史（二年级，每周三小时）。据《北京大学廿周年纪念册》，1917—1918 年文科研究所国文门所指导的研究科目为"文"（与黄季刚）、"文学史"（与朱希祖逖先、吴梅瞿安、刘文典叔雅），每月第二周和第四周的星期四分别与"文学史""文"两个方向的研究员会面 1 小时（后具体日期有所调整）。

蔡元培《刘君申叔事略》云：

余长北京大学后，聘君任教授。君是时病瘵已深，不能高声讲演，然所编讲义，元元本本，甚为学生所欢迎。[8]

汪东《刘师培传》云：

［袁世凯称帝］事败，乃媾意讲学，为北京大学教授，夙有肺疾，至

1　《讨逆军总司令之布告文》，《顺天时报》1917 年 7 月 5 日，第 3 版，要件。

2　《南京冯副总统来电》，《神州日报》1917 年 7 月 8 日，第 2 页，公电。

3　《顺天时报》1917 年 7 月 9 日，第 2 版，清室谕旨。

4　《神州日报》1917 年 7 月 15 日，第 1 页，内外要电。

5　《黎总统辞职之通电》，《时事新报》1917 年 7 月 17 日，第 1 张第 3 版，内外要闻一。

6　《顺天时报》1917 年 7 月 19 日，第 3 版，命令。《神州日报》1917 年 7 月 20 日，第 1 页，命令。

7　《八月十四日大总统布告》，《时事新报》1917 年 8 月 15 日，第 1 张第 2 版，命令。《神州日报》1917 年 8 月 15 日，第 1 页，布告。

8　蔡元培：《刘君申叔事略》，《仪征刘申叔遗书》第 1 册卷首，第 43 页。

是日益深虑。[1]

冯自由《刘光汉事略补述》云：

> 北京大学校长蔡元培闻之，以念旧情切，延充北京大学教授，寻兼任女子高等师范学校讲师，生活赖以不匮。自兹谢绝交游，神志颓丧。[2]

《刘氏五世小记》云：

> 舅氏到北大任教授，是蔡子民先生特聘的。蔡时任校长。其时主讲文科的，是闽派独树一帜，主讲者为林畏庐、陈石遗两公。自舅氏应聘后，蔡又延黄季刚。当刘、黄二先生上课时，虽不属文科的学徒，震于高名，无不齐趋讲堂，延颈跂踵，以得据隅听讲为荣，风气为之一变。由是林、陈稍不自安，未几，即相率辞职而去。[3]

案，梅鹤孙说有误。林纾于光绪三十二年（1906）八月至宣统元年（1909）十二月在北京大学任经学教员[4]，1915 年起在徐树铮所办正志学校任教，并未与刘师培同事。刘师培到北大时，桐城派教员姚永概、姚永朴均已离开北大，加入正志学校，姚永概任该校副教务长。

台静农谓：

> 关于申叔之入北大教授，据我听前辈说过，还是陈独秀先生的意思。当袁世凯垮台后，独秀去看他，借住在庙里，身体羸弱，情形甚是狼狈。问他愿不愿教书，他表示教书可以，不过目前身体太坏，需要短期修养。于是独秀跟蔡先生说，蔡先生也就同意了。申叔死后，他的太太何震发了神经病，时到北大门前喊叫，找蔡先生，找陈独秀。后来由独秀安排，请申叔的弟子刘叔雅将她送回扬州。[5]

杨亮功《早期三十年的教学生活》称：

> 刘申叔先生教中古文学史，他所讲的是汉魏六朝文学源流与变迁。

他编有《中国中古文学史讲义》，但上课时总是两手空空，不携带片纸

1　汪东：《刘师培传》，《国史馆馆刊》第 2 卷第 1 期，国史拟传，第 76 页。

2　冯自由：《革命逸史》中册，第 514 页。

3　梅鹤孙：《刘氏五世小记》，第 47 页。

4　《国立北京大学廿周年纪念册·前任职员一览》，第 36 页。

5　台静农：《〈早期三十年的教学生活〉读后》，转引自张仲民：《叶落知秋——清末民初的史事和人物》，上海：上海人民出版社，2020 年，第 195 页。

只字,源源本本地一直讲下去。声音不大而清晰,句句皆是经验之言。
他最怕在黑板上写字,不得已时偶而写一两个字,多是残缺不全。如
"劉"字写作"刘"字,"曰"字则画一圈加一横。这位国学大师,书法确
是相当拙劣。据说他还想卖字,他有一次把这个意思告诉黄季刚先生,
黄说:"你只要写'刘师培'三个字去卖就够了。"他在课堂上绝少批评
新文学,他主张不妨用旧有的文章体裁来表达新思想,这是用旧瓶装新
酒的办法。刘先生教我们于汉魏六朝文学中每人任选择一两家作专
题研究。他认为,研究任何一家文学,必须了解其师承所自、时代背景
及其个人身世。我所研究的是徐陵(孝穆)、庾信(子山)两家。有一时
期,我专致力于魏晋六朝文学,这也是受了刘先生的影响。刘先生在北
大授课时,肺病已到第三期,身体虚弱,走起路来摇摇欲倒,真是弱不禁
风。他在刮风下雨的时候,照例是请假。[1]

冯友兰《三松堂自序》称:

> 我也去听过一次讲,当时觉得他的水平确实高,像个老教授的样
> 子,虽然他当时还是中年。他上课既不带书,也不带卡片,随便谈起来,
> 就头头是道。援引资料,都是随口背诵。当时学生都很佩服。[2]

9月29日,《时事新报》刊载江苏省长公署筹备续修县志通令,略云:

> 查此案于(氏)〔民〕国五年十一月准内务、教育部咨行,饬体察形,
> 酌量兴办等因,业经令行该道尹转令遵照在案。数月以来,据各县知事
> 暨该地士绅等筹议办法,呈请备案前来,计已设局开办者,仅有上海、太
> 仓、崇明、昆山、灌云等五县;着手筹备者,金坛、松江、宝山、吴江、江阴、
> 江都、兴化、邳县等九县。其他各县,均未呈报到署。除咨复暨分行外,
> 合再令仰该道尹转饬所属,迅即遵照前后训令,酌量办理,并将办理情
> 形具报,以凭转咨。此令。[3]

本月,蒋贞金作《历代名人年谱大成序》,云:

1　杨亮功:《早期三十年的教学生活》,第19—20页。

2　冯友兰:《三松堂自序·第八章　北京大学》,南京:江苏文艺出版社,2011年,第302页。

3　《筹备续修县志之省令》,《时事新报》1917年9月29日,第2张第3版,内外要闻一。"民
国",原本误作"氏国",据文义改。

年谱之作，肇端北宋，初不过施于文学之士耳。迄于明清，撰者日繁，始于史部得占一类。仪真刘君申叔，博学多通。其治史也，致力之勤，如其治经。廿载以前，贞金受业君之叔父谦甫师，时君尚未冠，已有搜辑名人年谱之志。盖年谱可贵，非仅补正史不及也，凡其人生平志事、学术进退与夫景响时政者何若，所与交游者何人，皆可按年而稽，不疏不舛，其功用诚有在正史上者。清同治间，君之大父伯山先生曾撰《王船山年谱》，其于船山出处、明藩残局，胥有精确考订，可称年谱上选。君习闻家训，宜于此学而有特嗜。比年授学京华，得书较易，收藏、著述，两有所增，故能成此伟制，素愿一偿。其中详略虽殊，不经见之作实什居三四。夫以一手足之烈，而汇九十余家于一编，微君高识而富大勇，杀青又岂若是之捷哉！举付手民，以公同好，是诚乙部空前之大观、艺林不朽之盛业矣。

中华民国六年秋八月，句容蒋贞金谨序。[1]

案，此所称"秋八月"，指农历而言。据蒋金贞此序，《历代名人年谱大成》为刘师培所辑，起始于1897年十四岁左右，而成于入北京（1915年）以后，且有"举付手民，以公同好"之举。然刘师培所有自著，无倩人作序之例，此书何以由蒋贞金作序，颇不能明。此本扉页署"历代名人年谱大成""共九十八家，全一百二十册"，现藏台湾"国家图书馆"。首有"民国六年秋八月句容蒋贞金序"一篇，钤有"国立中央图书馆收藏"印；次为总目录，所列书名与各书题名有异同。第一种《孔子年谱》首页有"仪征刘氏青溪书屋后人左盦初稿"、"仪征刘师培印"、"左盦"名印，别有"国立中央图书馆收藏"等收藏印。全书均非刘师培手书，所辑时间及目的待考。其所收录者为：《孔子年谱》一卷，不著撰人；《孟子年谱》二卷，不著撰人；《荀子年谱》一卷，〔清〕汪中撰，〔清〕汪镇编；《庾子山年谱》一卷，不著撰人；《魏陈思王年谱》一卷，〔清〕丁晏撰；《周孝侯年谱》一卷，不著撰人；《诸葛武侯年谱》一卷，〔清〕朱璘撰；《诸葛孔明先生年谱》一卷，附文集四卷、附录二卷，不著撰人；《贾子年谱》一卷，〔清〕汪中撰，汪镇编；

1　蒋金贞：《历代名人年谱大成序》，《历代名人年谱大成》卷首，藏台北"国家图书馆"。

《汉郑君年谱》一卷,〔清〕丁晏撰;《汉徐征士年谱》一卷,〔清〕杨希闵撰;《陶栗里年谱》一卷,〔宋〕王质撰;《晋陶靖节年谱》一卷,〔清〕丁晏编;《王右军年谱》一卷,〔清〕鲁一同撰;《杜工部年谱》一卷,不著撰人;《陆宣公年谱》一卷,不著撰人;《唐陆宣公年谱》一卷,〔清〕丁晏编;《柳子厚先生年谱》一卷,〔宋〕文安礼撰;《李太白先生年谱》一卷,不著撰人;《韩文公历官记》一卷,〔宋〕程俱撰;《韩文公年谱》一卷,〔宋〕吕大防撰;《韩文公年谱》一卷,〔宋〕洪兴祖编;《颜鲁公年谱》一卷,〔清〕黄本骥编;《唐李邺侯年谱》一卷,〔清〕杨希闵撰;《李义山先生年谱》一卷,〔清〕程梦星撰;《白文公年谱》一卷,〔宋〕陈振孙编;《朱子年谱》一卷,不著撰人;《宋苏东坡先生年谱》一卷,〔清〕邵长蘅撰;《陆象山先生年谱》一卷,〔清〕李绂编;《宋宗忠简公本传一卷年谱一卷附文集四卷》,〔清〕刘质慧编;《陆放翁先生年谱》一卷,〔清〕钱大昕编;《洪文敏公年谱》一卷,〔清〕钱大昕辑;《谢皋羽先生年谱》一卷,〔清〕徐沁编;《米海岳年谱》一卷,〔清〕翁方纲编;《吕东莱太史年谱》一卷,不著撰人;《黄山谷先生年谱》一卷,〔宋〕黄㽦编;《王文公年谱考略节要》四卷,〔清〕蔡上翔撰,〔清〕杨希闵节要;《周文忠公传一卷年谱一卷》,〔清〕史继辰编;《王深宁先生年谱》一卷,〔清〕钱大昕撰;《曾文定公年谱》一卷,〔清〕杨希闵撰;《张杨园年谱》一卷,〔清〕苏惇元撰;《陆稼书年谱》一卷,不著撰人;《孙征君年谱》一卷,不著撰人;《忠节吴次尾年谱一卷附录一卷》,〔清〕夏燮编;《张忠烈公年谱》一卷,〔清〕赵之谦撰;《归震川先生年谱》一卷,不著撰人;《汤文正公年谱》一卷,〔清〕方苞考订,〔清〕杨椿重编;《王船山年谱》二卷,〔清〕刘毓崧编;《张清恪公年谱》一卷,〔清〕张师栻、张师载编;《方望溪先生年谱》一卷,〔清〕苏惇元撰;《张廷玉年谱》一卷,不著撰人;《蒋祥墀自记年谱》一卷,〔清〕蒋祥墀撰;《李申耆年谱》三卷,〔清〕蒋彤撰;《觉生自订年谱》一卷,〔清〕鲍桂星撰;《季芝昌自订年谱》一卷,〔清〕季芝昌撰;《姚惜抱年谱》一卷,〔清〕郑福照撰;《钱梓楣年谱》一卷,〔清〕钱大昕撰,钱庆曾校注并续编;《吴文节公年谱》一卷,〔清〕吴养源撰;《黄钺先生年谱》一卷,〔清〕黄富民撰;《洪北江先生年谱》一卷,〔清〕吕培等编;《遂翁自订年谱》一卷,〔清〕赵畇撰;《绳其武斋自纂年谱》一卷,〔清〕黄赞汤撰;《汪双池先生年谱二卷附录一卷》，〔清〕余龙光编；《思补老人自订年谱》一卷，〔清〕潘世恩撰；《吴竹如年谱》一卷，〔清〕方宗诚撰；《罗兆蕃年谱》一卷，不著撰人；《曾文正公年谱》十二卷，〔清〕黎庶昌撰。

10 月 22 日，黄节致书北京大学校长蔡元培，鄙薄刘师培为人。其函云：

> 子民先生执事：昨晨趋候，得承教益，幸甚幸甚！申叔为人，反复无耻，其文章学问纵有足观，当候其自行刊集，留示后人，不当引为师儒，贻学校羞。盖学科事小，学风事大。尔来政治不纲，廉耻扫地，是非已乱，刑赏不行，所赖二三君子以信义携持人心。若奸巧之人，政府所不容者，复不为君子所绝，则禽兽食人不远矣。申叔之无耻，甚于蔡邕之事董卓。顾亭林云："邕以文采富而交游多，故后人为之立佳传。士君子处衰季，常以贪一世之名而转移天下之风气者，视伯喈之为人，其戒之哉！"是故节以此责公，非有怨于申叔也。民国初年，申叔以委身端方，流亡蜀中。是时死生失耗，公与太炎尝登报访问，恕其既往，谓其才尚可用，卒使川吏保护南归。公等故人待之，不为不厚矣。及其来京入觐，太炎方被梏察，乃始终未一省视，何论援手！公昨云"故者无失其为故"，彼于故人何如也？节疾恶殊甚，言之过激，然以贾、郭之贤，而见其鄙莱芜；当今之世，实不能以优宽仁柔为事。公当能谅之耳。黄节白。六年十月廿二日。

11 月 2 日，《神州日报》载江都续修县志事，谓：

> 江都县志已将十载未修，前奉省令，着各县自行派委妥员纂修，因事巨款艰，未能实行。刻因钱绅祥保、郑绅斗南等，以事关公益，未便久延，昨特邀集有声望之士绅集议，辅助官厅，迅为筹修，以期早日告成。闻已设事务所于旌忠寺内，筹备一切云。[1]

案，此次续修江都县志，桂邦杰曾函请弟子刘师培任总纂。刘师培作《答桂蔚丞书》，云：

> 承示属总纂《江都续志》。古者诵训掌方志，所以知地俗、道方慝

---

1 剑秋：《维扬新消息·绅士筹修县志》，《神州日报》1917 年 11 月 2 日，第 4 页，内外要闻。

也。旌别淑慝，业之大者。自非卓尔之姿，孰能不惑？

猥以寡薄，委付大任，得展万一，亦庶几以竭吾才。不意迩来志意衰落，加膺疾疛，力不从心，虑有不瘳，永归沟壑，将令"鲜克有终"之叹兴于百世，其先正百辟嘉赖之谓何？再四思维，若涉渊水。二三君子，思乐斐然，怀质抱文。彬彬之美，维桑之训，所宜分明。

昔在仲尼，乡党逡循，言父母之国，宜尽礼也。愿少留思察，无执谦谦。[1]

1918年，桂邦杰受聘担任续志总纂后，又致书刘师培，征求志文繁简的意见。刘师培有答书，云：

承询志文繁简。师培不敏，窃闻"三世"之义于《春秋》。

"三世"者，恩有隆杀，详略不得均也。故曰："所见异词，所闻异词，所传闻异词。"然则立乎定、哀，以望隐、桓。过此以往，未之或知矣。故曰："损益盈虚，与时消息。"

旧志之文，亦信多善。失在详远，改之为贵；要在易简，抯而损之。孔子曰："吾犹及史之阙文也。"[2]

该续志于1925年修成，次年刊行。

5日，《顺天时报》载北京大学创办研究所事，云：

北京大学现在积极进行，拟添设一研究所，专备本科已毕业及校外学力及格之人研究学艺而设，即昔时张香涛《奏定学堂章程》之所谓通儒院也。据闻，拟设六科，为文学、政治、法律、哲学、经济、算学，担任教席者如王宠惠、章士钊、张耀曾、秦汾、陈独秀、马寅初诸氏，大半为在野知名之士。该所设立，实有甚大希望云。[3]

14日，黄侃与刘师培论学，归后记当时所谈学林逸闻二则。《黄侃年谱》载：

丁巳九月三十日（新历十一月十四日），于刘申叔处闻二事，记之如左。

---

1 刘师培：《答桂蔚丞书》（一），《仪征刘申叔遗书》第12册，第5155—5156页。
2 刘师培：《答桂蔚丞书》（二），《仪征刘申叔遗书》第12册，第5156页。
3 《北京大学之研究所》，《顺天时报》1917年11月5日，第2版，时事要闻。

　　德清戴先生子高未婚于凌氏时，与其表妹相娈慕。既以人事牵缠，不偿如愿。子高婚后，即客游于外，未尝还家。或传与凌氏离婚，非其实也。子高与刘恭甫先生交甚密，每至其家，申叔之太夫人犹及见之。自出游后，未曾就榻卧，夜读向明，疲极，始据几而瞑。严冬之夜，斗室无温，往往窗纸已明，烛光犹动。趋视，则方戴风帽，身裹一被而坐，小寐即醒，仍理其业。子高故有羸疾，竟坐是夭其天年。凡其集中《无题》诸作，皆为若人而发，如"王母翩翩下翠旄"数首，则不啻显言之矣。子高客死于外，病笃时，以书招夫人，不至，没后乃以其丧归。今观集中有其外舅凌堃为铭，亦云"不能行道妻子"，殆难于质言。子高没时，才三十六。以彼其材，足以上嗣宁人，下侪先戴，而所怀不遂，殉情以终。夫孰谓精研性道者必断绝恩好乎？人能弘道，无如命何！此古人之所以发愤陨生、遗弃一切也。

　　申叔自言其祖伯山先生，与其继祖母黄太夫人始相娈悦，黄太夫人则伯山母氏之侄也。伯山补博士弟子榜发时，黄太夫人始生，盖长二十余年。其后嫡配王夫人没，伯山先生年四十八九矣，请于其母，欲续娶黄氏。其母以伯山年已老，子妇满前，力阻之，曰："此事岂治经术者所为耶？"伯山不听，卒娶之。娶五年而伯山没，黄太夫人至宣统二年乃终。申叔言：幼时于书簏中见伯山所为绝句百首，自加注释。作诗时，黄太夫人尚未来宾也。家刻伯山诗文，独此未入录，今尚存云。

　　申叔又言，伯山先生曾著文，论中表母族可以通昏，援据甚博，足以破俗说。[1]

16日，《北京大学日刊》刊载北京大学《国史编纂处纂辑股编纂略例》和《民国史编纂略例》。其《国史编纂处纂辑股编纂略例》云：

　　（一）纂辑股分为通史、民国史两部。

　　（二）通史部先编长编及辞典。

　　（三）长编分为政治史、文明史两种。

　　（四）政治史长编分为年表、大事（纪）〔记〕、志、列传四类。

1　司马朝军、王文晖：《黄侃年谱》，武汉：湖北人民出版社，2005年，第115—116页。

（五）年表用《春秋》体。（以周共和纪年而分注各君主纪元于下，共和以前为世表。）

（六）大事记用纪事本末体。

（七）志用旧史书志体。

（八）列传用旧体，但其事已入大事记者不复叙，以"语在某篇"概括之。

（九）文明史分为经济、风俗、宗教、科学、哲学、文学、美术等类。

（十）辞典分为人名、地名、职官、器物、方言等类。

（十一）为长编及辞典之预备，先取有关史事各书，（先经传及正史，次别史，次笔记，次诗文集及其他各书。）加以标识。如人名用 | ，地名用 ．，职官用△，器物用〇，方言用⊙，书名用◎。大事记、志、列传之材料，则以「」志其起讫，由书记分别写出，记其书名、篇名及叶数，并注一叶中一见、几见等字。

（十二）十一条之手续毕一书后，即编为本书检目，一方面又分别整理为长编及辞典初稿之一部分。

（十三）长编写定后，始由专门史学家编为通史。

（十四）民国史先据前五年事实之已征集者，辑为长编初稿，不必经第十一条之手续。其后按年续编之，其续得之史料次第编入。[1]

17日，《北京大学日刊》刊载《北京大学附设国史编纂处简章》。[2]

18日，《北京大学日刊》载《文科教务处广告》，云：

文本科二年级国文门刘申叔先生星期六、日所授中国文学史，自今日起改自二时至四时讲授。此白。[3]

22日，《北京大学日刊》载《文科研究所国文学门研究员认定科目表》，其中参加"文"的学生有：范文澜、李子厚、王竞俊、殷士奎、曾缄、马宗芗、计

---

1 《国史编纂处纂辑股编纂略例》，《北京大学日刊》第1号，1917年11月16日，第1版，法规。案，此《略例》与教育部正式批准者略有不同，参见1918年。

2 《北京大学附设国史编纂处简章》，《北京大学日刊》第2号，1917年11月17日，第1版，法规。

3 《文科教务处广告》，《北京大学日刊》第3号，1917年11月18日，第1版，各科通告。

照、胡吉甫、李宗裕、李锡諟、曹侃、钱王倬、唐英、麦朝枢、古懋维、傅世铭、孔
祥遇、查钊忠、骆鸿凯、顾名、刘光震、曾鸿铸、顾德启、陈钟凡、嵇明、冯友兰；
参加"文学史"的学生有：钱王倬、古懋维、傅世铭、骆鸿凯、顾名、刘光震、顾
德启、陈钟凡。[1]

12 月 3 日，北京大学文科研究所成立。《神州日报》载：

> 北京大学设立各科研究所，顷已次第成立。文科研究所于三日在
> 校长室开第一次研究会，学生志愿研究者约四五十人，蔡鹤卿校长、陈
> 仲甫学长及章行严、胡适之、陶孟和、康心孚、陈伯弢诸教授均莅会。先
> 由主任胡适之述研究会之成立及报告研究者之科目、人数，并云：今日
> 为本研究会成立之第一次，特请蔡长演说，其题目为"哲学与科学之关
> 系"。次由蔡鹤卿演讲。[2]

5 日，国史编纂处召开会议，讨论通史编辑条例，刘师培、蔡元培、屠寄、
钱恂、张相文、叶瀚、王式通、周作人、孙诒棫、童学琦、蒯寿田参加。[3]

本年，刘师培在北京大学国文门担任一年级"中国文学"课程时，编有
《中国文学讲义概略》。

李泰棻随刘师培学习训诂。《刘氏五世小记》云：

> 今年与宁武南佩兰先生桂馨时通书问，始知李革痴先生亦为舅氏
> 问业弟子。先生名泰棻，河北阳源人，博极群书，颇负盛名。民国六年，
> 经山东丁鼎丞先生维汾的介绍，其时舅氏住北城老爷庙胡同，执经问
> 难，请业甚勤，遂通古今文学的精谛。民八，任山西大学教授离京，冬季
> 转任北大讲席，惜舅氏已归道山矣。[4]

【著述】

论文杂记　朴社出版，8 月

---

1 《文科研究所国文学门研究员认定科目表》，《北京大学日刊》第 6 号，1917 年 11 月 22
日，第 2 版，纪事。
2 《北京大学研究会成立》，《神州日报》1917 年 12 月 7 日，第 3 页，内外要闻。
3 《国史编纂处纪事》，《北京大学日刊》第 19 号，1917 年 12 月 7 日，第 1—2 版，纪事。
4 梅鹤孙：《刘氏五世小记》，第 47 页。

答桂蔚丞书(一)　未刊手稿

父丧未服而子卒敛以吉服驳　未刊手稿

中国文学讲义概略　北京大学铅印本,北京大学图书馆藏

1918年(民国七年,戊午)　三十五岁

【事略】

1月5日,《北京大学日刊》载《文本科第二学期课程表》,刘师培任中国文学门一年级、二年级合班古代文学(每周三时),二年级中古文学史(魏晋讫唐,每周三时)。[1]

10日,《北京大学日刊》载《文科教务处告白》:

> 文本科国文门教员刘申叔先生病尚未瘥,本星期请假,定于下星期三日到校上课。此白。[2]

19日,蔡元培在北京大学发起重组进德会,以不嫖、不赌、不娶妾为甲种会员,于前三戒外加不作官吏、不作议员二戒者为乙种会员,于前五戒外又加不吸烟、不饮酒、不食肉三戒者为丙种会员。[3]刘师培入该会,为乙种会员。

23日,蔡元培向教育部呈报《国史编纂处纂辑股编纂略例》,云:

(一)纂辑股分为通史、民国史两部。

(二)通史部先编长编及辞典。

(三)长编分为政治史、文明史两种。

(四)政治史长编分为年表、大事记及志三类。

(五)年表用《春秋》体,以民国纪年前若干年为纲,而分注各君主纪元于下。其无年可考者,为《世表》。

(六)大事记用记事本末体。

1　《文本科第二学期课程表》,《北京大学日刊》第38号,1918年1月5日,第2版,纪事。

2　《文科教务处布告》,《北京大学日刊》第42号,1918年1月10日,第1版,各科通告。

3　《北京大学之进德会》,《北京大学日刊》第50号,1918年1月19日,第2—4版,纪事。又《蔡鹤卿之宣言》,《神州日报》1918年1月28日,第4页,内外要闻。

（七）志用旧史书志体。

（八）文明史分为经济、风俗、宗教、科学、哲学、文学、美术等类。

（九）辞典分为人名、地名、职官、器物、方言等类。

（十）长编写定后，始由专门史学家编为通史。

（十一）民国史先据前五年事实之已征集者，辑为长编，其后按年续编之。其续得之史料，次第编入。

（十二）民国史先编长编，分为年表、大事记、志及列传四类。[1]

27日，天津《大公报》载刘师培所作《清四川彭山县知县康君墓志铭》，本月29日续完。

28日，教育部批准北京大学《国史编纂处纂辑股编纂略例》，刘师培为该处纂辑员。陈钟凡《蔡孑民先生对于史学上的计划》云：

> 原来国史馆是直属于北京政府行政院的独立机关，袁世凯当政时代，聘湖南老名士王闿运主持。王老先生死后，事遂虚悬。蔡先生援各国大学的成例，呈准国务院，将该馆改隶北京大学，易名为国史编纂处。接受移交时，除了几包卷宗、一个木质牌子而外，对于国史的材料一篇文字没有，连编辑的条例也没有一个字。蔡先生乃亲自拟订办法，将该处分为征辑及纂辑两股，每股设股长一人，副股长一人，股员若干人，书记若干人。处长由蔡先生自兼，股长及副股长由史学系教授叶浩吾（瀚）、屠敬山（寄）、张蔚西（相文）、刘申叔（师培）诸先生分任，又聘孙贻楷、蒯寿枢等为征辑员。[2]

3月13日，《北京大学日刊》刊载《文科国文学研究所启事》：

> 本星期四，刘申叔先生演讲文学史，开会时间适与学校上课时间相值，改于星期六（十六日）四时至五时开会。特此通告。此白。[3]

1　《国史编纂处纂辑股编纂略例》，《教育公报》第5卷第6期，1918年5月，命令。又《教育部指令第二六六号》，《政府公报》第759号，1918年3月5日，中国第二历史档案馆编：《北洋政府公报》第122册，第151—152页。

2　仲凡：《蔡孑民先生对于史学上的计划》，《责善》半月刊第1卷第2期，1940年，第12—13页。

3　《文科国文学研究所启事》，《北京大学日刊》第90号，1918年3月13日，第3版，本校启事。

15 日,冯国璋发布大总统令:"所有民国五年七月十四日及六年七月十七日通缉杨度、康有为等之案,均准免予缉究,以示宽大。"[1]

《新青年》第四卷第 3 期出版,胡适发表《旅京杂记》,中有《记刘申叔〈休思赋〉》一节,多所讽刺,云:

> 有许多人说我们所提倡的白话文学是狠没有价值的,是狠失身分的。我有一天走到琉璃厂,买了一部《中国学报》,看见内中有一篇刘申叔先生的《休思赋》,我拿回来,读了半天,查了半天的字典,还不能懂得百分之一二。我惭愧得狠,便拿到国立北京大学去,请一位专教声音训诂的教授讲解给我听。不料,这位专教声音训诂的教授读了一遍,也有许多字句,不能懂得。我想,这篇赋一定是狠有身分、狠有价值的了。所以我便把这篇赋钞了下来,(结)〔给〕大家见识见识。[2]

早春,刘师培作《迟云阁藏画集序》,云:

> 昔欧阳永叔之序《集古录》曰:"物常聚于所好,而得于有力之强。有力而不好,好之而无力,虽近且易,有不能致之。"信哉斯言! 神州隩衍,孕育夥赜,《传》所谓:"深山大泽,而龙蛇生焉;取多用宏,而魂魄强焉。"伟哉! 吾中华之美术。夫一国之美术,国粹系焉。欲发挥光大之,必人人出其所藏,举而公之于世,广而传播,俾后之人得见古人遗迹,传之历久而无穷,则出版界尚已。

> 往者吾尝读金石文字之书,或仅钞录其文,如欧阳修之《集古录》、赵明诚之《金石录》是也;或抚刻其文字,如薛、阮、吴诸家之《钟鼎彝器款识》是也。非特精蕴全无,即形式亦相去已远,非所能召示来兹也。自(鸥)〔欧〕西各国影印珂瑠、铜、锌版之属先后发明,近渐流传今之中土,而吾国古代金石文字及近数百年来法书名画,借兹传其真相,于原本不毫末爽。每一展卷,恍与古人晤对一堂。此吾人生于今日之世,而裨益于美术、国粹也。

> 蔡君希涛,隐于市廛,而酷嗜金石书画。予因其哲嗣元湛而订神交,

1　《大总统令》,《顺天时报》1918 年 3 月 16 日,第 2 版,命令。

2　胡适:《旅京杂记》,《新青年》第四卷第 3 号,1918 年 3 月 15 日出版。下录刘师培《秋思赋》原文,兹从略。

互相投赠，虽未曾谋面，固早已相契于无形矣。去岁尝以所蓄名人刻印，集为《迟云阁印集》，煌煌巨观也。今岁复举其弆藏名画，编次成集，付之影印，以公同好。所集者，皆精绝之品，不啻与古今名家晤对一室。

窃谓，物聚于所好易，而能出所好以示人难。曾见今之收藏家矣，每得一种精奇之品，不肯轻出以示人，珍护同异宝。有索而观之者，或深闭固拒，甚或以诡言相向。其视希涛之所为，相去之远，为何如邪？

夫天下之宝，须与天下人共之。苟閟不示人，非特遏天地间之精华，抑且见其心地之褊浅。然非具绝大之器量者，每不易超此常轨，以天下之公恒不敌其所私故尔。希涛肯出一己之宝，与天下人以共赏，此其器量。扩而充之，古人所谓民胞物与，不为过也。

然则以希涛之学，且具思量，使终得获用于当世，必能恢其志愿，以谋国利民福。此予所敢断言者。顾乃以市隐故隘其量，遂不能不于玩好之微以流露其志，亦无可如何者与！是则予于希涛是俦，不独美其搜罗之富，且钦其志量之宏也。

戊午之早春，刘师培谨识于北平[1]

4月12日，《北京大学日刊》载《文本科第三学期课程表》，刘师培任中国文学门一年级、二年级合班古代文学（每周三时），二年级中古文学史（魏晋讫唐，每周三时）。[2]

14日，毛泽东等在长沙成立新民学会。

16日，中央选举会第一选举监督公布参议院议员第一部选举监督办法，谓：

本届办理参议院议员中央选举事项，业经会商，合组事务所，公布在案。凡具有《修正参议院议员选举法》第四十四条第一部各项资格人员，应自四月十一日起至五月十日止，亲至本所呈验凭证，填注履历，

1 刘师培：《迟云阁藏画集序》，手稿，2015年10月24日上海朵云轩拍卖公司朵云四季第9期拍卖会拍卖品，编号0705，来源该公司网站图片资料。末有蔡元湛1939年冬附记，云："此申师昔年为吾家藏画集所作之序言稿本。所藏早已星散，今日箧底翻出此稿，对之能不潸然？己卯冬，元湛记。"

2 《文本科第三学期课程表》，《北京大学日刊》第109号，1918年4月12日，第1版，本校布告一。

以便列册。再，国立大学应以北京大学、北洋大学、山西大学各科为限，外国大学以欧美、日本各大学本科为限。至"学术上发明著述"一项，以不违反《教育部学术审定会条例》第六、第七条所规定者为限。合再电达，即希迅速宣示，俾众周知。中央选举会第一部选举监督、教育总长，铣，印。[1]

中旬，刘师培作《文科大学中国文学门科目改革案》，就"教授之法"提出意见，云：

> 中国文学，至烦且博。教授之法，不外二端：一以文体区分，一以时代相次。据《文科大学现行科目》，其中国文学门区"周秦文学""汉魏六朝文学""唐宋文学""元明清文学"为四目。惟自古迄今，总集、专集，浩如烟海，溥眩非易，采择慕难。欲求教授适宜之法，宜有整齐画一之方。今略陈鄙见如左，以备采择。
>
> 一、"文学概论"，宜以《文心雕龙》诸书为主也。中国论文之书，如挚虞《文章流别》、李充《翰林论》，今皆不传，（其佚文均见严氏所辑《全晋文》。）惟《雕龙》尚为完书。黄君所编《雕龙札记》，尤适教授之用。此后"文学概论"一门，允宜采用。
>
> 一、"周秦文学"，其教授之法宜与"汉魏以下文学"稍殊也。凡教授"周秦文学"，其目的有二：一以考文章各体之起源，一则精研词例，与教授"汉魏以下文学"，其法稍殊。惟"周秦"二字，所晐未备。或改为"汉魏以前文学"，以教授材料不仅以周秦为限也。
>
> 三、"汉魏以下文学"，其教授之法宜略以时代相次也。由魏迄宋，时逾千载，其间文体变迁非一。欲求繁简适中之法，宜于每代之中，择取数人之文，以为教授。其择取范围，于各家之外，凡别创新体，自成文派，而为当时或后世所取法者，均宜酌采。盖教授文学，本与文学史相为表里。文学史者，以研究文学变迁为主，然变迁之迹，非证以当时文章各体，则其说不明。又一代之中，佳篇虽众，然其体格大抵鲜异多同。今举数人为标准，则即此推彼，均可类求。举一反三，厥益尤广。惟北

---

1 《关于中央选举会之两电报》，《顺天时报》1918 年 4 月 22 日，第 2 版，时事要闻。

宋以下，文体实多因袭。今撰各文，似宜由汉迄宋。自宋以降，概从沽略。（旧分"汉魏六朝文学""唐宋文学"为二目，鄙意宜合为一目，改称"汉魏以下文学"。）盖教授时间既短且促，不得不详前略后也。

四、"元明清文学"，其变迁概略宜详于近代文学史也。今《文科大学现行科目》以文学史为选修科，鄙意宜改为必修科。既改为必修科，则"元明清文学"其概略既详近代文学史，则教授文学固不妨迄宋为止矣。

五、第三年级，其"中国文学"宜用选科制也。第三年级以练习各体文章为主，惟文学各体，区别至繁。普习则勤而不专，分习则事半功倍。今就中国文章各体，括为五目：（一）骚赋；（二）古今体诗；（三）箴铭颂赞哀诔；（四）论辨；（五）记事之文。此五目者，第三年级各学员，宜各以性之所近，选择一科或二科，精心研习，以为毕业升入研究所之基。

附：议案第三条说明

"汉魏以下文学"，其教授之法既略以时代相次，并于每代之中，择取数人之文以为教授，则所授各文不得不详加撰择。今举自汉迄宋应撰各家，标目如左：

西汉：贾谊（晁错附）　邹阳　贾山（徐乐、吾丘寿王、主父偃附）　董仲舒　枚乘　东方朔　司马相如　司马迁　终军　桓宽（《盐铁论》）　匡衡（萧望之附）　王褒　刘向　谷永（杜钦附）　赵充国（奏议足表汉代质实之文）　扬雄　刘歆　张竦

东汉：桓谭　冯衍　班彪　崔骃（崔瑗附）　傅毅　班固　王充　李尤　张衡　马融　王逸　崔寔、王符（仲长统附）　应邵　王延寿　许慎、郑玄（如《说文序》《诗谱序》之属）　蔡邕　孔融　祢衡　王粲　徐幹　陈琳、阮瑀（吴质、杨修附）

三国：魏文帝　陈思王植　卫颙（潘勖、邯郸淳附）　刘廙（蒋济附）　刘邵　杜恕（奏疏各体，足表魏文）　王弼、何晏　嵇康　阮籍　高堂隆　秦宓、郤正　韦昭、华覈

晋：张华　陆机、陆云　潘岳　左思、张载　成公绥　夏侯湛　孙楚　傅玄　葛洪　裴頠、欧阳建　刘琨、卢湛　郭璞　袁弘（庚阐附）　孙绰（王羲之附）　支遁（道安、惠远、戴逵附）

　　宋：傅亮　颜延之　谢灵运　范晔　何承天　谢庄（袁淑附）

　　齐梁：竟陵王子良　王俭　王融、谢朓　张融　梁武帝　梁简文帝、元帝　任昉　沈约　范云　江淹（丘迟附）　刘峻、徐勉　陆倕（裴子野附）

　　陈：沈炯（江总附）　徐陵　顾野王

　　北朝：崔浩、高允　游雅　常景　温子昇　魏收　邢邵　苏绰　庾信、王褒　颜之推（唐颜师古附）　卢思道　李德林

　　唐：魏征（虞世南附）　王勃（杨炯、卢照邻、骆宾王、崔融、李峤附）　张说、苏颋（张九龄附）　陈子昂　李邕（颜真卿附）　吕温、独孤及　元结　陆贽　李华、萧颖士　权德舆（李德裕附）　韩愈（李观、樊宗师附）　柳宗元（刘禹锡附）　李翱　皇甫湜、孙樵　李商隐　杜牧　皮日休　陆龟蒙

　　北宋：徐铉　田锡、杨亿　穆〔修〕、〔柳〕开　宋祁　欧阳修　曾巩　王安石　司马光　苏洵、苏轼（著后世策论各体之所出）[1]

25日，《北京大学日刊》刊载《文科国文学研究所启事》：

　　刘申叔先生订于本星期六下午（二十七）二时至三时补讲文学史，届时请研究诸君到会为盼。此白。[2]

30日，北京大学国文门教授会确定国文学门文学教授案。

5月2日，《北京大学日刊》"本校纪事"载《文科国文学门文学教授案》，云：

　　四月三十日，国文教授会议决国文学门文学教授案如后。

　　1　王应宪：《刘师培佚文〈文科大学中国文学门科目改革案〉》，《中华文史论丛》2019年第2期（总134期），第380—382页，原件藏清华大学图书馆。王应宪据刘师培此文所涉"文科大学现行科目""周秦文学"等语，以为成稿于1917—1918年间，大致不误。惟此文所论，均为"教授之法"，且与本年5月2日《北京大学日刊》所载4月30日议决《文科国文学门文学教授案》内容多相符合，则当作于4月30日前，乃为议决《文学教授案》所作。否则，《文学教授案》已经形成共识，而刘师培仍就共识提出建议，不合事理。今姑系于本年4月中旬前。

　　2　《文科国文学研究所启事》，《北京大学日刊》第120号，1918年4月25日，第2版，本校布告一。

　　文科国文学门设有"文学史"及"文学"两科，其目的本截然不同，故教授方法不能不有所区别。兹分述其不同与当注重之点如下：

　　习"文学史"，在使学者知各代文学之变迁及其派别；习"文学"则使学者研寻作文之妙用，有以窥见作者之用心，俾增进其文学之技术。

　　教授"文学史"所注重者，在述明文章各体之起原，及各家之派别。至其变迁递演，因于时地、才性、政教风俗诸端者，尤当推迹周尽，使源委明了；

　　教授"文学"所注重者，则在各体技术之研究，只须就各代文学家著作中，取其技能最高，足以代表一时，或虽不足代表一时，而有一二特长者，选择研究之。

　　兹本以上所述教授"文学"目的，制定三学年分配教授各科目及选列各代名家如下：

　　（一）"文学"分三类教授。

　　文：不论骈散，凡非诗赋、歌曲之属皆属之。

　　诗赋：《诗经》、《楚辞》、汉赋以及近代诗歌皆属之。

　　词曲。

　　（二）第一、第二两学年，各类文（文、诗赋、词曲）皆当教授。

　　第三学年，用选科制，使学生就文、诗赋、词曲三类中，各以性之所近，选择一类或二类，精心研习。一类中，又可分时代、家数，或专习一代，或专习一家。

　　（三）各代名家，凡不能指名作者之文，则章列书名，或列篇名。

　　文：《尚书》、李耳、孔丘、左丘明、孟轲、荀卿、庄周、墨翟、韩非、贾谊、司马迁、刘向、谷永、赵充国、刘歆、班固、王充、蔡邕、曹操、曹植、陈琳、王弼、阮籍、陆机、陈寿、范晔、王羲之、何承天、庾信、陆贽、韩愈、柳宗元、李翱、李商隐、欧阳修、王安石等；

　　诗赋：《诗经》、屈原、宋玉、司马相如、枚乘、古诗及歌、李陵、张衡、曹操、曹植、王粲、刘桢、阮籍、陆机、潘岳、张协、左思、陶潜、谢灵运、鲍照、谢朓、李白、杜甫、白居易、元稹、韩愈、李商隐、杜牧、苏轼、梅圣俞、黄庭坚、陆游、元好问等；

词曲：温庭筠、韦庄、李煜、冯延巳、晏殊、欧阳修、苏轼、秦观、周邦彦、柳永、李清照、辛弃疾、姜夔、王沂孙、吴文英等；（以上词）

董解元、王实甫、关汉卿、卢疏斋、马东篱、白仁甫、郑德辉、沈和、宫大用、乔吉、高明、施惠、刘东生、王子一、丘濬、宁献王、周宪王、[1]康海、王九思、陈铎、杨慎、徐渭、汤显祖、沈璟、梁伯龙、许潮、徐复祚、阮大铖、李玄玉、尤侗、李笠翁、孔尚任、洪昇、徐又陵、嵇抱犊、[2]蒋士铨、夏纶、黄燮清、陈烺、杨恩寿等。（以上曲）

（四）"文学概论"单位，当道贯古今中外。《文心雕龙》《诗品》等书，虽可取裁，然不合于讲授之用，以另编为宜。

（五）教授时间，至少须有二十单位。（第一、二年文六单位，诗赋四单位，词曲四单位；第三年，每类各六单位。）[3]

13日，姚永概至清史馆，"因招凤孙、通白、怙廷、申叔听戏。晚，同饮于瑞记，加邀秦幼衡、夏润孙、罗□□"。[4]案，姚永概《慎宜轩日记》此及下均有单言"申叔"者，当为另一人，非指刘师培。

15日，《戊午周报》创刊于成都，"文苑·文录"栏发表刘师培《与贺伯中书》。

16日，天津《大公报》"地方纪闻"载《第一部互选人揭晓》，云：

参议院议员第一部之中央选举，本定于六月二十日举行，五月十一

1　宁献王、周献王，《北京大学日刊》原误作"宁献五、周献五"，据文义改。宁献王即朱权（1378—1448），号臞仙、涵虚子、丹丘先生，朱元璋第十七子，有《神奇秘谱》《太和正音谱》及杂剧《冲漠子独步大罗天》《卓文君私奔相如》等。周献王，即朱有燉（1379—1439），号诚斋、锦窠老人、全阳道人，朱元璋第五子朱橚长子。著有杂剧《李亚仙花酒曲江池》《关云长义勇辞金》《黑旋风仗义疏财》《刘盼春守志香囊怨》等。

2　嵇抱犊，《北京大学日刊》原误作"稽抱犊"。嵇永仁（1637—1676），字留山，匡侯，号抱犊山农，江苏常熟人，寄居无锡。著有传奇《扬州梦》《珊瑚鞭》《双报应》，杂剧《续离骚》等。

3　《文科国文学门文学教授案》，《北京大学日刊》第126号，1918年5月2日，第2版，本校纪事。

4　姚永概：《慎宜轩日记》下册，第1388页。1919年12月25日，永概"与子驹，申叔，大、二侄同访庐陵黄君"（第1437页），直至1922年4月13日，犹"与月信、申叔信"（第1472页），均为刘师培去世后事，则此"申叔"非指刘师培，明矣。

日宣示互选人名。兹闻第一部选举监督、教育总长业经密查完竣，所有合格之互选人徐国桢、沈昀、王世澄、魏宸组、廖希贤、黄云鹏、辜汤生、陈介、王树枏、姚永朴、邓镕、刘师培、胡仁源、王璟芳、胡钧等二百十四人，已经造册宣示。其业经报到、凭证未缴，或资格尚有疑义，统俟请求更正审定后，再行补入。其宣示后，如本人以为漏误，得请取凭更正。该监督为慎重起见，凡请求更正者，须提出请求书，连同确实凭证，另取与在京荐任以上同乡官保证书证明，然后予以判定。并闻以上各节，日昨该监督已由第三、第四两号布告发表矣。[1]

18 日，北京大学报名加入进德会者计 468 人，其中职员 92 人，教员 76 人，学生 301 人。[2]

21 日，北京大学、国立法政、高等工业、高等师范等校学生至总统府新华门请愿，要求冯国璋取消中日密约，冯则称决无损失国权条文。蔡元培以劝阻无效，提出辞职。晚，四校学生代表段锡朋、许德珩等十三人开会，报告冯国璋答复情形，承认结果圆满解决，决定次日起照常上课，并挽留蔡元培。[3]

27 日，《北京大学日刊》载《文科国文学研究所启事》，云：

　　刘师培先生改订下星期二（二十八日）下午二时至□时演讲文学史，届时请研究诸君到会为盼。[4]

又刊载刘师培《本校二十周年纪念册题词》，云：

　　自古建国，教学为先。大学之教，替兴匪一。清季凌夷，草创惟始。虽干羽陈器，而金革亟作。汉京儒馆，几鞠园蔬；鲁殿遗音，仅闻丝竹。

1　《第一部互选人揭晓》，天津《大公报》1918 年 5 月 16 日，第 7 版，地方纪闻。又，《神州日报》1918 年 5 月 19—20 日第 4 页《第一部参议员选举互选人》公布了全体互选人名单，中有桂邦杰、马其昶、姚永概等。

2　《校长致进德会会员公函》，《北京大学日刊》第 145 号，1918 年 5 月 24 日。

3　《学生大举晋谒总统》，《顺天时报》1918 年 5 月 22 日，第 7 版，《北京学界之大请愿（一）》，《神州日报》1918 年 5 月 24 日，第 2 页，内外要闻。《北京学界大请愿之余闻》，《神州日报》1918 年 5 月 26 日，第 2 页，内外要闻。

4　《文科国文学研究所启事》，《北京大学日刊》第 147 号，1918 年 5 月 27 日，第 2 版，本校布告一。"至□时"，原本缺一字，疑为"至三时"。

属更启运，轨度惟新。备律算于四门，综儒玄于六代。将使后生敦悦，专门有奉，童冠彪文，束修厉恪。斯则虎门之业，无爽昔轨；鹭羽之颂，有符前作。信乎！教思无穷，树之长世。夫损益之际，《大易》所著；创制改物，古以显庸。国学聿兴，涉历廿载。有朋来远，编牒千人。至于因革异宜，质文递嬗，训俗之方非壹，轨物之迹屡迁。咸有宪章，详示景则。夫惟彰往之功著，则察来之妙显。往者溧阳片石，式颂德声；礼殿题名，播流奕叶。昭被方策，咸炳遗文。是以故实永彰，而德音昭远。况复京邑翼翼，四方是瞻。于论鼓钟，诗人所咏；大胥之版，具有司存。惇史所书，未乖实录。自非及时构缀，曷以征信方来？校长蔡君，有鉴于兹，爰属徐君，辑为斯册，所以一统类、综始终，扬缉熙之业，弘示后之文，俾夫国典所垂，章条所著，洪纤之布，其意可知。虽岁纪邈远，而典则不泯。庶成均之法，靡阙于《周官》；辟雍之记，有闻于汉代。是则学礼裁篇，犹惭弘轨；象魏悬书，均斯茂实者矣。故述其厓略，以告读者。民国六年四月，仪征刘师培。[1]

案，《北京大学日刊》所载，与《国立北京大学廿周年纪念册》所载《题词》同，与南氏本《左盦外集》卷十七所载略异。又，《北京大学日刊》文末"民国六年四月"有误，查刘师培入职北京大学在 1917 年秋，北京大学二十周年在 1918 年，则"民国六年"当作"民国七年"。

6 月 3 日，《北京大学日刊》刊载进德会民主选举评议员、纠察员检票结果。当选评议员的职员为蔡元培、王建祖、温宗禹、夏元瑮、陈独秀 5 人，教员章士钊、王宠惠、沈尹默、刘师培 4 人，学生傅斯年、廖书仓、计照、石志仁、傅汝霖、萧纯锦、罗家伦、区声白、陈宝锷、高月彩等 16 人；当选纠察员的职员吴继哲、郑阳和、李大钊、李辛白、章献猷等 11 人，教员胡适、钱玄同、俞同奎、马寅初、陈大齐、李煜瀛等 8 人，学生康白情、苏甲荣、廖书仓、朱一鹗、陈济邦、陈宝书、顾名等 31 人。[2]

14 日，《北京大学日刊》刊载《文科国文学研究所启事》：

---

1 文科教授刘师培：《本校二十周年纪念册题词》，《北京大学日刊》1918 年 5 月 27 日，第 4 版，文艺。

2 《进德会报告》，《北京大学日刊》第 153 号，1918 年 6 月 3 日，第 2 版，本校纪事。

　　刘申叔先生原订本月十五日演讲文学史,兹改于下星期一（十七日）午后三时至四时演讲。届时请研究诸君到会为盼。[1]

　　20 日下午 3 时,国史编纂处同仁在北京大学校长室开会,蔡元培、屠寄、刘师培、周作人等到会,议定暑假期间,仿机关例,放假半天,上午照常工作。刘师培提交编纂报告,计有:（1）文明史风俗类,预定长编六册:三代一册,秦汉一册,三国南北朝一册,唐五代一册,宋辽金元一册,明清一册。已编纂长编三册:三代一册,经传已采毕,子书采辑过半;秦汉一册,正史、别史已采毕,子书采辑过半;三国南北朝一册,正史采毕,余尚未采。（2）政治史志类（三国南北朝）,预定长编十二册（依原议所定各目,目各册）。已编长编四册:历律一册,缺周隋;兵一册,采至齐梁;舆服一册,采至齐梁;职官一册,晋以下未采。凡已见正史各志,均未采。[2]

　　29 日,进德会评议员、纠察员在文科第一教室开讨论会,到会者评议员 6 人、纠察员 23 人,刘师培作为评议员未出席。[3]

　　夏,有传闻说刘师培等"慨然于国学沦夷",准备重新恢复《国粹学报》和《国学荟编》。对此,鲁迅痛加鞭挞。

　　7 月 5 日,鲁迅致信钱玄同,云:

　　　　中国国粹,虽然等于放屁,而一群坏种,要刊丛编,却也毫不足怪。该坏种等,不过还想吃人,而竟奉卖过人肉的侦心探龙做祭酒,大有自觉之意。即此一层,已足令敝人刮目相看,而歆欤羞哉,尚在其次也。敝人当袁朝时,曾戴了冕帽（出无名氏语录）,献爵于至圣先师的老太爷之前,阅历已多,无论如何复古,如何国粹,都已不怕。但该坏种等创刊屁志,系专对《新青年》而发,则略以为异。初不料《新青年》之于他们,竟如此其难过也。然既将刊之,则听其刊之,且看其刊之。看其如何国法,如何粹法,如何发昏,如何放屁,如何做梦,如何探龙,亦一大快

---

　　1 《文科国文学研究所启事》,《北京大学日刊》第 162 号,1918 年 6 月 14 日,第 2 版,本校布告一。

　　2 《国史编纂处开会》,《北京大学日刊》第 170 号,1918 年 6 月 24 日,第 3 版,本校纪事;《国史编纂处开会（续）》,《北京大学日刊》第 171 号,1918 年 6 月 25 日,第 3 版,本校纪事。

　　3 《进德会启事》,《北京大学日刊》第 177 号,1918 年 7 月 4 日,第 2 版。

事也。国粹丛编万岁！老小昏虫万岁！[1]

信中所谓"侦心探龙"，即影射刘师培曾出卖革命党人、充当端方暗探事。

《顺天时报》刊载参议院、众议院议员覆选当选人名单，郭象升当选众议院议员。[2]

7日，《戊午周报》第8期出版，"文苑·文录"发表刘师培《廖氏学案序》，题下有注云："去秋在沪，属作《孔经哲学发微序》，惟书名弗雅驯，故易称'廖氏学案'，未知尊意以为何如。"

29日，天津《大公报》刊载刘师培《廖氏学案序》，8月4日续载完。

8月12日，皖系军阀段祺瑞控制的中华民国第二届国会（即安福国会）正式成立，郭象升至北京参加众议院会议，与刘师培相往还。郭象升《左盦集笺》云：

> 及余以议员至北平，寓西直门内惜薪司。申叔居南池子老爷庙街，其宅有变相，颇似神祠。考之前辈诗文，疑曾为洪北江所居，尝以语之。申叔曰："如此甚佳，但近日多病，不能博考矣。"[3]

14日，《北京大学日刊》载《文本科七年度第一学期课程表》，刘师培担任中国文学门本科中古文学史（魏晋讫唐，二年级，每周二时），文（中国文学）（三年级，每周六时）。[4]本年度指导文科研究所国文门经学、史传、中世文学史、诸子四科，为当时教授中指导科目最多者。遂作《中古文学史讲义》，以为教学之用。

10月19日，汪允宗往大通探视其弟劼宗，感染肺瘟，舟经芜湖去世。[5]

27日，《戊午周报》第24期出版，"文苑"刊载刘师培《春兴》，署名左庵。

1　鲁迅：《致钱玄同》（1918年7月5日），《鲁迅书信集》上册，北京：人民文学出版社，1976年，第17页。

2　《众议院议员覆选当选人》，《顺天时报》1918年7月5日，第3版。

3　郭象升：《左盦集笺》，闻喜叶氏《辛勤庐丛刻》第一辑，1942年。

4　《文本科七年度第一学期课程表》，《北京大学日刊》第207号，1918年9月14日，第3版，本校纪事。《文本科本学年各门课程表》，《北京大学日刊》第213号，1918年9月26日，本校布告。

5　《汪允宗君逝世》，《神州日报》1918年10月23日，第1页。

诗云：

> 嘉树滋春色，庭花澹夕阴。荣枯知应节，开落本无心。聊悟无生理，
> 闲标物外情。由来弹指顷，蓦迹去来今。

> 牢落迷阳曲，凄凉广泽篇。栖心成底事，哀乐嬗中年。春色生巴舞，
> 秋心变蜀弦。坐看崦谷日，万里下虞渊。

> 历历江东树，斯人竟索居。守雌周柱史，玩世汉相如。多病痴行药，
> 忧生负灌蔬。犹惭辨命论，应寄秣陵书。

案，此诗其一、其三以《嘉树》[1] 为题，收入《左盦诗录》卷三，其一字句偶异，其三全同。其二未收录。

11月2日，刘师培为北大学生讲"汉魏六朝专家文研究"课，授《论文章之音节》[2]《论文章之转折与贯串》。[3]

17日，刘师培在北大为学生讲授《蔡邕精雅与陆机清新》。[4]

19日，刘师培在北大为学生讲授《论文章有生死之别》[5]《史汉之句读》。[6]

23日，刘师培在北大为学生讲授《论各家文章与经子之关系》。[7]

12月6日，国史编纂处召开编辑员、征集员会议，讨论征集事宜。[8]

11日，刘师培在北大为学生讲授《论文章有主观客观之别》。[9]

1　刘师培：《左盦诗录》卷三，《仪征刘申叔遗书》第12册，第5529页。

2　仪征刘申叔先生遗说，罗常培笔受：《论文章之音节》，昆明《中央日报》1944年4月16日第5版，《星期增刊》第11期。

3　刘申叔遗说，罗常培笔受：《论文章之转折与贯串》，昆明《中央日报》1944年6月19日第3版，《文林》第6期。

4　仪征刘申叔先生遗说，罗常培笔受：《蔡邕精雅与陆机清新》，昆明《中央日报》1944年4月30日第5版，《星期增刊》第13期。

5　仪征刘申叔先生遗说，罗常培笔受：《论文章有生死之别》，昆明《中央日报》1944年4月30日第5版，《星期增刊》第13期。

6　仪征刘申叔先生遗说，罗常培笔受：《史汉之句读》，昆明《中央日报》1944年7月17日第3版，《文林》第10期。

7　仪征刘申叔先生遗说，罗常培笔受：《论各家文章与经子之关系》，昆明《中央日报》1944年5月16日第3版，《文林》第1期。

8　《国史编纂处启事》，《北京大学日刊》第264号，1918年12月5日，第4版。

9　仪征刘申叔先生遗说，罗常培笔受：《左盦论文四则》本篇题下附注，《国文月刊》第三十五期（1945年），第40页。

本年，为仪征程畹《咸同淮扬客将传》作《序赞》。[1]

案，程畹（1831—1897），字兰畦（《虹桥修禊图》作兰阶，《咸同淮扬客将传序赞》作兰陔），诸生，仪征人。年二十三，始学为诗。太平军攻占扬州，避地东台，课徒自给。后转徙吴越间，以诗受知于李联琇。诗近体学白、陆，古体宗少陵，多沉郁苍凉之作。与刻《〔道光〕重修仪征县志》，署候选教谕、恩贡生。参与道光乙巳九月虹桥修禊，有诗。著有《啸云轩诗集》五卷、《文集》六卷。此《序赞》所述"书成三十有四年"，指光绪十年（1884）程畹作《淮扬客将传论》十一篇起，至 1918 年作《序赞》，共历三十四年，故钱玄同系此文于"民七"。[2] 陈奇误以"三十有四年"为刘师培《序赞》作成于光绪三十四年，遂系之 1908 年，且以钱玄同之说为误，[3] 实非是，钱说不误。

谢无量至北京，刘师培两次拜访未遇。1955 年 7 月，谢无量有诗记其事，云："闭户宁因割席余，京华庐荷两驱车。西河籍甚传风雅，北海俄闻夫子鱼。"自注云："民七，余暂至京。申叔方讲学北大，虽两过余，未及相见。未几，即闻其丧。"

【著述】

清四川彭山县知县康君墓志铭　天津《大公报》，1 月 27 日，第三张，文艺丛录·文录，署申叔

　　案，此文 1 月 29 日在该报续完。

迟云阁藏画集序　手稿，上海朵云轩拍卖有限公司拍卖品

文科大学中国文学门科目改革案　手稿，清华大学图书馆藏

与贺伯中书　《戊午周报》第 1 期，5 月 15 日，文苑·文录，署刘师培

国立北京大学本校二十周年纪念册题词　《北京大学日刊》5 月 27 日，文艺；又原书

1　刘师培：《〈咸同淮扬客将传〉序赞》，《仪征刘申叔遗书》第 12 册，第 5221—5223 页。

2　钱玄同：《左盦外集目录》，《仪征刘申叔遗书》第 10 册，第 4002 页。

3　陈奇：《刘师培年谱长编》卷六，第 272 页。

廖氏学案序 《戊午周报》第 8 期,7 月 7 日,文苑·文录,末署刘师培

案,此文原载《国学荟编》民国三年第 4 期,又载天津《大公报》本年 7 月 29 日、8 月 4 日。

廖氏学案序 天津《大公报》,7 月 29 日,第三张,文艺丛录·文录,末署刘师培

案,此文于该报 8 月 4 日续完。此文原载《国学荟编》民国三年第 4 期,又载《戊午周报》本年 7 月 7 日。

春兴 《戊午周报》第 24 期,10 月 27 日,文苑,署左庵

咸同淮扬客将传序赞 未刊手稿

答桂蔚丞书（二） 未刊手稿

1919 年(民国八年,己未) 三十六岁

【事略】

1 月 9 日,《北京大学日刊》刊载《文科布告》,云:"本科国文门教员刘师培先生定于本星期六(十一日)来校授课。"[1]

21 日,国史编纂处召开通史讲演会成立会,讨论通过章程,并由会员认定所属各组。刘师培未参与其中。[2]

23 日,刘师培为北大学生讲授"汉魏六朝专家文研究"《神似与形似》。[3]

26 日,刘师培、黄侃、陈汉章及北大学生陈钟凡、张煊等数十人发起成立"国故月刊社",刘师培、黄侃被推为总编辑。其简章经蔡元培过目,出版经费由北京大学垫付。《北京大学日刊》记云:

国故月刊社于二十六号(星期日)下午一时,在刘申叔先生宅内开成立大会。教员到者六人,同学数十人。通过简章,并议定阳历三月起每月二十号出板。当即推定职员,并由教员介绍续请编辑教员若干人。

---

1 《文科布告(一)》,《北京大学日刊》第 282 号,1919 年 1 月 9 日,第 2 版,文科布告。

2 《国史编纂处开会纪事》,《北京大学日刊》第 295 号,1919 年 1 月 24 日,第 3 版,本校纪事,次日续载。

3 仪征刘申叔先生遗说,罗常培笔受:《左盦文论四则》本篇题下附注,《国文月刊》第三十五期(1945 年),第 41 页。

兹将该社章程暨职员开列于次。

北京大学国故月刊社章程

第一条　本月刊定名曰《国故》月刊。

第二条　本月刊以昌明中国固有之学术为宗旨。

第三条　本月刊内容,约分九门:(一)通论;(二)专著;(三)遗著;(四)艺文;(五)杂俎;(六)记事;(七)外稿选录;(八)著述提要;(九)通讯。

第四条　本月刊每月刊行一次。

第五条　凡北京大学同学有赞成本月刊宗旨者,皆得为本社社员。

第六条　本社经济,由本社募捐。开办之初,暂由校中担任垫款。

第七条　本社职员分编辑、干事二部。

第八条　本社编辑部设总编辑二人,编辑若干人,名誉编辑若干人。

第九条　本社干事部设总务主任一人,总务四人,文牍四人,庶务四人。

第十条　本月刊所登稿件,无论社员、非社员,悉无金钱之报酬。

第十一条　本社设于北京大学文科。

第十二条　本月刊发行及募捐章程另订之。

第十三条　本章程有未尽善处,得由社员五人以上之同意,提出修改。

附:月刊内容

(一)通论

(二)专著

(三)遗著　凡前贤未刊之书暨古籍之已毁板者,本社若认为必须刊行时,得代为付刊。

(四)艺文

(五)杂俎　笔记、小说等类属之。

(六)记事　内分本社记事与国学消息二类。

(七)外稿选录　凡社外投稿,除前贤遗著外,悉入此栏。

（八）著述提要　介绍古今书籍，以供同好。

（九）通讯　社内外通信皆属之。

国故月刊社职员

编辑部

总编辑　刘师培　黄　侃

编　辑　陈汉章　朱希祖　马叙伦　屠孝寔　梁漱溟　康宝忠（尚拟请编辑数人，俟得同意后再布）

陈钟凡　张　煊　马志恒　许本裕　孟寿椿　赵　健　王肇祥　伍一比　俞士镇　薛祥绥

干事部

总务主任　康宝忠

总　务　杨湜生　顾　名　王保黄

文　牍　胡文豹　区文雄　罗常培　张介麻

庶　务　刘翰章　董　威　孙延果　胡永声[1]

案，以上名单，与《国故》月刊第 1 期所载有所不同，详后。

29 日，朱希祖在《北京大学日刊》发布启事，辞去《国故》月刊特别编辑，云：

> 国故月刊编辑部诸位先生左右：前日薛君祥绥、杨君湜生来言《国故》月刊事，希祖赞成斯举，以为可以发扬国华。惟推希祖为编辑，则因所任校事甚忙，无力兼顾，未表同意，故当日开成立会时，未造刘宅，甚为抱歉。今日遇马夷初先生，亦曾表白辞意。因希祖担任国文研究所及《大学月刊》编辑，加以校中讲义尚未编了，已觉顾此失彼。再任《国故》编辑，实觉力所不逮。与其挂名尸职，不如先自告退为愈。敬请贵月刊出版时，勿加入贱名为幸。区区之意，伏祈原宥。敬颂箸安。弟朱希祖再拜，一月二十八日。[2]

1　《国故月刊社成立会纪事》，《北京大学日刊》第 298 号，1919 年 1 月 28 日，第 4 版，本校纪事。

2　《朱希祖启事》，《北京大学日刊》第 299 号，1919 年 1 月 29 日，第 2 版。案，本期《日刊》序号误作 298 号，《朱希祖启事》文字排印错乱，并已改正。

30 日,《北京大学日刊》载《国故月刊编辑部启事》,说明朱希祖辞去《国故》月刊特别编辑,云:

> 前日,本社曾托薛君祥绥、杨君湜生恭请朱遏先先生为本社特别编辑,接洽结果,朱先生对于本社宗旨甚表赞同,并允投稿,故本社将朱先生列于特别编辑之列。今接先生来函及《日刊》启事,知先生公务纷繁,势难兼顾,辞去编辑。谨遵来函办理,特此公布。[1]

本月,由北京大学学生许德珩等创办的《国民》第 1 期出版,刊载刘师培《逸礼考》,并于该刊第 2 期续完。

2 月 13 日,刘师培为北大学生讲授"汉魏六朝专家文研究"《文质与显晦》。[2]

20 日,刘师培为北大学生讲授"汉魏六朝专家文研究"《文章变化与文体迁讹》。[3]

本日,刘师培给陈钟凡写信,告知陈玉澍《尔雅释例》稿收悉、修改《马公墓志铭》事,云:

> 觉圆仁兄左右:
>
> 昨诵华翰,具悉壹是。执事以逸群之才,洞精典籍,遵业稽古,用成振鹭西雍之美,洵群士之楷式,国桢之上美也。惕庵年丈,淮海大师,遗著《尔雅释例》,远出征南《左例》之上。得执事掇拾丛残,用恢先业,谨当援按卷目,录付铅椠,一俟印毕,即可单行。惟首篇以下各稿,仍祈按期寄示耳。尊著《马公墓志铭》嗣响伯喈,雅懿渊茂,文举、仲宣犹或弗逮。信乎国门可悬,一字弗易者矣。顾复用盅弗盈,下问不耻,兹就鄙见所及,粗有更易。别纸呈览,仍候尊裁。余容面罄。手此即颂
>
> 道绥!
>
> 师培拜启　二十日

仪征阮文达公不以诗名,其诗不主一家,不专一格,然长篇均有奇

1 《国故月刊编辑部启事》,《北京大学日刊》第 300 号,1919 年 1 月 30 日,第 2 版。

2 仪征刘申叔先生遗说,罗常培笔受:《左盦文论四则》本篇题下附注,《国文月刊》第三十五期(1945 年),第 41 页。

3 同上。

致，律诗迥绝俗氛。盖纯为学人之诗，而以性情为主者也。又，五、七古各篇，颇多考证之作，与大兴翁氏略同，足审乾嘉间风气。或以文达诗出于香山，然全集之中，绝少模拟之作。[1]

22 日，《国故》月刊社发表《通告》，云：

> 本社社址业已觅定（在文科大楼第三层三十三号），凡本社编辑及社员诸君，如有函件、稿件，径交该处可也。[2]

26 日，《神州日报》载《学海要闻》，其中有云：

> 北京大学近来出版物风起泉涌，极一时之盛，统计不下十余种之多，如《日刊》《月刊》《新青年》《新潮》《每周评论》《国民杂志》《数理杂志》等，皆最著者也。近文科教员刘申叔（师培）等又组织《国故》杂志，提倡绝学，自与《新青年》《新潮》绝异其趣，不日即可出版。申叔前在上海办《国粹学报》，后在北京办《中国学报》，《国故》之内容，大致亦相彷佛也。[3]

3 月 4 日，《申报》载二日下午二时北京专电云：

> 北京大学有教员陈独秀、胡适等四人驱逐出校，闻与出版物有关。[4]

6 日，刘师培为北大学生讲授《汉魏六朝之写实文学》。[5]

本日，《申报》载《北京大学新旧之暗潮》，分析北大新旧派思想冲突，云：

> 国立北京大学自蔡孑民氏任校长后，气象为之一新，尤以文科为最有声色。文科学长陈独秀氏以新派首领自居，平昔主张新文学甚力。教员中，与陈氏沆瀣一气者，有胡适、钱玄同、刘半农、沈尹默等。学生闻风兴起，服膺师说、张大其辞者，亦不乏人。其主张以为，文学须应世界思潮之趋势。若吾中国历代相传者，乃为雕琢的、阿谀的贵族文学，陈腐的、铺张的古典文学，迂晦的、艰涩的山林文学，应根本推翻，

1　吴新雷等编纂：《清晖山馆友声集》，南京：江苏古籍出版社，2000 年，第 187—189 页。

2　《国故月刊社通告》，《北京大学日刊》第 315 号，1919 年 2 月 22 日，第 3 版。

3　半谷通信：《学海要闻》，《神州日报》1919 年 2 月 26 日，第 2 页，内外要闻。

4　《申报》1919 年 3 月 4 日，第 3 版，专电。

5　仪征刘申叔遗说，罗常培笔受：《汉魏六朝之写实文学》，昆明《中央日报》1944 年 7 月 17 日第 3 版，《文林》第 10 期。

代以平民的、抒情的国民文学，新鲜的、立诚的写实文学，明了的、通俗的社会文学。此其文学革命之主旨也。自胡适氏主讲文科哲学门后，旗鼓大张，新文学之思潮益澎湃而不可遏。既前后抒其议论于《新青年》杂志，而于其所教授之哲学讲义，亦且改用白话文体裁。近又由其同派之学生，组织一种杂志曰《新潮》者，以张皇其学说。《新潮》之外，更有《每周评论》之印刷物发行。其思想、议论之所及，不仅反对旧派文学，冀收摧残廓清之功，即于社会所传留之思想，亦直接、间接发见其不适合之点而加以抨击。盖以人类社会之组织，与文学本有密切之关系。人类之思想，更为文学实质之所存。既反对旧文学，自不能不反对旧思想也。顾同时与之对峙者，有旧文学一派。旧派中，以刘师培氏为之首。其他如黄侃、马叙伦等，则与刘氏结合，互为声援者也。加以国史馆之耆老先生，如屠敬山、张相文之流，亦复视新文学派若蛇蝎，而深表同情于刘、黄。刘、黄之学，以研究音韵、《说文》、训诂为一切学问之根，以综博考据、讲究古典古制，接迹汉代经师之轨，文章则重视八代而轻唐宋，目介甫、子瞻为浅陋寡学。其于清代所谓桐城派之古文家，则深致不满，谓彼辈学无所根而徒斤斤于声调。更借"文以载道"之说，假义理为文章之面具，殊不值通人一笑。从前大学讲坛为桐城派古文家所占领者，迄入民国，章太炎学派代之以兴。在姚叔节、林琴南辈，目击刘、黄诸后生之皋比坐拥，已不免有文艺衰微之感，然若视新文学派之所主张，更当认为怪诞不经，以为[1]其祸之及于人群，直无异于洪水猛兽；转顾太炎新派，反若涂轨之犹能接近矣。顷者，刘、黄诸氏以陈、胡等与学生结合，有种种印刷物发行也，乃亦组织一种杂志曰《国故》。组织之名义，出于学生，而主笔政之健将，教员实居其多数。盖学生中固亦分旧、新两派，而各主其师说者也。二派杂志，旗鼓相当，互相争辩。将来真理可以由之而明，界说可以由之而定。绞学者之脑筋，当然有裨于文化。第不愿忘其辩论之范围，纯任意气，各

1　"以为"，原本误作"似为"，据《神州日报》1919年3月21日《北京大学新旧两派之争衡》改。

以恶声相报复耳。至于介乎二派而具有调和之能力者,则有海盐朱希祖氏。朱亦太炎之高足弟子也,邃于国学,且明于世界文学进化之途径,故于整理旧文学之外,兼冀组织新文学。惟彼之所谓"新"者,非脱却旧之范围,盖其手段不在于破坏而在于改良。以记者之愚,似觉朱氏之主张较为适当也。日前喧传教育部有训令达大学,令其将陈、钱、胡三氏辞退,并谓此议发自元首。而元首之所以发动者,由于国史馆内一二耆老之进言。但经记者之详细调查,则知确无其事。此语何自而来,殊不可解。寄语新文学诸君子:中国文学腐败已极,理应顺世界之潮流,力谋改革。诸君之提倡改革,不恤冒世俗之不韪,求文学之革新,用意亦复至善。第宜缓和其手段,毋多树敌,且不宜将旧文学上价值一笔抹杀也。[1]

7 日,《时事新报》刊载消息,说明误传驱逐陈独秀等四人之原委,云:

自四日《申报》电载大学教员陈、胡诸君被逐消息后,全国学界惊惑异常。顷据都中来友所谈,被逐一节,幸未成事实,然《申报》之电亦非无因。闻前数日,徐某特召教育总长傅增湘,谓大学教员陈独秀、胡适等有主张无政府主义之言论,宜速下令驱逐若辈出校。傅即召大学校长蔡元培,告以此事。蔡叩以有何证据,傅云未之见,但谓想系大学出版物中有此种不稳当言论。蔡即取大学所出版《新青年》杂志(陈、胡所主张之新学说,尽在此中)示之。傅阅后,谓此亦无大乖谬,可置勿议云云。外间但闻徐语傅之消息,而未得傅、蔡会谈结果,故有陈、胡被逐之传。此事当不至发生问题矣。[2]

教育部发布第 310 号指令:

令北京大学国史编纂处呈一件,报告该处成立以来关于纂辑、征集一切事宜由。据呈暨报告均悉,该处并入大学,成立仅阅年余,关于纂

1　静观:《北京大学新旧之暗潮》,《申报》1919 年 3 月 6 日,第 6 版,要闻。又,《北京大学新旧两派之争衡》,《神州日报》1919 年 3 月 21 日,第 3 页,内外要闻,3 月 23 日第 3—4 页续载,内容与此略同,另附林纾致蔡元培书。

2　《大学陈胡诸教员受侮确闻》,《时事新报》1919 年 3 月 7 日,第 3 张第 3—4 版,学灯·教育界消息。

辑、征集两部分事项，广罗名宿，实事著述，积极筹办，成绩斐然，至堪嘉许。应即继续进行，以期美备。清册二件，存。此令。[1]

北京大学国史编纂处呈文所附《国史编纂处纂辑股报告清册》开列"纂辑员刘师培报告书"，计有：（一）政治史长编，册数三十六册：历律志长编三册，兵志长编七册，礼志长编十三册，刑法志长编五册，乐志长编四册，舆服志长编四册；（二）文明史长编，册数二十七册：三代风俗史长编六册，秦汉风俗史长编九册，三国风俗史长编二册，六朝风俗史长编十册。[2]

15日，《顺天时报》刊载《国故》月刊发行的消息，云：

> 北京大学出版部近发起《国故》月刊，以昌明中国固有之学术为主旨，材料丰富，印刷精良。其撰述诸稿，皆当代名人暨海内先贤，鸿文懿著，美不胜收。内容分"通论""专著""遗著""艺文""杂俎"五类，月出一册，每册售价大洋三角。闻第一期定于本月二十号出版，其总发行所即在该大学出版部内。研究国学者，谅必以先睹为快云。[3]

17日，《北京大学日刊》刊载《〈国故〉月刊将出版》，云：

> 《国故》月刊第一期闻现定于本月二十号出版，每册定价大洋三角，校内购买者按九折计算，发行即在本校出版部内。兹登其第一期目录于后。
>
> 通论
>
> 古今学术钩通私议　　　　俞士镇
>
> 言文合一平议　　　　　　张　煊
>
> 读古书法举隅　　　　　　薛祥绥
>
> 专著
>
> 毛诗词例举要　　　　　　刘师培
>
> 礼经旧说考略　　　　　　刘师培
>
> 夏小正词例举要　　　　　俞士镇
>
> 求进步斋音论　　　　　　张　煊

1　《指令第三百十号》，《教育公报》第6卷第5期，1919年5月，命令。

2　《国史编纂处纂辑股报告清册》，《教育公报》第6卷第5期，1919年5月，报告。

3　《发行〈国故〉月刊》，《顺天时报》1919年3月15日，第7版，本京新闻。

汉书艺文志笺	许本裕
诸子通谊	陈钟凡
列子伪书考	马叙伦
王学私议	吴承士
文笔考	王肇祥
邃思斋文论	薛祥绥

遗著

尚书学	朱骏声
礼记篇目考	王仁俊
尔雅释例	陈玉澍
陈文节公年谱	孙锵鸣
吕氏春秋高注补正	孙锵鸣

艺文

文录　诗录　各若干首

杂俎

| 读书小记再续 | 马叙伦 |
| 独轩随笔 | 薛祥绥[1] |

18 日，《公言报》刊登《请看北京学界思潮变迁之近状》，称：

> 北京近日教育虽不甚发达，而大学教师各人所鼓吹之各式学说则五花八门，颇有足纪者。[2]

其下同《申报》所载《北京大学新旧之暗潮》一文。

19 日，《北京大学日刊》刊载《文科国文学研究所启事》：

> 敬启者：刘申叔先生订于本星期六（二十二日）下午三时至四时，开会研究经学，届时务请研究诸君莅会为盼。[3]

---

1 《〈国故〉月刊将出版》，《北京大学日刊》第 334 号，1919 年 3 月 17 日，第 4 版，本校纪事。

2 《请看北京学界思潮变迁之近状》，《公言报》1919 年 3 月 18 日。

3 《文科国文学研究所启事》，《北京大学日刊》第 336 号，1919 年 3 月 19 日，第 2 版，本校布告。

该《启事》次日在《北京大学日刊》又载。

20日，《国故》月刊出版创刊号，其《本社记事录》云：

发起始末 岁初，俞士镇、薛祥绥、杨湜生、张煊慨然于国学沦夷，欲发起学报，以图挽救。遂定期于张煊处讨论一次，并草定简章数条，决定首调教员，征求同意；次向校长陈述。嗣谒诸教员，皆蒙赞允，同学加入者甚夥，遂谒校长，请助经费。校长允与垫办，俟社中经费充裕时，再行偿还。次日，用发起人二十人名义上校长函请款，支领开办费三百元，本社遂以成立矣。

成立大会 一月二十六号，开成立大会于刘申叔先生宅内，教员至者六人，同学至者数十人。当即提出章程讨论，修改第二条为"本月刊以昌明中国固有之学术为宗旨"，第三条"图画、讲演二门"删去，第（七）〔八〕条"编辑十六人"改为"若干人"，第九条全行删去。定于阳历三月二十号出版，所有投稿统于二月二十号前缴齐。其印刷、发行等事，请康心孚先生担任。议毕，当即推举职员，并定翌日午后开职员会议，遂散会。

附章程

第一条　本月刊定名曰《国故》月刊。

第二条　本月刊以昌明中国固有之学术为宗旨。

第三条　本月刊内容约分九门：（一）通论；（二）专著；（三）遗著；（四）艺文；（五）杂俎；（六）记事；（七）外稿选录；（八）著述提要；（九）通讯。

第四条　本月刊每月刊行一次。

第五条　凡北京大学同学有赞成本月刊宗旨者，皆得为本社社员。

第六条　本社经济，由本社募捐。开办之初，暂由校中担任垫款。

第七条　本社职员，分编辑、干事二部。

第八条　本社编辑部设总编辑二人，编辑若干人，名誉编辑若干人。

第九条　本社干事部设总务主任一人，总务四人，文牍四人，庶务四人。

第十条　本月刊所登稿件,无论社员、非社员,悉无金钱之报酬。

第十一条　本社设于北京大学文科。

第十二条　本月刊发行及募捐章程另订之。

第十三条　本章程有未尽善处,得由社员五人以上之同意,提出修改。

附月刊内容

（一）通论;

（二）专著;

（三）遗著:凡前贤未刊之书,暨古籍之已毁板者,本社若认为必须刊行时,得代为付刊;

（四）艺文;

（五）杂俎:笔记、小说等类属之;

（六）记事:内分本社记事与国学消息二类;

（七）外稿选录:凡本社外投稿,除前贤遗著外,悉入此栏;

（八）著述提要:介绍古今书籍,以供同好;

（九）通讯:社内外通信皆属之。

职员会议　二十七号第一次职员会议,起草编辑部、总务部各细则,并推举俞士镇拟与海内学者书,王肇祥拟募捐启,复推任俞士镇、许本裕担任编辑记事。二月十一日,开第二次会议,杨湜生报告印刷事务,薛祥绥交账,庶务孙廷杲收账,并推俞士镇拟投稿简章。十八日,开第三次会议,本社地址已定文科三层楼上三十三号,并添聘楼巍担任文牍,王自治担任总务。二十五日第五次会议,社址已定,由职员自行分配值日。又拟托商务印书馆、中华书局、扫叶山房代派月刊,请文牍拟一公启并致全国教育界公函,请其代销等事。即推区文雄拟与全国教育界公启,俞士镇拟募捐简章暨代派简章。三月十一日第八次职员会议,议定本京详细广告,登《又新》及《民视报》;致函上海商务印书馆与《东方杂志》《教育杂志》,交换广告;与京外报界公启,嘱其代登新闻。拟定存根收据单式暨募款簿式,请刘翰章经理发行上之文件。

马夷初先生来函　略谓:形式即仿《国学汇刊》,每种未毕之稿,直排到底，不加"未完"字样，则板心亦可只标书名，惟于下端，如向来刻书家之例，标"国故"或"国故丛刊"等字。又，每种如非单篇短文，并须于首期加书题一页，庶几拆装时竟可自成一部，与寻常刻书无异。并言及余款如何积存处置及著作权问题。

职员每周值日 星期一，赵健，许本裕；星期二，上午薛祥绥，下午许本裕、楼巍；星期三，上午张煊、薛祥绥，下午俞士镇、张煊；星期四，上午薛祥绥、张煊，下午俞士镇、伍一比；星期五，区文雄、孙延祟；星期六，上午俞士镇、杨湜生，下午伍一比、楼巍；星期日休息。

担任校勘 每期担任校勘者四人：张煊、薛祥绥、许本裕、俞士镇。

高润生先生捐书 固安高润生鹭波先生遣李君光宇捐赠本社自著《尔雅谷名考》一部暨哲嗣高树枝、树桓君《中国历代农事考》一册。

校内外杂志来函交换 本校《数理杂志》送来交换杂志一册，校外如《法政学报》《中国大学学报》《江汉声》杂志皆来函，愿行交换。

本期刊载《本社启事》四则：

本社启事一

本月刊出版，蒙海内学者锡以祝辞，因限于篇幅，不能登载，特此鸣谢。

本社启事二

凡前贤未刊之稿，有愿借本月刊发表者，本社十分欢迎。稿请挂号寄交本社编辑部，印完后原稿依然由本社挂号寄还。

本社启事三

本月刊设"外稿"及"通讯"二栏。读者如肯见教，无论对于本月刊许可或非难，皆所欢迎。倘长篇著述，与本月刊宗旨相同者入"外稿"栏，余入"通讯"栏。

本社启事四

本社通信处：北京汉花园北京大学文科国故月刊社。

以上启事中，后三则自第二期起均载于封二。

该期同时刊出《国故月刊社职员录》，与《北京大学日刊》所载有所变化：

编辑部：

总编辑：刘师培（申叔，江苏），黄侃（季刚，湖北）；

特别编辑：陈汉章（伯弢，浙江），马叙伦（夷初，浙江），康宝忠（心孚，陕西），吴梅（瞿庵，江苏），黄节（晦闻，广东），屠孝寔（正叔，江苏），林损（公度，浙江），陈钟凡（斠玄，江苏）

编辑：张煊（培风，江苏），薛祥绥（伯安，陕西），俞士镇（静安，浙江），许本裕（惇士，安徽），赵健（浙江），王肇祥（麟伯，江苏），孟寿椿（寿椿，四川），伍一比（叔傥，浙江），马志恒（子久，京兆），胡文豹（仲侯，陕西）。

干事部：

总务主任：康宝忠（心孚，陕西）；

总务：杨湜生（勖初，直隶），王自治（立轩，甘肃），孙延杲（仲珩，浙江），顾名（君谊，江苏）；

庶务：刘翰章（合初，陕西），王保黄（仲三，京兆），姚鋆（苍均，贵州），陈楙（公甫，浙江）；

文牍：区文雄（得潜，广西），楼巍（幼静，浙江），罗常培（心田，京兆），张介麻（侯生，河南）。

《国故》月刊第 1 期"专著"栏始载《毛诗词例举要》《礼经旧说考略》，"文录"载《屈君别碑》《蜀学祠文翁议》，署名刘师培。另有张煊《言文合一平议》，称："鄙雅在意而不在辞。今之文，即古之语。古人用之，未以通文为忌。今用之，亦何伤？况言文由于人造，人欲一之，斯一之矣，奚不可能之有？惟统一之方，或主不用典，且以俗语为文。揆诸私意，未敢谓当。"[1]

案，本期所载《毛诗词例举要》，钱玄同编《刘申叔先生遗书》称为"略本"，以为乃就另一同名而称为"详本"者删改而成。钱说实误，此本乃刘师培在北京大学所编《中国文学讲义概略》时所作，此期所载，即从《中国文学讲义概略》中抽出者。

《国故》月刊第 1 期出版后，黄侃将其寄章太炎，章太炎函复吴承仕，云：

1　张煊：《言文统一平议》，《国故》月刊第 1 期，1919 年 3 月 20 日，通论。

　　季刚寄来《国故》月刊，见足下辨王学数条，甚是。大抵远西学者，思想精微，而证验绝少。康德、箫宾开尔之流，所论不为不精至，至于心之本体何如，我与物质之有无何如，须冥绝心行，默证而后可得。彼无其术，故不能决言也。陆、王一流，证验为多，而思想粗率。观其所至，有绝不能逮西人者，亦有远过西人者，而于佛法，终未到也。罗念庵称：当极静时，恍然觉吾此心中虚无物，旁通无穷，有如长空云气流行，无有止极；有如大海鱼龙变化，无有间隔。无内外可指，无动静可分。上下四方，往古来今，浑成一片。王塘南称：澄然无念，是谓一念。非无念也，乃念之至微至微者也。此正所谓生生之真几，更无一息之停。此二说者，非会验心相，而能如是乎？然其所验得者，只阿赖（却）〔耶〕识而已。所谓流行变化、真几无停，即恒转如瀑流之谓也。真无垢识，罗、王不能验得，故于生几生理，始终执着，以为心体，然较诸康德辈绝无实验者，则已远过之矣。王隆吉、刘蕺山谓意非心之所发，身之主宰谓之心，心之主宰谓之意。心无时不动，妙应无元，必有所以主宰乎其中而寂然不动者，是为意也。此已见及意根矣。所谓寂然不动者，即恒审思量之谓，亦作实验，无由知此，而断绝意根，非王、刘之所解。故隆吉云："圣狂之所以分，只重主宰诚不诚耳。"此乃牢执我见，与绝四之说大异矣。然则王学高材，皆实证七、八两识者，校之洛、闽诸公（迴）〔迥〕为确实。惜乎宗旨一异，趋向虽殊，梨州所谓儒释疆界，眇若山河者，正坐生理生机诸说为之障耳。（梨州实未见及此。）孔子唯绝四，故能证生空、法空。此所以为大圣欤！杨慈湖但以"毋意"为心不起意。诚令如是，不过如卧轮所谓能断百思量，对境心不起者，乃为大鉴所诃矣。[1]

又有与黄侃书，云：

　　《月刊》中有何人言："炭石训钜，古代所无。"我之以"钜"为金刚，岂创说耶？因《御览·金刚类》引服虔《通俗文》"乱金谓之钜"，知前人以钜为金刚，与《说文》"大刚"之训又相符契。若（文）〔云〕金刚非

---

1 《章太炎先生与吴检斋书》，《国故》月刊第 2 期，1919 年 4 月 20 日，通讯。

中土物,大小篆不当预为制字,珊瑚、瑠离岂中土所有? 而小篆有其字,何也? 以此相明,疑可释矣。金刚之名,始见《南州异物志》。此书为吴万震撰,去服虔未远。虔又以乱金为钜,而《御览》引之入《金刚类》。《御览》本于《修文》旧籍,必非任意牵入也。古之朝贡,以所宝为(挚)〔贽〕。既有金刚,而名曰钜,亦何嫌乎? 姑为弟言之,非必欲争此一事之谛否。[1]

张煊(培风)为此二函加按语,云:

> 太炎先生学问文章,本社同人素所景慕。此次锡之教言,匡其不逮,同人极为感激。谨将原书,载入"通讯"栏,并拜佳惠。同人以课余之暇,率尔成文,自知必多谬误。尚望硕学如先生者,时锡教言,匡其不逮。惟俞君"炭石训钜,古代所无"二语,记者以为亦甚精确。盖知金钢为炭质,实欧西近代所发明。我国古时,固莫之知也。故虽古人以金钢训"钜",亦不得遂谓古人即以炭石训"钜"。质之太炎先生,以为何如。[2]

21日,《新闻报》刊载《国故》月刊出版消息,云:

> 北京大学出版部近发起《国故》月刊,以昌明中国固有之学术为主旨,内容丰富,印刷精良。其撰述诸稿,皆当代名人暨海内先贤。鸿文懿著,美不胜收。每月出一册,每册定价大洋三角。第一期已定于本月二十号出版,其总行所即在北京大学出版部。兹将第一期目录列下。[3]

24日,《北京大学日刊》附张发表《刘师培致〈公言报〉函》:

《公言报》主笔大鉴:

> 读十八日贵报《北京学界思潮变迁》一则,多与事实不符。鄙人虽主大学讲席,然抱疾岁余,闭关谢客,于校中教员素鲜接洽,安有结合之事? 又《国故》月刊由文科学员发起,虽以保存国粹为宗旨,亦非与《新

---

1 《章太炎先生与黄季刚先生书》,《国故》月刊第2期,1919年4月20日,通讯。
2 《国故》月刊第2期,1919年4月20日,"通讯";续载于第3期,1919年5月20日,通讯。
3 《北京发行〈国故〉月刊》,《新闻报》1919年3月21日,第2张第1版,紧要新闻。下引目录,今略。

潮》诸杂志互相争辩也。祈即查照更正，是为至荷！

刘师培启[1]

同时刊登了《〈国故〉月刊社致〈公言报〉函》：

主笔先生大鉴：

阅本校日刊，得悉十八日贵报有论北京大学新旧学派一条，所云《国故》月刊情形与真象不符，特将敝社经过事实略为陈述，请详览焉。《国故》月刊纯由学生发起，其初议定简章，即送呈校长阅览，当蒙极端赞成，并允垫给经费，本社遂以成立。嗣以社中尽属同学，于稿件之去取未便决定；又因同学才识简陋，恐贻陨越，箴规纠正，端赖师资，故敦请本校教员及国史馆职员为总编辑及特别编辑，而社中编辑十人，则全为学生。由此以观，则学生为主体，教员亦不过负赞助上之职务耳。而贵报所谓"顷者刘、黄诸氏，以陈、胡等与学生结合，有种种印刷物发行也，故组织一种杂志曰《国故》。组织之名义出于学生，而主笔政之健将，教员居其多数"，毋乃全背事实，而蹈捕风捉影之讥乎？至于本社成立之初，同人尝立一规律，以研究学术，实事求是，不得肆击他人，亦不得妄涉讪骂，至今恪守，罔敢逾越。盖以学术大同，百科并重，各尊所闻，各行所是，只求学理之是非，而无意见之争执。而贵报不察，既未明本社真象，复故猜测其词，以为且轶范围而涉意气。荧惑观听之责，贵报岂其能辞？要之，同人组织《国故》，其宗旨在昌明国学，而以发挥新义、刮垢磨光为急务，并非（守）抱残守缺、姝姝奉一先生之言，亦非故步自封、驳难新说。时至今日，学无新旧，唯其真之为是。故信口吹求，逞词抵巇，在一般机关报纸，或诚所不免，而以昌明国学、实事求是如本社者，乃亦来私臆影响之谈，其他则又何说？贵报纪载翔实，岂其然也！深恐互相转载，易滋物议，市虎谣传，昔人所戒，故特敬布区区，望乞照载，并赐教焉。幸甚！[2]

1　《刘师培致〈公言报〉函》，《北京大学日刊》第340号，1919年3月24日，第6版，通信。

2　《〈国故〉月刊社致〈公言报〉函》，《北京大学日刊》第340号，1919年3月24日，第6版，通信。

《北京大学日刊》刊载《文科国文学研究所启事》（次日又载）：

> 敬启者：刘申叔先生订于本月二十七日（星期四）下午三时开会，研究诸子。届时请研究诸君莅会为盼。[1]

春，由于仰慕刘师培学问，黄侃正式拜刘师培为师。关于"黄君拜师"的经过，有主动、被动二说，传闻颇异。今并录之。

1920 年，黄侃《先师刘君小祥会奠文》云：

> 我滞幽都，数得相见。敬佩之深，改从北面。夙好文字，经术诚疏。自值夫子，始辨津涂。[2]

黄侃《复许仁书》又云：

> 侃六七年前，每事好为新说。自事仪征而后，乃恍然于所尚之非，而已驷不及舌矣。因君恳挚，故不恤自露其情。若乃不守师承，多创异义，苟取盈卷，不顾重复，则禹域之大，何患无才？亦奚劳足下远来相问耶？[3]

《钱玄同日记》1936 年 4 月 20 日载：

> 下午一时顷，至某海，与林景伊、周虎谈。林言：黄拜刘为师事是在民八，刘死之前数月。一日黄访刘，刘谓："你的文章，总是学无根柢。根柢者，经也。"黄询以治经之法，刘谓："你要治经，可从我研究。"黄诺之。翌日，刘忽请黄在其家吃饭，黄往，则盛馔已陈，而燃巨烛，且铺拜毡。刘曰："尔既欲从我学，可即拜师。"何震又在旁说了几句很俏皮的话。黄不得已，遂磕头焉。旁有陈仲甫作见证云。此事甚奇，然林谓系黄自述云。[4]

《中央时事周报》1936 年第 5 卷第 2 期顾少怡《黄季刚执赘于刘师培》转述其闻于汪辟疆者，云：

> 昔者刘氏与季刚，同为北大之国学教授。刘氏为江北仪征经学世家，尤精《春秋左氏传》，盖传其家学。闲常语季刚，自谓体弱多病，此

1 《文科国文学研究所启事》，《北京大学日刊》第 340 号，1919 年 3 月 24 日，第 5 版，本校布告。

2 黄侃：《先师刘君小祥会奠文》，《仪征刘申叔遗书》第 1 册卷首，第 59 页。

3 黄侃：《复许仁书》，《黄季刚诗文集》下册，第 503 页。

4 杨天石主编：《钱玄同日记》（整理本）下册，第 1191 页。

千秋绝业，将与身俱没。季刚谓："君曷不传诸其人？"刘氏遂兴才难之叹。季刚曰："悬格以求，必如何之人而后可？"刘氏曰："但得开敏如兄者，余愿足矣。"季刚默然退。

翌晨，季刚市食物多种，造刘氏门。师培迓之入，而深以突馈多珍为异。季刚曰："昨日之语，极感殷殷相惜之意。今愿执贽为弟子。"刘虽逊谢，但卒受其礼拜。自是，刘对黄氏，知无不言，言无不尽，而黄氏之学日益，卒达广大精微之境。后举此事以告辟疆，并谓恩师之恩，章、刘两氏，皆不可忘云。[1]

黄焯《记先从父季刚先生师事余杭仪征两先生事》云：

> 君是时病瘵已深，一日凄然谓从父曰："余家四世传经，不意及身而斩。"从父伤其无子，强慰之曰："君今授业于此，勿虑无传人。"君曰："诸生何足以当此！"曰："然则谁足继君之志？"曰："安得如吾子而受之。"从父蹴然起曰："愿受教。"翌日往，执贽称弟子，扶服四拜，刘君立而受之。[2]

陆宗达《我所见到的黄季刚先生》云：

> 有一次，季刚先生去刘师培家，见刘先生正与一位北大学生对话，而对学生提出的问题多所支吾。学生离去后，季刚先生便问他为什么不认真回答问题。刘先生说："他不是可教的学生。"随后，他便感叹起"四世传经，不意及身而斩"的遗憾来。季刚先生说："您想收什么样的学生呢？"刘先生抚着他的肩膀说："象你这样足矣。"季刚先生并不以此为戏言，第二天果然正式去拜老师，登门受业。[3]

杨伯峻《黄季刚先生杂忆》回忆其1932年拜黄侃为师时，黄侃曾自云：

> 我和刘申叔，本在师友之间。若和太炎师（章炳麟）在一起，三人无所不谈。但一谈到经学，有我在，申叔便不开口。他和太炎师能谈经学，为什么不愿和我谈呢？我猜想到了，他要我拜他为师，才肯传授经

---

1 顾少怡：《黄季刚执贽于刘师培》，《中央时事周报》1936年第5卷第2期，第20页。

2 程千帆、唐文编：《量守庐学记》，第124—125页。

3 程千帆、唐文编：《量守庐学记》，第109页。案，《量守庐学记》所收录汪辟疆《悼黄季刚先生》、刘赜《师门忆语》、殷孟伦《忆量守师》等文章，也持相似说法。

学给我。因此，在某次只有申叔师和我的时候，我便拿了拜师赞敬，向他磕头拜师。这样一来，他便把他的经学——传授给我。太炎师的小学胜过我，至于经学，我未必不如太炎师，或者还青出于蓝。我的学问是磕头得来的，所以我收弟子，一定要他们——行拜师礼节。[1]

《刘氏五世小记》则谓：

> 我记得听见尹君石公谈过一段黄君拜门的故事。舅氏时在北大，专任文科教授。斋夫老陈，是专在课堂服务的。黄在先一日与老陈商谈，要拜刘先生为师，又恐刘先生不肯接受，明日等下课时，须如何如何。知道老陈好饮，赠以酒资，坚嘱明日临时协助。老陈允诺。次日下午，黄自携长线香一束，红烛一对，用一只竹篮提了香炉烛台，又挟了大红毡一条，预先躲在课堂旁边休息室内。不多一刻，老陈照例打过下课钟，舅氏从容出课堂入休息室。则见室内桌上，高烛双烧，香烟缭绕。正在愕然，则见老陈铺下红毡，牵曳舅氏坐在椅上不使动。季刚从旁闪出，急趋至前，跪在毡上三叩首，口中高叫："弟子黄侃向先生行特敬礼。"礼毕侍立。舅氏此时虽颇觉旁皇，然亦无法拒绝他。自是日起，就正式著弟子籍了。季刚常向人说，我虽是章门，但经学的传受，是得之刘先生启发最多的，所以不能不向先生北面了。[2]

4 月 1 日，中国代表抗议巴黎和会英、美、法三国会议解决山东问题办法。

10 日，《神州日报》载北京大学新旧派之争，云：

> 顷由某方面传出极不祥之消息：北京大学新旧两派之暗斗，日来愈演愈剧，而旧派颇得此间政界强有力者之策应，其势咄咄逼人，非取新派而代之不已。最近竟有某要人，直接要求徐总统撤换蔡子民、驱逐陈独秀，禁止《新潮》《新青年》各杂志之发行。两日以来，徐总统之周围渐为前清一般咬文嚼字之无赖文人所环绕，其新组织晚晴簃诗社，表面上为维持风雅，而暗幕中正与北京大学新学宣战。此次某要令举动，

1　程千帆、唐文编：《量守庐学记》，第 147—148 页。
2　梅鹤孙：《刘氏五世小记》，第 45—46 页。

该社之动力居多，其中分子如吴某、樊□某等，仇视蔡孑民等最甚。吴某侈号桐城遗派，自诩为桐城之学，可以救国救民。至如北京大学所提倡之新学，则直以亡国种子视之。因为巩固势力计，特拉入军界喜出风头之徐某为该社之一员。犹忆前月间徐某在其主办之某中学演说（因行毕业式），曾痛骂此间之讲新学者为丧心病狂云云。吴入京后，因姚某（桐城人）之介绍，时与徐某接近。今徐得加之该社，意气豪迈，将来或转移出打南军之手腕，以歼灭学界之新起少年，亦未可知。惟闻徐总统于蔡孑民等，心目中有所顾忌，故对某要人之要求尚持和缓态度，第能否坚持不变，尚存不可知之数耳。[1]

20日，济南十万人召开国民请愿大会，请求政府废除中日密约，归还青岛及山东路矿。

本日，《国故》月刊第2期出版，"专著"续载《毛诗词例举要》《礼经旧说考略》，"艺文·文录"刊载《退郚诗钞序》，署名刘师培。

30日，英、美、法三国首脑决定，德国在山东权益由日本继承。

5月3日，蔡元培将巴黎和会山东问题条款转告北大学生。北大及高等师范等校学生代表召开大会，议决"通电巴黎专使，拒不签字"等四项办法。

4日，北京爆发五四运动。三千多名学生举行爱国示威游行，火烧赵家楼曹汝霖住宅，痛打章宗祥。北京政府命令军警进行镇压，学生三十余人被捕。

5日，北京中等以上学校学生实行总罢课，要求惩办卖国贼曹汝霖、陆宗舆、章宗祥，释放被捕学生。北京专门以上十四校校长推举蔡元培、陈宝泉、金邦正、洪熙、汤尔和、姚憾等八人为代表，下午五时赴总统、国务院、教育部，均未得接见，遂赴警察厅，要求释放被捕学生。

7日，北京政府被迫释放被捕的学生。北京大学为被捕释放的学生召开欢迎大会，蔡元培发表演讲，支持学生的爱国行动。同时，北京、济南等地

---

1 联合通信社稿：《摧残新学派之恶音》，《神州日报》1919年4月10日，第6页，神州教育界·教育调查。

各界召开国耻纪念会,要求"锄奸废约"。

9 日,为保护学生,蔡元培被迫辞去北大校长职务,离开北京赴上海。

19 日,北京中等以上学校学生举行同盟总罢课。

20 日,《国故》月刊第 3 期出版,"专著"续载《礼经旧说考略》、刊载《搜集文章志材料方法》,"艺文·文录"刊载《〈音论〉序赞》《〈名原〉序》,署名刘师培。另载章太炎《国语学草创序》《太炎漫录》。

25 日,徐世昌颁布总统令,称:

> 近日京师及外省各处,辄有集众游行演说、散布传单情事,始因青岛问题发为激切言论,继则群言泛滥,多轶范围,而不逞之徒复借端构煽,淆惑人心,于地方治安关系至巨。值此时局艰屯,国家为重,政府责任所在,对内则应悉心保卫,以期维持公共安宁;对外尤宜先事预防,不使发生意外纷扰。着责成京外该管文武长官,剀切晓谕,严密稽察。如再有前项情事,务当悉心制止。其不服制止者,应即依法逮办,以遏乱萌。京师为首善之区,尤应注重。前已令饬该管长官等认真防弭,着即恪遵办理。倘奉行不力,或有疏废,职责攸归,不能曲为宽假也。此令。[1]

此时,刘师培病情日重。郭象升云:

> 后来诵经咒,多谈玄之文,而不便余借稿之一看也。五六月犹着棉衣,项生鼠疮,以帛围之,戴一旧皮帽以会客。[2]

又谓:

> 余见其案头置抄本《宋人五百家播芳文萃》数十册,问之曰:"有所讨论于此书耶?"曰:"偶置此耳。"然而当此病体缠绵之中,所著说经文字更精。其校勘之赡博,非獭祭不办也,而案上实不置多书,余不解其擅何神术也。[3]

梅鹤孙亦称:

> 又闻舅氏易箦之后,家人于其枕旁取出《唐书》一册,旁行斜上,字

1　《神州日报》1919 年 5 月 28 日,第 1 页,命令。

2　郭象升:《左盦集笺》,闻喜叶氏《辛勤庐丛刻》第一辑,1942 年。

3　同上。

密，几难辨认。盖舅氏于病笃时，榻旁小几，仍置笔研，致力于此不少辍。外家累叶，均对于两《唐书》《全唐文》致力甚深。舅氏所治《唐书》，当然亦未完全。后来此书及其他卷册所写，亦未发现。由此推想，遗著散佚的甚多了。[1]

6月1日，各地学生纷纷响应北京学生罢课。徐世昌再发总统令，其一为劝一般国民停止排日运动，勿对曹汝霖、陆宗舆、章宗祥怀抱误解；其一为在京责成教育部，在外责成省长暨教育厅督饬各校职员，约束学生，即日一律上课，联合会、义勇队等项名目尤应切实查禁，纠众滋事、扰及公安者，仍依前令办理。[2]

3日，北京各校学生不顾禁令，继续上街进行爱国讲演，遭到军警的血腥镇压。两日内，千余名学生被捕。

5日，上海工人罢工、学生罢课、商人罢市，要求惩办卖国贼，释放被捕学生。各地罢课、罢市、罢工不断。

6日，胡仁源署北京大学校长，[3]后因北大师生反对而取消。

司法部通咨各省，严防共产党。《顺天时报》云：

> 司法部以近来吾国忽然发现共产党，其宗旨纯系一种过激主义，然此辈党人若乘机混入各省通都大邑，煽惑工人，势殊危险。犹有借各种文字、杂志鼓吹其主义者，其危险较煽惑为尤甚。若不先事预防，将来蔓延成势，更不堪设想。故昨特咨请各省省长转饬所属，一体共助，严禁办理。略谓：查妨害秩序，刑律具有专章。其中情节较重者，如以文书、图画、演说，公然煽惑他人犯罪，则列举于第二百二十一条各项；以强暴、胁迫或诈术妨害多数工人之工厂旷玩执业者，则规于第二百二十三条第三款；同盟罢工，则规于二百二十四条。法文本极周详，有犯讵容幸免？近来时事多艰，人心不靖，往往有阴谋不轨党徒，假借名义，利用他人，肆意煽乱，以遂私图者，小之扰害地方公安，大之危及国家全局。

1　梅鹤孙：《刘氏五世小记》，第41页。

2　《神州日报》1919年6月3日，第1页，电讯。《神州日报》1919年6月4日，第1页，命令。

3　《神州日报》1919年6月8日，第1页，命令。

自非随时查缉,依法严惩,其何以遏乱萌而维秩序? 除令总检察厅通饬所属各厅严厉举发并分行外,相应咨请贵公署查照。希即转令所属,一体共助办理,至纫公谊等语。[1]

7 日,有人在北京新世界散发传单。6 月 9 日《顺天时报》载:

前晚十点余钟,新世界楼顶上,忽有一种传单,约有数百张,飘然飞舞而下。有拾得此项传单者,见上面印刷言词谓:某某要人等甘心媚外,亟应宣告死刑云云。该处巡警见及该传单时,急登楼查寻,竟无所获,只可持该传单报告区署云。[2]

10 日,徐世昌被迫下令免去曹汝霖、章宗祥、陆宗舆职。[3]

11 日,总统徐世昌被迫提出辞职。

本日,陈独秀在北京新世界散发传单时被捕。《顺天时报》载:

前北京大学文科学长陈独秀日前在新世界,忽为巡警所逮捕。据闻,其被捕原因,系受宣传过激思想之嫌疑。是夜其北河沿箭竿胡同之住宅亦被搜索,结果已洞悉:此次北京大学学生散布种种过激之檄文、为过激之行动,均系产自彼宣传过激思想目的之所致云。[4]

又载:

大学校教员陈独秀在新世界散布过激思想之印刷物,被警厅侦探捕去,交由司法处讯究,并将在陈氏家内搜出之信件详为检查。闻其信函内,有广东军政府某总裁之亲笔信札五件,系用英文缮写,令陈氏鼓动学生排斥亲日派之重要人物云。[5]

得知陈独秀被捕后,刘师培领衔,与北京大学、民国大学、中国大学的马裕藻、马叙伦、康宝忠、沈士远、程演生、王星拱、马寅初等 38 人联名致函京师警察厅,要求保释陈独秀,称:

窃阅本月十三日于北京各报登载陈独秀以携有传单为钧厅拘逮

---

1 《法部通咨严防共产党煽惑》,《顺天时报》1919 年 6 月 7 日,第 2 版,时事要闻。《严防共产党之通咨》,《神州日报》1919 年 6 月 9 日,第 4 页,内外要闻。

2 《惑乱人心传单》,《顺天时报》1919 年 6 月 9 日,第 3 版,本京新闻。

3 《神州日报》1919 年 6 月 12 日,第 1 页,命令。

4 《陈独秀被捕因》,《顺天时报》1919 年 6 月 14 日,第 7 版,本京新闻。

5 《陈独秀案续闻》,《顺天时报》1919 年 6 月 21 日,第 7 版,本京新闻。

等语,查陈独秀此次行动,果如报纸所载,诚不免有越轨之嫌,然原其用心,无非激于书生爱国之愚悃。凤仰钧厅维持地方,向主息事宁人,商学各界钦感同深。可否于陈独秀宽其既往,以示国家爱护士类、曲予裁成之至意。为此,合词吁恳俯准将陈独秀交保省释,实为公便。[1]

17 日,北京中等以上学校学生联合会召开会议,讨论有人未经开会以该会名义保释陈独秀事。《顺天时报》载:

> 学生联合会现因有人用该会名义具呈警厅,保释大学校教员陈独秀之举,故于日昨开会,报告其事。当经学生代表等以此等举动既系未经开会议决之件,即认为窃用该会名义,拟即发函各官厅,否认有其举动云。[2]

18 日,教育部代部长傅岳棻致电蔡元培,请其速驾回校,云:

> 杭州教育厅伍厅长转蔡孑民先生鉴:学潮渐息,大学校务仰赖维持。兹特派徐秘书专诚赴杭,面致忱悃,务希速驾为盼。傅岳棻,巧。[3]

本日,姚永概得知陈独秀被捕事。次日,为陈独秀事函请徐树铮帮助。[4]

20 日,《国故》月刊第 4 期出版,“专著”续载《礼经旧说考略》、刊载《中庸说》,“艺文·文录”刊载《象尽意论》《〈王弼易略例明象篇补释〉自序》《〈籀高述林〉序》《吕玄屏〈江左卧游图〉序》《清故刑部尚书史公墓碑》《隐士秦君墓志铭》,署名刘师培。本期《本社启事》新增一则,云:

> 本月刊自第四期起,决定每期必印完数种,免致读者久盼。其暂停印及新撰之稿,仍陆续轮流排完,以期读者便于装订。特此声明,即希谅鉴。

然本期出版后,《国故》月刊即停刊。

21 日,江彤侯、邓仲纯等访姚永概,称将保陈独秀,希望姚永概列名。姚永概“勉应之,令勿入前行”。[5]

1　万仕国辑校:《刘申叔遗书补遗》下册,第 1453—1455 页。原载《鲁迅研究资料》第 21 辑,中国文联出版公司,1989 年。

2　《不准窃用会名》,《顺天时报》1919 年 6 月 18 日,第 7 版,本京新闻。

3　《教育部电请蔡校长》,《顺天时报》1919 年 6 月 21 日,第 7 版,普通新闻。

4　姚永概:《慎宜轩日记》下册,第 1422 页。

5　同上。

24 日,《顺天时报》引 23 日上海东方新闻社电云:

> 章行严请钱能训、王克敏向北京政府请释放被捕之陈独秀云。[1]

25 日,《北京大学日刊》载《国史编纂处启事》,称:

> 现时天渐炎热,本处仿去年例,暑假期中放假半日,午前仍照常治事。[2]

29 日,出席巴黎和会的中国代表迫于全国人民的压力,最终拒绝在对德和约上签字。《神州日报》载:

> 据外交界消息,中国赴欧专使已拒绝和约签字。[3]

7 月 1 日,李大钊等人发起的少年中国学会在北京成立,毛泽东、邓中夏、恽代英、赵世炎、高君宇等参加该会。

9 日,蔡元培分别致电上海全国学生联合会转北京中等以上学校学生联合会大学学生干事部、教育部,承诺"暂任维持"。其致教育部长傅岳棻电云:

> 教部傅部长钧鉴:宥电敬悉。元培才力短浅,重以宿疾,迭经辞职。乃辱叠电慰留,并由徐秘书面达盛意。感歉之余,宁敢固执初见? 谨当暂任维持,共图补救。惟月来旧恙屡发,迭经医家劝告,谓系胃病前兆,尚须严重摄生。尚乞俯鉴区区,宽以时日,一经就愈,即当束装北上。元培,佳。[4]

致中等以上学校学生联合会、北京大学学生干事部电云:

> 上海全国学生联合会、北京中等以上学校学生联合会、大学学生干事部公鉴:仆出京以后,宿疾屡发。本拟借以息肩,乃迭接函电,并由方、杨、朱、许、蒋、李、熊、狄诸代表,备述诸君雅意;重以各方面责望之殷,似不容坚持初志。惟深望诸君亦能推爱仆之心,有所觉悟。否则教育

---

1 《为陈独秀请命》,《顺天时报》1919 年 6 月 24 日,第 7 版,特约电。

2 《国史编纂处启事》,《北京大学日刊》第 412 号,1919 年 6 月 25 日,第 2 版,本校布告。

3 《神州日报》1919 年 7 月 2 日,第 1 页,专电。《我国拒绝签字之外讯》,《神州日报》1919 年 7 月 3 日,第 1 页,内外要闻。

4 蔡元培:《复傅岳棻电》,《蔡元培全集》第三卷,第 306 页。

前途必生障碍，非特仆难辞咎，诸君亦与有责。蔡元培，佳。[1]
《顺天时报》则云：

> 昨悉，大学校长蔡子民因院、部及学生联合会各派代表赴浙劝驾，言辞迫切，蔡先生极为动容，闻提出二条件：（一）有鉴于往时校外各处会集，周不邀请蔡先生到会，不胜烦扰，疲于奔命。故要求再到京时，谢绝参与一切会集。（二）要求今后学生行动，服从指挥。学生方面已承诺，故蔡允即到京，回任校长职务云。

> 北京大学生前日特开学生大会，关于蔡氏回任问题，有所协议。结局：议决允准蔡所提出之回任条件，即学生不得干与政治之运动。此后该校学生之行动，均应立于校长监督之下，不可自由。业将此旨，电告蔡氏矣。[2]

14 日，毛泽东在长沙创办《湘江评论》。

19 日，因蔡元培允即回校，北京大学全体学生发表宣言书，表示欢迎。[3]

22 日，北京中等以上学校学生联合会发表公电，揭露安福系贿赂个别学生，拒绝蔡元培、欢迎胡仁源的行径。[4]

30 日，徐世昌据教育部呈文，胡仁源调教育部任用，免其所署北京大学校长职务。[5]

8 月 27 日，教育部发布第三百五十九号训令，国史编纂处改归国务院，要求北京大学"预为结束，以备移交"。[6]

此时，刘师培肺病日益严重，时有卧床。

9 月 1 日，国史编纂处正式移交国务院，北京大学所聘委各员暨一切领

1　《蔡元培氏来电》，《顺天时报》1919 年 7 月 11 日，第 7 版，普通新闻。《蔡元培已允回京之确讯》，《神州日报》1919 年 7 月 13 日，第 2 页，内外要闻。今以两本互校，"学生干事部"，《顺天时报》作"主任干事部"；"公鉴"，《神州日报》作"钧鉴"；"借以息肩"，《神州日报》作"借此息肩"；"方、杨"指北京学生代表方豪、天津学生代表杨兴复，《顺天时报》作"高、阳"；"觉悟"，《顺天时报》作"觉晤"；"蔡元培"，《神州日报》作"元培"。

2　《蔡氏回任条件与学生》，《顺天时报》1919 年 7 月 9 日，第 2 版，时事要闻。

3　《北大学生最近之宣言》，《神州日报》1919 年 7 月 23 日，第 3 页，内外要闻。

4　《北京学生联合会公电》，《神州日报》1919 年 7 月 24 日，第 1 页，公电。

5　《神州日报》1919 年 8 月 1 日，第 1 页，命令。

6　《训令第三百五十九号》，《教育公报》第 6 卷第 10 期，命令。

支经费均于八月三十一日截止。[1]

本学年，刘师培在北京大学任中国文学系教授，兼任文科研究所指导教师，为国史编纂处纂辑员。所开设课程有：文学史（二年级，每周二小时），文（中国文学）（三年级，每周四小时）。

月初，刘师培致函陈钟凡，商议其所授北京女师大课程事。其函云：

斠玄我兄左右：

昨接来函，将女校授课时间改至星期六一至三，至为妥善。项又接女校教务处函，内言"授课时间列在星期四及星期六下午三至四"，与前函不合，祈仍照前函改订。又，授课伊始，须略事预备，定于下星期开始授课，亦祈查照为荷！此询

道绥！

师培拜启　星期三[2]

黄侃致刘师培书云：

检《御览》百五十五《郡部》载《帝王世纪》引《五子歌》曰："惟彼陶唐，有此冀方。今失厥道，乱其纪纲，乃底灭亡。"《五子歌》在古文二十四篇内，或谧得见之，然与今伪《传》本同。又引古文《仲虺之诰》曰："乃葛伯仇饷，初征自葛。"据此，是谧亲见二十篇之本。师前论，似当缘此动摇，而今文《泰誓》之有孔《传》，为终古不可释之疑也。

哈士蟆请按时服之勿间为要，晚滄亦希如旧进之。

项晤斠玄，言女校授课时间，已如师旨更定，昨校中致尊处书不为准也。手此敬叩先生道安！

弟子侃言

师母均此。[3]

案，此札无日期，据所述北京女师大课务事，系于此。

1　《国务总理呈大总统报明接收国史编纂处暨成立日期并从前该校聘委各员暨领支经费应即截止文》，《政府公报》第1300期，1919年9月18日，公文，中国第二历史档案馆编：《北洋政府公报》第147册，第402页。

2　吴新雷等编纂：《清晖山馆友声集》，第191页。

3　洪银兴主编：《南京大学藏近现代名人手迹选》，第104—105页。

12 日晚,蔡元培返回北京。14 日,教育次长傅岳棻访蔡元培。《顺天时报》载:

> 北京大学校长蔡元培君自发生学潮,飘然南下之后,各方面函电纷驰,期望蔡君之重复入都者,其心弥切。兹确悉,蔡君已于前晚抵京。昨日,教育傅次长亲往蔡君住宅,道絷维之意,并商及此后对于学校之进行事宜。各学校学生闻蔡先生已来,当俱欢忭云。[1]

又云:

> 北京大学校长蔡元培来京一节,本社业已报告。兹悉,昨教育傅次长访蔡之时,曾道达极恳挚之挽留意思,蔡君当即答以"宿恙未痊,本愿不问此事。但政府迭电相邀,殷殷以维持教育前途是嘱。伊何人斯,敢以自外? 虽非我愿,实已义不容辞,故力疾一行,用副厚意"云云。又闻蔡君搭十二日八时半车遄速来京者,因闻北大学生将到津欢迎,恐误学生功课,故出学生之意,以免其奔驰云。[2]

16 日,迫于各界压力,警察厅将陈独秀释放。《神州日报》云:

> 前北大教授陈独秀氏被警厅拘禁,已历三月有余。近者,警厅侦查结果,终不见陈氏有何等犯法之事实,而陈氏在厅,因久失自由,因而发生胃病。安徽同乡遂于十六日到厅,请予释放,警厅亦即照准。闻陈已于是日下午四时出厅,完全恢复自由矣。[3]

20 日,北京大学举行开学典礼,蔡元培到校就职,学生召开欢迎会。[4]

本月,陈钟凡登门探望刘师培。陈钟凡《周礼古注集疏跋》云:

> 中华建国之八年秋九月,钟凡北旋故都,谒先师仪征刘君于寓庐。君以肺病沉绵,势将不起,不禁愀然怅触,涕零被面,慨然谓钟凡曰:"余平生述造,无虑数百卷。清末旅扈,为《国粹学报》撰稿,率意为文,说多未莹。民元以还,西入成都,北届北平。所至,任教国学、纂辑讲稿外,

---

1　《蔡元培抵京》,《顺天时报》1919 年 9 月 14 日,第 2 版,时事要闻。
2　《蔡元培来京之本意》,《顺天时报》1919 年 9 月 15 日,第 2 版,时事要闻。
3　《陈独秀已恢复自由》,《神州日报》1919 年 9 月 19 日,第 2 页,内外要闻。
4　《昨日大学校之开学礼》,《顺天时报》1919 年 9 月 21 日,第 7 版,普通新闻。《北京大学欢迎蔡校长之盛况》,《神州日报》1919 年 9 月 23 日,第 3 页,内外要闻。

精力所萃，实在《三礼》。既广征两汉经师之说，成《礼经旧说考略》四卷，又援据《五经异义》所引古《周礼》说、古《左氏春秋》说及先郑、杜子春诸家之注，为《周礼古注集疏》四十卷，堪称信心之作。尝移写净本，交季刚制序待梓。世有定论予书者，斯其嚆矢矣。"[1]

10月，刘师培病势日重，生活窘迫，致函陈钟凡，托其代措药费，云：

前蒙借款，感谢之至。兹因各薪未发，药费不给，陶款务祈设法代措，以救目前眉急，无任纫感。此请

斠玄兄著安！

师培拜启[2]

刘师培病重期间，陈钟凡勤为探视。《刘氏五世小记》云：

己未年九月，舅氏在京病笃，钟凡日侍左右。一日，舅氏在榻上握住钟凡的手说："平生著述甚多，印行者已是不少，但著述中的《礼经旧说考略》四卷、《周礼古注集疏》四十卷，确为信心之作。稿本已缮清，交与黄季刚作序待梓了。"[3]

11月1日，康宝忠去世。据《神州日报》载：

北京大学教授康宝忠于一日晨，在法政专校教员室猝然中风，立即逝世。[4]

5日，《申报》"国内要闻"栏载署名"静观"之"北京通信"《都门学界消息》，有云：

前北大学长陈独秀氏被拘警厅，时历数月，幸而吴镜潭笃念乡谊，又兼学界要人多方营救，始得于前月由厅释放，完全恢复自由。就中最出力之人，为姚恨吾氏。姚系中国大学校长，亦皖人也。陈氏既释，仍居京师，姚氏特请其任授哲学。陈因感姚之德，声言暂尽义务，不受修金。盖中国大学今年新开大学哲学本科一班，故胡、陈两氏皆在该校执教鞭也。

---

1 刘师培：《周礼古注集疏》，《仪征刘申叔遗书》第2册，第763页。
2 吴新雷等编纂：《清晖山馆友声集》，第193页。
3 梅鹤孙：《刘氏五世小记》，第40页。
4 《神州日报》1919年11月4日，第1页，电讯·专电。

北大近来因教务长马寅初有告假养病,请胡适之代理教务之举;又教员沈尹默有辞职之说,外间遂纷纷揣测,谓该校内部有暗潮发生。但经记者详细调查,则实毫无其事。马氏确系因患失眠症,须赴医院静养两三星期,教务长一职,原拟请俞同奎氏暂代。嗣以俞氏坚辞,乃改请胡适之,因胡氏才思敏捷,且能耐劳也。沈氏辞职说,亦实不确。外间且有谓沈氏之去,系由于刘师培氏倾轧之结果。不知刘氏现在多病,时常告假,气象委靡,态度消沉,安有倾轧沈氏之事? 惟教授、教师,人数太众,现在开课已久,授课表虽经排好,尚有未到校上课之人,如授地理沿革史之张氏、授金石学之马氏皆是。此殆为实在情形,不必为该校讳也。[1]

16日,少年中国学会在北大召开演讲会,蔡元培演讲《工学互助的大希望》。[2]

20日,刘师培在北京病逝。

案,刘富曾《亡侄师培墓志铭》称"岁在己未九月二十八日,三侄师培病殁京师",[3]蔡元培《刘君申叔事略》谓"八年十一月二十日,君卒,年三十有六",[4]与本月21日《晨报》所载《刘师培作古》、本月22日《北京大学日刊》所载《教务处布告(二)》、本月23日《神州日报》所载"北京专电"[5]等均相合。然当时报纸所载,亦有谓刘师培卒于19日者,如本月21日《北京大学日刊》"本校纪事"《刘师培教授在京病故》云:

> 本校刘师培教授于前日在京寓病故。刘教授字申叔,江苏仪征人,现年三十五岁,系于民国六年到校,在国文学系担任中国文学史等学科。

本月24日《时报》"国内无线电"载署名"天一"电讯也说:

> 北京大学教授刘师培君,于昨晚(十九)卒于京寓。噩耗惊传,京

1　静观:《北京通信·都门学界消息》,《申报》1919年11月5日,第6版,国内要闻。

2　《少年中国学会之讲演》,《神州日报》1919年12月20日,第3页,内外要闻。

3　刘师培:《仪征刘申叔遗书》第1册卷首,第36页。

4　刘师培:《仪征刘申叔遗书》第1册卷首,第43页。

5　《神州日报》1919年11月23日第1页"内外要电·北京专电"云:"北大文科教授刘师培在京患病,于二十日晨逝世,状极萧条。"

外同深悼惜。[1]

郭象升云：

> 其殁也，起居如平日。一旦长卧不起，启衾扪之，则冰矣。何震出不意，急使家役呼召余。余至，欲一纵声，而何震神情如狂，顾无泪滴，杂客纷谈，余亦遂止。旋招一无知之阴阳生来，向衾中殁者手观之，曰："此必某时咽气者也。出殡宜用何时，招魂宜向何方。"余默思，申叔天下奇才，千古不朽，后世观其述作，不知何许人物。乌知一被覆尸，凄凉满目，且使俗巫庸僧披灵帷，作尔许妄语耶？[2]

此或即卒日有两说之缘起。今从刘富曾、蔡元培等说，以 20 日为是。郭象升又谓：

> 其殁也，余适在都，亲抚其尸，且助举入棺。值人情方淡漠相视，余主张不必开吊，而何震（其夫人也）用他客人言，搭一玻璃棚，门前延鼓吹焉。及期，吊者不至。楹悬挽联一副，则其弟所撰耳。大学校学生有十余人来，皆以世界炎凉为叹。余语之曰："汪容甫死于杭州，吊者三人，此扬州先辈之故事也，何足为刘先生之辱乎？"时为民国八年，蔡元培方为大学校长，申叔充教习，相待甚薄，无挽无吊之意者，仍由附端之故，抑曾筹安之故，不可知矣。陈独秀反殷殷亘来问病，申叔身后亦稍微经营。余致奠金百元，同乡贾宣之最服膺申叔者，致奠亦厚。使殁于太原，有南佩兰诸君维持，尚不至落寞如此。此事旋今十五年矣，拉杂记之，亦他年编年谱、考轶事者之所资也。[3]

22 日，《北京大学日刊》刊载《教务处布告（二）》：

> 国文学系教员刘申叔先生于本月二十日病故，所任"中古文学史"及"国文学"二科，自本星期起暂行停课。[4]

本日，北京大学为康宝忠教授召开追悼会。本日《北京大学日刊》刊载

1　《时报》1919 年 11 月 24 日，第 7 版，国内无线电。

2　郭象升：《左盦集笺》，闻喜叶氏《辛勤庐丛刻》第一辑，1942 年。

3　同上。

4　《教务处布告》（二），《北京大学日刊》第 493 号，1919 年 11 月 22 日，第 1 版。本月 24 日同版仍载。

《校长布告》，云：

> 本日为本校已故教授康心孚先生开追悼会，应放假一天。此布。十一月二十二日。

27日，陈去病致信蔡元培，询问刘师培后事安排情况，云：

> 子民先生有道：阔别经年，思与时积。每读报纸，伏稔教育弘宣，道德日励，无任钦佩。去病自去岁南游，适值戴之文卿有事潮汕，招佐戎幕，奔驰半载，而林君子超复以参秘厅事相属，竭蹶料理，了乏善状。而多病之身，役役烟瘴，不特痃疾缠绵，而学殖亦荒落尽矣。兹因就医返沪，行装甫卸，即闻太炎云申叔死矣。正惊访问，而《申报》亦复详列其事，为之懊丧不置。去病曩与申叔周旋江海，砥错有年。虽中途契阔，而情谊相孚，未尝有几微之隙。顷闻溘逝，涕泪弥襟。逊清一朝，吾吴经史文学之传，首推亭林大师，而为之继者，厥惟阮伯元颇能集其大成。申叔幼承家学，瓣香前哲，词章经术，兼容并包，实为当世所罕睹。盛年摧折，著作鲜传。此固不第为乡国痛，且为我读书稚子深无穷之悲也。后事如何，诸希明教。北风多厉，惟珍重为道，不宣。借颂教安！教晚去病顿首，十一月二十七日。
>
> 晦闻、仲甫、夷初、季平、瞿安诸兄谅皆安善，不一一。[1]

《申报》发表《京学界要人之凋谢》，称：

> 北京学界自秋徂冬，尚算平流而进，但近来师徒之物故者，如北大教授康宝忠、刘师培，学生林德扬，女子高师学生李超麐。此数人者，或以学术为举世所钦，或以行谊为同侪所重，而其死也，或仓卒以殉生，或艰困以毕命，学界颇震悼之。因述之以告于世。
>
> 康君宝忠，字心孚，陕西城固人。幼随父客蜀，故所操皆成都语。嗜学，富于推理力，精通历代制度典章，皆能明其所以然。从章太炎习小学、经学，学识益进。留学日本，专攻政治经济。辛亥以前，对于革命事业，鼓吹甚力。在民党中时时辄居于指挥地位。民国四年入都，任北京大学、中国公学、法政专门等校教员，继又兼任朝阳大学、高等师范

1　《陈佩忍君致校长函》，《北京大学日刊》第504号，1919年12月5日，第3版，通信。

课。四年以来，每周教授时间及三十，所任之课为法制史、经济政策，学生颇表示欢迎。本年都门学潮剧烈时，被举为各校教职员联合会代表，与当道交涉，不屈不挠，而又出之以诚恳。故学界秩序既赖以维持，而政府一方亦常倚为转圜之关键。康氏体极肥，举止不便，而又勤学善教，奔走不遑，致死之由，实在于此。当毕命之前一小时，犹在法校上课，仓卒归真，一瞑不视，情极可惨。本月二十二日，各校特为之开追悼会于北京大学法科大讲堂，到会之人甚众。蔡子民校长演说尤为痛切。其挽语曰："于一周中，舌敝唇焦，任卅时讲授，加以新闻通讯，杂志征文，心血几何，为青年呕尽；自五月来，夙兴夜寐，图各校维持，遂能秩序如常，弦歌不辍，成功者退，令后死何堪？"可为写尽康君之行谊矣。

刘君师培，字申叔，江苏仪征人，粹于经术，其历史世多能道之。蔡子民长北大后，延为国文门教授，讲授文学。学生信仰之者，颇不乏人。自北大有新文学派之提倡，刘氏极不谓然，自居于国故派首领，学生笃于旧学者，辄趋和之至，编辑《国故》杂志，以示与《新潮》杂志相对抗。近年患肺病渐剧，然时犹力疾入校任事。前日竟卒于京师寓所。身后萧条，一无所有。历二日，始入殓。所有殓资，均系陈君独秀代为经理。现闻北大方面已议给恤金若干，而学生中亦已提议为开追悼会云。

林君德扬，四川人，肄业北大法科三年级，学识思想均极优长，而又富于爱国心、公德心、责任心。本年五四学潮而后，君在联合会，力疾任事，继偕同人组织第一国货店，奔走尤力。患肺病已年余，日前忽投万牲园内池水以死。死之前，致书于其兄，谓自知肺病已入三期，万无回生之望，与其备受疾病之痛苦，毋宁早将此身断送，盖迟早总须经过一死也云云。其态度从容，绝无流俗畏葸之见存其中。夫亦可谓勇矣。林君自杀之后，都中学者纷纷作文讨论，认为对于社会有重大关系。如罗君家伦、蒋君梦麟□□均有文字发表，载入京报中。现北大同学不日将为林君开追悼会，以志哀悼。[1]

---

1 野云：《京学界要人之凋谢》，《申报》1919年11月27日，第7版，国内要闻。

30 日,《时报》载《刘师培死后所闻》(学生追悼)云:

> 北大国文系中国文学教授刘师培学问渊博,忽于十九日夜因肺疾逝世,身后萧条,琴书之外,别无长物。其学生等钦崇宿学,痛惜凋零,现正呼吁集资,以便殡殓,并拟于日内开会追悼,以志哀思云。[1]

案,此所谓"开会追悼",《北京大学日刊》无任何消息,似未举行。

12月3日,刘师培灵柩在北京出殡。本月1日、2日《北京大学日刊》均载《刘申叔先生出殡定期广告》,云:

> 本校已故教授刘申叔先生枢,定于本星期三(十二月三号)出殡于妙光阁,即于是日公祭,特此广告。[2]

刘富曾《亡侄师培墓志铭》云:

> [北京]大学校长蔡子民先生经纪其丧。翌年二月,命门人刘君叔雅为之归槽扬州,旅榇萧寺,待寒冬窆祖茔焉。

《刘氏五世小记》称:

> 舅氏捐馆时,陈孝起先生往吊,挽以一联,云:"家传绝学惠红豆;天靳余年元紫芝。"[3]

案,陈霞章(1868—1925),字孝起,号大灯,江苏仪征人。光绪二十年(1894)中举,任监察总监署科员。能文章,尤善诗。刘师培墓旧在扬州城西开家阪祖茔,今已毁。

黄侃得知刘师培病逝消息后,作《始闻刘先生凶信,为位而哭,表哀以诗》,云:

> 阴堂梦东里,山石折西州。哲人一萎丧,区宇遂冥雾。夫子挺异质,运穷才则优。名都富文藻,华宗绍儒修。一门兴七业,经术超桓欧。析薪有负荷,堂构工涂塈。时命既差池,濡足增烦忧。逡巡失初愿,审虑权图喉。利轻谤则重,位高祸实由。平生狎风波,今兹正首丘。天柱良足哀,令终古所休。邦家欲沦丧,法术空探搜。帝典贲入

1　鸣世:《刘师培死后所闻》,《时报》1919 年 11 月 30 日,第 9 版,国内小新闻。

2　《刘申叔先生出殡定期广告》,《北京大学日刊》第 500 号,1919 年 12 月 1 日,第 1 版。次日同版仍载。

3　梅鹤孙:《刘氏五世小记》,第 55 页。

棺，文献两悠悠。伤哉后死怀，悲罢追绸缪。肩随易北面，采获敢不周？温颜论文史，推挹殊恒傔。幽都难久居，数年为君留。属疾经岁时，将护常思瘳。宁知绵惙辰，鳏生亦倦游。拜辞既歉阙，闻信翻疑犹。万恨讵易删，九原不可求。抚躯若槁木，泻泪因江流。哭寝礼虽毕，奉手恩难酬。[1]

12月3日，由于晚年丧子，刘师培母亲李汝蕙伤心过度，继之病逝于扬州，享年七十八岁。刘富曾《亡侄师培墓志铭》云：

> 嫂氏李，今岁七十有八。衰龄值此，痛切撄心，倚闾已无望王孙之归，立槁乃转哭皋鱼之死，茕茕母子，恸见黄泉，亦竟于今岁十月十二日相继下世，盖去侄没仅期月十四日也。伤已！侄生子不育，嫂氏殁后，予季显曾以孙葆楹为嫂氏承重孙。死者有知，亦应稍慰也。

《刘氏五世小记》云：

> 迨噩耗传来，外祖母以七八高年，撄兹奇惨，遂于十月十二日逝世。去舅氏之殁，仅一月有余，伤哉！我记得在外祖母灵帏上写了一副挽联，句云：“九五福令德考终，他年懿训流传，彤史允堪辉柱下；数十载清门旧事，此后甥行环立，白首无复话灯前。”[2]

6日，《新京报》载陈钟凡《与刘申叔先生书》，云：

> 申公经师讲席：客冬进谒，辱赐大著，淹博闳通，烁今贯古，钟凡不揆梼昧，窃有致疑者两事，请为执事呈之。
>
> 《庄子·大宗师》“觚而不坚”，郭注读“觚”为“孤独”，《释文》引崔训为“觚棱”，俞氏《平议》均不从，而读“觚”为“觚”，引“羝生主”《释文》“大觚，槃结骨”释之。三说不同，于理皆无所取。窃疑“觚坚”二字当互易。蒙叟本旨，盖言其守真抱朴，而不与俗午也。“坚”“虚”对文，“觚”“华”协均，谊似较安。视尊旨，又未洽。未案当不。此一事也。
>
> 《周书·柔武解》“惟王元祀”，《大开武解》“惟王一祀”，《小开武

1　黄侃：《始闻刘先生凶信，为位而哭，表哀以诗》，《国学厄林》1920 年第 1 期，文艺·诗。

2　梅鹤孙：《刘氏五世小记》，第 53 页。

解》"惟王二祀"，《宝典解》"惟王三祀"，《酆谋解》"惟王三祀"，执事并断为武王元年、二年、三年矣；后《大匡解》"惟十有三祀"，又谓此并文王受命之年计之，即武王克殷之年。未识《周书》纪年，何以胥后异牾？窃按，《大匡解》十三祀，或仍从武王计起。观《竹（嗜）〔书〕纪年》载武王有十二年、十四年、十六年，此固不足取信，而《管子》暨《吕氏春秋》亦并言武王立十二年而成甲子之事，则明谳也。更考诸《太史公书·周本纪》叙文王受命年数云："诗人道西伯，盖受命之年称王，而断虞芮之讼。后七年而崩"云云。后七年者，统结上文"明年伐某""明年伐某"而言，与后叙武王事，似毫不相涉。下云"九年，武王上祭于毕"，九年叙在武王即位之后，又明二言。修文王绪业九年，则此九年，应从武王计起。下云"十一年十二月戊午，师毕渡盟津"，武王即位之十一年也。与《书叙》之"惟十有一年，武王伐殷"合。又云："武王已克殷，后二年，问箕子殷所以亡。"武王即位之十三年也，与《洪范》称"十三祀，王访于箕子"合。惟《汉书·律历志》据镏氏《三统历》，谓文王受命九年而崩，再期在大祥而伐纣，故《书叙》曰"惟十有一年"。又曰："文王十五而生武王，受命九年而崩，崩后四年而武王克殷。"克殷之岁，八十六矣。故《礼记·文王世子》曰："文王九十七而终，武王九十三而终。凡武王即位十一年。"郑君《泰誓叙》注暨《诗·豳风》流谱失据，此谓武王之不得有十三年伐纣之事。然按武王崩时，成王尚未能践阼，何九衰翁尚能育子？且文王十五生武王，其生伯邑考又当在何年？岂弱龄稚子遽已弄璋？两者俱大北情实，似小戴之说有未可尽信者矣。此二事也。

考证之学，本未造津。加以身困痃痃，噏呷数月，宿所寻绎，益见荒落。近方健饭，卒业宏篇，率贯狂愚，伏乞袷举而裁正之，无任屏营之至。尊著《荀子斠补》何时毕镂，并晞示知。祗颂道安。乡后学陈钟凡顿首[1]

7日，《新京报》载张文熙《上刘申叔先生书》，述刘师培对其教诲之

---

1 陈钟凡：《与刘申叔先生书》，《新京报》1919 年 12 月 6 日，附刊《燕尘》第 2 版，学海。

事,云:

老氏有云:"道生之德,畜之何居乎?"盖天之生物,因材而笃;圣
之善教,因人而施。故栽培之能,原始夫道;长养之力,归功于德。此
自然之理也。夫民生于三,事之如一。师道既立,善人实多。(区)〔熙〕
受形自天,既畀以材,复塞以遇。中路式微,学业渐替。先生见而悯之,
循循之善诱,极端培植,不遗余力。熙全此生,生于先生之道也。反正
以降,家遭匪患,弗能卒学,将改图矣。先生授以大道,俾肩绝学,始终
保护,恩遇优渥。月给以薪,俾终厥业。熙赖以畜,畜于先生之德也。
然天道好生,生之不已,则广其生。至人善畜育,育之不已,则蕃其育。
无他,恐生之理穷,则益沛夫道;畜之力靳,则益充其德。是以化生万
物而不有其道,仁育万物而不有其德,亦必然之理也。今熙守先生之
道,待后来之学。从游京师,亲炙至教,抱道自重,不屑干进。既弗能
豪门奔走,摇尾乞怜;又不屑毛遂自荐,处囊脱颖。《诗》有之,曰:"知
我如此,不如无生。"盖生之理穷矣。倾者使覆,微先生,孰能生之?
若夫此日生计,尤甚矣憯。盖为贫出畸,本图显达,弗矜高节。屋念
衰年慈母,倚闾怅望;恒饥稚子,颜色凄其。兴言及此,即为斗米折腰,
亦弗能已。然以簪缨之胄,等于舆台;下如抄胥,求之不得。旷日持久,
金罄裘敝。裘敝,内则定省睽违,未得终养;外则京华憔悴,来日大难。
此庄子所谓"鲋鱼涸辙,难待西江者授之清波",微先生,孰能畜之?
然则生之、畜之,惟先生能始之,亦惟先生能终之矣。呜呼!先生诚
所谓生我者父母,固非畜我不卒者也。《礼》曰:"事师,无犯无隐。"
熙于先生,义取诚直。与其腼颜于众人,不如乞怜于师保。以熙赋性
直率,易遭物忌。求全之毁,靡日而无。然熙且独立不惧,遁世无闷,
但质诸己而已。《诗》云:"无罪无辜,谗口嚣嚣。"毋信谗已,厥惟君
子矣。庄子不云乎:"此亦一是非,彼亦一是非。"在熙,则并无所谓是
非也。且此曷足语先生之道,形先生之德?惟先生大道无名,浑乎无
物,含德之厚,一视同仁。略迹原心,大公无我;诱掖后进,与人为善,
庶几青萍敛采,增价薛烛;结缘韬晦,显名卞和。生乎畜乎,度先生且
□殚道之全、沛德之至矣。

逆旅无聊,草摭臆见,不翦芜秽,以陈杖履。敬请教安。[1]

10 日,《时报》"国内无线电"载署名"凌云"的电讯:

大学教授刘申叔于上月因肺疾归道山去。曾见袁百衲公子挽之一联云:"有向歆文章,若传儒林应世及;知汉魏作实,嗟君绝学自天亡。"[2]

案,谷向阳主编《中国对联大典》上卷作"有向歆文章,若传儒林应世及;如汉魏故实,嗟君绝学自天亡。"疑是,《时报》或字误。

11 日,《时报》"特约马路电"载署名"逝"(梅白格路专电)云:

文学家刘师培因病逝世,寒云挽以联云:"周秦文,汉魏诗,浊世终伤违世用;扬雄才,刘向学,苍天胡竟夺天年。"[3]

15 日,《申报》载《最高学府之新气象》,云:

文科教授刘申叔之死,身后极其萧条。校中只有国文门数班学生与之素有感情者,曾赴其寓,一为吊唁。至于开追悼会之举,现已无形取消矣。其著述之稿,存于寓所者颇多。闻死之次日,蔡校长即派人移运到校,以便保存之。[4]

25 日,吴虞得邓镕信,知刘师培逝世。《吴虞日记》载:

邓守瑕来信言,询悉起居近状,知精力尚健,微闻哀乐过人,往往有不测之喜怒。又言两女侄亦乐亲近鄙人,其议论间偶有偏激或少阅历处,则正义以裁抑之。又言刘申叔贫病以死,可为学人一叹。闻属纩之顷,有大学堂学生某,尽取其遗著以去,不知将代刊欤,抑投藩欤?要之,茂陵贤妻不堪委托遗稿而已。予当作一函覆之。[5]

本年,《中国中古文学史》由北京大学出版部刊行。鲁迅先生对此书评价甚高,《而已集·魏晋风度及文章与药及酒之关系》谓:

辑录关于这时代的文学评论有刘师培编的《中国中古文学史》。这本书是北大的讲义。刘先生已死,此书由北大出版。

1　张文熙:《上刘申叔先生书》,《新京报》1919 年 12 月 7 日,附刊《燕尘》第 2 版,学海。
2　《时报》1919 年 12 月 10 日,第 7 版,国内无线电。
3　《时报》1919 年 12 月 11 日,第 7 版,特约马路电。
4　野云:《最高学府之新气象》,《申报》1919 年 12 月 15 日,第 6 版,北京通信。
5　吴虞:《吴虞日记》上册,第 509 页。

1928 年,有人拟新编《中国文学史略》,征求鲁迅先生意见。鲁迅先生复信说:

> 中国文学史略,大概未必编的了,也说不出大纲来。我看过已刊的书,无一册好。只有刘申叔的《中古文学史》,倒要算好的,可惜错字多。(《鲁迅全集·书信集·280224 致台静农》)

【著述】

逸礼考　《国民》第一卷第 1 号,1 月,艺林·文录,署刘师培

案,此文于该刊第一卷第 2 号续完。

1919 年与陈钟凡书(一)　原札,2 月 20 日

毛诗词例举要　《国故》月刊第 1 期,3 月 20 日,专著,署刘师培

案,此文于该刊第一卷第 2 期续完。《刘申叔先生遗书》称此为“略本”,钱玄同以为“略本”乃就“详本”删改而成。钱说实非,此本乃自刘师培在北京大学时所编另一讲义《中国文学讲义概略》中抽出者,其子目如下:

倒文例

错序例

省文例

互词见意例

互省例例

反词若正例

上下文同例

上下文异义例

虚词同字异义例(以二句对文、同句并文二例为限。此与“文平义侧例”互明)

虚词异字同义例(以同句并文为限)

句法似同实异例

两篇同文异义例

后章不与前章同义例

两句拟异实同例

连类并称例

　　举此见彼例

　　因此及彼例

　　二句连读例

　　文平义侧例(谓似偶非偶也)

　　偶语错文例

　　实词活用例

　　动词静词实用例

　　单词状物等于重言例

　　间词例

　　虚数例

礼经旧说考略　同上

　　案,此文于该刊第2期—4期续载,但全文未完。此即《礼经旧说·士冠礼》之前半部分。

屈君别碑　同上,艺文·文录

　　案,此文又刊于《华国》第2期第7册。

蜀学祀文翁议　同上

刘师培致《公言报》函　《北京大学日刊》第340号,3月24日,第6版,通信

《退郛诗钞》序　《国故》月刊第2期,4月20日,署刘师培

搜集文章志材料方法　《国故》月刊第3期,5月20日,专著,署刘师培

《名原》序　同上,艺文·文录

　　案,此文于该刊第4期续完。

《音论》序赞　同上

　　案,此文又刊于《制言》第6期。

中庸说　《国故》月刊第4期,6月20日,专著,署刘师培

象尽意论　同上,艺文·文录

《王弼易略例明象篇补释》自序　同上

《籀高述林》序　同上

吕玄屏《江左卧游图》序　同上

清故刑部尚书史公墓碑　同上

隐士秦君墓志铭　　同上

案，此文又刊于《华国》第 2 期第 7 册。

1919 年与陈钟凡书（二）　原札，9 月

中国中古文学史　北京大学出版部印行

1919 年与陈钟凡书（三）　原札，初冬

明刘应秋先生遗著序　手稿

案，刘应秋，字体元，明遗老。安康赵邦之（英彦）辑其遗著，印行，计有《草楼诗集》五卷、《一砚斋文集》五卷，《说经史》十卷。

文例举隅　《文学杂志》第 1 期，1919 年，署刘师培

案，此文原载《国粹学报》第 35 期，1907 年 11 月 25 日。

附

1920 年

2 月 9 日，何震至北京大学索款。《中外新报》1920 年 2 月 11 日"专电"栏载：

刘申叔之妻，昨到北京大学索款大闹。（十日北京电）

14 日，《戊午日报》刊载《刘师培身后之惨状》，云：

刘师培的中国学问题，是现在有数的人。自从筹安会后，社会上的人对他，更是不同情的多，所以从五年起，他几乎捱饿。他却一面发愤著书，每天总在一万字以上。一直到了蔡元培做大学校长，才把他网罗去做文科教授，勉强可以维持生活。到八年秋天，肺病越发重了，无钱去医。拖到十一月里，才死了。家里一个大钱没有。平日同刘师培好的朋友，大概都是穷酸，有心无力的。他夫人何震想起申叔的朋友现在境遇好一点的只有林万里，（刘当筹安会发起人的时候，拉林万里作劝进表，每一篇二三百元。林总作了二十篇。后来袁皇帝要给刘的参政，刘请先给林。袁不肯，刘情愿自己不要，到底是刘、林全给了。这就是刘、林的交情。）亲自到林家去商量。林万里简直给他一个不理。何震一急一气，回家就疯了。申叔死了三天，还无法棺殓。蔡元培听见了，才

赶紧用大学名义去赊来衣衾棺木，草草的殓了。陈独秀同刘申叔的交情本不甚深，听见刘申叔身后这样，每天亲自到他家里，料理一切。又见何震疯了，申叔又没儿子，怕他一生的著作要散佚的，遂全检出来，用一只大木箱装好，送到北京大学图书馆保存。听说稍缓代他整理后，再替他印行。我想，其必有许多有裨中国学问界的东西，很盼大学诸先生赶紧代他整理出版呢。刘申叔这个人，品行可不必论他，但就他学问说，总应该由社会上供起他，使他得免于冻馁。竟然叫他不能温饱，穷愁以死，社会亦太辜负他了。[1]

刘富曾、刘显曾为刘师培去世等事，致谢陈钟凡，云：

斠玄仁兄大鉴：

久仰清标，未亲雅教。燕云遥企，梦寐为劳，就维时祉清佳、文祺茂旦为颂。前以舍侄申叔疾终京寓，渥承照料一切。其后，舍侄妇神经暴发，重荷鼎力维持，俾死者得正首丘，生者得归故里。缅怀高义，腑肺铭之。富等年力就衰，不克趋谢。敬修短简，聊表寸忱。专肃，敬请著安！

弟刘富曾、显曾拜启[2]

柳亚子《南社纪略》也说：

申叔死后，志剑神经病发作，曾在北大校门外伏地痛哭，后来削发为尼，法名小器，再后来就不知下落，有人说她是已经去世了。[3]

刘富曾《亡侄师培墓志铭》云：

己配何氏，为余女夫扬子增生何家辂胞妹。艰难中，间关相从，武昌戎马，保全先著稿本；蚕丛崎岖，寻夫蜀道。今者婺室哀吟，苦空彻悟，爰访名山，将为比丘终焉。[4]

6月26日，内阁讨论通过张一麐等呈请刘师培付国史立传事。27日，

1　《刘师培身后之惨状》，《戊午日报》1920年2月14日，第2版，国内要闻。

2　吴新雷等编纂：《清晖山馆友声集》，第550—551页。案，吴新雷等以为此函作于1919年，似误。据何震患精神病，至北大哭闹，陈钟凡助其返乡，则应作1920年。

3　柳亚子：《南社纪略》，柳无忌编：《柳亚子文集》，第4页。

4　刘富曾：《亡侄师培墓志铭》，《仪征刘申叔遗书》第1册卷首，第36—38页。

北京《益世报》载《昨日阁议纪闻》云：

> 昨日为星期六，阁议例会，萨代揆及各阁员均于上午十一时先后到齐，内务田文烈亦销假列席。重要议案共有四起。（一）西北筹边使徐树铮呈请将外蒙官府积欠前清户部银行款项概予豁免。（结果）照准。（二）中东路宋小濂条陈整顿中东路办法十条，请核示施行。（结果）关于原请第一条之路局组织法、第二条之路局人员培养法，交通部会核办理；其余八条，即责成核督办，积极进行。（三）张一麐等呈请已故北京大学（校）〔教〕授刘师培生平事迹，宜付国史立传。（结果）照准。（四）司法部提出请将现署江口高等审判厅厅长经家龄，又江西高等审判厅厅长陈经，均改为实授。（结果）照准，即日呈请，明令发表。此外尚有例案数起，至十二时五十分散会，由财政总长李思浩入府报告云。[1]

28 日，《申报》"专电" 载北京电亦云：

> 阁议：（一）交部以经费不敷，请将他项定额准予流用，议决照办。（二）张天骥报告日本对俄和战计画，议决电各处注意。（三）张一麐等请以刘师培付国史馆立传，照准。（四）经家龄、陈（给）〔经〕实授浙、赣高审长。（五）汪大燮等保徐佛苏督办三门湾，否决。（二十六日下午五钟）[2]

11 月 19 日，黄侃作《先师刘君小祥会奠文》，云：

> 庚申年壬申朔，越六日戊寅，弟子楚人黄侃，自武昌为文祭我先师刘君。鸣乎！岁序一周，师恩没世。泪洒山阿，魂销江澨。学丰年啬，名高谤至。夫子既亡，斯文谁系？丁未之岁，始事章君。投文请诲，日往其门。因觏之子，言笑欣欣。齿虽相若，道则既尊。我归奉亲，深山晦道，犹蒙素书，时相存问。榆枋鸠抢，天池鹏运。小大虽殊，各安涯分。欃枪东出，大野麟来。局促风尘，望远兴哀。据图刖喉，智士所悝。变态百端，天谅人猜。我滞幽都，数得想见。敬佩之深，改从北面。夙好

---

1 《昨日阁议纪闻》，北京《益世报》1920 年 6 月 27 日，第 3 版，要闻。《昨日之国务会议》，天津《大公报》1920 年 6 月 27 日，第 1 张第 3 版，北京特约通信。《京华短简》，《申报》1920 年 6 月 29 日，第 7 版，国内要闻。

2 《申报》1920 年 6 月 28 日，第 6 版，专电。

文字,经术诚疏。自值夫子,始辨津涂。肺疾缠绵,知君不永。欲慰无辞,
心焉耿耿。我归武昌,未及辞别。曾不经时,遂成永诀。始闻凶信,以
诗表哀。恩德莫称,临文徘徊。赢躯幸存,方寸已灰。虽传不习,亦负
甄培。君之绝业,《春秋》《周礼》。纂述未竟,以属顽鄙。世则方乱,师
则既亡。尧典入棺,文献俱丧。伤哉小子,得不面墙。手翻断简,泣涕
浪浪。呜呼哀哉! 贤士夭年,可数而悉:颜回、韩非,贾谊、王弼。如我
夫子,岂非其一。尚借鸿名,慰斯幽室。周孔虽圣,岂必长生。聊将此语,
解我悲情。呜呼哀哉! [1]

案,据此文"君之绝业,《春秋》《周礼》。纂述未竟,以属顽鄙",则黄侃
处藏有刘师培手稿。钱玄同编纂《刘申叔先生遗书》时,曾托陈钟凡等人向
黄侃索取,终无所得。陈钟凡《刘师培〈周礼古注集疏〉跋》云:

十七年春,季刚自辽宁南来,相见于扈上,亟以两稿为询。谓藏诸
箧衍,容谋刊布,不任堙晦也。廿三年冬,郑子友渔函征左庵遗著,适钟
凡于役广州,告以季刚在京寓所,属其函索,茫无端绪。明年秋,钟凡亲
抵京邑,季刚又以瘵疾遽尔逝世,原著遂不可复得矣。[2]

12月27日,《北京大学日刊》刊载《庶务部杂务课启事》,云:

本校教授刘申叔先生逝后,所遗书籍器具共计八十二件,当时曾会
同警察厅点交本校寄存,业经刘师颖先生悉数领去,并出有收据留校备
查。如有查问此项书籍器具者,请径询刘师颖先生可也。

九年十二月二十六日 [3]

1922 年

8月9日,黄侃《跋徐行可所藏刘先生手校文子注本》云:"刘君没时,
其书皆散。蔡元培诸人,始欲藏其书于大学。知君未没前,曾以未成书之稿

1 黄侃:《先师刘君小祥会奠文》,《仪征刘申叔遗书》第 1 册卷首,第 58—19 页。
2 陈钟凡:《刘师培〈周礼古注集疏〉跋》,《仪征刘申叔遗书》第 2 册,第 763 页。
3 《庶务部杂务课启事》,《北京大学日刊》第 777 号,1920 年 12 月 27 日,第 1 版。次日
同版仍载。

数种付侃,来书督索,不可少稽缓。"[1]1934 年 9 月 14 日黄侃《量守庐日记》又载:"夜得谷思慎书,此人亦公然向予索申叔稿子,可诧也。"[2]亦可证明刘师培确有手稿存黄侃处。司马朝军、王文晖合撰《黄侃年谱》"1934 年 9 月 14 日"条云:

> 笔者于 1989—1990 年间参加整理黄侃遗著事宜,曾从武汉大学中文系资料室所藏黄侃遗著中抄出《左盦遗稿目录》,全文如下:
>
> 《礼经旧说》手稿二十三叶　大红格纸
>
> 文稿四册(内夹手札四纸,答侃孔子生卒年月问)
>
> 《读道藏札记》二册
>
> 手稿二册
>
> 又手稿二册(内多引《左传》《国语》及《周礼》)
>
> 手札九函(内空函四)另二纸
>
> 　　　以上手稿
>
> 《古历管窥》一册
>
> 文稿一册(不知何人所抄)
>
> 　　　以上移录稿
>
> 《左盦文》《匪风集》各一册
>
> 《诗例举要》九叶、《毛传例略》一叶　北大排印本
>
> 《左盦遗书目》四叶　铅印
>
> 　　　以上印本
>
> 《西汉周官师说考》一册(耀先兄抄)
>
> 　　　以上油印本[3]

案,"耀先兄"即黄焯(1902—1984),字耀先,一字迪之,黄侃从子。据所云"耀先兄抄",则《左盦遗稿目录》应为黄侃之子所作,非黄侃自录。又据汪辟疆日记云:"客去纵谈,出床下铁箧,皆申叔稿,以竹纸订小本,如

1　黄侃:《跋徐行可所藏刘先生手校文子注本》,《黄侃诗文集》下册,第 552—553 页。

2　黄侃:《量守庐日记》,《黄侃日记》下册,第 1021 页。

3　司马朝军、王文晖:《黄侃年谱》,第 405—406 页。

《吕览》、《鸿烈斠注补》、《古历》一卷"，[1] 也可以证明黄侃藏有刘师培未刊手稿。黄焯《附记先从父藏刘君遗稿事》谓，从未见有《周礼古注集疏》四十卷与《礼经旧说考略》四卷之清稿，亦无所谓全稿。其所述或亦为事实，盖此稿可能已经亡失于战乱中矣。

1927 年

12 月 14 日，陶明濬发表《祭刘申叔先生文》，云：

呜呼！龙蛇岁厄，厥谶可惊。果然儒林，竟失康成。哀梁木之既坏，证丝竹于前生。天绀滑以暗惨，风凄栗以悲鸣。俨神仪其宛在，空忉怛于衷情。

淑灵淳懿，嘻惟先生。神则出乎五寸，志则入乎四行。沉思渊澈，湛然虚明。昌正学于大路，辟异途之榛荆。如极焚而救溺，实补剙而息鲸。振一代之沉迷，抗万钧以力争。眠食行坐，殚竭精诚。其博识也，则嵩高竹简，知出显节之遗陵。其奥衍也，则华山清雨，莫解句读之纵横。其强记也，则园林树木，皆有经苑之名。其多学也，则文史元儒，丘索坟典，河洛谶纬，阴阳历算，古谚图籍，无不洞澈而澄泬。如杜武库中具五兵，如董江都天人学精；如贾长沙少年蜚英，如许叔重篆籀归程。能覃思以独造，穿幽滓于尘冥。文则万言落笔，诗则五言长城。学伯仲乎郑、马，吕季孟于玄、卿。天胡靳其寿命，反远逊于凡氓。

翳维先生，胡可以死。不谓仓、许之才，而兼班、扬之技。心虽示乎先庚，目不空乎余子。拗谦斯光，幽贞道履。兀兀穷年，焚膏继晷。掣溟渤以华鲸，陋尘埃之蝼蚁。业有千秋，年才三纪。殚心忽微，筰枕图史。求罔象之玄珠，登奥渫于华几。卒使万流仰镜，群偷翘企。青冥之期，静如止水。丹霄之价，人绳其美。超若白狮，力如苍兕。语所未至，已见微旨；言所欲言，能无色喜。时饷益于后伺，终不出乎

1　湖北省人民政府文史馆编：《黄季刚先生逝世五十周年诞生一百周年纪念集》，第 178 页，转引自司马朝军、王文晖合撰《黄侃年谱》第 406 页。

前轨。如饮醇醪，自弃薄酤；如游五都，自轻荒鄙。卒令楚语之庾，秦客之俚，浑如风静波平，浮沤不起。以循诱之元功，植门墙以桃李。

虽以贱子文质，无以犹启迪。以开发知勉，而为正止士。自承宏教，于兹三年。久闻渺论，克侍坫坛。俨祺之貌，盎于背肩。其缨禁缓，其容简连。三千太学，日有诵弦。群惊一代之作者，不愧命世之名贤。纯笃坐春风之内，神妙到秋毫之颠。以书作圃，因情为田。实中心之妙契，非边腹之空便。每当寒凶岁敝，面目昏于尘烟。先生不惮由由而兹勉，竟忘衰疾之冥缠。弛气离坐，目光莹然。其容悴卢而清羸，其意植馨而蜕蝉。俨税驾于圣涯，似澡身乎玄渊。言柄若鸿钟之破巨浪，声华似明庭之接飞仙。三寸之珠，万斛之泉。翳吾侪之何幸，得久侍乎经筵。如读灵宝之章，如参寂照之禅。方意骥附云逐，得天独全，若骖从靳，永以周旋。何期龙啮文星之系，风断语笑之缘。哀音尘之不再，空呵壁而问天。

先生之文，沛于毫素，意蕊云飞，葩华萍布。不矜六论与十题，自有千诗与百赋。才撮笔以投篇，已传抄以修注。读纪行之长律，知追琢其章句；韵六百余八十，实一气之贯注。或讥训诂入诗，得无小误。岂知体物精微，（白）〔自〕饶天趣。飞动摧于霹（霹）〔雳〕，目巧自为奥阼。

某尝勉奏下里，以和韶护，岂免优孟之仪形，终愧邯郸之学步。乃知才分既殊，势难曲传。既垂趾之二分，问手足其焉措？将质草玄之亭中，空有化台之追慕。天道难论，苍苍焉诉！

呜呼！先生摩蝎作命，忧心恐多。抗怀微淡，无慕词科。渡大瀛之海，作击楫之歌。扶桑若荠，天风雨荡。摩以龙门之壮志，过凤岭而婆娑。既而莲幕载笔，解桡除苟。人识马、周之名姓，几同灰里之阴、何。长安解佩，栗里鸣珂。凡关中之名迹，皆考订其音讹。寒陵野火，不惮经过。识琳琅之令蕰，辨岣嵝之蛟鼍。以及璜琥嵩卣，识其蚪蚪。威斗辨于典宝，宁容俗士之诋诃？严诗须编杜集，岂许名实之偏颇？闺中相于，日有唱和。极人间之逸雅，奈岁月之投梭。对新亭而生感，叹荆棘于铜驼。以此乌邑，遂笃沉疴。

嗟夫！生才实难，奄忽实易。天不自珍其灵，（逐）〔遂〕降巫阳之使。渺千载以过期，瞑万古而不视。委天上之玉棺，收人间之经笥。曜质方昌，潜灵斯弃。胡时命之不长，真莫穷其所致。懿乎其纯，渊乎其思。文则正于魏统，学则立以汉帜。稽古可迈桓荣，论寿仅侔贾谊。既违首丘，复乏承嗣。叹神理之无恒，哀人生其如寄。虽明德而通玄，终幽宫以长寐。况厄言之日出，孰抨弹而排比。幸有故友赠以周赗，门生供以敛襚，因儒林丈人之鸿名，立文范先生之私谥。有不朽之盛业，寄精神于文字。搜左庵之丛残，及《国故》之诸志。将付攻木之工，善用锥刀之利。必使妙墨英词，崇论宏议，甲乙丹黄，相次从类。校雠蝌駮，考核同异。辨诸说之精疵，知正学之真伪。守先待后，吾侪之事。振余绪而远绍，将永世其不坠。吾知先生，含笑于地。

噫嘻悲哉！人则百身莫赎，天胡为乎此醉。犹忆旬日之前，讲论篇章，虽以沉笃之际，不肯殡殓于床。解玄言如辅嗣，犹刚健以为强。一揖几坠，起带渊墙。至今冥想，凄然神伤。尚谓道体凝固，必无所妨。何期两楹致奠，梦有妖祥。

嗟呼先生！身游元圃，目极缥缃。一心莹澈，九岁知方。性得中和之气，家有清秘之藏。誉则驰夫文圃，身不违于名场。鸡碑雀篆，五雅三仓。以古人为执友，以古道为康庄。今委化而即于古，当入马、郑之室，徐、庾之堂。

自古死者非一，况奕叶之耿光。而欺魄兔没，初不关乎短长。惟是九原路黑，终付冥茫。当寒飙之(互)〔亘〕野，正天风之陨霜。哀师门之永诀，对函丈以彷徨。迫心丧之古谊，奠桂醑与椒浆。精爽式凭，哀哉尚飨！[1]

案，陶明濬(1894—1960)，字犀然，蒙古镶蓝旗，辽宁沈阳人。北京大学国文科毕业，曾任奉天文学专门学校教员、东北大学教授，辽宁新亚日报社社长，河北省政府秘书，辽宁省图书馆副馆长，长白师范学院教授。1952年被聘为北京市文史馆馆员。著有《沈南丛书》《诗说杂记》《豫园志异》《红

---

1 陶明濬：《祭刘申叔先生文》，《东北大学周刊》第43号，1927年12月14日，第12—14页。

楼梦别本》等。

1936 年

《进德月刊》第2卷第4期载郝昺蘅《吊刘申叔先生文并序》，云：

尝于《国粹学报》，读先生著述，儒林文苑，一身蔚集。综两汉之遗榘，延经生之素业。下笔渊懿，钩深索赜。髫年持诵，心仪者久矣。若乃究心家国，思杂风云。孔璋檄操之文，越石鸡鸣之舞。劳谦既著，声称斯符。顾以操已诡越，履途多险。刘歆依违于莽朝，陆机点污于贾谧，旷世所歔，可谓一轨。即其遭命所至，实亦有由。外荧志于孔壬，内湛情于房闼。痟渴积年，勃溪累日。磨而不磷，古有几人？此则世所悯谅者也。洎夫望实交賨，形神已仳。绮席抠趋，憯而就罢。然其执诲殷拳，博文善诱。上下古今，如具囟肭；口陈指剖，不事挈讨。匪徒学至，盖亦有天授也。权以科占有限，循墙无由。诵肄之余，亦尝侧身讲帷，频烦训迪。束修之礼未具，在三之谊已笃。音谭虽接，钻印弥高。遗简具存，痛心在目。爰托沈湘之辞，聊申猥薆之怀。其辞曰：

唯广陵之古郡兮，何恹人之代生。岂江流之下濑兮，遂潮溯之冲盈。儵古今于一瞥兮，羌故实以愁人。繄石师之谍闻兮，综华实而同臻。究遗经于石渠兮，杨晖藻之彬彬。曰陵马枚而轹向玄兮，古之人谁与伦。绳祖武而张之兮，又瑟改夫危弦。资三户以毙秦兮，蹈世路之迍邅。嗟夫子之专直兮，不设防而为险。既去规而失榘兮，辛陷滞而沦渊。岂素抱之所愿兮，亦奸人之牵引也。世固有不谅之兮，余终不能无怜愍也。嘅愤疾之交攻兮，孰忧思之可任。遂淹瘟以就毙兮，留希世之翰音。虽端诚之内亏兮，犹玄言之常新。胡灵光之蜀闳兮，继绝学其何人。抚遗编而太息兮，涣余涕之沾巾。

此文曾载《华国》，当时太炎稍加删节。兹照录原文，以明其真。立权记。[1]

1　郝昺蘅：《吊刘申叔先生文并序》，《进德月刊》第2卷第4期，文苑，第101—102页。

南桂馨等出版《刘申叔先生遗书》，凡七十四种。蔡元培《刘君申叔事略》云：

> 所著书，经其弟子陈钟凡、刘文典诸君所搜辑，其友钱君玄同所整理，南君桂馨聘郑君裕孚所校印者，凡关于论群经及小学者二十二种，论学术及文辞者十三种，群书校释二十四种，诗文集四种，读书记五种，学校教本六种。除诗文集外，率皆民元前九年以后十五年中所作，其勤敏可惊也。向使君委身学术，不为外缘所扰，以康强其身而尽瘁于著述，其所成就，宁可限量？惜哉！

案，此据《刘申叔先生遗书》牌记言之，当年应有印成之书。否则，张江裁不当有《〈刘申叔先生遗书〉刊行始末记》（见下）之作。然钱玄同1938年3月1日致书郑裕孚，仍讨论钱玄同《刘申叔先生遗书序》修改事，[1] 则全书印成，当在1938年3月后。

张江裁《〈刘申叔先生遗书〉刊行始末记》云：

> 往余供职天津法院，适桂林郑君友渔亦司津市案牍，而市长则宁武南公佩兰也。郑固与余契，公退之暇，辄相与抵掌，而每及学术，则慁焉如有所忧，亟思有以表彰于世。第文书鞅掌，日鲜寸晷，用是虽心乎盛业，而促促未果也。
>
> 嗣郑赴晋省，余亦易职北平，彼此阻迹山川，斯事遂更难为力，而其志则无间日夕，未或少泯。
>
> 岁癸酉，郑再莅北平，屡来相访。余以郑之久不瞻晤也，越日乃即觞之。一盏市楼，班荆道故，俯仰通衢，襟怀都爽。酒酣耳热之际，郑忽欣欣致语曰："次溪交遍寰中，而表扬学术之凤愿，又与我不约而同，盍即谋所以偿之者？"
>
> 余感郑之可语斯道也，于是领之者再，俄复报之曰："君果有心人哉！目今讲学者盈天下，而天下之学术，多萃于书。诚欲彰夫学术者，计惟有取先哲之著述，而悉心勘订以刊行之，乃为有造于世。否则没草莱而弃榛芜，虽有明珠，亦无如沧海之遗去何也。是又吾党之咎矣。今

---

1 钱玄同：《致郑裕孚》(（六九），《钱玄同文集》第六卷《书信》，第299—300页。

君既心笃乎是，而累岁且弗忘焉，则艺林之大幸，而抉微阐幽之下，将不乏闻风兴起者。余亦尚谋之有素，而屈指珍庋之美且富者，吾乡伦丈哲如，有足多焉。此固四方明达之公言，非余一人之私旨也。"

余语至此，郑谓："哲老所蓄既富，次溪能求假一二，以遂此刊行之愿否？"余曰："能。"谓："能益其数否？"余亦曰："能。"郑虽闻之而喜，第可采何家，可索何本，或理成书，或刻秘稿，迟疑久之，迄未决也。

郑既以此为问，余复答之曰："二十年来，谈学者往往称仪征刘氏申叔，谓太炎章氏之外，斯人仅见。然而有幸有不幸焉，章也得享稀龄，凡所述作，泰半已得行世。刘既早世，遗著复散落人间，而湮晦莫彰者比比皆是。以先生之著述等身而论，即有剞劂，亦只太仓之一粟已耳，殊难以见其精深博大，甚非先生昕夕孜孜之初志也，可憾孰甚？"

今哲如丈既秘有先生佳著多种，当年抄校，又极精审。余果恳以求之，则公之于世，想必可能。惟哲如丈凤重然诺，君确能印行，则假之可也。假之而不印之，则余以为不必。

郑聆至此，沉吟良久曰："印而行之，善则善矣。第兹事体大，力实不胜，而名山有价，又不宜坐失此绝好机缘也。无已，则仍请次溪周详以讵讅之，可乎？"

余既睹郑有难色，乃导之曰："南公素善君，又先生留东瀛时胜友。今先生作古，忽忽遂十三年矣。君苟以是而怂恿焉，则山阳邻笛，感逝情深，南公固式敦友谊，又凤以仗义闻。乘彼黄垆益痛之候，君策朝至，不待夕而南公可咄嗟立办矣。且名山二酉，各有千秋。此事一成，不但先生一人，兼可传其累世之学，而克彰此盛业者，遂将非君莫属，又可卜也。"

余语未竟，郑已力示赞同。适南公亦旅居是邦，杜门绝俗，以潜研儒释诸藏，于是不数月而议谐事举。

要之，郑君一念之诚，实有以玉成此事。余也仅居倡始，无裨大计；一语之微，顾足诩为劳绩耶？此必预为申述者一也。

初，余与郑君席散分袂归，即以移录先生丛著，商诸哲如丈。哲如丈允焉，而借与之久暂，所借之多寡，以及手续之繁简，种类之取舍，俱费磋商。往返多次，始得就绪。

议既定矣，稿亦得矣，余应南公礼聘，备职顾问。南公则斥金十万，以将其事，而郑实综厥成，于是而校刊专局立矣。

局初设于南城琉璃厂之西南园，继由西南园而八角琉璃井，而兴胜寺，而十间房，而西草厂，再由西草厂而西城之辟才胡同，而南沈篦子胡同，凡七易其地，而局址方定。凡三易裘葛，而全书始得藏事。

全书理董之责，吾友太谷赵君美渔实专任之，亦南公卑礼厚币以聘来者。先生博闻强记，属草恒弗检阅原书，信笔所之，时或未完未备。其长（谝）〔编〕各稿，次序尤多未就。且字既藐若蝇头，点画更极简省，蚴蜒满篇，段落不缀。猛一入眼，其为何文何字，绝难省识也。美渔则沉潜以冥索之，挹注以更订之，钩稽纂组，至忘寝馈，息交绝游，几越千旬。全稿始竣，而美渔犹虑其未能尽善而无憾也，抑亦难已。

其间慨助雠校者，余季豫、吴检斋、蒙文通、张少元诸君子，俱由余为之介，或由余托哲如丈相约，而钱玄同、黎劭西两君，为力亦多。吾师吴公北江及高公阆仙并哲如丈，更时有商订。其督印之责，则吴君晓芝肩之。先生高弟陈斠玄所出《周礼集疏》，且至十七卷之多，而刘君次羽，亦出其家稿，俯先生从弟容季转致平方，罄量供印，而以张君重威为之斡旋。次羽者，先生犹子，而久居沪滨者也。

书成之后，计为《连山归藏考》《司马迁述周易义》《史记述（先）〔尧〕典考》《尚书原流考》《毛诗（扎）〔札〕记》《毛诗词例举要》《邶鄘卫考》《周礼古注集疏》《礼经旧说考略》《逸礼考》《中庸考》《中庸答问》《春秋古经旧注疏证》《春秋左氏传古例诠微》《春秋左氏传例略》《春秋左氏传答问》《春秋左氏传时月古例考》《左氏学行于西汉考》《读左（扎）〔札〕记》《司马迁左传义序例》《公羊解诂误字》、《春秋繁露斠补》《繁露逸文辑补》《春秋繁露爵国篇校补》《白虎通义校补》《白虎通义阙文补订》《白虎通义定本》《白虎通义源流考》《国语补音》《论孔子无改制之事》《周明堂考》《周书补正》《周书略说》《秦四十郡考》《西汉周官师说考》《方伯考》《穆天子传补释》《王会篇补释》《王制疏证》《周历典》《古历管窥》《群经总义讲录》《经学教科书》《刘向撰五经通义五经要义五经杂义辨》《汉代古文学辩诬》《老子斠补》《老子韵表》《庄子斠补》《墨子拾补》《墨子（扎）〔札〕记》《晏子春秋校补》《晏子佚文辑补》《晏子春秋黄之寀本校记》《韩非子校补》《荀子斠补》《荀子逸文》《荀子词例举要》《荀子名学发微》《贾子新书校补》《新书佚辑补》《（郡）〔群〕书治要引贾子新书校文》《法言校补》《论衡校补》《中国中古文学史讲义》《中国文学教科书》《文章源始》《中国历史教科书》《攘书》《春秋时代地方行政考》《穆王西征年月考》《中国哲学起原考》《典礼为一切政治学术之总称考》《政治名词起原考》《古代要服荒服建国考》《舞法起于祀神考》《中国古用石器考》《元太祖征西日月考》《中国民族志》《中国地理教科书》《邢故拾遗》《编辑乡土志序例》《劝各省州县编辑书籍志启》《搜集文章志材料方法》《论中国宜建藏书楼》《论中土文字有益于世》《近儒学术统系论》《儒学法学分歧论》《近代汉学变迁论》《古学起原论》《孔学真论》《古学出于官守论》《补古学出于史官论》《论美术与征实之学不同》《论考古学莫备于金石》《古今画学变迁论》《中国美术学变迁论》《正名隅论》《刑礼论》《论近世文字之变迁》《中国古代财政国有之弊》《儒家出于司徒之官说》《中国民约精义》《论理学教科书》《文说》《国学发微》《文例举隅》《骈词无定字释例》《古书疑（举）〔义〕举例补》《氏姓学发微》《古今镂金学发微》《物名溯源》《物名溯源续补》《论前儒误解物类之原因》《格物解》《敦煌新出唐写本提要》《读道藏记》《读书随笔》《论文杂记》《琴操补释》《楚词考异》《左庵经说》《左庵随笔》《蜀中金石见闻录》《小学发微》《说文校订》等，并诗文诸篇，闻为七十四册，而以校勘记附诸书后焉。

　　而其《周书略说》《西汉周官师说考》《周礼古注集疏》《古历管窥》《春秋古经旧注疏》《周历典》《中国历史教科书》《搜集文章志材料方法》《蜀中金石见闻录》《穆王西征年月考》《王会篇补释》《劝各省州县编辑书籍志启》《编辑乡土志序例》《左氏学行于西汉考》《史记述尧典考》《儒学法学分歧论》《古学起原论》《儒学出于司徒之官说》《古学出于官守论》《中国哲学起原考》《补古学出于史官论》《典

礼为一〔切〕政治学术之总称考》《汉代古文学辨诬》《政治名词起原考》《古代要服荒服建国考》《论孔子无改制之事》《春秋时代地方行政考》《中国古代财政国有之弊》《氏姓学发微》《秦四十郡考》《郥鄜卫考》《穆天子传补释》《元太祖征西域年月考》《古今画学变迁论》《古今镂金学发微》《释矩》《舞法起于祀神考》《中国美术学变迁论》《论美术援地而区》《论考古学莫备于金石》《中国古用石器考》《论前儒误解物类之原因》《尔雅虫名今释》《辽史地理考》《汉官考》《古礼通诠》《国语校补》《元史西北地理考》《北周官制考》，尤为后起史家，掘得无量数真蕴。宝藏兴焉，伊谁之力？吾亦有心，不能不拜手稽首，奉先生为近世之史学大师也。

先生为方勇序《（六）〔方〕子丛稿》云：“少承崇轨，幼即徇齐，克岐之表，耀自初仪。如莹之美，挺出常度。良玉不琢，拟大项之生和；闻一知十，则颜回之卓耀。初览群经，便就大业。富平三篚，勋彰默识；贾逵五典，习于龀龆。遂齿上庠，广近有道。昭序阙党之间，咏馈舞雩之下；文其材质，展也不成；属更丧乱，退耽冲默。匡壁余辉，继以朝旭。休羊石室，几忘足音。红休之略既通，汝南之文咸秩。好古能述，乐是斐然。恒以龚刘缘隙，奋笔古经，爰发篇章，翦其浮伪。扶植微学，颇有整齐。足令东鲁壁藏，耀光奕叶之表；北海矛伐，摧坚百世之下。至若发精殊语，能说山川，张皇扬郭，则芬葩互属；连犴征南，亦深颐囷滞，可谓雅达广览，彬彬文质者也。夫三代之英，孔云未逮；彪蒙元吉，有启自天。综彼逸才，期以旷世。豹鼠之对，昔诒终童；驹齿之誉，今闻间子。未见其止，乃在斯人。”呜呼！落落斯文，不啻自为写照。移此以赠先生，当之有余地矣。

审古音，详古制，明古训，考古历。看似泥古，实以通今。观其《刑礼》诸论，《联邦》诸议，体国经野，半在乎斯。不有史识，讵能若是？

史既能括天下之所有，则天下之所有者，皆史实也。百氏之书，即百氏之学；百氏之学，皆可入史。则百氏之书，又皆史料也。持一说，成一家者，且入史焉，则六经之纯纪实事实物，以昭往迹以垂后禩者，尤信史也。或以编年，或纪本末，举所谓史体史裁者，六经已孕育无遗，则“六经皆史"之说，正好以之阐述先生，是先生之学固绝对的史学而益无疑义。

先生开敏过人，天资富博，记诵且久而弗渝。既传先业，以左氏较公、穀两家为赅备，审其义后，知笔削所昭，类存微旨，成《例略》一卷。又据《汉·志》：《古礼经》五十五卷，谓于今文十七篇外，增多之三十九篇，实即逸礼。计其散亡，当在东晋以前。爰举确可征信者成《逸礼考》一卷。又以《周礼》先师说六乡之吏，即冢宰六官，亦即六军之将。自马、郑以乡吏别六官，遂迥异古说。先生仍由古制，正其违失，成《周礼古注集疏》廿卷，即余前所称述而稿存陈斠玄许者也。特斠玄所存，尚缺三卷为可憾耳。又辨汉收图籍，非谓诗书。中秘古文，藏诸武帝时，即安国所献孔壁书，断非赢秦旧籍云云。于是更成《太誓答问驳谊》一卷。又遵《汉·志》，以《周书》为孔子所删百篇之余。近儒每援之以释群经，参较编定，成《周书补正》六卷。凡此虽亦说经，实皆纯史学家态度也。

呜呼！历朝之学风，历代史实也。历代之政教治乱，固尝由学风以为之枢纽也。得循吏于《儒林》，即学派而审治绩，而沿革兴亡之迹系焉，则所谓史者，顾能轶兹范畴也耶？然则先生虽不以史名，而所以孕育发皇者，固无在非史。而史学之正鹄，先生亦有以确定之，抑又可信也。

先生以历史的人物，为史学辟途径。盖其所以整理国故者，正有以集史学之大成，不能以其不以史名，而遂否认此言也。即于经于子，亦弥符史裁，而于史料之得失，尤多所启发。虽当此潮流演进，一日千里之际，置诸今世，未必罄宜，要其治史之精诣，则确借经史百家之说以阐得之，譬诸日月金玉，无时弗新。读其遗著者，固不得漫以迹象而求厥瑕疵也。

先生学贯天人，情推物我，举兵马财赋、历数政刑、典制礼乐之大，靡不得力于史，靡不有功于史。其关于《周官》及《左氏》诸著，俱有荦荦可见者，而《民族》一志，尤识弥世界。虽所著《攘书》，见者难免微词。第史证确凿，举往代诸史家所弗敢发者，毕予言之，斯固不能为贤者病也。

先生言学，重在淹通。于浙东史学家之长，独能兼取，以经郭为史鉴，由镕经以铸史，谓为纯史学家，谁曰不宜？

夫史之要谛，为以古鉴今。先生考古既具卓识，观人所不能观，察人所不能察。惟其一览千载，故恒一语破的。此正所谓史的眼光也，又奚足疑？

据史说经，即有功于史，律以实斋"六经皆史"之说，核以先生盱古衡今，述论政教学术演变之迹，竟无在不独抒史蕴，则先生固赫然一史学家，而不能谓余为溢美也。[1]

陈毓华《〈申叔遗书〉杀青竟，见其简端肖像，怃然成吟》诗云：

顾身骨立看犹在，惊呼不起泪珠潸。飘天薤梦是耶非，劫去忘知几年载。江府高掌收异才，骥骝入驭失鸯骀（谓端忠敏）。众中争折行秘书，邺架轴签不烦买。节楼梧秋摊被眠，觑见舐墨独挥洒。人境献酬了不关，败楮残唾借阄啚。悬心直到秦汉间，睥睨马郑标圣解。惨惨（嬴）〔赢〕得身后名，君自毕生被书绐。金门重对哭西州，掺手讶已形神改。遽遣崔骃委菁华，空嗟刘飔震文采。李祠深语矢不忘，头颅可知吾早悔。雨风冥夜撼窗棂，挟有百哀诉真宰。[2]

郑逸梅《艺林散叶》多记刘师培事，虽非尽实，亦足广闻，乃摘记于下：

524　刘申叔作字奇拙，有如孺子学书。

526　刘申叔记忆力甚强，在北京大学任教，须参考典籍，致书仪征家中，说明在何橱何格，何排何册，家人一索即得，从无误记。

528　有见刘申叔者，谓刘身顾而瘦，沉默寡言笑，手不释卷，汲汲恐不及。

529　柳亚子认识苏曼殊，出于刘申叔介绍。

530　刘申叔之《左庵全集》，不尽为彼作，往往撦拾他人著述，其中有《史说》，即章士钊作品。[3]

1　张江裁：《〈刘申叔先生遗书〉刊行始末记》，《国学论衡》1936年第8期，第7—12页，外稿。

2　陈毓华：《石船诗存》卷下，沈云龙主编：《近代中国史料丛刊续编》第八十三辑，第80页。

3　郑逸梅：《艺林散叶》，哈尔滨：北方文艺出版社，2019年，第51页。

其《艺林散叶续编》云：

> 92 刘申叔、梁鼎芬、章太炎，均参张香涛幕府。

> 382 章太炎与人谈，谓"刘光汉之《左庵全集》，全帙数十册，其中著述，十之八九属于仪征刘氏祖孙伯叔未刊行之遗稿，光汉剽窃据为己有，有弟子滥行甄录，遂成此芜杂著作。"

> 525 刘申叔作书极稚拙，其妻讥之，刘不服曰："我书之佳趣，惟章太炎知之。"[1]

汪国垣《光宣诗坛点将录》评刘师培诗为"地走星飞天大圣"，云：

> 季刚、申叔皆与太炎关系较深。申叔，社友；季刚，则太炎高足也。申叔诗法子美，问学汉魏，气体颇大，略嫌肤廓。季刚则专学选体，华实并茂，虽近摹拟，要不失为学人之诗也。[2]

---

1 郑逸梅：《艺林散叶》，哈尔滨：北方文艺出版社，2019 年，第 11、37、51 页。
2 汪国垣：《光宣诗坛点将录》（三），《青鹤》第 3 卷第 4 期，1935 年 2 月 1 日。

附录二

刘师培身后刊行之著述

　　本附录所收编者查知的刘师培去世后有关期刊发表的刘师培的作品，时间大致从 1920 年至 1949 年。1949 年以后刊载或重新刊载的作品，数量极少，收入附录五《刘师培研究论著目录》。本附录首列篇名，后列刊载的期刊名称及时间。此时的署名，已无辨识作者政治态度的意义，故不载。

齐诗大小雅分主八节说　《唯是》第 1 册，遗著，1920 年 5 月

齐诗国风分主八节说(附：诗纬星象说)　同上

毛诗正韵序　《国学厄林》第 1 期，1920 年 6 月

答黄侃问孔子生卒月日书二首　同上，文艺

老子斠补卷上　同上

丧服经传旧说　同上，专著

　　案，此文未完，未见续载。

古书疑义举要补　《国文学会丛刊》第一卷第 1 期，1922 年 11 月

西汉周官师说考　《国学丛刊》(南京)第一卷第 1 期，专著，1923 年 3 月

　　案，此文在该刊第二卷第 3 期续载，但全文未完。又刊于 1936 年之《制言》第 23 期。

古重文考　同上

楚词考异　《国学丛刊》(南京)第二卷第 1 期，专著，1924 年 3 月

　　案，此文未完，亦未见续载。

〔读〕诸子札记序　同上，书评

老子斠补自序　《国学丛刊》(南京)第二卷第 2 期，书评，1924 年 6 月

老子韵表自序　同上

荀子补释自序　同上

　　案,此文又刊于《国粹学报》第 45 期。

墨子拾补卷上　同上,专著

古本字考　《国学丛刊》(南京)第二卷第 3 期,1924 年 9 月

文说五则　《华国》第一卷第 7 期,文苑·文录,1924 年 3 月 15 日

废旧历论　《华国》第一卷第 8 期,学术,1924 年 4 月 15 日

中古文考　《华国》第一卷第 12 期,学术,1924 年 8 月 15 日

论说部与文(字)〔学〕之关系　《文学研究社社刊》,1924 年第 28 期

隐士秦君墓志铭　《华国》第二期第 7 册,文苑·文录,1925 年 5 月

屈君别碑　同上

吕氏春秋斠补自序　《国学丛刊》(南京)第二卷第 4 期,书评,1925 年 10 月

吕氏春秋高注校义自序　同上

吕氏春秋高注校义后序　同上

孝子卫洪基碑　《华国》第二期第 11 册,文苑·文录,1926 年 1 月

庄子校补　《国学专刊》第 3 期,专著,1926 年

尔雅虫名今释　《蜀一旬刊》1930 年第 1 期,著述,7 月 9 日

　　案,此文于该刊第 3、4、8 期续完。

非古虚上篇　《蜀一旬刊》1930 年第 3 期,通论,7 月 29 日

　　案,此文于该刊第 4、5 期续完。

非古虚中篇　《蜀一旬刊》1930 年第 6 期,通论,8 月 29 日

　　案,此文在该刊第 8、9、10 期续完。

达巷党人考　《蜀一旬刊》1930 年第 10 期,杂俎,10 月 9 日

论中国古代财政国有之弊　《江苏革命博物馆月刊》第 2 卷第 5 号,论著,1930 年 12 月 1 日

田宝臣传　同上,江苏人物志·文学

刘师培文三篇　同上,故旧遗文,陈去病辑录

　　案,所载三篇为《梵文典序》《唐故文林郎守益州导江县主簿飞骑尉张府君墓志跋》《读全唐诗发微》。

感事八首暨石头城一绝(庚子戊戌以后)　《大亚画报》第 384 号,1933 年 6

月 7 日

　　　　案，此诗计九首，续载于该报第 385—387 号。其中《石头城》绝句，又见 1917 年《小说新报》指严《妾何罪》中。

刘师培与端方书　　天津《大公报》，史地周刊，1934 年 11 月 2 日

音论序赞　　《制言》第 6 期，1935 年 12 月 1 日

　　　　案，此文又刊于《国故》月刊第 3 期。

西汉周官师说考　　《制言》第 23 期，1936 年 8 月 16 日

答黄侃问孔子生卒月日书　　《进德月刊》第二卷第 2 期，特载，1936 年

　　　　案，此文转载自《国学厄林》。

搜集文章志材料方法　　《学术世界》第二卷第 3 期，1937 年

汉魏六朝专家文研究（左盦文论之四）《文史杂志》第一卷第 8 期，1941 年 7 月，署仪征刘申叔先生遗说，罗常培述

左盦文论　　《国文月刊》第 9 期，1941 年 7 月，署仪征刘申叔先生遗说，罗常培笔述

　　　　案，此文于该刊 1941 年第 10 期、1945 年第 35 期续完。其子目如下：

　　　　1. 文心雕龙颂赞篇

　　　　2. 论文章有主观客观之别

　　　　3. 神似与形似

　　　　4. 文质与显晦

　　　　5. 文章变化与文体迁讹

论文章之音节　　昆明《中央日报》1944 年 4 月 16 日第 5 版，《星期增刊》第 11 期，署仪征刘申叔先生遗说，罗常培笔受

论文章有生死之别　　昆明《中央日报》1944 年 4 月 30 日第 5 版，《星期增刊》第 13 期，署仪征刘申叔先生遗说，罗常培笔受

蔡邕精雅与陆机清新　　同上

论各家文章与经子之关系　　昆明《中央日报》1944 年 5 月 16 日第 3 版，《文林》第 1 期，署仪征刘申叔先生遗说，罗常培笔受

论文章之转折与贯串　　昆明《中央日报》1944 年 6 月 19 日第 3 版，《文林》第 6 期，刘申叔遗说，罗常培笔受

汉魏六朝之写实文学　昆明《中央日报》1944 年 7 月 17 日第 3 版,《文林》第 10 期,署仪征刘申叔遗说,罗常培笔受

《史汉之句读》　同上

文心雕龙诔碑篇口义　《国文月刊》第 36 期,1945 年 6 月,署仪征刘申叔先生遗说,罗常培笔受

附录三

申叔遗书所收未刊稿

本附录所收为已收入《刘申叔先生遗书》但未在期刊发表或单独出版的手稿，据《遗书》编次。

尚书源流考　一卷

毛诗札记　一卷

礼经旧说　十七卷，又补遗一卷

周礼古注集疏　残，十三卷，存者为卷七至卷十三，卷十五至卷二十

春秋古经笺　残，三卷，存者为卷七至卷九

春秋古经旧注疏证　零稿

春秋左氏传答问

群书治要引贾子新书校文

贾子新书佚文辑补

晏子春秋斠补　二卷

晏子春秋斠补跋

晏子春秋斠补定本

荀子斠补　四卷

杨子法言斠补

法言佚文

韩非子斠补

读书续笔

王畿考（上、中、下）

圉方百里考

中庸问答

孝慈问答

礼问答

父丧未成服而子卒敛以吉服驳

公羊解诂误字

释籍

共和解

元秘史地理考证驳

信义论

驳嵇叔夜养生论

余庆余殃论

心感论

丁未答钱玄同书

戊申答钱玄同书

民国三年答钱玄同书

与廖平书

答江炎书

与某君书

与四川都督尹昌衡论川边书

与四川都督胡景伊荐陈度书

与四川民政长张修爵论川边书

与四川都督胡景伊书

与成都国学院同人书

与朱云石书

与杨赞襄书

答贺伯中书

答诸贞壮书

答桂蔚丞书二首

请立京师图书馆呈

包头西北屯田议

校生打靶议

禁伐京西森林议

宋拓汉石经残字跋

周易悬象序

小学达诂录序

咸同淮扬客将传序赞

明刘应秋先生遗著序

容拙斋文钞序

洪盦官书序

吟蕙堂诗集序

黄衡希甬居诗集序

元残画跋

蓉溪访古图记

骈文读本序

费启丰传

马孝子传

张荣仁传

孝子薛成传

徐慕达传

唐节母杨孺人家传

胡鸿湘妻王宜人传

艾子熙妻唐孺人传

仲兄许仲先生行状

清故四川候补知县赵君墓表

清故四川候补知县方君墓表

清故湖北候补知县徐君墓表

清故甘肃直隶州知州许君墓表

处士田君墓表

清故署茂州知州毛君阙铭

清故四川直隶州知州姜君阙铭

清故象州知州韩君阙铭

清故四川候补知县程君阙铭

邓绳侯先生阙铭

故民李君阙铭

清故举人洪君阙铭

清故陕西候补直隶州知州吴君碑颂

清故东乡县知县陈君碑颂

清故四川直隶州知州甘君碑颂

清故山东候补道高君墓碑

刘节妇杨氏墓碑

陈君式仁别碑

郑大雍墓碣

钟太夫人程氏神诰

清故陕西候补知县邵君墓志铭

清故武进县学教谕何先生墓志铭

王孺人墓志铭

陈恭人墓志铭

徐孺人墓志铭

山西候补知县娄君墓志铭

舒文波妻王孺人墓志铭

女颍圹铭

李氏女圹铭

清故龙安府知府伊君功德颂

清宁远府魏君功德颂

清故马边厅同知尹君去思碑

成都丁公祠碑

成都骆文忠公祠碑记

清夏都督克三岩碑颂

西安程公塘颂

成都三皇庙碑

成都黄帝庙碑

成都黄帝庙别碑

成都江渎庙碑

武陟重修县城碑

山西两江会馆记

翟安道妻冯氏诔

邓亚珍诔

盐城陶君诔

何大姑哀赞

党母李孺人哀赞

吕森妻王夫人哀词

祭夏口火神庙文

万载孝廉方正于达璋八十寿言

梁山皮君寿言

沈夫人五十寿序

轸春思词

悲秋词

吊旅冢赋

程于直冠子箴

广元公立雨坛铭

温江李龙丘玉佩铭

球盘铭

秀山学宫乡饮颂

郫县嘉禾颂

江水颂

仓场侍郎桂公清像赞

跋柯凤荪郑母张夫人墓志铭

附录四

刘申叔未刊著述介词

周雁石

　　周雁石（1894—1959），名悫，号石公，别署冰壶，江苏海门人。1925年毕业于东南大学文史科。抗战期间曾两度随其师柳诒徵工作于江苏国学图书馆，先后任出版部主干、馆主任。后至浙江大学任副教授，主讲目录学。精于文献、目录学，所藏古籍二万余卷及抄本，现保存于海门县图书馆。据作者自署，本文作于民国三十七年（1948）四月。张熙瑾先生整理后，曾刊于南京师范大学《文教资料》1990年第1期。本附录收入时，对个别标点进行了校正。

　　近五十年中，在著述界负有觥觥大名、而以治朴学著者，不过四五人而止耳。其享年之短，而成就如此卓卓者，要以仪征刘申叔（世培）为首选。当其去世时，年仅三十有六，使永其年而至今犹存于世，亦止六十又四。有清一代朴学大师，享年在稀龄以上者，指不胜偻；即此六十又四，所求亦不为奢，惜乎其止于三十又六龄耳！今《申叔遗书》已由宁武南佩兰氏（桂馨）印出，主编纂者为桂林郑友渔氏（裕孚），参加审订者为吴兴钱疑古氏（玄同）。分为六类，搜集至七十四种之多，可谓勤矣。于总目后，钱氏加以说明，详哉言之，读者可复按，无事辞费。其列入未收者，有《逸周书补释》及《左庵文集》两种，谓为"虽有刻本，今所未见，无法收入《遗书》之中"。其列入未见者，依据我友赵斐云君之《刘申叔先生著述目录》中"稿本未刊行者"一类，原列三十一种，除今已收入《遗书》外，尚有《刘瓛周易注补辑》、《王弼易略例明象篇补释》、《刘兆公谷注补辑》、《刘熙孟子注补辑》、《字诠》，

《周书》五官、三监、五服、濮路、月令等考，《国语贾注补辑》一卷，《史记述左氏传》如干卷，《庄子□□》，《吕氏春秋斠补》，《吕氏春秋高注校义》，《独断补释》，《列仙传斠补》一卷，共十三种，谓为"今所未见，成书与否，或书成原稿已佚，举不可知"云云。其列入不印者八种，从略。书成于二十六年七月抗战正起之时，余初未之见，亦不之知。逮胜利复员入国门，始见其全书，细读其《群经大义相通论》一编及《遗书》中关于《诗经》之作，则知余往年所得之一册，确为申叔之未刊著述。特为介词如左。

余一介寒儒，对于宋椠元刊，力所不及，以故素不作此想。惟写本往往注意及之，所收不下数十种，披沙拣金，亦间有可取者。此册其一也。书系红格清写本，半页十行，行二十二字，一行中分直线，备书双行小注者，盖用写样上板格纸也。原书面标有《群经大义相通论》一签，已剥蚀，余为重书之，并疏"会通""解纷""阙疑""流别"四目于下，从其实也。首页无大题，第一行低二格，标"会通"二字。全书分四篇，"会通"而外，即上列之"解纷""阙疑""流别"等是。每篇之下，均有"仪征刘师培"五字。共七十六页，约三万余字，全为《毛诗》而作，与今日所见印本中之《群经大义相通论》固一字不相蒙；即与其他关于《诗经》之作，亦了不相涉；而稿本未刊之十三种中，亦无涉及《诗经》者，此为清书稿本，从未刊行，殆无疑义。兹将其四篇之梗概述下，俾研索申叔之著述者知有此书。倘为刊行而附于《遗书》之后，宁非一大快事！

"会通篇"，一为"毛诗与尔雅相通"，所据为陈长发之《毛诗稽古编》，列六十八则，末有云："案，《传》与《雅》同者，此外尚多，此特采其不与俗合者，如'权舆'训始，诸家并同，则不录也。陈硕甫《毛诗传义类》所采较详，可取与《尔雅》相校。又原本《传》《笺》不分先后，亦多易置，今依次分录，并注篇名于下。《义类》惟注其复见者，一见不注，今则但注其首见者耳。"二为"《笺》用《尔雅》别录于下"，列三十五则，亦据《毛诗稽古编》。末有"凡《笺》与《传》同者不录，如，左右，助也，见长发《传》，则《关雎》笺不录。余仿此"云。其下列七节二十一则，用陈硕甫《毛诗》说及丁俭卿《毛诗古学原序》说，末云："此与陈硕甫说互有详略，故并引之。丁氏以毛公为献王博士，本之《汉书》而略误。据《诗谱》陆《疏》、《释文》诸说，则作《诂训传》者大毛公,为博士者小毛公也,故稍删节其说。"末有"《传》用《书》义""《传》用《易》义"两则。要之,上举各则,均为说明《毛诗传》义与他书相通,故名之曰"会通"。

"解纷篇"所列百四十一则,引书二十三种,中有加按语者二十处。"阙疑篇"所列十四则,引书九种,加按语者四处。"流别篇"所列一十二则,引书八种,加按语者六处。要以胡墨庄之《毛诗后笺》、陈长发之《毛诗稽古编》为最多,余一二则或三五则而已,间及唐宋著述。全书体例相同,大都引前人之成说,每则起首顶格,余低一字。于文虽词非已出,于义则断自心裁。此或系申叔著书之料。余以为存此一格,亦足见前辈读书,于穿穴沟通之方、致力之深如此,更足为今之卤莽灭裂与夫曲说武断者,痛下一针砭。特为之露布于此。

顾当时题为《群经大义相通论》者,殆有见于"会通篇"之所述,大都与其他经籍相通,所以为此一名,其实非也。此四篇所述,全系《毛诗》,大体已完具。从"会通"起,止于"流别",如题为《毛诗四论》,似更确切。今检《遗书》中之《毛诗札记》,或与此书有相近处,而《毛诗词例举要》详、略两本,非其类也。即《群经大义相通论》中之《毛诗荀子相通考》,亦非其体。此殆为另一种无疑。

申叔享年不永,身后又萧条,著作四散。南君能集之于既散之后,成为煌煌大部,亦自难能可贵,不识天壤者犹有其他发见,补而辑之,汇而布之,亦有心人分内事也。余日望之。申叔之才华、之气概,在当时侪辈中咸推为不易及,即太炎先生亦认为"畏友"。惜中间一受笼络于托活络氏,再受(点)〔玷〕于项城袁氏。考其年已三十前后,似非关于定力之不足。吾友卢冀野君谓,申叔实受制于内人所谓何震者,非其本意。孑民蔡先生亦云,自可征信。往年有友人自扬州来,语余云:"申叔故后,其妻何氏病狂,锢斗室中,启一窦以通饮食,何氏至自啖其遗。彼甘心于人者,天夺其魄矣。……"

民国三十七年四月

谨案,此所称《群经大义相通论》,今藏复旦大学图书馆。其整理本《毛诗大义相通论》已刊于中国历史文献研究会编《历史文献研究》第44辑中。

附录五

刘师培研究论著目录

【中文部分】

1. 作品集

《中国中古文学史讲义》,北京：国立北京大学出版部,1919 年,又 1926 年；又北京：国立北京大学出版组,1934 年

《汉魏六朝专家文研究》,独立出版社,1945 年

《古书疑义举例补》,收入《古书疑义举例五种》,北京：中华书局,1956 年

《中国中古文学史讲义·论文杂记》,金文渐点校,北京：人民文学出版社,1959 年

《中国中古文学史·论文杂记》,舒芜点校,收入郭绍虞、罗根泽主编,"中国古典文学理论批评专著选辑",北京：人民文学出版社,1959 年

《刘申叔先生遗书》,台北：大新书局影印,1965 年；又 1969 年

《汉魏六朝专家文研究》,香港：香港中文大学新亚书院中文系,1966 年

《刘师培论学论政》,李妙根编,"中国近现代思想文化史史料丛书",上海：复旦大学出版社,1990 年

《国粹与西化：刘师培文选》,李妙根编选,"中国近现代思想家论道丛书",上海：远东出版社,1996 年

《刘申叔遗书》,南京：江苏古籍出版社,据《刘申叔先生遗书》影印,1997 年

《刘师培全集》,北京：中共中央党校出版社,据《刘申叔先生遗书》影

印,1997 年

《刘师培中古文学论集》,陈引驰编校,"二十世纪国学名著"丛书,北京:中国社会科学出版社,1997 年

案,此书分内外篇,内篇收录《中国中古文学史讲义》《汉魏六朝专家文研究》及《文心雕龙讲录二种》,外篇收入《广阮氏文言说》《骈文读本序》《与人论文书》《古文辞辨》《文说》《文章原始》《文学出于巫祝之官说》《文章学史序》《论文杂记》《南北文学不同论》《论说部与文学之关系》及《论近世文学之变迁》,附录有蔡元培《刘君申叔事略》及汪东《刘师培传》。

《中古文学论著三种》,陈辞编,"新世纪万有文库·近世文化书系",沈阳:辽宁教育出版社,1997 年

案,此书收录《中古文学史讲义》《汉魏六朝专家文研究》及《文心雕龙讲录》。

《刘师培:评传·作品选》,赵慎修编著,"清末民初文人丛书",北京:中国文史出版社,1998 年

案,本书包括《评传》与《作品选》两部分。

《刘师培辛亥前文选》,李妙根编、朱维铮校,"中国近代学术名著"丛书,北京:生活·读书·新知三联书店,1998 年

《刘师培学术论著》,劳舒编,雪克校,"近人学术述林"丛书,杭州:浙江人民出版社,1998 年

《刘师培书话》,张先觉编,"近人书话系列",杭州:浙江人民出版社,1998 年

《刘师培学术文化随笔》,汪宇编,王岳川主编,"二十世纪中国学术文化随笔大系"(第二辑),北京:中国青年出版社,1999 年

案,本书附录《刘师培年谱简编》。

《中国中古文学史讲义》,程千帆等导读,"蓬莱阁丛书",上海:上海古籍出版社,2000 年

案,此书收录《中国中古文学史讲义》《汉魏六朝专家文研究》,附录蔡元培《刘君申叔事略》、刘师培《甲辰年自述诗》。

刘师培著,万仕国辑校:《刘申叔遗书补遗》(上、下),扬州:广陵书社,

2008 年

刘师培著,万仕国点校:《仪征刘申叔遗书》,扬州:广陵书社,2014 年

万仕国、刘禾校注:《天义·衡报》(上、下),北京:中国人民大学出版社,2016 年

2. 研究论文

赵万里:《刘申叔先生著述目录》,《北海图书馆月刊》第 1 卷第 6 号,1928 年

绍虞:《刘师培论文杂记跋》,《京报》1929 年 5 月 3 日第 5 版,文史丛跋(一)

任维焜:《刘师培的文学论》,《新晨报》副刊,1930 年 11 月 13 日、14 日

次公(邵瑞彭):《刘申叔〈礼经旧说〉题记》,《庠声》第 6 期,1932 年 12 月 7 日

李源澄:《古文大师刘师培先生与两汉古文学质疑》,《学艺》12 卷第 6 期,1933 年 7 月

王森然:《刘师培评传》,《国风》半月刊第 4 卷第 9 期,1934 年 5 月;又收入其著《近代二十家评传》,杏严书屋,1934 年;又《近代各家评传》(初集),北京:生活·读书·新知三联书店,1998 年

宋佶人:《读刘师培与端方书——革命的前一幕》,《清华周刊》第 42 卷第 6 期,1934 年

高良佐:《论刘师培与端方书》,《建国月刊》第 12 卷第 4 期,1935 年

张经:《刘申叔著述年表》,《经世日报·读书周刊》第 26、27 期,1947 年 2 月 12 日、19 日

李渔叔:《刘师培别记》,收入其著《鱼千里斋随笔》,台北:中华书局,1958 年

李渔叔:《刘师培学述》,收入其著《鱼千里斋随笔》,台北:中华书局,1958 年

殷孟伦:《校读偶记——刘师培〈中国中古文学史〉里的错字》,《文学

遗产》增刊第 10 辑,1962 年; 收入其著《子云乡人类稿》,济南: 齐鲁书社,
1985 年

　　杨天石:《论辛亥革命前的国粹主义思潮》,《新建设》1965 年第 2 月号;
收入其著《寻求历史的谜底: 近代中国的政治与人物》,北京: 首都师范大
学出版社,1993 年

　　陈敬之:《大江南北两刘三》,台北《畅流》第 18 卷第 12 期、第 19 卷第
1 期,1959 年

　　向夏:《刘申叔词例举要商兑》,台北《大陆杂志》第 24 卷 1962 年第 7
期

　　芮逸夫:《刘师培著中国民族志序》,台北: 中华书局,1962 年

　　醒呓:《记刘师培》,台北《畅流》第 35 卷 1967 年第 12 期

　　侯立朝:《申论刘师培论文章的作法》,台北《文艺》1969 年第 3 期

　　吴相湘:《刘师培左倾又右倾》,台北《联合报》1971 年 7 月 23 日

　　郭颖颐:《无治主义与传统思想——刘师培》(摘要),台北《中国文化研
究所学报》第 4 卷 1971 年第 2 期

　　林斌:《刘师培失足成恨》,台北《中外杂志》第 13 卷 1973 年第 4 期

　　刘心皇:《刘师培的惧内》,台北《中国时报》1977 年 8 月 18 日

　　林斌:《短命学人刘师培弃学从政失足恨》,台北《江苏文物》第 5 期,
1977 年

　　杨天石、王学庄:《章太炎与端方关系考析》,《南开大学学报》1978 年
第 6 期; 收入其著《寻求历史的谜底: 近代中国的政治与人物》,北京: 首都
师范大学出版社,1993 年

　　曾业英:《刘师培与端方关系补证》,《近代史研究》1979 年第 1 期

　　林丽月:《刘师培的史学》,台北:《教学与研究》第 1 卷,1979 年

　　王有为:《试析章太炎〈亚洲和亲会约章〉》,《学术月刊》1979 年第 6
期

　　姜义华:《论近代中国的小资产阶级社会主义》,《复旦学报(社会科学
版)》1980 年第 1 期

　　彭英明:《评辛亥革命前的无政府主义思潮》,上海《文汇报》1980 年 2

月 25 日

彭英明：《〈悲佃篇〉性质质疑》，《学术月刊》1980 年第 5 期

汤志钧：《关于亚洲和亲会》，《辛亥革命史丛刊》第 1 辑，北京：中华书局，1980 年

王利器：《论文笔之分》，《西北大学学报（哲学社会科学版）》1981 年第 1 期

吴雁南：《刘师培与〈中国民约精义〉》，《历史知识》1981 年第 2 期

沈骏：《中国早期无政府主义思潮初探》，《华中师范学院学报（哲学社会科学版）》1981 年第 2 期

蒋俊：《刘师培的无政府主义思想剖析》，《山东大学文科论文集刊》1981 年第 2 期

李耀仙：《刘师培政治功过的评价——为纪念辛亥革命七十周年而作》，《南充师院学报（哲学社会科学版）》1981 年第 4 期

孙茂生：《中国无政府派的政治思想》，《求是学刊》1981 年第 4 期

吴雁南：《刘师培的无政府主义》，《贵州社会科学》1981 年第 5 期

陈汉楚：《无政府主义在中国的传播和影响》，《中国哲学》第 7 辑，北京：生活·读书·新知三联书店，1982 年

叶程义：《刘申叔〈庄子斠补〉考述》，台北《政治大学学报》第 46 期，1982 年

吴修艺、邬国义：《刘师培著作系年目录（摘要）》，《青年史学》第 10 期，1982 年

蒋俊：《无政府主义的传入与二十世纪初年的革命风潮》，《山东大学文科论文集刊》1983 年第 1 期

罗福惠：《试析国粹派经学的两重性》，中南地区辛亥革命史研究会、湖南省历史学会编《纪念辛亥革命七十周年青年学术讨论会论文选》，北京：中华书局，1983 年；又收入龚书铎主编《近代中国与近代文化》，改题《国粹派及其经学》，长沙：湖南人民出版社，1988 年

何若钧：《论刘师培政治思想的演变》，《华南师范大学学报（社会科学版）》1983 年第 2 期

杨天石、王学庄：《论〈天义报〉刘师培等人的无政府主义》，《近代史研究专号·近代中国人物》，北京：中国社会科学出版社、重庆：重庆出版社，1983 年；收入杨天石著《寻求历史的谜底：近代中国的政治与人物》，北京：首都师范大学出版社，1993 年

李妙根：《论辛亥革命前后刘师培的政治思想》，《求是学刊》1983 年第 4 期

李喜所：《论辛亥革命时期的社会主义思潮》，《辛亥革命史丛刊》第 5 辑，北京：中华书局，1983 年

叶程义：《帛书老子校刘师培〈老子斠补〉疏证》，台北《政治大学学报》第 47 期，1983 年

叶程义：《帛书老子校刘师培〈老子斠补〉疏证拾遗》，台北《政治大学学报》第 48 期，1983 年

洪德先：《刘师培与社会主义讲习会》，台北《思与言》第 22 卷第 5 期，1985 年

李妙根：《〈悲佃篇〉的巨大贡献和可悲结论》，《安徽史学》1985 年第 1 期

薛正兴：《〈古书疑义举例续补〉校点质疑失误举例》，《镇江师专学报（社会科学版）》1985 年第 1 期

洪德先：《早期国人对无政府主义的初步认识》，台北《食货杂志》第 14 卷第 9、10 期合刊，1985 年

万易：《刘师培年表》，南京师范大学《文教资料简报》1985 年第 2 期

万易：《刘师培专论目录》，南京师范大学《文教资料简报》1985 年第 2 期

陈庆煌：《左盦经学综论》，台北《孔孟月刊》第 23 卷 1985 年第 11 期

经盛鸿：《〈刘师培年表〉史事订正》，南京师范大学《文教资料简报》1985 年第 4 期

姚伟：《刘师培与资产阶级方志学》，《中国地方志通讯》1985 年第 4 期

吴雁南：《试论清末社会思潮的特点》，《中州学刊》1985 年第 4 期

胡逢祥：《论辛亥革命时期的国粹主义史学》，《历史研究》1985 年第 5

期

蒋俊：《辛亥革命前有关无政府主义的书刊资料评述》，《中国哲学》第13辑，北京：生活·读书·新知三联书店，1985年

吴企明：《刘师培〈读全唐诗发微〉榷证》，收入其著《唐音质疑录》，上海：上海古籍出版社，1985年

杨汉鹰：《西方社会主义的输入与中国传统的均平思想》，《近代史研究》1986年第2期

杨黛、咨津：《"骈词无定字"辨正》，《杭州大学学报（哲学社会科学版）》第16卷1986年第2期

经盛鸿：《刘师培史事考订》，《史学月刊》1986年第3期

田汉云：《刘师培的一首佚词》，《扬州师范学院学报（社会科学版）》1986年第3期

刘桂生：《晚清"墨学复兴"与社会主义学说传入中国》，《教学与研究》1986年第4期

陈燕：《刘师培（1884—1919）其人其事》，台北《中山大学学报》1986年第3卷

经盛鸿：《论刘师培的无政府主义思想》，《南京大学学报（哲学、人文科学、社会科学）》1986年第3期

王琦珍：《论刘师培的文学观与文学史研究》，《文学遗产》1986年第5期

吴雁南：《刘师培的资产阶级民族主义与民主主义思想》，收入其著《孙中山与辛亥革命》，贵阳：贵州人民出版社，1986年

王尔敏：《中国近代知识分子对于社会主义之初步反应及共产制度之适然想象》，韩国西江大学《东亚研究》第7辑，1986年

罗福惠：《近代资产阶级政治思想的发展与贫困——围绕着〈中国民约精义〉的纵横比较》，《浙江学刊》1986年Z1期

徐培华：《刘师培经济思想探索》，上海市经济学会、中国经济思想史研究会编《中国经济思想史论文集》，上海：上海社会科学院出版社，1986年

陈奇：《刘师培的经学与资产阶级民族主义宣传》，《贵州师范大学学报

（社会科学版）》1987年第2期

林维民：《汉魏文学变迁的认识——〈中国中古文学史讲义〉札记》,《温州师范学院学报（社会科学版）》1987年第2期

范明礼：《清末资产阶级国粹派的几个问题》,《辛亥革命史丛刊》第7辑,北京：中华书局,1987年

陈奇：《刘师培的汉、宋学观》,《近代史研究》1987年第4期

陈奇：《刘师培的经学与资产阶级民主宣传》,《贵州大学学报（社会科学版）》1987年第4期

万易：《〈刘申叔先生遗书〉外佚作一组》,南京师范大学《文教资料》1987年第5期

经盛鸿：《刘师培出卖张恭时间小考》,南京师范大学《文教资料》1987年第5期

郭明道：《论刘师培校释群书的方法》,扬州师范学院编印《扬州学派研究》,1987年

王世华：《刘师培与章太炎的〈新方言〉——关于〈新方言后序〉与〈新方言〉中所纪录的扬州话》,扬州师范学院编印《扬州学派研究》,1987年

李坦：《西汉经古文学演进轨迹初探——读刘师培〈汉代古文学辨诬〉有感》,扬州师范学院编印《扬州学派研究》,1987年

刘立人：《论刘师培的文学史观》,扬州师范学院编印《扬州学派研究》,1987年

田汉云：《论刘师培的诗》,扬州师范学院编印《扬州学派研究》,1987年

李坦、田汉云：《〈左庵词〉笺证》,扬州师范学院编印《扬州学派研究》,1987年

师季梅：《辛亥革命前无政府主义对近代中国的进步影响》,《青年史学》第31期,1987年

周文英：《戴震、刘师培的朴素逻辑语义思想》,《江西教育学院学报（综合版）》1988年第1期

经盛鸿：《论刘师培的前期思想发展》,《徐州师范学院学报（哲学社会

科学版)》1988 年第 2 期

经盛鸿：《论刘师培的三次思想变化》，《东南文化》1988 年第 2 期

袁英光、仲伟民：《刘师培与〈中国历史教科书〉研究》，《华东师范大学学报(社会科学版)》1988 年第 4 期

仲伟民：《论二十世纪初期的反国粹主义思潮》，《学术界》1988 年第 4 期

王凌：《有关刘师培一则早期反清史料》，《历史档案》1988 年第 3 期

张广庆：《刘申叔〈春秋左氏〉学申汉难杜说》，台北《书目季刊》第 22 卷第 2 期，1988 年

周新国：《试析 1903—1908 年刘师培的政治思想》，《江海学刊》1989 年第 1 期

朱维铮：《刘师培：一个"不变"与"善变"的人物》，《书林》1989 年第 2 期

陈奇：《刘师培"力攻今文"析》，《贵州社会科学》1989 年第 2 期

陈奇：《刘师培对传统经学的批判》，《贵州师范大学学报(社会科学版)》1989 年第 2 期

杨天石：《刘师培举报章太炎引起的风波》，《团结报》1989 年 9 月 16 日；又收入其编《民国掌故》，北京：中国青年出版社，1993 年

熊启珍：《20 世纪初年中国的无政府主义与资产阶级革命运动》，《武汉大学学报(社会科学版)》1989 年第 4 期

〔美〕彼得·扎罗著，张家钟摘译：《何震与中国无政府女权主义》，《黄海学刊(社会科学版)》1989 年第 4 期

胡楚生：《刘师培〈攘书〉探究》，台湾中山大学中国文学系主编《第一届国际清代学术研讨会论文集》，1989 年；又见《清代学术史研究》续编，台北：学生书局，1994 年；又见台湾中山大学清代学术研究中心主编《清代学术论丛》第三辑，台北：文津出版社，2002 年

万仕国：《刘师培与吴虞书——论小学经学门径》，南京师范大学《文教资料》1990 年第 1 期

经盛鸿：《刘师培与黄侃交往二三事》，南京师范大学《文教资料》1990

年第 1 期

周雁石:《刘申叔未刊著述介词》,南京师范大学《文教资料》1990 年第 1 期

刘贵福:《试论近代中国无政府主义的妇女解放观》,《辽宁师范大学学报》1990 年第 1 期

陈奇:《刘师培的今古文观》,《近代史研究》1990 年第 2 期

洪德先:《近代日本社会主义之兴起及其对中国之影响》,台北:《铭传学报》第 27 卷,1990 年

翟文奇:《刘师培无政府主义思想活动述评》,《南昌大学学报(人文社会科学版)》1990 年第 4 期

翟文奇:《中国早期无政府主义论要》,《齐齐哈尔师范学院学报(哲学社会科学版)》1990 年第 6 期

伴桐:《刘师培的〈礼经旧说考略〉残稿》,《图书馆杂志》第 9 卷 1990 年第 3 期

洪德先:《五四运动前后的无政府主义运动》,台北:《中国历史学会史学集刊》第 22 期,1990 年

史革新:《刘师培与晚清学术》,《北京师范大学学报》1990 年增刊

房德邻:《论国粹主义》,《中州学刊》1991 年第 3 期

李妙根:《刘师培生卒年考订》,《安徽史学》1991 年第 3 期

邬国平:《刘师培文学批评二论》,《中国近代文学研究》(1),南昌:百花洲文艺出版社,1991 年

郑师渠:《简论晚清国粹派的崛起》,收入胡希伟编《辛亥革命与中国近代思想文化》,北京:中国人民大学出版社,1991 年

李喜所:《略论辛亥革命时期的国粹主义思潮》,收入胡希伟编《辛亥革命与中国近代思想文化》,北京:中国人民大学出版社,1991 年

郑师渠:《晚清国粹派的新史学探讨》,《北京师范大学学报(社会科学版)》1991 年第 5 期;又收入华中师范大学中国近代史研究所编《辛亥革命与 20 世纪中国:1990—1999 年辛亥革命论文选》,武汉:湖北人民出版社,2001 年

曹靖国：《刘师培史学思想述评》，《东北师大学报（哲学社会科学版）》1991 年第 6 期

郑师渠：《论晚清国粹派的经学思想》，《孔子研究》1992 年第 1 期

郑师渠：《晚清国粹派论清学》，《北京社会科学》1992 年第 1 期

冯永敏：《论刘师培的白话文》（附《〈中国白话报〉所见刘师培作品一览表》），《台北市立师范学院学报》第 23 卷，1992 年

汤志钧：《刘师培和〈经学教科书〉》，台中《东海学报》第 33 期，1992 年

郑师渠：《刘师培史学思想略论》，《史学史研究》1992 年第 4 期

经盛鸿：《黄侃与刘师培》，《文史杂志》1992 年第 5 期

郑师渠：《晚清国粹派与社会学》，《近代史研究》1992 年第 5 期

吴雁南：《刘师培的资产阶级民主思想与心学》，《贵州社会科学》1992 年第 11 期

郑师渠：《晚清国粹派的文化观》，《历史研究》1992 年第 6 期

浦伟忠：《论刘师培〈左庵集〉的学术思想》，《清史研究》1992 年第 4 期

王立兴：《刘师培戏剧起源观论略》，收入其著《中国近代文学考论》，南京：南京大学出版社，1992 年

蒋俊：《论刘师培的村办企业思想》，《北京农业工程大学学报（社会科学版）》1993 年第 1 期

赵炎才：《刘师培的理想王国》，《毕节师专学报》1993 年第 1、2 期

白洁：《国学大师刘师培》，《江苏地方志》1993 年 2 期

李建国：《论辛亥革命时期的无政府主义思潮》，甘肃省历史学会、西北师范大学历史系编《历史教学与研究》，兰州：兰州大学出版社，1993 年

郑师渠：《章太炎刘师培交谊论》，《近代史研究》1993 年第 6 期

蒋俊：《论刘师培解决中国农民问题的思路》，《齐鲁学刊》1994 年第 1 期

冯永敏：《刘师培国语文教学思想探析》，《台北市师院语文学刊》1994 年第 1 卷；又《人文及社会学科教学通讯》第 4 卷第 6 期，1994 年

杨天石:《何震揭发章太炎》,《近代史研究》1994 年第 2 期

陈奇:《讲习会派社会主义思想探析》,《近代史研究》1994 年第 2 期

张会恩、钟虎妹:《刘师培的文章学思想初探》,《中国文学研究》1994
年第 2 期

李洪岩、仲伟民:《刘师培史学思想综论》,《近代史研究》1994 年第 3
期

陈奇:《刘师培的"六经皆史"观》,《贵州大学学报(社会科学版)》
1994 年第 2 期

郑师渠:《晚清国粹派论孔子》,《娄底师专学报》1994 年第 3 期

廖辅叔:《刘师培论音乐亦有新意》,《音乐研究》1994 年第 3 期

宋永培:《中国现代训诂学的研究范式》,《川东学刊(社会科学版)》
1995 年第 1 期

丁伟志:《晚清国粹主义述论》,《近代史研究》1995 年第 2 期

王宪明、舒文:《近代中国人对卢梭的解释》,《近代史研究》1995 年第
2 期

马小泉:《辛亥前后无政府主义与民族民主主义辩异》,《河南大学学报
(社会科学版)》1995 年第 3 期

方光华:《试论二十世纪初年中国新史学思潮》,《社会科学战线》1995
年第 2 期

马小泉:《五四以前无政府主义思潮论略》,《史学集刊》1995 年第 2 期

吴光兴:《刘师培对中国学术史的研究》,《学人》第 7 辑,南京:江苏文
艺出版社,1995 年

张宝明:《陈独秀与刘师培的恩恩怨怨》,《民国春秋》1995 年 3 期

马小泉:《五四以前无政府主义与科学社会主义之关系》,《史学月刊》
1995 年第 5 期

方光华:《试论刘师培对〈左传〉的整理和研究》,《孔子研究》1995 年
第 4 期

王汎森:《刘师培与清末的无政府主义运动》,台北《大陆杂志》1995 年
第 6 期

董兴林：《浅谈晚清"国粹派"文化观对我们的启示》，《潍坊教育学院学报》1996 年第 1 期

胡自逢：《由〈礼记〉以观〈易〉、〈礼〉之会通——从刘申叔先生〈周易与周礼相通考〉谈起》，收入《第二届近代中国学术研讨会论文集》，台北：万卷楼图书公司，1996 年

胡健：《论刘师培的美学思想》，《西北师大学报（社会科学版）》第 33 卷 1996 年第 2 期

桑兵：《晚清民国时期的国学研究与西学》，《历史研究》1996 年第 5 期

何晓明：《近代中国文化保守主义述论》，《近代史研究》1996 年第 5 期

杨天石：《刘师培的"水灾共产主义"》，《书屋》1996 年第 5 期

周德丰：《晚清国粹派的文化哲学思想平议》，《南开学报（哲学社会科学版）》1996 年第 4 期

宋永培：《中国 20 世纪上半叶的训诂研究》，《长沙电力学院社会科学学报》1997 年第 1 期

马纯：《从刘师培到游国恩——四种中国古代文学史的评述》，《教学与教材研究》1997 年第 5 期

郭建宁：《二十世纪中国西化与保守主义的文化思潮》，《青海社会科学》1997 年第 5 期

虞万里：《书启与书缘——读〈刘申叔遗书〉书感》，南京师范大学《文教资料》1997 年第 6 期

太白：《黄季刚拜刘师培为师》，《中国人才》1997 年第 9 期，1997 年 9 月

鞠萍：《浅谈刘师培在〈中国白话报〉中的民族主义革命思想》，《六盘水师范高等专科学校学报》1997 年第 4 期

陈克明：《试论刘师培的经学思想》，《中国文化》第十五、十六期合刊，1997 年

李明辉：《阳明学与民主政治》，台北《政治大学哲学学报》第 4 期，1997 年

罗志田：《清季民初经学的边缘化与史学的走向中心》，《汉学研究》第

15 卷 1997 年第 2 期

周月亮:《辑录与案语——读刘师培〈中国中古文学史〉》,收入陈国球、王宏志、陈清侨编《书写文学的过去》,台北:麦田出版社,1997 年

王枫:《刘师培文学观的学术资源与论争背景》,《学人》第 13 辑,南京:江苏文艺出版社,1998 年;又收入陈平原主编《中国文学研究现代化进程二编》,北京:北京大学出版社,2002 年

王元化:《衡报》,收入其著《清园近思录》,北京:中国社会科学出版社,1998 年

罗志田:《中国近代民族主义的研究取向与反思》,《四川大学学报(哲学社会科学版)》1998 年第 1 期

齐卫平:《近代中国人最初接纳无政府主义思想的特征剖析》,《学术论坛》1998 年第 1 期

经盛鸿:《民国史上最早被"诱奸"的文人刘师培》,《传记文学》第 72 卷 1998 年第 2 期

章开沅:《天义报》,收入其著《实斋笔记》,"现代中华学人笔记丛书",上海:东方出版中心,1998 年

章开沅:《衡报》,收入其著《实斋笔记》,"现代中华学人笔记丛书",上海:东方出版中心,1998 年

吴蓓:《论辛亥革命时期的无政府主义思潮》,《吉林师范学院学报》第 19 卷 1998 年第 2 期

段建海:《评近代中国的文化保守主义》,《陕西师范大学学报(哲学社会科学版)》1998 年第 2 期

宋玉波、宁国良:《〈刘师培评传〉简介》,《西北大学学报(哲学社会科学版)》1998 年第 3 期

袁英光、仲伟民:《刘师培与中国历史教科书研究》,《华东师范大学学报(哲学社会科学版)》1998 年第 4 期

张小强:《无政府主义在中国的早期传播及其流派比较》,《嘉应大学学报》1998 年第 4 期

黄振平:《刘师培的白话思想及其转变》,《文史知识》1998 年第 6 期

黄振萍:《晚清白话问题研究纲要》,《清华大学学报(哲学社会科学版)》1999年第1期

王东杰:《国学保存会和清季国粹运动》,《四川大学学报(哲学社会科学版)》1999年第1期

陈奇:《刘师培的后期经学》,《贵州师范大学学报(社会科学版)》1999年第1期

喻大华:《晚清文化保守思潮论纲》,《辽宁师范大学学报(社会科学版)》1999年第1期

陈平原:《激烈的好处与坏处——关于刘师培的失节》,《东方文化》1999年第2期

刘畅:《史料还原与思辨索原——中古文学研究的世纪回眸》,《天津师大学报(社会科学版)》1999年第3期

李洪岩:《晚清国粹派史学》,《文史知识》1999年第3期

张灏:《中国近代思想史的转型时代》,香港:《二十一世纪》第52期,1999年

刘可:《20世纪初的写作理论》,《首都师范大学学报(社会科学版)》1999年第4期

王运熙:《刘师培的〈中国中古文学史〉》,收入其著《望海楼笔记》,上海:东方出版中心,1999年

白云涛:《社会达尔文主义的输入及其对近代中国社会的影响》,《首都师范大学学报(社会科学版)》1990年第4期

李洪岩:《刘师培遗稿之谜》,《中华读书报》1999年5月19日

李洪岩:《五四前后的刘师培》,《文史知识》1999年第5期

陈庆煌:《章太炎与刘师培——记章氏顾全友伦营救读书种子的一段经过》,收入《章太炎与近代中国学术研讨会论文集》,台北:里仁书局,1999年

谢贵文:《试论晚清"超越意识"之思想来历及表现内涵》,台北《中山中文学刊》第5卷,1999年

刘大年:《评近代经学》,朱诚如、王天有主编《明清论丛》第1辑,北京:

紫禁城出版社,1999 年

经盛鸿:《黄侃与刘师培的恩恩怨怨》,收入其著《史海闲话》,上海:上海人民出版社,1999 年

王东杰:《欧风美雨中的国学保存会》,《档案与史学》1999 年第 5 期

陈洁:《说长道短刘师培》,《炎黄春秋》2000 年第 1 期

刘小林:《论清末国粹主义思潮》,《首都师范大学学报(社会科学版)》2000 年第 1 期

李怡:《中国早期无政府主义流派比较研究》,《社会主义研究》2000 年第 1 期

喻大华:《晚清文化保守思潮述论》,《天津社会科学》2000 年第 1 期

赵瑛:《刘师培与新史学思潮》,《华夏文化》2000 年第 1 期,2000 年 3 月

张昭君:《章太炎的〈春秋〉、〈左传〉研究》,《史学史研究》2000 年第 1 期

李洪岩:《刘师培何以要背叛革命》,《中华读书报》2000 年 3 月 15 日

〔韩〕曹世铉:《在国粹与无政府之间——刘师培文化思想管窥》,《东方论坛》2000 年第 2 期

田嵩燕:《国内近十年来晚清国粹派研究述评》,《山西师大学报(社会科学版)》2000 年第 2 期

黄佳:《无政府主义的传入与辛亥革命时期的暗杀风潮》,《湖南大学学报(社会科学版)》2000 年第 2 期

吴艳玲、高士臣:《刘师培无政府主义思想评析》,《齐齐哈尔大学学报(哲学社会科学版)》2000 年第 2 期

辛德勇:《先圣生卒年月日考》,《中国典籍与文化》2000 年第 2 期

刘贞晔:《论中国近代"天义派"关于妇女问题的主张》,《妇女研究论丛》2000 年第 2 期

李帆:《刘师培论先秦学术》,《长白学刊》2000 年第 3 期

张胜祖:《论中国早期的无政府主义思潮》,《益阳师专学报》第 21 卷2000 年第 3 期

孙隆基：《清季民族主义与黄帝崇拜之发明》，《历史研究》2000 年第 3 期

赵世瑜：《20 世纪历史学概论性著述的回顾与评说》，《史学理论研究》2000 年第 4 期

许卫平：《清代扬州学者与方志学成就简论》，《扬州大学学报（人文社会科学版）》第 4 卷 2000 年第 4 期

楼达人：《马一浮与刘师培》，《团结报》2000 年 6 月 24 日

李怡：《中国近代史上最早的劳工神圣观与中外文化——中国无政府主义者劳动观的功过》，《华中师范大学学报（人文社会科学版）》2000 年第 5 期

李帆：《清末民初学术史勃兴潮流述论》，《吉林大学社会科学学报》2000 年第 5 期

王东杰：《〈国粹学报〉与"古学复兴"》，《四川大学学报（哲学社会科学版）》2000 年第 5 期

张杰：《鲁迅与刘师培的学术联系》，《鲁迅研究月刊》2000 年第 6 期

李伟铭：《引进西方写实绘画的初衷——以国粹学派为中心》，香港《二十一世纪》杂志第 59 期，2000 年

缪敦闵：《刘师培〈经学教科书〉中的经学观——与皮锡瑞〈经学历史〉的比较》，《经学研究论丛》第 8 辑，台北：学生书局，2000 年

王晓清：《入以国粹，出以西学》，《读书》2000 年第 10 期

李洪岩：《刘师培背叛革命公案述说》，《文史知识》2000 年第 11 期

乐胜奎：《中国近代文化转型的思考——以刘师培为中心》，《人文论丛》2000 年卷，武汉：武汉大学出版社，2000 年

李帆：《〈刘申叔先生遗书〉编误举例》，《文献》2001 年第 1 期

李帆：《陈独秀与刘师培》，《安徽史学》2001 年第 1 期

高强：《清末的纪年之争》，《华夏文化》2001 年第 3 期

李孝迁：《刘师培与近代清学史研究》，《东南学术》2001 年第 4 期

葛志毅：《中国近代化的民族文化思潮》，《北方论丛》2001 年第 1 期

高云芳：《近代中西文化冲突融合规律浅探》，《北华大学学报（社会科

学版）》2001 年第 1 期

　　赵炎才：《刘师培无政府主义伦理道德思想析论》，《江海学刊》2001 年第 2 期

　　罗志田：《清季保存国粹的朝野努力及其观念异同》，《近代史研究》2001 年 2 期

　　陈文联：《论〈天义报〉的妇女解放思想》，《益阳师专学报》2001 年第 02 期

　　盛邦和：《西学与中学，"解体"与"重构"——对中国现代文化流派的反思》，《探索与争鸣》2001 年第 2 期

　　罗志田：《从无用的"中学"到开放的"国学"：清季国粹学派关于学术与国家关系的思考》，《中华文史论丛》第 65 辑，上海：上海古籍出版社，2001 年

　　李帆：《论刘师培学术史研究的地位与特色》，台北《大陆杂志》第 102 期，2001 年

　　丁光玲：《社会主义在中国之传播（1905—1921 年）》，台北《复兴岗学报》第 72 期，2001 年

　　李帆：《仪征刘氏学术述略——以刘师培为核心的探讨》，台北《中国文化月刊》第 256 期，2001 年

　　龚鹏程：《南北文化不同论》，台北《生活艺文·自由副刊》，2001 年 7 月 13 日

　　郑师渠：《晚清国粹派的新史学探讨》，华中师范大学中国近代史研究所编《辛亥革命与 20 世纪中国：1990—1999 年辛亥革命论文选》，武汉：湖北人民出版社，2001 年

　　陈奇：《刘师培的地理学》，《贵州师范大学学报（社会科学版）》2001 年第 3 期

　　赵炎才：《伦理重构中的时代性与超越性——刘师培伦理道德思想析论》，《贵州师范大学学报（社会科学版）》2001 年第 3 期

　　李孝迁：《〈周末学术史序〉：中国第一部以"学术史"命名的著作》，《华夏文化》2001 年第 3 期

王玉华、买向东、向生榕:《晚清国粹派民族思想解构》,《福建省社会主义学院学报》2001 年第 3 期

尤学工:《先秦史官与史学》,《史学史研究》2001 年第 4 期

李孝迁:《刘师培与近代诸子学研究》,《福建论坛（人文社会科学版）》2001 年第 4 期

罗志田:《清季围绕万国新语的思想论争》,《近代史研究》2001 年第 4 期

罗志田:《民国趋新学者区分国学与国故学的努力》,《社会科学研究》2001 年第 4 期

罗志田:《学术与国家：国粹、国故与国学的思想论争》,香港《二十一世纪》杂志第 66 期,2001 年

经盛鸿:《辛亥革命中一位风云文人的浮沉——刘师培三次思想剧变述论》,《民国档案》2001 年第 4 期

雷玲:《民国初年的〈四川国学杂志〉》,《文史杂志》2001 年第 5 期

李孝迁:《刘师培"古学出于史官论"探析》,《社会科学辑刊》2001 年第 5 期

张杰:《鲁迅与扬州学派中坚》,《沈阳师范学院学报（社会科学版）》2001 年第 5 期

罗检秋:《清末古文家的经世学风及经世之学》,《近代史研究》2001 年第 6 期

散木:《"卿本佳人,奈何作贼"的刘师培——关于他的"激烈"和"下水"》,《书屋》2001 年第 12 期

张杰:《鲁迅与扬州学派中坚》,《鲁迅研究月刊》2001 年第 10 期

李帆:《刘师培与北京大学》,《北京大学学报（哲学社会科学版）》2001 年第 6 期

〔韩〕都重万:《严复对刘师培学术思想及〈国粹学报〉学术宗旨之影响》,习近平主编《科学与爱国——严复思想新探》,北京:清华大学出版社,2001 年

欧阳恩良:《资产阶级各派别与辛亥前夕的暗杀思潮》,《宁夏大学学报

（人文社会科学版）》2001 年第 6 期

　　鲁岩：《〈刘师培辛亥前文选〉校议》，《古籍研究》2001 年第 2 期

　　罗厚立：《国粹与欧化：从清季到民初的观念传承》，《读书》2002 年第
1 期

　　叶瑞昕：《国学在新文化运动前的一场自救运动——论 20 世纪初的保
存国粹思潮在中国文化发展史上的价值》，《安徽大学学报（哲学社会科学
版）》2002 年第 1 期

　　王春霞：《关于近代中日两国"国粹派"的比较研究》，《南京社会科学》
2002 年第 2 期

　　于兴汉：《中国近代白话文运动的历史透视》，《忻州师范学院学报》
2002 年第 2 期

　　李孝迁：《魏晋玄学及其学术地位的确立——刘师培论魏晋玄学》，《江
海学刊》2002 年第 2 期

　　李孝迁：《刘师培前期论〈左氏〉学》，《学术研究》2002 年第 2 期

　　陈奇：《刘师培投身革命原因新探》，《黔南民族师范学院学报》2002 年
第 2 期

　　李孝迁、修彩波：《刘师培论学观初探》，《福建论坛（人文社会科学版）》
2002 年第 3 期

　　陈奇：《信仰支撑的崩坍——刘师培堕落原因再探》，《史学月刊》2002
年第 6 期

　　〔韩〕都重万：《论辛亥革命前刘师培的新史学》，《中国文化研究》2002
年第 3 期

　　喻大华：《论晚清国粹派与国粹思潮》，《故宫博物院院刊》2002 年第 3
期

　　武少民：《20 世纪清代学术史研究回顾》，《东北师大学报（哲学社会科
学版）》2002 年第 3 期

　　朱义禄：《夷夏之辨与近代中国资产阶级革命派——中国政治文化研究
之三》，《同济大学学报（社会科学版）》2002 年第 3 期

　　周辉湘：《船山学复苏与近代思想界的嬗变》，《衡阳师范学院学报》

2002 年第 5 期

欧阳跃峰：《辛亥革命前无政府主义者对马克思主义的"业余宣传"》，《安徽师范大学学报（人文社会科学版）》2002 年第 3 期

朱琳：《近代国粹主义思潮评析》，《松辽学刊（人文社会科学版）》2002 年第 3 期

汪春泓：《论刘师培、黄侃与姚永朴之〈文选〉派与桐城派的纷争》，《文学遗产》2002 年第 4 期

李明辉：《阳明学与民主政治》，《浙江社会科学》2002 年第 4 期

曹惠民：《刘师培与〈国粹学报〉》，《内蒙古师范大学学报（哲学社会科学版）》第 31 卷 2002 年第 5 期

李帆：《歧路彷徨——也谈刘师培的政治选择》，《文史知识》2002 年第 6 期

赵炎才：《刘师培近代"公德""私德"思想述论》，《安徽师范大学学报（人文社会科学版）》第 30 卷 2002 年第 6 期

李帆：《学术史：清末民初的显学》，《光明日报》2002 年 8 月 6 日

陈居渊：《童蒙学易始卦变　爻象昭垂非子虚——刘师培易学研究三题》，刘大钧主编《大易集义》，上海：上海古籍出版社，2002 年

朱维铮：《刘师培自称"激烈派第一人"》，收入其著《壶里春秋》，上海：上海文艺出版社，2002 年

刘永生：《何震的无政府主义思想初探》，《贵州师范大学学报（社会科学版）》2003 年第 1 期

陈奇：《刘师培的伦理学》，《贵州社会科学》2003 年第 1 期

王杰：《戴震义理之学的历史评价及近代启蒙意义》，《文史哲》2003 年第 2 期

赵炎才：《世纪更替与"公德""私德"的近代重构——以梁启超和刘师培为中心》，《重庆师院学报（哲学社会科学版）》2003 年第 1 期

陈红英、欧阳恩良：《心学、民约论与刘师培政治思想体系的建构》，《邵阳学院学报》2003 年第 3 期

鲍国顺：《刘师培〈理学字义通释〉述要》，台北《文与哲》2003 年第 3

卷

李帆：《章太炎、刘师培、梁启超与近代的戴学复兴》，《安徽史学》2003年第4期

蔡苏龙：《刘师培对陈独秀早期思想的影响》，《贵州社会科学》2006年第5期

赵炎才：《二十世纪初刘师培的道德救国思想刍议》，《天府新论》2003年第5期

郑师渠：《钱玄同与〈刘申叔遗书〉》，《北京师范大学学报（社会科学版）》2003年第6期

程焕文：《学术者天下之公器也——论刘光汉的公共藏书楼思想》，《图书馆建设》2003年第6期

鲍国顺：《刘师培的儒学观》，《龙宇纯先生七秩晋五寿庆论文集》，台北：乐学书局，2003年

汤志钧：《读〈量守遗文合钞〉——黄侃与章太炎、刘师培》，《南京师范大学文学院学报》2003年第4期

孙钦善：《清代考据学的分期和派别》，《中国文化研究》2004年第1期

李帆：《章太炎、刘师培、梁启超对戴震及吴皖学术的评析——纪念戴震诞辰280周年》，《黄山学院学报》2004年第1期

马菊霞：《20世纪初国粹派与学衡派之异同比较》，《西安联合大学学报》2004年第1期

朱义禄、张新：《论刘师培的"大道为公之世"》，《同济大学学报（社会科学版）》第15卷2004年第1期

杜新艳：《晚清神话学的西方社会民俗学渊源》，《太原大学学报》2004年第1期

都重万：《论辛亥革命前刘师培的新史学》，《安徽史学》2004年第1期

刘建臻：《刘师培与焦循——刘师培与扬州学派间关系的个案分析》，《福建省社会主义学院学报》2004年第2期

邓建华：《清末民初文化保守主义的学理与实践——以国粹派与新儒家为例》，《广西右江民族师专学报》2004年第2期

陈维昭:《"戏剧"考》,《云南大学学报(社会科学版)》2004 年第 2 期

赵炎才:《清末民初革命派的近代人格思想——以刘师培、蔡元培为考察中心》,《安徽师范大学学报(人文社会科学版)》第 32 卷 2004 年第 3 期

赵庆云、尹巧颐:《刘师培民族主义思想初探》,《船山学刊》2004 年第 3 期

戴斌武:《刘师培伦理学思想研究》,《重庆三峡学院学报》,2004 年第 4 期

刘凤茹:《浅析近代中国的国粹主义思潮》,《邢台学院学报》2004 年第 4 期

李帆:《近代中国学术史上的戴震——以清末民初学者对其考据学之"科学"性的评估为核心》,《黄山学院学报》2004 年第 4 期

卞孝萱:《读〈黄侃日记〉》,《南京师范大学文学院学报》2004 年第 4 期

〔日〕安井伸介:《日本学界对中无政府主义之评介》,《台大历史学报》第 33 卷,2004 年

汪家熔:《辛亥革命前国粹派的出版活动》,《出版科学》2004 年第 6 期

李帆:《中国古典学术向现代的迈进——严复、刘师培吸纳西学之比较》,《江海学刊》2004 年第 6 期

左玉河:《晚清"古学复兴":中国旧学纳入近代新知体系之尝试》,《史学月刊》2004 年第 9 期

赵炎才:《略述刘师培的家族制度思想及其伦理近代化观》,《学术研究》2004 年第 11 期

陈奇:《刘师培与暗杀王之春案》,《贵州社会科学》2005 年第 1 期

牛秋实:《刘师培学术思想研究综述》,《许昌学院学报》2005 年第 1 期

王兴亮、赵宗强:《刘师培与地方志》,《中国地方志》2005 年第 3 期

李帆:《章太炎、刘师培、梁启超对戴震理欲观的评析》,《北京师范大学学报(社会科学版)》2005 年第 2 期

周玉秀:《〈逸周书〉研究著作述论》,《古籍整理研究学刊》2005 年第 3 期

陶礼天:《六朝"文笔"论与文学观——〈文心雕龙〉"文笔之辨"探微》,《文艺研究》2005 年第 5 期

路新生:《刘师培的〈左传〉学研究及其现代史学意义》,《华东师范大学学报(哲学社会科学版)》第 37 卷 2005 年第 4 期

杨涛:《章太炎与吴稚晖交恶始末》,《文史杂志》2005 年第 4 期

郭明道:《刘师培与小学》,《社会科学家》2005 年第 5 期

储著武、汤城:《历史教科书与新史学——以夏曾佑、刘师培为中心探讨》,《河北学刊》第 25 卷 2005 年第 5 期

李帆:《民族主义与国际认同之间——以刘师培的中国人种、文明西来说为例》,《史学理论研究》2005 年第 4 期

林旦旦:《刘师培论汉代今古文之争》,《浙江万里学院学报》2005 年第 5 期

陈奇:《西学与刘师培的国粹研究》,《贵州师范大学学报(社会科学版)》2005 年第 5 期

路新生:《刘师培的民族史研究及对蒙文通的影响》,《史学史研究》2005 年第 4 期

朱雅琪:《刘师培〈汉魏六朝专家文研究〉探析》,台北《中国文化大学中文学报》第 11 卷,2005 年

郑吉雄:《评丘为君〈戴震学的形成〉》,《台湾东亚文明研究学刊》第 2 卷第 1 期,2005 年

陶礼天:《六朝"文笔"论与文学观——〈文心雕龙〉"文笔之辨"探微》《文艺研究》2005 年第 5 期

彭静中:《吴之英与刘师培》,《巴蜀史志》2005 年第 5 期

赵树功:《魏晋六朝"文义"考释》,《文学遗产》2005 年第 6 期

林义强:《寄托在古音、方言与白话上的语言乌托邦:章炳麟与刘师培的汉语重建论》,东京大学东洋文化研究所《东洋文化研究所纪要》148 册,2005 年

卞孝萱:《刘师培〈读全唐诗发微〉书后》,《古典文献研究》第 8 辑,南京:江苏古籍出版社,2005 年

杜新艳：《俗语与骈文——刘师培的进化文学观》,《华北电力大学学报（社会科学版）》2006年第1期

刘慧英：《从女权主义到无政府主义——何震的隐现与〈天义〉的变迁》,《中国现代文学研究丛刊》2006年第2期

喻大华：《晚清国粹潮流中的章太炎与刘师培——交谊·学术·思想》,《河北师范大学学报（哲学社会科学版）》第29卷2006年第2期

王元琪：《辛亥革命前刘师培的学术研究》,《华夏文化》2006年第1期

刘和文：《论刘师培的治文献学方法》,《图书情报知识》2006年第2期

郭院林：《〈文选派〉与桐城派之争背后的学术背景》,《北京大学研究生学志》2006年第3期

孟庆澍：《无政府主义与中国早期世界语运动》,《洛阳师范学院学报》2006年第1期

方继孝：《吴保初旧藏友人墨迹》,《收藏家》2006年第5期

郭院林：《刘师培的戴震学》,《中国典籍与文化》2006年第2期

毛新青：《刘师培新文化建构中的文学观》,《江苏教育学院学报（社会科学版）》2006年第4期

夏晓虹：《何震的无政府主义"女界革命"论》,《中华文史论丛》第83辑2006年第3期

蔡苏龙：《刘师培对陈独秀早期思想的影响》,《贵州社会科学》2006年第5期

贾乾初：《刘师培社会主义观试探》,《前沿》2006年第10期

陈致：《从刘显曾、刘师苍朱卷看仪征刘氏的先世、科举与学术》,《南京晓庄学院学报》2006年第3期

王元琪：《辛亥前刘师培的〈左传〉研究》,《西安电子科技大学学报（社会科学版）》2006年第4期

许惠琪：《刘师培论"六经皆史"》,台北《中国文学研究》第22号,2006年

雷平：《刘师培清学史研究斠评》,《湖北大学学报（哲学社会科学版）》第33卷2006年第5期

周振新、余桂红:《解读刘师培——基于人格心理学的视角》,《理论月刊》2006 年第 11 期

毛新青、钱伟:《文化转型期刘师培的经学研究》,《管子研究》2007 年第 1 期

王元琪、崔锐:《论刘师培的清代学术史研究》,《西北大学学报(哲学社会科学版)》2007 年第 1 期

毛新青:《论刘师培的白话文思想与实践》,《菏泽学院学报》2007 年第 1 期

赖金旺:《刘申叔之书论探述》,台北:《中国文化月刊》315 期,2007 年

张仲民:《刘师培的一则佚文——劝告中国人士宜速习世界新语》,《史林》2007 年第 3 期

秦燕春:《也写白话的刘师培》,《书屋》2007 年 8 期,2007 年 8 月

陈代湘:《刘师培与〈中国中古文学史〉》,《光明日报》2007 年 8 月 16 日

杨朋伟:《"激进"和"保守"话语的局限性——传统文化的现代化背景下的个案分析》,《湖北经济学院学报(人文社会科学版)》2007 年第 9 期

孙尧奎:《从"激烈派第一人"到革命叛徒——刘师培叛变革命原因探析》,《青海社会科学》2007 年第 5 期

徐曼:《刘师培与中国近代伦理学的建构》,《学术论坛》2007 年 12 期

张素卿:《刘师培〈左传〉学的传承与嬗变》,《传统中国研究集刊》第三辑,上海:上海人民出版社,2007 年

吴建伟:《刘师培与宋代理学研究》,《江西社会科学》2008 年第 1 期

穆克宏:《刘师培与〈文选〉学研究》,《许昌学院学报》2008 年第 1 期

郭院林、程军民:《保守与激进:刘师培思想历程分析》,《石河子大学学报(社会科学版)》2008 年第 1 期

李帆:《人种与文明:拉克伯里(Terrien de Lacou-perie)学说传入中国后的若干问题》,《西南民族大学学报(人文社科版)》2008 年第 2 期

化贯军:《刘师培民族主义思想探析(1903—1907)》,《辽宁行政学院学报》第 10 卷 2008 年第 2 期

李帆：《西方近代民族观念和"华夷之辨"的交汇——再论刘师培对拉克伯里"中国人种、文明西来说"的接受与阐发》，《北京师范大学学报（社会科学版）》，2008 年第 2 期

许结：《赋学：从晚清到民国——刘师培赋学批评简论》，《东方丛刊》2008 年第 1 期

罗军凤：《刘师培是否参与了〈春秋左氏传旧注疏证〉的续纂？》，《南京晓庄学院学报》2008 年第 2 期

郭书愚：《四川存古学堂的兴办进程》，《近代史研究》2008 年第 2 期

谢桃坊：《批评今文经学派——刘师培在四川国学院》，《成都大学学报（社会科学版）》2008 年第 2 期

李可亭：《钱玄同与刘师培关系述论》，《淮北煤炭师范学院学报（哲学社会科学版）》2008 年第 2 期

郑匡民：《社会主义讲习会与日本思想的关系》，《社会科学研究》2008 年第 3 期

李铁军：《谈刘师培对中国近代史学的贡献》，《辽宁师专学报（社会科学版）》2008 年第 2 期

刘文斌：《刘师培对〈晏子春秋〉研究的贡献》，《沈阳师范大学学报（社会科学版）》2008 年第 3 期

毛新青、钱伟：《由"宗经"至"宗骚"——刘师培与传统文论批评模式的现代转换》，《管子学刊》2008 年第 2 期

施秋香、佴荣本：《论刘师培的"骈文正宗"观》，《南京师大学报（社会科学版）》2008 年第 4 期

郭院林：《〈春秋左氏传旧注疏证〉编纂考论》，《兰州学刊》2008 年第 7 期

毛青新：《思想自由与个性解放——刘师培论魏晋》，《兰州学刊》2008 年第 7 期

赵炎才：《清末民初刘师培陈独秀人格说合论》，《天府新论》2008 年第 4 期

冯朝亮：《刘师培的无政府主义社会理想探析》，《传承（学术理论版）》

2008 年第 14 期

倪奇:《新旧交替中的刘师培》,《安徽文学(下半月)》2008 年第 8 期

刘军:《刘师培对传统工艺的研究》,《黑龙江史志》2018 年第 17 期

赵炎才:《清末民初的革命人格与国民人格——以刘师培与陈独秀为中心》,《东南大学学报(哲学社会科学版)》第 10 卷 2008 年第 5 期

张晓兰:《刘师培戏曲观研究》,《兰州大学学报(社会科学版)》第 36 卷 2008 年第 6 期

牛秋实:《仪征刘氏与〈船山遗书〉》,《船山学刊》2008 年第 4 期

郭院林:《刘师培在左传学史上的建树》,《中国典籍与文化》2008 年第 4 期

段怀清:《刘师培的语言—文学观》,《杭州师范大学学报(社会科学版)》第 31 卷 2009 年第 1 期

郭院林:《刘师培治学特点平议》,《云梦学刊》第 30 卷 2009 年第 1 期

赵鼎、韩意:《刘师培与章太炎交恶考》,《成都大学学报(社会科学版)》2009 年第 1 期

郭院林:《取宏用精开新启后——略论刘师培的治学特色》,《古典文学知识》2009 年第 2 期

施秋香:《从传统到现代:刘师培与中国近代文艺社会学》,《求索》2009 年第 1 期

张凯:《"今""古"之争:四川国学院时期的廖平与刘师培》,《四川大学学报(哲学社会科学版)》2009 年第 2 期

史爱兵:《谈刘师培的"美术源于征实之学"》,《商业文化(学术版)》2009 年第 4 期

张全之:《无政府主义"东京派"与中国现代文学》,《上海师范大学学报(哲学社会科学版)》第 38 卷 2009 年第 3 期

黄锦君:《刘师培生平学术年谱简编》,《儒藏论坛》第 3 辑,成都:四川大学出版社,2009 年

曾圣益:《刘师培之斠雠思想要义》,台北《国文学报》第 45 期,2009 年

祥寒冰:《略论刘师培的普及教育思想》,《青年文学家》2009 年第 4 期

毛新青：《刘师培学术视野中的文艺研究》，《大连大学学报》第 30 卷 2009 年第 4 期

金永健：《刘师培的文学史观》，《安徽农业大学学报（社会科学版）》第 18 卷 2009 年第 6 期

王锷：《〈刘申叔遗书补遗〉读后》，《扬州文化研究论丛》第 4 辑，扬州：广陵书社，2009 年

于洋：《论刘师培的"以字诠史"观》，《廊坊师范学院学报（社会科学版）》第 25 卷 2009 年第 6 期

杨贞德：《从"完全之人"到"完全之平等"——刘师培的革命思想及其意涵》，《台大历史学报》第 44 卷，2009 年

黄锦君：《刘师培生平及学术综述》，《儒藏论坛》第 4 辑，成都：巴蜀书社，2009 年

叶国良：《刘师培〈礼经旧说〉的写作宗旨与诠释上的问题》，《台大中文学报》第 31 卷，2009 年

杨丽娟：《"扬州书信"所见刘师培〈遗书〉编纂考》，《史学月刊》2010 年第 4 期

周德良：《刘师培〈白虎通义源流考〉辨》，高雄师范大学经学研究所《经学研究集刊》第 8 辑，2010 年

葛星明：《"扬州书信"所见"青溪旧屋"刘氏著作刊行考略》，《史学月刊》2010 年第 4 期

王孝强：《刘师培的〈左传〉义例观》，《淮阴师范学院学报（哲学社会科学版）》第 32 卷 2010 年第 3 期

曾圣益：《刘师培的应世经学》，台中《兴大中文学报》第 27 卷，2010 年

黄锦君：《刘师培的字音探源及"就字音推求字义"》，《汉语史研究集刊》第 13 辑，成都：巴蜀书社，2010 年

刘跃进：《刘师培及其汉魏六朝文学研究引论》，《文学遗产》2010 年第 4 期

曲洪波：《刘师培与康有为"董氏学"研究之比较》，《徐州师范大学学报（哲学社会科学版）》第 36 卷 2010 年第 4 期

李帆：《刘师培对康有为变法理论的经学驳难》，《晋阳学刊》2010 年第 4 期

曾黎梅：《刘师培与中国民族史研究——以〈中国民族志〉为中心》，《楚雄师范学院学报》第 25 卷 2010 年第 7 期

焦霓、郭院林：《〈天义报〉宗旨与刘师培、何震的妇女解放论》，《云梦学刊》第 31 卷 2010 年第 4 期

刘跃进：《刘师培及其汉魏六朝文学研究引论》，《文学遗产》2010 年第 4 期

郭院林、焦霓：《彷徨与迷局——1903 年刘师培著述与活动透析》，《社会科学论坛》2010 年第 20 期

汤志钧：《刘师培的“留别扬州人士”及其投身革命》，《扬州文化研究论丛》第 5 辑，扬州：广陵书社，2010 年

蒋寅：《一个有待于重新认识的刘师培——读万仕国编〈刘申叔遗书补遗〉》，《扬州文化研究论丛》第 5 辑，扬州：广陵书社，2010 年

黎珂帆：《刘师培与〈中国中古文学史讲义〉》，《文学界（理论版）》2010 年第 10 期

文炳赞：《刘师培对〈左传〉解经地位的恢复》，《船山学刊》2010 年第 4 期

刘跃进：《刘师培及其汉魏六朝文学研究》，《古典文学知识》2010 年第 6 期

施秋香：《刘师培与王国维戏曲理论之比较》，《求索》2010 年第 11 期

王学斌：《清末国粹派颜李学研究述论》，《河北师范大学学报（教育科学版）》第 12 卷 2010 年第 11 期

樊善标：《刘师培文学史观念的转变：由“建安文学，革易前型”切入》，《中国文化研究所学报》第 52 期，香港：香港中文大学出版社，2011 年

汪高鑫：《古文经学与史学的近代化——以章太炎、刘师培为考察中心》，《中国社会科学院研究生院学报》2011 年第 2 期

孙运君：《“学奸”与“经师”的扞格—试析章太炎、刘师培对汉宋兼采思想的评论》，《西南大学学报（社会科学版）》第 37 卷 2011 年第 2 期

郭院林、焦霓:《清代学风与世风关系——以刘师培家族为例》,《社会科学论坛》2011 年第 3 期

施秋香:《刘师培文学思想的文化语境》,《扬州大学学报(人文社会科学版)》第 15 卷 2011 年第 2 期

江山:《刘师培图书编纂思想述论》,《常熟理工学院学报(哲学社会科学)》2011 年第 3 期

朱华英:《刘师培屈骚批评的现代视野》,《山花》2011 年第 8 期

毛新青:《刘师培与章太炎文学观的分歧与共识》,《柳州师专学报》第 26 卷 2011 年第 2 期

马勇:《刘师培:那拨回归社会主流的人》,《中国图书评论》2011 年第 5 期

冯劲宜:《持本辨流,怀古证新——也说刘师培的"坚守"》,《魅力中国》2011 年第 5 期

毛青新:《刘师培变节原因探析》,《长白学刊》2011 年第 3 期,2011 年 5 月

曾黎梅:《我国第一部近代意义上的中国民族史著作——刘师培〈中国民族志〉》,《西南古籍研究》2010 年卷,昆明:云南大学出版社,2011 年

万仕国:《何震年表》,《扬州文化研究论丛》第 7 辑,扬州:广陵书社,2011 年

石井刚:《敢问"天籁":关于章太炎和刘师培哲学的比较研究》,《开放时代》2011 年第 6 期

高瑞泉:《辛亥革命与平等观念的现代嬗变——以两类革命派的思想为中心的考察》,《学术界》2011 年第 7 期

邹晓霞:《论刘师培对陆机之文的推崇》,《湖南社会科学》2011 年第 4 期

王孝强:《刘师培的清学史研究》,《解放军艺术学院学报》2011 年第 3 期

李瑞豪:《刘师培"失路人"辨析》,《贵州文史丛刊》2011 年第 3 期

侯晓:《学术对政治的超越——刘师培的儒学观述评》,《剑南文学(经

典教苑）》2011 年第 8 期

　　冷卫国、赵毅:《刘师培的赋学思想》,《中国海洋大学学报（社会科学版）》2011 年第 5 期

　　邹晓霞:《刘师培论任昉骈文之"隐秀"》,《文艺评论》2011 年第 10 期

　　马勇:《从革命到反革命:刘师培心路历程》,《淮北师范大学学报（哲学社会科学版）》第 32 卷 2011 年第 5 期

　　李帆:《"夷夏之辨"之解说传统的延续与更新——以康有为、刘师培对〈春秋繁露〉两事的不同解读为例》,《近代史研究》2011 年第 6 期

　　罗军凤:《刘师培的春秋左传学研究与家学传统》,《中国文化研究》2011 年第 4 期

　　郭院林、焦霓:《觉世的努力——刘师培在〈中国白话报〉中的著述》,《云梦学刊》第 32 卷 2011 年第 6 期

　　朱丽辰:《刘师培的无政府主义政治思想》,《郑州航空工业管理学院学报（社会科学版）》第 30 卷 2011 年第 6 期

　　靳大成:《浅论刘师培〈南北文学不同论〉与章太炎〈文章总略〉——从传统文论通向现代文学理论的过渡环节》,《中国中外文艺理论研究（2011）》,北京:中国社会科学出版社,2012 年

　　黄锦君:《刘师培小学的拓展研究及其影响》,《四川大学学报（哲学社会科学版）》2012 年第 1 期

　　赵标:《章太炎、刘师培清代学术史研究之比较》,《西北大学学报（哲学社会科学版）》第 42 卷 2012 年第 2 期

　　汤志钧:《刘师培和〈经学教科书〉》,《扬州文化研究论丛》第 8 辑,扬州:广陵书社,2012 年

　　李瑞豪:《刘师培"失路人"辨析》,《古典文学知识》2012 年第 3 期

　　刘人锋:《辛亥革命时期的妇女刊物〈天义报〉与无政府主义思想》,《船山学刊》2012 年第 2 期

　　沈寂:《章太炎与端方关系案》,《安徽史学》2012 年第 3 期

　　李帆:《今古文分派之说始自何人——从刘师培的一则文字谈起》,《史学史研究》2012 年第 2 期

严冬：《邓实、刘师培与晚清时期的国粹派》，《华夏文化》2012 年第 2期

金晓东：《刘师培〈左传〉义例研究》，《求索》2012 年第 6 期

刘春霞：《从传播学角度看刘师培的文章学理论》，《韶关学院学报（社会科学）》第 33 卷 2012 年第 7 期

杨丽娟：《扬州新见刘师培十七首佚诗》，《古籍整理研究学刊》2012 年第 4 期

王坚：《刘师培与友人的恩恩怨怨》，《名人传记》2012 年 8 期

徐昌义：《权利观念的启蒙与局限——国学大师刘师培对近代西方权利观念的系统解读》，《中华文化论坛》2012 年第 5 期

刘慧英、陈燕谷：《反民族国家的话语的崛起——无政府女权主义的历史意义》，《南开学报（哲学社会科学版）》2012 年第 6 期

张永春：《国粹学派与墨学——以章太炎、刘师培为中心》，《诸子学刊》第 7 辑，上海：上海古籍出版社，2012 年

牛秋实：《近代中国知识分子的卢梭情结——西方思想传播的传统的制约》，《安阳师范学院学报》2012 年第 6 期

陈才：《刘师培〈经学教科书〉注释斠补》，《古籍研究》第 57—58 卷，合肥：安徽大学出版社，2013 年

潘斌：《刘师培"三礼"学之古文经学观》，《史学月刊》2013 年第 1 期

董丽娟：《浅析刘师培的文章起源观》，《内蒙古师范大学学报（哲学社会科学版）》第 42 卷 2013 年第 1 期

刘海静：《清代学术称谓考——从近代学者的论述谈起》，《武汉理工大学学报（社会科学版）》第 26 卷 2013 年第 1 期

陈绍西：《刘师培的无政府主义和对马克思主义的评述》，《临沂大学学报》第 35 卷 2013 年第 1 期

胡全章：《刘师培的白话理论与白话文》，《中国图书评论》2013 年第 3期

杨玉荣：《刘师培与中国近代伦理新术语的生成》，《河北师范大学学报（哲学社会科学版）》第 36 卷 2013 年第 2 期

施秋香：《论刘师培的文体思想》，《山西青年管理干部学院学报》第 26 卷 2013 年第 1 期

姜淑红：《改良到革命——清末董子学研究的历史考察》，《衡水学院学报》第 15 卷 2013 年第 2 期

王利明：《南桂馨与〈刘申叔遗书〉编纂始末》，《山西档案》2013 年第 2 期

黎臻：《经子与文学研究——谈刘师培〈论各家文章与经子之关系〉》，《安徽文学（下半月）》2013 年第 4 期

张彩华：《简论刘师培〈搜集文章志材料方法〉之得失》，《枣庄学院学报》第 30 卷 2013 年第 3 期

任清平：《论刘师培的新史学》，《凯里学院学报》第 31 卷 2013 年第 4 期

刘春霞：《刘师培文章学理论中的"虚实"论》，《宁波大学学报（人文科学版）》第 26 卷 2013 年第 5 期

董丽娟：《刘师培论文章辨体》，《广播电视大学学报（哲学社会科学版）》2013 年第 3 期

吴声佑：《刘师培〈毛诗荀子相通考〉析探》，《台北大学中文学报》第 14 期，2013 年

梁凯涛：《论刘师培"文体备于东汉"说的理论特色》，《襄阳职业技术学院学报》第 12 卷 2013 年第 6 期

梁光晨：《刘师培对卢梭〈社会契约论〉中财产权的解读》，《学理论》2013 年第 35 期

吴声佑：《刘师培"三〈传〉〈荀子〉相通考"探析》，台中《静宜中文学报》第 4 期，2013 年

刘师培撰，卢康华辑录：《光汉室丛谭》，《历史文献》第 17 辑，上海：上海古籍出版社，2013 年

黄佳骏：《晚清〈老〉学训解之创新与保守趋向评析——以严复、刘师培之诠解为论说》，高雄《应华学报》第 14 期，2013 年

金永健：《论刘师培的〈左传〉学》，《国学学刊》2013 年第 4 期

梁右典：《论皮锡瑞、章太炎、刘师培对于元明经学的看法及其影响》，台北《华梵人文学报》第 21 期，2014 年

艾萍：《清末民初报刊的公共性研究——以梁启超、刘师培的报刊活动为探究对象》，《现代传播（中国传媒大学学报）》2014 年第 2 期

朱羽：《刘师培"正名"思考的乌托邦瞬间》，《杭州师范大学学报（社会科学版）》第 36 卷 2014 年第 1 期

田访：《对刘师培义例论若干问题的再探讨》，《中国文化研究》2014 年第 1 期

吴小鸥、吴甜甜：《刘师培编撰的国学教科书及其文化意蕴》，《湖南师范大学教育科学学报》第 13 卷 2014 年第 2 期

周德丰、李杨：《中国古代民主性精华——刘光汉（师培）〈中国民约精义〉旨要》，《理论与现代化》2014 年第 2 期

孙建昌、孙西辉：《刘师培的理想社会思想探析》，《理论学刊》2014 年第 4 期

李帆：《今古文分派说始自清代哪位学者——从刘师培的一则文字谈起》，《明清论丛》第 13 辑，北京：紫禁城出版社，2014 年

夏晓虹：《秋瑾诗词集初期流传经过考述》，《中国文化研究》2014 年第 2 期

许浒：《刘师培人性论之渊源及其现代转型》，《台湾师大历史学报》第 51 期，2014 年

张炎：《浅析刘师培〈中国历史教科书〉中的史学观》，《卷宗》2014 年第 7 期

史钰：《略论刘师培的中古文学研究方法——从一个侧面看中国现代学术传统之现代意义》，《中国政法大学学报》2014 年第 4 期

郭院林：《试论刘师培家学传统与扬州学派的关系——由〈江南乡试墨卷〉说起》，《江苏社会科学》2014 年第 4 期

黄林蒙：《民国之际"文笔之辨"及其文学史意义》，《常州大学学报（社会科学版）》2014 年第 5 期

黄林蒙：《民国之际"文笔之辨"及其文学史意义》，《太原师范学院学

报（社会科学版）》第 13 卷 2014 年第 5 期

慈波：《刘师培的变与不变：从骈体正宗说到文学史研究》，《中山大学学报（社会科学版）》第 54 卷 2014 年第 5 期

梁光晨：《刘师培对鲁索〈社会契约论〉的解读与评析》，《重庆与世界（学术版）》第 31 卷 2014 年第 9 期

李思思：《何震妇女经济独立思想及其意义》，《郑州航空工业管理学院学报（社会科学版）》第 33 卷 2014 年第 5 期

黄锦君：《刘师培易学著述略论》，《儒藏论坛》第 8 辑，成都：四川大学出版社，2014 年

刘青松：《刘师培〈白虎通〉校勘述评》，《古籍整理研究学刊》2014 年第 6 期

王晖、曾小月：《试论刘师培〈南北文学不同论〉》，《世界文学评论（高教版）》2014 年第 3 辑

徐昌义：《刘师培对中国古代民本思想的认识与解读》，《中华文化论坛》2014 年第 11 期

李雄溪：《刘师培〈毛诗札记〉评陈奂〈诗毛氏传疏〉小识》，《中国经学》第 14 辑，桂林：广西师范大学出版社，2014 年

吴小鸥：《刘师培：独树一帜的教科书编撰者》，《中华读书报》2014 年

万仕国：《〈天义〉对秋瑾案的反应》，《扬州文化研究论丛》第 14 辑，扬州：广陵书社，2014 年

陈志刚：《刘师培对陆机的推崇及其原因》，《曲靖师范学院学报》第 34 卷 2015 年第 1 期

杨冬敏：《从变译理论看〈共产党宣言〉早期的中译本》，《跨语言文化研究》第 8 辑，北京：中国社会科学出版社，2015 年

李裕政：《文笔之辨研究述略》，《三峡大学学报（人文社会科学版）》第 37 卷 2015 年第 2 期

施秋香：《刘师培与俄国形式主义关于"文学性"问题的比较研究》，《湖南社会科学》2015 年第 2 期

冯一下：《借编纂历史教科书与立宪派驳难——刘师培编著〈中国历史

教科书〉剖析》，《历史教学问题》2015 年第 3 期

余来明、赵亚萍：《西学东渐背景下作为国学的"文学"——以章太炎、刘师培为中心的考察》，《人文论丛》2014 第 2 辑，北京：中国社会科学出版社，2015 年

杨丽娟：《扬州新见刘师培早期生平史料考略——以刘葆儒〈三叔廿岁前"形势"〉一文为考察中心》，《扬州大学学报（人文社会科学版）》第 19 卷 2015 年第 3 期

谭敏：《刘师培〈南北文学不同论〉简论》，《西华师范大学学报（哲学社会科学版）》2015 年第 3 期

柯镇昌：《刘师培的文体学思想及其研究方法刍议》，《中国社会科学院研究生院学报》2015 年第 4 期

刘鹏超：《从革命思想到国粹思想——刘师培传记作品研究》，《唐山师范学院学报》第 37 卷 2015 年第 4 期

周兴陆：《"文笔论"之重释与近现代纯杂文学论》，《文学评论》2015 年第 5 期

崔庆贺：《刘师培的"六经皆史"论探析》，《商丘师范学院学报》第 31 卷 2015 年第 10 期

杨毅丰：《辛亥之际刘师培入川的来龙去脉》，《文史天地》2015 年 9 期

李文武、戴海陵：《〈周礼古注集疏〉中古注及其礼学思想》，《湖南第一师范学院学报》第 15 卷 2015 年第 5 期

施秋香：《"文说"与"诗力说"——刘师培与鲁迅文学观之比较》，《学习与实践》2015 年第 11 期

吴键：《"文质"与"南北"：刘师培〈南北文学不同论〉探析》，《文艺理论研究》第 35 卷 2015 年第 6 期

宁俊红：《清代诸子学兴盛与文章发展史观的变迁——以章学诚、刘师培文章史观的接续与发展为例》，《北京社会科学》2015 年第 12 期

刘春霞：《刘师培的"六经皆文"说及其文章学史意义》，《安康学院学报》第 27 卷 2015 年第 6 期

刘克敌：《鲁迅的魏晋文学研究与刘师培、陈寅恪相关研究之比较》，《山

东师范大学学报（人文社会科学版）》第 60 卷 2015 年第 6 期

　　李文:《探本抉原　革故鼎新——刘师培〈文说·宗骚篇〉研究》,《常州工学院学报（社科版）》第 33 卷 2015 年第 6 期

　　朱乐川:《章太炎与刘师培右文说之比较》,《励耘语言学刊》2015 年第 2 辑,北京:学苑出版社,2015 年

　　洪一麟:《取义西学:刘师培转换传统学术的取径》,《古典文献研究》第 18 辑下卷,南京:凤凰出版社,2015 年

　　宋少鹏:《何殷震的"女界革命"——无政府主义的妇女解放理论》,《妇女研究论丛》2016 年第 1 期

　　黄春黎:《刘师培文学起源观考论》,《武汉理工大学学报（社会科学版）》第 29 卷 2016 年第 2 期

　　张仲民:《世界语与近代中国知识分子的世界主义想象——以刘师培为中心》,《学术月刊》第 48 卷 2016 年第 4 期

　　艾萍:《刘师培报刊活动及报刊思想研究》,《新闻界》2016 年第 8 期

　　黄梓勇:《固守汉说,经史分途:刘师培后期〈春秋左传〉学及其经学"守旧"进路》,《中国文化研究所学报》第 62 号,香港:香港中文大学出版社,2016 年

　　孙见坤:《刘师培撕毁〈道藏〉了吗?》,《传记文学》第 108 卷 2016 年第 6 期

　　李江辉:《刘师培的黄帝明堂研究》,《长安大学学报（社会科学版）》第 18 卷 2016 年第 3 期

　　贾光佐:《论刘师培美学观的"实"与"饰"》,《荣宝斋》2016 年第 7 期

　　贺根民:《刘师培的魏晋文化发现》,《中原文化研究》2016 年第 4 期

　　李裕政、严程:《偏于字而忽于文:从阮元到刘师培、章太炎的文笔论》,《广西师范大学学报（哲学社会科学版）》第 52 卷 2016 年第 4 期

　　梁展:《世界主义、种族革命与〈共产党宣言〉中译文的诞生——以〈天义〉〈衡报〉的社会主义宣传为中心》,《外国文学评论》2016 年第 4 期

　　黄春黎:《刘师培的白话创作及其民间视野》,《湖北大学学报（哲学社会科学版）》第 44 卷 2017 年第 1 期

张为刚：《晚清语言文字危机与刘师培早期"国文"教育构想》，《现代中文学刊》2017 年第 2 期

贺根民：《论民国〈文选〉研究的现代品格》，《浙江工商大学学报》2017 年第 1 期

刘人鹏：《〈天义〉的无政府共产主义视野与何震的"女子解放"》，《妇女研究论丛》2017 年第 2 期

施秋香：《"和声之章，斯能鸣盛"——浅析刘师培文学功能论》，《山西青年职业学院学报》第 30 卷 2017 年第 1 期

吴四伍：《论晚清乡土历史教科书的编写特色》，《清史论丛》2017 年第 1 辑，北京：社会科学文献出版社，2017 年

喻中：《刘师培阐释法家的三个维度》，《南通大学学报（社会科学版）》第 33 卷 2017 年第 3 期

史少博：《刘师培"国学"的"东学"渊源》，《管子学刊》2017 年第 2 期，2017 年

孟庆澍：《彼此在场的读与写：1907 年的周氏兄弟》，《中国现代文学研究丛刊》2017 年第 3 期

田访：《〈春秋左氏传旧注疏证〉所见刘氏一族之义例观》，《思想与文化》第 20 辑，上海：华东师范大学出版社，2017 年

郑芷芸：《清末〈山海经〉神话叙事与物种进化之思辨——以蒋观云与刘师培论述为例》，新北《辅仁国文学报》第 45 期，2017 年

吴慧鋆：《刘师培对传统楚辞研究的继承与突破》，《南通大学学报（社会科学版）》第 33 卷 2017 年第 6 期

邓章应：《"文字学"术语的早期使用》，《汉字汉语研究》2018 年第 1 期

王韬：《论刘师培的诗艺》，《徐州工程学院学报（社会科学版）》第 33 卷 2018 年第 2 期

李晓敏：《刘师培与郭象升交往考论》，《华中学术》第 21 辑，武汉：华中师范大学出版社，2018 年

吴海：《刘师培的碑传观与扬州学派》，《南京大学学报（哲学·人文科

学·社会科学）》第 55 卷 2018 年第 2 期

黄文树：《刘师培的行谊与教育思想》，《台北城市科技大学通识学报》第 7 卷，2018 年

张仲民：《南桂馨与刘师培》，《近代史研究》2018 年第 3 期

邹晓霞：《汉文气味，最为难学——刘师培的汉文鉴读》，《名作欣赏》2018 年第 15 期

顾涛：《论"六经皆礼"说及其延伸路径》，《中国哲学史》2018 年第 2 期

郭院林、朱德印：《论刘师培诗词对〈楚辞〉的接受》，《云梦学刊》第 39 卷 2018 年第 5 期

吴键：《"南北话语"建构与民族空间地理意识的现代转型——以刘师培〈南北文学不同论〉为中心》，《国际比较文学（中英文）》第 1 卷 2018 年第 2 期

王韬：《何为国粹——以章太炎、刘师培的两番书信商榷为例》，《东吴学术》2018 年第 4 期

张仲民：《刘师培的四篇佚文》，《历史教学问题》2018 年第 5 期

陈民镇：《一种文体生成论——"文学出于巫祝之官"说的再思考》，《学术研究》2018 年第 7 期

康沛竹、孔娜：《〈共产党宣言〉的早期传播研究——以〈天义·衡报〉为主的文本分析》，《思想理论教育导刊》2018 年第 10 期

徐天娜：《刘师培的"资产阶级"概念——以〈衡报〉为中心》，《学海》2018 年第 6 期

孔娜：《刘师培中西文化观的历史考察》，《江淮论坛》2019 年第 1 期

刘人鹏：《何震的女子非军备主义论及其论述语境》，《妇女研究论丛》2019 年第 2 期

吴惠玲：《刘师培论建安文学"通侻"之再审视》，《台北大学中文学报》第 25 期，2019 年

崔兰溪：《浅议刘师培的美术观》，《美术教育研究》2019 年第 5 期

张仲民：《"以学殉时"：洪宪帝制期间的刘师培》，《史林》2019 年第 2

期

陈平原：《新文化运动中"偏师"的作用及价值——以林琴南、刘师培、张竞生为例》，《北京大学学报（哲学社会科学版）》第 56 卷 2019 年第 3 期

王应宪：《刘师培佚文〈文科大学中国文学门科目改革案〉》，《中华文史论丛》2019 年第 2 期

李文：《刘师培赋学批评述略》，《中国矿业大学学报（社会科学版）》第 21 卷 2019 年第 4 期

成玮：《"韵"字重释与文学观念的流转——六朝文笔之辨在晚清民国》，《文学评论》2019 年第 5 期

朱德印：《〈大亚画报〉中新见刘师培佚诗九首考释》，《扬州文化研究论丛》第 23 辑，扬州：广陵书社，2019 年

余莉：《晚清社会学与刘师培文论观的建构》，《中国文学研究》2019 年第 4 期

姜雯：《刘师培所编乡土历史教科书研究》，《智库时代》2019 年 45 期

魏红翎：《四川国学院的学术活动考略》，《国学》第 7 集，成都：巴蜀书社，2019 年

赵静：《变革中的坚守：刘师培骈文观的生成及其意义》，《中国社会科学报》2020 年 1 月 16 日

狄霞晨：《〈文心雕龙〉与刘师培文论的建构与变迁》，《燕山大学学报（哲学社会科学版）》第 21 卷 2020 年第 2 期

王锐：《"病民之根"——刘师培对代议制的批判》，《武汉科技大学学报（社会科学版）》第 22 卷 2020 年第 3 期

蔡俊：《刘师培复兴国学原因探析》，《文学教育（中）》，2020 年第 17 期

吴键：《艺术史写作的中国范式——以刘师培〈中国美术学变迁论〉与李泽厚〈美的历程〉的对读为例》，《当代文坛》2020 年第 5 期

万仕国：《刘师培佚文两篇》，《扬州文化研究论丛》第 25 辑，扬州：广陵书社，2020 年

肖瑶：《刘师培两汉文体研究之宗骈探析》，《兰州教育学院学报》第 36 卷 2020 年第 9 期

刘师培遗著,万仕国整理:《毛诗大义相通论》,中国历史文献研究会编《历史文献研究》第44辑,扬州:广陵书社,2020年

施秋香:《刘师培国粹观对构建当下文化自信的启示》,《华夏文化论坛》第23辑,长春:吉林大学出版社,2020年

王锐:《"病民之根"——刘师培对代议制的批判》,《武汉科技大学学报(社会科学版)》第22卷2020年第3期

吕仕伟:《在金石收藏与报刊趣味之间:论洪宪帝制时期鲁迅与刘师培的文化政治抉择》,《现代中国文化与文学》第32辑,成都:巴蜀书社,2020年

曾仲权:《地理空间视域下斯达尔夫人与刘师培南北文学论比较研究》,《云南大学学报(社会科学版)》第19卷2020年第5期

祝帅:《晚清民国时期"书法批评"观念之建构(1907—1931)——以刘师培、梁启超、张荫麟为中心》,《艺术探索》第34卷2020年第6期

施秋香:《后经学时代文学雅言观的审美考察》,《管子学刊》2020年第3期

肖瑶:《刘师培古今文笔之辨探析》,《佳木斯职业学院学报》第36卷2020年第9期

赵静,党圣元:《刘师培文体论及其学术史意义》,《甘肃社会科学》2020年第6期

3. 学位论文

陈庆煌:《刘申叔先生之经学》,台湾政治大学博士学位论文,1982年

李瑞腾:《晚清文学思想之研究》,台湾"中国文化大学"博士学位论文,1986年

林明德:《梁启超与晚清文学运动》,台湾政治大学博士学位论文,1988年

黄锦树:《近代国学之起源(1891—1921)——相关个案研究》,台湾清华大学博士学位论文,1997年

〔韩〕都重万:《刘师培对晚清史学演进的贡献及影响》,北京大学博士

学位论文,1998 年

　　李帆:《刘师培与中西学术——以其中西交融之学和学术史研究为核心》,北京大学博士论文,1999 年

　　曾圣益:《仪征刘氏春秋左传学研究》,台湾大学中国文学研究所博士学位论文,2004 年

　　王威:《嬗变与重构中的传承——刘师培的文化哲学》,南开大学博士论文,2005 年

　　张徐芳:《山川地理与南学北学——从章刘之争看皖派考据学的经典化》,南京大学博士论文,2006 年

　　郭院林:《从“以礼治左”至“援古经世”——清代仪征刘氏〈左传〉家学研究》,北京大学博士学位论文,2007 年

　　毛新青:《刘师培与中国文论的现代转型》,山东大学博士学位论文,2007 年

　　孙锡芳:《清代〈左传〉学研究》,北京师范大学博士学位论文,2008 年

　　牛秋实:《从经学到史学:刘师培学术思想研究》,南开大学博士学位论文,2009 年

　　杨玉荣:《中国近代伦理学核心术语的生成研究——以梁启超、王国维、刘师培和蔡元培为中心》,武汉大学博士学位论文,2011 年

　　刘海静:《20 世纪前半期的清学史研究——以章太炎、刘师培、梁启超、钱穆为中心》,上海大学博士学位论文,2011 年

　　黄伟豪:《刘师培与〈白虎通义〉订释之研究》,台湾新亚研究所博士学位论文,2015 年

　　张为刚:《“名”的危机与“文”的重建——刘师培前期文学思想研究（1903—1906）》,华东师范大学博士学位论文,2017 年

　　杨润陆:《评刘师培的语言文字观》,北京师范大学硕士学位论文,1982 年

　　洪德先:《辛亥革命时期的无政府主义运动》,台湾师范大学硕士学位论文,1985 年

　　赵广洙:《刘师培的无政府主义思想》,台湾政治大学硕士学位论文,

1985 年

萧琼瑶:《清末民初国粹思想研究——以国粹学报为中心》,台湾清华大学硕士学位论文,1990 年

张惠贞:《刘文淇〈春秋左传旧注疏证〉体例之研究》,逢甲大学硕士论文,1990 年

宋惠如:《刘师培〈春秋左传〉学之研究》,台湾"中央"大学硕士论文,1995 年

廖本圣:《颜李学的形成(1898—1937)》,东海大学硕士学位论文,1996 年

陈志修:《仪征刘氏〈春秋左氏传旧注疏证〉研究》,逢甲大学硕士论文,1999 年

谭敏:《刘师培文学史观研究》,四川师范大学硕士学位论文,1999 年

王如晨:《刘师培语言学成就论衡》,复旦大学硕士学位论文,2000 年

缪敦闵:《刘师培〈礼经旧说〉研究》,台湾暨南国际大学硕士论文,2000 年

柯雅蓝:《刘师培文字学研究》,台湾东吴大学硕士论文,2000 年

黄雅琦:《刘师培之伦理思想研究》,高雄师范大学硕士学位论文,2001 年

汤浩:《晚清国粹学派诸子学研究略论》,湖南师范大学硕士论文,2001 年

张新:《论刘师培的社会理想——兼论二十世纪初的大同理想》,同济大学硕士学位论文,2003 年

田信蓉:《刘师培义理学研究》,台湾中山大学硕士学位论文,2004 年

邱慧贞:《晚清民族意识的探讨——刘师培的个案研究》,台湾"中国文化大学"史学研究所硕士论文,2004 年

赵庆云:《试论刘师培早期的民族主义思想》,湖南师范大学硕士论文,2005 年

吴浪波:《互助论在近代中国的传播与影响》,湖南师范大学硕士论文,2005 年

刘艳:《论刘师培的白话文》,北京师范大学硕士学位论文,2005 年

张秀娟:《〈中国白话报〉研究》,北京师范大学硕士学位论文,2005 年

许惠琪:《刘师培论清代学术及其相关问题研究》,台湾大学硕士学位论文,2006 年

刘联锋:《试论刘师培的多变》,华中师范大学硕士论文,2006 年

祥寒冰:《刘师培普及教育思想研究》,贵州师范大学硕士论文,2007 年

金晓东:《刘师培的〈左传〉学研究》,山东大学硕士学位论文,2007 年

杨林:《刘师培民族思想探析》,陕西师范大学硕士学位论文,2007 年

胡岩:《追寻"完全社会"与"完全人格"——刘师培前期伦理思想研究》,华东师范大学硕士学位论文,2008 年

刘鹏超:《刘师培史学思想研究》,南开大学硕士学位论文,2008 年

倪奇:《刘师培的文学思想及〈中国中古文学史〉研究》,安徽大学硕士学位论文,2009 年

刘光秀:《1903—1908 年间刘师培的社会历史思想》,安徽大学硕士学位论文,2009 年

王孝强:《刘师培的〈左传〉研究》,北京语言大学硕士学位论文,2009 年

孟兰兰:《刘师培经济思想研究》,安徽大学硕士学位论文,2009 年

黄昭雅:《刘师培孔学思想研究》,台湾淡江大学硕士学位论文,2009 年

王美盈:《刘师培之汉宋学术论》,世新大学硕士学位论文,2009 年

龚洁:《刘师培魏晋玄学研究述论》,湘潭大学硕士学位论文,2010 年

于洋:《论刘师培的上古史研究》,华中师范大学硕士学位论文,2011 年

董瀛:《刘师培的美术观——以〈国粹学报·美术篇〉为考察中心》,华东师范大学硕士学位论文,2011 年

赵芳:《刘师培无政府主义思想研究》,湖南大学硕士学位论文,2011 年

傅翀:《刘师培与章太炎"中国人种西来说"再探》,复旦大学硕士学位论文,2011 年

周翔:《〈天义〉杂志研究》,中国社会科学院研究生院硕士学位论文,2012 年

孙慧：《刘师培的文学观研究》，辽宁大学硕士学位论文，2012 年

陈世东：《20 世纪初三部经学史研究——〈经学历史〉〈经学教科书〉〈中国经学史〉》，北京师范大学硕士学位论文，2012 年

张娜娜：《何震妇女解放思想研究》，中南民族大学硕士学位论文，2013年

董丽娟：《刘师培文章学理论探要》，内蒙古师范大学硕士学位论文，2013 年

祝小娟：《刘师培文法理论研究》，江西师范大学硕士学位论文，2013 年

杜娟：《论近代中国无政府主义女性解放思想》，辽宁师范大学硕士学位论文，2014 年

张丽：《中国传统家族伦理的转换与调适——以刘师培〈伦理教科书〉为中心》，南昌大学硕士学位论文，2015 年

李思思：《刘师培与吴稚晖无政府主义思想比较研究》，西北大学硕士学位论文，2015 年

吴居峥：《论刘师培的汉魏六朝文学研究》，广西师范大学硕士学位论文，2017 年

武优：《刘师培对中国传统家族伦理的反思研究——以〈伦理教科书〉为中心》，河南大学硕士学位论文，2018 年

万橘：《刘师培文学思想研究》，黑龙江大学硕士学位论文，2019 年

姜雯：《刘师培历史教科书编写研究》，河南大学硕士学位论文，2020 年

蔡俊：《刘师培国粹思想研究》，吉首大学硕士学位论文，2020 年

朱德印：《刘师培诗歌研究》，扬州大学硕士学位论文，2020 年

巩艳：《刘师培国民性改造思想研究》，西南民族大学硕士学位论文，2020 年

黄宇彤：《刘师培〈理学字义通释〉研究》，高雄师范大学硕士学位论文，2020 年

4. 研究专著

郭象升：《左盦集笺》，叶灵原编《辛勤庐丛刻》第一辑，闻喜叶氏刻本，

1942 年

陶菊隐:《六君子传》,中华书局,1946 年

邵镜人:《同光风云录》,香港:香港自由出版社,1957 年

陶菊隐:《筹安会"六君子传"》,北京:中华书局,1981 年

陈燕:《刘师培及其文学理论》,台北:华正书局,1989 年

冯永敏:《刘师培及其文学研究》,台北:文史哲出版社,1992 年

郑师渠:《晚清国粹派:文化思想研究》,北京:北京师范大学出版社,1993 年;2000 年重印

叶程义:《帛书老子校·刘师培〈老子斠补〉疏证》,台北:文史哲出版社,1994 年

高瑞泉主编:《中国近代社会思潮》,上海:华东师范大学出版社,1996 年

吴方编校:《中国现代学术经典·黄侃刘师培卷》,石家庄:河北教育出版社,1996 年

方光华:《刘师培评传》,"国学大师丛书",南昌:百花洲文艺出版社,1996 年

朱冠华:《刘师培春秋左氏传答问研究》,北京:光明日报出版社,1998 年

陈奇:《刘师培思想研究》,贵阳:贵州人民出版社,1999 年

喻大华:《晚清文化保守思潮研究》,北京:人民出版社,2001 年

吴雁南主编:《清代经学史通论》,昆明:云南大学出版社,2001 年

〔美〕张灏:《思想与时代》,上海:上海文艺出版社,2002 年

李帆:《刘师培与中西学术:以其中西交融之学和学术史研究为核心》,北京:北京师范大学出版社,2003 年

李帆:《章太炎、刘师培、梁启超清学史著述之研究》,北京:商务印书馆,2006 年

陈奇:《刘师培年谱长编》,贵阳:贵州人民出版社,2007 年

郭院林:《彷徨与迷途——刘师培思想与学术研究》,南京:凤凰出版社,2012 年

刘慧英:《女权、启蒙与民族国家话语》,北京: 人民文学出版社,2013 年

杨丽娟:《刘师培家藏文献研究初集》,北京: 商务印书馆,2017 年

狄霞晨:《博学于文——中外思想学术交汇下的刘师培文论》,"仪征研究丛书",扬州: 广陵书社,2021

【日文部分】

小岛佑马:《劉師培の学》,京都文学会:《芸文》11 卷第 5 号、11 卷第 7号,1920 年; 收入作者《中国の社会思想》,東京: 築摩書房,1967 年

豊田穣:《劉申叔先生遺書を讀む》,《斯文》第 24 編第 9 号,1942 年

小野川秀美:《劉師培と無政府主義》,《東方学報》第 36 册,1964 年; 收入作者《清末政治思想史研究》,東京: みすず書房,1969 年

平野義太郎:《中国革命報〈天義〉: 日本における發刊——日中の初期社会主義者の交流》,《天義》影印本卷首,東京: 大安株式会社,1966 年

永井算巳:《社会主義講習会と政聞社》,《東洋学報》第 51 卷第 3 号,1968 年; 收入作者《中国近代政治史論叢》,東京: 汲古書院,1984 年

倉田貞美:《章炳麟、劉師培等の詩論》,收入作者《中国近代詩の研究:清末民初を中心とした》,東京: 大修館書店,1969 年

西順藏、島田虔次:《清末民国初政治評論集》,東京: 平凡社,1971 年

丸山松幸:《劉師培略伝初稿》,《東京大学教養学部人文科学科紀要》第 55 号,1972 年

丸山松幸:《清末無政府主義と伝統思想》,《理想》464 号,1972 年; 收入作者《中国近代の革命思想》,東京: 研文出版,1982 年(中译本《清末无政府主义和传统思想》,靳明全译,收入靳明全《攻玉论——关于 20 世纪初期中国政界留日生的研究》,重庆: 重庆出版社,1999 年)

西順藏:《原典中国近代思想史》,東京: 岩波書店,1977 年

梶村秀樹:《亜洲和親会をめぐって》(上、下),《アジアの胎動》1、2 号,1977 年

小島晋治:《中国人最初の日本帝国主義批判——劉師培〈亜洲現勢

論〉》,《アジアからみた近代日本》,東京: 亜紀書房,1978 年

　　森時彦:《民族主義と無政府主義——国学の徒、劉師培の革命論》,收入小野川秀美、島田虔次編《辛亥革命の研究》,東京: 築摩書房,1978 年

　　河田悌一:《清末の戴震像——劉師培の場合》,見《東洋学論集: 森三樹三郎博士頌壽記念》,京都: 朋友書店,1979 年

　　嵯峨隆:《無政府主義者としての劉師培》,《アジア研究》第 26 巻第 1 号,1979 年

　　嵯峨隆:《"保守主義者"としての劉師培——轉向以後を中心として》,《慶応義塾大学大学院法学研究科論文集》(1979 年度),1980 年

　　丸山松幸:《劉師培略伝》,收入作者《中国近代の革命思想》,東京: 研文出版,1982 年

　　丸山松幸:《中国における無政府主義と民族主義・共産主義》,收入作者《中国近代の革命思想》,東京: 研文出版,1982 年

　　嵯峨隆:《国学と革命——劉師培における学術・民族・アナキズム》,《八戸大学紀要》第 2 号,1983 年

　　坂出祥伸:《辛亥革命期におけるアジア連帯の思想——章炳麟、劉師培を中心として》,見《中国近代の思想と科学》,京都: 同朋舎,1983 年

　　嵯峨隆:《最近の中国におけるアナキズム研究の動向》,《アジア経済》第 25 巻第 11 号,1984 年

　　有田和夫:《清末意識構造の研究》,東京: 汲古書院,1984 年

　　嵯峨隆:《〈蘇報〉時期の劉師培について》,《八戸大学紀要》第 5 号,1986 年

　　大島義夫、宮本正男:《反体制エスペラント運動史》,東京: 三省堂,1987 年

　　嵯峨隆:《清末における革命と伝統》,アジア政経学会關東部会論文,1987 年,日本大学

　　嵯峨隆:《清末における革命と伝統——アナキズムを中心に》,《アジア研究》第 34 巻第 3 号,1988 年

　　末岡宏:《劉師培の春秋学》,《中国思想史研究》第 11 号,1988 年

坂井洋史:《近年の中国アナキズム研究をめぐって》,《中国——社会と文化》第 3 号,1988 年

嵯峨隆:《日本における中国アナキズム研究》,《近代中国研究彙報》第 11 号,1989 年

小林武:《清末の任俠 3——劉師培における "我" の諸相》,《京都産業大学論集・人文科学系列》第 16 号,1989 年

嵯峨隆:《民国初年におけるアナキズム》,《アジア研究》第 37 巻 1 号,1990 年

佐藤豊:《劉師培の理性思維》,収入有田和夫、大島晃編《朱子学的思維》第一部,《清末思想中朱子学思维的意义》,汲古書院,1990 年

富田昇:《劉師培　変節問題の再検討》,《東北学院大学論集(人間・言語・情報)》第 98 号,1990 年

富田昇:《社会主义讲习会と亜洲和親会——明治末期につける日中知識人の交流》,《集刊東洋学》第 64 册,1990 年(中译本《社会主义讲习会与亚洲和亲会——明治末期日中知识界人士的交流》,张哲译,收入《国外中国近代史研究》第 22 辑,北京: 中国社会科学出版社,1993 年)

大谷敏夫:《清代政治思想史研究》,東京: 汲古書院,1991 年

福井佳夫:《劉師培〈漢魏六朝専家文研究〉について – 上 – 訳注篇(含索引)》,《中京大学文学部紀要》第 26 巻第 2 号,1991 年

福井佳夫:《劉師培〈漢魏六朝専家文研究〉について – 下 – 論考篇》,《中京大学文学部紀要》第 26 巻 3・4 号,1991 年

嵯峨隆:《近代中国におけるアナキズム》,CSPT/JAPAN 政治思想研究会論文,1992 年,慶応義塾大学

嵯峨隆:《近代中国とアナキズム》,国際東方学者会議〔 東方学会〕論文,1992 年,国立教育会館

嵯峨隆:《中国アナキズム前史——暗殺と破壊の時代》,収入高橋徹、嵯峨隆編《ゆらぎのなかの家族と民族》,東京: 北樹出版,1993 年

嵯峨隆:《近代中国アナキズム研究》,東京: 研文出版,1994 年

坂井洋史、嵯峨隆:《社会主义讲习会關係資料(外務省保管記録文

書）》,见《原典中国アナキズム史料集成》（第九册）,緑蔭書房,1994 年

末岡宏:《清末の礼学について——劉師培〈逸礼考〉をめぐって》,《中国思想史研究》第 18 号,1995 年

嵯峨隆:《近代中国の革命幻影：劉師培の思想と生涯》,東京：研文出版,1996 年

後藤秋正:《（資料紹介）劉師培〈文心雕龍誄碑篇口義〉について》,《北海道教育大学紀要（第一部 A）》第 46 巻第 2 号,1996 年

馬安衆:中国近代化の挫折の構圖——儒教的近代化を中心に,日中友好会館 “留日学人與 21 世紀中国發展国際シンポジウム”,1998 年

佐藤豊:《劉師培と功利主義——戴震思想の継承に関連して》,《愛知教育大学研究報告（人文・社会科学編）》第 48 号,1999 年

石井剛:《分かれてある人倫——劉師培の倫理秩序観》,《中国哲学研究》第 19 号,2003 年

吉川榮一:《何震と幸徳秋水》,《文学部論叢》第 79 号,2003 年

石川洋:《平等と嫉忌心——劉師培のアナキズムについての一考察》,《中国哲学研究》第 21 号,2005 年

林義強:《“万国” と “新” の意味を問いかける——清末国学におけるエスペラント（万国新語）論》,《東洋文化研究所紀要》第 147 号,2005 年

林義強:《古音、方言、白話に託す言語ユートピア：章炳麟と劉師培の中国語再建論》,《東洋文化研究所紀要》第 148 号,2005 年

石井剛:《“戴震の哲学” をめぐる思想史：劉師培と章炳麟を中心に》,東京大学,博士論文,2008 年

井澤耕一:《劉師培〈経学教科書〉訳注（一）》,《茨城大学人文学部紀要・人文コミュニケーション学科論集》第 4 号,2008 年

井澤耕一:《劉師培〈経学教科書〉訳注（二）》,《茨城大学人文学部紀要・人文コミュニケーション学科論集》第 5 号,2008 年

井澤耕一:《劉師培〈経学教科書〉訳注（三）》,《茨城大学人文学部紀要・人文コミュニケーション学科論集》第 6 号,2009 年

井澤耕一:《劉師培〈経学教科書〉訳注（四）》,《茨城大学人文学部紀

要·人文コミュニケーション学科論集》第 7 号,2009 年

石川洋:《アナキストと歴史——李石曽·劉師培·師復》,《中国哲学研究》第 24 号,2009 年

井澤耕一:《劉師培〈経学教科書〉訳注（五）》,《茨城大学人文学部紀要·人文コミュニケーション学科論集》第 8 号,2010 年

井澤耕一:《劉師培〈経学教科書〉訳注（六）》,《茨城大学人文学部紀要·人文コミュニケーション学科論集》第 9 号,2010 年

井澤耕一:《劉師培〈経学教科書〉訳注（七）》,《茨城大学人文学部紀要·人文コミュニケーション学科論集》第 10 号,2011 年

井澤耕一:《劉師培〈経学教科書〉訳注（八）》,《茨城大学人文学部紀要·人文コミュニケーション学科論集》第 11 号,2011 年

井澤耕一:《劉師培〈経学教科書〉訳注（九）》,《茨城大学人文学部紀要·人文コミュニケーション学科論集》第 12 号,2012 年

井澤耕一:《劉師培〈経学教科書〉訳注（十）》,《茨城大学人文学部紀要·人文コミュニケーション学科論集》第 13 号,2012 年

井澤耕一:《劉師培〈経学教科書〉訳注（十一）》,《茨城大学人文学部紀要·人文コミュニケーション学科論集》第 14 号,2013 年

井澤耕一:《劉師培〈経学教科書〉訳注（十二）》,《茨城大学人文学部紀要·人文コミュニケーション学科論集》第 15 号,2013 年

嵯峨隆:《アジア主義と亜洲和親会をめぐって》,《国際関係·比較文化研究》第 12 巻第 1 号,2013 年

末岡宏:《劉師培の〈国学發微〉について——中国における"国学"成立の一側面——》,《中国思想史研究》第 34 号（池田秀三教授退職記念論集）,2013 年

井澤耕一:《劉師培〈経学教科書〉訳注（十三）》,《茨城大学人文学部紀要·人文コミュニケーション学科論集》第 16 号,2014 年

井澤耕一:《劉師培〈経学教科書〉訳注（十四）》,《茨城大学人文学部紀要·人文コミュニケーション学科論集》第 17 号,2014 年

田訪:《劉師培に於ける〈左傳〉の義例觀》,《中国思想史研究》第 35 号,

2014 年

　　井澤耕一:《錢玄同〈左盦年表〉〈左盦著述繫年〉〈劉申叔先生遺書〉序（上）全訳: 同時代人からみた劉師培の事績と著述》,《茨城大学人文学部紀要·人文コミュニケーション学科論集》第 19 号,2015 年

　　石井公成:《辛亥革命前夜の仏教と無政府主義: 章太炎と劉師培の場合》,《仏教学》第 56 号,2015 年

　　井澤耕一:《錢玄同〈劉申叔先生遺書〉序（下）全訳: 同時代人から見た劉師培の業績と著述》,《茨城大学人文学部紀要·人文コミュニケーション学科論集》第 20 号,2016 年

　　田訪:《劉師培の義例觀と劉氏家学: 繼承から發展へ》,《中国思想史研究》第 37 号,2016 年

　　井澤耕一:《劉師培〈中国歴史教科書〉訳注（一）》,《茨城大学人文学部紀要·人文コミュニケーション学科論集》第 22 号,2017 年

　　井澤耕一:《劉師培〈中国歴史教科書〉訳注（二）》,《茨城大学人文学部紀要·人文コミュニケーション学科論集》第 2 号,2018 年

【英文部分】

Scalapino, Robert A. and George T.Yu. *The Chinese Anarchist Movement.* Berkeley : University of California Press, 1961.

Chou, Ts'e-tsung. *The May Fourth Movement : Intellectual Revolution in Modern China.* Stanford : Stanford University Press, 1967. （中译本《五四运动史:现代中国的知识革命》,陈永明、张静译,成都:四川人民出版社,2019 年）

Bernal, Martin. "The Triumph of Anarchism over Marxism, 1906-1907", in Mary Wright（ed.）, *China in Revolution : The First Phase, 1900-1913.* New Haven : Yale University Press, 1968.

Gasster, Michael. *Chinese Intellectuals and the Revolution of 1911 : the Birth of Morden Chinese Radicalism.* Seattle : University of Washington Press, 1969.

Zhang, Yufa（张玉法）. "The Effects of Western Socialism on the 1911 Revolution in China. " MA thesis, Columbia University, 1970.

Kwok, Daniel W.Y.（郭颖颐）. "Anarchism and Traditionalism : Liu Shih-p'ei", *The Journal of the Institute of Chinese Studies of the Chinese University of Hong Kong*（《中国文化研究所学报》）Vol.4, No.2, 1971.

Li, Yu-ning（李又宁）.*The Introduction of Socialism into China*. New York : Columbia University Press, 1971.

Bernal, Martin. "Liu shih-pei " paper presented to the Research Conference on Intellectuals and the Problem of Conservatism in Republican China, held in Dedham, Mass., August, 1972.

Bernal, Martin. "Liu Shih-pei and National Essence."in Charlotte Furth(ed al.)*The Limits of Change : Essays on Conservative Alternatives in Republican China*, Cambridge, Mass : Harvard University Press. 1975.（中译本《刘师培与国粹运动》,刘静贞译,收入《近代中国思想人物论:保守主义》,台北:《时报》文化出版事业有限公司; 又收入姜义华等编《港台及海外学者论近代中国文化》,重庆出版社,1987 年）

Scheider, Lawrence. "National Essence and the New Intelligentsia." in Charlotte Furth（ ed al.)*The Limits of Change : Essays on Conservative Alternatives in Republican China*. Cambridge, Mass : Harvard University Press, 1975.

Bernal, Martin.*Chinese Socialism to 1907*. Ithaca : Cornell University Press, 1976.（中译本《一九〇七年以前中国的社会主义思潮》,丘权政、符致兴译,福州:福建人民出版社,1985 年）

Chang, Hao. *Chinese Intellectuals in Crisis : Search for Order and Meaning (1890-1911)*. Berkeley : University of California Press, 1987.（中译本《危机中的中国知识分子》,高力克、王跃译,北京: 中央编译出版社,2016 年）

Zarrow, Peter（沙培德）. "He Zhen and Anarcho-Feminism in China." *The Journal of Asian Studies*, vol. 47, no. 4, 1988.（中译本《何震与中国无政府

女权主义》，马小泉、张家钟译，收入《国外中国近代史研究》第 22 辑，北京：中国社会科 学出版社，1993 年）

Denton, Kirk A. "Miscellaneous Notes on Literature（excerpts）/ Liu Shipei", *Modern Chinese literary thought : writings on literature, 1893-1945*. Stanford, Calif. : Stanford University Press, 1996.

Yiu, K.B. "A Study on Liu Shipei's Chinese History Textbook and his Historiography." Paper presented at the International Conference on Chinese Studies in Celebration of the 70th Anniversary of the Founding of the Department of Chinese, University of Hong Kong , Hong Kong, December, 1997.

Wang, Xiaoling. "Liu Shipei et son concept de contrat social chinois." *Etudes chinoises*, Vol. 17. no1-2, 1998.

Angle, Stephen C. "Did someone say 'rights'？Liu Shipei's concept of Quanli." *Philosophy East & West*, Vol. 48, no. 4, 1998.

Au, Chi Kin（区志坚）. "History Textbooks and the Making of the Nation's Image : A Study Focusing on the Work of Liu Yizheng, Wang rongbao and Liu shipei, Aspects of Modern Chinese Nationalism." An International Conference in Commemoration of the Eightieth Anniversary of the May 4th Movement, 1999.

Liu Shipei. "Textbook on Ethics（1905）" in Angle Stephen C. and Marina Svensson（ed.）, *The Chinese Human Rights Reader : Documents and Commentary, 1900-2000*. Armonk, New York : Routledge, 2001.

Angle, Stephen C. "Liu Shipei's Concept of Quanli", *Human Rights in Chinese Thought : a Cross-Cultural Inquiry*. Cambridge : Cambridge University Press, 2002.

Liu, Huiying（刘慧英）"Feminism : An Organic or an Extremist Position？On Tien Yee As Represented by He Zhen", *Positions : East Asia Cultures Critique*, Vol. 11, No 3, 2003.

Kurtz, Joachim. "Liu Shipei's Reinvention of China's Intellectual

History." Paper presented at the conference "Beyond Tradition and Modernity : Gender, Genre, and the Negotiation of Knowledge in Late Qing China." Rice University, March 2005.

Xia Xiaohong（夏晓虹）: "He Zhen' s Perspectives on Women' s Rights and Late Qing Anarchism. " Paper presented at the conference "Beyond Tradition and Modernity : Gender, Genre, and the Negotiation of Knowledge in Late Qing China." Rice University, March 2005.

Lydia H. Liu（刘禾）, Rebecca E.Karl, and Dorothy Ko, ed. *The Birth of Chinese Feminism : Essential Texts in Transnational Theory*, New York : Columbia University Press, 2013.

Kurtz, Joachim. "Disciplining the National Essence : Liu Shipei and the Reinvention of Ancient China' s Intellectual History." *Science and Technology in Modern China, 1880s-1940s*, Vol. 27, 2014.

后　记

　　编写《刘师培年谱》的计划,缘于我大学时代的一次尴尬。1981年我在南京师范大学读书时,中文系举办校庆学术报告会,凡有兴趣的学生都可以自由旁听。我在旁听张芷先生的《杨树达年谱》研究报告时,第一次见到了徐复先生。张先生问起我的籍贯,听说我是仪征人,便对仪征刘氏赞不绝口,并问我是否知道刘师培,我只能尴尬地摇摇头。张先生似乎觉得很婉惜,说:"仪征人应该知道他。"

　　报告会结束后,我专门去图书馆查找刘师培的有关资料,几天时间一无所获。后来听说古籍部有一套线装的《刘申叔先生遗书》,便试着去看了,但不太懂。为此,我又专门登门向张先生请教,了解刘师培的资料情况。张先生很热心地介绍了国家古籍整理规划中的《刘师培全集》整理计划,希望我能利用刘师培同乡的便利,做些研究工作。在那个很容易热血沸腾的年龄,我开始有了决心。

　　一旦进入准备阶段后,我才感到这个事情特别复杂,因为除了《刘申叔先生遗书》卷首的一点简单资料外,基本上找不到一本可以了解刘师培生平的其他传记或年谱。于是,我一方面阅读《刘申叔先生遗书》,一方面留意刘师培生平资料的搜集工作。徐复先生得知这个消息后,对我倍加鼓励,说可以从刘师培生平研究做起,不妨先搞一本年谱,既可以有目的地读书,也可以帮助其他研究者扫清基础资料上的障碍。我不知天高地厚地干了起来。

　　在徐复、张芷等先生的热情鼓励和悉心指导下,1984年5月,我积累了约10万字的资料,由仪征市地方志办公室资助,油印40份,作为毕业礼物,分赠老师征求意见。回到仪征工作后,我一面工作,一面继续从事资料的搜集。其间,许多老师给予我热情的支持和无私的帮助。徐复等先生经常督促《年谱》的编写进度；为解决资料问题，赵国璋先生将个人收藏的全套原版《刘申叔先生遗书》让我借到身边使用；朱信泉、唐文权、王长恭等先生在资料上给予最大的支持；赵航、张中等先生也给予了许多的指导。狭间直树、末冈宏、嵯峨隆先生等提供、交换了日本的研究资料和成果。徐复先生又为《年谱》提笔作序。可以说，没有许多老师和朋友的鼓励和支持，凭我个人绵薄之力，是无法完成这个《年谱》编写计划的。

2000年是徐复先生的九十寿辰，我本想以此书为徐先生寿。王政红先生为此操劳奔波多时，终因经费无着而未果。承王华宝先生介绍，转请广陵书社出版。扬州自古重文，乾嘉时书业尤盛。刘师培长期居住扬州，由广陵书社出版《刘师培年谱》，自是另有一重意义。蒙孙叶锋先生盛情相助，使此书得以顺利面世，就教方家，不胜感戴。

在本书出版之际，我还要感谢广陵书社诸位先生的辛勤劳动，特别感谢仪征市的领导对地方文化研究工作所给予的热情支持，感谢许多领导和朋友所给予的帮助。

二〇〇三年七月于仪征

再　记

　　此编出版以来，转瞬快 20 年了。犹记当年将样书送呈徐复先生时，夫子殷殷以编纂《刘申叔遗书补遗》为念。承夫子及诸师友督励，十几年来，利用业余时间，先后完成了《刘申叔遗书补遗》《仪征刘申叔遗书》两个项目，又与刘禾先生合作完成了《天义·衡报》校注本，为年轻同仁深入研究刘师培，提供了一些资料方面的便利。只是当年承蒙教诲的徐复、钱玄、张芷、薛正兴、赵航、吴金华等先生均已仙逝，如今已无法再为我指谬，惜哉痛哉！

　　如今学术条件远胜当年，特别是文献数字化工程推进，使原本不便利用甚至无法利用的资料，可以如在座侧。加上各位专家的潜心搜罗，资料发现工作也取得了新的进展。此次增订，在保持初版框架的前提下，一是重点补充了新发现的刘师培生平资料，特别是民国时期报刊所载资料，纠正了初版中的个别错误结论；二是增注了引文出处，以便引用和核对；三是更新了《刘师培研究论著目录》；四是校正了初版的文字漏误。

　　苦寻 30 年，周雁石先生所藏刘师培《群经大义相通论》原本已经在复旦大学图书馆古籍部找到，其整理本《毛诗大义相通论》也已刊于中国历史文献研究会编《历史文献研究》第 44 辑（广陵书社，2020 年）。初版所录周雁石先生《刘申叔未刊著述介词》一文，今仍予保留，以志景仰。

　　感谢复旦大学张仲明先生提供有关资料、黄山学院潘定武先生细心指正初版误字，感谢广陵书社曾学文、孙叶锋、刘栋先生多年来对我的支持，感谢孙叶锋、王丽先生的细心校核，感谢仪征市领导对地方文化研究工作的重视以及对本书出版的鼎力相助。

　　为本人学识所限，明知韩国学者李元锡、文炳赞等有不少关于刘师培研究的成果，因不明韩文，未能将其列入《刘师培研究论著目录》中，十分惭愧。加之此增订本为业余时间断续所补，尽管力求言之有据，然见闻不广，识断不精，谬误在所难免，敬祈同道指正。赐教请示：wanshiguo@163.com。

二〇二〇年十月补记